Traité de droit des énergies renouvelables

Directrice des éditions : Claire de Gramont
Directeur éditorial : Thierry Kremer
Éditrice : Sandrine Pheulpin
Conception graphique intérieure : Catherine Lattuca
Mise en page : Catherine Lattuca
Conception graphique et réalisation de la couverture : Catherine Lattuca
Fabrication : Luc Laumailler

ISSN : 2261-3749
ISBN : 978-2-281-12839-0
www.editionsdumoniteur.com

RÉFÉRENCE
JURIDIQUE

Traité de droit des énergies renouvelables

Direction Bernadette Le Baut-Ferrarese
Collaboration Isabelle Michallet

2e édition

EDITIONS
LE MONITEUR
editionsdumoniteur.com

L'ouvrage a été conçu et rédigé par Madame Bernadette Le Baut-Ferrarese
et avec la collaboration (chapitres 8 et 9) de Madame Isabelle Michallet.

Préface

Il est très agréable de saluer la parution de l'ouvrage sur les énergies renouvelables que nous donne Mme Le Baut-Ferrarese avec la collaboration d'Isabelle Michallet, ouvrage dont les qualités intrinsèques et l'apport scientifique qu'il représente honorent l'université Jean-Moulin-Lyon 3 et d'une certaine manière, l'Institut de droit de l'environnement, pour de multiples raisons.

La première se révèle dès l'introduction substantielle, fortement charpentée, où l'on trouve clairement exposé tout ce qui permet de comprendre le concept de renouvelabilité, les caractéristiques techniques des « SER » comme on dit, autant que les enjeux écologiques et économiques de leur développement. La présentation même des sources d'énergie renouvelable, de la houle et du vent, bien sûr, au soleil et à la marée en passant par la biomasse, relève de la science du physicien et de l'ingénieur. Et le mérite n'est pas mince d'entrer résolument dans un territoire encore mal connu pour y greffer des considérations juridiques.

Le droit des énergies renouvelables est en effet difficile. Pour l'apprécier, il faut faire œuvre de pionnier et même s'il importe de ne pas confondre énergies renouvelables et énergies nouvelles, il s'agit bien d'un droit nouveau. En cours de constitution, à l'instar de toutes les disciplines concernant un domaine inédit, il comporte peu de dispositions spécifiques mais au contraire, il emprunte beaucoup à d'autres matières, pas forcément voisines d'ailleurs, et le cas échéant à... rien, rien qui existe juridiquement s'entend, les solutions voire les règles se forgeant parfois au fil des analogies, de la jurisprudence et des commentaires. C'est dire que pour traiter un tel objet, le juriste doit faire preuve d'une capacité étendue de sortir de sa propre spécialité et d'une grande culture. Pareillement, ce qui a trait au statut de la ressource (première partie) exige une parfaite maîtrise des « fondamentaux » car il s'avère toujours malaisé de rapprocher les choses perçues dans une optique contemporaine – économiser l'énergie, protéger l'environnement – et les catégories du droit des biens issues du droit romain. Mais Mme Le Baut-Ferrarese s'en accommode parfaitement tout comme elle manifeste une belle aisance dans le maniement des notions les plus délicates, à l'exemple des servitudes, ou très techniques (quotas au service de la planification).

L'ouvrage cependant ne se limite pas à sa fonction, certes essentielle, de manuel ou de traité. Au-delà du droit positif, les auteurs ne reculent pas devant les problèmes de fond auxquels se heurte le développement des énergies renouvelables et n'hésitent pas à dresser, de celles-ci, un véritable éco-bilan. Et si, à leurs yeux, celui-ci s'avère tout à fait favorable, les éléments du passif ne sont pas pour autant passés sous silence.

De fait, les problèmes ne manquent pas, au regard notamment de la protection de la biodiversité. La production de biocarburants est un redoutable concurrent pour la nature, lorsqu'au Brésil des immensités de canne à sucre remplacent la forêt primaire et qu'en Europe, des cultures énergétiques presque abiotiques tendent à se substituer à des milieux naturels ou à des espaces agricoles encore intéressants pour une certaine vie sauvage.

Avec l'éolien, le débat s'annonce peut-être plus complexe, sinon plus âpre encore. Certes, les avantages sont évidents mais les inconvénients ne le sont pas moins, même si l'on s'abstrait de la dimension paysagère de ces « machines à vent » dont un récent rapport de l'Académie des Beaux-Arts (2007) a dit beaucoup de mal. On pense précisément aux incidences dramatiques sur l'avifaune, que la remarquable contribution de Manuela de Lucas a décrites à partir des données acquises, entre autres, en Californie, en Espagne et en Norvège, où les populations de grands rapaces, mais pas seulement, ont été durement touchées (Manuela de Lucas, Guyonne FeJanss et Miguel Ferrer, *Birds and wind farms, Risk and Mitigation*, éd. Quercus/Libreria Linnes, 2007). Et pour ce qui concerne la nature en général, il n'est pas moins préoccupant de constater, chez nous, que l'implantation des parcs éoliens en moyenne montagne, dans les parties supérieures de celle-ci parce que ce sont aussi les plus ventées, affectent du coup les milieux les plus remarquables sur le plan de la biodiversité.

On comprend dans ces conditions que le développement des énergies renouvelables ait bien besoin du droit de l'environnement et doive aussi mobiliser les virtualités protectrices du droit de l'urbanisme. Mme Michallet a mis son talent et son expérience au service d'une relation minutieuse des multiples instruments disponibles, qu'il s'agisse du droit commun – études d'impact, protections réglementaires – ou des dispositions propres aux filières d'exploitation des SER. Comme on s'en doute, les solutions passent logiquement par une planification de l'usage des sols et en particulier de l'implantation des éoliennes.

L'avenir dira si ces outils assureront un encadrement efficace, de façon à ce que la crise de la biodiversité que nous traversons, crise sinon sans précédent du moins comparable aux cinq grandes vagues d'extinction des espèces enregistrées depuis le Permien et qui aujourd'hui menace l'homme, ne s'en trouve pas aggravée.

En attendant, les pouvoirs publics, en France et au plan international et communautaire, soutiennent résolument les énergies renouvelables. De fait, dans l'essentiel de la seconde partie, Bernadette Le Baut-Ferrarèse analyse, de manière très complète, les supports juridiques, financiers et fiscaux de cette politique. Les spécialistes ainsi que les lecteurs simplement soucieux de s'initier à cette discipline y trouveront les données les plus utiles.

Au total, ce beau livre témoigne de la façon dont les sociétés évoluent, dans une succession de contradictions surmontées, du moins faut-il l'espérer. Les juristes y contribuent, et dans le cas présent, il convient de féliciter les auteurs qui, ayant su traiter les questions les plus exigeantes sur le plan de la théorie et de la technique avec d'indéniables vertus pédagogiques, permettront à chacun de participer au débat.

Jean Untermaier
Professeur à l'Université Jean-Moulin-Lyon 3,
Directeur de l'Institut de droit de l'environnement

Sommaire

Sigles et abréviations

Abréviations

a.	autres
al.	alinéa
art.	article
c/	contre
chap.	chapitre
chr.	chronique
cne	commune
coll.	collection
comm.	commentaire
concl.	conclusions
dir.	direction
éd.	édition
épx	époux
fasc.	fascicule
min.	ministère
obs.	observations
précit.	précité
req.	requête
sect.	section
somm.	sommaire
sté	société
t.	tome
vol.	volume

Références aux textes officiels

arr.	arrêté
C. civ.	Code civil
C. dom. État	Code du domaine de l'État
C. douanes	Code des douanes

C. énergie	Code de l'énergie
C. env.	Code de l'environnement
C. expro.	Code de l'expropriation pour cause d'utilité publique
C. forest.	Code forestier
C. min.	Code minier
C. mon. et fin.	Code monétaire et financier
C. patrimoine	Code du patrimoine
C. pén.	Code pénal
C. route	Code de la route
C. rur.	Code rural
C. santé publ.	Code de la santé publique
C. urb.	Code de l'urbanisme
CCH	Code de la construction et de l'habitation
CGCT	Code général des collectivités territoriales
CGI	Code général des impôts
CGPPP	Code général de la propriété des personnes publiques
Circ.	Circulaire
CJA	Code de justice administrative
CMP	Code des marchés publics
LOA	loi n° 2006-11 du 5 janvier 2006 d'orientation agricole
ord.	ordonnance
POPE	loi n° 2005-781 du 13 juillet 2005 de programme fixant les orientations de la politique énergétique de la France
rép. min.	réponse ministérielle
SRU	loi n° 2000-1208 du 13 décembre 2000 relative à la solidarité et au renouvellement urbains
TCE	traité instituant la Communauté européenne
TFUE	traité sur le fonctionnement de l'Union européenne
TUE	traité sur l'Union européenne

Références à la jurisprudence

CA	cour d'appel
CAA	cour administrative d'appel
Cass.	Cour de cassation
Cass. civ.	chambre civile de la Cour de cassation
Cass. crim.	chambre criminelle de la Cour de cassation
CE	Conseil d'Etat

CE sect.	Arrêt de section du Conseil d'État
ch. corr.	chambre correctionnelle
CJCE	Cour de justice des Communautés européennes
CJUE	Cour de justice de l'Union européenne
Com.	Commission européenne
Cons. const.	Conseil constitutionnel
TA	tribunal administratif
TPICE	Tribunal de première instance des Communautés européennes
Trib. civ.	jugement d'un tribunal civil
Trib. confl.	arrêt du Tribunal des conflits
Trib. corr.	jugement d'un tribunal correctionnel
Trib. UE	tribunal de l'Union européenne

Références aux revues, périodiques et ouvrages

AJDA	L'Actualité juridique – Droit administratif
AJPI	Actualité juridique de la propriété immobilière
BDEI	Bulletin du droit de l'environnement industriel
BJDU	Bulletin juridique du droit de l'urbanisme
BOCCRF	Bulletin officiel de la Concurrence, de la Consommation et de la Répression des fraudes
BOD	Bulletin Officiel des Douanes
BOI	Bulletin Officiel des Impôts
Bull. civ.	Bulletin des arrêts de la Cour de cassation, chambre civile
Bull. crim.	Bulletin des arrêts de la Cour de cassation, chambre criminelle
CJEG	Cahiers juridiques de l'électricité et du gaz
D.	Recueil Dalloz (IR : Informations rapides)
Defrénois	Répertoire Dalloz Defrénois
Dr. adm.	Revue de droit administratif
Dr. env.	Revue de droit de l'environnement
Dr. fisc.	Revue de droit fiscal
GAJA	Les Grands Arrêts de la jurisprudence administrative
Gaz. Pal.	Gazette du palais
J.-Cl. Adm. fasc.	Juris-classeur administratif-fascicule
JCP	Juris-classeur périodique (la Semaine juridique)
JO	Journal Officiel
JO Ass. nat.	Journal Officiel, débats de l'Assemblée nationale
JO Sénat	Journal Officiel, débats du Sénat

JOCE	Journal Officiel des Communautés européennes
JOUE	Journal Officiel de l'Union européenne
Lebon	Recueil des arrêts du Conseil d'État, du Tribunal des conflits et des jugements des tribunaux administratifs
Lettre DGEMP	Lettre de la Direction générale de l'énergie et des matières premières
LGDJ	Librairie générale de droit et de jurisprudence
LPA	Les Petites Affiches
MTP	Le Moniteur des travaux publics et du bâtiment (STO : Supplément textes officiels)
RD. rur.	Revue de droit rural
RDI	Revue de droit immobilier
RDP	Revue du droit public en France et à l'étranger
Rec.	Recueil
REDE	Revue européenne de droit de l'environnement
Rép. Dr. civ.	Répertoire de droit civil Dalloz
Rev. adm.	Revue administrative
RFDA	Revue française de droit administratif
RID économique	Revue internationale de droit économique
RJDA	Revue jurisprudentielle de droit des affaires
RJE	Revue juridique de l'environnement
RJEP/CJEG	Revue juridique de l'entreprise publique/Cahiers juridiques de l'électricité et du gaz
RTD civ.	Revue trimestrielle de droit civil
S.	Recueil Sirey

Sigles

ACP	Afrique-Caraïbes-Pacifique
ADEME	Agence de l'environnement et de la maîtrise de l'énergie
AFNOR	Agence française de normalisation
AGRICE	Agriculture pour la chimie et l'énergie
AVAP (ou AMVAP)	aire de mise en valeur de l'architecture et du patrimoine
BEI	Banque européenne pour l'investissement
BERD	Banque européenne pour la reconstruction et le développement
BIC	bénéfices industriels et commerciaux
BRGM	bureau de recherches géologiques et minières
CDNPS	commission départementale de la nature, des paysages et des sites
CECA	Communauté européenne du charbon et de l'acier

CEE	Communauté économique européenne
CEN	Comité européen de normalisation
CET	contribution économique territoriale
CFE	cotisation des entreprises
CNRS	Centre national de la recherche scientifique
CoRDiS	Comité de règlement des différends et des sanctions
COS	coefficient d'occupation des sols
CRE	Commission de régulation de l'énergie
CRÉDOC	Centre de recherche pour l'étude et l'observation des conditions de vie
CVAE	cotisation sur la valeur ajoutée des entreprises
DEEE	déchet d'équipement électrique et électronique
DGEC	Direction générale de l'énergie et du climat
DGEMP	Direction générale de l'énergie et des matières premières
DIDEME	Direction de la demande et des marchés énergétiques
DIREN	direction régionale de l'environnement
DNN	distributeur non nationalisé
DOM	département d'outre-mer
DREAL	Direction régionale de l'environnement, de l'aménagement et du logement
DRIRE	direction régionale de l'industrie, de la recherche et de l'environnement
EEE	Espace économique européen
EFPE	établissement fiscal de produits énergétiques
EMHA	ester méthylique d'huile animale
EMHV	ester méthylique d'huile végétale
ENA	école nationale d'administration
EPCI	établissement public de coopération intercommunale
EPIC	établissement public industriel et commercial
ETBE	éthyl-tertiobutyl-éther
EURATOM	Communauté européenne de l'énergie atomique
FACE	Fonds d'amortissement des charges d'électrification
FAO	Organisation des Nations unies pour l'alimentation et l'agriculture
FEI	Fonds européen d'investissement
FEM	Fonds pour l'environnement mondial
FIDEME	Fonds d'investissement pour la maîtrise de l'énergie
GATT	General Agreement of Tariffs and Trade commerce

GIEC	Groupe d'experts intergouvernemental sur l'évolution du climat
HVP	huile végétale pure
ICPE	installation classée pour la protection de l'environnement
IFEN	Institut français de l'environnement
IFER	Imposition forfaitaire sur les entreprises de réseaux
IFP	Institut français du pétrole
INRA	Institut national de la recherche agronomique
IOTA	installations, ouvrages, travaux et activités (en droit de l'eau)
MDP	mécanisme de développement propre
MEDAD	ministère de l'Écologie, du Développement et de l'Aménagement durables
MEDD	ministère de l'Écologie et du Développement durable
MEDDE	ministère de l'Environnement, du Développement durable et de l'Énergie
MIES	mission d'information sur l'effet de serre
MINEFI	ministère de l'Économie, des Finances et de l'Industrie
MOC	mise en œuvre conjointe
OCDE	Organisation de coopération et de développement économiques
OMC	Organisation mondiale du commerce
ONF	Office national des forêts
OPHLM	office public d'HLM
PAC	politique agricole commune
PADD	plan d'aménagement et de développement durable
PAZ	plan d'aménagement de zone
PCET	plan climat-énergie territorial
PIB	produit intérieur brut
PLU	plan local d'urbanisme
PME	petite et/ou moyenne entreprise
PNUD	Programme des Nations unies pour le développement
PNUE	Programme des Nations unies pour l'environnement
POS	Plan d'occupation des sols
PPI	programmation pluriannuelle des investissements
RNU	règlement national d'urbanisme
RT	réglementation thermique
RTE	Réseau de transport d'électricité
SAGE	schéma d'aménagement et de gestion des eaux
SCI	société civile immobilière

SCOT	schéma de cohérence territoriale
SDAGE	schéma directeur d'aménagement et de gestion des eaux
SEM	société d'économie mixte
SEML	société d'économie mixte locale
SRCAE	schéma régional du climat, de l'air et de l'énergie
SRRER	schéma régional de raccordement au réseau des énergies renouvelables
SRE	schéma régional éolien
TGAP	taxe générale sur les activités polluantes
TIC	taxe intérieure à la consommation
TIPP	taxe intérieure sur les produits pétroliers
TVA	taxe sur la valeur ajoutée
UE	Union européenne
UNESCO	Organisation des Nations unies pour l'éducation, la science et la culture
ZAC	zone d'aménagement concerté
ZAD	zoné d'aménagement différé
ZDE	zone de développement de l'éolien
ZPPAUP	zone de protection du patrimoine architectural, urbain et paysager

Partie 1

Partie préliminaire

Chapitre 1

La pérennité des énergies renouvelables

La notion d'énergie renouvelable appartient en premier lieu aux scientifiques, aux défenseurs de l'environnement ou bien encore aux économistes, bien avant d'appartenir aux juristes, tant il est vrai que la définition qu'en donne le droit positif apparaît à première vue rudimentaire. Si les textes juridiques sont certes de plus en plus nombreux à consacrer cette expression, ils ne s'emploient guère à en délivrer le sens. Le Protocole de Kyoto (1997) ne déroge pas à la règle quand il dispose que « chacune des parties visées à l'annexe I pour s'acquitter de ses engagements chiffrés applique et/ou élabore des politiques et des mesures en fonction de sa situation nationale, par exemple les suivantes : recherche, promotion, mise en valeur et utilisation accrue de sources d'énergie renouvelables », sans préciser nullement ce que sont ces dernières ; mais il est vrai aussi que ce protocole se fonde sur une logique de subsidiarité, renvoyant principalement aux États le soin d'imaginer les politiques nationales de lutte contre les émissions de gaz à effet de serre.

De fait, le premier essai de définition vient du droit de l'Union européenne, plus précisément de la première directive européenne adoptée en la matière : la directive 2001/77 du 27 septembre 2001 sur l'électricité de source renouvelable, dont l'article 2 disposait que « les sources d'énergie renouvelables sont les sources d'énergies non fossiles renouvelables (énergie éolienne, solaire, géothermique, houlomotrice, marémotrice, hydroélectrique, biomasse, gaz de décharge, gaz des stations d'épuration usées et biogaz) ».

Remarque

Une définition avait été donnée quelques mois auparavant dans l'encadrement communautaire des aides d'État pour la protection de l'environnement, mais ce texte précisait qu'une fois la directive sur l'électricité renouvelable adoptée, c'est la définition de celle-ci qui s'appliquerait.

Cette définition est remarquable à deux titres.

D'abord, parce qu'elle ne consacre pas une conception abstraite de l'énergie renouvelable mais procède à une énumération des énergies concernées par une liste *a priori* exhaustive de ces dernières. Cette démarche plus concrète que conceptuelle est devenue progressivement la règle. Elle est notamment réitérée dans la directive 2009/28 du 23 avril 2009 relative à la promotion de l'utilisation de l'énergie produite à partir de sources renouvelables, qui en reprend le principe en son article 2, tout en réactualisant la liste officielle des énergies concernées. Dans une perspective de clarification et de précision des différentes sources de l'énergie renouvelable[(1)], la nouvelle directive énumère les énergies suivantes : « éolienne, solaire, aérothermique, géothermique, hydrothermique, marine et hydroélectrique, biomasse, gaz de décharge, gaz des stations d'épuration d'eaux usées et biogaz ». Cette approche énumérative a également été reprise par les droits

(1) À cette fin, la directive 2009/28 vise désormais de façon explicite « l'énergie présente dans les océans et les autres masses d'eau sous forme de vagues, de courants marins, de marées, de gradients thermiques des océans ou de gradients de salinité » : considérant 11 de la Directive ; voir aussi *infra* p. 29 et s.

nationaux des différents États membres de l'UE, mais il est vrai que ces derniers pouvaient en tout état de cause difficilement échapper à l'autorité du droit dont ladite définition est issue. Le droit français en a assuré ainsi une transcription exacte, d'abord dans le cadre de la loi n° 2005-781 du 13 juillet 2005, intitulée « loi de programme fixant les orientations de la politique énergétique de la France » (dite loi POPE), avant, plus récemment, d'en intégrer la version renouvelée au sein du code de l'énergie (article L. 211-2, issu de l'ordonnance n° 2011-504 du 9 mai 2011). Cette méthodologie de la liste s'est au demeurant diffusée au-delà de l'UE, en l'occurrence au niveau du droit international public. C'est ainsi que l'article 3 des statuts de l'Agence internationale pour les énergies renouvelables (IRENA), créée en 2009, dresse également une liste, en l'occurrence sa propre liste des énergies renouvelables : sont ici visées la géothermie, la biomasse, l'hydroélectricité, l'énergie solaire, l'énergie éolienne et l'énergie marémotrice.

Ensuite, la démarche du droit positif européen est très instructive en ce qu'elle déclare *in limine* que l'énergie renouvelable est avant toute autre chose une énergie « produite à partir de sources non fossiles renouvelables », ce qui revient à placer la renouvelabilité des sources d'énergie au centre de la définition de l'énergie ici considérée. Or, en faisant de cette renouvelabilité des sources le critère premier de l'énergie en cause, elle souligne aussi, fût-ce implicitement, le principal caractère qui rattache celle-ci au développement durable, en l'occurrence son caractère pérenne.

Section 1

La renouvelabilité de la ressource comme critère

Comme toute « notion-critère », la renouvelabilité mérite d'être clarifiée. La directive 2009/28 sur l'énergie de source renouvelable y pourvoit de deux façons : d'abord sur un mode négatif, en opposant les sources d'énergie renouvelables aux sources d'énergies fossiles, puis sur un mode positif, en posant dans une liste celles des ressources énergétiques méritant le qualificatif « renouvelables ».

§1. La définition négative de la renouvelabilité : l'opposition aux énergies fossiles

L'article 2 a de la directive 2009/28 dispose en tout début de phrase qu'une énergie renouvelable est une source d'énergie « non fossile ». Cette rédaction montre que, pour les auteurs du texte, les énergies renouvelables se conçoivent *prima initio* en opposition avec les énergies fossiles. Mais elle oblige aussi à caractériser ce que sont *a contrario* les sources d'énergies fossiles. La définition de ces dernières repose sur des constats scientifiques indiscutés. Ainsi est-il admis qu'il s'agit de ressources énergétiques qui se sont constituées sur des millions d'années et qui ont été conservées dans la roche terrestre par enfouissement ou infiltration. Partant, il a été établi que les principaux gisements fossiles d'énergie sont le pétrole, le gaz naturel, le charbon et l'uranium. Or, ces derniers, tous stockés dans la roche terrestre, s'y trouvent aussi en quantité limitée (le pic de production pétrolière se produirait entre 2015 et 2025, celui de la production gazière entre 2025 et 2035[(2)]). Les énergies fossiles sont donc fondées sur des ressources ou réserves épuisables et les conséquences de leur utilisation sont de ce point de vue irréversibles. Il est de la sorte permis d'établir qu'*a contrario* d'une énergie d'origine fossile, l'énergie de source renouvelable doit être présumée intarissable.

(2) Voir S. Monjon, A. Vieillefosse, « L'énergie au XXIe siècle : un défi environnemental majeur », *in* O. Montel-Dupont, *Développement et environnement*, La Documentation française, Cahiers français mars-avril 2007, n° 337, p. 70.

§2. La définition positive de la renouvelabilité : le système de la liste

La directive 2009/28 ne se contente pas de souligner l'existence d'une différence entre les sources fossiles et les sources renouvelables de l'énergie. Elle s'emploie aussi à caractériser de façon positive ce que sont ces dernières. Il convient ici de revenir sur la méthode employée, qui ne définit pas de façon abstraite la notion de renouvelabilité, mais recense dans le cadre d'une liste les sources énergétiques pour lesquelles l'adjectif « renouvelables » est justifié. Or, cette façon de présenter les choses implique de rechercher à partir de cette liste le(s) critère(s) de la renouvelabilité d'une source d'énergie.

I. Le contenu de la liste de la directive européenne

Selon l'article 2 a de la directive sur la promotion des énergies renouvelables, celles-ci sont les énergies « éolienne, solaire, aérothermique, géothermique, hydrothermique, marine et hydroélectrique, biomasse, gaz de décharge, gaz des stations d'épuration d'eaux usées et biogaz ». Cette liste est une version réactualisée de celle qui figurait dans la directive de 2001 sur l'électricité de source renouvelable. Les perspectives sont désormais plus larges, le nouveau texte ayant un champ d'application qui dépasse les hypothèses de production d'électricité et qui tient manifestement compte par ailleurs de certaines avancées technologiques dans le secteur en cause. L'approche est donc plus extensive, la directive visant toutes les ressources d'énergies renouvelables en l'état techniquement exploitables et commercialisables, et susceptibles de produire de l'électricité, de la chaleur, des carburants et le cas échéant du gaz.

Remarque

L'inventivité humaine et l'évolutivité des techniques obligeront sans doute le jour venu à réactualiser la liste officielle. Quid par exemple de l'avenir de procédés visant à récupérer l'énergie issue des centres de données informatiques *data centers* – pour alimenter des réseaux de chaleur(3) ou bien encore à récupérer l'énergie dégagée par le piétinement humain pour la convertir en électricité et assurer un éclairage urbain ?

Ces énergies seront présentées suivant leur ordre d'énumération.

A. L'énergie éolienne

Comme son nom l'indique Éole est le dieu du vent dans la mythologie grecque –, l'énergie éolienne est issue de la conversion de l'énergie cinétique du vent soit en énergie mécanique, soit en énergie électrique. L'énergie mécanique fut longtemps durant la seule vocation de l'éolien. Dans la plupart des esprits, elle restera sans doute toujours symbolisée par les moulins à vent utilisés en Europe à partir du XIIe siècle. Aujourd'hui, l'énergie du vent est surtout employée pour satisfaire les besoins en eau dans les pays en développement et pour produire de l'électricité dans les pays développés, au moyen de machines appelées « éoliennes ».

Sur le plan technique, une éolienne de production électrique se compose d'un mât vertical de 10 à environ 100 mètres de haut, et même parfois davantage ; l'intégration d'éoliennes horizontales dans le bâti est également possible mais encore peu développée. Sur le mât est installée une nacelle enfermant un rotor d'une, deux ou trois pales, mesurant entre 5 et 80 mètres de diamètre. L'éolienne est un capteur de vent dont la force actionne les pales du rotor : l'énergie mécanique produite par la rotation des pales est transformée en énergie électrique. La puissance d'une éolienne est comprise entre 0,05 MW et 5 MW, le plus souvent entre 0,6 MW et 1,5 MW.

(3) Voir C. Cygler, « Un *data center* transformé en chaudière(s) géante », Actu-environnement.com, 13 septembre 2011.

Les éoliennes peuvent être installées sur terre ou en mer. À terre, il faut un potentiel éolien suffisant : une surface ventée (la puissance du vent ne doit pas être inférieure à 5 mètres par seconde) et un site dont l'altitude n'est pas trop élevée car la densité de l'air plus faible diminue la puissance développée par les machines. Le développement de l'éolien en mer est récent. Les études montrent ses avantages en termes de performance au regard de l'éolien terrestre : au large des côtes, le vent plus stable offrirait jusqu'à 40 % d'énergie en plus qu'à terre[(4)]. Toutefois, l'implantation d'éoliennes *offshore* est par définition limitée dans la mesure où celles-ci n'intéressent que les territoires dotés d'importantes façades maritimes. Le Danemark fait actuellement figure de pionnier en la matière. On estime que la France bénéficie aussi d'un excellent potentiel éolien en terre comme en mer[(5)]. Son développement en mer n'ayant pas suscité de vocations spontanées, les autorités publiques françaises en ont été réduites à susciter en la matière une offre de production en recourant à la technique dite des appels d'offres[(6)].

En terre comme en mer, les éoliennes peuvent être installées sur des sites isolés ou bien regroupées. Dans le premier cas, elles servent à alimenter en électricité des habitations individuelles situées loin du réseau de distribution d'électricité, des balises de signalisation, des instruments de surveillance. Dans le second cas, elles constituent des centrales électriques appelées « fermes éoliennes », « parcs éoliens » ou « centrales éoliennes », dont la puissance nominale est importante, et qui diffusent leur production dans les réseaux publics d'électricité.

B. L'énergie solaire

Le soleil a suscité l'intérêt sinon la dévotion de presque toutes les civilisations depuis la plus lointaine Antiquité. Il est vrai que cette étoile apporte chaleur et lumière, indispensables au développement de la vie sur la terre. Le soleil produit une énergie, que l'on a su au fil du temps domestiquer pour la convertir en électricité ou en chaleur.

Remarque

L'énergie solaire peut aussi être passive : elle est alors obtenue à partir du rayonnement solaire à travers les vitres et fenêtres.

1. La conversion de l'énergie du soleil en électricité

a. L'utilisation du rayonnement solaire pour produire de l'électricité : le solaire photovoltaïque

Le processus de conversion directe du rayonnement solaire en électricité est une découverte du physicien Antoine Becquerel en 1839. Les premières applications se font sur des satellites au début des années 1960, puis sur terre dans les années 1970. Des cellules photovoltaïques (ou photopiles) sont chargées de transformer la lumière du rayonnement solaire en énergie électrique. Elles utilisent à cette fin des matériaux semi-conducteurs, principalement le silicium, un élément abondant à la surface de la terre. Pour l'instant, deux technologies dominent : celle du silicium cristallin (mono ou poly, en ruban), qui représente environ 95 % du marché et celle dite des couches minces utilisant des substances telles que le silicium amorphe, le tellurure de cadmium, ou encore le cuivre, le sélénium[(7)]. L'utilisation alternative de matériaux semi-conducteurs orga-

(4) R. Deloche, « Énergies et matières premières », *Lettre DGEMP* 2001, n° 17.

(5) La France disposerait du 2e potentiel de vent après la Grande-Bretagne, voir F. Reynier, « Rapport d'information sur l'énergie éolienne », Ass. Nat. n° 2398, 31 mars 2010.

(6) Sur cette technique des appels d'offres, voir p. 348 et s.

(7) Sur les technologies existantes, voir PricewaterhouseCoopers, *L'État de la filière photovoltaïque en France*, (mars 2009) : www.pwc.fr/etat_de_la_filiere_photovoltaique_en_france.html.

niques (cellules moléculaires, cellules en polymère, cellules hybrides) fait partie des options nouvelles (seconde génération) auxquelles se consacrent certains chercheurs.

Parce que la lumière du soleil est partout disponible sur la terre, l'énergie photovoltaïque est exploitable en tous lieux. Elle peut aussi être stockée dans des batteries : elle est à ce titre un moyen de production décentralisée d'énergie très indiqué pour le petit matériel (montres, calculettes, chargeurs de téléphones portables, etc.). Elle présente aussi des avantages pour les zones (îles, montagnes, zones rurales, pays en développement), habitations ou installations (relais de télécommunications, balises, parcmètres, abribus urbains, etc.) non connectées au réseau public. Elle peut en outre être injectée sur le réseau : il faudra alors convertir le courant continu issu des dispositifs photovoltaïques en courant alternatif, à l'aide d'un onduleur, pour le distribuer aux normes sur un réseau. Sur le bâti, les équipements solaires peuvent soit être fixés par-dessus la couverture extérieure (technique de la sur-imposition), soit constituer un élément même de celle-ci (procédé dit de l'intégration au bâti : tuiles, ardoises, toitures et autres verrières solaires, etc.). Les panneaux solaires peuvent aussi être installés directement sur le sol par l'intermédiaire d'un châssis métallique, éventuellement mobile, constituant alors une centrale solaire au sol. Les possibilités d'emprise sur le sol étant en général plus importantes que sur le bâti, la puissance installée de l'ouvrage sera en général corrélativement plus élevée. Les propositions innovantes ne manquent pas en la matière, telles par exemple celles envisageant d'installer les panneaux solaires sur les lacs et les étangs(8).

L'arrêté du 4 mars 2011 fixant les conditions d'achat de l'électricité produite par les installations utilisant l'énergie radiative du soleil distingue en son annexe 3 le système photovoltaïque d'une part, et l'installation photovoltaïque d'autre part. Le premier est défini comme « un procédé ou une solution technique de construction, rigide ou souple, composé d'un module ou d'un film photovoltaïque et d'éléments non productifs assurant des fonctions de fixation aux éléments mitoyens, de résistance mécanique ou d'étanchéité », sous réserve que l'ensemble soit « conçu spécifiquement pour la production d'électricité d'origine photovoltaïque ». L'installation photovoltaïque recouvre pour sa part le système photovoltaïque et les « éléments assurant la transmission et la transformation du courant électrique » (câblages, onduleurs, etc.).

Remarque

Dans la centrale solaire au sol allemande Bavaria Solarpark, près de 250 000 m^2 de panneaux ont été répartis sur trois sites pour une puissance maximale de 10 MW.

La plus grande centrale solaire photovoltaïque française devrait être installée en 2012 en Meurthe-et-Moselle (Toul-sur-Rosières). Les panneaux seront répartis sur une ancienne base aérienne et vont occuper une surface d'environ 140 hectares, la puissance installée devrait atteindre 143 MW, soit l'électricité nécessaire pour une ville de 62 000 habitants.

b. La transformation de la chaleur solaire en électricité : le solaire thermodynamique

Le solaire thermodynamique est exclusivement dédié à la production industrielle d'électricité. L'arrêté du 4 mars 2011 fixant les conditions d'achat de l'électricité produite par les installations utilisant l'énergie radiative du soleil définit dans son annexe 3 l'installation solaire thermodynamique comme « un ensemble d'éléments techniques permettant de transformer, à l'aide de capteurs, l'énergie rayonnée par le soleil en chaleur, puis celle-ci en énergie mécanique et électrique à travers un cycle thermodynamique ». Les premières centrales thermodynamiques remontent aux années 1970, mais il existe actuellement trois technologies principales : celle des paraboles solaires, sortes d'antennes de télévision dirigées vers le soleil (Solarplant aux États-Unis),

(8) Voir G. Allix, « Quand l'énergie solaire prend l'eau », Actu-environnement.com, 3 mai 2011.

celle des centrales cylindro-paraboliques, qui sont de longs miroirs cylindriques concentrant les rayons du soleil sur une ligne (Solar I et Solar II aux États-Unis), enfin celle des centrales à tour, qui font appel à des miroirs tournant avec le soleil et réfléchissant les rayons de celui-ci sur un point unique (la chaudière) situé en haut de la tour (ancien projet Thémis en France ; centrale Gemasolar en Espagne ; concept de cheminée solaire « Élioth »).

Remarque

Sont à l'étude des centrales thermodynamiques dont la production serait destinée à l'autoconsommation des sites isolés (voir le projet français MicroCentrale Solaire Thermodynamique : MiCST).

Le problème rencontré par les tours solaires est celui de leur hauteur, qui conditionne leur puissance, laquelle ne peut être illimitée. Le projet Élioth propose d'utiliser les flancs de montagne pour construire des cheminées de plusieurs kilomètres de hauteur (« montagnes solaires »), afin d'atteindre une puissance d'environ 550 MW, soit celle d'une petite centrale nucléaire.

Le rendement final des centrales électriques thermiques solaires dépend dans une large mesure de facteurs, d'une part, climatiques – il faut un ensoleillement minimum de 1 500-1 600 kW/h par mètre carré par an pour une centrale à tour d'autre part, géographiques – il faut qu'elles soient situées dans une zone où la transparence atmosphérique est suffisante et permet une importante occupation de l'espace (parfois jusqu'à 2 000 hectares). Le solaire à concentration ne peut donc pas se développer partout, principalement dans les régions dotées d'un fort ensoleillement (Californie, Andalousie). La technique des centrales solaires thermodynamiques permet facilement le stockage de l'électricité à la différence de celle du solaire photovoltaïque.

Il existe des systèmes alternatifs à ces différents types d'exploitation de l'énergie du soleil, mais qui sont pour la plupart à l'état expérimental. Ainsi en est-il de l'utilisation de l'énergie solaire à partir de la stratosphère ou de l'espace extra-atmosphérique. Dans le premier cas, il s'agirait d'implanter des centrales à 35-40 kilomètres d'altitude, là où les conditions atmosphériques sont idéales : bon ensoleillement, surplomb des zones de perturbations atmosphériques et des courants d'altitude. Dans le second cas, il s'agirait soit de placer en orbite géostationnaire voire sur la lune d'immenses panneaux solaires transportant sur terre l'énergie produite par le soleil (projet de la Nasa), soit de capter l'énergie solaire présente dans l'espace à l'aide de lasers (projet EADS). Le coût élevé de ces technologies freine leur développement, malgré leur intérêt évident : la disponibilité de l'énergie solaire en continu.

2. La conversion de l'énergie du soleil en chaleur ou en froid

Le flux solaire peut aussi être converti en chaleur ou en froid par l'intermédiaire d'un fluide (eau ou air) circulant dans un capteur solaire thermique. Il existe actuellement quatre grandes applications : le chauffage saisonnier des piscines, le chauffage individuel ou collectif (les capteurs pouvant alimenter un réseau de chaleur) des locaux résidentiel et tertiaire, l'eau chaude sanitaire, le séchage des récoltes. Toutes utilisent des capteurs solaires, non vitrés (par exemple pour le chauffage des piscines), ou vitrés à effet de serre pour les autres applications. La technique originale du plancher solaire chauffant combine plancher chauffant et capteurs solaires vitrés à effet de serre.

C. L'énergie aérothermique

L'énergie aérothermique est éligible au statut d'énergie renouvelable depuis l'adoption de la directive 2009/28. Il est vrai que sa présence au sein de la directive 2001/77 sur l'électricité d'origine renouvelable ne s'imposait pas d'emblée dans la mesure où l'aérothermie a pour vocation exclusive de produire de la chaleur. La nouvelle directive européenne en donne la définition suivante : c'est une « énergie emmagasinée sous forme de chaleur dans l'air ambiant » (art. 2 b)[9].

L'énergie aérothermique est, en d'autres termes, une énergie exclusivement thermique. Sur le plan technique, elle est obtenue à partir d'un dispositif (pompe à chaleur, panneaux solaires aérothermiques, vitrage pariétodynamique, etc.) puisant des calories dans l'air environnant pour les transférer à un système de chauffage (plancher chauffant, radiateurs, convecteurs, ballon d'eau chaude sanitaire). Son usage est exclusivement domestique.

D. L'énergie géothermique

Suivant la directive énergies renouvelables, l'énergie géothermique est « une énergie emmagasinée sous forme de chaleur sous la surface de la terre solide »[10]. La géothermie consiste à capter la chaleur stockée dans les roches et fluides situés à l'intérieur de la croûte terrestre afin de produire de la chaleur ou de l'électricité. La température de la terre n'est toutefois pas homogène : elle augmente avec la profondeur (environ 1 °C pour 30 mètres) c'est le gradient géothermique –, elle varie en outre en fonction de la situation géologique. L'extraction de l'énergie issue du sous-sol n'est par ailleurs possible que si ce dernier est suffisamment poreux ou perméable et contient des nappes d'eau souterraines, l'eau étant en général le vecteur de l'électricité ou de la chaleur. C'est pourquoi il existe d'un point de vue scientifique plusieurs types de géothermie.

Le classement présenté ci-après recoupe d'ailleurs globalement la segmentation effectuée par le droit minier français[11].

1. La géothermie haute et moyenne température

La géothermie haute température (de 150 °C à 350 °C) utilise deux techniques. La première exploite par forage de la vapeur sèche ou humide pour produire de l'électricité. Ces forages sont effectués à des profondeurs importantes (entre 1 000 et 4 000 mètres) et ne sont exploitables que dans certaines zones du monde (surtout les régions volcaniques). Pour s'en tenir au territoire européen, l'Italie, le Portugal, la Turquie, la Slovénie, la Croatie et la Hongrie possèdent un véritable potentiel géothermique à haute température. La France est moins favorisée : il existe néanmoins une centrale géothermique située en Guadeloupe (Bouillante), dont la capacité couvre environ 10 % des besoins en électricité de ce département. La seconde technique injecte de l'eau froide dans les roches chaudes, la récupère sous forme de vapeur, avant de la transformer en électricité. Cette technique est mise à l'œuvre avec l'aide financière de l'Union européenne, dans un site pilote mondial en Alsace couvrant un secteur géologique favorable (Soultz-sous-Forêts), au niveau des roches profondes et chaudes (200 °C à 5 000 mètres de profondeur) ; elle applique la technologie dite « des roches chaudes fracturées » (HFR). Les premiers kilowattheures issus de ce gîte géothermique ont été injectés dans les réseaux publics d'électricité en juin 2008.

La géothermie moyenne température (entre 100 °C et 150 °C) utilise la ressource géothermale afin de chauffer un fluide intermédiaire transformé en vapeur pour produire *in fine* de l'électricité. Cette technique se développe depuis le début des années 1980, mais sa puissance limitée la destine surtout à l'alimentation en électricité des zones isolées des réseaux de distribution d'électricité (zones insulaires ou de montagne).

(9) Voir aussi arrêté du 17 janvier 2012 relatif aux définitions de la directive 2009/28, art. 1.

(10) Art. 2 c), voir aussi arrêté du 17 janvier 2012 relatif aux définitions de la directive 2009/28, art. 1.

(11) Sur les différents types de géothermie selon le droit minier, voir *infra* p. 133.

2. La géothermie basse température

La ressource géothermique (entre 30 °C et 100 °C) est ici utilisée pour produire de la chaleur pour le chauffage et/ou l'eau chaude sanitaire. Sont tout particulièrement concernés les bassins sédimentaires (en France : bassins parisien et aquitain, Limagne...). En région parisienne, on trouve par exemple des eaux à 75 °C à 2 000 mètres de profondeur chauffant jusqu'à 200 000 logements ou équivalents.

3. La géothermie très basse température

Elle consiste à utiliser les calories (de 1 °C à 30 °C) contenues dans des couches terrestres peu profondes (moins de 200 mètres en moyenne). L'eau chaude est envoyée directement dans des radiateurs ou récupérée par des pompes à chaleur géothermales, et permet le chauffage et la climatisation des bâtiments, le chauffage de serres, de piscines, de piscicultures, la mise hors gel de routes... Pour le chauffage des logements, les pompes à chaleur alimentent parfois un plancher chauffant.

E. L'énergie hydrothermique

Comme l'aérothermie, l'énergie hydrothermique n'était pas elle-même visée par la directive sur l'électricité renouvelable de 2001. Elle apparaît en revanche au sein de la liste officielle des énergies de source renouvelable sur le fondement de la directive 2009/28, au titre de son statut d'énergie thermique, une catégorie dorénavant explicitement couverte. Selon ce dernier texte, il s'agit d'une « énergie emmagasinée sous forme de chaleur dans les eaux de surface » (art. 2 d)[(12)]. En l'occurrence, la chaleur est issue généralement des nappes phréatiques, plus rarement des cours d'eau, de lacs ou de puits, puis elle est restituée par l'intermédiaire d'une pompe à chaleur à un système de chauffage ou de refroidissement (plancher, radiateur).

Remarque

La chaleur hydrothermique recueillie à partir des eaux de surface est à distinguer de l'électricité hydrothermique issue des eaux profondes des mers et des océans, cette dernière appartenant pour sa part à la catégorie générique des énergies marines (sur les énergies marines, voir *infra* cette page, F.).

Les réseaux de canalisation d'eaux usées transportent eux aussi une eau dont la température varie entre 15 et 20° C et qui peut être utilisée pour alimenter des réseaux de chaleur. Il ne s'agit pas alors *stricto sensu* d'énergie hydrothermique mais d'une énergie, en l'occurrence de la chaleur, obtenue à partir de la biomasse déchets (voir *infra* p. 37, b.).

F. L'énergie marine et hydroélectrique

La force motrice de l'eau est utilisée depuis très longtemps pour produire de l'énergie mécanique : deux mille ans avant Jésus-Christ, les Égyptiens inventaient la roue à aubes. Cette force devient une ressource énergétique majeure à partir de la Révolution industrielle : elle sera alors mobilisée au moyen de roues verticales pour alimenter en électricité les premières manufactures.

L'utilisation de l'eau en tant que source d'énergie est restée longtemps dominée par ce type d'application, autrement dit celle de l'ouvrage hydroélectrique, dont le débit est assuré par les pentes naturelles des rivières ou par une hauteur de chute créée artificiellement à l'aide d'un barrage. Mais les applications énergétiques liées à l'eau se tournent de plus en plus aujourd'hui vers le monde marin : elles s'y retrouvent sous l'appellation générique « énergie(s) marine(s) », laquelle

(12) Voir aussi arrêté du 17 janvier 2012 relatif aux définitions de la directive 2009/28, art. 1.

suggère, au-delà de la différence des technologies employées, le potentiel énergétique particulièrement riche de ce milieu.

1. L'énergie hydroélectrique

Les ouvrages hydrauliques utilisent la force motrice ou cinétique de l'eau liée à la pente et au volume des cours d'eau. Il existe deux applications différentes : la « grande hydraulique » et la « petite hydraulique » (micro-hydraulique, picohydraulique), qui se distinguent en regard de la puissance installée. La « petite hydraulique » regroupe toutes les unités dont la puissance ne dépasse pas 10 MW et se subdivise elle-même en deux catégories : d'un côté, les systèmes « de haute chute » situés en altitude (l'eau est dirigée à travers une conduite vers une turbine située plus bas) fonctionnant au moment des fortes consommations ; de l'autre, les systèmes de « basse chute » situés en plaine (l'eau est dérivée dans un canal sur lequel est aménagé la centrale) fonctionnant en permanence. La « grande hydroélectricité » se connecte en principe à un réseau public. La « petite hydroélectricité » s'adresse surtout à des sites isolés et à l'autoconsommation (chalets, refuges d'alpage, bâtiments agricoles, stations d'épuration, etc.).

Remarque

Les hypothèses les plus classiques de production d'énergie hydroélectrique sont liées à l'utilisation de l'énergie des cours d'eau. Dès l'instant toutefois où il existe une chute d'eau (7 mètres minimum) la force motrice de l'eau peut être valorisée pour produire de l'électricité. Dans ces conditions, d'autres formes de production hydroélectrique sont envisageables, notamment celle consistant à exploiter les eaux usées des réseaux d'assainissement dès lors que ces derniers intègrent une chute d'eau.

2. L'énergie marine

Sous cette dénomination, se cache de fait une multiplicité d'hypothèses qui font toutes appel aux différentes formes d'énergies mécanique ou thermique issues des eaux des mers ou des océans[13]. Certaines d'entre elles font d'ores et déjà l'objet d'une exploitation à l'échelle industrielle (énergie marémotrice notamment), d'autres sont encore au stade du prototype ou, au mieux, du projet pilote pré-industriel.

Remarque

L'expression « énergie(s) marine(s) » peut parfois dépasser les seules hypothèses d'utilisation à des fins énergétique de l'eau des mers ou des océans, pour englober, par surcroît, d'autres types d'exploitations énergétiques du milieu marin telles la production de biomasse marine (« algocarburants »), ou bien encore la production d'électricité éolienne en mer. Dans le sens d'une présentation large de ces énergies marines, voir par exemple G. Gautier, « Énergies marines renouvelables. Emplois, compétences, Formation. Quelles perspectives d'avenir », Sénat, 2 décembre 2010 ; voir aussi V. de Laleu, « La mer, nouvelle source d'énergies renouvelables ? », Mines-Environnement et Développement durable, Mines-Énergie, Compte rendu de la conférence-débat du 19 mars 2009 (www.mines-energie.org/Conferences/CR_090319.pdf).

a. L'énergie marémotrice

La marée est ce phénomène fascinant en vertu duquel le niveau de la mer monte et descend environ toutes les douze heures selon une amplitude variable. Plus prosaïquement, c'est aussi une source d'énergie électrique moyennant, toutefois, d'importants aménagements. La technique la plus au point combine, d'une part, un barrage fixe au travers d'un estuaire créant un bassin isolé dans lequel le niveau de l'eau est différent de celui de la mer et, d'autre part, une usine (centrale marémotrice), équipée de turbines qui exploitent cette différence de niveau.

(13) Voir V. Hugo, « Réfléchissez au mouvement des vagues, au flux et au reflux, au va-et-vient des marées, l'océan est une immense force perdue », *Quatre-vingt-treize*, 1874.

Remarque

L'idée d'exploiter le phénomène naturel de la marée ne date pas de l'époque contemporaine : voir les moulins à marée du Moyen Âge, ancêtres de l'usine de la Rance, et le moulin construit en 1130 près de l'embouchure de l'Adour.

La première usine marémotrice au monde fut construite en 1966. Située sur les côtes bretonnes entre Saint-Malo et Dinard, dans l'estuaire de la Rance, elle est toujours en service : sa puissance est de 240 MW et elle fournit 600 GW/h. L'implantation de cette usine sur le site en question n'est pas due au hasard, les conditions géographiques étant très favorables : le courant est fort, l'amplitude des marées exceptionnelle, les fonds marins peu profonds (moins de 35 mètres). Le projet annoncé quelques mois plus tard au Mont-Saint-Michel, dans un lieu où les marées sont les plus importantes du monde, et dont on attendait une production d'électricité 60 fois supérieure, n'a toutefois pas abouti en raison du changement de stratégie énergétique de la France en 1965 : le choix en faveur du nucléaire. Depuis lors, aucun projet comparable n'a jamais été mené à terme en France.

Remarque

Dans son « Rapport sur les énergies marines », la sénatrice G. Gautier évoque, dans la perspective d'une production de 20 millions de tonnes équivalent pétrole d'énergies marines pour 2020, la possibilité de créer au bord des côtes françaises un lagon artificiel comprenant une usine marémotrice de 500 MW fonctionnant 2 500 heures par an, voir « Énergies marines renouvelables. Emplois, Compétences, Formation. Quelles perspectives d'avenir », Sénat, 2 décembre 2010.

b. L'énergie des vagues et de la houle et l'énergie des courants marins

Elles se rapprochent de l'énergie des marées en ce qu'elles utilisent également les lois de l'attraction magnétique en mer. En premier lieu, l'énergie des vagues (ou houlomotrice) utilise la force de ces dernières qui pénètrent dans une sorte de caisson immergé et poussent de l'air dans des turbines pour générer du courant électrique, transmis à la côte distante d'environ 300 mètres par câble sous-marin (voir les projets PELAMIS lancés en Écosse dès 1999 et au Portugal en 2008 ; voir aussi le projet Naerwatt au large de Brest). En second lieu, l'énergie des courants marins reprend le principe de l'éolienne on parle ici d'hydrolienne – en l'appliquant au milieu sous-marin. Ces deux techniques en sont au stade pré-opérationnel. Il faut dire que la première centrale électrique utilisant l'énergie des vagues, installée en Europe (*l'Ocean Swell Powered Renewable Energy* OSPREY – en Écosse), a été anéantie un mois après son installation par la queue d'un cyclone. Quant à l'énergie des courants marins, le caractère particulièrement agressif de ces derniers freine également l'évolution industrielle des projets. En Europe, une centaine de sites seulement pourraient être équipés en hydroliennes, presque tous situés autour des côtes britanniques (voir l'hydrolienne Seagen). En France, sous réserve de la réussite des premiers essais, un parc de quatre hydroliennes pourrait être mis en service en 2012 au large de la Bretagne. Au-delà du continent européen, il existe une centrale expérimentale dans la baie de Fundy au Canada (18 MW) et des projets en Russie (mer Blanche), en Corée, ou encore en Inde.

c. L'énergie des courants océaniques

Il s'agit ici d'utiliser les courants de surface engendrés par les vents et la rotation de la terre, ainsi que les courants profonds issus pour leur part des variations de salinité et de température. L'énergie issue du Gulf Stream fait l'objet d'un projet aux États-Unis (Floride).

d. L'énergie thermique des mers (océanothermique)

On prête l'idée originelle de cette énergie au romancier Jules Verne : l'idée est ici d'exploiter à l'aide d'un moteur thermique la différence de température entre les eaux de surface (22° à 24° C) et les eaux profondes des mers tropicales (- 6° à 4° C), pour produire de l'électricité. De fait, il s'agit donc d'une énergie pouvant être qualifiée d'hydrothermique, bien que les textes européens réservent cette appellation à la seule énergie thermique issue des eaux de surface et dont la finalité est la délivrance de chaleur[(14)]. En France, cette énergie n'intéresse que les mers chaudes situées outre-mer[(15)].

Remarque

L'énergie hydrothermique peut aussi, sur certains territoires (Islande), être récupérée le cas échéant de glaciers.

e. L'énergie des gradients de salinité (ou osmotique)

Cette énergie tire son origine de la différence de densité de l'eau salée de la mer et de l'eau douce d'un fleuve. Le procédé osmotique consiste à extraire la force énergétique obtenue de la séparation dans un estuaire de ces deux flux d'eau, et à utiliser la pression qui en est issue pour faire tourner une turbine et produire de l'électricité (voir le prototype norvégien *Pressure Retarded Osmosis* [PRO]).

Le milieu marin recèle encore d'autres richesses énergétiques. Par exemple, il serait possible d'exploiter l'énergie tirée de la différence des niveaux marins : il s'agirait de diriger une force hydraulique vers le bassin des mers dont le niveau est plus bas que le niveau moyen des océans (les sites favorables se situeraient en Égypte et Israël).

G. La biomasse, les gaz de décharge, gaz des stations d'épuration d'eaux usées et biogaz

On a choisi de joindre ici en une seule série toutes ces ressources qui sont pourtant séparées dans l'énumération de la directive énergies renouvelables. Il y a à cela une raison simple : de fait toutes les hypothèses considérées peuvent entrer à un titre ou à un autre dans le sein de la catégorie, large, que constitue la ressource énergétique dite biomasse. Si l'on suit le dictionnaire[(16)], le terme « biomasse » est un terme générique qui désigne la masse de matière vivante, animale ou végétale, subsistant en équilibre sur une surface donnée du globe terrestre. En simplifiant, on peut dire que la biomasse englobe toutes les matières organiques que l'on trouve sur la terre ou dans les milieux aquatiques. Si cette définition ne dit pas expressément que la biomasse est une source d'énergie primaire, on sait toutefois, depuis des millénaires, que la biomasse permet de produire de l'énergie. Les sources d'énergie liées à la biomasse sont d'ailleurs souvent regroupées sous l'appellation « bioénergie ».

Remarque

Pendant très longtemps, la biomasse (notamment le bois) fut la seule source d'énergie connue de l'homme.

Le droit positif définit la biomasse : ainsi, l'article 2 e) de la directive 2009/28 dispose que la biomasse est « la fraction biodégradable des produits, déchets et résidus provenant de l'agriculture (y compris les substances végétales et animales), de la sylviculture et de ses industries connexes, ainsi que la fraction biodégradable des déchets industriels et municipaux ». Cette définition est identique à celle que l'on trouvait dans les premières directives européennes sur l'énergie renouvelable la directive 2001/77 sur l'électricité renouvelable et la directive 2003/30 du 8 mai 2003 visant à promouvoir l'utilisation de biocarburants ou autres carburants renouvelables dans les transports – ; elle est également présente à l'article 16 de la directive 2003/96 du 26 octobre 2003

(14) Voir *supra* p. 28.

(15) Voir G. Gautier, « Énergies marines renouvelables. Emplois, Compétences, Formation. Quelles perspectives d'avenir », Sénat 2 décembre 2010 ; voir aussi le projet Espadon à l'île de la Réunion.

(16) Dictionnaire de la langue française, *Le Petit Robert*.

restructurant le cadre communautaire de taxation des produits énergétiques et de l'énergie ; elle a par ailleurs été transposée fidèlement en droit français (C. énergie, art. L. 211-2). Cette longue énumération montre que la biomasse est issue notamment ou pour partie des déchets, qu'il s'agisse des déchets verts (déchets de l'agriculture et de la sylviculture), des déchets urbains, ou des déchets provenant d'effluents industriels. La notion de déchet est elle-même définie par les directives communautaires, notamment par la première directive-cadre sur le sujet, la directive 75/442 du 15 juillet 1975 relative aux déchets(17). Sur ce thème, il importe de noter que l'approche suivie en matière d'énergie renouvelable participe indiscutablement de la stratégie de gestion des déchets, laquelle implique, entre autres, la valorisation notamment énergétique de ces derniers. En effet, sur le fondement des textes européens, la gestion des déchets obéit à une hiérarchie qui comporte, dans l'ordre, la prévention, la préparation en vue du réemploi, le recyclage, la valorisation matière, la valorisation énergétique, enfin l'élimination(18).

L'utilisation de la conjonction « ainsi que » dans la définition communautaire de la biomasse sépare d'un côté la biomasse verte (produits de l'agriculture, de la sylviculture et de ses industries connexes) et de l'autre les déchets industriels et municipaux. On en reprendra ici le principe, tout en considérant que, sur le plan pratique, cette distinction n'est pas toujours opérationnelle dans la mesure où les ressources concernées ont les mêmes propriétés énergétiques, le résultat final ne variant donc pas en raison de la nature de la ressource exploitée, mais en fonction des procédés de valorisation employés (combustion, gazéification, dégradation biologique, broyage mécanique, etc.).

1. La valorisation énergétique de la biomasse verte

a. La valorisation de la biomasse verte afin de produire de l'électricité, du gaz ou de la chaleur

La combustion du bois

Le bois est utilisé comme combustible depuis des millénaires. Il n'a d'ailleurs, malgré la découverte des énergies fossiles, jamais cessé d'être employé, notamment pour les usages domestiques. L'expression « bois-énergie » désigne toutefois un mode d'exploitation du bois plus varié que par le passé, qui englobe, d'une part, le bois de feu, issu de la sylviculture, d'autre part, le bois de rebut, qui fait partie des déchets industriels banals(19) et qui couvre les résidus liés à la transformation industrielle du bois (écorces, chutes, copeaux, sciures, liqueurs noires générées par les industries papetières, etc.) ou le bois inutilisable (palettes, cagettes, vieux meubles, etc.). Le bois-énergie s'inscrit ainsi dans une logique tout à la fois de production sylvicole mais aussi de recyclage de déchets. Broyé, puis déchiqueté, il est principalement dédié au chauffage, qu'il soit central, urbain ou industriel, ou bien à l'eau chaude sanitaire. Certaines techniques telle la pyrolyse rapide à haute température ou combustion (de 800 °C à 900 °C) permettent de transformer 10 % de l'énergie contenue dans le bois en combustible solide et 60 % en combustible gazeux de bonne qualité (gaz de synthèse riche en hydrogène et en monoxyde de carbone).

La combustion des résidus agricoles

Les résidus agricoles peuvent aussi servir de combustibles pour produire de la chaleur ou de l'électricité. Les gisements viennent en premier lieu des plantes ligno-cellulosiques (paille, tiges de maïs, canne à sucre, canne de Provence, roseau...). Par exemple, outre-mer, l'exploitation de la

(17) Annexes II A et II B.

(18) Article 4 directive 2008/98 ; C. env., art. L. 541-1.

(19) Voir *infra* p. 36.

canne à sucre donne naissance à un résidu nommé « bagasse », brûlé dans des centrales thermiques (centrale du Moule en Guadeloupe, centrales de Bois-Rouge et du Gol à la Réunion). En second lieu, d'autres types de résidus agricoles, tels le marc de pommes, de raisins ou de café, les pulpes et pépins de raisins, les noyaux de pruneaux ou de cerises, utilisés comme combustibles, peuvent aussi faire fonctionner un poêle à granules de bois.

La gazéification de la biomasse verte

Elle concerne la biomasse ligneuse et sèche (bois, paille, etc.). Cette dernière, chauffée en anaérobie produit un gaz composé de monoxyde de carbone et d'hydrogène dont la valeur énergétique est assez faible (un dixième du gaz naturel), mais qui peut faire fonctionner en autoconsommation une chaudière ou un moteur à gaz produisant de l'électricité. Ces techniques pourraient être également appliquées à des centrales électriques.

La dégradation biologique/méthanisation de la biomasse verte

Elle utilise les mêmes techniques et aboutit au même produit énergétique le biogaz – que celle utilisant les déchets[20].

b. La valorisation énergétique de la biomasse verte afin de produire des biocarburants ou des bioliquides

Suivant la directive 2009/28, les termes « biocarburants » et « bioliquides » s'appliquent aux combustibles liquides ou gazeux soit utilisés exclusivement pour le transport (biocarburants), soit destinés à des usages énergétiques autres que le transport (électricité, chauffage, refroidissement) : ce sont alors des bioliquides[21]. Les termes biocarburants et bioliquides désignent donc tous deux des combustibles d'origine biologique non fossile *ie.* d'origine végétale ou animale – et ne font en aucune manière référence à des produits énergétiques qui seraient éventuellement issus des procédés de l'agriculture dite « biologique ».

La production de biocarburants est aujourd'hui la plus développée. Elle est essentiellement réalisée au moyen d'un détournement de la finalité originelle des productions agricoles vers l'alimentation humaine et animale : dans ce cas, les biocarburants peuvent être appelés « agrocarburants ». L'obtention de biocarburants à partir de la biomasse lorsque celle-ci n'est plus directement liée à l'activité de production sur des terres agricoles reste marginale, mais on sait qu'il est possible d'étendre les procédés de production de biocarburants à d'autres matières organiques que les matières agricoles végétales, telles les matières animales ou encore certaines algues microscopiques riches en triglycérides (filières huiles). Par ailleurs, la mise en œuvre de techniques nouvelles, telles la dégradation par hydrolyse des plantes ligno-cellulosiques très riches en sucre (paille, résidus de bois, champignons par exemple le *Trichoderma reesi*), est considérée comme riche de promesses (filière éthanol) ; cette catégorie nouvelle de biocarburants est d'ailleurs souvent qualifiée de deuxième génération. Les problèmes environnementaux nombreux qu'a soulevé le développement intensif des agrocarburants ces dernières années souligne la nécessité d'étendre la famille des biocarburants au-delà du groupe des agrocarburants. Sur ce plan, les progrès des biotechnologies et du génie génétique pourraient apporter aussi d'importantes innovations et donner alors naissance un jour aux biocarburants de troisième génération.

Il faut signaler enfin que le terme « biocarburants » peut être employé à l'égard de carburants renouvelables susceptibles d'être utilisés purs (hypothèse des huiles végétales pures), mais aussi,

(20) Voir *infra* p. 37.

(21) Art. 2 h) et i) de la directive 2009/28 ; C. énergie, art. L. 661-1.

et d'ailleurs de fait plus souvent, pour décrire des carburants mélangés, contenant à la fois des composants d'origine fossile et un biocarburant au sens strict(22).

Le recours aux biocarburants est forcément tributaire des possibilités techniques de leur introduction dans les différents secteurs du transport. Toute évolution de la technologie en la matière est donc logiquement de nature à en favoriser l'essor. Il est à cet égard intéressant de constater qu'alors que la directive biocarburants (2003/30) avait pour cible exclusive le secteur du transport terrestre, la directive énergie renouvelable (2009/28) envisage pour sa part l'utilisation de ces carburants alternatifs dans d'autres segments de l'activité transport. Le nouveau texte se borne cependant à suggérer le recours à des carburants alternatifs d'origine renouvelable dans l'ensemble des activités de transport, sans nommer précisément celles qui sont concernées (sans doute principalement le transport aérien et le transport maritime), et, surtout, sans l'imposer aux entreprises concernées(23).

Remarque

Il est vrai aussi que l'utilisation des biocarburants dans d'autres secteurs que le transport par route et en particulier dans l'aéronautique se heurte aujourd'hui moins à des obstacles d'ordre technique (voir par exemple le procédé dit *Biomass to Liquid* BtL – qui permet d'obtenir du kérosène) qu'à des problèmes de rentabilité économique (voir C. Cygler, « Biocarburants dans le secteur aérien : un envol difficile », Actu-environnement.com, 28 septembre 2011).

La directive biocarburants 2003/30 qui était spécifiquement consacrée aux carburants renouvelables établissait une liste des produits éligibles à la notion de carburants renouvelables, qui n'est pas reprise par la directive 2009/28, laquelle embrasse de façon plus large la notion d'énergie renouvelable. En revanche cette dernière maintient au sein de ces produits la sous-distinction « combustible liquide ou gazeux »(24). Par ailleurs, elle fait également entrer dans son champ d'application les biocarburants non destinés aux transports, qui sont ici nommés « bioliquides ».

Les biocarburants liquides

Les biocarburants issus des plantes riches en sucre ou en amidon sont obtenus après fermentation anaérobie (en l'absence d'oxygène), laquelle transforme en alcool les sucres contenus dans les plantes à l'aide de levure. Ces sucres peuvent provenir de plantes sacchariféres (canne à sucre, topinambours, betteraves, etc.), de plantes amylacées (maïs, blé, pomme de terre, betterave, seigle, sorgho, manioc, etc.) ou bien encore des résidus de vinification (marcs de raisin, lies de vin et bourbes). Le carburant obtenu est l'éthanol (ou bioéthanol), privilégié dès les années 1970 au Brésil. Il peut s'utiliser pur dans des véhicules aux moteurs essence adaptés, plus souvent incorporé à l'essence en raison de son caractère très volatil. Lorsqu'il est mélangé à l'isobutylène (ou isobutène), il donne naissance à l'éthyl-tertiobutyl-éther (ETBE) qui peut lui aussi être incorporé à l'essence.

Remarque

Il ne faut pas confondre ETBE et MTBE (méthyl-tertio-butyl-éther) : dans le second cas, à la place de l'éthanol, est employé le méthanol, un alcool d'origine pétrochimique. Le qualificatif de bioéthanol est réservé à l'éthanol destiné à la vente en tant que carburant, voir art. 2.2 directive 2003/30 et CJUE, 21 décembre 2011, Evrœtil, C-503/10.

Les biocarburants issus des matières végétales ou animales contenant des huiles : c'est au moyen d'une extraction mécanique s'accompagnant dans certains cas d'opérations chimiques que l'on

(22) TPICE 27 septembre 2000, BP Chemicals, T-184/97, *Rec.* p. II-3145.

(23) Voir la prudence du texte européen exprimée ici par son considérant 29 : « Les États membres devraient s'employer à diversifier le bouquet des énergies produites à partir de sources renouvelables dans tous les secteurs des transports ».

(24) Art. 2.1.a.

produit ces huiles utilisables également comme carburants. L'ester méthylique d'huile végétale (EMHV) est un premier exemple de biocarburant obtenu par la mise en œuvre de cette technique : il peut être produit à partir soit de plantes oléagineuses (tournesol, soja, colza, coton, olive, huile de palme...), soit de micro-algues. On utilise ici le procédé de l'estérification qui consiste à associer une huile minérale (le méthanol) à l'huile végétale. L'EMHV est rarement utilisé pur, plus souvent en mélange avec du gazole ou du fioul domestique. Si on utilise de l'éthanol (alcool végétal issu des plantes riches en sucre) à la place du méthanol, on obtient alors de la glycérine mais aussi un carburant appelé « ester éthylique d'huiles végétales » (EEHV), substituable en tout ou partie au gazole ou au fioul domestique. L'ester méthylique d'huile animale (EMHA) est un produit comparable, en ce qu'il utilise lui aussi le procédé de l'estérification, mais différent puisqu'il provient à la base d'huiles animales (recueillies après équarrissage des animaux notamment). Par ailleurs, le biogazole de synthèse (ou biodiesel) est issu de l'hydrogénation des corps gras issus d'huiles végétales ou de graisses animales (procédé NextBTL), ses propriétés étant comparables à celles du gazole. Enfin, on peut également traiter à froid les graines des plantes oléagineuses et protéo-oléagineuses (tournesol, colza, soja...) pour obtenir des huiles végétales pures (HVP) : le procédé est loin d'être révolutionnaire, puisque le premier moteur automobile conçu en 1890 par Rudolf Diesel fonctionnait déjà avec de l'huile d'arachide. L'HVP peut être utilisée en mélange avec le gazole, ou pure, à condition d'équiper le moteur d'un double circuit de carburation.

Les biocarburants gazeux

Ils correspondent soit à une utilisation comme carburant du biogaz, gaz obtenu à partir de la fermentation des matières organiques fermentescibles le cas échéant celles issues des cultures mais surtout les déchets(25) –, soit à l'utilisation après purification, dans des moteurs à combustion diesel ou essence, d'un gaz obtenu par la technique de gazéification de la biomasse verte(26), proche du gaz naturel véhicule (GNV). L'autonomie du véhicule utilisant le biogaz est réduite, ce qui explique qu'il soit surtout employé dans les transports urbains.

Les bioliquides

Certaines des techniques ci-dessus exposées peuvent alternativement permettre d'obtenir, là encore à partir de la biomasse, toujours un combustible liquide mais pour d'autres finalités que le transport, en l'occurrence pour produire de l'électricité, de la chaleur ou bien encore du froid. Par exemple, l'éthanol peut être utilisé comme combustible dans les cheminées. Par exemple, encore les huiles végétales pures sont des combustibles potentiels pour les chaudières à condition de mettre en place un brûleur spécifique. Ces bioliquides sont de plein droit intégrés depuis la directive 2009/28 au dispositif européen de promotion de l'énergie renouvelable.

2. La valorisation énergétique de la biomasse déchets

Le déchet est en droit toute substance ou tout objet dont le détenteur se défait ou dont il a l'intention ou l'obligation de se défaire(27). La valorisation énergétique du déchet est l'une des formes possibles de la valorisation, laquelle veut notamment que les déchets servent « à des fins utiles »(28). Sur un plan technique, quatre méthodes de valorisation énergétique des déchets dominent.

(25) Voir *infra* p. 37.

(26) Voir *infra* p. 38.

(27) Art. 3.1 de la directive 2008/98 du Parlement européen et du Conseil du 19 novembre 2008 relative aux déchets et abrogeant la directive 75/442 ; Voir aussi *infra* p. 89.

(28) Voir article 3 15) de la directive 2008/98 préc. ; voir aussi l'annexe II de cette directive.

a. L'incinération des déchets

Elle génère de l'énergie pouvant être utilisée pour produire de l'électricité ou de la chaleur. La chaleur dégagée par la combustion des déchets peut être récupérée sous forme de vapeur et exploitée de trois façons : afin d'alimenter un réseau de chaleur desservant des bâtiments collectifs ou des installations industrielles, afin de produire simultanément de la chaleur et de l'électricité (cogénération), afin d'obtenir *in fine* de l'électricité à l'aide d'un turboalternateur. Les déchets concernés sont principalement les ordures ménagères, les déchets industriels banals, les boues de station d'épuration. Les déchets agricoles, par exemple les farines animales, les viscères de canards et d'oies, les graisses de moutons issus des abattoirs, et sylvicoles peuvent aussi fournir de l'énergie après incinération. La directive 2008/98 du 19 novembre 2008 relative aux déchets a modifié substantiellement la conception juridique européenne de l'incinération. En effet, jusqu'à cette directive, l'incinération des déchets était considérée comme un procédé d'élimination et non pas de valorisation des déchets(29). Or, le texte nouveau non seulement instaure une hiérarchie dans le traitement des déchets, donnant notamment priorité à la valorisation sur l'élimination mais, surtout, modifie les définitions de ces deux notions, en arguant « des avantages potentiels que revêt pour l'environnement et la santé humaine l'utilisation des déchets comme ressources »(30). Dorénavant, sous réserve que l'efficacité énergétique des installations d'incinération des déchets dépasse un seuil minimal défini par cette directive, ces installations sont réputées exercer une activité de valorisation des déchets(31). Par là même le droit européen a donc officiellement reconnu le rôle de la filière d'incinération des déchets dans la production d'énergie renouvelable.

Remarque

Faute d'être juridiquement consacré, ce rôle existait déjà depuis longtemps dans les faits. Ainsi, en France, sur presque 13 millions de tonnes de déchets incinérés, 96 % font l'objet actuellement d'une valorisation énergétique, effectuée par les usines d'incinération des ordures ménagères (UIOM), voir MEDDM, « Plan d'action national en faveur des énergies renouvelables. Période 2009-2020 », p. 81 et s.

La directive 2000/76 du 4 décembre 2000 sur l'incinération des déchets(32) distingue de son côté les installations d'incinération et celles de co-incinération et leur applique un régime juridique différent selon les conditions d'exploitation et les valeurs limites d'émission. Sur ce fondement, les entités dont l'objectif essentiel est la production d'énergie (ou de produits matériels) doivent recevoir l'appellation d'« installations de coincinération » (33).

Comme les directives qui l'ont précédée, la directive 2009/28 sur l'énergie directive renouvelable reconduit la règle selon laquelle sont des déchets susceptibles d'être valorisés pour fournir de

(29) Voir annexe II A de la directive 2006/12 du 5 avril 2006.

(30) Voir directive 2008/98, considérant 19.

(31) Voir annexe II de la directive 2008/98.

(32) Cette directive ne s'applique pas cependant à l'incinération de tous les déchets ; sont exclues notamment de son champ d'application les installations où sont traités exclusivement les déchets suivants : i) déchets végétaux agricoles et forestiers ; ii) déchets végétaux provenant du secteur de la transformation alimentaire, si la chaleur produite est valorisée ; iii) déchets végétaux fibreux issus de la production de la pâte vierge et de la production du papier au départ de la pâte, s'ils sont coincinérés sur le lieu de production et si la chaleur produite est valorisée ; iv) déchets de bois, à l'exception des déchets de bois qui sont susceptibles de contenir des composés organiques halogénés ou des métaux lourds à la suite d'un traitement avec des conservateurs du bois ou du placement d'un revêtement, y compris en particulier les déchets de bois de ce type provenant de déchets de construction ou de démolition ; v) déchets de liège ; vi) déchets radioactifs ; vii) carcasses d'animaux relevant de la directive 90/667/CEE, sans préjudice de ses modifications futures ; viii) déchets résultant de la prospection et de l'exploitation des ressources en pétrole et en gaz provenant d'installations *offshore* et incinérés à bord de celles-ci).

(33) Sur ces notions, voir aussi CJCE 11 septembre 2008, C-251/07, Gävie Kraftvärme, *Rec.* p. I-7047.

l'énergie la « fraction biodégradable » des « déchets municipaux ». Mais, de la sorte, le texte semble induire que la totalité des déchets appartenant à cette famille sont de source renouvelable, négligeant le fait qu'une bonne partie d'entre eux (matières plastiques) sont issus de ressources fossiles. En réalité, l'incinération des déchets municipaux n'est pas forcément considérée comme une production d'énergie renouvelable, elle ne le sera en effet que lorsque le déchet est issu majoritairement soit à au moins 50 % – de la biomasse[(34)].

b. La méthanisation des déchets

C'est un mode de traitement distinct de l'incinération. Il s'agit d'une décomposition, fermentation ou encore d'une dégradation biologique des matières organiques opérée en anaérobiose et à l'abri de la lumière. Le terme de méthanisation s'est progressivement imposé et fait désormais l'objet d'une définition juridique officielle[(35)]. La méthanisation concerne de fait toutes les matières organiques fermentescibles, c'est-à-dire les déchets, mais aussi la biomasse verte. Ce procédé est à l'origine du biogaz, dont la composition est similaire à celle des gaz naturels bruts (méthane et gaz carbonique). L'article 2.2.c de la directive biocarburants de 2003 définissait le biogaz comme un « gaz combustible produit à partir de la biomasse et/ou de la fraction biodégradable des déchets, purifié jusqu'à obtention d'une qualité équivalente à celle du gaz naturel et utilisé comme biocarburant, ou gaz produit à partir du bois »[(36)]. La fermentation est dite « fatale » lorsqu'elle est issue des décharges, fosses à lisiers. À l'inverse, elle est voulue et optimisée dans les bioréacteurs de méthanisation et autres digesteurs, qui sont des cuves recouvertes d'un couvercle sous lequel s'accumule le biogaz. Les gisements sont très divers. Le biogaz de décharge est obtenu à partir de la fraction biodégradable des déchets urbains valorisés et assimilés mis en décharge et de celle des boues de stations d'épuration des eaux usées. La méthanisation concerne aussi tout particulièrement les déchets riches en eau et facilement dégradables (déchets de cuisine, végétaux jeunes et verts, tontes de gazon, herbes fraîches, boues de stations d'épuration, matières de vidange, etc.) ainsi que la biomasse agricole (déchets et sous-produits agricoles mais aussi plantes énergétiques). En France, la méthanisation reste encore majoritairement une activité prise en charge par des entreprises industrielles[(37)], mais elle pourrait intéresser de plus en plus d'exploitants agricoles auxquels s'adressent d'ailleurs certains dispositifs incitatifs spécifiques ; en revanche la méthanisation individuelle ou « domestique » des déchets ménagers est une option qui ne convainc pas les pouvoirs publics en raison principalement de son faible potentiel énergétique et des risques induits pour la sécurité des personnes et des biens[(38)].

Une fois obtenu, le biogaz peut être éliminé dans l'atmosphère *via* des torchères. Mais il peut aussi être valorisé sous forme d'énergie. Il existe quatre types de valorisations énergétiques du biogaz brut ou purifié : la production de chaleur, la production d'électricité, la production d'un combustible gazeux similaire au gaz naturel, l'utilisation comme carburant. Sous une forme thermique, le biogaz peut servir par exemple à alimenter des chaudières ou des unités de cogénération (réseaux

(34) Voir article 2 de l'arrêté du 8 novembre 2007 pris en application de l'article 2 du décret 2006-1118 du 5 septembre 2006 relatif aux garanties d'origines de l'électricité produite à partir de sources d'énergie renouvelables ou par cogénération.

(35) C'est un « processus de transformation biologique anaérobie de matières organiques qui conduit à la production de biogaz et de digestat », voir arrêté du 10 novembre 2009 fixant les règles techniques auxquelles doivent satisfaire les installations de méthanisation soumises à autorisation en application du Titre Ier du Livre V du code de l'environnement.

(36) L'arrêté précité du 10 novembre 2009 sur la méthanisation propose sa propre définition, qui met davantage l'accent sur le contenu chimique du biogaz : « gaz issu de la fermentation anaérobie de matières organiques composé pour l'essentiel de méthane et de dioxyde de carbone, et contenant notamment des traces d'hydrogène sulfuré.

(37) Voir MEEDM, « Plan d'action national en faveur des énergies renouvelables. Période 2009-2020 », p. 81 et s.

(38) Voir réponse de la ministre de l'Écologie à question écrite n° 126176 (P. Folliot), *JOAN* 3 avril 2012, p. 2 758.

de chaleur urbain), à déshydrater les cultures agricoles (luzerne, maïs, fourrage, etc.). La valorisation du biogaz en électricité est plus particulièrement pratiquée à partir du biogaz de décharge, en raison de l'éloignement des décharges des sites d'utilisation de chaleur. L'utilisation du biogaz comme carburant était officiellement reconnue par la directive biocarburants[39], mais reste marginale – flottes de bus urbains. Le biogaz est surtout destiné à des usages de proximité et à l'autoconsommation. Il est beaucoup plus rarement distribué dans les réseaux. L'injection du biogaz dans le réseau gaz existant, après transformation par épuration et mise aux normes gaz naturel, est pourtant considérée comme techniquement possible et présenterait de nombreux avantages (absence de stockage et de décalage entre les quantités produites et les quantités consommées ou entre les périodes de production et celles de consommation).

Remarque

Sont par suite réputés intéressés à la production de biogaz tous ceux qui peuvent valoriser leurs propres productions de déchets : exploitants agricoles, industries agroalimentaires, chimiques, papetières, exploitants de décharges ou de stations d'épuration...

c. La gazéification des déchets

Elle est comparable à la gazéification de la biomasse verte : il s'agit de soumettre les déchets à une forte chaleur, afin d'en extraire un gaz de synthèse qui peut alimenter des turbines et produire de l'électricité. La filière est encore peu développée, mais est souvent vantée en tant qu'alternative à l'incinération, car elle présente un rendement énergétique et un bilan écologique meilleurs.

d. La récupération de la chaleur des eaux usées

Le potentiel thermique des eaux usées constitue en effet une source d'énergie renouvelable, les canalisations d'assainissement des eaux usées véhiculant des eaux dont la température est comprise entre 10° et 20° C (température variant selon les régions et la saison). Or, cette chaleur peut être récupérée pour le chauffage ou le refroidissement des bâtiments. La technique fait alors appel à un échangeur de chaleur couplé à une pompe à chaleur.

II. La recherche d'un critère commun à toutes les énergies renouvelables

La démarche conduisant à caractériser une notion à partir d'une liste comporte à la fois des avantages et des inconvénients. Ce système peut certes sembler préférable à la formulation abstraite d'une règle générale parce qu'une liste est plus concrète et qu'elle offre, à ce titre, une meilleure prévisibilité pour l'application ultérieure de la règle. La démarche des auteurs de la directive peut donc sous cet aspect être qualifiée de pragmatique. Mais il demeure que la liste dont s'agit ne permet pas de définir clairement les contours de la notion de renouvelabilité d'une ressource.

C'est donc sur ce plan là que le système de la liste est plutôt décevant. D'abord, on peut regretter qu'il abdique toute velléité de définir précisément et de façon objective une notion qui est pourtant centrale. Ensuite, et surtout, le procédé ne manque pas d'interroger quant à la portée de l'énumération qu'elle comporte : la liste des énergies renouvelables est-elle exhaustive ou exemplative, normative ou indicative ? Quelle est la marge de manœuvre des États dans l'application de ces listes ? Ces questions sont importantes parce que le choix entre l'une ou l'autre des options proposées a des conséquences juridiques et politiques différentes : le choix de l'exhaustivité implique qu'aucun ajout à la liste européenne des énergies renouvelables n'est possible alors qu'une liste ouverte laisse aux États la prérogative d'attribuer la qualité « renouvelable » à d'autres énergies ; le choix de la normativité suppose quant à lui que toutes les énergies exposées soient de plein droit

(39) Article 2.1.a.

autorisées à l'exploitation dans chaque État membre, alors qu'une liste seulement indicative permet aux États de sélectionner et donc d'autoriser ou non à l'exploitation et à la consommation – celle(s) qui leur semble(nt) la (les) mieux adaptée(s) au contexte national.

Si le caractère normatif de la liste européenne des énergies renouvelables est une question qui a fait l'objet de controverses(40), la thèse de l'exhaustivité semble en revanche pouvoir être aisément validée. D'abord, parce que l'absence d'exhaustivité se concilie mal avec le principe général de droit communautaire dit de « sécurité juridique », qui fonde un certain nombre d'exigences en matière de certitude et de prévisibilité de la règle de droit. Ensuite, sur le plan formel, il faut relever que l'énumération à laquelle s'emploient les directives européennes successives sur l'énergie renouvelable n'utilise aucun procédé linguistique ou syntaxique (adverbe « notamment », points de suspension en fin de parenthèse) permettant d'en inférer que certaines ressources n'auraient pas été (volontairement) intégrées à la liste. En toute hypothèse, cette dernière ayant été réactualisée dans la directive 2009/28, l'idée d'exhaustivité apparaît nécessairement relative : la recension européenne des énergies renouvelables n'a manifestement d'autre ambition que de refléter le plus fidèlement possible les différentes filières techniquement exploitables au moment de l'adoption des directives.

Remarque

Il est donc probable que les textes en question incluent, voire excluent, le jour venu certaines filières, sur la base du critère de leur faisabilité (technique, économique, juridique...).

À défaut de définir, donc, la notion de renouvelabilité, les textes de l'UE offrent deux précisions essentielles, qui viennent d'être exposées : d'une part, ils opposent les énergies renouvelables aux énergies de source fossile ; d'autre part, ils établissent une liste exhaustive des énergies concernées. Ces deux éléments fondamentaux permettent de poser les deux critères alternatifs de la renouvelabilité.

a) Soit les énergies renouvelables reposent sur des sources énergétiques naturelles qui ont pour propriété de se renouveler perpétuellement à l'échelle de la vie humaine sur terre. Ces énergies incluent : l'énergie solaire (due aux propriétés radiative et thermique du soleil) ; l'énergie éolienne (due aux vents) ; l'énergie aérothermique (due aux différences de température au sein de l'air ambiant), l'énergie géothermique (due à la chaleur interne de la terre), l'énergie hydrothermique (issue des différences de température au niveau des eaux de surface) ; l'énergie marine (marémotrice : due aux mouvements de flux et reflux des marées) ; celle des courants marins ; l'énergie houlomotrice (dépendante des vagues) ; l'énergie thermique des mers et des océans (due aux gradients de température entre les eaux de surface et les eaux profondes) ; l'énergie osmotique (due au mélange des eaux douces et salées dans les estuaires) ; enfin l'énergie hydroélectrique (due à la force mécanique de l'eau).

Toutes ces énergies sont au demeurant fondées sur des flux eux-mêmes d'origine naturelle :
– Le premier d'entre eux est le soleil : de celui-ci dérive évidemment, et directement, l'énergie solaire. Dans une perspective large, on pourrait même estimer qu'en découlent aussi, de façon indirecte, toutes les énergies renouvelables signalées comme telles par le droit positif, du simple fait qu'elles ont toutes besoin du soleil pour prospérer. En ce sens, il serait à la limite possible de regarder toutes les énergies répertoriées comme des formes secondaires de l'énergie solaire(41).

(40) Voir *Infra* p. 409 et s.

(41) Pour une approche très extensive de l'énergie solaire, voir M. Prieur, « Le droit public solaire en France », *RJE* avril 1979, p. 253.

Mais une approche plus restrictive montre qu'une relation étroite et nécessaire avec le soleil n'existe en réalité qu'avec certaines de ces ressources énergétiques : il s'agit d'abord de l'énergie éolienne, puisque le soleil est à l'origine du vent ; de l'énergie aérothermique, puisque le soleil est à l'origine des calories présentes dans l'air ambiant ; de toutes les formes d'énergie hydraulique (thermiques ou mécaniques), puisque le soleil est aussi à l'origine du cycle de l'eau ; enfin des phénomènes de houle et de courants marins, puisque c'est l'attraction magnétique de la lune et du soleil qui les provoque.
– Le second phénomène naturel est la chaleur interne de la terre le magma terrestre – qui produit notamment la géothermie (cette chaleur provient de la désintégration naturelle des éléments radioactifs présents dans les roches : uranium, thorium, potassium, etc.).
– Le troisième phénomène naturel est la gravitation, de laquelle est issue l'énergie marémotrice.

Dire que certaines énergies renouvelables s'appuient sur des flux naturels, et s'en tenir là, serait cependant s'arrêter au milieu du chemin. En effet, quels que soient le(s) phénomène(s) ici à l'œuvre, il est plus important de mettre en avant le fait que toutes les ressources liées aux trois phénomènes naturels ci-dessus identifiés sont par suite des énergies de flux. Cette caractéristique est essentielle parce que c'est elle qui donne auxdites énergies la propriété de se renouveler constamment. Certes, on sait que tout disparaîtra un jour. Selon les scientifiques, le soleil, âgé de quatre milliards et demi d'années, ne devrait ainsi continuer à produire de l'énergie « que » pendant neuf milliards d'années : voué à disparaître, il emportera avec lui toutes les sources d'énergie qui lui sont rattachées. Par ailleurs, même en partant du principe que les ressources énergétiques naturelles dont il est ici question sont inépuisables à hauteur des possibilités de la vie humaine sur la terre, on n'ignore pas que l'exploitation de certaines d'entre elles suppose d'utiliser parfois d'autres ressources de caractère cette fois non renouvelable (par exemple, le silicium, utilisé pour ses propriétés semi-conductrices pour la fabrication des cellules solaires photovoltaïques, est aujourd'hui en abondance sur la planète mais pourrait un jour manquer). Mais encore, pour ce qui concerne en particulier la ressource géothermique, les scientifiques ont évalué à 140 millions d'exajoules le contenu énergétique des cinq premiers kilomètres de la croûte terrestre : c'est bien sûr un potentiel immense, mais, suivant la métaphore du verre à moitié vide et non à moitié plein –, on estime qu'avec cette masse géothermique, on ne couvrira les besoins mondiaux d'énergie « que » pendant 250 000 ans environ ; en France notamment, le stock géothermique exploitable est évalué à 26 000 années de consommation, sachant que ce stock peut localement s'épuiser ou ne se renouveler que très lentement(42). En conclusion, il faut donc admettre que la renouvelabilité des sources d'énergie fondées sur des flux naturels s'entend nécessairement dans une échelle de temps limitée au mieux celle de la vie humaine sur terre – et dans les limites parfois strictes des possibilités de leur exploitation par l'homme.

b) Soit les énergies renouvelables sont constituées par des matières qui peuvent se renouveler au même rythme que celui auquel elles sont consommées. Sont ici concernées toutes les sources d'énergie qui, tout en présentant un lien incontestable avec le phénomène naturel qu'est le soleil, ont cependant surtout à voir avec les activités humaines sur la terre. Ces ressources énergétiques appartiennent toutes à la catégorie large de la biomasse : d'une part, les matières végétales et animales, d'autre part, les déchets (industriels, ménagers, agricoles).

Il s'agit donc en premier lieu de la biomasse verte au sens donné à ce terme précédemment. Au sein de cette catégorie de source d'énergie figurent notamment les ressources sylvicoles plus communément appelées bois-énergie. La mention expresse de ces ressources parmi celles de

---

(42) ADEME, « Les Énergies et matières premières renouvelables en France. Situation et perspectives de développement dans le cadre de la lutte contre le changement climatique », 26 mars 2003.

caractère renouvelable par la directive 2009/28 tend à indiquer que le remplacement de la forêt est garanti dans l'espace européen : de fait il a été signalé que l'exploitation du bois dans l'UE est telle que la production annuelle totale ne représente que 50 % de l'accroissement annuel net, de sorte que les stocks sont en augmentation(43). C'est aussi le cas en France, où la forêt s'accroît naturellement de 90 millions de mètres cubes par an pour une consommation nationale de 35 millions de mètres cubes par an(44). Quoi qu'il en soit, il faut admettre que seule une consommation rationnelle du bois permet de ranger ce dernier dans la liste des sources énergétiques renouvelables. En d'autres termes encore, « le bois constitue un matériau renouvelable [...] dès lors que les forêts dont il est issu sont gérées durablement »(45). Le caractère renouvelable de la biomasse verte est donc nécessairement affecté d'une limite spécifique, tenant au fait que les ressources qui la constituent sont toujours tributaires du rythme de leur remplacement. Cette limite, particulièrement flagrante pour le bois et ses dérivés, peut conduire à considérer qu'en certains lieux de la planète, une surexploitation du bois remet en cause le postulat de la renouvelabilité de cette forme d'énergie. Cette donnée est fondamentale, notamment si l'on se réfère à un rapport récent de la FAO qui faisait état d'une dégradation alarmante des ressources forestières mondiales : un bilan négatif de l'ordre de 7,3 millions d'hectares par an sur la période 2000-2005(46).

Il s'agit en second lieu de tous les déchets pouvant être valorisés pour produire de l'énergie (électricité, gaz, chaleur, carburants, liquides énergétiques). Pour ces derniers, il va encore plus de soi que leur renouvelabilité dépend moins de flux naturels même si la vie humaine génératrice de déchets ne se conçoit pas sans la présence du soleil – que des diverses activités humaines en tant que telles et, plus précisément, de la propension de l'homme à produire perpétuellement des déchets.

Au terme de cette étude, on peut formuler une conclusion provisoire : toutes les ressources auxquelles le caractère renouvelable est attribué par la règle de droit sont potentiellement inépuisables, ceci au moins jusqu'à la limite de la vie humaine sur la terre. Or, cette propriété est précisément la principale qualité des énergies fondées sur de telles ressources.

Section 2

La pérennité comme qualité

L'enjeu de pérennité n'est pas le moindre des enjeux en raison de l'importance qu'a prise l'énergie dans la vie courante. Elle est le fluide vital des sociétés modernes, lesquelles ne pourraient probablement plus s'en passer. Le caractère pérenne de l'énergie, cette fois largement entendue, apparaît donc bien comme un des principaux défis que doit affronter aujourd'hui la population humaine. Or, il ne fait guère de doute que cette pérennité, qui dépend de deux paramètres, est bien la qualité fondamentale des énergies fondées sur des ressources renouvelables.

(43) Communication de la Commission, « Vers une stratégie thématique pour l'utilisation durable des ressources naturelles », COM (2003) 572 final, point 4.1.2.

(44) Sur les risques de surexploitation de la ressource bois, J.-F. Auby, « La forêt et l'environnement », *LPA* 7 avril 1994, n° 50.

(45) Circ. Premier ministre, 5 mai 2005, portant sur les moyens à mettre en œuvre dans les marchés publics de bois et produits dérivés pour promouvoir la gestion durable des forêts, point 2.

(46) FAO, « Évaluation des ressources forestières mondiales », 2005 (www.fao.org).

§1. Les paramètres du caractère pérenne de l'énergie

I. La pérennité de l'énergie dépend de la durabilité de la ressource

La pérennité des énergies est contrariée par la concomitance de deux phénomènes.

D'une part, la consommation énergétique mondiale s'emballe, et toutes les prévisions révèlent qu'il s'agit d'une tendance qui durera. L'exercice prospectif auquel se livre chaque année l'Agence internationale de l'énergie est à cet égard toujours instructif : selon les chiffres les plus récents, d'ici à 2035, la demande en énergie devrait ainsi progresser d'un tiers(47). Il est au demeurant notable que, si les besoins énergétiques des pays de l'OCDE ne devraient augmenter que faiblement, ils sont en revanche susceptibles de croître très fortement dans les pays en développement. Dans ces derniers, la demande finale de l'industrie devrait diminuer alors que les courbes de la demande des secteurs résidentiel, tertiaire, et surtout des transports risquent de connaître une hausse substantielle. Dans ces régions du monde, la consommation d'électricité notamment suit une courbe ascendante, faisant craindre d'éventuelles ruptures d'approvisionnement électrique aux périodes de pointe (pics de consommation), au pire le *black-out* total (voir l'exemple de la crise californienne de l'été 2000).

Remarque

Le record de consommation électrique a ainsi été battu en France en décembre 2010 en raison de la conjonction d'un froid hivernal et d'une consommation très forte des ménages (voir C. Cygler, « Électricité en France : les statistiques 2010 », Actu-environnement.com, 16 septembre 2011).

D'autre part, l'offre en produits énergétiques se contracte pour des raisons principalement géologiques : cette offre est aujourd'hui en effet fondée pour l'essentiel sur des ressources fossiles qui par définition existent en quantités finies(48). L'état exact de la déplétion des ressources fossiles est difficile à mesurer, mais tous les spécialistes s'accordent pour dire qu'elles vont inéluctablement se raréfier, d'abord parce que la diminution des réserves récupérables prouvées est bien réelle (les ressources fossiles sont non seulement épuisables mais leur temps de reconstitution est long : de l'ordre de 100 à 400 millions d'années pour le pétrole, de l'ordre de 250 à 300 millions d'années pour le charbon), ensuite parce que la découverte de nouveaux gisements ne semble pas suffisante pour contenir le phénomène d'extinction. En 2001, l'Observatoire de l'énergie estimait qu'au rythme actuel de production, la durée des réserves atteignait plus de deux siècles pour le charbon (houille et lignite) mais guère plus de 40 ans pour le pétrole(49). Les chiffres récents sont plus optimistes au moins pour le gaz : selon l'AIE, les ressources gazières conventionnelles récupérables équivaudraient à 120 ans de production. En y ajoutant les gaz non conventionnels, dont l'exploitation pose toutefois d'importants problèmes environnementaux, les réserves atteindraient 250 ans de production(50). Quant à l'énergie fissile nucléaire, la question de l'épuisement est elle-même inévitable bien que plus relative(51). Cet état de fait est non seulement inquiétant mais au surplus inédit puisque la pénurie de pétrole des années 1970 n'avait pas la même origine : elle était

(47) AIE, « Rapport sur les perspectives énergétiques mondiales (*World Energy Oulook*) », 2011 (www.iea.org).

(48) J.-M. Chevalier, *Les 100 mots de l'énergie*, « Que sais-je ? », PUF, 2010 (2e éd.), p. 25.

(49) Observatoire de l'énergie, *L'Énergie*, 2001 (www.minefi.gouv.fr).

(50) AIE, « Are We Entering a Golden Age of Gas ? », Rapport spécial du *World Energy Oulook*, 2011.

(51) R. Deloche, « Énergies et matières premières », *Lettre DGEMP* 2001, n° 17 ; voir aussi J.-M. Chevalier, *Les 100 mots de l'énergie*, *op. cit.*, p. 40 : « Le risque d'épuisement des réserves n'est pas d'actualité, même en tenant compte de la renaissance du nucléaire ».

le résultat d'un embargo commercial fondé sur des considérations économiques et politiques et non d'une raréfaction physique(52).

Remarque

Les gaz non conventionnels couvrent notamment le gaz piégé dans la roche mère où il s'est formé (*shale gas*), c'est-à-dire le gaz de schiste. Les risques environnementaux et technologiques associés à l'hydrofracturation de ce dernier ont conduit la France à refuser son exploitation (voir loi 2001-835 du 13 juillet 2011 visant à interdire l'exploration et l'exploitation des mines d'hydrocarbures liquides ou gazeux par fracturation hydraulique et à abroger les permis exclusifs de recherches comportant des projets ayant recours à cette technique, et l'arrêté du 12 octobre 2011 portant publication de la liste des permis exclusifs de recherches de mines d'hydrocarbures liquides ou gazeux abrogés en abrogation de la loi 2011-835). Sur ces textes, voir P. Billet, « Recherche et exploitation du gaz de schiste : les incertitudes et demi-mesures d'une loi », *Environnement et développement durable*, novembre 2011, 11 ; B. Martor, R. Chétrit, P. Baylocq, « Exploration des hydrocarbures de schiste : le régime juridique de la fracturation hydraulique en question », *Environnement et développement durable*, novembre 2011, 12.

II. La pérennité de l'énergie peut dépendre des modes d'exploitation de l'énergie

L'idée de finitude d'une énergie peut s'appliquer non seulement à la ressource dont elle est issue mais aussi le cas échéant à la durée de vie de ses moyens d'exploitation. Ce problème se pose tout particulièrement à propos du nucléaire et, dans cette mesure, notamment à la France, un pays qui, depuis le début des années 1970, s'est résolument orienté vers cette énergie. Il existe en effet actuellement en France 58 réacteurs nucléaires à eau pressurisée (REP) produisant environ 50 % de l'électricité consommée sur le territoire français. Or, d'ici 2020 une trentaine de ces réacteurs vont atteindre un âge critique. Par suite, les pouvoirs publics français sont actuellement confrontés à une alternative : abandonner le parc nucléaire existant ou construire de nouvelles installations. La loi POPE de 2005 a tranché : un prototype du réacteur à eau pressurisée de troisième génération (EPR) doit être construit d'ici 2012(53) ; il devrait assurer la transition avec les centrales de quatrième génération (ITER), lesquelles ne pourraient être opérationnelles qu'à plus long terme (2040-2050). Mais le débat sur le caractère durable ou non de l'activité d'exploitation de centrales nucléaires est loin d'être clos.

Remarque

L'article 2 de l'arrêté du 15 décembre 2009 relatif à la programmation pluriannuelle des investissements de production d'électricité prévoit de son côté un premier réacteur de troisième génération à l'horizon 2012 et un deuxième réacteur de troisième génération à l'horizon 2017, sur des sites nucléaires existants.

§2. La pérennité de l'énergie issue de sources renouvelables

Le fait que la pérennité de l'énergie soit principalement dépendante du caractère durable de la ressource qui en est à l'origine suffit à comprendre l'importance du caractère renouvelable d'une ressource énergétique. Sans doute, dans le contexte actuel de tension entre l'offre et la demande, peut-on même considérer qu'il s'agit de la qualité première de l'énergie. D'aucuns diront que l'exploitation des énergies renouvelables relève par suite d'une impérieuse nécessité : d'abord parce qu'elle est de nature à repousser sinon à éliminer le risque de manquer un jour d'énergie – une menace évidemment majeure pour la croissance économique et pour les équilibres géostratégiques

(52) Voir en ce sens communication de la Commission, « Vers une stratégie thématique pour l'utilisation durable des ressources naturelles », COM (2003) 572 final.

(53) Voir aussi décret n° 2007-534, 10 avril 2007, autorisant la création de l'installation nucléaire de base dénommée « Flamanville 3 », comportant un réacteur nucléaire de type EPR, sur le site de Flamanville (Manche).

de la planète –, ensuite parce qu'elle offre une meilleure visibilité aux choix de politique économique, dont on sait qu'ils s'inscrivent en général dans le temps long. Nul n'ignore à cet égard qu'il sera de plus en plus difficile de faire vivre les 7 milliards d'habitants de la planète sur l'exploitation de ressources non renouvelables. Pour toutes ces raisons, c'est donc bien le caractère pérenne de l'énergie issue de sources renouvelables qui doit être mis en avant.

Chapitre 2

L'intérêt écologique des énergies renouvelables

Réfléchir à l'intérêt écologique de l'énergie en général c'est indirectement soulever la question de sa réception sociale. Or, il semble que l'on soit aujourd'hui à la fin d'un cycle, celui de l'admission sans bornes d'un mode de vie qui produit les biens nécessaires à l'être humain mais détruit le milieu qui l'entoure. On comprend facilement pourquoi le développement durable, qui symbolise cette rupture, peut impliquer de recourir à des énergies satisfaisantes sur le plan écologique. Il reste donc à savoir si les énergies issues de ressources renouvelables répondent à cette préoccupation. Ainsi s'impose-t-il en d'autres termes de rendre compte de l'écobilan des énergies renouvelables tant au regard de la problématique très actuelle de lutte contre les gaz à effet de serre qu'au regard des autres thématiques environnementales.

Section 1

L'écobilan des énergies renouvelables au regard de l'émission des gaz à effet de serre

On n'a sans doute pas mesuré assez tôt à quel point la révolution industrielle et les modes de production qu'elle a induits allaient profondément marquer la planète. La prise en compte de la « dimension énergétique du changement climatique »[1] conduit à identifier tout à la fois les causes et les actions à entreprendre afin de répondre au bouleversement écologique majeur que le monde s'apprête à affronter. Or, alors que les causes de ce phénomène résident principalement dans les émissions de gaz à effet de serre, l'exploitation des sources d'énergie renouvelables est précisément souvent présentée comme l'un des outils de la lutte contre ces émissions.

§1. Les émissions de gaz à effet de serre et le changement climatique

Si l'augmentation des émissions de gaz à effet de serre et le changement climatique qui en est issu sont des faits avérés, le rôle majeur joué dans la genèse de ce phénomène par l'exploitation des sources d'énergies fossiles est également acquis.

I. Un changement climatique très largement provoqué par les émissions de gaz à effet de serre

« Il y aura probablement toujours des incertitudes dans la compréhension d'un système aussi complexe que le climat à l'échelle mondiale. Toutefois, il est pratiquement sûr qu'un réchauffement global s'installe actuellement »[2].

---

(1) Communication de la Commission, COM (97) 196 final.

(2) « Déclaration commune des Académies des sciences sur la réponse globale au changement climatique pour le sommet du G 8 », juillet 2005.

A. Le réchauffement climatique

Ce phénomène est étudié depuis 1988 par le Groupe d'experts intergouvernemental sur l'évolution du climat (GIEC), créé par l'Organisation météorologique mondiale et le programme des Nations unies pour l'environnement (PNUE), afin d'évaluer les données scientifiques disponibles sur l'évolution du climat et formuler des stratégies de parade, dites « d'atténuation et d'adaptation »[(3)]. Le GIEC a mis en lumière un événement objectivement indiscutable et surtout fondamental : une élévation de 0,6 °C des températures au voisinage du sol, qui s'est produite au cours du XXe siècle. Cette augmentation des températures est observable sur plusieurs plans : fonte de la calotte polaire et des glaciers de montagne, élévation du niveau de la mer, accroissement des précipitations dans les hautes et moyennes latitudes de l'hémisphère Nord[(4)]. Le GIEC ne se contente pas de poser des diagnostics, il tente aussi, à l'aide de schémas de modélisation, de cerner le phénomène du réchauffement climatique sur le long terme. D'ici à 2100, le GIEC prévoit ainsi un réchauffement compris entre 1,4 °C et 5,8 °C au-dessus des niveaux de 1990.

En toute hypothèse, le réchauffement climatique est une nouvelle inquiétante pour l'avenir de l'humanité. D'abord, il pourrait en résulter d'importantes modifications des systèmes biologiques et physiques : maladies (mutation des virus, recrudescence des maladies tropicales), dommages à l'environnement (modification des écosystèmes, dépérissement des forêts, modification de la répartition géographique des espèces végétales, disparitions d'espèces animales), phénomènes météorologiques extrêmes (vagues de chaleur, sécheresses ou, à l'inverse, précipitations abondantes, inondations, etc.). Sans verser dans le catastrophisme, quelques données suffisent à attester de la gravité des menaces : ainsi, au Bangladesh, une montée du niveau de la mer de 0,5 mètre soumettrait environ 6 millions de personnes au risque d'inondations[(5)]. La liste des conséquences du réchauffement des températures ne s'arrête pas à ces phénomènes biologiques et/ou physiques. Des migrations des populations les plus exposées aux perturbations climatiques vers des territoires préservés pourraient se produire, le PNUE ayant créé à cet effet la formule de « réfugiés environnementaux ». Quant au coût économique du réchauffement de la planète pour l'ensemble de la communauté internationale, il est lui-même loin d'être négligeable, le rapport Stern l'ayant estimé entre 5 % et 20 % du PIB mondial[(6)]. Ainsi, tout bien considéré, c'est l'ensemble des équilibres, géopolitiques, biologiques et économiques de la planète, que la perturbation du climat risque de mettre en péril.

B. Les gaz à effet de serre

Les analyses du GIEC imputent aux activités humaines la plus grande part du dérèglement climatique, en raison de l'émission en excès dans les couches basses de l'atmosphère de gaz à effet de serre anthropiques : gaz carbonique, méthane, protoxyde d'azote, ozone. Si l'existence de ces gaz est indispensable à la vie humaine sur la terre en leur absence les températures seraient en moyenne d'environ 30 °C plus basses –, le problème vient du fait que leurs émissions atteignent aujourd'hui des niveaux record.

(3) Le GIEC a produit jusqu'ici 4 rapports d'évaluation : 1990, 1995, 2001, 2007. Le cinquième sera publié en 2014.

(4) Voir dans le même sens d'autres études scientifiques, par exemple celle de l'*Arctic Climate Impact Assessment* (ACIA), 8 novembre 2004.

(5) « Déclaration commune des Académies des sciences sur la réponse globale au changement climatique pour le sommet du G 8 », juillet 2005.

(6) H. M. Treasury, « Stern Review on the economics of climate change », 2006.

Remarque

Ces gaz ne sont pas soumis aux dispositions prohibitives du protocole de Montréal du 16 décembre 1987 relatif aux substances qui appauvrissent la couche d'ozone (chlorofluorocarbures et hydrochlorofluorocarbures).

Le second rapport du GIEC (1995) a par exemple relevé que depuis 1750, le taux du gaz carbonique dans l'atmosphère a augmenté de 30 %, celui du méthane de 145 %. Les mesures effectuées sur des calottes glaciaires montrent encore que la concentration en gaz carbonique est passée d'environ 270 ppm (partie par million) dans les années 1850 (début de la révolution industrielle) à 375 ppm actuellement. Le GIEC en conclut que cette concentration participe à l'augmentation de l'effet de serre et est un facteur très important du réchauffement climatique.

Remarque

Afin de répondre à une polémique qui s'était élevée en France sur le thème des origines et de la réalité du changement climatique, le Gouvernement français a demandé en 2010 à l'Académie des sciences de procéder à une nouvelle étude scientifique, qui a validé les analyses du GIEC, voir Académie des sciences, « Le changement climatique », 26 octobre 2006 (http://www.academie-sciences.fr/activite/rapport/rapport261010.pdf).

II. Le rôle des énergies fossiles dans l'augmentation des émissions de gaz à effet de serre

La consommation d'énergie est au cœur du processus de réchauffement climatique. On dit qu'elle serait à l'origine d'environ 80 % des émissions mondiales de gaz carbonique et de 35 % des émissions mondiales de méthane, les deux gaz les plus néfastes pour l'atmosphère(7). Le premier est dégagé par l'extraction du charbon, et peut aussi s'échapper au cours de la récupération et du transport du gaz naturel. Le second provient de la combustion de toutes les énergies fossiles, dont les pays développés sont les plus grands consommateurs (la combustion d'une énergie fossile génère environ 1 tonne de carbone sous forme de gaz carbonique, ce qui donne la mesure des émissions issues de l'exploitation de ces sources d'énergie ; dans ces pays, les énergies fossiles représentent environ 85 % du total des émissions de gaz à effet de serre(8)). Si l'on décline ce chiffre par activités, le secteur des transports routiers apparaît de loin le plus polluant pour l'atmosphère. La croissance économique mondiale et le développement continu du transport par route en sont évidemment les causes (en France, la circulation routière serait responsable de l'émission d'environ 27 % du gaz carbonique dans l'atmosphère(9)). Il faut cependant relever ici l'existence d'un clivage fondamental entre les pays industrialisés et les pays en développement, tenant au fait que ces derniers, moins gourmands en sources d'énergies fossiles, contribuent beaucoup plus modestement mais aussi différemment à l'accentuation de l'effet de serre : en l'occurrence moins par les transports et les modes de production industriels que par la combustion du bois de chauffage et les émissions de méthane dans les décharges.

(7) Voir S. Monjon, A. Vieillefosse, « L'énergie au XXIe siècle : un défi environnemental majeur », *Développement et environnement*, La Documentation française, Cahiers français mars-avril 2007, n° 337, p. 70.

(8) Communication de la Commission, « Examen de la politique de l'environnement 2003 », COM (2003) 745 final.

(9) J.-C. Pasty, « Les débouchés non alimentaires des produits agricoles : un enjeu pour la France et pour l'Union européenne », rapport au Conseil économique et social, 2004, p. I-11.

§2. L'exploitation des sources d'énergie renouvelables comme outil de la lutte contre les émissions de gaz à effet de serre

Si la diminution de l'intensité du carbone sur la planète semble impliquer une diminution de la consommation des énergies fossiles, l'utilisation des énergies renouvelables en lieu et place de celles-ci paraît aussi pouvoir jouer un rôle clef.

I. Le cadre juridique général de la lutte contre les émissions de gaz à effet de serre

Dans certains États, la lutte contre les émissions de gaz à effet de serre revêt même la force d'une obligation juridique.

Les premiers développements en la matière sont constitués par la convention-cadre des Nations unies sur le changement climatique (CNUCC)(10) qui recommande à l'horizon 2000 une stabilisation des émissions de gaz à effet de serre à leur niveau de 1990(11). La communauté internationale s'est ensuite fixée, avec le protocole de la troisième conférence des Parties à cette convention, signé à Kyoto le 11 décembre 1997 ci-après « Protocole de Kyoto » –, l'objectif de réduire les rejets de six gaz à effet de serre en 2012 de 5,2 % par rapport au niveau de 1990, ce qui correspond à une réduction pour l'Europe et à une stabilisation pour la France. Premier texte contraignant s'attaquant au niveau mondial aux émissions des gaz à effet de serre, le Protocole de Kyoto est cependant un texte qui souffre d'une représentativité insuffisante : les États-Unis ne l'ont pas ratifié, les pays à économie émergente (Inde, Chine, Brésil) resteront au moins jusqu'en 2012 en dehors des dispositions contraignantes du protocole. D'autres pays ont cependant décidé unilatéralement de dépasser les objectifs qu'il fixe. C'est le cas de la France, dont la loi POPE de 2005 met en exergue la lutte contre le changement climatique en tant que « priorité de la politique énergétique », et annonce un objectif de diminution pour le territoire français « de 3 % par an en moyenne » des émissions de gaz à effet de serre(12). C'est le cas surtout du groupe de pays constituant l'Union européenne, qui a décidé une baisse de 8 % des émissions de GES par rapport à 1990 à l'horizon 2012(13) et annoncé vouloir s'engager pour le long terme sur des objectifs encore plus ambitieux(14).

Remarque

L'entrée en vigueur du Protocole de Kyoto est intervenue le 16 février 2005, dès lors qu'un minimum de 55 pays représentant au moins 55 % des émissions de gaz à effet de serre en 1990 (pays de l'OCDE sauf le Mexique, la Corée et les pays en transition), c'est-à-dire environ 80 % de la population mondiale, l'eurent ratifié.

Le Protocole de Kyoto s'analyse comme une étape tout à la fois fondatrice et déterminante pour la mise au point de scénarii nationaux et internationaux de lutte contre le dérèglement climatique. Du fait de son échéance au 31 décembre 2012, se posent cependant forcément deux questions essentielles : celle de sa pérennisation dans le temps (au-delà de 2012) et celle de son extension dans l'espace, le tout dans le cadre d'un nouvel accord global et contraignant sur le climat. En l'état

(10) Rio, 1992.

(11) Article 4.2.b.

(12) Article 1 *bis*.

(13) Voir le sixième programme d'action communautaire pour l'environnement institué par la décision 1600/2002 du Parlement et du Conseil.

(14) Voir le sixième programme d'action communautaire pour l'environnement qui envisage à long terme une réduction d'environ 70 % des émissions par rapport aux niveaux de 1990.

actuel des choses, les perspectives sont peu encourageantes. La renégociation du Protocole de Kyoto s'est achevée par des décisions en demi-teinte lors des dernières Conférences des Parties (COP) à la CNUCC (Copenhague : 2009 ; Cancun : 2010 ; Durban : 2011 ; Rio : 2012). Selon l'accord de Durban, le Protocole de Kyoto est prolongé pour une nouvelle période d'engagement jusqu'à 2018, aucune visibilité de l'action mondiale contre le changement climatique n'existant au-delà. Toutefois, la pusillanimité de certains États (pays émergents notamment) n'empêche pas l'UE de se placer d'ores et déjà à l'avant-garde de cette lutte. Elle a ainsi conditionné à la conclusion d'un accord de portée internationale sa proposition de diminuer ses propres émissions de 30 % d'ici à 2020 par rapport à 1990, tout en renforçant le niveau de contrainte pour ses États membres : le « paquet climat-énergie » adopté en avril 2009 prévoit ainsi une baisse de 20 % des émissions de gaz à effet de serre pour 2020[15].

Remarque

La reconduction du Protocole de Kyoto au-delà de 2012 semble d'autant plus nécessaire que les chiffres les plus récents en matière d'émissions de gaz à effet de serre sont véritablement alarmants : l'année 2010 a ainsi enregistré un rebond de plus 5 % dans les pays obligés par le Protocole ; voir V. Laramée de Tannenberg, « Kyoto est mort », Journaldelenvironnement.net, 30 mai 2011 ; voir aussi AIE, *World Energy Outlook 2011* (http://www.iea.org).

II. La substitution des sources d'énergie renouvelables aux sources d'énergies fossiles comme moyen de lutter contre les émissions de gaz à effet de serre

On considère communément que les sources d'énergies renouvelables sont une partie de la réponse au réchauffement climatique parce qu'elles n'émettraient pas ou peu de gaz à effet de serre au cours de leurs exploitation et consommation. Dans son livre blanc de 1997 sur les sources d'énergie renouvelables[16], la Commission européenne indiquait ainsi que la perspective d'assurer au moyen de ces énergies 12 % de l'approvisionnement énergétique de l'Union européenne en 2010 créerait une réduction des émissions de CO_2 dans l'Union de 402 millions de tonnes par an. Cet impact positif sur les rejets de gaz à effet de serre lié à un emploi renforcé de ces ressources énergétiques a été relayé par la Cour de justice de l'Union européenne dans son arrêt « Preussen Elektra » du 23 mars 2001 : elle y déclare que « l'utilisation de sources d'énergie renouvelables pour la production d'électricité est utile à la protection de l'environnement dans la mesure où elle contribue à la réduction des émissions de gaz à effet de serre qui figurent parmi les principales causes des changements climatiques que la Communauté et ses États membres se sont engagés à combattre »[17]. Sans prétendre à l'exhaustivité, les gains obtenus en termes de gaz à effet de serre peuvent être illustrés avec les exemples suivants.

Il est simple d'abord de comprendre l'intérêt qu'il peut y avoir à récupérer l'énergie dégagée par la décomposition des matières organiques, notamment sous forme de biogaz, dans la mesure où cela permet d'éviter la dégradation naturelle des matières organiques dans les décharges, laquelle produit l'un des principaux gaz à effet de serre, le méthane. Cette vertu inhérente à la méthanisation est d'ailleurs mise en avant par la directive 2009/28 elle-même : « l'utilisation de matières

(15) Voir notamment la décision 406/2009 du Parlement européen et du Conseil relative à l'effort à fournir par les États membres pour réduire leurs émissions de gaz à effet de serre afin de respecter les engagements de la Communauté en matière de réduction de ces émissions jusqu'en 2020 ; voir aussi B. Le Baut-Ferrarese, « La réception du Protocole de Kyoto en droit européen », *RTDeur*, 2010, p. 55.

(16) *Énergies pour l'avenir : les sources d'énergie renouvelables. Livre blanc établissant une stratégie et un plan d'action communautaires*, COM (97) 599 final.

(17) CJCE 13 mars 2001, C-379/98, *Rec.* p. I-2099.

issues de l'agriculture telles que le fumier ou le lisier ainsi que d'autres déchets d'origine animale ou organique pour produire du biogaz offre, eu égard au fort potentiel d'économies en matière d'émissions de gaz à effet de serre, des avantages environnementaux notables, tant pour ce qui est de la production de chaleur et d'électricité que pour ce qui est de la production de biocarburant »[18]. L'incinération des déchets avec valorisation énergétique est elle-même jugée comme la formule la plus intéressante de gestion des déchets au regard de l'impact sur l'effet de serre[19]. S'agissant plus particulièrement de la valorisation énergétique du bois, les avantages sont également jugés indéniables : d'une part, parce qu'après une période plus ou moins longue dans le milieu naturel, le bois se dégrade et retourne à l'état gazeux, il s'agit donc ici aussi d'éviter cette déliquescence naturelle accompagnée de rejets préjudiciables à l'environnement, d'autre part, parce que les quantités de gaz carbonique libérées lors de la combustion du bois sont neutres vis-à-vis de l'effet de serre car réutilisées au cours de la croissance de l'arbre, dans le cadre de la photosynthèse. Le bilan de l'usage de biocarburants en termes de rejets de gaz à effet de serre est également considéré globalement comme neutre dès lors que le gaz carbonique émis lors de la combustion d'un carburant d'origine végétale est de fait celui que les plantes ont consommé durant leur croissance. Cependant, si les ressources renouvelables sont de la sorte prédisposées à lutter contre l'effet de serre, il faut admettre qu'elles ne développent véritablement cette qualité qu'à partir du moment où elles remplacent durablement les sources d'énergies fossiles. On ne saurait ce faisant mieux dire que l'« utilité » de ces ressources pour reprendre ici la terminologie utilisée par la Cour de justice de l'Union européenne – au regard de la lutte contre le désordre climatique s'établit nécessairement dans la mesure de leur substitution aux sources d'énergies fossiles. Or, cette substitution est fonction de trois variables.

A. La substituabilité des sources d'énergie renouvelables aux sources d'énergies fossiles

Le bilan écologique des énergies renouvelables en matière d'effet de serre est d'abord tributaire de l'aptitude de ces dernières à se substituer en tout ou partie aux énergies issues de sources fossiles. Or, cette qualité implique que l'exploitation des premières offre des garanties au moins équivalentes à celles des secondes : efficacité technique, rendement énergétique, coût, sécurité, indépendance énergétique… Cette substituabilité est par suite très aléatoire, et surtout variable, car elle dépend de la ressource exploitée, du degré de développement industriel de la filière en cause, ou encore des techniques utilisées. De fait, cette question soulève une problématique plus large : celle portant sur le point de savoir si les énergies renouvelables peuvent constituer à terme des énergies de substitution aux énergies traditionnelles de l'ère industrielle[20].

B. Le niveau d'utilisation des énergies fossiles sur un territoire donné

Cette analyse peut être développée au moyen d'un syllogisme. Le premier terme consiste à rappeler que les sources d'énergies fossiles sont la cause principale de l'effet de serre à l'échelle de la planète. Le second ajoute qu'à partir du moment où un pays ou un groupe de pays – fonde son économie sur ces sources fossiles, on peut supposer qu'il émet davantage de gaz à effet de serre que celui qui y fait moins appel. Ainsi, en conclusion, est-il permis de penser que l'importance des gains réalisés par le recours aux sources d'énergie renouvelables au regard des rejets de gaz à effet de serre dépend nécessairement de la place occupée par les sources d'énergies fossiles dans le bouquet énergétique du territoire concerné. Or, sur ce plan, la situation de la France, marquée par la primauté du nucléaire

(18) Voir considérant 12 directive 2009/28.

(19) Voir C. London (dir.), *Les Déchets*, Lamy environnement, 2011, n° 226-19.

(20) Voir *infra* p. 63 et s.

pour la production d'électricité, est considérée comme atypique. En effet, alors qu'à l'échelle mondiale et européenne, le secteur de la production d'électricité, fondé majoritairement sur les sources fossiles, contribue de façon importante aux émissions de gaz carbonique, l'électronucléaire français est considéré comme une énergie propre au regard des émissions de gaz à effet de serre. En ce sens le rapport sur la programmation pluriannuelle des investissements de production d'électricité du Premier ministre du 29 janvier 2002 qualifiait « le bilan environnemental » du parc énergétique français de « particulièrement positif ». Mais d'aucuns prétendent qu'il faudrait relativiser cette affirmation, qui ne tiendrait pas suffisamment compte d'un phénomène induit par la libéralisation du marché intérieur européen de l'électricité, soit l'achat par les fournisseurs français d'une électricité étrangère à bas prix et généralement pour la France plus carbonée(21).

Quoi qu'il en soit, force est d'admettre qu'au regard du critère des émissions de gaz à effet de serre, le degré d'utilisation de l'énergie nucléaire sur un territoire donné est de nature à relativiser l'intérêt du recours aux sources d'électricité renouvelables. La Commission de régulation de l'énergie n'a-t-elle pas en ce sens indiqué que si le développement de l'énergie éolienne « est rationnel dans les pays européens dont le parc de production conventionnel recourt majoritairement à l'utilisation de combustibles fossiles, comme l'Allemagne, l'Espagne ou le Danemark, il est d'une efficacité moindre en France métropolitaine, où 78 % de l'électricité est produite par des centrales nucléaires et 10 % par des centrales hydrauliques »(22) ?

C. Le taux de substitution des sources d'énergies fossiles par des sources d'énergie renouvelables

Juger que les sources d'énergie renouvelables sont substituables aux sources d'énergies fossiles est une chose, substituer effectivement les premières aux secondes en est une autre, *a fortiori* parce que toute consommation d'énergie primaire fossile jointe à une énergie renouvelable doit être supposée abaisser le gain obtenu. Par exemple, pour l'énergie éolienne, la compensation des aléas du vent par des centrales de type thermique amoindrit nécessairement le bilan carbone. Autre exemple, la fabrication des matériaux nécessaires à l'exploitation des énergies renouvelables (panneaux solaires, éoliennes...) est rarement neutre sur le plan carbonique. Par exemple, encore, les avantages de la biomasse au regard des gaz à effet de serre sont logiquement réduits chaque fois que la ressource (déchets, bois, matières agricoles...) doit être transportée sur des distances de plusieurs dizaines de kilomètres. Enfin, on peut craindre des émissions massives de carbone dans l'atmosphère toutes les fois que les cultures énergétiques entraînent la conversion de forêts, puits naturels de carbone, en terres agricoles. Ainsi, l'affirmation selon laquelle l'exploitation des ressources énergétiques renouvelables n'émettrait que peu ou pas de rejets de gaz à effet de serre ne peut-elle en aucune manière signifier qu'elles n'en émettront jamais à un moment quelconque de leur utilisation.

Remarque

Dans le même ordre d'idées, les pompes à chaleur permettant de capter les calories aérothermiques, géothermiques et hydrothermiques ont la plupart du temps besoin d'une énergie complémentaire (en général de l'électricité) pour fonctionner, qui n'est pas forcément de source renouvelable. Dans ces conditions, le soutien public éventuellement apporté à ces trois énergies doit, selon les textes européens, tenir compte de cet apport de sources fossiles (voir en ce sens l'article 5 4. de la directive 2009/28).

(21) Voir « Le contenu en CO_2 du kilowattheure électrique français en question », 31 janvier 2008, Journaldelenvironnement.net.

(22) Voir CRE, Avis du 30 octobre 2008 relatif au projet d'arrêté fixant les conditions d'achat de l'électricité produite par les installations utilisant l'énergie mécanique du vent, *JORF* n° 290 du 13 décembre 2008.

Le problème en cause se pose avec une particulière acuité s'agissant des agrocarburants. Pour ces derniers, en effet, pour qu'il y ait gain en termes de lutte contre l'effet de serre, il faut en premier lieu que l'énergie dépensée pour la récolte reste inférieure à l'énergie restituée. L'ADEME exprime le résultat du calcul de l'énergie nette par le rapport énergie restituée/source d'énergie non renouvelable mobilisée. Sur cette base, et pour la France, il a été montré que les filières alcools végétaux ont un rendement énergétique moindre que celui des filières huiles végétales la distillation beaucoup plus consommatrice d'énergie que l'estérification expliquant ces résultats –, sachant que ce rendement énergétique s'améliore à proportion de l'utilisation d'autres ressources renouvelables dans le processus de production (utilisation par exemple des sous-produits agricoles dans l'unité de fabrication de l'éthanol).

Remarque

Selon les filières, la fabrication et l'utilisation de biocarburants permettent globalement une division des émissions de gaz à effet de serre par un facteur compris entre 2 et 4 par rapport à l'utilisation de carburants classiques (voir Price Waterhouse Coopers/IFP pour le compte de l'ADEME/DIREN, « Les bilans énergétiques et les émissions de gaz à effet de serre des filières de production de biocarburants en France », 2002 ; Institut français de l'environnement, « Intérêt des biocarburants pour l'environnement », le 4 pages IFEN, 2005 ; voir aussi « Analyses de cycle de vie appliquées aux biocarburants de première génération consommés en France. Rapport final », février 2010 (www2.ademe.fr).

En second lieu, le bilan en termes de gaz à effet de serre n'est positif que si les intrants énergétiques d'origine fossile utilisés pour la production des agrocarburants restent limités. En troisième lieu, comme il a été indiqué ci-dessus, il faut toujours tenir compte de l'impact sur les émissions de gaz à effet de serre du changement de vocation des cultures (utilisation de terres en jachère, déforestation, drainage de tourbières) pour produire les carburants concernés, qui est lui-même de nature à diminuer sinon annuler les avantages environnementaux escomptés.

Remarque

L'écobilan carbone des agrocarburants à la lumière notamment du problème du changement d'affectation des sols a fait l'objet de nombreuses études ces dernières années, pour la plupart très critiques à l'égard de leur développement massif sur des terres agricoles ou naturelles : voir par exemple Commission européenne, « Rapport sur les changements indirects d'affectation des sols liés aux biocarburants et aux bioliquides », (COM) 2010, 811 final ; IFPRI, « *Global trade and environmental study of the EU biofuels mandate, final report* », mars 2010. Sans prendre en compte les changements d'affectation des sols directs dans le calcul même des émissions de gaz à effet de serre, l'ADEME a reconnu aussi, dans sa dernière étude sur les biocarburants, que leur bilan carbone pouvait être affecté, voir « Analyses de cycle de vie appliquées aux biocarburants de première génération consommés en France, Rapport final », février 2010 (www2.ademe.fr).

Section 2

L'écobilan des énergies renouvelables en dehors du problème des gaz à effet de serre

Le « bilan carbone » des énergies renouvelables ne saurait être le seul paramètre à l'aune duquel juger l'impact écologique de ces ressources. L'impact environnemental de l'exploitation des sources d'énergie renouvelables dépasse en effet cette question, ainsi qu'en témoignent les exemples exposés ci-dessous.

Remarque

Le droit répond au demeurant à cette préoccupation légitime (voir *infra* p. 235 et s.).

§1. Les éléments positifs

L'exploitation des sources d'énergie renouvelables semble en premier lieu présenter des avantages écologiques certains par rapport à l'énergie fissile nucléaire. Au-delà du risque lié à l'exploitation des centrales, la principale nuisance imputée à cette dernière énergie est celle des déchets induits, qui représentent en France environ 1 200 tonnes par an. Les déchets les moins radioactifs sont entreposés en surface pour des siècles, les plus actifs dans des formations géologiques supposées satisfaire aux exigences de sécurité, ce qui reste invérifiable sur des milliers d'années. Il est difficile de ne pas regarder ces déchets comme un élément dépréciant l'énergie nucléaire sur le plan environnemental. Or, si l'utilisation de ressources énergétiques de caractère renouvelable peut réduire les rejets de gaz à effet de serre, le fait qu'elle ne produise pas des déchets présentant les mêmes risques que les déchets radioactifs est assurément un élément positif à inscrire à son écobilan.

D'autres éléments positifs méritent en second lieu d'être signalés. Par exemple, l'utilisation du bois-énergie peut être regardée comme un outil de la lutte contre les incendies. Par exemple, encore, contrairement aux carburants d'origine fossile, les biocarburants ne contiennent pas de plomb et peu de soufre ; en outre, leur incorporation à l'essence et au gazole a également pour effet d'enrichir le carburant en oxygène, ce qui améliore l'efficacité de la combustion dans les moteurs et réduirait les rejets de particules, de monoxydes de carbone et de polluants. Autre exemple, la valorisation énergétique des déchets est clairement positive pour l'environnement lorsqu'elle consiste à exploiter des déchets organiques qui n'auraient à défaut aucune autre utilité économique[(23)]. Par ailleurs, la méthanisation des déchets présente un intérêt agronomique en tant qu'elle est à l'origine du compost, un produit solide de nature à restituer aux sols des éléments organiques et minéraux, pouvant être employé en substitution des engrais industriels dans l'agriculture. Mais encore, à titre plus anecdotique mais fortement symbolique, on peut mentionner que l'ester méthylique obtenu à partir du colza a été utilisé pour ses qualités solvantes au large des côtes bretonnes et vendéennes lors de la marée noire issue de l'*Erika*[(24)].

§2. Les éléments négatifs

Si l'utilisation des sources d'énergie renouvelables permet d'avancer un écobilan plutôt positif au regard de la lutte contre les changements climatiques, il faut se garder toutefois de toute approche irénique sur le sujet, dès lors que cette exploitation ne peut être dénuée de tout impact écologique.

I. L'impact environnemental de la culture des matières agricoles

Les cultures énergétiques sont souvent critiquées à raison de leur incidence sur la biodiversité, surtout lorsque la récupération de la biomasse agricole et sylvicole tend à devenir systématique. Il y a toutefois des différences selon les zones et les types de production : alors que celle de l'éthanol brésilien à partir de la canne à sucre risque de détruire la forêt amazonienne, en Europe et aux États-Unis, l'impact des agrocarburants sur l'environnement se mesure davantage à proportion du recours aux engrais et pesticides, de la consommation de l'eau, mais aussi selon que les cultures

(23) Voir en ce sens CE 5 juillet 2006, S^té^ Sita Centre Ouest, req. n° 254246, la mise en œuvre de la combustion des biogaz dans un centre de stockage de déchets ménagers a pour effet « de minorer les inconvénients pour le voisinage et non d'engendrer de nouveaux inconvénients ».

(24) Voir F. Guillaume, « Rapport d'information sur les biocarburants dans l'Union européenne », Ass. nat. n° 2361, 4 mai 2000, p. 79.

dédiées se substituent ou non à des terres abandonnées ou en jachère(25). Sur ce point, on ne peut s'empêcher de se demander quel peut être le gain environnemental lié à l'exploitation des sources d'énergie renouvelables, si celle-ci aboutit *in fine* à une pollution des sols et à une perte de biodiversité, au nom de l'urgence climatique(26). Quoi qu'il en soit, ces cultures ne peuvent certainement pas s'exonérer de l'exigence du respect de l'environnement.

Remarque

Totalement négligé dans la première version de la directive consacrée aux biocarburants (directive 2003/30), l'impact environnemental de la culture des agrocarburants fait en revanche l'objet d'une appréhension par le droit de l'UE, à travers des « critères de durabilité » prévus par la directive 2009/28, des critères repris à l'article L. 661-1 et s. du code de l'énergie. Sur ce problème voir aussi *infra* p. 292 et s.

II. L'impact environnemental lié à l'utilisation de l'espace

Se posent ici des questions d'occupation foncière, d'aménagement du sol et des territoires et aussi de protection de la biodiversité.

Dans certains cas, l'encombrement des installations de production au sol (centrale solaire) ou leur hauteur (éolienne) sont loin en effet d'être négligeables, et la crainte d'atteintes aux paysages peut alors conduire à la soumission des installations à un régime juridique plus ou moins strict d'implantation. La prise en considération des risques liés à une utilisation abusive du foncier notamment en milieu rural est sans nul doute indispensable, et peut-être plus encore dans les pays dans lesquels le développement des cultures énergétiques se fait à très grande échelle sans que les règles de droit ne protègent efficacement les droits fonciers de la population. Ainsi, l'expulsion de populations autochtones de leurs terres, liée à l'expansion des plantations de combustibles verts dans certains pays du Sud (Bolivie, Mexique, Costa Rica, Indonésie), peut-elle être mise au passif de l'exploitation des ressources énergétiques dites renouvelables.

Dans le même ordre d'idées, l'esthétique des panneaux solaires dans les zones urbaines, mais aussi, dans un registre différent, la production d'électricité à l'aide de grandes centrales hydroélectriques ou marémotrices ne font pas toujours l'unanimité. Dans ce dernier cas, d'une part, la suppression de la végétation sur toute la surface de la retenue d'eau équivaudrait à une déforestation(27), d'autre part, les migrations piscicoles seraient quasiment inévitables : à titre d'exemple, la construction de la centrale marémotrice de la Rance aurait fait disparaître la quasi-totalité de la faune et de la flore marines, sachant qu'il a fallu 5 à 10 années pour obtenir un nouvel équilibre systémique. L'impact sur les écosystèmes est au demeurant sans doute proportionnel à la taille des centrales hydroélectriques : ainsi, les imposants barrages d'Assouan en Égypte ou des Trois-Gorges en Chine (lequel a conduit à déplacer près de 2 millions d'habitants) ont été jugés avec sévérité. Le risque de dégradation des eaux souterraines lié à l'installation de dispositifs solaires photovoltaïques, éoliens ou géothermiques au sein des périmètres de protection des captages d'eau est également parfois incriminé(28).

(25) Voir J. Bordet, J.-M. Michez, A. Gilot, « Mise en œuvre du plan biocarburant au regard de la protection de la ressource en eau », Conseil général de l'agriculture, de l'alimentation et des espaces ruraux, Inspection générale de l'environnement, mai 2006.

(26) Voir en ce sens communication de la Commission, « Vers une stratégie thématique pour l'utilisation durable des ressources naturelles », COM (2003) 572 final, point 4.2.

(27) R. Deloche, « Énergie et matières premières », *Lettre DGEMP*, préc.

(28) Voir C. Cygler, « Exploitation des énergies renouvelables à proximité des captages d'eau : quels impacts sanitaires ? », Actu-environnement.com, 7 octobre 2011.

III. L'impact environnemental lié à l'utilisation de certains matériaux

Comme toute activité humaine, l'exploitation des sources d'énergie renouvelables, qui est pourtant comme on le sait un mode de valorisation des déchets, produit aussi nécessairement ses propres déchets. Sont notamment concernés ici les déchets issus des panneaux solaires en fin de vie et ceux des éoliennes[(29)].

IV. L'impact environnemental lié à l'énergie renouvelable elle-même

On peut évoquer ici le bruit éolien, qui n'est pas toujours bien accepté par la population habitant à proximité des installations. Les dangers pour la santé liée à l'utilisation de certains biocarburants ont également été pointés : par exemple, l'éthanol augmenterait la couche d'ozone et à ce titre pourrait être à l'origine de certains cancers[(30)]. L'émission de particules fines par la combustion de la biomasse est également parfois mise en accusation.

S'il n'est pas ou peu générateur d'émissions de gaz à effet de serre, le processus de création d'énergie de source renouvelable n'est en effet pas totalement exempt de toute production d'effluents atmosphériques. Ainsi, de fortes critiques sont adressées aux usines d'incinération des ordures ménagères (UIOM), qui émettent des rejets polluants (goudrons, cendres, rejets de poussières et de dioxines), ce qui a sans aucun doute milité en faveur de l'assujettissement de ce mode de traitement des déchets à la taxe générale sur les activités polluantes (TGAP)[(31)].Enfin, le stockage des déchets, inévitable avant leur valorisation énergétique, produit pour sa part des fermentations odorantes désagréables pour la population environnante et des lixiviats susceptibles de contaminer les eaux.

(29) Voir *infra* p. 321 et 323.

(30) Mark Z. Jacobson, édition en ligne du journal *Environmental Science & Technology* (ES&T) 18 avril 2007.

(31) Code des douanes, art. 266 *sexies*.

Chapitre 3

L'intérêt économique des énergies renouvelables

Les énergies de source renouvelable présentent-elles sur le plan économique des spécificités par rapport aux énergies traditionnelles, sinon un intérêt qui leur est propre ? On n'ignore pas que de façon générale l'énergie est un produit essentiel. Son rôle dans le développement économique et social des sociétés n'est plus à démontrer. Et son poids économique est à l'évidence d'autant plus grand dans le contexte actuel d'augmentation du prix des deux plus importantes énergies conventionnelles (pétrole et gaz), qui pèse sur la consommation et la croissance mondiales, et de pénurie annoncée des réserves de combustibles fossiles. Ce contexte est forcément porteur pour la formulation d'une proposition de développement accru des énergies renouvelables, un développement qui présente effectivement des aspects positifs tant sur le plan macroéconomique que micro-économique.

Section 1

Les enjeux macroéconomiques des énergies renouvelables

Tandis que le changement climatique menace gravement les grands équilibres, notamment économiques, de la planète, certains outils servant à le contrecarrer semblent eux-mêmes en mesure de jouer un rôle de levier pour le développement économique. Il en va ainsi de façon notable des stratégies faisant appel au développement des énergies issues de sources renouvelables. Et il faut à ce sujet observer que les politiques publiques récentes de stimulation de l'utilisation desdites énergies ont à plusieurs reprises été justement conçues comme des éléments à part entière des politiques macro-économiques visant, selon les cas, la relance économique(1), ou bien encore le remboursement des dettes souveraines.

Remarque

La Grèce a ainsi envisagé à l'automne 2011 un remboursement de sa dette publique en énergie solaire (voir V. Laramée de Tannenberg, « Le solaire à l'aide de la Grèce », Journaldelenvironnement.net, 28 octobre 2011).

Indiscutablement, le recours aux énergies renouvelables présente un intérêt macroéconomique pour les pays riches comme pour les pays en développement.

§1. Les avantages escomptés pour les pays développés

Les avantages que les pays développés peuvent retirer du développement des énergies renouvelables concernent l'économie intérieure des États et les relations commerciales extérieures entre États.

(1) Voir à cet égard le règlement 663/2009 du Parlement européen et du Conseil établissant le programme énergétique européen pour la relance (PEER) modifié par le règlement 1233/2010 du Parlement et du Conseil établissant un programme d'aide à la relance économique par l'octroi d'une assistance financière communautaire à des projets dans le domaine de l'énergie ; voir aussi *infra* p. 426.

I. Dans le cadre de l'économie intérieure

Le degré de maturité économique des différents modes d'exploitation des énergies renouvelables est variable. Certaines productions sont en effet installées depuis longtemps sur le marché (« grande hydraulique »), alors que la plupart sont encore émergentes. En tout état de cause, le développement des énergies d'origine renouvelable paraît globalement favorable au déploiement de nouvelles filières industrielles et agricoles, s'accompagnant d'effets positifs sur l'emploi.

A. Le développement de filières industrielles et agricoles nouvelles

Même si les filières n'évoluent pas toutes au même rythme et n'ont pas atteint le même degré de maturité technique et économique, même si la production de l'énergie renouvelable n'a pas toujours une finalité commerciale mais peut être vouée simplement à l'autoconsommation, il n'en demeure pas moins que l'essor des énergies en cause ne peut raisonnablement s'envisager que selon une logique d'exploitation industrielle. Or, un tel processus d'industrialisation peut être réputé profiter à l'économie des pays qui feront ce choix : sans doute en première ligne au secteur de l'énergie qui, en Europe, doit faire face à une reconversion liée notamment à la libéralisation du marché, mais aussi par extension à toutes les industries connexes (matériaux et matières premières, équipements, tourisme, etc.) ; enfin, elle pourrait être également riche de retombées technologiques pour d'autres secteurs productifs.

Remarque

On dit qu'on utilise aujourd'hui en Allemagne plus d'acier pour la fabrication d'éoliennes que pour la construction navale (Comité économique et social européen, *Réalités et perspectives pour des technologies environnementales adaptées dans tous les pays candidats*, NAT/203, 31 mars 2004).

Les parcs éoliens, les usines marémotrices, les chaufferies à bois notamment participeraient de plus en plus à la création d'une offre économique touristique.

En particulier, la production d'énergie renouvelable par les acteurs du monde agricole et forestier semble en mesure d'offrir à ces derniers de nouveaux débouchés, dans le contexte d'une « nouvelle » politique agricole commune (PAC), désormais moins favorable aux cultures alimentaires traditionnelles en raison de l'élargissement de l'Union européenne et de la baisse globale des aides européennes à l'agriculture. N'a-t-il pas été en ce sens estimé que la volonté de l'Union de développer notamment les biocarburants répondrait « à la volonté de faire accepter par les agriculteurs les infléchissements de la PAC en leur laissant entrevoir, très timidement, l'ouverture d'un nouveau débouché industriel »(2) ? L'orientation de l'offre agroforestière vers la production d'énergie renouvelable peut en pratique se concrétiser de deux façons. En premier lieu, il peut s'agir de dédier spécialement les activités agricoles et sylvicoles traditionnelles aux productions énergétiques. C'est dans cette perspective que la directive biocarburants de 2003 disposait que « la promotion de l'utilisation des biocarburants [...] pourrait créer de nouvelles occasions pour le développement rural durable dans le cadre d'une politique agricole commune davantage axée sur le marché, notamment le marché européen et sur le respect d'une ruralité vivante et d'une agriculture multifonctionnelle, et pourrait ouvrir un nouveau marché aux produits agricoles novateurs des États membres actuels et à venir »(3). De la même façon, l'attribution d'un statut agricole à l'activité de méthanisation des produits de l'exploitation agricole participe de cette dynamique de réno-

(2) A. Mathieu, « Les biocarburants face aux objectifs et aux contraintes des politiques énergétiques et agricoles », *Cahiers du CREDEN*, Université de Montpellier, 24 janvier 2005, p. 18.

(3) Considérant 15.

vation des contours de cette activité[4], les installations visant à produire le biogaz étant elles-mêmes censées « apporter une contribution déterminante au développement durable dans les zones rurales et ouvrir aux agriculteurs de nouvelles perspectives de revenus »[5]. En second lieu, la production d'énergie renouvelable par les acteurs du milieu agricole semble pouvoir leur permettre de développer des activités nouvelles, c'est-à-dire cette fois disjointes de l'activité agricole proprement dite (logique de pluriactivité). Par exemple, la production éolienne sur des terres agricoles peut constituer pour des agriculteurs en difficulté un complément financier (location des terres, ou production d'électricité sur terrains propres avec le cas échéant revente *via* le mécanisme de l'obligation d'achat).

B. La création d'emplois

La possibilité d'un développement d'énergies créant de l'emploi est évidemment, et *a fortiori* dans un contexte de crise économique, une attente forte. Dans son livre blanc de 1997 sur les sources d'énergie renouvelables[6], la Commission européenne indiquait que si les énergies renouvelables assuraient 12 % de l'approvisionnement énergétique de l'Union en 2010, on pouvait en attendre la création de 500 000 à 900 000 emplois (Union européenne à 15 États membres). En 2002, l'Observatoire européen sur les énergies renouvelables estimait le potentiel de création à 1 million d'emplois nets en 2020 en Europe[7] – ; le même montant a été repris par la Commission en 2008 en cas d'atteinte de l'objectif de 20 % d'énergies renouvelables consommées en 2020 dans l'Union européenne[8], cependant qu'une étude plus récente l'a même hissé à 2,8 millions d'emplois[9]. En France, 17 filières énergétiques liées aux énergies renouvelables ont été en particulier intégrées dans la catégorie des technologies émergentes dites « les plus prometteuses et créatrices de valeur et d'emplois » : sont concernées les hydroliennes, le solaire photovoltaïque de seconde génération (à partir de matériaux organiques), le solaire thermodynamique, l'éolien *offshore*, les biocarburants de deuxième et troisième génération[10].

Remarque

Selon une estimation officielle faite en 2008, les technologies liées aux énergies renouvelables généraient un chiffre d'affaires de 20 milliards d'euros et avaient permis de créer 300 000 emplois (communication de la Commission, « Deux fois 20 pour 2020. Saisir la chance qu'offre le changement climatique », COM (2008) 30 final).

Ces chiffres ont été parfois déclinés par secteurs. Par exemple, le plan d'action de la Commission européenne du 7 décembre 2005 relatif à la valorisation énergétique de la biomasse évoquait la création d'emplois directs de 250 000 à 300 000 personnes en cas de production de 150 millions de tep de

(4) Voir l'article L. 311-1 du code rural tel que réécrit par l'article 59 de la loi 2010-874 du 27 juillet 2010 de modernisation et d'orientation de l'agriculture et de la pêche.

(5) Voir directive 2009/28 du Parlement européen et du Conseil du 23 avril 2009 relative à la promotion de l'utilisation de l'énergie produite à partir de sources renouvelables, considérant 12.

(6) *Énergies pour l'avenir : les sources d'énergie renouvelables. Livre blanc établissant une stratégie et un plan d'action communautaires*, COM (97) 599 final.

(7) *Les Énergies renouvelables en France et en Europe*, Centre d'information, de documentation et de formation sur les énergies renouvelables.

(8) Communication de la Commission, « Deux fois 20 pour 2020. Saisir la chance qu'offre le changement climatique », COM (2008) 30 final.

(9) Voir l'étude EmployRES, « *The impact of renewable energy policy on economic growth and employment in the European Union* », 2009 (étude disponible sur le site de la Commission européenne : http ://ec.europa.eu/energy) ; voir aussi Commission, Communication au Parlement européen et au Conseil, « Énergies renouvelables : progrès accomplis pour atteindre l'objectif de 2020 », COM (2011) 31 final du 31 janvier 2011).

(10) Voir l'étude de mars 2011 sur les technologies clés, www.industrie.gouv.fr.

biomasse[11]. S'agissant en particulier de la production de biocarburants à partir des matières premières agricoles, il a été estimé que le simple fait de remplacer 1 % des carburants fossiles en Europe par des biocarburants pourrait créer de 45 000 à 75 000 emplois[12]. Dans le même domaine, l'ADEME a évalué le gain à 6 000 emplois par an[13]. Toujours au sujet des biocarburants, il ressort de l'étude de Price Waterhouse Coopers réalisée pour l'ADEME en 2002[14] que les biocarburants seraient beaucoup plus intensifs en main d'œuvre (produire 1 million d'hectolitres d'ester méthylique d'huile végétale [EMHV]) induirait 900 emplois et 1 million d'hectolitres d'éthanol, 500 emplois) que les carburants pétroliers (environ 60 fois plus de main d'œuvre pour un même volume de carburants[15]). On ne peut toutefois s'empêcher ici de faire remarquer que, chaque fois que le développement des énergies renouvelables s'appuie essentiellement sur des politiques publiques interventionnistes, il présente aussi nécessairement un coût macroéconomique pour la collectivité.

II. Dans le cadre des relations commerciales avec l'extérieur

Les énergies renouvelables peuvent aussi avoir un impact positif sur la balance commerciale. D'abord, la diminution des importations concerne en première ligne les produits énergétiques traditionnels. Ainsi, selon la Commission européenne, l'atteinte par l'Union européenne d'un objectif de 12 % de consommation d'énergie renouvelable était à même de faire baisser les importations de pétrole et de gaz de 17,5 %[16]. Par ailleurs, ce reflux des importations pourrait s'étendre à de nombreux produits de pointe dont les secteurs liés aux renouvelables ont besoin pour assurer leur production, à condition toutefois de proposer en la matière une production nationale ou à tout le moins européenne. La présence insuffisante d'une production industrielle française sur les marchés des cellules photovoltaïques[17] et de l'éolien *offshore*[18] a en particulier été beaucoup regrettée. De façon plus particulière, l'enjeu commercial de la production de tous les sous-produits ou coproduits accompagnant la production de certains biocarburants doit être souligné : par exemple, la glycérine issue de la filière éthanol est utilisable pour des applications cosmétiques, pharmaceutiques et chimiques, par exemple, les tourteaux (filières huiles végétales) et les drèches (filière éthanol de blé) sont des protéines végétales utilisables pour l'alimentation animale en remplacement du soja importé, par exemple encore, certaines micro-algues destinées à la production de biocarburants contiennent des molécules (oméga 3, antioxydants) très recherchées dans le domaine de l'agroalimentaire et de la cosmétique. Enfin, il existe évidemment symétriquement un potentiel industriel important pour l'exportation.

Remarque

Les tourteaux furent d'ailleurs un des enjeux de l'accord de Blair House conclu en 1992 entre les États-Unis et l'Union européenne : il imposait que la quantité des sous-produits oléagineux produits sur les terres européennes gelées n'excède pas 1 million de tonnes équivalent tourteaux de soja.

(11) Communication de la Commission, « Aide en faveur de l'électricité produite à partir de sources d'énergie renouvelables », COM (2005) 627 final.

(12) A. Marleix, « Rapport d'information sur les biocarburants », Ass. nat. n° 1622, 26 mai 2004, p. 8.

(13) F. Guillaume, « Rapport d'information sur les biocarburants dans l'Union européenne », préc. p. 58.

(14) « Les bilans énergétiques et les émissions de gaz à effet de serre des filières de production de biocarburants en France », Price Waterhouse Coopers/IFP pour le compte de l'ADEME/DIREN, 2002.

(15) A. Marleix, « Rapport d'information sur les biocarburants », préc. p. 26.

(16) *Énergies pour l'avenir : les sources d'énergie renouvelables. Livre blanc établissant une stratégie et un plan d'action communautaires*, COM (97) 599 final.

(17) Voir Inspection générale des Finances, J.-M. Charpin *ea.*, « Mission relative à la régulation et au développement de la filière photovoltaïque en France, Rapport final », 2010 (rapport disponible sur le site du MINEFI : www.igf.minefi.gouv.fr).

(18) Voir F. Reynier, « Rapport d'information sur l'énergie éolienne », Ass. Nat. n° 2398, 31 mars 2010.

§2. Les avantages escomptés pour les pays en développement

Environ deux milliards de personnes sont aujourd'hui privées d'accès régulier aux services énergétiques de base. Face au besoin vital d'énergie de leurs populations, les pays en développement sont confrontés à deux difficultés majeures. La première tient au fait que, à quelques exceptions près, ils ne disposent en général que de très peu de ressources énergétiques fossiles. La seconde est due à la hausse actuelle du prix du pétrole, dont les effets sont *a fortiori* encore plus prononcés pour les zones économiques les plus pauvres (la facture énergétique de ces pays serait ainsi près de deux fois supérieure à la facture pétrolière des pays de l'OCDE[19]). Dans un tel contexte, et sachant en outre que, la plupart du temps, certaines ressources énergétiques renouvelables se trouvent en quantité abondante dans ces pays, dotés par exemple souvent d'un ensoleillement important, d'un fort potentiel en biomasse ou en énergie éolienne, et parfois même pourvus de petites usines hydroélectriques et géothermiques, l'exploitation des sources d'énergie renouvelables semble tout indiquée.

Les avantages économiques découlant de l'exploitation dans les pays en développement de ressources énergétiques locales sont aisés à identifier. En résumant, on peut estimer qu'à court terme, cette démarche semble pouvoir répondre à la fragilité économique des pays concernés face aux déséquilibres du marché de l'énergie, cependant qu'à plus long terme, elle pourrait devenir un levier de transformation socio-économique de ces pays.

Section 2

Les enjeux micro-économiques des énergies renouvelables

En un sens, le développement des énergies renouvelables s'inscrit peut-être avant tout dans une logique de développement économique local. La raison en est simple : dans la très grande majorité des cas, les énergies renouvelables s'appuient sur des ressources de proximité, une caractéristique qui justifie d'ailleurs d'utiliser à leur égard l'expression « énergies décentralisées », qui permet notamment de les distinguer de certaines énergies dites « centralisées » parce qu'alimentant les importants réseaux de transport et de distribution. Compte tenu du fait que l'exploitation des ressources renouvelables permet dans cette mesure une appropriation des enjeux énergétiques par la population, elle apparaît bien à tous points de vue comme une valorisation des richesses d'un territoire.

Remarque

Cette valorisation économique est d'abord celle des ressources énergétiques renouvelables sises sur un territoire donné, mais elle peut aussi concerner d'autres éléments appartenant à celui-ci : ainsi en est-il par exemple du foncier délaissé (friches, anciennes carrières...) sur lequel seront implantés les unités de production (centrales solaires au sol notamment).

Les enjeux micro-économiques sont plus spécifiquement de deux ordres.

§1. Le désenclavement des zones isolées

En tant qu'énergies de proximité, les énergies renouvelables présentent un intérêt évident pour toutes les zones isolées (îles, zones de montagne, régions ultrapériphériques, territoires ruraux, habitations individuelles situées loin des grands réseaux de distribution d'énergie), qui subissent

(19) J. Kerguéris, C. Saunier, « Rapport d'information sur les perspectives d'évolution à court et moyen terme des prix des hydrocarbures », Sénat n° 105, 24 novembre 2005.

en raison de leur éloignement un retard de développement. Partant, alors que l'exploitation des sources d'énergie renouvelables est particulièrement intéressante pour les zones distantes des grands centres urbains des pays développés, elle apparaît aussi *a fortiori* adaptée pour les zones isolées des pays en développement, auxquels elle pourrait éviter la mise en place d'un coûteux réseau de distribution d'électricité ou de gaz.

§2. L'autonomie énergétique des acteurs privés

C'est également parce qu'elles sont des énergies de proximité que les énergies renouvelables, idéales pour des usages privés ou d'autoconsommation, sont en mesure de conférer à tous ceux qui les emploient une relative autonomie énergétique. Sur ce point, il n'est donc pas excessif de dire que la production d'énergie renouvelable s'adresse de fait à tous ceux qui peuvent valoriser les ressources immédiatement disponibles : on pense par exemple à la valorisation de leurs propres déchets organiques par les industries agroalimentaires, chimiques, papetières, aux exploitants de décharges ou de stations d'épuration ; on pense encore à tous les gisements agricoles et forestiers de nature à assurer l'autonomie énergétique des exploitations concernées. Les évolutions les plus récentes du droit positif montrent au demeurant une prise en compte croissante par les pouvoirs publics de cette demande sociale d'autonomie énergétique : on en donnera pour exemple le changement de régime juridique relatif à la mise à consommation d'huiles végétales pures tel qu'issu des textes récents, qui a consisté à autoriser notamment les usages « à la ferme » de ce produit[20].

(20) Voir *infra* p. 130 et 512 et s.

Chapitre 4

Les énergies renouvelables, une alternative aux énergies traditionnelles ?

Les énergies renouvelables ne peuvent raisonnablement participer à la mise en place d'un nouveau modèle énergétique, alternatif et durable, que si elles apportent une certaine sécurité et si elles sont financièrement abordables.

Section 1

La sécurité des énergies renouvelables

La question de savoir quelle sécurité ces énergies peuvent apporter aux populations est d'abord liée à l'approvisionnement énergétique, mais doit par surcroît intégrer d'autres dimensions, telles que celles, d'abord de la sécurité physique des personnes et des biens, ensuite de la sécurité alimentaire.

§1. La sécurité de l'approvisionnement énergétique

La sécurité de l'approvisionnement énergétique vise à garantir que l'énergie soit disponible sur les marchés de façon continue. Parce qu'elle est essentielle au fonctionnement des sociétés humaines, cette disponibilité est capitale. Cette préoccupation fondamentale serait d'ailleurs au cœur du modèle énergétique français qui, depuis les Trente Glorieuses, privilégie le développement de l'offre et est marqué par un fort interventionnisme étatique(1). On considère qu'elle serait également l'une des causes du premier conflit mondial, dont il faut se souvenir que l'un des objectifs était la récupération de la Lorraine minière. Il semble que cette thématique continue encore à fonder l'action publique en matière énergétique. Pour en témoigner, on peut ici renvoyer par exemple aux propos que tenait en 2002 le Premier ministre français dans le rapport sur la programmation pluriannuelle des investissements d'électricité : « C'est le premier objectif de la politique énergétique que de garantir la continuité de la fourniture en électricité, afin de prévenir toute rupture dans l'approvisionnement des consommateurs. En effet, d'une part, la continuité de la fourniture d'électricité aux consommateurs finaux, notamment industriels, est nécessaire à la bonne marche de l'économie française ; d'autre part, aucun particulier ne peut accepter d'être privé de ce produit de base, irremplaçable par exemple pour l'éclairage domestique »(2). Par surcroît, il ne fait guère de doute que cette problématique soit également inhérente au projet de construction d'une Europe unie après la Seconde Guerre mondiale, et plus précisément sous-jacente à deux des trois traités constitutifs des Communautés européennes (la CECA en 1951, EURATOM en 1957) qui visaient à mettre en commun le charbon et les combustibles nucléaires afin d'assurer à l'Europe communautaire un approvisionnement régulier et équitable.

---

(1) D. Maillard, « Pour la France : évolution du rôle de l'État dans la définition et la mise en œuvre d'une politique de l'énergie », séminaire « Énergie et société », ENA, 2001, p. 6.

(2) Rapport remis au Parlement, 29 janvier 2002, p. 23.

La sécurité d'approvisionnement énergétique met d'abord en jeu les intérêts fondamentaux de l'État[(3)]. Dans l'affaire Campus oil *e.a.*, la CJUE a en ce sens considéré que : « compte tenu de l'ampleur des conséquences que peut avoir une interruption de l'approvisionnement en produits pétroliers pour l'existence d'un État, il y a lieu de considérer que le but d'assurer, en tous temps, un approvisionnement minimal en produits pétroliers, dépasse des considérations de nature purement économique et peut donc constituer un objectif couvert par la notion de sécurité publique »[(4)].

Au niveau européen, la sécurité d'approvisionnement en matière énergétique reste un enjeu majeur, compliqué toutefois par l'existence d'interactions avec d'autres exigences essentielles. L'approche de l'Union européenne en matière d'énergie est ainsi pluridimensionnelle, elle doit, selon les termes de l'article 194 TFUE nouvellement introduit dans les traités constitutifs par le traité de Lisbonne, assurer tout à la fois le fonctionnement du marché de l'énergie, la sécurité de l'approvisionnement énergétique dans l'Union, l'efficacité énergétique et les économies d'énergie ainsi que le développement des énergies nouvelles et renouvelables, enfin, l'interconnexion des réseaux énergétiques. L'ensemble constitue en somme l'actuel paradigme énergétique européen, qu'incarnent aussi d'autres équations subtiles établies régulièrement par la Commission européenne, telle celle visant à produire et consommer une énergie « compétitive, durable et sûre »[(5)]. Il est en tous les cas permis de supposer que les énergies renouvelables puissent trouver dans cette préoccupation plurielle un terrain pour leur développement[(6)] : indéniablement parce qu'elles permettent aux États de diversifier leur bouquet énergétique, mais sans parvenir toutefois à leur garantir au moins pour les court et moyen termes une totale indépendance énergétique.

Remarque

Dans sa Communication « Énergie 2020. Stratégie pour une énergie compétitive, durable et sûre », la Commission précise que cette stratégie est censée offrir une « disponibilité physique ininterrompue de produits et services énergétiques sur le marché, à un prix abordable pour tous les consommateurs (privés et industriels), tout en contribuant aux objectifs sociaux et climatiques plus vastes que l'UE s'est fixés ».

La possibilité d'une substitution générale des énergies renouvelables aux énergies fossiles est un scénario qui est en revanche jugé réaliste sur le long terme : voir GIEC, « Special report on renewable energy sources and climate change mitigation », mai 2011 (http://srren.ipcc-wg3.de/report).

I. La diversification du bouquet énergétique

De façon désormais régulière, chaque crise de la ressource énergétique donne aux énergies alternatives, fossiles non conventionnelles (gaz de schiste), mais aussi renouvelables un regain d'actualité. Il est vrai que, dans pareilles circonstances, elles apparaissent comme un moyen de diminuer la dépendance à l'égard des énergies traditionnelles[(7)] et, ce faisant, d'accroître la sécurité énergétique des territoires concernés.

(3) Voir M. Lunca, « La confrontation des intérêts des États en matière d'approvisionnement énergétique », *in* S. Doumbé-Bille (Dir.), *Défis énergétiques et droit international*, Larcier, 2010, p. 53.

(4) CJCE 10 juillet 1984, 72/83, *Rec.* p. 2 727, pt. 35, au sujet de mesures dérogatoires adoptées par l'Irlande en matière d'approvisionnement de produits pétroliers.

(5) Voir Communication au Parlement européen, au Conseil, au Comité économique et social et au Comité des régions, « Énergie 2020. Stratégie pour une énergie compétitive, durable et sûre ».

(6) Voir aussi A. Nicolas, *Énergies : une pénurie au secours du climat ?*, Belin, 2011.

(7) Sur les rapports entre la dépendance en énergie et la problématique de la souveraineté de l'État, voir M. Dutu, « La dépendance énergétique, la souveraineté et le droit international général », *in* S. Doumbé-Bille (Dir.), *Défis énergétiques et droit international*, Larcier, 2010, p. 29.

Remarque

Il sera noté, en guise d'illustration symbolique de cette montée en puissance des énergies alternatives, le changement récent d'appellation de l'un des fleurons de la recherche française en matière nucléaire : le Commissariat à l'énergie atomique et désormais aussi – aux énergies alternatives (voir article 9 de la loi n° 2010-237 du 9 mars 2010 de finances rectificative pour 2010 ; C. énergie, art. L. 332-1).

A. La dépendance à l'égard des énergies traditionnelles

1. Une dépendance physique

Les chiffres parlent d'eux-mêmes : près de 50 % de l'énergie consommée en Europe est importée, et l'on estime que d'ici 20 à 30 ans, l'Europe sera dépendante à 90 % pour le pétrole, à 70 % pour le gaz naturel, à 100 % pour le charbon(8). Les causes sont connues : d'un côté, les combustibles fossiles qui sont les principales sources d'énergie primaire utilisées dans l'Union européenne représentent 79 % de la consommation(9), d'un autre côté, face à une demande qui s'accroît, l'offre européenne en énergies traditionnelles est insuffisante, et surtout déclinante pour des raisons principalement géologiques (gisements de gaz et de pétrole presque épuisés) et économiques (extraction des ressources trop coûteuse).

2. Une dépendance économique

La dépendance physique induit une dépendance économique, pour sa part liée à la grande volatilité des cours des ressources énergétiques traditionnelles sur les marchés. Elle place les pays dépendants dans une situation économiquement aléatoire. De façon conjoncturelle, c'est-à-dire en cas de tensions sur les prix, elle peut même fragiliser l'économie mondiale. Dans la période contemporaine, elle a donné naissance à ce que les économistes ont appelé des « chocs pétroliers ». Dans ces situations, l'augmentation des prix du pétrole et par extension ceux des produits dérivés accroît ainsi la facture énergétique des pays dépendants. L'impact pour l'économie européenne est particulièrement redoutable : il a par exemple été relevé que la forte élévation du prix du pétrole constatée depuis 2003 a eu des répercussions économiques proportionnellement plus importantes dans cette région qu'aux États-Unis, compte tenu du faible taux de croissance de la zone euro(10).

3. Une dépendance politique

La question de la sécurité d'approvisionnement énergétique de la France, et de l'Europe en général, se pose aussi en termes de géopolitique. D'abord, les pays de l'OPEP, parmi lesquels les pays du Moyen-Orient et de l'Afrique du Nord (Middle East & North Africa : MENA) occupent une place prépondérante dans l'extraction de pétrole et de gaz : ils détiennent plus de 60 % des réserves de pétrole. Ensuite, la Russie devrait être bientôt le principal fournisseur de gaz de l'Europe. Partant, si on met de côté l'uranium dont les réserves mondiales sont encore relativement abondantes et surtout mieux réparties, la situation actuelle est hautement préoccupante dans la mesure où les produits énergétiques proviennent de zones instables politiquement, ce qui met les pays physiquement dépendants à la merci de crises politiques majeures (voir la suspension par la Russie de ses livraisons de gaz en décembre 2008). On comprend pourquoi le prix du pétrole peut être

(8) Commission européenne, *Énergie : maîtrisons notre dépendance*, OPOCE, Luxembourg, 2002.

(9) Supplément d'avis du Comité économique et social européen, « Les besoins en recherche pour la sécurité et la durabilité de l'approvisionnement énergétique », 7 octobre 2002.

(10) J. Kerguéris, C. Saunier, « Rapport d'information sur les perspectives d'évolution à court et moyen terme des prix des hydrocarbures », préc.

qualifié de « source considérable d'incertitude »[11] parce qu'il hypothèque tant la croissance économique que les équilibres géostratégiques.

B. L'autonomie énergétique conférée par le recours aux énergies renouvelables

Les solutions permettant de remédier à la dépendance en produits énergétiques traditionnels ne sont pas si nombreuses. Les États ont d'abord la possibilité de constituer des stocks stratégiques, notamment de pétrole. Ils peuvent également diminuer leur consommation énergétique[12]. Ils peuvent enfin tenter de développer des solutions énergétiques de substitution. Toutefois, d'un pays à l'autre, les choix peuvent être différemment pondérés, étant admis qu'aucune règle de droit international ou européen n'entame ici la souveraineté de l'État s'agissant de la composition de son bouquet énergétique[13]. Il faut sur ce sujet rappeler qu'il existe à cet égard une sorte d'exception française fondée sur le fait que plus des deux tiers de la production d'électricité vient actuellement de la production nucléaire : atypique, cette situation l'est certainement, parce qu'elle fait de la France un pays moins dépendant des combustibles fossiles que ses partenaires européens et par là même moins vulnérable aux variations des marchés internationaux ; atypique, cette situation l'est encore parce qu'elle offre à la France un rôle géostratégique fondamental pour la sécurité de la fourniture d'électricité sur le continent européen.

Nécessairement, les thèmes liés de la sécurité d'approvisionnement et de l'indépendance énergétique constituent des ressorts importants du développement actuel des énergies renouvelables. Notamment, au niveau de l'Union européenne, il s'agit d'un leitmotiv désormais bien ancré : par exemple, le Parlement européen, a estimé que « l'un des choix les plus importants pour l'avenir de l'Europe concerne sa politique énergétique. Tout dépendra de [sa] capacité [...] à atteindre une indépendance énergétique aussi grande que possible. Cette indépendance ne pourra être obtenue qu'au travers d'une part, croissante d'énergie renouvelable et d'une utilisation plus efficace de l'énergie »[14] ; par exemple, la directive biocarburants indiquait que l'utilisation accrue de ceux-ci dans les transports « sans exclure les autres possibilités de carburants de substitution éventuels, notamment le GPL et le GNC à usage automobile, est l'un des moyens par lequel la Communauté peut réduire sa dépendance par rapport à l'énergie importée et avoir une influence sur le marché des combustibles pour les transports et, par conséquent, sur la sécurité de l'approvisionnement en énergie à moyen et à long termes ». Des opinions comparables ont été émises en France : ainsi, la loi n° 99-533 du 25 juin 1999, dite « d'orientation pour l'aménagement et le développement durable du territoire » (LOADT) instaurant les schémas de services collectifs, dont celui de l'énergie, préconisait la mise en place d'une politique régionale de l'énergie, basée sur les ressources locales afin de concourir « à l'indépendance énergétique nationale, à la sécurité d'approvisionnement » ; la loi POPE de 2005 expliquait pour sa part que la politique énergétique de la France doit contribuer à l'indépendance énergétique nationale et garantir la sécurité d'approvisionnement[15] et précisait que l'un des axes de cette politique est la diversification du bouquet énergétique de la France, notamment par l'usage accru des sources d'énergie renouvelables[16].

(11) Agence internationale de l'énergie, « Rapport sur les perspectives énergétiques mondiales », 2004, résumé, p. 4.

(12) Voir en ce sens Commission, « Plan d'action pour l'efficacité énergétique » (2007-2012).

(13) Au moment de l'adoption du traité de Lisbonne, alors même qu'ils attribuaient explicitement une compétence à l'UE en matière d'énergie, les États membres ont veillé à retenir la leur s'agissant du « choix entre différentes sources d'énergie et la structure générale de [...] (l') approvisionnement énergétique » (art. 194 § 2 TFUE).

(14) « Rapport du Parlement européen contenant des recommandations à la Commission sur l'utilisation de sources d'énergie renouvelables à des fins de chauffage et de réfrigération », doc. 2005/2122 (INI).

(15) Article 1.

(16) Article 4.

II. Une indépendance énergétique limitée

Cette indépendance non garantie souligne aussi les faiblesses les plus topiques des énergies renouvelables.

A. Des limites techniques

D'abord, les énergies renouvelables n'ont pas la même densité énergétique que les énergies issues de sources fossiles : elles ne permettent pas de disposer d'une aussi grande quantité d'énergie par unité de volume que ces dernières. Par exemple, lorsque la puissance électrique d'une très grande centrale solaire photovoltaïque atteint 10 MW (Bavaria Solarpark en Allemagne), celle d'un réacteur nucléaire produit environ 1 500 MW ; de la même façon, les plus grosses éoliennes ont des capacités individuelles limitées (jusqu'à 5 MW), ce qui milite d'ailleurs sans doute en faveur de la création de parcs éoliens. Selon le rapport parlementaire Reynier, la taille moyenne des parcs éoliens a dans cette perspective augmenté : plus de 15 MW pour les permis de construire accordés en 2009 contre 13 MW en 2008[(17)]. En outre, à raison de leur nature d'énergies de flux, un bon nombre d'énergies issues de ressources renouvelables sont difficiles à stocker. Ces problèmes ne sont ni niés ni méconnus : pour la Commission européenne, « seules les ressources renouvelables à technologie intensive peuvent aider à atténuer la tendance actuelle allant vers une dépendance énergétique accrue »[(18)].

Remarque

A été annoncée la construction d'une centrale photovoltaïque d'une capacité totale de 100 MW à proximité de Fukushima au Japon (voir D. Laperche, « Une centrale photovoltaïque de 100 mégawatts au Japon », Actu-environnement.com., 27 juin 2012).

B. Une disponibilité aléatoire

La disponibilité de l'énergie est une qualité essentielle car, en son absence, la fourniture d'énergie est soit impossible, soit interrompue. Cette situation est difficilement acceptable, *a fortiori* lorsque la sécurité d'approvisionnement est érigée en mission de service public[(19)], parce qu'elle entre alors en contradiction avec l'exigence de continuité, qui est un principe général du droit français[(20)] et même un principe de valeur constitutionnelle[(21)]. Or, cette disponibilité fait parfois défaut aux énergies renouvelables sur un plan spatial et/ou temporel.

1. Sur le plan spatial

Le potentiel en sources d'énergie renouvelables est en effet inégalement réparti sur les territoires.

D'abord, le fait que de nombreuses sources d'énergie renouvelables soient fondées sur des flux naturels ne veut pas dire qu'elles soient présentes en quantité abondante en tous points de la planète. Par exemple, les énergies marines dépendent de la possibilité de potentialiser un territoire maritime. Par exemple, encore, le gisement solaire est fonction de l'irradiation solaire du lieu et varie sensiblement selon les latitudes en fonction de la saison, des conditions météorologiques ou encore de la situation géographique (hauteur angulaire du soleil au-dessus de l'horizon). Il est

(17) Voir F. Reynier, « Rapport d'information sur l'énergie éolienne », Ass. Nat. n° 2398, 31 mars 2010.

(18) *Livre vert sur la sécurité énergétique*, COM (2000) 769 final.

(19) Voir CE 29 avril 2010, M. et Mme Béligaud, req. n° 323179, *RFDA* 2010, p. 570, concl. M. Guyomar, p. 557, note F. Melleray, p. 572.

(20) CE 7 juillet 1950, Dehaene, *GAJA* n° 66.

(21) Cons. const. n° 79-105 DC, 25 juillet 1979, *Lebon* p. 33.

simple de comprendre que ces paramètres puissent avoir des répercussions sur les possibilités d'exploitation ainsi le rayonnement solaire peut varier de 2 à 8 heures/jour selon l'emplacement des centrales solaires[22] –, d'autant plus lorsque le potentiel ne correspond pas aux besoins du territoire concerné : on peut citer à titre d'illustrations les situations paradoxales du Grœnland qui dispose d'un potentiel considérable d'énergie éolienne, ou du Sahara qui dispose d'un fort potentiel d'énergie photonique solaire. Il n'est alors pas illogique, du fait de cette disparité géographique des gisements, d'introduire dans les dispositifs de soutien aux énergies concernées des règles prenant en compte cette répartition aléatoire de la richesse : ainsi en serait-il de tarifs de rachat de la production régionalisés, c'est-à-dire variables par exemple pour l'énergie solaire photovoltaïque selon le gradient solaire. Ensuite, lorsque les énergies renouvelables reposent sur des matières premières issues de l'activité humaine (biomasse verte, biomasse déchets), il faut admettre que leur disponibilité est fondamentalement liée au fait qu'elles résultent d'une production autochtone : à défaut, il faudra sans doute les importer, ce qui réduit d'autant les possibilités d'obtention d'une véritable indépendance énergétique (par exemple, en cas d'importation massive de biocarburants, l'Europe serait sans doute moins dépendante des pays producteurs de pétrole, mais redevable des pays producteurs d'éthanol).

Remarque

L'irradiation solaire exprime la quantité d'énergie en provenance du soleil reçue par unité de surface pendant une période déterminée (journalière, mensuelle, annuelle). Ses unités usuelles sont le kWh/m^2 ou le kilowattcrête (kWc).La puissance crête est la puissance que peut délivrer un module photovoltaïque sous des conditions optimales et standardisées d'ensoleillement (1000 W/m^2) et de température (25° C).

Ensuite, le potentiel en énergie renouvelable d'un territoire est difficilement quantifiable dans la mesure où, dans la plupart des cas, le substrat énergétique y est rarement réparti de façon homogène ; le potentiel éolien français est ainsi par exemple surtout concentré dans le Sud-Est et le Nord-Ouest du territoire continental ; le potentiel français de production d'électricité à partir de biogaz épouse les contours de la France où se pratique l'élevage agricole intensif (Centre, Champagne-Ardenne, Picardie, Bourgogne, Île-de-France, Bretagne, Pays de la Loire). Ces disparités régionales suggèrent, dans une perspective de développement optimisé et rationnel desdites énergies, de quantifier de façon précise l'état des gisements[23].

2. Sur le plan temporel

Le fait de disposer sur un territoire d'un potentiel de ressources énergétiques à caractère renouvelable peut ne pas suffire à garantir une disponibilité constante de l'énergie parce que se pose encore le problème de l'intermittence de certaines ressources. Cette caractéristique renvoie à nouveau à la nature d'énergies de flux de la plupart des énergies concernées, qui peut interdire la libre disposition à tout moment.

Remarque

Les énergies renouvelables fondées sur la biomasse ne sont pas soumises à des flux et ne présentent donc pas la même caractéristique d'intermittence.

Certaines énergies renouvelables fondées sur des flux naturels peuvent elles-mêmes ne pas être intermittentes : c'est le cas de l'énergie océanothermique et de la géothermie.

(22) J.-C. Birraux, J.-Y. Le Déault, « Rapport de l'Office parlementaire d'évaluation des choix scientifiques et technologiques sur l'état actuel et les perspectives techniques des énergies renouvelables », Sénat n° 3415, 22 novembre 2001.

(23) Sur cette évaluation de la disponibilité des ressources à l'aide de schémas territoriaux, voir aussi *infra* p. 481 et s.

> Reste à savoir si les énergies « de stock » (pétrole, charbon, nucléaire) sont nécessairement plus disponibles *ratione temporis* : ainsi les délais de mise sur le marché de celles-ci, pourtant localisées et dont les techniques d'extraction, de conditionnement et de transport sont maîtrisées, se chiffrent en années (J. Olivet, *Solaire et géothermie contre pétrole*, éd. Le Moniteur, 1981, p. 24).

Sur ce plan, l'intermittence de l'énergie solaire est notamment caractéristique : le soleil ne brille pas la nuit et son rayonnement est toujours imprévisible. En conséquence, le solaire photovoltaïque est aussi plus ou moins adapté selon les régions : idéal pour les territoires où l'ensoleillement intense et la consommation coïncident dans la journée (DOM), il sera moins intéressant lorsque le rayonnement solaire le plus fort (été) ne répond pas à la demande d'électricité maximale (hiver). Le caractère discontinu de la production est également le propre de l'énergie éolienne, qui dépend pour sa part de la présence et de la force du vent.

Remarque

> Une éolienne ne démarre qu'à partir d'une certaine vitesse du vent (environ 3 à 5 mètre/seconde) et est performante autour de 7 m/s. Elle s'arrête pour ne pas s'emballer quand le vent dépasse 25 m/s (soit 90 km/h). En France, toutes les éoliennes soumises à un creux de tension de plus de 200 millisecondes s'arrêtent automatiquement (voir Premier ministre, « Rapport sur la programmation pluriannuelle des investissements de production d'électricité », 29 janvier 2002, p. 49).

Enfin, l'hydroélectricité est elle-même une production soumise à aléa, celui de la plus ou moins grande hydraulicité des cours d'eau, elle-même fonction des variations climatiques (sécheresse).

C. La spécialisation des énergies renouvelables

C'est en considération de l'ensemble de leurs qualités et défauts que les énergies renouvelables sont dédiées à différents usages. C'est aussi dans cette mesure qu'elles prennent ou non la place des énergies traditionnelles, bien entendu lorsque leur substituabilité à ces dernières est envisageable. Sur ce sujet complexe, on avancera deux réflexions. D'abord, on conviendra que la diversité des sources renouvelables entraîne des différences en termes de densité et de propriétés énergétiques, et conduit donc à une spécialisation des énergies qui en sont issues : à titre d'exemples, le solaire thermique, la géothermie ou la valorisation énergétique de la biomasse conviennent à l'habitat, au tertiaire et à l'industrie, cependant que le grand éolien (parcs de plus de 50 kW/h) est adapté pour la fourniture d'électricité à grande échelle. Ensuite, on peut estimer que les énergies renouvelables, dont les usages sont en ce sens spécifiques pour ne pas dire captifs, présentent la faiblesse d'être difficilement « intersubstituables » : on entend par là qu'il ne sera pas toujours possible de miser sur l'une pour suppléer la défaillance d'une autre.

En conséquence, face aux besoins énergétiques croissants, la substitution des énergies renouvelables aux énergies traditionnelles peut apparaître comme un vœu pieux. En raison de cette limite spécifique, des opinions très réservées ont parfois été émises à l'égard des premières. Par exemple, la Commission de régulation de l'énergie a estimé que « compte tenu du caractère difficilement prévisible et peu modulable de la production éolienne, son développement conduit à substituer une dépendance météorologique à une dépendance géostratégique, n'offrant aucune sécurité d'approvisionnement »(24). Au demeurant, la majorité des pays ayant fait le choix de soutenir les énergies renouvelables n'ont pas décidé d'abandonner les énergies fossiles. Notamment, ceux ayant choisi d'investir massivement dans l'éolien prévoient parfois un système de secours faisant appel aux énergies fossiles pour fournir l'électricité en continu : s'agissant de la France, la CRE considère encore que « plus la pénétration de l'éolien s'accroît, plus la production éolienne se substitue à du nucléaire et plus il devient nécessaire, en contrepartie, de développer le parc de centrales ther-

(24) Avis sur le projet d'arrêté fixant les conditions d'achat de l'électricité produite par les installations utilisant l'énergie radiative du soleil telles que visées au 3°, décret n° 2000-1196, 6 décembre 2000, art. 2.

miques à flamme, mieux adapté aux variations de charge »(25) ; pour remédier au risque d'aléas, il est également envisageable de limiter par avance la quantité d'énergie produite.

Remarque

L'alternative à cette utilisation de modes de production électrique de complément pourrait être, selon certains chercheurs, l'interconnexion des éoliennes se situant dans une même zone géographique (C.-L. Archer, M.-Z. Jacobson, « *Supplying baseload power and reducing transmission requirements by interconnecting wind farms* », *Journal of Applied Meteoroloy and Climate*, novembre 2007, n° 46).

L'éolien n'est évidemment pas la seule énergie renouvelable impliquant de recourir à titre de complément aux combustibles fossiles : par exemple, la majorité des biocarburants consommés en Europe sont aujourd'hui des additifs aux hydrocarbures, quand ils ne sont pas, même, pour certains d'entre eux, constitués de composants renouvelables et fossiles (ETBE, superéthanol).

Par ailleurs, le développement d'une production principalement électrique, tout à la fois intermittente et d'une puissance limitée, a conduit le juge administratif à refuser à la plupart des ouvrages exploitant des sources d'énergie renouvelables le caractère d'« ouvrages publics »(26). S'appuyant sur le fait que la sécurité d'approvisionnement en énergie électrique est le seul objet du service public français de l'électricité depuis la loi 2000-108 du 10 février 2000, le CE a jugé qu'il n'était possible d'établir un lien entre l'exigence de sécurité d'approvisionnement de la France en électricité et la production électrique qu'au sujet de deux catégories d'installations seulement : d'une part, les concessions hydroélectriques, dont la puissance dépasse toujours 4,5 MW et qui sont assujetties aux strictes exigences de production découlant de la loi du 16 octobre 1919(27) ; d'autre part, dans les zones interconnectées du territoire métropolitain, les ouvrages d'une puissance supérieure à 40 MW. Or, de fait, ni la production électrique fondée sur la ressource éolienne, ni celle fondée sur la ressource solaire notamment ne peuvent répondre à l'heure actuelle à l'une ou l'autre de ces conditions.

Enfin, le caractère intermittent de l'électricité fondée sur certaines sources renouvelables est une variable qui rend difficile l'appréhension dans le temps de l'offre de production. Si toute prévisibilité n'est pas interdite l'énergie de source éolienne est ainsi prévisible à 3 jours avec une marge d'erreurs de 7 %(28) l'incertitude au niveau de l'offre est un élément qu'il faut nécessairement intégrer dans la gestion des réseaux publics au sein desquels l'électricité est injectée. Deux grands types de scénarii destinés à répondre à cette alternance problématique de la production d'électricité de source renouvelable et, par là-même à garantir l'équilibre et l'intégrité des réseaux, existent : ceux qui font appel à des formules, il est vrai pour l'instant peu développées, de stockage de l'électricité produite ; et ceux qui suggèrent de définir, sous la responsabilité des gestionnaires des réseaux publics, des dispositifs d'observation et de stabilisation de l'offre intégrant le réseau (*smart grids*, dispositif IPES).

Remarque

Il existe 3 grands procédés de stockage de l'électricité. D'abord, le stockage mécanique : l'électricité est réservée sous forme d'énergie hydraulique par l'intermédiaire de stations de turbinage et de pompage (STEP) qui conservent l'eau dans des grands réservoirs ; cependant en France la puissance électrique de source renouvelable susceptible d'être ainsi transférée dans des stations de pompage

(25) Voir note relative au tarif d'achat de l'électricité produite par les installations utilisant l'énergie mécanique du vent, octobre 2009, disponible sur le site de la CRE, www.cre.fr.

(26) Voir CE 29 avril 2010, M. et Mme Béligaud, req. n° 323179, préc.

(27) Voir *infra* p. 136 et s.

(28) Voir F. Reynier, « Rapport d'information sur l'énergie éolienne », Ass. Nat. n° 2398, 31 mars 2010.

est de l'ordre de 3 GW seulement (voir *Dix questions à G. Ruelle, L'éolien, une énergie du XXIe siècle*, janvier 2009, cit. par F. Reynier, « Rapport d'information sur l'énergie éolienne », Ass. Nat. n° 2398, 31 mars 2010). Ensuite, le stockage sous forme chimique, qui fait appel à des batteries. Enfin, le stockage sous forme de chaleur, surtout utilisé pour les énergies marines et le solaire à concentration (voir P. Collet, « Solaire thermique à concentration : le solaire espère s'affranchir de l'intermittence », Actu-environnement.com, 3 octobre 2011).

La gestion des réseaux publics d'électricité relève de la mission de gestionnaires de réseaux, dont l'activité doit être séparée de celle des opérateurs intervenant dans les secteurs de la production et de la fourniture (voir *infra* p. 379). En France, la gestion du réseau de transport est assurée par l'entreprise RTE, celle du réseau de distribution est confiée aux communes qui peuvent l'exercer directement ou la déléguer : le législateur a confié un quasi-monopole de gestion de ces réseaux à l'entreprise ERDF. Ces opérateurs doivent assurer à tout instant la sécurité et l'efficacité du réseau et l'équilibre des flux d'électricité (C. énergie, art. L. 431-3 et L. 322-9).

Enfin, en cas de risque majeur pour la sécurité d'approvisionnement (crise grave sur le marché de l'énergie, menace pour la sécurité ou la sûreté des réseaux et des installations électriques, ou risque pour la sécurité des personnes), le ministre chargé de l'énergie peut faire usage du pouvoir de police spécial que lui offrent les textes (C. énergie, art. L. 143-4 à L. 143-6), notamment suspendre les autorisations conférées aux installations de production mises en cause.

§2. La sécurité physique des personnes et des biens

Les énergies renouvelables ne peuvent échapper à la préoccupation de sécurité. Si le risque d'atteinte aux personnes ou aux biens est inhérent à toutes les activités humaines, il concerne logiquement l'exploitation de toutes les formes d'énergie. S'agissant des énergies traditionnelles, ces risques sont connus : pour l'essentiel, ils sont liés au danger intrinsèque à la source d'énergie utilisée (explosion des dépôts d'hydrocarbures par exemple) ou bien aux technologies employées (gazoducs, oléoducs, centrales nucléaires, mines de charbon, lignes à haute tension...). De ce point de vue, il ne fait guère de doute que la catastrophe japonaise de Fukushima (mars 2011) a rendu plus perceptibles les risques liés notamment à la technologie électro-nucléaire. Pour ce qui concerne les énergies renouvelables, il semble que les risques proviennent principalement des technologies employées et de la difficulté à maîtriser les flux naturels qui sont à l'origine de certaines de ces énergies. Par exemple, le vent fougueux ou la foudre sont à même de détruire les pales, voire les fondations d'une éolienne : si, pour les concepteurs, ces risques pour la sécurité imposent d'imaginer des procédés techniques fiables (le risque cyclonique existant dans certaines régions du monde a par exemple conduit à la conception d'une éolienne abaissable jusqu'au sol, technologie dite « Vergnet »), pour les pouvoirs publics, ils impliquent d'opposer de strictes précautions aux exploitants, telles que l'éloignement des installations des habitations, des routes, des voies ferrées ou encore des lignes électriques...

Dans le même ordre d'idées, les risques liés à de possibles intempéries frappant les barrages hydrauliques (la jurisprudence prévoit parfois par avance une réparation du préjudice[29]) ou ceux qui peuvent survenir des vidanges et autres lâchers d'eaux effectués par les exploitants doivent également être pris en compte au niveau de la conception des ouvrages (usure, rupture éventuelle).

Remarque

En décembre 1995, au cours d'une sortie scolaire, 6 enfants et leur institutrice cheminant dans le lit du Drac (Isère) pour observer l'habitat des castors furent surpris par la brusque montée des eaux de la rivière, provoquée par des lâchers d'eau de délestage dans un barrage hydroélectrique ; ils périrent par noyade.

(29) CE 13 décembre 2006, Siah, req. n° 281218, pour l'augmentation du risque d'inondation de terrains appartenant à une société du fait de la réalisation et du fonctionnement d'un bassin de retenue d'eau.

§3. La sécurité alimentaire

Le risque d'insécurité alimentaire concerne exclusivement la production d'énergie à partir de biomasse verte cultivée lorsque celle-ci se substitue aux cultures alimentaires. Ce problème a de fait surgi très récemment, dès après l'engouement mondial pour les agrocarburants qui se manifeste surtout depuis la fin des années 1990. Subitement, les acteurs ont été mis en face d'une simple mais redoutable question : est-il raisonnable de délaisser les cultures alimentaires au profit des cultures énergétiques pour satisfaire les objectifs de réduction des gaz à effet de serre, au risque de ne plus répondre à la demande en produits alimentaires, qui ne cesse elle-même d'augmenter, au risque surtout d'affecter prioritairement les pays à faible revenu et à déficit vivrier ? La campagne céréalière 2006-2007 a d'ailleurs montré que les transferts massifs de terres agricoles vers la production de biomasse énergétique sont bien l'une des causes de la hausse spectaculaire des cours des céréales, mettant en péril l'alimentation mondiale. Cette situation met à mal les politiques publiques de soutien aux cultures énergétiques fondées sur la biomasse agricole, dont la légitimité est de plus en plus souvent dénoncée.

Remarque

Le rapport « Perspectives agricoles » de l'OCDE et de la FAO (2007) évoque clairement l'utilisation de plus en plus importante du sucre, des graines oléagineuses et des huiles végétales pour produire des carburants de substitution comme facteur de cette hausse des prix mondiaux.

En 2011, la FAO, l'IFAD (Fonds international pour le développement agricole), le FMI, l'OCDE, la CNUCED, le Programme alimentaire mondial, la Banque mondiale et l'OMC ont remis un document commun dans lequel ils demandaient une suppression des subventions aux agrocarburants à cause de leur impact sur les prix alimentaires, voir « *Price volatility in Food and Agricultural market : policy responses* » (www.oecd.org).

Sur ce même sujet, voir aussi la position critique de l'Agence européenne pour l'environnement : AEE, « *Opinion of the EEA Scientific Committee on greenhouse gas accounting to bioenergy* » (eea.europa.eu).

Section 2

Le coût des énergies renouvelables

Le coût de l'énergie détermine la compétitivité des économies modernes. La recherche de modes d'exploitation moins coûteux est en ce sens une quête légitime des sociétés. Il faut concéder que la banalisation des énergies renouvelables ne s'obtiendra sans doute que si ces dernières sont financièrement attractives pour tous les consommateurs publics ou privés, industriels ou particuliers. Or, le coût de ces énergies est souvent élevé parce qu'elles sont pour la plupart fondées sur des filières émergentes, mais forcément relatif dès lors qu'il dépend du coût comparatif des énergies traditionnelles.

§1. Un coût élevé pour des filières émergentes

Il est à la fois paradoxal et logique de présumer coûteuse la production d'énergie renouvelable. Il est d'abord paradoxal de considérer que cette production puisse constituer une forme d'exploitation coûteuse de l'énergie dès lors que les sources sur lesquelles elle se fonde (soleil, eau, vent...) sont inépuisables ou du moins abondantes à l'échelle de la planète : on n'ignore pas en effet que le prix élevé d'un produit est en principe un indicateur de sa rareté. Mais il est tout aussi logique de réputer coûteuse cette production : soit parce que les modes d'exploitation de ces énergies primaires s'appuient sur des technologies émergentes, soit parce qu'elles font appel à des composants dont l'utilisation n'a pas été optimisée à grande échelle, soit parce qu'elles imposent de mettre en place des infrastructures nouvelles (réseaux de chaleur).

Cette présomption n'empêche pas qu'il y ait des exceptions. Par exemple, la « grande hydraulique » utilise en France des infrastructures anciennes, dont les coûts d'investissement sont en général amortis la plupart des grandes centrales ont en effet été installées au début du XXe siècle. Par comparaison, l'exploitation industrielle de l'éolien n'a commencé que depuis une dizaine d'années, or elle suppose un investissement de départ important, puis des frais de maintenance, d'entretien, enfin de démantèlement et de remise en état des sites très élevés la durée de vie d'un tel parc est d'environ 30-40 ans. En résumé, on peut considérer que le coût de départ puis celui de fonctionnement des installations sont importants dans les cas de figure suivants : chaque fois que la production d'énergie renouvelable suppose des investissements initiaux massifs liés à la construction d'équipements nouveaux, qu'ils soient lourds (coûts de génie civil, forage géothermique, etc.) ou légers (chaudières à bois dans l'habitat, etc.), imposés par la nécessité de surmonter des contraintes architecturales.

§2. Un surcoût relatif par rapport aux énergies traditionnelles

Le coût de production de l'énergie renouvelable est cependant une donnée relative, dépendant des données ci-dessus mentionnées ainsi que du rendement des installations de production, lui-même tributaire notamment de la disponibilité de la ressource, du coût de la main d'œuvre, ou bien encore de la possibilité de faire de la coproduction (glycérine, tourteaux, etc.). Toutefois, ce coût dépend plus fondamentalement de celui que peuvent avancer par comparaison les énergies conventionnelles : or sur ce plan, deux paramètres sont susceptibles de faire varier les niveaux de prix.

I. La fluctuation du prix des énergies traditionnelles

Cette fluctuation, notamment celle du pétrole, a pu être qualifiée de « structurelle » au sens où elle ne peut « qu'être connue des acteurs concernés et [...] doit donc être prévue par eux » (elle interdit en ce sens l'application de la théorie de l'imprévision à un marché de travaux publics[30]). Or, il appert que les énergies de source renouvelable ont *a priori* plus de chance d'être concurrentielles si le prix des énergies traditionnelles est pour sa part élevé. Force est à cet égard de tenir compte du fait que ce prix ne cesse d'augmenter en raison des tensions affectant depuis 2004-2005 le marché de l'énergie. Certes, le prix du pétrole brut a diminué en 2011 mais pour des raisons conjoncturelles (récession économique, augmentation de l'offre pétrolière des pays de l'OPEP). Partant, la compétitivité des énergies renouvelables pourrait suivre une courbe ascendante si, comme l'évaluent les spécialistes, cette situation perdure. Ce phénomène devrait favoriser principalement celles d'entre elles susceptibles de se substituer aux produits pétroliers : ainsi profiter aux biocarburants dont les prix pourraient à terme rejoindre ceux des carburants pétroliers[31], à la géothermie basse énergie (qui connut un développement important entre le choc pétrolier de 1973 et le milieu des années 1980 avant de péricliter à partir de 1987 avec la chute du prix du pétrole), ou encore à l'énergie solaire thermique, toute la question étant de savoir à partir de quel niveau de prix des énergies traditionnelles les produits énergétiques renouvelables de substitution sont compétitifs.

(30) TA Nice 20 octobre 2006, Sté Eurovia Méditerranée, Sté Appia Var Alpes c/Préfet du Var, req. n° 0203590, *AJDA* 2007, p. 424, concl. F. Dieu.

(31) Sur l'évolution « cyclique » du prix des biocarburants, A. Mathieu, « L'interface entre secteur agricole et secteur pétrolier : quelques questions au sujet des biocarburants », Université de Montpellier, *Cahiers du CREDEN*, juin 1998.

II. La prise en compte des externalités négatives des énergies primaires traditionnelles et des externalités positives des énergies renouvelables

Le fait que les énergies renouvelables soient plus chères à la production et à l'achat que les énergies « classiques » tient aussi pour beaucoup à une intégration insuffisante dans leur prix des avantages, notamment environnementaux, qu'elles procurent à la société, et ce alors même que, parallèlement, les coûts externes, liés aux émissions de gaz à effet de serre, à la pollution de l'air et à la sécurité d'approvisionnement, ne sont pas pour leur part imputés à l'exploitation massive des sources d'énergies fossiles. Cette situation est contraire aux exigences du développement durable et au principe du pollueur payeur. Elle fonde l'intervention de la puissance publique afin de corriger par des mécanismes incitatifs ou coercitifs cette forme de dysfonctionnement du marché[32]. Ainsi est-il permis de penser que les coûts relatifs de l'énergie renouvelable puissent diminuer grâce à une baisse substantielle des subventions à la production d'énergie fossile, et peut-être aussi encore à raison de la mise en œuvre du système des quotas du système d'échange de droits d'émission de gaz à effet de serre dans tous les secteurs de la production d'énergie à partir de sources fossiles.

Remarque

L'AIE a estimé que les subventions dont bénéficient les combustibles fossiles au niveau mondial s'élèvent à 312 milliards de dollars (http://worldenergyoutlook.org/subsidies.asp).

Certes, certains secteurs productifs liés aux énergies renouvelables ont enregistré ces derniers mois une baisse parfois même spectaculaire des coûts de production (solaire photovoltaïque en particulier)[33], sous l'effet combiné d'améliorations technologiques, d'économies d'échelle mais aussi des politiques publiques incitatives, qui, menées depuis une bonne dizaine d'années, commencent à porter leurs fruits. Ainsi, la Commission européenne relevait-elle en 2011 que les coûts de production de l'énergie éolienne ont baissé de 20 % entre 1997 et 2006, et ceux du photovoltaïque solaire de 57 % sur la même période[34]. Dans certains cas, une partie de cette baisse des coûts est imputable à la diminution de ceux de la fabrication de certains éléments fondamentaux pour les sites de production ; ainsi en est-il du coût de production des panneaux solaires, qui a chuté considérablement en 2011 du fait d'une production mondiale excédentaire.

L'origine renouvelable, la capacité à faire baisser les émissions de gaz à effet de serre, à créer des emplois, la sécurité énergétique procurée sont les qualités essentielles des énergies renouvelables. Leur intérêt économique et sociétal est en ce sens stratégique et correspond à la logique du développement durable, qui organise aujourd'hui l'espace politique, économique, social. Certes, parce qu'elles ne sont pas capables de remplacer en totalité les combustibles fossiles, les énergies fondées sur des ressources renouvelables ne peuvent pas constituer à court terme un modèle autosuffisant et alternatif aux énergies classiques. Elles doivent à tout le moins être pensées comme une offre nouvelle qui, en fonction des spécificités des différentes ressources, les associe et les combine à la fois entre elles et aux ressources fossiles, dans la perspective d'un mix énergétique efficace et sûr.

(32) Voir *infra* p. 327 et s.

(33) Voir C. Cygler, « Photovoltaïque : le marché mondial se redessine », Actu-environnement.com, 7 septembre 2011, S. Fabrégat, « Les énergies renouvelables deviennent compétitives », Actu-environnement.com, 8 juin 2012.

(34) Commission, Communication au Parlement européen et au Conseil, « Énergies renouvelables : progrès accomplis pour atteindre l'objectif de 2020 », COM (2011) 31 final.

Remarque

Le marché des énergies renouvelables a d'ailleurs été intégré par la Commission européenne dans la catégorie des « marchés porteurs » : il s'agit de marchés mondiaux en expansion rapide dans lesquels les entreprises européennes sont invitées à se positionner rapidement, afin de bénéficier d'un avantage concurrentiel (voir communication de la Commission, « Marchés porteurs : une initiative pour l'Europe », COM (2007) 860 final).

Chapitre 5

Quel droit pour les énergies renouvelables ?

Cet ouvrage pose la question de l'existence d'un « droit des énergies renouvelables ».

Inévitablement, autour de la thématique « énergies renouvelables » surgissent des questions importantes pour lesquelles le droit est convoqué. Peut-il en aller autrement ? Forcément le droit ne peut ignorer l'aptitude globale de ces énergies à répondre aux « défis énergétiques de la société contemporaine »(1) et, plus largement, lui incombe-t-il d'appréhender l'ensemble des enjeux sous-jacents à leur développement. Le rôle du droit est essentiel, notamment pour régler les conflits de plus en plus nombreux et reflétant d'ailleurs la diversité des intérêts en présence que ne manque pas d'engendrer la forte expansion de ces énergies dans la société contemporaine.

Remarque

Les conflits d'intérêts se présentent sous des expressions diverses, il arrive même qu'ils opposent différentes facettes de l'intérêt public. Par exemple, en refusant sur le fondement des règles d'urbanisme l'installation d'un équipement photovoltaïque en toiture, un maire ne porte pas « une atteinte significative à l'intérêt public de développement équilibré de l'approvisionnement énergétique promu par la loi n° 2010-788 du 12 juillet 2010 ou plus largement à celui de l'indépendance énergétique », au vu de la faible importance de la production électrique découlant de l'ouvrage concerné (TA Montpellier ord. réf. 2 juillet 2009, Sté Electrosol France, n° 0902775, Environnement et développement durable, janvier 2010, n° 8, note M. Sousse). Par exemple, encore, la suspension d'un dispositif public de soutien à une énergie renouvelable est justifiée en regard de « l'intérêt public qui s'attache au réexamen d'un système incitatif dont les effets, dans son équilibre actuel, risquent de soumettre les consommateurs d'électricité à des prélèvements compensatoires en forte hausse » (CE ord. réf. 28 janvier 2011, Sté Ciel et terre, n° 344973, *JCP A* 2011, act. 83 ; A. Carpentier, « Contentieux solaire : le consommateur final, clé de voûte de l'intérêt général », *JCP A* 2011, n° 2094, *Environnement et développement durable*, mai 2011, n° 60).

Il apparaît que les énergies renouvelables sont appréhendées par les règles de droit suivant deux approches. L'une est sectorielle et sélective : en ce cas la règle ne vise qu'une seule forme d'énergie sans mentionner son appartenance éventuelle à une catégorie énergétique plus large. Elle est illustrée par exemple par les deux lois suivantes : celle sur l'« utilisation de l'énergie hydraulique » du 16 octobre 1919, ou encore celle du 16 juin 1977 complétant et modifiant le code minier qui a inclus expressément dans la catégorie des ressources minières les gîtes géothermiques. L'autre approche est globale et sa mise en œuvre relativement plus récente : elle se rencontre dans un premier temps surtout dans le cadre du droit international – par exemple le Protocole de Kyoto (1997) évoque la possibilité d'une utilisation accrue de « sources d'énergie renouvelables » pour répondre au défi climatique (art. 2 1.a) iv.) – et du droit européen – premier à dédier des textes législatifs complets aux énergies renouvelables entendues largement(2) –, avant d'être reprise par les droits nationaux(3). L'évolution d'une approche à l'autre fait sens : en traitant les énergies renouvelables de façon générique, le droit consacre un concept en soi, il valide en d'autres termes la thèse de la spécificité intrinsèque de cette famille d'énergie, implicitement fondée sur la « renou-

(1) S. Doumbé-Billé (dir.), *Défis énergétiques et droit international*, Larcier, 2010.

(2) Voir notamment les premières directives sur l'énergie renouvelable : directive 2001/77 (électricité renouvelable) et 2003/30 (biocarburants) préc.

(3) Voir notamment, pour la France, la loi 2005-781 du 13 juillet 2005 (POPE) ; voir aussi C. énergie, art. L. 211-2.

velabilité » de ses sources. En agissant ainsi le droit est donc tout à la fois récepteur et vecteur d'une demande sociale forte, en l'occurrence celle épousant le concept de développement durable.

De l'existence d'un objet spécifique du droit à l'application d'un droit spécifique voire sur-mesure, il n'y a qu'un pas. Mais il faut bien convenir qu'au cas présent la spécificité des règles de droit applicables aux énergies de source renouvelable est très relative. D'abord, et ainsi qu'il apparaîtra itérativement par la suite, parce que les règles dont il est question sont fortement ancrées dans les disciplines juridiques les plus traditionnelles (droit civil, droit administratif, droit fiscal, droit de la concurrence, etc.). Ensuite, parce que, dans ces cadres-là, ces règles sont affiliées à deux *corpus* juridiques plus spécifiques. Il s'agit en premier lieu du droit de l'énergie, droit dont l'autonomie est acquise au moins sur le plan formel depuis la codification partielle dont il a récemment fait l'objet(4), droit dont l'application aux énergies renouvelables est par ailleurs logique dès lors que ces dernières sont elles-mêmes des énergies et ne se distinguent après tout qu'au regard de leur origine ; c'est ainsi que de nombreuses dispositions sises aujourd'hui dans le code de l'énergie ont naturellement vocation à être appliquées aux énergies renouvelables : autant celles, horizontales, consacrées aux principes généraux du secteur de l'énergie et à la politique énergétique (Livre Ier), que celles, verticales, susceptibles de couvrir à un titre ou à un autre des activités utilisant les énergies de source renouvelable (production, fourniture, commercialisation, transport, distribution) (Livre III : électricité ; Livre IV : gaz ; Livre VII : réseaux de chaleur et de froid). L'autre droit entretenant un lien consubstantiel avec les énergies renouvelables est le droit de l'environnement. Il en est ainsi, d'une part, parce que, faisant sienne la présomption de bénéfice environnemental associée à l'emploi des énergies de source renouvelable, ce droit a logiquement intégré en son sein des règles de nature à en favoriser l'essor : l'illustre par exemple l'ensemble législatif composé des lois dites « Grenelle »(5) qui, fortement irrigué par la lutte contre le changement climatique, est riche en dispositions favorables aux énergies renouvelables. Mais il en est aussi ainsi, d'autre part, parce que ce droit protège contre une exploitation des sources d'énergie renouvelables qui s'avèrerait néfaste pour l'environnement : ainsi est-il de fait fortement sollicité sur le sujet en cause, par exemple en tant qu'il réglemente l'usage de certaines ressources énergétiques renouvelables (déchets), ou bien encore en tant qu'il encadre l'exercice de l'activité d'exploitation des sources d'énergie renouvelables lorsque celle-ci est susceptible d'affecter le milieu dans lequel elle a lieu (loi de protection de l'eau et des milieux aquatiques, dispositif ICPE, régime des études d'impact, etc.). Pourtant, si pour le droit du nucléaire comme pour celui de l'électricité il est acquis qu'il n'y a aucune « spécificité du droit » mais seulement une spécificité de son objet(6), on admettra qu'il n'en va pas différemment au sujet des énergies renouvelables, et on confortera ce constat en relevant qu'à ce jour en France aucune loi n'a eu pour seul et unique objet de les régir de façon exclusive. De fait, le « droit des énergies renouvelables » doit s'entendre, simplement, comme rassemblant les règles de droit qui, arrimées à des systèmes normatifs préexistants et qui le contiennent, s'appliquent auxdites énergies. Cela n'empêche évidemment pas qu'au sein des dispositifs classiques des règles spéciales soient adoptées et d'autres corrigées. En ce cas, la spécificité des énergies renouvelables en tant qu'objet de droit est alors confirmée, une spécificité déterminant donc l'évolution des branches traditionnelles du droit.

---

(4) Voir ordonnance n° 2011-504 du 9 mai 2011 portant codification de la partie législative du code de l'énergie.

(5) Loi n° 2009-967 du 3 août 2009 de programmation portant mise en œuvre du Grenelle de l'environnement ; loi n° 2010-788 du 12 juillet 2010 portant engagement national pour l'environnement.

(6) Voir J.-M. Raynaud, *Le Droit nucléaire*, PUF, 1994, p. 25 ; P. Sablière, « Y a-t-il un droit de l'électricité », *CJEG* janvier 1999, chron. 1.

Pour explorer le champ d'études, il fallait donc opter pour une approche pragmatique ou descriptive, considérant le « droit des énergies renouvelables » non pas du point de vue d'une définition générale voire d'un concept, mais au regard de ses manifestations juridiques les plus diverses. En d'autres termes c'est ici le droit « applicable à » (des énergies renouvelables) qui sera étudié, dans le souci de mettre en lumière, chaque fois que cela sera possible, la présence de dispositions juridiques « adaptées » à la spécificité du domaine en cause.

Mais la dissémination des règles applicables aux énergies renouvelables au sein de *corpus* juridiques distincts n'en facilite pas l'appréhension. Or, l'approche retenue n'exonère pas de l'obligation d'effectuer la présentation et l'examen du droit applicable aux énergies renouvelables dans le cadre d'une organisation structurée et cohérente. Or, de ce point de vue la définition juridique des énergies renouvelables apparaît riche d'enseignements. Reprenant une *summa divisio* somme toute classique(7), cette approche invite à distinguer entre l'énergie et ses sources – elle fait donc elle-même écho au fait que l'énergie renouvelable est une énergie « produite à partir de sources renouvelables »(8). Dans ces conditions, les énergies renouvelables seront appréhendées à deux niveaux : d'abord en tant que ressources (sources primaires), ensuite en tant qu'énergies (énergies secondaires ou dérivées). Le passage de l'une à l'autre est simplement lié à l'existence d'une activité d'exploitation mettant en œuvre un processus physique, chimique, mécanique, etc., qu'il convient en tous les cas d'entendre ici au sens large : il peut en effet s'agir d'exploitation industrielle ou domestique, à finalité commerciale ou non ; il s'agit en toute hypothèse d'une activité humaine qui n'est pas laissée en dehors du droit. D'où le plan :

– les énergies renouvelables sont les énergies issues de sources renouvelables. Il importe d'étudier le droit applicable à l'exploitation de ces sources, autrement dit déterminer la nature et le régime juridiques de l'utilisation de ces ressources : c'est le droit des sources d'énergie renouvelables ;

– les énergies renouvelables sont des produits obtenus à la suite de l'exploitation des ressources énergétiques à caractère renouvelable. Or, du fait de leurs propriétés énergétiques ces produits ont une valeur économique et comme tels sont pris en compte par le marché. Il s'impose par suite de déterminer aussi quel droit s'applique à ce second versant : c'est ici le droit du marché des énergies renouvelables.

(7) Voir notamment M. Lamoureux, « Le bien énergie », *RTD Com.* 2009, p. 239.

(8) Voir directive 2009/28, art. 2 a).

Partie 2

Le droit des sources d'énergie renouvelables

L'objet de cette partie est de déterminer quelles sont, sur un plan juridique, les conditions de l'exploitation des sources d'énergie renouvelables. Il s'agit d'une interrogation pour le moins fondamentale. D'abord, parce qu'elle pose la question des limites éventuellement opposées par la règle de droit à la volonté des hommes de produire de l'énergie à partir de telles ressources, ce qui, à supposer que ces limites existent bel et bien, tendrait à montrer qu'en ayant ce pouvoir la puissance publique tient sans doute le premier levier du développement de l'énergie renouvelable. Ensuite, et plus largement, parce qu'elle rappelle qu'en toute hypothèse, les activités humaines se soustraient difficilement à l'emprise de la règle de droit, et qu'elles sont même la plupart du temps vouées à être exercées dans un cadre juridique plus ou moins circonscrit par l'autorité publique, garante de l'intérêt général et, plus spécifiquement, de l'ordre public.

Si la puissance publique détient la prérogative de poser les actes destinés à régir les activités humaines, il reste à se demander à quel niveau de l'ordre juridique elle peut intervenir lorsqu'il s'agit de régir en particulier l'exploitation des sources d'énergie renouvelable. Cette question doit être placée dans le contexte élargi de l'ordre international, puisque les États, que l'on peut ici présumer porteurs d'une compétence originaire, peuvent choisir d'attribuer cette compétence à des institutions de niveau supérieur. Or, sur ce point, il s'impose de mentionner le principe général de droit international public de souveraineté de l'État sur les ressources énergétiques, stipulé notamment à l'article 18 du traité sur la Charte de l'énergie (Lisbonne, 1994), qui reconnaît la souveraineté nationale et les droits souverains de l'État sur les ressources énergétiques. Ce principe signifie que l'État est compétent, sous réserve d'une règle contraire de droit international, pour réglementer, surveiller, prélever taxes et redevances..., en somme mettre en place toutes les mesures d'autorité nécessaires. Le texte de la Charte de l'énergie dispose en ce sens : « Chaque État conserve en particulier le droit de décider des secteurs géographiques de sa zone qui sont destinés à être mis à disposition pour l'exploration et l'exploitation de ses ressources énergétiques, de l'optimalisation de leur récupération et du rythme auquel elles peuvent être extraites ou autrement exploitées, de déterminer et de percevoir les taxes, redevances, ou autres paiements financiers qui sont payables au titre de cette exploration et de cette exploitation et de régir les aspects environnementaux et de sécurité de cette exploration, de cette exploitation et de cette mise en valeur dans sa zone, ainsi que de participer à cette exploration et cette exploitation, notamment par une participation directe de son gouvernement ou des entreprises d'État »[(1)].

Il convient cependant d'ajouter que cette souveraineté de l'État sur les ressources énergétiques ne se comprend qu'à l'égard des ressources sises sur son territoire, ce qui pose par extension la question de savoir sur quel(s) territoire(s) l'État peut exercer pareille souveraineté.

(1) Sur ce principe voir aussi G. Abi-Saab, « La souveraineté permanente sur les ressources naturelles et les activités économiques », *in* M. Bedjaoui (dir.), *Droit international économique. Bilan et perspectives*, Paris, Pedone, 1991, t. 2, p. 640 ; B. Hamady-Deme, « Le droit international des investissements et le contrôle étatique sur les ressources énergétiques », *in* S. Doumbé-Billé (dir.), *Défis énergétiques et droit international*, Larcier, 2010, p. 83.

Par tradition, chaque État est souverain sur les espaces suivants de son territoire : les terres, les eaux intérieures et territoriales et les airs les surplombant, ainsi que les territoires maritimes annexés au territoire terrestre.

Pour les zones maritimes, il existe un droit international spécial, actuellement régi par la convention des Nations unies sur le droit de la mer (CNUDM, convention de MontegoBay, 1982), établissant, « compte dûment tenu de la souveraineté de tous les États, un ordre juridique pour les mers et les océans ». Le développement annoncé des énergies marines (marémotrice, houlomotrice notamment), ainsi que de l'éolien *offshore*, les possibilités d'exploiter aussi en ces lieux les ressources énergétiques des fonds marins (géothermie), impliquent que l'on prête attention aux termes de cette convention spécifique. Il importe ce faisant de signaler que cette dernière délimite un certain nombre d'espaces marins qu'elle soumet soit aux « droits souverains » ou à la « juridiction » de l'État côtier, soit à des règles de droit international.

La souveraineté de l'État côtier s'exerce en premier lieu sur les eaux intérieures : selon l'article 8 de la convention, ce sont les eaux situées en deçà de la ligne de base de la mer territoriale et celle-ci (selon l'article 3 de la convention, tout État a le droit de fixer la largeur de la mer territoriale, jusqu'à une limite de 12 milles marins (22,2 kilomètres) des lignes de base établies conformément à la convention). Elle s'étend en second lieu à la mer territoriale et vaut ici tout autant pour l'espace aérien qui la surplombe que pour le fond de la mer et pour son sous-sol(2). Pour ces catégories particulières de territoires, l'État côtier est donc compétent pour réglementer les conditions d'exploration et d'implantation le cas échéant d'ouvrages liés à l'exploitation de ressources énergétiques.

En second lieu, la CNUDM consacre l'existence d'un espace, qu'elle nomme « zone économique exclusive » (ZEE), situé au-delà de la mer territoriale et adjacent à celle-ci. Dans la ZEE, l'État côtier, qui peut décider de créer ou non une ZEE et d'en fixer arbitrairement la largeur (celle-ci ne pouvant toutefois être supérieure à 200 milles comptés à partir de la ligne de base) dispose de deux types de compétences. D'une part, des « droits souverains aux fins d'exploration et d'exploitation, de conservation et de gestion des ressources naturelles, biologiques ou non biologiques, des eaux surjacentes aux fonds marins, des fonds marins et de leur sous-sol, ainsi qu'en ce qui concerne d'autres activités tendant à l'exploration et à l'exploitation de la Zone à des fins économiques, telles que la production d'énergie à partir de l'eau, des courants et des vents ». D'autre part, « juridiction » pour ce qui se rapporte, notamment, à la « mise en place et l'utilisation d'îles artificielles, d'installations et d'ouvrages »(3). Par ailleurs, selon l'article 60 de la CNUDM, l'État côtier a sur la ZEE le droit exclusif de procéder ou d'autoriser et réglementer la construction, l'exploitation et l'utilisation des installations susmentionnées ainsi que d'adopter toutes dispositions utiles, tels des lois et règlements douaniers, fiscaux, sanitaires, de sécurité et d'immigration. Dans ces conditions, la compétence de l'État côtier pour régir les conditions dans lesquelles les différentes catégories de sources d'énergies renouvelables que recèle éventuellement une ZEE peuvent être exploitées, par exemple pour réglementer l'implantation en un tel lieu d'éoliennes, semble là encore établie.

Remarque

Selon l'article 60 de la CNUDM, la construction des différents types d'installations visés par cette disposition doit être dûment notifiée et l'entretien de moyens permanents pour signaler leur présence assuré (§ 3). Des zones de sécurité de 500 mètres maximum peuvent être établies par l'État côtier pour assurer la sécurité de la navigation comme celle des îles. L'étendue de ces zones doit être notifiée et tous les navires doivent les respecter. Les structures ne peuvent être mises en place et des zones de sécurité ne peuvent être établies

(2) Art. 2.

(3) Art. 56.

lorsque cela risque d'entraver l'utilisation de voies de circulation reconnues essentielles pour la navigation internationale (§ 7). Enfin, ces structures n'ont pas le statut d'îles. En conséquence, elles n'ont pas d'effet sur la délimitation de la mer territoriale et de la ZEE.

En troisième lieu, la CNUDM établit un régime spécifique pour la haute mer. Cette dernière désigne toutes les parties de la mer qui ne sont comprises ni dans la ZEE, la mer territoriale ou les eaux intérieures d'un État, ni dans les eaux archipélagiques d'un État archipel. À son sujet, la CNUDM (article 87.1) confère une pleine et entière liberté cette fois à tous les États, qu'ils soient côtiers ou non, pour construire sur cet espace îles artificielles et autres installations autorisées par le droit international, sous réserve de respecter les règles de la partie VI (relatives au plateau continental) et celles relatives à la zone internationale des fonds marins (baptisée la « Zone »). Si cette règle semble de nature à couvrir, entre autres, la construction d'éoliennes ou d'hydroliennes en haute mer, les limites techniques inhérentes à la réalisation de tels projets sur un tel territoire lui enlèvent beaucoup de son intérêt. Quant à la zone internationale des fonds marins, elle échappe elle aussi à toute appropriation nationale puisqu'elle ne peut être utilisée qu' « à des fins exclusivement pacifiques » et exploitée « dans l'intérêt de l'humanité tout entière » ; la convention instaure à son sujet cependant un régime d'appropriation collective à travers l'Autorité internationale des fonds marins qui agit pour le compte de l'humanité toute entière.

Enfin, et en dernier lieu, la CNUDM régit aussi l'espace maritime dénommé plateau continental, qui concerne les fonds marins et leur sous-sol au-delà de la mer territoriale. Le texte reprend ici le même principe que celui consacré pour les eaux intérieures, la mer territoriale ou encore la ZEE, à savoir l'existence de « droits souverains » détenus par les États côtiers sur l'exploitation des ressources naturelles qui s'y trouvent (art. 77). Cette règle trouve application en droit français à l'article L. 125-1 du Nouveau code minier qui renvoie à la loi n° 68-1181 du 30 décembre 1968 relative à l'exploration du plateau continental et à l'exploitation de ses ressources naturelles ou dans le fond de la mer et le sous-sol de la zone économique dite exclusive : cette loi intéresse en particulier la recherche et l'exploitation des ressources géothermiques sur les territoires concernés.

Remarque

Le plateau continental s'étend jusqu'au rebord de la marge continentale ou jusqu'à 200 milles des lignes de base si ce rebord se trouve à une distance inférieure (art. 76 CNUDM).

L'hypothèse d'une occupation de l'espace extra-atmosphérique à des fins d'exploitation de l'énergie solaire panneaux, centrales solaires[4] – invite à s'interroger aussi sur le droit pour les États de réglementer l'accès à cette ressource énergétique, recelée hors des limites de la terre. D'ores et déjà, tous les satellites possèdent des panneaux solaires qui fournissent l'énergie nécessaire au fonctionnement de l'appareil. La possibilité qu'un jour l'exploitation de l'énergie solaire spatiale se développe à grande échelle serait au demeurant une confirmation de l'idée selon laquelle l'espace représente un territoire stratégique, bien au-delà des seuls enjeux de défense et de sécurité. La réponse à cette question est ici aussi réglée par le droit international public, en l'occurrence par le traité du 27 janvier 1967 sur l'espace (traité sur les principes régissant les activités des États en matière d'exploitation et d'utilisation de l'espace extra-atmosphérique y compris la Lune et les autres corps célestes). Ce dernier énonce d'emblée « l'intérêt que présente pour l'humanité tout entière le progrès de l'exploration et de l'utilisation de l'espace extra-atmosphérique à des fins pacifiques »[5]. Surtout, il pose à cet effet un principe de liberté d'utilisation et d'exploration de l'espace extra-atmosphérique dont le cadre juridique est fixé aux articles I (les États ont le droit d'explorer et d'utiliser librement l'espace « dans des conditions d'égalité et conformément au droit

(4) Voir *supra* p. 26.

(5) Préambule, al. 2.

international », « toutes les régions des corps célestes devant être librement accessibles ») et II (l'espace extra-atmosphérique ne peut « faire l'objet d'appropriation nationale par proclamation de souveraineté, ni par voie d'utilisation ou d'occupation, ni par aucun autre moyen »). Ce principe de liberté d'accès et d'utilisation largement formulé peut être supposé couvrir notamment l'exploitation du potentiel énergétique spatial, sous réserve que les activités menées restent conformes à l'esprit du traité (progrès pour l'humanité, fins pacifiques).

En définitive, sans préjudice de l'existence de règles internationales spéciales susceptibles de limiter la prérogative étatique, c'est donc en première ligne à l'ordre juridique interne qu'il appartient de réglementer l'activité d'exploitation des ressources d'énergie, de définir les conditions d'implantation des entreprises sur son territoire et, au-delà sans doute, d'adopter tous les lois et règlements nécessaires à la protection des individus, des autres activités, des zones, des espèces animales ou végétales. Cette partie sera précisément consacrée à l'analyse de toutes ces réglementations en tant qu'elles portent spécifiquement ou ont des conséquences particulières sur l'exploitation des sources d'énergie renouvelables. Dans un premier temps, seront examinées les règles qui, en établissant pour les sources d'énergie renouvelables, un statut juridique ont aussi pour conséquence d'en limiter les conditions d'emploi. Dans un second temps, on présentera celles qui ont pour objet de régir en général l'activité économique d'exploitation de ces ressources. Enfin, on analysera l'emprise sur l'activité d'exploitation de l'énergie renouvelable de deux corpus juridiques spécifiques : d'une part, le droit du sol, d'autre part, le droit de l'environnement.

Chapitre 6

Le statut juridique de la ressource

La détermination du statut juridique des sources d'énergie renouvelables revient à qualifier ces dernières sur le plan du droit. Le langage juridique a en effet pour habitude de créer des choses juridiques à partir des objets du monde réel. Ainsi, « saisis » par le droit, ces derniers obtiennent par là même une reconnaissance juridique, attestée par leur présence dans les catégories fondamentales du droit, pour la plupart issues du droit romain. L'intérêt de la recherche d'un statut juridique pour les différentes ressources énergétiques à caractère renouvelable réside dans son caractère systématique, le point d'arrivée de la qualification pouvant être une forme de classification à partir des concepts juridiques existants.

Au commencement de cette démarche, il y a, fatalement, la liste des différentes sources d'énergie renouvelables, telle que sise dans le texte faisant désormais foi en la matière, soit la directive 2009/28 du 23 avril 2009[(1)]. L'article 2 de ce texte dispose qu'une énergie issue de sources renouvelables est une énergie « produite à partir de sources non fossiles non renouvelables » ; il en établit par ailleurs la liste : il s'agit de « l'énergie éolienne, solaire, aérothermique, géothermique, hydrothermique, marine et hydroélectrique, biomasse, gaz de décharge, gaz des stations d'épuration d'eaux usées et biogaz ». On avait déjà pu remarquer[(2)] que cette disposition mentionne le principal critère physique de la source d'énergie renouvelable (c'est une source d'énergie « non fossile »), on constate qu'elle est en revanche totalement muette sur sa qualification juridique. Force est donc de relever que le droit positif européen ne pose ni n'impose aucune définition juridique de la ressource énergétique renouvelable, ce qu'il n'est en tout état de cause pas en mesure de faire en raison de l'existence en ce domaine d'une compétence retenue par les États membres au titre du principe général de souveraineté de l'État sur les conditions d'utilisation des ressources d'énergie.

Remarque

Cette rétention de compétences est explicitement affirmée par le nouvel article 194 TFUE issu du traité de Lisbonne, dont le paragraphe 2 précise que les mesures adoptées par l'UE dans le domaine de l'énergie ne sauraient affecter « le droit d'un État membre de déterminer les conditions d'exploitation de ses ressources énergétiques ». Il sera toutefois noté que, dans le domaine des hydrocarbures, le droit souverain de l'État sur ses ressources énergétiques fait l'objet d'un encadrement juridique minimal par la directive 94/22 du Parlement et du Conseil du 30 mai 1994 sur les conditions d'octroi des autorisations de prospection, d'exploitation et d'extraction des hydrocarbures. Mais cette directive impose essentiellement des obligations de non-discrimination et de transparence.

C'est donc dans le cadre du droit national, et dans ce cadre-là seulement, qu'il faut constater, cependant, que le caractère quelque peu archaïque des dispositions du code civil, la difficulté qu'il y a parfois à calquer sur des notions anciennes des pratiques nouvelles, enfin la très grande hétérogénéité des sources d'énergie renouvelables ne sont pas sans compliquer l'opération de qualifica-

(1) Directive relative à la promotion de l'utilisation de l'énergie produite à partir de sources renouvelables et modifiant puis abrogeant celle du 27 septembre 2001 sur l'électricité de source renouvelable.

(2) Voir *supra* p. 22.

tion que l'on entend ici effectuer. En d'autres termes, la matière en cause se dérobe fortement à la systématisation, et ceci principalement parce que les ressources de caractère renouvelable se différencient sur de nombreux plans. Ainsi, certaines d'entre elles sont des ressources énergétiques directement issues de flux naturels, et que l'on peut qualifier dans cette mesure de ressources elles-mêmes naturelles (force de l'eau, énergie radiative ou thermique du soleil, énergie mécanique du vent...), alors que d'autres forment des ressources énergétiques artificielles (matières premières agricoles et sylvicoles, déchets...). En outre, les éléments qui les constituent (solides, liquides, gazeux) comme les milieux physiques dont elles sont issues (air, terre, eau) sont eux-mêmes variables. Mais encore, alors que certaines d'entre elles appartiennent au monde vivant végétaux (biomasse verte), animaux (par exemple les carcasses d'animaux incinérées pour produire de la chaleur ou de l'électricité) –, d'autres – le plus grand nombre, il faut bien le dire – n'en font pas partie. Enfin, si d'une ressource à l'autre, les différences sont souvent accusées, que dire lorsqu'une même catégorie de source d'énergie renouvelable est aussi disparate que l'est la biomasse, qui rassemble des choses aussi différentes que les matières premières végétales et les déchets ménagers, et qui est en outre susceptible de se présenter sous des formes très diverses : état végétal, état animal, décomposition de matières organiques ?

Remarque

Par exemple, la biomasse recouvre notamment tout à la fois le bois sous forme de morceaux bruts, d'écorces, de bois déchiqueté, de sciures, de poussières de ponçage ou de chutes issues de l'industrie du bois, de sa transformation ou de son artisanat (décret n° 53-578, 20 mai 1953, relatif à la nomenclature des établissements classés comme dangereux, insalubres ou incommodes), mais aussi les déchets de bois ; voir en ce sens la directive 2000/76, annexe II, point II.2, sur l'incinération des déchets : « Par "biomasse", on entend les produits consistant en la totalité ou une partie d'une matière végétale d'origine agricole ou forestière susceptible d'être utilisée pour récupérer son contenu énergétique de même que les déchets énumérés à l'article 2, paragraphe 2, point a) i) à v) ».

Cette diversité de la ressource rend les regroupements forcément hasardeux, même si certaines catégorisations semblent au prime abord plus faciles que d'autres à effectuer. Ainsi, il est certain que dès l'instant où les sources d'énergie renouvelables ne sont pas juridiquement des personnes, elles sont forcément des choses (*res*), la jurisprudence ayant retenu une conception large de la notion de choses, qui recouvre autant des éléments solides, que liquides ou gazeux(3). Une fois ce point acquis, on peut être tenté d'opérer au sein de ces choses une partition sur la base de la *summa divisio* civiliste bien connue distinguant entre celles qui sont « non consomptibles » il pourrait s'agir ici des ressources dont le caractère renouvelable tient au fait qu'elles sont issues de flux d'origine naturelle qui se renouvellent à l'échelle humaine – et celles qui sont « consomptibles » – incluant celles dont le caractère renouvelable s'appuie sur le constat qu'elles reposent sur des matières premières qui ne sont pas nécessairement naturelles, mais qui se renouvellent au même rythme que celui auquel elles sont consommées(4). Cette qualification est cependant d'un faible intérêt parce qu'elle n'apporte aucun éclairage sur la question, plus essentielle, de savoir qui peut avoir des droits sur lesdites ressources.

Il importe en effet de recentrer la qualification sur ce point en particulier, le but étant ici plus largement de déterminer les conditions auxquelles l'exploitation des différentes sources de l'énergie renouvelable est peut-être subordonnée avant leur transformation éventuelle en produits énergétiques, et ce en vérifiant autant que faire se peut si le caractère renouvelable de ces choses a ou non un impact sur les régimes et statuts que le droit peut leur conférer. Or, si la diversité des ressources en cause est un obstacle qui rend difficile l'appréhension de leur statut juridique, elle n'interdit pas toute tentative de présentation ordonnée de la question. Certes, cette diversité trouve un écho dans

(3) F. Terré, P. Simler, *Droit civil. Les biens*, 6e éd., Dalloz, 2002, p. 3.

(4) Voir *supra* p. 40 et s.

le droit, les sources d'énergie renouvelables relevant de fait de régimes différents renvoyant non pas à une seule et unique nature juridique mais à une pluralité de catégories. Mais il est néanmoins possible de partager ces différents statuts en deux blocs distincts : un premier groupe réunit ceux qui permettent la libre utilisation de la ressource, un deuxième rassemble ceux qui restreignent son utilisation par le fait qu'ils confèrent à la puissance publique étatique la prérogative exorbitante d'attribuer les droits sur la ressource.

Remarque

Cette question du lien entre le caractère inépuisable de la ressource et son statut juridique est rarement abordée en doctrine. On en trouve les prémisses dans l'étude que M. Prieur a consacrée dans les années 1970 à l'énergie solaire (« Le droit public solaire en France », *RJE* avril 1979, p. 255).

Section 1

Les ressources en libre accès

« Les rapports occidentaux entre sujets de droit et objets de droit sont régis d'abord et surtout par le droit de propriété »(5). Cette remarque est particulièrement probante pour ce qui concerne la grande majorité des sources d'énergie renouvelables, pour lesquelles la notion d'appropriation joue effectivement un rôle clef. Plus précisément, on peut observer que la libre disposition de la ressource est souvent en relation très étroite avec les conditions dans lesquelles la ressource peut être ou non appropriée. De fait, il apparaît que la ressource est en libre accès dans deux types de situations : soit en tant qu'elle est appropriable (*res propria*) et parce que le régime d'appropriation qui lui est affecté n'est nullement restrictif, soit en tant qu'elle est non appropriable et non appropriée, son usage appartenant par là même à tous.

§1. Les ressources appropriables

Il faut partir du principe qu'un droit réel tel que le droit de propriété peut ici être exercé sur la chose, mais que ce droit réel n'est nullement assorti d'un régime de contrôle ou de limitation de l'appropriation. En d'autres termes, sont concernées toutes les ressources non seulement susceptibles d'être appropriées mais bénéficiant en outre d'un régime de libre appropriation, soit : toutes celles qui sont en l'état appropriées et toutes celles qui peuvent l'être mais ne le sont pas encore.

I. Les ressources appropriées

Les ressources appropriées sont tout simplement celles sur lesquelles peut s'exercer pleinement le droit de propriété. Mais, d'une part, ce droit de propriété est ici réellement exercé ce qui sépare la chose appropriée de la *res derelictae*(6) –, d'autre part, il n'est pas différé dans le temps – ce qui sépare la chose appropriée de la *res nullius*(7). Enfin, pour les choses dont s'agit, il convient de rappeler que l'État n'a mis en place aucun système de contrôle administratif de l'appropriation. En résumé, tout un chacun – personnes privées et publiques – peut s'approprier et jouir de ces choses de façon absolue et exclusive.

(5) S. Gutwirth, « Trente ans de théorie du droit de l'environnement : concepts et opinions », *Environnement et société* 2001, n° 26, p. 5.

(6) Voir *infra* p. 89.

(7) Voir *infra* p. 89.

Les ressources appropriées englobent de multiples choses offertes à l'usage des hommes. Le caractère très attractif de cette catégorie est d'ailleurs tel qu'il semble de nature à englober bon nombre de celles susceptibles d'être valorisées pour produire de l'énergie. Ces choses sont concrètement toutes les substances ou matières de caractère renouvelable, présentes dans la nature ou plus souvent cultivées par l'homme, que ce dernier peut choisir de transformer, lorsque cela est possible, en énergie. Il s'agit par exemple du bois (« Tout propriétaire exerce sur ses bois, forêts et terrains à boiser tous les droits résultant de la propriété dans les limites spécifiées par le présent code et par la loi, afin de contribuer, par une gestion durable, à l'équilibre biologique du pays et à la satisfaction des besoins en bois et autres produits forestiers »[(8)]), et plus largement de toutes les ressources végétales (biomasse verte), par exemple les matières premières agricoles entrant dans la composition des biocarburants.

Certains gisements géothermiques participent également de la catégorie des ressources appropriées. Certes, le principe est que ces ressources sont régies par un *jus singulare*, celui de la loi minière[(9)], mais il n'a pas une portée absolue. D'abord, la loi minière prévoit un régime d'exception pour les « activités ou installations de géothermie utilisant les échanges d'énergie thermique avec le sous-sol lorsqu'elles ne présentent pas d'incidences significatives sur l'environnement et qu'elles ne nécessitent pas des mesures spécifiques de protection » au regard des intérêts protégés spécialement par la loi minière[(10)]. Ensuite, la loi minière comporte, pour les activités géothermiques dites « de minime importance », soit celles qui « utilisent les échanges d'énergie thermique avec le sous-sol » et qui « ne présentent pas de dangers ou d'inconvénients graves » pour l'environnement, un dispositif permettant de déroger à l'application de certaines dispositions de la loi minière[(11)]. Or, chaque fois que l'activité géothermique échappe ainsi aux règles spéciales de la législation minière, elle réintègre le giron du droit commun, en d'autres termes les gîtes dont s'agit doivent être regardées comme des choses appropriables au titre du principe civiliste traditionnel aux termes duquel « la propriété du sol emporte la propriété du dessus et du dessous » (C. civ., art. 552 al. 1). Pour ces ressources, l'appropriation juridique est donc l'accessoire du droit de propriété sous-jacent ici celui du propriétaire du sol d'exploiter les ressources situées dans le fonds de sa terre.

Remarque

La loi minière indique que le champ du régime d'exception au régime légal des mines et celui du régime de dérogation à certains éléments de ce dernier doivent être fixés par décret en Conseil d'État.

Alternativement l'appropriation peut découler du fait que le droit de propriété comprend aussi le droit sur les fruits : aux termes de l'article 547 du code civil, ce sont en effet non seulement les « fruits naturels » – ceux qui « sont le produit naturel spontané de la terre » –, mais aussi les « fruits industriels » – ceux « qu'on obtient par la culture » – qui appartiennent au propriétaire par droit d'accession. Par exemple, tout le monde a le droit de faire pousser des forêts, d'exploiter des champs de soja, de maïs, de canne à sucre, ou encore de cultiver sous serre des micro-algues sur sa propriété, etc.

(8) C. for., art. L. 112-2.

(9) Sur ce régime légal des mines, voir *infra* p. 101 et s.

(10) Art. L. 112-1, N. code minier, modifié loi n° 2012-387 du 22 mars 2012 ; les intérêts visés par la loi sont ceux que protègent les articles L. 161-1 et L. 161-2 N. code minier, voir aussi *infra* p. 104 et 114.

(11) N. code minier, art. L. 112-3, issu loi n° 2012-387 du 22 mars 2012.

De fait, dans toutes ces hypothèses, le droit de propriété ne connaît d'autres limites que celles du droit commun.

II. Les ressources sans maître

Ce sont les choses qui n'ont pas encore de propriétaire, mais qui sont susceptibles d'en avoir un. Or, au sein des deux grandes catégories des choses que l'on dit sans maître, les *res nullius* et les *res derelictae*, il est également possible d'inclure certaines sources d'énergie renouvelables.

A. Les ressources *res nullius*

La définition que le droit civil en donne est la suivante : « Il s'agit de choses qui, pour l'instant, ne sont pas appropriées ; mais elles sont appropriables »[12]. Ce statut de *res nullius* ne concerne à vrai dire que peu de choses utilisables à titre de sources d'énergie. Il s'agit en effet exclusivement des ressources halieutiques, et seulement d'ailleurs en leur sein des algues microscopiques, dont l'utilisation pour la production d'énergie durable est possible.

Remarque

Sans être encore totalement opérationnelle, l'utilisation des végétaux marins pour la production de biocarburants fait l'objet de plusieurs études scientifiques. Toutefois, plutôt que récoltée en mer, cette biomasse devrait plus probablement être cultivée à partir d'organismes microscopiques poussant dans l'eau, dans des bassins ou des réacteurs (voir aussi *supra* p. 33).

Les ressources halieutiques, sans être non appropriables, puisqu'à leur égard le droit de propriété n'a jamais été exclu, sont cependant considérées par tradition comme des choses qui n'appartiennent à personne. Certes, on n'ignore pas qu'afin d'assurer la conservation des ressources biologiques en mer, les États et les organisations internationales prescrivent de plus en plus souvent des droits d'accès limités et des plafonds maximum de capture autorisés. La mise en place de telles règles à l'égard des algues exploitables pour en tirer de l'énergie n'est évidemment pas à exclure. Il est clair cependant que cette pratique ne changerait pas la nature fondamentale de la chose – qui resterait en l'état une *res nullius* – même si elle aurait nécessairement pour effet d'en limiter l'accès, ce qui pourrait laisser accroire que ces ressources ne sont plus *stricto sensu* librement appropriables.

C'est au demeurant une évolution juridique de cet ordre-là qu'ont connue les ressources minières, dans lesquelles le droit inclut aujourd'hui les gîtes géothermiques[13]. En effet, par le passé, à savoir sur le fondement de la loi du 21 avril 1810, ces ressources situées dans le tréfonds de la terre furent désignées par la doctrine comme des *res nullius*, cette qualification visant le gisement avant l'attribution éventuelle par l'État d'une concession d'exploitation.

B. Les ressources *res derelictae*

Ce sont les choses abandonnées par leur propriétaire leur ancien maître – et qui peuvent être ensuite à nouveau appropriées ou à tout le moins détenues par celui qui les récupère. Dans cette catégorie très singulière de choses, on trouve notamment les déchets.

En droit positif, la définition légale du déchet est énoncée à l'article L. 541-1.II du code de l'environnement : « Est un déchet au sens du présent chapitre tout résidu d'un processus de production, de transformation ou d'utilisation, toute substance, matériau, produit ou plus généralement tout bien meuble abandonné ou que son détenteur destine à l'abandon ». Cette disposition est une retranscription plus ou moins fidèle des règles de l'Union européenne en la matière : initialement

(12) F. Terré, P. Simler, *Droit civil. Les biens*, préc., p. 8.

(13) Voir *infra* p. 103 et s.

de l'article 1 de la directive 75/442 relative aux déchets, repris à l'article 3 de la directive abrogative 2008/98[14]. Ainsi, pour le texte européen, le déchet est *stricto sensu* « toute substance ou tout objet dont le détenteur se défait ou dont il a l'intention ou l'obligation de se défaire ». Les institutions communautaires défendent de manière constante une interprétation large de cette définition, dans un souci de cohérence avec les objectifs des directives – la décroissance des déchets – et du droit primaire – l'article 191.2 du traité sur le fonctionnement de l'Union européenne (ex-art. 174. 2 TCE) promeut une politique de l'Union dans le domaine de l'environnement visant un niveau de protection élevé. En tout état de cause, le renvoi de certains textes européens à des annexes énumérant les différents déchets[15] n'a qu'une portée relative, ces documents étant considérés comme simplement indicatifs, la définition s'articulant donc pour l'essentiel autour de la notion de « se défaire »[16].

Mais, si le déchet est cette chose que l'on abandonne ou dont on se défait, force est de convenir qu'il s'agit aussi, nécessairement, d'une chose que l'on peut *a minima* posséder et dont on peut être *a maxima* le propriétaire. Autrement dit, si juridiquement le déchet est la chose qui a perdu son maître, il faut partir du principe qu'il pourrait très bien en trouver un autre, ces deux aspects sous-entendant donc une possibilité d'appropriation. En d'autres termes encore, on peut dire que le déchet est une chose qui a été appropriée, mais qui a cessé de l'être du fait de l'abandon : c'est la *res derelictae* du code civil. Partant, le droit de propriété n'est en rien écarté s'agissant des déchets, et c'est même en vérité le contraire puisque l'appropriation apparaît comme l'un de ses critères, opposant ce faisant le déchet à la *res communis*. Ce contraste a été parfaitement mis en mots par F. Terré et P. Simler : « Tandis que s'agissant des choses communes, on raisonne principalement sinon exclusivement en termes d'usage (*usus*), voire de jouissance (*fructus*), la compréhension des choses sans maître reflète comme par contraste le concept de maîtrise et de propriété (*usus, fructus, abusus*) »[17]. Certes, comme le note P. Billet, il ne faut pas oublier que les *res derelictae* civiles ne se conçoivent par tradition que par référence au propriétaire, « lui seul pouvant juridiquement abandonner », alors que, différemment, la législation sur les déchets – à titre principal l'article L. 541-1.II du code de l'environnement – « substitue le détenteur au propriétaire, qu'elle ignore »[18]. Cependant, cette façon de s'adresser en première ligne au détenteur de la chose ne change rien à la nature profonde de celle-ci. En effet, lorsque le droit des déchets choisit pour principal destinataire le détenteur, et non pas le propriétaire de la chose, il poursuit un but bien particulier : obtenir l'application la plus large et la plus efficace des règles de droit concernées. En d'autres termes, l'idée force est ici que, particulièrement dans les cas où la chose a été abandonnée par celui qui la détenait à titre précaire, l'effet utile du droit des déchets se trouverait probablement affaibli s'il n'était possible de poursuivre en justice que le propriétaire et non pas le simple détenteur ; ce qui ne veut pas dire évidemment que la chose n'a jamais eu et ne pourrait avoir encore un propriétaire.

---

(14) Voir directive du 19 novembre 2008 du Parlement européen et du Conseil relative aux déchets et abrogeant certaines directives.

(15) Voir notamment les annexes de la décision 2000/532 remplaçant la décision 94/3 établissant une liste de déchets en application de l'article 1er, point a), de la directive 75/442 relative aux déchets.

(16) CJCE 7 septembre 2004, Van de Walle, C-1/03, *Rec.* p. I-7613, « cette liste n'a [...] qu'un caractère indicatif, la qualification du déchet résultant avant tout du comportement du détenteur et de la signification des termes "se défaire" ». Voir aussi communication de la Commission, Communication interprétative sur la notion de déchet et de sous-produit, COM (2007) 59 final.

(17) *Droit civil. Les biens*, préc., p. 9.

(18) P. Billet, « Le déchet ou la déréliction progressive d'une notion », *BDEI* février 2006, suppl. p. 7 ; P. Billet, « Le déchet face au déclin de l'abandon : réflexions juridiques sur la déréliction d'une notion », *Dr. env.* 2003, chr. p. 7.

Si les déchets sont donc des *res derelictae*, force est de se souvenir qu'ils forment aussi une partie des sources d'énergie renouvelables, de fait une sous-catégorie de la biomasse à vocation énergétique[19]. En effet, de nombreuses ressources au potentiel énergétique avéré relèvent de la famille des déchets : les déchets solides, mais aussi les effluents gazeux[20], ou encore les boues issues du traitement des eaux usées[21]. Par ailleurs, alors qu'une interprétation stricte de la notion d'abandon aurait pu conduire à dire que le déchet valorisable – qu'il s'agisse d'ailleurs de production matière ou de production d'énergie – n'est pas un déchet au motif qu'il fera l'objet le jour venu d'un réemploi sous une autre forme, la Cour de justice de l'Union européenne a déclaré qu'« une réglementation nationale qui adopte une définition de la notion de déchet excluant les substances et objets susceptibles de réutilisation économique n'est pas compatible avec les directives »[22]. Dans le même esprit, cette juridiction a indiqué que le fait qu'une substance puisse être valorisée comme combustible d'une manière écologiquement responsable ne signifie pas que cette substance n'est pas un déchet[23].

Mais, la distinction entre les substances ou les matières premières (choses appropriées) et les déchets (choses appropriables) n'est pas toujours évidente, dans la mesure où toutes ces choses peuvent indifféremment être valorisées pour produire de l'énergie, et ce en utilisant souvent des techniques comparables[24]. Ainsi, il n'est pas nécessairement aisé de déterminer dans quel(s) cas une matière provenant du bois, des activités agricoles ou industrielles constitue un sous-produit ou résidu, autrement dit une substance appropriée, ou un déchet abandonné par son propriétaire. Or, cette qualification est en pratique déterminante parce qu'elle conditionne l'application de la très stricte réglementation sur les déchets. C'est à cet effet que la Cour de justice de l'Union européenne a précisé les contours de cette délimitation. Par exemple, s'agissant de substances destinées à servir de combustible dans l'industrie du ciment ou pour produire de l'énergie électrique, la Cour a jugé que « la simple circonstance qu'une substance est soumise à une opération de valorisation [...] ne permet pas de conclure qu'il s'agit de s'en défaire et considérer dès lors cette substance comme un déchet au sens de ladite directive »[25]. Elle a indiqué que cette circonstance constitue toutefois un indice sérieux d'une action, d'une obligation ou d'une intention de s'en défaire mais n'est pas le critère décisif de la qualification de déchet. Les problèmes d'application concrète étant fréquents, la Commission européenne a rendu public un document synthétisant la jurisprudence sur le sujet[26], duquel il ressort qu'un résidu de production est un sous-produit et non un déchet lorsque la réutilisation de la matière, d'une part, n'est pas seulement éventuelle mais certaine, d'autre part, a lieu sans transformation préalable, enfin est effectuée dans la continuité du processus de production[27]. Parallèlement la directive 2008/98 a mis en place la notion de « fin de statut » qui permet opportunément de déterminer à partir de quel moment un déchet perd cette qualité et se transforme en produit[28]. De l'ensemble de ces éléments, on retient que la valo-

(19) Voir *supra* p. 35.

(20) CJCE 10 mai 2007, Regina c/ South East London Division, BromleuMagistrates'Court, C-252/05, *Rec.* p. I-3883.

(21) CE 15 avril 1996, Ministre de l'Environnement, req. n° 165354. Voir aussi décret n° 97-1133, 8 décembre 1997.

(22) CJCE 28 mars 1990, Vessoso et Zanetti, C-359/88, *Rec.* p. I-1509.

(23) CE 15 juin 2000, Arco Chemie Nederland Ltd, C-418/97, *Rec.* p. I-4475.

(24) Voir *supra* p. 32 et s.

(25) CJCE 15 juin 2000, préc.

(26) Communication de la Commission, Communication interprétative sur la notion de déchet et de sous-produit, COM (2007) 59 final, p. 7.

(27) Voir aussi CJCE 22 décembre 2008, Commission/Italie, C-283/07, *Rec.* p. I-198.

(28) Directive 2008/98 du Parlement européen et du Conseil du 19 novembre 2008, préc.

risation énergétique n'est évidemment pas propre au monde des déchets mais reste quoi qu'il en soit un indice de l'existence d'un déchet.

§2. Les ressources non appropriables et non appropriées

La résistance de certaines choses à toute emprise individuelle ou collective, constatée déjà par les Romains, est essentiellement liée à des observations empiriques : ainsi un certain nombre de choses seraient non appropriables en fait et par là même inaccessibles pour le droit de propriété, autrement dit communes en droit (*res communes*).

I. Le caractère non appropriable en fait

Tous les ouvrages de droit civil évoquent ces choses qui « ne supportent pas l'appropriation »(29) ou qui « par leur nature répugnent à l'appropriation »(30). Ce constat concerne à titre principal bon nombre de ressources naturelles, et ce quelle que soit leur destination finale dans la société (production ou non d'énergie). Il est toutefois remarquable de noter que, dans la liste de ces choses non appropriables, on trouve plusieurs sources d'énergie renouvelables ayant leur origine dans des phénomènes physiques naturels. Au demeurant, les choses non appropriables n'ont-elles pas été présentées comme « la condition première de la vie humaine, se renouvelant selon un processus naturel et sans intervention de la main de l'homme »(31) ? Ainsi, par tradition, on range dans la catégorie des choses non appropriables les éléments naturels suivants : d'abord l'air que l'on respire (« Il n'y a pas à se poser la question de savoir à qui appartiennent les couches de l'atmosphère qui surplombent les espaces constructibles : elles sont *res communes* et non appropriables »(32)), auquel, dans le cadre d'une thématique orientée spécifiquement sur les sources d'énergie, il est permis par extension de rattacher la force mécanique du vent, qui se matérialise en énergie éolienne et énergie houlomotrice, mais aussi l'air ambiant, qui donne naissance à l'aérothermie ; ensuite les eaux courantes, qu'il s'agisse de celles de surface ou de l'eau de la mer, dont on peut rappeler l'importance dans les énergies hydrothermique, hydroélectrique, marémotrice, dans les énergies des courants marins et des courants océaniques, ou encore dans celle exploitant les différents types de gradients présents dans l'eau (de salinité ou thermique) ; enfin le soleil, la qualification visant ici non pas l'astre lui-même mais certains des phénomènes physiques dont il est responsable, et qui sont eux-mêmes des vecteurs d'énergie essentiels, à savoir la lumière (dans sa thèse sur les choses communes M.-A. Chardeaux rappelle que la lumière a été rangée par la doctrine dans la catégorie des choses communes sous l'influence de Domat(33)), le rayonnement solaire(34), ou la chaleur solaire. Ainsi, pour P. Malaurie et L. Aynes, « l'air, la lumière, l'eau de la mer, les eaux courantes et la chaleur solaire » sont des choses communes(35)).

---

(29) M. Rémond-Gouilloud, « Ressources naturelles et choses sans maître », *S.* 1985, chr. p. 27.

(30) J. Carbonnier, *Droit civil. Les biens*, 19e éd., PUF, 2002, p. 83 ; M. Moliner-Dubost, « Réflexions sur l'article 714 du code civil », *in Passé et présent du droit*, n° 1, dir. D. Deroussin, éd. Le Manuscrit, 2006, p. 175.

(31) P. Marc, *Les Cours d'eau et le droit*, Johanet, 2006, p. 109.

(32) M. Waline, « Réflexions sur l'évolution du droit en fonction de la raréfaction de certains biens nécessaires à l'homme », *Revue de droit prospectif* 1976, n° 2, p. 12.

(33) *Les Choses communes*, LGDJ, 2006, p. 1.

(34) C. de Klemm, G. Martin, M. Prieur, J. Untermaier, « Les qualifications des éléments de l'environnement », *in l'Écologie et la loi. Le statut juridique de l'environnement*, dir. A. Kiss, L'Harmattan, 1989, p. 57.

(35) *Droit civil. Les biens*, Defrénois, 2007, n° 164.

Remarque

Le projet d'utiliser l'énergie physique humaine (piétonnement) afin de produire de l'électricité (éclairage urbain) devrait, s'il aboutit, non pas tant renouveler les termes du problème ici posé qu'en élargir le périmètre. Une telle opération pose en effet la question de la possibilité de dissocier la force physique (ici source d'énergie) du corps humain qui la contient, sachant que le droit français place ce dernier dans le domaine des personnes et non des choses et, en conséquence, l'estime indisponible et non appropriable.

Sur le plan doctrinal, le caractère non appropriable de toutes ces choses est systématiquement mis en relation avec leur nature. Les constats sont à vrai dire de deux ordres. Le plus souvent, on fait valoir leur caractère fluide ou insaisissable, et il faut bien convenir en effet de l'impossibilité de se saisir au moins dans sa totalité du rayonnement solaire ou encore par exemple de la force du vent. Parfois aussi, le caractère non appropriable de ces ressources naturelles est rattaché à leur caractère abondant, à leur profusion hors du commun. Ainsi, pour les professeurs P. Malaurie et L. Aynes, ces choses « sont si abondantes que l'usage en est commun à tous ; l'appropriation n'aurait pas de sens »(36). Le professeur R. Libchaber écrit de son côté que « les choses utiles qui sont en tel état d'abondance que l'on peut se les approprier sans contestation ne sont pas des biens : ainsi de l'air qu'on respire »(37). Dans le même ordre d'idées, pour le professeur A. Piedelièvre, ces choses « n'ont pas d'intérêt à être appropriées car elles existent en telle quantité qu'il n'y a pas de nécessité à acquérir sur elles un droit privatif »(38). Mais n'est-ce pas ici reconnaître en un sens que l'impossibilité à s'approprier la chose est finalement liée à son caractère intrinsèquement renouvelable ? Cette thèse fut peu ou prou celle de M. Prieur dans l'étude qu'il avait consacrée, aux premiers temps de son exploitation industrielle, à l'énergie solaire(39) : l'éminent auteur expliquait en effet que la rareté de la ressource minière fut à l'origine de la mise en place d'un régime de contrôle administratif de cette ressource, alors qu'à l'inverse « l'abondance et le caractère immédiatement disponible du rayonnement solaire » n'imposeraient pas que l'État prît en charge la responsabilité de décider pour le bien commun des conditions d'exploitation du rayonnement solaire. Cette lecture des choses trouve cependant une limite sérieuse dans le fait qu'il existe au moins deux ressources énergétiques de caractère renouvelable qui, en tant qu'elles sont fondées elles aussi sur des flux naturels, sont théoriquement offertes aux hommes jusqu'à la fin des temps mais se voient appliquer un régime de contrôle administratif en limitant l'accès : l'énergie géothermique et l'énergie hydraulique(40).

Du caractère *de facto* non appropriable au statut juridique de « choses communes », il n'y a généralement qu'un pas.

II. Du statut juridique de « chose commune » (*res communis*)

La doctrine dominante qualifie par construction les choses non appropriables de « choses communes(41) ». Alors que la question du caractère non appropriable relève comme on l'a vu de simples constats de fait, la qualification de « choses communes » suppose que la chose entre désormais dans une catégorie juridique à part entière – elle obtient ce faisant un statut – dont l'origine vient du droit romain et dont le code civil traite à l'article 714. Or, sur le plan du régime juridique,

(36) *Droit civil. Les biens*, préc.

(37) « Biens », *Rép. Dr. civ* 2002, n° 5.

(38) *Droit des biens*, Masson, 1977, n° 7.

(39) Voir « Le droit public solaire en France », *RJE* avril 1979.

(40) Voir *infra* p. 96 et s.

(41) Sur les choses communes, voir notamment A. Sériaux, « La notion de choses communes. Nouvelles considérations sur le verbe avoir », *in Droits et Environnement. Propos pluridisciplinaires sur un droit en construction*, PUAM, 1995, p. 23 ; M.-A. Chardeaux, *les Choses communes*, préc.

la chose ainsi baptisée est vouée à l'« usage commun » selon la prescription même dudit code (« Il est des choses qui n'appartiennent à personne et dont l'usage est commun à tous »[(42)]). Cette notion d'usage commun est fondamentale en ce qu'elle s'oppose à celle d'appropriation : la chose destinée par le droit à l'usage commun étant placée en dehors du champ de la propriété. Autant dire que cette chose dont l'usage est commun à tous est juridiquement non appropriable, non plus seulement en fait mais désormais aussi en droit. Certes, sous un certain angle, on peut estimer que le droit d'usage de la chose s'apparente à une forme d'appropriation au moins partielle de la chose. Il serait cependant faux de croire que s'exprime ici le droit de propriété au sens juridique du terme, la propriété étant par définition le droit de jouir d'une chose et d'en disposer de la manière la plus absolue et exclusive, ce qui est à l'évidence incompatible avec l'usage commun. Cette constatation autorise d'ailleurs à penser que le statut des « choses communes » est au fond « le dernier rempart à l'hégémonie de la propriété publique ou privée »[(43)].

Cependant, la doctrine ne s'accorde pas nécessairement sur le point de savoir si une chose non appropriable en fait relève *ipso facto* de la catégorie juridique des « choses communes ». Ainsi, pour M.-A. Chardeaux, même si le caractère non appropriable est attesté en fait, la chose n'est commune que si le caractère non appropriable est également un attribut juridique ; or pour cet auteur, pour que tel soit le cas, il faut pouvoir identifier un acte de droit positif ayant pour objet ou pour effet d'empêcher l'appropriation et d'assurer ce faisant l'usage commun[(44)]. À cette approche des choses communes que l'on peut qualifier de positiviste répond le courant doctrinal estimant qu'il suffit que le caractère non appropriable soit attesté en fait pour que la chose relève de la famille des « choses communes » : par exemple pour V. Inserguet-Brisset, à partir du moment où l'État n'a pas à intervenir pour assurer l'usage commun, le statut de chose commune doit être présumé[(45)].

Ces lectures différentes de la notion de « choses communes » ont des répercussions sur le contenu de la liste soumise à l'article 714 du code civil. Ainsi, M.-A. Chardeaux refuse de situer une chose dans le champ d'application de ce texte quand il n'existe en droit positif aucune règle en garantissant véritablement l'usage commun[(46)]. Dans cette perspective, il est possible de prendre l'exemple de la convention sur la haute mer du 29 avril 1958, qui, en interdisant toute souveraineté d'État sur la haute mer, a fait de cet espace une zone « libre » et donné naissance à une « chose commune » au sens de l'article 714 du code civil. Or, l'état du droit est loin d'être comparable s'agissant de bon nombre de choses traditionnellement qualifiées de communes et ayant aussi pour particularité d'être des sources d'énergie renouvelables. Ainsi est-il difficile de regarder le régime juridique de réparation contre les privations de lumière comme prémunissant les individus contre les spoliations individuelles : certes, s'appliquent ici les règles de la responsabilité civile et celles de la responsabilité administrative, qui jouent le rôle de lois de police et règlent ainsi, au moins jusqu'à un certain point, la manière de jouir du soleil au sens de l'article 714 du code civil, mais beaucoup d'auteurs ont à juste titre relevé que ces lois sont loin de garantir l'accès de tous au soleil, c'est-à-dire son usage commun *stricto sensu*.

(42) C. civ., art. 714, al. 1.

(43) V. Inserguet-Brisset, *Propriété publique et environnement*, LGDJ, 1994, p. 34.

(44) *Les Choses communes*, préc., p. 124.

(45) *Propriété publique et environnement*, préc., p. 40.

(46) *Les Choses communes*, préc., p. 171 et s.

Remarque

Pour M.-A. Chardeaux, « cette réglementation n'a pas directement pour objet de réglementer la jouissance de la lumière. Il s'agit bien plutôt d'organiser les rapports entre les hommes, en l'occurrence de voisinage. Il faut en déduire que, faute d'être découpée dans la masse informe du réel par le droit, la lumière n'est pas une chose juridique et, par conséquent, une chose commune » (*les Choses communes*, préc.).

Dans le cas du rayonnement solaire, le régime juridique est d'ailleurs jugé à tel point insuffisant qu'il a conduit certains à préconiser de bâtir *ex nihilo* une loi de police correspondant véritablement à la recommandation de l'alinéa 2 de l'article 714 du code civil[(47)]. S'il est difficile d'affirmer que la lumière du soleil est une chose dont le droit garantit l'usage commun, que dire par ailleurs de l'accès à ces autres ressources énergétiques d'origine naturelle que sont la chaleur solaire, l'air ou le vent, sinon que leur appréhension par le droit sous l'angle de la garantie d'un usage commun à tous est très embryonnaire sinon inexistante : le tribunal administratif de Rennes ne s'est-il par exemple limité à observer que le vent constitue une ressource naturelle susceptible d'exploitation[(48)] ? L'explication de ce vide juridique est sans doute à rechercher dans le fait que la pression du droit de propriété sur ces ressources – notamment lorsqu'elles sont envisagées comme des sources d'énergie renouvelables – est insuffisante pour imposer au droit d'intervenir afin d'empêcher leur appropriation et en garantir l'usage commun. Nul ne peut dire toutefois si le développement programmé de l'énergie fondée sur des ressources d'origine renouvelable ne finira pas un jour par obliger de créer les règles de droit ayant cette vocation.

Remarque

Selon l'article 714, alinéa 2, du code civil, « des lois de police règlent la manière [...] [de] jouir des choses dont l'usage est commun à tous ». En cas de perte d'ensoleillement liée à la construction d'un bâtiment privé ou public s'appliquent les règles de la responsabilité civile ou administrative. Les règles de la responsabilité civile s'appuient sur la jurisprudence « classique » en matière de troubles de voisinage, qui impose à la victime d'une privation de lumière de démontrer un préjudice anormal et spécial. Les règles de la responsabilité administrative sont utilisées lorsque l'attribution d'un permis de construire ou la construction d'un ouvrage public ou de travaux publics portent atteinte à l'environnement, aux vues et à l'ensoleillement d'une maison. Or, il est acquis que sur l'un ou l'autre de ces fondements, nul ne peut être sûr d'obtenir la garantie de l'ensoleillement de sa propriété. De fait, la réparation va dépendre ici de différents facteurs, tels : l'intention de nuire du voisin (Cass. 3e civ. 30 octobre 1972, *D.* 1973, somm. p. 43), la possibilité de démontrer soit un trouble anormal de voisinage (Cass. 3e civ. 22 juin 2005, n° 04-17829), soit un préjudice anormal et spécial (CE 10 janvier 1973, Ministre de l'Équipement et du Logement, req. n° 83314 – CE 10 mars 1978, OPHLM de Nancy, req. n° 04396 – CE 13 novembre 1981, Département de la Sarthe, req. n° 25395 – CE 2 juillet 1986, Melle Bonhomme, req. n° 63531 – CAA Bordeaux 22 mai 2003, M. Gonzague X., req. n° 99BX02065 – CAA Bordeaux 6 avril 2004, M. Robert X., req. n° 00BX00410), ou encore l'illégalité du permis de construire (CAA Bordeaux 10 juin 1999, M. Butz, req. n° 96BX30493 – CAA Paris 20 janvier 2004, Cne de Villeparisis, req. n° 01PA04117 – CAA Marseille 8 septembre 2005, M. Georges X., req. n° 01MA01192 – CAA Marseille 13 avril 2006, Mme Thérèse Y., req. n° 02MA00718 – CAA Nancy 12 janvier 2006, M. Jacky X., req. n° 01NC011020).

Au terme de cette analyse, il faut admettre que les choses non appropriables en fait ne sont donc peut-être pas nécessairement sur le plan juridique des « choses communes » au sens de l'article 714 du code civil. Mais quel est alors leur statut ? Selon M.-A. Chardeaux, les choses ainsi considérées sont tout simplement retranchées en dehors de la sphère juridique : l'auteur reprend sur ce plan les propos de L. Leveneur selon qui, « hors du droit l'on trouve, d'abord, certains phénomènes naturels sur lesquels il n'est guère besoin d'insister. Qu'il vente, que le soleil brille ou que le ciel soit couvert de nuages, voilà des faits purs. Le droit n'a aucune prise sur eux »[(49)]. Quoi qu'il en soit, le

(47) G. Martin, « Le droit au soleil et les troubles de voisinage », *RJE* avril 1979, p. 292 ; voir aussi B. Petit, « Le droit du solaire : petit embryon deviendra grand », *Gaz. Pal.* 18-19 janvier 2006.

(48) TA Rennes 17 juin 2002, A. c/ Préfet du Finistère, req. n° 021473.

(49) « Le fait », *Vocabulaire fondamental du droit, Annuaire de Philosophie du droit*, t. XXXV, *Sirey*, 1990, p. 162, n° 15.

débat autour de la qualification de choses communes ou non juridiques n'est peut-être pas ici la question essentielle. Il est en effet plus important de souligner que toutes les ressources dont il vient d'être ci-dessus question ont pour point commun de rester à l'abri de l'exercice du droit de propriété. Or, cet élément est certainement le plus significatif, en ce qu'il atteste que ces ressources énergétiques ne peuvent par là même jamais intégrer la catégorie juridique des biens, lesquels se définissent en effet principalement en termes d'appropriation[(50)]. Ainsi, les biens ont-ils un maître alors que les choses communes comme les choses non juridiques n'en ont pas ; ainsi, comme le rappelle le doyen Carbonnier, « il faut une possibilité d'appropriation pour faire un bien d'une chose »[(51)] ; ainsi, comme le signale encore le professeur G. Loiseau, « le destin de toute chose n'est pas d'être appropriée [...] il existe des choses qui ne sont pas sous-jacentes à des biens », un « corps de choses qui n'intègre pas la compagnie des biens et prospère à l'écart des patrimoines »[(52)].

L'examen des différents statuts offrant un libre accès aux sources d'énergie renouvelable se conclut logiquement par une ultime remarque : toutes les ressources dont le caractère appropriable en droit peut être validé sont *ipso facto* des biens, tandis que celles qui ne le sont pas doivent être exclues de cette catégorie. Cette remarque peut être prolongée par le constat suivant lequel les ressources qui ne sont pas des biens ne sauraient par ailleurs prétendre au statut de marchandises, qui sont pour leur part littéralement des biens marchands[(53)], donc des choses accessibles au droit de propriété. Ainsi, la condition spécifique du soleil (rayonnement, chaleur), celle de l'air ou encore celle de la force du vent a-t-elle forcément des conséquences au niveau de la possibilité d'effectuer à leur propos des échanges commerciaux, et, par suite, en termes d'applicabilité des réglementations commerciales, fiscales, etc.[(54)]. Pour toutes celles qui sont juridiquement appropriables, il faut enfin souligner que leur qualité de bien et la valeur économique qui leur est reconnue découlent parfois de la possibilité d'une valorisation énergétique : ainsi en est-il des déchets dont l'insertion dans un circuit économique, tel celui de la production d'énergie, fonde précisément leur assujettissement aux règles européennes sur la libre circulation des marchandises[(55)].

Section 2

Les ressources dont l'usage est attribué

Par rapport aux situations précédentes, il n'y a plus libre accès ou libre exploitation de la ressource. Cette circonstance se produit lorsque la législation octroie à l'État la prérogative d'attribuer – et symétriquement de ne pas attribuer – le droit d'exploitation. Dans tous les cas, la loi porte alors atteinte à des droits traditionnels, en l'occurrence : soit aux droits du propriétaire privé (pour les ressources appropriables), soit au droit du simple utilisateur (pour les ressources non appropriables). Dans cette optique, les règles juridiques ayant cette vocation se caractérisent justement par le fait que leur objet n'est clairement plus de garantir l'usage collectif de la ressource mais de

(50) Voir C. civ. livre 2e intitulé « Des biens et des différentes modifications de la propriété » associant les notions de bien et de propriété.

(51) *Droit civil. Les biens*, préc., n° 45, p. 83.

(52) Préface à M.-A. Chardeaux, *les Choses communes*, préc., p. VI.

(53) CJCE 7 décembre 1968, Com. c/ Italie, 7/68, *Rec.* p. I-617, la marchandise est un « bien appréciable en argent, susceptible, comme tel, de former l'objet de transactions commerciales ».

(54) Voir *infra* p. 333.

(55) CJCE 9 juillet 1992, Com. c/ Belgique, C-2/90, *Rec.* p. I-4431.

prévoir pour celle-ci un usage sinon exclusif du moins limité, en tous les cas réservé à ceux qui répondent aux conditions fixées par la loi.

La finalité de cette démarche restrictive de droits mérite d'être expliquée : il semble qu'elle soit mue par diverses préoccupations ayant toutes à voir avec l'intérêt général. Ainsi, dans le cas de la force hydraulique – qui est avec l'énergie géothermique l'une des deux sources d'énergie renouvelables concernées par ce type de législation –, il semble que les pouvoirs publics aient voulu répondre principalement aux conséquences découlant de la situation trop avantageuse que la proximité des riverains avec certains cours d'eau offrait à ces derniers, laquelle ne manqua pas d'aiguiser les appétits de spéculateurs attirés par les gains économiques liés à la croissance soudaine de l'activité hydroélectrique. Dans le même ordre d'idées, il apparaît que la recherche par l'État d'un contrôle de l'usage de la ressource puisse aussi correspondre au souci de se donner les moyens de peser positivement, c'est-à-dire sur un plan quantitatif, sur leur développement ; dans une perspective inversée, la volonté de protéger ou encore de réguler l'utilisation d'une ressource au moment même où se développe son exploitation industrielle est également perceptible, et l'on conviendra au passage que ce souci, qui se manifesta il y a bien longtemps pour les ressources ici concernées, n'est en définitive pas si éloigné de la préoccupation plus contemporaine du développement durable.

Remarque

Pour l'énergie hydraulique, le système de la loi du 16 octobre 1919 est ainsi réputé contribuer à l'indépendance énergétique de la France avant même les crises pétrolières et gazières de la fin du XXe siècle et du début du XXIe siècle. Selon J.-L. Gazzaniga, J.-P. Ourliac, X. Larrouy-Castera, la loi de 1919 viserait « à concilier une administration désireuse d'organiser l'exploitation d'une richesse nationale, des industriels qui souhaitent un régime de concession très libéral, analogue à celui qui régissait les exploitations minières, et enfin les intérêts des particuliers » (*l'Eau : usages et gestion*, Litec, 1998, p. 202). S'agissant de la matière minière-géothermique, J. Personnaz relève que « la nécessité d'utiliser au maximum les ressources nationales en énergie et de développer leur emploi a conduit à réglementer les conditions de recherche et d'exploitation des sources naturelles de chaleur » (« Modifications récentes de la législation minière », *D.* 1978, chr. p. 2 896).

S'il est utile de savoir de qui on obtient le droit d'usage, il n'en est pas moins important de s'intéresser au statut juridique du droit ainsi conféré sur les ressources concernées.

§1. L'attribution du droit d'usage

La mise en place d'un système attribuant à l'État l'allocation des droits d'usage concerne deux types de ressources énergétiques d'origine renouvelable : hydraulique et géothermique.

I. L'usage de l'énergie hydraulique

Le régime juridique de l'énergie hydraulique a évolué avec le temps(56). Dans la période récente, le droit de l'eau se caractérise surtout par les restrictions qu'il impose aux usages de l'eau, lesquelles affectent en première ligne la propriété privative de l'eau, qui était acceptée dans la conception du droit romain. Le changement le plus remarquable se produit à l'époque révolutionnaire, au cours de laquelle apparaissent deux nouvelles règles : d'une part, l'article 27 de la loi des 22 novembre et 1er décembre 1790 précise que « les fleuves et rivières navigables sont considérés comme dépendances du domaine public », cette domanialité des cours d'eau navigables et flot-

(56) Pour un aperçu historique du droit de l'eau, voir notamment J.-L. Gazzaniga, « Le droit de l'eau dans une perspective historique », *in Droits de propriété, économie et environnement, les ressources en eau*, dir. M. Falque, M. Massenet, Dalloz, 2000, p. 41 ; J.-L. Gazzaniga, J.-P. Ourliac, X. Larrouy-Castera, *l'Eau : usages et gestion*, préc. ; J. Poiret, *Droit de l'hydroélectricité*, Economica, 2004, p. 13 et s.

tables étant peu après entérinée par le code civil[57] ; d'autre part, l'article 6 de la loi du 27 septembre et 6 octobre 1791 indique que « nul ne peut se prétendre propriétaire exclusif des eaux d'une rivière navigable ». Toutefois, jusqu'à la fin du XIXe siècle, le contrôle administratif sur les utilisations de l'eau reste peu développé, cependant qu'une certaine confusion règne encore au sujet de la propriété de l'eau, même si, le plus souvent, le lit et les eaux des rivières sont regardées comme des « choses communes » dont l'usage est commun à tous et qui sont soumises aux lois de police[58].

S'agissant de l'évolution ultérieure, on est conduit à distinguer deux étapes importantes. Dans un premier temps, la loi du 8 avril 1898 sur le régime des eaux modifie en profondeur l'état du droit, tout en continuant de traiter de façon générique de tous les usages de l'eau, ne faisant donc pas de distinction entre l'usage à vocation de production d'énergie et les autres usages possibles de l'eau (pêche, prise d'eau potable, irrigation...). Puis, dans un second temps, la loi du 16 octobre 1919 vient édifier un régime juridique spécifique pour l'utilisation de l'énergie hydraulique.

A. L'usage de l'énergie hydraulique inclus dans les usages de l'eau (loi du 8 avril 1898)

L'usage de l'énergie hydraulique n'est pas traité de façon exclusive par la loi du 8 avril 1898 qui couvre tous les usages de l'eau. On dit souvent que cette loi poursuivait à l'égard de ces derniers un objectif fondamental : réduire la propriété sans jamais la remettre en cause[59]. On ne saurait oublier qu'elle n'avait pas davantage l'ambition de supprimer certains droits acquis sur les eaux aux époques féodale ou royale, plus connus sous l'appellation de « droits fondés en titre »[60]. En somme, c'est donc seulement pour l'avenir que cette loi entendait soumettre l'usage de l'eau quelle que soit sa finalité à de nouvelles conditions, ces dernières distinguant selon que l'eau utilisée se situait dans ou hors domaine public.

1. L'usage de l'eau des voies navigables et flottables (en domaine public)

La loi du 8 avril 1898 soumet l'usage de l'eau appartenant au domaine public à autorisation administrative préalable : « Aucun travail ne peut être exécuté et aucune prise d'eau ne peut être pratiquée dans les fleuves et rivières navigables ou flottables sans autorisation de l'administration »[61]. Ce système trouve une justification suffisante dans la « sacralisation » du domaine public, domaine inaliénable et imprescriptible.

2. L'usage de l'eau des voies non navigables et flottables (hors domaine public)

Pour cette catégorie de voies d'eau, la loi du 8 avril 1898 érige un régime juridique dual. D'une part, la loi règle le sort du lit et des berges qui perdent leur statut de « choses communes », pour appartenir désormais aux riverains. D'autre part, la loi traite de l'eau, qui n'appartient pour sa part à personne et sur laquelle ne peuvent s'exercer que des droits d'usage[62].

Il est simple de comprendre que le mieux placé pour mettre en œuvre ces droits d'usage sur l'eau soit le propriétaire d'un fonds contigu à la voie d'eau, autrement dit le riverain. C'est à ce titre qu'il a été souvent présenté comme le premier bénéficiaire de la loi de 1898, sinon le détenteur d'un

(57) Art. 538.

(58) C. Larroumet, *Droit civil. Les biens, droits réels principaux*, Economica, 1997, p. 338.

(59) Voir J.-L. Gazzaniga, J.-P. Ourliac, X. Larrouy-Castera, *l'Eau : usages et gestion*, préc., p. 17.

(60) Voir *infra* p. 101, 105 et 134.

(61) Art. 40.

(62) J. Poiret, *Droit de l'hydroélectricité*, préc., p. 310.

droit d'usage préférentiel. On conviendra que ce « privilège » du riverain a cependant pour unique fondement la géographie.

Remarque

Un « privilège » qui aurait ses raisons. Pour J.-L. Gazzaniga, J.-P. Ourliac, X. Larrouy-Castera, « selon une tradition qui remonte à un arrêt du Parlement de Paris du 12 juillet 1787, on [...] considère généralement [ce droit] comme la contrepartie des inconvénients et même des dangers auxquels sont exposées les propriétés riveraines » (*l'Eau : usages et gestion*, préc., p. 91).

C'est donc en vérité une situation avantageuse principalement en fait que la loi a constituée, même si le droit a parfois tendance à l'entériner : ainsi l'article 644 du code civil ne dit-il pas encore aujourd'hui que « celui dont la propriété borde une eau courante, autre que celle qui est déclarée dépendance du domaine public par l'article 538 au titre "De la distinction des biens", peut s'en servir à son passage pour l'irrigation de ses propriétés. Celui dont cette eau traverse l'héritage peut même en user dans l'intervalle qu'elle y parcourt, mais à la charge de la rendre, à la sortie de ses fonds, à son cours ordinaire » ?

Par ailleurs, l'intérêt de la loi de 1898 pour le riverain résulte aussi de la vocation générale du texte, la préséance d'usage conférée au riverain embrassant par définition tous les usages de l'eau. S'agissant en particulier d'une utilisation de l'eau pour produire de l'électricité, le riverain est donc idéalement situé, même s'il ne saurait pour autant réclamer un droit d'usage exclusif. Pourtant, dans les faits, l'usage énergétique de l'eau devient vite l'apanage du riverain à raison d'une distorsion de l'esprit de la loi de 1898. Plus précisément, il est bientôt soutenu que « la force dépend de la pente ; or la pente n'est qu'une manière d'être du lit »(63) – qui est la propriété du riverain – et qu'en conséquence, ce dernier est détenteur d'un droit de propriété sur la force hydraulique. Cette idée prend de l'ampleur au début du XXe siècle, à l'époque de la création des premiers grands barrages hydrauliques. Elle pervertit le texte de 1898 et place les riverains à la merci d'entrepreneurs attirés par les nouveaux profits que la production de l'énergie hydroélectrique peut leur offrir. Ainsi, la spécificité notamment économique de l'usage énergétique de l'eau apparaissait-elle au grand jour, appelant une réaction adaptée du droit positif.

Remarque

F. Terré et P. Simler racontent ainsi que « ceux qui voulaient établir une station de force électrique sur un torrent achetaient les droits des riverains sur un parcours suffisant pour pratiquer la dérivation et installer l'usine [...]. Le système permettait aussi de graves abus des spéculateurs : ceux-ci, qu'on appelait les « barreurs de chutes », acquéraient à bas prix à des riverains incapables d'exploiter eux-mêmes, faute de capitaux, les berges des torrents ou rivières utilisables pour l'installation de barrages et d'usines hydroélectriques ; ils ne les rétrocédaient aux sociétés qu'à des prix excessifs » (*Droit civil. Les biens*, 6e éd., Dalloz, 2002, p. 355).

B. L'élaboration d'un régime juridique spécifique à l'usage de l'énergie hydraulique (loi du 16 octobre 1919)

La loi du 16 octobre 1919(64) amorce un double changement. D'une part, son intitulé marque un champ d'application plus resserré : la loi est « relative à l'utilisation de l'énergie hydraulique ». D'autre part, et pour cette utilisation en particulier de l'eau, elle procède à un « refoulement du droit d'usage des riverains »(65).

(63) F. Terré, P. Simler, *Droit civil. Les biens*, préc., p. 355.

(64) Codifiée C. énergie, Livre V.

(65) H. et L. Mazeaud, J. Mazeaud, F. Chabas, *Leçons de droit civil. Biens. Droit de propriété et ses démembrements*, 8e éd., Montchrestien, 1994, p. 198.

1. Un droit unifié pour un usage spécifique

Si la loi du 16 octobre 1919 traite de façon exclusive de l'utilisation de l'énergie hydraulique, elle le fait par ailleurs de façon exhaustive. En effet, l'article 1 de cette loi est formulé de façon à ne pas opérer de distinction entre les différents types de cours d'eau : « Nul ne peut disposer de l'énergie des marées, des lacs et cours d'eau sans une concession ou une autorisation. »(66). En d'autres termes, le régime juridique de l'exploitation hydroélectrique est commun à toutes les voies d'eau, non seulement quelle que soit leur nature (J. Poiret relève que cette loi de 1919 est par exemple potentiellement applicable à l'utilisation énergétique des eaux souterraines même si elle ne les cite pas(67)), mais aussi quel que soit leur statut (cours d'eau domaniaux ou non, ce qui ne veut pas dire que l'exploitant d'un cours d'eau appartenant au domaine public n'est pas tenu de demander une autorisation domaniale spécifique(68)), à l'exception notable toutefois des eaux de la haute mer qui relèveront d'un statut de non-appropriation garanti par le droit international(69). Dans le même ordre d'idées, le texte de 1919 est conçu de façon à pouvoir s'appliquer *de plano* à toutes les formes d'exploitation de l'énergie hydraulique. Certes, il va au départ jouer exclusivement pour les installations hydroélectriques utilisant l'énergie hydrocinétique, dont il épouse par avance tous les contours possibles (barrages sur des lacs, centrales marémotrices sur les rivières ou en mer...). Cependant, du fait de la généralité de ses termes, il pourra s'appliquer le cas échéant à toutes les formes d'exploitation de l'énergie de l'eau par la suite imaginées par les hommes (énergie houlomotrice, énergie exploitant la force thermique de l'eau, énergie osmotique ...). On peut donc considérer que la loi du 16 octobre 1919 a bel et bien unifié le droit de l'exploitation énergétique de l'eau, créant un droit homogène pour cet usage en particulier, tout en le distinguant de celui applicable aux autres utilisations de l'eau. Au demeurant, ce choix, et notamment celui d'un contrôle de l'exploitation énergétique au moyen d'un système d'autorisation administrative, n'a pas été ultérieurement remis en cause, notamment pas par la loi sur l'eau du 3 janvier 1992 qui dispose que « l'usage de l'eau appartient à tous dans le cadre des lois et règlements, ainsi que des droits antérieurement acquis ».

2. Le refoulement du droit de riveraineté

« La loi du 16 octobre 1919 sur l'utilisation de l'énergie hydraulique a permis de retirer aux riverains le droit de disposer de la force hydraulique et a mis l'accent sur les droits de l'État dans l'intérêt de l'industrie »(70). Ce refoulement se matérialise dans un système qui octroie à l'État le droit d'autoriser ou non l'exploitation. L'autorisation peut prendre deux formes, différant selon le niveau de puissance de l'installation : pour une unité dont la puissance est inférieure à 4 500 kW, l'État peut délivrer une « autorisation » au sens de l'article 1 de la loi du 16 octobre 1919 ; pour une unité dépassant le seuil de puissance de 4 500 kW, il peut accorder une « concession »(71). L'attribution de ces autorisations suit une procédure bien définie, pour produire effet sur une période de temps fixée à l'avance(72). Le cadre juridique ainsi institué contraste avec la situation antérieure : alors que sous l'empire de la loi de 1898, le riverain du cours d'eau non domanial tirait son droit d'usage

(66) Codifiée art. L. 511-1 C. énergie.

(67) *Droit de l'hydroélectricité*, Economica, 2004, p. 124.

(68) Sur cette question, voir *infra* p. 161.

(69) Convention sur la haute mer, 1958.

(70) F. Terré, P. Simler, *Droit civil. Les biens*, préc., p. 187.

(71) C. énergie, art. L. 511-5 ; c'est la loi n° 80-531 du 15 juillet 1980 relative aux économies d'énergie et à l'utilisation de la chaleur qui a modifié le seuil initial de 500 kW pour le porter à 4 500 kW.

(72) Voir *infra* p. 140 et 142.

de la situation de proximité géographique avec le cours d'eau, le pétitionnaire comme le concessionnaire devront pour leur part fonder leurs droits respectifs d'exploiter sur l'accord de l'État.

Ainsi donc, la loi du 16 octobre 1919 a pour résultat de placer les propriétaires riverains des cours d'eau non domaniaux dans une situation *a priori* bien moins avantageuse que celle qui résultait pour eux de l'application de la loi du 8 avril 1898. Dorénavant, le riverain n'est en effet plus le principal intéressé à l'exploitation hydroélectrique. Pour compenser cette perte, la loi prévoit à son profit une indemnité de dépossession, partie intégrante d'un régime juridique censé remédier à son « éviction à l'usage de l'eau »(73). Il sera noté au passage que le bénéfice de ce dispositif est également ouvert à tous ceux qui peuvent s'appuyer sur d'authentiques « droits fondés en titre » ou encore sur des autorisations ou titres acquis sur des cours d'eau domaniaux, dès lors que ces personnes sont elles-mêmes évincées de leur droit à l'utilisation de l'énergie hydraulique(74). Concrètement, l'article 6 de la loi du 16 octobre 1919 prévoit que l'usinier, soit les concessionnaires, soit les entreprises autorisées au sens de cette loi lorsque celles-ci sont aménagées et exploitées directement par les collectivités locales et leurs groupements, sous réserve dans ce dernier cas d'une déclaration d'utilité publique(75), peuvent obtenir la libre disposition de l'eau contre la volonté du riverain (par hypothèse, cette éviction forcée ne joue donc qu'en dehors du domaine public fluvial). En d'autres termes, il s'agit bien de contraindre ce dernier à céder ses « droits particuliers à l'usage de l'eau » (formule qui vise le seul usage hydraulique, à l'exclusion des autres droits de riveraineté comme les droits de pêche par exemple qui sont conservés par le riverain) à l'exploitant hydroélectrique, à condition que les droits d'usage préexistent à l'exploitation, et ce même s'ils n'auraient pas été exercés à la date de l'affichage de la concession. En contrepartie de ce passage en force, la loi prévoit que le riverain reçoive un dédommagement soit en nature (sous forme d'énergie électrique), soit en argent(76). Les litiges en la matière sont portés devant la juridiction civile, le principe général du droit de l'interdiction de l'enrichissement sans cause étant utilisé pour vérifier si la situation du riverain n'est pas à l'arrivée, c'est-à-dire après le dédommagement, plus favorable(77). La jurisprudence a par ailleurs opté pour une application restrictive de ce mécanisme : il n'est notamment pas question d'y recourir lorsque le riverain se plaint de dommages qui n'ont rien à voir avec la perte de son droit d'usage ; par exemple, dans le cas particulier d'une concession hydroélectrique, il a été jugé que les dommages liés à l'activité d'exploitation ne sauraient être réparés sur la base de la disposition susmentionnée de la loi de 1919, les dommages occasionnés étant ici des dommages de travaux publics dont le contentieux ressortit par hypothèse à la compétence de la juridiction administrative(78).

II. L'usage de l'énergie géothermique

C'est l'énergie située dans les entrailles de la terre. Alors que son utilisation pourrait obéir au régime juridique que le code civil attribue au tréfonds, on lui applique des règles spécifiques, qui sont de fait celles du droit minier, droit faisant exception au droit civil.

(73) Loi 16 octobre 1919, art. 6 ; C. énergie, art. L. 521-14. Sur cette question, voir notamment J. L'huilier, « Les développements récents de la jurisprudence en matière d'éviction des droits à l'usage de l'eau », *D.* 1956, chr. p. 41.

(74) J.-L. Gazzaniga, J.-P. Ourliac, X. Larrouy-Castera, *L'Eau : usages et gestion*, Litec, 1998, p. 216.

(75) Loi 16 octobre 1919, art. 16 *bis*, abrogé par ordonnance n° 2011-504 du 9 mai 2011, art. 4.

(76) C. énergie, art. L. 521-14.

(77) Voir en ce sens les deux arrêts Cass. 10 janvier 1933, Avocat et Gachet, cités par J. Poiret, *Droit de l'hydroélectricité*, préc., p. 1 032.

(78) Trib. confl. 12 décembre 1955, Ané, *Lebon* p. 628 ; *CJEG* 1956, p. 1 – CE 22 juin 1928, Épx de Sigalas, *Lebon* p. 125, concl. Josse ; *RDP* 1928, p. 525, la qualification de dommages de travaux publics est à mettre ici en relation avec le fait que les concessions hydroélectriques sont des concessions de travaux publics.

A. Le principe civiliste : la propriété du sol entraîne celle du sous-sol

Le droit de propriété porte sur un volume(79). Ce principe général remonte au droit romain et a été inscrit dans le code civil sous la formulation suivante : « La propriété du sol emporte la propriété du dessus et du dessous »(80). Ainsi, le propriétaire d'un terrain peut-il en principe creuser et fouiller celui-ci pour retirer toutes les richesses qu'il peut contenir. *A priori*, cette solution paraît pouvoir être étendue à l'extraction de chaleur géothermique, qui serait en ce sens pleinement accessible au droit de propriété du propriétaire du sol. À supposer que le droit positif ait validé cette conception, il s'ensuivrait donc que le gîte géothermique soit une chose dont l'appropriation est possible.

Remarque

Le fait qu'il existe ici un lien physique avec le sol permettrait de fonder cette thèse : en effet, le premier objet du droit de propriété est l'immeuble (au sens civil, le fonds de terre) ; par suite, il semble difficile d'admettre qu'une chose qui lui est physiquement rattachée (le sous-sol) soit pour sa part non appropriable.

Mais la situation n'est pas celle-là, du fait même que, relevant l'invitation que l'article 552, alinéa 3, du code civil lui adresse (le propriétaire peut faire « au-dessous toutes les constructions et fouilles qu'il jugera à propos, et tirer de ces fouilles tous les produits qu'elles peuvent fournir, sauf les modifications résultant des lois et règlements relatifs aux mines, et des lois et règlements de police »), le législateur a choisi d'aménager le principe général susmentionné et conçu une exception pour les mines afin de limiter en ce domaine « les effets de la propriété privée »(81).

Remarque

Les spécialistes de la législation minière ont relevé que la question du droit d'exploiter les richesses du sous-sol est appréhendée dans le monde selon trois formules : soit le propriétaire de la surface est propriétaire du tréfonds, soit l'inventeur a un droit d'accès préférentiel, soit il appartient à l'État d'en attribuer l'usage ; ce dernier système est aussi le plus pratiqué (voir L. Aguillon, *Législation des mines française et étrangère*, 2e éd., Baudry et Cie, 1886 ; R. Isay, *le Droit minier des principaux États civilisés*, Giard, 1930 ; J. Personnaz, F. Verrier, P. Jallade, « Droit des mines », *J.-Cl. Adm.* fasc. 370, n° 4).

B. L'exception minière-géothermique : le droit d'usage détaché du droit sur la surface

La dissociation du droit du sous-sol du droit sur le sol est un élément clef de la législation française sur les mines, qui s'applique comme tel à l'énergie issue du fond de la terre.

1. L'atteinte aux droits du propriétaire de la surface

En droit français, la matière minière a toujours fait l'objet d'un régime d'exception, marque évidente de l'autonomie du droit minier. Ainsi, avant même la rédaction du code civil, les pouvoirs publics tentent déjà d'aboutir à « un compromis entre les différents intérêts en présence »(82), publics et privés. La loi de juillet 1791 relative aux mines concrétise cette ambition. D'une part, elle affirme que la mine est « à la disposition de la Nation » et ne peut être exploitée « que de son consentement et sous sa surveillance ». D'autre part, sur la base de ce principe, elle oppose au candidat à l'exploitation l'obligation d'obtenir une autorisation sous la forme d'une « concession de mines » lorsque le forage va dépasser 100 pieds de profondeur, la concession n'étant pas en effet

(79) H. et L. Mazeaud, J. Mazeaud, F. Chabas, préc., p. 120.

(80) Art. 552, al. 1.

(81) V. Inserguet-Brisset, *Propriété publique et environnement*, LGDJ, 1994, p. 40.

(82) I. Michallet, « Réflexions sur l'article 552 du code civil », *in Passé et présent du droit*, n° 1, dir. D. Deroussin, éd. Le Manuscrit, 2006, p. 124. Voir aussi J.-P. Lévy et A. Castaldo, *Histoire du droit civil*, Dalloz, 2002, p. 315 et p. 426.

exigée pour une profondeur inférieure. Par la suite, la loi du 21 avril 1810, considérée comme la « source moderne de la matière »[(83)], maintient le contrôle de l'État sur l'exploitation minière : le système de la concession est ainsi généralisé, mais la logique « propriétariste » innervant la plupart des textes de l'époque napoléonienne se manifeste ici par le transfert de la propriété de la mine à l'exploitant concessionnaire : selon l'article 7, l'acte de concession donne « la propriété perpétuelle de la mine, laquelle est dès lors disponible et transmissible comme tous autres biens, et dont on ne peut être exproprié que dans les cas et selon les formes prescrites pour les autres propriétés, conformément au code napoléonien et au code de procédure civile ». Dans la période qui suivra, aucune des grandes lois adoptées, ni celle du 27 juillet 1880 ni celle du 9 septembre 1919, ne viendra infirmer ce principe d'un octroi à l'État du contrôle exclusif de l'usage de la ressource minière.

Il faut cependant convenir que toutes ces lois minières constituent la négation même du droit sur le tréfonds que le code civil attribue par principe au propriétaire de la surface, et ce par l'instauration d'un régime d'autorisation administrative conditionnant la recherche et l'exploitation minières. Le résultat en est que, même dans l'hypothèse où le propriétaire du sol est finalement choisi par l'administration comme concessionnaire ou permissionnaire, il semble avoir perdu *ab initio* tout droit sur la mine, l'ancien code minier[(84)] comme le nouveau[(85)] ne l'autorisant tout au plus qu'à faire des recherches sur le tréfonds moyennant une simple déclaration au préfet[(86)]. Surtout, la dégradation de la situation du propriétaire foncier est à peine compensée par les quelques palliatifs indemnitaires institués en sa faveur par les textes : une indemnité pour occupation temporaire de la surface par l'entreprise minière[(87)], des dommages-intérêts si des dégâts ont lieu à la surface à raison de l'exploitation d'un gisement minier[(88)], une redevance tréfoncière ayant pour objet de compenser au moins symboliquement la perte de ses droits sur la mine[(89)] – le montant de cette redevance due par le concessionnaire au propriétaire du sol est en effet dérisoire, mais son institution répondrait au souci de « ne pas contredire trop ouvertement l'article 552 du code civil et d'éviter une dépossession pure et simple du propriétaire »[(90)]. Ce ne sont là en effet que des accommodements à la philosophie d'un droit minier qui donne prépondérance à l'État pour distribuer, dans le respect de l'intérêt général, la ressource.

2. Le régime juridique des mines transposé à la géothermie

L'application du droit minier à la géothermie ne découle pas d'une interprétation extensive du champ d'application de ce droit. En d'autres termes, elle n'est pas le résultat d'un raisonnement considérant que les règles minières sont susceptibles d'être applicables par extension à la matière géothermique mais la conséquence d'une insertion volontaire et explicite de la géothermie dans cette législation. Cette inclusion est opérée par la loi n° 77-620 du 16 juin 1977 au moyen d'une clause générale inscrite à l'article 3 de l'ancien code minier[(91)]: « Sont considérés comme des mines les gîtes géothermiques renfermés dans le sein de la terre, dits gîtes géothermiques, dont on peut extraire de l'énergie sous forme thermique, notamment par l'intermédiaire des eaux chaudes et vapeurs souterraines qu'ils contiennent. » Ce choix a le mérite de la simplicité car il évite la

(83) J. Personnaz, « Modifications récentes de la législation minière », préc.

(84) Voir art. 7.

(85) Voir art. L. 121-1.

(86) Voir aussi le système de déclaration administrative prévu pour certains gîtes à basse température, *infra* p. 156.

(87) Nouveau C. minier, art. L. 153-12.

(88) Nouveau C. minier, art. L. 155-1 à L. 155-7.

(89) Nouveau C. minier, art. L. 132-15.

(90) J. Personnaz, F. Verrier, P. Jallade, « Droit des mines », *J.-Cl. Adm.* fasc. 371, n° 72.

(91) Code issu décret n° 56-838, 16 août 1956 abrogé.

mise au point d'une énième législation dérogatoire du droit commun. Pour autant, les fondements de cette inscription de la géothermie dans la législation minière ne sont pas à l'abri de toute critique. Certes, l'argument de l'origine commune des ressources en cause – le « sein de la terre » – est ici parfaitement légitime. Mais on peut lui reprocher de négliger que les ressources minières, traditionnelles, d'une part, et géothermiques, d'autre part, se différencient sur un point essentiel : les premières sont fondées sur des matières alors que la géothermie, est fondée sur un fluide naturel – elle est en ce sens immatérielle. Or, cette dissimilitude porte en creux la problématique plus générale de l'épuisement ou non de ces ressources. Plus précisément, alors que la ressource minière « classique » est vouée à l'épuisement, la ressource géothermique ne l'est pas pour sa part, du fait même qu'elle est une ressource fondée sur un flux naturel – le magma terrestre – qui se renouvelle indéfiniment. Ainsi, l'intégration de la géothermie dans la loi minière peut-elle apparaître discutable parce qu'elle conduit à appliquer un régime juridique de contrôle étatique sur ses conditions d'utilisation, un régime dont les justifications fondamentales – la raréfaction inéluctable de la ressource et/ou l'exigence d'une exploitation plus rationnelle de celle-ci, dans la mesure où le morcellement de la ressource minière entre les différents propriétaires de la surface peut être regardé comme un obstacle à son exploitation rationnelle(92) – ne sont pas nécessairement transposables à la géothermie. Cette inclusion dans le champ du droit minier peut être encore critiquée en ce qu'elle aboutit à fondre la matière géothermique dans un *corpus* qui serait inadapté en ce qu'il prendrait insuffisamment en compte les enjeux environnementaux sous-jacents et propres au domaine géothermique(93).

La spécificité de la ressource géothermique est un argument qui semble donc plaider en faveur de son extraction de tout ou partie du droit minier. Tel n'est pourtant pas la direction prise par la législation française. Ainsi est-il notable que le principe général établi en 1977 ait été *in globo* reconduit dans le Nouveau code minier tel qu'issu de l'ordonnance n° 2011-91 du 20 janvier 2011, dont l'article L. 112-1 dispose comme suit : « Relèvent du régime légal des mines les gîtes renfermés dans le sein de la terre dont on peut extraire de l'énergie sous forme thermique, notamment par l'intermédiaire des eaux chaudes et des vapeurs souterraines qu'ils contiennent, dits « gîtes géothermiques ». Ce n'est pas à dire que cette règle, devenue habituelle donc, s'applique sans exceptions, et c'est même le contraire puisque la législation minière laisse au pouvoir réglementaire la possibilité de s'en émanciper partiellement. Soit d'une part, d'en excepter – exception dans l'exception donc – les « activités ou installations [...] utilisant les échanges d'énergie thermique avec le sous-sol lorsqu'elles ne présentent pas d'incidences significatives sur l'environnement et qu'elles ne nécessitent pas des mesures spécifiques de protection des intérêts mentionnés aux articles L. 161-1 et L. 161-2 » du Nouveau code minier(94). Soit d'autre part, de déroger à certains aspects du régime légal des mines, en particulier au régime d'autorisation administrative préalable, lorsque les exploitations géothermiques sont « de minime importance »(95). Or, comme il a déjà été observé, le fait de soustraire ces activités géothermiques spécifiques au régime général, notamment au principe de l'autorisation administrative préalable, conduit à ce qu'ils relèvent du droit commun de la propriété privée(96).

---

(92) F. Terré, P. Simler, *Droit civil. Les biens*, préc.

(93) Voir à cet égard A. Gossement, *Droit minier et droit de l'environnement. Éléments de réflexion pour une réforme relative à l'évaluation environnementale, à l'information et à la participation du public*, 2011, www.developpement-durable.gouv.fr.

(94) N. code minier art. L. 112-1, issu loi n° 2012-387 du 22 mars 2012.

(95) Voir N. C. minier, art. L. 112-3, issu loi n° 2012-387 du 22 mars 2012.

(96)Voir C. civil, art. 552 al. 1 : « La propriété du sol emporte la propriété du dessus et du dessous », voir aussi *supra* ce chapitre, section 1, p. 88.

Remarque

L'ordonnance n° 2011-91 portant recodification du code minier a été publiée le 25 janvier 2011. Elle est entrée en vigueur le 1er mars 2011. Le projet de loi de ratification de ce texte a été présenté au Sénat le 4 mai 2012.

§2. Le statut des énergies hydraulique et géothermique

Dans le cadre d'une réflexion qui vise à déterminer quel statut le droit positif offre aux sources d'énergie renouvelables, on en revient toujours à poser la même question : celle de savoir qui est titulaire du droit sur la ressource. Or, ce problème interroge à un double titre : d'abord quant à la nature juridique de ce droit, puis subséquemment quant à la nature juridique de la ressource elle-même.

I. De la nature juridique du droit sur la ressource

La problématique est identique pour les deux ressources énergétiques de caractère renouvelable assujetties à un contrôle étatique : l'énergie hydraulique et l'énergie géothermique.

A. La nature juridique du droit sur la ressource hydraulique

La question de la nature juridique du droit s'exerçant en particulier sur l'énergie hydraulique est ancienne puisqu'elle émerge bien avant l'adoption de la loi du 16 octobre 1919, pour concerner en premier lieu le système archaïque des « droits fondés en titre ». On se souvient que cette expression s'applique à des droits d'exploitation qui n'ont pas été conférés par la puissance publique sur la base de la nouvelle loi, mais qui ont été obtenus dans le cadre de l'ancien droit, celui des époques féodale ou royale(97). Aucun texte ne donnant la définition de ces droits, c'est vers la doctrine qu'il faut se tourner. Certains auteurs considèrent que le droit « fondé en titre » d'utiliser la ressource hydraulique est un authentique droit de propriété(98) ; toutefois cette thèse a été jugée inexacte. D'une part, parce que le droit d'usage fondé sur un titre ancien ne peut jamais être perpétuel – il se perd par le non-usage(99) –, ce qui n'est d'ailleurs pas sans provoquer un abondant contentieux portant sur la preuve de la non-utilisation de l'ouvrage hydraulique ; d'autre part, parce que son titulaire peut y renoncer ; étant admis que ces deux éléments sont totalement étrangers au droit de propriété(100). D'autres auteurs ont émis l'hypothèse selon laquelle le droit en question serait assimilable à une servitude réelle mais sans vraiment emporter l'adhésion(101). Il est

(97) Voir notamment A. Mestre, « Le régime juridique des usines fondées en titre », *D.* 1930, chr. p. 57 ; P. Magnier, *le Droit des titulaires d'usines hydrauliques fondées en titre, thèse, Librairie du Recueil*, Sirey, 1937 ; J.-P. Rougeaux, « Les prises d'eau fondées en titre », *CJEG* 1973, p. 381 ; P. Sablière, « Prises d'eau fondées en titre ou ayant une existence légale », *AJDA* 2004, p. 2 219 ; A. Gaonac'h, « Nature et régime juridiques des droits fondés en titre sur les cours d'eau non domaniaux », *Environnement et développement durable*, 2010, 1.

(98) Notammment Proudhon, Bécquet, Picard ou encore Fabréguettes. Voir J.-L. Gazzaniga, J.-P. Ourliac, X. Larrouy-Castera, *L'Eau : usages et gestion*, Litec, 1998, p. 208.

(99) Par exemple, lorsque l'ouvrage est en ruine ou ne sert plus à la production électrique, voir CE S. 5 juillet 2004, SA Laprade Énergie, n° 246929, *Collectivités-intercommunalités* 2004, comm. 186, note L. Erstein – CE 7 février 2007, n° 270373, *Dr. adm.* 2007, comm. 56, note J.-M. Février : « Considérant que la force motrice produite par l'écoulement d'eaux courantes ne peut faire l'objet que d'un droit d'usage et en aucun cas d'un droit de propriété ; qu'il en résulte qu'un droit fondé en titre se perd lorsque la force motrice du cours d'eau n'est plus susceptible d'être utilisée par son détenteur, du fait de la ruine ou du changement d'affectation des ouvrages essentiels destinés à utiliser la pente et le volume de ce cours d'eau. »

(100) Cass. civ. 20 octobre 1942, S. 1944, I, p. 93 – Cass. civ. 6 février 1985, *Bull. civ.* III, n° 24.

(101) J.-L. Gazzaniga, J.-P. Ourliac, X. Larrouy-Castera, préc., p. 209.

par suite plus communément estimé en doctrine[102] que le droit « fondé en titre » est une sorte de droit réel immobilier conférant à son titulaire un droit d'exploitation dont la consistance est définie, et donc limitée, par le « titre ».

C'est en des termes identiques que la question va se poser à propos du « privilège » de riveraineté découlant de la loi du 8 avril 1898. Las, les points de vue doctrinaux sont ici tout aussi partagés, les auteurs ne s'accordant en l'espèce que sur un point : le droit d'usage du riverain n'est pas davantage réductible au droit de propriété du droit civil, du fait même du statut de « chose commune » – non appropriable – qui est à l'époque attribué à l'eau[103]. Mais cette thèse une fois récusée, les auteurs restent embarrassés et font des propositions diverses : P. Marc explique que H. Capitant réfutait la thèse du droit réel immobilier, que M. Planiol a parlé d'une simple faculté liée à la propriété du fonds, et que le doyen Hauriou avait opté pour un « droit individuel du droit public »[104]. Toutefois, domine l'idée que le droit d'usage s'apparenterait à un droit réel immobilier, plus précisément « un droit réel *sui generis* ayant ses caractères propres, ceux précisément qui le différencient d'une servitude et d'un simple droit d'usage : il est prescriptible et cessible »[105], ou encore un droit d'usage qui, pas davantage que le droit « fondé en titre » ne peut être regardé comme un droit absolu et exclusif, enfermé qu'il est dans les limites strictes de la loi, et contraint de s'exercer sous le contrôle de l'administration et des tribunaux : « Les riverains n'ont le droit d'user de l'eau courante qui borde ou qui traverse leurs héritages que dans les limites déterminées par la loi. Ils sont tenus de se conformer, dans l'exercice de ce droit, aux dispositions des règlements et des autorisations émanées de l'administration »[106].

L'entrée en vigueur de la loi du 16 octobre 1919 a réamorcé la même interrogation à propos du droit d'usage sur la ressource hydraulique dont l'État obtient avec cette loi la pleine maîtrise. Mais la réponse de la doctrine comme de la jurisprudence, qui a pu se nourrir très certainement des réflexions menées sur les droits d'usage établis sous l'empire du droit positif antérieur, est cette fois univoque : le droit sur l'hydrauforce que l'État confère à l'exploitant n'est assurément pas un droit de propriété mais lui-même un droit réel immobilier original : susceptible d'être hypothéqué[107], incessible (sauf approbation par décret pour la concession, et sauf notification au préfet pour l'autorisation[108]), et ce, qu'il soit fondé sur une concession ou sur une autorisation au sens de la loi du 16 octobre 1919[109].

Remarque

Pour C. Larroumet, la loi du 16 octobre 1919 « établit le régime de la concession dont on peut dire que, comme pour les mines, il réalisait une expropriation, lorsqu'il s'agissait d'une eau non domaniale, le concessionnaire étant investi d'un droit réel immobilier temporaire » (*Droit civil. Les biens, droits réels principaux*, Economica, 1997, p. 338).

(102) Voir notamment A. Mestre, note sur Trib. civ. Seine, 27 février 1935, cité par J.-L. Gazzaniga, J.-P. Ourliac, X. Larrouy-Castera, préc., p. 209.

(103) Trib. confl. 26 mai 1894, S. 1896, III, p. 34, « Le droit des riverains non sur le lit même des cours d'eau, mais sur les eaux qui y coulent, ne saurait constituer en aucun cas un droit de propriété » – Cass. civ. 20 octobre 1942, S. 1944, I, p. 93.

(104) P. Marc, *les Cours d'eau et le droit, Johanet*, 2006, p. 81.

(105) M. Planiol, G. Ripert, *Traité pratique de droit civil français*, 3e éd., LGDJ, 1952, 4e vol., p. 470. Voir aussi Cass. civ. 17 novembre 1953, S. 1954, I, p. 101, note Mestre.

(106) Loi 1898, art. 2.

(107) C. énergie, art. L. 511-10.

(108) F. Terré, P. Simler, *Droit civil. Les biens*, 6e éd., Dalloz, 2002, p. 187.

(109) CE 16 janvier 2006, M. Arriau, req. n° 263010.

B. La nature juridique du droit sur la ressource minière-géothermique

Si l'on met à part le régime spécifique intéressant certains gîtes géothermiques, d'une part, ceux visés à l'article L. 112-1 du Nouveau code minier, qui sont exceptés de l'application du régime légal des mines, d'autre part, ceux visés à l'article L. 112-3 du même code, soit les gîtes de minime importance qui sur la décision de l'autorité réglementaire peuvent déroger au dispositif d'autorisation administrative préalable à la recherche et à l'exploitation minières(110), il faut bien constater que, depuis la loi du 21 avril 1810, les droits sur la ressource minière-géothermique sont fondamentalement réglés par l'État. Il reste à savoir si le fait que, différemment du système applicable à l'énergie hydraulique, il existe en matière minière-géothermique un contrôle étatique fondé soit sur l'autorisation administrative, soit sur la déclaration administrative peut avoir un impact sur la nature juridique du droit de l'exploitant.

1. La nature du droit sur la ressource obtenu après autorisation administrative

Le système de l'autorisation administrative préalable remonte comme on le sait à la loi du 21 avril 1810 qui institue la concession. Cette loi, dont les préoccupations étaient assez antagonistes(111), organise cependant une certaine confusion en ne se prononçant pas sur la nature du droit se rapportant à la chose du sous-sol avant la concession. Partant, le texte fait les beaux jours des interprétations doctrinales les plus diverses, soit que l'on qualifie la chose minière de bien appartenant au propriétaire du sol – la loi aurait consacré une « propriété du dessous à toute profondeur »(112) – soit qu'on la désigne comme *res nullius* –, donc comme une chose juridiquement appropriable. En revanche, la loi traite plus clairement de la situation juridique née de la concession en entérinant le droit de propriété sur le gisement au profit du concessionnaire minier : ainsi, l'acte de concession donne au concessionnaire « la propriété perpétuelle de la mine, laquelle est dès lors disponible et transmissible comme tous autres biens, et dont on ne peut être exproprié que selon les cas et selon les formes prescrites pour les autres propriétés... »(113). Autant dire que le droit du concessionnaire se confond dans cette perspective avec le droit de propriété du droit civil, dont il possède les attributs habituels. En somme, il y a ici « institution au profit d'un particulier d'une propriété soumise à une réglementation préalable »(114).

« La thèse qui reconnaît à l'exploitant un droit de propriété sur la mine était expressément consacrée par la loi de 1810, elle n'est plus soutenable depuis 1919 »(115). La loi du 9 septembre 1919 relative aux mines apporte en effet deux séries de modifications par rapport à la situation juridique antérieure. D'abord, elle met un terme à l'affirmation selon laquelle le propriétaire du dessus serait le propriétaire putatif des richesses du sous-sol. Ensuite, elle modifie la nature juridique du lien qui unit le concessionnaire de la mine à celle-ci : le concessionnaire n'est plus propriétaire de la mine mais plus modestement titulaire d'un droit d'usage, qui reste indissolublement lié à l'acte de concession. La suppression du droit de propriété du concessionnaire ne résulte pas seulement d'une affirmation solennelle du texte de loi – « L'institution d'une concession, même au profit du propriétaire de la surface, crée un droit immobilier distinct de la propriété de la surface »(116) –, elle est par ailleurs attestée par plusieurs changements apportés à la concession : suppression de la

(110) Sur cette exception et cette dérogation, voir aussi *infra* p. 62.

(111) Voir *supra* p. 102.

(112) C. Demolombe, *Cours de code Napoléon. Traité de la distinction des biens*, éd. A. Lahure, 1881, t. I, p. 563.

(113) Loi 21 avril 1810, art. 7.

(114) L. Rolland, « Les nouvelles concessions de mines. La loi du 9 septembre 1919 », *RDP* 1920, p. 350.

(115) J. Personnaz, F. Verrier, P. Jallade, « Droit des mines », *J.-Cl. Adm.* fasc. n° 26.

(116) N. C. minier, art. L. 132-8.

perpétuité (la concession est désormais limitée dans le temps) et de la gratuité pour les mines nouvelles au terme du délai prévu pour la concession, obligation pour le concessionnaire de rétrocéder gratuitement le gisement à l'État, suppression de l'hypothèque minière (qui résulte de la loi du 16 juin 1977).

Mais le fait de remplacer un régime juridique par un autre n'offre pas nécessairement de meilleures perspectives en termes de clarté et de certitude juridiques. Cette crainte est pour le moins fondée dans le cas présent puisque, si la loi du 9 septembre 1919 supprime le droit de propriété du concessionnaire, elle lui substitue un droit du concessionnaire sur la ressource dont la substance n'est pas définie. Ce « droit immobilier distinct de la propriété de la surface »(117) est en effet nimbé de mystère. Au fil du temps, les auteurs vont cependant opter pour la qualification de droit réel non identifié et *sui generis* : une sorte d'intermédiaire entre le droit de propriété et le droit d'un concessionnaire de service public, « bien que l'on puisse objecter que, contrairement à l'emphytéote, qui est tenu de conserver la chose, le concessionnaire la détruit »(118), ou, alternativement, un simple droit d'exploitation conférant à son bénéficiaire « la prérogative d'altérer la substance de la chose, altération inhérente à l'exploitation de la mine »(119). Dans le même ordre d'idées, il est habituel de considérer que le titre minier alternatif à la concession créé par la loi du 9 septembre 1919 (le « permis d'exploitation ») engendre lui-même au profit de son bénéficiaire un droit réel immobilier sur la chose, qualifié par la loi d'« exclusif », d'« indivisible » et « non susceptible d'hypothèque »(120).

2. La nature du droit sur la ressource obtenu après déclaration administrative

Pour les exploitations de faible importance, la loi minière autorise le candidat à l'usage de la chose à se limiter dans certains cas à une simple déclaration de son activité à l'administration compétente(121). Cet allègement des formalités concerne exclusivement l'exploitation géothermique et, en son sein, celle des gîtes à basse température dits de « minime importance », ainsi qualifiés compte tenu de « leur profondeur et de leur débit calorifique »(122). Cette possibilité est mise en œuvre et précisée par le décret n° 78-498 du 28 mars 1978 relatif aux titres de recherches et d'exploitation de géothermie, dont l'article 17 soumet les seuls prélèvements de chaleur souterrain, dont le débit calorifique maximal par référence à une température de 20 degrés est inférieur à 200 thermies par heure et dont la profondeur est inférieure à 100 mètres, à simple déclaration.

Remarque

Le dispositif réglementaire devrait être modifié. En effet, l'article L. 112-3 du Nouveau code minier permet aux gîtes géothermiques « à très basse température » de déroger en particulier à la règle de l'autorisation préalable de l'État y compris dans son volet déclaratif. L'entrée en vigueur du nouveau dispositif devrait conduire à distinguer deux catégories d'opérateurs : d'un côté ceux maintenus dans le régime déclaratif et dont le droit d'usage sur la ressource géothermique dépend donc toujours de la décision attributive de l'État, de l'autre ceux qui en sont écartés et dont le droit d'usage est alors la conséquence accessoire de leur droit de propriété sur la surface (fondé donc sur l'article 552 al. 1 du code civil).

II. De la nature juridique de la ressource

En indiquant que la ressource minière comme la force hydraulique sont susceptibles de faire l'objet de droits réels, les règles juridiques montrent que celles-ci n'ont en rien été soustraites à l'em-

(117) N. C. minier, art. L. 132-8.

(118) J. Personnaz, F. Verrier, P. Jallade, « Droit des mines », préc., n° 32.

(119) C. Larroumet, *Droit civil. Les biens, droits réels principaux*, préc., p. 337.

(120) N. C. minier, art. L. 611-17.

(121) Voir *infra* p. 156.

(122) N. C. minier, art. L. 314-3.

prise du droit et sont donc probablement, sous cet aspect, non seulement des choses mais surtout des biens. Mais le droit hydroélectrique comme le droit minier-géothermique se sont bien gardés d'aller au-delà, se limitant dans les deux cas à placer ces biens sous le contrôle de l'État.

A. La nature juridique de l'énergie hydraulique

Quel statut pour celle que l'on appelle parfois la « houille blanche », façon de souligner tant ses ressemblances que ses dissemblances de statut et de régime juridiques avec les produits miniers ? On conviendra que cette interrogation a été forcément renouvelée dans sa formulation même lorsque la loi du 16 octobre 1919 a séparé le régime juridique de l'énergie hydraulique de celui des autres utilisations de l'eau. C'est en ce sens qu'il a pu être justement considéré que cette loi a fait de l'énergie hydraulique « un bien nouveau dont l'État maîtrise l'utilisation »(123).

L'hypothèse selon laquelle l'énergie hydraulique constituerait un bien objet d'appropriation privée doit être repoussée par priorité. D'une part, parce que, sous l'empire de la loi du 8 avril 1898, il n'en allait déjà pas ainsi du fait que l'eau courante était à l'époque considérée comme une *res communis.* D'autre part, parce qu'il serait illogique qu'il en aille *a fortiori* ainsi sur le fondement de la loi du 16 octobre 1919 qui a, comme on le sait, restreint l'accès à la force hydraulique. Enfin, et surtout, parce que, dans le cadre de cette loi, le concessionnaire comme le pétitionnaire (le titulaire d'une « autorisation » au sens de la loi) ne peut jamais prétendre qu'à un simple droit d'usage sur l'énergie hydraulique, qui, s'il est proche d'un droit réel immobilier, ne doit pas cependant être confondu avec le droit de propriété. Force est donc de reconnaître qu'en aucune manière, l'exploitant de l'eau énergéticien désigné par l'État ne parvient à s'approprier en droit la ressource hydraulique.

Mais alors, à qui appartient l'énergie hydraulique ? Faut-il penser qu'en écartant la possibilité qu'elle soit la propriété privative de l'exploitant, la loi du 16 octobre 1919 en aurait alternativement confié la propriété à l'État ? Faut-il en ce cas regarder l'État comme celui qui, sur la base de cette loi, a non seulement la prérogative d'octroyer le droit d'usage, mais est aussi titulaire d'un droit de propriété sur le bien sur lequel porte cet usage ? Dans ces conditions, l'État, qui s'était déjà approprié certains cours d'eau *via* le principe de domanialité publique, s'est-il aussi approprié l'énergie qu'ils contiennent, y compris lorsque la voie d'eau est non domaniale ? Cette opinion est globalement celle de la doctrine(124), fût-ce avec des variantes. Certains auteurs considèrent que, sur le fondement de la loi de 1919, un bien nouveau, l'« énergie hydraulique », a fait son apparition au sein du domaine public de l'État(125). Cependant, cette thèse de la domanialité s'est toujours heurtée à une objection sérieuse : au fait que les auteurs de la loi de 1919 l'avaient expressément refusée lors des discussions y relatives – un amendement à la loi du 16 octobre 1919 imposant le rattachement au domaine public fut en effet explicitement repoussé au cours des débats parlementaires(126). C'est au demeurant la raison pour laquelle une seconde version de l'appropriation publique a été avancée : l'appartenance de l'énergie hydraulique au domaine privé de l'État.

Remarque

J.-C. Colliard et A. Jeanneney écrivent : « La loi de 1919 consacre deux principes fondamentaux : elle [...] fait de cette énergie motrice une richesse nationale. Le deuxième principe est celui de la nationalisation. Ainsi, érigée en bien d'une nature particulière qui se détache du droit de riveraineté, l'énergie motrice est placée sous la main de l'État. On peut dire que le législateur de 1919 a

(123) V. Inserguet-Brisset, *Propriété publique et environnement,* LGDJ, 1994, p. 40.

(124) Voir A. Hauriou, *La mainmise de l'État sur l'énergie des cours d'eau non navigables ni flottables*, thèse, Toulouse, 1921.

(125) Voir notamment L. Rolland, « L'utilisation de l'énergie hydraulique », *RDP* 1920, p. 11.

(126) Débats parlementaires, *JO* 2 juillet 1919.

> entendu créer en faveur de l'État un droit de propriété sur l'énergie de tous les cours d'eau [...]. Comme par ailleurs la formule de l'article 1 est générale et ne fait pas d'exception en faveur des riverains, il y a lieu d'admettre que la loi de 1919 a fait passer dans le domaine privé de l'État le bien nouveau qu'elle créait » (*Économie et droit de l'électricité*, Université de Grenoble, 1956, p. 140, cité par J. Poiret, *Droit de l'hydroélectricité*, Economica, 2004, p. 57).

Enfin, certainement pour sortir de cette dichotomie somme toute assez classique entre bien du domaine public ou du domaine privé, une troisième conception propose d'appliquer au contexte en cause les concepts, assez flous, de « surintendance de l'État »(127) ou encore de « nationalisation fonctionnelle »(128) de l'énergie de l'eau. Tout particulièrement, l'idée selon laquelle l'État aurait ainsi nationalisé sans toutefois s'approprier *stricto sensu* la force hydraulique a les faveurs de nombreux auteurs. Par exemple, il a été dit que depuis la loi du 16 octobre 1919 « l'énergie contenue dans les chutes d'eau est considérée comme un bien national dont la propriété ne se confond pas avec celle du terrain sur lequel se trouve la chute ; en conséquence, l'État se réserve seul le droit de disposer de la houille blanche sous forme d'autorisation ou de concession »(129) ; dans le même sens il a pu être affirmé que cette source d'énergie appartient au « patrimoine de l'État »(130).

Remarque

> A. Gaonac'h, cité par J. Poiret (*Droit de l'hydroélectricité*, préc., p. 68), favorable globalement à la thèse de la nationalisation, estime toutefois, d'une part, qu'en domaine public fluvial, la nationalisation découle non pas de la loi du 16 octobre 1919 mais de la domanialisation, d'autre part, qu'en dehors du domaine public fluvial, il faut distinguer entre les situations d'autorisation au sens de ladite loi et celles de concession : dans le premier cas, le riverain conservant sur l'énergie hydraulique son droit de riveraineté. Finalement, la nationalisation de l'hydrauforce résultant de la loi de 1919 ne concernerait donc que les concessions sur les rivières non domaniales.

Si de la loi du 16 octobre 1919 est ainsi ressorti un principe selon lequel « l'utilisation de l'énergie des cours d'eau doit être systématiquement, sans seuil minimum, autorisée ou concédée par l'État »(131), il faut donc admettre que cette loi a consacré une forme d'appropriation publique ou collective de l'énergie hydraulique. Ce phénomène est d'autant plus remarquable que son champ d'application est étendu. Certes, l'énergie dont l'État s'est ainsi attribué la maîtrise est sans doute, d'abord et avant tout, ce qui en reste encore aujourd'hui la manifestation la plus traditionnelle, c'est-à-dire la force motrice ou cinétique de l'eau, c'est-à-dire l'énergie découlant de l'existence d'une pente et d'une chute sur un cours d'eau(132). Mais cette hypothèse est loin de rendre compte de la variété des situations envisageables. En effet, la notion d'énergie hydraulique visée à la loi du 16 octobre 1919 inclut toutes les énergies énumérées par celle-ci, autrement dit, aussi, l'« énergie des marées et des lacs »(133). En outre ladite notion vaut par extension à toutes les formes d'énergie à vocation électrique susceptibles d'une part, d'être retirées de l'eau, d'autre part, de donner lieu à exploitation : elle couvre donc nécessairement aussi l'« énergie mécanique hydraulique des courants »(134) située dans les eaux intérieures ou la mer territoriale (installations hydroliennes), de

(127) Voir à ce propos, J. Troté, cité par P. Marc, *les Cours d'eau et le droit*, Johanet, 2006, p. 108.

(128) J. Poiret, *Droit de l'hydroélectricité*, Economica, 2004, p. 57.

(129) Syndicat des forces hydrauliques, *Commissions et rapports divers*, 1920, p. 4, cité par J. Poiret, *Droit de l'hydroélectricité*, préc., p. 57.

(130) Voir Rapport, Assemblée nationale, n° 3805, sur le projet de loi de finances pour 2012 : « [...] l'un des objectifs poursuivis par le renouvellement des concessions hydroélectriques est la valorisation du patrimoine de l'État ».

(131) Voir Réponse du ministre de l'Écologie à Question n° 09320 de Mme J. Alquier, *JO Sénat*, 23 juillet 2009, p. 1 850.

(132) Voir par exemple CE 24 janvier 2007, n° 280373 : « la force motrice produite par l'écoulement d'eaux courantes ne peut faire l'objet que d'un droit d'usage et en aucun cas d'un droit de propriété ».

(133) Loi de 1919, art 1, codifié L. 511-1 C. énergie.

(134) Sont ici repris les termes de la loi fiscale française, voir CGI, art. 1519 D.

même que toutes les énergies fondées sur les différents gradients présents dans l'eau (gradients thermiques : énergie thermique ; gradients de salinité : énergie osmotique)[135].

Remarque

D'aucuns estiment qu'une clarification terminologique serait bienvenue en jurisprudence, de façon à établir que la loi de 1919 vise l'énergie hydraulique *lato sensu*, et non point seulement la force motrice de l'eau qui est « une propriété intrinsèque de l'eau » parmi d'autres (voir B. Mallet-Bricout et N. Reboul-Maupin, *Droit des biens*, Dalloz, 2007, p. 2 490).

B. La nature juridique de la ressource minière-géothermique

Même s'il existe quelques situations dans lesquelles les gisements géothermiques sont soustraits en tout ou partie du régime légal des mines, le principe général est et demeure que la ressource géothermique est pour l'essentiel placée sous le joug du droit minier, la nature juridique de la première se confondant en ce cas alors avec celle des mines en général.

Le Nouveau code minier donne des indications importantes sur la nature juridique des mines lorsque, en son article L. 131-4, il déclare que « les mines sont immeubles », puis quand, en son article L. 132-8, il évoque dans le même esprit le « droit immobilier » du concessionnaire sur la mine. Ces mentions sont en effet très instructives par les présupposés qu'elles comportent : d'une part, on sait que la qualité d'immeuble – ou de meuble – est réservée par le code civil aux seuls biens, ce qui signifie que la mine est donc nécessairement un bien ; d'autre part, du fait que la mine a la qualité de bien, on peut en déduire qu'il s'agit d'une chose susceptible de faire l'objet d'un droit de propriété. On concèdera que, sur ce plan, la loi ne fait somme toute que corroborer un statut qui était déjà implicitement consacré par les législations antérieures : ainsi par exemple la loi du 21 avril 1810 autorisait déjà à regarder la mine comme une chose appropriable, en l'occurrence par le concessionnaire, et signifiait ainsi elle-même qu'elle était un bien.

Remarque

L'article L. 131-4 du Nouveau code minier ajoute : « Sont aussi immeubles, outre les bâtiments des exploitations des mines, les machines, puits, galeries et autres travaux publics à demeure. Sont immeubles par destination les machines et l'outillage servant à l'exploitation. Les actions ou intérêts dans une société ou entreprise pour l'exploitation de mines sont meubles. Sont meubles aussi les matières extraites, les approvisionnements et autres objets mobiliers. »

Dire que la mine entendue comme le gisement est un bien immeuble est une chose. Affirmer que ce que l'on a extrait du gisement est également immeuble en est une autre, et ce n'est d'ailleurs pas la voie qu'a choisie l'article L. 131-4 du Nouveau code minier, lequel dispose que toute « matière » retirée de la mine est en réalité un bien « meuble ». Peut-on appliquer le même raisonnement à l'énergie géothermique qui est elle aussi une chose que l'on extrait du sous-sol ? Est-il possible par suite de détacher le statut juridique de la mine de celui du gîte géothermique ? Cette façon d'envisager la ressource énergétique n'est pas totalement incongrue puisque c'est en somme la logique qui a été mise en œuvre avec la loi du 16 octobre 1919 sur l'énergie hydraulique : ce texte est en effet le premier à disjoindre le statut juridique de l'eau et celui de l'énergie hydraulique qui en est issue. Le problème est cependant que si, pour une matière minière classique – une substance –, il est concevable de dire que le produit extrait a le caractère immobilier quand il était incorporé au sol puis devient meuble quand il en est séparé, il est beaucoup plus difficile de raisonner ainsi à propos de la géothermie qui est, comme on le sait, un fluide énergétique, dont la séparation physique avec le gisement est plus difficile à établir.

(135) Sur ces différentes formes d'énergies renouvelables, voir *supra* p. 30 et 31.

Mais, que l'énergie géothermique soit immeuble ou meuble ne change rien à sa nature juridique de bien susceptible d'être, comme tel, objet de droits réels et, par hypothèse, du plus abouti d'entre eux : le droit de propriété. Partant, l'énergie géothermique est-elle un bien approprié ? Certes, pas par le concessionnaire ou le permissionnaire ainsi que l'enseigne le code minier dans sa version actuelle. L'est-il alors par l'État, et ce notamment depuis que les législations successives ont confié à ce dernier le soin d'en attribuer l'usage ? Comme en matière hydraulique, le silence des textes sur la question crée ici un climat d'incertitude. Pourtant, en doctrine, on opte en général pour l'appartenance sous une forme ou une autre du gisement à l'État. Ainsi, suivant le professeur Larroumet, il faudrait admettre « que la propriété de la mine appartient à l'État, en raison des pouvoirs qui lui sont reconnus sur la mine, ce qui, de toute façon, ne saurait signifier qu'il est en même temps l'exploitant dans tous les cas »(136). Ainsi, encore, pour D. Lévy, depuis que la loi du 9 septembre 1919 a supprimé la propriété au profit du concessionnaire « le bénéficiaire de la concession apparaît, implicitement au moins, comme associé par la puissance publique à l'exploitation d'un bien, qui est dans son essence approprié par l'État »(137).

Au terme de cette analyse, on se rend compte que si les choses géothermique et hydraulique, en tant qu'elles font l'objet de droits réels, sont probablement des biens, leur condition juridique reste mal établie. On peut à cet égard regretter, avec M. Prieur, que le droit minier notamment se soit bien gardé « de se prononcer nettement sur la propriété du gisement »(138), tout en relevant avec J. Personnaz que ce droit comporte quand même « une orientation très nette [...] vers la notion de richesse nationale »(139). Quoi qu'il en soit, on ne peut s'empêcher de remarquer que l'idée selon laquelle les ressources hydraulique et minière-géothermique seraient utiles sinon essentielles à la Nation, sans doute pour asseoir son indépendance en ressources naturelles (notamment énergétiques), paraît bien inhérente aux régimes de contrôle étatique ici mis en place. Dans cette vision, le rôle de l'État apparaît pour le moins capital puisque, par un tel contrôle, il est évidemment le mieux placé pour peser sur le développement de ces deux sources d'énergie renouvelables.

Au final, que révèle l'examen des différents statuts juridiques applicables aux ressources énergétiques renouvelables ? En premier lieu, il faut relever un paradoxe, constitué par le fait que si ces dernières sont indiscutablement « saisies » par le droit, et apparaissent sous cet angle comme des objets du droit, certaines d'entre elles (ressources solaire, éolienne, aérothermique) ne sont toutefois pas encore d'authentiques choses juridiques dans la mesure où le processus de réification juridique reste pour elles inachevé, faute pour le droit positif d'avoir prévu à leur égard un régime organisant les conditions de leur appropriation ou de leur non-appropriation. En second lieu, et en guise de prolongement à cette première réflexion, on peut estimer que l'appréhension des sources d'énergie renouvelables par le droit sous la forme de l'élaboration d'un véritable statut juridique varie autour de la nécessité sociale à créer des règles spécialement conçues pour elles, en tant qu'elles sont dotées d'un potentiel énergétique. Sous cet aspect, les statuts de l'énergie hydraulique et de la géothermie, pour lesquels la puissance publique a créé des entités juridiques nouvelles – « l'énergie hydraulique » et les « gîtes géothermiques » –, et un corps de règles spécifiques dans le but d'en réglementer l'accès, sont forcément originaux, puisqu'en dehors de ces deux hypothèses toutes les ressources ici considérées sont appréhendées par les règles du droit commun des biens.

(136) C. Larroumet, *Droit civil. Les biens, droits réels principaux*, Economica, 1997, p. 334.

(137) « Évolutions et problèmes actuels du droit minier », *RDP* 1971, p. 7 ; voir aussi J. Personnaz, F. Verrier, P. Jallade, « Droit des mines », *J.-Cl. Adm.* fasc. n° 25.

(138) « Le droit public solaire en France », *RJE* avril 1979.

(139) « Droit des mines », préc., n° 21.

Cela étant dit, il faut avoir conscience que la problématique de l'accès aux ressources d'énergie renouvelables ne se réduit pas à celle de leur appropriation, aussi fondamentale soit-elle, mais pose aussi, et dans certains cas seulement, celle de leur usage. Or, de toutes les situations ci-avant examinées, il ressort que l'usage de la ressource est toujours, d'une façon ou d'une autre, licite : soit parce qu'il est consubstantiel à l'appropriation privée (*usus*), soit parce qu'il est l'attribut juridique d'une chose qui ne peut être appropriée (usage d'une chose commune), soit encore parce qu'il est dévolu par l'État qui s'est *ab initio* approprié la ressource (énergie hydraulique, énergie géothermique). Ainsi, le droit semble-t-il consacrer *a minima* l'usage de la chose. Dans ces conditions, il semble légitime de s'interroger sur le point de savoir si le droit est aussi en situation de répondre aux éventuels conflits d'usage susceptibles de survenir.

Si le problème des conflits d'usage n'est pas propre au domaine des sources d'énergie renouvelables, il est loin de leur être étranger. D'abord, parce que l'exploitation de ces dernières, quelle que soit sa finalité (autoconsommation ou commercialisation), peut être présumée offrir à celui qui l'entreprend un profit, de sorte qu'elle apparaît bien, comme telle, de nature à susciter des convoitises concurrentes.

Remarque

Il en est ainsi y compris pour l'exploitation des sources d'énergie renouvelables naturelles. En effet, la théorie économique considère que « l'appropriation et l'exploitation de ressources naturelles non produites et non reproductibles génèrent une rente spécifique, une rente de rareté, qui vient s'ajouter au profit "normal" moyen »(140).

Ensuite, parce que les usages de ces ressources sont souvent multiples et risquent eux-mêmes de se faire concurrence, ainsi que l'attestent les quelques illustrations ci-après. Par exemple, les différentes matières d'origine végétale ou animale – soit globalement la biomasse énergétique – s'offrent à des usages tout à la fois diversifiés et potentiellement concurrents. En effet, ces produits peuvent être utilisés dans le cadre d'une combustion à des fins de production d'électricité mais aussi « servir à l'alimentation humaine ou animale, comme matière première non substituable dans certaines industries de transformation telles que la fabrication de pâte à papier ou de panneaux », ou bien encore être employés « pour d'autres débouchés énergétiques (chauffage individuel ou collectif, biocarburants...) »(141). De la même façon les ressources énergétiques renouvelables naturelles ont souvent des propriétés multiples : si le soleil produit de l'énergie, il fournit également de la lumière ; si les gîtes géothermiques ont une pertinence pour produire de l'énergie (chaleur, électricité), les eaux qui en sont issues peuvent également servir à des fins d'irrigation ou bien pour des usages thérapeutiques. Enfin, l'exploitation des sources d'énergies renouvelables lorsqu'elle a lieu dans certains milieux naturels est de nature à entraver toutes les autres utilisations possibles de ces derniers : ainsi en est-il par exemple de l'emploi de l'énergie hydraulique ou de la force mécanique du vent en mer qui ne se concilie pas forcément avec les autres usages de l'eau (irrigation, pêche, plaisance, sports et loisirs nautiques, navigation, aquaculture...).

Il va de soi que, lorsque la règle de droit permet aux utilisateurs de la ressource d'obtenir l'usage exclusif de celle-ci, le conflit d'usage se voit par là même résolu. Tel est le cas quand la ressource peut intégrer la famille des choses appropriables, son propriétaire disposant alors de la liberté d'en

(140) Voir Le Grenelle de la mer, « Droits d'usage des mers, financement et fiscalité, Groupe n° 5, Rapport final, p. 19 ; A. Vanoli, *Reflections on Environmental Accounting Issues, Review of Income and Weakth*, 1995 ; UN/EC/WB/IMF/ŒCD, *Integrated Environmental Accounting*, 2003.

(141) CRE, Délibération du 29 décembre 2010 portant avis sur le projet d'arrêté fixant les conditions d'achat de l'électricité produite par les installations utilisant, à titre principal, l'énergie dégagée par la combustion de matières non fossiles d'origine végétale ou animale telles que visées au 4° de l'article 2 du décret n° 2000-1196 du 6 décembre 2000, pt. 2.2.

user et par là même d'empêcher aussi les concurrents de l'utiliser : ainsi s'explique sans doute que ce droit d'usage soit assimilé à une sorte de « droit de nuire » à l'égard des tiers[142]. Il n'en va pas différemment lorsque l'utilisateur reçoit de l'État un droit d'usage exclusif, ce qui est le cas comme il a été vu pour l'exploitation de l'énergie hydraulique et pour les gîtes géothermiques sauf exceptions : dans ces deux situations, le droit permet en effet non seulement d'appréhender d'éventuels conflits d'usage en amont mais garantit aussi en aval à l'utilisateur exclusif une priorité absolue pour l'usage de la chose. En revanche, le régime juridique applicable à l'usage privatif d'une source d'énergie renouvelable relevant des choses communes est loin d'offrir la même certitude d'usage exclusif, alors pourtant que l'usage privatif s'opère ici aussi au détriment de la jouissance commune. En effet, puisqu'il a été vu notamment que si les règles de la responsabilité non contractuelle permettent d'obtenir réparation en cas d'utilisation préjudiciable à autrui, elles ne constituent qu'un expédient très relatif : de fait pour ces ressources en particulier le droit se révèle d'une efficacité très relative dans la gestion des conflits d'usage.

Faut-il en conclure que le droit n'est pas toujours efficace pour répondre à d'éventuels conflits d'usage sur les sources d'énergie renouvelables ? Cela serait vrai si les régimes ici examinés étaient seuls à permettre d'appréhender ce type de situations. Or, il est permis de penser que le droit puisse comporter d'autres dispositifs susceptibles d'avoir sur ce problème une pertinence, et ce alors même qu'ils n'ont peut-être pas été adoptés dans le but de régler spécifiquement les questions de l'usage et/ou de l'appropriation des ressources en cause. Il se trouve que ces réglementations sont de fait plutôt nombreuses. Ainsi en est-il en particulier de toutes les règles conférant à la puissance publique le moyen de réguler en amont l'accès à l'activité d'exploitation énergétique. À titre d'exemples, on peut citer : les régimes d'entrée en production existants pour certains marchés[143], les règles organisant un contrôle des conditions d'utilisation ou d'occupation de l'espace (règles d'urbanisme)[144], les réglementations fixant des contraintes en matière d'utilisation des ressources (eau, sols, air...) ou d'implantation dans les milieux naturels (réglementations environnementales)[145]. On peut encore penser à l'outil fiscal, qui peut être conçu de façon à obtenir une compensation financière afin de réparer les préjudices subis par les utilisateurs potentiels et concurrents de ceux qui exploitent certaines sources d'énergie renouvelables[146]. On conviendra qu'en tous les cas ce sont là des preuves tangibles de l'*impérium* de l'État sur les conditions d'exploitation des ressources énergétiques situées sur son territoire.

Remarque

Lorsqu'ils existent (secteur de l'électricité), les régimes d'entrée en production peuvent permettre à l'État de n'autoriser à entrer sur le marché que les pétitionnaires disposant de ressources énergétiques suffisantes. Dans cette perspective, le système des appels d'offres est sans doute le plus intéressant parce qu'il permet à l'autorité publique de définir en amont les offres de production qu'elle estime les plus pertinentes, notamment de fixer sa préférence en matière d'utilisation de la ressource concernée, en tenant compte, s'il y a lieu, de la disponibilité de celle-ci et des conflits d'usage éventuels sur un territoire donné[147].

(142) Voir G. Marty, « Illicéité et responsabilité », *in Études juridiques offertes à L. Julliot de la Morandière*, Dalloz, 1964, p. 339 ; B. Starck, *Essai d'une théorie générale de la responsabilité civile considérée en sa double fonction de garantie et de peine privée*, Ed. L. Rodstein, 1947 ; C. Atias, *Le Droit de nuire*, D. 1997, p. 385.

(143) Voir pour le domaine électrique, *infra* p. 120 et s.

(144) Voir *infra* p. 189 et s.

(145) Voir *infra* p. 235 et s.

(146) Voir le mécanisme de redistribution du produit de la taxe annuelle sur les installations de production d'énergie électrique utilisant l'énergie mécanique du vent aux usagers lésés (CGI, art. 1519 B), voir aussi *infra* p. 178.

(147) Sur ces appels d'offres, voir *infra* p. 487 et s.

Par ailleurs, en offrant à la puissance publique la possibilité de contrôler l'implantation spatiale des unités de production, les zonages issus du droit de l'urbanisme sont un moyen de rationaliser, en fonction éventuellement du critère des usages concurrents, l'exploitation des ressources énergétiques.

Enfin, les mesures de protection des ressources naturelles (ressource en eau, faune, flore) figurant dans le droit de l'environnement ont elles-mêmes un impact sur les possibilités d'utilisation des sources d'énergie renouvelables associées à ces différents milieux.

Chapitre 7

Le cadre juridique général de l'exploitation des sources d'énergie renouvelables

La notion d'exploitation des sources d'énergie renouvelables est difficile à appréhender, principalement parce que le concept même d'exploitation énergétique ne fait l'objet d'aucune définition. En s'appuyant sur une observation empirique, on parvient cependant à établir que l'exploitation d'une source d'énergie est un processus complexe, schématiquement décomposable en deux volets(1), ceux-ci reflétant d'ailleurs la distinction physique traditionnelle entre les sources d'énergie et l'énergie elle-même(2). Le premier se rapporte à la production de la ressource énergétique (énergie primaire), et ne se rencontre que dans l'hypothèse où celle-ci est, soit inexistante, soit disponible mais en quantité insuffisante, à l'état naturel (cas du bois-énergie par exemple). Le second englobe l'ensemble des actes permettant de transformer une ressource quelconque (énergie d'un cours d'eau, force mécanique du vent, gîte géothermique...) en énergie finale ou secondaire (électrique, gaz, chaleur...). Mais, même ainsi décrite, l'idée d'exploitation reste encore imprécise. D'abord, parce que les produits énergétiques obtenus à partir des ressources disponibles sont divers : électricité, gaz, chaleur, froid, carburants, liquides énergétiques. Ensuite, parce que le processus évoqué n'a pas toujours forcément la même finalité : ainsi, pour celui qui l'entreprend, il peut s'agir tout aussi bien de satisfaire ses propres besoins énergétiques (autoconsommation) que d'acquérir des revenus par le biais d'une vente à autrui de la production (commercialisation). Certes, on concèdera que dans ces deux dernières situations l'exercice de l'activité s'inscrit toujours dans une logique économique, mais on est forcé d'admettre qu'elle n'est proprement lucrative que dans la seconde.

Dans les analyses à venir, la notion d'exploitation des sources d'énergie renouvelables sera entendue dans la perspective ci-dessus retenue, c'est-à-dire en tant qu'elle peut couvrir, sans préjudice de la possible diversité des techniques employées (chimique, physique, mécanique...), l'ensemble des actes/activités de nature économique permettant de produire un produit énergétique quelconque et s'il échet de le mettre ensuite sur un marché. Il s'agira dans cette optique large de déterminer dans quelle mesure un tel processus fait ou non l'objet d'une appréhension par la règle de droit.

Il s'impose alors d'observer que l'exploitation des sources d'énergie renouvelables s'inscrit dans le cadre d'un régime de libre exercice, plus ou moins tempéré cependant par les exigences de l'intérêt général. En ce domaine comme dans beaucoup d'autres, le principe de liberté n'empêche pas la mise en place par l'État, pouvant ici arguer du principe de souveraineté étatique sur les ressources énergétiques et de la nécessaire sauvegarde de l'intérêt général, d'une réglementation de l'activité, tant en ce qui concerne l'accès à celle-ci que son exercice.

(1) Voir B. Le Baut-Ferrarese, « Les énergies renouvelables, nouveau champ d'activité pour les entrepreneurs agricoles », *RD. rur.* 2012, Étude 2, p. 15.

(2) Voir M. Lamoureux, « Le bien énergie », *RTD com.* 2009, p. 239.

Remarque

On n'entrera pas ici dans les débats portant sur le point de savoir si cette liberté est la traditionnelle liberté du commerce et de l'industrie (CE, ass, 22 juin 1951, *Daudignac*, req. n° 00590 02551, *Lebon* p. 362, *D.* 1951, p. 589, concl. F. Gazier) ou la liberté d'entreprendre dont la reconnaissance par le droit est plus récente (Conseil constitutionnel, décision 132 DC du 16 janvier 1982, « Loi de nationalisation », *GDCC*, n° 31).

Section 1

Le droit d'exploiter les sources d'énergie renouvelables

L'existence légale d'une installation d'exploitation de ressources énergétiques de caractère renouvelable peut se fonder sur la détention principalement d'un droit d'exploitation, et accessoirement d'un titre d'occupation de l'espace terrestre lorsque l'activité a lieu sur le domaine public.

Remarque

L'utilisation de l'espace extra-atmosphérique afin de recueillir l'énergie dégagée par l'astre solaire est l'autre possibilité[3]. Sa mise en œuvre est encore incertaine, mais son éventuel développement conduirait à appliquer la loi n° 2008-518 du 3 juin 2008 relative aux opérations spatiales, qui impose, notamment, d'obtenir une autorisation administrative avant le lancement d'un objet spatial dans l'espace extra-atmosphérique.

L'utilisation des espaces maritimes afin d'y organiser une activité d'exploitation des ressources d'énergie renouvelables situées sur ces territoires impose de son côté de distinguer deux situations. D'une part, celle dans laquelle il s'agit de tirer profit des ressources énergétiques naturelles situées dans le sous-sol du plateau continental (ressources géothermiques), sur lequel l'État détient des « droits souverains » sur le fondement de la CNUDM : s'appliquent alors les dispositions de la loi n° 68-1181 du 30 décembre 1968 relative à l'exploration du plateau continental, qui soumettent à autorisation administrative toute activité d'exploration ou d'exploitation de pareilles ressources (codifiée N. code minier , art. L. 125-1). D'autre part, celle qui vise à exploiter les richesses énergétiques situées au niveau de la mer territoriale, des eaux intérieures ou de la zone économique exclusive (ZEE) (ressources géothermiques, mais aussi ressource éolienne offshore, et, plus largement, toutes les énergies dites marines : hydrolienne, marémotrice, houlomotrice...) ; cette hypothèse requiert que les opérateurs intéressés engagent une procédure administrative d'occupation du domaine public[4].

§1. La détention d'un droit d'exploitation

La nécessité d'obtenir un droit d'exploitation, autrement dit un droit d'exercer l'activité (sans préjuger de la qualification administrative qui peut être ici appliquée : autorisation, agrément, permis...), a deux explications. La première renvoie au principe déjà signalé selon lequel, même dans un régime libéral, l'accès aux activités économiques doit le plus souvent céder face aux réglementations d'intérêt général. Or, le secteur de l'énergie est fortement imprégné par cette thématique, qui s'incarne au cas présent dans un certain nombre d'exigences, telles la sécurité d'approvisionnement, la sécurité publique (sécurité des installations de production, sécurité des réseaux lorsqu'il s'agit d'une énergie de réseaux...), ou encore la protection de l'environnement, pour ne citer que celles-là. La seconde, plus spécifique, est liée aux différents statuts juridiques des sources de l'énergie renouvelable, qui supposent, au moins pour certains d'entre eux, une réglementation par la puissance publique de l'accès aux ressources : cette situation se rencontre de façon topique s'agissant de l'hydroélectricité et de la géothermie pour lesquelles le droit positif a conçu un droit d'exploitation qui doit, sauf exception, être conféré par l'État[5]. Ainsi, tout bien considéré, l'accès à l'activité d'exploitation des sources

(3) Voir *supra* p. 83.

(4) Voir CGPPP, art. L. 2111.4, voir aussi *infra* p. 161 et s.

(5) Voir *supra* p. 96 et s.

d'énergie renouvelables échappe difficilement à une réglementation qui s'exprime à travers des règles relevant soit du droit commun, soit de régimes spécifiques.

I. Les régimes de droit commun

Les régimes de droit commun sont ceux qui s'appliquent à l'exploitation des sources d'énergie renouvelables mais qui ne sont pas forcément spécifiques à ces sources d'énergies.

Les techniques appliquées sont, schématiquement, celles du contrôle ou autorisation et de la déclaration préalables, ordinairement utilisées pour encadrer la mise en œuvre par les individus des libertés qui leur sont reconnues par la loi.

Le procédé de l'autorisation préalable est dit « préventif » parce qu'il suppose que le porteur d'un projet ait obtenu en amont l'autorisation de l'administration. La méthode est connue comme trouvant de nombreuses applications dans le domaine des libertés économiques : elle sert à encadrer notamment la liberté du commerce et de l'industrie, que seule la loi peut décider de soumettre à autorisation préalable(6). En tout état de cause, la décision prise par l'autorité administrative consiste à évaluer la compatibilité au cas particulier du jeu de la liberté avec les nécessités de l'ordre public. Selon les circonstances, l'autorisation peut faire une place plus ou moins large au pouvoir discrétionnaire ; quant à sa forme, elle peut être expresse ou tacite.

À la différence de l'autorisation, la technique de la déclaration préalable est considérée comme répressive. Avec un tel système, l'exercice de la liberté économique reste cependant subordonné à une démarche individuelle auprès d'une autorité publique. S'il faut en effet avertir l'administration de l'action projetée, cette administration n'a toutefois qu'un rôle passif : elle se borne à enregistrer la demande et ce n'est qu'après coup qu'elle pourrait être amenée à sanctionner celui qui n'en respecte pas les conditions. En somme, tout comme l'autorisation, la déclaration est un moyen permettant de brider l'accès aux activités d'exploitation des sources d'énergie primaire mais *a posteriori*. L'étude du droit positif montre que ce système est peu utilisé dans le cadre des régimes de droit commun applicables aux activités économiques ici en cause.

Seront ici étudiés les régimes s'appliquant aux activités de production et/ou commercialisation d'énergie électrique, thermique (chaleur ou froid), ainsi que de carburants ou de combustibles, et qui ne distinguent pas *a priori* selon la source énergétique utilisée.

A. Production et commercialisation d'énergie électrique

Longtemps durant, les entreprises du secteur électrique européen ont évolué sur des marchés nationaux fermés à toute logique de concurrence. Là les États(7), ailleurs les collectivités locales avaient créé des structures monopolistiques chargées de prendre en charge tout ou partie des activités suivantes : production, fourniture, transport, distribution, exportation, importation, transit. Le paysage électrique européen a cependant été transformé de façon radicale à partir du milieu des années 1990 du fait de l'adoption d'un ensemble de mesures d'ouverture à la concurrence visant à faciliter les échanges d'électricité et d'obtenir *in fine* une baisse des prix profitable aux consommateurs. Sous l'effet des textes de l'Union européenne (directive 96/92 ; directive 2003/54 ; directive 2009/72), a ainsi été imposé un démantèlement partiel des anciens monopoles : les réseaux publics de transport et de distribution de l'électricité pouvant continuer à être gérés sous forme de droits exclusifs, mais les activités utilisant ces réseaux, en particulier la production d'énergie électrique, étant tenues de s'ouvrir à la concurrence.

(6) CE 22 juin 1951, Daudignac, préc.

(7) Voir par exemple pour la France la loi n° 46-628 du 8 avril 1946 sur la nationalisation de l'électricité et du gaz.

Si les activités de production et de vente aux consommateurs d'électricité – ainsi d'ailleurs que de gaz – s'exercent donc au sein de marchés désormais concurrentiels, elles restent toutefois assujetties à un certain contrôle de la puissance publique. Il s'agit cependant d'un contrôle à géométrie variable, dont la portée dépend de la nature de l'acte d'exploitation énergétique mis en œuvre.

1. La production d'électricité

a. Le régime général de l'autorisation préalable

Si la politique européenne a remodelé le marché de la production dans le sens d'une ouverture de celui-ci à des producteurs indépendants des anciens monopoles, cela ne veut pas dire toutefois que les prétendants à l'activité de production électrique soient exemptés de tout contrôle de la puissance publique. Une telle situation serait au demeurant peu compatible avec l'économie du projet européen, qui vise à établir un marché intérieur de l'électricité non exonéré du respect d'un certain nombre d'impératifs d'intérêt général, tels « la sécurité d'approvisionnement, la compétitivité de l'économie européenne et la protection de l'environnement »(8). Dans cette perspective, la règle de droit européen promeut donc l'entrée sur le marché de nouveaux outils de production mais n'omet pas d'instaurer un contrôle minimal de la puissance publique, en l'occurrence sous la forme d'un régime d'autorisation préalable opposable à toute personne souhaitant produire de l'électricité(9).

En France, pays ayant longtemps protégé le secteur économique en cause de toute concurrence, la transposition des textes de l'Union européenne a suscité des évolutions importantes du droit applicable à l'électricité. Cette transposition s'est faite *ab initio* par la loi n° 2000-108 du 10 février 2000 relative à la modernisation et au développement du service public de l'électricité. Intégrant en droit interne le régime d'entrée en production tel qu'imposé par le droit communautaire, ladite loi pose notamment les deux règles suivantes. D'une part, elle soumet à autorisation ministérielle la création ou l'extension des installations de production d'électricité(10) et indique aussi que les « installations existantes régulièrement établies au 11 février 2000 » sont réputées autorisées(11). D'autre part, elle précise que « sont également considérées comme nouvelles installations de production, les installations qui remplacent une installation existante ou en augmentent la puissance installée d'au moins 10 % ainsi que les installations dont la source d'énergie primaire change »(12). Selon l'article 1 du décret d'application n° 2000-877 du 7 septembre 2000 relatif à l'autorisation d'exploiter les installations de production d'électricité, la puissance installée d'une exploitation est définie comme la somme des puissances unitaires maximales des machines électrogènes susceptibles de fonctionner simultanément dans un même établissement. La loi n° 2000-108(13) prévoit par ailleurs un possible octroi de l'autorisation administrative à partir de la procédure dite d'« appel d'offres » : en ce cas l'autorisation est accordée à la suite d'une initiative de l'administration visant à susciter des offres économiques de façon à orienter la production électrique française vers la satisfaction d'objectifs pluriannuels nationaux de production d'électricité(14). En toute hypothèse, il faut insister sur le fait que cette procédure d'autorisation des instal-

(8) Voir en ce sens notamment directive 96/92 préc., considérant 4.

(9) Voir directive 96/92, art. 4 ; directive 2003/84, art. 7 ; directive 2009/72, art. 7

(10) C. énergie, art. L. 311-1.

(11) C. énergie, art. L. 311-6.

(12) C. énergie, art. L. 311-1.

(13) C. énergie, art. L. 311-1.

(14) Voir en ce sens le caractère impératif de l'art. 13 II. du décret n° 2002-1434 du 4 décembre 2002 relatif à la procédure d'appel d'offres pour les installations de production d'électricité : « Le ministre délivre à chaque candidat retenu l'autorisation d'exploiter correspondante », voir aussi *infra* p. 496 et s.

lations de production électrique est une procédure de droit commun. Elle vaut en effet normalement pour toutes les formes de production électrique, quelles que soient les sources d'énergie utilisées (renouvelables ou non) et les finalités de l'opération (autoconsommation et/ou commercialisation), étant précisé qu'en cas de production simultanée d'électricité et de chaleur (cogénération), la loi soumet également l'unité concernée à cette même procédure d'autorisation au moins pour sa partie électricité. Le caractère général de ladite procédure peut cependant trouver sa limite dans l'existence de dispositions spécifiques à l'exploitation de certaines sources d'énergie renouvelables : il en est ainsi pour l'hydroélectricité, dont le régime d'entrée en production ressort par exception de la loi du 16 octobre 1919 relative à l'utilisation de l'énergie hydraulique(15).

Remarque

Pour les installations dont la puissance installée augmente de moins de 10 %, l'exploitant n'est tenu qu'à une déclaration auprès du ministre chargé de l'énergie (C. énergie, art. L. 311-1).

Le fait d'exploiter une installation de production d'électricité sans être titulaire de l'autorisation est puni d'un an d'emprisonnement et de 150 000 euros d'amende (C. énergie, art. L. 311-16).

Le régime d'autorisation préalable de la loi n° 2000-108 s'applique donc, sauf *lex specialis*, à l'ensemble de la production électrique effectuée sur le territoire français, notamment celle utilisant les sources renouvelables d'énergie. La procédure de délivrance des autorisations fait l'objet du décret n° 2000-877 du 7 septembre 2000 susmentionné relatif à l'autorisation d'exploiter les installations de production d'électricité(16). On n'en exposera ici que les éléments les plus importants. Le texte prévoit le dépôt obligatoire d'une demande, qui doit être adressée en 3 exemplaires au ministre en charge de l'Énergie et comporter un certain nombre de mentions et pièces obligatoires : nom du pétitionnaire, présentation de ses capacités techniques, économiques et financières, caractéristiques de l'installation de production, localisation, ainsi que des notes indiquant l'impact de l'installation sur les réseaux et sur l'environnement, des éléments sur les conditions sociales, enfin, s'il y a lieu, copie du récépissé attestant de l'existence d'une demande d'autorisation ou d'une déclaration au titre de la réglementation de l'urbanisme(17). L'autorisation en elle-même, dont l'article L. 311-5 du code de l'énergie précise qu'elle est « nominative et incessible », est octroyée par le ministre dans le délai de 4 mois. Conformément à la logique d'un marché de l'électricité tout à la fois ouvert et intégré sur le plan européen, le décret impose la communication de l'autorisation pour information à la Commission européenne.

L'article L. 311-5 du code de l'énergie édicte les critères, repris des directives européennes, présidant à l'attribution de l'autorisation. Avant d'accorder cette dernière, l'administration doit en effet prendre en compte différents paramètres, en particulier : la sécurité et la sûreté des réseaux, la protection de la santé et de la sécurité publiques, la protection de l'environnement, ou bien encore l'occupation des sols et le choix des sites. La présence de tels éléments dans le dispositif d'autorisation ne doit pas entretenir de confusion sur l'objet de celle-ci, qui est d'encadrer la mise en œuvre d'une activité économique donnée – ici la production électrique – dans une optique de réglementation de l'accès à celle-ci, et non pas de contrôle préalable des conditions d'occupation ou d'utilisation du sol ou bien encore de préservation de l'environnement par le demandeur. Pour le dire autrement, le titulaire de l'autorisation dispose ici *stricto sensu* d'un droit à produire, ici de

(15) C. énergie , art. L. 312-1.

(16) Modifié décret n° 2009-1414 du 19 novembre 2009 relatif aux procédures applicables à certains ouvrages de production d'électricité.

(17) C. urb., art. R. 423-3.

l'électricité, relevant comme tel du droit économique « spécial » de l'énergie électrique[18], et non pas du droit d'implanter son ouvrage de production sur un espace quelconque régi par la législation de l'urbanisme ou bien encore par celle de l'environnement. Cette spécificité intrinsèque de l'autorisation d'exploiter a des conséquences sur le plan contentieux. D'une part, il faut admettre qu'elle n'est pas de nature à faire grief à une association de protection de l'environnement ou à une personne privée gérant un bien appartenant au patrimoine culturel, qui en contesteraient la légalité, dès lors qu'elle ne « porte pas atteinte aux intérêts » que ces personnes défendent[19], cependant qu'*a contrario* il ne fait guère de doute qu'elle lèse les intérêts de concurrents intéressés à exercer la même activité économique. D'autre part, le principe d'indépendance des législations suppose que le constat d'irrégularité éventuelle d'une autorisation administrative qui aurait été parallèlement octroyée par l'administration, par exemple une autorisation d'urbanisme, ne rejaillisse pas sur la validité de l'autorisation de produire[20].

b. Le régime dérogatoire de l'autorisation d'office

Les charges administratives impliquées par la soumission à la procédure d'autorisation de produire de l'électricité sont loin d'être anodines. On peut craindre en tout cas qu'elles aient un effet dissuasif pour les candidats à la production, au risque de compromettre l'objectif européen d'ouverture du marché de la production d'électricité. Dès 2003, la directive européenne souligne d'ailleurs que « les procédures d'autorisation ne devraient pas entraîner une charge administrative disproportionnée par rapport à la taille et à l'impact potentiel des producteurs d'électricité »[21]. Un certain allègement des formes est dans cette perspective théoriquement bienvenu[22].

C'est à ce titre, et ce d'ailleurs dès l'origine, que les pouvoirs publics ont instauré un système de déclaration préalable, en l'espèce sur le fondement de l'article 6 (abrogé) de la loi n° 2000-108, mais au bénéfice seulement des installations dont la puissance (ou l'augmentation de puissance) était peu importante. Le dispositif était conçu de la façon suivante : d'une part, les installations électriques dont la puissance installée par site de production était inférieure ou égale à 4 500 kW étaient réputées autorisées sur simple déclaration préalable adressée au ministre de l'Énergie ; d'autre part, les augmentations de la puissance de l'installation de moins de 10 % relevaient d'une déclaration de l'exploitant auprès du ministre chargé de l'Énergie. La règle était générale et ne distinguait pas en fonction de la nature (fossile ou non) de la ressource énergétique employée.

Ce système a vécu. En effet, le décret n° 2011-1893 du 14 décembre 2011 modifiant le décret n° 2000-877 du 7 septembre 2000 a supprimé le régime de la déclaration pour le remplacer par une autorisation d'office. Le texte nouveau met en œuvre une disposition de la loi n° 2010-788 du 12 juillet 2010 dite « Grenelle 2 »[23], attribuant au pouvoir réglementaire la prérogative d'autoriser d'office certaines installations de production d'électricité de puissance inférieure à un seuil dépendant du type d'énergie utilisé. Le seuil de puissance est fixé comme suit : 12 mégawatts pour le photovoltaïque, la biomasse déchets, le biogaz et la géothermie ; 30 mégawatts pour l'éolien ; 4,5 mégawatts pour les installations utilisant des combustibles fossiles. On constate que la mesure n'est pas réservée exclusivement à la production d'électricité renouvelable mais appartient de fait

(18) Son régime juridique est fixé par suite par le code de l'énergie, art. L. 311-1.

(19) TA Caen 18 février 2011, Asem 44 et SOGER, n° 1000209.

(20) Voir aussi en ce sens D. Bailleul (dir.), *L'Énergie solaire*, Université de Savoie, 2010, p. 296.

(21) Directive 2003/54 préc., considérant 12.

(22) Sur la démarche générale d'allègement des formalités susceptibles de freiner le développement de la production d'énergie renouvelable, voir aussi *infra* p. 514 et s.

(23) Art. 88, codifié C. énergie, art. L. 311-6.

aux régimes de droit commun applicables à l'activité de production électrique. Il faut noter toutefois qu'elle a été présentée par ses auteurs comme une « simplification administrative » ayant pour « but de favoriser le développement des moyens de production renouvelables »(24).

En restreignant les formalités exigées des individus lorsque la production n'atteint pas un certain niveau, la démarche dont s'agit s'accorde assez bien en définitive avec l'idée selon laquelle il convient d'organiser un accès facilité à l'exploitation des sources d'énergie renouvelables, en particulier pour des usages domestiques ou de proximité. Elle reprend d'une certaine façon l'économie de la proposition qu'avait faite, il y a plusieurs années déjà, le Professeur M. Prieur, à propos de la production d'électricité à partir de l'irradiation solaire. Selon cet auteur, il conviendrait ainsi de limiter autant que possible le contrôle *ex ante* de l'État « gérant des richesses nationales » aux hypothèses dans lesquelles « la captation du rayonnement solaire est faite en vue de produire de l'énergie pour la revendre » et en particulier lorsqu'il s'agit d'« autoriser des installations de production d'énergie au-dessus d'un certain nombre de kW »(25).

2. La commercialisation de l'électricité

Le droit de l'énergie offre au producteur d'électricité la possibilité de vendre sa production à autrui ; par là même il suppose la possibilité d'une injection de cette dernière dans les réseaux publics.

Remarque

La cession de l'énergie électrique hors du réseau électrique (vente notamment d'un surplus de production dans le cadre d'un bail) est une hypothèse alternative mais dont la mise en œuvre pratique est très marginale (voir sur ce sujet D. Bailleul (dir.), *L'Énergie solaire*, Université de Savoie, 2010, p. 142). Il est toutefois à souligner que cette modalité originale de commercialisation de l'électricité a pour résultat de rendre inapplicables les règles juridiques relatives à l'activité de fourniture ainsi que celles concernant le raccordement au réseau électrique ci-après présentées.

a. Régime juridique général de la vente d'électricité

L'opérateur souhaitant vendre sa production électrique peut se situer dans le cadre de deux logiques différentes, et, de la sorte, s'assujettir à des régimes juridiques distincts.

Vente de l'électricité dans le cadre d'une activité de « fourniture »

« La mission de fourniture d'électricité consiste à assurer, en favorisant la maîtrise de la demande, la fourniture d'électricité, sur l'ensemble du territoire, aux clients »(26). Un fournisseur d'électricité est donc par définition un opérateur qui vend à un consommateur le bien électricité. En d'autres termes encore, l'activité de fourniture d'électricité suppose la commercialisation et non l'autoconsommation de celle-ci.

L'accès à l'activité de fourniture d'électricité n'est cependant que partiellement réglementé. Il ne l'est en effet que dans l'hypothèse où celui qui entend l'exercer, soit n'exerce aucune activité de production, soit est un producteur qui, pour compléter son offre, achète de l'électricité à d'autres producteurs pour la revendre aux consommateurs. En ces cas, le fournisseur d'électricité effectue

(24) Voir décret préc. : « Objet ».

(25) « Le droit public solaire en France », *RJE* avril 1979, p. 262.

(26) C. énergie, art. L. 121-5.

selon la loi un acte « d'achat pour revente » soumis à l'autorisation administrative préalable et spéciale prévue par le code de l'énergie[27].

Vente de l'électricité à des fournisseurs

À défaut d'exercer lui-même l'activité de fourniture, le producteur d'électricité dûment autorisé peut simplement chercher à vendre sa production à une entreprise ayant le statut de fournisseur. Cette démarche n'est pas elle-même assujettie à un quelconque contrôle administratif. De fait, prévaut ici le principe général de la liberté contractuelle, qui permet au producteur de choisir le fournisseur qui lui sied.

De façon particulière toutefois, à savoir lorsque l'offre électrique est d'origine renouvelable, le producteur se voit offrir une alternative. Soit il choisit de conclure un contrat de vente avec un fournisseur, aux conditions du marché. Soit il décide de céder sa production à l'un des fournisseurs que la loi a placés sous le régime des « obligations d'achat » prévu à l'article L. 314-1 du code de l'énergie. L'imposition par la loi d'une obligation de contracter constitue une ingérence dans la liberté contractuelle dont jouissent pourtant, en principe, les opérateurs économiques. Ce dispositif a été conçu pour amplifier l'offre en électricité sur le territoire français et accroître par là même sa consommation, principalement lorsque celle-ci est issue de source renouvelable[28]. L'intérêt du producteur à demander son application est évident en raison des conditions financières avantageuses qu'il est susceptible de lui procurer (prix d'achat garanti sur le long terme).

b. Régime juridique général de l'accès aux réseaux publics

Pour être acheminée des unités de production vers le consommateur final, la production électrique doit emprunter les réseaux électriques, de distribution ou de transport. Le droit d'entrer dans les réseaux publics ne relève pas toutefois de la décision unilatérale de la puissance publique, mais s'inscrit dans le cadre d'un processus contractuel.

En vertu de la loi du 15 juin 1906 sur les distributions d'énergie, l'organisation de la distribution d'électricité (et de gaz) relève en France de la compétence des collectivités locales. Certes, il existe quelques lignes privées, mais dans la très grande majorité des cas la distribution d'électricité est une activité de service public, dont les modes d'exploitation sont le plus souvent ceux de la régie ou de la concession de service public. La même loi dispose encore que le réseau de transport appartient à la Nation et en confie la gestion à EDF : l'autorité concédante du réseau de transport est donc l'État, le concessionnaire unique étant EDF. En la matière, il est important de rappeler l'une des évolutions récentes de la gestion de ces réseaux : il s'agit du dégroupage, qui a été imposé par le droit communautaire et a contraint les États membres de l'Union européenne à séparer les activités, d'une part, de gestion des réseaux publics, d'autre part, de la production d'électricité[29]. En conséquence, la gestion des réseaux relève désormais en France de la responsabilité de gestionnaires de réseaux indépendants des entreprises de production : il s'agit pour le transport d'électricité, de Réseau de transport d'électricité (RTE), et, pour sa distribution, d'EDF-réseau de distribution (ERDF) ou d'un distributeur local. Ainsi donc, le producteur d'électricité, notamment d'origine renouvelable, qu'il dispose des installations de réseaux (ancien monopole) ou qu'il n'en dispose pas (producteur indépendant), s'il entend que sa production puisse atteindre le consommateur final par l'entremise de ces « infrastructures essentielles » que constituent les réseaux publics,

(27) C. énergie, art. L. 333-1 ; voir aussi décret n° 2004-388 du 30 avril 2004 relatif à l'autorisation d'exercer l'activité d'achat d'électricité pour revente aux consommateurs finals ou aux gestionnaires de réseaux pour leurs pertes et aux obligations des fournisseurs relatives à l'information des consommateurs d'électricité.

(28) Sur ce dispositif voir *infra* p. 576 et s.

(29) Voir *infra* p. 379.

doit toujours s'adresser à la société gestionnaire du réseau de transport ou de distribution de l'énergie électrique. La réglementation sur la question est contenue dans les décrets n° 2003-229 du 13 mars 2003[30] et n° 2003-588 du 27 juin 2003[31], ainsi que dans leur arrêté d'application du 17 mars 2003[32].

Le régime en cause contient un certain nombre de points communs avec celui de la production électrique. On y retrouve en particulier les mêmes seuils de production : plus précisément, les textes imposent au producteur de demander le raccordement au gestionnaire du réseau public compétent en fonction du domaine de tension pour toute installation « nouvelle », pour une installation « existante », ou encore pour une augmentation de puissance installée « de plus de 10 % ». Dans le même esprit que celui qui anime les textes régissant la production électrique, il est par ailleurs exigé que le gestionnaire du réseau statue sur la demande de raccordement en respectant une obligation de transparence et de non-discrimination – cette contrainte étant de nature à faciliter sans toutefois garantir l'accès des énergies de source renouvelable aux réseaux[33]. Toutefois, à la différence du régime de la production électrique, celui applicable au raccordement est d'essence contractuelle. Concrètement, la procédure se déroule en deux temps. D'abord, suite à la demande du producteur, le gestionnaire de réseaux doit proposer à celui-ci une « étude exploratoire » définissant le schéma de raccordement, avant d'établir avec lui les documents contractuels suivants : d'une part, une « convention de raccordement » fixant notamment le délai et le coût du raccordement de l'installation au réseau, d'autre part, une « convention d'exploitation » décrivant les modalités d'exploitation des ouvrages. En second lieu, si la procédure est menée à son terme, le gestionnaire de réseaux conclut avec le producteur le « contrat d'accès aux réseaux publics d'électricité », qui précise notamment les règles en matière de responsabilité et rappelle le tarif d'utilisation des réseaux (tarif défini par le décret n° 2001-365 du 26 avril 2001[34]). Le système est partiellement dérogatoire pour les installations électriques en basse tension, dont la puissance est inférieure ou égale à 36 kVA ; cette règle intéresse en particulier les microcentrales photovoltaïques dont la production peut être utilisée pour une consommation individuelle et être revendue pour le surplus après injection dans les réseaux : en ce cas, le contrat d'accès et les conventions sont intégrés en un seul contrat de raccordement, d'exploitation et d'accès au réseau.

B. Production et commercialisation d'énergie thermique

Les ressources renouvelables sont encore loin d'être dominantes dans la production d'énergie thermique française. Deux chiffres peuvent en témoigner : en 2010, ces ressources ne représentaient que 29 % du bouquet énergétique global des réseaux de chaleur[35], cependant que seulement 18 % de ces derniers étaient alimentés majoritairement – *ie.* à plus de 50 % – par des sources renouvelables ou de récupération[36].

---

(30) Décret relatif aux prescriptions techniques générales de conception et de fonctionnement auxquelles doivent satisfaire les installations en vue de leur raccordement aux réseaux publics de distribution.

(31) Décret relatif aux prescriptions techniques générales de conception et de fonctionnement auxquelles doivent satisfaire les installations en vue de leur raccordement au réseau public de transport d'électricité.

(32) Décret relatif aux prescriptions techniques de conception et de fonctionnement pour le raccordement à un réseau public de distribution d'une installation de production d'énergie électrique, modifié par arr. 22 avril 2003.

(33) Voir *infra* p. 519 et s.

(34) Décret relatif aux tarifs d'utilisation des réseaux publics de transport et de distribution d'électricité.

(35) Voir MEDDM, Plan d'action national en faveur des énergies renouvelables. Période 2009-2020.

(36) Voir M. Piron, S. Poignant, « Avis sur le projet de loi portant engagement national pour l'environnement », n° 1965 ; pour une présentation synthétique du secteur, voir aussi H. Prévot, *Les Réseaux de chaleur*, Conseil général des mines, 2006.

Il n'existe pas pour l'accès à l'activité de production de chaleur/froid de régime d'entrée en production similaire à celui adopté pour le secteur électrique. Il faut dire que, malgré quelques éléments communs – par exemple dans un cas comme dans l'autre l'activité en cause peut être entreprise en vue d'une consommation domestique et/ou d'une vente à autrui –, ces secteurs évoluent sur la base de modèles économiques très différents. D'abord, il faut relever que les considérations d'intérêt général sont forcément moins prégnantes dans les secteurs de l'énergie thermique et du froid compte tenu de l'importance moindre de ces derniers pour le fonctionnement de l'économie et des services publics du pays. Ensuite, il faut observer surtout l'existence de fortes dissimilitudes quant à l'organisation technique des deux types d'activité. Ces différences tiennent au fait que ce que l'on nomme usuellement un « réseau de chaleur » la définition étant transposable à un réseau de froid est une installation complexe puisqu'il s'agit d'un ouvrage composé invariablement des éléments constitutifs suivants : d'abord une ou plusieurs unités de production, ensuite un réseau de canalisations empruntant la voie publique ou privée, enfin un ou plusieurs postes de livraison de la chaleur aux utilisateurs (les sous-stations). Les ouvrages liés à la production de chaleur (et de froid) ont ainsi pour caractéristique de s'agencer dans le cadre d'une chaîne économique au sein de laquelle ils sont objectivement indissociables, sauf à rompre la nécessaire unité technique des installations. C'est la raison pour laquelle la transposition au secteur en cause du modèle économique qui, sous l'influence de la doctrine économique néo-libérale, s'est imposé en Europe pour les secteurs électrique et gazier, et a conduit à séparer sur les plans juridique, comptable voire physique les différents segments d'activité (production, fourniture, transport, distribution) liés à ces secteurs, ne peut être ici raisonnablement envisagée. Cette spécificité des réseaux de chaleur et de froid impose en tous les cas à envisager au cas présent l'existence d'un éventuel système de contrôle administratif préalable qu'en tant qu'il intéresserait *lato sensu* toutes leurs dimensions (production, distribution, commercialisation).

Or, de fait le droit de l'énergie est assez peu contraignant sur le sujet pour les opérateurs. Il est vrai qu'à la différence de la situation caractérisant le secteur électrique, le principe même d'un tel régime de contrôle *a priori* pourra difficilement procéder du droit de l'UE. D'une part, parce que les énergies ici considérées (chaleur, froid) sont vouées à être échangées dans des réseaux de taille modeste (micro-réseaux) et échappent de ce point de vue à la logique des échanges interétatiques du « bien énergie ». D'autre part, parce que le droit issu de l'ordre juridique européen est surtout connu pour combattre les obstacles à la libre circulation de l'ensemble des facteurs de production plutôt que pour organiser des cloisonnements de marché, ce qui ne manquerait pas de résulter ici de l'éventuelle imposition d'une charge administrative subordonnant l'accès à l'activité économique ici identifiée.

Remarque

La circonstance que l'énergie thermique produite et distribuée par les réseaux de chaleur ne fasse pas l'objet d'échanges entre les États membres de l'Union européenne a donc pour effet de l'exclure non pas en droit mais en fait de l'emprise du principe de libre circulation des marchandises (art. 28 à 37 TFUE), ce qui ne signifie pas que ce secteur d'activité soit soustrait du respect d'autres dispositions du droit primaire, telles notamment celles sur le libre établissement (art. 49 à 55 TFUE), la libre prestation de services (art. 56 à 62 TFUE) ou celles de libre concurrence (art. 101 à 109 TFUE).

Cependant, l'absence de réglementation économique concernant l'accès à l'activité de production/distribution de chaleur ou de froid, et ce quelles que soient d'ailleurs les sources de ceux-ci, ne veut pas dire qu'elle soit totalement libre. D'abord, il est exigé de certains producteurs, soit ceux développant une puissance supérieure à 3500 kilowatts et produisant de la chaleur à titre principal ou accessoire, de déclarer à l'administration le volume et les caractéristiques des quantités produites et utilisées, ainsi que celles qui pourraient être mises à la disposition d'usagers extérieurs[37]. Ensuite, nombre des installations ici concernées sont des unités industrielles fonctionnant par récupération d'énergie résiduaire (incinération des déchets, bois-énergie...) et sont soumises comme telles à des réglementations sanitaires et environnementales spécifiques, notamment celles relatives aux installations classées pour la protection de l'environnement (ICPE). Dans ces hypothèses, l'arrêté d'autorisation d'exploitation non pas ministériel mais préfectoral accordé comporte les prescriptions destinées à garantir la sécurité des personnes et la protection de l'environnement[38].

Par ailleurs, si, quand un réseau de chaleur ou de froid existe, le fait de s'y raccorder semble pouvoir être considéré comme une opportunité commerciale pour les établissements de production d'énergie thermique, l'initiative de la demande de raccordement pouvant donc être réputée provenir au prime abord du producteur, il reste que le raccordement à un tel réseau peut aussi résulter d'une démarche autoritaire des pouvoirs publics. Il en est ainsi d'une part, parce que les canalisations peuvent être déclarées d'intérêt général, en principe par décret en Conseil d'État, exceptionnellement par arrêté préfectoral[39], un tel acte étant autorisé à imposer au producteur/distributeur d'accepter le branchement de tiers sur les canalisations. Il en est encore ainsi d'autre part, parce qu'une collectivité territoriale ou un groupement de collectivités territoriales qui souhaite « favoriser le développement des énergies renouvelables » peut décider d'effectuer le « classement d'un réseau de distribution de chaleur et de froid existant ou à créer sur son territoire »[40]. Cette dernière situation est très spécifique, en premier lieu parce qu'une fois le réseau classé, sauf dérogation accordée par la collectivité ou le groupement, toutes les nouvelles unités de production doivent s'y raccorder, en second lieu parce que seuls les réseaux alimentés majoritairement par de la chaleur ou du froid produit à partir de sources renouvelables peuvent faire l'objet d'un tel classement administratif[41]. Quoi qu'il en soit il faut concéder qu'aucun de ces deux dispositifs n'impose aux candidats aux activités ici en cause l'obligation d'obtenir *ex ante* un droit à produire/distribuer de la chaleur ou du froid. On peut en revanche estimer qu'ils ont *a minima* pour effet (déclaration d'intérêt général) sinon même pour objet (classement administratif) de favoriser la mise en œuvre de ces activités notamment lorsqu'elles sont effectuées à partir de sources d'énergies renouvelables[42].

C. Production et mise à la consommation de biocarburants/biocombustibles

La production des biocarburants/biocombustibles renvoie à la situation spécifique dans laquelle le processus de production énergétique peut imposer de produire *ab initio* la ressource énergétique, du moins lorsque celle-ci n'est pas disponible ou l'est insuffisamment à l'état naturel. Ainsi donc, le processus productif peut-il comporter ici deux versants, dont il convient ce faisant de mesurer l'appréhension par le droit.

1. La production de la ressource renouvelable

La ressource renouvelable permettant de donner naissance aux biocarburants/biocombustibles est aujourd'hui principalement issue des exploitations agricoles, à un point tel d'ailleurs que cette

(37) C. énergie, art. L. 711-1.

(38) Voir *infra* p. 304 et s.

(39) C. énergie, art. L. 721-2.

(40) C. énergie, art. L. 712-1 à L. 712-3.

(41) C. énergie, art. L. 712-1 à L. 712-3.

(42) Sur le classement administratif des réseaux de chaleur et de froid en tant que mesure visant à développer l'offre de production des énergies renouvelables, voir *infra* p. 509.

appellation soit parfois concurrencée dans les usages courants par celle d'« agrocarburants » (et « agrocombustibles »), peut-être plus conforme en définitive à la réalité des faits. La mise en œuvre de cet acte productif dans le sein même de l'exploitation agricole pose cependant la question fondamentale de son exercice dans le cadre ainsi considéré, à la lumière du fait que l'objet de l'activité professionnelle agricole est réglementé – en l'espèce par la loi n° 88-1202 du 30 décembre 1988(43). Force est donc de se demander si, quand elle est effectuée par un agriculteur, la production de ressources à caractère énergétique participe d'une activité substantiellement agricole ou d'une activité distincte, c'est-à-dire non agricole.

De fait, la production de certaines ressources d'énergie renouvelables, soit celles qui appartiennent à la famille de la biomasse énergie, par un entrepreneur agricole apparaît comme la manifestation d'un acte agricole on ne peut plus classique. En effet, le droit consacre en ce cas le lien entre les actes agricoles et ce type de production, puisqu'il définit la biomasse comme la « fraction biodégradable des produits, des déchets et des résidus d'origine biologique provenant de l'agriculture (y compris les substances végétales ou animales) »(44). Il faut donc comprendre que par hypothèse les activités agricoles engendrent de la biomasse, dont le droit reconnaît explicitement l'utilisation possible à des fins de production d'énergie. Replacée dans le cadre du droit rural une telle activité en cause épouse ce faisant sans difficulté les contours des actes définis comme relevant de l'activité agricole ; il s'agit même au cas présent d'une activité agricole « par nature », compte tenu du fait que la biomasse est ici directement issue d'actes de « maîtrise » ou d'« exploitation » d'un « cycle biologique de caractère végétal ou animal et constituant une ou plusieurs étapes nécessaires au déroulement de ce cycle », au sens de l'article L. 311-1 du code rural. Ce statut d'acte agricole qui peut donc être attribué sans aucune difficulté à la production de biomasse énergie rend par là même sans objet toute réglementation spéciale de l'accès à ladite activité lorsqu'elle est le fait des agriculteurs.

Remarque

Certains déchets sont susceptibles également d'être transformés en biocarburants/biocombustibles. Toutefois, leur production n'est pas essentiellement économique mais accessoire aux activités humaines, le cas échéant économiques. Réglementer l'entrée en production n'a donc ici pas de sens.

2. La production et la mise à la consommation du carburant/combustible de source renouvelable

La production du carburant/combustible correspond à un stade ultérieur du processus productif ici examiné, soit celui de l'utilisation de la biomasse – cette fois largement entendue – à des fins exclusivement énergétiques. En l'espèce, le principe de la liberté d'entreprendre invite à penser qu'une telle activité puisse être accessible à tous les opérateurs intéressés.

De fait, le droit de l'énergie n'a pas mis en place de régime qui limiterait l'entrée en production dans le secteur en cause, à l'image de celui qui existe pour la production électrique. Nonobstant, il faut relever l'existence sur le sujet d'une lourde réglementation de nature fiscale qui, en pratique, conduit à un résultat quasi identique. Cette réglementation est celle de l'entrepôt fiscal de produits énergétiques (EFPE), qui est de plein droit applicable aux biocarburants/biocombustibles sur le fondement de l'article 1 du décret n° 2006-1574 du 11 décembre 2006 fixant les conditions d'application du III de l'article 158 D, dont la formulation large – il prévoit que sont admissibles en EFPE

(43) Codifiée C. rur. art. L. 311-1, voir aussi B. Le Baut-Ferrarese, « Les énergies renouvelables, nouveau champ d'activité pour les entrepreneurs agricoles », *RD. rur.* 2012, Étude 2, p. 15.

(44) Directive 2009/28 du 23 avril 2009, art. 2a) et 2e) repris et codifiés C. énergie, art. L. 211-1.

les produits destinés à être utilisés comme carburants et combustibles – conduit à inclure dans ce régime la plupart des biocarburants/biocombustibles mis aujourd'hui sur le marché européen.

Remarque

L'article 158 D dispose : « I. Est dénommé EFPE l'établissement dans lequel les produits énergétiques destinés à être utilisés comme carburant ou combustible, autres que les produits pétroliers [...], sont produits, détenus ou expédiés en suspension des taxes de consommation mentionnées aux articles 265 et 266 *quater* II. Seules les personnes ayant la qualité d'entrepositaire agréé peuvent exploiter un EFPE [...].»

Le décret n° 2006-1574 confirme que le régime de l'EFPE est bel et bien opposable aux biocarburants, en prévoyant expressément qu'il s'applique à « [...] b) L'alcool éthylique de la position tarifaire 2207, dénaturé avant ou lors de son entrée dans l'entrepôt, ainsi que ses dérivés, lorsque ces produits sont destinés à être utilisés comme carburant ou combustible ; c) Tout autre produit destiné à la fabrication de produits énergétiques ; d) Tout produit, autre que les produits énergétiques, issu du processus de fabrication des produits énergétiques ».

a. Contenu du régime de l'entrepôt fiscal

Le régime de l'EFPE est fixé à l'article 158 D du code des douanes(45). Ce texte a une double origine. D'une part, il découle de l'article 60 de la loi n° 92-677 du 17 juillet 1992, qui a défini un statut unique d'entrepositaire agréé pour l'ensemble des opérateurs intervenant sur les produits soumis à accises : en effet selon la directive 92/12 du 25 février 1992, relative au régime général, à la détention, à la circulation et aux contrôles des produits soumis à accise, la fabrication d'un produit énergétique doit avoir lieu en entrepôt fiscal ; il en découle que l'entrepositaire « agréé » est celui qui a le droit de produire et/ou détenir les produits sous régime fiscal suspensif, c'est-à-dire avant le paiement à l'État des accises exigibles. D'autre part, il ressort de l'article 93 de la loi n° 2004-1484 de finances rectificative pour 2004, qui transpose ce système dans le domaine énergétique, mettant ainsi la législation française en conformité avec la réglementation communautaire en matière d'accises sur les produits énergétiques en particulier.

Les opérateurs intéressés par ce statut doivent adopter celui en vigueur dans chaque État membre de l'Union européenne. En France, l'entrepôt fiscal qu'il soit de production ou de stockage de carburants/combustibles(46) est créé, modifié et géré selon les principes prévus aux articles 158 B et 158 C du code des douanes. Les étapes administratives sont précisées par le décret n° 2006-1574, précité (titre I), modifié par le décret n° 2008-93 du 29 janvier 2008. Ledit statut ne peut être accordé qu'à deux types d'établissements : l'établissement « agréé » au sens de l'article 60 de la loi du 17 juillet 1992 (pour la France métropolitaine) – l'obtention de la qualité d'entrepositaire agréé (EA) étant subordonnée au respect des obligations prévues à l'article 72 de la loi n° 92-677 et au paiement d'une caution et l'agrément étant ici conféré par la Direction générale des douanes – ; ou l'établissement « habilité » (EH) (pour les DOM) par le directeur régional des douanes et droits indirects territorialement compétent. Quant à l'autorisation de l'ouverture et de l'exploitation de l'EFPE *stricto sensu*, elle est juridiquement du domaine de compétence du directeur général des douanes et droits indirects. Le texte indique que cette autorisation est accordée « sur demande de l'entrepositaire agréé ou habilité », ce qui signifie que la procédure d'agrément ou d'habilitation d'un entrepôt fiscal précède nécessairement celle de l'autorisation d'ouvrir un EFPE, les deux procédures étant en d'autres termes indépendantes, successives, et complémentaires. Cette règle reçoit un tempérament dans le cas des établissements de production/stockage d'huiles végétales pures (HVP), pour lesquels il est prévu que la qualité d'entrepositaire agréé et l'autorisation d'exploiter l'entrepôt fiscal sont délivrées, sans doute simultanément, par une seule et même autorité :

(45) Voir aussi Instr. N° 09-047, *BOD* n° 6828, 29 juin 2009.

(46) Sur cette distinction entre EFPE de production et EFPE de stockage, voir *infra* p. 131.

le directeur régional des douanes et droits indirects territorialement compétent(47) : il est clair que ce système simplifié et déconcentré est plus en accord avec le type de production en cause (production d'huile « à la ferme »).

En toute hypothèse l'agrément ou l'habilitation indique les éléments constitutifs de l'entrepôt fiscal ainsi que ses conditions de fonctionnement(48). Les textes ne prévoient pas de durée de validité préétablie pour ces autorisations.

Le statut d'EFPE est indispensable pour que l'État puisse prélever les accises qui se rattachent aux productions en question. Or, pour les biocarburants autorisés à la consommation en France s'applique une loi fiscale plutôt avantageuse(49), et en ce sens le régime de l'entrepôt apparaît lui-même comme un instrument de cette politique de défiscalisation. Au demeurant, l'obligation d'inscription du biocarburant dans la comptabilité de l'entrepôt avant que la défiscalisation soit sollicitée auprès de l'administration douanière dont il dépend correspond bien à cette idée. Il appartient à cette administration de vérifier notamment que le quota annuel de production que confère l'agrément fiscal à l'unité de biocarburant n'est pas épuisé.

b. Applicabilité du régime de l'entrepôt fiscal aux biocarburants/biocombustibles

Ce régime est en premier lieu applicable à l'opération d'incorporation des biocarburants visés à l'article 265 *bis* A du code des douanes – soit les esters méthyliques (EMHV, EMHA), l'alcool éthylique d'origine agricole (éthanol), le biogazole ou encore les EEHV – dans un des produits pétroliers visés au 1 de l'article 265 *bis* A dudit code – soit l'essence, le superéthanol, le gazole ou le fioul domestique. Le principe en est posé à l'article 3 du décret n° 2004-506 du 7 juin 2004(50). Le même article précise en outre que les biocarburants « sont admis en entrepôt fiscal exclusivement pour y être mélangés aux produits pétroliers visés au 1 de l'article 265 *bis* A [...]. La sortie d'entrepôt d'un biocarburant n'ayant pas fait l'objet du mélange précité n'est pas autorisée ». Ce texte interdit donc la mise à la consommation des biocarburants concernés à l'état pur. Ainsi faut-il comprendre que les opérateurs ne disposent pas tant ici d'un droit que d'une obligation de mise à la consommation du mélange de biocarburant et de carburant fossile(51).

Le régime de l'entrepôt fiscal est en second lieu applicable à la production, la commercialisation et l'utilisation des huiles végétales pures (HVP). En effet, l'article 158 D du code des douanes n'exclut nullement l'applicabilité du régime de l'entrepôt fiscal à ce biocarburant issu essentiellement des plantes oléagineuses, dont la fabrication n'est devenue licite en France que récemment. De fait, la réglementation octroie aux exploitants agricoles le droit de produire puis d'utiliser ou de commercialiser ces huiles mais dans des conditions strictement définies : soit comme carburant agricole (en autoconsommation ou pour la vente à d'autres exploitants agricoles), soit comme carburant des navires de pêche, soit en emploi dans les transports en commun et dans les flottes captives des collectivités territoriales et de leurs groupements(52). Pour ce biocarburant, l'obligation de création d'un EFPE est rappelée par le décret n° 2007-446 du 25 mars 2007(53), en particu-

(47) Décret n° 2006-1574, art. 4.

(48) Décret n° 2006-1574, art. 4.

(49) Voir *infra* p. 633 et s.

(50) Décret relatif aux modalités d'application de C. douanes, art. 265 *bis* A.

(51) Voir aussi instruction fiscale n° 07-032, 1er juin 2007, *BOD* 13 juin 2007, n° 6715.

(52) C. douanes, art. 265 *ter* et 265 *quater*. Voir *infra* p. 513.

(53) Décret fixant les mesures auxquelles doivent se conformer les distributeurs ou les utilisateurs d'HVP en application de C. douanes, art. 265 *quater*, art. 2.

lier pour les opérateurs qui veulent stocker et/ou distribuer les HVP sous régime fiscal suspensif, avant leur mise à la consommation.

c. Les deux catégories d'entrepôt fiscal

Le décret n° 2006-1574 sus-évoqué distingue deux catégories d'EFPE : l'entrepôt fiscal de « production » lorsqu'il y a fabrication de carburants ou combustibles, et l'entrepôt fiscal de « stockage », en l'absence de toute fabrication[(54)].

Qu'on le veuille ou non la fabrication de biocarburants ou biocombustibles de même que le stockage de ces produits sont donc soumis à un régime d'autorisation administrative préalable mais qui relève ici du droit fiscal. Il faut en outre constater que ces dispositifs fiscaux s'appliquent à l'ensemble des carburants/combustibles, sans distinguer selon leur origine fossile ou renouvelable. De fait, le but n'est pas ici, à la différence des systèmes d'entrée en production consacrés par certaines dispositions du droit de l'énergie, de réglementer *stricto sensu* l'accès à une activité énergétique – correspondant ici peu ou prou à l'introduction sur le marché de certains produits énergétiques – mais d'en permettre la fabrication puis la mise à disposition en conférant aux produits considérés un statut fiscal et douanier.

d. Le cas particulier de l'EFPE/HVP

Pour les huiles végétales pures, en vertu du décret n° 2006-1574 du 11 décembre 2006 et du décret n° 2007-446 du 25 mars 2007, il existe un régime partiellement dérogatoire d'EFPE.

D'abord, le décret de 2006 prévoit, contrairement à la règle applicable à la généralité des EFPE, que l'autorisation constitutive de l'entrepôt est délivrée, quelle que soit la nature de celui-ci, pour une durée limitée, en l'occurrence à 5 ans[(55)]. Le même décret rappelle à cet égard que l'autorisation doit reprendre les éléments constitutifs de l'entrepôt fiscal ainsi que ses conditions de fonctionnement tout en imposant certaines mentions spéciales pour les entrepôts de production d'HVP – ces derniers doivent ainsi notamment comporter la liste des exploitants agricoles dont les plantes oléagineuses sont pressées au sein d'un tel entrepôt[(56)]. Le décret de 2006 précise aussi la portée au contexte particulier des activités de production et de stockage : à ce titre il dispose que l'agrément administratif permet à son titulaire, s'il s'agit d'un entrepôt fiscal de production d'huiles végétales pures, de « produire et de détenir » celles-ci[(57)], s'il s'agit d'un entrepôt fiscal de stockage « d'importer, d'introduire, de recevoir, de détenir, d'expédier, d'exporter, de livrer au bénéfice du régime de l'avitaillement des bateaux et de mettre à la consommation » les mêmes huiles[(58)].

Ensuite, le décret de 2007 prévoit des dispositions spécifiques pour ce qu'il nomme la « distribution » des HVP. Cette situation correspond à la mise sur le marché de ce produit mais vue là encore uniquement sous l'angle fiscal. Le « distributeur » est « toute personne physique ou morale qui (a) pour vocation de vendre ou de céder des HVP, soit à d'autres distributeurs, soit à des utilisateurs », cependant que les « utilisateurs » sont « les personnes physiques ou morales qui reçoivent de la part de distributeurs des HVP en vue de les utiliser pour leur propre compte comme carburant dans les moteurs »[(59)]. Les collectivités territoriales ou leurs groupements qui ont obtenu

(54) Décret n° 2006-1574 fixant les conditions d'application du III de l'article 158 D et du 2 de l'article 265 *ter* du code des douanes, art. 2.

(55) Décret n° 2006-1574, art. 22.

(56) Décret n° 2006-1574, art. 22.

(57) Décret n° 2006-1574, art. 23.

(58) Décret n° 2006-1574, art. 23 *bis*.

(59) Art. 1.

le droit d'utiliser à titre expérimental les HVP dans leurs flottes captives et dans leurs transports en commun ne peuvent invoquer le statut de distributeurs[(60)], et doivent en toute hypothèse faire une demande d'agrément EFPE stockage.

Enfin, s'agissant toujours des règles applicables à l'opération de mise à la consommation du biocarburant HVP, il faut constater une certaine utilisation du régime de la déclaration. En effet, le décret n° 2007-466 du 25 mars 2007 qui, définissant le statut de distributeur et d'utilisateur de ces huiles, prévoit aussi que, sauf à être déjà titulaire en bonne et due forme du statut EFPE, tout distributeur doit se déclarer auprès de la direction régionale des douanes et droits indirects territorialement compétente, laquelle délivrera une décision d'enregistrement, valable 5 ans, et renouvelable sur demande. Il importe de souligner l'importance de cette formalité, qui doit être respectée pour que les HVP vendues puissent par ailleurs bénéficier de l'exonération ou de la réduction de taxe intérieure sur les produits pétroliers prévue aux articles 265 *ter* et *quater* du code des douanes[(61)].

II. Les régimes spécifiques

Ces régimes spécifiques réglementent l'accès à l'activité d'exploitation d'une source d'énergie renouvelable ou d'une catégorie de sources d'énergie renouvelables en particulier. Les droits d'exploitation qui y sont attachés relèvent donc de réglementations *ad hoc* ou polices administratives spéciales ayant pour effet de permettre au bénéficiaire d'exercer légalement l'activité. Cependant, ces régimes spécifiques ne sont le plus souvent que des déclinaisons des régimes généraux ou de droit commun, et c'est à ce titre d'ailleurs qu'ils sont fréquemment plus exigeants, plus précis ou plus techniques. En outre, comme il a été déjà signalé, il n'est pas rare que les régimes de droit commun sus-évoqués renvoient explicitement à l'un ou l'autre de ces dispositifs spéciaux.

Ces régimes spécifiques d'exploitation sont en nombre limité. Ils concernent la géothermie, l'énergie hydraulique, le gaz de source renouvelable et certains biocarburants. Il a été choisi de regrouper dans un même corps de développement l'étude des dispositions applicables aux deux premières au motif que les règles de droit applicables à ces deux ressources d'énergie entretiennent des liens de proximité évidents, notamment sur le plan conceptuel.

Remarque

J. Poiret cite à cet égard P. Garnier (*Le Cahier des charges des concessions de chutes d'eau*, Rousseau et Cie, 1931, Paris) : « Les concessions de travaux publics et de mines sont les modèles d'après lesquels le législateur et l'administration ont édifié le type nouveau de la concession de chute [...]. Devant cette alternative, le législateur n'a pas pris parti de façon nette, il a cependant admis l'assimilation de principe de la concession de chute avec la concession de mines ; il y était d'ailleurs en quelque sorte poussé, du fait de la discussion à la même époque des deux projets qui ont abouti, d'une part, à la loi de septembre 1919 sur les mines et, d'autre part, à celle d'octobre 1919 sur la houille blanche. Toutefois, il n'a pas voulu rendre l'assimilation complète et, par certaines dispositions, il s'est rapproché de la concession de travaux publics » (*Droit de l'hydroélectricité*, Economica, 2004, p. 637).

À cette première analyse succèdera un examen séparé de titres administratifs eux-mêmes spécifiques mais applicables à la production/commercialisation des autres sources d'énergie renouvelables concernées.

A. Les titres géothermiques et hydroélectriques

Stricto sensu, les titres géothermiques ne constituent pas une catégorie de titres d'exploitation à part entière dans la mesure où ils forment une sous-branche d'une catégorie plus large, celle des

(60) Art. 9.

(61) Voir *infra* p. 633 et 636.

titres miniers. On se souvient(62) que leur inclusion dans le droit des mines résulte d'une mention expresse, et relativement récente(63), invitant d'ailleurs à considérer la géothermie comme une énergie « nouvelle » au moins du point de vue de sa prise en compte par la règle de droit. Cette insertion est posée sous forme d'une clause générale qui a longtemps figuré à l'article 3 de l'ancien code minier – « Sont considérés comme des mines les gîtes renfermés dans le sein de la terre, dits gîtes géothermiques, dont on peut extraire de l'énergie sous forme thermique, notamment par l'intermédiaire des eaux chaudes et vapeurs souterraines qu'ils contiennent. » –, et que l'on retrouve aujourd'hui dans la version réactualisée de ce code en son article L. 112-1 – « Relèvent du régime légal des mines les gîtes renfermés dans le sein de la terre dont on peut extraire de l'énergie sous forme thermique, notamment par l'intermédiaire des eaux chaudes et des vapeurs souterraines qu'ils contiennent, dits gîtes géothermiques »(64). De la sorte, on peut considérer que le régime juridique des gîtes géothermiques est avant tout un régime juridique extrapolé du droit minier.

Le même article L. 112-1 du Nouveau code minier procède par ailleurs à la division des gîtes géothermiques en deux groupes : d'une part, les gîtes à « haute température », d'autre part, les gîtes « à basse température ». La loi minière laisse toutefois au pouvoir réglementaire le soin de préciser cette *summa divisio*. Le décret n° 78-498 du 28 mars 1978 relatif aux titres de recherches et d'exploitation de géothermie a été adopté à cette fin ; il établit à cet effet un lien avec le gradient géothermique : les gîtes géothermiques sont à haute ou basse température « selon que la température de leurs eaux, mesurée en surface au cours des essais du forage d'exploration, est soit supérieure, soit inférieure ou égale à 150 degrés Celsius », étant rappelé que la température de l'eau s'accroît avec la profondeur du forage.

Les titres hydroélectriques ont une spécificité plus tangible et plus affirmée. En effet, depuis la loi du 16 octobre 1919 sur l'énergie hydraulique, l'hydroélectricité est régie par ce texte de loi *ad hoc* désormais inséré dans le code de l'énergie (Livre V), et qui sous-entend que l'État dispose de la force énergétique de l'eau. On a déjà relevé(65) que les dispositions relevant de la réglementation électrique de droit commun(66) procèdent par renvoi explicite à cette loi de 1919 et à ses textes d'application : ainsi par exemple, l'article 14 du décret n° 2000-877 du 7 septembre 2000 relatif à l'autorisation d'exploiter les installations de production d'électricité indique que « les demandes de titres administratifs concernant les installations de production d'électricité relevant de la loi du 16 octobre 1919 valent demandes d'autorisation d'exploiter ou déclaration au titre du présent décret ». Le particularisme du droit de l'hydroélectricité est donc une caractéristique forte, mais il n'interdit pas de souligner en parallèle la tendance du droit positif à banaliser l'utilisation de l'eau aux fins de production électrique pour la rapprocher sinon l'assimiler aux autres usages de cette ressource. Cette démarche initiée par la loi n° 92-3 du 3 janvier 1992 sur l'eau a été confirmée par la loi n° 2006-1772 du 30 décembre 2006 sur l'eau et les milieux aquatiques ; elle permet aujourd'hui d'affirmer, comme l'a fait le professeur Richer, que le « droit de l'énergie hydroélectrique est à la croisée de deux disciplines juridiques dont les préoccupations et les temps d'évolution diffèrent. D'un côté le droit de l'eau, de l'autre le droit de l'électricité »(67).

(62) Voir *supra* p. 88 et p. 103.

(63) Loi n° 78-620, 16 juin 1978.

(64) Nouveau code minier issu de l'ordonnance du 20 janvier 2011 portant codification de la partie législative du code minier ; le code minier issu du décret n° 56-838 du 16 août 1956 a été par là même abrogé.

(65) Voir *supra* p. 121.

(66) Loi n° 2000-108, relative à la modernisation et au développement du service public de l'électricité, art 6, codifié C. énergie, art. L. 311-1 ; décret n° 2000-877, relatif à l'autorisation d'exploiter les installations de production d'électricité, art. 14.

(67) Préface J. Poiret, *Droit de l'hydroélectricité*, préc., p. 11.

La loi de 1919 sur l'énergie hydraulique, de même que la législation minière sont toutes deux fondées sur le présupposé selon lequel le gisement énergétique – respectivement ici la force hydraulique et l'énergie du sous-sol – est placé sous la maîtrise de l'État(68).

Pour l'hydroélectricité, ce principe est fixé sous la forme de la règle générale édictée à l'article 1 de la loi de 1919 : « Nul ne peut disposer de l'énergie des marées, des lacs et cours d'eau sans une concession ou une autorisation. »(69). Pour la matière minière-géothermique, il découle de l'inclusion explicite de la géothermie dans le droit minier(70) telle qu'évoquée ci-avant(71). Le principe légal peut admettre toutefois des exceptions(72) ou des dérogations(73) pour certains gisements visés par la loi minière, dont les contours précis relèvent de la compétence de l'autorité réglementaire.

Remarque

L'exception intéresse « les activités ou installations de géothermie utilisant les échanges d'énergie thermique avec le sous-sol lorsqu'elles ne présentent pas d'incidences significatives sur l'environnement et qu'elles ne nécessitent pas des mesures spécifiques de protection des intérêts mentionnés aux articles L. 161-1 et L. 161-2 ».

La dérogation concerne la géothermie « de minime importance » ou très basse énergie. Il s'agit de fait de celle destinée à des usages exclusivement thermiques et non électriques (puits canadiens par exemple). Il appartient à l'autorité réglementaire de dresser la liste exacte des activités concernées.

De fait, dans les deux domaines ici considérés, les réglementations applicables définissent des seuils au-delà desquels le candidat à l'exploitation peut avoir l'obligation de déclarer ou d'obtenir une autorisation administrative avant de réaliser son opération.

1. Les autorisations

On dressera une typologie des différentes autorisations d'exploiter telles que découlant des deux grandes familles de législations ici examinées.

a. Les différentes catégories d'autorisations

Dans un très grand nombre d'hypothèses, seule l'autorisation administrative permet de donner un fondement légal à l'exploitation, cette autorisation pouvant tout aussi bien découler de la reconnaissance par la puissance publique d'une situation ancienne que de celle d'une situation nouvelle.

Les autorisations fondées sur la reconnaissance d'un droit ancien : les « droits fondés en titre » en matière d'énergie hydraulique

Cette catégorie originale d'autorisations administratives rappelle les spécificités tout à la fois de l'« eau-énergie » et du droit applicable à celle-ci, puisqu'en cette matière, l'ancienneté de l'usage de l'eau permet à son bénéficiaire d'échapper à l'obligation de demander l'autorisation administrative en principe nécessaire pour exploiter la force hydraulique.

Le système repose sur l'acceptation que la détention de cette force hydraulique puisse trouver un fondement légal dans un droit d'exploiter acquis antérieurement à l'adoption des textes ayant posé le principe d'une autorisation préalable. Ce droit d'antériorité remonte à la pratique féodale de l'attribution par le roi aux seigneurs locaux de droits de jouissance voire de propriété sur l'eau,

(68) Voir *supra* p. 105 et s.
(69) Codifié C. énergie, art. L. 511-1.
(70) Voir N. code minier, art. L. 112-1.
(71) Voir *supra* p. 103.
(72) N. C. minier, art. L. 112-1.
(73) N. C. minier, art L. 112-3.

ainsi qu'à la vente par le royaume des biens nationaux. La survivance de ces situations (la plupart des droits de prise d'eau furent transmis par la suite par les seigneurs à des tiers) a été pleinement reconnue sur le plan législatif, d'abord par la loi du 8 avril 1898 sur le régime des eaux(74), puis par la loi du 16 octobre 1919 relative à l'utilisation de l'énergie hydraulique(75) – « Les usines ayant une existence légale ne sont pas soumises aux dispositions des titres I [à] V de la présente loi » (c'est-à-dire aux dispositions sur l'octroi d'une autorisation nouvelle) – ; elle a été confirmée par la loi n° 92-3 du 3 janvier 1992(76) – « L'eau appartient à tous dans le cadre des lois et règlements ainsi que des droits antérieurement établis ».

La détention d'un droit fondé en titre offre à son titulaire le bénéfice d'un régime juridique indéniablement plus favorable que celui auquel s'expose, dans les conditions du droit commun, le candidat à l'exploitation de l'énergie hydraulique. Cette caractéristique explique en partie pourquoi le contentieux de l'existence des droits d'eau fondés en titre soit à ce point nourri. Les litiges portent principalement sur la preuve de l'existence légale du droit de prise d'eau, laquelle s'appuie tantôt sur des titres patrimoniaux authentiques, tantôt sur une simple présomption : selon le Conseil d'État, « une prise d'eau est présumée établie en vertu d'un acte antérieur à l'abolition des droits féodaux dès lors qu'est prouvée son existence matérielle avant cette date »(77). La question des limites entourant l'application de ce régime, supposé ne plus pouvoir jouer en cas d'évolution de la consistance initiale de l'exploitation, pose elle aussi des problèmes. En effet, toute augmentation de puissance par rapport à la consistance légale du titre d'origine est normalement soumise à autorisation ou concession(78), et c'est à l'administration qu'il revient d'apporter la preuve des modifications de cette consistance.

Les autorisations fondées sur l'obtention d'un droit nouveau

Cette fois, le titre d'exploitation s'obtient du fait de l'attribution par l'administration d'un droit lié à la consécration juridique d'une situation nouvelle. Nécessairement, l'obtention de ce droit dépend du bon vouloir de l'administration. Mais celle-ci ne dispose toutefois jamais d'une pleine latitude pour agir. Il en est ainsi, en premier lieu, parce que, dans certains cas, la loi lui interdit de conférer le titre demandé. C'est en ce sens que l'ancien article 2 de la loi du 16 octobre 1919 sur l'énergie hydraulique disposait que « sur certains cours d'eau ou sections de cours d'eau, dont la liste sera fixée par décret en Conseil d'État, aucune autorisation ou concession ne sera donnée pour des entreprises hydrauliques nouvelles » : cette disposition consacrait le principe des rivières « réservées » désormais régi par le droit de l'environnement(79). Il en est surtout, en second lieu, ainsi parce que les lois applicables aux matières hydroélectrique et minière-géothermique définissent strictement les conditions du recours auxdites autorisations, qui se subdivisent en deux catégories : les autorisations d'explorer et les autorisations d'exploiter.

Les autorisations d'explorer

Les autorisations d'explorer n'existent qu'en matière minière-géothermique, du fait même du caractère aléatoire de la ressource géothermique. La recherche de gisements est régie par le Titre II du Nouveau code minier.

(74) Art. 14 et 15.

(75) Art. 29, codifié C. énergie, art. L. 511-4.

(76) Art. 1, codifié C. env., art. L. 210-1.

(77) CE 16 janvier 2006, M. Arriau, req. n° 263010.

(78) CE 14 juin 1999, Lorette, req. n° 165341.

(79) Voir C. env, art. L. 214-17 ; voir *infra* p. 279.

Le dispositif concerne en premier lieu les gîtes à haute température (température supérieure à 150 ° Celsius), pour lesquels s'applique un titre minier spécifique dénommé « permis exclusif de recherches » (dit permis M). Ce permis est visé de façon spécifique à l'article L. 121-1 du Nouveau code minier qui dispose que les travaux de recherches ne peuvent être entrepris que par le propriétaire de la surface ou avec son consentement, après déclaration au préfet et, à défaut de ce consentement, avec l'autorisation du ministre chargé des mines, ou enfin en vertu d'un permis de recherches – dans les faits procédé le plus employé(80). Le permis exclusif de recherches de substances concessibles confère à son titulaire l'exclusivité du droit d'effectuer tous travaux de recherches dans le périmètre qu'il définit et de disposer librement des produits extraits à l'occasion des recherches et des essais(81). Ce permis de recherches est accordé pour une durée initiale maximale de 5 ans(82). Il convient d'ajouter que selon l'article L. 121-2 le titulaire d'une concession d'exploitation jouit de son côté façon exclusive du droit de rechercher la ou les substances qui font l'objet de la concession.

L'obligation d'obtenir une autorisation de prospection du sous-sol se retrouve aussi en second lieu pour les gîtes à basse température : l'article L. 124-4 du Nouveau code minier, qui leur est spécialement applicable, dispose en effet que le forage à fins de recherches est subordonné à l'obtention d'une « autorisation de recherches » accordée par arrêté préfectoral. Comme le permis de recherches, cette autorisation donne un droit exclusif au titulaire de l'autorisation pour effectuer les fouilles géothermiques dans le périmètre défini par l'autorisation, la durée de l'autorisation administrative étant toutefois ici limitée à 3 ans(83). Par exception, certains gîtes géothermiques sont désormais expressément exclus de cette procédure d'autorisation administrative préalable(84), cependant que d'autres relevant de la catégorie des gîtes de « minime importance » au sens du décret n° 78-498 du 28 mars 1978 modifié peuvent y déroger(85).

Remarque

La détention d'un permis exclusif de recherches d'un gîte à haute température vaut par extension autorisation de recherches d'un gîte à basse température.

Les autorisations d'exploiter

Les droits d'exploiter sont prévus par les textes applicables aux matières géothermique et hydroélectrique sous des appellations variables. Dans le domaine géothermique, il ne sera pas rare que l'autorisation succède à un titre de recherches obtenu préalablement. Ces autorisations confèrent un droit exclusif d'exploitation au bénéficiaire, pour une durée déterminée. On peut les scinder en deux grandes familles : les concessions d'un côté, et toutes les autres autorisations de l'autre.

Les concessions

La concession d'exploitation se retrouve dans le droit minier-géothermique comme dans le droit hydroélectrique, toujours dans des cas strictement déterminés par la loi, de fait pour les installations de production les plus importantes ou les plus puissantes.

(80) J. Personnaz, F. Verrier, P. Jallade, « Droit des mines », *J.-Cl. Adm.* fasc. 371, n° 32.

(81) N. C. minier, art. L. 122-1.

(82) N. C. minier, art. L. 122-3 ; la validité d'un permis exclusif de recherches « peut être prolongée à deux reprises, chaque fois de cinq ans au plus, sans nouvelle mise en concurrence » : N. C. minier, art. L. 142-1.

(83) N. C. minier, art. L. 124-4.

(84) N. C. minier, art. L. 112-1.

(85) N. C. minier, art. L. 112-3.

En matière géothermique, aux termes de l'article L. 134-2 du Nouveau code minier, seuls les gîtes à haute température sont soumis aux dispositions relatives aux concessions. Au demeurant, la première loi minière, celle du 8 avril 1810, ne prévoyait initialement pour l'exploitation minière que le régime de la concession. En matière hydraulique, le régime de la concession a vu son domaine d'application réduit, sans doute plus à raison des progrès techniques réalisés par la production hydroélectrique qu'en regard de préoccupations écologiques(86) : ainsi, alors que sur le fondement de la loi du 16 octobre 1919 sur l'énergie hydraulique, la concession s'impose à toutes les entreprises dont la puissance maximum excède 500 kW, depuis la loi n° 80-531 du 15 juillet 1980 relative aux économies d'énergie et à l'utilisation de la chaleur(87), la concession ne s'impose plus que pour les unités dont la puissance excède 4 500 kW. La concession hydroélectrique est donc devenue le cadre juridique d'une production hydroélectrique à grande échelle.

Remarque

Les concessions hydroélectriques représentent en France plus de 95 % de la puissance hydroélectrique installée et environ 12 % de la production d'électricité(88).

Ne sont pas soumises aux règles de la concession les usines qui font partie intégrante d'entreprises déclarées d'utilité publique et pour lesquelles des règles spécifiques sont prévues par décret en Conseil d'État (C. énergie, art. L. 511-4 2°).

Si la concession, qu'elle soit hydraulique ou minière-géothermique, a bien la valeur d'une autorisation administrative, la première apparaît toutefois comme un acte original. En effet, la concession hydroélectrique se décompose en deux parties : d'une part, un décret – acte unilatéral s'il en est – formalisant de façon succincte l'autorisation administrative, d'autre part, un cahier des charges précisant les droits et obligations de l'autorité concédante et du concessionnaire – élément classique des contrats administratifs(89). On comprend que cette concession soit considérée comme un acte hybride ou complexe voire, si l'on veut en accentuer les éléments contractuels, comme un contrat administratif non seulement « de fait »(90) mais aussi de droit(91). En revanche la concession de mines n'est pas un contrat(92).

Les concessions hydroélectriques sont ambivalentes à un deuxième point de vue. Simplement parce que si, sous un premier aspect, ce sont des actes d'autorisation d'utiliser la force hydraulique – qui faute de paradigme plus pertinent peut être assimilée à un bien public(93) –, elles relèvent aussi du régime des autorisations de production prévues par le droit électrique, en d'autres termes s'analysent comme des actes de nature économique. En synthèse, elles apparaissent donc comme un outil par lequel l'État est en mesure d'attribuer à un opérateur quelconque l'usage privatif d'une chose publique pouvant donner lieu à une activité commerciale (vente de l'électricité produite).

(86) Voir en ce sens M. Prieur, « L'énergie et la prise en compte de l'environnement », *RJE* mars 1982, p. 252.

(87) Art. 24 et 26, modifiant loi 1919, art. 2., codifiés art. L. 511-5 C. énergie.

(88) Voir M. Piron, S. Poignant, « Avis sur le projet de loi portant engagement national pour l'environnement », n° 1965.

(89) Voir décret n° 99-872, 11 octobre 1999, approuvant le cahier des charges type des entreprises hydrauliques concédées.

(90) J.-L. Gazzaniga, J.-P. Ourliac, X. Larrouy-Castera, *l'Eau : usages et gestion*, Litec, 1998, p. 217.

(91) L. Richer, *Droit des contrats administratifs*, LGDJ 2044, 4e. éd., p. 566 : « Au-dessus d'une certaine puissance la loi prévoit la conclusion d'un contrat de concession. Par conséquent, dans de nombreux cas, ce sont des conventions autorisant l'utilisation du domaine public qui sont conclues en application de la loi de 1919 ».

(92) *Ibid.*, p. 485.

(93) Voir *supra* p. 108 et s.

Remarque

Du fait du passage du seuil de puissance concessible de 500 MW à 4 500 MW, la production hydroélectrique concédée a aujourd'hui pour objet premier de fournir de l'électricité aux réseaux publics et non pas d'alimenter les installations industrielles du concessionnaire.

De façon sans doute corrélative, la nature juridique de l'entreprise née de la concession, qu'elle soit cette fois minière ou hydroélectrique, n'est pas simple à établir. Dans son ouvrage consacré au droit de l'énergie hydraulique, J. Poiret regrette notamment l'absence de définition légale ou jurisprudentielle de la concession hydroélectrique[94]. Il admet qu'une telle situation oblige à recourir aux principes de la théorie générale de la concession, l'exercice étant compliqué par le fait que cette dernière notion est-elle-même polysémique, puisqu'elle désigne tout aussi bien la concession de travaux publics, de service public ou encore d'occupation du domaine public. Au demeurant, la plasticité du concept de concession est particulièrement topique dans les domaines ici en cause, le terme désignant des situations souvent différentes d'un domaine à l'autre. Ainsi, à la question de savoir si les concessions dont s'agit sont des concessions de service public, la réponse est loin d'être univoque.

Pour l'énergie hydraulique en premier lieu, il a été longtemps considéré que tout dépendait de l'affectation ou non de la production à l'intérêt général. De la sorte, s'il était permis de conclure à la présence d'une concession de service public chaque fois que le concessionnaire hydroélectrique alimentait des réseaux publics d'électricité, il était en revanche impossible de qualifier ainsi la concession hydraulique si le concessionnaire produisait principalement pour sa propre consommation[95], sachant qu'un tel cas de figure est devenu de plus en plus exceptionnel. Surtout, un avis du Conseil d'État du 28 septembre 1995[96] avait conclu à l'existence d'une concession de service public sur la base d'un faisceau de critères renvoyant tous, directement ou indirectement, au contenu même de la loi du 16 octobre 1919 : nature d'intérêt général du service rendu (« ayant pour objet la fourniture de l'électricité produite au public ou aux services publics », en vue d'« assurer le meilleur emploi de l'énergie naturelle des cours d'eau et la satisfaction des besoins de la collectivité »), « concessions accordées par des personnes morales de droit public », recours à des prérogatives exorbitantes (occupation temporaire ou définitive des propriétés privées et éviction des droits particuliers à l'usage de l'eau), participation financière de l'État à la concession, retour des ouvrages à l'État en fin de concession. Par suite, selon le Conseil d'État : « l'ensemble de ces éléments est constitutif d'un régime juridique de service public. Par conséquent, les concessions présentent le caractère de délégations de service public. » D'aucuns se sont toutefois demandé si, dans le contexte d'ouverture à la concurrence de l'activité de production d'électricité, les concessionnaires d'usines hydroélectriques devaient toujours être regardés comme contribuant encore « de façon directe et immédiate » au service public[97]. L'incertitude sur le sujet n'est toutefois plus de mise aujourd'hui. D'abord, parce que le décret n° 2008-1009 du 26 septembre 2008[98] soumet toute concession de force hydraulique à la procédure de mise en concurrence applicable aux délégations de service public issue de la loi n° 93-122 du 29 janvier 1993, dite « loi Sapin », et retient

(94) *Droit de l'hydroélectricité*, Economica, 2004, p. 611.

(95) Voir aussi en ce sens E. Delacour, « Soumission des concessions d'énergie hydraulique à la loi Sapin », *Contrats et marchés publics* n° 12, décembre 2008, comm. 73.

(96) CE avis Sect. travaux publics, 28 septembre 1995, n° 357262 et 357263, *EDCE* 1995, n° 47 (rapp. public), p. 402.

(97) P. Sablière, « La mise en concurrence des concessions de force hydraulique », *AJDA* 2007, p. 2 012.

(98) Décret modifiant le décret n° 94-894 du 13 octobre 1994 modifié relatif à la concession et à la déclaration d'utilité publique des ouvrages utilisant l'énergie hydraulique et le décret 99-872 du 11 octobre 1999 approuvant le cahier des charges type des entreprises hydrauliques concédées.

par là-même, implicitement mais nécessairement, sa nature de concession de service public(99). Ensuite, et plus clairement encore, parce que la jurisprudence du Conseil d'État, formalisée par l'avis contentieux « *Béligaud* »(100), a expressément qualifié les concessions hydrauliques de « concessions de service public », le juge évoquant à cet effet les nombreuses contraintes objectives pesant sur les installations en application de la loi de 1919, invoquant plus particulièrement le fait qu'elles participent au « principal objet du service public » de la production d'électricité qu'est la « sécurité de l'approvisionnement du pays en électricité ». Ainsi donc, le problème de la nature de la concession hydroélectrique est-il désormais tranché.

Remarque

Les dispositions décrétales antérieures au décret n° 2008-1009 du 26 septembre 2008 ne faisaient qu'envisager l'assujettissement à la « loi Sapin » des concessions hydroélectriques ; voir en ce sens l'art. 2-3 du décret n° 94-894 du 13 octobre 1994 avant sa modification : « lorsque la lettre d'intention concerne une concession qui relève des dispositions de la loi n° 93-122 du 29 janvier 1993 [...], l'autorité administrative en accuse réception et procède aux formalités de publicité prévues par le décret du 24 mars 1993 ».

Pour l'énergie géothermique en revanche, et en second lieu, la doctrine considère de longue date que la concession de mines ne peut être regardée comme une concession de service public(101). Il faut dire qu'il existe des différences fondamentales entre les dispositions de la loi du 16 octobre 1919 sur la concession hydroélectrique et les règles minières sur la concession de mines, qui tiennent principalement aux obligations du concessionnaire et au contrôle de l'État. Au demeurant, on peut aussi considérer que la conception minimaliste de la notion d'activité de service public dans le domaine de la production électrique, telle que défendue par le Conseil d'État dans son avis « *Béligaud* » précité, ne milite pas en faveur de la qualification de concession de service public à l'endroit d'une concession géothermique dédiée à la production électrique. Il faut rappeler que, selon le juge administratif, seules participent à l'objet principal du service public de la production électrique, soit la sécurité d'approvisionnement, et constituent à ce titre aussi d'ailleurs des ouvrages publics, les installations de production auxquelles la loi impose des contraintes de fonctionnement. Or, toujours selon le Conseil d'État ne relèvent de cette catégorie que, d'une part, les concessions hydroélectriques, d'autre part, les ouvrages d'une puissance supérieure à 40 MW se situant dans les zones interconnectées au territoire métropolitain ; compte tenu du fait que les concessions géothermiques n'entrent en rien dans l'une ou l'autre de ces prévisions, notamment parce qu'elles sont incapables d'atteindre le seuil de puissance susmentionné, on doit donc leur refuser facilement le statut de concessions de service public.

Remarque

La puissance installée de la plus importante centrale géothermique française, installée à Soultz-sous-Forêt, n'est « que » de 1,5 MW.

Quant à l'applicabilité aux contextes en cause de la notion de concession de travaux publics, les réponses sont changeantes d'une situation l'autre : ainsi, alors que les travaux liés à une concession minière sont toujours regardés comme des travaux privés(102), ceux liés à l'exploitation hydroélec-

(99) Voir B. Le Baut-Ferrarese, L. Michallet, « Nouvelles règles pour l'attribution des concessions d'énergie hydraulique », *JCP A*, 23 mars 2009, p. 39.

(100) CE 29 avril 2010, n° 3231979, M. et Mme Béligaud : JurisData n° 2010-005467, *RFDA* 2010, p. 570, concl. M. Guyomar, p. 557, note F. Melleray, p. 572.

(101) J. Personnaz, F. Verrier, P. Jallade, « Droit des mines », *J.-Cl. Adm.* fasc. 371, n° 33.

(102) CE 26 mai 1918, Vernières, *Lebon* p. 332 – CE 16 juin 1933, Ville de Liévin, *Lebon* p. 583 – Cass. civ. 13 mars 1957, S. 1958, I, 73.

trique peuvent être considérés comme des travaux publics mais uniquement, et logiquement, s'ils concernent le premier établissement (travaux de la concession initiale).

Remarque

Pour la concession hydroélectrique, la qualification de concession de travaux publics se fonde sur la règle prévue par la loi du 16 octobre 1919 organisant le retour des biens de l'hydroélectricien concessionnaire à l'État concédant à la fin de la concession initiale (CE 22 juin 1928, Sigalas, *Lebon* p. 125 – CAA Bordeaux 10 mars 1994, S^té^ d'aménagement et d'exploitation du ruisseau des Ondes, req. n° 90BX00649, n° 90BX00646, n° 90BX00655). Toutefois, cette règle ne jouant que pour la concession initiale, il est admis qu'après le renouvellement de celle-ci, la concession ne peut plus être qualifiée de concession de travaux publics.

À la suite de ces constats, force est d'admettre que les concessions ici examinées possèdent au moins deux caractéristiques communes : d'une part, elles ont globalement la même portée en droit – elles autorisent l'exploitation d'une ressource énergétique – ; d'autre part, dans les deux situations l'acte de concession est un acte administratif, régi à ce titre par le droit administratif et soumis à la juridiction administrative. Sur le même sujet, et quel que soit le contexte, on peut préciser encore qu'en cas de litige entre l'État et le concessionnaire survenant après l'octroi de la concession, le contentieux ne relèvera du juge administratif que si une concession de service public et/ou de travaux publics, ou encore d'occupation du domaine public(103) peut être identifiée.

Remarque

Les concessions hydroélectriques en particulier sont des autorisations administratives au sens notamment de l'article 10 de la loi sur l'eau du 3 janvier 1992 (C. env., art. L. 214-1), et les recours dirigés contre elles relèvent du contentieux de pleine juridiction (CE 31 juillet 1996, Gotti, req. n° 167686).

L'importance des investissements liés au démarrage d'une installation hydroélectrique d'une puissance élevée ou d'une entreprise minière-géothermique forant à des profondeurs importantes explique sans nul doute la durée relativement longue prévue dès l'origine pour les concessions. L'article L. 132-11 du Nouveau code minier pose ainsi que la durée de l'acte de concession peut aller jusqu'à 50 ans(104). De son côté, la loi du 16 octobre 1919(105) prévoit une durée maximale de 75 ans. Dans les faits, ce dernier délai n'a pas été, loin s'en faut, considéré comme excessif pour les premières concessions hydrauliques, toutefois le renouvellement des concessions hydrauliques actuellement en cours devrait déboucher sur des durées plus courtes en raison de l'affaiblissement logique du risque industriel (installations amorties). En fin de concession, des indemnités peuvent être versées aux concessionnaires sortants : remboursement d'éventuels investissements non amortis(106), rachat des biens propres du concessionnaire indispensables à l'exploitation, enfin le cas échéant indemnités pour rupture anticipée du contrat. Le financement de ces dépenses est assuré par les concessionnaires entrants, qui doivent s'acquitter du « droit d'entrée » prévu à l'article L. 521-17 du code de l'énergie(107) ; la loi prévoit que le montant de ce droit est « fonction » de celui des dépenses engagées, de façon que celles-ci ne constituent pas une charge nette pour le budget de l'État.

(103) Voir en ce sens P. Sablière, « La mise en concurrence des concessions de force hydraulique », *AJDA* 2007, p. 2 012.

(104) N. C. minier, art. 142-7 prévoit que « la durée d'une concession de mines peut faire l'objet de prolongations successives, chacune d'une durée inférieure ou égale à vingt-cinq ans ».

(105) Codifiée C. énergie, art. L. 521-4 2°.

(106) C. énergie, art. L. 521-15.

(107) Droit d'entrée issu de l'art. 13 de la loi n° 2006-1771 de finances rectificative pour 2006 ; les différents éléments de ce droit d'entrée sont détaillés à l'article 30-1 du décret n° 94-894 du 13 octobre 1994 relatif à la concession et à la déclaration d'utilité publique des ouvrages utilisant l'énergie hydraulique.

Remarque

Le Gouvernement a déclaré vouloir anticiper le terme de certaines concessions afin d'opérer des regroupements géographiques (« par vallée »). En cas de rupture anticipée du contrat, le concessionnaire sortant est donc en droit de percevoir des indemnités destinées à compenser le manque à gagner qui résulte de la cessation anticipée de l'exploitation.

Toujours en matière hydroélectrique, la philosophie de la loi du 16 octobre 1919 est de faire de l'exploitant concessionnaire une sorte de partenaire économique de la collectivité publique, qui se livre à une activité professionnelle mais qui approvisionne aussi le cas échéant ladite collectivité en électricité par une injection de la production dans les réseaux. La participation des concessionnaires à une mission de service public en général a été précédemment soulignée[108], leur contribution à des missions d'intérêt public spécifiques fit parfois l'objet de mentions particulières dans la loi de 1919. Ainsi en allait-il dans le cadre de la disposition permettant à l'État d'allouer une contribution « sous forme d'avance ou de subvention » aux concessionnaires d'entreprises dont l'objet principal était « la fourniture de l'énergie à des services publics ou intéressant la défense nationale ainsi qu'à ceux qui prennent à leur charge des travaux d'aménagement susceptibles d'améliorer de façon notable les conditions d'utilisation agricole du cours d'eau ou de régulariser son régime »[109] : cette disposition prévoyant une contrepartie financière à l'exercice par le concessionnaire de missions de service public a toutefois été abrogée par l'ordonnance n° 2011-504 du 9 mai 2011 instituant le code de l'énergie, sans doute à raison de sa compatibilité douteuse avec le droit communautaire de la concurrence[110].

Les autres autorisations

En matière géothermique, des autorisations d'exploiter sont prévues pour les deux grands types de gisements consacrés par la législation minière. Pour les gîtes à haute température, ce système d'autorisation le cas échéant alternatif à celui des concessions[111] est réservé aux DOM, les actes en cause prenant le nom de « permis d'exploitation »[112] et d'« autorisation d'exploitation »[113]. Le permis d'exploitation confère à son détenteur à l'intérieur des limites qu'il fixe un droit d'exclusivité portant sur la seule exploitation du gisement, alors que l'autorisation d'exploitation couvre tout à la fois les parties recherche et exploitation du gisement. De leur côté, les gîtes à basse température, par définition non concessibles, peuvent faire l'objet d'un « permis d'exploitation » sur l'ensemble du territoire français[114] : il est précisé que seul le titulaire d'une autorisation de recherches peut obtenir ledit permis d'exploitation, et qu'il a même un droit de l'obtenir « si les travaux ont fait la preuve qu'un gîte est exploitable »[115].

En matière hydroélectrique, aux termes de l'article L. 511-5 C. énergie[116], le système dit de l'« autorisation » d'exploiter s'applique à toutes les chutes n'étant pas placées sous le régime de la concession, autrement dit à toutes celles dont la puissance maximale brute est inférieure à 4 500 kW. Il faut ajouter que les entreprises qui ont été autorisées au sens de cette disposition

(108) Voir *supra* p. 138.

(109) Loi 16 octobre 1919, art. 7, abrogé par ordonnance n° 2011-504 du 9 mai 2011, art. 4.

(110) La fragilité de cette aide étant liée à la difficulté de la faire entrer dans les strictes prévisions de la jurisprudence « Altmark » de la CJUE (24 juillet 2003, C-280/00, *Rec.* p. I-77), voir aussi *infra* p. 349.

(111) N. C. minier, art. L. 611-1.

(112) N. C. minier, art. L. 611-17 à L. 611-28.

(113) N. C. minier, art. L. 611-3 à L. 611-16.

(114) N. C. minier, art. L. 134-4.

(115) N. C. minier, art. L. 134-5.

(116) Art. 2 loi du 16 octobre 1919 sur l'énergie hydraulique.

peuvent à toute époque, par un accord entre l'État et le permissionnaire, entrer dans le régime de la concession ; elles y entrent d'ailleurs automatiquement en cas d'augmentation de puissance correspondant au niveau d'une exploitation concessible[117].

Il importe enfin de signaler qu'à titre exceptionnel les opérateurs économiques intéressés sont parfois dispensés de demander tout titre d'exploitation, la vocation de ces dispenses légales étant manifestement d'alléger les contraintes procédurales afin de favoriser l'expansion du secteur économique concerné. Pour ce qui concerne l'activité géothermique, on doit ainsi rappeler que les candidats à l'exploitation de certains gisements à très basse énergie pourront être dispensés par l'autorité réglementaire de toute formalité préalable (*ie.* de solliciter une autorisation de recherche comme un permis d'exploitation), sur le fondement de l'article L. 112-3 du Nouveau code minier. Le secteur hydroélectrique consacre aussi cette possibilité de déroger au principe général de l'autorisation préalable. Au cas présent, il s'agit plus spécifiquement de favoriser l'exploitation accessoire de l'énergie hydraulique par des installations qui n'ont pas normalement une vocation hydroélectrique mais qui relèvent néanmoins de la réglementation générale de l'eau. La première hypothèse est issue de l'article 47 de la loi POPE de 2005 : elle concerne les ouvrages et installations créés pour un autre usage que la production hydroélectrique et déjà autorisés au titre de la loi sur l'eau[118], qui sont ainsi dispensés des procédures spéciales de concession comme d'autorisation prévues par la loi du 16 octobre 1919. Une autre, de conception voisine, résulte de l'article 7.1.c de la loi sur l'eau et les milieux aquatiques : elle exempte les ouvrages et installations hydrauliques nouveaux, eux-mêmes soumis aux règles de fond de la loi sur l'eau et devant être autorisés sur ce fondement, de la procédure d'autorisation spéciale du droit de l'énergie, là encore en cas d'exploitation accessoire de l'énergie hydraulique[119].

La durée légale de ces autorisations administratives est en général moins longue que celle des concessions : pour les gîtes géothermiques, la durée d'un permis d'exploitation délivré pour l'exploitation d'un gîte géothermique en métropole est limitée à 30 ans[120], sans préjudice d'une éventuelle prolongation, alors que dans les DOM celle de l'autorisation d'exploitation et celle du permis d'exploitation ne peuvent dépasser, respectivement, 4 ans[121] et 5 ans[122]. Le droit de l'hydroélectricité se singularise sur ce point, puisqu'il prévoit une durée maximale pour les autorisations au sens de la loi du 16 octobre 1919 (entreprises d'une puissance inférieure à 4 500 kW) identique à celle des concessions, soit 75 ans[123].

b. Les grands traits des procédures d'autorisation

Les textes applicables

Les lois minière et hydroélectrique ont toutes deux posé des règles de base, valables pour l'institution du titre et le cas échéant son renouvellement, mais aussi pour la renonciation, la mutation ou encore, en matière minière, l'amodiation du titre, et ont renvoyé pour le surplus au pouvoir réglementaire. Le tout se caractérise par une forte spécialisation.

(117) Voir loi 16 octobre 1919, art. 17, codifié C. énergie, art. L. 511-6.
(118) C. env., art. L. 214-1 à L. 214-11.
(119) Codifié C. énergie. art. L. 511-2.
(120) N. C. minier, art. L. 134-8.
(121) N. C. minier, art. L. 611-10.
(122) N. C. minier, art. L. 611-24.
(123) C. énergie, art. L. 531-2.

En matière minière-géothermique, la réglementation se décompose en fonction des différentes catégories de titres et des deux grandes familles de gîtes géothermiques. En premier lieu, pour les gîtes à haute température, la réglementation est issue du décret n° 2006-648 du 2 juin 2006 relatif aux titres miniers et aux titres de stockages souterrains, qui se substitue aux textes antérieurs, et qui s'applique aux titres miniers suivants : permis exclusif de recherches, permis d'exploitation dans les DOM, enfin concession de mines. Par ailleurs, toujours dans le même secteur, mais pour la catégorie *ad hoc* des autorisations d'exploitation de mines, réservée aux DOM, s'applique le décret n° 2001-204 du 6 mars 2001. En second lieu, pour les gîtes à basse température, à l'exception des activités entrant dans le champ de l'exception prévue à l'article L. 112-1 du Nouveau code minier, la procédure est régie par le décret n° 78-498 du 28 mars 1978 susmentionné relatif aux titres de recherches et d'exploitation de géothermie.

En matière hydroélectrique, la procédure diffère également selon les catégories de titres d'exploitation. Pour les concessions, s'applique le décret n° 94-894 du 13 octobre 1994 relatif à la concession et à la déclaration d'utilité publique des ouvrages utilisant l'énergie hydraulique, modifié notamment, et en dernier lieu, par le décret n° 2008-1009 du 26 septembre 2008[(124)] et le décret n° 2009-453 du 22 avril 2009[(125)]. Pour les autorisations hydroélectriques (exploitations de moins de 4 500 kW), le code de l'énergie (art. L. 531-1) renvoie aux articles L. 214-1 à L. 214-11 du code de l'environnement précisés par les dispositions réglementaires contenues aux articles R. 214-71 à R. 214-84 du même code.

Plutôt que d'étudier ces réglementations de façon sectorielle, et du fait de la très grande technicité des matières, on a préféré retracer ici les grandes lignes des principales étapes des procédures : d'abord la phase préliminaire de la demande, ensuite l'instruction, enfin l'adoption du titre.

La demande

Il découle des textes applicables que l'autorité publique est tenue d'étudier toute demande visant la recherche et/ou l'exploitation énergétique des ressources ici en cause, qui lui est adressée. En outre, le principe de l'examen par l'État de demandes concurrentes est acquis dans la plupart des cas.

La concurrence

Le principe de base de toutes les autorisations ici examinées est celui du libre choix par l'administration publique du concessionnaire ou du permissionnaire. Toutefois, les règles applicables manifestent une évidente propension à restreindre le pouvoir discrétionnaire de l'administration et à accroître la transparence et la non-discrimination dans l'octroi des titres, afin notamment de répondre aux exigences du droit de l'Union européenne. Le but de la concurrence est d'assurer l'égal accès de tous les opérateurs intéressés à l'octroi du titre d'exploration et/ou d'exploitation d'énergie. Dans les situations ici observées, les textes oscillent toutefois entre une simple possibilité pour les opérateurs de présenter à l'administration des offres concurrentes et l'assujettissement de ladite administration à un dispositif de mise en concurrence préalable, véritablement contraignant et formalisé.

C'est indiscutablement dans le secteur de l'électricité de source hydraulique que le processus de mise en concurrence est tout à la fois le plus contraignant pour l'État mais aussi le plus sophistiqué, la réglementation applicable ayant sur ce plan évolué récemment sous l'effet de la contrainte européenne, le but étant de créer les conditions d'un véritable marché concurrentiel au stade, ici,

(124) Décret modifiant le décret n° 94-894 du 13 octobre 1994 modifié relatif à la concession et à la déclaration d'utilité publique des ouvrages utilisant l'énergie hydraulique et le décret n° 99-872 du 11 octobre 1999 approuvant le cahier des charges type des entreprises hydrauliques concédées ; sur ce texte, voir notamment B. Le Baut-Ferrarese, I. Michallet, « Nouvelles règles pour l'attribution des concessions d'énergie hydraulique », préc.

(125) Décret relatif à la concession des ouvrages utilisant l'énergie hydraulique.

de l'accès à l'activité de production hydroélectrique. Ces évolutions substantielles concernent toutefois les seules concessions hydroélectriques et découlent du décret du 26 septembre 2008 modifiant le décret du 13 octobre 1994 : sur ces bases nouvelles, l'État est en effet soumis au respect d'un certain nombre de dispositions impliquant une authentique concurrence(126).

Reprenant sur le sujet les recommandations du Rapport Leteurtrois de 2006(127), le décret du 13 octobre 1994 modifié pose désormais en termes clairs le principe de l'assujettissement de l'État au droit des conventions de délégation de service public(128), mettant ce faisant un terme à une situation incertaine(129). Cette démarche traduit la volonté des pouvoirs publics d'appliquer sans exception aucune – le changement statutaire d'EDF passé du statut d'établissement public industriel et commercial (EPIC) en situation de monopole à celui d'une société anonyme évoluant dans un secteur concurrentiel ayant conforté cette évolution – à toutes les concessions hydroélectriques le régime juridique des conventions de délégation de service public. Sur ces bases, l'État concédant se voit soumis à deux types de contraintes nouvelles : d'une part, aux articles 38, 40 et 40-1 de la loi n° 93-122 du 29 janvier 1993 relative à la prévention de la corruption et à la transparence de la vie économique et des procédures publiques (dite loi « Sapin ») et à son décret d'application du 24 mars 1993, d'autre part, aux règles éventuellement spécifiques apportées par le décret du 26 septembre 2008.

En vérité le nouveau système est moins simple qu'il n'en a l'air, dès lors qu'il fait varier le régime de mise en concurrence en fonction de la « complexité » du projet d'exploitation hydroélectrique. C'est en d'autres termes la qualification du projet qui est ici de nature à déterminer une partie de la procédure applicable. De fait, alors que tous les aménagements sont soumis au dispositif de droit commun de la loi « Sapin », seuls ceux qui présentent un caractère « complexe » – le sens de cette appellation n'étant pas précisée par le décret – sont assujettis à la procédure de mise en concurrence *ad hoc* régie par le titre 1er du décret du 13 octobre 1994 et le cahier des charges type des entreprises hydrauliques concédées tels que modifiés par le décret n° 2008-1009 et les arrêtés d'application du 23 décembre 2008(130).

Remarque

Le nouveau régime juridique applicable aux concessions hydrauliques aboutit à une situation hybride. Ainsi, d'un côté toutes les concessions obéissent à un faisceau de règles communes, soit grosso modo le dispositif de la loi « Sapin », cependant qu'en présence d'un projet ayant un caractère « complexe » l'administration peut choisir – manifestement de façon discrétionnaire puisque le décret ne précise pas le contenu de cette notion – d'appliquer le régime procédural partiellement dérogatoire issu du décret n° 94-894 modifié. Quoi qu'il en soit dans les deux cas l'autorité compétente procède aux formalités de publicité prévues par le dispositif loi

(126) Pour une analyse de ces évolutions, voir B. Le Baut-Ferrarese, I. Michallet, « Nouvelles règles pour l'attribution des concessions d'énergie hydraulique », préc., M. Meddeb, « Vers une mise en concurrence lors du renouvellement des concessions hydroélectriques », *Revue Lamy de la concurrence*, 2009, p. 18 ; P. Ravetto, N. Gardes, « La nouvelle procédure de mise en concurrence des concessions hydroélectriques », *BDEI* 2008, p. 18.

(127) Voir Conseil général des mines, Conseil général des ponts et chaussées, Inspection générale des finances, « Rapport sur le renouvellement des concessions hydroélectriques », novembre 2006.

(128) Voir E. Delacour, « Soumission des concessions d'énergie hydraulique à la loi Sapin », préc.

(129) Pour un exemple d'application du droit des conventions de délégations de service public avant l'entrée en vigueur du décret du 26 septembre 2008, voir cependant CAA Lyon 9 novembre 2010, SARL EAL Jouval, n° 09LY00424.

(130) Arrêté définissant les éléments de la lettre d'intention prévue à l'article 2-2 du décret n° 94-894 du 13 octobre 1994 modifié relatif à la concession et à la déclaration d'utilité publique des ouvrages d'énergie hydraulique ; arrêté définissant le dossier de demande de concession prévu à l'article 3 du décret n° 94-894 du 13 octobre 1994 modifié relatif à la concession et à la déclaration d'utilité publique des ouvrages utilisant l'énergie hydraulique ; arrêté définissant les modalités de réalisation et de remise du dossier de fin de concession prévu à l'article 29 du décret n° 94-894 du 13 octobre 1994 modifié relatif à la concession et à la déclaration d'utilité publique des ouvrages utilisant l'énergie hydraulique.

« Sapin » (« avis d'appel public à la concurrence ») ; elle conserve dans ce cadre le droit de choisir librement le concessionnaire mais en s'aidant des critères désormais propres au droit des concessions hydrauliques découlant du décret n° 94-894 modifié : critères d'ordre énergétique, économique et environnemental (décret n° 94-894 modifié, art. 1). D'un autre côté, et dans la seule hypothèse où elle retient la qualification de « complexité » du projet, l'administration peut choisir d'appliquer les dispositions spécifiquement réservées à ce type d'aménagements et intéressant notamment la « forme de la demande de concession » (Dispositions régies par le titre I du décret n° 94-894 modifié). Dans un tel cas de figure les éléments de l'appel à candidatures seront par exemple spécifiques (décret n° 94-894 modifié, art. 2-4). Par exemple, encore en cas de renouvellement de la concession, de façon à garantir une égalité de traitement entre le concessionnaire et les autres candidats, le décret exige de l'administration qu'elle remette un dossier de consultation aux candidats admis à présenter une offre (décret n° 94-894 modifié, art. 2-6-5°). Enfin, dans la même situation toujours, et dans le but cette fois d'assurer les conditions d'une véritable discussion avec les entreprises intéressées, l'État se voit offrir la possibilité d'inviter les candidats admis à présenter une offre à participer à une procédure de dialogue censée permettre de préciser un certain nombre d'éléments caractéristiques de la concession (décret n° 94-894 modifié, art. 2-8).

La mise en concurrence des concessions hydroélectriques répond pour l'essentiel à des exigences européennes. Il s'agit en effet de mettre la France en accord avec l'ouverture du marché de l'énergie imposée par l'UE. Il s'agit aussi d'accroître la production hydraulique de 10 % afin d'atteindre les objectifs quantitatifs de consommation d'énergie renouvelable issus eux-mêmes de la législation de l'Union européenne. Toutefois, ce processus a un coût pour la puissance publique, lié principalement à la nécessité d'engager des frais d'expertise des offres, coût évalué à 19,1 millions d'euros pour la seule période 2012-2015. Ce coût est au moins en partie financé par le droit d'entrée supporté par les concessionnaires entrants. La nécessité de rendre visibles les dépenses comme les recettes afférentes au renouvellement concurrentiel des concessions hydroélectriques a conduit le législateur à créer, à compter du 1er janvier 2012, un « compte de commerce » propre à celles-ci(131). Les opérations retracées dans ce compte joint au budget de l'État exposent les recettes et dépenses liées exclusivement au processus de renouvellement des concessions, excluant donc celles afférentes au fonctionnement de ces dernières, telles les redevances proportionnelles visées aux articles L. 521-22 et L. 521-23 du code de l'énergie qui alimentent le budget général de l'État(132).

Remarque

En droit des finances publiques, les comptes de commerce appartiennent à la catégorie des « comptes spéciaux » ; ils retracent « les opérations de caractère industriel ou commercial effectuées à titre accessoire par des services de l'État »(133).

La consolidation des conditions de concurrence applicables au renouvellement des concessions de force hydraulique découle d'une autre modification apportée par le décret du 26 septembre 2008. Il s'agit de la soumission du processus au droit des marchés publics(134). En effet, l'article 2-4° nouveau du décret de 1994 modifié retient que lorsque l'octroi ou le renouvellement d'une concession est susceptible de comporter des travaux dont le montant est égal ou supérieur au seuil européen prévu au b) de l'article 16 de la directive 2004-17 du 31 mars 2004 portant coordination des procédures de passation des marchés dans les secteurs de l'eau, de l'énergie, des transports et des services postaux (soit 5 150 000 euros), l'État doit publier au *Journal Officiel de l'UE* un « avis d'appel public à candidature européenne », conforme au modèle fixé par le règlement communautaire n° 1564/2005 du

(131) Voir loi 2011-1977 du 28 décembre 2011 de finances pour 2012, art. 51.

(132) Redevances proportionnelles recouvrées d'après les règles pour le recouvrement des produits et revenus domaniaux, voir code de l'énergie, art. L. 511-12 ; sur ces redevances, voir *infra* p. 176 et s.

(133) Voir loi organique n° 2001-692 du 1er août 2001 relative aux lois de finances, art. 22.

(134) Pour une décision de non soumission aux règles de publicité et de mise en concurrence de la législation sur les marchés publics avant l'entrée en vigueur du décret n° 2008-1009, du 26 septembre 2008, voir CAA Lyon 9 novembre 2010 SARL EAL Jouval, n° 09LY00424.

7 septembre 2005[135]. Le raisonnement permettant d'aboutir à cette solution n'est pas toutefois identique à celui utilisé par ailleurs dans le même décret pour caractériser les rapports entre la concession de force hydraulique et la convention de délégation de service public ; en d'autres termes il n'est pas ici disposé que toute concession hydroélectrique est *de jure* soumise au droit des marchés publics de travaux, seulement qu'elle peut l'être lorsqu'elle dépasse le seuil européen. De la sorte l'indépendance des notions de concessions de force hydraulique, d'une part, et de marché public, d'autre part, est préservée. Force est d'admettre en effet que l'assimilation serait impossible dès lors que les éléments constitutifs du marché public font défaut : ainsi l'exploitant hydraulique ne répond pas à un besoin de la personne publique, n'est pas rémunéré par un prix mais par la vente de l'électricité qu'il produit, enfin assume le risque économique découlant de la concession. En synthèse, alors que le marché public procède d'une commande publique et suppose que l'administration obtienne de son cocontractant une prestation sous forme de travaux, de fournitures ou de services, la concession de force hydraulique est tout autre chose : elle est un acte par lequel l'administration autorise un opérateur à exploiter à des fins économiques – ici la production d'énergie – un bien public. En d'autres termes, dans le cas de la concession « l'autorité ne procède [...] à aucune acquisition de fourniture, travail ou service ; c'est elle qui « vend » son droit sur la force hydraulique »[136]. Certes, il n'est pas rare qu'en pratique, à défaut d'être un marché public de travaux *stricto sensu*, la concession d'énergie hydraulique corresponde à une concession de travaux publics[137]. Quoi qu'il en soit, le décret du 26 septembre 2008 fait fi de ces subtiles discussions sur la nature ou non de concession de travaux, en imposant le système de la publicité européenne applicable à celles-ci tout en le conditionnant au dépassement du seuil européen.

Les autorisations hydroélectriques au sens de la loi du 16 octobre 1919 (entreprises de moins de 4 500 kW) restent en dehors de ce régime de mise en concurrence renforcé. À leur sujet, l'article R. 214-73 du code de l'environnement prévoit ainsi, tout au plus, que dans les 30 jours au plus tard suivant l'avis de réception de la demande régulière et complète, et avant la décision de mise à enquête publique, le préfet prend l'avis des services administratifs intéressés sur d'« éventuelles demandes en concurrence ».

Remarque

Pour les autorisations hydroélectriques, d'autres demandes en concurrence peuvent être présentées ultérieurement. Elles doivent être adressées au plus tard dans le mois qui suit la clôture de l'enquête publique, et elles devront être en tout état de cause instruites avant la remise du rapport d'enquête publique. Une nouvelle enquête publique peut toutefois être prescrite par le préfet s'il juge qu'une demande concurrente est « meilleure » que celle qui a fait l'objet de la première enquête publique. Voir, sur tous ces points, l'article R. 217-73 du code de l'environnement.

Le système applicable à la matière minière-géothermique est assez comparable à celui valant pour les autorisations accordées aux ouvrages hydroélectriques de moins de 4 500 kW. Ici aussi la mise en concurrence ne sert pas à susciter *ab initio* des offres éventuellement concurrentes, elle s'inscrit chronologiquement à la suite d'une demande initiale. Ainsi comprise, la concurrence intéresse d'abord, et de façon générale, l'ensemble des titres applicables aux gîtes à haute température. En premier lieu, pour la partie exploitation sont concernés : en métropole les concessions[138], dans les DOM les autorisations spécifiques que constituent les permis d'exploitation[139]. En second lieu,

(135) Décret n° 94-894, art. 2.4.4, créé par décret n° 2008-1009.

(136) J. Fournier, *Vers un nouveau droit des concessions hydroélectriques*, Éd. universitaires, Fribourg, 2002, p. 272.

(137) CE 22 juin 1928, de Sigalas, S. 1928, concl. Josse ; voir aussi *supra* p. 139 et s.

(138) N. C. minier, art. L. 132-4, décret n° 2006-648, art. 27.

(139) N. C. minier, art. L. 611-25, décret n° 2006-648, art. 34.

pour le volet recherche un processus comparable de mise en concurrence s'applique à la procédure de délivrance des permis exclusifs de recherches(140). Toujours pour les gisements à haute température, une mise à l'écart de la concurrence est cependant autorisée par la loi lorsque le candidat à l'exploitation est déjà titulaire d'un permis de recherches et demande ultérieurement, en métropole une concession, dans un DOM un permis d'exploitation, et, dans les deux cas, à la condition que l'exploitation envisagée porte sur le même périmètre que le permis de recherche initial(141). Ensuite, pour les gîtes à basse température, on relève que la mise en concurrence est également imposée pour les autorisations de recherche(142), mais qu'elle ne l'est pas en revanche pour les permis d'exploitation. Les décrets applicables à la matière précisent les modalités et formes de la mise en concurrence lorsque celle-ci est exigée, la principale contrainte se rapportant à une obligation d'instruire les demandes concurrentes comme la demande initiale.

Sans doute la mise en concurrence des candidats n'est-elle pas toujours suffisante pour assurer le libre accès de tous les opérateurs intéressés aux activités ici en cause. Sans doute faut-il par surcroît que les régimes d'autorisation soient fondés sur des critères objectifs, non discriminatoires et transparents. Sur ces sujets, on sait le droit de l'Union européenne particulièrement exigeant. On n'ignore pas non plus que très souvent sur ce type de questions le droit français suit à marche forcée. Ainsi, la loi du 16 octobre 1919 a longtemps comporté un critère de nationalité suivant lequel une concession ou une autorisation ne peut être attribuée qu'« aux seuls Français » sauf dérogation « exceptionnellement » prévue par décret(143). Certes, le décret n° 70-414 du 12 mai 1970 concernant la nationalité des concessionnaires et permissionnaires d'énergie hydraulique avait posé l'égalité de traitement avec les nationaux pour les personnes physiques ou morales ressortissant d'un État membre de la Communauté européenne, désireuses d'accéder à l'activité en cause. De la sorte se voyait donc neutralisée une disposition manifestement contraire au principe fondamental de non discrimination selon la nationalité imposé par le droit de l'UE. Le manque d'empressement des autorités françaises à se défaire de cette anomalie juridique est remarquable, puisqu'il a fallu attendre l'adoption de la loi dite « Grenelle 2 » pour qu'elle soit enfin éradiquée(144).

Remarque

La mise en conformité du droit national au regard des traités européens doit être effectuée à l'aide « de dispositions internes à caractère contraignant ayant la même valeur que celles qui doivent être modifiées » : CJCE 15 décembre 1986, Com./Italie, aff. 168/85, *Rec.* p. I-2945.

Il faut encore évoquer le conflit ayant opposé la Commission européenne à la France, lié aussi à la rédaction de certaines dispositions de la loi du 16 octobre 1919 sur l'énergie hydraulique suite à sa modification par la loi du 3 janvier 1992 sur l'eau. La disposition mise en cause était ici ce que l'on a souvent appelé le « droit de préférence », qui consistait à accorder en priorité, à certaines conditions, au concessionnaire ou permissionnaire sortant le titre demandé en cas de renouvellement de l'aménagement hydroélectrique(145). Or, cette disposition fut considérée par la Commission comme un obstacle au principe de libre établissement des personnes physiques et morales consacré par le traité européen(146), la gardienne des traités s'élevant contre le fait qu'elle procurait aux sociétés

(140) N. C. minier, art. L. 122-3 et s., décret n° 2006-648, art. 18.

(141) N. C. minier, art. L. 132-6 et art L. 611-19.

(142) N. C. minier, art. L. 124-6, décret n° 78-498, art. 10.

(143) Voir art. 26 de la loi du 16 octobre 1919 dans sa version initiale.

(144) Loi n° 2010-788, art. 91, supprimant art. 26 loi du 16 octobre 1919.

(145) Loi 16 octobre 1919, anciens art. 13 et 16.

(146) TFUE, art. 49, ex TCE, art. 43.

ayant obtenu une concession ou une autorisation aux premiers temps de la mise en œuvre de la loi du 16 octobre 1919, soit dans tous les cas des sociétés établies depuis longtemps en France, un avantage injustifié. En d'autres termes, ce droit de préférence aurait découragé d'éventuels candidats venant des autres États membres de l'UE à se lancer dans un travail technique complexe d'élaboration et de présentation des offres, et, en définitive, aurait supprimé la compétition économique inhérente au renouvellement des titres. La Commission exigea donc sa suppression(147), qui fut opérée à temps, c'est-à-dire avant l'issue spectaculaire de l'arrêt de manquement, par un changement d'abord des termes de la loi(148) puis de ses dispositions décrétales d'application(149). De fait, la France s'est donc pliée à la conception européenne rigoureuse de l'égalité de traitement de tous les opérateurs économiques face à la réglementation économique qui, sans être propre à cette matière(150), conduit à qualifier de restrictions à la liberté d'établissement toutes les mesures qui avantagent les entreprises nationales installées de longue date dans un État membre.

Contenu de la demande

De l'ensemble des textes applicables, il ressort que nul n'a droit à obtenir les autorisations en cause, mais que l'administration a l'obligation d'examiner chaque demande et ne peut la rejeter qu'en se fondant sur les motifs légaux. Plus précisément, il faut toujours, pour obtenir le titre demandé, démontrer des capacités techniques et financières. À cette fin, les règles imposent que le dossier de demande comprenne un certain nombre d'éléments afin d'identifier le demandeur, d'établir les principales caractéristiques techniques de l'installation projetée, ou encore de la localiser ; s'ajoutent à cela dans certains cas l'obligation de produire certains documents particuliers, par exemple l'étude d'impact(151).

Remarque

Pour un détail des mentions à fournir, on se reportera aux textes réglementaires applicables.

S'agissant des titres relatifs aux gîtes géothermiques :
– ceux à haute température : il s'agit pour la métropole des permis exclusifs de recherches (voir décret n° 2006-648, art. 17) et des concessions (voir décret n° 2006-648, art. 24), et dans les DOM des autorisations d'exploitation (voir Nouveau C. minier, art. L. 611-14 et art. L. 611-35 et décret n° 2001-204 du 6 mars 2001, art. 5) et des permis d'exploitation (voir Nouveau C. minier, art. L. 611-21 et décret n° 2006-648, art. 33) ;
– ceux à basse température : il s'agit des autorisations de recherches et d'exploitation (voir décret n° 78-498, art. 3).

S'agissant des autorisations intéressant les exploitations hydroélectriques de moins de 4 500 kW, voir C. env., art. R. 214-72.

Les informations demandées au pétitionnaire présentent un intérêt évident. Pour les autorisations hydroélectriques en particulier, le Conseil d'État a jugé qu'il s'agit de « permettre aux autorités chargées de donner leur avis et de décider sur la demande d'autorisation d'apprécier la capacité du demandeur de réaliser l'objectif poursuivi par lui et les conséquences de l'opération tant sur le plan socio-économique que sur celui de l'ensemble de l'environnement »(152). Ces formalités sont au demeurant probablement substantielles. Ainsi, le juge administratif a-t-il annulé une autorisation

(147) Voir procédure d'avis motivé lancée par la Commission : Communiqué n° IP/04/1520, 21 décembre 2004 et Communiqué n° IP/05/920, 13 juillet 2005.

(148) Loi n° 2006-1772, 30 décembre 2006, sur l'eau et les milieux aquatiques, art. 7.2° à 4°.

(149) Suppression du droit de préférence figurant à l'article 29 du décret du 13 octobre 1994, par le décret n° 2008-1009 du 26 septembre 2008 préc. ; voir aussi Commission, décision de désistement n° 2003/2237, communiqué IP/08/1793, 27 novembre 2008.

(150) Dans le même sens, à propos de l'interdiction française de rémunérer les comptes courants, voir *CJCE* 5 octobre 2004, Ste Caixa Bank France c/ ministère de l'Économie, des Finances et de l'Industrie, C-442/02, *Rec.* p. I-8961.

(151) Voir *infra* cette partie, p. 238 et s.

(152) CE 2 octobre 1987, SA des usines Laprade, req. n° 62850, *RJE* 1988, p. 53, comm. J. Raymond.

hydroélectrique au sens de la loi du 16 octobre 1919 sur l'énergie hydraulique en s'appuyant sur le fait que le demandeur n'avait pas communiqué au préfet le document imposé par les textes, en l'espèce par l'article R. 214-72 du code de l'environnement, prouvant qu'il avait la libre disposition des terrains ne dépendant pas du domaine public, sur lesquels les travaux nécessaires à l'aménagement de la force hydraulique devaient être exécutés[(153)].

Le déroulement de la procédure de demande de titres n'appelle pas d'autres commentaires, excepté pour les concessions hydroélectriques. Il faut rappeler qu'il existe à leur sujet deux scénarios possibles sur le plan procédural. Suivant le décret n° 94-894 du 13 octobre 1994 relatif à la concession et à la déclaration d'utilité publique des ouvrages utilisant l'énergie hydraulique tel que modifié par celui du 26 septembre 2008, le principe est l'application des règles sur les concessions de service public telles que découlant de la loi « Sapin » et de son décret d'application du 24 mars 1993 ; toutefois le même décret prévoit que par exception l'autorité concédante « peut » décider de faire jouer un certain nombre de règles de procédure spéciales, soit celles régies par son titre Ier et qui sont réservées aux projets ou ouvrages « complexes ». Or, dans la seconde de ces deux hypothèses, et dans celle-là seulement, la chronologie de la procédure de la « demande » de titre administratif obéit à un processus en deux temps. D'abord, le candidat à la concession hydroélectrique doit adresser une « lettre d'intention » à l'administration, qui doit de son côté lui répondre dans un délai préfix (6 mois), et l'inviter, s'il y a lieu, à lui soumettre un « dossier de demande de concession » : ainsi faut-il observer que dans cette configuration c'est le pétitionnaire qui est *stricto sensu* à l'origine de la « demande ». Le schéma n'est en revanche plus celui-là lorsqu'il est question non pas de créer une concession nouvelle mais de renouveler une concession existante : en effet en ce cas l'initiative de la « demande » appartient alors à l'administration, qui doit, d'une part, dresser l'inventaire de la situation à partir du « dossier de fin de concession » fourni au plus tard 5 ans avant l'expiration de son titre par le concessionnaire sortant, d'autre part, organiser sur ces bases la publicité spéciale prévue pour les attributions de concession nouvelle[(154)].

Le mode opératoire applicable au renouvellement des concessions a connu d'autres évolutions, apportées par des dispositions appartenant à la loi n° 2010-788 du 12 juillet 2010 dite « Grenelle 2 ». Ainsi, pour accélérer le déroulement des procédures, ce texte a modifié l'article 13 de la loi du 16 octobre 1919 en réduisant de 5 à 3 ans avant l'expiration de la concession le délai minimal que doit respecter l'administration pour prendre la décision consistant, soit à mettre fin à la concession, soit à en instituer une nouvelle à l'expiration de la précédente ; cette loi a en outre supprimé l'obligation pour le concessionnaire sortant de faire part de son intention de solliciter un renouvellement de la concession 11 ans avant l'échéance[(155)].

L'instruction

Les textes, surtout les décrets de procédure susmentionnés, précisent par ailleurs les modalités d'instruction des demandes, des modalités appelées à varier là aussi selon la catégorie de titre demandé.

Remarque

Les concessions hydroélectriques font l'objet d'un noyau dur de règles communes en matière d'instruction, issues de l'article 2 et des titres II et III du décret n° 94-894 modifié par le décret n° 2008-1009 du 26 septembre 2008. Cependant, « lorsque la complexité du

(153) CAA Marseille 26 novembre 1998, Fédération des Hautes-Alpes pour la pêche et la protection du milieu aquatique, req. n° 97MA01435 : en l'absence de cette libre disposition des terrains, le préfet ne pouvait donc autoriser le projet.

(154) Voir décret n° 94-984 modifié, art. 29 et 30.

(155) Loi n° 2010-788, art. 91, codifié C. énergie, art. L. 511-16.

> projet ou de l'exploitation des ouvrages le justifie », l'administration peut décider d'appliquer le régime dérogatoire d'instruction prévu par les articles 2-2 à 2-10 du décret n° 94-894 modifié.

Il n'en reste pas moins qu'en toute matière l'instruction comporte le plus souvent deux phases, l'une purement interne à l'administration, l'autre élargie au public.

La phase d'instruction purement interne à l'administration

Cette phase d'instruction administrative contient en général une partie centralisée et une autre déconcentrée.

Ainsi, pour les gîtes géothermiques à haute température, c'est au ministre chargé des Mines que le pétitionnaire doit transmettre sa demande : soit de permis exclusif de recherche(156), soit de concession(157), soit de permis d'exploitation dans un DOM(158). Pour cette catégorie de titres, l'article 3 du décret n° 2006-648 du 2 juin 2006 précise que les projets de décisions relatifs aux titres miniers sont en toutes circonstances soumis à l'avis du Conseil général des mines.

Remarque

> Le décret n° 2009-64 du 16 janvier 2009 a organisé la fusion du Conseil général des mines et du Conseil général des technologies de l'information. L'organisme issu de cette fusion est le Conseil général de l'industrie, de l'énergie et des technologies (CGIET). Ce dernier est placé sous l'autorité directe du ministre chargé de l'Économie qui le préside, et mis à la disposition d'autres ministres tels le ministre en charge de l'Énergie pour traiter notamment des questions relatives à l'énergie et aux activités minières.

Mais, dans la très grande majorité des situations, l'instruction administrative est au moins partiellement déconcentrée. C'est le cas en matière minière-géothermique, et, là encore, pour les titres intéressant les gîtes à haute température. C'est ainsi que le décret n° 2006-648 invite le ministre en charge des Mines, saisi d'une demande, soit d'un permis exclusif de recherche, soit d'une concession, soit d'un permis d'exploitation dans un DOM, à transmettre le dossier au préfet de département – voire à un « préfet coordonnateur », à charge pour ce dernier de consulter ensuite pour avis les responsables des services civils et de l'autorité militaire intéressés et de leur transmettre à cette fin toutes pièces utiles(159). Le préfet est donc de fait celui qui instruit la demande et qui renverra *in fine* celle-ci au ministre, accompagnée des avis susmentionnés, des rapports et avis du directeur régional de l'industrie, de la recherche et de l'environnement, enfin de son propre avis, le tout en respectant les délais prévus par les textes(160). Tel est le cas également en matière hydroélectrique, du moins pour les concessions, depuis que le décret n° 99-225 du 22 mars 1999 a modifié le décret n° 94-894 et imposé que l'instruction soit effectuée au niveau des préfectures ; il existe toutefois une exception pour les demandes intéressant les chutes de très grande puissance (celles dont la « puissance maximale brute » est supérieure ou égale à 100 mégawatts), pour lesquelles l'instruction relève du ministre en charge de l'Énergie(161).

Remarque

> Il a été remarqué que lorsque l'administration juge le projet de concession hydroélectrique « complexe », elle peut décider d'appliquer le régime d'instruction dérogatoire prévu par l'article 2-10 du décret n° 94-894 modifié. Ce texte prévoit que lorsque l'examen des demandes de concession relève du ministre de l'Énergie, celui-ci recueille dans un délai de 2 mois l'avis du ministre chargé de

(156) Décret n° 2006-648, art. 17.

(157) Décret n° 2006-648, art. 24.

(158) Décret n° 2006-648, art. 33.

(159) Voir décret n° 2006-648, respectivement art. 18, 25 et 33.

(160) Voir décret n° 2006-648, respectivement art. 20 et 21, art. 29 et art. 39.

(161) Décret n° 94-894 modifié, art. 2.

l'environnement, du ministre chargé de l'Agriculture ainsi que, le cas échéant, du ministre chargé des voies navigables, enfin, si l'intervention financière de l'État est sollicitée ou en cas de renouvellement de la concession, celui du ministre chargé du budget. Le même article 2-10 du décret n° 94-894 modifié dispose que lorsque l'aménagement projeté intéresse un cours d'eau domanial ou utilise l'énergie des marées, les dossiers de demande sont également soumis pour avis, dans les conditions prévues au premier alinéa, aux autorités chargées de la gestion du domaine public concerné, ainsi qu'au ministre chargé de la pêche maritime dans le cas où des zones de pêche maritime sont concernées. Cette dernière consultation doit permettre d'appréhender d'éventuels conflits d'intérêts quant à l'usage de l'eau.

Il arrive parfois que la procédure d'instruction des autorisations soit totalement déconcentrée. Il en va ainsi en matière minière-géothermique lorsqu'est sollicitée une autorisation d'exploiter un gîte à basse température, le pétitionnaire devant en ce cas s'adresser au préfet, qui doit ensuite transmettre au chef du service interdépartemental de l'industrie et des mines, chargé de son côté de recueillir l'avis des services civils et militaires intéressés(162). Un schéma comparable se rencontre aussi en matière hydroélectrique : d'une part, pour les concessions dont la puissance maximale brute est inférieure à 100 mégawatts(163), d'autre part, et de façon plus générale pour tous les aménagements non concessibles ou autorisés au sens de la loi du 16 octobre 1919 – puissance inférieure à 4 500 kW –, le préfet de département étant ici organe d'instruction de plein droit, devant susciter par voie de conférence l'avis des différents services administratifs concernés(164).

Remarque

Lorsque les textes imposent la transmission de la demande, pour instruction, de l'autorité ministérielle vers l'autorité déconcentrée, soit le préfet de département, ils exigent en général, lorsque l'étendue géographique du projet dépasse les frontières d'un département, le transfert à une autorité déconcentrée unique.

Ainsi en est-il pour les autorisations concernant les gîtes géothermiques : pour ceux à haute température hors DOM, le décret n° 2006-648 organise ainsi le renvoi du dossier à un « préfet coordonnateur » (art. 18, art. 25, art. 33) ; pour ceux à basse température, le décret n° 78-498 indique que la demande est adressée au préfet du département sur le territoire duquel le demandeur prévoit d'installer « le siège principal d'exploitation » (art. 14).

Ainsi en est-il aussi pour les concessions hydroélectriques : le décret n° 94-894 modifié précisant que le préfet devant prendre en charge l'instruction est le préfet de département – « préfet coordonnateur » – dans lequel est installée « la principale usine de production d'électricité » (décret n° 94-894 modifié, art. 2).

Par ailleurs, dans de nombreuses hypothèses, les dispositifs d'instruction font intervenir les autorités locales, fût-ce pour une simple consultation. Il en va tout d'abord ainsi en matière minière-géothermique. En premier lieu, dans le cas particulier d'une demande de permis exclusif de recherches d'un gîte à haute température sur le territoire de la Guyane, il est ainsi prévu que, s'il n'y a pas mise en concurrence, le préfet doit consulter les maires des communes concernées(165). En second lieu, pour les gîtes géothermiques concessibles, il est imposé au préfet de consulter les maires des communes sur le territoire desquels porte en tout ou partie la concession(166). Ensuite, dans le secteur hydroélectrique le rôle de certains organes locaux est également valorisé : celui des départements était d'ailleurs tout particulièrement mis en avant par la loi du 16 octobre 1919 dans sa version d'origine – « Aucune concession ou autorisation ne sera accordée sans avis préalable des conseils généraux sur le territoire desquels l'énergie hydraulique est utilisée »(167). Mais, aujourd'hui, c'est seulement au sujet des ouvrages concessibles que le préfet est tenu de requérir, « dès l'ouverture de l'enquête publique », un certain nombre d'avis issus des collectivités territoriales : d'une part, celui des conseils municipaux

(162) Décret n° 78-498, art. 8, 10 et 11.
(163) Décret 94-894 modifié, art. 2.
(164) C. env., art. R. 214-73.
(165) Décret n° 2006-648, art. 20.
(166) Décret n° 2006-648, art. 28.
(167) Art. 1, abrogé par l'ordonnance n° 2011-91 du 20 janvier 2011.

des communes sur le territoire desquels les ouvrages doivent être établis ou faire sentir leurs effets de façon notable, d'autre part, celui du conseil général qui demeure impératif, enfin celui du conseil régional qui est lié à la taille de l'exploitation[168].

Remarque

Au sujet d'une concession hydroélectrique, il a été jugé que l'avis donné par le maire en lieu et place de celui du conseil municipal ne vicie pas de façon substantielle la procédure : CAA Lyon 9 novembre 2010, SARL EAL Jouval, n° 09LY00424.

On constate en tous les cas qu'un certain nombre de consultations administratives sont susceptibles de précéder la mise à l'enquête publique. Ces consultations donnent lieu à des avis simples, étant admis que s'applique en l'occurrence le principe de liberté des avis consultatifs qui veut que « rien ne s'oppose à ce qu'une autorité administrative provoque des avis consultatifs dès lors que, comme en l'espèce, elle ne se considère pas comme liée par ces avis »[169].

La phase d'instruction extérieure à l'administration : l'enquête publique

L'enquête publique précède l'adoption d'un nombre croissant d'actes administratifs, tout particulièrement ceux susceptibles d'affecter l'environnement. En l'inscrivant dans les procédures applicables aux aménagements miniers-géothermiques et hydroélectriques, le législateur montre sa volonté de donner corps aux idées d'information et de participation du public (habitants, associations, acteurs économiques) à l'action administrative et, plus largement, de transparence et de concertation. Ce souci rejoint d'ailleurs le vœu exprimé à l'article 2 de la loi POPE de 2005 selon lequel « dans le domaine énergétique, l'État veille à la recherche permanente, grâce à des procédures de concertation, d'un consensus le plus large possible prenant en compte la nécessaire conciliation entre le respect des intérêts locaux et les impératifs liés à l'intérêt général ». À cette fin, l'enquête publique peut jouer un rôle essentiel. Elle est d'ailleurs, sur un plan strictement juridique, un élément de légalité externe, soumis comme tel au contrôle du juge de l'excès de pouvoir, à charge pour ce dernier de vérifier « que le public comme l'administration soient réellement informés par [...] [le] contenu [du projet], au-delà d'un simple respect formel de l'énumération légale des pièces requises »[170]. Permettant une appropriation des enjeux énergétiques locaux par la population, l'enquête publique n'élude pas toutefois le risque d'une opposition de celle-ci à certains projets, à rebours peut-être alors de l'objectif général de développement massif des énergies renouvelables[171].

Pour les gîtes géothermiques, le Nouveau code minier prescrit l'organisation d'une enquête publique placée sous la responsabilité des préfets, mais qui n'est pas systématique.

Pour les gisements à haute température, l'enquête va durer 30 jours et concerner les actes d'exploitation suivants : d'une part, les concessions[172]– un régime partiellement dérogatoire étant prévu pour le département de la Guyane –, d'autre part, les permis d'exploitation accordés dans les DOM[173] – dans une optique de rationalisation de la procédure, l'article 36 du décret n° 2006-648 précise qu'il n'y a qu'une seule enquête publique lorsque le demandeur présente simultanément la

(168) Voir décret n° 94-894 du 13 octobre 2004 modifié, art. 18-1 et art 10, 12 et 13.

(169) CE 23 novembre 1984, Ministre de l'Environnement c/ S^{té} hydraulique de Bourgnassou, req. n° 46751, *CJEG* mars 1985, p. 87, concl. Dandelot, note Delpirou.

(170) Voir annotation sur arrêt CAA Nantes 26 décembre 2004, SARL Au fil de la Vire, *Environnement* avril 2004, p. 13.

(171) Sur ce risque, voir aussi A. Gossement, « Droit minier et droit de l'environnement. Eléments de réflexion pour une réforme relative à l'évaluation environnementale, à l'information et à la participation du public », 2011, www.developpement-durable.gouv.fr, p. 98.

(172) N. C. minier, art. L. 132-5, et décret 2006-648, art. 26.

(173) N. C. minier, art. L. 611-25, et décret 2006-648, art. 33.

demande de permis d'exploitation et la demande d'ouverture des travaux prévue par l'article L. 162-3 du Nouveau code minier. En revanche, l'enquête publique est absente des procédures d'octroi d'un permis exclusif de recherches notamment d'un gîte à haute température[(174)], de prolongation de permis de recherche et de demandes de prolongation de concession[(175)]. Pour les gîtes à basse température, les textes imposent pareillement l'enquête publique préalablement à l'adoption des actes d'autorisation préalable : il s'agit ici des autorisations de recherches et des permis d'exploitation[(176)], l'enquête devant durer pour ces situations « au moins 15 jours »[(177)].

En matière hydroélectrique, l'enquête publique est également prescrite. D'une part, pour les concessions d'ouvrages utilisant l'énergie hydraulique[(178)], d'autre part, pour les autorisations d'exploiter les ouvrages de moins de 4 500 kW[(179)].

On sait cependant qu'il existe en droit administratif français deux grands types d'enquêtes publiques : celle du code de l'expropriation[(180)], ou de « droit commun », et celle du code de l'environnement, ou « spéciale », issue de la loi n° 83-630 du 12 juillet 1983 relative à la démocratisation des enquêtes publiques et à la protection de l'environnement[(181)], cette dichotomie ayant d'ailleurs été renforcée par les récentes lois « Grenelle »[(182)]. Alors, quelle procédure d'enquête publique appliquer dans les hypothèses ici examinées ? La réponse à cette question n'est pas forcément simple. Elle l'est à l'évidence lorsqu'elle figure dans les textes spécifiquement applicables à la matière considérée. Ainsi en est-il en matière hydroélectrique pour les concessions, l'article 7 du décret n° 94-894 renvoyant explicitement à l'enquête publique du code de l'environnement[(183)], sous réserve de quelques adaptations. Cependant, à défaut de trouver un renseignement précis dans les textes de procédure spécifiquement applicables aux diverses catégories d'autorisations, l'article R. 123-1 du code de l'environnement relatif à l'enquête publique intéressant les opérations susceptibles d'affecter l'environnement peut servir d'indicateur, ce d'autant que, depuis la modification de ce texte par le décret n° 2011-2018 du 29 décembre 2011[(184)], la solution est plus simple dans son principe puisqu'il est prévu désormais que sont placés sous l'empire de l'enquête publique du code de l'environnement tous « les projets de travaux, d'ouvrages ou d'aménagements soumis de façon systématique » à étude d'impact[(185)]. Le lien avec la présence ou non d'une étude d'impact permet donc, quand il y a lieu, de déterminer le régime de l'enquête publique. En matière hydroélectrique, ce raisonnement conduit à confirmer[(186)] que les travaux d'installation des

(174) L'enquête publique a été ici supprimée par l'art. 1 de la loi n° 94-588 du 15 juillet 1994 modifiant certaines dispositions du code minier.

(175) Le projet de loi ratifiant l'ordonnance n° 2011-91 du 20 janvier 2011 portant codification de la partie législative du code minier a proposé la mise en place d'une procédure de consultation du public dans ces trois situations.

(176) Nouveau C. minier, art. L. 124-6 et art. L. 134-10, et décret n° 78-498, art. 9, sous réserve de l'exception prévue à l'art. 12 du même décret.

(177) Décret n° 78-498, art. 9.

(178) C. énergie, art. L. 521-1 et décret n° 94-894, art.7.

(179) C. env., art. R. 214-8, voir aussi l'affirmation générale de l'art. 2 de la loi du 16 octobre 1919 dans sa version d'origine : « La procédure d'octroi par le préfet des autorisations d'exploitation comportera une enquête publique ».

(180) C. expro., art. R. 11-4 à R. 11-14.

(181) C. env., art. L. 123-1 et s. et R. 123-1 et s.

(182) Voir R. Hostiou, « La loi du 12 juillet 2010 portant engagement national pour l'environnement : les modifications apportées au droit des enquêtes publiques », *Dr. adm.*, décembre 2010, n° 25.

(183) C. env., art. R. 123-1 et s.

(184) Décret portant réforme des enquêtes publiques.

(185) C. env., art. R. 123-1.I.

(186) La même règle découlait déjà en effet de l'ancienne rubrique n° 7 de l'annexe à l'art. R. 123-1 du code de l'environnement, pris dans sa version antérieure à celle issue du décret n° 2011-2018.

ouvrages utilisant l'énergie hydraulique dont « la puissance maximale brute dépasse 500 kW » relèvent de l'enquête publique régie par le code de l'environnement[(187)], et à maintenir le régime d'enquête publique d'exception du code de l'expropriation pour les aménagements hydroélectriques dont la puissance est inférieure à 500 kW[(188)]. Quant à la matière géothermique, les autorisations relèvent le plus souvent de la procédure d'enquête publique du code de l'environnement.

Remarque

Dans le domaine géothermique, l'enquête publique est réalisée conformément au chapitre III du titre II du livre 1er du code de l'environnement : pour les concessions de gîtes à haute température (N. C. minier, art. L. 132-3) comme pour les permis d'exploitation de gîtes à basse température (N. C. minier, art. L. 134-10). En revanche les autorisations de recherches de gîtes à basse température se voient appliquer une procédure d'enquête publique dérogatoire (régie par les art. 9 et 10 du décret n° 78-498).

L'adoption du titre

Les lois minière et hydroélectrique reposent sur le principe de l'attribution par l'État des titres de recherches et d'exploitation. Dans ce cadre, la procédure est, comme il a été signalé[(189)], plus ou moins déconcentrée voire en partie décentralisée, même si, au final, le titre est toujours adopté au nom de l'État.

Les concessions sont même accordées sous la forme solennelle du décret en Conseil d'État. C'est le cas pour toutes les concessions minières-géothermiques[(190)], étant précisé toutefois qu'en cas de rejet de la demande, l'acte est un arrêté du ministre des Mines[(191)]. Pour les concessions hydroélectriques, la compétence de l'administration centrale d'État est devenue inhabituelle suite à l'adoption du décret n° 99-225 du 22 mars 1999, qui n'impose le décret en Conseil d'État que si l'octroi d'une concession de force hydraulique concerne une chute « de puissance supérieure ou égale à 100 MW »[(192)] ; il s'ensuit que lorsque la puissance de l'aménagement hydroélectrique ne dépasse pas ledit plafond, la concession est accordée par simple arrêté préfectoral[(193)].

Remarque

Pour une application, voir par exemple le décret en Conseil d'État du 8 mars 1957 autorisant, déclarant d'utilité publique et concédant à EDF l'aménagement et l'exploitation d'une usine marémotrice dans l'estuaire de la Rance ; voir aussi l'avenant du 13 avril 1961.

Toujours pour les concessions hydroélectriques, il sera noté qu'en cas de mise en œuvre d'une procédure d'expropriation, c'est le même décret en Conseil d'État qui prononce, s'il y a lieu, la déclaration d'utilité publique[(194)]. En toute hypothèse, ce décret est contresigné par différents ministres : par le ministre chargé de l'électricité, le ministre chargé de la police des eaux, le ministre chargé de la police de la pêche en eau douce et le ministre chargé de l'agriculture, et s'il y a lieu par le ministre chargé de la gestion du domaine public, le ministre chargé des sites ou celui chargé des monuments historiques, par le ministre chargé de l'urbanisme, enfin par le ministre

(187) L'art. R. 214-72 du code de l'environnement imposant pour ce type de travaux la réalisation d'une étude d'impact.
(188) Voir aussi C. env., art. R. 214-8 ; voir *infra*.
(189) Voir *supra* p. 150 et s.
(190) N. C. minier, art. L. 132-2 et décret n° 2006-648, art. 31.
(191) Décret n° 2006-648, art. 31.
(192) Décret n° 94-894 modifié par décret n° 99-225, art. 19.
(193) Décret n° 94-894, art. 19-1.
(194) Décret n° 94-894, art. 19.

chargé du budget, lorsqu'une contribution de l'État est allouée en application de l'article 7 de la loi du 16 octobre 1919[(195)].

Si l'on met de côté ces deux situations particulières, les textes prévoient plus souvent l'édiction des actes sous des formes moins solennelles, notamment par arrêté ministériel. C'est le cas en matière géothermique pour les permis relatifs aux gîtes à haute température, qu'il s'agisse des permis exclusifs de recherches en métropole[(196)] ou des permis d'exploitation dans un DOM[(197)], qui sont accordés par arrêté du ministre en charge des Mines.

Remarque

Dans le secteur géothermique, l'ancien système d'octroi des permis exclusifs de recherche par décret en Conseil d'État a été remplacé par la procédure de l'arrêté ministériel par la loi n° 94-588 du 15 juillet 1994. Pour une application, voir l'arrêté du 27 septembre 2002 du ministre de l'Industrie accordant un permis exclusif de recherches de gîtes géothermiques au GEIE « Exploitation minière de la chaleur » ; ce permis dit « Permis de Soultz » (sous-Forêts) a été accordé pour 5 ans et porte sur une superficie de 56 kilomètres carrés sise sur le département du Bas-Rhin.

Pour un exemple de permis d'exploitation dans un DOM, voir l'arrêté du ministre de l'Industrie du 26 mars 1980 accordant à la société Eurafrep un permis d'exploitation dit « Permis d'exploitation de Bouillante » pour eaux chaudes et vapeurs d'eau souterraines susceptibles d'être utilisées à la production d'énergie géothermique et l'arrêté du 16 février 1993 renouvelant ledit permis et autorisant sa transmission à la société Coparex international.

Une concession d'exploitation de gîte à haute température a remplacé sur le même secteur de la commune de Bouillante (Guadeloupe) le dispositif de permis d'exploitation, voir décret du 17 juin 2009 accordant à la société Géothermie Bouillante une concession de gîtes géothermiques dite « Concession de Bouillante ».

Dans certains cas, l'édiction du titre relève de la seule responsabilité du préfet, autorité déconcentrée de l'État.

En matière hydroélectrique, sont concernées par cette règle les concessions hydroélectriques lorsque leur puissance maximale brute est inférieure à 100 MW : l'acte de concession prend alors la forme d'un arrêté préfectoral[(198)] qui approuve le cahier des charges, lequel peut lui-même renvoyer à un règlement d'eau. Il est à signaler que si l'ouvrage hydroélectrique est situé sur plusieurs départements, ce type de concession est accordé par arrêté préfectoral conjoint[(199)]. Toujours dans le même secteur, les autorisations hydroélectriques au sens de cette loi sont également des actes du préfet, et ce quel que soit le classement du cours d'eau[(200)].

Pour la matière minière-géothermique, la procédure est également totalement déconcentrée pour l'attribution de deux types d'actes : principalement pour ceux intéressant les gîtes à basse température, plus précisément pour les autorisations de recherches[(201)] et pour les permis d'exploitation[(202)] ; plus accessoirement pour une catégorie particulière d'actes relatifs aux gîtes à haute température, celle des « autorisations d'exploitation », réservée aux DOM[(203)].

Normalement, on le sait, les actes administratifs sont des décisions explicites. Mais il arrive que des textes attachent au silence gardé par l'administration durant un certain temps, à la suite d'une

(195) Décret n° 94-894, 13 octobre 1994, art. 19.

(196) Décret n° 2006-648, art. 23.

(197) Décret n° 2006-648, art. 40.

(198) Décret n° 94-894, art. 19-1.

(199) *Ibid.*

(200) Voir loi 16 octobre 1919, art. 2 version initiale, codifié C. env., art. R. 214-6.

(201) Décret n° 78-498, art. 13.

(202) *Ibid.*

(203) Décret n° 2001-204, art. 5 et art. 28.

demande formulée par un administré, la signification soit d'une acceptation, soit d'un rejet tacite. Dans le domaine énergétique, on mesure l'importance qu'il peut y avoir à donner un sens à la non-réponse au pétitionnaire afin d'éviter l'enlisement des procédures. On sait aussi qu'une règle générale a été fixée en la matière par l'article 21 de la loi n° 2000-321 du 12 avril 2000 relative aux droits des citoyens dans leurs relations avec les administrations, qui a, d'une part, réduit à 2 mois le délai au terme duquel le silence gardé par l'administration sur demande d'un administré vaut rejet de celle-ci, et, d'autre part, ouvert à des décrets la possibilité de fixer des délais dérogeant à cette nouvelle règle lorsque la complexité ou l'urgence le justifie. Précisément, la plupart des textes ici étudiés imposent à l'administration un délai de réponse impératif, dont la longueur est sensiblement supérieure au délai de droit commun susceptible de donner naissance à une décision implicite(204).

La loi n° 79-587 du 11 juillet 1979 relative à la motivation des actes administratifs et à l'amélioration des relations entre l'administration et le public est-elle ici applicable ? Cette loi intéresse les décisions de refus d'un avantage dont l'attribution constitue un droit pour les personnes qui remplissent les conditions légales pour l'obtenir. Compte tenu du pouvoir discrétionnaire dont dispose l'administration pour accorder les autorisations de prospection ou d'exploitation, celles-ci peuvent difficilement être regardées comme constituant un droit au sens des dispositions de la loi du 11 juillet 1979(205). Cependant, la loi du 17 janvier 1986 modifiant la loi du 11 juillet 1979 ayant précisé que les décisions refusant une autorisation étaient soumises à motivation, cette obligation générale semble devoir s'appliquer aux refus d'autorisation. Certains décrets de procédure l'indiquent d'ailleurs eux-mêmes : ainsi le décret n° 94-894 sur les concessions hydroélectriques prévoit qu'en cas de refus de la concession, la décision de l'autorité administrative, soit celle du ministre (pour les chutes égales ou supérieures à 100 MW), soit celle du préfet (pour les chutes inférieures à 100 MW) est motivée(206).

2. Les déclarations

Le système de la déclaration administrative est parfois utilisé dans le cadre des régimes spécifiques à l'exploitation de certaines ressources énergétiques renouvelables.

a. En matière minière-géothermique

En premier lieu, la déclaration est en tout état de cause imposée par l'article L. 411-1 du Nouveau code minier pour tout sondage de plus de 10 mètres de profondeur : cette obligation vaut de fait pour tout type de forage quelle que soit sa finalité (eau potable, géothermie...) ; elle est complémentaire et indépendante des concessions et autres autorisations éventuellement demandées.

En second lieu, et en matière géothermique toujours, le système de la déclaration procède aussi d'un souci manifeste de simplification des démarches administratives lorsque les forages sont peu importants. C'est en ce sens d'ailleurs que, pour la recherche ou l'exploitation des gîtes à basse température, la loi minière a toujours comporté une règle habilitant le pouvoir réglementaire à fixer des règles dérogatoires. Cette règle intéresse plus précisément les gîtes de « minime importance, ainsi qualifiés compte tenu « de leur importance et de leur débit calorifique » selon l'article 102 de l'ancien code minier ou « de leur profondeur et de leur débit calorifique » suivant la

(204) En matière minière-géothermique, pour les titres délivrés pour les gîtes à haute température, voir décret n° 2006-648, art. 23, 31 et 35, pour les autorisations applicables aux gîtes à basse température, voir décret n° 78-498, art. 13. En matière hydroélectrique, pour les autorisations hydroélectriques au sens de la loi de 1919, voir C. env., art. R. 214-76.

(205) Pour les concessions minières, voir aussi dans le même sens, J. Personnaz, F. Verrier, P. Jallade, « Droit des mines », *J.-Cl. Adm.* fasc. 371, n° 9.

(206) Décret n° 94-894, art. 20.

version actualisée de la loi minière(207). Le champ d'application *ratione materiae* du système déclaratif s'est ainsi toujours adressé en priorité à cette famille de gisements ; il devrait toutefois évoluer du fait de la redéfinition de la notion de « minime importance » à laquelle en appelle le législateur(208). En pratique, le régime déclaratif ne devrait plus intéresser que les systèmes géothermiques utilisant des pompes à chaleur à l'exclusion de ceux qui liés à la géothermie très basse énergie sont pour leur part hors du champ de l'ensemble du système d'autorisation administrative du droit minier(209).

Lorsque le gîte géothermique de minime importance relève du régime de la déclaration administrative, celle-ci tient lieu de celle prévue à l'article L. 411-1 du Nouveau code minier sus-évoquée.

En toute hypothèse, la procédure applicable à la déclaration obéit aux modalités applicables aux déclarations de fouilles(210), sans préjudice de quelques règles spéciales intéressant les gîtes de minime importance(211). D'autres déclarations peuvent être toutefois rendues obligatoires par application du code de l'environnement au titre de la législation sur l'eau(212).

b. En matière hydroélectrique

En l'espèce, on observe aussi un certain allègement des formalités administratives imposées aux opérateurs *via* également le recours au système de la déclaration, dans le but probablement de favoriser l'essor de la production(213). C'est ici l'article L. 511-6 du code de l'énergie, tel qu'issu d'une modification apportée à la loi du 16 octobre 1919 sur l'énergie hydraulique par la loi POPE de 2005, qui permet au bénéficiaire d'une autorisation ou d'une concession, au sens donné à ces termes par la loi de 1919, d'augmenter de 20 % par rapport au titre existant la puissance installée des centrales hydroélectriques(214). En vérité ce système était déjà applicable aux autorisations au sens de la loi du 16 octobre 1919, la loi POPE l'ayant ici étendu aux concessions. Il est intéressant de remarquer que, selon la loi, pareille augmentation est réputée être sans conséquence sur le régime juridique sous lequel est placée l'entreprise hydroélectrique, y compris lorsqu'elle a pour résultat de porter la puissance d'une entreprise autorisée au-delà de 4 500 kW – seuil déclenchant en principe l'entrée dans le régime de la concession ; le législateur a toutefois précisé qu'une telle élévation de la puissance ne peut avoir pour effet de porter atteinte à la sûreté et à la sécurité des ouvrages. Par ailleurs, sur le fondement des articles R. 214-18 et R. 214-81 du code de l'environnement, le titulaire d'une autorisation d'exploiter est tenu de « porter à la connaissance » du préfet un certain nombre de projets limitativement énumérés.

B. Les autres réglementations spécifiques

Les régimes spécifiques ne sont pas réservés aux seules hypothèses d'exploitation énergétique de la force hydraulique ou de la chaleur souterraine de la terre. Ils valent pour d'autres ressources renouvelables, de fait pour certaines utilisations énergétiques de la biomasse.

---

(207) N. C. minier, art. L. 314-3.

(208) N. C. minier, art. L. 112-3.

(209) Voir N. C. minier, art. L. 112-1.

(210) Décret n° 2006-649 du 2 juin 2006 relatif aux travaux miniers, aux travaux de stockage souterrain et à la police des mines et stockages souterrains.

(211) Règles relatives au contenu du dossier issues de l'art. 3 *ter* du décret n° 78-498.

(212) Voir *infra* p. 291.

(213) Voir *infra* p. 516.

(214) Voir aussi C. env., art. R. 214-81.

1. L'exploitation énergétique de la biomasse à des fins de production de gaz

La biomasse est l'un des gisements possibles pour obtenir de l'énergie sous forme de gaz. On parle en ce cas de valorisation énergétique du biogaz (ou « biométhane »). La faisabilité technique de cette démarche est de longue date reconnue, mais sa mise en œuvre concrète a été longtemps retardée du fait d'avis réservés quant à l'injection de ce gaz atypique dans les réseaux publics gaziers. Dès 2003, la directive européenne sur le marché intérieur du gaz recommande pourtant, certes avec des précautions langagières, l'injection de gaz autre que naturel dans les réseaux de distribution(215). Mais, pour la France, le décret du 15 juin 2004 va maintenir le principe suivant lequel les gaz autres que le gaz naturel doivent respecter les prescriptions techniques applicables et surtout faire l'objet d'une autorisation d'injection octroyée par le ministre en charge de l'énergie(216). Ce n'est finalement qu'en suite du rapport favorable de l'Autorité nationale de sécurité sanitaire (ANSES) que la plupart des préventions en la matière seront levées : d'abord par la loi « Grenelle 2 » qui va édicter sur le sujet des dispositions permissives(217), puis par ses dispositions réglementaires d'application notamment le décret n° 2011-1594 du 21 novembre 2011 relatif aux conditions de vente du biométhane aux fournisseurs de gaz naturel. Ces textes ont mis en place un régime juridique ouvrant la voie à l'injection du gaz renouvelable dans les réseaux gaziers tout en l'encadrant juridiquement. De façon plus précise, ils réglementent l'exploitation énergétique de la biomasse à fins de production de gaz renouvelable sous deux aspects différents mais complémentaires.

a. La production de gaz de source renouvelable

Il faut poser d'emblée que, de façon générale, différemment de l'activité consistant à produire de l'électricité(218), celle correspondant à la production de gaz n'est en rien subordonnée à l'obtention d'un quelconque droit à produire. Cette différence de régime juridique s'appuie sur un élément d'explication assez simple, à savoir que, contrairement à l'électricité, le gaz naturel fait l'objet d'une activité non pas de production *stricto sensu* mais d'extraction(219). Il reste que ce raisonnement peut ne pas sembler adapté pour le gaz d'origine renouvelable, dont il faut se souvenir qu'il est obtenu par la mise en œuvre d'un procédé particulier : la « méthanisation » de la biomasse. Or, cette démarche s'apparente à première vue davantage à un procédé productif qu'extractif : la « méthanisation » n'est-elle pas au demeurant un « processus de transformation biologique anaérobie de matières organiques qui conduit à la production de biogaz et de digestat » ?(220).

Il n'en reste pas moins que les pouvoirs publics français n'ont pas choisi de mettre en place un régime de contrôle préalable de la production de gaz à partir de la biomasse. Ils n'ont d'ailleurs pas été invités ici à le faire par l'Union européenne, comme cela a été le cas en matière d'énergie électrique, et l'on peut penser que, dans ces conditions, ils ne souhaitaient pas le faire afin de ne pas

---

(215) Directive du 26 juin 2003 concernant des règles communes sur le marché intérieur du gaz naturel, considérant 24 : « Les États membres devraient veiller, en tenant compte des exigences de qualité nécessaires, à garantir l'accès non discriminatoire du biogaz et du gaz provenant de la biomasse ou d'autres types de gaz au réseau gazier, à condition que cet accès soit compatible en permanence avec les règles techniques et les normes de sécurité applicables. Ces règles et normes devraient garantir qu'il est techniquement possible d'injecter ces gaz et de les transporter en toute sécurité dans le réseau de gaz naturel et devraient également prendre en considération les caractéristiques chimiques de ces gaz ».

(216) Voir décret n° 2004-55 relatif aux prescriptions techniques applicables aux canalisations et raccordements des installations de transport, de distribution et de stockage de gaz.

(217) Loi n° 2010-788 du 12 juillet 2010, art. 92.

(218) Voir *supra* p. 120 et s.

(219) L'exprime implicitement l'intitulé du Titre Ier du Livre V du code de l'énergie évoquant « La recherche et l'exploitation des gîtes contenant du gaz naturel ».

(220) Voir définition de l'arrêté du 10 novembre 2009 fixant les règles techniques auxquelles doivent satisfaire les installations de méthanisation soumises à autorisation en application du Titre Ier du Livre V du code de l'environnement.

entraver le développement de cette filière encore émergente. L'absence d'un dispositif d'entrée en production régi par le droit de l'énergie ne signifie pas toutefois que l'activité en cause évolue nécessairement dans un environnement libre de tout contrôle de la puissance publique. D'abord, dans l'hypothèse où le biogaz obtenu par méthanisation de la biomasse produirait, outre un gaz destiné aux réseaux gaziers, de l'électricité, l'opérateur économique concerné entre forcément dans le champ des règles applicables à l'activité de production électrique, ce y compris, notamment, pour son volet relatif à l'entrée en production. Ensuite, l'assujettissement de la production de biogaz à des réglementations intervenant dans d'autres champs que celui du droit de l'énergie, notamment aux règles environnementales, s'impose ici de façon raisonnable compte tenu des risques environnementaux élevés liés au processus productif en cause.

Remarque

L'activité de méthanisation est ainsi soumise à la législation relative aux installations classées pour l'environnement : voir arrêté du 10 novembre 2009 fixant les règles techniques auxquelles doivent satisfaire les installations de méthanisation soumises à autorisation en application du titre 1er du livre V du code de l'environnement, voir aussi *infra* p. 305 et s.

b. La commercialisation du gaz renouvelable

En consacrant avec la loi « Grenelle 2 » le droit d'injecter du gaz d'origine renouvelable dans les réseaux gaziers, les pouvoirs publics n'ont pas seulement autorisé la production de celui-ci mais aussi, par surcroît, sa commercialisation. Dans ces conditions, peut se poser la question de savoir si ce segment d'activité particulier est assujetti ou non à un régime de contrôle administratif procédant du droit de l'énergie.

Si tant est qu'il en soit ainsi, il faut alors en tout état de cause que l'activité consistant à vendre au consommateur le gaz d'origine renouvelable soit appréhendée par la réglementation des activités énergétiques. Tel est bien le cas puisque le code de l'énergie consacre le Titre IV de son Livre IV relatif à la commercialisation du gaz aux « dispositions particulières relatives à la vente de biogaz »(221), et ce alors même que, comme il a été expliqué ci-avant, la production *stricto sensu* du gaz renouvelable n'est pas embrassée par ledit code. Cependant, un tel rattachement de l'activité de commercialisation du biogaz au droit de l'énergie ne signifie pas forcément que celui qui entend l'exercer verra son statut aligné sur celui des fournisseurs ordinaires de gaz naturel. Et d'ailleurs, au cas présent, le code de l'énergie prévoit pour la vente du biogaz renouvelable un régime d'accès à l'activité *sui generis* consistant, concrètement, en une dispense pour les intéressés de demander l'autorisation ministérielle préalable exigée normalement de tout fournisseur gazier dans les conditions du droit commun(222). Cette mesure, issue elle-même de la loi « Grenelle 2 », signifie qu'en réalité celui qui est amené à vendre son gaz d'origine renouvelable et à emprunter à cet effet les canalisations publiques n'est pas un « fournisseur » gazier au sens habituel du terme. Cette suppression de toute entrave administrative en matière d'accès à l'activité de vente du biogaz doit être vue comme un encouragement supplémentaire des pouvoirs publics au déploiement de la filière concernée.

Le commerce du biogaz par l'entremise des réseaux gaziers apparaît donc aujourd'hui comme une activité tout à la fois normalisée et libre quant à ses conditions d'accès. Ainsi, le producteur intéressé peut-il vendre s'il le souhaite sa production à ceux qui, de leur côté, peuvent avancer le statut de « fournisseurs » gaziers, c'est-à-dire ceux qui ont obtenu *ex ante* l'autorisation ministérielle exigée par la loi. Ainsi peut-il encore bénéficier pour cette vente du système tarifaire attractif

(221) C. énergie, art. L. 446-1.

(222) C. énergie, art. L. 443-1 ; décret n° 2004-251 du 19 mars 2004.

découlant du système de l'obligation d'achat dont la loi « Grenelle 2 » a prévu l'application au secteur de la production de biogaz[223].

2. Les titres spécifiques exigés pour la production de certains biocarburants

De façon générale, la mise à la consommation des biocarburants obéit au régime de droit commun de l'entrepôt fiscal de produits énergétiques (EFPE), applicable *de jure* à tous les carburants autorisés en France[224] ; toutefois dans certaines hypothèses cette activité fait l'objet d'une réglementation véritablement spécifique. Seront à cet égard distingués ici deux régimes juridiques différents.

a. Le régime de l'agrément fiscal imposé pour la production des biocarburants visés à l'article 265 *bis* A du code des douanes

L'article 265 *bis* A du code des douanes établit la liste des produits éligibles au dispositif de défiscalisation partielle de taxe intérieure sur les produits pétroliers tel que mis en place à partir du début des années 1990 afin d'encourager le développement et l'utilisation des biocarburants. Mais cette disposition réserve cette « faveur » aux seuls produits issus d'une unité « agréée » par le ministre du Budget, ceux-là mêmes qui sont ensuite incorporés aux carburants fossiles puis mis à consommation par les opérateurs ayant pour leur part reçu le statut d'EFPE[225]. Le système de l'agrément permet à l'État de peser en amont sur la production de biocarburants. En pratique, l'agrément est délivré à la suite à une procédure d'appel à candidatures – un « appel d'offres » – publié au *Journal officiel de l'Union européenne*, contenant les différents critères retenus par l'État. L'agrément est ce faisant un acte administratif unilatéral conférant aux entreprises intéressées un droit à produire et à commercialiser le carburant d'origine renouvelable dans le respect des volumes que l'État aura préalablement ouverts. Cette procédure est ainsi fondamentalement imprégnée d'une philosophie d'intervention publique destinée à orienter l'offre en biocarburants en fonction des priorités politiques du moment : en tant que modalité d'action de la puissance publique dirigée sur l'offre en énergie renouvelable, elle sera exposée de façon plus détaillée dans la deuxième partie de cet ouvrage[226].

b. Le régime de liberté de production des huiles végétales pures

Différemment de la situation précédente, aucun texte ne conditionne la production des huiles végétales pures (HVP) à l'accord explicite ou même tacite de l'État. En d'autres termes, contrairement à la production des biocarburants visés exhaustivement à l'article 265 *bis* A du code des douanes, celle des HVP n'est pas réglementée, ce qui ne signifie pas toutefois que les conditions de leur utilisation et/ou de leur mise à la consommation ne le soient pas. En effet, alors même que la législation la plus récente a évolué très sensiblement en faveur d'un droit à une utilisation toujours plus élargie de l'HVP, il n'en reste pas moins que celle-ci ne peut, principalement pour des raisons techniques, être utilisée et distribuée que dans des situations circonscrites avec précision par le code des douanes, à savoir : soit comme carburant agricole, soit pour l'avitaillement des navires de pêche, soit dans le cadre d'une utilisation expérimentale par les collectivités locales et leurs groupements. Sachant que, dans ces trois hypothèses, la législation impose en tout état de cause l'obtention d'un agrément EFPE avant la mise à la consommation de l'HVP[227].

(223) Loi n° 2010-788, art. 92 ; C. énergie, art. L. 446-2 et *infra* p. 585.

(224) Voir *supra* p. 128 et s.

(225) Voir *supra* p. 128 et s.

(226) Voir *infra* p. 487 et s.

(227) Voir *supra* p. 129 et s.

§2. La détention d'un titre d'occupation du domaine public

Le domaine public peut accueillir les activités économiques, mais son régime juridique n'est pas sans leur imposer des contraintes. La première d'entre elles consiste en l'obligation de détenir un titre légal d'occupation dudit domaine, en application du principe selon lequel « Nul ne peut, sans disposer d'un titre l'y habilitant, occuper une dépendance du domaine public d'une personne publique [...] ou l'utiliser dans des limites dépassant le droit d'usage qui appartient à tous »(228) – principe qui s'applique de fait à l'ensemble des dépendances du domaine public, quelle qu'en soit la personne propriétaire. Les autorisations d'occupation du domaine public se décomposent en deux catégories : d'une part, les autorisations unilatérales (permissions de voirie) qui sont accordées par l'autorité propriétaire ou gestionnaire du domaine, d'autre part, les autorisations contractuelles (concessions de voirie), qui sont des contrats signés entre le propriétaire ou le gestionnaire du domaine public et l'utilisateur, et qui ont pour objet exclusif l'occupation du domaine public. Il faut partir du principe que toute installation de production, de distribution ou encore de stockage d'énergie renouvelable occupant le domaine public (routier, fluvial, maritime) doit donc avoir obtenu *ex ante* un tel titre d'occupation, ce qui signifie que chaque opérateur économique concerné doit nécessairement se soucier de l'éventuel caractère de domanialité publique du site d'implantation de son ouvrage.

Les situations ici en cause n'ont *a priori* rien de différent de toutes les autres occupations du domaine public présentant également un caractère économique. Notamment, l'examen de la demande par l'administration compétente aura pour but de vérifier si l'utilisation du domaine public est conforme à l'affectation de celui-ci à l'intérêt général(229). Pourtant, certaines situations peuvent apparaître plus « particulières » que d'autres. C'est le cas tout d'abord pour les activités liées aux énergies hydraulique, marémotrice, houlomotrice et géothermique, pour lesquelles l'occupation du domaine public peut s'accompagner de l'exploitation d'une ressource qui lui est physiquement rattachée. C'est le cas aussi ensuite pour les ouvrages de production d'énergie éolienne ou d'énergie solaire, pour lesquels le titre domanial peut être exigé sur deux fondements : soit à raison d'une situation d'emprise au sol du domaine public, soit à raison d'un effet de surplomb de celui-ci. Quoi qu'il en soit, dans toutes les hypothèses pouvant être ici recensées, il faut partir du principe que les règles de la domanialité publique s'appliquent de plein droit(230), et ce qu'il y ait production, stockage, distribution, ou encore transport d'énergie.

I. Production d'énergie à base de sources renouvelables et occupation du domaine public

Les situations étant très nombreuses, on se limitera à quelques exemples caractéristiques de l'insertion de la problématique de la domanialité publique dans certains projets d'exploitation de sources d'énergie renouvelables.

Le premier exemple concerne l'énergie hydraulique. Pour cette dernière, il faut rappeler qu'à compter de la loi du 16 octobre 1919, tous les cours d'eau quel que soit leur statut ont été soumis aux mêmes règles en ce qui concerne les autorisations d'utiliser l'énergie hydraulique. Partant, les

---

(228) CGPPP, art. L. 2122-1.

(229) CE sect. 3 mai 1963, C^ne^ de Saint-Brévin-les-Pins, *Lebon* p. 359, « Ces autorisations ne peuvent légalement intervenir que si, compte tenu des nécessités de l'intérêt général, elles se concilient avec les usages conformes à la destination du domaine que le public est normalement en droit d'y exercer ainsi qu'avec l'obligation qu'à l'administration d'assurer la conservation de son domaine public. »

(230) Sur ce sujet voir aussi B. Le Baut-Ferrarese, « Quels montages juridiques pour l'utilisation du domaine public à des fins de production d'électricité photovoltaïque », *La Gazette des communes*, 6 avril 2009, p. 50 ; P. Terneyre, « Domaines publics et énergies renouvelables », *Environnement et développement durable*, février 2011, Étude 3, p. 15.

cours d'eau du domaine public de l'État, des collectivités territoriales ou de leurs groupements sont susceptibles d'intéresser tout usinier candidat à l'exploitation de la force hydraulique. Or, dans toutes ces situations, un titre d'occupation est nécessaire, étant précisé que, lorsqu'il y a occupation d'un cours d'eau relevant du domaine de l'État, l'autorisation est délivrée par l'EPIC Voies navigables de France en vertu du décret n° 91-796 du 20 août 1991[(231)], alors qu'en cas d'occupation d'un cours d'eau relevant du domaine des collectivités territoriales et de leurs groupements, l'autorisation est octroyée par les administrations locales concernées.

Remarque

L'article 538 du code civil range parmi les biens domaniaux « les fleuves et rivières navigables ou flottables ». Cet article est complété par l'article L. 2111-7 du code général de la propriété des personnes publiques qui définit la consistance du domaine public fluvial.

Le second exemple intéresse les ouvrages éoliens à terre, étant rappelé qu'à leur sujet la problématique de l'occupation du domaine public dit artificiel peut être liée à un effet d'emprise mais aussi, et de façon moins traditionnelle, de surplomb d'un sol domanial, par exemple d'une voie publique. La question se pose donc de savoir si une telle domination est de nature à imposer à elle seule l'obligation d'obtenir l'autorisation préalable de la collectivité publique concernée. Il n'en est manifestement pas ainsi puisque, selon le Conseil d'État, « la seule circonstance que des éoliennes surplomberaient un sentier de grande randonnée, lequel emprunte des voies publiques ou privées, n'impliqu(e) pas, par elle-même, une autorisation préalable des collectivités publiques traversées par ce sentier »[(232)].

Le troisième exemple concerne certaines énergies marines. Il faut à leur sujet rappeler que le droit international public[(233)] donne à l'État côtier le soin de réglementer les conditions d'utilisation des ressources, notamment énergétiques, situées dans les eaux intérieures, la mer territoriale et la zone économique exclusive (ZEE) telles que définies par le droit interne. Or, le droit français prévoit que le fond et le sous-sol de la mer territoriale et des eaux intérieures appartiennent au domaine public maritime national[(234)] : une procédure domaniale doit donc être engagée chaque fois qu'un opérateur souhaite y implanter les ouvrages. La procédure est ici celle de la concession d'utilisation du domaine public maritime régie par l'article L. 2124-3 CGPPP et par le décret n° 2004-308 du 29 mars 2004 relatif aux concessions d'utilisation du domaine public maritime en dehors des ports. Le titre juridique, qui concerne ici les éoliennes *offshore* ou encore les hydroliennes ainsi que leurs dispositifs de raccordement à terre, prend la forme d'une concession domaniale conclue pour 30 années au plus, délivrée après enquête publique – ici celle du code de l'expropriation – à l'issue d'une procédure entièrement déconcentrée : c'est en effet le préfet qui délivre le titre d'occupation après avoir consulté le préfet maritime[(235)]. Pour ce qui concerne en revanche la zone économique exclusive (ZEE), il faut constater qu'en l'état actuel du droit français, aucun statut domanial n'existe à son sujet : autant dire que l'implantation sur ce territoire d'éoliennes *offshore* ou bien encore d'hydroliennes semble bien relever ici de la pure fiction[(236)].

(231) Décret relatif au domaine confié à Voies navigables de France par loi de finances pour 1991, n° 90-1168, 29 décembre 1990, art. 124.

(232) CE 6 novembre 2006, Association pour la préservation des paysages exceptionnels du Mézenc, n° 281072.

(233) Convention de Montego Bay, 1982.

(234) CGPPP, art. L. 2111.4.

(235) Décret n° 2004-308, art. 4.

(236) Ce que confirme au demeurant le fait d'avoir réservé la taxe annuelle sur les installations de production d'énergie électrique utilisant la force mécanique du vent régie par l'art. 1519 B CGI aux seuls ouvrages situés « dans les eaux intérieures ou la mer territoriale ». Sur la question de l'implantation des éoliennes marines, voir aussi C. Roche, « Et pourtant, elles tournent : la réglementation applicable aux éoliennes *offshore* », *AJDA* 2007, p. 1 785 ; A. Sandrin-Deforge, « Aperçu sur la réglementation applicable aux projets éoliens en mer », *BDEI*, 2009, p. 21.

II. Distribution et transport d'énergie à base de sources renouvelables et occupation du domaine public

Sur ce thème, force est de constater pareillement l'applicabilité de principe aux situations en cause du droit commun, tout autant en recherche d'une conciliation entre la spécificité des activités concernées et les exigences de la domanialité publique : il peut d'ailleurs s'agir ici de transport comme de distribution, d'énergie électrique comme d'énergie thermique. Ce faisant, le régime juridique varie selon que l'activité est ou non affectée à l'intérêt général. Si tel est le cas, c'est-à-dire si les canalisations situées dans l'emprise des voies publiques sont implantées en vue du fonctionnement d'un service public, s'applique la règle selon laquelle les entreprises concessionnaires des réseaux publics de transport et de distribution d'énergie sont *ipso facto* en droit d'implanter leurs ouvrages sur le domaine public (en l'espèce les voies publiques(237)), sachant qu'il existe sur ce sujet des règles spécifiques pour l'utilisation du domaine public routier par les réseaux de transport et de distribution d'électricité relevant de la concession(238) et par les canalisations de transport de chaleur(239). En revanche, si l'activité de distribution d'électricité ou de chaleur appelle l'utilisation des voies publiques mais à des fins privées (réseaux, principalement de chaleur, à caractère privé), s'appliquent les règles traditionnelles de la domanialité publique.

Section 2

Les conditions d'exercice de l'exploitation des sources d'énergie renouvelables

Sur le fondement d'un certain nombre de réglementations qui leur sont plus ou moins directement destinées, les exploitants de sources d'énergie renouvelables sont titulaires de droits et/ou tombent sous le coup d'obligations légales.

§1. Les droits de l'exploitant

Outre le droit d'exploiter conféré par les éventuelles autorisations/déclarations administratives exigées par la loi et ci-avant examinées, les exploitants de ressources énergétiques renouvelables se voient parfois accorder par le droit positif des droits exorbitants du droit commun. Seules l'exploitation minière-géothermique et l'exploitation hydroélectrique sont concernées par la jouissance de tels droits, dont la caractéristique principale est de porter atteinte d'une façon ou d'une autre au droit de propriété. Est par là même reflétée la fonction sociale certainement particulière des activités en cause.

---

(237) Voir cahier des charges type pour la concession à EDF du réseau d'alimentation générale (décret n° 56-1225, 28 novembre 1956), art. 5, cahier des charges type pour la concession à EDF des distributions publiques d'énergie électrique (décret n° 60-1288, 22 novembre 1960), art. 6, et cahier des charges type pour la concession d'une distribution d'énergie électrique aux organismes exclus de la nationalisation en vertu de art. 23 de la loi du 8 avril 1946 (décret n° 62-652, 23 mai 1962), art. 6.

(238) Loi 15 juin 1906, art. 10, et décret 29 juillet 1927, art. 68 à 71. Sur ce sujet, voir H. Cardon et R. Coin, « Les ouvrages de transport et de distribution d'électricité et de gaz dans le code de la voirie routière », *CJEG* 1990, p. 79.

(239) Décret n° 81-542, 13 mai 1981, pris en application de la loi n° 80-531 du 15 juillet 1980 relative aux économies d'énergie et à l'utilisation de la chaleur, art. 32 à 34.

Remarque

Parallèlement, et de façon plus générale, la plupart des exploitants de sources d'énergie renouvelables bénéficient de facultés, qu'il leur appartient ou non d'exercer : par exemple répondre aux appels à projets et autres appels d'offres par lesquels la puissance publique entend développer l'offre en énergie renouvelable, par exemple encore utiliser les dispositifs financiers plus ou moins attractifs qui leurs sont proposés lorsque ceux-ci leur sont applicables (obligations d'achat, propositions de défiscalisation, etc.).

En l'occurrence, ces droits exorbitants se présentent comme une reformulation du conflit opposant *ab initio* le porteur du projet et le détenteur putatif de droits sur la ressource, autrement dit le propriétaire de la surface dans le cas de la mine/géothermie, et le riverain dans le cas d'une chute hydroélectrique. Il peut être notamment rappelé qu'en principe en matière hydraulique, « du seul fait de sa qualité de riverain, la personne concernée [...] détient tous les droits de riveraineté, c'est-à-dire l'usage exclusif de l'eau (droit d'eau), du lit et des berges, ceci valant tant pour les projets de chutes autorisées que concédées »[(240)]. On sait toutefois que, par le fait même d'avoir mis en place un système où seul l'État peut conférer le droit d'explorer ou d'exploiter la ressource ici en cause, les lois minière et hydroélectrique ont porté préjudice aux droits de ces personnes. Ceci est notamment illustré en matière minière-géothermique par le fait que le titre administratif autorisant la recherche ou l'exploitation d'un gîte à basse température, ou encore l'arrêté ultérieur pris après enquête publique, puisse fixer un périmètre à l'intérieur duquel peuvent être interdits ou réglementés tous travaux souterrains susceptibles de porter préjudice à l'exploitation géothermique[(241)]. Il est surtout remarquable que les atteintes légales au droit de propriété ou au droit de riveraineté puissent encore se produire au-delà de l'attribution du titre, et ce sur le fondement de deux types de droits exorbitants : les servitudes légales et le droit à l'expropriation.

Remarque

Tous ces droits exorbitants sont soumis en cas de contentieux à la compétence du juge civil.

I. Les servitudes légales

Ces servitudes légales sont principalement mais pas exclusivement des servitudes d'occupation des terrains privés – s'il y a occupation du domaine public, il faut en effet un titre d'occupation spécifique[(242)] – sur lesquels l'explorateur ou l'exploitant hydraulique ou géothermique entend implanter les installations nécessaires à l'activité.

Remarque

En matière hydroélectrique, des servitudes conventionnelles ayant la même finalité sont également possibles[(243)].

En matière minière géothermique, les servitudes ci-après évoquées sont applicables à l'ensemble des gisements géothermiques entrant dans le champ du système d'autorisation de la législation minière, quelle que soit leur température (N. C. minier, art. L. 156-1). Elles ne sont toutefois ouvertes qu'aux titulaires de titres miniers *stricto sensu* ; ce qui signifie qu'elles ne valent notamment pas pour les autorisations d'exploitation applicables dans les DOM qui ne sont pas d'authentiques titres miniers.

A. Les servitudes d'occupation

Elles permettent à l'exploitant d'utiliser les terrains de surface (en cas de projet géothermique) ou les terrains riverains du cours d'eau (hydroélectricité), sans avoir l'obligation d'en acquérir la propriété.

(240) J. Poiret, *Droit de l'hydroélectricité*, Economica, 2004, p. 1 023. Voir aussi *supra* p. 100.

(241) N. C. minier, art. L. 134-9.

(242) Voir *supra* p. 161.

(243) Voir J. Poiret, *Droit de l'hydroélectricité*, préc., p. 1 135.

1. En matière minière-géothermique

La servitude d'occupation temporaire[244] intéresse les forages géothermiques à haute et à basse températures. Elle offre aux titulaires d'une autorisation de recherches, d'un permis de recherches, et, plus généralement, de tout titre minier d'exploitation, la possibilité d'occuper tous les « terrains nécessaires à l'exploitation de sa mine et aux installations qui sont indispensables à celle-ci [...] ». Ce droit d'occupation est accordé par arrêté préfectoral. Il concerne en premier lieu l'intérieur du périmètre minier mais aussi le cas échéant les parties extérieures, sous réserve dans ce dernier cas d'une déclaration d'utilité publique. Une « servitude de protection »[245] est cependant prévue en faveur des enclos murés, cours et jardins, d'une zone de 50 mètres comprise autour des habitations et terrains clos ainsi que dans les terrains attenant aux habitations enclos de murs, ce qui signifie que sur ces zones l'opérateur est toujours tenu d'obtenir le consentement du propriétaire[246]. Il est à signaler que l'ordonnance n° 2011-91 du 20 janvier 2011 portant codification législative du Nouveau code minier a supprimé le principe d'un versement par l'exploitant au propriétaire du sol ou à ses ayants droit d'une indemnité à raison du préjudice subi par la servitude d'occupation temporaire[247].

2. En matière hydroélectrique

a. Servitude d'occupation temporaire ou permanente

L'ordonnance n° 2011-504 du 9 mai 2011 portant codification du code de l'énergie a rationalisé le dispositif relatif aux servitudes liées aux concessions hydroélectriques tel que mis en place par la loi du 16 octobre 1919[248].

Le principe des servitudes notamment d'occupation temporaire est toutefois maintenu, en premier lieu au bénéfice des chutes concédées[249]. Ce droit concerne trois types d'occupations : d'une part, dans l'intérieur du périmètre de l'exploitation, celle des propriétés privées nécessaires à l'établissement des ouvrages de retenue ou de prise d'eau et des travaux d'adduction ou de fuite, d'autre part, la submersion des berges par le relèvement du plan d'eau[250], enfin, s'il s'agit d'une usine de plus de 10 000 kW, l'occupation temporaire de tous terrains et l'extraction de tous les matériaux nécessaires à l'exécution des travaux – sont en revanche exemptés les « bâtiments, cours et jardins attenant aux habitations »[251]. La servitude est octroyée par arrêté préfectoral déclarant les travaux projetés, d'établissement ou d'entretien de la concession, d'utilité publique[252]. En contrepartie de l'occupation, le riverain lésé du cours d'eau est en droit d'exiger de l'exploitant hydroélectrique qu'il acquière le sol si l'occupation a eu pour résultat de le priver de la jouissance du sol pendant une durée supérieure à celle prévue par le cahier des charges ou lorsque les terrains ne sont pas rendus, en état, propres à la culture[253]. L'indemnisation du propriétaire ou de ses ayants droit n'est automatique qu'en cas d'occupation permanente – par exemple en cas de submersion des berges – ; pour une occupation temporaire, elle est subordonnée à la preuve d'un « préjudice

(244) N. C. minier, art. 153-3.

(245) J. Personnaz, F. Verrier, P. Jallade, « Droit des mines », *J.-Cl. Adm.* fasc. 372, n° 71.

(246) N. C. minier, art. L. 153-2.

(247) Indemnité prévue par le C. minier, art. 72, dans sa version antérieure à celle issue de l'ordonnance n° 2011-91.

(248) Loi 16 octobre 1919, art. 4, abrogé.

(249) C. énergie, art. L. 521-9.

(250) Sur la notion de berges, voir notamment CE 25 février 1938, *Lebon* p. 204 ; *S.* 1938, 3, 41, note A. Mestre.

(251) C. énergie, art. L. 521-8.

(252) C. énergie, art. L. 521-7.

(253) C. énergie, art. L. 521-10.

direct, matériel et certain »[254]. Ce type d'indemnité est versé comme en matière d'expropriation, c'est-à-dire après l'institution de la servitude.

En second lieu, les entreprises autorisées au sens de la loi de 1919 (puissance inférieure à 4 500 kW) bénéficient, du même système de servitudes d'occupation temporaire ou permanente, sous réserve là encore d'une déclaration préfectorale d'utilité publique, mais à la condition spécifique qu'elles soient « aménagées et exploitées directement par les collcctivités locales et leurs groupements »[255].

b. Servitude de pénétration pour études

La loi du 16 octobre 1919 disposait que « des règlements d'administration publique fixeront les conditions dans lesquelles les propriétaires seront tenus de laisser faire sur leur propriété tous travaux de mensuration ou de nivellement »[256]. Le décret d'application du 20 décembre 1926 avait fixé les conditions dans lesquelles les propriétaires étaient tenus d'accepter cette contrainte[257]. Cette servitude particulière ne figure plus toutefois dans la loi sur l'hydroélectricité telle qu'elle ressort aujourd'hui de sa version codifiée au code de l'énergie.

B. Les autres servitudes légales

Elles ne concernent que la matière minière-géothermique. Elles sont fondées sur l'article L. 153-8 du Nouveau code minier instituant au profit de l'exploitant des servitudes légales à l'intérieur du périmètre minier et à l'extérieur de celui-ci, sous réserve en ce second cas d'une déclaration d'utilité publique. Ces servitudes se rapportent : soit à l'établissement de dispositifs de plus de 4,75 mètres au-dessus du sol, soit à l'enfouissement de câbles ou canalisations à une profondeur minimale de 0,50 mètre, soit au dégagement des arbres, arbustes ou autres obstacles. Elles sont elles aussi accordées par arrêté préfectoral. Le périmètre de ces servitudes est le même que celui du droit d'occupation, ce qui entraîne l'application de la même limite légale que celle dont bénéficient les zones protégées[258]. Le propriétaire des terrains frappés de servitudes peut, au même titre que le propriétaire du terrain occupé, en requérir l'achat ou l'expropriation si leur utilisation en est rendue impossible. L'acquisition portera en ce cas sur la totalité du sol si le propriétaire le réclame[259].

II. Le droit à l'expropriation

Les droits minier-géothermique et hydroélectrique ont mis en place un droit à l'expropriation sur la base de motifs qui leur sont propres, mais sans que les procédures dérogent toutefois aux principes généraux du droit de l'expropriation : ainsi faudra-t-il obtenir une déclaration d'utilité publique ou encore indemniser le propriétaire ; ainsi sont ici applicables de plein droit les règles générales du code de l'expropriation.

Remarque

Dans le domaine minier, la déclaration d'utilité publique en cas d'expropriation était auparavant prononcée par décret en Conseil d'État, avant d'être alignée sur le droit commun de l'expropriation par la loi n° 77-620 du 16 juin 1977 complétant et modifiant le code minier.

(254) C. énergie, art. L. 521-11.
(255) C. énergie, art. L. 531-6.
(256) Loi 16 octobre 1919, art. 28.
(257) Pour aller plus loin, voir J. Poiret, *Droit de l'hydroélectricité*, préc., p. 1 132.
(258) N. C. minier, art. L. 153-3. Voir *supra* p. 165.
(259) N. C. minier, art. L. 153-10.

A. En matière minière

L'expropriation de terrains privés se justifie notamment à raison des limites matérielles du périmètre pouvant être assujetti au droit d'occupation. En revanche, la totalité des terrains, y compris ceux compris dans les zones de protection visées à l'article L. 153-2 du Nouveau code minier, peuvent pour leur part faire l'objet d'une expropriation. Cette dernière est régie par l'article L. 153-14 du Nouveau code minier, qui indique que « si l'intérêt général l'exige, l'expropriation des immeubles nécessaires aux travaux et installations visés aux articles L. 153-3 et L. 153-4 (soit les installations indispensables au fonctionnement de la mine) peut être poursuivie tant à l'intérieur qu'à l'extérieur du périmètre d'un titre minier moyennant déclaration d'utilité publique [...], à la demande du détenteur de ce titre, pour son compte ou celui d'une personne ou société désignée à cet effet ».

B. En matière hydroélectrique

L'article 5 de la loi du 16 octobre 1919 prévoyait au profit du concessionnaire hydroélectrique que « lorsque l'aménagement de l'entreprise nécessite l'occupation définitive de propriétés privées dans des cas autres que ceux prévus à l'article 4, l'utilité publique de l'entreprise peut être déclarée, soit dans l'acte qui approuve la concession, soit par acte séparé ». Le principe de la possibilité d'une telle expropriation est repris mais dans le cadre d'une formule simplifiée au dernier alinéa de l'article L. 521-7 du code de l'énergie. Comme le droit d'occupation, l'expropriation est également ouverte aux usines autorisées au sens de la loi sur l'énergie hydraulique uniquement lorsqu'elles sont aménagées et exploitées directement par les collectivités locales ou leurs groupements(260). Il ressort de la jurisprudence qu'en cas de renonciation *a posteriori* à un projet visant à acquérir les terrains nécessaires à la création d'un barrage et de sa retenue, le propriétaire a droit à réparation du préjudice(261).

§2. Les obligations de l'exploitant

Comme toute activité économique, l'exploitation des sources d'énergie renouvelables est soumise pour son exercice à un certain nombre de règles légales protégeant des intérêts privés. Ainsi, par exemple, en matière minière-géothermique, il existe sur le fondement de l'article L. 153-2 du Nouveau code minier(262) des garanties spécifiques en faveur du propriétaire de la surface. Le principe en est simple : dans le cadre d'un périmètre défini par la loi minière, l'explorateur ou l'exploitant ne pourra effectuer de recherches ou d'exploitation sauf à obtenir le consentement préalable du propriétaire de la surface. Cette protection établit ce qu'il est convenu d'appeler une « prohibition intérieure » – protection des « enclos murés, cours et jardins » – et « une prohibition extérieure »(263) – protection dans « un rayon de 50 mètres des habitations et des terrains compris dans les clôtures murées y attenantes »(264). La contrainte est absolue dans la mesure où elle ne peut être mise en échec par aucun acte administratif.

Plus souvent toutefois, l'explorateur et/ou l'exploitant sont assujettis aux impératifs de l'intérêt général, ce qui en droit positif se traduit aussi par l'exposition de l'activité exercée à un certain

(260) C. énergie, art. L. 531-6.

(261) CE 23 septembre 1970, EDF, req. n° 73453.

(262) Voir aussi *supra* p. 165.

(263) J. Personnaz, F. Verrier, P. Jallade, « Droit des mines », *J.-Cl. Adm.* fasc. 372, n° 102.

(264) N. C. minier, art. L. 153-2.

nombre d'obligations. Il est possible de scinder en deux groupes ces obligations selon qu'elles ont ou n'ont pas une dimension financière.

I. Les obligations non financières

L'activité d'exploitation d'une source d'énergie renouvelable n'échappe pas aux exigences de l'ordre public et, plus rarement – de fait seulement en cas d'occupation d'une dépendance du domaine public – de conservation domaniale.

A. Les obligations fondées sur la protection de l'ordre public

L'administration peut se fonder sur de nombreuses réglementations pour contrôler l'activité. Certaines d'entre elles entrent dans la catégorie des polices spéciales. Sans être jamais propres à l'exploitation des sources d'énergie renouvelables – par exemple la police de l'eau s'applique à toutes les utilisations de l'eau et pas seulement à l'exploitation de la force hydraulique –, elles marquent dans une certaine mesure cependant le caractère spécifique des activités en cause. En toute hypothèse, ces réglementations empruntent à des finalités diverses : certaines sont mues par l'objectif de protection de l'ordre public considéré au sens traditionnel du terme (sécurité, tranquillité, salubrité publiques), alors que d'autres vont relever de logiques plus nouvelles (protection de l'environnement). On se bornera ici à les recenser.

1. Les obligations relevant de la police de l'eau

Ces obligations s'imposent aux exploitants de l'énergie hydraulique, non seulement parce que le fonctionnement des ouvrages peut avoir des conséquences sur la sécurité publique, mais, par surcroît, surtout au nom de la protection de l'environnement. Ainsi, une part très importante des contraintes pesant sur les exploitants visent-elles à prévenir la dégradation de la ressource en eau(265). Ces obligations trouvent leur origine dans la loi du 16 octobre 1919, dans sa version primitive, mais aussi dans un certain nombre de dispositions postérieures ayant pour objet d'accroître les pouvoirs de police de l'administration sur les activités d'exploitation de la force hydraulique : elles sont ainsi issues pour la plupart de la loi n° 92-3 du 3 janvier 1992 sur l'eau et de la loi n° 2006-1772 du 30 décembre 2006 sur l'eau et les milieux aquatiques.

C'est ainsi que, pour les ouvrages concédés tout d'abord, la loi du 16 octobre 1919 a prévu un cahier des charges, dont l'objet est de déterminer les éléments essentiels de la concession. Ce cahier des charges résume en quelque sorte à lui seul le caractère de plus en plus hybride du droit des concessions hydroélectriques, qui tente de faire la synthèse entre la réglementation de l'utilisation de l'énergie hydraulique sous l'angle économique et la nécessaire protection d'un point de vue écologique de la ressource en eau et des milieux naturels. Ce document contient à cet effet les deux grandes catégories de charges pesant sur le concessionnaire : d'un côté celles à finalité environnementale – mesures permettant de protéger les intérêts visés à l'article L. 211-1 du code de l'environnement – de l'autre celles liées à la gestion économique de l'exploitation – durée de la concession, réserves en eau que le concessionnaire est tenu de fournir, s'il y a lieu réserves en énergie(266), conditions financières de la concession, conditions dans lesquelles l'État peut mettre fin à la concession, conditions matérielles de retour et de reprise des biens et des outillages(267). Le cahier des charges est établi selon un modèle type, qui impose le contrôle technique de l'État (effectué par les DRIRE) sur les ouvrages, et rappelle aux exploitants l'obligation générale de respect de la

(265) Voir *infra* p. 258 et s.

(266) Voir *infra* p. 176.

(267) Loi du 16 octobre 1919, art. 10.2°, codifié C. énergie, art. L. 521-4.

réglementation, notamment en ce qui concerne la protection contre les inondations et la salubrité publique. Les modalités de contrôle de l'État sur les concessions ont été renforcées par la loi de finances n° 2006-1171 rectificative pour 2006 : depuis l'entrée en vigueur de ce texte, il est imposé au concessionnaire de tenir, sous le contrôle du préfet, un registre dans lequel sont consignées les dépenses liées aux travaux de modernisation et aux investissements productifs effectués durant la deuxième moitié de la concession, toutes dépenses soumises à l'agrément du préfet(268).

Dans la perspective de protection de la ressource aquatique et des milieux naturels, et dans cette perspective là seulement, il importe de signaler par ailleurs l'existence du « règlement d'eau », lequel, en application du décret n° 2008-1009 du 26 septembre 2008(269), doit figurer obligatoirement au sein du cahier des charges annexé aux concessions hydroélectriques. Ce document est un acte réglementaire du préfet dont l'objet est double. D'une part, il précise les modalités d'exploitation normale de l'ouvrage et les moyens de surveillance, d'analyse et de contrôle de ses effets sur l'eau et le milieu aquatique(270) : à ce titre il doit imposer le respect des règles situées au sein du titre 1er du livre II du code de l'environnement, soit l'ensemble du droit relatif à l'eau et aux milieux aquatiques(271). D'autre part, il s'analyse aussi comme un acte d'autorisation au sens des articles L. 214-1 et suivants du code de l'environnement(272).

Au-delà des ouvrages hydroélectriques, ce sont en vérité tous les ouvrages utilisant la force hydraulique, qu'ils soient donc concédés (puissance égale ou supérieure à 4 500 kW) ou plus simplement autorisés au sens donné à ce terme par la loi du 16 octobre 1919 (ouvrages de moins de 4 500 kW), ainsi que l'ensemble des actes s'y rapportant (actes de concession, actes d'autorisation, autorisations de travaux, règlements d'eau), qui sont soumis aux règles de fond issues des différentes lois sur l'eau visant la protection de la ressource aquatique et de son milieu environnant. Ainsi en est-il notamment pour les concessions d'énergie hydraulique, les règlements d'eau figurant aux cahiers des charges annexés à ces concessions valant en effet autorisation au titre des articles L. 214-1 et suivants du code de l'environnement(273).

Les lois à vocation environnementale prévoient la possibilité d'adopter par arrêté préfectoral complémentaire des prescriptions additionnelles pour satisfaire aux exigences de sécurité des différents types d'ouvrages ici concernés(274).

Par ailleurs, fût-ce dans des proportions variables, ces mêmes lois permettent à l'administration de revenir sur sa décision initiale d'attribution de la force hydraulique à un tiers exploitant. Cette règle vaut sans discussion pour les autorisations au sens strict donné à ce terme par la loi du 16 octobre 1919 (ouvrages d'une puissance inférieure à 4 500 kW), qui s'analysent en ce sens comme des actes précaires : ils peuvent en effet être modifiés sinon retirés, sans indemnité, pour l'un des motifs d'intérêt général posés par la législation sur l'eau (préservation du milieu aquatique, protection de la sécurité et de la salubrité publique)(275) ; un retrait pouvant exiger par ailleurs la remise en état des lieux(276). De fait, le principe selon lequel l'État peut retirer l'acte par

(268) Loi du 16 octobre 1919, art. 10 *bis*, codifié C. énergie, art. L. 521-15.

(269) Décret n° 94-894 modifié, art. 19 et 19-1.

(270) Art. 21 du cahier des charges type des entreprises hydrauliques concédées.

(271) Voir décret n° 94-894 modifié, art 1 ; B. Le Baut-Ferrarese, I. Michallet, « Nouvelles règles pour l'attribution des concessions d'énergie hydraulique », préc.

(272) *Ibid.*

(273) Voir Conseil constitutionnel, décision 2011-141, QPC du 24 juin 2011, Sté Électricité de France, sp. pt. 9.

(274) Ces prescriptions sont prévues par le code de l'environnement : art. R. 214-112 à R. 214-151.

(275) C. env., art. L. 214-4 II.

(276) Voir C. env., art. R. 214-26 et R. 214-29.

lequel il a conféré l'utilisation de la force hydraulique est en accord avec la philosophie de la loi du 16 octobre 1919, qui lui permet de distribuer on s'en souvient l'usage de cette énergie sous la forme non pas d'un droit de propriété mais d'un droit réel *sui generis* sur la ressource[277]. Dans ces conditions, le retrait d'une autorisation d'exploiter – ou d'une concession à partir du moment où le principe de la loi de 1919 est général – est parfaitement concevable et ne saurait être regardé comme de nature à porter atteinte à un quelconque droit de propriété de l'exploitant[278]. Pour les concessions hydroélectriques toutefois, l'interprétation restrictive de l'article L. 214-5 du code de l'environnement développée par le Conseil constitutionnel conduit à envisager le retrait plus restrictivement, puisque, si les règlements d'eau intégrés au cahier des charges d'une concession de force hydraulique valent « autorisation » au sens de la disposition susmentionnée et peuvent faire l'objet de « modifications », celles-ci ne sauraient toutefois, suivant les termes du même article, remettre en cause « l'équilibre général de la concession »[279].

Enfin, toujours dans le domaine de la police de l'eau, il faut mentionner l'importante consolidation des pouvoirs de sanction de l'administration, qui intéresse là encore tant les concessions que les autorisations hydrauliques au sens de la loi du 16 octobre 1919. Tout d'abord, la loi de finances n° 2006-1171 rectificative pour 2006 a qualifié les agents et fonctionnaires habilités par le ministre chargé de l'énergie et assermentés à procéder à la recherche et à la constatation des infractions à la loi sur l'énergie hydraulique : lesdits fonctionnaires sont compétents pour constater les infractions, qui sont des infractions pénales, et qui sont constatées par des procès-verbaux adressés au procureur de la République dans un délai de 5 jours[280]. Dans le même esprit, et ensuite, un renforcement très substantiel des sanctions applicables aux entreprises hydrauliques exploitées sans titre ou en méconnaissance des règles applicables aux entreprises hydrauliques ou des prescriptions du cahier des charges a été effectué par la loi sur l'eau et les milieux aquatiques de 2006[281].

Remarque

Le système spécifique de répression à l'égard des exploitations sans titre a pour origine la loi n° 80-531 du 15 juillet 1980 sur la chaleur et les économies d'énergie.

Depuis 2006, toute personne exploitant de façon irrégulière une entreprise hydraulique encourt : une amende de 18 000 euros si elle n'a pas été autorisée ; une amende de 75 000 euros si elle ne dispose pas d'un titre de concession alors que celui-ci est obligatoire ; une amende de 12 000 euros si elle ne respecte pas les règles applicables aux entreprises hydrauliques ou les prescriptions de l'autorisation ; enfin une amende de 75 000 euros si elle ne respecte pas les règles applicables aux entreprises hydrauliques ou les prescriptions du cahier des charges de la concession. Par ailleurs, en cas de récidive au sens du droit pénal, il est prévu un doublement de la peine s'il s'agit d'une personne physique (C. pénal, art. 132-10) et 10 fois la peine pour les personnes physiques des personnes morales (C. pénal, art. 132-14). En vertu du 7e alinéa de l'article 1 de la loi du 16 octobre 1919 modifié, le montant de l'astreinte (de 75 à 450 euros), prévue en cas de non-respect du délai imparti à l'exploitant pour supprimer ou mettre en conformité l'installation irrégulière n'est plus précisé ; le tribunal fixera donc le montant (sans limite inférieure ou supérieure).

2. Les obligations relevant de la police des mines

L'accès aux activités de recherche et d'exploitation des installations géothermiques est, on l'a vu, globalement soumis à la législation minière ; il n'en va pas différemment pour ce qui concerne l'exercice des mêmes activités. La loi minière qui, à bien des égards, s'apparente elle-même à une loi de police administrative spéciale prévoit en effet une surveillance administrative visant : d'une part,

(277) Voir *supra* p. 105.

(278) Par suite un tel moyen articulé contre la décision de retrait est « inopérant » : Conseil constitutionnel, décision 2011-141, QPC du 24 juin 2011, Sté Électricité de France, préc., pt. 4.

(279) Voir Conseil constitutionnel, décision 2011-141, QPC du 24 juin 2011, Sté Électricité de France, préc., pt. 9.

(280) C. énergie, art. L. 512-1.

(281) Art. 7.1°.a, b, d, e, modifiant loi 16 octobre 1919, art. 1, codifié C. énergie, art. L. 512-2.

« tous les travaux de recherche ou d'exploitation, qu'ils soient ou non entrepris sous couvert d'une autorisation ou d'une déclaration »[282], d'autre part, les éléments accessoires à la mine mais indissociables de celle-ci, soit les « travaux de surface qui sont le complément nécessaire des travaux » et « l'ensemble des installations qui constituent des éléments indispensables à l'exploitation »[283].

La police des mines *stricto sensu* est définie par la loi minière comme ayant pour objet de prévenir et de faire cesser les dommages et les nuisances imputables aux activités en cause[284]. Elle s'applique de plein droit à l'ensemble des gîtes géothermiques quelle que soit leur température[285] sans excepter cette fois la géothermie très basse température[286].

L'autorité chargée de cette police spéciale est le préfet, en application du décret n° 2006-649 du 2 juin 2006 relatif aux travaux miniers, aux travaux de stockage souterrains et à la police des mines et des stockages souterrains. L'article L. 161-1 du Nouveau code minier énonce les multiples intérêts que cette autorité est chargée à ce titre de protéger : « sous réserve des règles prévues par le code du travail en matière de santé et de sécurité au travail, les contraintes et les obligations nécessaires à la préservation de la sécurité et de la salubrité publiques, de la solidité des édifices publics et privés, à la conservation des voies de communication, de la mine et des autres mines, des caractéristiques essentielles du milieu environnant, terrestre ou maritime, et plus généralement à la protection des espaces naturels et des paysages, de la faune et de la flore, des équilibres biologiques et des ressources naturelles [...], à la conservation des intérêts de l'archéologie [...], ainsi que des intérêts agricoles des sites et des lieux affectés par les travaux et les installations afférents à l'exploitation » ; enfin « la bonne utilisation du gisement et la conservation de la mine ».

Les titres d'exploration et d'exploitation géothermique fixent en général directement pour chaque opérateur un certain nombre de règles, notamment pour prévenir le risque de pollution des nappes d'eau souterraines pendant la réalisation des forages, pendant l'exploitation et même au moment de l'abandon des puits. Le décret n° 2006-649 détaille à cet effet les pouvoirs confiés à l'autorité en charge de la police des mines, ainsi que les obligations des détenteurs de droits d'explorer ou d'exploiter. Dans ce contexte, la loi autorise le préfet à prescrire à ces derniers toutes mesures utiles au maintien des intérêts listés à l'article L. 161-1 du Nouveau code minier et, le cas échéant, à faire procéder d'office à l'exécution de ces mesures, s'il le faut en recourant à la force publique[287]. Le titulaire du titre minier-géothermique est de son côté astreint à un certain nombre d'obligations : notamment établir et tenir à jour un « document de sécurité et de santé » au bénéfice du personnel, ou encore porter à la connaissance « sans délai » du préfet et du directeur régional de l'industrie, de la recherche et de l'environnement, ainsi qu'aux maires « lorsque la sécurité publique est compromise et qu'il y a péril imminent », « tout incident ou accident de nature à porter atteinte aux intérêts » énumérés à l'article L. 161-1 du Nouveau code minier »[288]. Les titulaires de concession sont assujettis à une obligation complémentaire spécifique, consistant à adresser chaque année, pendant la durée de l'exploitation, à l'autorité administrative un rapport relatif à ses « incidences

(282) N. C. minier, art. L. 171-1.

(283) N. C. minier, art. L. 171-2.

(284) N. C. minier, art. L. 171-2.

(285) N. C. minier, art. L. 177-1.

(286) Placée en partie pourtant en dehors des règles d'autorisation ou de déclaration préalables à l'État prévues par la loi minière, voir N. C. minier, art. L. 112-1 et art. L. 112-3.

(287) N. C. minier, art. L. 173-2.

(288) Décret n° 2006-649, art. 29.

sur l'occupation des sols et sur les caractéristiques essentielles du milieu environnant », communiqué aux collectivités territoriales concernées[289].

Lorsqu'il est effectué à des profondeurs importantes (gîte à haute température), le forage géothermique risque de porter atteinte à l'état du sol. Dans cette perspective, l'article L. 163-5 du Nouveau code minier prend en compte le problème spécifique de la protection des eaux – l'eau étant le vecteur de l'énergie géothermique – et impose aux opérateurs en cas d'arrêt des travaux miniers de dresser un bilan des effets des travaux sur les eaux et d'en évaluer les conséquences ; s'il le faut, le préfet peut lui-même prescrire les travaux à effectuer pour rétablir l'état antérieur ou conserver l'état du milieu aquatique et des conditions hydrauliques.

La législation minière prévoit par ailleurs la possibilité d'un retrait par l'autorité administrative compétente du titre ou de l'autorisation d'explorer/exploiter, pour motif d'intérêt général[290] ; ce droit au retrait s'explique par le fait que la loi minière, comme d'ailleurs la loi sur l'hydroélectricité, ne prévoit pas le transfert de l'État vers l'utilisateur de la ressource d'un authentique droit de propriété mais d'un droit singulier entrant dans la catégorie des droits réels[291], en d'autres termes exclut toute propriété ou patrimonialité des autorisations administratives considérées.

En revanche, le droit minier se distingue du droit hydroélectrique en ce qu'il subordonne l'ouverture de travaux de recherches et d'exploitation de mines à une procédure spéciale : soit une autorisation, soit une déclaration administratives, ceci suivant la gravité des dangers ou des inconvénients qu'ils peuvent représenter pour les intérêts mentionnés à l'article L. 161-1 du Nouveau code minier[292]. Le principe est l'application de ce système aux gîtes géothermiques[293] ; des dérogations peuvent cependant être fixées par la voie réglementaire au profit de certains gisements de minime importance[294].

Lorsque les travaux de recherche ou d'exploitation relèvent de cette procédure d'autorisation spéciale et lorsque cette dernière est accordée, elle doit alors fixer les conditions particulières dans lesquelles les travaux sont réalisés, toujours dans le respect des intérêts mentionnés à l'article L. 161-1 du Nouveau code minier. Cette autorisation est subordonnée à la présentation d'un dossier de demande adressé au préfet ; elle est par ailleurs soumise de plein droit à l'étude d'impact et à l'enquête publique régies par le code de l'environnement, mais, seulement si cela est justifié, à l'étude de danger prévue à l'article L. 512-1 du même code ; enfin elle est accordée par arrêté préfectoral après consultation des communes intéressées[295]. Le cas échéant, l'ouverture des travaux peut être accordée simultanément au titre minier ; en ce cas, l'enquête publique, sera commune aux deux procédures.

Remarque

À noter que dans le cas d'une autorisation d'exploitation (applicable aux DOM), l'arrêté préfectoral autorisant l'exploitation vaut autorisation de travaux.

(289) N. C. minier, art. L. 172-1.

(290) Voir N. C. minier : art. L. 173-6 ; art. L. 124-4 pour les titres intéressant les gîtes géothermiques à basse température ; art. L. 611-15 pour les autorisations d'exploitation spéciales octroyées dans les DOM.

(291) Voir *supra* p. 105.

(292) N. C. minier, art. L. 162-1, et décret n° 2006-649, titre II.

(293) N. C. minier, art. L. 164-1.

(294) N. C. minier, art. L. 164-2.

(295) N. C. minier, art. L. 162-4.

3. Les obligations relevant de la réglementation fiscale des activités de production/distribution des carburants

Les textes dont il est ici question ne forment pas *stricto sensu* une véritable police administrative spéciale, ils appartiennent par leur objet à la réglementation fiscale, applicable à l'exercice de l'activité de production et distribution des carburants et par extension à celles intéressant tous les biocarburants autorisés, une réglementation tout aussi imprégnée de l'intérêt général.

Cette réglementation provient en premier lieu du décret n° 2006-1574 du 11 décembre 2006 qui fixe les obligations imposées aux EFPE(296). Ce texte institue différents types de contraintes : d'ordre technique (utilisation d'un barème de jaugeage) et de sécurité ; il exige également l'établissement d'une comptabilité matières mensuelle. Le titre IV de ce décret, tel que modifié par le décret n° 2008-93 du 29 janvier 2008(297), aménage quelques-unes de ces règles pour le cas particulier de la production et distribution de l'HVP. On constate ce faisant : d'un côté, un allègement des contraintes de fonctionnement – ainsi la comptabilité matières n'a plus à être transmise mensuellement à l'administration des douanes mais seulement fournie « à toute réquisition du service des douanes »(298) – ; d'un autre côté, un certain resserrement des exigences – le titulaire de l'entrepôt fiscal doit ainsi par exemple dénaturer l'HVP par incorporation de 5 % en volume de fioul domestique(299) (afin de faciliter la recherche ultérieure d'éventuelles fraudes grâce au traceur contenu dans le fioul), et est en outre déclaré responsable de l'incorporation du traceur et des colorants nécessaires lors de la vente des huiles végétales pures comme carburant dans les moteurs des engins et tracteurs agricoles, ainsi que comme carburant d'avitaillement des bateaux de pêche professionnelle(300).

Remarque

En revanche les mises à la consommation et les livraisons à l'avitaillement d'HVP font l'objet de déclarations récapitulatives mensuelles transmises au bureau de douanes de rattachement de l'entrepôt fiscal, sauf dans le cas où les huiles sont dénaturées au moyen de 5 % en volume de fioul domestique, sont pressées au sein de l'EFPE puis utilisées au profit exclusif des exploitants agricoles (décret n° 2006-1574, art. 27).

En second lieu, le décret n° 2007-446 du 25 mars 2007 contient les obligations opposées spécifiquement à ceux qui procèdent à la vente des HVP, désignés comme les « distributeurs » de celles-ci(301). Là aussi un « traçage » du produit est exigé, dans des conditions différentes selon que l'huile est vendue comme carburant agricole ou comme carburant d'avitaillement des bateaux de pêche professionnels(302). Afin de responsabiliser le distributeur, et de parer aux risques découlant éventuellement de l'utilisation de ce produit, une obligation de facturation pour chaque vente d'HVP et une comptabilité matières ici quotidienne sont également prévues(303).

(296) Sur les EFPE voir *supra* p. 128 et s.

(297) Décret relatif aux entrepôts fiscaux de produits énergétiques et modifiant le décret n° 2006-1574 du 11 décembre 2006 fixant les conditions d'application du III de l'article 158 D et du 2 de l'article 265 *ter* du code des douanes.

(298) Décret n° 2006-1574, art. 26.

(299) Décret n° 2006-1574, art. 25.

(300) *Ibid.*

(301) Voir aussi *supra* p. 131.

(302) Décret n° 2007-446, art. 4.

(303) Art. 5 et 8.

B. Les obligations fondées sur la conservation du domaine public

Par hypothèse, ces obligations ne visent que celui dont le centre de production et/ou de commercialisation de l'énergie de source renouvelable est installé sur le domaine public, lequel se voit donc *ipso facto* soumis à la police de la conservation du domaine public. Le critère du recours à cette police correspond à une préoccupation de bonne gestion domaniale. Ainsi, l'occupant doit veiller à l'intégrité matérielle du domaine et à son affectation à l'intérêt général. Les infractions à la police de la conservation sont réprimées par les contraventions de voirie, qui se répartissent sous deux rubriques : d'une part, les contraventions de voirie routière, d'autre part, les contraventions de grande voirie. Quoi qu'il en soit, les règles applicables à l'activité d'exploitation des sources d'énergie renouvelables sont en principe ici celles du droit commun.

Il faut relever le caractère particulièrement prégnant du principe de prééminence du domaine occupé sur les droits de l'occupant. Ainsi, sur le fondement de ce principe, l'autorité chargée de la conservation du domaine public est par exemple en droit d'exiger d'une société gérant un réseau de chaleur de supporter sans indemnité les conséquences résultant de l'intérêt du domaine public que cette société occupe, ce qui peut se traduire concrètement par l'obligation pour elle de financer, afin de permettre la construction d'une ligne de tramway, le déplacement des canalisations d'eau situées dans l'emprise des voies publiques qui avaient pourtant été implantées en vue du fonctionnement d'un service public(304).

II. Les obligations financières

L'activité d'exploitation des sources d'énergie renouvelables est soumise à des charges financières multiples.

Il s'agit en premier lieu, et fort logiquement, d'une sujétion aux différents impôts nationaux et locaux(305). Ces derniers peuvent être directs – ainsi, selon la nature de l'acte d'exploitation, les producteurs d'énergie renouvelable sont-ils normalement soumis soit à l'impôt sur le revenu des personnes physiques, soit à l'impôt sur les sociétés... – ou indirects – ainsi les mêmes exploitants sont-ils en principe de plein droit assujettis à des taxes telles que la TVA ou aux taxes liées à l'urbanisme ou encore aux taxes environnementales.

Remarque

À titre d'exemples :

– le résultat issu de la vente par un particulier de l'électricité qu'il produit à un fournisseur d'électricité est imposable dans la catégorie des bénéfices industriels et commerciaux (instruction fiscale 5 B-17-07, *BOI* 11 juillet 2007, n° 88) ;

– les « opérations d'aménagement et les opérations de construction, de reconstruction et d'agrandissement des bâtiments, installations ou aménagements de toute nature soumises à un régime d'autorisation en vertu du code de l'urbanisme » sont assujetties à la taxe d'aménagement (C. urb., art. L. 331-6) ; cette taxe a remplacé, à compter du 1er mars 2012 (loi n° 2010-1658 du 29 décembre 2010 de finances rectificative pour 2010, art. 28) la taxe locale d'équipement. Elle concerne en particulier les éoliennes d'une hauteur supérieure à 12 mètres (3 000 euros par éolienne) et les centrales solaires photovoltaïques au sol (10 euros par mètre carré) (C. urb., art. L. 331-13). Elle est recouvrée par les communes ou les groupements de communes et perçue au profit des communes et des départements (C. urb., art. L. 331-3) (à son sujet voir P. Billet, « La réforme de la fiscalité de l'urbanisme », *JCP A* 2011, n° 10) ;

– les activités d'incinération des déchets ménagers sont soumises à la taxe générale sur les activités polluantes (TGAP) alors que celles de co-incinération (l'objectif essentiel de l'installation étant alors la production d'énergie) ne le sont pas ; le durcissement de certaines règles environnementales applicables aux éoliennes terrestres (soumission au régime des ICPE (voir *infra* p. 318 et s.) ne s'est pas en revanche accompagné de leur soumission à la TGAP.

(304) CE 23 février 2000, Sté de distribution de chaleur de Saint-Denis, req. n° 179013.

(305) Voir aussi sur ce thème X. Cabanes, « Les énergies renouvelables et la fiscalité locale », *AJCT* 2010, p. 20.

Il peut aussi s'agir en second lieu, quand il y a occupation du domaine public, de charges domaniales. Au total la charge financière cumulée peut apparaître imposante. Dans le domaine hydroélectrique, cette situation confinerait même selon certains à une sorte d'« hyperfiscalisation »(306). Pourtant, en tendance, cette ponction financière est plutôt décroissante. Les raisons sont de deux ordres :
– soit l'exemption de l'impôt se justifie par le fait qu'il est foncièrement inadapté à l'activité exercée, au sens où il conduit à prélever des montants disproportionnés : ainsi, la redevance communale et la redevance départementale des mines sur chaque tonne de prélèvement minier(307) ne s'appliquent pas à l'eau ou à la chaleur extraite des gîtes géothermiques, parce qu'elles conduiraient à des versements exorbitants interdisant en pratique toute exploitation ;
– soit l'impôt est supprimé ou plus souvent allégé parce qu'il est accusé de freiner le développement des activités liées aux sources d'énergie renouvelables dans un contexte général d'encouragement de la production et de la consommation de celles-ci : ainsi, la taxe sur l'hydroélectricité créée par l'article 22 de la loi de finances pour 1995(308), qui frappait les seuls ouvrages hydrauliques concédés et alimentait le Fonds d'investissement des transports terrestres et des voies navigables, après avoir été modifiée à trois reprises, a été finalement supprimée par l'article 39 de la loi de finances rectificative pour 2003, principalement dans un souci de rééquilibrage de la fiscalité énergétique.

Les développements ci-après ne se proposent pas d'étudier les éventuels dégrèvements fiscaux frappant les activités liées à l'exploitation de ressources énergétiques à caractère renouvelable, qui sont de plus en plus souvent déterminés par la logique du développement durable(309). De façon quelque peu inversée, on cherchera ici à savoir dans quels cas ces activités donnent lieu positivement à une obligation de contribution à l'impôt que l'on peut dire spécifique, étant entendu que cette spécificité peut s'entendre de diverses manières : soit parce qu'il y a création par l'État d'une charge spécifique, soit parce qu'il y a mise en place d'un régime d'imposition spécifique pour un impôt qui ne l'est pas en lui-même. Cette analyse reprendra le schème ci-dessus esquissé, autrement dit séparera les deux types de charges financières susceptibles de grever les activités afférant à l'exploitation des sources d'énergie renouvelables : les charges non domaniales et les charges domaniales.

A. Les taxes et redevances non domaniales

On peut recenser trois types de taxes et redevances non domaniales « spécifiques » au sens donné ci-dessus à ce terme.

1. La redevance tréfoncière due par le concessionnaire minier-géothermique aux propriétaires de la surface

Cette redevance(310) est censée compenser au moins symboliquement la perte des droits du propriétaire sur la mine concédée.

(306) J. Poiret, *Droit de l'hydroélectricité,* Economica, 2004, p. 2 005.

(307) CGI, art. 1519.

(308) CGI, ancien art. 302 *bis* ZA.

(309) Voir *infra* p. 555 et s., p. 571 et s., et p. 633 et s.

(310) N. C. minier, art. L. 132-15.

2. Les redevances imposées spécifiquement aux concessionnaires hydroélectriques

Ces redevances sont versées à une ou plusieurs personnes publiques et sont corrélatives des résultats économiques de l'exploitation de la force hydraulique.

Elles ne concernent toutefois que les concessions hydroélectriques, les concessions minières-géothermiques étant sous cet angle des concessions gratuites : en effet, d'une part, les redevances communale et départementale de mines ne leur sont pas applicables, d'autre part, la redevance fixe des mines[(311)] a été supprimée par la loi de finances rectificative du 30 décembre 1991[(312)]. Par contraste, la concession hydroélectrique est assujettie à deux redevances spécifiques : celle de l'article L. 521-22 du code de l'énergie, soit une redevance proportionnelle perçue principalement au profit de l'État, et celle de l'article L. 521-23 du même code qui constitue un système comparable mais s'appliquant de façon spécifique lors du renouvellement des concessions, et dont une part significative profite aux départements. Avec de telles dispositions, on peut dire que l'État notamment « est directement intéressé à la production d'énergie qui détermine les résultats financiers de son concessionnaire »[(313)].

En premier lieu, l'article L. 521-22 du code de l'énergie prévoit que le concessionnaire paie à l'État une redevance proportionnelle soit au nombre de kW/h produits, soit aux dividendes ou au bénéfice répartis, les deux options étant cumulables. Un tiers du produit de cette redevance est ensuite réparti à égalité entre les départements et les communes sur le territoire desquels coulent les cours d'eau. Cette répartition est elle-même proportionnelle à la puissance hydraulique moyenne devenue indisponible dans les limites de chaque département et de chaque commune du fait de l'usine.

En second lieu, l'article L. 521-23 du code de l'énergie impose une redevance sur les bénéfices de la concession hydroélectrique. Cette disposition résulte d'une modification apportée à la loi du 16 octobre 1919 par l'article 33.2° de la loi de finances n° 2006-1171 rectificative pour 2006. Elle fait suite à la mise en pièces du système devenu désuet de « l'énergie réservée », dont elle assure le remplacement progressif. En parallèle, l'article 33.1° de la même loi de finances a donc modifié l'article 2 de la loi du 16 octobre 1919 dans le sens d'un abandon du mécanisme de l'énergie réservée lors de l'instauration d'une nouvelle autorisation et lors du renouvellement d'une autorisation existante au 31 décembre 2006. L'énergie réservée, appelée aussi « réserve en énergie » ou « réserve en force », constituait un rabais accordé sur la facture d'électricité à certains consommateurs relevant de catégories définies par décret – à savoir, les services publics de l'État, les départements, les communes, les établissements publics et associations syndicales autorisées, les groupements agricoles d'utilité générale, les entreprises...[(314)] –, après décision des conseils généraux, et sous condition de ne pas priver l'usine de plus du quart de l'énergie dont elle disposait aux divers états du cours d'eau. La redevance proportionnelle est vouée à remplacer cette forme de rétribution en nature au gré du renouvellement des concessions (en l'absence d'un renouvellement, l'ancien système continue donc de s'appliquer[(315)]). De la sorte, le concessionnaire nouveau ou renouvelé doit verser à l'État une redevance assise sur les recettes résultant des ventes d'électricité issues de l'exploitation de l'ouvrage hydroélectrique, desquelles est déduit le cas échéant le montant d'achat d'électricité pour les pompages.

(311) C. minier, ancien art. 30 *bis*.

(312) Art. 32.

(313) P. Marc, *Les Cours d'eau et le droit*, Johanet, 2006, p. 4.

(314) Voir décret n° 87-214, 25 mars 1987, relatif aux réserves en force et énergie prévues à l'art. 10 de la loi du 16 octobre 1919 relative à l'utilisation de l'énergie hydraulique, modifié décret n° 93-1015, 17 août 1993.

(315) Voir deux arr. 4 avril 2007, fixant le montant de la compensation financière de l'énergie réservée, ainsi que le tarif auquel est fourni cette énergie pour les distributeurs non nationalisés d'électricité et les clients ayant déclaré leur éligibilité.

Cette redevance revêt une importance particulière, compte tenu du fait que les installations hydroélectriques concédées sont génératrices d'importants revenus. C'est en ce sens que, dans le cadre des lois dites « Grenelle » et dans une optique de développement durable, il a été décidé de déplafonner son taux (fixé initialement en 2006 à 25 % des recettes de l'activité)(316). Suivant le choix effectué par le législateur, l'ancien système fondé sur un taux plafond valable *erga omnes* a finalement cédé la place à un taux fixé librement par l'autorité concédante dans le cadre de la mise en concurrence des concessions(317). De nouvelles modalités de répartition entre l'État et les départements sur le territoire desquels coulent les cours d'eau du fruit de cette redevance ont par ailleurs été instituées : sur le fondement de la loi de finances pour 2012, la part revenant aux départements est passée de 33 à 40 %. Toutefois, le législateur a entendu préserver les intérêts financiers « des communes plutôt défavorisées, notamment dans le massif des Pyrénées et le Massif central, sur le territoire desquelles sont implantés de petits ouvrages hydroélectriques »(318), et c'est ainsi que pour les ouvrages hydroélectriques d'une puissance installée inférieure à 4 500 kW (ouvrages autorisés donc), il a été finalement décidé qu'un tiers de la redevance soit affecté aux départements sur le territoire desquels coulent les cours d'eau, et un sixième aux communes concernées ou à leurs groupements sous réserve de l'accord explicite de chacune d'elles(319).

Remarque

La loi n° 2011-1977 de finances pour 2012 (art. 41) maintient toutefois la répartition antérieure du produit de la redevance entre l'État et les départements pour les ouvrages d'une puissance inférieure à 4 500 kW : un tiers de la redevance restant affecté aux départements.

3. Les redevances aux agences de l'eau et aux offices de l'eau

Remarque

Les agences de l'eau concernent la métropole ; les offices de l'eau sont situés dans les DOM.

Ces redevances forment un élément fondamental du financement public de la politique de protection de la ressource en eau. Leur base juridique est l'article 18 du décret n° 66-700 du 14 septembre 1966 relatif aux agences financières de bassin, créées par l'article 14 de la loi n° 64-1245 du 16 décembre 1964. Ce texte met en place un système de redevances de prélèvement sur la ressource en eau, cette notion couvrant tous types de prélèvements, y compris ceux ayant une vocation énergétique, et cela même si l'eau est restituée après usage(320). On peut aisément supposer que ces redevances, dont la nature fiscale a d'abord été établie par le Conseil constitutionnel (il s'agit d'une « imposition de toute nature » au sens de l'article 34 de la Constitution(321)), avant d'être récemment consacrée par le législateur(322), sont dues en priorité par les exploitations hydroélectriques, et ce quelle que soit la nature juridique du titre d'exploitation, y compris pour les

(316) Voir loi n° 2009-967, dite loi « Grenelle 1 », art. 20 : « Afin de limiter les dommages environnementaux causés par l'activité hydroélectrique sur les bassins versants sur lesquels les ouvrages sont installés, et afin de faciliter la mise en place de politiques locales de développement durable, la taxe sur le chiffre d'affaires des concessions hydroélectriques pourra être déplafonnée au-delà de 25 %. »

(317) C. énergie, art. L. 521-23.

(318) Voir AN, Débats sur le projet de loi de finances pour 2012, 14 décembre 2011.

(319) Loi n° 2011-1977 du 28 décembre 2011, art. 41 ; codifié C. énergie, art. L. 521-23.

(320) CE 17 février 1980, Association des arrosants du Béal, *Lebon* p. 57 ; *RFDA* 1990, p. 271.

(321) Cons. const. n° 82-124 DC, 23 juin 1982, *JO* 24 juin 1982.

(322) C. env., art. L. 213-10 réécrit par loi n° 2006-1772, 30 décembre 2006, sur l'eau et les milieux aquatiques, voir aussi circulaire n° 6/DE du 15 février 2008 relative à l'application des redevances prévues aux articles L. 213-10-1 et suivants du code de l'environnement, *BO* du MEEDDAT.

chutes fondées en titre(323). On doit aussi présumer que les exploitants de forage géothermique s'y exposent eux-mêmes logiquement du fait de l'impact de leur activité sur la ressource hydraulique. Cela étant, l'importance sinon la primauté de l'objectif de réduction de la pollution atmosphérique, auquel les activités liées à l'exploitation des sources d'énergie renouvelables susmentionnées sont censées contribuer, expliquent que les choix législatifs récents tendent plutôt vers une exonération d'une partie de ces activités du paiement de ces redevances, en France métropolitaine et dans les DOM(324).

4. Les autres impôts spécifiques

Il faut à nouveau poser le principe selon lequel les exploitations de ressources énergétiques renouvelables sont normalement soumises aux différents impôts perçus sur le territoire national, selon les règles du droit commun. Cependant, rien n'empêche le législateur de leur dédier plus spécialement certains impôts, ou bien encore d'établir un régime juridique *ad hoc* pour des impôts qui ne sont pas en eux-mêmes spécifiques.

a. Les impôts spécifiques *stricto sensu*

La taxe annuelle sur les installations de production d'électricité utilisant l'énergie mécanique du vent situées dans les eaux intérieures ou la mer territoriale

Cette taxe(325) est créée par l'article 76.II de la loi n° 2005-1720 de finances rectificative pour 2005, pour être recouvrable à compter du 1er janvier 2007. Elle constitue un impôt communal au sens de l'article 1379 du code général des impôts et n'est d'ailleurs pas sans évoquer la taxe forfaitaire annuelle sur les pylônes électriques, elle-même perçue au profit des communes, et frappant de façon comparable une installation de nature verticale ayant un lien avec le secteur électrique. La taxe dont il est ici question est néanmoins spécifique, d'une part, parce qu'elle n'est acquittée que par les exploitants d'électricité éolienne, d'autre part, parce qu'au sein même de ce cadre d'application, elle n'est due que par les exploitants d'éoliennes *offshore*, dont la mise en place sur le territoire maritime de la France est prévue à court terme. L'assiette de cette taxe correspond au nombre de MW installés dans chaque unité. Un dégrèvement pour l'année de mise en service de l'exploitation a toutefois été prévu. Quant au tarif annuel, il est fixé à 13 623 euros par MW installé, mais son montant est susceptible d'évoluer chaque année en fonction de « l'indice de valeur du produit intérieur brut total ».

Cette fiscalité doit allier efficacité économique et protection des espaces maritimes. La principale difficulté tient toutefois à l'organisation de sa « territorialisation », du fait de la difficulté de rattacher la production éolienne marine à une commune plutôt qu'à une autre. Tout en choisissant de faire entrer cette taxe dans la catégorie des impôts directs communaux auxquels elle est vouée à se substituer, le législateur a décidé de répartir son produit de façon *sui generis*. Ce dernier est ainsi affecté à un fonds spécial – le « Fonds national de compensation de l'énergie éolienne en mer » – qui doit couvrir les préjudices d'ordre esthétique et économique éventuellement subis par le département dans lequel est installé le point de raccordement au réseau public de distribution ou de transport d'électricité des installations. Sur ce point, la loi n° 2010-874 du 27 juillet 2010 de modernisation de l'agriculture et de la pêche (LMOAP) a précisé les modalités de la répartition de la somme récoltée au sein des départements littoraux concernés : une moitié de la somme doit être

(323) CE 29 décembre 1999, FDSEA, *RJE* 2000, p. 631. Voir aussi J. Poiret, *Droit de l'hydroélectricité*, Economica, 2004, p. 1 924.

(324) Voir *infra* p. 572.

(325) CGI, art. 1379.I.7, 1519 B et 1519 C.

attribuée par arrêté du représentant de l'État aux communes littorales d'où les éoliennes sont visibles, en tenant compte de la distance qui sépare ces dernières de l'un des points du territoire des communes concernées et de la population de ces dernières – « par exception, lorsque les installations sont visibles de plusieurs départements, la répartition est réalisée conjointement dans les départements concernés » – ; l'autre moitié doit être répartie entre le Comité national des pêches maritimes et des élevages marins (35 %) et le « financement de projets concourant au développement durable des autres activités marines »(326). Le décret n° 2012-103 du 27 janvier 2012(327) précise les modalités de répartition, d'affectation et d'utilisation de cette taxe.

Remarque

Le décret n° 2012-103 du 27 janvier 2012 précise notamment la méthode de calcul de la fraction du produit de la taxe affectée aux communes, qui varie selon leur population et la distance avec les éoliennes *offshore* (art. 3). Le décret précise aussi la notion de « projets concourant au développement durable des autres activités maritimes » (plaisance, sports nautiques, pêche de loisir, navigation maritime, extraction de granulat et aquaculture) et la procédure de sélection des projets (art. 5).

La taxe sur les déchets réceptionnés dans une installation de stockage de déchets ménagers et assimilés ou dans un incinérateur de déchets ménagers

Cette taxe(328) a été créée par la loi n° 92-646 du 13 juillet 1992 relative à l'élimination des déchets ainsi qu'aux installations classées pour la protection de l'environnement(329). Toute commune peut par délibération de son conseil municipal établir une telle taxe, qui peut notamment frapper un centre d'incinération de déchets ménagers pratiquant la valorisation énergétique. Elle est due par l'exploitant au 1er janvier de l'année d'imposition.

Il faut noter la suppression par la loi de finances pour 2010 de la taxe professionnelle spécifique aux installations d'électricité utilisant l'énergie mécanique du vent, qui avait été créée au profit des collectivités territoriales et de leurs groupements par l'article 39 de la loi POPE de 2005, complété par l'article 76.III de la loi de finances rectificative pour 2005(330). La disparition de cette taxe spécifique est liée à celle de la taxe professionnelle(331), à laquelle elle était apparentée. Désormais la taxation de l'activité professionnelle de production éolienne terrestre est alignée sur les règles de droit commun, autrement dit soumise à la contribution économique territoriale (CET) moyennant quelques adaptations de celle-ci aux spécificités du secteur en cause(332).

Remarque

Les producteurs d'électricité éolienne terrestre ne se distinguent donc plus *a priori* des autres producteurs d'électricité au regard de cette fiscalité particulière. Ils sont ainsi passibles des deux volets de la CET, d'une part, la cotisation sur la valeur ajoutée des entreprises (CVAE) ; d'autre part, la cotisation foncière des entreprises (CFE) ; ils sont par ailleurs assujettis à l'imposition forfaitaire sur les entreprises de réseaux (IFER) si la puissance installée de leurs ouvrages est supérieure ou égale à 100 kW (CGI, art. 1519 D)(333).

(326) CGI, art. 1519 C.

(327) Décret relatif à l'utilisation des ressources issues de la taxe instituée par l'article 1519 B du code général des impôts.

(328) CGCT, art. L. 2333-92.

(329) G. Sébastien, « La taxe sur le stockage des déchets : vers un renforcement de la politique de gestion des déchets ? », *LPA* 2 août 1993, p. 17.

(330) Loi n° 2005-1720, 30 décembre 2005.

(331) Disparition issue de la loi n° 2009-1673 du 29 décembre 2009 de finances pour 2010, art. 2, 76 à 78.

(332) Voir *infra* p. 182 et s.

(333) Voir aussi *infra* p. 184 et s.

b. Les régimes d'imposition spécifiques

Sans préjudice des éventuels dispositifs d'exonération au profit des exploitants de sources d'énergie renouvelables qu'elle peut par ailleurs contenir, la fiscalité applicable aux activités professionnelles peut être spécifique pour les activités liées aux sources d'énergie renouvelables. Il s'agit alors d'aménager spécialement le régime de taxation (modalités de calcul, de perception, de redistribution de la taxe, etc.) applicable à une voire à plusieurs filières énergétiques renouvelables en particulier.

Les régimes spécifiques d'imposition sur le revenu

Les bénéfices relevant des activités agricoles sont soumis à des dispositions particulières. Le fait que l'activité agricole puisse s'étendre aujourd'hui à la production d'énergie renouvelable peut cependant imposer d'aménager des règles spécifiques pour appréhender cette situation(334).

En premier lieu, la loi n° 2007-1822 du 24 décembre 2007 de finances pour 2008(335) a prévu que les revenus provenant de la vente de biomasse ou de la production d'énergie (par « méthanisation ») issue de produits ou de sous-produits provenant majoritairement de l'exploitation agricole sont des bénéfices agricoles à compter de l'imposition des revenus de 2007, et que les mêmes exploitants sont soumis obligatoirement à un régime réel d'imposition(336) ; par la suite l'article 7 de la loi de finances pour 2009(337) a précisé que cette part majoritaire doit être appréciée en masse au regard de chaque produit commercialisé par l'exploitant. Auparavant ces recettes commerciales étaient imposables dans la catégorie des bénéfices industriels et commerciaux, les exploitants étant autorisés à les rattacher aux activités agricoles lorsqu'elles n'excédaient ni 30 % du chiffre d'affaires tiré de l'activité agricole, ni 50 000 euros. De la reconnaissance d'un revenu fiscalement agricole à l'admission d'une activité agricole il n'y avait qu'un pas, que le législateur a décidé ici de franchir. En effet, la loi de modernisation et d'orientation de l'agriculture et de la pêche (LMOAP) a réécrit l'article L. 311-1 du code rural de façon à réputer agricole la production de biogaz, d'électricité ou de chaleur par la méthanisation des sous-produits ou déchets de l'exploitation agricole, sous réserve là aussi d'utiliser des matières premières directement issues de l'exploitation.

Remarque

Le décret n° 2011-190 du 19 février 2011 a confirmé la possibilité de faire commerce de l'énergie obtenue par méthanisation des produits de la ferme et précisé les critères relatifs à la provenance des matières premières, qui doivent être issues pour 50 % au moins des produits agricoles.

En second lieu, l'article 75 A nouveau du code général des impôts a prévu aussi le rattachement aux bénéfices agricoles des recettes tirées de la production d'électricité d'origine photovoltaïque ou éolienne réalisées par un exploitant agricole soumis à un régime réel d'imposition, sous réserve cette fois que les recettes liées à ces activités accessoires à l'activité agricole proprement dite n'excèdent ni 50 % des recettes directement tirées de cette dernière, ni 100 000 euros. Auparavant, ces recettes commerciales relevaient là encore des bénéfices industriels et commerciaux (l'agriculteur pouvait toutefois rattacher ces recettes commerciales aux résultats agricoles lorsqu'elles n'excédaient ni 30 % du chiffre d'affaires tiré de l'activité agricole, ni 50 000 euros). Cependant, d'une part, ne peuvent être appliqués à ces bénéfices tirés de l'exploitation d'énergie de source renouve-

(334) B. Le Baut-Ferrarese, « Les énergies renouvelables, nouveau champ d'activité pour les entrepreneurs agricoles », *RD. rur.* 2012, Étude 2, p. 15.

(335) Art. 24.

(336) CGI, art. 63.

(337) Loi n° 2008-1425 du 27 décembre 2008.

lable inclus dans le bénéfice imposable de l'activité agricole un certain nombre de dispositifs fiscaux favorables – ceux des articles 72 D et 72 D *bis* du code général des impôts (déductions pour investissements et pour aléas), 73 B (abattement fiscal) et 75.0.A (dispositif d'étalement des bénéfices exceptionnels) –, d'autre part, les déficits provenant de l'exercice des activités d'exploitation de l'énergie solaire ou éolienne ne peuvent être imputés sur le revenu net annuel dont dispose le foyer fiscal (régime d'imputation de l'article 156.I du code général des impôts). La démarche mise en œuvre est loin de correspondre toutefois à celle présentée ci-dessus, dont l'aboutissement a été l'intégration de la méthanisation agricole à fins de production d'énergie dans le champ de l'activité agricole, sous condition de critères. En effet, le but des modifications ici relatées est seulement de rendre l'exercice des activités de production d'électricité photovoltaïque ou éolienne plus simple à concilier en pratique avec l'activité agricole strictement entendue, et non de leur attribuer un statut agricole. De tels ajustements ne s'observent pas au demeurant seulement en matière fiscale. La consécration dans le cadre de l'article 88 II de la loi « Grenelle 2 » du droit pour les exploitants agricoles de produire de l'électricité photovoltaïque – alors que la production électrique relève normalement de l'acte commercial par nature[(338)] – sans préjudice du caractère civil de l'activité agricole, suit la même logique.

Remarque

Le rattachement d'actes de production d'électricité photovoltaïque ou éolienne à l'activité agricole proprement dite ne s'impose pas d'évidence. D'abord, parce qu'il est impossible de les faire entrer dans la catégorie des actes agricoles « par nature » au sens de l'article L. 311-1 du code rural, en ce qu'ils n'impliquent pas, comme le requiert cette disposition, la « maîtrise » ou l'« exploitation » d'un « cycle biologique de caractère végétal ou animal et constituant une ou plusieurs étapes nécessaires au déroulement de ce cycle ». Ensuite, parce qu'il est difficile de les qualifier d'actes agricoles « par prolongement » au sens de la même disposition, dans la mesure où le produit obtenu, en l'occurrence l'électricité, l'est ici, certes « dans le cadre » d'une exploitation agricole, mais pas « à partir » des matières premières agricoles de la ferme, à l'instar de ce qui se produit avec la méthanisation agricole ou encore avec la production/vente d'huiles végétales pures (HVP). De fait, la seule hypothèse envisageable serait ici de recourir à l'idée d'activité « support » prévue également à l'article L. 311-1 du code rural et appliquée aujourd'hui aux activités de tourisme à la ferme, et qui ne semble *a priori* pas incongrue si l'on considère que l'activité de production d'électricité renouvelable a bien l'exploitation agricole (toit, terrains) pour « support » matériel ; il y a là en effet de façon objective un rapport de dérivation avec l'activité agricole invitant peut-être à opérer une « interprétation audacieuse » de l'article L. 311-1 du code rural[(339)].

En tout état de cause la règle de l'article 88 II de la loi « Grenelle 2 » n'est pas inintéressante pour les exploitants agricoles en ce qu'elle simplifie notamment leurs obligations déclaratives, mais elle est toutefois lacunaire et imprécise : elle ne vise notamment que les personnes morales et que la production d'énergie solaire (quid de la production éolienne ?), et que l'hypothèse de l'implantation de panneaux solaires photovoltaïques sur un bâtiment (quid de leur implantation au sol ?)[(340)].

Enfin, il a été décidé que les recettes des activités de production d'électricité photovoltaïque ou éolienne réalisées par un exploitant agricole sur son exploitation peuvent être rattachées au régime simplifié de TVA de l'article 298 *quater* du code général des impôts si leur montant, majoré des autres recettes accessoires commerciales et non commerciales, n'excède pas, au titre de la période précédente, 100 000 euros et 50 % des recettes des activités agricoles[(341)].

Le régime spécifique de contribution économique territoriale et d'imposition forfaitaire sur les entreprises de réseaux

La contribution économique territoriale (CET) est un impôt communal au sens de l'article 1379 du code général des impôts[(342)]. Elle remplace au 1er janvier 2010 l'ancien système de taxe profession-

(338) Code de commerce, art. L. 110-1.

(339) D. Bailleul (dir.), *L'Énergie solaire*, Université de Savoie, 2010, p. 221.

(340) À ce sujet voir aussi D. Bailleul (dir.), *L'Énergie solaire*, Université de Savoie, 2010, p. 222.

(341) Art. 298 *bis* III *bis*, issu loi n° 2007-1822, art. 25.

(342) Voir aussi CGI, art. 1447-0.

nelle. Elle se divise, d'une part, en une cotisation foncière frappant les personnes, physiques ou morales, qui exercent à titre habituel une activité professionnelle non salariée (cotisation foncière des entreprises, CFE), d'autre part, en une cotisation sur la valeur ajoutée des entreprises (CVAE).

Pour le droit fiscal, une entreprise qui exploite une source d'énergie pour la transformer puis la vendre à un tiers exerce une activité commerciale imposable à un système de taxe professionnelle(343). Partant la contribution économique territoriale a par analogie vocation à s'appliquer aux équipements d'exploitation de sources d'énergie renouvelables entrant dans son champ d'application, sous réserve que l'activité d'exploitation soit exercée à but lucratif. Il existe cependant des exceptions. Par exemple, les exploitants agricoles sont exonérés du paiement de cette taxe(344) dès lors que l'activité concernée présente bien un caractère agricole. De fait, cette exception ne peut donc jouer lorsqu'un agriculteur prend en charge une activité commerciale d'exploitation de sources d'énergie renouvelables que s'il se trouve dans l'une ou l'autre des deux situations suivantes : soit il produit la ressource énergétique renouvelable (biomasse agricole), et il s'agit bien alors d'une activité agricole, en l'occurrence « par nature »(345) ; soit il produit une énergie finale quelconque (électricité, chaleur, gaz) en utilisant le procédé de la méthanisation, et sous réserve qu'il utilise des produits ou sous-produits majoritairement issus de son exploitation et que les revenus obtenus entrent dans la catégorie des bénéfices agricoles, il s'agit alors d'une activité agricole « par prolongement »(346). En revanche l'exception n'est pas opératoire lorsqu'un agriculteur produit, à des fins de revente, de l'électricité photovoltaïque ou éolienne, puisque dans une telle situation il est réputé exercer une activité purement commerciale(347), soumise dès lors de plein droit à la CET.

La première branche de la CET est la cotisation foncière des entreprises (CFE). Cette dernière est partagée entre le bloc communal (commune et EPCI). Elle a pour base la valeur locative des biens passibles par ailleurs d'une taxe foncière et situés en France(348). *A priori* toute unité de production non domestique d'énergie d'origine renouvelable possédant une emprise au sol est donc normalement soumise à la cotisation foncière. Force est d'admettre que les situations d'imposition sont susceptibles de couvrir ici une multitude d'hypothèses (équipements hydroélectriques, éoliennes, centrales solaires, usines d'incinération ou de méthanisation de déchets...). Mais l'essentiel n'est pas là, puisqu'il tient bien plus dans le fait que certaines règles liées à la CFE sont spéciales pour un certain nombre d'activités ayant à voir avec la production d'énergie lorsqu'elle est d'origine renouvelable.

Remarque

Il faut insister sur le fait que l'assiette de la CFE est corrélative de la soumission des équipements aux taxes foncières. Inversement, donc, la non-soumission de certains ouvrages aux taxes foncières doit être supposée entraîner *ipso facto* une exemption de payer la CFE. Or, ne relèvent de la taxe foncière sur les propriétés bâties (TFPB) que les « ouvrages en maçonnerie présentant le caractère de véritables constructions ». Pour ce qui concerne par exemple les éoliennes, cette qualification est permise pour leur socle en béton, mais pour le mât tout dépend de sa fixation au sol à perpétuelle demeure : un mât démontable non passible de taxe foncière n'entre donc pas non plus dans l'assiette de la CFE(349).

---

(343) Voir CE 1er décembre 1993, SAECRO, req. n° 119501 : est redevable de la taxe professionnelle une société concessionnaire de force hydraulique exerçant une activité de « transformation de l'énergie d'un cours d'eau en énergie électrique » afin de la « vendre » à EDF.

(344) CGI, art. 1450.

(345) Code rural, art. L. 311-1, voir aussi *supra* p. 127.

(346) Code rural, art. L. 311-1.

(347) Voir code de commerce, art. L. 110-1 : la production d'énergie électrique est par principe un acte de commerce.

(348) CGI, art. 1467.

(349) Voir X. Cabanes, « Les énergies renouvelables et la fiscalité locale », *AJCT* 2010, p. 50.

Par ailleurs, il peut arriver que le législateur prévoie des exonérations de taxe foncière qui vont-elles-mêmes rejaillir sur l'exigibilité de la CFE. C'est ainsi que, depuis le 1er janvier 2009, la loi exonère de TFPB « les immobilisations destinées à la production d'électricité photovoltaïque »(350) ; dans le silence de la loi, tous les autres composants des centrales photovoltaïques semblent en revanche devoir être intégrés dans la base d'imposition de la TFPB et de la CFE.

Dans cette perspective, les dispositions portant sur le calcul de la valeur locative des biens appartenant au patrimoine des personnes assujetties à la CFE doivent retenir l'attention. En effet, alors que, sur la base du droit commun, le calcul de la valeur locative des biens pris en compte est effectué en fonction du lieu où se situent les propriétés foncières ou les bâtiments professionnels, le législateur a imposé un raisonnement différent pour calculer la valeur locative « des ouvrages hydroélectriques concédés ou d'une puissance supérieure à 500 kW » : sont donc concernées les chutes autorisées au sens de la loi de 1919, à condition que leur puissance dépasse le seuil indiqué. Il a en effet exigé pour ces derniers que la valeur locative soit répartie entre les communes sur le territoire desquelles coulent les cours d'eau utilisés ou existent des ouvrages de génie civil(351). Il sera noté que cette règle va à l'encontre de la pratique habituelle selon laquelle une exonération fiscale fait baisser le montant de l'impôt, puisqu'en l'espèce la règle est de nature à faire varier à la hausse comme à la baisse l'impôt payable par l'usinier.

Le second versant de la CET est la cotisation sur la valeur ajoutée des entreprises (CVAE). Cette dernière concerne, ainsi que l'indique le code général des impôts, toutes les entreprises dont le chiffre d'affaires est supérieur à 152 500 euros(352). Toutefois, le taux est nul jusqu'à 500 000 euros de chiffre d'affaires(353), en sorte que seules les entreprises dépassant ce seuil en sont redevables. La CVAE est partagée entre le bloc communal (26,5 %), les départements (48,5 %) et les régions (25 %).

Les dispositions de la CVAE sont partiellement dérogatoires du droit commun pour ce qui concerne la répartition territoriale de la valeur ajoutée de certaines installations de production d'électricité à partir de ressources renouvelables. Le principe général est normalement que « la valeur ajoutée est imposée dans la commune où le contribuable la produisant dispose de locaux ou emploie des salariés exerçant leur activité plus de trois mois »(354). La loi fiscale a toutefois institué des modalités spécifiques de répartition de cette valeur ajoutée pour les contribuables disposant dans plus de dix communes d'installations, soit hydroélectriques, soit de production d'électricité éolienne, soit de production électrique photovoltaïque(355). Dans toutes ces situations, la valeur ajoutée est répartie, en fonction de la puissance installée (en toute hypothèse égale ou supérieure ici à 100 kW, ce qui équivaut aussi au seuil de puissance de l'imposition forfaitaire sur les entreprises de réseaux(356), entre les communes où sont situés ces ouvrages et les autres communes où ce contribuable dispose de locaux ou emploie des salariés pendant plus de trois mois. Le décret n° 2011-1238 du 4 octobre 2011 a précisé les modalités d'application de cette disposition pour la production d'électricité d'origine photovoltaïque ou éolienne en particulier(357).

(350) CGI, art. 1382, 12° ; voir aussi *infra* p. 566.

(351) CGI, art. 1399.II et 1475. Voir aussi CGI, annexe III (art. 316, 317 et 322).

(352) CGI, 1586 *ter*.

(353) CGI, 1586 *quater*.

(354) CGI, art. 1586 *octies*.

(355) CGI, art. 1586 *octies* III.

(356) Voir *infra* p. 185.

(357) Décret pris en application du cinquième alinéa du III de l'article 1586 *octies* du code général des impôts relatif aux modalités de répartition de la valeur ajoutée pour le calcul de la cotisation de la valeur ajoutée des entreprises ayant pour activité la production d'électricité d'origine photovoltaïque ou éolienne, voir aussi CGI, annexe III, art. 328 G *nonies* A à 328 G *nonies* D.

Remarque

Pour les ouvrages hydroélectriques dont la puissance est supérieure à 500 kW, la loi prévoit que la valeur ajoutée des établissements est répartie comme la valeur locative de ces ouvrages, selon la règle fixée par l'article 1475 du CGI (voir *supra* p. 158 et s.).

Le régime d'imposition forfaitaire sur les entreprises de réseaux (IFER) découle lui aussi de la réforme ayant conduit à la suppression de la taxe professionnelle entreprise par la loi de finances pour 2010. Afin d'éviter que cette modification n'aboutisse à priver les collectivités territoriales des ressources dont elles ont besoin pour exercer leurs compétences, la loi a ajouté à la CFE et à la CVAE une imposition forfaitaire frappant un certain nombre d'entreprises utilisant les réseaux électriques, notamment celles de la production électrique[(358)]. Cette imposition n'est pas, comme son nom l'indique, propre aux entreprises engagées dans la production d'électricité renouvelable, mais lorsqu'elle leur est applicable elle comporte certains éléments qui leur sont spécialement destinés[(359)].

D'abord, on remarque que le champ d'application personnel de cet impôt est limité à certaines filières de production d'électricité renouvelable seulement et, au sein de celles-ci, à celles employant des moyens de production atteignant un certain niveau de puissance. Ne sont ainsi concernées que les installations de production d'électricité utilisant « l'énergie mécanique du vent » (éoliennes terrestres et maritimes) ou « l'énergie mécanique hydraulique » des courants situés dans les eaux intérieures ou dans la mer territoriale (hydroliennes)[(360)], enfin les « centrales de production d'énergie électrique photovoltaïque », et, dans tous les cas, sous réserve que leur puissance électrique installée (soit) supérieure ou égale à 100 kW[(361)].

Remarque

La notion de « puissance électrique installée » est issue de la loi n° 2000-108 sur le service public de l'électricité. Elle équivaut à la puissance électrique maximale pouvant être produite par l'ensemble des installations (voir aussi *supra* p. 183).

L'article 1519 HA du CGI prévoit que l'IFER est applicable à différents types d'installations gazières liées aux réseaux publics mais il n'évoque pas la soumission audit impôt des unités de production de gaz d'origine renouvelable, dont l'injection dans les réseaux publics est désormais licite (voir *supra* p. 158 et s.). La soumission des outils de production de biogaz/biométhane renouvelable à l'IFER ne semble pas pouvoir être envisagée compte tenu de leurs seuils de puissance installée qui sont bien inférieurs à celui de 100 kW déclenchant l'applicabilité de l'IFER dans le secteur de l'électricité renouvelable.

Ensuite, les règles de territorialité de l'IFER ici applicable sont également spécifiques. La règle est que l'IFER est un impôt communal[(362)] mais, au cas présent, la loi fiscale organise un partage de son produit entre différents niveaux de collectivités. Cette ventilation, résultant de la combinaison des articles 1379, 1379-0 *bis* et 1586 du CGI, conduit à affecter aux communes d'implantation 20 % de l'IFER pour des installations éoliennes terrestres, 50 % pour des ouvrages hydroélectriques et pour les centrales de production d'énergie électrique d'origine photovoltaïque, cependant que pour les ouvrages hydroélectriques le produit de l'IFER est réparti comme les valeurs locatives des ouvrages de cette composante, selon les règles fixées par l'article 1475 du code général des impôts[(363)] ; en toute hypothèse le solde revient à l'établissement intercommunal s'il y en a un ou à défaut de celui-ci au département (30 % ou 80 % lorsque la commune d'implantation n'ap-

(358) Loi n° 2009-1673 du 30 décembre 2009, art. 2, CGI, art. 1635-0 *quinquies*.

(359) CGI, art. 1519 D à 1519 HA, voir aussi Instruction 6 E-2-11 n° 27 du 1er avril 2011, *BOI*, n° 11 du 6 février 2012.

(360) CGI, art. 1519 D.

(361) CGI, art. 1519 F I

(362) CGI, art. 1379.

(363) Voir *supra* p. 184.

partient pas à un EPCI à fiscalité propre)[364]. En pratique, les situations sont toutefois plus complexes, compte tenu du fait que le produit de l'IFER sera affecté différemment selon qu'il est perçu par une commune isolée, selon qu'il existe ou non un EPCI à fiscalité additionnelle ou à fiscalité professionnelle de zone, ou bien encore un EPCI à fiscalité éolienne unique ou à fiscalité professionnelle unique[365].

Enfin, il sera noté que, consacrant une logique ressemblant en l'occurrence à une sorte de gratification des communes ayant accueilli – ou souhaitant le faire – des moyens de production éolienne, la loi fiscale[366], a relevé très sensiblement le tarif de l'IFER éolien, hydrolien et photovoltaïque, pour le porter de 2,913 euros à 7 euros par kW de puissance installée, soit une hausse de 140 %[367]. Saisi de recours contre cette décision qui épargnait en revanche les autres sources de production d'électricité soumises à l'IFER (installations nucléaires, thermiques à flamme ou ouvrages hydroélectriques), le Conseil d'État[368] n'y a vu aucune violation du principe d'égalité protégé par la Constitution ni de la Convention européenne des droits de l'homme, au nom de la large marge d'appréciation laissée à la loi fiscale et l'absence d'atteinte disproportionnée aux biens des sociétés[369].

Pour être complet, il faut ajouter que la création de la CET a préservé le système de mutualisation de la ressource fiscale liée à l'éolien tel qu'il existait dans le cadre du dispositif de taxe professionnelle. Ainsi, le II de l'article 1609 *quinquies* C du code général des impôts[370] a conservé la possibilité pour les intercommunalités de se substituer à leurs communes membres pour percevoir la CFE et l'IFER relatives aux éoliennes. La loi de finances pour 2011 a également modifié la répartition du produit de ces impositions lorsque les intercommunalités intéressées font application de ce régime. Il est prévu qu'elles versent une contribution financière au titre des nuisances éventuelles résultant de l'implantation d'éoliennes : aux communes d'implantation des ouvrages lorsque les communes se situent dans une zone de développement de l'éolien (ZDE), aux communes d'implantation des éoliennes ainsi qu'aux communes limitrophes de l'EPCI en l'absence de ZDE. Afin manifestement d'éviter tout enrichissement sans cause, la loi impose que cette compensation ne dépasse pas le produit de la CFE et de l'IFER perçues sur ces installations.

B. Les redevances domaniales

L'occupation du domaine public a toujours pour contrepartie le paiement d'une redevance domaniale, sauf à ce qu'une loi en dispose autrement. En la matière, le fait que l'occupation du domaine public soit liée à une activité de production, de transport et de distribution d'énergie ne semble pas devoir au prime abord être regardé comme un élément déterminant. De façon générale, la jurisprudence estime que le niveau de la redevance doit tenir compte de l'usage qui est fait de la dépendance du domaine public, quant à l'article L. 2125-3 du code général de la propriété des personnes publiques il dispose que « toute redevance stipulée au profit du trésor doit tenir compte des avan-

(364) CGI, art. 1379 9°.

(365) Sur ces règles de répartition fiscale variables selon les territoires, voir Instruction 6 E-2-11 n° 27 du 1er avril 2011, *BOI*, n° 11 du 6 février 2012, préc.

(366) Loi n° 2010-1657 du 29 décembre 2010 de finances pour 2011, art. 59.

(367) CGI, art. 1519 D III.

(368) CE 16 novembre 2011, SNC Par éolien de Saint-Léger et SAS Parc éolien du bois Clergeon, req. n° 349751.

(369) Voir notamment : d'une part, « la différence de traitement est fondée sur une différence de situation et motivée par des raisons d'intérêt général », ici la volonté d'atténuer l'impact pour les communes du remplacement de la taxe professionnelle par la contribution économique territoriale, d'autre part, la hausse qui est fondée « sur le critère objectif et rationnel de la différence de situation » et sur un motif d'intérêt général « n'aboutit pas à faire peser sur les entreprises redevables une charge manifestement excessive au regard de leurs facultés contributives ».

(370) Dans sa version ressortant de la loi n° 2009-1673 du 30 décembre 2009 de finances pour 2010.

tages de toute nature procurés au concessionnaire ». Quoi qu'il en soit, il faut ici encore raisonner à partir du principe selon lequel de telles occupations sont réputées être soumises au droit commun des autorisations et concessions de voirie, ce qui couvre nécessairement la fixation des redevances y afférentes, avant de constater que ce principe supporte quelques tempéraments en cas d'occupation du domaine public fluvial.

1. Les redevances domaniales de droit commun

Le principe est l'application des règles du droit commun, autrement dit le paiement par le responsable de l'unité de production, de transport ou de distribution d'énergie renouvelable de la redevance domaniale à la personne publique propriétaire ou gestionnaire du domaine, en contrepartie des avantages retirés par l'occupation. Ainsi, par exemple, l'autorisation d'implanter une éolienne sur le territoire d'une commune doit par hypothèse comporter l'obligation de payer la redevance domaniale sur la base du tarif communal applicable. Ainsi, encore, la concession d'occupation du domaine public maritime par un parc d'éoliennes *offshore* situées dans les eaux intérieures ou la mer territoriale sera logiquement assortie d'une redevance payable, ici à l'État, propriétaire de ce domaine public naturel[(371)].

Les redevances domaniales applicables aux activités d'exploitation des sources d'énergie renouvelables qui relèvent du droit commun de la domanialité n'obéissent pas moins à certaines règles particulières, s'agissant de la détermination de leur montant. En la matière, il apparaît *a priori* logique de lier ce montant à la nature de l'activité et aux revenus générés, ce qui n'est pas toutefois forcément facile en raison de la difficulté de connaître à l'avance les revenus futurs découlant de l'usage privatif du domaine public. L'existence en la matière de règles nationales peut donc être un soutien utile. L'uniformité juridique ne semble certes pas justifiée en cas d'utilisation du domaine public des collectivités territoriales locales – en raison du principe constitutionnel de libre administration de ces collectivités –, à charge donc pour celles-ci de l'établir en fonction de la spécificité et de l'économie de leur territoire ; tout au plus pourraient-elles devoir se plier à des règles nationales d'encadrement mais qui, au cas présent, sont inexistantes. En revanche, l'occupation du domaine public de l'État, dont on sait qu'elle s'accompagne aussi de la perception par celui-ci de la redevance y afférente, suggère plus fortement l'existence d'un régime juridique unifié. En l'état actuel des choses, un tel dispositif existe pour l'occupation du domaine public de l'État par des installations utilisant l'énergie mécanique du vent et par leurs éléments accessoires. L'arrêté du 2 avril 2008 adopté à cette fin[(372)] uniformise en effet la tarification de l'occupation du domaine public tout à la fois terrestre (éolien à terre) et maritime (éolien en mer) de l'État : la redevance domaniale due par l'occupant comprend un élément fixe en rapport avec la valeur d'usage de l'emprise et un élément variable qui dépend du nombre de mégawatts installés.

2. Les redevances spécifiques à l'occupation du domaine public fluvial

L'occupation du domaine public fluvial est évidemment le propre, notamment, des ouvrages hydroélectriques. Pour ces derniers, le principe d'une contrepartie financière de l'occupation domaniale était expressément posé à l'article 16 de la loi du 16 octobre 1919 sur l'énergie hydraulique, qui évoquait l'obligation de payer toutes les « redevances domaniales qui seraient fixées par l'acte d'autorisation [...] ». Cette règle remonte à l'article 44 de l'ancienne loi sur l'eau du 8 avril 1898 qui disposait que « les concessionnaires sont assujettis à payer une redevance à l'État, d'après

(371) CGPPP, art. L. 2111-4.

(372) Arr. 2 avril 2008 fixant le tarif des redevances dues pour l'occupation du domaine public de l'État par des installations de production d'électricité utilisant l'énergie mécanique du vent et par leurs équipements accessoires.

les bases qui seront fixées par un règlement d'administration publique ». Elle est aujourd'hui codifiée à l'article L. 2125-7 du code général de la propriété des personnes publiques, ainsi rédigé : « Les titulaires d'autorisations de prise d'eau sur le domaine public fluvial sont assujettis à payer à l'État une redevance calculée d'après les bases fixées par un décret en Conseil d'État. Sur le domaine public appartenant ou confié en gestion à une collectivité territoriale ou un groupement, la redevance est perçue à son profit. Elle est établie par délibération de l'assemblée de la collectivité territoriale ou du groupement, dans les limites fixées par un décret en Conseil d'État. » La réglementation en la matière impose donc le paiement d'une redevance nommée « redevance domaniale hydraulique » ou plus familièrement et à raison des évolutions récentes de la gestion des voies navigables – « taxe Voies navigables de France ». On fera quatre séries d'observations à son sujet.

D'abord, il importe de signaler que cette redevance, dont la nature domaniale est établie, n'est en rien propre à l'hydroélectricité, mais appartient à un régime juridique spécifique, celui des prises d'eau en domaine public fluvial, qui l'inclut nécessairement.

Ensuite, il faut préciser que lorsque cette redevance s'applique dans le secteur hydroélectrique, son champ d'action est limité. En effet, il ressort du droit positif applicable, à savoir, d'une part, du décret n° 48-1698 du 2 novembre 1948 pour les voies navigables dont la gestion n'est pas confiée à Voies navigables de France, d'autre part, de l'article 124.I de la loi n° 90-1168 du 29 décembre 1990 de finances pour 1991 pour les voies navigables dont la gestion a été attribuée à cet organisme, que les ouvrages hydroélectriques concédés sont expressément exclus de cette redevance, les chutes fondées en titre étant pour leur part tacitement exonérées. Son application est donc par là même restreinte aux seules chutes « autorisées », au sens de la loi du 16 octobre 1919 (puissance inférieure à 4 500 kW). Pour ces dernières, l'obligation de payer trouve désormais son fondement à l'article L. 531-4 du code de l'énergie[373]. Le montant comprend deux éléments : en premier, une partie fixe, liée à l'emprise du domaine public fluvial occupé (redevance « superficiaire »), en second, une partie variable, en l'occurrence relative à la force hydraulique captée. Les pouvoirs publics ont encadré toutefois ses niveaux. Sur ce sujet, l'article 16 du décret n° 2005-992 relatif à la constitution et à la gestion du domaine public fluvial de l'État, des collectivités territoriales et de leurs groupements donne trois précisions : d'une part, lorsque cette taxe est instituée par les collectivités locales, elle doit être fixée dans la limite de 4,6 euros par millier de mètres cubes prélevable ou rejetable, d'autre part, lorsque la redevance s'applique aux ouvrages hydroélectriques autorisés au sens de la loi du 16 octobre 1919, elle est égale au produit de la puissance maximale brute autorisée de la chute par un taux de base ne pouvant dépasser 18,3 euros par kW, enfin le total des redevances pour prise d'eau et pour occupation du domaine ne doit pas dépasser un montant égal à 3 % du chiffre d'affaires annuel procuré par l'ouvrage l'année précédant l'année d'imposition.

Il faut encore relever que si cette taxe est exigible par définition pour une occupation régulière du domaine public, elle peut aussi servir à sanctionner une occupation qui se révèlerait illégale. Tel est en tout cas ce que prévoit l'article L. 4316-3 du code des transports dans sa version modifiée par la loi de finances pour 2012 : toute installation irrégulière d'ouvrages hydrauliques rend ainsi l'occupant ou le bénéficiaire des ouvrages concernés redevable de ladite taxe, majorée dans cette situation spécifique de 30 %.

Enfin, la redevance domaniale hydraulique est en tout état de cause indépendante des redevances d'occupation temporaire du domaine public qui peuvent être par ailleurs exigées, et auxquelles elle

(373) « Le permissionnaire est assujetti, pour les installations établies sur les cours d'eau du domaine public, aux redevances domaniales fixées par l'acte d'autorisation. »

peut donc s'ajouter. Il faut en effet garder à l'esprit que les redevances « superficiaires » pour occupation temporaire du domaine public, national, communal ou encore départemental – ou redevances de droit commun – s'appliquent ici sans aucune restriction, y compris cette fois pour les ouvrages hydroélectriques concédés.

Chapitre 8

L'exploitation des énergies renouvelables en droit du sol et de l'habitat

Le droit régissant l'occupation du sol et l'habitat s'applique à l'exploitation des sources d'énergie renouvelables comme à toute autre activité, afin d'en encadrer l'exercice : les droits de l'urbanisme, de l'aménagement du territoire et de la construction imposent leurs contraintes, restreignant par là même, pour des raisons de contrôle de l'utilisation de l'espace, une exploitation encouragée par ailleurs. Toutefois, la planification de l'usage du sol peut porter une stratégie de développement durable, le caractère contraignant des servitudes d'urbanisme ou les conditions d'obtention des autorisations d'urbanisme orientant ainsi certains choix, suivant la démarche générale de soutien aux énergies renouvelables initiée par la loi POPE de 2005. De même, les réglementations applicables à l'habitat, lors de sa construction initiale comme de travaux ultérieurs, peuvent influer ou imposer un usage des énergies renouvelables. C'est l'esprit des réformes issues des lois Grenelle, textes qui amorcent peut-être une évolution en profondeur(1). Ainsi, depuis la loi Grenelle 1, l'article L. 110 du code de l'urbanisme retient que l'action des collectivités publiques en matière d'urbanisme contribue à la lutte contre le changement climatique et à l'adaptation à ce changement, ce qui implique, parmi d'autres finalités, de réduire les émissions de gaz à effet de serre et d'économiser les ressources fossiles. Sans doute aurait-il été pertinent d'ajouter ici explicitement l'objectif de promotion des énergies renouvelables. La loi « Grenelle 2 » a ensuite apporté quelques modifications indispensables, en droit de l'urbanisme comme en droit de la construction, qui seront détaillées ci-après(2).

L'exploitation des sources d'énergie renouvelables relève du droit du sol dès lors qu'elle implique une occupation de l'espace terrestre : implantation d'une centrale hydroélectrique, d'éoliennes, d'une unité de méthanisation, d'un incinérateur, de capteurs solaires... Cette réalisation s'opère dans un contexte normatif qui doit être respecté, la conformité d'un projet étant souvent contrôlée par l'obligation d'obtention préalable d'une autorisation : le permis de construire est l'instrument central de ce mécanisme, mais non le seul. Les travaux les moins importants qui échappent à ce contrôle préalable ne sont pas pour autant dispensés de respecter les normes d'urbanisme. L'utilisation énergétique de la biomasse implique une autre forme d'occupation du sol, par les productions agricoles ou sylvicoles, également encadrée juridiquement puisque la planification a vocation à organiser tous les usages de l'espace. Les différentes étapes de l'exploitation des sources d'énergie renouvelables s'inscrivent donc dans le contexte du droit du sol dont il faut finalement aborder tous les aspects : l'encadrement de cette activité par les instruments de planification, l'application des règles d'urbanisme, l'obligation d'obtenir une autorisation d'urbanisme. Du point de vue du droit de l'habitat, l'approche est différente : l'usage des énergies renouvelables est traité

(1) Loi n° 2009-967 du 3 août 2009 de programmation relative à la mise en œuvre du Grenelle de l'environnement (loi Grenelle 1) et loi n° 2010-788 du 12 juillet 2010 portant engagement national pour l'environnement (loi Grenelle 2).

(2) J. Duval, « Grenelle 2 : un traitement ambivalent des énergies renouvelables », *Environnement* 2010, étude 20 ; J.-F. Poli, « Les règles d'urbanisme applicables à l'installation d'équipements d'énergie éolienne et photovoltaïque », *Environnement* février 2011, p. 23 ; G. Kalflèche, « Droit de l'urbanisme et énergies renouvelables : je t'aime moi non plus ! », *Dr. env.* Hors-série avril 2012, p. 25.

comme une technique, venant s'insérer dans le processus complexe de l'édification ou de la rénovation d'une construction. La fonction du droit est là d'inciter, voire d'imposer, le recours aux énergies renouvelables lors de cette opération.

Section 1

La planification de l'usage du sol et l'exploitation des sources d'énergie renouvelables

Les instruments de planification permettent aux collectivités territoriales de fixer des règles locales d'occupation du sol. Les communes jouent ici un rôle prépondérant, car elles contrôlent la planification urbanistique, tandis que les régions ont vocation à organiser l'aménagement du territoire(3). L'exploitation des sources d'énergie renouvelables, qu'elle se réalise par l'utilisation d'espaces naturels ou cultivés ou par l'implantation d'installations diverses, est contrainte par cette planification de l'usage du sol. Cette dernière peut néanmoins être utilisée par des collectivités souhaitant promouvoir les énergies renouvelables, afin d'organiser, voire de favoriser, une production sur leur territoire. La plupart des outils concernés sont généraux, et dès lors plus ou moins adaptables, et peuvent être classés en deux catégories : les instruments de la planification urbanistique et ceux de la planification du développement des territoires. Il faut leur ajouter la planification propre à l'implantation des éoliennes, tout à fait spécifique.

§1. La planification urbanistique

Depuis la loi « Grenelle 2 » de 2010, les documents d'urbanisme locaux (schéma de cohérence territoriale, plan local d'urbanisme et carte communale) se sont vus attribuer de nouvelles fonctions. Désormais, ils ont explicitement un rôle à jouer en matière énergétique : déterminer les conditions permettant d'assurer la réduction des émissions de gaz à effet de serre, la maîtrise de l'énergie et la production énergétique à partir de sources renouvelables(4). Le plan local d'urbanisme (PLU) est le document le plus prometteur en la matière, offrant plusieurs points d'accroche pour un développement local des énergies renouvelables. Par contraste, les autres outils de la planification urbanistique apparaissent moins influents.

I. Le rôle stratégique du plan local d'urbanisme pour développer l'exploitation des sources d'énergie renouvelable

Depuis la loi n° 2000-1208 du 13 décembre 2000 relative à la solidarité et au renouvellement urbains (loi SRU), le PLU a remplacé le plan d'occupation des sols (POS). Comme son prédécesseur, il réglemente l'occupation du sol, mais il comporte en outre un projet d'aménagement et de développement durable (PADD) qui définit les orientations générales retenues pour l'ensemble du

(3) La ville de Paris a lancé en avril 2012 un projet de cadastre solaire destiné à déceler les niveaux d'ensoleillement des toitures, pour ensuite faciliter l'installation de panneaux solaires, voir : www.paris.fr.

(4) C. urb., art. L. 121-1.3°. Voir : E. Carpentier, « Les objectifs assignés aux documents d'urbanisme après la loi "Grenelle 2" », *RD imm.* 2011, p. 68 ; A. Graboy-Grobesco, « La loi Grenelle II et les documents de planification territoriale », *Dr. adm.* 2011, étude 4. Plus généralement, sur les dernières évolutions des documents d'urbanisme : J.-P. Lebreton, « La réforme des procédures d'élaboration et de gestion des documents d'urbanisme », *AJDA* 2012, p. 647.

territoire de la ou des commune(s) concernée(s)[5]. Cette conception de la planification locale, imprégnée de durabilité, désigne le PLU comme premier support d'une promotion des énergies renouvelables[6]. Toutes les communes n'en sont pas dotées : en l'absence de PLU, il faut se référer au règlement national d'urbanisme (RNU) et à la règle de la constructibilité limitée[7]. Beaucoup ont conservé leurs POS, adoptés avant la loi SRU, et toujours en vigueur : ils ont désormais les mêmes effets que les PLU, sont soumis au même régime juridique[8] et sont progressivement remplacés par eux, au fur et à mesure de la remise en chantier par les communes de leurs documents d'urbanisme. Un PLU peut favoriser une production d'énergie renouvelable à travers les obligations de son règlement, par le zonage mis en place, en autorisant le dépassement des règles de gabarit et de densité d'occupation des sols. En outre, il existe différentes possibilités d'adaptation d'un POS/PLU existant afin d'intégrer l'exploitation des sources d'énergie renouvelables.

A. Des obligations dans le règlement du PLU

Le PLU comporte un règlement, qui fixe les règles générales et les servitudes d'utilisation des sols. À ce titre, depuis la loi « Grenelle 2 » de 2010, il peut imposer aux constructions, travaux, installations et aménagements, notamment dans les secteurs qu'il ouvre à l'urbanisation, de respecter des performances énergétiques et environnementales renforcées qu'il définit[9]. Ces secteurs apparaissent sur les documents graphiques du PLU[10]. Par comparaison avec le droit antérieur, deux apports doivent être soulignés. Le premier est que désormais, il est possible d'imposer par le PLU un approvisionnement énergétique à partir de sources renouvelables, dans des quartiers nouveaux (création d'éco-quartiers), mais aussi dans des zones déjà urbanisées. Précédemment, le dispositif ne permettait que de recommander l'utilisation des énergies renouvelables pour des constructions neuves[11]. Le second apport est qu'il ne s'agit pas seulement d'énoncer dans le PLU une promotion des énergies renouvelables : l'ambition est que la commune décide d'un éventail de solutions, d'objectifs chiffrés, de techniques imposées, pour une performance énergétique et environnementale, et inscrive ainsi le recours aux sources d'énergie renouvelables dans une démarche plus complète.

Le règlement du PLU peut être par ailleurs l'instrument d'un soutien plus indirect aux énergies renouvelables. En définissant les règles concernant la destination et la nature des constructions[12], il peut faciliter l'implantation, dans certaines zones d'une commune, d'installations exploitant les sources d'énergie renouvelables. Par la détermination de règles concernant l'aspect extérieur des constructions, leurs dimensions et l'aménagement de leurs abords, afin de contribuer à la qualité architecturale et à l'insertion harmonieuse des constructions dans le milieu environnant[13], il peut

(5) C. urb., art. L. 123-1. Sur les évolutions récentes du PLU : J.-J. Liard, « La loi Grenelle 2 et le PLU », *Lamy supp. Grenelle 2*, octobre 2010, p. 15 ; P. Soler-Couteaux, « Le plan local d'urbanisme "Grenelle" : un arbre qui cache la forêt », *RD imm.* 2011, p. 89 ; P. Baffert, K. Destarac, « Comment rédiger les PLU après la loi Grenelle 2. Premières réflexions », *BJDU* 2011, p. 255 ; P. Soler-Couteaux, « Le PLU après l'ordonnance n° 2012-11 du 5 janvier 2012 », *RD imm.* 2012, p. 257.

(6) P. Sablière, « Les énergies renouvelables et les plans locaux d'urbanisme », *AJCT* septembre 2010, p. 13 ; Sur le PLU et les installations solaires : D. Bailleul (dir.), *L'Énergie solaire. Aspects juridiques*, Université de Savoie, 2010, p. 176 et s.

(7) Voir *infra* p. 208 et 214.

(8) C. urb., art. L. 123-19.

(9) C. urb., art. L. 123-1-5.14° et R. 123-9.15° ; cette possibilité avait été envisagée lors des travaux préparatoires à la loi POPE de 2005, mais non retenue : S. Poignant, « Rapport sur le projet de loi d'orientation sur l'énergie », Ass. nat. n° 1597, 12 mai 2004, p. 59 ; H. Revol, « Rapport sur le projet de loi d'orientation sur l'énergie », Sénat n° 330, 2 juin 2004, p. 90.

(10) C. urb., art. R. 123-12.6°.

(11) C. urb., art. L. 123-1.14° ancien.

(12) C. urb., art. L. 123-1-5.2°.

(13) C. urb., art. L. 123-1-5.4°.

orienter la conception des constructions et inciter à l'usage de certains matériaux ou procédés, promouvant ainsi le recours aux énergies renouvelables[14]. Enfin, le règlement du PLU peut régir l'implantation des constructions par rapport aux limites séparatives, les unes par rapport aux autres sur une même propriété et leur hauteur maximale[15]. Cette disposition a pour finalité d'assurer l'agrément des constructions[16], mais peut être utilement exploitée afin de garantir un ensoleillement pour l'utilisation de l'énergie solaire[17]. Une privation de soleil consécutive à la délivrance d'un permis de construire ne respectant pas ces règles d'implantation permet alors d'engager la responsabilité pour faute de l'administration et d'obtenir une indemnisation[18]. En revanche, les règles d'implantation des constructions par rapport aux limites séparatives ne s'appliquent pas aux éoliennes, qui ne peuvent être regardées comme des constructions[19].

B. L'utilisation du zonage du PLU

Le règlement du PLU permet de mettre en place un zonage du territoire communal, en délimitant des zones urbaines, des zones à urbaniser, des zones agricoles et des zones naturelles et forestières, et en fixant les règles applicables à l'intérieur de chacune d'entre elles[20]. Ce zonage va conditionner les possibilités d'implantation d'installations exploitant des sources d'énergie renouvelables[21] et d'usage éventuel du sol pour produire de la biomasse. Outre la possibilité d'établir des secteurs soumis à des performances énergétiques et environnementales renforcées comme exposé précédemment, le zonage du territoire communal retenu dans le PLU peut être l'instrument d'un soutien élargi à la production d'énergie renouvelable, en fonction des choix des autorités locales. Mais à l'inverse, celles-ci pourront tout aussi bien décider d'empêcher l'implantation d'installations non désirées dans certaines zones de leur territoire.

En zone urbaine (zone U), le PLU peut indiquer les installations d'intérêt général à créer ou à modifier, en délimitant les terrains concernés par ces équipements[22]. Cette disposition permet une planification de l'implantation d'installations exploitant des sources d'énergie renouvelables, comme une unité d'incinération ou des éoliennes, en tenant compte de la nécessité d'un éventuel éloignement par rapport aux constructions existantes, dès lors que l'énergie produite n'est pas destinée à une autoconsommation. Dans les zones à urbaniser (zones AU), qui sont des secteurs de la commune à caractère naturel mais destinés à être ouverts à l'urbanisation[23], l'implantation d'une installation exploitant des sources d'énergie renouvelables dépend des conditions définies dans le règlement du PLU, celles-ci correspondant à la capacité des voies publiques et des réseaux d'eau, d'électricité et d'assai-

(14) CAA Marseille 20 septembre 2001, M. Mear, req. n° 98MA01862 et CE 6 décembre 2002, M. Mear, req. n° 240738, à propos d'un POS imposant une couverture des constructions en tuiles, à l'exception des éléments destinés à capter l'énergie solaire.

(15) C. urb., art. R. 123-9.

(16) CE 10 juillet 1987, M. et Mme Flavian, req. n° 74106 – CE 9 juin 1997, M. et Mme Maillard, req. n° 176719 – CE 25 février 1998, C[ne] de St-Leu-la-Forêt, req. n° 165185.

(17) Sur l'énergie solaire et le POS, voir M. Prieur, « Le droit public solaire en France », *RJE* 1979, p. 275.

(18) CE 14 décembre 1988, M. Bosc, req. n° 67353 – CAA Bordeaux 10 juin 1999, M. Butz, req. n° 96BX30493 – CAA Paris 20 janvier 2004, C[ne] de Villeparisis, req. n° 01PA04117 – CAA Marseille 8 septembre 2005, M. Georges X., req. n° 01MA01192.

(19) CAA Nantes 23 juin 2009, Association Cadre de vie et environnement Melgven-Rosporden, req. n° 08NT02986.

(20) C. urb., art. R. 123-4.

(21) CE 28 février 1997, Association Ain-Nature-Fédération Rhône-Alpes de protection de la nature, req. n° 152482, conformité de l'implantation d'une centrale hydroélectrique au zonage.

(22) C. urb., art. L. 123-2.

(23) C. urb., art. R. 123-6.

nissement à desservir les constructions. Cette implantation peut sans doute être aussi conçue comme une opération d'aménagement, destinée à équiper la zone en question.

Plus spécifiquement, des zones d'aménagement concerté (ZAC) peuvent être créées, à l'intérieur desquelles la commune décide d'intervenir pour réaliser ou faire réaliser l'aménagement et l'équipement des terrains(24). Le PLU en régit ensuite l'urbanisation, sachant qu'il peut notamment préciser la localisation prévue pour les installations d'intérêt général(25). Cet outil, potentiellement très prometteur pour un développement des énergies renouvelables au niveau local, n'a cependant pas été désigné comme tel, ni par la loi POPE de 2005, ni par la loi « Grenelle 2 » de 2010.

Remarque

Avant l'instauration des PLU, un plan d'aménagement de zone (PAZ) fixait les règles applicables dans la ZAC. L'interdiction d'implantation d'incinérateurs d'ordures ménagères est au nombre des règles qu'un PAZ peut légalement édicter, lorsque cette interdiction est fondée sur des motifs d'urbanisme et d'intérêt général, comme des considérations de santé publique et d'environnement (CAA Marseille 17 mai 2006, SANOP, req. n° 06MA00755).

L'implantation d'une installation d'exploitation des sources d'énergie renouvelables pourrait sembler plus difficile dans les zones agricoles (zones A) et les zones naturelles et forestières (zones N)(26). En réalité il existe des possibilités. Les zones A concernent les secteurs à protéger en raison du potentiel agronomique, biologique ou économique des terres agricoles(27), et peuvent être classés en zone N les secteurs à protéger en raison soit de la qualité des sites, milieux et espaces naturels, des paysages et de leur intérêt, soit de l'existence d'une exploitation forestière, soit de leur caractère d'espaces naturels(28). Mais il est prévu que dans ces zones, les constructions et installations nécessaires à des équipements collectifs peuvent être autorisées, dès lors qu'elles ne sont pas incompatibles avec l'exercice d'une activité agricole, pastorale ou forestière du terrain sur lequel elles sont implantées et qu'elles ne portent pas atteinte à la sauvegarde des espaces naturels et des paysages(29). Les installations exploitant des sources d'énergie renouvelables peuvent être considérées comme étant d'intérêt collectif, lorsque l'énergie est revendue. À titre de comparaison, la jurisprudence relative à l'implantation d'éoliennes en zone naturelle des POS les qualifie, selon la terminologie retenue dans le POS concerné : d'ouvrages techniques d'intérêt général(30), d'équipement collectif mais pas d'équipement public dès lors qu'il n'est pas directement affecté à l'exécution même du service public de l'électricité(31), d'équipement d'intérêt public d'in-

(24) C. urb., art. L. 311-1.

(25) C. urb., art. L. 123-3.

(26) A. Bourlon, « Énergie solaire : régulation ou insécurité juridique ? » *AJCT* septembre 2010, p. 10 ; B. Grimonprez, « Les fermes solaires ou éoliennes en milieu rural », *Environnement* février 2011, p. 18 ; C. Enckel, « Centrales solaires et zones agricoles : la sécurité juridique éclipsée », *AJCT* 2012, p. 21.

(27) C. urb., art. R. 123-7.

(28) C. urb., art. R. 123-8.

(29) C. urb., art. L. 123-1, R. 123-7 et R. 123-8. Sur la difficile compatibilité d'une centrale photovoltaïque au sol avec ces activités, voir circ. du 18 décembre 2009 relative au développement et au contrôle des centrales photovoltaïques au sol. Sur l'installation d'un parc solaire en zone ND d'un POS : TA Marseille 13 février 2012, LPO et autres, req. n°s 1200197, 1200198, 1200199, 1200201, 1200202, 1200203, 1200254, 1200255 (référé) – TA Marseille 24 mai 2012, Association Clarency et autres, req. n°s 1102411, 1102417, 1102419, 1102421, 1102423, 1102425, 1102427, 1102428 (fond).

(30) CAA Nantes 23 juin 2009, Association Cadre de vie et environnement Melgven-Rosporden, req. n° 08NT02986.

(31) CAA Nantes 29 juin 2010, SARL Recherches et Développements Éoliens, req. n° 09NT01328, *AJDA* 2010, p. 2 110, note S. Degommier ; *JCP A* 2011, comm. 2098, A. Van Lang.

frastructures[32], d'ouvrage technique d'intérêt public[33], de constructions à usage d'équipement collectif[34]... Une commune peut donc créer : en zone A, un secteur autorisant la construction d'éoliennes, même d'une faible largeur et présentant un faible potentiel éolien[35] ; en zone N un secteur destiné à accueillir des éoliennes, mais sous réserve qu'il n'y ait pas d'atteinte aux espaces naturels et aux paysages[36]. Concernant une installation produisant de l'énergie consommée sur place, les possibilités sont plus restreintes : elle n'est réalisable que si elle est nécessaire à l'exploitation agricole en zone A, ou nécessaire à l'exploitation agricole et forestière en zone N[37].

Le classement en zone A ou en zone N offre des perspectives afin de préserver de l'urbanisation les espaces utiles à la production de biomasse, qu'il s'agisse, par exemple, de terres cultivées pour la production de biocarburants[38] ou de terrains dédiés à la sylviculture – l'existence d'une exploitation forestière fonde le classement en zone N[39]. En outre, bien qu'en zone N il soit possible de délimiter des périmètres pour y rassembler les constructions, les terrains présentant un intérêt pour le développement des exploitations agricoles et forestières en sont exclus. Le classement en zone N peut également permettre, dans un contexte d'intensification des cultures énergétiques, de préserver des espaces naturels de toute exploitation agricole.

Afin de protéger plus strictement la ressource forestière, une commune peut choisir de classer comme espaces boisés, dans son PLU, les bois, forêts, parcs à conserver, à protéger ou à créer[40]. Le classement interdit tout changement d'affectation ou tout mode d'occupation du sol de nature à compromettre la conservation, la protection ou la création des boisements[41]. Les coupes et abattages d'arbres dans les zones concernées sont alors soumis à déclaration préalable[42], sauf s'il est fait application de l'un des différents régimes prévus par le code forestier.

C. Le dépassement des règles de gabarit et de densité d'occupation des sols

Le règlement du PLU peut fixer un ou des coefficients d'occupation des sols (COS), qui déterminent la densité de construction admise, dans les zones urbaines et à urbaniser, et dans les zones à protéger en raison de la qualité de leurs paysages et de leurs écosystèmes[43]. Le COS est un rapport, exprimant le nombre de mètres carrés de plancher hors œuvre nette ou le nombre de mètres cubes susceptibles d'être construits par mètre carré de sol, dont les modalités précises de calcul sont établies dans

(32) CAA Marseille 25 novembre 2010, S^{té} EDF en France, req. n° 09MA00756, *Environnement* 2011, comm. 39, D. Gillig.

(33) CAA Bordeaux 5 janvier 2012, Laur, req. n° 10BX01911.

(34) CAA Marseille 15 mars 2012, S^{té} EDF en France, req. n° 10MA01595.

(35) CAA Douai 10 avril 2012, Bohere, req. n° 10DA01153.

(36) CAA Nancy 25 novembre 2010, C^{ne} de Grendelbruch, req. n° 09NC00978, *AJDA* 2011, p. 48, note M. Wiernasz. Sur la création d'un secteur à vocation d'énergie éolienne en zone NC d'un POS, voir : CAA Marseille 7 mai 2010, Gard, req. n° 08MA0205 et CE 9 décembre 2011, Benet, req. n° 341274, *AJDA* 2011, p. 2 447, obs. Y. Jégouzo et A. Vincent.

(37) CE 26 novembre 2010, MEEDDAT, req. n° 320871 : édification d'une éolienne en zone classée NC par le POS, projet sans lien avec une activité agricole.

(38) R. Levesque, « Les terres agricoles, une ressource non renouvelable à protéger », *Études foncières* 2006, n° 123, p. 20.

(39) C. urb., art. R. 123-8.

(40) C. urb., art. L. 130-1.

(41) CAA Marseille 15 juin 2006, SCI L'Éléphant blanc, req. n° 02MA02115.

(42) C. urb., art. L. 421-4. Sur les différents régimes de contrôle des coupes et abattage d'arbres prévus par le C. for., voir *infra* p. 301 et s.

(43) C. urb., art. L. 123-1-5.13°.

le code de l'urbanisme[(44)]. La loi POPE de 2005, puis la loi « Grenelle 2 » de 2010, ont développé un dispositif visant à favoriser les énergies renouvelables dans l'habitat : dans les zones urbaines ou à urbaniser, un dépassement des règles relatives au gabarit et à la densité d'occupation des sols résultant du PLU (le COS) peut être autorisé, dans la limite de 30 % et dans le respect des autres règles établies par le PLU, pour les constructions satisfaisant à des critères de performance énergétique ou alimentées à partir d'équipements performants de production d'énergie renouvelable ou de récupération[(45)]. Ce dépassement ne peut excéder 20 % dans un espace protégé (secteur sauvegardé, périmètre de protection d'un monument historique, site inscrit ou classé, parc national...). D'un point de vue technique, l'objectif de cette mesure est aussi de permettre que les volumes et surfaces nécessaires à la mise en œuvre de ces équipements ne viennent pas restreindre les surfaces habitables[(46)]. La partie de la construction en dépassement n'est pas assujettie au versement résultant du dépassement du plafond légal de densité[(47)]. Ce dispositif, instauré ici pour promouvoir les énergies renouvelables, est inspiré d'une règle similaire destinée à favoriser la diversité de l'habitat en autorisant les dépassements lors de la construction de logements sociaux[(48)]. L'application combinée de ces deux mesures est possible, mais ne peut conduire à autoriser un dépassement de plus de 50 % de la densité autorisée par le COS ou du volume autorisé par le gabarit[(49)].

Remarque

M. Prieur suggérait, il y a plus de 30 ans, à propos du développement de l'énergie solaire : « On pourrait prévoir des COS permettant la construction de grandes serres ou de capteurs ou bien décider que les surfaces destinées à recevoir des capteurs ne soient pas prises en compte dans le calcul du COS » (« Le droit public solaire en France », préc., p. 275).

Le dépassement des règles de gabarit et de densité d'occupation des sols en faveur des énergies renouvelables doit être autorisé par décision du conseil municipal, ou de l'organe délibérant de l'EPCI compétent le cas échéant[(50)]. Il est d'ailleurs possible de moduler ce dépassement, sur tout ou partie du territoire concerné de la commune, voire de le supprimer dans des secteurs limités, sous réserve d'une justification spéciale, motivée par la protection du patrimoine bâti, des paysages ou des perspectives monumentales et urbaines[(51)]. Le projet de délibération du conseil municipal est mis à disposition du public afin de recueillir ses observations, pendant une durée d'un mois[(52)]. Lorsqu'il est fait usage de la faculté de modulation du dépassement, le conseil municipal ne peut modifier la délibération prise en ce sens avant l'expiration d'un délai de deux ans.

Concernant les constructions pouvant bénéficier de ce dépassement, il faut se référer au code de la construction et de l'habitation[(53)] : le pétitionnaire du permis de construire doit s'engager à installer certains équipements – ceux utilisant les sources d'énergie renouvelables mentionnées à l'article L. 211-2 du code de l'énergie – de nature à couvrir une part minimale de la consommation conventionnelle d'énergie du bâtiment. Cet engagement est joint à la demande de permis de

(44) C. urb., art. R. 123-10.

(45) C. urb., art. L. 128-1 ; C. urb., art. R. 123-13.18°, les secteurs concernés sont indiqués dans les documents graphiques annexés au PLU.

(46) S. Poignant, « Rapport sur le projet de loi d'orientation sur l'énergie », Ass. nat. n° 1597, 12 mai 2004, p. 58.

(47) Voir C. urb., art. L. 112-2.

(48) C. urb., art. L. 127-1.

(49) C. urb., art. L. 128-3.

(50) C. urb., art. L. 128-1 ; C. urb., art. R. 123-13.18°, la délibération qui précise les limites de ce dépassement est jointe au document graphique faisant apparaître les secteurs concernés et annexé au PLU.

(51) C. urb., art. L. 128-2.

(52) Sur l'association du public et la publicité de la décision, voir C. urb., art. R. 128-1.

(53) CCH, art. R. 111-21.

construire[54], un arrêté ministériel en ayant fixé en détail les modalités, ainsi que les règles de calcul de la part minimale que doit représenter la production d'énergie renouvelable dans la consommation conventionnelle du bâtiment[55]. S'il n'est pas respecté dans les trois ans suivant l'achèvement des travaux des sanctions pénales sont prévues[56].

D. L'adaptation d'un PLU existant pour intégrer une production d'énergie renouvelable

Un POS existant ou un PLU récemment adopté peut entraver la réalisation d'un projet tel que l'implantation d'une installation de valorisation des déchets ou la réalisation d'un parc éolien, simplement parce que de tels aménagements n'y sont pas prévus. Il existe plusieurs possibilités d'adaptation du POS/PLU (par principe les modalités d'adaptation d'un POS existant sont celles prévues pour le PLU[57]). La première d'entre elles est la révision, procédure lourde qui équivaut à l'élaboration d'un nouveau document d'urbanisme et peut difficilement être motivée par la seule volonté de promouvoir les énergies renouvelables[58].

La procédure de révision simplifiée du PLU apparaît mieux adaptée : lorsque la révision a pour seul objet la réalisation d'une construction ou d'une opération, à caractère public ou privé, présentant un intérêt général notamment pour la commune ou toute autre collectivité, elle peut être effectuée selon une procédure simplifiée[59]. La réalisation, par exemple, d'une unité de méthanisation, d'un incinérateur de déchets ménagers ou d'un parc éolien semble directement concernée. La révision simplifiée s'opère néanmoins selon une procédure stricte et donne lieu à enquête publique, le dossier devant présenter la construction ou l'opération d'intérêt général concernée[60].

La modification du PLU, moins formelle, ne peut être utilisée que sous les conditions suivantes : ne pas porter atteinte à l'économie générale du projet d'aménagement et de développement durable (PADD) du PLU, ni réduire un espace boisé classé, une zone agricole ou une zone naturelle et forestière, ou une protection édictée en raison des risques de nuisance, de la qualité des sites, des paysages ou des milieux naturels, ni comporter de graves risques de nuisance[61]. L'ampleur du projet de production d'énergie renouvelable sera déterminante afin d'établir si ces conditions sont satisfaites. Il est en effet peu probable qu'un projet d'importance n'implique qu'une modification du PLU, dès l'instant où il aura, d'une part, une incidence directe sur les choix opérés par la commune en matière de développement durable, et d'autre part, des conséquences notables sur les espaces environnants[62].

---

(54) C. urb., art. R. 431-18.

(55) Arrêté 3 mai 2007 pris pour l'application de l'art. R. 111-21 CCH relatif aux conditions à remplir pour bénéficier du dépassement de coefficient d'occupation des sols en cas de respect d'exigences de performance énergétique par un projet de construction.

(56) CCH, art. R. 111-21-1.

(57) C. urb., art. L. 123-19.

(58) CAA Bordeaux 13 novembre 2008, Gatineau, req. n° 07BX00862 : modification introduite durant la procédure de révision du POS pour créer une zone permettant notamment la construction d'éoliennes.

(59) C. urb., art. L. 123-13.

(60) C. urb., art. L. 123-13 et R. 123-21-1.

(61) C. urb., art. L. 123-13.

(62) TA Toulon 2 juillet 2010, Préfet du Var, req. n° 0900421, *AJDA* 2010, p. 1 954, concl. M. Revert – CAA Nantes 30 septembre 2011, Préfet de la Mayenne, req n° 11NT01176 : le recours à la procédure de modification du POS pour créer un sous-secteur autorisant l'implantation d'une activité industrielle de production d'énergie solaire en zone agricole est de nature à faire naître un doute sérieux sur la légalité de la délibération approuvant la modification. Pour une solution inverse, où le recours à la procédure de modification pour autoriser un parc solaire n'est pas contesté : TA Marseille 13 février 2012, LPO et autres, préc. (référé) – TA Marseille 24 mai 2012, Association Clarency et autres, préc. (fond).

La procédure de modification simplifiée est par principe limitée à une évolution d'éléments mineurs du PLU(63). Elle peut néanmoins être utilisée pour supprimer des règles qui auraient pour objet ou pour effet d'interdire deux types d'installations de production d'énergie renouvelable de taille limitée : d'une part, des systèmes domestiques solaires thermiques ou photovoltaïques, ou tout autre dispositif individuel de production d'énergie renouvelable, et d'autre part, des ouvrages de production d'électricité à partir de l'énergie solaire installés sur le sol d'une puissance crête inférieure ou égale à 12 MW, dans les parties des zones naturelles qui ne font pas l'objet d'une protection spécifique en raison de la qualité des sites, des milieux naturels et des paysages et qui ne présentent ni un intérêt écologique particulier ni un intérêt pour l'exploitation forestière(64). Cette procédure simplifiée est utilisée à l'initiative du maire (ou du président de l'EPCI compétent), et adoptée par le conseil municipal (ou l'organe délibérant compétent) par délibération motivée, après que le projet de modification et l'exposé de ses motifs ont été portés à la connaissance du public pendant un délai d'un mois préalablement à la convocation de l'assemblée délibérante(65).

L'adaptation d'un PLU à la réalisation d'un projet ne s'opère pas toujours au choix de la commune, mais est parfois imposée par l'État, au nom de l'intérêt général. Deux hypothèses doivent être envisagées, dans la mesure où elles pourraient trouver à s'appliquer à l'implantation d'une installation exploitant des sources d'énergie renouvelables. Tout d'abord, celle-ci peut constituer un projet d'intérêt général (PIG) : tout projet d'ouvrage ou de travaux, présentant un caractère d'utilité publique et étant destiné, notamment, à la mise en valeur des ressources naturelles, peut être ainsi qualifié(66). Si le PLU ne permet pas sa réalisation, il devra être révisé ou modifié(67). Ensuite, un projet important en matière de production d'énergie renouvelable peut faire l'objet d'une déclaration d'utilité publique ou d'une déclaration de projet en application de l'article L. 126-1 du code de l'environnement. Si l'opération concernée n'est pas compatible avec les dispositions du PLU, une procédure conjointe est prévue afin de mettre ce dernier en compatibilité(68). En cas de contestation contentieuse de la déclaration d'utilité publique du projet, le juge administratif en évalue les inconvénients par rapport à l'intérêt général qu'il présente(69), son inscription « dans le cadre de l'objectif gouvernemental de promotion des énergies renouvelables et de maîtrise des rejets de gaz à effet de serre » étant dorénavant prise en compte(70).

Enfin, le PLU devant être compatible avec un certain nombre d'autres documents de planification, son adaptation pour intégrer une production d'énergie renouvelable peut résulter de cette hiérarchie des normes(71). Parmi ces documents, il faut citer les schémas directeurs d'aménagement et de

(63) C. urb., art. L. 123-13.

(64) C. urb., art. R. 123-20-1 ; Circulaire du 18 décembre 2009 relative au développement et au contrôle des centrales photovoltaïques au sol.

(65) C. urb., art. L. 123-13.

(66) C. urb., art. R. 121-3 et R. 121-4.

(67) C. urb., art. L. 123-14.

(68) C. urb., art. L. 123-16. À l'inverse : CE 21 octobre 1994, Fédération Rhône-Alpes de protection de la nature, req. n° 54719, aménagement d'une chute pour produire une quantité importante d'énergie électrique et déclaré d'utilité publique, compatible avec le POS de la commune eu égard au caractère limité de la modification du territoire de celle-ci.

(69) CAA Marseille 18 décembre 2006, ADACIP, req. n° 04MA00692 – CAA Marseille 30 juillet 2007, M. X., req. n° 04MA00653, usine d'incinération de déchets ménagers – CE 12 novembre 2007, C^ne^ de Folschviller, req. n° 296880 et EARL Le Cabri, req. n° 297698, lignes électriques aériennes.

(70) CE 10 novembre 2006, Association de défense du Rizzanèse et de son environnement, req. n° 275013, centrale hydroélectrique.

(71) C. urb., art. L. 111-1-1.

gestion des eaux (SDAGE) et les schémas d'aménagement et de gestion des eaux (SAGE)(72). Le PLU doit également prendre en compte les plans climat-énergie territoriaux lorsqu'ils existent. Ces plans, introduits dans le code de l'environnement par la loi « Grenelle 2 » de 2010, définissent, à l'échelon d'une collectivité territoriale, le programme des actions à réaliser afin notamment d'augmenter la production d'énergie renouvelable et de réduire l'impact des activités en termes d'émissions de gaz à effet de serre, conformément aux objectifs issus de la législation européenne relative à l'énergie et au climat(73).

II. Les autres instruments de planification

La loi « Grenelle 2 » de 2010 accorde à tous les documents d'urbanisme locaux une fonction en matière énergétique, qui consiste à déterminer les conditions permettant d'assurer la réduction des émissions de gaz à effet de serre, la maîtrise de l'énergie et la production énergétique à partir de sources renouvelables(74). Pour autant, la carte communale comme le schéma de cohérence territoriale (SCOT) n'offrent pas les mêmes possibilités qu'un PLU en matière de développement des énergies renouvelables. Il convient également de mentionner les directives territoriales d'aménagement et de développement durables (DTADD), qui sont un instrument de planification étatique.

A. La carte communale

Les communes qui ne sont pas dotées d'un PLU peuvent élaborer une carte communale(75). La capacité des autorités locales à planifier ainsi l'implantation d'une installation de production d'énergie renouvelable est limitée, car la carte communale ne permet d'établir qu'un zonage binaire, comprenant les secteurs où les constructions sont autorisées et ceux où elles ne sont pas admises. Il faut néanmoins souligner que, dans les seconds, les installations nécessaires à des équipements collectifs sont possibles, dès lors qu'elles ne sont pas incompatibles avec l'exercice d'une activité agricole, pastorale ou forestière sur le terrain sur lequel elles sont implantées et qu'elles ne portent pas atteinte à la sauvegarde des espaces naturels et des paysages, à l'exploitation agricole ou forestière et à la mise en valeur des ressources naturelles(76). La dérogation est la même que dans les zones A et N d'un PLU : elle peut bénéficier à une installation produisant une énergie renouvelable destinée à être injectée sur le réseau et à contribuer à la réalisation des objectifs de production français. En outre, les documents graphiques de la carte communale peuvent préciser qu'un secteur est réservé à l'implantation d'activités, notamment celles qui sont incompatibles avec le voisinage des zones habitées(77) : des éoliennes par exemple.

B. Le schéma de cohérence territoriale

Le SCOT est élaboré pour plusieurs communes regroupées en un EPCI ou un syndicat mixte(78), et instaure une planification générale. Les choix qui seront fait dans le projet d'aménagement et de développement durable (PADD) peuvent être en faveur des énergies renouvelables, puisque ce document

(72) Sur le rôle de la planification des usages de l'eau et le développement de l'énergie hydraulique, voir *infra* p. 260 et s.

(73) C. env., art. L. 229-26. Sur le plan climat-énergie territorial, voir *infra* p. 482.

(74) C. urb., art. L. 121-1.3°.

(75) C. urb., art. L. 124-1.

(76) C. urb., art. L. 124-2.

(77) C. urb., art. R. 124-3.

(78) C. urb., art. L. 122-4. Sur les évolutions récentes du SCOT, voir : J.-L. Pissaloux, « Le renforcement des SCOT par la loi Grenelle 2 », *Lamy supp. Grenelle 2*, octobre 2010, p. 11 ; J.-P. Strebler, « Grenelle 2 et SCOT : des ambitions renforcées et une présence plus forte de l'État », *RD imm.* 2011, p. 78 ; J.-P. Strebler, « Le nouveau régime d'élaboration et de gestion des SCOT », *RD imm.* 2012, p. 248.

fixe les objectifs des politiques publiques, notamment dans les domaines du développement économique, de la protection et de la mise en valeur des espaces naturels, agricoles et forestiers et des paysages(79). Plus précisément, le document d'orientation et d'objectifs du SCOT, qui vient décliner les orientations définies par le PADD(80), peut définir des secteurs dans lesquels l'ouverture de nouvelles zones à l'urbanisation est subordonnée à l'obligation pour les constructions, travaux, installations et aménagements de respecter des performances énergétiques et environnementales renforcées(81). Cette possibilité est à lier à celle évoquée précédemment, pour le règlement du PLU, d'imposer dans certains secteurs le respect de ces performances énergétiques et environnementales renforcées(82).

Si le choix est fait de promouvoir les énergies renouvelables par le SCOT, la relation de compatibilité existant avec le PLU contraindra ce dernier à prendre le relais en la matière, ou du moins à ne pas entraver la réalisation des orientations retenues(83). Cette hiérarchie des normes prévue par le code de l'urbanisme impose par ailleurs au SCOT d'être compatible avec d'autres outils de planification, dont les schémas directeurs d'aménagement et de gestion des eaux (SDAGE) et les schémas d'aménagement et de gestion des eaux (SAGE). Comme le PLU, le SCOT doit prendre en compte les plans climat-énergie territoriaux lorsqu'ils existent(84).

C. La directive territoriale d'aménagement et de développement durables

La loi « Grenelle 2 » de 2010 a réformé les directives territoriales d'aménagement (DTA), instrument d'une planification étatique de l'usage de l'espace, pour les transformer en DTADD. La modification n'est pas purement sémantique, le contenu comme leur portée juridique ont changé. Sur le premier aspect, ces DTADD peuvent, entre autres, déterminer les objectifs et orientations de l'État en matière d'amélioration des performances énergétiques et de réduction des émissions de gaz à effet de serre dans les territoires présentant des enjeux nationaux(85), ce qui peut inclure des choix en matière de promotion des énergies renouvelables. Concernant les modalités de leur mise en œuvre, les DTADD ne produisent d'effets juridiques que par le relais d'un projet d'intérêt général (PIG)(86). Pour les DTA existantes, les documents d'urbanisme locaux (SCOT, PLU, carte communale) doivent leur être compatibles, relation juridique qui a pu fonder l'annulation, par la voie de l'exception d'illégalité, de permis de construire un parc solaire, délivré à la suite d'une modification d'un POS, modification jugée incompatible avec une DTA(87).

§2. La planification du développement des territoires

Selon la loi d'orientation pour l'aménagement et le développement du territoire du 4 février 1995(88), la politique nationale d'aménagement et de développement durable du territoire permet

(79) C. urb., art. L. 122-1-3.

(80) C. urb., art. L. 122-1-4.

(81) C. urb., art. L. 122-1-5.V.1°.

(82) C. urb., art. L. 123-1-5.14°, voir *supra* p. 191.

(83) C. urb., art. L. 111-1-1. Sur les relations entre SCOT et PLU, à propos de la construction d'une centrale photovoltaïque : TA St-Denis-de-la-Réunion 25 novembre 2010, Sté Aerowatt, req. n° 0901171, *AJDA* 2011, p. 696, concl. I. Legrand.

(84) C. urb., art. L. 111-1-1 et L. 122-1-12.

(85) C. urb., art. L. 113-1 ; C. Lvovschi-Blanc, « Des DTA aux DTADD », *Lamy supp.* Grenelle 2, octobre 2010, p. 20.

(86) C. urb., art. L. 113-4 et L. 121-9.

(87) TA Marseille 13 février 2012, LPO et autres, préc. (référé) – TA Marseille 24 mai 2012, Association Clarency et autres, préc. (fond).

(88) Loi n° 95-115, telle que modifiée par loi n° 99-533, 25 juin 1999, ord. n° 2005-654, 8 juin 2005 et loi n° 2010-1563 du 16 décembre 2010 de réforme des collectivités territoriales.

un développement équilibré de l'ensemble du territoire national alliant le progrès social, l'efficacité économique et la protection de l'environnement. Elle tend à créer les conditions favorables au développement de l'emploi et de la richesse nationale et à réduire les inégalités territoriales tout en préservant pour les générations futures les ressources disponibles ainsi que la qualité et la diversité des milieux naturels(89). Une organisation territoriale de l'exploitation des sources d'énergie renouvelables peut donc figurer parmi les modalités de mise en œuvre de cette politique. L'État est chargé d'assurer, notamment, d'une part, la présence et l'organisation des services publics, sur l'ensemble du territoire, en vue de favoriser l'emploi, l'activité économique et la solidarité et de répondre à l'évolution des besoins des usagers notamment dans le domaine de l'énergie, et d'autre part, une gestion à long terme des ressources naturelles(90) : il a donc vocation à assumer cette organisation territoriale. L'instrument prévu à cette fin est le schéma de services collectifs de l'énergie (SSCE)(91), qui définit, dans le cadre de la politique nationale de l'énergie, les objectifs d'exploitation des ressources locales d'énergies renouvelables, sur la base d'une évaluation des besoins énergétiques prévisibles des régions, de leur potentiel de production énergétique, de leurs gisements d'économies d'énergie et des besoins en matière de transport d'énergie(92). Le SSCE détermine en outre les conditions dans lesquelles l'État et les collectivités territoriales pourront favoriser des actions de production et d'utilisation de ces énergies(93). Adopté en 2002 pour les 20 ans à venir, le SSCE actuel évoque les potentiels à exploiter jusqu'en 2010 et fixe des objectifs, souligne le caractère local de certaines énergies renouvelables et encourage les collectivités à assurer leur développement, mais ne propose pas de réflexion globale pour une planification territoriale de leur exploitation(94).

Instauré par la loi du 7 janvier 1983, le schéma régional d'aménagement et de développement du territoire fixe les orientations fondamentales, à moyen terme, du développement durable du territoire régional(95). Élaboré et approuvé par le conseil régional, il définit notamment les principaux objectifs relatifs aux projets économiques porteurs d'investissements et d'emplois, au développement harmonieux des territoires, à la réhabilitation des territoires dégradés et à la protection et la mise en valeur de l'environnement, des sites, des paysages et du patrimoine. La promotion des énergies renouvelables s'inscrivant dans une démarche de développement durable et les objectifs de ce schéma étant suffisamment larges, il est possible de planifier ainsi, de manière décentralisée, la localisation d'importantes installations exploitant des sources d'énergie renouvelables et de faire, à l'échelon régional, des choix stratégiques. Cette compétence de la région pour élaborer le schéma régional d'aménagement et de développement du territoire a justifié de lui confier aussi la planification de l'implantation des éoliennes par le schéma régional éolien(96), sans toutefois qu'aucun lien soit établi entre ces deux documents.

Concernant plus spécifiquement l'aménagement et le développement de l'espace rural, le plan régional de l'agriculture durable peut jouer un rôle en matière de développement des énergies

(89) Art. 1.

(90) Art. 2.

(91) L. Grammatico, *Les Moyens juridiques du développement énergétique dans le respect de l'environnement en droit français*, PUAM, 2003, p. 273.

(92) Art. 20.

(93) Voir *infra* p. 479 et s.

(94) Décret n° 2002-560, 18 avril 2002, approuvant les schémas de services collectifs.

(95) Loi n° 83-8, relative à la répartition des compétences entre les communes, les départements, les régions et l'État, art. 34.

(96) Voir amendement présenté par M. Piras à proposition de loi relative à l'implantation des éoliennes et à la protection de l'environnement, Sénat 22 octobre 2002.

issues de la biomasse. Il fixe les grandes orientations de la politique agricole, agroalimentaire et agro-industrielle de l'État dans la région, ce qui implique de tenir compte notamment du développement des énergies renouvelables d'origine agricole[97] et de prendre en compte les orientations du schéma régional du climat, de l'air et de l'énergie (SRCAE) pour le secteur agricole, ayant pour objet la réduction des émissions de gaz à effet de serre et les objectifs quantitatifs de développement de la production d'énergie renouvelable[98].

§3. La planification de l'implantation des éoliennes

Les éoliennes sont à ce jour les seules installations de production d'énergie renouvelable dont l'implantation fait l'objet d'une planification spatiale spécifique. Celle-ci s'est développée en réponse aux inquiétudes suscitées par le risque de leur dissémination dans le paysage au gré des circonstances. L'impact des éoliennes sur l'environnement a été le principal moteur de cette démarche planificatrice, qui ambitionne plus généralement de rationaliser géographiquement leur disposition. Dans un premier temps informelle – carte ou charte départementale de l'éolien[99] – cette planification repose aujourd'hui sur des dispositions législatives, revisitées et précisées par la loi « Grenelle 2 » de 2010[100]. Elle se construit sur la base de deux outils distincts, le schéma régional éolien (SRE) et la zone de développement de l'éolien (ZDE), dont les relations juridiques ont été clarifiées : le premier s'impose à la seconde. Cela étant, il demeure que cette planification, qui vise à organiser l'occupation du sol, évolue parallèlement aux outils du droit de l'urbanisme.

I. Le schéma régional éolien

La possibilité pour les régions d'élaborer un SRE est issue de l'article 59 de la loi n° 2003-8 du 3 janvier 2003 relative aux marchés du gaz et de l'électricité. L'idée « d'inscrire le contrôle de l'implantation des éoliennes dans le cadre de la démocratie locale » émane du Sénat, qui avait, lors de l'examen en 2002 d'une proposition de loi sur cette question, introduit le schéma départemental éolien, élaboré par le conseil général afin d'indiquer les secteurs géographiques les mieux adaptés à l'implantation d'éoliennes[101]. Ce schéma devint ensuite régional, par référence au schéma régional d'aménagement et de développement du territoire[102], le dispositif fut repris par la loi du 3 janvier 2003[103], puis codifié par la loi n° 2003-590 du 2 juillet 2003 urbanisme et habitat[104], dans le code de l'environnement. Les lois « Grenelle 1 » de 2009 et « Grenelle 2 » de 2010 ont apporté à leur tour d'importantes modifications[105].

(97) C. rur. et de la pêche maritime, art. L. 111-2-1 ; D. 111-1.

(98) C. rur. et de la pêche maritime, art. R. 111-2.

(99) Sur la qualification par le juge administratif d'un schéma paysager éolien : TA Amiens 1er juin 2010, Association France Énergie Éolienne, req. n° 0802458, *Dr. env.* 2011, p. 295, comm. P. Demaye Simoni.

(100) Sur la nécessité de cette réforme de la planification, voir : F. Reynier, « Rapport d'information sur l'énergie éolienne », Ass. nat. n° 2398, 31 mars 2010, p. 48 ; sur sa mise en œuvre par anticipation : circ. 26 février 2009, planification du développement de l'énergie éolienne terrestre ; circ. 7 juin 2010, développement de l'énergie éolienne terrestre.

(101) J.-F. Le Grand, « Rapport sur la proposition de loi relative à l'implantation des éoliennes et à la protection de l'environnement », Sénat n° 360, 17 juillet 2002, p. 11 et p. 27.

(102) Proposition de loi adoptée par le Sénat relative à l'implantation des éoliennes et à la protection de l'environnement, Sénat n° 23, 24 octobre 2002.

(103) Art. 59.

(104) Art. 98.

(105) A. Sandrin-Deforge, « L'"après-Grenelle" des éoliennes : un point sur la réglementation applicable », *Lamy Supplément Grenelle 2*, octobre 2010, p. 48.

A. Élaboration

Le SRE existant avant les lois Grenelle était un outil de planification proposé aux régions, mais leur laissant une grande part de liberté. Elles avaient la faculté de le mettre en place, afin de promouvoir un développement harmonieux de l'énergie éolienne(106). L'élaboration n'était que peu formalisée : avis des départements et des EPCI à fiscalité propre concernés, participation des services de l'État à la demande du conseil régional. Toutefois, la finalité du SRE était déterminée : indiquer les secteurs géographiques qui paraissaient les mieux adaptés à l'implantation d'installations produisant de l'électricité en utilisant l'énergie mécanique du vent. Pour ce faire, depuis la loi POPE de 2005, il devait prendre en compte l'évaluation, par zone géographique, du potentiel éolien établi par la programmation pluriannuelle des investissements de production(107). Les SRE élaborés l'ont été en recherchant le plus souvent une large concertation, réalisée en regroupant au sein d'un comité de pilotage l'ensemble des acteurs concernés : représentants des différentes administrations de l'État, départements et communes, professionnels de la filière éolienne ou associations diverses. L'identification des secteurs géographiques les mieux adaptés à l'implantation d'éoliennes s'est opéré par référence à un atlas cartographique, préalablement élaboré avec le soutien matériel de l'ADEME. Les contenus de ces SRE différaient, mais les thèmes abordés ont été, outre l'identification des gisements éoliens, l'insertion paysagère des projets, leur impact sur les activités économiques et la prise en compte du patrimoine architectural et naturel.

La loi « Grenelle 2 » a réformé cet outil, en le replaçant dans le contexte d'une planification plus large, celui du schéma régional du climat, de l'air et de l'énergie (SRCAE). Ce dernier est conçu comme la déclinaison, à l'échelon de chaque région, des objectifs européens et nationaux en matière de lutte contre le changement climatique, de réduction de la pollution de l'air et de valorisation du potentiel énergétique(108). Le SRE constitue un volet annexé au SRCAE, plus précisément à la partie sur l'énergie, et définit, en cohérence avec les objectifs issus de la législation européenne relative à l'énergie et au climat, les parties du territoire favorables au développement de l'énergie éolienne(109). À cette fin, il doit tenir compte, d'une part, du potentiel éolien, et d'autre part, des servitudes, des règles de protection des espaces naturels ainsi que du patrimoine naturel et culturel, des ensembles paysagers, des contraintes techniques et des orientations régionales(110). Il établit la liste des communes dans lesquelles sont situées ces zones, les territoires de ces communes constituant les délimitations territoriales du SRE dont devront tenir compte les zones de développement de l'éolien (ZDE)(111). Le résultat de ce rattachement du SRE au SRCAE est que son adoption n'est plus une démarche volontaire et isolée, mais s'inscrit dans une procédure plus vaste très réglementée. Sans détailler l'ensemble des dispositions applicables, il faut souligner que le principe est celui d'une collaboration entre conseil régional et préfet de région(112), que tous

(106) C. env., art. L. 553-4 ancien.

(107) Sur la programmation pluriannuelle des investissements de production d'électricité, voir *infra* p. 463 et s.

(108) C. env., art. L. 222-1 ; R. Huitelec, « Grenelle de l'environnement et Schéma régional du climat, de l'air et de l'énergie (SRCAE) », *Dr. env.* août 2010, p. 253 ; M. Moliner-Dubost, « Air. Actions sur les émissions. Politiques sectorielles et stratégies intégrées », *J.-Cl. Environnement*, Fasc. 3350, 2012.

(109) C. env., art. L. 222-1.I-3°, R. 222-1 ; Circ. 26 février 2009, planification du développement de l'énergie éolienne terrestre.

(110) C. env., art. R. 222-2.V ; Voir circ. 15 septembre 2008, association des services départementaux de l'architecture et du patrimoine (SDAP) à la préparation et à l'élaboration des schémas territoriaux éoliens et des zones de développement de l'éolien (ZDE), rôle des SDAP dans l'implantation d'aérogénérateurs hors ZDE.

(111) C. énergie, art. L. 314-9.

(112) C. env., art. L. 222-2, R. 222-3 et s.

les cinq ans le schéma est évalué et peut être révisé(113), que l'adoption d'un SRCAE est obligatoire(114). Plus précisément, à défaut de publication du SRE au 30 juin 2012, le préfet de région est compétent pour élaborer et arrêter ce schéma(115).

B. Portée juridique

Le SRE, tel qu'il existait avant la loi « Grenelle 2 », n'avait qu'une valeur indicative et informative, sans pouvoir ni prescrire, ni autoriser des futurs projets éoliens(116). Toutefois, dans le contentieux portant sur les permis de construire des éoliennes, le juge administratif exploite pleinement cette fonction et se réfère au zonage que le SRE opère, pour apprécier l'intérêt d'un paysage(117) ou la pertinence du secteur choisi pour l'implantation du projet(118). Il l'utilise alors à titre d'information, intégrant les données ainsi fournies dans le raisonnement qui permettra d'établir ou non une illégalité. De manière plus exceptionnelle, le juge administratif a pu relever qu'un projet était « conforme aux orientations du schéma régional éolien », comme élément permettant d'apprécier sa légalité(119).

La loi « Grenelle 2 » a accordé au SRE la portée juridique qu'il n'avait pas : désormais, il s'impose aux zones de développement de l'éolien (ZDE), alors que c'était l'inverse antérieurement. En effet, celles-ci sont maintenant définies en fonction des délimitations territoriales inscrites au SRE(120). Plus précisément, lorsque des ZDE sont créées ou modifiées postérieurement à la publication du SRE, elles doivent être situées au sein des parties du territoire régional favorables au développement de l'énergie éolienne définies par ce schéma(121). Pour les ZDE déjà existantes, le SRE les prend en compte lors de son élaboration.

Concernant les relations juridiques du SRE avec d'autres instruments de planification ou de réglementation de l'usage du sol, il faut se reporter aux dispositions prévues pour le SRCAE, puisque le SRE en constitue un volet annexé. Il faut souligner tout d'abord que lors de l'élaboration du SRCAE, le projet de schéma est soumis pour avis à l'ensemble des communes et départements de la région, mais également à toute instance potentiellement concernée : par exemple, les autorités organisatrices de réseau public de distribution d'électricité, les gestionnaires des réseaux de transport et de distribution d'électricité, les commissions départementales de la nature, des paysages et des sites, les institutions de gestion des parcs nationaux et régionaux(122). Cette obligation assure également l'information de ces destinataires sur l'existence à venir du SRCAE. Il faut relever ensuite que pour l'instant, les effets juridiques du SRCAE sur d'autres documents sont limités, mais que les plans climat-énergie territoriaux doivent lui être compatibles(123). En admettant que le

(113) C. env., art. L. 222-2, R. 222-6.

(114) C. env., art. L. 222-3.

(115) C. énergie, art. L. 314-10.

(116) Sur l'absence de toute force contraignante du SRE : CAA Marseille 21 octobre 2010, Sté EDF Énergies nouvelles France, req. n° 08MA03443, *AJDA* 2011, p. 44, note L. Marcovici.

(117) CAA Douai 16 novembre 2006, SA Infinivent, req. n° 05DA01404, *Environnement* février 2007, p. 27, note J.-L. – CAA Marseille 21 octobre 2010, Sté EDF Énergies nouvelles France, req. n° 08MA0344 – CAA Nancy 3 novembre 2011, Sté Ferme éolienne de Liart, req. n° 10NC01591.

(118) CAA Marseille 27 novembre 2008, Sté ERL Énergie renouvelable du Languedoc, req. n° 06MA01516 – CAA Marseille 20 décembre 2011, Ronse, req. n° 10MA00360 – CAA Bordeaux 2 février 2012, Sté La compagnie du vent, req. n° 10BX00612.

(119) CAA Marseille 16 juin 2011, Roy, req. n° 09MA01017.

(120) Loi n° 2000-108, art. 10-1 ; C. énergie, art. L. 314-9.1°.

(121) Loi n° 2000-108, art. 10-1 ; C. énergie, art. L. 314-10.

(122) C. env., art. R. 222-4.

(123) C. env., art. L. 229-26.V.

SRE, du fait de son annexion au SRCAE, puisse produire les mêmes effets juridiques, il en résulte une obligation de compatibilité pour les plans climat-énergie territoriaux. À l'inverse, il est prévu que le SRCAE, et donc par extension le SRE, soit compatible avec les objectifs de protection définis par la charte d'un parc national, pour le cœur du parc(124). Si le SRCAE est antérieur à la charte, il doit être rendu compatible dans un délai de trois ans à compter de l'approbation de la charte. En d'autres termes, la stratégie que porte le SRCAE pour le développement des énergies renouvelables, et la planification éolienne retenue par le SRE, ne peuvent venir déroger à la protection de la nature dans un parc national.

La question centrale qui se pose, concernant cette planification régionale en matière d'implantation d'éoliennes, est celle de ses relations avec les documents d'urbanisme locaux. La réponse est simple : aucun lien direct n'existe. Ces deux planifications se construisent en parallèle et poursuivent des finalités différentes, conformément au principe d'indépendance des législations. Cela implique notamment que les permis de construire des éoliennes ne peuvent être délivrés que par référence aux règles urbanistiques et pas au SRE, ni au SRCAE(125). Cette situation ne pourra durer, dans la mesure où désormais le SRE est l'outil de référence de la planification éolienne. Une passerelle se trouve néanmoins. Selon le code de l'urbanisme, les SCOT et PLU doivent prendre en compte les plans climat-énergie territoriaux lorsqu'ils existent(126). Il y a donc une relation juridique entre ces outils, très ténue puisqu'il s'agit finalement de ne pas s'ignorer. D'après le code de l'environnement, les régions peuvent intégrer le plan climat-énergie territorial au SRCAE, sous la forme d'un chapitre distinct(127), le SRE étant lui aussi inclus, sous la forme d'un volet annexé. Étant donné qu'il existe une relation de compatibilité entre SRCAE et plan climat-énergie territorial, la voie juridique, du SRE vers les documents d'urbanisme locaux, transite donc par le plan climat-énergie territorial, dans le cadre du SRCAE. C'est en résumé par le plan climat-énergie territorial que les choix opérés par une région en matière de planification éolienne pourront influer sur les documents d'urbanisme locaux. Un dispositif plus clair serait bienvenu.

II. La zone de développement de l'éolien

Les zones de développement de l'éolien (ZDE) ont été introduites par la loi POPE de 2005, par l'ajout d'un article 10-1 à la loi n° 2000-108 du 10 février 2000 relative à la modernisation et au développement du service public de l'électricité. La loi « Grenelle 2 » est venue apporter certaines modifications, le tout étant désormais codifié dans le code de l'énergie(128). Les modalités d'application de ces dispositions ont été précisées par deux circulaires de 2006 et 2011(129).

(124) C. env., art. R. 331-14.

(125) Le juge administratif s'est toutefois autorisé à relever, dans un contentieux relatif à des permis de construire des éoliennes, que « cette concentration de parcs éoliens, conforme au SRCAE, a pour effet de favoriser une rationalisation du choix des sites » : CAA Marseille 14 avril 2011, Cie du vent, req. n° 09MA01877.

(126) C. urb., art. L. 111-1-1.

(127) C. env., art. L. 222-2, R. 229-52.

(128) C. énergie, art. L. 314-9 et L. 314-10. L'abrogation de l'art. 10-1 de la loi n° 2000-108 ne sera effective qu'à compter de la publication de la partie réglementaire du code de l'énergie.

(129) Circ. 19 juin 2006, dispositions relatives à la création des ZDE terrestres et circ. 25 novembre 2011 relative aux zones de développement de l'éolien, suite à l'entrée en vigueur de la loi n° 2010-788 portant engagement national pour l'environnement, et complétant la circulaire du 19 juin 2006. Ces circulaires n'ont pas valeur réglementaire : CAA Lyon 29 novembre 2011, M. Magnaud, req. n° 10LY01489 – CAA Lyon 22 mai 2012, Association Horizons, req. n° 11LY02166.

A. Élaboration

La ZDE a pour finalité de permettre aux communes qui le souhaitent d'organiser, en partenariat avec l'État, l'implantation d'éoliennes sur leur territoire. Comme pour le SRE, le principe directeur est celui du rassemblement des éoliennes dans les zones propices à leur installation, afin d'éviter un mitage préjudiciable aux paysages(130). Depuis la loi « Grenelle 2 », les ZDE doivent être situées au sein des parties du territoire régional favorables au développement de l'énergie éolienne définies par le SRE. Par conséquent, les ZDE sont définies en fonction : des délimitations territoriales inscrites au SRE, de leur potentiel éolien(131), des possibilités de raccordement aux réseaux électriques(132), et de la possibilité pour les projets à venir de préserver la sécurité publique, les paysages, la biodiversité, les monuments historiques et les sites remarquables et protégés ainsi que le patrimoine archéologique(133). Le juge administratif vérifie que chacun de ces critères est respecté(134).

La proposition de création de la ZDE émane de la ou des communes dont le territoire est compris dans le périmètre proposé, ou d'un EPCI à fiscalité propre, sous réserve de l'accord des communes concernées(135). Le dossier de demande va préciser le périmètre de la ZDE, définir la puissance minimale et maximale des éoliennes, évaluer le potentiel éolien, analyser les possibilités de raccordement aux réseaux publics d'électricité existants et contenir une étude patrimoniale et paysagère. Bien que la loi n'impose pas de participation du public à l'élaboration de la ZDE, la circulaire recommande fortement d'organiser une concertation citoyenne et d'en préciser les modalités dans le dossier de demande(136). Celui-ci est adressé aux services de l'État, compétents pour la seconde partie de la procédure d'élaboration de la ZDE.

---

(130) CE 16 avril 2010, Association Rabodeau Environnement, req. n° 318067 : un arrêté portant création d'une ZDE a pour objet la définition d'un périmètre privilégié par les autorités publiques pour l'implantation des éoliennes, il repose sur une appréciation comparative et globale, à l'échelle d'un vaste territoire, des regroupements qu'il convient de favoriser dans le but notamment de respecter les paysages et les sites remarquables et protégés.

(131) Le potentiel éolien de la zone ne peut être évalué seulement par référence à un atlas régional, il doit être mesuré par des études spécifiques : CAA Nancy 16 décembre 2010, Communauté de communes de Haute Saulx, req. n° 09NC01912, *Environnement* 2011, comm. 29, P. Trouilly – CAA Marseille 4 juillet 2011, MEDDTL, req. n° 09MA00457, *JCP A* 2011, 2346, concl. S. Deliancourt – CAA Bordeaux 2 novembre 2011, Association pour la sauvegarde de la Gartempe, req. n° 10BX02747 – CAA Lyon 22 mai 2012, Association Horizons, préc.

(132) CAA Nancy 16 décembre 2010, Communauté de communes de Haute Saulx, préc.

(133) CAA Nancy 16 décembre 2010, Communauté de communes de Haute Saulx, préc., refus de création d'une ZDE dont le périmètre inclut plusieurs monuments historiques – CAA Marseille 20 décembre 2011, Association Avenir d'Alet, req. n° 09MA00361, insuffisance d'un dossier de création de ZDE dont l'étude paysagère omet d'examiner les incidences sur les sites classés – CAA Lyon 22 mai 2012, Association Horizons, préc., à l'inverse, la circonstance que le parc éolien projeté dans la ZDE sera visible depuis certains villages, sites classés ou parcours touristiques, en instance de classement au patrimoine mondial de l'Unesco, ne peut suffire par elle-même, compte tenu des distances indiquées, à caractériser une atteinte à ce site.

(134) CAA Nancy 16 décembre 2010, Communauté de communes de Haute Saulx, préc., il n'existe aucune hiérarchie entre ces critères, le dernier énoncé par la loi, tiré de la protection des paysages et du patrimoine n'est pas subordonné aux critères techniques.

(135) CAA Lyon 29 novembre 2011, M. Magnaud, préc., compétence d'une communauté de communes pour proposer la création d'une ZDE.

(136) Sur l'application de l'art. L. 110-1 C. env. qui prévoit le principe de participation et de la convention d'Aarhus du 25 juin 1998 : CE 16 avril 2010, Association Rabodeau Environnement, préc. – CAA Lyon 16 août 2011, Association Vivre à Fontaines-en-Duesmois, req. n° 09LY02781 – CAA Lyon 29 novembre 2011, M. Magnaud, préc. – CAA Marseille 20 décembre 2011, Association Avenir d'Alet, préc. – CAA Lyon 22 mai 2012, Association Horizons, préc. Voir aussi : A. Gossement, « Les éoliennes au lendemain du Grenelle 2 : objectifs et moyens », *AJCT* septembre 2010, p. 8.

À la réception du dossier, et dans la mesure où il est recevable, s'ouvre un délai maximal de 6 mois d'instruction de la demande par les services de l'État[137]. Ce délai est théoriquement impératif, mais aucune mesure n'est prévue en cas d'inertie, et les communes n'auront d'autre choix que de patienter[138]. Les avis de la commission départementale de la nature, des paysages et des sites (CDNPS), du conseil départemental de l'environnement et des risques sanitaires et technologiques (CODERST) et des communes et EPCI limitrophes à celles dont le territoire est compris dans la ZDE sont alors recueillis, ces avis étant réputés favorables faute de réponse dans un délai de 3 mois suivant la transmission de la demande[139]. Le préfet décide de la création de la zone, en veillant à la cohérence départementale des différentes ZDE et au regroupement des installations afin de protéger les paysages. Il dispose d'une certaine marge d'appréciation dans sa prise de décision, que les circulaires ont précisée en affinant les critères établis par la loi[140]. L'arrêté de création de la ZDE peut évidemment faire l'objet d'un recours contentieux devant le juge administratif[141].

Cette compétence du préfet a été l'un des points de la loi contestés devant le Conseil constitutionnel, au motif qu'elle ne respectait pas l'article 72, alinéa 2, de la Constitution. Ce dernier dispose que les « collectivités territoriales ont vocation à prendre les décisions pour l'ensemble des compétences qui peuvent le mieux être mises en œuvre à leur échelon » : la procédure d'élaboration de la ZDE devait donc être intégralement décentralisée, et la décision de création finale confiée aux communes. Le Conseil constitutionnel n'a pas suivi ce raisonnement, estimant que le choix du législateur d'attribuer une compétence à l'État plutôt qu'à une collectivité territoriale ne pouvait être mis en cause, sur le fondement de l'article 72, alinéa 2, qu'en cas d'erreur manifeste, non caractérisée en l'espèce[142].

B. Portée juridique

La loi ne prévoit pas d'obligation d'implanter les éoliennes dans la ZDE lorsque celle-ci existe, ni d'interdiction de les installer en dehors, mais instaure un mécanisme fortement incitatif : pour celles construites dans ce périmètre, les producteurs bénéficient de l'obligation d'achat de l'électri-

(137) CE 16 avril 2010, Association Rabodeau Environnement, préc., le délai s'ouvre à la réception d'un dossier de proposition complet.

(138) Ce délai n'étant pas prescrit à peine de nullité ou de dessaisissement, le fait que l'arrêté soit pris après l'expiration du délai est dépourvu d'incidence sur sa légalité : CAA Nancy 20 janvier 2011, Communauté de communes du Pays Sedanais, req. n° 10NC00090 – CAA Lyon 22 mai 2012, Association Horizons, préc.

(139) Voir aussi : circ. 15 septembre 2008, Association des services départementaux de l'architecture et du patrimoine (SDAP) à la préparation et à l'élaboration des schémas territoriaux éoliens et des zones de développement de l'éolien (ZDE), rôle des SDAP dans l'implantation d'aérogénérateurs hors ZDE.

(140) CE 16 avril 2010, Association Rabodeau Environnement, préc., l'arrêté de création de la ZDE n'entre dans aucune des catégories d'actes qui doivent être obligatoirement motivés.

(141) Ont un intérêt à agir contre cet arrêté, les associations ayant pour mission la protection de l'environnement dans les alentours de la zone concernée : CE 16 avril 2010, Association Rabodeau Environnement, préc. – CAA Bordeaux 13 décembre 2011, Association Vent de liberté Haute-Vienne, req. n° 10BX01887 – CAA Marseille 20 décembre 2011, Association Avenir d'Alet, préc. ; les propriétaires ou résidents dans le périmètre de la zone : CAA Bordeaux 2 novembre 2011, Communauté de communes de la Basse Marche, req. n° 10BX02213 – CAA Bordeaux 2 novembre 2011, Rossi, req. n° 10BX02175 – CAA Bordeaux 13 décembre 2011, Association Vent de liberté Haute-Vienne, préc. – CAA Marseille 20 décembre 2011, Association Avenir d'Alet, préc. ; les propriétaires à proximité immédiate de la zone : CAA Bordeaux 2 novembre 2011, Rossi, préc. – CAA Lyon 29 novembre 2011, M. Magnaud, préc. – CAA Marseille 20 décembre 2011, Association Avenir d'Alet, préc. ; les personnes privées résidant dans une commune limitrophe de la zone : CE 16 avril 2010, Association Rabodeau Environnement, préc. ; les sociétés privées bénéficiant de permis de construire des éoliennes dans la zone : CAA Marseille 20 décembre 2011, Association Calelh, req. n° 11MA02617 – CAA Lyon 22 mai 2012, Association Horizons, préc.

(142) Cons. const. n° 2005-516 DC, 7 juillet 2005, *loi POPE*, *Dr. adm.* août-septembre 2005, p. 21, note R. Fraisse.

cité produite[143]. Ce dispositif ne concerne pas les éoliennes en mer, dont l'implantation échappe pour l'instant à toute forme de planification dans l'espace[144]. À l'origine, l'idée était de réserver le bénéfice de cette obligation d'achat aux parcs éoliens de plus de 30 MW, puis ce seuil a disparu, laissant aux communes la liberté de développer soit de grands projets de fermes éoliennes, soit des petits parcs[145]. Toutefois, la marge de manœuvre dont disposaient les communes a été considérablement réduite par la loi « Grenelle 2 ». Tout d'abord, même dans une ZDE l'installation doit constituer une unité de production composée d'au moins cinq éoliennes pour pouvoir bénéficier de l'obligation d'achat. Ensuite, puisque désormais les délimitations territoriales du SRE s'imposent aux ZDE, les régions ont repris l'avantage sur les communes en matière de planification éolienne.

Les relations de la ZDE avec les instruments de planification urbanistique et les autorisations d'urbanisme doivent être précisées. La ZDE n'étant pas un document d'urbanisme et n'étant pas intégrée de surcroît à la hiérarchie des normes d'urbanisme, elle n'a pas d'incidence sur les demandes de permis de construire les éoliennes, comme exposé précédemment pour le SRE[146]. À l'inverse, la délimitation d'une ZDE n'a pas à prendre en compte les règles d'urbanisme applicables – et notamment le zonage issu d'un éventuel PLU – celles-ci ne figurant pas parmi les critères établis par la loi. Le seul zonage s'imposant juridiquement est celui retenu par le SRE. Cette absence de relations juridiques officielles a toutefois pour résultat de fragmenter le contrôle du juge sur les conséquences paysagères, patrimoniales et environnementales de l'implantation d'éoliennes : lors de la création de la ZDE cet impact est relativisé, sous prétexte qu'il sera contrôlé au moment de la délivrance des permis de construire[147], et lorsque ces derniers font l'objet d'un recours contentieux, l'existence de la ZDE vient, avec d'autres éléments d'appréciation, conforter l'argument d'une atteinte pouvant être acceptée[148]. Néanmoins, cette tendance n'est pas générale, certains juges mesurant parfaitement le poids qu'aura l'existence de la ZDE sur la délivrance future de permis de construire les éoliennes[149].

(143) Loi n° 2000-108, art. 10.3° ; C. énergie, art. L. 314-1.3°. Sur cette obligation d'achat, voir *infra* p. 576. Il est d'ailleurs possible de créer une ZDE alors qu'un parc éolien existe déjà : CAA Lyon 22 mai 2012, Association Horizons, préc.

(144) A. Gossement, « Les éoliennes au lendemain du Grenelle 2 : objectifs et moyens », *AJCT* septembre 2010, p. 8 ; P. de la Bouillerie, B. Martor, « Projets éoliens *offshore* : un nouveau souffle électrique en haute mer », *JCP E* 2010, 1394 ; C. Roche, « Les éoliennes *offshore*, la concrétisation ? », *Dr. env.* février 2012, p. 44.

(145) S. Poignant, « Rapport sur le projet de loi, modifié par le Sénat, d'orientation sur l'énergie », Ass. nat. n° 2160, 16 mars 2005, p. 71 ; H. Revol, « Rapport sur le projet de loi d'orientation sur l'énergie, adopté avec modifications par l'Assemblée nationale en 2e lecture », Sénat n° 294, 13 avril 2005, p. 52.

(146) CAA Bordeaux 2 novembre 2011, Association pour la sauvegarde de la Gartempe, req. n° 10BX02747, la création d'une ZDE n'a ni pour objet ni pour effet d'autoriser l'édification d'éoliennes – CAA Lyon 16 août 2011, Association Vivre à Fontaines-en-Duesmois, préc., Vilgard, req. n° 09LY02834, la création d'une ZDE ne préjuge en rien de l'octroi de permis de construire des éoliennes – CAA Douai 10 avril 2012, Bohere, req. n° 10DA01153, l'exception d'illégalité de l'arrêté préfectoral de création d'une ZDE ne peut être soulevée à l'occasion d'un recours contentieux contre un permis de construire des éoliennes, ce dernier ne pouvant être regardé comme un acte pris pour l'application de l'arrêté préfectoral en question.

(147) CAA Lyon,16 août 2011, Association Vivre à Fontaines-en-Duesmois, préc., Vilgard, préc.

(148) CAA Nantes 22 avril 2011, Fritot, req. n° 10NT00113 – CAA Lyon 27 mars 2012, Sté Ferme éolienne d'Escamps, req. n° 10LY02610, Sté Ferme éolienne de Mige, req. n° 10LY02611. Pour une solution inverse : CAA Douai 23 décembre 2011, Sté Innovent, req. n° 10DA00382.

(149) CAA Nancy 20 janvier 2011, Communauté de communes du Pays Sedanais, préc. – CAA Nancy 16 décembre 2010, Communauté de communes de Haute Saulx, préc.

Section 2

Les règles d'urbanisme applicables aux installations d'exploitation des sources d'énergie renouvelables

Le droit de l'urbanisme comprend un ensemble de règles élaborées à l'échelon national, destinées à établir un contrôle minimal de l'urbanisation, et s'articulant avec la planification urbanistique locale (PLU/POS, SCOT, carte communale). Elles s'imposent à la réalisation des diverses installations d'exploitation des sources d'énergie renouvelables : ouvrage hydroélectrique, unité d'incinération, éolienne, panneaux solaires. Certaines de ces règles ont vocation à s'appliquer à tout le territoire national : le règlement national d'urbanisme et la constructibilité limitée. D'autres au contraire sont spécifiques aux territoires littoraux et de montagne, espaces de plus en plus sollicités pour une production d'énergie renouvelable.

§1. Le règlement national d'urbanisme

Les articles R. 111-2 à R. 111-24-2 du code de l'urbanisme déterminent un ensemble de règles générales – qualifié de Règlement national d'urbanisme (RNU) – applicables aux constructions, aménagements, installations et travaux faisant l'objet d'un permis de construire, d'un permis d'aménager ou d'une déclaration préalable[(150)]. Par principe, les installations d'exploitation des sources d'énergie renouvelables qui sont soumises à autorisation d'urbanisme doivent respecter le RNU. Il faut toutefois apporter deux précisions. Tout d'abord, l'existence d'un PLU/POS permet d'écarter la plupart des règles du RNU, mais, par dérogation, certaines d'entre elles s'imposent en toutes circonstances : les contraintes issues du RNU auxquelles est soumise une installation d'exploitation des sources d'énergie renouvelables ne sont donc pas les mêmes selon qu'un PLU/POS est applicable ou pas sur le territoire d'implantation. Ensuite, toutes les règles du RNU ne sont pas pertinentes dans le cas particulier de l'implantation d'une installation d'exploitation des sources d'énergie renouvelables. Ne seront donc évoquées ici que celles relatives à la salubrité ou à la sécurité publiques, au respect de l'environnement et à l'ensoleillement de la construction[(151)].

I. L'atteinte à la salubrité ou à la sécurité publiques

Selon l'article R. 111-2 du code de l'urbanisme, un projet peut être refusé ou soumis à des prescriptions spéciales s'il est de nature à porter atteinte à la salubrité ou à la sécurité publiques du fait de sa situation, de ses caractéristiques, de son importance ou de son implantation à proximité d'autres installations. Cette disposition, qui s'applique même en présence d'un PLU/POS, peut fonder l'annulation contentieuse d'un permis de construire, le contrôle du juge se limitant toutefois à l'erreur manifeste d'appréciation. Elle vise toute installation de production d'énergie renouvlable

(150) C. urb., art. R. 111-1.

(151) Certains arrêts du contentieux éolien montrent que toutes les dispositions du RNU sont exploitées pour obtenir l'annulation des permis de construire, sans toutefois aboutir. Sur R. 111-4 ancien, règles de desserte du terrain : CAA Nancy 26 novembre 2009, Devaux, req. n° 08NC01095 – CAA Marseille 16 juin 2011, Roy, req. n° 09MA01017 ; sur R. 111-5, règles de desserte par les voies publiques et privées : CAA Lyon 12 octobre 2010, Association Vent de raison, req. n° 08LY02786, *Dr. adm.* 2011, comm. 35, F. Macagno ; *Rev. jurisp. ALYODA* 2011, n° 2, note I. Michallet (http ://alyoda.fr) – CAA Lyon 30 août 2011, ATEVE, req. n° 09LY01220 ; sur les règles de distance des bâtiments avec les voies publiques ou entre deux bâtiments, les éoliennes ne constituant pas des bâtiments ou des constructions au sens de ces dispositions : CAA Lyon 12 octobre 2010, Association Vent de raison, préc. – CAA Marseille 16 juin 2011, Roy, préc. – CAA Lyon 30 août 2011, ATEVE, préc. – CAA Marseille 20 décembre 2011, Ronse, req. n° 10MA00360 – CAA Bordeaux 5 janvier 2012, Laur, req. n° 10BX01911.

considérée comme générant un risque ou des nuisances importants, tels une unité de valorisation énergétique de déchets(152), un parc éolien, voire des silos de stockage de céréales destinées à la production d'agrocarburant(153). Les conditions imposées par l'autorité administrative lors de la délivrance de l'autorisation d'urbanisme vont permettre de rendre l'atteinte acceptable : la construction d'une microcentrale hydroélectrique peut ainsi être soumise à l'obligation de stabiliser et d'aménager les berges d'un canal pour en éviter l'érosion(154). Dans l'hypothèse où l'installation en cause relève du régime des installations classées pour la protection de l'environnement (ICPE), en ne subordonnant pas la délivrance du permis de construire à d'autres prescriptions que celles susceptibles d'être imposées en application de ce régime, l'administration n'a pas enfreint l'article R. 111-2 du code de l'urbanisme(155).

L'article R. 111-2 du code de l'urbanisme est systématiquement utilisé dans l'abondant contentieux relatif aux permis de construire des éoliennes. Le risque avancé est principalement celui de rupture du mât et de détachement des pales. Selon une jurisprudence désormais bien établie, inaugurée en 2005 par la cour administrative d'appel de Lyon(156), si les éoliennes se trouvent à moins de 500 mètres d'une habitation, le permis de construire s'expose à la censure, car ne satisfaisant pas les exigences de sécurité publique(157). De véritables périmètres de sécurité ont été ainsi instaurés par les juges autour des

(152) CE 9 juillet 2003, S[té] Énergie Grand Littoral SNC, req. n° 254434, *BJDU février* 2004, p. 101, concl. F. Séners, obs. J.-C. B., la construction d'une centrale thermique de cogénération en zone urbaine a été admise – CE 2 février 2007, M. et Mme Averous, req. n° 298493, référé, usine de méthanisation, le moyen tiré de la méconnaissance de l'art. R. 111-2 est de nature à créer un doute sérieux – CAA Marseille 27 mars 2008, ADACIP, req. n° 05MA00692, unité d'incinération et de valorisation énergétique des déchets, pas de violation – CAA Marseille 20 novembre 2009, Syndicat d'agglomération nouvelle Ouest Provence, req. n° 07MA03601, même solution.

(153) Sur l'annulation du permis de construire un silo de stockage de céréales : CE 22 juillet 1992, S[té] d'exploitation des Éts Marchais, req. n° 107373 – CAA Nantes 22 juillet 1998, SCEA Girard-Salmon, req. n° 96NT01590.

(154) CAA Bordeaux 30 juillet 2001, Ministre de l'Équipement, des Transports et du Logement, req. n° 99BX00770.

(155) CE 13 juillet 2006, S[té] Ocréal, req. n° 269720 – CE 9 juillet 2003, S[té] Énergie Grand Littoral SNC, préc., le fait que la construction soit une ICPE ne peut suffire à établir une atteinte à la salubrité ou à la sécurité publiques.

(156) CAA Lyon 5 avril 2005, Association pour la préservation des paysages exceptionnels du Mézenc, req. n° 04LY00431, *MTP* 16 septembre 2005, p. 392 ; *RJE* 2006, note G. Monédiaire : s'appuyant sur l'étude d'impact jointe au dossier, la cour a relevé que la projection de fragments de pales a été observée jusqu'à une distance de 300 m, 500 m ayant été atteints dans un cadre expérimental, et en a conclu que les emplacements retenus pour les éoliennes contestées étaient trop proches des quelques constructions présentes sur le site d'implantation. Le Conseil d'État, saisi en cassation, a estimé que les juges du fond, en définissant ainsi une zone de risque et en l'appliquant en tenant compte de la topographie des lieux, se sont livrés à une appréciation souveraine qu'il ne lui appartient pas de contrôler : CE 6 novembre 2006, Association pour la préservation des paysages exceptionnels du Mézenc, req. n° 281072, *JCP A* 2006, n° 48, p. 1 559, concl. Y. Aguila, note P. Billet.

(157) CAA Lyon 23 octobre 2007, SARL Le Pré bossu, req. n° 06LY02337, annulation du permis de construire une éolienne implantée à 285 m d'une habitation – CAA Bordeaux 13 mai 2008, C[ne] de Montferrand, req. n° 06BX01050, *Environnement* 2008, comm. 130, D. Gillig ; *JCP A* 2008, comm. 2235, P. Billet, annulation, 300 m d'une ferme et 500 m d'un hameau – CE 27 juillet 2009, S[té] Boralex Avignonet SAS, req. n° 317060, *Environnement* 2009, comm. 110, M. Sousse ; *Dr. env.* mai 2010, p. 162, note S. Deliancourt, annulation, proximité des constructions, risque non négligeable – CAA Nantes 7 avril 2010, SNC Parc éolien Guern, req. n° 09NT00829, annulation, plusieurs maisons d'habitation à 380 m et 450 m – CAA Lyon 12 octobre 2010, Association Vent de raison, req. n° 08LY02786, *Dr. adm.* 2011, comm. 35, F. Macagno ; *Rev. jurisp. ALYODA* 2011, n° 2, note I. Michallet (http ://alyoda.fr), annulation, hameau à 400 m. À l'inverse, permis de construire validé par le juge : CAA Douai 8 février 2007, C[ne] de Bernienville, req. n° 06DA00896, éoliennes édifiées dans un vaste espace agricole, à 400 m des habitations les plus proches – CAA Nantes 23 juin 2009, Association Cadre de vie et environnement Melgven-Rosporden, req. n° 08NT02986, éolienne à 450 m des habitations les plus proches, modèle équipé d'un double dispositif neutralisant la rotation des pales par vent fort – CAA Nancy 26 novembre 2009, Devaux, req. n° 08NC01095 – CAA Marseille 21 octobre 2010, S[té] EDF Énergies nouvelles France, req. n° 08MA03443, *AJDA* 2011, p. 44, note L. Marcovici, isolement du parc éolien – CAA Marseille 20 décembre 2011, Ronse, req. n° 10MA00360, hameau à 55O m – CAA Bordeaux 2 février 2012, S[té] La compagnie du vent, req. n° 10BX00612, éoliennes à plus de 500 m de toute habitation.

éoliennes, alors que les textes ne l'imposaient pas explicitement. La loi « Grenelle 2 » a consacré cette solution : elle soumet les éoliennes de plus de 50 mètres à autorisation au titre du régime des installations classées et prévoit que l'autorisation d'exploiter est subordonnée à leur éloignement d'une distance de 500 mètres par rapport aux constructions à usage d'habitation, aux immeubles habités et aux zones destinées à l'habitation définies dans les documents d'urbanisme en vigueur(158). Par extension, cette obligation de mettre à distance les éoliennes, est invoquée par rapport aux routes(159) et aux chemins de randonnée(160). D'autres risques, que présenteraient les éoliennes, sont avancés pour obtenir l'annulation des permis de construire sur le fondement de l'article R. 111-2 du code de l'urbanisme : celui de perturbation des radars météorologiques(161) ou des radars militaires surveillant les approches aériennes des centrales nucléaires(162), celui d'aggravation du risque d'incendie en secteur boisé en attirant la foudre(163), celui de dépassement des niveaux sonores admis(164), celui de collision avec des hélicoptères de combat(165).

(158) C. env., art. L. 553-1, sur le régime ICPE appliqué aux éoliennes, voir *infra* p. 319.

(159) CAA Lyon 12 octobre 2010, Association Vent de raison et autres, préc., une voie de circulation n'induit pas une exposition permanente au risque – CAA Lyon 12 avril 2011, Association pour la préservation des paysages exceptionnels du Mezenc, req. n° 09LY02777, éolienne implantée à 120 m d'une route départementale, risque de projection de plaques de givre, phénomène non occasionnel à une altitude de 1150 m – CAA Lyon 28 février 2012, Sté La compagnie du vent, req. n° 10LY02148, risque d'accident de pale extrêmement faible – CAA Douai 10 avril 2012, Bohere, req. n° 10DA01153, le risque d'effet stroboscopique perturbateur pour les usagers de la route nationale n'est pas établi.

(160) CAA Douai 13 mars 2008, Association Préservons notre belle campagne du sud artois, req. n° 06DA01593 – CAA Marseille 25 novembre 2010, EDF en France, req. n° 09MA00756, *Environnement* 2011, comm. 39, D. Gillig – CAA Lyon 10 mai 2011, Association Horizons, req. n° 09LY00397, chemins ruraux.

(161) CAA Douai 16 octobre 2008, MTETM, req. n° 07DA00317 et req. n° 07DA00318, confirmés par CE 1er décembre 2010, MEEDDAT, req. n° 323498, au-delà du périmètre de 1000 m imposé par la servitude d'utilité publique autour des radars les éoliennes ne sont pas de nature à nuire à la qualité de la veille météorologique – CAA Douai 30 juin 2011, MEEDDM, req. n° 09DA01149, *AJDA* 2011, p. 1 497, note X. Larue, éoliennes à 18 km du radar, rapport de l'Agence nationale des fréquences selon lequel l'implantation d'éoliennes dans un rayon de 20 km peut perturber le fonctionnement par le blocage de son faisceau, par des échos fixes ou par la création d'échos parasites par la rotation des pales et qui recommande de n'implanter aucune éolienne à moins de 5 km et de subordonner leur installation à conditions dans un rayon d'éloignement de 5 à 20 km, dite « distance de coordination », solution appliquée par le juge – CAA Bordeaux 1er mars 2012, MEDDTL, req. n° 11BX00737, éoliennes à l'intérieur de la «zone de coordination», même solution – CAA Douai 8 mars 2012, Sté Intervent SAS, req. n° 10DA00582, même solution – CAA Bordeaux 29 mars 2012, Sté EDP Renewables France, req. n° 11BX00647, même solution.

(162) CAA Douai 1er octobre 2009, Sté Parc éolien des longs champs, req. n° 08DA00652, eu égard à la nature du projet éolien, à sa distance et à la configuration du lieu d'implantation, le risque était de nature à justifier le refus de permis de construire – CAA Douai 21 janvier 2010, MEEDDAT, req. n° 09DA00038 – CAA Nancy 9 juin 2011, MEEDDM, req. n° 10NC01162, *AJCT* 2011, p. 524, obs. M. Moliner-Dubost. Voir : Circ. 3 mars 2008, perturbations par les aérogénérateurs du fonctionnement des radars fixes de l'Aviations civile, de la Défense nationale, de Météo-France et des ports et navigations maritimes et fluviales.

(163) CAA Marseille 7 mai 2010, Gard, req. n° 08MA02052, l'existence d'un risque particulier n'est pas établie – CAA Marseille 21 octobre 2010, Sté Anonyme TENCIA, req. n° 08MA00500, *JCP A* 2011, comm. 2121, B. Le Baut-Ferrarese, même solution – CAA Marseille 6 octobre 2011, Sté Eole-Res, req. n° 09MA03285, risque non démontré.

(164) CAA Marseille 10 février 2011, Sté Compagnie du vent, req. n° 09MA00923, pas d'atteinte car des mesures compensatoires comme l'arrêt ou le ralentissement des éoliennes sont prévues – CAA Lyon 7 mars 2011, Sté Enel Erelis, req. n° 09LY00018, pas d'atteinte liée au bruit – CAA Lyon 30 août 2011, ATEVE, req. n° 09LY01220, même solution – CAA Marseille 20 décembre 2011, Ronse, req. n° 10MA00360, pas d'atteinte car le bridage des éoliennes est prévu – CAA Bordeaux 5 janvier 2012, Laur, req. n° 10BX01911, pas d'atteinte car des éoliennes moins bruyantes ont été retenues.

(165) CAA Nancy 1er juillet 2010, Sté Nordex France, req. n° 09NC00951, aérodrome militaire à une vingtaine de km, risques de collision car ces hélicoptères évoluent à très basse altitude, de jour comme de nuit, refus de permis de construire.

II. Le respect de l'environnement

Plusieurs dispositions du RNU viennent encadrer l'implantation des installations d'exploitation de sources d'énergie renouvelables dans le but d'en préserver l'environnement. Cette finalité n'est pas la vocation première du droit de l'urbanisme, mais, ayant intégré certaines considérations environnementales, il peut, comme c'est le cas ici, compléter utilement le droit de l'environnement. De manière générale, selon l'article R. 111-15 du code de l'urbanisme, les autorisations d'urbanisme doivent respecter les préoccupations d'environnement(166) et si le projet, par son importance, sa situation ou sa destination, est de nature à avoir des conséquences dommageables, des prescriptions spéciales pourront être imposées, même en présence d'un PLU/POS(167). Cette disposition ne permet d'obtenir l'annulation contentieuse d'un permis de construire qu'en présence d'une erreur manifeste d'appréciation, rarement établie(168). Le fait que la construction soit une installation classée ne peut suffire à établir une atteinte à l'environnement(169).

De façon plus précise, l'article R. 111-21 du code de l'urbanisme prévoit que si une construction, par sa situation, son architecture, ses dimensions ou son aspect extérieur est de nature à porter atteinte au caractère ou à l'intérêt des lieux avoisinants, aux sites, aux paysages naturels ou urbains ainsi qu'à la conservation des perspectives monumentales, l'autorisation d'urbanisme peut être refusée ou être conditionnée par l'observation de prescriptions spéciales.

Remarque

L'article R. 111-21 du code de l'urbanisme ne concerne pas les ZPPAUP, ni les AMVAP, ni les territoires dotés d'un plan de sauvegarde et de mise en valeur (secteurs sauvegardés). L'atteinte spécifique aux sites ou vestiges archéologiques est visée par l'article R. 111-4 du code de l'urbanisme.

Comme dans le cas précédent, cette règle s'applique même s'il existe un PLU/POS et le contrôle du juge administratif, limité à l'erreur manifeste d'appréciation, aboutit le plus souvent au rejet du recours contentieux contestant la délivrance d'un permis de construire(170). Fréquemment invoqué à l'encontre de l'implantation d'éoliennes, l'article R. 111-21 du code de l'urbanisme ne connaît pas ici de fortune particulière, malgré l'examen attentif par le juge administratif de l'insertion des constructions dans le

(166) Voir C. env., art. L. 110-1 et L. 110-2.

(167) TA Orléans 9 novembre 2010, Sté Gamesa énergie Fance, req. n° 0802195, *AJDA* 2011, p. 1 283, concl. J. Francfort, cette disposition ne permet pas de refuser le permis de construire.

(168) CE 23 décembre 1988, Association de défense pour l'environnement de la région de Miremont, req. n° 82863, pas d'erreur manifeste d'appréciation du permis de construire un incinérateur d'ordures ménagères – CAA Marseille 18 octobre 2001, Association TOS, req. n° 98MA00194, barrage et usine hydroélectrique. Pas d'erreur manifeste d'appréciation, éoliennes : CAA Lyon 23 octobre 2007, SARL Le Pré bossu, préc. – CE 28 novembre 2007, Stés Jeumon SA et Jeumont Eole, req. n° 279076 – CAA Marseille 21 octobre 2010, Sté EDF Énergies nouvelles France, req. n° 08MA03443, *AJDA* 2011, p. 44, note L. Marcovici – CAA Marseille 10 février 2011, Sté Compagnie du vent, req. n° 09MA00923 – CAA Lyon 10 mai 2011, Association Horizons, req. n° 09LY00397 – CAA Marseille 16 juin 2011, Roy, req. n° 09MA01017 – CAA Lyon 30 août 2011, ATEVE, req. n° 09LY01220 – CAA Marseille 20 décembre 2011, Ronse, req. n° 10MA00360 – CAA Bordeaux 5 janvier 2012, Laur, req. n° 10BX01911. Voir aussi : CAA Bordeaux 17 février 2009, MEDAD, req. n° 07BX02126, annulation d'un refus de permis de construire des éoliennes, le projet ne constitue pas un danger particulier de collision pour les oiseaux et les chauves-souris.

(169) CE 9 juillet 2003, Sté Énergie Grand Littoral SNC, préc. – CE 13 juillet 2006, Sté Ocréal, préc.

(170) Pas d'erreur manifeste d'appréciation pour un permis de construire : CE 7 novembre 1990, Mlle Foncin, req. n° 74181, une usine d'incinération – CE 13 juillet 2006, Sté Ocréal, préc., un centre de traitement et de valorisation de résidus urbains – CAA Bordeaux 27 avril 2000, SARL Setco, req. n° 97BX01729, une centrale d'autoproduction d'énergie électrique – CAA Marseille 18 octobre 2001, Association TOS, préc., un barrage et une usine hydroélectrique – CAA Marseille 27 mars 2008, Bonfils, req. n° 05MA00778, une unité d'incinération et de valorisation énergétique des déchets.

paysage environnant(171). Cette disposition a néanmoins fondé des refus de permis de construire des éoliennes – le juge opérant un contrôle normal sur le refus – en raison des conséquences paysagères(172), un barrage hydroélectrique, au regard de l'atteinte grave qu'aurait apportée aux lieux concernés sa construction(173), et une maison individuelle solaire ne correspondant pas aux aspects architecturaux avoisinants et située dans le champ de visibilité d'un village pourtant non protégé(174).

Enfin, selon l'article R. 111-14 du code de l'urbanisme, l'autorisation d'urbanisme peut également être refusée ou assortie de prescriptions spéciales si l'installation envisagée en dehors des parties urbanisées d'une commune favorise une urbanisation dispersée incompatible avec la vocation des espaces naturels environnants, ou encore compromet les activités agricoles ou forestières. Deux précisions doivent être ici apportées. Tout d'abord, contrairement aux dispositions précédentes, celle-ci ne s'applique plus en présence d'un PLU/POS(175). Ensuite, après quelques hésitations du

(171) CAA Lyon 3 février 2004, Sté Éole Res, req. n° 03LY01697 – CAA Lyon 5 avril 2005, Association pour la préservation des paysages exceptionnels du Mézenc, préc. – CAA Douai 1er décembre 2005, Sté d'exploitation du parc éolien du Mont d'Hezecques, req n° 05DA438-05DA539, concl. J. Lepers, *Environnement* avril 2006, p. 16 – CE 6 novembre 2006, Association pour la préservation des paysages exceptionnels du Mézenc, préc. – CAA Douai 8 février 2007, Cne de Bernienville, préc. – CAA Marseille 28 juin 2007, SIIF Énergies France, req. n° 05MA01042 – CAA Lyon 23 octobre 2007, SARL Le Pré bossu, préc. – CAA Bordeaux 13 novembre 2008, Gatineau, req. n° 07BX00862 – CAA Nancy 26 novembre 2009, Devaux, req. n° 08NC01095 – CAA Marseille 15 janvier 2010, Syndicat du cru minervois, req. n° 07MA00756 – CAA Marseille 7 mai 2010, Gard, req. n° 08MA02052 – CAA Douai 1er juillet 2010, Association Picardie nature, req. n° 09DA01079 – CAA Marseille 21 octobre 2010, Sté Anonyme TENCIA, req. n° 08MA00500, *JCP A* 2011, comm. 2121, B. Le Baut-Ferrarese – CAA Marseille 21 octobre 2010, Sté EDF Énergies nouvelles France, req. n° 08MA03443, *AJDA* 2011, p. 44, note L. Marcovici – CAA Marseille 25 novembre 2010, EDF en France, req. n° 09MA00756, *Environnement* 2011, comm. 39, D. Gillig – CAA Marseille 10 février 2011, Sté Compagnie du vent, req. n° 09MA00923 – CAA Lyon 7 mars 2011, Sté Enel Erelis, req. n° 09LY00018 – CAA Marseille 16 juin 2011, Roy, req. n° 09MA01017 – CAA Lyon 30 août 2011, ATEVE, req. n° 09LY01220 – CAA Marseille 6 octobre 2011, Sté Eole-Res, req. n° 09MA03285 – CAA Marseille 20 décembre 2011, Ronse, req. n° 10MA00360 – CAA Bordeaux 2 février 2012, Sté La compagnie du vent, req. n° 10BX00612 – CAA Douai 2 février 2012, Association À contre vent, req. n° 10DA01543 – CAA Douai 10 avril 2012, Bohere, req. n° 10DA01153. Pour quelques exemples d'annulation : TA Grenoble 2 février 2006, Sté Hostache, req. n° 0504417 – TA Lyon 4 novembre 2008, Cne de Thezillieu, req. n° 060305, *JCP A* 2009, comm. 2008, B. Le Baut-Ferrarese – CAA Marseille 15 janvier 2010, Sté Trelans Lozère Énergie, req. n° 07MA00898, *Environnement* 2010, comm. 39, M. Sousse – CAA Nantes 24 décembre 2010, Association Vents de folie, req. n° 09NT01503.

(172) CAA Douai 16 novembre 2006, Sté française d'éoliennes, req. n° 05DA00480, *Environnement* février 2007, p. 27, note J.-L. – CAA Marseille 28 juin 2007, Sté d'exploitation énergie Sud, req. n° 05MA01007 – CAA Nantes 29 juillet 2008, MEDAD, req. n° 07NT03351 – CAA Nancy 30 octobre 2008, MEDAD, req. n° 07NC01531 – CAA Bordeaux 22 janvier 2009, MEDAD, req. n° 07BX01137, *Environnement* 2009, comm. 56, M. Sousse – CAA Nancy 20 mai 2009, Sté Winspeed GMBH, req. n° 08NC00550 – CAA Nancy 3 novembre 2011, Sté Ferme éolienne de Liart, req. n° 10NC01591 – CAA Douai 23 décembre 2011, Sté Innovent, req. n° 10DA00382 – CAA Bordeaux 3 janvier 2012, SARL Les éoliennes de Marcillac-Lanville, req. n° 11BX01277 – CAA Douai 8 mars 2012, Sté Intervent SAS, req. n° 10DA00582 – CAA Douai 5 avril 2012, Sté Innovent, req. n° 11DA00573 et Sté Enertrag, req. n° 10DA01120. À l'inverse refus de permis de construire des éoliennes entaché d'erreur d'appréciation : CAA Douai 16 novembre 2006, SA Infinivent, req. n° 05DA01404 – CAA Lyon 22 mars 2007, EARL X, req. n° 06LY01088 – CAA Bordeaux 4 septembre 2007, M. X et M. Y, req. n° 05BX02325 – CAA Bordeaux 17 février 2009, MEDAD, req. n° 07BX02126 – CAA Bordeaux 27 octobre 2009, MEEDDAT, req. n° 08BX01064 – CAA Marseille 4 juin 2010, Sté Ventura, req. n° 08MA02136 – CE 16 juillet 2010, MEEDDM, req. n° 327262 – CAA Marseille 14 avril 2011, Sté Compagnie du vent, req. n° 09MA01877 – CAA Bordeaux 29 septembre 2011, MEDDTL, req. n° 11BX00192 – CAA Lyon 28 février 2012, Sté Compagnie du vent, req. n° 10LY02148 et req. n° 10LY01701 – CAA Nantes 9 mars 2012, Sté EDP Renewables France, req. n° 10NT01541 – CAA Lyon 27 mars 2012, Sté Ferme éolienne d'Escamps, req. n° 10LY02610 et Sté Ferme éolienne de Mige, req. n° 10LY02611 – CAA Nantes 6 avril 2012, Sté Eolis, req. n° 10NT01141.

(173) CE 16 octobre 1987, SCI SUMOVI, req. n° 55556, *RJE* 1988, p. 180.

(174) CAA Marseille 3 juin 2004, M. Christian X., req. n° 00MA01322 – CE 21 avril 1982, M. Dugny, req. n° 27556, maison à usage d'habitation dont l'architecture et la disposition des capteurs solaires portent atteinte au caractère des lieux avoisinants.

(175) C. urb., art. R. 111-1.

juge(176), il est désormais établi que l'implantation d'éoliennes constitue bien une opération d'urbanisation, devant le cas échéant respecter cette disposition du RNU(177).

III. L'ensoleillement de la construction

Avant 2007, le règlement national d'urbanisme (RNU) imposait certaines contraintes garantissant aux constructions un minimum d'ensoleillement, en l'absence de PLU/POS applicable (le décret n° 2007-18 du 5 janvier 2007 réformant les autorisations d'urbanisme les a supprimées).

Ces mesures, sommaires et instaurées pour préserver le confort des habitants, abordaient néanmoins la question d'un accès au soleil, essentielle pour une installation ou une habitation utilisant l'énergie solaire. Ainsi, lorsque plusieurs bâtiments devaient être implantés sur un terrain appartenant au même propriétaire, leur disposition était régie de manière à éviter que les fenêtres des pièces principales ne soient masquées(178).

La seule obligation qui demeure dans cette hypothèse est celle d'une distance d'au moins 3 mètres entre deux bâtiments non contigus(179). De même, lorsqu'il s'agissait de créer un ensemble de bâtiments à usage d'habitation comprenant au moins 15 logements, chacun d'entre eux devait satisfaire à plusieurs conditions, destinées à préserver l'ensoleillement des pièces principales(180). Désormais, seul l'article R. 111-22 du code de l'urbanisme, qui prévoit que, dans les secteurs déjà partiellement bâtis, présentant une unité d'aspect et non compris dans des programmes de rénovation, l'autorisation de construire à une hauteur supérieure à la moyenne des constructions avoisinantes peut être refusée ou soumise à conditions, semble pouvoir être détourné de sa fonction première – préserver l'harmonie architecturale d'un quartier – et utilisé afin d'éviter qu'une construction nouvelle trop haute ne prive de soleil celles existantes.

Plus généralement, il est possible d'affirmer qu'il n'existe pas en droit de l'urbanisme de règle garantissant l'ensoleillement d'une construction. L'article R. 111-21 du code de l'urbanisme précité a plusieurs fois été invoqué, en vain, pour contester des permis de construire à l'origine d'une privation de soleil pour les habitations voisines(181), et le juge administratif refuse de manière constante de considérer qu'une éventuelle atteinte aux droits d'un propriétaire du fait d'une perte d'ensoleillement puisse avoir une quelconque influence sur la légalité d'un permis de construire(182).

(176) CAA Lyon 23 octobre 2007, SARL Le Pré bossu, préc.

(177) CE 16 juin 2010, M. Leloustre, req. n° 331840, *JCP A* 2010, act. 524, C.-A. Dubreuil ; *AJDA* 2010, p. 1 892, note I. Michallet ; *JCP A* 2010, comm. 2333, J.-L. maillot ; *Dr. adm.* 2010, comm. 151, C.-A. Dubreuil ; *RJEP* 2011, comm. 4, D. Guihal – CAA Marseille 16 juin 2011, Roy, req. n° 09MA01017, pas d'urbanisation dispersée mais au contraire une économie d'occupation des espaces réalisée par le regroupement important de machines dans la zone concernée – CAA Lyon 30 août 2011, ATEVE, req. n° 09LY01220.

(178) C. urb., ancien art. R. 111-16.

(179) C. urb., art. R. 111-16.

(180) C. urb., ancien art. R. 111-17.

(181) CE 9 janvier 1991, Cne de Colombes, req. n° 91162 – CE 11 décembre 1992, M. Coquin, req. n° 111968 – CAA Nancy 11 décembre 1997, M. et Mme Barlet, req. n° 95NC01188 – CAA Marseille 2 mars 2006, Cne de Sète, req. n° 02MA02285 – CAA Marseille 24 novembre 2011, Martignole, req. n° 09MA03456.

(182) Selon le juge, le permis de construire est délivré en conformité avec la réglementation d'urbanisme et sous réserve des droits des tiers : CE 25 octobre 1978, Sieur Bolot, req. n° 02133 – CE 19 février 1988, Épx Benoit, req. n° 80900 – CE 4 mai 1990, M. et Mme Bodchon, req. n° 96623 – CE 19 juin 2002, Cne de Beausoleil, req. n° 219647 – CAA Bordeaux 26 novembre 2009, Maranon Calleja, req. n° 08BX01887 – CAA Versailles 18 mars 2010, Cne de Viroflay, req. n° 09VE01304 – CAA Versailles 3 août 2010, De Carvalho, req. n° 09VE02340 – CAA Lyon 31 mai 2012, Fontanel, req. n° 11LY01565.

En revanche, le juge a parfois condamné l'État à réparer la perte de vue et d'ensoleillement causée par une construction édifiée irrégulièrement(183).

§2. La règle de la constructibilité limitée

En l'absence de PLU/POS, de carte communale ou de tout document d'urbanisme en tenant lieu, ne sont autorisées, en dehors des parties actuellement urbanisées d'une commune, que certaines constructions et installations(184). Cette règle, dite « de la constructibilité limitée », concerne en pratique des zones rurales, peu habitées et peu urbanisées. L'implantation d'une installation exploitant des sources d'énergie renouvelables sur ces territoires doit donc normalement se faire dans une partie déjà urbanisée de la commune, ou par exception en dehors si l'installation correspond à l'une des catégories autorisées.

Parmi les constructions et installations autorisées en dehors des parties actuellement urbanisées figurent celles nécessaires à des équipements collectifs, dès lors qu'elles ne sont pas incompatibles avec l'exercice d'une activité agricole, pastorale ou forestière sur le terrain sur lequel elles sont implantées, et celles incompatibles avec le voisinage des zones habitées. La jurisprudence admet ainsi qu'un incinérateur d'ordures ménagères constitue un équipement collectif et échappe à ce titre au principe d'inconstructibilité(185). En ce qui concerne les éoliennes, elles sont assimilées à des équipements d'intérêt collectif lorsque l'électricité produite est revendue(186). En revanche, si l'énergie est destinée à l'autoconsommation, elles doivent en principe être implantées dans les parties déjà urbanisées, sauf à considérer – ce qui est hautement probable eu égard à la jurisprudence précitée relative à l'article R. 111-2 du code de l'urbanisme – que les risques qu'elles génèrent sont incompatibles avec le voisinage des zones habitées(187). Par analogie, il est possible d'affirmer que toute autre installation produisant, à partir de sources d'énergie renouvelables, une énergie destinée à être revendue, ou présentant un risque ou des nuisances suffisamment importants pour des habitations proches peut, par dérogation, être construite en dehors des parties actuellement urbanisées.

Les constructions et installations nécessaires à la mise en valeur des ressources naturelles sont également autorisées en dehors des parties actuellement urbanisées. Cette possibilité ne vise pas spécifiquement les installations d'exploitation de sources d'énergie renouvelables, mais pourrait constituer la porte d'entrée à une dérogation générale les concernant. La notion de ressources naturelles peut en effet englober le vent(188), le soleil, l'eau ou la chaleur du sous-sol(189) et leur utilisation afin de produire de l'énergie peut être qualifiée de mise en valeur.

---

(183) CAA Lyon 8 juillet 2008, Doix, req. n° 06LY02267 – CAA Marseille 17 mars 2011, Catusse, req. n° 09MA00610. Pour une solution inverse : CAA Lyon 26 avril 2011, Devaux-Charbonnel, req. n° 09LY00274.

(184) C. urb., art. L. 111-1-2.

(185) CE 23 décembre 1988, Association de défense pour l'environnement de la région de Miremont, préc.

(186) TA Lille 9 mars 2005, Association de défense de l'environnement frugeois, req. n° 0405629 – CAA Douai 1er décembre 2005, Sté d'exploitation du parc éolien du Mont d'Hezecques, préc. – CAA Nancy 2 juillet 2009, Association Pare-brise, req. n° 08NC00125 et req. n° 08NC00126 – CAA Lyon 30 août 2011, ATEVE, req. n° 09LY01220.

(187) CAA Lyon 30 août 2011, ATEVE, préc.

(188) CE 9 décembre 2011, Benet, req. n° 341274, *AJDA* 2011, p. 2 447, obs. Y. Jégouzo et A. Vincent, arrêt relatif au zonage opéré par un POS, l'exposition au vent peut être retenue comme critère pour classer une parcelle en zone de richesses naturelles.

(189) Voir *supra* p. 85.

§3. Les règles spécifiques au littoral et à la montagne

Les lois n° 85-30 du 9 janvier 1985 relative au développement et à la protection de la montagne et n° 86-2 du 3 janvier 1986 relative à l'aménagement, la protection et la mise en valeur du littoral ont instauré des règles particulières relatives notamment à l'urbanisation de ces espaces, aujourd'hui codifiées dans le code de l'urbanisme. Ces mesures s'appliquent aux territoires concernés indépendamment de l'existence d'un document d'urbanisme local. Elles peuvent représenter une entrave au développement de l'exploitation des sources d'énergie renouvelables, car le principe central d'une urbanisation en continuité avec l'existant, sur lequel ces dispositions reposent, est mal adapté à l'implantation d'installations dont les éventuelles nuisances peuvent justifier l'éloignement. Malgré leur inspiration commune, ces règles instaurent des modalités propres aux communes littorales et aux zones de montagne, qu'il convient de distinguer.

I. Les communes littorales

Les communes littorales relevant du régime issu de la loi de 1986 sont de deux types : les communes riveraines des mers et océans, des étangs salés, des plans d'eau intérieurs d'une superficie supérieure à 1 000 hectares, d'une part, et les communes riveraines d'estuaires et de deltas figurant dans la liste établie à l'article R. 321-1 du code l'environnement, d'autre part. L'intégralité de leurs territoires est soumise aux dispositions des articles L. 146-2 à L. 146-9 du code de l'urbanisme[(190)].

Remarque

Les deux types de communes littorales sont définis par l'article L. 146-1 du code de l'urbanisme combiné à l'article L. 321-2 du code l'environnement. Formellement, l'article L. 146-1 du code de l'urbanisme prévoit une 3e catégorie de communes littorales (qui participent aux équilibres économiques et écologiques littoraux), mais leur liste, devant être établie par décret, n'a jamais été fixée.

Par principe, l'extension de l'urbanisation dans une commune littorale doit se réaliser en continuité avec les agglomérations et villages existants[(191)]. Cette disposition limite l'implantation d'installations exploitant des sources d'énergie renouvelables, sous réserve que celle-ci constitue effectivement une extension de l'urbanisation. C'est le cas pour les éoliennes : leur implantation est une opération d'urbanisation, qui doit se réaliser en continuité de l'existant[(192)]. Cette solution entre en contradiction avec la règle issue de l'article R. 111-2 du code de l'urbanisme précédemment évoquée et avec le statut d'installation classée imposé par la loi « Grenelle 2 »[(193)]. Les dérogations prévues au principe d'urbanisation en continuité n'y changent rien : elles visent les constructions ou installations liées aux activités agricoles ou forestières incompatibles avec le voisinage des zones habitées. Elles ne peuvent s'appliquer aux installations de production d'énergie renouvelable et empêchent pour l'instant toute implantation d'éoliennes sur les communes littorales[(194)]. Concernant les panneaux solaires, il n'est pas certain que leur installation puisse systématique-

(190) CE 27 septembre 2006, Cne du Lavandou, req. nos 275922 et 275924.

(191) C. urb., art. L. 146-4.I.

(192) Pour une réponse de principe, mais concernant des éoliennes en zone de montagne : CE 16 juin 2010, M. Leloustre, req. n° 331840, *JCP A* 2010, act. 524, C.-A. Dubreuil ; *AJDA* 2010, p. 1 892, note I. Michallet ; *JCP A* 2010, comm. 2333, J.-L. Maillot ; *Dr. adm.* 2010, comm. 151, C.-A. Dubreuil ; *RJEP* 2011, comm. 4, D. Guihal. Sur l'application de cette solution en zone littorale : CAA Nantes 28 janvier 2011, Sté Néo Plouvien, req. n° 08NT01037, *JCP A* 2011, comm. 2120, B. Le Baut-Ferrarese ; *Environnement* 2011, comm. 62, L. Bordereaux ; *JCP A* 2011, comm. 2284, G. Eveillard ; *AJDA* 2011, p. 977, note R. Bonnefont et E. Lacroix ; *BJDU* 2011, p. 102, concl. S. Degommier, obs. C. Lambert.

(193) Voir *infra* p. 319.

(194) CAA Nantes 28 janvier 2011, Sté Néo Plouvien, préc.

ment être qualifiée d'extension de l'urbanisation, mais tel est bien le cas pour une centrale photovoltaïque importante[(195)].

Dans les espaces proches du rivage, ou des rives s'il s'agit d'un plan d'eau, l'extension de l'urbanisation doit être, d'une part, limitée et, d'autre part, justifiée et motivée dans le PLU[(196)]. Ici encore, il est fort probable qu'une installation exploitant des sources d'énergie renouvelables soit qualifiée d'extension de l'urbanisation. Si tel est le cas, le projet n'est réalisable que sous la double condition d'être limité et d'avoir été correctement planifié par les autorités locales dans le PLU. Par dérogation, la justification dans le PLU n'est pas exigée si le projet est conforme aux dispositions d'un SCOT (sont également cités le schéma d'aménagement régional ou le schéma de mise en valeur de la mer). En l'absence de document d'urbanisme, une urbanisation peut être réalisée avec l'accord du préfet de département (la commune doit motiver sa demande, la commission départementale de la nature, des paysages et des sites apprécie l'impact de l'urbanisation sur la nature et donne son avis).

De façon plus stricte, les constructions ou installations sont interdites sur une bande littorale de 100 mètres, à compter de la limite haute du rivage ou des plus hautes eaux pour les plans d'eau intérieurs, en dehors des espaces urbanisés[(197)]. Cette disposition proscrit par principe l'implantation sur le rivage d'installations liées par exemple à l'exploitation de l'énergie marémotrice, hydraulique ou éolienne, à l'écart d'habitations existantes. Toutefois, la loi « Grenelle 2 » a ici introduit une dérogation en faveur des éoliennes, non pas sur terre mais implantées au large[(198)]. En effet, cette interdiction ne s'applique pas aux ouvrages de raccordement aux réseaux publics de transport ou de distribution d'électricité des installations marines utilisant les énergies renouvelables. Leur réalisation est toutefois soumise à enquête publique et les techniques utilisées pour la réalisation de ces raccordements doivent être souterraines et toujours celles de moindre impact environnemental. Un décret fixera les conditions de réalisation de ces ouvrages.

Selon leur intérêt écologique, certains espaces et milieux littoraux comme les dunes, les falaises et leurs abords, les forêts et zones boisées, les îlots inhabités peuvent être préservés de toute urbanisation[(199)]. Dans ces lieux, ne peuvent être installés que les aménagements légers figurant dans une liste[(200)], qui ne fait pas état d'éventuels ouvrages exploitant localement des sources d'énergie renouvelables.

II. Les zones de montagne

Les zones de montagne concernées par le régime particulier issu de la loi de 1985 sont délimitées par arrêté interministériel et rattachées à l'un des six massifs de métropole : Alpes, Corse, Massif central, massif jurassien, Pyrénées et massif vosgien[(201)]. Dans ces zones, les principes d'aménagement et de protection prévus aux articles L. 145-1 à L. 145-8 du code de l'urbanisme s'appliquent, y compris aux installations exploitant les sources d'énergie renouvelables. Outre le fait que les terres nécessaires au maintien des activités agricoles, pastorales et forestières doivent être préser-

(195) TA Montpellier 24 février 2011, Préfet Hérault, req. n° 1002299, *Environnement* 2011, comm. 90, M. Sousse. Voir en zone de montagne : TA Toulon 1er décembre 2011, Association de la défense de l'environnement et du patrimoine forestier, req. n° 0901233.

(196) C. urb., art. L. 146-4.II.

(197) C. urb., art. L. 146-4.III.

(198) Voir : C. Roche, « Les éoliennes *offshore*, la concrétisation ? », *Dr. env.* février 2012, p. 44.

(199) C. urb., art. L. 146-6 et R. 146-1.

(200) C. urb., art. R. 146-2.

(201) Art. 3 et 5.

vées, l'urbanisation doit normalement se réaliser en continuité avec les constructions existantes afin d'éviter le mitage[(202)]. La notion d'urbanisation n'est pas davantage définie ici que précédemment, et peut trouver à s'appliquer selon les installations concernées. D'après le juge administratif, l'implantation d'éoliennes constitue une opération d'urbanisation[(203)], de même que l'installation d'une centrale photovoltaïque[(204)].

Par dérogation, une urbanisation non continue est possible pour la réalisation d'installations ou d'équipements publics incompatibles avec le voisinage des zones habitées[(205)]. Par conséquent, sous la double condition que l'installation de production d'énergie renouvelable puisse être qualifiée d'équipement public et présente des risques ou des nuisances suffisamment importants pour des habitations proches, elle pourra être implantée à l'écart des zones urbanisées. C'est le cas pour les éoliennes, dès lors que l'électricité produite a vocation à être vendue et à alimenter le réseau général[(206)], mais sans doute pas pour les centrales solaires, qui ne présentent pas les mêmes dangers pour le voisinage[(207)]. Les communes qui souhaitent favoriser la production énergétique à partir de sources d'énergie renouvelables peuvent par ailleurs, sous certaines conditions, planifier dans leur document d'urbanisme une réalisation qui ne serait pas en continuité avec l'urbanisation existante[(208)].

L'urbanisation des rives des plans d'eau naturels ou artificiels d'une superficie inférieure à 1 000 hectares est limitée par l'article L. 145-5 du code de l'urbanisme. L'implantation d'ouvrages hydroélectriques, ou la réalisation d'aménagements nouveaux sur un ouvrage existant, peut être concernée. Par principe, les parties naturelles de ces rives sont protégées sur une distance de 300 mètres : les constructions et installations nouvelles y sont interdites. Par exception, elles restent possibles dans les parties non naturelles des rives du plan d'eau. Les dérogations prévues visant seulement des aménagements liés aux activités montagnardes, elles apparaissent difficilement applicables à la réalisation d'installations hydroélectriques. Pour les plans d'eau de plus de

---

(202) C. urb., art. L. 145-3.I et L. 145-3.III. Sur la conciliation de ces dispositions avec la règle de la constructibilité limitée, voir : CE 16 avril 2012, MEDDTL, req. n° 323555.

(203) CE 16 juin 2010, M. Leloustre, préc. CE 16 juillet 2010, Association pour la protection des paysages et ressources de l'Escandorgue et du Lodevois, req. n° 324515.

(204) TA Toulon 1er décembre 2011, Association de la défense de l'environnement et du patrimoine forestier, req. n° 0901233, projet qui comportait la pose au sol sur environ 30 ha de structures porteuses composées de poutres en bois et aluminium, fixées au sol par des fondations en béton, supportant chacune des panneaux photovoltaïque, la construction de 8 locaux de conversion d'énergie d'environ 18 m^2 chacun, d'un poste de livraison de 25 m^2 et d'un local d'exploitation d'environ 100 m^2.

(205) C. urb., art. L. 145-3.III. Il faut souligner ici que les dérogations prévues en zone de montagne sont plus ouvertes qu'en zone littorale, rendant possible l'implantation d'installations de production d'énergie renouvelable.

(206) CE 16 juin 2010, M. Leloustre, préc. – CAA Lyon 12 octobre 2010, Association Vent de raison, préc. – CAA Marseille 21 octobre 2010, Sté Anonyme TENCIA, req. n° 08MA00500, *JCP A* 2011, comm. 2121, B. Le Baut-Ferrarese – CAA Marseille 21 octobre 2010, Sté EDF Énergies nouvelles France, req. n° 08MA03443 – CAA Marseille 25 novembre 2010, EDF en France, req. n° 09MA00756 – CAA Marseille 30 mai 2011, Sté ERL, req. n° 10MA03481 – CAA Lyon 30 août 2011, ATEVE, req. n° 09LY01220 – CAA Marseille 6 octobre 2011, Sté Eole-Res, req. n° 09MA03285 – CAA Marseille 20 décembre 2011, Ronse, req. n° 10MA00360 – CAA Bordeaux 5 janvier 2012, Laur, req. n° 10BX01911.

(207) TA Toulon 1er décembre 2011, Association de la défense de l'environnement et du patrimoine forestier, préc., eu égard à son importance et à l'intérêt général du but poursuivi, et alors même qu'il est édifié et exploité par une société privée, le parc photovoltaïque en cause doit être considéré comme un équipement public, toutefois la faiblesse des nuisances qu'il est susceptible d'engendrer ne permet pas de le ranger au nombre des installations et équipements publics qui seraient incompatibles avec le voisinage des zones habitées.

(208) C. urb., art. L. 145-3.III.a.

1 000 hectares, la loi littoral régit l'urbanisation des rives, cumulativement avec les dispositions de la loi montagne(209).

Une dérogation générale aux principes d'aménagement et de protection des articles L. 145-1 à L. 145-8 du code de l'urbanisme est prévue pour les installations et ouvrages nécessaires aux services publics, si leur localisation correspond à une nécessité technique impérative(210). Le juge administratif a admis que cette disposition autorise l'installation de pylônes électriques de dimensions très importantes dans des sites naturels et des paysages de montagne ne présentant pas un caractère exceptionnel ou la création de postes de transformation(211). Cette jurisprudence pourrait être étendue à des installations exploitant des sources d'énergie renouvelables correspondant aux critères précités.

Section 3

Les autorisations d'urbanisme nécessaires pour exploiter les sources d'énergie renouvelables

Le droit de l'urbanisme contient des mécanismes permettant de s'assurer, préalablement à la réalisation d'un projet, que celui-ci est bien conforme aux différentes normes qui lui sont applicables. Le plus connu d'entre eux est le permis de construire, mais la catégorie des autorisations individuelles d'urbanisme ne s'y limite pas. Par principe, l'implantation d'une installation d'exploitation des sources d'énergie renouvelables est soumise, comme tout autre projet de construction ou d'aménagement, à l'obligation d'obtenir au préalable une autorisation d'urbanisme(212), obligation devant être respectée sous peine de sanctions pénales(213). Plus précisément, deux régimes doivent être ici présentés : le permis de construire et la déclaration de travaux(214).

§1. Le permis de construire

Un permis de construire peut être exigé, parmi d'autres autorisations nécessaires, avant toute implantation d'une installation de production d'énergie renouvelable. Par principe le droit commun du permis de construire est applicable, mais certains ouvrages, telles les éoliennes et les installations photovoltaïques, étant des constructions peu ordinaires, le code de l'urbanisme s'est progressivement enrichi de dispositions spécifiques. Il faut tout d'abord déterminer quelles installations de production d'énergie renouvelable sont soumises à permis de construire, puis préciser les modalités de délivrance de ce permis. Le contentieux du permis de construire les éoliennes, abondant et complexe, doit être évoqué à part.

(209) C. urb., art. L. 145-1.

(210) C. urb., art. L. 145-8.

(211) CAA Bordeaux 11 janvier 1996, EDF, req. n° 95BX00203 – CE 10 juillet 2006, Association pour la protection du lac de Sainte-Croix, req. n° 289274 – À l'inverse : CE 9 juin 2004, C^ne^ de Peille, req. n° 254691, *AJDA* 2004, p. 1 895, ligne électrique dont la localisation ne répondait pas à une nécessité technique impérative.

(212) Sur les installations solaires et les autorisations d'occupation des sols : D. Bailleul (dir.), *L'Énergie solaire. Aspects juridiques*, Université de Savoie, 2010, p. 198 et s. Pour les éoliennes : « Les procédures administratives préalables à l'implantation des éoliennes », Document de travail du Sénat, n° LC 197, juin 2009 ; L. Fayein, P. Albrecht, M. Dumont, « Instruction administrative des projets éoliens », Rapport n° 007442-02, Conseil général de l'environnement et du développement durable, mai 2011.

(213) C. urb., art. L. 480-1 et s., R. 480-3 et s. ; Cass. crim. 9 février 2010, n° 09-81781, condamnation à démolir sous astreinte des constructions et une éolienne édifiées sans aucune autorisation d'urbanisme.

(214) Sur les évolutions récentes : P. Planchet, « Autorisations d'urbanisme : une réforme sans vague », *AJDA* 2012, p. 641.

I. Le champ d'application du permis de construire

A. Les installations soumises à permis de construire

Par principe, les constructions, même ne comportant pas de fondations, sont soumises à permis de construire(215). Plus précisément, l'article R. 421-1 du code de l'urbanisme dispose qu'il concerne les constructions nouvelles, à l'exception de celles mentionnées aux articles R. 421-2 à R. 421-12 du code de l'urbanisme. Par conséquent, le permis de construire est exigé dès lors que l'installation exploitant une source d'énergie renouvelable peut être qualifiée de construction nouvelle et ne figure pas parmi les dispenses. Le code de l'urbanisme ne donne aucune précision sur la notion de construction nouvelle, mais ses contours ont été assez précisément dessinés par la jurisprudence. Ainsi doivent bien faire l'objet d'un permis de construire : une centrale thermique de cogénération(216), une unité d'incinération et de valorisation(217) ou un centre de traitement multifilières de déchets ménagers(218), un barrage(219), une usine hydroélectrique(220). Par référence aux seuils établis pour les dispenses, il est possible de préciser que sont soumises à permis de construire les éoliennes terrestres dont la hauteur du mât et de la nacelle au-dessus du sol est supérieure ou égale à 12 mètres, et les éoliennes de toute taille implantées en secteur sauvegardé ou en site classé(221). Il en est de même des ouvrages de production d'électricité à partir de l'énergie solaire installés sur le sol dont la puissance crête est supérieure ou égale à 3 kW et dont la hauteur maximum au-dessus du sol dépasse 1,80 mètre d'une part, et ceux dont la puissance crête est supérieure à 250 kW quelle que soit leur hauteur d'autre part,(222). En secteur sauvegardé et en site classé les seuils sont différents(223).

---

(215) C. urb., art. L. 421-1.

(216) CE 9 juillet 2003, S[té] Énergie Grand Littoral SNC, préc.

(217) CE 14 février 2003, Association départementale d'action contre l'incinération et les pollutions, req. n° 248556.

(218) CE 15 février 2007, Syndicat d'agglomération nouvelle Ouest-Provence, req. n° 294852.

(219) CE 14 avril 1999, Comité de sauvegarde de la vallée de Chambonchard, req. n° 193363.

(220) CE 15 juin 1992, Syndicat départemental d'équipement de l'Ardèche, req. n° 122104 – CE 21 janvier 1998, Fédération départementale des associations agréées de pêche et de pisciculture de la Lozère, req. n° 146799 – CAA Bordeaux 30 juillet 2001, Ministre de l'Équipement, des Transports et du Logement, req. n° 99BX00770 – CAA Marseille 18 octobre 2001, Association TOS, req. n° 98MA00194.

(221) C. urb., art. R. 421-2.c. Antérieurement à la réforme opérée par l'ordonnance du 8 décembre 2005, une disposition expresse du code de l'urbanisme soumettait à permis de construire les éoliennes de 12 m et plus. C. urb., ancien art. L. 421-1-1. Obligation imposée à l'origine par la loi n° 2003-8 du 3 janvier 2003, art. 59, puis codifiée à C. urb., art. L. 421-1-1 par la loi n° 2003-590 du 2 juillet 2003, art. 98. art. L. 421-1-1 repris par C. env., art. L. 553-1, également abrogé par l'ord. du 8 décembre 2005.

(222) C. urb., art. R. 421-9. Le décret n° 2009-1414 du 19 novembre 2009 relatif aux procédures administratives applicables à certains ouvrages de production d'électricité, complété par la circ. du 18 décembre 2009 relative au développement et au contrôle des centrales photovoltaïques au sol ont précisé le régime juridique des installations photovoltaïques. Voir : P. Billet, « Le nouveau régime de l'implantation des panneaux photovoltaïques », *JCP A* 2009, 2308 ; F. Cherel, A. Carpentier, « Énergie solaire et construction : le point sur deux réformes récentes », *RD imm.* 2010, p. 133 ; J. Duval, « Le régime juridique des centrales photovoltaïques au sol clarifié », *Environnement* janvier 2010, p. 21 ; P. Galan, « Les installations photovoltaïques et le droit de l'urbanisme », *AJDA* 2010, p. 2 147 ; G. Godfrin, « Centrales photovoltaïques au sol », *Constr.-urb.* 2010, comm. 18 ; M.-P. Lavoillotte, « Le nouveau cadre juridique des installations photovoltaïques au sol », *Dr. env.* 2010, p. 109.

(223) Les installations soumises à déclaration préalable en application du droit commun sont soumises à permis de construire dans ces espaces protégés. Voir *infra* p. 249.

B. Les installations dispensées de permis de construire

Les constructions nouvelles dispensées de permis de construire sont soit soumises au régime de la déclaration préalable(224), soit exemptées de toute formalité au titre du code de l'urbanisme(225). Plusieurs catégories d'ouvrages de production d'énergie renouvelable figurent parmi les constructions exemptées de toute formalité préalable. Tout d'abord, c'est le cas des éoliennes terrestres dont la hauteur du mât et de la nacelle au-dessus du sol est inférieure à 12 mètres, ainsi que des ouvrages de production d'électricité à partir de l'énergie solaire installés sur le sol dont la puissance crête est inférieure à 3 kW et dont la hauteur au dessus du sol ne peut pas dépasser 1,80 mètre(226). Cette dispense ne s'applique pas si ces équipements sont implantés en secteur sauvegardé ou en site classé(227). Ensuite, aucune formalité préalable n'est requise, en raison de leur nature et de leur implantation sur le domaine public maritime immergé au-delà de la laisse de basse mer, pour les installations de production d'électricité à partir de sources d'énergie renouvelable, y compris leurs ouvrages de raccordement aux réseaux publics d'électricité, notamment les éoliennes, les hydroliennes, les installations houlomotrices et marémotrices ainsi que celles utilisant l'énergie thermique des mers(228). Enfin, sont dispensés les canalisations, lignes ou câbles lorsqu'ils sont souterrains(229).

II. La délivrance du permis de construire

A. La demande

Lorsque le permis de construire est requis, la demande est déposée auprès de la mairie de la commune dans laquelle les travaux sont envisagés et selon les formalités définies aux articles R. 423-1 et suivants du code de l'urbanisme. Outre les pièces normalement exigibles(230), le dossier de demande pourra être complété par des documents particuliers : accord du gestionnaire du domaine public pour engager la procédure d'autorisation d'occupation temporaire de ce domaine(231), étude d'impact(232), autorisation de défrichement(233), justification du dépôt de la demande d'autorisation au titre du régime des installations classées pour la protection de l'environnement(234). Concernant les éoliennes, il faut souligner l'importance du projet architectural devant être joint à la demande de permis de construire, en application du droit commun, et exposant notamment les partis retenus pour assurer l'insertion de la construction dans son environnement et la prise en compte des paysages(235). Ce document doit ainsi indiquer la couleur et les matériaux

(224) Voir *infra* p. 227.

(225) Cette formule signifie qu'elles ne sont pas soumises à une formalité préalable à la réalisation de la construction, mais ne dispense pas le projet de respecter les règles du droit de l'urbanisme applicables.

(226) C. urb., art. R. 421-2.c.

(227) Les éoliennes sont alors soumises à permis de construire, pour les installations photovoltaïques, voir : C. urb., art. R. 421-11.b.

(228) C. urb., art. L. 421-5 et R. 421-8-1.

(229) C. urb., art. R. 421-4.

(230) C. urb., art. R. 431-4.

(231) C. urb., art. R. 431-13. Voir : CAA Lyon 30 août 2011, ATEVE, req. n° 09LY01220 – CAA Douai 23 décembre 2011, Association Sauvegarde des villages du canton d'Ecos menacés par l'éolien, req. n° 10DA00973.

(232) C. urb., art. R. 431-16. Sur l'étude d'impact, voir *infra* p. 238.

(233) C. urb., art. R. 431-19.

(234) C. urb., art. R. 431-20.

(235) C. urb., art. L. 431-2 et R. 431-8. Le juge contrôle que ce volet paysager est suffisant : CAA Lyon 30 août 2011, ATEVE, req. n° 09LY01220 – CAA Marseille 15 mars 2012, S^{té} EDF en France, req. n° 10MA01595.

utilisés pour le mât et les pales, de tels détails n'ayant pas à être fournis pour le socle de l'éolienne qui est enterré[236].

B. L'instruction

La procédure d'instruction du permis de construire une installation d'exploitation de sources d'énergie renouvelables ne comporte pas véritablement de spécificités, il est donc possible de renvoyer au droit commun issu des articles R. 423-14 et suivants du code de l'urbanisme. Le délai d'instruction est ici de 3 mois[237], celui-ci pouvant être allongé dans certains cas particuliers[238]. Par dérogation, lorsque la demande porte sur un projet d'implantation en Corse d'un ouvrage de production utilisant la géothermie, l'énergie solaire, éolienne et de la mer, tirée de la biomasse ou de la valorisation et de la récupération des déchets, des réseaux de chaleur, ou encore hydraulique, le service chargé de l'instruction de la demande de permis de construire adresse un exemplaire du dossier au conseil exécutif, en vue de la saisine de l'Assemblée de Corse[239].

Les installations les plus importantes sont soumises à l'obligation de réaliser une enquête publique, durant l'instruction du permis de construire. La procédure applicable est celle prévue par le code de l'environnement[240] : menée par un commissaire enquêteur, elle vise à permettre au public de prendre une connaissance complète du projet et de présenter ses appréciations, suggestions et contre-propositions. Par principe, les projets de travaux, d'ouvrages ou d'aménagements devant faire l'objet d'une enquête publique sont les mêmes que ceux devant comporter une étude d'impact environnemental[241]. Cette dernière doit d'ailleurs figurer dans le dossier soumis à enquête publique[242], cette mise à disposition est vérifiée par le juge et conditionne la régularité du permis de construire[243]. Le code de l'environnement établit la liste des projets concernés : les installations de production d'énergie hydroélectrique d'une puissance maximale brute totale supérieure à 500 kW, les ouvrages de production d'électricité à partir de l'énergie solaire installés sur le sol et d'une puissance crête égale ou supérieure à 250 kW, les installations classées soumises à autorisation, soit notamment les unités de traitement des déchets et les éoliennes dont le mât a une hauteur supérieure ou égale à 50 mètres[244]. Le code de l'urbanisme prévoit les modalités d'allongement du délai d'instruction du permis de construire, du fait de l'enquête publique[245].

(236) CAA Lyon 5 avril 2005, Association pour la préservation des paysages exceptionnels du Mézenc, préc.

(237) C. urb., art. R. 423-23.

(238) C. urb., art. R. 423-24 et s.

(239) C. urb., art. R. 423-56. Le délai d'instruction du permis de construire est porté à 6 mois : C. urb., art. R. 423-27.

(240) C. env., art. L. 123-1 et s. et R. 123-1 et s.

(241) C. env., art. L. 123-2.I.1°.

(242) C. env., art. R. 122-9.

(243) CAA Douai 8 février 2007, C[ne] de Bernienville, préc.

(244) C. env., art. R. 122-2.

(245) C. urb., art. R. 423-32.

Cette obligation de réaliser une enquête publique est exigeante, une éventuelle irrégularité constituant un moyen efficace d'obtenir l'annulation du permis de construire. L'abondant contentieux éolien en donne de nombreuses illustrations(246).

L'instruction du permis de construire une éolienne présente certaines particularités(247). Leurs caractéristiques justifient des consultations spécifiques. Ainsi, l'article R. 425-9 du code de l'urbanisme prévoit que, lorsqu'une construction est susceptible, en raison de son emplacement et de sa hauteur, de constituer un obstacle à la navigation aérienne, l'accord du ministre chargé de l'aviation civile et du ministre de la Défense est obligatoire(248). Sur ce point, il va de soi que les éventuelles servitudes aéronautiques locales doivent être respectées, la consultation des autorités compétentes en la matière permettant le cas échéant l'information de l'administration instruisant la demande de permis de construire(249). Eu égard à l'impact paysager des éoliennes, une consultation obligatoire de la commission départementale de la nature, des paysages et des sites (CDNPS) a été envisagée durant les débats parlementaires précédant l'adoption de la loi POPE de 2005, mais n'est pas prévue (sauf si les éoliennes doivent être implantées dans un site classé)(250). Elle peut néanmoins avoir lieu ponctuellement, mais aucune disposition ne l'imposant, un avis rendu postérieurement à la délivrance du permis de construire est sans incidence sur la légalité de ce dernier(251). Il faut signaler ici que pour les éoliennes soumises au régime des installations classées (ICPE), la CDNPS est consultée dans le cadre de la procédure de délivrance de l'autorisation(252).

Remarque

La CDNPS, instance consultative, concourt à la protection de la nature, à la préservation des paysages, des sites et du cadre de vie et contribue à une gestion équilibrée des ressources naturelles et de l'espace dans un souci de développement durable (C. env., art. L. 341-16 et R. 341-16 et s.). Il a même été question d'imposer son avis conforme (S. Poignant, « Rapport sur le projet de loi, modifié par le Sénat, d'orientation sur l'énergie », Ass. nat. n° 2160, 16 mars 2005, p. 64). Cette consultation était à l'origine prévue par la proposition de loi adoptée par le Sénat relative à l'implantation des éoliennes et à la protection de l'environnement (Sénat n° 23, 24 octobre 2002).

(246) Pour des annulations de permis de construire : CAA Marseille 28 juin 2007, SIIF Énergies France, req. n° 05MA01042 et Sté Abo Wind, req. n° 05MA01055 – CAA Bordeaux 10 juin 2010, Burrus, req. n° 08BX02400 – CAA Lyon 12 avril 2011, Association pour la préservation des paysages exceptionnels du Mezenc, req. n° 09LY02777. Pour des précisions sur la régularité de l'enquête publique : CAA Douai 13 novembre 2008, Sté des éoliennes du soissonnais, req. n° 08DA00187 – CAA Douai 22 janvier 2009, SNC MSEE Le haut des épinettes, req. n° 08DA00372 – CAA Douai 9 avril 2009, Sté SECE-CB, req. n° 08DA00989 – CAA Nantes 23 juin 2009, Association Cadre de vie et environnement Melgven-Rosporden, req. n° 08NT02986 – CAA Bordeaux 26 novembre 2009, Sté du parc éolien de Saint Germain de Marencennes, req. n° 08BX01463 – CAA Marseille 6 octobre 2011, Sté Eole-Res, req. n° 09MA03285 – CAA Bordeaux 5 janvier 2012, Laur, req. n° 10BX01911 – CAA Marseille 15 mars 2012, Sté EDF en France, req. n° 10MA01595.

(247) Circ. 17 octobre 2011, instruction des permis de construire et des demandes d'autorisation d'exploiter des éoliennes terrestres.

(248) L'art. R. 425-9 du code de l'urbanisme renvoie à l'art. R. 244-1 du code de l'aviation civile qui impose une autorisation particulière. Voir CAA Douai 1er octobre 2009, Sté Parc éolien des longs champs, req. n° 08DA00652 – CAA Lyon 4 janvier 2012, Sté Innovent, req. n° 10LY01901.

(249) CAA Douai 8 février 2007, Cne de Bernienville, préc. – CAA Nancy 1er juillet 2010, Sté Nordex France, req. n° 09NC00951 ; circ. 3 mars 2008, perturbations par les aérogénérateurs du fonctionnement des radars fixes de l'Aviations civile, de la Défense nationale, de Météo-France et des ports et navigations maritimes et fluviales.

(250) C. urb., art. R. 425-17.

(251) CE 7 juillet 2004, Ministre de l'Équipement, des Transports, du Logement, du Tourisme et de la Mer, req. n° 258051, *RJE* 2005, p. 372.

(252) Comme pour les carrières : C. env., art. R. 515-1 ; circ. 17 octobre 2011, instruction des permis de construire et des demandes d'autorisation d'exploiter d'éoliennes terrestres.

Enfin, dans le cas d'un projet éolien soumis à permis de construire et situé en dehors d'une zone de développement de l'éolien (ZDE) définie par le préfet, l'autorité compétente pour délivrer le permis de construire recueille l'avis des communes et des EPCI compétents limitrophes de l'unité foncière d'implantation du projet(253).

C. La décision

Le préfet est compétent pour délivrer le permis de construire des ouvrages de production, de transport, de distribution et de stockage d'énergie, lorsque celle-ci n'est pas destinée, principalement, à une utilisation directe par le demandeur(254). En d'autres termes, si l'énergie produite est revendue, l'État conserve le contrôle de l'octroi du permis de construire. Ainsi, le préfet est compétent pour les réservoirs d'hydrocarbures(255), un centre de traitement et de valorisation de déchets(256), une usine de méthanisation(257), un ouvrage hydroélectrique(258), ou encore des éoliennes(259). La question de la compétence peut être délicate à trancher : des bâtiments destinés à stocker de l'oxyde d'uranium appauvri ne peuvent être assimilés à des ouvrages de stockage d'énergie, ledit oxyde devant être enrichi pour être réutilisé comme source d'énergie(260). Elle s'est posée avec acuité à propos du permis de construire, par exemple un hangar agricole, comportant la pose de panneaux photovoltaïques en couverture et destinés à produire une énergie ensuite revendue(261). Le code de l'urbanisme précise désormais que cette compétence du préfet ne s'applique pas aux installations de production d'électricité à partir d'énergie renouvelable accessoires à une construction(262). Lorsque la production est réservée à l'usage du demandeur, l'autorité compétente est, selon les règles du droit commun, le maire, agissant soit au nom de la commune, soit au nom de l'État.

(253) C. urb., art. R. 423-56-1. Voir aussi : circ. 15 septembre 2008, association des services départementaux de l'architecture et du patrimoine (SDAP) à la préparation et à l'élaboration des schémas territoriaux éoliens et des zones de développement de l'éolien (ZDE), rôle des SDAP dans l'implantation d'aérogénérateurs hors ZDE.

(254) C. urb., art. L. 422-2 et R. 422-2. Le préfet doit toutefois recueillir l'avis du maire, le non-respect de cette obligation entraîne l'annulation du permis de construire : CAA Douai 23 décembre 2011, Association Sauvegarde des villages du canton d'Ecos menacés par l'éolien, req. n° 10DA00973.

(255) CAA Nancy 7 avril 1994, Association de défense des intérêts de la Robertsau, req. n° 93NC00975.

(256) CE 13 juillet 2006, S^té^ Ocréal, préc. – CAA Marseille 27 mars 2008, Bonfils, req. n° 05MA00778.

(257) CE 2 février 2007, M. et Mme Averous, n° 298493, « le juge des référés a commis une erreur de droit en estimant que n'était pas de nature à créer un doute sérieux le moyen tiré de ce que le maire n'était pas compétent pour délivrer le permis de construire litigieux ».

(258) CE 21 janvier 1998, Fédération départementale des associations agréées de pêche et de pisciculture de la Lozère, req. n° 146799 – CAA Bordeaux 30 juillet 2001, Ministre de l'Équipement, des Transports et du Logement, préc. – CAA Marseille 18 octobre 2001, Association TOS, req. n° 98MA00194.

(259) Pour les éoliennes, durant les débats parlementaires relatifs à la loi POPE de 2005, il fut question d'un transfert au maire, décidant sous le contrôle de la CDNPS : S. Poignant, « Rapport sur le projet de loi d'orientation sur l'énergie », Ass. nat. n° 1597, 12 mai 2004, p. 60. Cette éventualité fut abandonnée afin d'éviter les disparités : H. Revol, « Rapport sur le projet de loi d'orientation sur l'énergie », Sénat n° 330, 2 juin 2004, p. 37, p. 90 et s., et « Rapport sur le projet de loi d'orientation sur l'énergie, adopté avec modifications par l'Assemblée nationale en 2e lecture », Sénat n° 294, 13 avril 2005, p. 46.

(260) CAA Bordeaux 4 juillet 2002, Association pour la défense de l'environnement du pays Aredien et du Limousin, req. n° 98BX01385.

(261) TA Limoges 27 octobre 2011, M. Augeat, req. n° 1000027, *AJDA* 2012, p. 456, le juge a estimé que le préfet était compétent.

(262) C. urb., art. R. 422-2-1.

Remarque

Le maire est compétent au nom de la commune, si elle s'est dotée d'un PLU ou d'un document d'urbanisme en tenant lieu, et si elle s'est dotée d'une carte communale et que le conseil municipal l'a décidé (C. urb., art. L. 422-1). Dans les autres cas, le maire délivre le permis de construire en qualité de représentant de l'État (C. urb., art. R. 422-1).

Le permis de construire est délivré, ou refusé, par une décision expresse dans le délai d'instruction ou, à l'issue de ce dernier, tacitement délivré par le silence de l'autorité compétente(263). Toutefois, si le projet est soumis à enquête publique, le permis ne peut être délivré tacitement et le silence de l'administration vaut décision implicite de rejet(264). Cette décision est adoptée par référence aux normes d'urbanisme en vigueur, indépendamment de la régularité du projet par rapport aux autres législations éventuellement applicables. Ainsi, le permis de construire une centrale hydroélectrique ne peut être contesté au motif qu'il méconnaît les dispositions de la loi de 1919 sur l'énergie hydraulique ou de la loi de 1992 sur l'eau, car ces législations sont distinctes du droit de l'urbanisme et les procédures sont indépendantes(265). À l'inverse, le fait que la construction d'un barrage ait été entreprise sans permis de construire n'a pas d'incidence sur la légalité de l'autorisation à disposer de l'énergie produite délivrée sur le fondement de la loi de 1919(266). Concernant les éoliennes, il faut rappeler ici que ni l'existence d'un schéma régional éolien (SRE), ni la délimitation d'une zone de développement de l'éolien (ZDE), n'a de conséquences juridiques sur la décision relative au permis de construire(267).

III. Le contentieux du permis de construire des éoliennes

Les dernières années sont incontestablement marquées par une montée en puissance du contentieux éolien : la jurisprudence est très abondante, le juge étant saisi pour contester aussi bien les décisions de délivrance de permis de construire que celles de refus(268). Les requérants, qu'ils soient propriétaires vivant à proximité du lieu du projet, association de protection de l'environnement, commune limitrophe ou société privée développant des projets éoliens, confrontés à un droit instable, en testent les failles, faisant de chaque affaire l'occasion de poser de nouveaux principes. Les règles applicables à ce contentieux sont celles du contentieux administratif en général, et du contentieux urbanistique en particulier. Deux étapes doivent être distinguées : la demande de suspension, en référé, de la décision relative au permis de construire, puis sa contestation sur le fond.

A. La suspension en référé

Selon le code de justice administrative, la suspension de l'exécution d'une décision administrative peut être ordonnée par le juge des référés lorsque l'urgence le justifie et qu'un des moyens avancés est propre à créer, en l'état de l'instruction, un doute sérieux quant à la légalité de cette décision(269).

(263) C. urb., art. R. 424-1.

(264) C. urb., art. R. 424-2. C'est également le cas lorsqu'il y a lieu de consulter l'Assemblée de Corse en application de l'art. R. 423-56 du code de l'urbanisme.

(265) CAA Bordeaux 30 juillet 2001, Ministre de l'Équipement, des Transports et du Logement, préc. – CE 21 janvier 1998, Fédération départementale des associations agréées de pêche et de pisciculture de la Lozère, req. n° 146799.

(266) CAA Bordeaux 21 octobre 2004, Association Sepanso Béarn Pyrénées, req. n° 00BX00615.

(267) Voir *supra* p. 204. Voir aussi : CAA Lyon 30 août 2011, ATEVE, req. n° 09LY01220, absence de lien juridique entre permis de construire et plan départemental des itinéraires de promenade et de randonnée – CAA Marseille 7 mai 2010, Gard, req. n° 08MA02052, indépendance de la législation relative aux appellations d'origine contrôlée.

(268) J.-L. Maillot, « Bilan jurisprudentiel du contentieux éolien », *Constr.-urb.* 2011, étude 5 ; S. Gandet, D. Deharbe, P. Demaye-Simoni, « Énergies renouvelables 2009-2011 », *Dr. env.* 2011, p. 64.

(269) Art. L. 521-1.

En contentieux éolien l'urgence est souvent admise, « eu égard aux caractéristiques particulières d'installation des éoliennes en cause et de leur impact sur l'environnement »[(270)] et alors même qu'elles « sont en principe démontables et soumises à l'obligation de démantèlement en fin d'exploitation »[(271)]. Plus précisément, le juge relève « le caractère difficilement réversible de la construction de leurs supports »[(272)], soit le socle en béton sur lequel les éoliennes sont implantées (à l'inverse, un tribunal administratif a estimé que la construction d'éoliennes est réversible en raison d'un possible et facile démantèlement en quelques jours seulement, la condition d'urgence n'étant donc pas satisfaite[(273)]). L'urgence s'apprécie globalement : un refus de permis de construire peut avoir des conséquences dommageables pour le demandeur, mais la suspension de ce refus et l'installation des éoliennes contestées peut porter atteinte à l'intérêt public qui s'attache à la protection de la zone naturelle concernée[(274)]. Il peut y avoir une urgence à obtenir la suspension d'un refus de transfert de permis de construire, les incertitudes pesant sur le sort du projet de parc éolien entraînant un préjudice économique[(275)].

Concernant le doute sérieux quant à la légalité du permis de construire, le juge examine les moyens visant à établir une irrégularité importante, notamment durant la procédure : l'étude d'impact réalisée n'a pas été mise à la disposition du public[(276)], les résultats de l'enquête publique et l'avis du commissaire enquêteur ont été communiqués au préfet après la délivrance du permis[(277)], le préfet aurait commis une erreur en estimant que le permis de construire était caduc alors que le chantier de construction était engagé et les fondations en partie réalisées[(278)].

B. La contestation sur le fond

Le succès du recours en annulation d'un permis de construire, ou d'un refus de permis de construire, des éoliennes implique de parvenir à démontrer une irrégularité, dans les conditions de droit commun encadrant le recours en excès de pouvoir. Il faut toutefois mentionner ici les particularités du contentieux du permis de construire, propres au droit de l'urbanisme. Tout d'abord, la recevabilité de la requête est soumise aux exigences classiques de respect du délai de recours ou encore de capacité pour agir[(279)], mais aussi aux conditions spécifiques de l'article R. 600-1 du code de l'urbanisme selon lequel le recours contentieux à l'encontre du permis de construire doit

(270) CE 3 mars 2004, S[té] Ploudalmezeau Breiz Avel, req. n° 259001, *RFDA* 2004, p. 637 ; *JCP A* 2004, n° 39, p. 1 227, note P. Billet ; *BJDU* janvier 2004, p. 43, concl. S. Boissard, obs. J.-C. B. – CE 7 juillet 2004, Ministre de l'Équipement, des Transports, du Logement, du Tourisme et de la Mer, req. n° 258051, *RJE* 2005, p. 372.

(271) CE 29 janvier 2008, S[té] EDF en France, req. n° 307870.

(272) CE 15 avril 2005, ACSV, req. n° 273398, *BJDU* mars 2005, p. 197, concl. F. Séners ; *Dr. adm.* juillet 2005, p. 35, note P. Cassia ; *RDI* octobre 2005, obs. P. Soler-Couteaux, p. 350.

(273) TA Caen 1er août 2006, S[té] d'exploitation de gestion et d'études rurales et autres, req. n° 0601367, *Dr. env.* 2007, n° 145, p. 10, note L. Fayolle.

(274) CE 25 octobre 2002, M. Astoul, req. n° 248423, *AJDA* 2003, p. 1 290, note Danna ; *BJDU* juin 2002, p. 472, concl. Ch. Maugüé, obs. J.-C. B. Voir aussi : CE 6 juillet 2011, S[té] Les éoliennes de Saint-Félix de Sorgues, req. n° 337178, pas d'urgence à suspendre en référé un refus implicite lorsque par arrêté ultérieur un permis explicite a été délivré.

(275) CE 16 juin 2010, S[té] Eolimistral, req. n° 325304.

(276) CE 3 mars 2004, S[té] Ploudalmezeau Breiz Avel, préc. – CE 7 juillet 2004, Ministre de l'Équipement, des Transports, du Logement, du Tourisme et de la Mer, préc.

(277) CE 15 avril 2005, ACSV, préc.

(278) CE 16 juin 2010, S[té] Eolimistral, préc.

(279) Sur la capacité pour agir d'un président d'association, CAA Douai 16 décembre 2004, Association Bien vivre en Caux, req. n° 04DA00131 – CAA Douai 24 mai 2006, Association Vigilance éolienne de la Pévèle, req. n° 06DA00135 – CAA Nantes 7 avril 2010, SNC Parc éolien Guern, req. n° 09NT00829 – CAA Lyon 12 avril 2011, Association pour la préservation des paysages exceptionnels du Mezenc, req. n° 09LY02777.

être notifié à l'auteur de la décision comme au titulaire du permis (cette notification doit également être effectuée en cas de demande tendant à l'annulation ou à la réformation d'une décision juridictionnelle concernant le permis de construire)(280). Ensuite, concernant l'intérêt à agir des personnes privées requérantes, la jurisprudence n'est pas restrictive, le critère essentiel fondant celui-ci est, au-delà de la distance ou des éventuelles nuisances sonores subies, la visibilité des éoliennes depuis leur propriété(281). Il en va différemment pour les communes : alors que les juges du fond admettaient un intérêt à agir lorsque les éoliennes étaient visibles depuis le territoire communal(282), le Conseil d'État a précisé qu'une commune ne peut se borner à faire état de l'atteinte qu'un projet éolien porte à l'environnement visuel de ses habitants, sans se prévaloir d'une incidence sur sa situation ou sur les intérêts dont elle a la charge(283).

Remarque

Sur l'intérêt à agir des associations, la jurisprudence est classique : si l'objet de l'association est la protection des espaces naturels, elle justifie d'un intérêt (TA Lille 9 mars 2005, Association de défense de l'environnement frugeois, req. n° 0405629 – CAA Douai 1er décembre 2005, Sté d'exploitation du parc éolien du Mont d'Hezecques, préc. – CAA Marseille 15 janvier 2010, Sté Trelans Lozère Énergie, req. n° 07MA00898, *Environnement* 2010, comm. 39, M. Sousse – CAA Douai 23 décembre 2011, Association Sauvegarde des villages du canton d'Ecos menacés par l'éolien, req. n° 10DA00973), ce qui n'est pas le cas si l'objet est trop général (CE 15 avril 2005, ACSV, préc.). Conformément au droit commun, une association n'est recevable à agir que si le dépôt de ses statuts est antérieur à l'affichage en mairie de la demande de permis de construire (C. urb., art. L. 600-1-1 – CE 11 juillet 2008, Association des amis des paysages bourganiauds, req. n° 313386 – CAA Nantes 18 mars 2010, Association Vent de vérité, req. n° 09NT01101 – CAA Lyon 12 octobre 2010, Association Vent de raison, req. n° 08LY02786, *Dr. adm.* 2011, comm. 35, F. Macagno ; *Rev. jurisp. ALYODA* 2011, n° 2, note I. Michallet (http://alyoda.fr) – CAA Lyon 8 novembre 2011, Armand, req. n° 09LY02583). Cette limitation du droit d'accès au juge n'est pas incompatible avec les stipulations de la convention européenne de sauvegarde des droits de l'homme et des libertés fondamentales (CAA Bordeaux 3 février 2009, Association de défense de l'environnement Vent de la Gartempe, req. n° 08BX00890). Le juge s'est aussi prononcé sur l'absence d'intérêt à agir d'un syndicat défendant des vins d'appellation d'origine contrôlée (CAA Marseille 15 janvier 2010, Syndicat du cru minervois, req. n° 07MA00756).

Le juge examine la légalité du permis de construire par référence aux règles déterminant les conditions de sa délivrance (régularité de l'étude d'impact et de l'enquête publique, compétence de l'autorité ayant délivré le permis...) et aux normes d'urbanisme applicables (document d'urbanisme local, RNU, règle

(280) CAA Marseille 3 mars 2005, LPO de l'Aude, req. n° 04MA01430 – CAA Marseille 28 juin 2007, Association de sauvegarde de la montagne de Tauch en pays cathare, req. n° 05MA00974 – CAA Nantes 7 avril 2010, Guyot d'Asnières de Salins, req. n° 08NT01720 – CE 8 juillet 2011, Association Réflexion et vigilance sur l'éolien industriel en Haut Languedoc, req. n° 324975. Ne s'applique pas au recours contre un refus de délivrer un permis de construire : CAA Nantes 29 juillet 2008, MEDAD, req. n° 07NT03351.

(281) CE 15 avril 2005, ACSV, préc., ce même arrêt indique que si les éoliennes ne sont pas visibles de la propriété du requérant, il n'a pas d'intérêt à agir, alors qu'elles sont situées à moins d'1 km. L'appréciation de ce critère de la visibilité s'opère plus ou moins rigoureusement selon les cours d'appel : CAA Bordeaux 13 novembre 2008, Gatineau, req. n° 07BX00862 – CAA Bordeaux 10 juin 2010, Burrus, req. n° 08BX02400 – CAA Bordeaux 30 juillet 2010, Sté d'exploitation du parc éolien du pays d'Ecueille, req. n° 09BX02233, *Environnement* 2010, comm. 150, D. Gillig – CAA Lyon 12 octobre 2010, Association Vent de raison, préc. – CAA Douai 10 avril 2012, Bohere, req. n° 10DA01153. À l'encontre de la règle énoncée par le Conseil d'État : CAA Lyon 30 août 2011, ATEVE, req. n° 09LY01220, il suffit que les requérants habitent ou possèdent une résidence secondaire ou une exploitation agricole sur le territoire de la commune où seront implantées les éoliennes.

(282) CAA Marseille 27 janvier 2005, Cne de Montbrun-des-Corbières, req. n° 00MA02734 – CAA Bordeaux 13 mai 2008, Cne de Montferrand, req. n° 06BX01050, *Environnement* 2008, comm. 130, D. Gillig ; *JCP A* 2008, comm. 2235, P. Billet – CAA Douai 22 janvier 2009, SNC MSEE Le haut des Épinettes, req. n° 08DA00372.

(283) CE 22 mai 2012, SNC MSE Le haut des Épinettes, req. n° 326367.

de la constructibilité limitée, dispositions spécifiques au littoral ou à la montagne...)(284). Selon l'article L. 600-4-1 du code de l'urbanisme, lorsqu'une juridiction administrative annule pour excès de pouvoir un permis de construire, ou un refus de permis de construire, elle doit se prononcer sur l'ensemble des moyens de la requête qu'elle estime susceptibles de fonder l'annulation, en l'état du dossier. Cette obligation propre au contentieux urbanistique permet de connaître la position du juge sur la plupart des moyens avancés par les requérants. Si les arguments portant sur la régularité de la procédure de délivrance du permis de construire des éoliennes sont les plus efficaces(285), ceux qui présentent le plus d'intérêt pour une meilleure compréhension du régime juridique de leur implantation sont les moyens portant sur l'insertion paysagère des éoliennes et leurs conséquences sur l'environnement(286). Afin d'apprécier leur pertinence, le juge peut décider d'une visite des lieux avant de statuer(287). Plus prosaïquement, les règles d'affichage et de publicité permettent le cas échéant de démontrer l'irrégularité du permis de construire(288), comme celles fixant les modalités de sa péremption(289). Il faut préciser en outre que l'éventuelle divisibilité de celui-ci autorisera une annulation seulement partielle(290). Enfin, le rejet par le juge administratif d'un recours en annulation de permis de construire des éoliennes ne signifie pas nécessairement la fin du contentieux : certains requérant saisissent ensuite le juge judiciaire et parviennent à démontrer que leur implantation constitue un trouble anormal de voisinage(291).

§2. La déclaration préalable

Certains aménagements, installations et travaux ne sont pas soumis à l'obligation d'obtention préalable d'un permis de construire, en raison de leurs dimensions, de leur nature ou de leur localisation, mais font néanmoins l'objet d'une déclaration préalable(292). Ils figurent dans une liste, établie par l'article R. 421-9 du code de l'urbanisme, certains d'entre eux étant liés à l'exploitation des

(284) Le principe de précaution est également invoqué, sans résultat pour l'instant : CAA Nancy 26 novembre 2009, Devaux, req. n° 08NC01095 – CAA Douai 1er juillet 2010, Association Picardie nature, req. n° 09DA01079 – CAA Lyon 12 octobre 2010, Association Vent de raison, préc. – CAA Bordeaux 2 février 2012, Sté La compagnie du vent, req. n° 10BX00612.

(285) Sur les conséquences : d'une enquête publique irrégulière voir *supra* p. 221, d'une étude d'impact irrégulière voir *infra* p. 247.

(286) Voir la jurisprudence relative aux dispositions du RNU concernant le respect de l'environnement, *supra* p. 211, ou au contenu de l'étude d'impact, *infra* p. 243.

(287) CAA Lyon 3 février 2004, Sté Éole Res, req. n° 03LY01697 – CAA Douai 11 mars 2010, Sté Énergieteam, req. n° 09DA00124.

(288) C. urb., art. R. 424-15. Pour des exemples de publicité irrégulière, voir : CAA Marseille 27 janvier 2005, Cne de Montbrun-des-Corbières, préc., affichage sur des panneaux non visibles depuis la voie publique et affichage continu pendant 2 mois en mairie non établi – CAA Marseille 20 septembre 2007, SCI domaine de Saint-Jamme, req. n° 05MA01065, panneaux d'affichage non lisibles depuis la voie publique. Pour des exemples de publicité régulière, CAA Marseille 10 novembre 2005, M. Marcel X., req. n° 02MA01212 – CAA Lyon 24 janvier 2012, Cne de Lavoine, req. n° 11LY01172, délai de recours expiré.

(289) C. urb., art. R. 424-17 et s. ; CAA Lyon 6 mai 2008, Association pour la préservation des paysages exceptionnels du Mezenc, req. n° 07LY00474 – CAA Lyon 8 juillet 2008, Sté Enselia, req. n° 07LY02694.

(290) CE 6 novembre 2006, Association pour la préservation des paysages exceptionnels du Mézenc, préc. – CAA Lyon 23 octobre 2007, SARL Le Pré bossu, préc. – CAA Nancy 2 juillet 2009, Association Pare-brise, req. n° 08NC00126.

(291) TGI Montpellier, 4 février 2010, Benet, n° 06/05229, *Dr. env.* 2010, p. 193, comm. R. Huitelec, l'installation d'un parc de 21 éoliennes en surplomb d'un domaine agricole constitue un trouble anormal de voisinage par la dégradation du paysage, par les nuisances auditives et par la dépréciation foncière qui en résulte, 4 éoliennes sont directement la cause des nuisances visuelles et auditives les plus importantes, leur démolition sous astreinte est prononcée, indemnisation pour les autres éoliennes. Voir aussi : A. Steff, « Les voisins et les exploitations d'énergies renouvelables », *Environnement* février 2011, p. 27.

(292) C. urb., art. L. 421-4.

sources d'énergie renouvelables : les installations photovoltaïques et certains aménagements accessoires à un ouvrage de production d'énergie renouvelable.

I. Les installations photovoltaïques

Le régime de la déclaration préalable s'applique aux installations photovoltaïques en fonction de leur puissance, de leur taille, de l'endroit où elles sont disposées. Tout d'abord, c'est le cas depuis 2009 pour les ouvrages de production d'électricité à partir de l'énergie solaire installés sur le sol, dont la puissance crête est inférieure à 3 kW et dont la hauteur maximum au-dessus du sol peut dépasser 1,80 mètre, ainsi que ceux dont la puissance crête est supérieure ou égale à 3 kW et inférieure ou égale à 250 kW quelle que soit leur hauteur(293). Ils doivent toutefois être implantés en dehors d'un secteur sauvegardé ou d'un site classé, espaces protégés dans lesquels ces ouvrages sont alors soumis à permis de construire. Ensuite, toujours à l'intérieur des espaces protégés (secteur sauvegardé, site classé, réserve naturelle, cœur d'un parc national), ces mêmes ouvrages installés sur le sol, dont la puissance crête est inférieure à 3 kW, sont également soumis à déclaration préalable(294). Enfin, selon le droit commun relèvent de ce régime les travaux ayant pour effet de modifier l'aspect extérieur d'un bâtiment existant, ce qui est le cas de l'installation de panneaux solaires(295).

La déclaration préalable est adressée à la mairie de la commune concernée(296), l'autorité compétente pour se prononcer sur le projet étant, comme pour le permis de construire, le préfet si l'énergie produite n'est pas destinée, principalement, à une utilisation directe par le demandeur(297), le maire dans le cas contraire(298). Le silence gardé par cette autorité pendant un mois(299) vaut décision de non-opposition à la déclaration préalable(300), l'administration devant intervenir par décision expresse si elle souhaite s'opposer au projet.

II. Les aménagements accessoires

Deux hypothèses d'aménagements accessoires à une installation d'exploitation de sources d'énergie renouvelables doivent être envisagées. Tout d'abord, la disposition de mâts de mesure permettant d'évaluer les paramètres météorologiques d'un site avant l'éventuelle implantation d'éoliennes est soumise à la procédure de la déclaration préalable s'ils ont une hauteur supérieure à 12 mètres(301). Ensuite, les ouvrages et accessoires des lignes de distribution d'énergie électrique

(293) C. urb., art. R. 421-9.h, disposition introduite par le décret n° 2009-1414 du 19 novembre 2009 relatif aux procédures administratives applicables à certains ouvrages de production d'électricité. Voir : circ. du 18 décembre 2009 relative au développement et au contrôle des centrales photovoltaïques au sol ; P. Billet, « Le nouveau régime de l'implantation des panneaux photovoltaïques », *JCP A* 2009, 2308 ; F. Cherel, A. Carpentier, « Énergie solaire et construction : le point sur deux réformes récentes », *RD imm.* 2010, p. 133 ; J. Duval, « Le régime juridique des centrales photovoltaïques au sol clarifié », *Environnement* janvier 2010, p. 21 ; P. Galan, « Les installations photovoltaïques et le droit de l'urbanisme », *AJDA* 2010, p. 2 147 ; G. Godfrin, « Centrales photovoltaïques au sol », *Constr.-urb.* 2010, comm. 18 ; M.-P. Lavoillotte, « Le nouveau cadre juridique des installations photovoltaïques au sol », *Dr. env.* 2010, p. 109. Sur l'entrée en vigueur dans le temps de ce nouveau régime : CE 15 février 2012, MEDDTL, req. n° 352708.

(294) C. urb., art. R. 421-11.b. En dehors de ces espaces protégés et en application du droit commun ces ouvrages ne sont soumis à aucune formalité préalable.

(295) C. urb., art. R. 421-17.a.

(296) C. urb., art. R. 423-1.

(297) C. urb., art. R. 422-2.

(298) C. urb., art. L. 422-1.

(299) C. urb., art. R. 423-23.

(300) C. urb., art. R. 424-1.

(301) C. urb., art. R. 421-9.c.

dont la tension est inférieure à 60 000 volts sont également visés, sachant qu'au-dessus du seuil, ils relèvent du permis de construire(302).

Section 4

Les règles incitant à l'utilisation d'énergie renouvelable dans l'habitat

Le droit de l'urbanisme et le droit de la construction ont développé récemment, notamment à la suite des réformes opérées par la loi « Grenelle 2 » de 2010, et de manière coordonnée, des mécanismes incitant à l'utilisation de dispositifs de production d'énergie renouvelable, dans les constructions nouvelles ou lors de travaux de réhabilitation du bâti existant. Cette démarche n'en est qu'à ses débuts, mais elle inaugure, peut-être, une nouvelle orientation en faveur d'un développement de l'habitat bioclimatique.

Remarque

L'habitat bioclimatique correspond à des techniques permettant de limiter son impact sur l'environnement : diminution des prélèvements et des rejets, choix des matériaux et des méthodes de construction, utilisation d'énergies renouvelables (C. Bataille, C. Birraux, « Rapport sur les nouvelles technologies de l'énergie et la séquestration du dioxyde de carbone : aspects scientifiques et techniques », Ass. nat. n° 2965, Sénat n° 254, 15 mars 2006, p. 366 ; « Propositions pour développer les énergies renouvelables appliquées au bâtiment », Plan Bâtiment Grenelle, Groupe de travail « Énergies renouvelables appliquées au bâtiment », novembre 2010.). Le développement de ce type d'habitat n'est pas une idée récente (C. Lambrechts, « Droit des énergies nouvelles », *RJE* 1982, p. 284. Voir aussi, sur la notion de construction durable, communication de la Commission, « Vers une stratégie thématique pour l'environnement urbain », COM (2004) 60 final, p. 24).

§1. En droit de l'urbanisme

Le code de l'urbanisme comprend désormais un chapitre relatif aux dispositions favorisant la performance énergétique et les énergies renouvelables dans l'habitat. La première mesure y figurant est celle qui prévoit les possibilités de dépassement des règles de gabarit et de densité d'occupation des sols résultant du plan local d'urbanisme (PLU), précédemment évoquée(303).

Ensuite, la loi « Grenelle 1 » a introduit une obligation applicable aux actions ou opérations d'aménagement foncier définies à l'article L. 300-1 du code de l'urbanisme : lorsqu'elles font l'objet d'une étude d'impact, elle doivent alors également faire l'objet d'une étude de faisabilité sur le potentiel de développement en énergies renouvelables de la zone, en particulier sur l'opportunité de la création ou du raccordement à un réseau de chaleur ou de froid ayant recours aux énergies renouvelables et de récupération(304).

La loi « Grenelle 2 » a ajouté, dans la partie du code de l'urbanisme relative aux règles générales d'aménagement et d'urbanisme, une disposition très clairement en faveur du recours aux énergies renouvelables dans le bâti(305) : le permis de construire ou d'aménager ou la décision prise sur une déclaration préalable ne peut s'opposer à l'installation de dispositifs favorisant la production

(302) C. urb., art. R. 421-9.d.

(303) C. urb., art. L. 128-1, voir *supra* p. 194.

(304) C. urb., art. L. 128-4.

(305) Art. 12 de la loi n° 2010-788, complété par décret n° 2011-830 du 12 juillet 2011 pris pour l'application des art. L. 111-6-2, L. 128-1 et L. 128-2 du code de l'urbanisme.

d'énergie renouvelable correspondant aux besoins de la consommation domestique des occupants de l'immeuble ou de la partie d'immeuble concernés, nonobstant toute disposition d'urbanisme contraire(306). L'autorisation d'urbanisme concernée pourra toutefois comporter des prescriptions destinées à assurer la bonne intégration architecturale du projet dans le bâti existant et dans le milieu environnant. Cette dérogation n'est pas applicable aux travaux portant sur un immeuble classé ou inscrit monument historique, ni dans les espaces protégés : secteur sauvegardé, zone de protection du patrimoine architectural, urbain et paysager (ZPPAUP), périmètre de protection d'un immeuble classé ou inscrit monument historique, site inscrit ou classé, cœur d'un parc national, immeuble protégé ou périmètre délimité sur décision du conseil municipal(307). Cependant, toute règle nouvelle qui, à l'intérieur d'un de ces périmètres, interdirait ou limiterait l'installation de tels dispositifs de production d'énergie renouvelable doit faire l'objet d'une justification particulière. Les dispositifs pouvant bénéficier de cette disposition doivent correspondre aux besoins de la consommation domestique des occupants de l'immeuble, en conformité avec des critères établis par arrêté ministériel(308). Lorsque la demande de permis de construire porte sur un tel projet de production d'énergie à partir de sources renouvelables, alors que les dispositions d'urbanisme s'opposent à son installation, le demandeur joint au dossier un document par lequel il atteste que les dispositifs en question sont conformes aux critères fixés(309).

§2. En droit de la construction

Le code de la construction contient une série de mesures en faveur d'une performance énergétique et environnementale des constructions, incitant à la fois à réduire la consommation d'énergie du bâti et à y développer l'usage des énergies renouvelables(310). Trois dispositifs peuvent être exposés : l'étude de faisabilité des approvisionnements en énergie, les obligations relatives aux caractéristiques thermiques des constructions et le diagnostic de performance énergétique.

I. L'étude de faisabilité des approvisionnements en énergie

Depuis la loi POPE de 2005(311) et sous l'influence du droit de l'Union européenne(312), le code de la construction et de l'habitation impose, dans certains cas, la réalisation d'une étude de faisabilité relative aux approvisionnements en énergie, devant évaluer ou envisager les diverses solutions, dont celles qui font appel aux énergies renouvelables(313). Cette obligation s'applique à toute opération de construction de bâtiments dont la surface de plancher totale nouvelle est supérieure à 1 000 m^2, à l'exception de certaines catégories limitativement énumérées (par exemple : bâtiments servant de lieux de culte, extensions de monuments historiques...)(314). Elle concerne également les travaux de rénovation dépassant un seuil déterminé par référence du coût prévisionnel de ces

(306) C. urb., art. L. 111-6-2.

(307) C. urb., art. R. 111-50-1.

(308) C. urb., art. R. 111-50.

(309) C. urb., art. R. 431-18-1.

(310) C. Bataille, C. Birraux, « Rapport sur la performance énergétique des bâtiments : comment moduler la règle pour mieux atteindre les objectifs ? », Ass. nat. n° 2141, Sénat n° 135, 4 décembre 2009.

(311) Art. 27. S. Poignant, « Rapport sur le projet de loi d'orientation sur l'énergie », Ass. nat. n° 1597, 12 mai 2004, p. 42.

(312) Directive 2002/91, 16 décembre 2002, sur la performance énergétique des bâtiments, refondue et abrogée par directive 2010/31, 19 mai 2010.

(313) CCH, art. L. 111-9.

(314) CCH, art. R. 111-22.

derniers[315]. Dans les périmètres de développement prioritaire d'un réseau de chaleur ou de froid ayant fait l'objet d'une décision de classement[316], cette étude de faisabilité des approvisionnements en énergie n'est exigée que pour les bâtiments auxquels l'obligation de raccordement au réseau n'est pas applicable et pour ceux qui ont obtenu une dérogation à l'obligation de raccordement au réseau[317].

Le maître d'ouvrage réalise cette étude préalablement au dépôt de la demande de permis de construire, ou si les travaux n'y sont pas soumis, préalablement à l'acceptation des devis ou à la passation des marchés relatifs à ces travaux[318]. Elle doit envisager les diverses solutions d'approvisionnement en énergie pour le chauffage, la ventilation, le refroidissement, la production d'eau chaude et l'éclairage des locaux, en examinant notamment le recours à l'énergie solaire et aux autres énergies renouvelables mentionnées par le code de l'énergie[319]. L'étude de faisabilité va ensuite présenter les avantages et les inconvénients de chacune des solutions étudiées et préciser les raisons pour lesquelles la solution d'approvisionnement retenue a été choisie. Toutefois, dans le cas de travaux de rénovation portant uniquement sur l'enveloppe du bâtiment, seule la solution d'approvisionnement en énergie solaire est étudiée[320]. Un document attestant de sa réalisation doit être joint à la demande de permis de construire[321].

Ce dispositif, qui ne s'applique pour l'instant que pour des travaux d'ampleur, présente l'avantage de contraindre le maître d'ouvrage à engager une réflexion sur une démarche énergétique alternative, tout comme la réalisation d'une étude d'impact induit l'aménageur à concevoir les conséquences environnementales de son projet. Le principe étant posé, il faudra à l'avenir baisser les seuils établis pour étendre le champ d'application de l'obligation de réaliser une étude de faisabilité des approvisionnements en énergie.

II. Les caractéristiques thermiques et énergétiques des constructions

Le code de la construction et de l'habitation prévoit que les bâtiments nouveaux et les parties nouvelles de bâtiments doivent être construits et aménagés de telle sorte qu'ils respectent des caractéristiques thermiques, et énergétiques, déterminées par arrêté ministériel (la « RT 2012 »)[322]. Certaines de ces caractéristiques portent sur l'usage des énergies renouvelables. Les bâtiments auxquels elles s'appliquent ont été définis par décret, et comprennent, notamment, tous les projets de construction de bâtiments à usage d'habitation faisant l'objet d'une demande de permis de construire

(315) CCH, art. L. 111-10, R. 131-26 et R. 131-27.

(316) C. énergie, art. L. 712-1 à L. 712-3.

(317) CCH, art. R. 111-22-1 et R. 131-27.

(318) CCH, art. R. 111-22-1 et R. 131-27 ; arr. 18 décembre 2007 relatif aux études de faisabilité des approvisionnements en énergie pour les bâtiments neufs et parties nouvelles de bâtiments et pour les rénovations de certains bâtiments existants en France métropolitaine, modifié par décret n° 2011-2054 du 29 décembre 2011.

(319) CCH, art. R. 111-22-1 ; C. énergie, art. L. 211-2.

(320) CCH, art. R. 131-27.

(321) CCH, art. R. 111-20-2 ; C. urb., art. R. 431-16.i. ; arr. 11 octobre 2011 relatif aux attestations de prise en compte de la réglementation thermique et de réalisation d'une étude de faisabilité relative aux approvisionnements en énergie pour les bâtiments neufs ou les parties nouvelles de bâtiment, modifié par décret n° 2011-2054 du 29 décembre 2011.

(322) CCH, art. L. 111-10 et R. 111-20 ; arr. 26 octobre 2010 relatif aux caractéristiques thermiques et aux exigences de performance énergétique des bâtiments nouveaux et des parties nouvelles de bâtiments ; ADEME, *Réglementation thermique 2012 : un saut énergétique pour les bâtiments neufs*, avril 2011 ; G. Durand-Pasquier (dir.), *Bâtiments et performance énergétique*, coll. Lamy Axe Droit, Lamy, 2011.

ou d'une déclaration préalable à compter du 1er janvier 2013[323]. Le maître d'ouvrage établit ensuite un document attestant qu'il a pris en compte cette réglementation thermique, le formulaire d'attestation devant être joint à la demande de permis de construire[324]. À l'achèvement des travaux une attestation de prise en compte de la réglementation thermique doit être établie et jointe à la déclaration d'achèvement des travaux exigée par le code de l'urbanisme[325].

Remarque

Dans les départements de la Guadeloupe, de la Martinique, de la Réunion et de la Guyane, lorsqu'un système de production d'eau chaude sanitaire est installé dans un logement neuf, cette eau chaude est produite par énergie solaire pour une part au moins égale à 50 % des besoins, sauf si l'ensoleillement de la parcelle ne le permet pas (CCH, art. R. 162-2.).

Pour les bâtiments existants, lorsque les travaux de rénovation excèdent un seuil déterminé par référence à leur coût prévisionnel, le maître d'ouvrage doit améliorer sa performance énergétique selon des modalités techniques imposées par arrêté[326]. Il est en outre tenu de réaliser l'étude de faisabilité des approvisionnements en énergie précitée[327]. Pour des travaux en deçà du seuil, les caractéristiques thermiques et les performances énergétiques imposées sont différentes, les équipements de production d'énergie utilisant une source d'énergie renouvelable étant expressément visés[328]. Comme pour les bâtiments neufs, une attestation de la prise en compte de la réglementation thermique doit être établie lors de la demande de permis de construire[329] et à l'achèvement des travaux[330].

Les performances énergétiques d'une construction, nouvelle ou rénovée, peuvent faire l'objet d'une certification, le label « haute performance énergétique » comprenant différents niveaux, parmi lesquels le label « haute performance énergétique énergies renouvelables », HPE EnR 2005[331]. Le respect du label « haute performance énergétique » permet de bénéficier d'une autorisation de dépassement des règles de gabarit et de densité d'occupation des sols prévue par le code de l'urbanisme[332].

La loi « Grenelle 2 » de 2010 a prévu que des travaux d'amélioration de la performance énergétique doivent être réalisés dans les bâtiments existants à usage tertiaire ou dans lesquels s'exerce une activité de service public, dans un délai de 8 ans à compter du 1er janvier 2013[333]. Un décret doit déterminer la nature et les modalités de cette obligation de travaux.

(323) Décret n° 2010-1269 du 26 octobre 2010 relatif aux caractéristiques thermiques et à la performance énergétique des constructions, art. 2.

(324) CCH, art. R. 111-20-1 ; C. urb., art. R. 431-16.i ; arr. 11 octobre 2011 relatif aux attestations de prise en compte de la réglementation thermique et de réalisation d'une étude de faisabilité relative aux approvisionnements en énergie pour les bâtiments neufs ou les parties nouvelles de bâtiment, modifié par décret n° 2011-2054 du 29 décembre 2011.

(325) CCH, art. L. 111-9-1, R. 111-20-3 et R. 111-20-4 ; C. urb., art. 462-4-1 ; arr. 11 octobre 2011 préc.

(326) CCH, art. L. 111-10, R. 131-26 ; arr. 13 juin 2008 relatif à la performance énergétique des bâtiments existants de surface supérieure à 1 000 m^2, lorsqu'ils font l'objet de travaux de rénovation importants.

(327) CCH, art. R. 131-27.

(328) CCH, art. R. 131-28 ; arr. 3 mai 2007 relatif aux caractéristiques thermiques et à la performance énergétique des bâtiments existants.

(329) CCH, art. R. 111-20-1.

(330) CCH, art. L. 111-10-2, R. 111-20-3 et R. 111-20-4.

(331) CCH, art. L. 111-9-1, R. 111-20.III pour les bâtiments neufs, L. 111-10-2 et R. 131-28-1 pour les bâtiments existants ; arr. 3 mai 2007 relatif au contenu et aux conditions d'attribution du label « haute performance énergétique », modifié par décret n° 2011-2054 du 29 décembre 2011.

(332) C. urb., art. L. 128-1 ; CCH, art. R. 111-21. Voir *supra* p. 194.

(333) CCH, art. L. 111-10-3.

III. Le diagnostic de performance énergétique

Le diagnostic de performance énergétique d'un bâtiment est un document qui comprend la quantité d'énergie effectivement consommée ou estimée pour une utilisation standardisée du bâtiment et une classification en fonction de valeurs de référence afin que les consommateurs puissent comparer et évaluer sa performance énergétique(334). Il comprend, notamment, l'évaluation de la quantité d'énergie renouvelable produite par les équipements installés à demeure et utilisée dans le bâtiment(335). Les bâtiments concernés, les modalités de réalisation de ce diagnostic ainsi que sa portée juridique sont fixés dans le code de la construction(336).

(334) CCH, art. L. 134-1 ; P. Pelletier, S. Fraîche-Dupeyrat, « Diagnostics et audits », *Lamy supp. Grenelle 2*, octobre 2010, p. 25.

(335) CCH, art. R. 134-2.

(336) CCH, art. L. 134-1 et s., R. 134-1 et s. ; arr. 15 septembre 2006 relatif au diagnostic de performance énergétique pour les bâtiments existants proposés à la vente en France métropolitaine, modifié arr. 8 février 2012 ; arr. 15 septembre 2006 relatif aux méthodes et procédures applicables au diagnostic de performance énergétique pour les bâtiments existants proposés à la vente en France métropolitaine, modifié arr. 27 janvier 2012 ; arr. 3 mai 2007, relatif au diagnostic de performance énergétique pour les bâtiments existants à usage principal d'habitation proposés à la location en France métropolitaine, modifié arr. 8 février 2012 ; arr. 21 septembre 2007, relatif au diagnostic de performance énergétique pour les bâtiments neufs en France métropolitaine.

Chapitre 9

L'exploitation des énergies renouvelables en droit de l'environnement

L'exploitation des sources d'énergie renouvelables est immédiatement perçue comme positive pour la conservation de l'environnement, l'apport de cette démarche alternative à l'utilisation des énergies fossiles classiques du point de vue de la lutte contre le réchauffement climatique ayant été souligné[(1)]. S'il est incontestable que produire de l'énergie à partir de sources renouvelables permet un développement durable, cette activité n'en est pas pour autant durable par nature : la renouvelabilité de la ressource doit être assurée et l'impact environnemental induit, différent selon les filières de production (incidence des éoliennes sur les paysages, conséquences d'un ouvrage hydroélectrique sur les milieux aquatiques), doit être pris en compte. En toute hypothèse, mesurer l'atteinte à l'environnement par seule référence aux émissions de gaz à effet de serre produites est réducteur, l'urgence de la lutte contre le réchauffement climatique ne devant conduire à exclure toute considération pour la conservation de la ressource en eau ou de la biodiversité.

L'impact environnemental de l'exploitation des sources d'énergie renouvelables n'a pas été immédiatement considéré : la directive européenne de 2001 passait sous silence les aspects négatifs de la promotion des énergies renouvelables[(2)]. Il en va différemment de la directive européenne de 2009, qui relève que l'accroissement de la demande mondiale de biocarburants ne doit pas avoir pour effet d'encourager la destruction de terres où la diversité biologique est riche et qui impose des critères de durabilité pour cette production[(3)]. En droit interne, la loi POPE de 2005 avait chargé l'État de limiter les perturbations engendrées par les ouvrages hydroélectriques sur les cours d'eau et l'impact paysager des éoliennes, et de favoriser la réduction de l'impact sanitaire et environnemental de la consommation énergétique, pointant sans le nommer le conflit latent entre le développement des énergies renouvelables et la conservation de l'environnement. La loi « Grenelle 2 » de 2010 est allée plus loin en soumettant les éoliennes au régime des installations classées[(4)].

Face à cette contradiction qui vient troubler le confort illusoire d'une réponse simple aux enjeux énergétiques contemporains, il faut rappeler que selon la Charte de l'environnement de 2004, la préservation de l'environnement doit être recherchée au même titre que les autres intérêts fondamentaux de la Nation. L'enjeu est donc de parvenir à trouver ce point d'équilibre qui permette de concilier l'exploitation des sources d'énergie renouvelables avec la conservation de l'environnement et à tracer la voie vers un développement énergétique durable[(5)]. L'exploration de la régle-

(1) Voir *supra* p. 45 et s.

(2) Directive 2001/77/CE du 27 septembre 2001 relative à la promotion de l'électricité produite à partir de sources d'énergie renouvelables sur le marché intérieur de l'électricité.

(3) Directive 2009/28/CE du 23 avril 2009 relative à la promotion de l'utilisation de l'énergie produite à partir de sources renouvelables, considérant 69 et art. 17.

(4) Loi n° 2010-788 du 12 juillet 2010 portant engagement national pour l'environnement, art. 90.

(5) C. Krolik, « Le droit communautaire de l'énergie durable », *RED env.* 2009, p. 65 ; C. Cans, « L'exploitation des énergies renouvelables : ou quand une mesure de protection de l'environnement par destination porte atteinte à l'environnement dans sa réalisation », *Dr. env. Hors-série* avril 2012, p. 29.

mentation environnementale, qu'il s'agisse des mesures de lutte contre les pollutions, de conservation de la nature ou de préservation du patrimoine culturel, révèle que le droit de l'environnement a intégré dans son champ d'application l'activité d'exploitation des sources d'énergie renouvelables, qu'il encadre afin d'en limiter l'impact. Dans l'autre sens, il existe désormais des dispositions de protection de l'environnement dans le droit de l'énergie, attestant d'une influence réciproque des deux disciplines[(6)]. Deux niveaux doivent être distingués : il existe, d'une part, une réglementation environnementale dont l'application concerne potentiellement toute production d'énergie renouvelable, et, d'autre part, une grande variété de normes spécifiques à chaque filière d'exploitation.

Section 1

La réglementation environnementale commune à toute production d'énergie renouvelable

La diversité des modes d'exploitation des sources d'énergie renouvelables, et donc des conséquences environnementales qu'ils génèrent, réduit les possibilités d'approche uniforme de la question. Toutefois, quelle que soit la ressource énergétique et les techniques utilisées, un producteur d'énergie renouvelable peut se trouver soumis à deux types de contraintes : l'obligation, relativement fréquente désormais, d'évaluer l'impact environnemental de son activité et, au cas où l'exploitation est envisagée dans un espace protégé, l'obligation de respecter la réglementation propre à la zone concernée.

§1. L'évaluation de l'impact environnemental de la production d'énergie renouvelable

La loi POPE de 2005 a chargé l'État de favoriser la réduction de l'impact sanitaire et environnemental de la consommation énergétique, son action devant aussi viser la production énergétique[(7)]. Le droit de l'environnement propose deux modalités, distinctes mais complémentaires, d'évaluation de l'impact environnemental, ces procédures concernant l'exploitation des sources d'énergie renouvelables : d'une part, l'évaluation environnementale, qui s'applique à certaines démarches de planification, et, d'autre part, l'étude d'impact, qui doit être réalisée préalablement à la réalisation de l'activité d'exploitation elle-même.

I. L'évaluation environnementale des documents de planification

La prise en considération de l'impact environnemental de l'exploitation des sources d'énergie renouvelables peut s'opérer lors de la planification de cette activité, très en amont de toute réalisation d'un projet déterminé. De manière générale, cette évaluation environnementale est prévue par l'article L. 122-4 du code de l'environnement, disposition qui ne s'applique pas au cas particulier de la zone de développement de l'éolien (ZDE).

(6) I. Michallet, « Les fondements du développement des énergies renouvelables en droit interne », *Dr. env. Hors-série* avril 2012, p. 21.

(7) Art. 2.

A. L'évaluation environnementale de droit commun

L'article L. 122-4 du code de l'environnement pose le principe selon lequel les plans, schémas, programmes et autres documents de planification qui, sans autoriser par eux-mêmes la réalisation de travaux ou prescrire des projets d'aménagement, sont applicables à la réalisation de tels travaux ou projets, doivent faire l'objet d'une évaluation environnementale. Sont ainsi concernés les divers documents de planification adoptés par l'État, les collectivités territoriales ou leurs groupements et les établissements publics en dépendant, relatifs notamment, à l'énergie, à la gestion des déchets ou à la gestion de l'eau. Cette procédure, établie en droit français par le code de l'environnement, est issue de la directive européenne du 27 juin 2001(8). En droit international, elle est prévue par le protocole à la convention d'Espoo (sur l'évaluation de l'impact sur l'environnement dans un contexte transfrontière, relatif à l'évaluation stratégique environnementale, Kiev, 2003).

Remarque

Il faut préciser que les documents d'urbanisme, qui peuvent indirectement planifier l'exploitation de sources d'énergie renouvelables, sont exclus du champ d'application de l'article L. 122-4, mais sont soumis à une évaluation environnementale qui leur est propre et qui est régie par le code de l'urbanisme (art. L. 121-10 et s. et R. 121-14 et s.).

La liste des documents soumis à cette évaluation environnementale est établie à l'article R. 122-17 du code de l'environnement. Les schémas directeurs et schémas d'aménagement et de gestion des eaux (SDAGE et SAGE), qui encadrent l'implantation des ouvrages hydroélectriques, les différents plans d'élimination des déchets, dont relèvent les installations de traitement et de valorisation, ainsi que les divers schémas de gestion des forêts sont visés. Pour les schémas d'aménagement et de gestion des eaux (SAGE), il est prévu que cette évaluation doit notamment comprendre l'indication des effets attendus de son plan de gestion et de développement durable en matière de production d'électricité d'origine renouvelable et de contribution aux objectifs nationaux de réduction des émissions de gaz à effet de serre(9). Aucun document de planification relatif à l'énergie ne figure dans cette liste, qui omet également d'inclure le schéma régional éolien et la zone de développement de l'éolien (ZDE). Les modalités de réalisation de cette évaluation environnementale sont établies par le code de l'environnement(10).

B. Le cas particulier de la zone de développement de l'éolien

La zone de développement de l'éolien (ZDE), qui a vocation à planifier l'implantation des éoliennes, est délimitée notamment en fonction de la préservation de la sécurité publique, des paysages, de la biodiversité, des monuments historiques et des sites remarquables et protégés, du patrimoine archéologique(11). Selon les circulaires relatives à la création de ces zones, le dossier de proposition doit contenir une étude patrimoniale et paysagère, dont les objectifs sont l'identification des enjeux patrimoniaux et paysagers, l'appréhension de la complexité paysagère et l'élaboration d'un argumentaire sur la compatibilité et les conditions d'implantation de l'éolien dans le patrimoine et les paysages concernés(12). Le préfet de département, qui décide de la création de la

(8) Directive 2001/42, relative à l'évaluation des incidences de certains plans et programmes sur l'environnement.

(9) C. env., art. R. 212-37.

(10) Art. L. 122-6 et s. et R. 122-18 et s. Voir aussi circ. 12 avril 2006, relative à l'évaluation de certains plans, schémas, programmes et autres documents de planification ayant une incidence notable sur l'environnement.

(11) Loi n° 2000-108, 10 février 2000, art. 10-1, codifié C. énergie, art. L. 314-9. Voir *supra* p. 204.

(12) Circ. 19 juin 2006, dispositions relatives à la création des ZDE terrestre, annexe n° 2 ; Circ. 25 octobre 2011, ZDE, suite à l'entrée en vigueur de la loi n° 2010-788 portant engagement national pour l'environnement, et complétant la circ. du 19 juin 2006, annexe.

ZDE, veille au regroupement des installations afin de protéger les paysages et vérifie que l'étude précitée correspond bien aux attentes définies dans la circulaire. Les autres enjeux environnementaux doivent également être intégrés au projet : en matière de biodiversité par exemple, il faut notamment recenser les connaissances sur le contexte migratoire. La ZDE fait donc l'objet d'une évaluation environnementale différente de celle prévue par le droit commun, mais détaillée et complétée depuis l'adoption de la loi « Grenelle 2 » de 2010. Toutefois, puisque désormais le schéma régional éolien (SRE) est le document qui s'impose, c'est à ce niveau que devrait être réalisée une évaluation environnementale, non prévue pour l'instant.

II. L'étude d'impact préalable à la réalisation d'une activité de production

L'étude d'impact est un mécanisme incontournable de prévention des atteintes environnementales inévitablement portées par tout projet d'aménagement et s'impose comme le premier instrument de conciliation entre le développement des énergies renouvelables et la conservation de l'environnement. La réalisation d'une étude d'impact est en effet une étape minimale pour toute activité de production énergétique qui se prétend durable. Ainsi, la Charte de l'énergie de 1994 requiert des États qu'ils favorisent « l'évaluation transparente, à un stade précoce et préalable à toute décision, et le contrôle ultérieur de l'impact environnemental des projets d'investissement en matière d'énergie »(13). De même, le protocole « Énergie » à la convention alpine de 1991 prévoit qu'en cas de construction de nouvelles grandes infrastructures énergétiques et d'accroissement important de la capacité de celles existantes, les parties contractantes procèdent à l'évaluation des impacts sur l'environnement alpin(14).

L'exploitation des sources d'énergie renouvelables est soumise à étude d'impact en application du droit international, européen et national. La convention d'Espoo de 1991 retient les activités inscrites en appendice I(15) qui sont susceptibles d'avoir un impact transfrontière préjudiciable important, tels, par exemple, les installations d'élimination de déchets non dangereux par incinération ou traitement chimique d'une capacité de plus de 100 tonnes par jour, les grands barrages, les déboisements de grandes superficies, les parcs éoliens(16). La directive européenne 2011/92 distingue deux régimes : pour les projets énumérés à l'annexe I, l'étude d'impact est obligatoire, tandis que, pour ceux de l'annexe II, les États membres conservent une marge d'appréciation(17). Les projets relatifs à l'exploitation des sources d'énergie renouvelables figurent essentiellement en annexe II : forages géothermiques, installations destinées à la production d'énergie hydroélectrique ou encore parcs éoliens. En droit français, l'étude d'impact est régie par les articles L. 122-1 et R. 122-1 et suivants du code l'environnement(18), dispositif réformé par la loi « Grenelle 2 » de 2010 et un décret de 2011(19). Il faut distinguer quelles sont les activités de production d'énergie renouvelable soumises à étude d'impact,

(13) Charte de l'énergie, Lisbonne, 1994, art. 19.1.i.

(14) Protocole d'application de la convention alpine de 1991 dans le domaine de l'énergie, Bled, 1998, art. 2.2.

(15) Appendice I, modifié par la conférence des Parties, juin 2004, afin d'en élargir le champ d'application.

(16) Convention sur l'évaluation de l'impact sur l'environnement dans un contexte transfrontière, Espoo, 1991, art. 2.2.

(17) Directive du 13 décembre 2011 concernant l'évaluation des incidences de certains projets publics et privés sur l'environnement, codifiant et abrogeant la directive 85/333 du 27 juin 1985, concernant l'évaluation des incidences de certains projets publics et privés sur l'environnement.

(18) L'étude d'impact résulte au départ d'une loi n° 76-629 du 10 juillet 1976, relative à la protection de la nature et d'un décret n° 77-1141 du 12 octobre 1977.

(19) Décret n° 2011-2019 du 29 décembre 2011 portant réforme des études d'impact des projets de travaux, d'ouvrages ou d'aménagement.

quel en est le contenu imposé, quels effets sont produits sur la décision d'autorisation du projet et quelle portée contentieuse a finalement ce document.

A. Le champ d'application de l'étude d'impact

Selon l'article L. 122-1 du code de l'environnement, les projets de travaux, d'ouvrages ou d'aménagements qui, par leur nature, leurs dimensions ou leur localisation sont susceptibles d'avoir des incidences notables sur l'environnement ou la santé humaine sont précédés d'une étude d'impact. Elle est imposée en fonction de critères et seuils définis par décret et, pour certains projets, après un examen au cas par cas effectué par l'autorité administrative de l'État compétente. Depuis le décret de 2011 il est beaucoup plus simple qu'auparavant de déterminer quels projets sont soumis à étude d'impact : il faut se reporter au tableau annexé à l'article R. 122-2 du code de l'environnement. Par principe, ces projets doivent aussi faire l'objet d'une enquête publique(20).

1. Les projets toujours soumis à étude d'impact

Alors qu'antérieurement pour déterminer les projets soumis à étude d'impact il fallait, par le jeu des seuils et dispenses, établir une liste en négatif, désormais l'annexe à l'article R. 122-2 du code de l'environnement énumère explicitement les projets concernés. Il faut remarquer aussi que les seuils financiers existants précédemment ont disparu. Ce système énumératif présente l'avantage de la clarté et de la simplicité, mais implique également de ne pas omettre d'inclure, au fur et à mesure, les projets non prévus et pouvant avoir des incidences notables sur l'environnement ou la santé humaine. Concernant les projets de production d'énergie renouvelable, un certain nombre d'entre eux sont soumis à étude d'impact.

Tout d'abord, il existe dans la liste annexée à l'article R. 122-2 du code de l'environnement une rubrique « Énergie », comprenant des installations exploitant des sources d'énergie renouvelables. Ainsi, les installations destinées à la production d'énergie hydroélectrique d'une puissance maximale brute totale supérieure à 500 kW doivent faire l'objet d'une étude d'impact(21), devant être incluse dans le dossier de demande de concession(22) ou de demande d'autorisation(23). Ce seuil, qui n'a jamais varié, n'a pas été établi en fonction de considérations écologiques mais purement administratives : le décret du 12 octobre 1977 établissant initialement le champ d'application de l'étude d'impact ayant repris le seuil existant à l'époque entre concession et autorisation d'ouvrage hydroélectrique(24). Pour les ouvrages concédés, les modifications nécessitant un avenant à la concession sont également soumises à la réalisation d'une étude d'impact, sauf si l'avenant ne modifie pas la consistance ou le mode de fonctionnement des ouvrages(25). De même, l'étude d'impact est obligatoire pour les ouvrages de production d'électricité à partir de l'énergie solaire installés sur le sol, dès lors que leur puissance est égale ou supérieure à 250 kWc(26). Elle est aussi imposée pour toutes les installations en mer de production d'énergie(27). Les réseaux de chaleur sont également visés, puisque les canalisations destinées au transport d'eau chaude, de vapeur

(20) C. env., art. L. 123-2.I.

(21) C. env., art. R. 122-2, annexe, 25° – CE 6 juillet 2011, Communauté locale de l'eau du Drac Amont, req. n° 342385.

(22) Décret n° 94-894, 13 octobre 1994, relatif à la concession et à la déclaration d'utilité publique des ouvrages utilisant l'énergie hydraulique, art. 3.

(23) C. env., art. R. 214-72.I-4°.

(24) M. Prieur, « L'énergie et la prise en compte de l'environnement », *RJE* 1982, p. 238.

(25) Décret n° 94-894, art. 33 et C. env., art. R. 122-2, annexe, 25°.

(26) C. env., art. R. 122-2, annexe, 26°. Voir : *Installations photovoltaïques au sol, Guide de l'étude d'impact*, Ministère de l'Écologie, du Développement durable, des Transports et du Logement, avril 2011.

(27) C. env., art. R. 122-2, annexe, 27°.

d'eau ou d'eau surchauffée, au-delà d'un certain diamètre, doivent faire l'objet d'une étude d'impact(28). Plus généralement, elle s'impose aux ouvrages de transport et de distribution d'énergie électrique comme les lignes aériennes, les liaisons souterraines et les postes de transformation dépassant certains seuils(29).

Ensuite, d'autres rubriques de la liste annexée à l'article R. 122-2 du code de l'environnement comprennent des installations de production d'énergie renouvelable. Ainsi, parmi les projets miniers, figure l'ouverture de travaux de recherches et d'exploitation des gîtes géothermiques mentionnés à l'article L. 112-1 du code minier(30). Selon ce dernier, il s'agit des gîtes renfermés dans le sein de la terre dont on peut extraire de l'énergie sous forme thermique, notamment par l'intermédiaire des eaux chaudes et des vapeurs souterraines qu'ils contiennent. L'étude d'impact est jointe au dossier de demande d'autorisation(31). Elle s'impose aussi à toutes les installations classées (ICPE) soumises à autorisation(32), ce qui permet d'englober les unités de production d'énergie à partir de la biomasse(33), mais aussi les éoliennes dont la hauteur du mât dépasse 50 mètres(34). L'étude d'impact doit être jointe au dossier de demande d'autorisation(35).

Remarque

Les éoliennes ne sont soumises à étude d'impact que depuis 2003, la France ayant évité de justesse une condamnation par la CJCE pour défaut de transposition de la directive 85/337 : *CJCE* 7 novembre 2002, Com. c/ France, C-348/01, *Rec.* p. I-10249. L'article 59 de la loi n° 2003-8 du 3 janvier 2003 relative aux marchés du gaz et de l'électricité et au service public de l'énergie a introduit l'obligation de réaliser une étude d'impact pour les éoliennes lorsque la puissance totale produite sur un site excède 2,5 MW. Avant, seuls les projets éoliens dont le coût était supérieur à 1 900 000 euros étaient obligatoirement soumis à étude d'impact. En pratique, l'administration demandait à ce qu'une étude d'impact soit réalisée, qui devait alors respecter toutes les formalités prévues par la directive 85/337 du 27 juin 1985 (CE 3 mars 2004, S^té^ Ploudalmezeau Breiz Avel, req. n° 259001, *RFDA* 2004, p. 637 ; *JCP A* 2004, n° 39, p. 1 227, note P. Billet ; *BJDU* janvier 2004, p. 43, concl. S. Boissard, obs. J.-C. B. – CE 7 juillet 2004, Association pour la protection des paysages du sud de la Drôme, req. n° 258051, *RJE* 2005, p. 372), mais non les exigences de l'article R. 122-3 du code de l'environnement (CE 28 novembre 2007, S^tés^ Jeumon SA et Jeumont Éole, req. n° 279076). Le critère de la hauteur a remplacé en 2005 celui de la puissance de production, retenu précédemment (loi POPE, art. 37.IV). Depuis la loi « Grenelle 2 » de 2010, les éoliennes sont soumises au régime ICPE. Par conséquent, une éolienne de plus de 12 m est soumise à permis de construire, au-delà de 50 m son implantation requiert une étude d'impact et une enquête publique.

En ce qui concerne la production de biomasse, les défrichements forestiers portant sur une superficie égale ou supérieure à 25 hectares doivent être précédés d'une étude d'impact(36), qui figurera dans le dossier de demande d'autorisation imposée par le code forestier(37). Pour les biocarburants, elle est exigée pour les projets d'affectation de terres incultes ou d'étendues semi-naturelles à l'exploitation agricole intensive dès lors qu'une certaine superficie est dépassée(38).

(28) C. env., art. R. 122-2, annexe, 29° et 30°.

(29) C. env., art. R. 122-2, annexe, 28°.

(30) C. env., art. R. 122-2, annexe, 24°.c.

(31) Décret n° 2006-649, relatif aux travaux miniers, aux travaux de stockage souterrain et à la police des mines et des stockages souterrains, art. 6.I.4°. Pour les gîtes géothermiques à basse température : décret n° 78-498, relatif aux titres de recherches et d'exploitation de géothermie, art. 7.

(32) C. env., art. R. 122-2, annexe, 1°.

(33) Sur les ICPE, voir *infra* p. 304 et 319.

(34) C. env., art. L. 553-1 ; nomenclature ICPE, rubrique 2980.

(35) C. env., art. R. 512-6.4°.

(36) C. env., art. R. 122-2, annexe, 51°.

(37) C. forestier, art. R. 311-1.

(38) C. env., art. R. 122-2, annexe, 50°.

Outre les projets figurant dans la liste annexée à l'article R. 122-2 du code de l'environnement, il faut mentionner deux autres types de projets soumis à une étude de leur impact sur l'environnement. Tout d'abord, les ouvrages, travaux et activités ayant des conséquences sur la ressource en eau et le milieu aquatique, et soumis à ce titre à autorisation en application des articles L. 214-1 et suivants du code de l'environnement, doivent faire l'objet d'une étude d'incidences, qui s'apparente à une étude d'impact, mais dont le contenu est sensiblement différent (juridiquement les deux documents sont distincts(39)). Cette obligation concerne certaines activités liées à l'exploitation des énergies hydraulique ou géothermique(40). Cette étude d'incidences doit figurer dans le dossier de demande d'autorisation(41).

Ensuite, dans le cadre de la mise en œuvre du protocole sur les changements climatiques signé à Kyoto en 1997, les projets d'exploitation de la force hydraulique d'une capacité de plus de 20 MW et réalisés hors du territoire national doivent faire l'objet d'une étude préalable comportant une étude d'impact, permettant d'apprécier leurs conséquences sur les populations et sur l'environnement(42). Cette étude d'impact relève d'un régime spécifique.

2. Les projets soumis à étude d'impact au cas par cas

L'un des apports de la réforme opérée par la loi « Grenelle 2 » de 2010 est d'avoir introduit l'étude d'impact au cas par cas : certains projets ne sont soumis à cette obligation qu'après un examen effectué par l'autorité administrative de l'État compétente en matière d'environnement(43). L'objectif est d'éviter l'effet de seuil en introduisant une souplesse dans le dispositif, permettant de prendre en compte un aspect jusqu'alors ignoré : les conséquences environnementales d'un projet ne dépendent pas que des caractéristiques de celui-ci, mais aussi de la sensibilité de l'environnement dans lequel il sera réalisé. Par voie de conséquence la notice d'impact, qui s'appliquait à certains projets ne relevant pas de l'étude d'impact, a disparu. Les projets soumis à cette procédure de cas par cas figurent dans la liste annexée à l'article R. 122-2 du code de l'environnement.

Sont ainsi concernées les installations de production d'énergie hydroélectrique d'une puissance maximale brute totale inférieure à 500 kW, soit toutes celles qui ne relèvent pas obligatoirement de l'étude d'impact(44). L'examen au cas par cas s'applique également à certains ouvrages de transport et de distribution d'énergie électrique(45), aux installations classées soumises à enregistrement(46), aux projets d'affectation de terres incultes ou d'étendues semi-naturelles à l'exploitation agricole intensive et aux défrichements portant sur des superficies inférieures aux seuils établis pour une étude d'impact obligatoire(47). Si de manière générale les projets désormais soumis à étude d'impact au cas par cas sont ceux qui antérieurement faisaient l'objet d'une notice d'impact,

(39) CE 3 octobre 1997, Association Picardie Nature, req. n° 170585 – CE 29 avril 1998, Association Val d'Oise Environnement, req. n° 188678.

(40) Voir *infra* p. 264 et 291.

(41) C. env., art. R. 214-6. Si une étude d'impact est également exigée pour le projet, en application du droit commun, alors elle remplace cette étude d'incidences.

(42) C. env., art. L. 229-20 et s. et R. 229-38 et s. ; arr. 29 mai 2006, pris pour l'application des articles 3 et 4 du décret n° 2006-622 ; arr. 22 mars 2007, complétant les conditions mises à l'agrément des projets de production d'hydroélectricité d'une capacité de production excédant 20 MW.

(43) C. env., art. L. 122-1.

(44) C. env., art. R. 122-2, annexe, 25°.

(45) C. env., art. R. 122-2, annexe, 28°.

(46) C. env., art. R. 122-2, annexe, 1°.

(47) C. env., art. R. 122-2, annexe, 50° et 51°.

tel n'est pas le cas pour les éoliennes : aucune évaluation des incidences sur l'environnement n'est imposée à celles qui ne relèvent pas du régime d'autorisation au titre de la législation ICPE(48).

Pour ces projets relevant d'un examen au cas par cas, l'autorité administrative compétente est soit le ministre chargé de l'environnement, soit la formation d'autorité environnementale du Conseil général de l'environnement et du développement durable, soit le préfet de région, en fonction du projet et selon des critères établis par le code de l'environnement(49). Le pétitionnaire ou le maître d'ouvrage doit lui fournir des informations relatives au projet et aux éléments environnementaux pouvant être affectés, dans un formulaire de demande d'examen au cas par cas(50). Au regard de ces informations, l'autorité compétente examine si le projet doit faire l'objet d'une étude d'impact. Elle dispose pour cela d'un délai de 35 jours à compter de la réception du formulaire de demande, durant lequel elle informe par décision motivée de la nécessité ou non de réaliser une étude d'impact. L'absence de réponse au terme du délai vaut obligation de réaliser une étude d'impact.

3. Les projets dispensés d'étude d'impact

De manière générale, les travaux d'entretien, de maintenance et de grosses réparations, quels que soient les ouvrages ou aménagements auxquels ils se rapportent ne sont pas soumis à la réalisation d'une étude d'impact(51). Concernant plus spécifiquement l'exploitation des sources d'énergie renouvelables, plusieurs activités sont dispensées.

Dans le cas de l'énergie hydraulique, les modifications d'ouvrages existants en lien avec la sécurité ou modifiant la puissance dans la limite de 20 % de la puissance initiale, ainsi que les demandes de changement de titulaire, les changements de destination de l'énergie ou les avenants ne modifiant pas la consistance ou le mode de fonctionnement des ouvrages ne sont pas soumis à étude d'impact(52).

Pour les ouvrages de production d'électricité à partir de l'énergie solaire installés sur le sol, si la puissance est inférieure à 250 kWc, aucune évaluation de l'impact environnemental n'est requise(53).

En matière d'exploitation de la biomasse, sont totalement dispensés les défrichements non soumis à autorisation selon le code forestier, les projets d'affectation de terres incultes ou d'étendues semi-naturelles à l'exploitation agricole intensive portant sur une superficie inférieure à 4 hectares(54), les installations classées pour la protection de l'environnement (ICPE) soumises à déclaration(55) – soit notamment les petites unités de traitement de la biomasse et certaines éoliennes(56).

Pour les gîtes géothermiques à basse température, la demande de permis d'exploitation n'a pas à être accompagnée d'une étude d'impact, si elle est déposée avant l'expiration de l'autorisation de recherches et si les forages comme les modalités d'exploitation sont ceux annoncés dans le dossier d'autorisation de recherches (cette autorisation de recherche ayant elle-même été soumise à étude d'impact, le but est de ne pas l'exiger à nouveau alors que le dossier est identique)(57). Les exploi-

(48) C. env., art. R. 122-9.13° ancien : les éoliennes dont la hauteur du mât était inférieure ou égale à 50 m étaient soumises à notice d'impact ; pour les seuils actuels voir nomenclature ICPE, rubrique 2980.

(49) C. env., art. R. 122-6.

(50) C. env., art. R. 122-3.

(51) C. env., art. R. 122-2.IV.

(52) C. env., art. R. 122-2, annexe, 25°.

(53) C. env., art. R. 122-2, annexe, 26°.

(54) C. env., art. R. 122-2, annexe, 50° et 51°.

(55) C. env., art. R. 122-2, annexe, 1°.

(56) Voir *infra* p. 309 et 319.

(57) Décret n° 78-498, 28 mars 1978, relatif aux titres de recherches et d'exploitation de géothermie, art. 12.

tations géothermiques à basse température considérées de minime importance, et dispensées à ce titre d'autorisation de recherche et de permis d'exploitation, échappent également à toute contrainte d'évaluation environnementale (il s'agit des prélèvements de chaleur souterraine dont le débit calorifique maximal possible calculé par référence à une température de 20 °C est inférieur à 200 thermies par heure et dont la profondeur est inférieure à 100 mètres ; le régime imposé est celui de la déclaration)[(58)].

B. Le contenu de l'étude d'impact

L'étude d'impact est réalisée sous la responsabilité du pétitionnaire ou du maître d'ouvrage[(59)]. Son contenu, en matière d'exploitation des sources d'énergie renouvelables, est conforme au droit commun, auquel il faut ajouter des exigences spécifiques pour certaines installations.

1. Le contenu de droit commun

Le contenu de l'étude d'impact est déterminé par le code de l'environnement, et a également été réformé par la loi « Grenelle 2 » de 2010 et le décret de 2011[(60)]. Tout d'abord, il est proportionné à la sensibilité environnementale de la zone susceptible d'être affectée par le projet, à l'importance et à la nature des travaux, ouvrages et aménagements projetés et à leurs incidences prévisibles sur l'environnement ou la santé humaine. Ensuite, l'étude d'impact doit présenter un nombre imposé de rubriques, selon des modalités extrêmement détaillées. Sans les citer en intégralité, il faut notamment exposer :

– une description du projet comportant des informations relatives à sa conception et à ses dimensions ;
– une analyse de l'état initial de la zone et des milieux susceptibles d'être affectés par le projet ;
– une analyse des effets négatifs et positifs, directs et indirects, temporaires et permanents, à court, moyen et long terme, du projet sur l'environnement et sur la consommation énergétique, la commodité du voisinage, l'hygiène, la santé, la sécurité, la salubrité publique, ainsi que l'addition et l'interaction de ces effets entre eux ;
– une analyse des effets cumulés du projet avec d'autres projets connus ;
– une esquisse des principales solutions de substitution examinées par le pétitionnaire ou le maître d'ouvrage et les raisons pour lesquelles, eu égard aux effets sur l'environnement ou la santé humaine, le projet présenté a été retenu ;
– les mesures prévues pour éviter les effets négatifs notables du projet sur l'environnement ou la santé humaine et réduire les effets n'ayant pu être évités, ou pour les compenser, ainsi que l'estimation des dépenses correspondantes...

Afin de faciliter la prise de connaissance par le public de ces informations, l'étude d'impact est précédée d'un résumé non technique.

Le contenu de l'étude d'impact étant d'une grande complexité, le code de l'environnement prévoit désormais une procédure permettant au pétitionnaire ou au maître d'ouvrage de demander, à l'autorité compétente pour prendre la décision relative au projet, de rendre un avis sur le degré de précision des informations à fournir[(61)]. Celui-ci va permettre d'ajuster le contenu de l'étude d'impact à la sensibilité des milieux et aux impacts potentiels du projet sur l'environnement ou la santé humaine, notamment le degré de précision des différentes rubriques imposées.

---

(58) Décret n° 78-498, art. 17 ; C. env., art. R. 122-2, annexe, 23°.

(59) C. env., art. R. 122-1.

(60) C. env., art. L. 122-3.2° et R. 122-5.

(61) C. env., art. R. 122-4.

2. Les exigences spécifiques

Pour certains projets le code de l'environnement impose que le contenu de droit commun de l'étude d'impact soit complété par des analyses supplémentaires, tenant compte de la spécificité de l'atteinte environnementale. La jurisprudence apporte également des précisions sur les critères d'une étude d'impact suffisante.

a. Les ouvrages hydroélectriques

L'impact environnemental des ouvrages hydroélectriques consiste surtout en l'atteinte portée aux milieux aquatiques : la modification du débit naturel du cours d'eau altère les habitats des différentes espèces et la rupture de sa continuité écologique entrave notamment les migrations de la faune piscicole[(62)]. L'étude d'impact devant être présentée dans le dossier de demande d'autorisation des ouvrages hydroélectriques doit prendre en compte ces spécificités : son contenu est donc adapté[(63)]. Par conséquent elle doit indiquer, compte tenu des variations saisonnières et climatiques, les incidences de l'opération sur la ressource en eau, le milieu aquatique, l'écoulement, le niveau et la qualité des eaux, ainsi que sur chacun des éléments mentionnés à l'article L. 211-1 du code de l'environnement, en fonction des procédés mis en œuvre, des modalités d'exécution des travaux ou de l'activité, du fonctionnement des ouvrages ou installations, de la nature, de l'origine et du volume des eaux utilisées ou concernées. L'étude d'impact doit en outre préciser les mesures compensatoires ou correctives envisagées et la compatibilité du projet avec le schéma directeur d'aménagement et de gestion des eaux (SDAGE) ou le schéma d'aménagement et de gestion des eaux (SAGE) et avec les objectifs de qualité des eaux. En d'autres termes, elle doit replacer le projet dans le contexte d'une gestion équilibrée et durable de la ressource en eau et l'intégrer dans le cadre du droit de l'eau existant. Cette exigence ne concerne pas les ouvrages hydroélectriques soumis à concession, pour lesquels le contenu de l'étude d'impact ne présente pas de spécificité[(64)].

La jurisprudence administrative donne peu d'indications complémentaires, le juge se limitant souvent à énoncer sans grande argumentation qu'une étude d'impact est d'une précision suffisante. C'est le cas, par exemple, de celle contenant une description détaillée du milieu physique, biologique et humain, une analyse de l'impact du projet sur les nuisances sonores, les crues, la flore et la faune, le milieu piscicole, les paysages et la fréquentation du site, une référence aux possibilités existantes de franchissement par les poissons du barrage d'origine situé en amont du projet, et proposant, sans dissimuler les effets négatifs de l'ouvrage, une série de mesures compensatoires parmi lesquelles la réalisation d'une nouvelle échelle à poissons[(65)].

Pour les ouvrages, travaux et activités régis par l'article L. 214-1 et suivants du code de l'environnement et soumis à une étude d'incidences, le contenu de cette dernière est spécifique[(66)]. Il est toutefois prévu que l'étude d'impact de droit commun peut la remplacer, si elle contient les éléments exigés pour cette étude d'incidences[(67)]. Concernant l'étude d'impact devant être effectuée préalablement aux projets de production d'hydroélectricité d'une capacité de plus de 20 MW, réalisés hors du territoire national, en application des mécanismes établis par le Protocole de

(62) *Petite Hydroélectricité et Environnement*, Ministère de l'Écologie et du Développement durable, 2002.

(63) C. env., art. R. 214-72.I.4°.

(64) Décret n° 94-894 du 13 octobre 1994, art. 3.

(65) CE 11 décembre 2000, Ministre de l'Environnement, req. n° 169437, *RJE* 2001, p. 508, obs. Sironneau.

(66) C. env., art. R. 214-6.

(67) C. env., art. R. 122-5.V.

Kyoto, son contenu est spécifique, plus précisément allégé[68]. Elle comprend au minimum une analyse de l'état initial du site et de son environnement, l'évaluation des conséquences du projet, la description des mesures envisagées pour tenter de réduire et de compenser les conséquences dommageables et, le cas échéant, une analyse des effets cumulatifs des impacts liés à l'existence de plusieurs barrages sur un même bassin fluvial.

b. Les ICPE

Le contenu de l'étude d'impact requise pour les installations classées pour la protection de l'environnement (ICPE) soumises à autorisation est par principe celui défini en droit commun, mais complété par des exigences particulières[69]. Ainsi, il doit être en relation avec l'importance de l'installation projetée et avec les incidences prévisibles sur l'environnement, au regard des intérêts mentionnés aux articles L. 211-1 et L. 511-1 du code de l'environnement, dispositions qui posent les principes du droit de l'eau et du droit des ICPE[70]. Ensuite, des explications supplémentaires doivent figurer dans l'étude d'impact : par exemple, l'analyse des effets négatifs et positifs, directs et indirects, temporaires et permanents doit préciser l'origine, la nature et la gravité des pollutions, les effets sur le climat, etc. ; les mesures réductrices et compensatoires doivent faire l'objet d'une description des performances attendues. Cette étude d'impact doit en outre présenter les conditions de remise en état du site après exploitation, le régime des ICPE imposant en effet cette obligation au dernier exploitant[71]. Les installations de production d'énergie renouvelable relevant du droit des ICPE doivent respecter les conditions de cette étude d'impact spécifique.

Le cas des éoliennes, qui désormais sont soumises au régime des ICPE, doit être ici évoqué. L'étude d'impact doit correspondre aux exigences précitées et ne fait pas l'objet d'autres précisions. Il faut toutefois souligner que la loi POPE de 2005 relève, parmi les impacts de la consommation et de la production énergétique que l'État est chargé de limiter, l'impact paysager des éoliennes[72]. L'incidence des projets éoliens sur les paysages est effectivement le plus visible et celui qui cristallise toutes les oppositions. Il n'est toutefois pas le seul[73], l'implantation d'une éolienne ayant des conséquences sur la faune (oiseaux et chauves-souris)[74] et le bruit émis devant également être considéré[75]. Des guides méthodologiques ont été publiés afin de préciser les modalités de réalisation

(68) Arr. 29 mai 2006, pris pour l'application des articles 3 et 4 du décret n° 2006-622, art. 3-1, inséré par arr. 22 mars 2007, complétant les conditions mises à l'agrément des projets de production d'hydroélectricité d'une capacité de production excédant 20 MW.

(69) C. env., art. R. 122-VII, R. 512-6.I.4°.

(70) C. env., art. R. 512-8.

(71) Les éoliennes y sont désormais soumises, alors que le régime antérieur ne l'imposait pas : CAA Marseille 15 mars 2012, Sté EDF en France, req. n° 10MA01595.

(72) Loi n° 2005-781 du 13 juillet 2005, art. 2.

(73) L.-P. Blervacque, « Les impacts des parcs éoliens », *Dr. env.* 2006, n° 135, p. 28.

(74) H. Hötker, K.-M Thomsen, H. Jeromin, « *Impacts on biodiversity of exploitation of renewable energy sources : the example of birds and bats* », Michael-Otto-Institut im NABU, Bergenhusen, 2006. Chauves-souris et éoliennes : L. Rodrigues, L. Bach, M.-J. Dubourg-Savage, J. Goodwin, C. Harbusch, « Lignes directrices pour la prise en compte des chauves-souris dans les projets éoliens », EUROBATS Publications Series n° 3 (version française), PNUE/EUROBATS Secretariat, Bonn, Germany, 2008 ; Protocole d'étude chiroptérologique sur les projets de parcs éoliens, Première étape : document de cadrage, Syndicat des énergies renouvelables, France Énergie Éolienne, Société Française pour l'Étude et la Protection des Mammifères, Ligue pour la Protection des Oiseaux, août 2010. Vie marine et éoliennes en mer : S. B. Leonhard, C. Stenberg, J. Støttrup (eds.), *Effect of the Horns Rev 1 Offshore Wind Farm on Fish Communities, Follow-up Seven Years after Construction,* DTU Aqua Report n° 246-2011, National Institute of Aquatic Resources, Technical University of Denmark, 2011.

(75) *Impacts du bruit généré par les éoliennes. État des lieux de la filière éolienne. Propositions pour la mise en œuvre de la procédure d'implantation,* AFSSET, ADEME, mars 2008.

d'une étude d'impact satisfaisante(76). En outre, l'abondant contentieux éolien apporte également des précisions. Une étude d'impact est insuffisante en l'absence : d'analyse des méthodes utilisées pour évaluer les effets du projet sur l'environnement et d'estimation des dépenses correspondant aux mesures compensatoires prévues(77), d'explication d'ordre environnemental sur l'abandon du premier parti envisagé pour le projet(78), de précision sur l'impact sur les déplacements des chiroptères et sur l'insertion dans le paysage du projet(79), de précision sur les conséquences sur l'environnement visuel de monuments historiques classés(80), de relevé détaillé de la mesure du bruit(81), d'inventaire floristique et faunistique d'une rigueur sans faille pour un site d'implantation constituant un écosystème d'une grande valeur écologique(82), d'une étude des risques au regard de l'implantation spécifique du projet à proximité immédiate d'une route(83). À l'inverse, l'étude d'impact ne peut être regardée comme insuffisante du fait de l'absence de développements particuliers sur la question de la dépréciation immobilière(84) ; elle n'a pas à faire apparaître l'impact cumulé des effets d'ombre portée sur un hameau par le projet en cause et un autre parc éolien déjà construit(85).

C. Les effets de l'étude d'impact sur la décision d'autorisation

La rédaction de l'étude d'impact, en conformité avec les exigences du code de l'environnement, va conditionner la délivrance de l'autorisation ou du permis requis pour l'exercice de l'activité d'exploitation des sources d'énergie renouvelables envisagée. L'un des enjeux de la réforme opérée par la loi « Grenelle 2 » de 2010 a été de renforcer les effets de cette étude d'impact sur la décision administrative relative au projet. Par conséquent, il est désormais prévu que la décision de l'autorité compétente qui autorise le pétitionnaire ou le maître d'ouvrage à réaliser le projet prend en considération l'étude d'impact : elle fixe les mesures destinées à éviter, réduire et, lorsque c'est possible, compenser les effets négatifs notables du projet sur l'environnement ou la santé humaine, ainsi que les modalités de leur suivi(86). Ce suivi consiste en une présentation de l'état de réalisation des mesures, à travers un ou plusieurs bilans, permettant de vérifier leur degré d'efficacité et leur pérennité, sur une période donnée(87). Un contrôle de la mise en œuvre de ces mesures est prévu(88), ainsi que des sanctions en cas de non respect(89).

---

(76) *Guide de l'étude d'impact sur l'environnement des parcs éoliens, Actualisation 2010,* Ministère de l'Écologie, de l'Énergie, du Développement durable et de la Mer.

(77) CAA Marseille 27 janvier 2005, C^{ne} de Montbrun-des-Corbières, req. n° 00MA02734.

(78) TA Lyon 4 novembre 2008, C^{ne} de Thezillieu, req. n° 060305, *JCP A* 2009, comm. 2008, B. Le Baut-Ferrarese.

(79) CAA Douai 13 novembre 2008, S^{té} des éoliennes du soissonnais, req. n° 08DA00187.

(80) CAA Douai 22 janvier 2009, SNC MSEE Le haut des épinettes, req. n° 08DA00372 – CAA Bordeaux 30 juillet 2010, S^{té} d'exploitation du parc éolien du pays d'Ecueille, req. n° 09BX02233, *Environnement* 2010, comm. 150, D. Gillig.

(81) CAA Nancy 20 mai 2009, S^{té} Winspeed GMBH, req. n° 08NC00550 – CAA Nancy 2 juillet 2009, Association Pare-brise, req. n° 08NC00126 – CAA Lyon 12 avril 2011, Association pour la préservation des paysages exceptionnels du Mezenc, req. n° 09LY02777 – CAA Nancy 5 janvier 2012, Association Pare-brise, req. n° 11NC00161.

(82) CAA Nantes 7 avril 2010, SNC Parc éolien Guern, req. n° 09NT00829 – CAA Nantes 24 décembre 2010, Association Vents de folie, req. n° 09NT01503.

(83) CAA Marseille 30 mai 2011, S^{té} ERL, req. n° 10MA03481.

(84) CAA Lyon 10 mai 2011, Association Horizons, req. n° 09LY00397.

(85) CAA Marseille 20 décembre 2011, Ronse, req. n° 10MA00360. Cette solution porte sur une étude d'impact antérieure à la réforme de 2010-2011, désormais l'art. R. 122-5.II.4° C. env. prévoit qu'une analyse des effets cumulés du projet avec d'autres projets connus doit être présentée dans l'étude d'impact.

(86) C. env., art. L. 122-2.IV, R. 122-14.

(87) C. env., art. R. 122-15.

(88) C. env., art. L. 122-3-1, L. 122-3-2, L. 122-3-3.

(89) C. env., art. L. 122-3-4.

D. La portée contentieuse de l'étude d'impact

En cas de recours contentieux contre la décision d'autorisation du projet, l'étude d'impact, qui constitue un élément essentiel du dossier, est systématiquement visée. Afin de mesurer sa portée contentieuse, il faut envisager les conséquences de son absence totale, puis de son irrégularité.

1. L'absence d'étude d'impact

En cas d'absence d'étude d'impact, alors que celle-ci était obligatoire, si une requête est déposée devant la juridiction administrative contre l'autorisation ou la décision d'approbation du projet, le juge des référés, saisi d'une demande de suspension de la décision attaquée, y fait droit dès que cette absence est constatée, selon l'article L. 122-2 du code de l'environnement[(90)]. Cette disposition déroge aux conditions normalement exigées pour l'obtention en référé de la suspension d'exécution d'une décision, la condition d'urgence imposée par le droit commun n'ayant pas à être satisfaite[(91)]. L'absence d'étude d'impact permet dans un second temps d'obtenir l'annulation sur le fond de l'autorisation ou de la décision d'approbation du projet[(92)].

2. L'irrégularité de l'étude d'impact

a. La suspension d'exécution de la décision

Une étude d'impact réalisée, mais dans des conditions irrégulières, peut être utilement invoquée pour démontrer qu'il existe un doute sérieux quant à la légalité de la décision d'autorisation ou d'approbation du projet de production d'énergie renouvelable. L'une des conditions requises pour l'obtention d'une suspension d'exécution en référé étant ainsi satisfaite, il reste à établir l'urgence[(93)]. Ainsi, la suspension d'exécution de permis de construire des éoliennes a pu être obtenue, le doute sérieux sur leur légalité résultant d'une absence de mise à disposition du public des résultats de l'étude d'impact, l'urgence étant par ailleurs facilement retenue par le juge[(94)]. À l'inverse, l'étude d'impact présentée à l'appui du dossier de demande de permis de construire un centre de traitement de déchets ménagers avec valorisation énergétique ayant été estimée suffisamment précise, les conditions de sa réalisation n'ont pu créer de doute sérieux et fonder ainsi une suspension d'exécution dudit permis de construire[(95)]. De manière plus nuancée, le juge a admis que l'insuffisance de l'étude d'impact, ajoutée toutefois à la méconnaissance du PLU, était de nature à créer un doute sérieux sur la légalité du permis de construire une usine de méthanisation[(96)].

b. L'annulation de la décision

L'irrégularité de l'étude d'impact va entacher d'illégalité la décision administrative qu'elle est censée éclairer. Elle peut résulter des conditions dans lesquelles l'étude d'impact a été rendue

(90) Voir CE 13 juillet 2007, SIETOM de la région de Tournan-en-Brie, req. n° 294603, *AJDA* 2007, p. 2 210, note C. Cans, sur la notion d'absence d'étude d'impact – CE 6 juillet 2011, Communauté locale de l'eau du Drac Amont, req. n° 342385, suspension en référé de l'autorisation complémentaire d'exploitation d'une microcentrale en l'absence d'étude d'impact.

(91) CE 14 mars 2001, C^ne^ de Goutrens, req. n° 230134.

(92) CE 24 octobre 1986, S^té^ SEFIMA, req. n° 38077-41093-41094, une autorisation de défrichement délivrée en l'absence d'étude d'impact pourtant obligatoire est illégale.

(93) CJA, art. L. 521-1.

(94) CE 3 mars 2004, S^té^ Ploudalmezeau Breiz Avel, req. n° 259001, *RFDA* 2004, p. 637 ; *JCP A* 2004, n° 39, p. 1 227, note P. Billet ; *BJDU* 1-2004, p. 43, concl. S. Boissard, obs. J.-C. B. – CE 7 juillet 2004, Ministère de l'Équipement, des Transports, du Logement, du Tourisme et de la Mer, req. n° 258051, *RJE* 2005, p. 372. Voir *supra* p. 224.

(95) CE 15 février 2007, Syndicat d'agglomération nouvelle Ouest-Provence, req. n° 294852.

(96) CE 2 février 2007, Mme Bedry, req. n° 298547.

publique[97]. De manière générale, cette publicité est régie en détail par le code de l'environnement[98]. Le juge a précisé que si l'étude d'impact est complétée par un rapport complémentaire, si celui-ci est postérieur à la période de consultation du public la procédure est irrégulière[99].

L'insuffisance du contenu de l'étude d'impact constitue une autre forme d'irrégularité : le juge administratif examine à la fois la proportionnalité de l'étude d'impact par rapport au projet et le contenu précis des différentes rubriques exigées, étant entendu que la jurisprudence disponible porte sur l'étude d'impact existant avant la réforme opérée par la loi « Grenelle 2 » de 2010. En matière d'exploitation des sources d'énergie renouvelable, si l'insuffisance de l'étude d'impact est systématiquement soulevée, elle n'est que rarement retenue par le juge. Ainsi, pour la réalisation d'ouvrages hydroélectriques, dans l'immense majorité des cas, l'étude d'impact est estimée suffisante[100]. Il semble donc que les altérations causées au milieu aquatique soient correctement prises en considération, le seul cas d'annulation d'une autorisation à la suite d'une étude d'impact insuffisante se fondant sur l'absence de mesures des éventuelles nuisances sonores d'une usine hydroélectrique située à proximité immédiate de plusieurs habitations[101]. De même, la jurisprudence relative aux unités de valorisation des déchets fournit surtout des exemples d'études d'impact satisfaisantes, ne permettant pas de fonder une annulation de l'autorisation délivrée au titre de la réglementation des ICPE[102], et rares sont les arrêts admettant des lacunes justifiant une censure[103]. Selon le Conseil d'État, il faut que les insuffisances aient nuit à l'information complète du public ou aient exercé une influence sur la décision de l'autorité administrative[104].

(97) CE 6 novembre 2006, Association pour la préservation des paysages exceptionnels du Mézenc, req. n° 281072, *JCP A* 2006, n° 48, p. 1 559, concl. Y. Aguila, note P. Billet.

(98) C. env., art. L. 122-1-1, R. 122-9 et s.

(99) CAA Douai 13 novembre 2008, S^té^ des éoliennes du soissonnais, req. n° 08DA00187 – CAA Douai 22 janvier 2009, SNC MSEE Le Haut des Épinettes, req. n° 08DA00372 – CAA Bordeaux 30 juillet 2010, S^té^ d'exploitation du parc éolien du pays d'Ecueille, req. n° 09BX02233, *Environnement* 2010, comm. 150, D. Gillig.

(100) CE 17 juin 1992, SEPANEC, req. n° 37182 – CE 28 décembre 1992, M. Lucenay, req. n° 116428 – CE 21 octobre 1994, Fédération Rhône-Alpes de protection de la nature, req. n° 54719 – CE 26 octobre 1994, Association TOS, req. n° 128013 – CE 4 janvier 1995, Association TOS, req. n° 148565 – CE 28 février 1997, Association Ain Nature – Fédération Rhône-Alpes de protection de la nature, req. n° 152482 – CE 26 mars 1997, Association TOS, req. n° 146320 – CE 21 janvier 1998, Association TOS, req. n° 147577 – CE 11 décembre 2000, Ministre de l'Environnement, req. n° 169437 – CE 10 novembre 2006, Association de défense du Rizzanèse et de son environnement, req. n° 275013 – CAA Marseille 20 septembre 2007, Association TOS, req. n° 04MA00286 – CAA Bordeaux 30 juillet 2009, Fédération de l'Aveyron pour la pêche et la protection du milieu aquatique, req. n° 08BX00596 – CAA Lyon 9 novembre 2010, SARL EAL Jouval, req. n° 09LY00424.

(101) CE 29 juillet 1994, M. et Mme Dumont, req. n° 97327.

(102) CAA Nancy 9 mars 1993, Association de défense contre une usine d'incinération dans l'agglomération urbaine du district urbain du pays de Montbéliard, req. n° 89NC01448 – CAA Douai 30 novembre 2006, Ministère de l'Écologie et du Développement durable, req. n° 05DA01495 – CAA Marseille 27 mars 2008, Association départementale d'action contre l'incinération et les pollutions ADACIP, req. n° 05MA00692, unité d'incinération et de valorisation énergétique des déchets – CAA Marseille 20 novembre 2009, Syndicat d'agglomération nouvelle Ouest Provence, req. n° 07MA03601, centre de traitement multifilières de déchets ménagers avec valorisation énergétique – CAA Marseille 11 février 2010, Syndicat d'agglomération nouvelle Ouest Provence, req. n° 08MA00145, centre de traitement multifilières de déchets ménagers avec valorisation énergétique – CAA Marseille 10 juin 2011, Pierchon, req. n° 09MA01837, unité de méthanisation de déchets ménagers.

(103) TA Montpellier 9 février 2007, Association pour la protection de l'environnement du Lunellois, req. n° 0300701, étude d'impact d'une unité d'incinération et de valorisation énergétique de déchets insuffisante – CAA Marseille 2 octobre 2008, S^té^ Ocréal, req. n° 07MA01524, étude d'impact d'une unité d'incinération et de valorisation énergétique de déchets, insuffisante sur la dangerosité des effluents liquides résultant du lavage des fumées, aucune précision sur les effets possibles de l'usine sur les cultures maraîchères, sur les arbres fruitiers ou les animaux d'élevage.

(104) CE 14 octobre 2011, S^té^ Ocréal, req. n° 323257.

Il en va différemment pour le contentieux relatif aux éoliennes, le contenu de l'étude d'impact ayant une capacité certaine à rejaillir sur la légalité de la décision d'octroi du permis de construire : outre le fait qu'il peut être estimé insuffisant, eu égard à l'incidence directe sur les paysages et l'environnement[(105)] ou aux nuisances sonores générées[(106)], l'étude d'impact est appréhendée par le juge comme un élément d'information, lui permettant le cas échéant, d'apprécier la légalité du permis de construire par rapport à la réglementation urbanistique. Ainsi, l'exposé des risques présentés par des éoliennes peut-il servir de référence pour examiner la légalité du permis de construire par rapport à l'article R. 111-2 du code de l'urbanisme[(107)], ou la description faite d'un paysage naturel typique peut-elle attester de l'intérêt de celui-ci et donc de la légitimité d'un refus de permis de construire[(108)].

En conclusion, si les exigences imposées par les textes, ajoutées à la réalité du contrôle jurisprudentiel sur le contenu de l'étude d'impact, permettent d'affirmer qu'elle n'est jamais une simple formalité, ce n'est pas non plus l'instrument par lequel des considérations purement environnementales viendront entraver le développement de l'exploitation des sources d'énergie renouvelables. Le contentieux éolien montre néanmoins que les enjeux environnementaux sont de mieux en mieux intégrés dans la conception des projets, sous la pression du risque contentieux que fait courir une étude d'impact irrégulière ou incomplète.

§2. L'exploitation des sources d'énergie renouvelables dans les espaces protégés

La protection de l'environnement peut nécessiter de mettre en place, dans des espaces déterminés, une réglementation plus contraignante qu'ailleurs, venant limiter l'exercice des activités humaines. L'exploitation des sources d'énergie renouvelables est évidemment concernée par ces restrictions, même si, ponctuellement, sa contribution à un développement durable va permettre certains infléchissements. Par principe, il est plus difficile d'entreprendre une telle activité dans un espace protégé qu'ailleurs. Toutefois, l'implantation d'une usine de méthanisation ou d'un groupe d'éoliennes n'ayant pas les mêmes incidences que l'installation de quelques panneaux solaires, il convient d'examiner plus précisément les contraintes établies dans chaque cas, en distinguant les zones de protection des milieux naturels des zones de conservation du patrimoine culturel.

I. Les zones de protection des milieux naturels

Les espaces protégés au titre de la sauvegarde des milieux naturels sont nombreux et soumis à des régimes très variés, qui imposent un examen particulier, d'une part, des modalités de conservation mises en œuvre, d'autre part, de l'impact environnemental du projet d'exploitation de sources

(105) CAA Marseille 27 janvier 2005, C^ne de Montbrun-des-Corbières, préc. – CAA Nantes 7 avril 2010, SNC Parc éolien Guern, req. n° 09NT00829 – CAA Nantes 24 décembre 2010, Association Vents de folie, req. n° 09NT01503 – CAA Lyon 12 avril 2011, Association pour la préservation des paysages exceptionnels du Mezenc, req. n° 09LY02777.

(106) CAA Lyon 23 octobre 2007, SARL Le Pré bossu, req. n° 06LY02337 – CAA Nancy 20 mai 2009, S^té Winspeed GMBH, req. n° 08NC00550 – CAA Nancy 2 juillet 2009, Association Pare-brise, req. n° 08NC00126 et CE 30 décembre 2010, Humblot, req. n° 331357 – CAA Lyon 12 avril 2011, Association pour la préservation des paysages exceptionnels du Mezenc, req. n° 09LY02777 – CAA Nancy 5 janvier 2012, Association Pare-brise, req. n° 11NC00161.

(107) CAA Lyon 5 avril 2005, Association pour la préservation des paysages exceptionnels du Mézenc, req. n° 04LY00431, *MTP* 16 septembre 2005, p. 392 ; *RJE* 2006, note G. Monédiaire.

(108) CAA Douai 16 novembre 2006, SA Infinivent, req. n° 05DA01404, *Environnement* février 2007, p. 27, note J.-L. – CAA Nantes 24 décembre 2010, Association Vents de folie, req. n° 09NT01503.

d'énergie renouvelables. Seront présentés ici : les parcs nationaux, les réserves naturelles, les parcs naturels régionaux, les sites Natura 2000 et les sites classés ou inscrits.

A. Les parcs nationaux

Les dispositions générales régissant les parcs nationaux restreignent par principe les activités dans le cœur du parc : y exploiter une source d'énergie renouvelable apparaît dès lors peu concevable[(109)]. Afin de déterminer, en fonction des caractéristiques d'un projet donné, ce qui est réalisable, il convient de se référer au décret de classement du parc en question et à sa charte, ces documents détaillant les règles applicables. Ainsi, dans le parc national de la Réunion, les activités hydroélectriques existantes et régulièrement exercées sont autorisées, les modifications des installations ainsi que la création de nouvelles installations étant possibles, sous réserve de l'avis conforme du conseil d'administration du parc[(110)]. Par principe, dans le cœur d'un parc, tout aménagement est soumis à l'obtention préalable d'une autorisation spéciale, délivrée selon des modalités différentes selon que l'espace concerné est urbanisé ou pas et selon que le projet est soumis à autorisation d'urbanisme ou non[(111)]. Par ailleurs, il est fait obligation d'enfouissement des réseaux électriques lors de la création de lignes nouvelles d'une tension supérieure à 19 000 volts[(112)], une dérogation pouvant être accordée lorsque des nécessités techniques impératives ou des contraintes topographiques le justifient.

Dans l'aire d'adhésion du parc, les activités humaines sont soumises à un régime moins strict, qui peut permettre d'y développer plus facilement l'exploitation de sources d'énergie renouvelables. La charte du parc national définit les orientations de protection, de mise en valeur et de développement durable qui s'y appliquent, celles-ci liant juridiquement les communes qui ont adhéré à la charte, mais n'étant pas directement opposables aux tiers. Ces orientations pourraient intégrer la promotion des énergies renouvelables, au titre d'un développement durable des territoires de l'aire d'adhésion.

L'exploitation de l'énergie géothermique fait l'objet d'une mesure spécifique, dans le cas particulier des DOM : les constructions et installations indispensables à l'approvisionnement en énergie géothermique peuvent être autorisées, lorsque le cœur du parc représente plus du quart de la surface totale du département[(113)]. Cette mesure vise à privilégier le recours à une production énergétique non polluante et à l'impact paysager restreint – par opposition aux éoliennes – dans le contexte insulaire particulier aux DOM (elle concerne directement le parc national de la Réunion[(114)]).

En ce qui concerne les ouvrages hydroélectriques, l'article R. 214-75 du code de l'environnement prévoit que si l'ouvrage est situé, en partie ou en totalité, dans un parc national, le préfet, qui normalement délivre l'autorisation d'exploitation, sursoit à statuer jusqu'à ce que l'autorité compétente pour autoriser les travaux dans l'espace concerné – se soit prononcée.

(109) C. env., art. L. 331-1 et s. et R. 331-1 et s. Voir loi n° 2006-436, 14 avril 2006, et décrets d'application. I. Michallet, « Parcs nationaux », *J. Cl. Environnement*, Fasc. 3500 ; « Évolution du droit des parcs nationaux », *Environnement* 2012, comm. 15.

(110) Décret n° 2007-296, 5 mars 2007, créant le parc national de la Réunion.

(111) C. env., art. L. 331-4, R. 331-18 et R. 331-19, et C. urb., art. R. 425-5, R. 425-6 et R. 425-19.

(112) C. env., art. L. 331-5.

(113) C. env., art. L. 331-15.

(114) J.-P. Giran, « Rapport sur le projet de loi relatif aux parcs nationaux et aux parcs naturels marins », Ass. nat. n° 2687, 22 novembre 2005, p. 70.

Lorsqu'ils s'appliquent à des espaces inclus dans un parc national, certains documents de planification encadrant l'exploitation des sources d'énergie renouvelables vont relever de contraintes particulières. Les documents concernés sont le schéma régional éolien, le schéma directeur d'aménagement et de gestion des eaux (SDAGE) et le schéma d'aménagement et de gestion des eaux (SAGE) (ouvrages hydroélectriques), le schéma régional du climat, de l'air et de l'énergie (SRCAE, qui comprend le schéma régional éolien) ou encore certains documents d'aménagement des forêts(115). Lors de leur élaboration ou de leur révision, ils doivent être soumis pour avis à l'établissement public du parc national et, dans le cœur du parc, ils doivent être compatibles avec les objectifs de protection définis par la charte du parc(116). Si le document de planification est antérieur à la charte, il doit être mis en compatibilité avec ses objectifs dans un délai de 3 ans à compter de son approbation.

B. Les réserves naturelles

Par principe, dans une réserve naturelle, il est possible de soumettre à un régime particulier, voire d'interdire les activités pouvant porter atteinte au milieu naturel(117). En conséquence, il apparaît difficile d'implanter une installation exploitant des sources d'énergie renouvelables dans une telle zone, qu'il s'agisse d'une réserve naturelle nationale ou régionale. Comme pour les parcs nationaux, il convient de se référer à l'acte de classement de la réserve, afin d'évaluer précisément la faisabilité d'un projet donné. Dans la mesure où aucune destruction ni modification des territoires, dans leur état ou leur aspect, n'est possible sans une autorisation spéciale, tout aménagement doit faire l'objet d'une demande préalable(118), auprès du préfet de département (réserve naturelle nationale) ou du conseil régional (réserve naturelle régionale) – cette autorisation spéciale s'inscrit dans le cadre des procédures d'urbanisme le cas échéant(119). En toute hypothèse, sur le territoire d'une réserve naturelle, il est fait obligation d'enfouissement des réseaux électriques, sauf pour les lignes d'une tension inférieure à 19 000 volts(120). Il peut être dérogé à cette obligation lorsque des nécessités techniques impératives ou des contraintes topographiques le justifient.

C. Les parcs naturels régionaux

Les parcs naturels régionaux n'ont pas pour seule finalité de protéger l'environnement, ils concourent également à l'aménagement du territoire et au développement économique et social. Il n'y a donc pas d'obstacle de principe à engager dans ces espaces des activités d'exploitation des sources d'énergie renouvelables(121). Au contraire, les parcs naturels régionaux, instruments d'une politique de développement durable, pourraient être le lieu d'expérimentation de projets de production énergétique respectueuse de l'environnement(122). Les orientations déterminées par la charte du parc constituent le document de référence pour établir les conditions de réalisation d'un projet, même si cette charte ne peut légalement contenir de règles opposables aux tiers et reste un acte destiné à orienter l'action des

(115) C. env., art. R. 331-14.

(116) C. env., art. L. 331-3.III.

(117) C. env., art. L. 332-1 et s. et R. 332-1 et s.

(118) C. env., art. L. 332-9.

(119) C. urb., art. R. 425-4.

(120) C. env., art. L. 332-15.

(121) C. env., art. L. 333-1 et s. et R. 333-1 et s.

(122) Voir les actions de promotion des énergies renouvelables dans le PNR des Pyrénées catalanes (www.parc-pyrenees-catalanes.fr/fr/energies-renouvelables/), dans le PNR du Morvan (www.parcdumorvan.org) ou dans le PNR du Vercors (www.parc-du-vercors.fr).

pouvoirs publics(123). Comme pour les parcs nationaux, certains documents de planification doivent être soumis pour avis à l'organisme de gestion du parc naturel régional lors de leur élaboration ou de leur révision(124) : le schéma régional du climat, de l'air et de l'énergie (SRCAE, qui comprend le schéma régional éolien), le SDAGE et le SAGE (ouvrages hydroélectriques)(125).

D. Les parcs naturels marins

Ce nouvel outil de conservation de la nature, instauré en 2006, concerne les eaux placées sous la souveraineté ou sous la juridiction de l'État, et vise à contribuer à la protection et au développement durable du milieu marin(126). Deux documents servent ici de référence afin de déterminer les possibilités d'activités d'exploitation de sources d'énergie renouvelables dans le périmètre du parc : le décret de création et le plan de gestion adopté par le conseil de gestion. Par principe, toute activité susceptible d'altérer de façon notable le milieu dans un parc naturel marin ne peut être autorisée qu'avec l'avis conforme de l'Agence des aires marines protégées ou, sur délégation, du conseil de gestion du parc(127). Cette procédure trouvera sans doute à s'appliquer à des projets d'implantation d'éoliennes en mer. Plus spécifiquement, il est prévu, dans l'hypothèse de travaux de recherche et d'exploitation de gîtes géothermiques dans le périmètre d'un parc naturel marin, que le conseil de gestion du parc doive être consulté sur la demande d'autorisation d'ouverture des travaux et en cas de modifications ultérieures entraînant un changement substantiel des données initiales du dossier(128). Selon l'article R. 214-75 du code de l'environnement, si un ouvrage hydroélectrique est situé, en partie ou en totalité, dans un parc naturel marin, le préfet, qui normalement délivre l'autorisation, sursoit à statuer jusqu'à ce que l'autorité compétente – pour autoriser les aménagements dans le parc – se soit prononcée.

E. Les sites Natura 2000

Le réseau Natura 2000 résulte de la mise en œuvre de deux directives européennes destinées à préserver la biodiversité sur l'ensemble du continent : en application de la directive de 1979 sur les oiseaux, des zones de protection spéciale (ZPS) ont été désignées(129), la directive de 1992 sur les habitats prévoyant la sélection de zones spéciales de conservation (ZSC)(130). Ces deux types de zones sont choisies par les États membres, sur le fondement de critères scientifiques établis par les directives concernées, et composent un réseau européen d'habitats naturels protégés, dénommé Natura 2000. Le dispositif a été transposé en droit français : les sites Natura 2000 font l'objet de

(123) CE 27 février 2004, Centre régional de la propriété foncière de Lorraine-Alsace, req. n° 198124, *Lebon* p. 98 – CE 15 novembre 2006, Syndicat mixte du parc naturel régional de la montagne de Reims, req. n° 291056. Éoliennes en PNR : CAA Nancy 30 octobre 2008, MEDAD, req. n° 07NC01531 – CAA Bordeaux 22 janvier 2009, MEDAD, req. n° 07BX01137, *Environnement* 2009, comm. 56, M. Sousse – CAA Bordeaux 27 octobre 2009, MEEDDAT, req. n° 08BX01064 – CAA Marseille 25 novembre 2010, EDF en France, req. n° 09MA00756, *Environnement* 2011, comm. 39, D. Gillig – CAA Bordeaux 2 février 2012, S[té] La compagnie du vent, req. n° 10BX00612.

(124) C. env., art. L. 333-1.

(125) C. env., art. R. 333-15.

(126) C. env., art. L. 334-3 et s. et R. 334-27 et s., issus loi n° 2006-436, 14 avril 2006, et décret n° 2006-1266, 16 octobre 2006.

(127) C. env., art. L. 334-5.

(128) Décret n° 2006-649, 2 juin 2006, relatif aux travaux miniers, aux travaux de stockage souterrain et à la police des mines et des stockages souterrains, art. 12 et 17.

(129) Directive 79/409, 2 avril 1979, concernant la conservation des oiseaux sauvages, abrogée et codifiée par la directive 2009/147, 30 novembre 2009.

(130) Directive 92/43, 21 mai 1992, concernant la conservation des habitats naturels ainsi que de la faune et de la flore sauvages.

mesures destinées à conserver ou à rétablir dans un état favorable les habitats naturels et les populations des espèces de faune et de flore sauvage(131). *A priori*, ils ne sont donc pas destinés à être le lieu d'une exploitation énergétique, même issue de sources d'énergie renouvelables. Toutefois, ces mesures, établies en concertation, tiennent compte des exigences économiques, des particularités régionales et locales et ne conduisent pas à interdire les activités humaines dès lors qu'elles n'ont pas d'effets significatifs par rapport aux objectifs précités. Il convient donc de se reporter au document d'objectifs, qui définit pour chaque site Natura 2000 les orientations de gestion et les mesures prévues. Les projets dont la réalisation est de nature à affecter de façon notable un site Natura 2000 doivent faire l'objet d'une évaluation de leurs incidences au regard des objectifs de conservation du site, l'autorisation ou l'approbation étant délivrée en fonction des résultats de cette évaluation(132). Cette évaluation d'incidences est apparentée à l'étude d'impact, qu'elle viendra compléter le cas échéant.

La jurisprudence donne certaines indications sur les possibilités d'exploiter les sources d'énergie renouvelables en site Natura 2000. La Cour de justice de l'Union européenne, interrogée à propos de l'interdiction d'installation d'éoliennes à finalité commerciale dans les zones Natura 2000 en droit italien, a précisé que les directives européennes instituant ces zones, ainsi que celles relatives à la promotion des énergies renouvelables, doivent être interprétées comme ne s'opposant pas à une telle interdiction, même imposée *a priori*, c'est-à-dire sans aucune évaluation préalable des incidences environnementales du projet sur le site concerné, pour autant que les principes de non discrimination et de proportionnalité sont respectés(133). En droit interne, le contentieux éolien donne plusieurs illustrations de projets implantés à proximité de sites Natura 2000, leur existence étant relevée par le juge comme l'un des éléments permettant d'apprécier une éventuelle atteinte à l'environnement, en contradiction notamment avec les dispositions pertinentes du règlement national d'urbanisme(134). La présence proche d'un site Natura 2000 est également prise en compte pour apprécier l'incidence sur les paysages et le patrimoine culturel d'une zone de développement éolien (ZDE)(135). Lorsque les éoliennes sont situées dans le site Natura 2000, le juge s'en remet à l'étude d'incidences(136). Concernant l'implantation d'un parc solaire dans un site Natura 2000, il procédera de même, examinant l'étude d'incidences en détail avant de prononcer son insuffisance, eu égard à l'incertitude des effets sur les espèces de rapaces présentes sur le site et aux critiques sérieuses dirigées contre plusieurs des mesures destinées à réduire ou compenser ces effets(137).

(131) C. env., art. L. 414-1 et s. et R. 414-1 et s.

(132) C. env., art. L. 414-4 et R. 414-19 et s.

(133) CJUE 21 juillet 2011, Azienda Agro-Zootecnica Franchini Sarl, Eolica di Altamura Srl/Regione Puglia, C-2/10, *JOUE* C 269 du 10.9.2011. Voir aussi « *Guidance document, Wind energy developments and Natura 2000* », European Commission, octobre 2010.

(134) CAA Marseille 15 janvier 2010, S[té] Trelans Lozère Énergie, req. n° 07MA00898, *Environnement* 2010, comm. 39, M. Sousse – CAA Nantes 24 décembre 2010, Association Vents de folie, req. n° 09NT01503 – CAA Bordeaux 2 février 2012, S[té] La compagnie du vent, req. n° 10BX00612 – CAA Lyon 28 février 2012, S[té] la Compagnie du vent, req. n° 10LY02148. Sur le RNU, voir *supra* p. 208.

(135) CAA Nancy 16 décembre 2010, Communauté de communes de Haute Saulx, req. n° 09NC01912, *Environnement* 2011, comm. 29, P. Trouilly.

(136) CAA Lyon 10 mai 2011, Association Horizons, req. n° 09LY00397, l'étude a conclu à l'absence d'incidences particulières pour l'environnement, et notamment pour l'avifaune – CAA Marseille 16 juin 2011, Roy, req. n° 09MA01017, absence d'impact du projet sur les espèces de chauve-souris répertoriées dans le site Natura 2000.

(137) TA Marseille 24 mai 2012, Association Clarency et autres, préc.

F. Les sites classés ou inscrits

L'inscription ou le classement d'un site étant justifié par l'intérêt que présente sa conservation ou sa préservation, au point de vue artistique, historique, scientifique, légendaire ou pittoresque(138), une activité d'exploitation de sources d'énergie renouvelables portant atteinte à cet intérêt ne peut y être conduite.

Remarque

Une activité à proximité du site est possible : l'usine marémotrice de la Rance, proche du site de l'Anse des rivières, caractéristique des rivières de Bretagne, ne lui ôte pas le caractère pittoresque qui justifie son classement (CE 17 mai1999, C^ne^ de La Richardais, req. n° 148333). Un barrage, situé en dehors de la zone protégée et dont la cote de retenue demeure à un niveau identique depuis son origine, n'est pas de nature à modifier l'état d'un site inscrit (CAA Bordeaux 21 octobre 2004, Association Sepanso Béarn Pyrénées, req. n° 00BX00615).

D'ailleurs, le classement d'un lac ou d'un cours d'eau susceptible de produire une puissance permanente de 50 kW d'énergie électrique ne peut être opéré par le ministre chargé des sites sans l'accord des ministres intéressés(139), procédure qui sous-entend un renoncement à une exploitation future, préalable à la décision de classement. En cas de désaccord le classement est prononcé par décret en Conseil d'État(140). Aucun projet, qui aurait pour conséquence de détruire ou de modifier l'état ou l'aspect d'un site classé, n'est réalisable sans une autorisation spéciale du préfet ou du ministre (le préfet recueille l'avis de l'architecte des bâtiments de France)(141), tandis qu'en site inscrit, tous travaux doivent être précédés d'une déclaration, effectuée 4 mois à l'avance, auprès du préfet(142). Dans le cas particulier de l'implantation d'un ouvrage hydroélectrique, situé en partie ou en totalité dans un site classé ou inscrit, ou qui modifie un tel site, le préfet, chargé en principe de délivrer l'autorisation au titre de la loi de 1919 sur l'énergie hydraulique, sursoit à statuer jusqu'à ce que l'autorité compétente se soit prononcée(143). Enfin, comme dans les parcs nationaux et les réserves naturelles, sur le territoire d'un site classé, il est fait obligation d'enfouissement des lignes électriques nouvelles d'une tension supérieure à 19 000 volts, sauf lorsque des nécessités techniques impératives ou des contraintes topographiques ne le permettent pas(144). Par ailleurs, la jurisprudence sur les éoliennes indique que la présence d'un site classé ou inscrit à proximité du terrain d'implantation, et l'éventuelle co-visibilité avec les éoliennes, constitue un élément d'appréciation de l'impact paysager(145).

(138) C. env., art. L. 341-1 et s. et R. 341-1 et s.

(139) C. env., art. L. 341-4 et L. 341-6.

(140) Voir aussi CE 31 mars 2004, SA Blanchiment de Xonrupt, req. n° 247924, *JCP A* 2004, n° 39, p. 1 232, note P. Billet.

(141) C. env., art. L. 341-10, R. 341-10 et s., et C. urb., art. R. 425-17, lien avec les autorisations d'urbanisme.

(142) C. env., art. L. 341-1 et R. 341-9, avis de l'architecte des bâtiments de France. Voir aussi C. urb., art. R. 425-30, lien avec les autorisations d'urbanisme.

(143) C. env., art. R. 214-75.

(144) C. env., art. L. 341-11. CE 10 juillet 2006, Association pour la protection du lac de Sainte-Croix, req. n° 289393, *JCP A* 2006, n° 44-45, p. 1 424, note P. Billet.

(145) CAA Nantes 29 juillet 2008, MEDAD, req. n° 07NT03351 – CAA Nancy 20 mai 2009, S^té^ Winspeed GMBH, req. n° 08NC00550 – CE 16 juillet 2010, MEEDDM, req. n° 327262 – CAA Marseille 6 octobre 2011, S^té^ Eole-Res, req. n° 09MA03285 – CAA Lyon 28 février 2012, S^té^ Compagnie du vent, req. n° 10LY02148 – CAA Douai 5 avril 2012, S^té^ Innovent, req. n° 11DA00573 – CAA Nantes 6 avril 2012, S^té^ Eolis, req. n° 10NT01141 – CAA Douai 10 avril 2012, Bohere, req. n° 10DA01153. Même raisonnement à propos de la création d'une ZDE : CAA Marseille 20 décembre 2011, Association Avenir d'Alet, req. n° 09MA00361.

II. Les zones de conservation du patrimoine culturel

L'existence d'une zone d'abords d'un monument historique, d'une aire de mise en valeur de l'architecture et du patrimoine (AVAP) ou d'une zone de protection du patrimoine architectural, urbain et paysager (ZPPAUP), voire du classement d'un site au patrimoine mondial de l'UNESCO, peut avoir des conséquences sur l'exploitation des sources d'énergie renouvelables.

A. Les monuments historiques et leurs abords

Un immeuble, classé ou inscrit monument historique bénéficie d'un régime de conservation dont les effets s'étendent à ses abords(146). Plus précisément, tous les immeubles situés dans son champ de visibilité, c'est-à-dire visibles du monument historique ou visibles en même temps que lui et situés dans un périmètre de 500 mètres sont soumis à des contraintes particulières, destinées à préserver l'harmonie d'un ensemble, autour du monument(147). Par conséquent, il n'est pas possible de réaliser une construction nouvelle, une démolition, un déboisement, une transformation ou une modification affectant l'aspect d'un immeuble existant, dans le champ de visibilité d'un monument historique, sans obtenir une autorisation préalable(148). Le plus souvent, celle-ci va s'inscrire dans le cadre d'une procédure d'urbanisme (permis de construire ou déclaration préalable) et prendra la forme d'un accord de l'architecte des bâtiments de France(149) – dans les autres cas, l'autorisation est délivrée par le préfet, qui statue après avoir recueilli l'avis de l'architecte des bâtiments de France(150). L'implantation d'une installation d'exploitation de sources d'énergie renouvelables comme une unité de valorisation des déchets ou des éoliennes est donc peu concevable dans le champ de visibilité d'un monument historique. Au-delà de ce périmètre, la présence du monument historique peut encore produire des effets : le contentieux éolien indique que le juge examine la distance séparant un projet d'implantation de monuments historiques, ainsi qu'une éventuelle co-visibilité, pour en apprécier les conséquences environnementales(151).

L'installation de panneaux solaires peut être davantage débattue : leur positionnement sur les toits peut se faire en les intégrant à la toiture comme semble l'admettre le juge(152), ou placés à d'autres endroits ils pourraient être admis, dès lors qu'ils disparaissent du champ de visibilité de l'immeuble classé ou inscrit(153). Concernant une installation sur le monument historique lui-même, s'il est classé, elle est soumise à autorisation du préfet de région(154), s'il est inscrit, elle relève du permis de construire, délivré avec l'accord du préfet de région(155).

(146) C. patrimoine, art. L. 621-1 et s. et R. 621-1 et s.

(147) C. patrimoine, art. L. 621-30. CAA Bordeaux 21 octobre 2004, Association Sepanso Béarn Pyrénées, préc., un barrage, situé à plus de 1700 m d'un pont classé monument historique, n'est pas dans son champ de visibilité.

(148) C. patrimoine, art. L. 621-31 et L. 621-32.

(149) C. urb., art. R. 425-1.

(150) C. patrimoine, art. L. 621-32 et R. 621-96.

(151) Notamment au regard de l'art. R. 111-21 C. urb. : CAA Marseille 6 octobre 2011, S[té] Eole-Res, req. n° 09MA03285 – CAA Lyon 28 février 2012, S[té] la Compagnie du vent, req. n° 10LY02148 – CAA Douai 8 mars 2012, S[té] Intervent SAS, req. n° 10DA00582 – CAA Douai 5 avril 2012, S[té] Enertrag, req. n° 10DA01120 – CAA Nantes 6 avril 2012, S[té] Eolis, req. n° 10NT01141.

(152) TA Grenoble 2 juillet 2009, M. Monti, *Environnement* 2009, comm. 102, I. Michallet.

(153) Rép. min. n° 106668, *JO Ass. nat.* 6 mars 2007, p. 2 410.

(154) C. patrimoine, art. L. 621-9 et R. 621-13.

(155) C. urb., art. R. 421-16 et R. 425-16.

B. Les aires de mise en valeur de l'architecture et du patrimoine (AVAP) et les zones de protection du patrimoine architectural, urbain et paysager (ZPPAUP)

Les ZPPAUP pouvaient être instituées autour des monuments historiques – et remplacer ainsi la zone des abords – et dans les quartiers, sites et espaces à protéger ou à mettre en valeur pour des motifs d'ordre esthétique, historique ou culturel(156). À l'intérieur de la ZPPAUP, des prescriptions particulières, en matière d'architecture et de paysages, étaient instituées, et les travaux de construction, de démolition, de déboisement, de transformation et de modification de l'aspect des immeubles étaient soumis à autorisation spéciale : que le projet relève ou non d'une autorisation d'urbanisme, l'architecte des bâtiments de France devait donner son accord(157). La loi « Grenelle 2 » de 2010 a remplacé les ZPPAUP par un nouveau dispositif : les aires de mise en valeur de l'architecture et du patrimoine (AVAP)(158). Les ZPPAUP existantes continuent à produire leurs effets de droit jusqu'à leur remplacement par les AVAP et au plus tard dans un délai de 5 ans à compter de l'entrée en vigueur de la loi « Grenelle 2 »(159).

L'AVAP a pour objet de promouvoir la mise en valeur du patrimoine bâti et des espaces dans le respect du développement durable(160). Sa création comporte notamment l'élaboration d'un diagnostic, puis d'un règlement incluant les prescriptions applicables dans son périmètre(161). Le diagnostic porte sur le territoire de l'aire, et comprend une première partie relative au patrimoine culturel, mais aussi une seconde partie relative à l'environnement, contenant une analyse des tissus bâtis et des espaces au regard de leur capacité esthétique et paysagère à recevoir des installations nécessaires à l'exploitation des énergies renouvelables(162). Les deux aspects se retrouvent dans le règlement, qui contient : d'une part, des règles relatives à la qualité architecturale des constructions, ainsi qu'à la conservation ou à la mise en valeur du patrimoine, et d'autre part, des règles portant sur l'intégration architecturale et l'insertion paysagère des constructions, ouvrages, installations ou travaux visant tant à l'exploitation des énergies renouvelables ou aux économies d'énergie qu'à la prise en compte d'objectifs environnementaux. Par conséquent, l'AVAP se distingue de la ZPPAUP en ce qu'elle va servir à la promotion des énergies renouvelables, celles-ci étant explicitement citées comme l'un des enjeux devant être pris en compte lors de la création de la zone. Les modalités de réalisation des travaux en AVAP sont classiques : ils sont soumis à autorisation préalable impliquant l'accord de l'architecte des Bâtiments de France(163).

C. Les sites inscrits au patrimoine mondial de l'UNESCO

La convention internationale concernant la protection du patrimoine mondial, culturel et naturel a été adoptée à Paris le 16 novembre 1972, elle prévoit l'établissement d'une liste du patrimoine mondial, répertoriant des biens du patrimoine culturel et naturel considérés comme ayant une valeur universelle exceptionnelle(164). Chacun des États parties à la convention doit soumettre un

(156) C. patrimoine, anciens art. L. 642-1 et s.

(157) C. patrimoine, ancien art. L. 642-3.

(158) Loi n° 2010-788 du 12 juillet 2010, art. 28 ; C. patrimoine, art. L. 642-1 et s. ; décret n° 2011-1903 du 19 décembre 2011 ; C. patrimoine, art. D. 642-1 et s. ; circ. n° 2012/003 du 2 mars 2012 relative aux AVAP. J.-C. Ricci, « Les aires de mise en valeur de l'architecture et du patrimoine : simples variations sémantiques ou révolution pratique ? », *BJDU* 2011, p. 3.

(159) C. patrimoine, art. L. 642-8.

(160) C. patrimoine, art. L. 642-1.

(161) C. patrimoine, art. L. 642-2.

(162) C. patrimoine, art. D. 642-4.2°.a.

(163) C. patrimoine, art. L. 642-6, D. 642-11 et s.

(164) Voir le site Internet de la convention : whc.unesco.org.

inventaire des biens du patrimoine culturel et naturel situés sur son territoire et susceptibles d'être inscrits sur cette liste. Le Comité du patrimoine mondial, institué auprès de l'UNESCO, établit la liste, dès lors que les biens sont considérés comme ayant une valeur universelle exceptionnelle, en application des critères établis par la convention et les travaux du Comité. L'inscription implique pour l'État concerné de reconnaître que le bien constitue un patrimoine universel, qu'il s'engage principalement à ne pas endommager.

Cette convention ne s'est pas traduite par l'adoption de mesures spécifiques en droit français, de manière générale les dispositifs existants de protection du patrimoine culturel ou naturel venant s'appliquer dans les sites inscrits sur la liste du patrimoine mondial de l'UNESCO. Toutefois, le Comité exerce une surveillance sur les modalités de préservation de ces sites. Ainsi s'est posée la question de l'éventuelle implantation d'éoliennes, qui seraient visibles depuis le Mont-Saint-Michel, site inscrit sur la liste depuis 1979 : l'État français s'est engagé à établir une zone d'exclusion pour les éoliennes dépassant une certaine hauteur, afin de garantir qu'elles ne portent pas atteinte à la valeur universelle exceptionnelle du site(165). Le contentieux éolien donne d'autres exemples de projets contestés du fait de leurs incidences visuelles sur un site inscrit au patrimoine mondial de l'UNESCO, les requérants utilisant cette inscription comme argument à l'appui d'une contestation du permis de construire sur le fondement de l'article R. 111-21 du code de l'urbanisme (atteinte aux sites, aux paysages, ainsi qu'à la conservation des perspectives monumentales)(166). Le juge est pour l'instant assez peu sensible à cet argument(167).

Section 2

La réglementation environnementale propre à chaque production d'énergie renouvelable

Il existe, pour la plupart des filières de production d'énergie renouvelable, un ensemble de règles environnementales spécifiquement applicables. Cette réglementation provient de deux sources : d'une part, le droit propre à chacune de ces sources d'énergie renouvelables, destiné dans un premier temps à encadrer une exploitation économique et dans lequel sont venues s'insérer progressivement des dispositions visant à protéger l'environnement, et, d'autre part, le droit de l'environnement au sens large, dans le contexte duquel chaque type d'exploitation vient s'inscrire. Les obligations environnementales ne sont donc pas seulement le résultat d'une réglementation extérieure à l'activité, mais se sont infiltrées dans tout le droit de la production d'énergie renouve-

(165) Comité du patrimoine mondial, 36e session, Saint-Pétersbourg, Fédération de Russie, 24 juin - 6 juillet 2012, WHC-12/36.COM/7B.Add, Paris, 1er juin 1012, p. 158.

(166) Voir *supra* p. 211.

(167) CAA Bordeaux 27 octobre 2009, MEEDDAT, req. n° 08BX01064, la convention de l'UNESCO pour la protection du patrimoine mondial culturel et naturel ne crée d'obligation qu'entre les États signataires et est dépourvue de tout effet direct à l'égard des particuliers – CAA Marseille 6 octobre 2011, Sté Eole-Res, req. n° 09MA03285, la perception des éoliennes à partir des deux lieux classés au patrimoine mondial de l'UNESCO ne serait pas de nature à leur porter atteinte, l'inévitable altération de la vision éloignée ou rapprochée du site n'est pas disproportionnée – CAA Nantes 6 avril 2012, Sté Eolis, req. n° 10NT01141, la cathédrale de Chartres, inscrite au patrimoine mondial de l'UNESCO, est distante d'environ 15 km du site d'implantation du projet, il y a des co-visibilités fugitives mais qui ne sont pas de nature à altérer la perception lointaine de ce monument – CAA Lyon 22 mai 2012, Association Horizons, req. n° 11LY02166, création d'une ZDE, la circonstance que le parc éolien projeté sera visible depuis certains villages, sites classés ou parcours touristiques de la côte de Beaune, en instance de classement au patrimoine mondial de l'Unesco, ne peut suffire par elle-même, compte tenu des distances indiquées par la requérante, à caractériser une atteinte à ce site.

lable, attestant d'une participation à un développement durable. Il convient de distinguer les règles environnementales applicables à l'énergie hydraulique, à l'énergie géothermique, à la biomasse, à l'énergie éolienne et enfin à l'énergie solaire.

§1. L'énergie hydraulique

L'exploitation de l'énergie hydraulique, qui présente l'avantage certain de ne pas émettre de rejets polluants, peut être citée comme un modèle dans le contexte actuel de lutte contre le réchauffement climatique. Source d'énergie propre, d'une puissance modulable et permettant une production locale, la force hydraulique a des qualités qui incitent à la promouvoir et à reconsidérer certaines réglementations environnementales perçues comme entravant un véritable essor(168). Toutefois, cette exploitation s'accompagne d'importantes perturbations sur les cours d'eau(169), que les lois POPE de 2005 et Grenelle 1 de 2009 ont relevé(170). Plus précisément, selon la directive-cadre européenne sur l'eau du 23 octobre 2000 (ci-après directive eau), une masse d'eau de surface peut être désignée comme étant artificielle ou fortement modifiée lorsque l'obtention d'un bon état écologique aurait des incidences négatives importantes sur l'activité de production d'électricité(171). Dès lors, c'est entre un nécessaire développement de l'activité et une indispensable conservation des milieux naturels que le régime de l'exploitation hydroélectrique doit s'équilibrer. Le protocole « Énergie » à la convention sur la protection des Alpes établit ainsi les contraintes environnementales applicables : maintien des fonctions écologiques des cours d'eau, intégrité des paysages, détermination de débits minimaux, réduction des fluctuations artificielles du niveau d'eau et garantie de la migration de la faune(172). En droit interne, la loi du 16 octobre 1919 relative à l'utilisation de l'énergie hydraulique, point de départ du régime en vigueur, n'apporte désormais qu'une contribution limitée, face à un droit de l'eau qui tend à absorber toutes les réglementations relatives aux différents usages de la ressource(173). En effet, alors que la loi de 1984 sur la pêche avait ajouté au droit de l'hydroélectricité plusieurs touches environnementales, depuis les lois de 1992 sur l'eau et de 2006 sur l'eau et les milieux aquatiques, le procédé s'est inversé(174) : c'est le droit de l'environnement qui prend désormais en charge la production hydroélectrique. La codification du code de l'énergie en 2011 n'a pas dérogé à cette répartition des rôles : son livre V relatif à l'énergie hydraulique ne régit finalement que les ouvrages concédés, opérant de nombreux renvois au code de l'environnement. Ainsi intégrée parmi les usages de l'eau et confrontée aux impératifs de protection des milieux aquatiques, l'hydroélectricité peut être présumée durable : rien ne s'oppose désormais à s'orienter résolument vers son développement. L'exploitation de l'énergie hydraulique s'inscrit donc dans un cadre général issu du droit de l'eau, les régimes d'ex-

(168) S. Poignant, « Rapport sur le projet de loi d'orientation sur l'énergie », Ass. nat. n° 1597, 12 mai 2004, p. 65 ; F. Dambrine, « Rapport sur les perspectives de développement de la production hydroélectrique en France », MINEFI, 2006, p. 24.

(169) A. Farinetti, *La Protection juridique des cours d'eau. Contribution à une réflexion sur l'appréhension des objets complexes*, Johanet, 2012, p. 226.

(170) Loi n° 2005-781 du 13 juillet 2005, art. 2 ; loi n° 2009-967 du 3 août 2009, art. 19.V et 20.

(171) Directive 2000/60, établissant un cadre pour une politique communautaire dans le domaine de l'eau, art. 4.3.a. Voir aussi circ. 28 février 2006, relative à la désignation des masses d'eau fortement modifiées et des masses d'eau artificielles en application de l'article 11 du décret n° 2005-475 du 16 mai 2005 relatif aux SDAGE.

(172) Protocole d'application de la convention alpine de 1991 dans le domaine de l'énergie, Bled, 1998, art. 7.

(173) Voir J.-L. Gazzaniga, X. Larrouy-Castera, p. Marc, J.-P. Ourliac, *Le Droit de l'eau*, 3e éd., Litec, 2011.

(174) Loi n° 84-512, 29 juin 1984, relative à la pêche en eau douce et à la gestion des ressources piscicoles ; loi n° 92-3, 3 janvier 1992, sur l'eau ; loi n° 2006-1772, 30 décembre 2006, sur l'eau et les milieux aquatiques. Voir : M. Boutelet-Blocaille, « La LEMA et les ouvrages hydrauliques », *Dr. env.* 2007, p. 265.

ploitation propres aux ouvrages hydroélectriques étant étroitement liés au droit de l'environnement. Plus spécifiquement, cette exploitation ne doit pas entraver la préservation des milieux et du patrimoine piscicole et est soumise à un contrôle des risques générés.

I. Le cadre général issu du droit de l'eau

La loi sur l'eau de 1992 a établi les règles d'une gestion durable de la ressource, contexte dans lequel vient désormais se placer l'activité de production hydroélectrique. La directive eau, reprise en droit français par une loi de 2004(175) et la loi sur l'eau et les milieux aquatiques de 2006, a imposé un renforcement des mécanismes guidant cette gestion. L'exploitation de l'énergie hydraulique est sous-tendue par le principe d'une gestion équilibrée et durable de la ressource, s'inscrit dans le contexte d'une planification des usages de l'eau, du régime d'autorisation et de déclaration issu du droit de l'eau et de la fiscalité destinée à protéger la ressource.

A. Le principe d'une gestion équilibrée et durable de la ressource en eau

L'eau fait partie du patrimoine commun de la Nation, sa protection, sa mise en valeur et le développement de la ressource utilisable, dans le respect des équilibres naturels, étant d'intérêt général(176). Il en est de même de la préservation des milieux aquatiques et de la protection du patrimoine piscicole(177). L'activité de production énergétique, qui présente aussi un caractère d'intérêt général, doit donc être conciliée avec l'objectif de conservation de l'eau, des milieux, de la faune et de la flore, et ne peut s'imposer à la protection de l'environnement(178).

La gestion équilibrée et durable de la ressource en eau, instaurée par l'article L. 211-1 du code de l'environnement, va permettre de garantir les usages économiques de l'eau tout en préservant la ressource, dans la perspective de satisfaire l'ensemble des exigences. Dès le départ, la loi sur l'eau de 1992 a inclus la qualité de source d'énergie renouvelable de l'eau, en retenant la production d'énergie parmi les usages devant être pris en compte pour une gestion équilibrée. Cette fonction va ensuite prendre de l'importance, notamment par rapport aux impératifs de conservation initialement prépondérants, du fait des modifications apportées par la loi POPE de 2005 et la loi sur l'eau et les milieux aquatiques de 2006. Ainsi, la valorisation de l'eau comme ressource économique, en particulier pour le développement de la production d'électricité renouvelable, et sa répartition doivent désormais être assurées, au même titre que la prévention des inondations et la préservation des écosystèmes aquatiques, des sites et des zones humides, que la lutte contre les pollutions ou encore que le rétablissement de la continuité écologique au sein des bassins hydrographiques. De même, la production d'énergie à partir de l'eau est maintenant reconnue comme permettant d'assurer la sécurité du système électrique, ce qui confère à cette activité une légitimité certaine face aux enjeux de protection des milieux aquatiques. Il faut ajouter que la loi POPE a inséré, dans la loi de 1919 sur l'énergie hydraulique, une disposition qui prévoit que certains actes administratifs relatifs à la gestion de la ressource en eau sont précédés d'un bilan énergétique, en évaluant les conséquences au regard des objectifs nationaux de réduction des émissions de gaz à effet de serre et de développement de la production d'électricité d'origine renouvelable(179).

(175) Loi n° 2004-338, 21 avril 2004, portant transposition de la directive eau.
(176) C. env., art. L. 210-1. Voir aussi C. env., art. L. 211-1-1.
(177) C. env., art. L. 430-1.
(178) Charte de l'environnement, 2004.
(179) Loi 1919, art. 2-1, sera codifié dans la partie réglementaire du code de l'énergie.

Remarque

Les actes concernés sont ceux pris en application de l'article 1, alinéa 1, de la loi de 1919 (autorisation ou concession d'ouvrage hydroélectrique, devenu art. L. 511-1 C. énergie), de l'article 2, alinéa 5 (liste des cours d'eau réservés, remplacé par l'art. L. 214-17.I.1° C. env.), des articles L. 212-1.III et L. 212-3, alinéa 1, du code de l'environnement (SDAGE et SAGE).

L'utilisation de l'eau à des fins de production d'énergie n'est pourtant pas considérée comme prioritaire, notamment face aux autres usages. La gestion équilibrée et durable de la ressource impose en effet la conciliation, voire certains arbitrages, et, depuis la loi sur l'eau et les milieux aquatiques, il faut satisfaire en premier lieu les exigences de la santé, de la salubrité publiques, de la sécurité civile et de l'alimentation en eau potable de la population. Les menaces liées au changement climatique ont imposé des adaptions à une conception originellement égalitaire de la place des différentes fonctions de la ressource : la gestion de l'eau est redevenue avant tout quantitative, prévenant d'abord les risques de sécheresse et d'inondation. Plus spécifiquement, deux dispositions permettent ainsi de limiter l'activité de production hydroélectrique.

Tout d'abord, l'article L. 211-3 du code de l'environnement autorise l'autorité administrative à prendre des mesures de limitation ou de suspension provisoire des usages de l'eau, pour faire face à une menace ou aux conséquences d'accidents, de sécheresse, d'inondations ou à un risque de pénurie(180). Le préfet peut ainsi ordonner par arrêté l'ouverture en configuration maximale des ouvrages hydrauliques équipés de vannes pendant quelques mois, afin de faire face à un danger d'inondation, alors même que les exploitants sont déjà soumis à des obligations pour la prévention des crues(181).

Remarque

Selon le modèle de règlement d'eau des entreprises autorisées à utiliser l'énergie hydraulique (annexé à l'article R. 214-85 du code de l'environnement), si des atteintes aux intérêts mentionnés à l'article L. 211-1 du code de l'environnement sont mises en évidence, en particulier dans les cas prévus à l'article L. 211-3 du même code, le préfet peut prendre un arrêté complémentaire modifiant les conditions d'exploitation en application de l'article R. 214-17.

Ensuite, l'article L. 211-8 du code de l'environnement prévoit qu'en cas de sécheresse grave mettant en péril l'alimentation en eau potable des populations, constatée par le ministre de l'Écologie, des dérogations temporaires aux règles fixant les débits réservés des entreprises hydrauliques dans les bassins versants concernés peuvent être, en tant que de besoin, et après consultation de l'exploitant, ordonnées par le préfet, sans qu'il y ait lieu à paiement d'indemnité.

B. La planification des usages de l'eau

La loi sur l'eau de 1992 a instauré un système de planification systématique, dont les finalités comme la portée juridique ont été depuis renforcées. L'exploitation de l'énergie hydraulique est directement concernée par cette planification, qui repose sur deux outils : le schéma directeur d'aménagement et de gestion des eaux (SDAGE) et le schéma d'aménagement et de gestion des eaux (SAGE).

1. Le schéma directeur d'aménagement et de gestion des eaux (SDAGE)

Le schéma directeur d'aménagement et de gestion des eaux (SDAGE) s'applique à l'échelle du bassin hydrographique et a pour but de fixer des objectifs de qualité et de quantité des eaux et les

(180) Pour les modalités, C. env., art. R. 211-66 et s.

(181) CAA Douai 17 novembre 2005, GPAE, req. n° 04DA00847 – CE 29 décembre 2006, GPAE, req. n° 288958, le contrôle du juge sur ces arrêtés se limite à l'erreur manifeste d'appréciation.

orientations permettant de satisfaire au principe de gestion équilibrée et durable et au principe d'une préservation des milieux aquatiques et d'une protection du patrimoine piscicole[182].

Remarque

Le bassin hydrographique peut être défini comme « toute zone dans laquelle toutes les eaux de ruissellement convergent à travers un réseau de rivières, fleuves et éventuellement de lacs vers la mer, dans laquelle elles se déversent par une seule embouchure, estuaire ou delta » (directive eau, art. 2.13).

Concernant l'énergie hydraulique, le SDAGE remplit deux fonctions. Tout d'abord, afin de fixer les objectifs et orientations d'une gestion équilibrée et durable de l'eau, il prend en compte l'évaluation, par zone géographique, du potentiel hydroélectrique établi en application de la loi du 10 février 2000[183], effectuée par le ministre chargé de l'énergie afin de développer les filières de production d'électricité à partir de sources renouvelables (l'arrêté du 17 mars 2006 relatif au contenu des SDAGE prévoit qu'ils comportent une note d'évaluation du potentiel hydroélectrique à l'échelle du bassin hydrographique[184]). Ensuite, le SDAGE a une mission de protection des milieux aquatiques, qui comprend la mise en place de la trame bleue, outil destiné à préserver les continuités écologiques[185]. À ce titre, il identifie les sous-bassins ou parties de sous-bassins dans lesquels une gestion coordonnée des ouvrages hydroélectriques est nécessaire. Cette disposition vise les cas où la présence de plusieurs installations sur un même cours d'eau peut conduire, par un cumul des effets, à aggraver l'impact environnemental[186]. Si le SDAGE n'a donc pas directement vocation à promouvoir l'exploitation de l'énergie hydraulique, il contribue à l'organiser dans l'espace et à rechercher sa conciliation avec la protection de l'environnement.

Le SDAGE joue néanmoins un rôle d'encadrement, car, par principe, les programmes et les décisions administratives dans le domaine de l'eau doivent être compatibles ou rendus compatibles avec ses dispositions[187]. Cette obligation concerne les concessions et autorisations délivrées en application de la loi de 1919 sur l'énergie hydraulique[188] : le dossier de demande de concession doit comprendre un mémoire descriptif permettant, notamment, d'apprécier la compatibilité du projet avec le SDAGE[189], pour les autorisations, l'étude d'impact jointe au dossier de demande précise cette compatibilité[190]. L'absence d'une telle justification, également exigible pour une demande de renouvellement d'autorisation, entache la procédure d'irrégularité[191]. De même, les

(182) C. env., art. L. 212-1. Sur la délimitation des bassins hydrographiques, voir C. env., art. R. 212-1 ; sur l'élaboration et le contenu du SDAGE, voir C. env., art. R. 212-6 et s.

(183) Loi n° 2000-108, relative à la modernisation et au développement du service public de l'électricité, art. 6.I (sera codifié dans la partie réglementaire du C. énergie). Voir aussi circ. 28 février 2006, relative à la désignation des masses d'eau fortement modifiées et des masses d'eau artificielles en application de l'article 11 du décret n° 2005-475 du 16 mai 2005 relatif aux SDAGE.

(184) Art. 1.

(185) Sur la trame bleue, voir *infra* p. 283.

(186) A. Flajolet, « Rapport sur le projet de loi adopté par le Sénat sur l'eau et les milieux aquatiques », Ass. nat. n° 3070, 3 mai 2006, p. 249.

(187) C. env., art. L. 212-1.XI. L. Fonbaustier, K. Bouaouda, « Remarques critiques sur la portée normative des SDAGE », *Environnement* juin 2008, Étude 6.

(188) CAA Lyon 9 novembre 2010, SARL EAL Jouval, req. n° 09LY00424, concession pas incompatible avec les orientations du SDAGE.

(189) Décret n° 94-894, 13 octobre 1994, relatif à la concession et à la déclaration d'utilité publique des ouvrages utilisant l'énergie hydraulique, art. 3 ; arr. 23 décembre 2008 définissant le dossier de demande de concession.

(190) C. env., art. R. 214-72.I.4°.

(191) CAA Nantes 26 décembre 2002, SARL Au fil de la Vire, req. n° 01NT00282, *RJE* 2004, p. 75, obs. Sironneau ; *Dr. env.* juin 2003, p. 109, note Boyer.

listes de cours d'eau réservés et classés, sur lesquels l'exploitation de l'énergie hydraulique est soumise à des contraintes particulières, doivent être compatibles avec le SDAGE(192). L'obligation de compatibilité est certes moins exigeante que celle de conformité, mais elle peut conduire, d'une part, à l'annulation par le juge d'une décision estimée incompatible et d'autre part, à encadrer assez finement l'activité de production selon le contenu du SDAGE(193). Les SDAGE actuellement applicables ont été adoptés fin 2009 et concernent la période 2010-2015.

Remarque

Un barrage causant un obstacle à la dévalaison des espèces migratrices, mais pour lequel des mesures compensatoires sont prévues et dont les conséquences sur les risques de pollution et la gestion des débits demeureront limitées, n'est pas incompatible avec un SDAGE qui entend préserver le fonctionnement naturel des milieux aquatiques en évitant au maximum les discontinuités entre l'amont et l'aval ; les orientations de ce SDAGE n'ont pas en elles-mêmes pour objet d'interdire la réalisation d'un tel équipement, mais seulement d'en limiter les effets négatifs (CE 10 novembre 2006, Association de défense du Rizzanèse et de son environnement, req. n° 275013). Voir aussi CAA Marseille 20 septembre 2007, Association TOS, req. n° 04MA00286.

2. Le schéma d'aménagement et de gestion des eaux (SAGE)

Le schéma d'aménagement et de gestion des eaux (SAGE) est institué pour une zone plus restreinte que le SDAGE : un sous-bassin, un groupement de sous-bassins correspondant à une unité hydrographique cohérente ou un système aquifère.

Remarque

Le sous-bassin peut être défini comme « toute zone dans laquelle toutes les eaux de ruissellement convergent à travers un réseau de rivières, de fleuves et éventuellement de lacs vers un point particulier d'un cours d'eau (normalement un lac ou un confluent) » (directive eau, art. 2.14).

Le SAGE fixe les objectifs généraux et les dispositions permettant de satisfaire aux principes d'une gestion équilibrée et durable et d'une préservation des milieux aquatiques et du patrimoine piscicole(194). L'exploitation de l'énergie hydraulique est visée par le SAGE, qui doit recenser les différents usages des ressources en eau existantes, et plus précisément, comme le SDAGE, prendre en compte l'évaluation, par zone géographique, du potentiel hydroélectrique établi en application de la loi du 10 février 2000(195). En outre, le SAGE comporte deux documents concernant directement la production hydroélectrique(196). Tout d'abord, le plan d'aménagement et de gestion durable de la ressource en eau et des milieux aquatiques, qui va définir les conditions de réalisation des objectifs fixés par le SAGE, peut aussi établir un inventaire des ouvrages hydrauliques susceptibles de perturber de façon notable les milieux aquatiques et prévoir des actions permettant d'améliorer le transport des sédiments et de réduire l'envasement des cours d'eau et des canaux, en tenant compte des usages économiques de ces ouvrages. Ensuite, le SAGE comporte dorénavant un règlement, qui peut indiquer, parmi les ouvrages hydrauliques fonctionnant au fil de l'eau figu-

(192) C. env., art. R. 214-107.

(193) CE 14 avril 1999, C[ne] de La Petite Marche, req. n° 185935, barrage de soutien des étiages du cours d'eau, cohérence entre les mesures techniques nécessaires au fonctionnement d'un ouvrage et les préconisations du SDAGE – CAA Bordeaux 1er avril 2008, MEDD, req. n° 07BX00935, Environnement 2008, comm. 133, I. Michallet, fixation du débit minimal d'une microcentrale inférieur au seuil établi par le SDAGE – CE 11 février 2011, Diet, req. n° 316727, même solution – CAA Bordeaux 29 novembre 2010, Comité écologique ariégeois, req. n° 09BX02369, autorisation d'une centrale hydroélectrique, projet incompatible avec le fait que les cours d'eau ont été répertoriés par le SDAGE comme en très bon état écologique et devant ainsi être préservés d'atteintes à leur continuité écologique.

(194) C. env., art. L. 212-3. Sur l'élaboration et le contenu du SAGE, voir C. env., art. L. 212-4 et s. et R. 212-26 et s.

(195) C. env., art. L. 212-5 et R. 212-36.

(196) C. env., art. L. 212-5-1.

rant à l'inventaire précité, ceux qui sont soumis, sauf raisons d'intérêt général, à une obligation d'ouverture régulière de leurs vannages afin d'améliorer le transport naturel des sédiments et d'assurer la continuité écologique(197).

Remarque

Un ouvrage est dit « au fil de l'eau » lorsque le débit du cours d'eau est inchangé entre l'amont et l'aval de l'ouvrage (A. Flajolet, « Rapport sur le projet de loi adopté par le Sénat sur l'eau et les milieux aquatiques », préc., p. 262).

Le SAGE, qui doit être compatible avec le SDAGE, produit lui aussi des effets juridiques(198). Les décisions, applicables dans son périmètre, prises dans le domaine de l'eau par les autorités administratives, doivent être compatibles ou rendues compatibles avec le plan d'aménagement et de gestion durable de la ressource en eau dans les conditions et les délais qu'il précise(199). Les concessions et autorisations délivrées en application de la loi de 1919 sur l'énergie hydraulique sont évidemment concernées. Pour assurer cette compatibilité, lors de l'instruction du dossier de concession, pour les ouvrages d'une puissance maximale brute égale ou supérieure à 100 MW, deux consultations supplémentaires sont prévues : d'une part, l'avis de la commission locale de l'eau doit être recueilli si l'opération est située dans le périmètre du SAGE ou porte ses effets dans ce périmètre, d'autre part, le préfet coordonnateur de bassin peut être saisi pour avis, si la demande de concession est susceptible de poser un problème de compatibilité avec le SAGE(200).

Remarque

La commission locale de l'eau est l'instance chargée d'élaborer, de réviser et de suivre l'application du SAGE (C. env., art. L. 212-4) ; le préfet coordonnateur de bassin est le préfet de la région où le comité de bassin a son siège, il anime et coordonne la politique de l'État en matière de police et de gestion des ressources en eau (C. env., art. L. 213-7).

En outre, si l'ouvrage concédé est situé dans le périmètre du SAGE ou porte ses effets dans ce périmètre, le règlement d'eau est établi après consultation de la commission locale de l'eau(201). Concernant les ouvrages soumis à autorisation, l'étude d'impact devant être jointe au dossier de demande précise la compatibilité du projet avec le SAGE(202).

La portée juridique du SAGE est caractérisée par le fait que le règlement qu'il comporte est opposable à toute personne publique ou privée pour l'exécution de toute installation, ouvrage, travaux ou activités mentionnés à l'article L. 214-2 du code de l'environnement. Ce dernier renvoie à la nomenclature eau(203), soit la liste des opérations soumises à autorisation ou à déclaration en application du régime établi par l'article L. 214-1 du code de l'environnement pour préserver la ressource. Dans la mesure où désormais les ouvrages hydroélectriques autorisés relèvent de ce régime(204), le SAGE produit sur eux des effets juridiques importants. Les conséquences sont moins évidentes sur les ouvrages concédés, qui relèvent par principe du code de l'énergie, malgré l'existence de liens juridiques entre les deux régimes(205).

(197) C. env., art. R. 212-47.

(198) C. env., art. L. 212-3.

(199) C. env., art. L. 212-5-2.

(200) Décret n° 94-894 du 13 octobre 1994 relatif à la concession et à la déclaration d'utilité publique des ouvrages utilisant l'énergie hydraulique, art. 11 et 16.

(201) Décret n° 94-894, art. 26.

(202) C. env., art. R. 214-72.I.4°.

(203) C. env., art. R. 214-1.

(204) Voir *infra* p. 270.

(205) Voir *infra* p. 265.

C. Le régime d'autorisation et de déclaration des usages de l'eau

La loi sur l'eau de 1992 a mis en place un dispositif de conservation de la ressource fondé sur un contrôle préalable des ouvrages, travaux ou activités ayant une incidence sur l'eau[(206)]. L'article L. 214-1 du code de l'environnement pose le principe selon lequel les installations, ouvrages, travaux et activités (IOTA) réalisés à des fins non domestiques et entraînant des prélèvements sur les eaux superficielles ou souterraines, restitués ou non, une modification du niveau ou du mode d'écoulement des eaux, la destruction de frayères, de zones de croissance ou d'alimentation de la faune piscicole ou des déversements, écoulements, rejets ou dépôts directs ou indirects, chroniques ou épisodiques, même non polluants relèvent des régimes d'autorisation ou de déclaration issus des articles L. 214-2 à L. 214-6 du code de l'environnement. Les IOTA concernés sont définis dans la nomenclature eau[(207)], l'autorisation ou la déclaration étant requise suivant les dangers présentés et la gravité de leurs effets sur la ressource en eau et les écosystèmes aquatiques[(208)]. Cette nomenclature comprend évidemment des IOTA réalisés pour la production hydroélectrique. Ce régime constitue le droit commun du contrôle des usages de l'eau, il s'imbrique avec les régimes d'exploitation des ouvrages hydroélectriques (concession et autorisation) selon des modalités qui seront détaillées ci-après.

D. La fiscalité applicable à l'exploitation de l'énergie hydraulique

Selon l'article L. 213-10 du code de l'environnement, en application des principes de prévention et de réparation des dommages à l'environnement, l'agence de l'eau établit et perçoit auprès des personnes publiques ou privées toute une série de redevances. Certaines d'entre elles sont applicables à l'exploitation de l'énergie hydraulique : la redevance pour prélèvement sur la ressource en eau, celle pour stockage d'eau en période d'étiage et, dans une moindre mesure, celle pour obstacle sur les cours d'eau. Il ne s'agit là que des redevances prévues par le droit de l'eau, d'autres modalités fiscales s'appliquant, comme par exemple la redevance applicable à l'attribution ou au renouvellement des concessions et issue de la loi de 1919[(209)].

1. La redevance pour prélèvement sur la ressource en eau

Toute personne dont les activités entraînent un prélèvement sur la ressource en eau est assujettie à cette redevance[(210)]. Les ouvrages hydroélectriques sont donc visés, des modalités spécifiques de calcul étant d'ailleurs prévues lorsque le prélèvement est destiné à leur fonctionnement[(211)]. Ainsi, la redevance est assise sur le produit du volume d'eau turbiné dans l'année exprimé en mètres cubes par la hauteur totale de chute brute de l'installation telle qu'elle figure dans son titre administratif, exprimée en mètres. Le taux de la redevance est fixé par l'agence de l'eau, dans la limite d'un plafond de 1,8 euros par million de mètres cubes et par mètre de chute, en fonction de l'état des masses d'eau et des objectifs fixés par le SDAGE et le SAGE s'il existe. Ce taux est multiplié par 1,5 lorsque l'installation ne fonctionne pas au fil de l'eau. La redevance n'est pas due lorsque le volume d'eau turbiné dans l'année est inférieur à un million de mètres cubes, ce qui exclut les petites exploitations.

---

(206) C. env., art. L. 214-1 et s.

(207) C. env., art. R. 214-1.

(208) C. env., art. L. 214-2.

(209) Voir *supra* p. 176.

(210) C. env., art. L. 213-10-9. Voir *supra* p. 177 et *infra* p. 572.

(211) C. env., art. L. 213-10-9.VI.3° et R. 213-48-14 ; arr. 19 décembre 2011, relatif à la mesure des prélèvements d'eau et aux modalités de calcul de l'assiette de la redevance pour prélèvement sur la ressource en eau.

2. La redevance pour stockage d'eau en période d'étiage

Toute personne qui dispose d'une installation de stockage de plus d'un million de mètres cubes et qui procède au stockage de tout ou partie du volume écoulé dans un cours d'eau en période d'étiage doit s'acquitter de cette redevance(212). Son assiette est le volume d'eau stocké pendant la période d'étiage, cette dernière étant fixée par l'agence de l'eau en fonction du régime des cours d'eau. Le taux de la redevance est également fixé par l'agence, dans la limite d'un plafond de 0,01 euro par mètre cube.

3. La redevance pour obstacle sur les cours d'eau

Par principe, toute personne possédant un ouvrage constituant un obstacle continu joignant les deux rives d'un cours d'eau doit payer cette redevance, qui concerne donc directement certaines exploitations hydroélectriques(213). Toutefois, sont exonérés les propriétaires d'ouvrages faisant partie d'installations hydroélectriques assujettis à la redevance pour prélèvements sur la ressource en eau, celle-ci s'imposant lorsque le volume d'eau turbiné dans l'année est supérieur à un million de mètres cubes. La redevance pour obstacle sur les cours d'eau est assise sur le produit, exprimé en mètres, de la dénivelée entre la ligne d'eau à l'amont de l'ouvrage et la ligne d'eau à l'aval par le coefficient de débit du tronçon de cours d'eau au droit de l'ouvrage et par un coefficient d'entrave. Elle n'est pas due lorsque la dénivelée est inférieure à 5 mètres et pour les cours d'eau dont le débit moyen est inférieur à 0,3 mètre par seconde. L'agence de l'eau fixe le taux de la redevance dans la limite de 150 euros par mètre par unité géographique cohérente définie en tenant compte de l'impact des ouvrages qui y sont localisés sur le transport sédimentaire et sur la libre circulation des poissons.

II. Les régimes d'exploitation et le droit de l'environnement

Par principe nul ne peut disposer de l'énergie des marées, des lacs et des cours d'eau sans une concession ou une autorisation de l'État(214). Ce contrôle de l'autorité administrative sur l'activité de production, mis en place par la loi de 1919 sur l'énergie hydraulique pour des raisons économiques, peut aussi avoir une finalité environnementale. Les régimes d'exploitation, désormais codifiés dans le code de l'énergie, ont, par des modifications successives, intégré les préoccupations écologiques et se sont rapprochés du droit de l'environnement. Les liens entre les deux réglementations sont désormais étroits, au point que le droit applicable est partagé entre le code de l'énergie et le code de l'environnement, les renvois de l'un vers l'autre se multipliant. Le droit de l'environnement imprègne les régimes d'exploitation de l'énergie hydraulique : la concession, l'autorisation et dans une moindre mesure le régime des exploitations fondées en titre.

A. La concession

Les ouvrages hydroélectriques dont la puissance excède 4 500 kW sont placés sous le régime de la concession, établi par le code de l'énergie et le décret n° 94-894 du 13 octobre 1994(215). La protection de l'environnement a été insérée dans ce régime, par des renvois aux dispositions pertinentes du code de l'environnement ou par la reprise de ses mécanismes. Le droit de l'eau a lui vocation à venir englober le régime de la concession, qui doit être replacé dans ce contexte juridique.

(212) C. env., art. L. 213-10-10.

(213) C. env., art. L. 213-10-11 et R. 213-48-15.

(214) C. énergie, art. L. 511-1.

(215) Modifié notamment par le décret n° 2008-1009 du 26 septembre 2008. Voir : B. Le Baut-Ferrarese, I. Michallet, « Nouvelles règles pour l'attribution des concessions d'énergie hydraulique », *JCP A* 2009, Étude 2071.

1. L'environnement dans le régime de la concession

a. La délivrance de la concession

Les différentes étapes de la délivrance d'une concession comportent certaines dispositions insérant l'environnement dans la procédure.

Tout d'abord, concernant la forme de la demande de concession, il est prévu que le pétitionnaire complète sa lettre d'intention par un rapport comportant une analyse de l'état du site et de son environnement, dont le contenu doit être en relation avec l'importance de l'aménagement projeté et de son incidence sur l'environnement(216). Le dossier de demande de concession doit comprendre les pièces et documents relatifs aux conséquences du projet sur l'état et le régime des eaux, notamment au regard des documents et des objectifs les régissant (SDAGE et SAGE), l'étude d'impact du projet, l'indication de ses conséquences en ce qui concerne la submersion, le défrichement et les terres agricoles, les dispositions concernant la sécurité(217). Du point de vue de l'administration, le dossier de consultation remis aux candidats admis à présenter une offre comprend les critères de sélection des offres, notamment le respect d'une gestion équilibrée et durable de la ressource en eau permettant la conciliation de ses différents usages(218). Dans ce dossier, peut être inclus un document, élaboré par le préfet du département où se situent les ouvrages, destiné à informer l'ensemble des candidats sur les enjeux liés à la gestion équilibrée et durable de la ressource en eau dans le périmètre du projet(219).

Ensuite, durant l'instruction de la demande, certaines obligations visent à intégrer les enjeux de protection de l'environnement. Quelle que soit la puissance de l'ouvrage et l'autorité compétente pour instruire la demande (ministre chargé de l'énergie ou préfet du département), la commission départementale de la nature, des paysages et des sites (CDNPS) doit être consultée, ainsi que la commission locale de l'eau si le projet est situé, ou porte ses effets, dans le périmètre d'un SAGE(220). Si la demande de concession est susceptible de poser un problème de compatibilité avec un SDAGE, le préfet coordonnateur de bassin peut être saisi pour avis(221).

Enfin, les considérations environnementales doivent être prises en compte lors du choix du concessionnaire et dans la décision d'octroi de la concession. En effet, la procédure vise à choisir le délégataire le mieux à même de garantir, outre l'efficacité énergétique de l'exploitation de la chute d'eau, le respect des intérêts mentionnés à l'article L. 211-1 du code de l'environnement, soit le principe d'une gestion équilibrée et durable de la ressource en eau(222). La concession doit par principe respecter les règles de fond prévues par le titre 1er du livre II du code de l'environnement, soit tout le droit relatif à l'eau et aux milieux aquatiques(223). Plus précisément, ce sont les modalités établies par le cahier des charges et le règlement d'eau de l'ouvrage qui vont permettre d'imposer un fonctionnement intégrant les impératifs environnementaux(224). Si l'ouvrage concédé est

(216) Décret n° 94-894, art. 2-3.

(217) Décret n° 94-894, art. 3.

(218) Décret n° 94-894, art. 2-6, qui renvoie à l'art. L. 211-1 C. env.

(219) Décret n° 94-894, art. 2-7.

(220) Décret n° 94-894, art. 11 et 18-1.

(221) Décret n° 94-894, art. 16 et 18-1.

(222) Décret n° 94-894, art. 1.

(223) C. env., art. L. 210-1 et s.

(224) C. énergie, art. L. 521-4. Voir : CAA Lyon 9 novembre 2010, SARL EAL Jouval, req. n° 09LY00424.

situé, ou porte ses effets, dans le périmètre d'un SAGE, la commission locale de l'eau est consultée lors de l'élaboration du règlement d'eau[225].

b. Les travaux et modifications durant la concession

De manière générale les travaux d'exécution des ouvrages, puis de modification durant la concession sont soumis à autorisation, du préfet ou du ministre[226]. Les formalités requises diffèrent selon les hypothèses, mais peuvent imposer une prise en compte des conséquences environnementales. Ainsi, si les travaux et modifications de l'ouvrage durant la concession sont susceptibles d'avoir une incidence sur les intérêts mentionnés à l'article L. 211-1 du code de l'environnement, le projet d'exécution de ces travaux doit être accompagné de tous les éléments nécessaires à l'appréciation de cette incidence[227]. Les travaux d'entretien liés aux ouvrages ou effectués dans le périmètre de la concession, ainsi que les grosses réparations sont soumis à étude d'impact le cas échéant[228]. L'arrêté d'autorisation du préfet peut comprendre des prescriptions complémentaires, lorsque l'importance ou l'incidence des travaux, notamment au regard des intérêts visés à l'article L. 211-1 du code de l'environnement, le justifient. Il est possible à l'administration de déclarer d'utilité publique les travaux nécessaires à l'établissement et à l'entretien des ouvrages de la concession : la déclaration est alors précédée d'une étude d'impact lorsque celle-ci est imposée en application du code de l'environnement[229].

Lorsque les modifications affectant les caractéristiques essentielles de la concession nécessitent un avenant, les formalités peuvent être simplifiées, mais à la condition que ces modifications ne soient pas de nature à entraîner des atteintes notables à l'environnement[230]. Les travaux qui sont exécutés en vue de prévenir un danger grave et qui présentent un caractère d'urgence sont dispensés des procédures prévues et doivent seulement faire l'objet d'un compte-rendu indiquant leur incidence sur les éléments mentionnés à l'article L. 211-1 du code de l'environnement.

c. La fin de la concession

L'arrivée du terme de la concession, et son éventuel renouvellement peuvent être l'occasion d'appliquer à des ouvrages déjà en activité des règles environnementales qui n'existaient pas au moment de la délivrance initiale. Pour le concessionnaire, c'est le risque d'être soumis à des contraintes supplémentaires pesant sur sa production, mais du point de vue environnemental, c'est une opportunité[231]. Le système applicable imposant l'obtention d'une nouvelle concession, par principe sa délivrance obéit aux exigences actuelles et exposées ci-dessus. Le renouvellement de la concession implique donc un nouvel examen des conséquences environnementales de l'ouvrage et une modification de ses conditions de fonctionnement le cas échéant. Dans cette perspective, le concessionnaire doit, plusieurs années avant la fin de la concession, établir un dossier comportant, entre autres, l'impact de la concession sur l'environnement et notamment sur l'eau[232]. Cette obli-

(225) Décret n° 94-894, art. 26.

(226) Décret n° 94-894, art. 21 et 27.

(227) Décret n° 94-894, art. 27.

(228) Décret n° 94-894, art. 33.

(229) C. énergie, art. L. 521-7 ; voir C. env., art. L. 122-2 et R. 122-2.

(230) Décret n° 94-894, art. 33 ; CAA Bordeaux 19 février 2009, Scharff, req. n° 07BX00074.

(231) Voir pour les interrogations et critiques, « Rapport sur les perspectives de développement de la production hydroélectrique en France », MINEFI, 2006 ; « Rapport sur le renouvellement des concessions hydroélectriques », Conseil général des mines, Conseil général des ponts et chaussées, Inspection générale des finances, novembre 2006.

(232) Décret n° 94-894, art. 29.

gation, critiquée comme alourdissant indûment la procédure de renouvellement[233], permet pourtant d'informer l'autorité administrative avant qu'elle ne décide de poursuivre la procédure en vue de la délivrance d'une nouvelle concession.

Remarque

Le renouvellement de la concession d'un ouvrage installé sur un cours d'eau inscrit sur la liste prévue par l'article L. 214-17.I.1° du code de l'environnement est subordonné à des prescriptions permettant de maintenir le très bon état écologique des eaux, de maintenir ou d'atteindre le bon état écologique des cours d'eau ou d'assurer la protection des poissons migrateurs amphihalins.

Il faut souligner enfin que la fin de l'exploitation ne fait pas l'objet de contraintes particulières, alors que le principe d'une remise en état des lieux devrait être retenu, comme pour les installations classées pour la protection de l'environnement (ICPE) et les éoliennes. La loi sur l'eau et les milieux aquatiques de 2006, qui a pourtant introduit une obligation générale de remise en état, a explicitement exclu de son champ d'application les installations, ouvrages et travaux des entreprises hydrauliques concédées au titre de la loi de 1919[234].

2. Les liens étroits avec le droit de l'eau

Bien que les installations placées sous le régime de la concession, les autorisations de travaux et les règlements d'eau pris pour son application, relèvent du régime issu du code de l'énergie et du décret n° 94-894 du 13 octobre 1994, ces actes doivent respecter les règles de fond prévues par le droit de l'eau et valent autorisation au titre des articles L. 214-1 et suivants du code de l'environnement[235]. Les règlements d'eau sont pris conjointement au titre de ces dispositions du code de l'énergie et du code de l'environnement[236]. Par conséquent, tous les travaux ou opérations, liés à l'implantation ou au fonctionnement de l'ouvrage hydroélectrique, prévus et régis par l'acte de concession n'ont pas à faire l'objet d'autres formalités, par rapport au droit de l'eau. À l'inverse, des travaux ou opérations non prévus par l'acte d'origine pourront, en fonction de leur impact et des seuils établis par le régime issu des articles L. 214-1 et suivants du code de l'environnement, relever d'une autorisation ou d'une déclaration.

Ce lien avec le droit de l'eau signifie aussi que le code de l'environnement comprend de nombreuses dispositions applicables aux ouvrages concédés, qui viennent prolonger le régime de la concession fixé par le code de l'énergie et le décret n° 94-894 du 13 octobre 1994. Ainsi, l'article L. 214-9 du code de l'environnement prévoit que tout ou partie du débit artificiel peut être affecté, par déclaration d'utilité publique, sur une section du cours d'eau et pour une durée déterminée, à certains usages. La condition posée est que cette affectation soit compatible avec la destination de l'aménagement, le maintien d'un approvisionnement assurant la sécurité du système électrique et l'équilibre financier du contrat de concession. Les modalités détaillées sont établies par le code de l'environnement[237].

Plus généralement, les réglementations environnementales imposant de préserver les milieux aquatiques et de gérer les risques et présentées ci-après s'appliquent aux ouvrages concédés[238]. Il en est de même de la police de l'eau, qui permet à l'autorité administrative de restreindre l'usage

(233) « Rapport sur le renouvellement des concessions hydroélectriques », préc., p. 34.

(234) C. env., art. L. 214-3-1.

(235) C. énergie, art. L. 521-1 ; décret n° 94-894, art. 1 ; C. env., art. R. 214-3 ; nomenclature eau rubrique 5.2.2.0. ; CAA Bordeaux 19 février 2009, Scharff, req. n° 07BX00074, sur le respect de l'article L. 211-1 du code de l'environnement par un avenant à une convention de concession.

(236) C. énergie, art. L. 521-2.

(237) Sur ces modalités, voir C. env., art. R. 214-61 et s. Cette disposition s'applique aussi aux ouvrages soumis à autorisation.

(238) Voir *infra* p. 274.

de la ressource en eau, et donc l'activité d'exploitation de l'énergie hydraulique pour des raisons d'intérêt général. Ainsi, en cas de sécheresse grave mettant en péril l'alimentation en eau potable des populations, des dérogations temporaires aux règles fixant les débits réservés des entreprises hydrauliques peuvent être ordonnées par le préfet, sans qu'il y ait lieu à paiement d'indemnité(239). De même, l'État peut révoquer ou modifier les autorisations ou permissions accordées à l'exploitation concédée dans l'intérêt de la salubrité publique, pour lutter contre les inondations ou en cas d'abandon de l'ouvrage(240). Depuis la loi sur l'eau et les milieux aquatiques de 2006, il n'existe plus de possibilité de révocation ou de modification pour des raisons de protection de l'environnement. Seul le cas particulier d'un fonctionnement ne permettant pas la préservation des espèces migratrices vivant alternativement en eau douce et en eau salée, sur un cours d'eau réservé ou classé pourra, à partir du 1er janvier 2014, fonder une modification d'autorisation ou de permission(241). Les modifications ainsi apportées à une concession n'ouvrent droit à indemnité que si elles entraînent un bouleversement de l'équilibre économique du contrat.

Enfin, les sanctions administratives issues du code de l'environnement s'appliquent aux ouvrages concédés. Ainsi, l'article L. 216-1 sanctionne le non-respect de plusieurs dispositions, dont certaines touchent de près l'exploitation de l'énergie hydraulique : la méconnaissance du statut des cours d'eau réservés ou classés(242), l'obligation de maintien d'un débit minimal et d'installation de dispositifs empêchant la pénétration du poisson dans les canaux d'amenée et de fuite(243). Le large champ d'application couvert par l'article L. 216-1 du code de l'environnement permet de considérer que toute activité d'exploitation hydroélectrique non conforme au droit de l'eau s'expose ainsi à des sanctions : la mise en demeure par l'autorité administrative de l'exploitant ou, à défaut, du propriétaire, de satisfaire à ses obligations, dans un délai déterminé, puis, la consignation entre les mains d'un comptable public d'une somme correspondant au montant des travaux à réaliser, la réalisation d'office des mesures prescrites, ou la suspension de l'exploitation. Ces sanctions sont très comparables à celles applicables aux installations classées pour la protection de l'environnement (ICPE)(244). Plus spécifiquement, il faut ajouter l'article R. 214-87 du code de l'environnement, qui prévoit une mesure propre aux ouvrages hydroélectriques : lorsque l'autorité administrative constate qu'une installation n'est pas régulièrement concédée, ou que l'exploitant ne respecte pas les prescriptions définies notamment par la concession, le contrat d'achat de l'énergie produite est suspendu ou résilié, dans les conditions fixées par le décret n° 2003-885 du 10 septembre 2003(245).

B. L'autorisation

Le régime de l'autorisation s'applique aux ouvrages hydroélectriques dont la puissance est inférieure ou égale à 4 500 kW(246). À l'origine, il a été fixé par la loi de 1919 sur l'énergie hydraulique, puis il a progressivement été intégré au droit de l'eau. C'est donc par principe le code de l'environnement qui s'applique, régissant la délivrance de l'autorisation, les évolutions ultérieures et la fin de l'exploitation.

(239) C. env., art. L. 211-8.

(240) C. env., art. L. 215-10.

(241) C. env., art. L. 215-10.I *bis*.

(242) C. env., art. L. 214-17.

(243) C. env., art. L. 214-18.

(244) C. env., art. L. 514-1.

(245) Décret d'application de loi n° 46-628, 8 avril 1946, sur la nationalisation de l'électricité et du gaz, art. 8 *bis*. Voir *infra* p. 599.

(246) C. énergie, art L. 511-5.

1. L'application du code de l'environnement

Les dispositions réglementaires complétant la loi de 1919, et applicables aux ouvrages hydroélectriques autorisés, étaient codifiées dans le code de l'environnement, et des relations étroites avaient été établies avec le régime d'autorisation et de déclaration des usages de l'eau issu des articles L. 214-1 et suivants du code de l'environnement. Ce rapprochement a franchi une nouvelle étape avec la loi du 22 mars 2012 relative à la simplification du droit et à l'allègement des démarches administratives, qui a effectivement clarifié la situation, permettant ainsi de faciliter le développement de la petite hydroélectricité(247).

Le code de l'énergie prévoit désormais que l'octroi par l'autorité administrative de l'autorisation permettant l'exploitation d'installations utilisant l'énergie hydraulique également soumises aux articles L. 214-1 à L. 214-11 du code de l'environnement est entièrement régi par ces dispositions, les autres relevant de l'article L. 311-5 du code de l'énergie(248). Ce dispositif s'applique aux demandes d'autorisation formulées après l'expiration d'un délai de 6 mois à compter de la promulgation de la loi du 22 mars 2012. Pour les installations déjà autorisées, le renouvellement de l'autorisation sera régi par les articles L. 214-1 et suivants du code de l'environnement(249). Le droit commun des activités, installations et usages de l'eau a donc rattrapé les ouvrages hydroélectriques soumis à autorisation, pour autant qu'ils figurent dans le champ d'application du régime issu de l'article L. 214-1 du code de l'environnement.

Toujours à des fins de simplification des procédures, il est aussi désormais prévu que les projets d'ouvrages entrant dans le champ d'application des articles L. 214-1 et suivants du code de l'environnement et ayant vocation à produire accessoirement de l'électricité sont autorisées en application de ce régime et n'ont pas à l'être par le code de l'énergie(250). De même, les ouvrages régulièrement autorisés au titre du droit de l'eau sont dispensés des régimes de concession ou d'autorisation du code de l'énergie, dès lors que la production d'énergie constitue un accessoire à leur usage principal(251). En d'autres termes, dès lors qu'un ouvrage peut potentiellement relever des deux réglementations, c'est le code de l'environnement qui va s'appliquer, le code de l'énergie ne venant qu'à titre supplétif.

Le champ d'application des articles L. 214-1 et suivants du code de l'environnement est délimité par la nomenclature eau(252). Elle comprend différentes rubriques pouvant viser des activités liées à l'exploitation de l'énergie hydraulique :
– les prélèvements, installations et ouvrages permettant le prélèvement dans un cours d'eau, dans sa nappe d'accompagnement ou dans un plan d'eau ou canal alimenté par ce cours d'eau ou cette nappe, en fonction du débit prélevé et des modalités de prélèvement(253) ;
– les installations et ouvrages, dans le lit mineur d'un cours d'eau, constituant un obstacle à la continuité écologique et entraînant une différence de niveau de la ligne d'eau entre l'amont et l'aval de l'installation ou de l'ouvrage(254) ;

(247) Loi n° 2012-387, art. 68. Voir : E. Blanc, « Rapport sur la proposition de loi relative à la simplification du droit et à l'allègement des démarches administratives », Ass. nat. n° 3789, 5 octobre 2011, Tome I, p. 270.

(248) C. énergie, art. L. 531-1.

(249) C. énergie, art. L. 531-2.

(250) C. énergie, art. L. 511-2. Les formalités sont alors simplifiées : C. env., art. R. 214-18 et R. 214-81.3°.

(251) C. énergie, art. L. 511-3.

(252) C. env., art. L. 214-2 et R. 214-1, nomenclature en annexe.

(253) Rubriques 1.2.1.0, 1.2.2.0, 1.3.1.0.

(254) Rubrique 3.1.1.0.

– les installations, ouvrages, travaux ou activités, dans le lit mineur d'un cours d'eau, étant de nature à détruire les frayères, les zones de croissance ou les zones d'alimentation de la faune piscicole, des crustacés et des batraciens(255) ;
– les vidanges de plans d'eau issus de barrages de retenue(256) ;
– les barrages de retenue(257).

Toutes ces rubriques établissent des seuils, permettant de déterminer l'étendue exacte du régime de l'autorisation.

2. La délivrance de l'autorisation

La délivrance de l'autorisation obéit à une procédure spécifique, puisque les dispositions de droit commun, applicables à toute opération soumise à autorisation en application du droit de l'eau(258), sont complétées par des dispositions particulières aux ouvrages utilisant l'énergie hydraulique(259). Les étapes de cette procédure sont classiques. La demande est déposée auprès du préfet de département, le contenu du dossier est fixé en détail et comprend notamment, en fonction de la puissance de l'ouvrage, une étude d'impact(260). Une enquête publique est prévue(261), si des demandes concurrentes ont été présentées, seule peut être mise à l'enquête celle que le préfet estime assurer la meilleure utilisation des eaux, tant en ce qui concerne l'aspect énergétique que la prise en compte des intérêts liés à la gestion de la ressource en eau(262). Divers avis doivent être recueillis : par exemple, la saisine du préfet de région est prévue, afin de mettre en œuvre, le cas échéant, les procédures d'archéologie préventive destinées à préserver le patrimoine archéologique affecté par l'aménagement(263).

L'autorisation, assortie de prescriptions, doit respecter les règles de fond du droit de l'eau(264). Un refus d'autorisation tiré de l'atteinte portée au milieu aquatique est donc légalement fondé(265). Sa durée de validité ne peut excéder 75 ans(266). Le règlement d'eau, qui définit les conditions d'exploitation normale de l'ouvrage, fixe notamment les limites de son impact environnemental(267). Avant le commencement des travaux, le préfet doit viser les plans précisant les caractéristiques générales des ouvrages(268), et avant leur mise en exploitation il procède au récolement des travaux(269).

3. Les évolutions ultérieures

Les modifications apportées à l'ouvrage autorisé doivent être portées à la connaissance du préfet, qui peut alors fixer des prescriptions complémentaires sans qu'une nouvelle autorisation soit

(255) Rubrique 3.1.5.0.
(256) Rubrique 3.2.4.0.
(257) Rubrique 3.2.5.0.
(258) C. env., art. R. 214-6.
(259) C. env., art. R. 214-71 et s.
(260) C. env., art. R. 214-72.I.4°, qui renvoie aux art. R. 122-2 et R. 122-3 relatifs à l'étude d'impact.
(261) C. env., art. R. 214-8.
(262) C. env., art. R. 214-73.
(263) C. env., art. R. 214-74, et C. patrimoine, art. R. 523-1 et s.
(264) C. env., art. R. 214-71.
(265) CAA Bordeaux 14 janvier 2001, Cie hydroélectrique de Vouneuil-sur-Vienne, req. n° 97BX01282.
(266) C. énergie, art. L. 531-2.
(267) Art. R. 214-85, annexe.
(268) C. env., art. R. 214-77.
(269) C. env., art. R. 214-78.

nécessaire[270]. C'est le cas notamment de l'augmentation une fois de 20 % au plus de la puissance de l'ouvrage, de l'installation de nouveaux équipements destinés au turbinage des débits minimaux et de la réalisation de travaux ou activités présentant un caractère temporaire, périodique et dépourvu d'effet important et durable sur le milieu naturel[271]. Concernant l'augmentation de puissance de l'ouvrage, elle ne modifie pas le régime sous lequel est placée l'installation, y compris lorsqu'elle a pour effet de porter la puissance de l'installation au-delà du seuil de 4 500 kW, dans la limite de 20 % au-delà de ce seuil[272].

En dehors de toute modification apportée à l'ouvrage, l'autorisation peut évoluer en application des diverses dispositions relatives à la police de l'eau[273]. Ainsi, elle peut être retirée ou modifiée par l'État, sans indemnité, dans l'intérêt de la salubrité publique (notamment si c'est nécessaire à l'alimentation en eau potable des populations), pour prévenir ou faire cesser les inondations ou en cas de menace pour la sécurité publique, en cas de menace majeure pour le milieu aquatique (notamment lorsqu'il est soumis à des conditions hydrauliques critiques non compatibles avec sa préservation) ou lorsque l'ouvrage est abandonné ou ne fait plus l'objet d'un entretien régulier[274].

Remarque

Selon le modèle de règlement d'eau des entreprises autorisées à utiliser l'énergie hydraulique (art. 27), si des atteintes aux intérêts mentionnés à l'article L. 211-1 du code de l'environnement sont mises en évidence, en particulier dans les cas prévus à l'article L. 214-4, le préfet peut prendre un arrêté complémentaire modifiant les conditions d'exploitation en application de l'article R. 214-17 du code de l'environnement.

En outre, à compter du 1er janvier 2014, en application des orientations du schéma directeur d'aménagement et de gestion des eaux (SDAGE), sur les cours d'eau, parties de cours d'eau ou canaux réservés[275] ou classés[276], l'autorisation pourra être modifiée, toujours sans indemnité, dès lors que le fonctionnement de l'ouvrage ou de l'installation ne permettra pas la préservation des espèces migratrices vivant alternativement en eau douce et en eau salée[277]. Cette possibilité viendra sanctionner l'obligation de protection des poissons migrateurs imposée sur ces cours d'eau[278].

De manière plus générale, l'article L. 215-10 du code de l'environnement permet à l'État de révoquer ou de modifier, sans indemnité, toute autorisation ou permission accordée pour l'établissement d'ouvrages ou d'usines sur les cours d'eau non domaniaux. Comme précédemment, ce pouvoir de police peut être exercé dans l'intérêt de la salubrité publique, pour lutter contre les inondations[279] ou en cas d'abandon de l'ouvrage.

4. La fin de validité de l'autorisation

Le permissionnaire qui souhaite continuer l'exploitation doit, 5 ans au moins avant la date d'expiration de l'autorisation, adresser au préfet une lettre faisant part de son intention, à laquelle il joint,

(270) C. env., art. R. 214-18. CAA Lyon 15 mars 2011, Sté hydroélectrique de la Dore Mathieu et fils, req. n° 10LY01395, modification substantielle de la consistance de l'ouvrage, refus du préfet.

(271) C. env., art. R. 214-81.

(272) C. énergie, art. L. 511-6.

(273) C. énergie, art. L. 531-2.

(274) C. env., art. L. 214-4.II.

(275) C. env., art. L. 214-17.I.1°.

(276) C. env., art. L. 214-17.I.2°.

(277) C. env., art. L. 214-4.II *bis*.

(278) Voir *infra* p. 281.

(279) CAA Nancy 3 mars 2005, SCI Azimut, req. n° 00NC01263.

notamment, des informations sur l'ouvrage mises à jour au vu des résultats des analyses, mesures et contrôles effectués, des effets constatés sur le milieu et des incidents survenus, ainsi que les modifications envisagées, celles-ci ne devant pas remettre en cause la protection des éléments mentionnés à l'article L. 211-1 du code de l'environnement(280). La demande de renouvellement est soumise aux mêmes formalités qu'une demande d'autorisation initiale(281). L'octroi d'une nouvelle autorisation est l'occasion d'imposer à un ouvrage des règles environnementales nouvelles(282).

En cas de renoncement à l'exploitation, ou si l'autorisation n'est pas renouvelée, le préfet peut demander au permissionnaire de rétablir à ses frais le libre écoulement des eaux, si le maintien de tout ou partie des ouvrages n'est pas d'intérêt général(283). En outre, depuis la loi sur l'eau et les milieux aquatiques de 2006 il existe une obligation générale de remise en état du site après la cessation d'activité : lorsque des installations, ouvrages, travaux et activités sont définitivement arrêtés, l'exploitant ou, à défaut, le propriétaire remet le site dans un état tel qu'aucune atteinte ne puisse être portée à l'objectif de gestion équilibrée de la ressource en eau défini par l'article L. 211-1 du code de l'environnement(284). L'autorité administrative, informée de la cessation de l'activité et des mesures prises, peut à tout moment imposer des prescriptions pour cette remise en état.

Enfin, il faut rappeler ici l'application de sanctions administratives en cas de non-respect du régime prévu : celles précédemment évoquées pour les ouvrages concédés(285), auxquelles il faut ajouter l'article L. 216-1-1 du code de l'environnement, applicable aux seuls ouvrages soumis à autorisation. Il renforce le pouvoir de sanction de l'administration : lorsque des installations ou ouvrages sont exploités ou que des travaux ou activités sont réalisés sans avoir fait l'objet de l'autorisation requise par le code de l'environnement, l'autorité administrative met en demeure l'exploitant ou, à défaut, le propriétaire, de régulariser sa situation dans un certain délai. Elle peut ensuite édicter des mesures conservatoires, suspendre l'exploitation, voire ordonner la fermeture ou la suppression des installations ou ouvrages.

3. Les exploitations fondées en titre

Les régimes de concession et d'autorisation ne s'appliquent pas aux exploitations fondées en titre, qui échappent donc aux contraintes précitées propres à ces deux procédures(286). Selon le code de l'environnement, elles sont considérées comme autorisées, dans la limite de leur consistance légale(287). Si des modifications sont effectuées sur l'installation, celle-ci pourra alors être soumise au régime de l'autorisation et ainsi rattrapée par les exigences environnementales correspondantes(288).

(280) C. env., art. R. 214-82.II et R. 214-20.

(281) C. énergie, art. L. 531-3 : le renouvellement des installations autorisées selon le régime antérieur se fera en application du régime issu des art. L. 214-1 et s. C. env.

(282) CAA Bordeaux 21 octobre 2004, Association Sepanso Béarn Pyrénées, req. n° 00BX00615 – CAA Bordeaux 1er avril 2008, MEDD, req. n° 07BX00935, *Environnement* 2008, comm. 133, I. Michallet – CAA Bordeaux 9 février 2009, Mouniq, req. n° 07BX02415 – CE 11 février 2011, Diet, req. n° 316727.

(283) C. env., art. R. 214-82.III.

(284) C. env., art. L. 214-3-1 ; C. énergie, art. L. 531-5. Voir : CAA Nancy 11 avril 2011, SCI JVF, req. n° 10NC00655.

(285) C. env., art. L. 216-1 et R. 214-87, voir *supra* p. 268.

(286) Voir : S. Gauché, « Le juge administratif et la survivance du droit féodal : l'exemple des moulins », *AJDA* 2009, p. 1 141.

(287) C. env., art. L. 214-6.II et R. 214-84.

(288) C. env., art. R. 214-84. CE 19 décembre 1994, Ministre de l'Environnement, req. n° 105165 – CE 12 juin 1998, SARL SOFFIM, req. n° 154900 – CAA Bordeaux 30 juillet 2001, Hydropic, req. n° 00BX02060.

III. L'obligation de préservation des milieux et du patrimoine piscicole

La directive eau retient, pour les masses d'eau artificielles et fortement modifiées – notamment par l'activité de production hydroélectrique –, l'objectif d'un bon potentiel écologique et d'un bon état chimique dans un délai de 15 ans(289). Le droit interne contient plusieurs mesures de préservation des milieux aquatiques et de protection du patrimoine piscicole qui participent à la mise en œuvre de cet objectif : l'imposition de conditions de fonctionnement aux ouvrages hydroélectriques, l'instauration d'un statut particulier pour certains cours d'eau, la mise en place d'une trame bleue et la pénalisation de la destruction des milieux.

A. Les conditions imposées aux ouvrages hydroélectriques

Depuis la loi sur l'eau et les milieux aquatiques de 2006, l'article L. 214-18 du code de l'environnement fixe les conditions minimales d'une conciliation entre l'exploitation énergétique des cours d'eau et la protection des milieux aquatiques(290). Il impose la mise en place de dispositifs maintenant un débit minimal dans le cours d'eau, voire empêchant la pénétration du poisson dans les canaux d'amenée et de fuite de l'ouvrage hydroélectrique.

1. Le maintien d'un débit minimal du cours d'eau

a. Une obligation de résultat

Tout ouvrage à construire dans le lit d'un cours d'eau doit comporter des dispositifs maintenant dans ce lit un débit minimal garantissant en permanence la vie, la circulation et la reproduction des espèces vivant dans les eaux au moment de l'installation de l'ouvrage(291).

Remarque

Cette obligation permet de satisfaire le critère de continuité du cours d'eau, retenu par la directive eau (annexe V) pour établir la qualité écologique d'une rivière. Elle n'est applicable ni au Rhin, ni aux parties internationales des cours d'eau partagés, pourtant soumis à cette directive.

Cette obligation avait été introduite dans le code rural, en termes similaires, par la loi de 1984 sur la pêche(292). Elle fonde l'administration à refuser l'autorisation d'un ouvrage hydroélectrique qui ne laisserait subsister dans le cours d'eau qu'un débit insuffisant(293). Le maintien d'un débit minimal constitue pour l'exploitant de l'ouvrage hydroélectrique une obligation de résultat(294). Dès l'origine d'ailleurs, la loi de 1984 sur la pêche avait ajouté que celui-ci est tenu d'assurer le fonctionnement et l'entretien des dispositifs garantissant dans le lit du cours d'eau les débits minimaux définis. Cette disposition figure désormais au paragraphe III de l'article L. 214-18 du code de l'environnement. Il faut ajouter que toute infraction est pénalement sanctionnée : l'article L. 216-7

(289) Art. 4.1.a.

(290) Il remplace l'ancien art. L. 432-5 C. env.

(291) C. env., art. L. 214-18 ; circ. 5 juillet 2011 relative à l'application de l'art. L. 214-18 sur les débits réservés à maintenir en cours d'eau.

(292) Loi n° 84-512, 29 juin 1984, relative à la pêche en eau douce et à la gestion des ressources piscicoles, art. 4.I.

(293) CE 10 février 1995, M. Alizert, req. n° 108340.

(294) Voir CAA Lyon 21 juin 2011, SCI de Batifort, req. n° 09LY02521.

prévoit que le fait de ne pas respecter les dispositions relatives au débit minimal est puni de 12 000 euros d'amende (75 000 euros d'amende à partir du 1er juillet 2013)[(295)].

Remarque

Le maintien d'un débit minimal était auparavant prévu par le modèle de règlement d'eau de 1981 pour les ouvrages autorisés et le cahier des charges type de 1920 pour les ouvrages concédés (J. Poiret, *Droit de l'hydroélectricité*, Economica, Paris, 2004, p. 1 685).

b. La fixation du débit minimal

Selon l'article L. 214-18 du code de l'environnement, par principe, le débit minimal ne doit pas être inférieur au dixième du module du cours d'eau en aval immédiat ou au droit de l'ouvrage correspondant au débit moyen interannuel, évalué à partir des informations disponibles portant sur une période minimale de 5 années, ou au débit à l'amont immédiat de l'ouvrage, si celui-ci est inférieur[(296)]. Par dérogation, le débit minimal peut être inférieur, dans trois hypothèses.

C'est le cas tout d'abord pour les cours d'eau ou parties de cours d'eau dont le module est supérieur à 80 mètres cubes par seconde, à condition que ce débit minimal ne soit pas inférieur au vingtième du module du cours d'eau en aval immédiat ou au droit de l'ouvrage évalué dans les mêmes conditions ou au débit à l'amont immédiat de l'ouvrage, si celui-ci est inférieur. Cette possibilité existe depuis la loi de 1984 sur la pêche et vise les cours d'eau dont le débit important permet de n'en préserver qu'une portion plus restreinte.

Ensuite, pour les ouvrages qui contribuent, par leur capacité de modulation, à la production d'électricité en période de pointe de consommation et dont la liste a été fixée par décret en Conseil d'État pris après avis du Conseil supérieur de l'énergie[(297)], le débit minimal peut, comme dans le cas précédent, être abaissé au vingtième du module du cours d'eau. Cette disposition, introduite par la loi sur l'eau et les milieux aquatiques de 2006, privilégie l'objectif de sécurité énergétique par rapport à celui d'une protection satisfaisante de l'environnement.

Enfin, pour les cours d'eau ou sections de cours d'eau présentant un fonctionnement atypique rendant non pertinente la fixation d'un débit minimal dans les conditions prévues, celui-ci peut être établi à une valeur inférieure. Cette disposition vise notamment les cours d'eau très pentus, dans lesquels la vie aquatique ne peut se développer quel que soit le niveau du débit minimal[(298)]. Il est toutefois regrettable qu'aucun seuil inférieur n'ait été fixé, comme dans les deux hypothèses précédentes.

L'article L. 214-18 du code de l'environnement prévoit deux possibilités de modulation du débit minimal, qui n'existaient pas dans la réglementation antérieure à 2006.

Tout d'abord, des valeurs de débit minimal différentes peuvent être fixées, selon les périodes de l'année, sous réserve que la moyenne annuelle de ces valeurs ne soit pas inférieure aux débits minimaux établis en application des règles précédemment énoncées et que le débit le plus bas reste supérieur à

(295) Modifié par ordonnance n° 2012-34 du 11 janvier 2012 portant simplification, réforme et harmonisation des dispositions de police administrative et de police judiciaire du code de l'environnement, art. 4. Voir : Cass. crim. 20 février 2001, n° 00-83575 – Cass. crim. 14 septembre 1999, n° 98-87416, l'absence d'intention coupable justifie une décision de relaxe – Cass. crim. 25 janvier 2005, n° 04-81924, nullité du débit minimal causée par des travaux importants réalisés en amont de l'ouvrage.

(296) CE 16 octobre 2009, Association Syndicale autorisée du canal de Gap, req. n° 295599, fixation du débit réservé par le SAGE à 1/10e du débit moyen interannuel.

(297) C. env., art. R. 214-111-3.

(298) B. Sido, « Rapport sur le projet de loi sur l'eau et les milieux aquatiques », Sénat n° 271, 30 mars 2005, p. 49. Pour les critères caractérisant le fonctionnement atypique, voir C. env., art. R. 214-111.

la moitié des débits minimaux précités[(299)]. Par conséquent, alors que le seuil du dixième du module du cours d'eau était avant 2006 une limite inférieure, il peut désormais correspondre à une moyenne calculée sur l'année, la limite inférieure étant ramenée à un vingtième du module du cours d'eau. Dans l'hypothèse où, en application des dérogations précédemment exposées, le débit minimal a été fixé au vingtième du module du cours d'eau, ce seuil pourra également n'être qu'une moyenne, la limite inférieure étant alors fixée au quarantième du module du cours d'eau.

Ensuite, lorsqu'un cours d'eau ou une section de cours d'eau est soumis à un étiage naturel exceptionnel, il est possible de fixer, pour cette période d'étiage, des débits minimaux temporaires inférieurs aux débits minimaux normalement prévus (le préfet est compétent ; ces débits temporaires doivent maintenir un écoulement en aval de l'ouvrage[(300)]). L'objectif est ici d'assouplir les règles en période de sécheresse, en privilégiant les impératifs de production énergétique par rapport à ceux de la protection des milieux aquatiques.

La fixation du débit minimal d'un ouvrage hydroélectrique est faite dans le cahier des charges s'il est concédé et dans le règlement d'eau s'il est autorisé[(301)]. Les modalités de sa détermination ont été établies en détail dans une circulaire de 2011[(302)]. Cette dernière précise que le débit minimal ne saurait être assimilé d'emblée au dixième du module du cours d'eau, qui ne constitue qu'une valeur plancher obligatoire, même si elle s'avère acceptable après étude. Il arrive effectivement que l'administration impose une valeur supérieure, l'exploitant pouvant la contester par la voie contentieuse. Dans un premier temps, le contrôle opéré par le juge administratif sur la fixation du débit minimal s'est limité à l'erreur manifeste d'appréciation, ce qui n'aboutissait à l'annulation que dans des cas limités.

Remarque

Pour le juge, l'objectif consistant à assurer en permanence la vie, la circulation et la reproduction des espèces peuplant les eaux en cause pouvait conduire à fixer un débit supérieur au débit minimal en fonction des particularités du cours d'eau (CE 15 avril1996, M. Mortera, req. n° 140965), non censuré en l'absence d'erreur manifeste d'appréciation (CE 15 octobre 1990, M. Sarlat, req. n° 85189 – CE 23 mars 1998, SARL Hydroélectrique Menges, req. n° 158591). Ce contrôle restreint ne l'empêchait pas, le cas échéant, de calculer lui-même le débit minimal légal afin de mettre en évidence le caractère manifestement insuffisant de celui établi par l'administration (CE 30 juin 1995, M. Lucas, req. n° 146358, *Lebon* p. 657 ; *RD. rur.* 1998, p. 532, note Le Moal et Gaonach).

La loi de 1992 sur l'eau a modifié la situation, puisqu'elle prévoit que les règlements d'eau des entreprises hydroélectriques font partie des décisions soumises à un contentieux de pleine juridiction[(303)]. Par conséquent, le juge administratif, saisi d'un recours contre un arrêté d'autorisation établissant des débits minimaux supérieurs à la valeur plancher (16 et 14,6 % du module des cours d'eau), s'est appuyé sur l'étude d'impact produite pour les ramener à un niveau correspondant au dixième du module, considérant que l'administration n'apportait aucun justificatif de la nécessité

(299) Sur les garanties que doivent présenter ces variations, voir C. env., art. R. 214-111-1.

(300) C. env., art. R. 214-111-2.

(301) Cahier des charges type des entreprises hydrauliques concédées (annexe décret n° 99-872, 11 octobre 1999), art. 17 ; modèle de règlement d'eau pour les entreprises autorisées à utiliser l'énergie hydraulique (annexe C. env., art. R. 214-85), art. 5.

(302) Circ. 5 juillet 2011 relative à l'application de l'art. L. 214-18 C. env. sur les débits réservés à maintenir en cours d'eau.

(303) Solution résultant de l'application combinée de C. env., art. L. 214-5, L. 214-1, L. 214-10 et L. 514-6. CE 10 décembre 2007, Lorette et SARL Force et énergie électrique, req. n° 288456, *Environnement* 2008, comm. 23, P. Trouilly, toutes les décisions relatives à l'utilisation et l'exploitation des ouvrages utilisant l'énergie hydraulique relèvent d'un contentieux de pleine juridiction.

d'imposer un seuil plus élevé(304). Un débit minimal équivalent au dixième du module du cours d'eau est donc présumé suffisant, toute valeur supérieure devant être justifiée, sous peine d'être réformée par le juge administratif(305).

Pour les ouvrages concédés, le cahier des charges type prévoit que le concessionnaire est tenu d'assurer un débit maintenu à l'aval, celui-ci comprenant le débit minimal de l'article L. 214-18 du code de l'environnement, auquel s'ajoute un débit destiné à assurer la satisfaction des intérêts généraux, notamment la préservation des écosystèmes aquatiques, des sites et des zones humides prévue par l'article L. 211-1 du code de l'environnement, ainsi que la protection des paysages et des sites touristiques, et un débit destiné à garantir les usages de l'eau et activités légalement exercés à la date d'affichage de la demande de concession(306). Ce débit maintenu à l'aval a donc une finalité de protection de l'environnement plus large que le débit minimal. Le cahier des charges type retient également d'imposer au concessionnaire un suivi écologique, dont les résultats pourront, le cas échéant, démontrer que les débits fixés à l'origine ne suffisent pas à garantir les objectifs visés. Ils pourront alors être modifiés, par décision motivée de l'administration, sans donner lieu à indemnisation(307).

c. L'application dans le temps

L'instauration par la loi de 1984 sur la pêche de l'obligation de maintenir un débit minimal dans le cours d'eau a été progressivement, et selon des modalités adaptées, appliquée aux ouvrages existants. La loi prévoyait l'augmentation de leur débit minimal afin d'atteindre le quart des valeurs de principe dans un délai de 3 ans, sauf en cas d'impossibilité technique inhérente à la conception de l'ouvrage(308). Lors d'un renouvellement de concession ou d'autorisation, l'obligation s'appliquait intégralement. La mise en œuvre de ces dispositions ne pouvait donner lieu à aucune indemnité. Ce système a perduré jusqu'à l'adoption de la loi sur l'eau et les milieux aquatiques de 2006 : l'article L. 214-18 du code de l'environnement institue un nouveau régime transitoire. L'obligation rénovée de maintien d'un débit minimal est substituée, pour les ouvrages existants, aux obligations qui leur étaient précédemment faites, dès le renouvellement de leur concession ou autorisation et au plus tard le 1er janvier 2014 (la date retenue permet, en théorie, de satisfaire avec deux ans d'avance les objectifs de la directive eau)(309). L'autorité administrative dispose donc de quelques mois encore pour imposer aux installations hydroélectriques non conformes un relèvement de leurs débits minimaux(310). Cette opération soulève des difficultés : baisse de la production du fait de la réduction du débit exploitable, coût des travaux éventuellement nécessaires. Afin de pouvoir les compenser, cette remise à niveau peut donner lieu à indemnité, seulement si l'obligation de maintien d'un débit minimal fait peser sur le propriétaire ou l'exploitant de l'ouvrage une charge spéciale et exorbitante(311). Il faut enfin ajouter que le pouvoir de police de l'État, fondé sur l'ar-

(304) CE 31 mars 2004, M. et Mme Gaston, req. n° 250378. Voir aussi : CAA Bordeaux 1er avril 2008, MEDD, req. n° 07BX00935, *Environnement* 2008, comm. 133, I. Michallet, débit minimal fixé à 1/10e du module du cours d'eau, pas d'erreur manifeste d'appréciation, validé par CE 11 février 2011, Diet, req. n° 316727.

(305) CAA Bordeaux 2 juin 2009, SAFHLOA, req. n° 08BX01711, débit réservé fixé à 25 % du module, mais justifié.

(306) Cahier des charges type des entreprises hydrauliques concédées, art. 17.

(307) Décret n° 94-894, 13 octobre 1994, relatif à la concession et à la déclaration d'utilité publique des ouvrages utilisant l'énergie hydraulique, art. 33, et cahier des charges type des entreprises hydrauliques concédées, art. 17 et 22.

(308) Pour un exemple de condamnation pénale d'un exploitant d'ouvrage existant n'ayant pas atteint le débit minimal requis : Cass. crim. 27 mars 1996, *Bull. crim.* n° 136.

(309) Circ. 21 octobre 2009 relative à la mise en œuvre du relèvement au 1er janvier 2014 des débits réservés des ouvrages existants.

(310) CAA Douai 26 mars 2009, Sté centrale de Flavigny le Grand, req. n° 07DA01281.

(311) C. env., art. L. 214-17.III.

ticle L. 215-10 du code de l'environnement, a permis d'imposer à des ouvrages existants l'obligation de maintenir un débit minimal dans le cours d'eau(312).

d. Le turbinage du débit minimal

Une manière de limiter la perte de production énergétique générée par l'obligation de maintenir un débit minimal consiste à permettre le turbinage de ce dernier, en aval de l'ouvrage principal, afin de l'exploiter aussi. C'est la solution retenue par la loi POPE de 2005 pour optimiser l'utilisation du potentiel hydraulique : elle allège la procédure d'autorisation pour l'installation de nouveaux équipements destinés au turbinage des débits minimaux, sans toutefois les faire bénéficier de l'obligation d'achat de l'électricité produite(313). Par conséquent, l'installation de ces équipements complémentaires, sur des ouvrages concédés ou autorisés, fait l'objet d'une procédure limitée aux formalités requises pour l'exécution et le récolement de travaux. Dans le cas d'une concession, le projet est adressé au préfet, qui en autorise l'exécution sous certaines conditions(314). Un récolement des travaux est prévu, la mise en service n'étant possible qu'avec une nouvelle autorisation préfectorale. Pour les ouvrages autorisés, l'exploitant va plus simplement porter son projet à la connaissance du préfet(315), qui peut alors fixer des prescriptions supplémentaires nécessaires pour une gestion équilibrée et durable de la ressource en eau ou, s'il estime que les modifications sont de nature à entraîner des dangers ou des inconvénients pour les éléments énumérés à l'article L. 211-1 du code de l'environnement, inviter l'exploitant à déposer une nouvelle demande d'autorisation(316). Ces procédures s'appliquent sans préjudice des dispositions de l'article L. 122-1 du code de l'environnement : en d'autres termes, ces travaux peuvent être soumis à la réalisation préalable d'une étude d'impact.

2. Les dispositifs empêchant la pénétration du poisson

Tout ouvrage à construire dans le lit d'un cours d'eau doit comporter, le cas échéant, des dispositifs empêchant la pénétration du poisson dans les canaux d'amenée et de fuite, selon l'article L. 214-18 du code de l'environnement. Cette obligation résulte de la loi sur la pêche de 1984 et n'a fait l'objet d'aucune modification (le modèle de règlement d'eau de 1981 pour les ouvrages autorisés et le cahier des charges type de 1920 pour les ouvrages concédés évoquaient précédemment l'installation de tels dispositifs(317)). Elle vise à épargner au poisson les préjudices que lui causerait le passage par les turbines ou le piégeage dans les canaux d'amenée et de fuite, par l'installation de barrières physiques ou comportementales(318). Pour les ouvrages concédés, le cahier des charges type prévoit que le concessionnaire peut ainsi être tenu d'établir et d'entretenir à l'amont de la prise d'eau une grille de protection et à l'aval du canal de fuite un dispositif susceptible d'empêcher le passage des poissons(319). Le modèle de règlement d'eau des entreprises autorisées retient l'obligation pour le permissionnaire d'établir et d'entretenir des dispositifs destinés à éviter la pénétration du poisson dans les canaux d'amenée et de fuite, dont les emplacements et les caractéristiques sont approuvés par l'administration(320).

---

(312) Voir *supra* p. 268.

(313) Loi n° 2005-781 du 13 juillet 2005, art. 46 ; codifié C. énergie, art. L. 511-7.

(314) Décret n° 94-894, art. 21 à 25.

(315) C. env., art. R. 214-81.

(316) C. env., art. R. 214-18.

(317) J. Poiret, *Droit de l'hydroélectricité*, préc., p. 1 711.

(318) *Petite Hydroélectricité et Environnement*, Ministère de l'Écologie et du Développement durable, 2002, p. 46.

(319) Cahier des charges type des entreprises hydrauliques concédées, art. 18.

(320) Modèle de règlement d'eau pour les entreprises autorisées à utiliser l'énergie hydraulique, art. 9.

B. Le statut particulier de certains cours d'eau

L'article L. 214-17 du code de l'environnement, issu de la loi sur l'eau et les milieux aquatiques de 2006 reprend, en le modifiant, le système antérieur selon lequel sur deux catégories particulières de cours d'eau, l'installation d'un ouvrage hydroélectrique est soumise à des contraintes renforcées : les cours d'eau « réservés » et les cours d'eau « classés »(321).

1. Les cours d'eau réservés

Le dispositif prévu par l'article L. 214-17 du code de l'environnement remplace progressivement celui instauré par l'article 2 de la loi de 1919, au fur et à mesure de l'élaboration, par les préfets, des nouvelles listes de cours d'eau réservés.

a. La liste issue de l'article 2 de la loi de 1919

La loi de 1919 sur l'énergie hydraulique avait établi, dans son article 2, le principe d'une liste de cours d'eau ou de sections de cours d'eau, sur lesquels aucune autorisation ou concession ne pouvait être donnée pour des entreprises hydroélectriques nouvelles. Ces cours d'eau réservés avaient été instaurés par la loi n° 80-531 du 15 juillet 1980 relative aux économies d'énergie et à l'utilisation de la chaleur(322), et la liste fixée par plusieurs décrets successifs édictés entre 1981 et 1999(323), protégeant ainsi plus de 10 % du linéaire des cours d'eau(324). Toute demande d'autorisation ultérieure à l'inscription sur cette liste devait être rejetée(325), l'administration se référant aux règles applicables au moment où elle statue sur la demande(326). Ce système, qui préservait de toute exploitation certains cours d'eau pour protéger l'environnement, a toujours été critiqué par les producteurs d'hydroélectricité. Les objectifs de production d'énergie renouvelable ont conduit à le remettre en cause : l'article L. 214-17 du code de l'environnement instaure un nouveau dispositif.

b. La liste issue de l'article L. 214-17.I.1° du code de l'environnement

L'article L. 214-17.I.1° du code de l'environnement prévoit l'établissement d'une « liste de cours d'eau, parties de cours d'eau ou canaux, parmi ceux qui sont en très bon état écologique ou identifiés par les SDAGE comme jouant le rôle de réservoir biologique nécessaire au maintien ou à l'atteinte du bon état écologique des cours d'eau d'un bassin versant ou dans lesquels une protection complète des poissons migrateurs vivant alternativement en eau douce et en eau salée est nécessaire, sur lesquels aucune autorisation ou concession ne peut être accordée pour la construction de nouveaux ouvrages s'ils constituent un obstacle à la continuité écologique ». Par conséquent, sur les cours d'eau antérieurement fermés à toute exploitation hydroélectrique, et ainsi maintenus en très bon état écologique, il est désormais possible d'installer des ouvrages, sous réserve d'assurer une continuité écologique. L'ouvrage constituant un obstacle à la continuité écologique est défini à l'article R. 214-109

---

(321) Pour une présentation critique de cette évolution législative : A. Farinetti, *La Protection juridique des cours d'eau. Contribution à une réflexion sur l'appréhension des objets complexes*, Johanet, 2012, p. 688.

(322) Art. 25.

(323) Décrets n° 81-377, 15 avril 1981, n° 84-433, 8 juin 1984, n° 86-404, 12 mars 1986, n° 87-635, 28 juillet 1987, n° 89-265, 25 avril 1989, n° 91-144, 28 janvier 1991, n° 94-218, 11 mars 1994, 8 septembre 1995, 29 octobre 1996 et n° 99-1138, 27 décembre 1999. CE 14 janvier 1991, Fédération nationale des syndicats de producteurs autonomes d'électricité EAG, req. n° 78538, rejet du recours – CE 27 juillet 2001, Groupement des producteurs autonomes d'énergie hydraulique, req. n° 217886, *RJE* 2002, p. 76, obs. Sironneau, pas d'erreur d'appréciation en interdisant l'installation d'entreprises hydrauliques nouvelles sur les cours d'eau concernés.

(324) B. Sido, « Rapport sur le projet de loi sur l'eau et les milieux aquatiques », Sénat n° 271, 30 mars 2005, p. 45.

(325) CE 17 décembre 1997, Sté Silisol, req. n° 146711, compétence liée du préfet.

(326) TA Nancy 9 avril 2002, M. Petitjean, req. n° 01219, *RJE* 2002, p. 489, obs. Sironneau, confirmé par CAA Nancy 10 janvier 2005, M. Dominique X., req. n° 02NC00767.

du code de l'environnement, comme celui qui ne permet pas la libre circulation des espèces biologiques, ou empêche le transport naturel des sédiments, ou interrompt les connexions latérales avec les réservoirs biologiques, ou affecte substantiellement leur hydrologie.

Remarque

Cette définition s'inspire de la directive eau, qui se réfère à la « continuité de la rivière » comme paramètre de l'état écologique d'un cours d'eau : un très bon état n'est possible que si la continuité de la rivière n'est pas perturbée par des activités anthropogéniques et permet une migration non perturbée des organismes aquatiques et le transport de sédiments (annexe V.1.2). La notion de « continuité écologique » est aussi définie à la rubrique 3.1.1.0 de la nomenclature eau (C. env., art. R. 214-1), « par la libre circulation des espèces biologiques et par le bon déroulement du transport naturel des sédiments »(327).

Trois catégories de cours d'eau peuvent figurer dans la liste : ceux qui sont en très bon état écologique – la notion de « bon état écologique » étant définie par la directive eau(328) –, ceux qui sont identifiés par les SDAGE comme réservoir biologique – pas nécessairement en très bon état écologique, ils peuvent jouer un rôle de pépinière d'espèces utile à l'échelle d'un bassin versant(329) – et ceux dans lesquels une protection complète des poissons migrateurs amphihalins est nécessaire. Ces critères écologiques permettent d'encadrer, mieux que ne le faisait l'article 2 de la loi de 1919, l'autorité administrative dans sa sélection des cours d'eau réservés : elle ne peut pas inscrire dans la liste des cours d'eau ne répondant pas aux conditions précitées. Elle conserve toutefois le pouvoir de ne pas inscrire ceux qui correspondent bien aux critères énoncés.

La liste des cours d'eau réservés est établie par le préfet coordonnateur de bassin, pour chaque bassin ou sous-bassin, au terme d'une procédure concertée associant les acteurs publics et privés(330). Une étude de l'impact des classements sur les différents usages de l'eau visés à l'article L. 211-1 du code de l'environnement doit précéder l'établissement de cette liste : les conséquences de l'inscription d'un cours d'eau pour le développement de la production d'électricité issue de sources renouvelables sont intégrées dès l'étape de préparation de la liste et ont vocation à infléchir les choix de l'autorité administrative.

Pour les ouvrages existants et régulièrement installés sur les cours d'eau, parties de cours d'eau ou canaux qui font l'objet d'une inscription sur la liste des cours d'eau réservés, les conséquences sont relativement contraignantes : ils peuvent continuer de fonctionner selon les modalités régulièrement définies avant l'inscription, mais le renouvellement de leur concession ou de leur autorisation est subordonné « à des prescriptions permettant de maintenir le très bon état écologique des eaux, de maintenir ou d'atteindre le bon état écologique des cours d'eau d'un bassin versant ou d'assurer la protection des poissons migrateurs vivant alternativement en eau douce et en eau salée ». Ces obligations nouvelles pouvant engendrer des coûts importants, une indemnisation est prévue, seulement dans l'hypothèse où elles feront peser sur l'exploitant une charge spéciale et exorbitante(331).

(327) Voir aussi : Circ. 25 janvier 2010 relative à la mise en œuvre par l'État et ses établissements publics d'un plan d'actions pour la restauration de la continuité écologique des cours d'eau.

(328) Art. 2.22 et annexe V.

(329) A. Flajolet, « Rapport sur le projet de loi adopté par le Sénat sur l'eau et les milieux aquatiques », Ass. nat. n° 3070, 3 mai 2006, p. 66. Pour une définition du cours d'eau « réservoir biologique », voir C. env., art. R. 214-108.

(330) C. env., art. L. 214-17.I et R. 214-110. Voir aussi circ. 2008/25 du 6 février 2008 relative au classement des cours d'eau au titre de l'art. L. 214-17.1 C. env. et aux obligations qui en découlent pour les ouvrages ; circ. 15 septembre 2008 relative à l'étude de l'impact des classements des cours d'eau sur les différents usages de l'eau ; circ. 17 septembre 2009 relative à l'organisation de la procédure de révision des classements de cours d'eau complétant les circ. du 6 février 2008 et du 15 septembre 2008. Par exemple : arr. 10 juillet 2012 portant sur la liste 1 des cours d'eau, tronçons de cours d'eau ou canaux classés au titre de l'art. L. 214-17 C. env. du bassin Loire-Bretagne.

(331) C. env., art. L. 214-17.III.

Les obligations résultant de l'article L. 214-17.I.1° du code de l'environnement s'appliquent à la date de publication des listes(332). La limite ultime de suppression du dispositif issu de l'article 2 de la loi de 1919 est fixée au 1er janvier 2014(333).

2. Les cours d'eau classés

L'article L. 214-17 du code de l'environnement reprend, en le modifiant, le dispositif issu de l'article L. 432-6 du code de l'environnement, au terme duquel des contraintes particulières sont imposées sur certains cours d'eau, pour assurer la circulation des poissons migrateurs.

a. La liste issue de l'article L. 432-6 du code de l'environnement

L'article L. 432-6 du code de l'environnement impose que, dans les cours d'eau ou parties de cours d'eau et canaux figurant sur une liste, tout ouvrage doit comporter des dispositifs assurant la circulation des poissons migrateurs, l'exploitant étant tenu d'en assurer le fonctionnement et l'entretien : il s'agit de garantir à la montée et à la descente le passage à travers l'ouvrage, quel que soit le débit du cours d'eau(334). La réalisation des travaux nécessaires peut, le cas échéant, être prescrite par l'autorité administrative(335) Le non-respect de cette obligation exposait l'exploitant à une condamnation pénale – la peine prévue était de 12 000 euros d'amende –, le tribunal pouvant décider en outre de prescrire, sous astreinte, l'exécution des mesures nécessaires(336). La liste des cours d'eau classés, fixée par décret, figure en annexe de l'article D. 432-4 du code de l'environnement (jusqu'au 1er janvier 2014.).

Remarque

L'origine de cet article L. 432-6 du code de l'environnement se trouve dans une loi du 31 mai 1865 sur la pêche, qui créa le classement des rivières soumises « au régime des échelles à poissons » (décret du 3 août 1904 qui classe des cours d'eau du bassin de la Seine), l'obligation ayant été reprise par la loi de 1984 sur la pêche.

La liste des cours d'eau classés résulte de plusieurs décrets successifs, édictés entre 1989 et 2002. Il faut lui ajouter les cours d'eau, parties de cours d'eau et canaux classés au titre du régime des échelles à poissons antérieurement au 1er janvier 1986 (C. env., art. L. 432-7), annexée à l'article R. 432-3 du code de l'environnement. Ces deux listes seront abrogées le 1er janvier 2014 (décret n° 2007-1760, 14 décembre 2007, art. 6).

Cette obligation d'assurer la circulation des poissons migrateurs ne s'est appliquée qu'aux ouvrages hydroélectriques installés sur un cours d'eau classé dans la liste(337). Cependant, la circulaire relative à son application a retenu qu'il appartenait à l'autorité administrative d'imposer systématiquement, pour les nouveaux ouvrages établis sur des cours d'eau non classés, les dispositifs de fran-

(332) CAA Bordeaux 29 novembre 2010, Comité écologique ariégeois, req. n° 09BX02369, liste non encore publiée, mais projet incompatible avec le SDAGE qui répertorie le cours d'eau comme en très bon état écologique.

(333) C. env., art. L. 214-17.III.

(334) Circ. 27 novembre 1985, relative à l'application de l'article L. 232-6 du code rural résultant de la loi n° 84-512 du 29 juin 1984 relative à la pêche en eau douce et à la gestion des ressources piscicoles. Voir aussi : circ. 25 janvier 2010 relative à la mis en œuvre par l'État et ses établissements publics d'un plan d'actions pour la restauration de la continuité écologique des cours d'eau.

(335) CAA Douai 30 juillet 2009, Sté Risle Énergie, req. n° 08DA01088 – CE 17 mars 2010, Dubois, req. n° 314991, *JCP A* 2010, comm. 2198 et *Environnement* 2010 comm. 76, P. Billet. Sur les difficultés techniques à permettre la circulation des poissons, et les difficultés juridiques qui en résultent : CAA Nantes 26 novembre 2010, Union régionale de Bretagne-Maine-Normandie des Fédérations pour la pêche et la protection du milieu aquatique, req. n° 09NT00920, *AJDA* 2011, p. 33, note S. Degommier.

(336) C. env., art. L. 432-8, abrogé par la loi sur l'eau et les milieux aquatiques de 2006.

(337) CE 10 novembre 2006, Association de défense du Rizzanèse et de son environnement, req. n° 275013, l'absence d'installation d'échelle à poissons pour un ouvrage implanté sur un cours d'eau non classé ne permet pas d'obtenir l'annulation du décret déclarant le projet d'utilité publique.

chissement nécessaires aux espèces migratrices présentes ou en cours de réintroduction[338]. Pour les ouvrages concédés, le cahier des charges type a retranscris l'obligation d'installer et d'entretenir des dispositifs de franchissement pour les poissons migrateurs, et précisé que si le cours d'eau n'était pas classé, des dispositions conventionnelles pouvaient prévoir la réalisation de tels dispositifs[339]. Le modèle de règlement d'eau des ouvrages autorisés indique quant à lui, que le permissionnaire établit et entretient des dispositifs destinés à assurer la circulation du poisson, dont les emplacements et les caractéristiques sont approuvés par l'administration[340].

Les ouvrages existants sur un cours d'eau au moment de son classement ont dû être mis en conformité, selon des modalités prévues initialement par la loi sur la pêche de 1984 et reprises à l'article L. 432-6 du code de l'environnement : une liste d'espèces migratrices par bassin ou sous-bassin a été établie – afin de déterminer, par cours d'eau ou section de cours d'eau, les espèces de poissons dont la circulation devait être assurée – à compter de sa publication, la mise en conformité des ouvrages existant devait se faire dans un délai de 5 ans, sans possibilité d'indemnité[341].

b. La liste issue de l'article L. 214-17.I.2° du code de l'environnement

L'article L. 214-17.I.2° du code de l'environnement prévoit un nouveau système, qui a vocation à remplacer celui issu de l'article L. 432-6 du code de l'environnement. Il impose d'établir une liste de cours d'eau, parties de cours d'eau ou canaux dans lesquels il est nécessaire d'assurer le transport suffisant des sédiments et la circulation des poissons migrateurs. Tout ouvrage doit y être géré, entretenu et équipé selon des règles définies par l'autorité administrative, en concertation avec le propriétaire ou, à défaut, l'exploitant. L'obligation dorénavant imposée vise aussi le transport des sédiments et implique l'installation de dispositifs d'ouverture, comme des vannes de fond, en plus de ceux destinés à garantir le passage des poissons[342]. Par ailleurs, le caractère unilatéral de l'obligation de l'exploitant disparaît – il n'est plus tenu d'installer des dispositifs et d'en assurer le fonctionnement et l'entretien – pour être remplacé par l'élaboration concertée de règles de gestion, d'entretien et d'équipement de l'ouvrage. L'incrimination pénale demeure, une amende de 12 000 euros étant prévue (75 000 euros à partir du 1er juillet 2013), mais seul le fait d'exploiter un ouvrage ne respectant pas la nécessité d'assurer la circulation des poissons migrateurs est visé[343].

La liste des cours d'eau classés issue de l'article L. 214-17.I.2° du code de l'environnement est établie, par bassin ou sous-bassin, selon les mêmes modalités que la liste des cours d'eau réservés prévue par

---

(338) Circ. 27 novembre 1985. CE 23 novembre 1984, Sté hydroélectrique du Bourgnassou, req. n° 46751, *RJE* 1985, p. 203, « En classant sans suite la demande de concession aux motifs que l'aménagement projeté porterait gravement préjudice au milieu naturel et qu'il constituerait un obstacle à la libre circulation du poisson, le ministre de l'Industrie n'a entaché sa décision ni d'erreur de fait ni d'erreur manifeste d'appréciation. »

(339) Art. 18.III.

(340) Art. 9.

(341) Arr. 2 janvier 1986, 21 août 1989, 14 mai 1990, 27 avril 1995, 18 avril 1997, 15 décembre 1999 et 1er août 2002.

(342) Voir circ. 25 janvier 2010 relative à la mise en œuvre par l'État et ses établissements publics d'un plan d'actions pour la restauration de la continuité écologique des cours d'eau. Voir aussi A. Farinetti, *La Protection juridique des cours d'eau. Contribution à une réflexion sur l'appréhension des objets complexes*, préc., p. 906.

(343) C. env., art. L. 216-7. Modifié par ordonnance n° 2012-34 du 11 janvier 2012 portant simplification, réforme et harmonisation des dispositions de police administrative et de police judiciaire du code de l'environnement, art. 4.

l'article L. 214-17.I.1° du code de l'environnement[344]. Ici aussi, les conséquences du classement d'un cours d'eau sur la production hydroélectrique sont intégrées lors de la préparation de la liste. Les cours d'eau antérieurement classés ne sont pas systématiquement repris, l'un des objectifs étant d'aboutir à un classement plus rationnel et adapté, tenant compte des situations locales[345].

L'article L. 214-17.I.2° du code de l'environnement s'applique à la date de publication des listes aux ouvrages nouveaux, et à l'issue d'un délai de 5 ans après cette publication aux ouvrages existants régulièrement installés[346]. L'article L. 432-6 du code de l'environnement est abrogé à l'expiration du délai précité, et au plus tard le 1er janvier 2014.

C. La trame bleue

Afin de stopper la perte de biodiversité, la loi « Grenelle 1 » de 2009 avait fixé comme objectif la constitution d'une trame verte et bleue, outil d'aménagement du territoire permettant de créer des continuités territoriales[347]. La loi « Grenelle 2 » a concrétisé cette ambition en insérant dans le code de l'environnement les dispositions nécessaires pour la constitution de cette trame[348]. L'enjeu est d'enrayer la perte de biodiversité en participant à la préservation, à la gestion et à la remise en bon état des milieux nécessaires aux continuités écologiques, tout en prenant en compte les activités humaines[349]. Plus précisément, l'une des finalités, qui vient se confronter à la production d'énergie hydroélectrique, est de préserver et relier les espaces importants pour la protection de la biodiversité par des corridors écologiques.

La trame bleue est composée de milieux aquatiques : certaines zones humides répondant à des critères attestant de leur intérêt environnemental, ainsi que les cours d'eau, parties et cours d'eau et canaux figurant sur les listes établies en application de l'article L. 214-17 du code de l'environnement[350]. En outre, il est possible d'y ajouter les cours d'eau, parties de cours d'eau, canaux et zones humides importants pour la préservation de la biodiversité et non visés par les deux catégories précédentes[351]. Les composantes de la trame bleue sont identifiés dans les schémas régionaux de cohérence écologique[352]. Il s'agit de documents-cadre, élaborés par la région et l'État, en association avec un comité régional « trames verte et bleue »[353]. Ils contiennent également les mesures contractuelles permettant d'assurer la préservation et la remise en bon état de la fonctionnalité des continuités écologiques et les mesures prévues pour accompagner la mise en œuvre des continuités écologiques pour les communes concernées. Ces schémas régionaux de cohérence

(344) C. env., art. R. 214-110. Voir aussi circ. 2008/25 du 6 février 2008 relative au classement des cours d'eau au titre de l'art. L. 214-17.1 C. env. et aux obligations qui en découlent pour les ouvrages ; circ. 15 septembre 2008 relative à l'étude de l'impact des classements des cours d'eau sur les différents usages de l'eau ; circ. 17 septembre 2009 relative à l'organisation de la procédure de révision des classements de cours d'eau complétant les circ. du 6 février 2008 et du 15 septembre 2008. Par exemple : arr. 10 juillet 2012 portant sur la liste 2 des cours d'eau ou canaux classés au titre de l'art. L. 214-17 C. env. du bassin Loire-Bretagne.

(345) A. Flajolet, « Rapport sur le projet de loi adopté par le Sénat sur l'eau et les milieux aquatiques », préc., p. 73.

(346) C. env., art. L. 214-17.III.

(347) Loi n° 2009-967 du 3 août 2009, art. 23. Voir : M. Bonnin, *Les Corridors écologiques. Vers un troisième temps du droit de la conservation de la nature ?*, coll. « Droit du patrimoine culturel et naturel », L'Harmattan, Paris, 2008.

(348) Loi n° 2010-788 du 12 juillet 2010, art. 121, créant les art. L. 371-1 et s. du C. env. Décrets n° 2011-738 et n° 2011-739 du 28 juin 2011, d'autres décrets d'application sont attendus.

(349) C. env., art. L. 371-1.

(350) Voir *supra* p. 279.

(351) C. env., art. L. 371-1.III.3°.

(352) C. env., art. L. 371-1.IV.

(353) C. env., art. L. 371-3 et D. 371-7 à D. 371-15.

écologique doivent prendre en compte un autre document-cadre, les « orientations nationales pour la préservation et la remise en bon état des continuités écologiques », élaboré par l'État et qui établit les choix stratégiques et un guide méthodologique pour tout le territoire français[(354)].

Concernant les implications que peut avoir ce dispositif pour les ouvrages hydroélectriques, elles sont en réalité très limitées, essentiellement en raison de la faible portée juridique des schémas régionaux de cohérence écologique[(355)]. Lors de leur élaboration, ils doivent prendre en compte les éléments pertinents des schémas directeurs d'aménagement et de gestion de l'eau (SDAGE), qui eux planifient les usages de l'eau et ont vocation à encadrer l'activité d'exploitation de l'énergie hydraulique[(356)]. Leur mise en œuvre s'opère ensuite par une simple prise en compte par les collectivités territoriales, lorsqu'elles élaborent leurs documents de planification, notamment en matière urbanistique. En d'autres termes, pour les cours d'eau composant la trame bleue, soit ils relèvent du régime établi par l'article L. 214-17 du code de l'environnement, et les contraintes applicables aux ouvrages hydroélectriques sont celles prévues par ce régime (l'existence de la trame bleue n'ajoutant rien), soit ils n'en relèvent pas, et il paraît peu probable que les mesures prévues par le schéma régional de cohérence écologique pour préserver les continuités écologiques parviennent à produire de réels effets sur les décisions d'octroi de concession ou d'autorisation en matière d'exploitation de l'énergie hydraulique.

D. La pénalisation de la destruction des milieux

Le fait de détruire les frayères ou les zones de croissance ou d'alimentation de la faune piscicole constitue une infraction pénale, punie de 20 000 euros d'amende[(357)], disposition qui trouve son origine dans la loi de 1984 sur la pêche[(358)] et a été réécrite par la loi sur l'eau et les milieux aquatiques de 2006[(359)]. Les zones concernées ont été définies par décret[(360)]. Le fait de destruction n'est pas punissable s'il résulte d'une autorisation ou d'une déclaration dont les prescriptions ont été respectées ou de travaux d'urgence exécutés en vue de prévenir un danger grave et imminent. Dans le cas des ouvrages hydroélectriques, les atteintes au milieu aquatique ne peuvent donc être sanctionnées si l'exploitant respecte les conditions imposées par la concession ou l'autorisation, ou s'il exécute des travaux correspondants aux critères précités.

IV. L'obligation de gestion des risques

L'exploitation d'un ouvrage hydroélectrique génère des risques, pour les populations et pour l'environnement de l'installation au sens large. Le droit de l'environnement régit cette question, la loi sur l'eau et les milieux aquatiques de 2006 ayant marqué un renforcement significatif des disposi-

(354) C. env., art. L. 371-2 et D. 371-1 à D. 371-6. Ces orientations nationales sont en cours d'élaboration, un projet a été mis à la disposition du public en vue de recueillir ses observations du 17 novembre au 9 décembre 2011.

(355) C. env., art. L. 371-3.

(356) Voir *supra* p. 260.

(357) C. env., art. L. 432-3.

(358) Art. 4.1.

(359) Art. 13.

(360) C. env., art. R. 432-1 à R. 432-1-5 ; circ. 21 janvier 2009 relative aux frayères et zones de croissance ou d'alimentation de la faune piscicole ; S. Le Briero, « Les inventaires de frayères comme outil juridique de protection des frayères et zones de croissance ou d'alimentation de la faune piscicole », *Dr. env.* 2009, p. 29.

tions applicables[361]. Selon les caractéristiques des ouvrages – leur hauteur et le volume d'eau retenu –, ils appartiennent à la classe A, B, C ou D, la première correspondant aux barrages de 20 mètres ou plus, la dernière à ceux de 2 mètres ou moins[362]. Il faut distinguer les mesures visant à prévenir le risque, de celles destinées à en limiter les conséquences s'il se réalise.

A. La prévention du risque

La prévention des risques présentés par l'exploitation hydroélectrique repose sur l'expertise fournie par le comité technique permanent des barrages et des ouvrages hydrauliques, la surveillance de l'ouvrage par l'administration et l'exploitant, l'obligation pour ce dernier de réaliser une étude de dangers et la possibilité de détruire les animaux malfaisants et nuisibles qui menacent la stabilité de l'ouvrage.

1. Le comité technique permanent des barrages et des ouvrages hydrauliques

Le comité technique permanent, instauré par un décret du 13 juin 1966, a été consacré par la loi sur l'eau et les milieux aquatiques de 2006 : il a vocation à donner son avis sur toute question relative à la sécurité des barrages et des ouvrages hydrauliques[363]. Organe central en matière de gestion des risques créés par les ouvrages hydroélectriques, il est consulté sur tout projet de réglementation relative à leur sécurité et, à la demande du ministre, sur les projets de nouveaux ouvrages, de modifications importantes d'ouvrages existants et sur les études de dangers les concernant[364]. Les dépenses entraînées par son fonctionnement pour l'examen d'un projet ou d'un ouvrage particulier sont à la charge du maître de l'ouvrage concerné[365].

2. La surveillance de l'ouvrage

Pour les ouvrages concédés, le cahier des charges type impose une surveillance étroite du chantier lors de la réalisation de l'ouvrage, de la première mise en eau, puis durant l'exploitation – tout barrage doit être doté d'un dispositif d'auscultation (ces modalités résultent d'une modification en 2007 du cahier des charges type[366]). Ainsi, pour un barrage de classe A, des visites techniques approfondies doivent être réalisées au moins une fois par an, un rapport d'auscultation est fourni par le concessionnaire à l'administration au moins tous les 2 ans et une revue de sûreté réalisée par un organisme agréé est imposée tous les 10 ans[367]. L'importance et la périodicité de cette surveillance sont modulées selon la classe de l'ouvrage. Plus généralement, il est prévu que les dispositions du cahier des charges type relatives à la sécurité et à la sûreté des ouvrages et leurs modifications sont applicables de plein droit aux titres administratifs en cours sans que leur titulaire puisse prétendre à indemnisation pour ce motif[368].

---

(361) Voir aussi décret n° 2007-1735, 11 décembre 2007, relatif à la sécurité des ouvrages hydrauliques ; circ. 8 juillet 2008 relative au contrôle de la sécurité des ouvrages hydrauliques au titre des dispositions mises en place par le décret 2007-1735 du 11 décembre 2007 ; circ. 31 juillet 2009 relative à l'organisation du contrôle de la sécurité des ouvrages hydrauliques. C. Kert, « Rapport sur l'amélioration de la sécurité des barrages et ouvrages hydrauliques », Ass. nat. n° 1047, Sénat n° 454, 9 juillet 2008.

(362) C. env., art. R. 214-112.

(363) C. env., art. L. 213-21.

(364) C. env., art. R. 213-77.

(365) C. env., art. R. 213-83.

(366) Décret n° 2007-1735, art. 11.

(367) Cahier des charges type, art. 20.III.

(368) C. énergie, art. L. 521-6, issu de la loi 1919, art. 28 *bis*, inséré par loi n° 2006-1772, 30 décembre 2006, sur l'eau et les milieux aquatiques ; décret n° 99-872, 11 octobre 1999, art. 5 *bis*, inséré par décret n° 2007-1735.

Pour les ouvrages autorisés, l'exécution des travaux, la première mise en eau et le fonctionnement sont également soumis à une surveillance renforcée depuis 2006. Les modalités sont comparables à celles retenues pour les ouvrages concédés (dispositif d'auscultation, visites techniques approfondies, tenue d'un registre par l'exploitant), variant selon la classe de l'ouvrage(369). En effet, au-delà du régime dont relève celui-ci (concession ou autorisation), la référence afin de déterminer les obligations imposées en matière de sécurité est la classe à laquelle il appartient.

Il faut enfin souligner que le préfet dispose d'importants pouvoirs en la matière : modifier le classement d'un ouvrage(370), imposer un diagnostic sur les garanties de sûreté en cas de doute(371).

3. L'étude de dangers

Afin de renforcer la prévention des risques présentés par les ouvrages hydroélectriques, la loi sur l'eau et les milieux aquatiques de 2006 a étendu l'obligation de réaliser une étude de dangers(372). Elle est imposée pour tous les barrages de classe A ou B(373). L'étude de dangers doit exposer les risques que présente l'ouvrage pour la sécurité publique, directement ou indirectement en cas d'accident, que la cause soit interne ou externe à l'ouvrage. Elle prend en compte la probabilité d'occurrence, la cinétique et la gravité des accidents potentiels selon une méthodologie qu'elle explicite, définit et justifie les mesures propres à réduire la probabilité et les effets de ces accidents. Elle doit être réalisée par un organisme agréé(374) et actualisée au moins tous les 10 ans(375). Cette obligation concerne les ouvrages existants, les exploitants et concessionnaires bénéficiant d'un délai pour s'y soumettre(376).

4. La destruction des animaux malfaisants ou nuisibles

Le renforcement des contraintes imposées en matière de sécurité s'accompagne d'une autre mesure permettant d'assurer l'entretien de l'ouvrage hydroélectrique : la loi sur l'eau et les milieux aquatiques de 2006 a en effet ajouté au droit de la chasse une disposition au terme de laquelle le propriétaire ou le gestionnaire peut procéder à la destruction des animaux malfaisants ou nuisibles logés dans l'ouvrage et menaçant sa stabilité(377). Cette possibilité est reconnue sous réserve des dispositions relatives aux espèces protégées(378) et cette destruction est soumise à conditions(379).

B. La réalisation du risque

Dans l'hypothèse où un accident surviendrait, le code de l'environnement prévoit deux mesures : l'obligation pour les exploitants de certains ouvrages de réaliser un plan particulier d'intervention et la possibilité pour l'administration d'instaurer des servitudes limitant l'utilisation du sol.

(369) C. env., art. R. 214-118 et s.

(370) C. env., art. R. 214-114.

(371) C. env., art. R. 214-146, et cahier des charges type, art. 20.

(372) C. env., art. L. 211-3.III.3°.

(373) C. env., art. R. 214-115 ; décret n° 94-894 du 13 octobre 1994, art. 21.

(374) C. env., art. R. 214-116 ; arr. 12 juin 2008 définissant le plan de l'étude de dangers des barrages et des digues et en précisant le contenu ; circ. 31 octobre 2008 relative aux études de danger des barrages.

(375) C. env., art. R. 214-117.

(376) C. env., art. R. 214-115. Ce délai ne peut dépasser le 31 décembre 2012 pour les ouvrages de classe A et le 31 décembre 2014 pour les autres.

(377) C. env., art. L. 427-11.

(378) C. env., art. L. 411-1 et L. 411-2.

(379) C. env., art. L. 427-6 et L. 427-8.

1. Le plan particulier d'intervention

Un plan particulier d'intervention doit être établi pour les aménagements hydrauliques qui comportent à la fois un réservoir d'une capacité égale ou supérieure à 15 millions de mètres cubes et un barrage ou une digue d'une hauteur d'au moins 20 mètres au-dessus du point le plus bas du sol(380). Ce plan vise à protéger les populations, les biens et l'environnement et met en œuvre les orientations de la politique de sécurité civile en matière de mobilisation de moyens, d'information et d'alerte, d'exercice et d'entraînement(381). Il s'inscrit dans le cadre du plan ORSEC départemental. Son élaboration s'accompagne de l'installation, par le maître d'ouvrage, de dispositifs de détection, de surveillance et d'alerte, l'ouvrage ne pouvant être mis en service que lorsque le plan particulier d'intervention a été arrêté par le préfet, après constatation du bon fonctionnement de ces dispositifs(382).

2. Les servitudes limitant l'utilisation du sol

Alors que le plan particulier d'intervention ne concerne que les ouvrages les plus importants, il existe un dispositif d'application plus générale pour maîtriser l'urbanisation à proximité des installations hydroélectriques : lorsqu'un ouvrage, dont l'existence ou l'exploitation est subordonnée à une autorisation ou à une concession, présente un danger pour la sécurité publique, des servitudes d'utilité publique relatives à l'utilisation du sol peuvent être instituées(383). Elles le sont à l'occasion de la demande d'autorisation ou de concession, ou postérieurement à leur octroi, ce qui signifie que cette disposition est applicable aux ouvrages existants sans restrictions. Ces servitudes peuvent comporter la limitation ou l'interdiction du droit d'implanter des constructions ou des ouvrages et d'aménager des terrains de camping ou de stationnement de caravanes, ou moins strictement la subordination des autorisations de construire au respect de prescriptions techniques tendant à limiter le danger d'exposition des vies humaines à la submersion. Elles tiennent compte de la probabilité d'occurrence, de la cinétique, de la nature et de l'intensité des risques encourus et peuvent, dans un même périmètre, s'appliquer de façon modulée. Elles ne peuvent contraindre à la démolition ou à l'abandon de constructions existantes édifiées en conformité avec les dispositions législatives et réglementaires en vigueur avant leur institution. Le périmètre comme le contenu de ces servitudes sont soumis à enquête publique. Une fois adoptées, elles sont annexées au PLU. De manière classique, une indemnisation n'est possible que si un préjudice direct, matériel et certain est causé. Ce dispositif, très comparable à celui existant pour les installations classées pour la protection de l'environnement(384), doit être lié à l'obligation de réaliser une étude de dangers, document qui permettra d'identifier les risques et l'étendue souhaitable de ces restrictions à l'usage du sol.

§2. L'énergie géothermique

Le développement de la géothermie est incontestablement positif du point de vue environnemental, mais il faut relever que la vapeur ou l'eau chaude extraites contiennent généralement des gaz (dioxyde de carbone, sulfure d'hydrogène, ammoniaque, méthane), que des fluides caloporteurs

(380) Décret n° 92-997, 15 septembre 1992, relatif aux plans particuliers d'intervention concernant certains aménagements hydrauliques, art. 1.

(381) Décret n° 2005-1158, 13 septembre 2005, relatif aux plans particuliers d'intervention concernant certains ouvrages ou installations fixes et pris en application de l'article 15 de la loi n° 2004-811 du 13 août 2004 relative à la modernisation de la sécurité civile, art. 1.

(382) Décret n° 92-997, art. 4. Sur ces plans, voir arr. 22 février 2002, pris en application du décret n° 92-997, et circ. 28 janvier 2000, relative à la procédure d'élaboration des plans particuliers d'intervention barrage.

(383) C. env., art. L. 214-4-1.

(384) C. env., art. L. 515-8.

(glycols) sont parfois utilisés, que les eaux prélevées ne sont pas toujours réinjectées dans le sous-sol ou peuvent l'être dans un état dégradé[385] et que l'installation d'une centrale géothermique n'est pas sans incidence (bruit, impact visuel). La protection de l'environnement doit donc être prise en compte lors de l'exploitation de l'énergie géothermique, ce que fait le droit applicable dans un double mouvement : le régime d'exploitation des gîtes géothermiques a intégré des contraintes inspirées du droit de l'environnement et l'activité géothermique, qui use de la ressource en eau, est insérée dans le cadre plus général du droit de l'eau.

I. L'environnement dans le régime d'exploitation des gîtes géothermiques

Le régime d'exploitation des gîtes géothermiques est établi par le code minier, une nouvelle codification de ce dernier ayant été engagée en 2011[386]. Les impératifs environnementaux et les mécanismes du droit de l'environnement ont progressivement été pris en compte, cette évolution restant largement perfectible[387]. Il faut distinguer la réglementation commune à tous les gîtes géothermiques de celle spécifique aux gîtes à haute température et à basse température.

A. La réglementation commune à tous les gîtes géothermiques

Il existe dans le Nouveau code minier, complété par le décret n° 2006-649 du 2 juin 2006[388], un ensemble de dispositions dont l'application est commune à tous les gîtes géothermiques, certaines d'entre elles visant à protéger l'environnement. Ainsi, selon l'article L. 161-1 du Nouveau code minier, les travaux de recherches ou d'exploitation doivent respecter les contraintes et obligations nécessaires à la préservation des caractéristiques essentielles du milieu environnant, et plus généralement à la protection des espaces naturels et des paysages, de la faune et de la flore, des équilibres biologiques et des ressources naturelles, ainsi qu'à la conservation des intérêts de l'archéologie[389]. Lorsque ces intérêts sont menacés par les travaux de recherches ou d'exploitation, l'autorité administrative peut prescrire à l'explorateur ou à l'exploitant toute mesure destinée à en assurer la protection, dans un délai déterminé, puis faire procéder d'office à l'exécution des mesures prescrites[390].

C'est par l'autorisation, nécessaire pour l'ouverture de travaux de recherches et d'exploitation d'un gîte géothermique[391], que ces intérêts environnementaux sont pris en compte : le dossier de demande doit comprendre une étude d'impact[392], mais aussi un document indiquant les inci-

(385) Voir *Le Développement et l'acceptabilité environnementale des énergies renouvelables*, guide de France Nature Environnement à usage de ses membres associatifs, 2002, p. 32 ; avis du Comité économique et social européen, « Énergies renouvelables », *JOUE* 17 mars 2006, C 65.

(386) Ordonnance n° 2011-91 du 20 janvier 2011 portant codification de la partie législative du code minier.

(387) A. Gossement, « Droit minier et droit de l'environnement, Éléments de réflexion pour une réforme relative à l'évaluation environnementale, à l'information et à la participation du public », rapport remis à Mme N. Kosciusko-Morizet, ministre de l'Écologie, du Développement durable, des Transports et du Logement, 12 octobre 2011.

(388) Décret n° 2006-649, 2 juin 2006, relatif aux travaux miniers, aux travaux de stockage souterrain et à la police des mines et des stockages souterrains.

(389) N. C. minier, art. L. 164-1. Les intérêts à préserver sont ceux mentionnés dans le C. env., art. L. 211-1 (ressource en eau), L. 331-1 (parcs nationaux), L. 332-1 (réserves naturelles) et L. 341-1 (sites inscrits et classés) et dans le C. patrimoine, art. L. 621-7 (monuments historiques classés) et L. 621-30 (champ de visibilité autour des monuments historiques).

(390) N. C. minier, art. L. 173-2 et L. 177-1.

(391) N. C. minier, art. L. 162-1 et L. 164-1 ; décret n° 2006-649, art. 3.

(392) C. env., art. R. 122-2, annexe, 24°c.

dences des travaux sur la ressource en eau, les mesures compensatoires envisagées et la compatibilité du projet avec le schéma directeur d'aménagement et de gestion des eaux (SDAGE)[393].

Remarque

Lorsque la demande porte, en tout ou partie, sur le périmètre d'un parc naturel marin, le préfet communique le dossier au conseil de gestion de ce parc, également consulté en cas de changement substantiel des données initiales du dossier (décret n° 2006-649, art. 12 et 17).

Le préfet, qui statue sur la demande d'autorisation, va l'assortir de prescriptions, portant notamment sur la surveillance des effets de l'installation sur l'eau et sur l'environnement[394]. La police des mines, exercée par le préfet, permet de faire respecter les contraintes et obligations énoncées en matière environnementale par l'article L. 161-1 du Nouveau code minier, l'exploitant étant tenu de faire connaître sans délai tout fait, incident ou accident de nature à porter atteinte à ces derniers[395].

La procédure d'arrêt des travaux miniers, applicable en fin d'exploitation d'un gîte géothermique, impose à l'exploitant de dresser le bilan des effets des travaux sur la présence, l'accumulation, l'émergence, le volume, l'écoulement et la qualité des eaux de toute nature, d'évaluer les conséquences de l'arrêt de l'exploitation sur la situation ainsi créée et sur les usages de l'eau et d'indiquer les mesures envisagées pour y remédier en tant que de besoin[396]. Ce bilan est joint à la déclaration d'arrêt des travaux adressée au préfet par l'exploitant[397].

B. Les gîtes à haute température

Ce sont ceux dont la température des eaux est supérieure à 150 ° Celsius[398] ; ils relèvent du Nouveau code minier et du décret n° 2006-648 du 2 juin 2006. La prise en compte de l'environnement par les titres requis est minimale : la demande de permis exclusif de recherches comme celle de concession d'exploitation ne doivent comporter qu'une notice d'impact indiquant les incidences éventuelles des travaux projetés sur l'environnement et les conditions dans lesquelles l'opération prend en compte ces préoccupations[399]. Il faut également relever que parmi les critères d'attribution des titres figurent l'efficacité et la compétence dont les demandeurs ont fait preuve à l'occasion d'éventuelles autres autorisations, particulièrement en ce qui concerne la protection de l'environnement[400]. Enfin, pendant la durée de l'exploitation, le concessionnaire adresse chaque année à l'autorité administrative un rapport relatif à ses incidences sur l'occupation des sols et sur les caractéristiques essentielles du milieu environnant[401]. Ces exigences limitées sont en partie compensées par une meilleure insertion des impératifs environnementaux au niveau de l'autorisation d'ouverture de travaux de recherches et d'exploitation évoquée ci-dessus. Toutefois, ni la prolongation du permis exclusif de recherches et de la concession d'exploitation, ni leur extension ne sont soumises à une évaluation préalable de l'impact causé sur les milieux.

(393) Décret n° 2006-649, art. 6.

(394) Décret n° 2006-649, art. 15.

(395) N. C. minier, art. L. 171-1 ; décret n° 2006-649, art. 29.

(396) N. C. minier, art. L. 163-5.

(397) Décret n° 2006-649, art. 43.

(398) Décret n° 78-498, 28 mars 1978, relatif aux titres de recherches et d'exploitation de géothermie, art. 1.

(399) Décret n° 2006-648, art. 17 et 24, et art. 22 et 30 pour un parc naturel marin.

(400) Décret n° 2006-648, art. 6.

(401) N. C. minier, art. L. 172-1.

C. Les gîtes à basse température

Ce sont ceux dont la température des eaux est inférieure ou égale à 150 ° Celsius[(402)] ; leur régime spécifique figure dans le Nouveau code minier, complété par le décret n° 78-498 du 28 mars 1978. La demande d'autorisation de recherches ou de permis d'exploitation doit ici être accompagnée d'une étude d'impact, qui, outre les rubriques obligatoires prévues par le droit commun, va indiquer les dispositions prévues pour l'exécution, l'entretien et le contrôle des ouvrages, notamment en vue de la conservation et de la protection des eaux souterraines, ainsi que l'importance, la nature et les caractéristiques des éventuels déversements et écoulements susceptibles de compromettre la qualité des eaux et les dispositions prévues pour éviter cette altération[(403)].

Remarque

Pour les forages dont l'emplacement et la profondeur ne sont pas déterminés à la date de la demande, l'étude d'impact est présentée lors de l'ouverture des travaux. La demande de permis d'exploitation n'a pas à contenir une étude d'impact lorsqu'elle est déposée avant l'expiration de l'autorisation de recherches et que le dossier est sensiblement le même (décret n° 78-498, art. 12).

L'arrêté portant permis d'exploitation peut imposer des obligations relatives aux intérêts environnementaux mentionnés à l'article L. 161-1 du Nouveau code minier, et présentés précédemment[(404)].

Par dérogation, ne relèvent pas du régime issu du Nouveau code minier les activités ou installations de géothermie utilisant les échanges d'énergie thermique avec le sous-sol lorsqu'elles ne présentent pas d'incidences significatives sur l'environnement et qu'elles ne nécessitent pas des mesures spécifiques de protection des intérêts mentionnés notamment à l'article L. 161-1[(405)]. Les activités ou installations concernées sont déterminées par décret, en fonction de la nature des ouvrages et des fluides caloporteurs utilisés et de seuils portant sur la profondeur et la puissance thermique des ouvrages, sur la température des milieux sollicités, ainsi que sur les débits des eaux prélevés, réinjectées ou rejetées. Pour les gîtes géothermiques à basse température, cette dérogation s'applique aux prélèvements de chaleur souterraine dont le débit calorifique maximal possible calculé par référence à une température de 20 ° Celsius est inférieur à 200 thermies par heure et dont la profondeur est inférieure à 100 mètres[(406)]. Cette exception concerne les pompes à chaleur géothermales.

II. L'exploitation géothermique encadrée par le droit de l'eau

L'exploitation de l'énergie géothermique constitue un usage de l'eau et relève à ce titre de la réglementation contenue dans le code de l'environnement. De manière comparable à l'exploitation hydroélectrique, l'activité géothermique doit respecter le principe d'une gestion équilibrée et durable de la ressource en eau et est soumise au régime de contrôle des usages de l'eau issu de l'article L. 214-1 du code de l'environnement.

A. La gestion équilibrée et durable de la ressource en eau

L'article L. 211-1 du code de l'environnement dispose que l'objectif de gestion équilibrée et durable de la ressource en eau vise à assurer, notamment, la protection des eaux souterraines et la lutte contre toute pollution comme la valorisation de l'eau en qualité de ressource économique. La production

(402) Décret n° 78-498, art. 1.

(403) Décret n° 78-498, art. 3 et 7.

(404) N. C. minier, art. L. 134-6.

(405) N. C. minier, art. L. 112-1.

(406) N. C. minier, art. L. 112-3, et décret n° 78-498, art. 17.

d'énergie est visée et, même s'il est fait référence en priorité à l'hydroélectricité, la géothermie est également concernée. Cette activité est néanmoins considérée comme nettement moins attentatoire à la ressource et aux milieux aquatiques, comme l'atteste par ailleurs l'article L. 213-10-9 du code de l'environnement relatif à la redevance pour prélèvement sur la ressource en eau : alors que par principe, toute personne dont les activités entraînent un prélèvement sur la ressource en eau y est assujettie, les prélèvements liés à la géothermie sont exonérés(407).

B. Les régimes d'autorisation et de déclaration des usages de l'eau

Selon l'article L. 214-1 du code de l'environnement, les installations, ouvrages, travaux et activités (IOTA) réalisés à des fins non domestiques et entraînant des prélèvements sur les eaux superficielles ou souterraines, restitués ou non, des déversements, écoulements, rejets ou dépôts directs ou indirects, chroniques ou épisodiques, même non polluants, relèvent des régimes d'autorisation ou de déclaration issus des articles L. 214-2 à L. 214-6 du code de l'environnement. La nomenclature eau, qui définit les IOTA concernés, comprend l'utilisation de l'énergie géothermique(408) : les travaux de recherches et d'exploitation de gîtes géothermiques sont soumis à autorisation(409), de même que la réinjection dans une même nappe des eaux prélevées pour la géothermie lorsque la capacité totale de réinjection est supérieure ou égale à 80 mètres cubes par heure (si cette capacité est inférieure à 80 mètres cubes par heure mais supérieure à 8 mètres cubes par heure, seule une déclaration est exigée)(410). Toutefois, l'article R. 214-3 du code de l'environnement et la nomenclature eau renvoient, pour les règles de procédure applicables, aux dispositions particulières issues des différents décrets précités sur l'exploitation des gîtes géothermiques. Le Nouveau code minier précise de son côté que les autorisations et déclarations qu'il prévoit pour les gîtes géothermiques valent respectivement autorisation et déclaration au titre de l'article L. 214-3 du code de l'environnement(411). Le lien est aussi opéré par le décret n° 78-498 avec l'ancien régime des autorisations de sondage, de prélèvement ou de déversement prévu par la loi du 16 décembre 1964 sur l'eau(412).

§3. La biomasse

L'usage de la biomasse afin de produire de l'énergie permet une réduction des émissions de gaz à effet de serre et la valorisation des déchets comme combustibles(413). Pourtant, l'exploitation énergétique de la biomasse est sans doute celle dont l'impact environnemental est potentiellement le plus important, tant la variété des conséquences de cette activité risque de multiplier les atteintes aux milieux naturels : la déforestation, la culture intensive de végétaux destinés à la fabrication d'agrocarburants ou encore les rejets polluants générés par l'incinération de déchets peuvent résulter d'une exploitation inconsidérée de la biomasse(414). Il existe des règles environnementales venant encadrer cette exploitation, dont la quantité et la diversité répondent à la pluralité des

(407) Voir *infra* p. 572.

(408) C. env., art. R. 214-1.

(409) Rubrique 5.1.2.0.

(410) Rubrique 5.1.1.0.

(411) N. C. minier, art. L. 162-11.

(412) Art. 18.

(413) Communication de la Commission, « Plan d'action dans le domaine de la biomasse », COM (2005) 628 final, 7 décembre 2005, p. 6 et p. 14.

(414) Voir « *How much bioenergy can Europe produce without harming the environment ?* », EEA Report n° 7-2006, Copenhagen, 2006 ; *Analyse rétrospective des interactions du développement des biocarburants en France avec l'évolution des marchés français et mondiaux (productions agricoles, produits transformés et coproduits) et les changements d'affectation des sols,* ADEME, février 2012.

menaces pour les milieux naturels. Tous les domaines du droit de l'environnement sont d'ailleurs concernés, et si le rôle de règles spécifiques doit être souligné, c'est plus généralement vers l'application du droit commun qu'il faut souvent se tourner. La directive européenne 2009/28 du 23 avril 2009 relative à la promotion de l'utilisation de l'énergie produite à partir de sources renouvelables a apporté sur ce point une contribution essentielle : elle impose des critères de durabilité pour les biocarburants et les bioliquides, désormais repris par le code de l'énergie(415), complété par un décret de novembre 2011(416). Ce nouveau dispositif constitue désormais le cadre de référence. Il conviendra d'exposer ensuite les diverses règles visant à une durabilité de la production de biomasse, puis à une durabilité de la valorisation énergétique de la biomasse.

I. Le cadre de référence : les critères de durabilité

Le dispositif des critères de durabilité, consacré par la loi « Grenelle 1 » en 2009, puis introduit par ordonnance dans le code de l'énergie en 2011, est en cours d'installation, tant à l'échelon européen que français(417). Il convient d'en déterminer le champ d'application, de définir ces critères, de préciser comment leur respect est contrôlé et quels effets juridiques ils produisent.

A. Le champ d'application des critères de durabilité

Les critères de durabilité s'appliquent aux biocarburants et bioliquides consommés en France, que les matières premières utilisées pour leur production aient été cultivées ou extraites sur place ou à l'étranger(418). Les biocarburants sont définis comme des combustibles liquides ou gazeux utilisés pour le transport et produits à partir de la biomasse, tandis que les bioliquides, qui ont les mêmes caractéristiques, sont eux destinés à d'autres usages, comme la production d'électricité, le chauffage et le refroidissement(419). Par principe tous les biocarburants et bioliquides doivent respecter les critères de durabilité. Toutefois, en sont dispensés ceux produits à partir de déchets et de résidus autres que les résidus provenant de l'agriculture, de l'aquaculture, de la pêche et de la sylviculture(420). Ces critères s'appliquent à toutes les étapes de la chaîne de production et de distribution, depuis l'extraction ou la culture des matières premières jusqu'à la transformation de la biomasse en un produit de qualité requise pour être utilisée comme carburant ou combustible, le transport, la mise à la consommation et la distribution de ce produit(421).

---

(415) Loi n° 2009-967 du 3 août 2009, art. 21 ; Ordonnance n° 2011-1105 du 14 septembre 2011 portant transposition des directives 2009/28/CE et 2009/30/CE du Parlement européen et du Conseil du 23 avril 2009 dans le domaine des énergies renouvelables et des biocarburants ; C. énergie, art. L. 661-1 et s.

(416) Décret n° 2011-1468 du 9 novembre 2011 pris pour l'application de l'ordonnance.

(417) Voir : « Communication de la Commission sur la mise en œuvre concrète du régime de durabilité de l'UE pour les biocarburants et les bioliquides et sur les règles de comptage applicables aux biocarburants », 2010/C 160/02 ; « Rapport de la Commission sur les exigences de durabilité concernant l'utilisation de sources de biomasse solide et gazeuse pour l'électricité, le chauffage et le refroidissement », COM (2010) 11 final ; *Guide pratique, Mise en œuvre du système de durabilité pour les biocarburants et les bioliquides*, Ministère de l'Écologie, du Développement durable, des Transports et du Logement, 24 avril 2012.

(418) C. énergie, art. L. 661-1.

(419) Directive 2009/28, art. 2 ; C. énergie, art. L. 661-1 ; arr. 23 novembre 2011 pris en application de l'ordonnance n° 2011-1105 du 14 septembre 2011 et du décret n° 2011-1468 du 9 novembre 2011 et relatif à la durabilité des biocarburants et des bioliquides, art. 1.

(420) Décret n° 2011-1468, art. 3 ; Arr. 17 janvier 2012 pris en application du d de l'art. 1er et de l'art. 3 du décret n° 2011-1468 du 9 novembre 2011 pris pour l'application de l'ordonnance n° 2011-1105 du 14 septembre 2011 portant transposition des directives 2009/28/CE et 2009/30/CE dans le domaine des énergies renouvelables et des biocarburants, précisant les modalités du double comptage et fixant la liste des biocarburants et des bioliquides dispensés de respecter les critères de durabilité définis à l'art. L. 661-5 C. énergie.

(421) C. énergie, art. L. 661-3.

B. La définition des critères de durabilité

Les critères de durabilité retenus sont de deux ordres : soit ils concernent la performance des biocarburants et bioliquides en terme de réduction des émissions de gaz à effet de serre, soit ils visent la manière dont les matières premières qui servent à leur fabrication sont produites.

1. Les critères relatifs à la réduction des émissions de gaz à effet de serre

Pour satisfaire les critères de durabilité, la production et l'utilisation de biocarburants et bioliquides doivent présenter un potentiel de réduction des émissions de gaz à effet de serre d'au moins 35 % par rapport aux émissions de gaz à effet de serre résultant des carburants et combustibles d'origine fossile(422). Par dérogation, ceux produits dans des installations en fonctionnement avant le 23 janvier 2008 sont dispensées de cette obligation jusqu'au 1er avril 2013(423). Ce pourcentage minimal est porté à 50 % au 1er janvier 2017, puis à 60 % au 1er janvier 2018, mais seulement pour les biocarburants produits dans des installations dont la production aura démarré à partir du 1er janvier 2017. L'enjeu est ici d'inciter à la production de biocarburants et bioliquides véritablement performants(424).

2. Les critères relatifs à la production des matières premières

Pour correspondre aux critères de durabilité, les biocarburants et bioliquides ne doivent pas être produits à partir de matières premières qui proviennent(425) :
– de terres de grande valeur en termes de biodiversité : forêts primaires ou autres surfaces boisées composées d'essences indigènes, zones affectées à la protection de la nature, d'écosystèmes ou d'espèces rares, menacées ou en voie de disparition(426), prairies présentant une grande valeur en matière de biodiversité ;
– de terres présentant un important stock de carbone : zones humides (terres couvertes ou saturées d'eau en permanence ou pendant une partie importante de l'année), zones forestières continues et étendues de plus d'un hectare dont le peuplement d'arbres présente certains caractères précis ;
– de terres ayant le caractère de tourbières.

Par dérogation, il est possible d'utiliser des matières premières provenant de ces terres si l'atteinte portée est limitée. Par exemple, pour les tourbières l'interdiction ne s'applique pas s'il est établi que la culture et la récolte n'impliquent pas le drainage des sols. Le producteur doit présenter les justifications requises pour se prévaloir des exceptions.

Les biocarburants et bioliquides ne doivent pas non plus être produits à partir de matières premières qui ne respectent pas les exigences et les règles ou les bonnes conditions agricoles et environnementales applicables dans le cadre de la politique agricole européenne, c'est-à-dire celles définies par le règlement du 19 janvier 2009(427).

---

(422) C. énergie, art. L. 661-4 ; décret n° 2011-1468, art. 4 ; arr. 23 novembre 2011 pris en application de l'ordonnance n° 2011-1105 du 14 septembre 2011 et du décret n° 2011-1468 du 9 novembre 2011 et relatif à la durabilité des biocarburants et des bioliquides, art. 2. Voir aussi Décision de la Commission du 10 juin 2010 relative aux lignes directrices pour le calcul des stocks de carbone dans les sols aux fins de l'annexe V de la directive 2009/28/CE, 2010/335/UE.

(423) Ordonnance n° 2011-1105, art. 7.III ; décret n° 2011-1468, art. 4.

(424) Voir « Les biocarburants de 1re génération », Avis de l'ADEME, 5 avril 2012.

(425) C. énergie, art. L. 661-5 ; décret n° 2011-1468, art. 5.

(426) Arr. 23 novembre 2011 pris en application de l'ordonnance n° 2011-1105 du 14 septembre 2011 et du décret n° 2011-1468 du 9 novembre 2011 et relatif à la durabilité des biocarburants et des bioliquides, art. 3.

(427) Règlement 73/2009 établissant des règles communes pour les régimes de soutien direct en faveur des agriculteurs dans le cadre de la politique agricole commune, art. 6.1 et annexe II. Voir *infra* p. 296.

C. Le contrôle du respect des critères de durabilité

Les opérateurs économiques qui prennent part à la chaîne de production et de distribution des biocarburants et bioliquides doivent être en mesure de justifier que les critères de durabilité ont été respectés(428). À cette fin, deux voies sont possibles : européenne ou nationale.

La première solution consiste à recourir aux règles définies par des systèmes volontaires reconnus par la Commission européenne ou par des accords conclus par celle-ci avec des pays tiers et reconnus par elle. Actuellement, seule la première option est opérationnelle : la Commission européenne, après évaluation, a décidé de reconnaître comme fiables, pour attester du respect des critères de durabilité, certains mécanismes volontaires de certification(429). Neuf d'entre eux bénéficient de cette reconnaissance : ISCC (*International Sustainability and Carbon Certification*)(430), Bonsucro EU(431), *Round Table on Responsible Soy EU RED*(432), *Round Table on Sustainable Biofuls EU RED*(433), *Biomass Biofuls Sustainability voluntary scheme*(434), *Abengoa RED Bienergy Sustainability Assurance*(435), *Greenergy Brazilian Biœthanol verification programme*(436), *Ensus voluntary scheme under RED for Ensus bioethanol production*(437), *Red Tractor Farm Assurance Combinable Crops & Sugar Beet*(438). Les informations fournies par l'opérateur économique sur le respect des critères de durabilité sont alors contrôlées dans ce cadre.

La seconde possibilité est nationale : des organismes certificateurs accrédités sont alors chargés de vérifier les informations données par l'opérateur économique sur le respect des critères de durabilité(439). Ce contrôle doit être indépendant et de niveau suffisant, par comparaison avec les exigences et garanties du système européen. L'opérateur économique établit alors, et transmet à son client, une attestation de durabilité qui contient toutes les informations utiles relatives aux critères de durabilité(440).

Chaque opérateur économique indique le système auquel il recourt pour justifier que les critères de durabilité ont été respectés(441).

(428) C. énergie, art. L. 661-7. La liste des opérateurs concernés est fixée par le décret n° 2011-1468, art. 6.

(429) Voir « Communication de la Commission sur les systèmes volontaires et les valeurs par défaut du régime de durabilité de l'UE pour les biocarburants et les bioliquides, 2010/C 160/01. »

(430) Décision 19 juillet 2011, 2011/438/UE.

(431) Décision 19 juillet 2011, 2011/439/UE.

(432) Décision 19 juillet 2011, 2011/440/UE.

(433) Décision 19 juillet 2011, 2011/435/UE.

(434) Décision 19 juillet 2011, 2011/437/UE.

(435) Décision 19 juillet 2011, 2011/436/UE.

(436) Décision 19 juillet 2011, 2011/441/UE.

(437) Décision 23 avril 2012, 2012/210/UE.

(438) Décision 16 juillet 2012, 2012/395/UE.

(439) C. énergie, art. L. 661-7 ; arr. 23 novembre 2011 pris en application de l'ordonnance n° 2011-1105 du 14 septembre 2011 et du décret n° 2011-1468 du 9 novembre 2011 et relatif à la durabilité des biocarburants et des bioliquides, art. 7 et 8.

(440) Décret n° 2011-1468, art. 9.

(441) Décret n° 2011-1468, art. 7.

Les opérateurs qui mettent à la consommation des carburants et combustibles liquides contenant des biocarburants ou bioliquides sont aussi tenus de démontrer que ces produits satisfont aux critères de durabilité(442). Ils établissent des déclarations de durabilité fondées sur les informations recueillies et les adressent à l'organisme chargé du système de durabilité des biocarburants et bioliquides(443).

Il est en effet prévu que soit mis en place un organisme chargé du système de durabilité(444). Il doit créer un système d'information dématérialisé comprenant le répertoire des opérateurs économiques concernés, des systèmes ou accords auxquels chacun a décidé de recourir et des informations contenues dans les attestations et déclarations de durabilité. Il a également pour rôle de mettre à disposition des opérateurs économiques des outils relatifs à la mise en œuvre des critères de durabilité, de gérer le système national pour les opérateurs économiques qui y recourent, d'apporter son appui aux services de l'État dans l'exercice de leurs missions de contrôle. À titre transitoire, ces fonctions sont assurées par la Direction Générale de l'Énergie et du Climat du ministère de l'Écologie(445).

L'autorité administrative contrôle les informations et les déclarations de durabilité fournies par les opérateurs économiques concernant le respect des critères de durabilité, ainsi que l'exercice par les organismes certificateurs de leurs missions(446).

D. Les effets juridiques des critères de durabilité

Le principe retenu est que pour déterminer la contribution des biocarburants et bioliquides à la réalisation des objectifs nationaux de développement des énergies renouvelables dans le secteur des transports, d'augmentation de la part de ces énergies renouvelables dans la consommation totale d'énergie et de réduction des émissions de gaz à effet de serre résultant de l'utilisation de carburants, seuls sont pris en compte les biocarburants et bioliquides qui satisfont aux critères de durabilité(447). Les avantages fiscaux en faveur de la production et de la consommation des biocarburants et bioliquides sont également subordonnés au respect de ces critères(448).

Il n'est pas certain que la mise en œuvre de ces critères de durabilité suffise pour rendre acceptable d'un point de vue environnemental, la production de biocarburants et bioliquides(449). Ce dispositif, si développé concernant les modalités de contrôle, reste en retrait sur les critères eux-mêmes, qui finalement n'interdisent la production des matières premières que sur des terres dont il aurait été incompréhensible qu'elles puissent être exploitées. Ils n'abordent pas non plus une question pourtant fondamentale : celle de la répartition des terres cultivées entre production alimentaire et production énergétique(450).

---

(442) C. énergie, art. L. 661-7 ; décret n° 2011-1468, art. 10.

(443) Arr. 23 novembre 2011 pris en application de l'ordonnance n° 2011-1105 du 14 septembre 2011 et du décret n° 2011-1468 du 9 novembre 2011 et relatif à la durabilité des biocarburants et des bioliquides, art. 5.

(444) Décret n° 2011-1468, art. 11.

(445) Décret n° 2011-1468, art. 12.

(446) C. énergie, art. L. 661-8 ; décret n° 2011-1468, art. 8.

(447) C. énergie, art. L. 661-2 ; arr. 2 mai 2012 relatif aux contenus énergétiques des biocarburants et des carburants.

(448) C. énergie, art. L. 661-2 qui renvoie au C. des douanes, art. 265, 265 *bis* A et 266 *quindecies*. Voir *infra* p. 633 et s.

(449) « Revue critique des études évaluant l'effet des changements d'affectation des sols sur les bilans environnementaux des biocarburants », ADEME – MEDAD – MESR, Rapport final, 20 mars 2012.

(450) *Fuel for Thought, Addressing the Social Impacts of EU Biofuls Policies*, Actionaid, April 2012.

II. La durabilité de la production de biomasse

Les productions agricole et forestière ont, depuis la loi d'orientation agricole de 2006[(451)], une fonction environnementale précise : lutter contre l'effet de serre grâce à la valorisation de la biomasse, au stockage durable du carbone végétal et à la maîtrise des émissions de gaz à effet de serre[(452)]. Cette contribution à la lutte contre les changements climatiques est un apport essentiel pour la protection de l'environnement, mais utiliser la biomasse comme source pérenne d'énergie, et la qualifier par conséquent de source d'énergie renouvelable, implique d'en produire les ressources dans le respect de tous les éléments environnementaux, afin de mener une activité véritablement durable. Il faut par conséquent examiner les règles environnementales applicables à l'activité agricole, puis à l'activité sylvicole.

A. L'activité agricole

L'impact environnemental négatif des activités agricoles a maintes fois été dénoncé et pour y répondre des règles environnementales se sont progressivement développées. L'essor programmé d'une production destinée à la fabrication d'agrocarburants peut constituer une nouvelle menace : la finalité non alimentaire des cultures laisse augurer d'un souci moindre de respect de l'environnement, l'objectif de protection de la santé publique ne venant plus appuyer l'impératif de préservation des milieux naturels. Les conditions dans lesquelles cette production particulière s'effectue sont celles établies pour l'activité agricole en général, la protection de l'environnement étant à la fois prise en compte par le droit rural et imposée par certains régimes spécifiques du droit de l'environnement. Sans reprendre ici l'intégralité des dispositions concernées, il convient de s'intéresser aux plus importantes d'entre elles pour la production à finalité énergétique, en distinguant, d'une part, les mesures incitant au respect de l'environnement et, d'autre part, celles imposant de véritables contraintes.

1. Les incitations au respect de l'environnement

a. Les aides agricoles

La politique agricole commune prévoit de nombreuses mesures de soutien financier à l'activité agricole auxquelles un producteur de cultures énergétiques peut évidemment prétendre[(453)]. Ces aides constituent un levier pour développer la production[(454)], mais peuvent aussi l'orienter vers des procédés respectueux de l'environnement. Ainsi, le règlement européen 73/2009 du 19 janvier 2009, qui établit le cadre applicable à ces aides, soumet leur attribution au respect d'exigences réglementaires et de bonnes conditions agricoles et environnementales[(455)]. En ce qui concerne les premières, le règlement renvoie à certaines législations européennes dans le domaine de l'environnement et de la santé publique, comme les directives de 1979 sur la conservation des oiseaux sauvages, de 1991 sur la protection des eaux contre la pollution par les nitrates à partir de sources agricoles, de 1992 sur la

(451) Loi n° 2006-11, 5 janvier 2006. Voir P. Billet, « La promotion de la valorisation énergétique de la production agricole et sylvicole », *RD. rur.* février 2006, p. 47 ; I. Doussan, « La protection de l'environnement dans la loi d'orientation agricole de janvier 2006 : un bilan mitigé », *RJE* 2006, p. 387. Voir aussi : loi n° 2010-874 du 27 juillet 2010 de modernisation de l'agriculture et de la pêche ; J. Foyer, La loi n° 2010-874 du 27 juillet 2010 de modernisation de l'agriculture et de la pêche, *Environnement* 2010, Etudes 13.

(452) C. rur., art. L. 111-2.3°.

(453) Voir B. Hogommat, « Les enjeux de la prise en compte des biocarburants au regard des orientations de la politique agricole commune », *Rev. jur. env.* 2010, p. 427.

(454) Voir *infra* p. 430.

(455) Règlement établissant des règles communes pour les régimes de soutien direct en faveur des agriculteurs dans le cadre de la politique agricole commune, art. 4. Voir F. Barbier, « La conditionnalité environnementale », *RD. rur.* janvier 2007, p. 33.

conservation des habitats naturels ou encore de 1991 sur les produits phytopharmaceutiques[456]. Les bonnes pratiques agricoles et environnementales sont, quant à elles, définies par les États membres, dans le cadre fixé par le règlement[457]. En droit interne, ce dispositif a été repris dans le code rural[458], qui établit ainsi les bonnes pratiques agricoles et environnementales : conservation d'une bande tampon pérenne le long des cours d'eau, d'une largeur de 5 mètres au minimum entre le cours d'eau et les terres cultivées, avec interdiction d'utiliser des fertilisants minéraux ou organiques sur ces surfaces, interdiction de brûler les résidus végétaux, obligation d'assurer une diversité des cultures, respect de certaines règles d'entretien des terres... Chacune de ces obligations est assortie de possibilités de dérogations, le préfet étant compétent pour affiner ces règles en fonction des particularités locales. Leur non-respect est sanctionné par des réductions d'aides, dont le taux est établi selon la gravité de l'absence de conformité[459].

Les cultures énergétiques faisaient l'objet d'une aide spécifique, les soumettant donc à ces conditions environnementales, dans le dispositif applicable avant le règlement 73/2009 du 19 janvier 2009[460]. Eu égard à la forte demande pour les bioénergies, cette aide n'a pas été reconduite[461]. En revanche, le respect des exigences réglementaires et des bonnes conditions agricoles et environnementales, qui était appliqué pour le versement des aides, constitue désormais l'un des critères de durabilité des biocarburants et bioliquides comme précédemment exposé[462]. L'incitation financière est devenue une obligation s'imposant à la production.

Les conditions établies par le règlement 73/2009 peuvent être dépassées, les exploitants étant d'ailleurs encouragés à le faire par le règlement européen 1698/2005 qui, afin de favoriser l'utilisation durable des terres agricoles, accorde des paiements agroenvironnementaux à ceux qui s'engagent volontairement à aller plus loin que les exigences réglementaires et les bonnes conditions agricoles et environnementales obligatoires[463]. L'agriculteur souscrit alors un engagement agroenvironnemental, pour une durée de 5 à 7 ans, en vue de mettre en œuvre une ou plusieurs mesures en faveur de la protection de l'environnement, chacune faisant l'objet d'un cahier des charges qui précise les obligations agroenvironnementales imposées ainsi que les paiements versés en contrepartie[464]. Ce dispositif, d'application générale, concerne les producteurs de cultures énergétiques.

b. La certification environnementale

La loi « Grenelle 1 » de 2009 avait fixé parmi ses objectifs de développer une démarche de certification environnementale des exploitations agricoles[465]. Le dispositif a été mis en place dans le code rural, par la loi « Grenelle 2 » de 2010 et un décret de 2011[466]. La certification environne-

(456) Annexe II.

(457) Art. 6, annexe IV.

(458) C. rur., art. D. 615-45 à D. 615-61.

(459) C. rur., art. D. 615-57 à D. 615-61.

(460) Règlement 1782/2003 du 29 septembre 2003, art. 88 et s.

(461) Décret n° 2010-1585 du 16 décembre 2010 relatif à certains régimes de soutien direct dans le cadre de la politique agricole commune et modifiant le code rural et de la pêche maritime : il supprime ces aides en droit interne.

(462) Voir *supra* p. 293.

(463) Règlement 20 septembre 2005, concernant le soutien au développement rural par le Fonds européen agricole pour le développement rural (Feader), art. 39.

(464) C. rur., art. D. 341-7 à D. 341-20.

(465) Loi n° 2009-967 du 3 août 2009, art. 31.

(466) Loi n° 2010-788 du 12 juillet 2010, art. 109 et décret n° 2011-694 du 20 juin 2011 relatif à la certification environnementale des exploitations agricoles ; C. rur., art. L. 611-6 et D. 617-1 et s.

mentale remplace la qualification des exploitations au titre de l'agriculture raisonnée[467]. Elle s'applique aux exploitations agricoles utilisant des modes de production particulièrement respectueux de l'environnement, et comporte plusieurs niveaux d'exigence environnementale. Il est évident que ces modalités sont destinées en premier lieu à des productions agricoles alimentaires, le consommateur étant désormais sensible au caractère sain – pour sa santé et l'environnement – d'un produit. Il est tout autant évident qu'il faut s'interroger sur l'application de ce système de certification aux exploitations de cultures énergétiques, ou de ses liens avec les critères de durabilités précités, afin de rester dans le cadre d'un développement durable.

2. Les obligations à finalité environnementale

a. L'utilisation des pesticides et des matières fertilisantes

De manière générale, les pesticides et les matières fertilisantes relèvent du règlement européen REACH[468], selon lequel il incombe aux fabricants, aux importateurs et aux utilisateurs de veiller à fabriquer, mettre sur le marché ou utiliser des substances qui n'ont pas d'effets nocifs pour la santé humaine ou l'environnement[469]. Ce texte impose l'enregistrement, auprès de l'Agence européenne des produits chimiques, de toute substance chimique mise sur le marché et une autorisation de la Commission pour les substances les plus dangereuses. L'enregistrement n'est pas une simple formalité administrative, il s'accompagne notamment d'une évaluation de la sécurité chimique des substances concernées, permettant d'identifier les risques et d'appliquer les mesures appropriées afin de les maîtriser[470]. L'autorisation, obligatoire pour les substances listées en annexe XIV du règlement (substances cancérogènes, mutagènes, persistantes, bioaccumulables et toxiques)[471], vise à contrôler leur mise sur le marché et à leur substituer à terme des substances plus sûres pour la santé humaine et l'environnement[472].

Plus spécifiquement, les pesticides sont régis par le règlement européen du 21 octobre 2009, qui prévoit une autorisation préalable à toute mise sur le marché et utilisation des produits phytopharmaceutiques, et par le règlement du 22 mai 2012 procédant de même pour les produits biocides[473]. Ces deux textes s'articulent avec le dispositif issu du règlement européen REACH selon des modalités qu'ils fixent. Les obligations issues des règlements de 2009 et 2012 sont précisées dans le code rural pour les produits phytopharmaceutiques[474] et dans le code de l'environnement pour les produits biocides[475]. Selon ces dispositions, l'approbation de ces substances implique d'en mesurer les effets sur l'environnement, les critères étant fixés par les règlements précités[476]. Une

(467) Loi n° 2010-788, art. 111. Le système antérieur était issu de l'ancien art. L. 611-6, C. rur. et du décret n° 2002-631, relatif à la qualification des exploitations agricoles au titre de l'agriculture raisonnée.

(468) Règlement 1907/2006, 18 décembre 2006, concernant l'enregistrement, l'évaluation et l'autorisation des substances chimiques, ainsi que les restrictions applicables à ces substances. Voir P. Thieffry, « REACH : l'enregistrement, l'évaluation et l'autorisation des substances chimiques en Europe », *Environnement* 3-2007, p. 9 ; E. Brosset, « Le règlement communautaire en matière de produits chimiques : petite explication de texte », *Rev. jur. env.* 2008, p. 5.

(469) Art. 1.3.

(470) Art. 14.

(471) Art. 57.

(472) Art. 60.

(473) Règlement 1107/2009 concernant la mise sur le marché des produits phytopharmaceutiques et règlement 528/2012 concernant la mise à disposition sur le marché et l'utilisation des produits biocides.

(474) C. rur., art. L. 253-1 et s.

(475) C. env., art. L. 522-1 et s.

(476) Voir règlement 1107/2009, art. 4 ; règlement 528/2012, art. 19.

directive pour une utilisation durable des pesticides a également été adoptée le 21 octobre 2009[477], mais elle ne s'applique pour l'instant qu'aux produits phytopharmaceutiques, l'extension de son champ d'application aux produits biocides étant prévue[478]. Son objet est de réduire les risques et les effets des pesticides sur la santé humaine et sur l'environnement et d'encourager le recours à la lutte intégrée contre les ennemis des cultures et à des méthodes de substitution[479]. Elle prévoit notamment l'adoption de plans nationaux d'action, la formation des utilisateurs professionnels, des exigences applicables aux ventes de pesticides, ou encore des règles encadrant les utilisations de ces produits. Cette réglementation récente, qui ambitionne de resserrer le contrôle sur les pesticides, doit être rapprochée d'un objectif fixé par la loi « Grenelle 1 » : réduire de moitié les usages des produits phytopharmaceutiques et des biocides en dix ans[480].

Les engrais et autres matières fertilisantes, quant à eux, font par principe l'objet d'une homologation, régie par le code rural[481], qui atteste notamment de leur innocuité à l'égard de l'homme, des animaux et de leur environnement dans les conditions d'emploi prescrites ou normales[482]. Toutefois, les dérogations prévues concernent en réalité la plupart de ces produits[483] : tous ceux mis sur le marché avec le label européen « engrais CEE »[484]. L'exception s'applique sous réserve de leur innocuité, par hypothèse non vérifiée en amont puisqu'ils sont dispensés d'homologation. Les lacunes de ce dispositif peuvent être très partiellement compensées en aval : tout d'abord, lorsqu'une matière fertilisante s'avère ne pas satisfaire la condition d'innocuité, sa vente et sa distribution peuvent être interdites[485], ensuite, l'usage d'un tel produit peut être réglementé par arrêté ministériel pour en prévenir les inconvénients et assurer notamment la sauvegarde de la qualité des eaux et la conservation de la fertilité des sols[486]. Il faut ajouter que l'enregistrement des substances chimiques imposé par le règlement européen REACH, voire l'autorisation de mise sur le marché pour les substances les plus dangereuses, pourraient à terme opportunément renforcer ce dispositif.

Les dérogations au principe de l'homologation des matières fertilisantes visent également les rejets, dépôts, déchets ou résidus déversés ou épandus sur les terrains agricoles[487], régis par le code de l'environnement. En ce qui concerne l'épandage des boues – c'est-à-dire l'épandage sur les sols agricoles de sédiments résiduaires des installations de traitement ou de prétraitement biologique, physique ou physicochimique des eaux usées –, afin de protéger la ressource en eau, l'activité est soumise à autorisation ou à déclaration[488], le code de l'environnement imposant des conditions générales et des dispositions techniques[489]. Dans le cas d'effluents liquides ou solides provenant d'une exploitation agricole, si cette dernière est une installation classée (ICPE), l'épan-

(477) Directive 2009/128 instaurant un cadre d'action communautaire pour parvenir à une utilisation des pesticides compatible avec le développement durable.

(478) Directive 2009/128, considérant 2.

(479) Directive 2009/128, art. 1er.

(480) Loi n° 2009-967, art. 31.

(481) C. rur., art. L. 255-1 et s.

(482) C. rur., art. L. 255-3.

(483) C. rur., art. L. 255-2.

(484) Règlement européen 2003/2003, 13 octobre 2003, relatif aux engrais.

(485) C. rur., art. L. 255-4.

(486) C. rur., art. L. 255-6.

(487) C. rur., art. L. 255-2.3°.

(488) C. env., art. R. 211-25 et s. Voir aussi C. env., art. L. 214-1 ; nomenclature eau, rubriques 2.1.3.0 et 2.1.4.0.

(489) C. env., art. R. 211-31 et s.

dage relève de cette réglementation spécifique[490], sinon le code de l'environnement prévoit des conditions destinées à préserver les milieux aquatiques[491].

Plus généralement, des conditions d'épandage des fertilisants ont été établies par le code des bonnes pratiques agricoles, texte d'application facultative servant de référence aux agriculteurs pour protéger les eaux contre la pollution par les nitrates d'origine agricole[492].

Enfin, les produits organiques bruts obtenus à partir de matières naturelles sans traitement chimique figurent aussi dans la liste des dérogations au principe de l'homologation des matières fertilisantes[493], leur innocuité présumée justifiant de ne soumettre leur épandage à aucune condition préalable.

b. La culture d'organismes génétiquement modifiés

La finalité non alimentaire des cultures énergétiques et la nécessité d'assurer leur rendement risquent de banaliser l'usage de semences génétiquement modifiées[494]. Celui-ci ne fait pas en soi l'objet d'une réglementation particulière, à la différence des opérations intervenant en amont, à savoir la dissémination volontaire et la mise sur le marché. La première est définie comme toute introduction intentionnelle dans l'environnement, à des fins de recherche ou de développement d'un organisme génétiquement modifié (OGM) ou d'une combinaison d'OGM[495]. Elle est soumise à autorisation ministérielle préalable, délivrée après un examen des risques présentés pour la santé publique et l'environnement, l'autorisation imposant des prescriptions que le responsable de la dissémination volontaire doit respecter[496].

La mise sur le marché – soit la mise à disposition de tiers, à titre gratuit ou onéreux, de produits composés en tout ou partie d'OGM[497] – fait également l'objet d'une autorisation préalable, la procédure d'obtention étant sensiblement plus complexe car elle associe la Commission européenne comme l'ensemble des États membres de l'Union, l'autorisation étant valable sur tout le territoire européen[498]. Elle est délivrée après un examen des risques pour la santé publique et l'environnement, est assortie de prescriptions et n'est valable que pour une durée maximale de 10 ans renouvelables. Chaque demande d'autorisation de mise sur le marché d'un nouvel OGM soulève d'importants débats, ralentissant d'autant la procédure et rendant pour l'instant aléatoire toute tentative de développement des cultures énergétiques transgéniques.

Par ailleurs, le code rural prévoit que les végétaux, y compris les semences, les produits antiparasitaires à usage agricole et les produits assimilés, les matières fertilisantes et les supports de cultures composés en tout ou partie d'OGM disséminés dans l'environnement ou mis sur le marché, font l'objet d'une surveillance renforcée effectuée par les agents chargés de la protection des végétaux habilités[499]. Cette surveillance biologique a pour objet de rechercher et constater les

(490) Voir C. env., art. L. 511-1 et s., R. 511-1 et s., et circ. 30 avril 1996, relative à l'épandage en agriculture de déchets d'ICPE.

(491) C. env., art. R. 211-50 et s.

(492) C. env., art. R. 211-78 ; arr. 22 novembre 1993, relatif au code des bonnes pratiques agricoles.

(493) C. rur., art. L. 255-2.4°.

(494) R. Maynard, P. Thomas, « Les biocarburants, cheval de Troie des OGM ? », *l'Écologiste* 2007, n° 22, p. 15.

(495) C. env., art. L. 533-2.

(496) C. env., art. L. 533-3. Voir directive 2001/18, 12 mars 2001, relative à la dissémination volontaire d'OGM dans l'environnement ; C. env., art. R. 533-1 et s.

(497) C. env., art. L. 533-4.

(498) C. env., art. L. 533-5. Voir directive 2001/18 et C. env., art. R. 533-25 et s.

(499) C. rur., art. L. 251-1.

infractions à la réglementation, mais aussi d'identifier et de suivre l'apparition éventuelle d'effets non intentionnels sur les écosystèmes agricoles ou naturels, notamment sur la faune et la flore sauvages, sur les milieux aquatiques et les sols.

B. L'activité sylvicole

Depuis le Protocole de Kyoto, les forêts sont qualifiées de puits de carbone et leur exploitation est réputée neutre en terme de rejets de gaz à effet de serre(500). Toutefois, l'utilisation des ressources forestières – et la disparition d'un écosystème forestier – a d'autres impacts environnementaux, sur la biodiversité et les sols notamment(501). Le droit régissant l'activité sylvicole a davantage intégré les contraintes environnementales que les règles applicables à l'activité agricole, sans doute car les enjeux économiques de la production n'ont pas été, jusqu'à présent, de la même envergure(502) : il a consacré le principe d'une gestion durable des forêts, impose un régime de contrôle des défrichements et prévoit de préserver certains écosystèmes forestiers.

1. Le principe d'une gestion durable des forêts

Le code forestier place la politique forestière dans le contexte du développement durable et affirme d'emblée qu'elle a pour objet d'assurer la gestion durable des forêts et qu'elle prend en compte leurs fonctions économique, écologique et sociale(503). Les objectifs de la gestion durable des forêts tendent à garantir leur diversité biologique, à assurer un équilibre sylvo-cynégétique et à contribuer à la réduction des émissions de gaz à effet de serre et au développement des énergies renouvelables(504). Les orientations régionales forestières reprennent ces objectifs à l'échelon régional et encadrent l'exploitation forestière(505), pour les forêts soumises au régime forestier – soit, de manière générale, celles appartenant à une personne publique(506) – comme pour celles appartenant à des personnes privées(507). Dans le cadre de ces orientations régionales forestières divers documents de gestion des forêts sont adoptés, dont la finalité est d'organiser notamment la production de bois. Le code forestier établit des garanties de gestion durable : les bois et forêts gérés conformément à un document d'aménagement, un plan simple de gestion ou un règlement type de gestion présentent des garanties de gestion durable(508). D'autres bois et forêts, comme ceux situés dans un site Natura 2000 sont également garantis(509). Les bois et forêts dont le propriétaire adhère au code des bonnes pratiques sylvicoles et le respecte depuis au moins dix ans, sont présumés être gérés durablement(510). Dans les bois et forêts ne présentant pas de garantie de gestion durable, les

---

(500) C. Bataille, C. Birraux, « Rapport sur les nouvelles technologies de l'énergie et la séquestration du dioxyde de carbone : aspects scientifiques et techniques », Ass. nat. n° 2965, Sénat n° 254, 15 mars 2006, p. 53 ; voir avis du Comité économique et social européen, « Le bois comme source d'énergie dans l'Europe élargie », *JOUE* 9 mai 2006, C 110.

(501) *Le Développement et l'Acceptabilité environnementale des énergies renouvelables*, guide de France Nature Environnement à usage de ses membres associatifs, 2002, p. 11 ; Institut français de l'environnement, *Les Espaces boisés en France. Bilan environnemental*, Frison-Roche, 1999.

(502) G.-A. Morin, *Évaluation de l'utilisation actuelle du bois comme source d'énergie et des possibilités de son développement*, Conseil général du génie rural, des eaux et forêts, ministère de l'agriculture et de la pêche, septembre 2005.

(503) C. for., art. L. 121-1.

(504) C. for., art. L. 121-4.

(505) C. for., art. L. 122-1 et D. 122-1.

(506) C. for., art. L. 211-1.

(507) C. for., art. L. 311-1.

(508) C. for., art. L. 124-1 et R. 124-2.

(509) C. for., art. L. 124-1 et L. 124-3.

(510) C. for., art. L. 124-2.

coupes d'une certaine importance ne peuvent être réalisées que sur autorisation(511). Après une coupe rase importante, en l'absence d'une régénération ou reconstitution naturelle satisfaisante, il est possible d'imposer des mesures nécessaires au renouvellement des peuplements forestiers(512).

La loi « Grenelle 2 » a créé une écocertification de gestion durable pour les forêts gérées durablement(513). Les objectifs sont de promouvoir la diversité des produits et l'identification de leurs caractéristiques, de renforcer le développement de la filière et de fixer sur le territoire les capacités de transformation des produits forestiers. Un décret doit déterminer les critères et modalités de cette écocertification.

Le principe d'une gestion durable des forêts n'est pas propre au droit français et figure également dans les instruments du droit européen applicables(514). Le règlement 1698/2005, qui prévoit les paiements agroenvironnementaux précédemment exposés(515), soutient également les mesures axées sur l'utilisation durable des terres forestières et instaure, notamment, une aide au premier boisement de terres agricoles, des paiements sylvoenvironnementaux, ou encore une aide à la reconstitution du potentiel forestier(516).

2. La réglementation des défrichements

Toute opération volontaire ayant pour effet de détruire l'état boisé d'un terrain et de mettre fin à sa destination forestière est un défrichement(517). Ainsi, un déboisement afin de produire du bois-énergie en dehors du cadre d'un document de gestion, ou afin de mettre à nu un terrain pour y cultiver ensuite des essences très productives, voire des végétaux destinés à être transformés en biocarburants, peut être qualifié de défrichement. Par principe, nul ne peut user du droit de défricher ses bois sans avoir préalablement obtenu une autorisation, que le propriétaire soit une personne publique ou privée(518). La demande d'autorisation de défrichement, accompagnée le cas échéant d'une étude d'impact, est adressée au préfet(519). Le défrichement peut être refusé, pour des raisons environnementales : par exemple, lorsque la conservation des bois ou le maintien de la destination forestière des sols est nécessaire à la qualité des eaux ou encore à l'équilibre biologique d'une région ou d'un territoire remarquable et motivé par la préservation des espèces animales ou végétales et de l'écosystème(520). Il existe un abondant contentieux relatif au refus d'autorisation de défricher pour des raisons de protection de l'environnement : le juge administratif opère un contrôle normal sur les motifs du refus et en conclut la plupart du temps l'absence d'erreur d'ap-

(511) C. for., art. L. 124-5 et R. 124-1.

(512) C. for., art. L. 124-6.

(513) Loi n° 2010-788, art. 116 ; C. forestier, art. L. 125-1 et L. 125-2.

(514) Voir communication de la Commission, « Environnement 2010 : notre avenir, notre choix », 6e programme d'action pour l'environnement, p. 37, et « Plan d'action de l'Union européenne en faveur des forêts », COM (2006) 302 final, 15 juin 2006. Pour le droit international, voir protocole d'application de la convention alpine de 1991 dans le domaine des forêts de montagne (protocole « Forêts de montagne »), Brdo, 1996.

(515) Voir *supra* p. 296.

(516) Art. 36 et 42 à 49.

(517) C. for., art. L. 341-1.

(518) Pour les forêts domaniales : C. for., art. L. 213-5 et L. 214-4 ; pour les forêts privées : C. forestier, art. L. 341-3.

(519) C. for., art. R. 341-1.

(520) C. for., art. L. 341-5.

préciation de l'administration(521). L'autorisation de défrichement peut être soumise au respect de certaines mesures compensatoires, comme la conservation sur le terrain de réserves boisées suffisamment importantes ou encore l'exécution de travaux de reboisement(522).

3. Les forêts protégées

Toutes les forêts peuvent jouer un rôle dans la satisfaction des besoins énergétiques mais, comme le relève la déclaration adoptée à Rio en 1992, une exploitation écologiquement viable impose de distinguer les forêts plantées par l'homme, sources d'énergie et de matières premières, des forêts naturelles dont la conservation doit être assurée(523). Ainsi, certains écosystèmes forestiers n'ont pas vocation à être exploités à des fins énergétiques, mais à être préservés. Le code forestier le reconnaît à travers la réglementation des défrichements, d'une part, et prévoit, d'autre part, le classement en forêt de protection : il est possible, pour les forêts dont la conservation est reconnue nécessaire au maintien des terres sur les montagnes et sur les pentes, à la défense contre les avalanches, les érosions et les envahissements des eaux et des sables, pour celles situées à la périphérie des grandes agglomérations ou dans les zones où leur maintien s'impose, notamment pour des raisons écologiques(524). Le classement en forêt de protection s'opère par décret en Conseil d'État, à l'issue d'une procédure relativement lourde, mais dès la notification au propriétaire de l'intention de classer, aucune modification ne peut être apportée à l'état des lieux pendant 15 mois(525). Le classement comme forêt de protection interdit tout changement d'affectation ou tout mode d'occupation du sol de nature à compromettre la conservation des boisements(526) et soumet la forêt à un régime spécial(527) : pour procéder à des coupes, soit un règlement d'exploitation approuvé par le préfet en précise les modalités(528), soit une autorisation spéciale du préfet doit être obtenue(529). Aucun défrichement n'est réalisable(530).

(521) Pour quelques illustrations : CE 13 décembre 1974, S[té] des ciments Lafarge, req. n° 90874, région dont le taux de boisement a décru sensiblement – CE 9 mars 1990, MM. Fappiano, req. n° 73397, présence d'espèces rares de faune et de flore – CE 8 juillet 1992, SA La Forêt, req. n° 119171 – et CE 29 décembre 2000, Cts De Roux, req. n° 213499, terrains classés en zone naturelle d'intérêt écologique, faunistique et floristique – CE 9 février 2000, M. et Mme Gerardus, req. n° 191647, et CE 27 octobre 2000, Mme Bartoli, req. n° 211587, conservation de l'ensemble du massif forestier nécessaire – CE 7 février 2003, SARL Les Greens de Mougins, req. n° 235850 – et CE 7 mai 2004, Cts X., req. n° 259401, massif boisé fragile qui constitue une coupure dans l'urbanisation – CE 26 mars 2003, M. René X., req. n° 227965, valeur écologique par la richesse faunistique, floristique et forestière – CAA Marseille 29 mai 2008, *MAAPR*, req. n° 05MA01114, refus d'autorisation de défrichement en vue de l'implantation d'éoliennes, pas d'erreur manifeste d'appréciation – CAA Marseille 19 mai 2011, SCI Loumaphe, req. n° 09MA02064, refus d'autorisation de défrichement dans le périmètre d'une zone naturelle d'intérêt écologique, faunistique et floristique – CAA Lyon 24 avril 2012, Association pour les Chambanran sans Center Parc, req. n° 11LY01962, pas d'appréciation manifestement erronée des nécessités de la conservation des bois en cause au regard de la préservation des zones humides ou de l'équilibre biologique.

(522) C. for., art. L. 341-6. CE 9 février 2000, M. et Mme Gerardus, req. n° 191647, le fait d'assortir la demande d'autorisation de mesures compensatoires ne donne pas de droit à obtenir l'autorisation de défrichement.

(523) « Déclaration de principes pour un consensus mondial sur la gestion, la conservation et l'exploitation écologiquement viable de tous les types de forêts », Rio, 1992, § 6.

(524) C. for., art. L. 141-1.

(525) C. for., art. L. 141-3.

(526) C. for., art. L. 141-2.

(527) C. for., art. L. 141-4.

(528) C. for., art. R. 141-12 et R. 141-19.

(529) C. for., art. R. 141-20.

(530) C. for., art. R. 141-14.

La planification urbanistique offre également la possibilité de protéger des zones forestières par le classement en espaces boisés, dans le PLU, des bois ou forêts à conserver(531). Comme le classement en forêt de protection, le classement en espace boisé interdit tout changement d'affectation ou tout mode d'occupation du sol de nature à compromettre la conservation des boisements et entraîne le rejet de plein droit d'une demande d'autorisation de défrichement. Les coupes et abattages d'arbres y sont soumis à autorisation préalable, sauf – notamment – s'il est fait application d'un plan simple de gestion agréé. Par conséquent, une exploitation forestière est possible, dans les conditions fixées par le code forestier et visant à garantir une gestion durable de la forêt. Pour des modalités de protection plus strictes, il faut se référer au code de l'environnement, qui permet le classement en parc ou en réserve des écosystèmes forestiers, les interdictions imposées variant selon le régime concerné.

III. La durabilité de la valorisation énergétique de la biomasse

Après la production de la ressource de biomasse, sa valorisation – par sa transformation en agrocarburant ou en biogaz ou par sa combustion avec récupération d'énergie – constitue une autre étape, qui présente pour l'environnement d'autres risques, essentiellement liés aux rejets polluants effectués dans les différents milieux. Le droit commun de l'environnement encadre cette production, à travers l'application du régime des installations classées pour la protection de l'environnement (ICPE), des mesures de contrôle de la pollution atmosphérique et de la pollution de l'eau et de la réglementation propre aux déchets.

A. L'application du droit des installations classées pour la protection de l'environnement (ICPE)

Le code de l'environnement prévoit, pour les installations présentant des dangers ou des inconvénients pour la commodité du voisinage, pour la santé, la sécurité ou la salubrité publiques, pour l'agriculture, pour la protection de la nature, de l'environnement et des paysages, pour l'utilisation rationnelle de l'énergie, ou pour la conservation des sites, des monuments et du patrimoine archéologique, une réglementation spécifique destinée à encadrer et réduire ces dangers et inconvénients : le droit des installations classées pour la protection de l'environnement (ICPE)(532). Il se positionne dans un contexte juridique européen très dense, s'appuyant désormais sur la directive du 24 novembre 2010 relative aux émissions industrielles(533). Ce régime des ICPE pourrait trouver à s'appliquer à toute installation de production d'énergie renouvelable : d'ailleurs depuis la loi « Grenelle 2 » de 2010 les éoliennes y sont soumises(534). Concernant les installations valorisant la biomasse, il constitue le droit commun et la première strate de la réglementation applicable. La nomenclature établit la liste des installations soumises à autorisation, à enregistrement ou à déclaration, la taxe générale sur les activités polluantes (TGAP) trouvant ici un champ d'application privilégié.

---

(531) C. urb., art. L. 130-1.

(532) C. env., art. L. 511-1. Voir M. Pennaforte, *La Réglementation des installations classées – Pratique du droit de l'environnement industriel*, Le Moniteur, 2011 ; J.-P. Boivin, *Pratique du contentieux des installations classées et des carrières*, Le Moniteur, 2010.

(533) Directive 2010/75, 24 novembre 2010, relative aux émissions industrielles, qui remplace au 7 janvier 2014 la directive 2008/1, 15 janvier 2008, relative à la prévention et à la réduction intégrées de la pollution. Voir P. Thieffry, « L'inexorable montée en puissance du droit de l'environnement industriel de l'Union européenne. La nouvelle directive sur la prévention et la réduction intégrées de la pollution (IPPCIII) », *AJDA* 2011, p. 556.

(534) Voir *infra* p. 319.

1. La nomenclature

La nomenclature ICPE annexée à l'article R. 511-9 du code de l'environnement (colonne A), permet de déterminer précisément les installations soumises à ce régime.

Remarque

Chaque rubrique de la nomenclature se réfère à des seuils ou à des critères précis. Certains d'entre eux étant particulièrement techniques et complexes, la présentation qui en est faite ici est nécessairement incomplète : il convient donc de se référer directement aux rubriques elles-mêmes pour plus de précision.

En ce qui concerne les agrocarburants, les différentes étapes de la production sont visées à travers plusieurs rubriques de la nomenclature, qui retient :
– les silos et autres installations stockant des céréales, grains ou tout produit organique dégageant des poussières inflammables dès lors que le volume total de stockage est supérieur à 5 000 mètres cubes(535) ;
– les installations de fabrication industrielle de liquides inflammables(536), de stockage en réservoirs manufacturés représentant une capacité totale supérieure à 10 mètres cubes(537), de mélange ou d'emploi de tels liquides lorsque la quantité totale susceptible d'être présente est supérieure à une tonne – 5 tonnes pour les installations de simple mélange à froid(538) ;
– les installations de remplissage ou de distribution de liquides inflammables, à l'exception des stations-service, dont le débit maximum est supérieur ou égal à 1 mètre cube par heure et celles de chargement ou déchargement desservant un stockage de liquides inflammables soumis à autorisation(539) ;
– les stations-service, c'est-à-dire les installations, ouvertes ou non au public, où les carburants sont transférés de réservoirs de stockage fixes dans les réservoirs à carburants de véhicules à moteur, de bateaux ou d'aéronefs, le volume annuel de carburant distribué étant supérieur à 100 mètres cubes(540).

Pour la production de biogaz, sont inscrits à la nomenclature ICPE :
– les gazomètres et réservoirs de gaz comprimés renfermant des gaz inflammables d'une quantité totale supérieure ou égale à une tonne(541) ;
– les installations de stockage en réservoirs manufacturés de gaz inflammables liquéfiés lorsque la quantité totale susceptible d'être présente dans l'installation est supérieure à 6 tonnes(542) ;
– les installations de remplissage de réservoirs alimentant des moteurs ou autres appareils de véhicules ou engins de transport fonctionnant au biogaz dont le débit total en sortie du système de compression est supérieur ou égal à 80 mètres cubes par heure ou si la masse de gaz contenu dans l'installation est supérieure à une tonne(543).

Plus généralement, les installations de traitement des déchets relèvent du régime des ICPE, ce qui englobe les activités permettant de produire de l'énergie à partir de ces déchets :
– les installations de traitement thermique des déchets dangereux(544) ou non dangereux(545) ;

(535) Rubrique 2160.
(536) Rubrique 1431. Pour une définition des liquides inflammables, voir rubrique 1430.
(537) Rubrique 1432.
(538) Rubrique 1433.
(539) Rubrique 1434.
(540) Rubrique 1435.
(541) Rubrique 1411.2.
(542) Rubrique 1412.
(543) Rubrique 1413.
(544) Rubrique 2770.
(545) Rubrique 2771.

– les installations de compostage de déchets non dangereux ou de matière végétale, ayant le cas échéant subi une étape de méthanisation(546) ;
– les installations de méthanisation de déchets non dangereux ou matière végétale brute, à l'exclusion des installations de méthanisation d'eaux usées ou de boues d'épuration urbaines lorsqu'elles sont méthanisées sur leur site de production(547) ;
– les installations de traitement de déchets dangereux et non dangereux non visées aux autres rubriques(548).

Enfin, il faut mentionner les installations de combustion consommant exclusivement, seuls ou en mélanges, divers combustibles fossiles ou de la biomasse, lorsqu'elles ne sont pas déjà visées par d'autres rubriques et lorsque la puissance thermique de l'installation dépasse les seuils fixés(549).

2. Les installations soumises à autorisation

Les ICPE présentant les dangers ou inconvénients les plus graves sont soumises à autorisation(550), la nomenclature indiquant à partir de quel seuil elle est requise : c'est le cas, par exemple, pour une installation de stockage en réservoirs manufacturés de liquides inflammables représentant une capacité totale supérieure à 100 mètres cubes(551), pour une installation de méthanisation de déchets non dangereux ou de matière végétale brute lorsque la quantité de matières traitées est supérieure ou égale à 50 tonnes par jour(552), pour une installation consommant exclusivement du biogaz et d'une puissance thermique maximale supérieure à 0,1 MW lorsque le biogaz est produit par une installation elle-même soumise à autorisation(553). L'autorisation est accordée par le préfet, voire par le ministre si les risques peuvent concerner plusieurs départements ou régions(554). Elle peut être contestée devant le juge administratif : demande de référé-suspension(555) ou d'annulation(556).

Parmi les documents que doit fournir le demandeur figurent une étude d'impact – dont le contenu spécifique est précisé par l'article R. 512-8 du code de l'environnement – et une étude de dangers qui détaille les risques auxquels l'installation peut exposer en cas d'accident – dont le contenu est précisé par l'article R. 512-9 du code de l'environnement. L'autorisation établit les prescriptions de fonctionnement nécessaires notamment à la protection de l'environnement(557), appliquant à l'installation en cause des différentes réglementations existantes sur les rejets polluants. Ces prescriptions de fonctionnement s'imposent à l'exploitant, sous peine de sanctions administratives(558),

(546) Rubrique 2780.

(547) Rubrique 2781.

(548) Rubriques 2790 et 2791.

(549) Rubrique 2910.

(550) C. env., art. L. 512-1 et s., R. 512-2 et s.

(551) Rubrique 1432.

(552) Rubrique 2781.1.a.

(553) Rubrique 2910.C.1.

(554) C. env., art. L. 512-2.

(555) CE 15 février 2007, Ministère de l'Écologie et du Développement durable, req. n° 294186.

(556) C. env., art. L. 514-6. CAA Nancy 9 mars 1993, Association de défense contre une usine d'incinération dans l'agglomération urbaine du district urbain du pays de Montbéliard, req. n° 89NC01448 – CAA Douai 30 novembre 2006, Ministère de l'Écologie et du Développement durable, req. n° 05DA01495 – CAA Marseille 27 mars 2008, Bonfils, req. n° 05MA00778 – CAA Marseille 11 février 2010, Syndicat d'agglomération nouvelle Ouest Provence, req. n° 08MA00145 – CAA Marseille 10 juin 2011, Pierchon, req. n° 09MA01837 – CE 14 octobre 2011, Sté Ocréal, req. n° 323257.

(557) C. env., art. L. 512-3 et R. 512-28.

(558) C. env., art. L. 514-1.

voire pénales(559). Des sanctions sont également prévues à l'encontre de l'exploitant qui n'a pas respecté l'obligation d'obtention d'une autorisation(560). La demande d'autorisation doit être renouvelée en cas de transfert, d'extension ou de transformation de l'installation, ou encore de changement dans les procédés de fabrication, entraînant des dangers ou inconvénients(561).

Les installations susceptibles de créer, par danger d'explosion ou d'émanation de produits nocifs, des risques très importants pour la santé ou la sécurité des populations voisines et pour l'environnement sont soumises à des contraintes supplémentaires : les installations dites « Seveso »(562). Selon la nomenclature, sont concernées, par exemple, les installations de stockage en réservoirs manufacturés de méthanol lorsque la quantité stockée susceptible d'être présente est supérieure ou égale à 5 000 tonnes(563). C'est le cas également des installations de traitement thermique de déchets dangereux lorsque la quantité de substances dangereuses susceptible d'être présente est supérieure à certains seuils(564). Des servitudes d'utilité publique concernant l'utilisation du sol – limitation ou interdiction d'implanter des constructions, imposition de prescriptions techniques aux bâtiments – peuvent être instituées afin de les isoler ou du moins de limiter l'urbanisation à proximité(565). Ensuite, un plan de prévention des risques technologiques, ayant pour objet de limiter les effets d'accidents susceptibles de survenir, est élaboré et mis en œuvre par le préfet(566). Enfin, la mise en activité de ces installations est subordonnée à la constitution de garanties financières, destinées à assurer la surveillance du site et le maintien en sécurité, les interventions éventuelles en cas d'accident et la remise en état après fermeture(567).

En application de la directive européenne du 24 novembre 2010 relative aux émissions industrielles(568), certaines ICPE soumises à autorisation font l'objet d'obligation supplémentaires. Il s'agit de celles énumérées à l'annexe I de la directive et dont la définition figure dans la nomenclature ICPE(569). En matière de production énergétique issue de la biomasse, sont concernées : la combustion de combustibles dans des installations d'une puissance thermique nominale totale égale ou supérieure à 50 MW, l'élimination ou la valorisation des déchets dangereux ou non dangereux au-delà d'une certaine capacité et supposant le recours, notamment, au traitement biologique, l'incinération des déchets au-delà d'une certaine capacité. Pour ces installations, les conditions fixées dans l'arrêté d'autorisation imposent qu'elles soient exploitées en appliquant les meilleures techniques disponibles, sur la base de documents de référence établis à l'échelon européen. L'actualisation des conditions d'exploitation est ainsi prévue, à l'occasion de réexamens périodiques(570). Les modalités d'application de ce dispositif doivent être fixées par décret.

(559) C. env., art. L. 514-10 et s.

(560) C. env., art. L. 514-2 et L. 514-9.

(561) C. env., art. L. 512-15. CE 5 juillet 2006, Ste Sita Centre Ouest, req. n° 254246, la mise en œuvre dans un centre d'enfouissement technique de déchets ménagers d'une combustion des biogaz a pour effet de minorer les inconvénients pour le voisinage, l'exploitant n'est pas tenu de déposer une nouvelle demande d'autorisation.

(562) C. env., art. L. 515-8. Voir directive 96-82, 9 décembre 1996, concernant la maîtrise des dangers liés aux accidents majeurs impliquant des substances dangereuses.

(563) Rubrique 1432.

(564) Rubrique 2770.

(565) C. env., art. L. 515-8 et R. 515-24 et s.

(566) C. env., art. L. 515-15 et R. 515-39 et s.

(567) C. env., art. L. 516-1 et R. 516-1.

(568) Directive 2010/75, transposée par l'ordonnance n° 2012-7 du 5 janvier 2012.

(569) C. env., art. L. 515-28.

(570) C. env., art. L. 515-29.

Pour toutes les ICPE soumises à autorisation, la remise en état du site lorsque l'exploitation est définitivement arrêtée est une obligation : le site doit être placé dans un état tel qu'il ne puisse porter atteinte à la commodité du voisinage, à la santé, la sécurité ou la salubrité publiques, à l'agriculture, à la protection de la nature, de l'environnement et des paysages, à l'utilisation rationnelle de l'énergie, ou à la conservation des sites, des monuments et du patrimoine archéologique, et qu'il permette un usage futur(571). Cette remise en état est aujourd'hui préparée très en amont puisque ses conditions doivent être présentées dès l'étude d'impact accompagnant la demande d'autorisation(572) et l'arrêté d'autorisation détermine désormais l'état dans lequel devra être remis le site à l'arrêt définitif de l'installation(573).

3. Les installations soumises à enregistrement

Depuis une ordonnance de 2009 il existe un régime d'enregistrement, ou d'autorisation simplifiée, applicable aux installations qui présentent des dangers ou inconvénients graves, mais pouvant être prévenus par le respect de prescriptions générales(574). Ces dernières peuvent prévoir notamment des conditions d'intégration du projet dans son environnement local, l'éloignement de l'installation des habitations ou encore des cours d'eau. La nomenclature ICPE identifie les catégories d'installations soumises à enregistrement : par exemple, les installations de méthanisation de matière végétale brute, d'effluents d'élevage, matières stercoraires, lactosérum et déchets végétaux d'industries agroalimentaires lorsque la quantité de matières traitées est supérieure ou égale à 30 tonnes par jour et inférieure à 50 tonnes par jour(575). La demande d'enregistrement est adressée au préfet, qui doit statuer dans un délai de cinq mois à compter de la réception du dossier(576). Les formalités étant moindres que pour une procédure d'autorisation, l'instruction du dossier est nécessairement plus rapide. Ainsi, ces installations ne sont pas systématiquement soumises à étude d'impact, mais seulement à l'issue d'un examen au cas par cas, si au regard de la localisation du projet la sensibilité environnementale du milieu le justifie(577). Le préfet délivre un arrêté d'enregistrement, assorti le cas échéant de prescriptions particulières pouvant compléter les prescriptions générales(578). Par la suite, il peut si nécessaire imposer d'autres prescriptions par arrêté complémentaire(579). Lorsque l'installation est mise à l'arrêt définitif, la remise en état du site est imposée, avec le même niveau d'exigence que pour les installations soumises à autorisation(580).

---

(571) C. env., art. L. 512-6-1.

(572) C. env., art. R. 512-8.

(573) C. env., art. L. 512-6-1.

(574) C. env., art. L. 512-7 et s., R. 512-47-1 et s. Régime créé par l'ordonnance n° 2009-663 du 11 juin 2009 relative à l'enregistrement de certaines installations classées pour la protection de l'environnement. Voir : C. Hermon, « La réforme du droit des installations classées : l'institution d'un troisième régime », *BDEI* septembre 2009, p. 33 ; C. Huglo, M.-P. Maître, « La mise en place du régime d'enregistrement : une fausse réponse à un vrai problème ? », *Environnement* 2009, étude 8 ; P. Billet, « L'enregistrement, nouveau régime d'autorisation des installations classées », *JCP A* 2009, étude 2160 ; J.-P. Boivin, « Le régime de l'enregistrement des installations classées », *AJDA* 2010, p. 1 070.

(575) Rubrique 2781.

(576) C. env., art. R. 512-46-18.

(577) C. env., art. L. 512-7-2.

(578) C. env., art. L. 512-7-3.

(579) C. env., art. L. 512-7-5, R. 512-46-22.

(580) C. env., art. L. 512-7-6.

4. Les installations soumises à déclaration

Les installations qui, ne présentant pas de graves dangers ou inconvénients, doivent néanmoins respecter certaines prescriptions sont soumises à déclaration(581) : selon la nomenclature, par exemple, les installations de stockage de gaz inflammables liquéfiés lorsque la quantité totale susceptible d'être présente est supérieure à 6 tonnes mais inférieure à 50 tonnes(582). La déclaration est adressée au préfet préalablement à toute exploitation(583), il envoie en retour les prescriptions générales applicables(584) devant être respectées sous peine de sanctions administratives, voire pénales. Ces prescriptions sont édictées par arrêtés préfectoraux(585), le ministre pouvant fixer des prescriptions générales pour certaines catégories d'installation(586). L'obligation de remise en état du site en fin d'exploitation est également applicable(587).

5. La taxe générale sur les activités polluantes (TGAP)

La taxe générale sur les activités polluantes (TGAP) a été instaurée par la loi de finances pour 1999(588), son champ d'application et son affectation ayant ensuite fluctué au gré des lois de finances successives. Elle n'est pas spécifique aux ICPE, mais, en matière d'exploitation des sources d'énergie renouvelables, elle ne trouve à s'appliquer qu'à des activités relevant de ce régime. En effet, selon l'article L. 151-1 du code de l'environnement – qui renvoie à l'article 266 *sexies* du code des douanes –, la TGAP est notamment due par :
– tout exploitant d'une installation d'élimination par incinération de déchets ménagers et assimilés ;
– tout exploitant d'une installation d'élimination des déchets industriels spéciaux par incinération, coincinération, traitement physico-chimique ou biologique ;
– tout exploitant d'une installation soumise à autorisation, en fonction de la puissance thermique maximale lorsqu'il s'agit d'installations de combustion, de la capacité lorsqu'il s'agit d'installations d'incinération d'ordures ménagères, ou du poids des substances polluantes émises en une année lorsque l'installation n'entre pas dans les catégories précédentes(589) ;
– tout exploitant d'un établissement dont certaines installations sont soumises à autorisation ainsi que tout exploitant d'un tel établissement dont les activités font courir, par leur nature ou leur volume, des risques particuliers à l'environnement(590).

Par dérogation, la TGAP ne s'applique pas aux installations d'élimination de déchets industriels spéciaux exclusivement affectées à la valorisation comme matière par incorporation des déchets dans un processus de production ou tout autre procédé aboutissant à la vente de matériaux. Le fait générateur de la taxe, son assiette, son montant et les diverses modalités de sa mise en œuvre sont précisés par le code des douanes(591). Par exemple, pour les installations d'élimination de déchets ménagers et assimilés, le fait générateur de la taxe est la réception des déchets par l'exploitant, son

(581) C. env., art. L. 512-8.
(582) Rubrique 1412.
(583) C. env., art. R. 512-47.
(584) C. env., art. R. 512-49.
(585) C. env., art. L. 512-9.
(586) C. env., art. L. 512-10.
(587) C. env., art. L. 512-17.
(588) Loi n° 98-1266, 30 décembre 1998, art. 45.
(589) Décret n° 99-508, 17 juin 1999, pris pour application des articles 266 *sexies* à 266 *duodecies* du code des douanes instituant une TGAP.
(590) C. env., art. R. 151-2 : la liste des activités concernées figure en colonne B de l'annexe à l'article R. 511-9 du code de l'environnement.
(591) Art. 266 *septies* et s.

assiette est leur poids et, si l'installation présente une performance énergétique élevée (selon des conditions fixées par arrêté ministériel), son montant, à compter de 2013, est de 7 euros par tonne de déchets(592). Un prélèvement supplémentaire de la TGAP sur les carburants est prévu en fonction de l'incorporation de biocarburants(593).

B. Le contrôle de la pollution atmosphérique

La valorisation énergétique de la biomasse peut générer une pollution atmosphérique, soumise à la réglementation générale visant à préserver la qualité de l'air et à garantir le droit reconnu à chacun à respirer un air sain qui ne nuise pas à sa santé(594).

Remarque

La pollution atmosphérique est définie comme l'introduction par l'homme, directement ou indirectement, ou la présence, dans l'atmosphère et les espaces clos, d'agents chimiques, biologiques ou physiques ayant des conséquences préjudiciables de nature à mettre en danger la santé humaine, à nuire aux ressources biologiques et aux écosystèmes, à influer sur les changements climatiques, à détériorer les biens matériels, à provoquer des nuisances olfactives excessives (C. env., art. L. 220-2).

Il faut distinguer les rejets émanant de sources fixes, c'est-à-dire les diverses installations de valorisation de la biomasse, de la pollution émise par les sources mobiles, ou plus précisément les véhicules consommant des agrocarburants.

1. Les rejets des installations de valorisation de la biomasse

Les émissions polluantes issues des différentes installations intervenant dans le processus de valorisation de la biomasse sont régies en premier lieu à travers le régime des ICPE, les prescriptions imposées intégrant les contraintes existantes en matière de rejets dans l'air. Il convient de préciser quelles sont ces règles, auxquelles s'ajoute le dispositif spécifique de lutte contre le réchauffement climatique.

a. La limitation des émissions de polluants dans l'air

Trois catégories d'installations font l'objet d'une réglementation particulière relativement à la pollution atmosphérique qu'elles génèrent : les installations de combustion, d'incinération de déchets et de stockage et distribution de superéthanol. En ce qui concerne les premières, une directive européenne du 23 octobre 2001 impose la limitation des émissions de certains polluants, lorsque leur puissance thermique nominale est égale ou supérieure à 50 MW(595). Ce texte, qui ne vise que les installations de combustion destinées à la production d'énergie, consommant de la biomasse ou tout autre combustible à l'exception des déchets(596), impose une réduction progressive des émissions annuelles totales provenant des installations existantes(597) et des valeurs limites d'émission pour le dioxyde de soufre, les oxydes d'azote et les poussières rejetés par les installations nouvellement autorisées(598). À compter du 1er janvier 2016, cette directive est abrogée et remplacée par la directive du 24 novembre 2010 relative aux émissions industrielles(599). Ces obli-

(592) C. douanes, art. 266 *nonies*.

(593) Voir *infra* p. 639 et s.

(594) C. env., art. L. 220-1.

(595) Directive 2001/80, relative à la limitation des émissions de certains polluants dans l'atmosphère en provenance des grandes installations de combustion. Voir aussi directive 2001/81, 23 octobre 2001, fixant des plafonds d'émission nationaux pour certains polluants atmosphériques.

(596) Art. 2.

(597) Art. 3.

(598) Art. 4.

(599) Directive 2010/75.

gations européennes ont été transposées par des arrêtés s'appliquant aux chaudières présentes à l'intérieur des installations soumises à autorisation[(600)] et d'une puissance thermique nominale supérieure ou égale à 20 MW[(601)].

Les installations d'incinération de déchets sont soumises à une réglementation différente concernant leurs rejets dans l'air, mais qui repose également sur le droit européen. La directive du 4 décembre 2000 sur l'incinération des déchets constitue le texte de référence[(602)] : elle s'applique aux installations d'incinération et de coïncinération, à l'exclusion de celles traitant exclusivement des déchets végétaux et de bois à l'état naturel, considérés comme de la biomasse par la directive précitée du 23 octobre 2001 et régis par cette dernière[(603)].

Remarque

L'installation d'incinération est celle destinée au traitement thermique de déchets, avec ou sans récupération de la chaleur produite par la combustion ; l'installation de coïncinération est celle dont l'objectif essentiel est de produire de l'énergie ou des produits matériels (directive 2000/76, art. 3).

En matière de pollution atmosphérique, la directive sur l'incinération des déchets impose des conditions d'exploitation[(604)] destinées à limiter la dangerosité des rejets – modalités de combustion, conception de l'installation –, des valeurs limites d'émission dans l'air[(605)] pour plusieurs substances (chlorure d'hydrogène, dioxyde de soufre, monoxyde d'azote...), des obligations de contrôle et de surveillance[(606)] et des exigences précises en matière de mesures des polluants atmosphériques[(607)]. Son abrogation et son remplacement sont prévus, par la directive du 24 novembre 2010 relative aux émissions industrielles, à compter du 7 janvier 2014[(608)]. Deux arrêtés du 20 septembre 2002 reprennent ces obligations en droit français[(609)], la vétusté de certains incinérateurs et les rejets polluants qu'ils généraient ayant par ailleurs fondé, la même année, une condamnation de la France par la Cour de justice des Communautés européennes pour manquement[(610)].

(600) Rubrique 2910.

(601) Arr. 20 juin 2002, relatif aux chaudières présentes dans une installation nouvelle ou modifiée d'une puissance supérieure à 20 MW_{th}, modifié arr. 24 décembre 2002 et 13 juillet 2004 ; arr. 30 juillet 2003, relatif aux chaudières présentes dans des installations existantes de combustion d'une puissance supérieure à 20 MW_{th}, modifié arr. 13 juillet 2004 ; arr. 23 juillet 2010 relatif aux chaudières présentes dans les installations de combustion d'une puissance thermique supérieure ou égale à 20 MWth autorisées ou modifiées à compter du 1er novembre 2010. Voir aussi C. env., art. R. 224-17 et R. 224-18 sur les spécifications techniques imposables aux matériels de combustion.

(602) Directive 2000/76. Remplace et abroge directives 89/369, 8 juin 1989, concernant la prévention de la pollution atmosphérique en provenance des installations nouvelles d'incinération des déchets municipaux et 89/429, 21 juin 1989, concernant la réduction de la pollution atmosphérique en provenance des installations existantes d'incinération des déchets municipaux.

(603) Directives 2001/80 et 2000/76, art. 2.

(604) Art. 6.

(605) Art. 7.

(606) Art. 10.

(607) Art. 11.

(608) Directive 2010/75.

(609) Arr. relatif aux installations d'incinération et de coïncinération de déchets dangereux, modifié arr. 3 août 2010 ; arr. relatif aux installations d'incinération et de coïncinération de déchets non dangereux et aux installations incinérant des déchets d'activités de soins à risque infectieux, modifié arr. 10 février 2005 et arr. 3 août 2010. Voir aussi C. env., art. R. 224-17 et R. 224-18 sur les spécifications techniques imposables aux matériels d'incinération.

(610) CJCE 18 juin 2002, Com. c/France, C-60/01, *Rec.* p. I-5679, condamnation fondée sur les directives 89/369 et 89/429, applicables avant celle du 4 décembre 2000 et ensuite abrogées par elle.

En ce qui concerne le stockage et la distribution du superéthanol, depuis un arrêté du 2 mars 2007[(611)], les différentes dispositions relatives à la lutte contre les émissions de polluants dans l'air résultant du stockage et de la distribution de l'essence sont applicables. Il s'agit ici encore de transposer dans le droit interne des règles prévues à l'échelon européen et visant à lutter contre les rejets de composés organiques volatils[(612)].

b. La lutte contre le réchauffement climatique

L'adoption en 1997 du Protocole de Kyoto, puis sa transcription en droit européen[(613)] ont conduit à l'adoption en droit français d'une réglementation spécifique à la lutte contre l'intensification de l'effet de serre et le réchauffement climatique. Ces objectifs sont d'ailleurs reconnus priorités nationales depuis 2001[(614)], ambition réaffirmée par la loi « Grenelle 1 »[(615)]. Les ICPE rejetant un gaz à effet de serre dans l'atmosphère sont soumises à des obligations particulières, venant s'ajouter à celles précédemment exposées. Sont concernées les installations de combustion produisant de l'énergie, d'une puissance calorifique supérieure à 20 MW, cette catégorie ne comprenant pas les incinérateurs de déchets[(616)]. Bien que les installations consommant des sources d'énergies fossiles soient visées en premier lieu par cette réglementation, celles utilisant de la biomasse ou du biogaz sont incluses, aucune exception n'étant prévue en fonction du combustible. Outre la soumission à une autorisation à émettre des gaz à effet de serre – l'autorisation au titre du régime des ICPE en tient lieu[(617)] –, l'installation ne peut rejeter plus que ne lui permettent les quotas dont elle dispose, que ceux-ci lui aient été affectés par l'État ou acquis par l'exploitant sur le marché européen des quotas d'émission[(618)].

2. Les rejets des véhicules consommant des agrocarburants

Les agrocarburants sont considérés comme bénéfiques pour la qualité de l'air, par comparaison avec les carburants traditionnels : l'incorporation de composés oxygénés, notamment d'origine agricole, dans les carburants pétroliers destinés à la circulation automobile est encouragée dans le cadre de la lutte contre la pollution de l'air[(619)]. Cette incorporation aurait dû faire l'objet d'opérations pilotes dans les zones urbaines sensibles, dont la pollution est caractérisée par des taux élevés d'oxyde de carbone, d'imbrûlés et d'ozone atmosphérique, mais le décret d'application de ce dispositif n'a pas été édicté. De son côté, le code de la route impose, sous certaines conditions, que les personnes publiques utilisent des véhicules de transport en commun de voyageurs fonctionnant

(611) Arr. relatif à la distribution du superéthanol.

(612) Directive 94/63, 20 décembre 1994, relative à la lutte contre les émissions de composés organiques volatils (COV) résultant du stockage de l'essence et de sa distribution des terminaux aux stations-service. Voir C. env., art. R. 224-1 à R. 224-6.

(613) Directive 2003/87, 13 octobre 2003, établissant un système d'échange de quotas d'émission de gaz à effet de serre dans la Communauté ; règlement 2010/920, 7 octobre 2010, concernant un système de registres normalisé et sécurisé. Voir B. Le Baut-Ferrarese, « La réception du Protocole de Kyoto en droit européen », *RTDE* 2010, p. 55.

(614) Loi n° 2001-153, 19 février 2001, tendant à conférer à la lutte contre l'effet de serre et à la prévention des risques liés au réchauffement climatique la qualité de priorité nationale et portant création d'un Observatoire national sur les effets du réchauffement climatique en France métropolitaine et dans les départements et territoires d'outre-mer. C. env., art. L. 229-1.

(615) Loi n° 2009-967, art. 2.

(616) C. env., art. R. 229-5.

(617) C. env., art. L. 229-6.

(618) C. env., art. L. 229-5 et R. 229-5 et s.

(619) C. env., art. L. 224-3.

à l'aide de carburants dont le taux minimal d'oxygène a été relevé[620]. L'usage des agrocarburants génère néanmoins une pollution atmosphérique, qui appelle une réglementation adaptée.

Tout d'abord, en ce qui concerne les règles de qualité des carburants, la directive européenne du 13 octobre 1998 qui s'applique à l'essence et au diesel, vise aussi les biocarburants depuis 2009[621]. Elle se réfère aux critères de durabilité précédemment évoqués[622], qu'elle reprend en intégralité, et fixe des objectifs de réduction des rejets de gaz à effet de serre par l'utilisation de biocarburants[623]. Elle prévoit les modalités de vérification de ces critères de durabilité en imposant le recours à un système de bilan massique[624], et une méthode de calcul des émissions de gaz à effet de serre produites par les biocarburants sur l'ensemble du cycle de vie[625]. Ces dispositions ont été reprises en droit interne dans le code de l'énergie et le décret du 9 novembre 2011[626].

Ensuite, relativement à la conception des véhicules, des normes d'émissions limites admissibles ont été fixées à l'échelon européen : la norme Euro 5 s'applique[627], elle impose aux constructeurs d'inclure les exigences spécifiques relatives aux biocarburants (bioéthanol, biodiesel et biogaz)[628]. En droit interne, l'article L. 318-1 du code de la route prévoit que les véhicules doivent être construits, commercialisés, exploités, utilisés, entretenus et réparés de façon à minimiser la consommation d'énergie, la création de déchets non valorisables, les émissions de substances polluantes, notamment de dioxyde de carbone, ainsi que les autres nuisances susceptibles de compromettre la santé publique.

Plus spécifiquement, la procédure de réception des véhicules, imposée avant toute mise sur le marché, permet de constater qu'ils satisfont aux prescriptions techniques exigées, notamment au regard de la norme Euro 5[629]. La norme Euro 6 sera applicable à partir du 1er septembre 2014.

(620) C. route, art. L. 318-3.

(621) Directive 98/70, concernant la qualité de l'essence et des carburants diesel, modifications issues de la directive 2009/30 du 23 avril 2009.

(622) Voir *supra* p. 292.

(623) Art. 7 *ter*.

(624) Art. 7 *quater*.

(625) Art. 7 *quinquies*.

(626) C. énergie, art. L. 661-1 et s. ; décret n° 2011-1468 du 9 novembre 2011 pris pour l'application de l'ordonnance portant transposition des directives 2009/28/CE et 2009/30/CE du Parlement européen et du Conseil du 23 avril 2009 dans le domaine des énergies renouvelables et des biocarburants ; arr. 23 novembre 2011 pris en application de l'ordonnance n° 2011-1105 du 14 septembre 2011 et du décret n° 2011-1468 du 9 novembre 2011 et relatif à la durabilité des biocarburants et des bioliquides ; arr. 17 janvier 2012 pris en application du d de l'art. 1er et de l'art. 3 du décret n° 2011-1468 du 9 novembre 2011 pris pour l'application de l'ordonnance n° 2011-1105 du 14 septembre 2011 portant transposition des directives 2009/28/CE et 2009/30/CE dans le domaine des énergies renouvelables et des biocarburants, précisant les modalités du double comptage et fixant la liste des biocarburants et des bioliquides dispensés de respecter les critères de durabilité définis à l'art. L. 661-5 C. énergie ; arr. 2 mai 2012 relatif aux contenus énergétiques des biocarburants et des carburants.

(627) Règlement 715/2007, 20 juin 2007, relatif à la réception des véhicules à moteur au regard des émissions des véhicules particuliers et utilitaires légers (Euro 5 et Euro 6) et aux informations sur la réparation et l'entretien des véhicules. Pour les camions et autobus (véhicules de plus de 3,5 tonnes), voir directive 2005/55, 28 septembre 2005, applicable aux moteurs diesel fonctionnant à l'éthanol et règlement 595/2009 du 18 juin 2009 relatif à la réception des véhicules à moteur et des moteurs au regard des émissions des véhicules utilitaires lourds (Euro VI) et à l'accès aux informations sur la réparation et l'entretien des véhicules.

(628) Règlement 715/2007, art. 5.3.i.

(629) C. route, art. R. 321-6 et s. pour la réception communautaire, C. route, art. R. 321-15 et s. pour la réception nationale.

C. Le contrôle de la pollution de l'eau

La pollution des milieux aquatiques par les installations d'exploitation énergétique de la biomasse est sans doute moins évidente que celle de l'air. Elle ne doit pas pour autant être ignorée : l'eau fait partie du patrimoine commun de la Nation et sa protection est d'intérêt général[(630)]. Le contexte juridique général du droit de l'eau, exposé précédemment pour les ouvrages hydroélectriques, est ici transposable. Plus particulièrement, deux aspects doivent être abordés : le contrôle des rejets des installations de valorisation de la biomasse, puis le régime particulier des stations d'épuration produisant du biogaz.

1. Les rejets des installations de valorisation de la biomasse

La gestion équilibrée et durable de la ressource en eau vise à assurer, notamment, la lutte contre toute pollution par déversements, écoulements, rejets, dépôts et plus généralement par tout fait susceptible de provoquer ou d'accroître la dégradation des eaux superficielles, souterraines ou de la mer[(631)]. Le contrôle des émissions polluantes des installations de valorisation de la biomasse s'opère par l'intermédiaire du régime des ICPE, l'autorisation délivrée – ou les prescriptions générales applicables pour les installations soumises à enregistrement ou déclaration – permettant d'imposer les contraintes nécessaires. Celles-ci sont issues tout d'abord des interdictions et normes d'émission établies par la directive eau de 2000, complétée par la directive 2006/11 du 15 février 2006 concernant la pollution causée par certaines substances dangereuses déversées dans le milieu aquatique. Ensuite, le contenu de l'autorisation est régi par plusieurs textes internes relatifs à la protection de l'eau. Ainsi, les déversements éventuellement permis doivent être fixés en prenant en compte les objectifs du programme national d'action contre la pollution des milieux aquatiques par certaines substances dangereuses et les normes de qualité qui en résultent[(632)]. Le schéma d'aménagement et de gestion des eaux (SAGE) peut prévoir des règles particulières s'imposant[(633)]. Plus précisément encore, l'arrêté du 28 février 1998, relatif aux prélèvements et à la consommation d'eau ainsi qu'aux émissions de toute nature des ICPE soumises à autorisation[(634)], va encadrer cette dernière, étant toutefois indiqué que, par dérogation, les installations de combustion[(635)], ainsi que les installations de traitement (incinération et stockage) de déchets ne lui sont pas soumises.

2. Le régime particulier des stations d'épuration

La récupération et la valorisation du biogaz s'opèrent en grande partie dans les stations d'épuration urbaines ou industrielles[(636)]. Celles-ci ne relèvent pas du régime des ICPE, mais de l'article L. 214-1 du code de l'environnement : les stations d'épuration des agglomérations d'assainissement ou dispositifs d'assainissement non collectif sont inscrits à la nomenclature eau[(637)], les seuils établis par référence à la charge brute de pollution organique à traiter déterminant les installations devant être déclarées ou autorisées[(638)].

---

(630) C. env., art. L. 210-1.

(631) C. env., art. L. 211-1.

(632) C. env., art. R. 211-11-3.

(633) C. env., art. R. 212-47.

(634) Modifié arr. 15 décembre 2009.

(635) Nomenclature, rubrique 2910.

(636) C. Bataille, C. Birraux, « Rapport sur les nouvelles technologies de l'énergie et la séquestration du dioxyde de carbone : aspects scientifiques et techniques », Ass. nat. n° 2965, Sénat n° 254, 15 mars 2006, p. 51.

(637) C. env., art. R. 214-1, annexe.

(638) Nomenclature eau, rubrique 2.1.1.0, et CGCT, art. R. 2224-6.

Un arrêté du 22 juin 2007 fixe les prescriptions techniques applicables[639].

D. La gestion des déchets

L'incinération de déchets, ménagers ou industriels, ou leur transformation en biogaz permet de produire de l'énergie, tout en répondant au besoin de l'élimination des détritus de toutes sortes[640]. Cette production énergétique s'inscrit donc dans le contexte plus global de la gestion des déchets, ce qui implique l'application d'un corpus juridique spécifique : le droit des déchets. Par conséquent, si l'utilisation des déchets comme source d'énergie renouvelable correspond à l'objectif de leur valorisation, elle intervient dans le cadre fixé par les instruments de planification de l'élimination des déchets et est soumise à des obligations particulières s'ajoutant au régime des ICPE.

1. L'objectif de valorisation des déchets

La valorisation des déchets doit être promue, selon la directive européenne du 19 novembre 2008 relative aux déchets[641], celle-ci correspondant à toute opération dont le résultat principal est que des déchets servent à des fins utiles, comme par exemple l'utilisation principale comme combustible ou autre moyen de produire de l'énergie, ou encore les opérations de compostage et autres transformations biologiques[642]. Toutefois, l'approche européenne en la matière se fonde sur une hiérarchie des déchets : la priorité est accordée en premier lieu à la prévention, puis la préparation en vue du réemploi, puis le recyclage, puis toute autre valorisation, notamment énergétique[643].

La jurisprudence de la Cour de justice de l'Union européenne apporte certaines précisions sur la notion de valorisation, toute utilisation de déchets comme combustible ne pouvant être ainsi qualifiée.

Remarque

Cette jurisprudence concerne l'application de la directive 75/442 du 15 juillet 1975 relative aux déchets (remplacée par la directive 2006/12, puis par la directive 2008/98) et du règlement 259/53 du 1er février 1993 concernant la surveillance et le contrôle des transferts de déchets à l'entrée et à la sortie de la Communauté (qui impose des procédures différentes selon que les déchets transférés sont destinés à être éliminés ou valorisés).

Trois conditions doivent être remplies : tout d'abord, la finalité essentielle de l'opération doit être de permettre aux déchets de remplir une fonction utile, à savoir la production d'énergie, ensuite cette dernière doit être effective – d'une part, l'énergie générée par la combustion récupérée est supérieure à celle consommée et, d'autre part, une partie du surplus d'énergie dégagé lors de cette combustion est effectivement utilisée, immédiatement sous la forme de chaleur ou après transformation sous la forme d'électricité –, enfin les déchets doivent être utilisés principalement comme moyen de produire de l'énergie – la majeure partie des déchets doit être consumée lors de l'opération et la majeure partie de l'énergie dégagée doit être récupérée et utilisée[644]. La Cour de justice

(639) Arr. 22 juin 2007, relatif à la collecte, au transport et au traitement des eaux usées des agglomérations d'assainissement ainsi qu'à la surveillance de leur fonctionnement et de leur efficacité, et aux dispositifs d'assainissement non collectif recevant une charge brute de pollution organique supérieure à 1,2 kg/j de DBO_5.

(640) Sur la notion de déchet, voir directive 2008/98, art. 3 ; Communication de la Commission, « Communication interprétative sur la notion de déchet et de sous-produit », COM (2007) 59 final, 21 février 2007, et C. env., art. L. 541-1-1. Voir aussi *supra* p. 89 et s.

(641) Directive 2008/98. Voir D. Deharbe, « Les apports de la nouvelle directive-cadre relative aux déchets en droit français de l'environnement industriel », *Rev. jur. env.* 2010, p. 7.

(642) Art. 3.15 et annexe II.

(643) Art. 4.

(644) CJCE 13 février 2003, Com. c/ Allemagne, C-228/00, *Rec.* p. I-1439 – CJCE 13 février 2003, Com. c/ Autriche, C-458/00, *Rec.* p. I-1553.

de l'Union européenne a également précisé que la valeur calorifique des déchets qui font l'objet d'une combustion n'est pas un critère pertinent afin de déterminer s'il s'agit bien d'une opération de valorisation(645).

L'article L. 541-1 du code de l'environnement reprend les priorités et la hiérarchie établies à l'échelon européen(646). La notion de valorisation est définie selon des termes similaires à la directive du 19 novembre 2008(647). Plus précisément, les deux arrêtés du 20 septembre 2002 relatifs aux installations d'incinération et de coïncinération de déchets imposent que la chaleur produite soit valorisée lorsque cela est faisable, notamment par la production de chaleur et/ou d'électricité, la production de vapeur à usage industriel ou l'alimentation d'un réseau de chaleur(648). De même, l'arrêté du 9 septembre 1997 relatif aux installations de stockage de déchets non dangereux prévoit – depuis une modification datant de 2006 – que lors de la demande d'autorisation (au titre du régime des ICPE) la production de biogaz est estimée, et lorsque le captage de ce biogaz s'avère nécessaire, un réseau de drainage doit le capter de façon optimale et permettre son acheminement de préférence vers une installation de valorisation(649).

Remarque

L'arrêté modificatif de 2006 a également ajouté l'obligation de joindre au dossier de demande d'autorisation une étude sur la conception de l'installation de drainage, de collecte et de traitement de lixiviats, tenant compte, le cas échéant, des conditions de fonctionnement destinées à accroître la cinétique de production du biogaz – par recirculation des lixiviats (art. 18).

Les emballages sont régis par des dispositions spécifiques destinées à imposer leur valorisation, en application de la directive européenne 94/62 du 20 décembre 1994. Celle-ci avait fixé notamment comme objectif qu'au plus tard le 31 décembre 2008, 60 % au minimum des déchets d'emballages soient valorisés ou incinérés dans des installations d'incinération de déchets avec valorisation énergétique(650). Le code de l'environnement prévoit donc que les emballages doivent être conçus, fabriqués et commercialisés de manière à permettre leur réemploi ou leur valorisation, les déchets d'emballages traités en vue de leur valorisation énergétique devant posséder une valeur calorifique suffisante pour permettre d'optimiser la récupération d'énergie(651). Pour ceux dont les détenteurs finaux ne sont pas les ménages, les seuls modes de traitement autorisés sont la préparation en vue de la réutilisation, le recyclage ou tout autre mode de valorisation, y compris énergétique(652). À cette fin, ces déchets ne doivent pas être mélangés avec d'autres(653), cette obligation étant pénalement sanctionnée(654).

(645) CJCE 3 avril 2003, Sita EcoService Nederland BV, C-116/01, *Rec.* p. I-2969 ; *BDEI* 2003, n° 3, p. 25, comm. M.-P. Maître.

(646) Ordonnance n° 2010-1579 du 17 décembre 2010 portant diverses dispositions d'adaptation au droit de l'Union européenne dans le domaine des déchets.

(647) C. env., art. L. 541-1-1.

(648) Arr. 20 septembre 2002 relatif aux installations d'incinération et de co-incinération de déchets dangereux, modifié arr. 3 août 2010, art. 4 ; arr.20 septembre 2002 relatif aux installations d'incinération et de co-incinération de déchets non dangereux et aux installations incinérant des déchets d'activité de soin à risques infectieux, modifié arr. 3 août 2010, art. 4.

(649) Arr. 9 septembre 1997, modifié arr. 31 décembre 2001, 3 avril 2002, 19 janvier 2006, 18 juillet 2007, 12 mars 2012, art. 19.

(650) Art. 6.1.b.

(651) C. env., art. R. 543-44.

(652) C. env., art. R. 543-67.

(653) C. env., art. R. 543-69.

(654) C. env., art. R. 543-74.

2. La planification de l'élimination des déchets

L'élimination des déchets fait l'objet d'une planification systématique[(655)], qui a vocation à encadrer la transformation des déchets afin de produire de l'énergie. Pour les déchets industriels spéciaux – c'est-à-dire ceux qui présentent une ou plusieurs des propriétés énumérées à l'annexe I de l'article R. 541-8 du code de l'environnement, soit par exemple un caractère explosif, facilement inflammable ou encore cancérogène –, un plan régional ou interrégional de prévention et de gestion est élaboré sous la responsabilité du président du conseil régional[(656)]. Ce plan, destiné à coordonner l'ensemble des actions entreprises en vue d'assurer, entre autres, l'objectif de valorisation[(657)], comprend notamment un recensement des capacités de production d'énergie liées au traitement des déchets et une planification de la gestion des déchets dangereux incluant les objectifs et indicateurs relatifs aux mesures de valorisation[(658)]. De manière comparable, chaque département est couvert par un plan départemental ou interdépartemental de prévention et de gestion des déchets non dangereux, élaboré sous la responsabilité du président du conseil général[(659)]. Il comprend aussi un recensement des capacités de production d'énergie liées au traitement de ces déchets, et une planification de la gestion des déchets incluant les objectifs et les indicateurs de valorisation, les priorités à retenir pour atteindre ces objectifs[(660)].

Dans les zones où ces plans sont applicables, les décisions prises par les personnes publiques dans le domaine de la prévention et de la gestion des déchets doivent leur être compatibles[(661)]. En particulier, les autorisations délivrées en application du régime des installations classées (ICPE) – autorisation d'un incinérateur de déchets par exemple – sont soumises à cette obligation de compatibilité[(662)].

3. Les contraintes spécifiques aux installations de valorisation énergétique de déchets

Produire de l'énergie à partir de déchets n'est une valorisation durable que si les conséquences environnementales de cette transformation sont contrôlées. Les installations utilisant les déchets comme ressource énergétique sont donc soumises à des contraintes spécifiques : dans certains cas, un agrément est requis, l'autorisation au titre du régime des ICPE étant plus généralement le moyen d'imposer ces sujétions supplémentaires.

a. L'agrément préalable

Certaines installations de traitement des déchets sont soumises à l'obligation d'obtention préalable d'un agrément, en plus de l'autorisation exigée en application de la réglementation des ICPE. Le déchet étant une matière polymorphe, l'agrément préalable est imposé dans une grande variété d'hypothèses. Tout d'abord, en application d'un règlement européen du 21 octobre 2009, les établissements d'élimination ou valorisation par coïncinération et de conversion en biogaz de sous-produits animaux doivent être agréées[(663)]. Ensuite, le code de l'environnement prévoit que certaines catégories de déchets ne peuvent être traitées que dans les installations pour lesquelles

(655) Directive 75/442, art. 7, puis directive 2006/12, art. 7, puis directive 2008/98, art.28.

(656) C. env., art. L. 541-13.

(657) C. env., art. R. 541-29.

(658) C. env., art. R. 541-30.

(659) C. env., art. L. 541-14.

(660) C. env., art. R. 541-14.

(661) C. env., art. L. 541-15.

(662) CAA Douai 25 avril 2002, Préfet de l'Oise, req. n° 99DA01536 et n° 99DA01658, la compatibilité s'apprécie par rapport au contenu du plan en vigueur à la date de la décision du juge.

(663) Règlement 1069/2009 établissant des règles sanitaires applicables aux sous-produits animaux et produits dérivés non destinés à la consommation humaine, art. 24.

l'exploitant est titulaire d'un agrément(664) : les huiles usagées(665), les emballages(666), les pneus usagés(667)... L'agrément est délivré en même temps que l'autorisation ou l'enregistrement au titre du régime des ICPE – par le préfet ou le ministre selon les cas – et précise la nature et l'origine des déchets qui peuvent être traités, les quantités maximales admises et les conditions de leur élimination(668). Il peut être suspendu ou retiré en cas de manquement de l'exploitant à ses obligations(669).

b. L'autorisation au titre du régime des ICPE

Les installations de traitement des déchets sont soumises à autorisation ou enregistrement en application de la réglementation sur les ICPE(670). Les prescriptions imposées par l'autorisation ou l'arrêté d'enregistrement vont retranscrire les obligations issues du droit des déchets et placer l'installation dans ce cadre juridique spécifique. Le lien est opéré notamment par l'article L. 512-14 du code de l'environnement selon lequel les dispositions prises en application de la réglementation des ICPE doivent, lorsqu'elles intéressent les déchets, prendre en compte les objectifs visés à l'article L. 541-1 du code de l'environnement – objectifs dont la valorisation des déchets fait partie.

§4. L'énergie éolienne

L'énergie éolienne, exploitée sans rejet polluant ni émission de gaz à effet de serre, n'est toutefois pas neutre du point de vue environnemental : impact esthétique important par l'atteinte portée aux paysages, aux espaces naturels et au patrimoine culturel, nuisances sonores et risques de rupture de mât, de chute de pale(671), dommages causés aux populations d'oiseaux et de chiroptères selon l'emplacement choisi pour l'implantation(672). La question de leur soumission au régime des installations classées pour la protection de l'environnement (ICPE) s'est logiquement posée. La directive européenne de 2009 sur la promotion des énergies renouvelables n'impose rien de tel, indiquant seulement que les États membres veillent à ce que les règles nationales relatives aux procédures d'autorisation qui s'appliquent aux installations de production soient proportionnées et nécessaires(673). La loi « Grenelle 1 » de 2009 ne tranche pas, énonçant de manière lapidaire que

(664) C. env., art. L. 541-22.

(665) C. env., art. R. 543-13.

(666) C. env., art. R. 543-71.

(667) C. env., art. R. 543-147.

(668) C. env., art. R. 515-37.

(669) C. env., art. R. 515-38.

(670) Voir *supra* p. 304.

(671) R. Guillet, J.-P. Leteurtrois, « Rapport sur la sécurité des installations éoliennes », Conseil général des mines n° 04-5, juillet 2004 ; « Impacts du bruit généré par les éoliennes. État des lieux de la filière éolienne. Propositions pour la mise en œuvre de la procédure d'implantation », AFSSET, ADEME, mars 2008 ; F. Reynier, « Rapport d'information sur l'énergie éolienne », Ass. nat. n° 2398, 31 mars 2010, p. 83 et s.

(672) H. Hötker, K.-M Thomsen, H. Jeromin, « *Impacts on biodiversity of exploitation of renewable energy sources : the example of birds and bats* », Michael-Otto-Institut im NABU, Bergenhusen, 2006. Chauves-souris et éoliennes : L. Rodrigues, L. Bach, M.-J. Dubourg-Savage, J. Goodwin, C. Harbusch, « Lignes directrices pour la prise en compte des chauves-souris dans les projets éoliens », EUROBATS Publications Series n° 3 (version française), PNUE/EUROBATS Secretariat, Bonn, Germany, 2008 ; Protocole d'étude chiroptérologique sur les projets de parcs éoliens, Première étape : document de cadrage, Syndicat des énergies renouvelables, France Énergie Eolienne, Société Française pour l'Étude et la Protection des Mammifères, Ligue pour la Protection des Oiseaux, août 2010.

(673) Directive 2009/28 du 23 avril 2009, art. 13.1. Sur ces procédures, voir L. Fayein, P. Albrecht, M. Dumont, « Instruction administrative des projets éoliens », Rapport n° 007442-02, Conseil général de l'environnement et du développement durable, mai 2011.

« la concertation locale et le cadre réglementaire de l'éolien seront améliorés »[(674)]. Le principe sera posé par la loi « Grenelle 2 » de 2010, qui consacre l'application du régime des ICPE aux éoliennes, tout en créant un dispositif sur mesure pour ces dernières[(675)]. Le procédé a de quoi surprendre : recourir à la loi alors qu'un simple décret inscrivant les éoliennes à la nomenclature ICPE aurait suffit, construire une réglementation spécifique alors qu'il suffisait de renvoyer au droit commun des ICPE. Deux décrets ont ensuite modifié la nomenclature ICPE et fixé le détail du nouveau régime des éoliennes[(676)]. Désormais, pour l'essentiel, le droit des ICPE absorbe donc les éoliennes. Toutefois, les éoliennes en mer lui échappent, relevant du droit de l'eau.

I. L'application du droit des installations classées pour la protection de l'environnement (ICPE)

Le code de l'environnement prévoit que les éoliennes figurent parmi les ICPE[(677)], ajoutant au droit commun une série d'obligations particulières : elles sont soumises à autorisation ou à déclaration, à l'obligation de constituer des garanties financières et de remettre le site en état en fin d'exploitation, les règles contentieuses étant dérogatoires.

A. Les exigences imposées : autorisation ou déclaration

Le code de l'environnement et la nomenclature prévoient que le régime de l'autorisation du droit des ICPE s'applique aux éoliennes correspondant à trois critères cumulatifs[(678)]. Tout d'abord, il doit s'agir d'une installation terrestre, ce qui exclu les éoliennes en mer[(679)]. Ensuite, les éoliennes doivent constituer une unité de production telle que définie par l'article 10.3° de la loi n° 2000-108 du 10 février 2000[(680)], c'est-à-dire être implantées dans le périmètre d'une zone de développement de l'éolien (ZDE) et être composées d'au moins cinq machines. Ce lien entre les deux législations permet d'assurer que toutes les éoliennes soumises à autorisation ICPE bénéficient de l'obligation d'achat au titre du droit de l'énergie. Enfin, l'installation doit correspondre à certains critères attestant de son importance : soit comprendre au moins un aérogénérateur dont le mât a une hauteur supérieure ou égale à 50 mètres, soit comprendre uniquement des aérogénérateurs dont le mât a une hauteur inférieure à 50 mètres et au moins un aérogénérateur dont le mât a une hauteur maximale supérieure ou égale à 12 mètres et avoir une puissance totale installée supérieure ou égale à 20 MW.

La délivrance de l'autorisation est subordonnée à l'éloignement des installations d'une distance de 500 mètres par rapport aux constructions à usage d'habitation, aux immeubles habités et aux zones

(674) Loi n° 2009-967, art. 19.III.

(675) Loi n° 2010-788, art. 90.VI ; C. env. art. L. 553-1 et s. Voir CE 16 avril 2012, S[té] Innovent, req. n° 353577, refus de transmettre une question prioritaire de constitutionnalité sur l'art. L. 553-1 C. env.

(676) Décret n° 2011-984 du 23 août 2011 modifiant la nomenclature des installations classées ; décret n° 2011-985 du 23 août 2011 pris pour l'application de l'article L. 553-3 du code de l'environnement. Voir aussi CE 16 avril 2012, S[té] Innovent, préc. et CE 13 juillet 2012, S[té] Volkswind France, req. n° 353565, rejets des recours en annulation contre le décret n° 2011-984.

(677) A. Carpentier, « Éoliennes et installations classées : acte I », *AJDA* 2010, p. 2 030 ; A. Sandrin-Deforge, « L'"après-Grenelle" des éoliennes : un point sur la réglementation applicable », *Lamy Supplément Grenelle 2*, octobre 2010, p. 48.

(678) C. env., art. L. 533-1 ; nomenclature ICPE, rubrique 2980.

(679) CE 16 avril 2012, S[té] Innovent, préc., différence de situation en ce qui concerne les effets des éoliennes en mer et les dangers ou inconvénients qu'elles présentent – CE 13 juillet 2012, S[té] Volkswind France, préc., pas de méconnaissance du principe d'égalité devant la loi en soumettant les seules éoliennes terrestres au régime ICPE.

(680) Codifié C. énergie, art. L. 314-1.3°.

destinées à l'habitation définies dans les documents d'urbanisme en vigueur à la date de publication de la loi « Grenelle 2 » (soit le 13 juillet 2010)[(681)].

L'instruction de la demande d'autorisation est conduite selon les modalités du droit commun, à l'exception de la commission consultative compétente : il s'agit de la commission départementale de la nature, des paysages et des sites, en lieu et place de la commission compétente en matière d'environnement et de risques sanitaires et technologiques (le Conseil départemental de l'environnement et des risques sanitaires et technologiques, CODERST)[(682)]. En d'autres termes plus que les risques encourus, c'est l'impact sur les paysages et les milieux naturels qui est pris en considération.

Le régime de la déclaration s'applique aux installations terrestres, regroupant un ou plusieurs aérogénérateurs, comprenant uniquement des aérogénérateurs dont le mât a une hauteur inférieure à 50 mètres et au moins un aérogénérateur dont le mât a une hauteur maximale supérieure ou égale à 12 mètres et pour une puissance totale installée inférieure à 20 MW[(683)].

La loi « Grenelle 2 » a prévu un régime transitoire pour les projets en cours. Les installations éoliennes ayant fait l'objet de l'étude d'impact et de l'enquête publique prévues par la réglementation antérieure[(684)], et bénéficiant d'un permis de construire, ont pu être mises en service et exploitées dans le respect des prescriptions antérieurement applicables[(685)]. À la date de leur classement (le 25 août 2011, date de publication du décret modifiant la nomenclature ICPE) ces installations ont été soumises au régime ICPE. Leur exploitant a eu l'obligation de se faire connaître au préfet, dans l'année suivant la publication du décret portant modification de la nomenclature ICPE, soit avant le 25 août 2012. Les renseignements qu'il a dû transmettre au préfet, ainsi que les mesures que celui-ci a pu imposer afin de sauvegarder les intérêts mentionnés à l'article L. 511-1 du code de l'environnement ont été précisées par décret[(686)]. Ces mesures sont à replacer dans le contexte plus général du droit des ICPE prévoyant, lorsque la nomenclature est modifiée, que les installations déjà en service et fonctionnant régulièrement peuvent continuer à le faire au bénéfice des droits acquis[(687)].

Les demandes déposées pour des installations avant leur classement au titre du régime ICPE (soit avant le 25 août 2011, date de publication du décret modifiant la nomenclature ICPE), et pour lesquelles l'arrêté d'ouverture d'enquête publique avait été pris, ont pu être instruites selon les dispositions qui leur étaient antérieurement applicables. Au terme de ces procédures, ces installations sont soumises au régime ICPE.

B. L'obligation de remise en état du site

L'exploitant d'une installation éolienne ou, en cas de défaillance, la société mère, est responsable de son démantèlement et de la remise en état du site, dès qu'il est mis fin à l'exploitation, quel que

(681) Voir arr. 26 août 2011 relatif aux installations de production d'électricité utilisant l'énergie mécanique du vent au sein d'une installation soumise à autorisation au titre de la rubrique 2980 de la législation des ICPE ; circ. 29 août 2011, conséquences et orientations du classement des éoliennes dans le régime des installations classées.

(682) C. env., art. R. 553-9.

(683) Nomenclature ICPE, rubrique 2980.2.b ; arr. 26 août 2011 relatif aux installations de production d'électricité utilisant l'énergie mécanique du vent au sein d'une installation soumise à déclaration au titre de la rubrique 2980 de la législation des ICPE.

(684) C. env., art. L. 553-2 en vigueur avant la loi n° 2010-788.

(685) C. env., art. L. 553-1.

(686) C. env., art. R. 513-1 et R. 513-2.

(687) C. env., art. L. 513-1.

soit le motif de la cessation d'activité(688). Dès le début de la production, puis au titre des exercices comptables suivants, l'exploitant ou la société propriétaire constitue les garanties financières nécessaires. Les modalités ont été fixées par décret(689). La constitution de garanties financières s'impose aux installations éoliennes soumises à autorisation et conditionne la mise en service. Le montant des garanties exigées et les modalités de son actualisation sont fixés par l'arrêté d'autorisation de l'installation. Ces garanties financières sont régies par les dispositions du régime ICPE(690). Les installations éoliennes existantes sont mises en conformité avec ces obligations dans un délai de quatre ans à compter de la date de publication du décret modifiant la nomenclature ICPE, soit pour le 25 août 2015. Lorsque l'installation change d'exploitant, le nouvel exploitant doit attester de la constitution de garanties financières. Les manquements aux obligations de garanties financières donnent lieu à l'application de la procédure de consignation prévue par le régime ICPE(691), indépendamment des poursuites pénales qui peuvent être exercées(692).

La remise en état du site par l'exploitant concerne les installations éoliennes soumises à autorisation comme à déclaration. Le régime applicable est spécifique aux éoliennes(693). Les opérations de démantèlement et de remise en état comprennent : le démantèlement des installations de production, l'excavation d'une partie des fondations, la remise en état des terrains sauf si leur propriétaire souhaite leur maintien en l'état, la valorisation ou l'élimination des déchets de démolition ou de démantèlement dans les filières dûment autorisées à cet effet. La mise à l'arrêt définitif doit être notifiée au préfet, ainsi que les mesures prévues pour la remise en état. En cas de carence, les mesures de sanctions administratives prévues par le régime ICPE sont applicables(694), le préfet pouvant aussi mettre en œuvre les garanties financières. Même après la remise en état du site le préfet peut imposer à l'exploitant les prescriptions nécessaires pour protéger les intérêts mentionnés à l'article L. 511-1 du code de l'environnement. Lorsque les travaux de remise en état sont réalisés, l'exploitant en informe le préfet, l'inspecteur des ICPE étant chargé de le constater.

C. Les règles contentieuses

Le code de l'environnement prévoit des règles contentieuses spécifiques pour les décisions prises en application du régime ICPE : il s'agit d'un contentieux de pleine juridiction, obéissant à des délais de recours particuliers(695). Par dérogation, les décisions concernant les installations éoliennes peuvent être déférées à la juridiction administrative : par les demandeurs ou exploitants, dans un délai de deux mois à compter du jour où lesdits actes leur ont été notifiés ; par les tiers, personnes physiques ou morales, les communes intéressées ou leurs groupements, en raison des inconvénients ou des dangers que le fonctionnement de l'installation présente, dans un délai de six mois à compter de la publication ou de l'affichage desdits actes(696).

(688) C. env., art. L. 553-3. Voir CE 29 janvier 2008, S^{té} EDF en France, req. n° 307870, le fait que les éoliennes soient en principe démontables et soumises à l'obligation de démantèlement en fin d'exploitation n'empêche pas le juge des référés d'estimer que leur construction est difficilement réversible.

(689) C. env., art. R. 553-1 à R. 553-4. Voir aussi arr. 26 août 2011 relatif à la remise en état et à la constitution des garanties financières pour les installations de production d'électricité utilisant l'énergie mécanique du vent.

(690) C. env., art. R. 516-2 à R. 553-4.

(691) C. env., art. L. 514-1.

(692) C. env., art. L. 514-9 et s.

(693) C. env., art. R. 553-5 à R. 553-8 ; arr. 26 août 2011 relatif à la remise en état et à la constitution des garanties financières pour les installations de production d'électricité utilisant l'énergie mécanique du vent.

(694) C. env., art. L. 514-1.

(695) C. env., art. L. 514-6.

(696) C. env., art. L. 553-4.

II. L'application du droit de l'eau

Seules les éoliennes terrestres relèvent du régime ICPE précédemment exposé, les éoliennes en mer relevant de règles juridiques largement dérogatoires : dispensées de permis de construire ou encore du zonage éolien en vigueur (schéma régional éolien et zone de développement de l'éolien). Toutefois, le droit de l'eau les atteint, notamment par le régime issu des articles L. 214-1 et suivants du code de l'environnement, qui régit les installations, ouvrages, travaux et activités ayant des conséquences sur la ressource en eau. En effet, la nomenclature eau comprend une partie relative aux impacts sur le milieu marin, celui-ci incluant les eaux côtières du rivage de la mer jusqu'à la limite extérieure de la mer territoriale. Elle prévoit que les ouvrages réalisés en contact avec le milieu marin et ayant une incidence directe sur ce milieu, d'un montant supérieur ou égal à 1 900 000 euros sont soumis à autorisation, ceux dont le coût est compris entre 160 000 euros et 1 900 000 euros faisant l'objet d'une déclaration(697). Si les éoliennes sont implantées en mer territoriale, elles sont donc visées, au-delà elles échappent à ce régime, sous réserve des travaux d'installation de câbles et canalisations sous-marins indispensables pour les raccorder au réseau électrique terrestre, qui eux seront concernés(698). Ce régime issu des articles L. 214-1 du code de l'environnement doit être replacé dans le contexte général du droit de l'eau, qui doit par conséquent être respecté.

§5. L'énergie solaire

L'énergie solaire est sans doute la plus écologique : elle est totalement renouvelable, produite et utilisable en un même lieu, sans rejet direct de polluants ni de déchets et d'un impact paysager et esthétique pouvant être minimisé par l'intégration des cellules photovoltaïques dans les constructions(699). Elle a néanmoins vocation à être régie par les règles protégeant l'environnement, d'autant plus que son exploitation est appelée à se développer et à sortir de la marginalité dans laquelle elle était demeurée jusqu'alors. La fabrication en grand nombre et l'utilisation banalisée de panneaux photovoltaïques conduit à s'interroger sur la réglementation environnementale applicable à leur production, puis à l'élimination des déchets de panneaux solaires.

I. La production de panneaux solaires

Les technologies utilisées pour fabriquer des panneaux solaires sont en constante évolution, mais de manière courante le silicium sert de matière première, les différentes étapes de sa purification impliquant le recours à des procédés chimiques, et donc l'usage de substances dangereuses pour l'environnement(700). C'est le cas de l'acide chlorhydrique, dont la présence justifie l'application du régime des ICPE(701). Plus généralement, celui-ci concerne les installations de fabrication et de

(697) C. env., art. R. 214-1, rubrique 4.1.2.0.

(698) Arr. 23 février 2001, fixant les prescriptions générales applicables aux travaux d'aménagement portuaires et ouvrages réalisés en contact avec le milieu aquatique soumis à déclaration en application des articles L. 214-1 à L. 214-3 du code de l'environnement et relevant de la rubrique 4.1.2.0 (2°) de la nomenclature annexée au décret n° 93-743 du 29 mars 1993 modifié.

(699) *Le Développement et l'Acceptabilité environnementale des énergies renouvelables*, Guide de France Nature Environnement à usage de ses membres associatifs, 2002, p. 30. Certains insectes confondent la surface des panneaux solaires avec la surface de l'eau, les spécialistes recommandent de ne pas installer de centrales solaires à proximité des lacs et étangs : G. Horváth, M. Blahó, Á. Egri, G. Kriska, I. Seres, B. Robertson, *Reducing the Maladaptive Attractiveness of Solar Panels to Polarotactic Insects*, Conservation Biology 2010.

(700) S. Poignant, « Rapport d'information sur l'énergie photovoltaïque », Ass. Nat. n° 1846, 16 juillet 2009, p. 23 et s.

(701) Nomenclature, rubrique 1611.

travail du verre(702). Par conséquent, une usine de fabrication de panneaux solaires relève du droit des ICPE, sous réserve d'atteindre les seuils minima fixés par la nomenclature pour chaque rubrique.

II. L'élimination des déchets de panneaux solaires

Les panneaux solaires arrivés en fin de vie constituent des déchets au sens de la définition donnée par l'article L. 541-1-1 du code de l'environnement : toute substance ou tout objet, ou plus généralement tout bien meuble, dont le détenteur se défait ou dont il a l'intention ou l'obligation se défaire. La question se pose alors de leur qualification juridique par rapport aux catégories de déchets existantes. La directive européenne 2002/96 du 27 janvier 2003 relative aux déchets d'équipements électriques et électroniques (DEEE) inclut dans ces derniers les déchets d'équipements de production, de transfert et de mesure de courants électriques, y compris tous les composants, sous-ensembles et produits consommables faisant partie intégrante du produit au moment de la mise au rebut(703). Cette définition comprend potentiellement les panneaux solaires produisant de l'électricité, mais l'annexe de la directive, qui énumère les catégories d'équipements électriques et électroniques concernés, ne les vise pas. L'article R. 543-172 du code de l'environnement reprend la définition comme les catégories européennes. Par conséquent, les panneaux solaires échappent pour l'instant à la qualification de DEEE et à la réglementation afférente. Sont-ils donc des déchets ordinaires pouvant être éliminés avec les ordures ménagères ? La liste des déchets figurant en annexe II de l'article R. 541-8 du code de l'environnement répertorie les déchets provenant de la fabrication, formulation, distribution et utilisation du silicium et des dérivés du silicium, mais ne retient comme dangereux que ceux contenant des chlorosilanes dangereux(704). En d'autres termes, seule la présence de composantes toxiques permet de qualifier les panneaux solaires de déchets dangereux.

Les professionnels de la filière ont décidé d'anticiper : afin d'éviter que les panneaux solaires ne soient inclus dans le champ d'application de la directive européenne sur les DEEE, ils ont mis en place l'association PV Cycle en 2007, qui désormais organise dans toute l'Europe la collecte et le recyclage des modules photovoltaïques en fin de vie(705).

(702) Rubrique 2530.

(703) Art. 3.

(704) Rubrique 060802.

(705) www.pvcycle.org.

Partie 3

Le droit du marché des énergies renouvelables

La notion d'énergie est fondamentalement duale : elle couvre en effet tant la ressource énergétique (énergie primaire) que l'énergie obtenue (énergie secondaire). L'évolution qui s'opère de l'une à l'autre est le fait d'un processus physique, chimique ou mécanique. Ce processus, que la directive 2009/28 par son intitulé même met en évidence – directive relative à la promotion de l'utilisation de l'énergie « produite à partir de sources renouvelables » –, est déterminant à plus d'un titre. D'abord, parce qu'il a pour effet de changer la nature physique de la chose exploitée : la force du vent devient électricité, l'eau usée devient gaz, le bois devient chaleur, le colza devient carburant... Ensuite, parce qu'il peut avoir pour résultat d'en modifier aussi la nature juridique. Ainsi, alors que le statut juridique des sources d'énergie renouvelables n'est pas uniforme, évoluant entre celui des choses et celui des biens[(1)], l'énergie secondaire est toujours pour le droit un bien que tout un chacun peut librement s'approprier pour l'affecter à des besoins privés ou publics.

Ce statut juridique de bien est en effet reconnu à toutes les énergies, y compris à l'électricité malgré son caractère atypique – « une fréquence, une tension et une intensité »[(2)]. Pour cette dernière, le droit positif a entériné notamment la qualification juridique de vol, laquelle suppose l'appropriation frauduleuse de la chose. P. Sablière souligne « l'habileté de cette rédaction : ce n'est pas l'énergie (énergie électrique mais également l'énergie calorifique ou frigorifique) qui est assimilée à une « chose » mais c'est la soustraction de cette énergie qui est assimilée à un vol sans qu'il soit nécessaire de s'interroger sur sa nature »[(3)]. S'agissant toujours de l'électricité, il a en outre été jugé, sous l'influence du doyen Savatier qui recommandait en 1958 de consacrer « la propriété de l'énergie et des forces »[(4)], que l'électricité peut faire l'objet d'une vente, ce qui implique la possibilité d'exercer sur elle le droit de propriété[(5)].

Ainsi, l'énergie appartient à la catégorie juridique des biens, et ce sans préjudice de la nature de la ressource originelle. On peut même dire par extension qu'il s'agit d'un bien « dans le commerce » en s'appuyant sur différents fondements. D'abord, dans le cadre du droit interne, l'article L. 110-1 du code de commerce assimile par exemple la vente d'énergie à un acte de commerce, cependant que l'article 1386-3 du code civil vise, quant à lui, l'électricité en tant que « produit ». Ensuite, dans le cadre du droit international public, les règles relatives à la libre circulation des marchandises, octroient à tous les produits énergétiques, sans distinguer entre eux, le statut de biens : par

(1) Voir *supra* p. 85 et s.

(2) P. Sablière, « La nature juridique de l'électricité et les conséquences qui en résultent quant à sa fourniture », *LPA* 6 juin 2007, p. 4.

(3) P. Sablière, « La nature juridique de l'électricité et les conséquences qui en résultent quant à sa fourniture », préc., p. 6. Voir aussi Cass. crim. 3 août 1912, *Bull. crim.* n° 450, S. 1913, I, 337, « [Considérant que] l'électricité est livrée par celui qui la produit à l'abonné qui la reçoit ; qu'elle passe par l'effet d'une transmission qui peut être matériellement constatée de la possession du premier dans la possession du second ; qu'elle doit dès lors être considérée comme une chose, au sens de l'article 379 du code pénal, pouvant faire l'objet d'une appréhension. »

(4) « Vers de nouveaux aspects de la conception et de la classification des biens corporels », *RTD* civ. 1958, p. 14.

(5) CA Nîmes 8 mars 1990, *LPA* 1990, n° 98, p. 8, note Roy – CE 25 juin 1948, Ste du journal l'Aurore, *Lebon* p. 289.

exemple le droit douanier international, notamment les systèmes de désignation et de codification des marchandises [le système harmonisé (SH) de l'Organisation mondiale des douanes (OMD) et la nomenclature tarifaire de la Communauté européenne (NC)], ou encore le traité sur la Charte de l'énergie (Lisbonne, 1994), intègrent les « matières et produits énergétiques » dans le dispositif consacré au commerce des marchandises entre États contractants. Suivant une démarche analogue, le droit fiscal européen prévoit que les « biens corporels » assujettis à TVA couvrent, entre autres, « le courant électrique, le gaz, la chaleur, le froid et les choses similaires », leur fourniture étant par ailleurs assimilée à une « livraison de bien »(6). Enfin, la jurisprudence de la Cour de justice de l'Union européenne consacre une définition particulièrement large de la notion de « marchandises », laquelle englobe tous les biens « appréciables en argent, susceptibles, comme tels, de former l'objet de transactions commerciales »(7), et ce y compris, là encore, l'électricité(8).

Que l'économie de marché s'empare des choses auxquelles le droit octroie le statut de biens, comme tels appropriables et commercialisables, afin d'en faire des biens de consommation n'est pas une surprise. Mais l'irruption de l'économie de marché et de ses lois ne peut être sans conséquence sur le produit ici en cause, notamment parce qu'elle implique l'obéissance à la dialectique de l'offre et de la demande pour la formation de son prix. Il est probable toutefois que l'application de ces règles au contexte en cause supporte quelques aménagements. D'abord, parce que les produits à vocation énergétique sont des biens essentiels, indispensables à la plupart des activités humaines. Ensuite, parce que, lorsque l'énergie est fondée sur une ressource renouvelable, elle présente des attraits environnementaux, sociétaux et économiques supplémentaires(9). Ces caractéristiques font de l'énergie, et plus particulièrement de celle ayant une origine renouvelable, un produit dont la production et la commercialisation procèdent de préoccupations ayant à voir avec l'intérêt général. Si on ajoute à cela le fait que le secteur de l'énergie se caractérise par des temps de réponse – par exemple de retour sur investissements – particulièrement longs(10), on comprend mieux pourquoi les acteurs privés ne sont guère incités à intervenir de façon spontanée. Au total semble donc bien se dessiner ici un marché spécifique, légitimant l'action correctrice sinon supplétive des pouvoirs publics.

L'action publique est en effet au service du développement des énergies de source renouvelable. Elle est même jugée légitime mais aussi nécessaire. La Commission européenne, pourtant peu suspecte en général de dirigisme, expliquait ainsi dans son livre vert du 20 novembre 1996 sur les sources d'énergie renouvelables qu'« à moins que des incitations spécifiques ne soient mises en place, il n'est pas réaliste de s'attendre à ce que le potentiel important des énergies renouvelables soit exploité et que ces sources apportent une contribution significative au bilan énergétique européen »(11). La directive sur l'électricité renouvelable du 27 septembre 2001 était elle-même construite autour de cette volonté d'inciter la puissance publique à suppléer sinon à se substituer aux acteurs privés, s'affichant comme un texte de promotion des systèmes nationaux de soutien à

(6) Directive 77/388 du 17 mai 1977, art. 2.2

(7) CJCE 7 décembre 1968, Communauté c/ Italie, 7/68, *Rec.* p. 617.

(8) Voir notamment CJCE 27 avril 1994, Almelo, C-393/92, *Rec.* p. I-1477, « Il n'est pas contesté, en droit communautaire, ni d'ailleurs dans les droits nationaux, que l'électricité constitue une marchandise [...]. Ainsi, l'électricité est considérée comme une marchandise dans le cadre de la nomenclature tarifaire de la Communauté » – CJCE 2 avril 1998, Outokumpu Oy, C-213/96, *Rec.* p. I-1777, la taxe finlandaise sur l'électricité est une taxe portant sur un « produit » qui peut être confrontée à l'art. 90 du traité CE (110 TFUE) relatif à l'interdiction des impositions intérieures discriminatoires à l'égard des produits importés.

(9) Voir *supra* p. 21 et s.

(10) « Rapport du Conseil de l'Europe, Bases d'une stratégie énergétique pour l'Europe », 21 février 2000.

(11) COM (96) 576 final.

l'électricité issue de source renouvelable « sans lesquels la promotion et la diffusion des énergies renouvelables seraient impossibles ».

Les arguments les plus souvent avancés pour fonder le soutien public renvoient aux multiples avantages découlant de l'exploitation de ces sources d'énergie(12). Selon l'Union européenne, il s'agirait de « réaliser les objectifs généraux de la politique énergétique » et d'« améliorer et [...] renforcer la protection de l'environnement et [le] développement durable »(13). Les pouvoirs publics français ont exprimé des préoccupations comparables. Ainsi est-ce au titre d'une meilleure prise en compte des « objectifs environnementaux et de sécurité d'approvisionnement dans les prix de marché » que la régulation publique, qui doit se traduire « d'une part, par un soutien aux énergies peu génératrices d'effets externes, et, d'autre part, par le recours maintenu à des bilans prévisionnels quantitatifs nationaux » a pu être jugée nécessaire(14). Cela étant, il faut bien admettre que les objectifs économiques et sociaux, ou encore ceux de sécurité énergétique, constituent des fondements le plus souvent complémentaires sinon secondaires par rapport à l'objectif de protection de l'environnement, dont il faut reconnaître ici le caractère prépondérant. Notamment le souci de sécurité énergétique constitue rarement à lui seul une condition suffisante pour fonder le soutien public, cependant qu'en toute hypothèse l'objectif environnemental apparaît comme la condition et la justification nécessaires de toute action publique en ce domaine.

L'impératif environnemental est la clef de voûte de l'action notamment de l'Union européenne en la matière. Pour le Conseil, le développement de l'énergie renouvelable est ainsi une « priorité communautaire en faveur de l'environnement »(15). Pour la Commission, les mesures de soutien à l'énergie renouvelable entrent « dans la catégorie des actions en faveur de la protection de l'environnement »(16), et sont censées participer à la construction d'un « avenir plus durable »(17). De fait, le soutien public à l'énergie renouvelable apparaît de plus en plus comme un élément inhérent à toute politique de protection de l'environnement, ainsi que l'attestent au reste certaines définitions de celle-ci : La protection de l'environnement est « toute action visant à réparer ou à prévenir une atteinte au milieu physique ou aux ressources naturelles par les propres activités du bénéficiaire, à réduire le risque de telles atteintes ou à entraîner une utilisation plus rationnelle des ressources naturelles, notamment par des actions en faveur des économies d'énergie et le recours à des sources d'énergie renouvelables »(18).

Sur un plan purement factuel, cette primauté de l'objectif environnemental exprime les inquiétudes des pouvoirs publics au regard du changement climatique mondial, et révèle aussi d'un point de vue plus strictement juridique la présence croissante de la dimension environnementale dans toutes les formes actuelles de l'action publique. Le soutien public aux énergies renouvelables symbolise donc à sa façon l'intégration croissante de la protection de l'environnement dans quasi-

(12) Voir aussi *supra* p. 21 et s.

(13) Communication de la Commission, « La mise en œuvre de la stratégie et du plan d'actions communautaires en matière de sources d'énergie renouvelables (1998-2000) », COM (2001) 69 final. V. aussi dans le même sens, considérant 1, directive 2009/28.

(14) Premier ministre, « Rapport sur la programmation pluriannuelle des investissements de production d'électricité », 29 janvier 2002, p. 14.

(15) Résolution 8 juin 1998 sur les sources d'énergie renouvelables.

(16) « Encadrement communautaire des aides d'État pour la protection de l'environnement », *JOCE* 3 février 2001, n° C 37, point 5.

(17) Communication de la Commission du 10 janvier 2007, « Feuille de route pour les sources d'énergie renouvelables. Les sources d'énergie renouvelables au XXIe siècle : construire un avenir plus durable », COM (2006) 848 final

(18) Encadrement européen des aides d'État pour la protection de l'environnement pour la période 2008-201, point 70.

ment tous les choix de puissance publique[19]. Dans ce contexte actuel, l'intervention publique est donc destinée à orienter les choix des différents acteurs du marché en faveur de solutions plus respectueuses de l'environnement. Elle reprend à son compte la théorie économique dite « des externalités »[20], qui se préoccupe de la vérité des prix et part du constat que les énergies traditionnelles ont un coût écologique qui n'est pas suffisamment intégré dans leur prix, cependant que, symétriquement, les externalités positives de l'énergie de source renouvelable ne sont pas valorisées à proportion de sa contribution à la protection de l'environnement[21]. Nul n'ignore en effet que l'énergie « verte » rencontre des difficultés spécifiques pour concurrencer efficacement les premières, en raison de procédés techniques disponibles qui ne permettent pas de la produire à des coûts unitaires comparables, ou encore parce que les politiques publiques en matière d'énergie n'ont pas toujours privilégié l'objectif de protection de l'environnement.

Remarque

Par exemple, le système de péréquation tarifaire au profit des zones non interconnectées au réseau métropolitain continental, tel que pratiqué en France depuis les années 1960-1970 au nom d'une certaine conception « sociale » des services publics visant l'uniformité sur l'ensemble du territoire du prix de l'électricité quels que soient ses coûts de production et de distribution, a sans doute freiné le développement de l'électricité renouvelable, notamment solaire, dans certaines zones géographiques (surtout les DOM), où cette énergie aurait été concurrentielle du fait de conditions locales favorables.

On devine cependant que, dans le contexte notamment du marché européen concurrentiel, le soutien public aux énergies renouvelables doive s'appuyer autant que faire se peut sur des instruments de marché. En effet, selon la Commission européenne, ces derniers, « au contraire des approches réglementaires et administratives », ont « l'avantage d'utiliser les signaux du marché pour pallier les déficiences » de celui-ci[22]. Dans cet esprit, l'utilisation de la fiscalité est notamment plébiscitée. En pratique, la fiscalité semble effectivement pouvoir servir le développement des énergies renouvelables, schématiquement de deux manières : soit en réévaluant la taxation des énergies fossiles à la lumière de leurs émissions de gaz à effet de serre (système de taxe « carbone »), soit en abaissant la taxation des produits énergétiques issus de sources renouvelables – les deux propositions n'étant pas exclusives l'une de l'autre. En ce sens l'article L. 100-3 du code de l'énergie réclame un aménagement de la fiscalité de l'énergie à l'aune de « l'incidence de (son) [...] utilisation sur la compétitivité de l'économie, la santé publique, l'environnement et la sécurité de l'approvisionnement », afin qu'elle « vise, au regard de ces objectifs, un traitement équilibré des différents types d'énergie » pour « rendre les énergies renouvelables compétitives afin de favoriser leur développement »[23].

Mais les mesures d'intervention publique au profit des énergies renouvelables ne sont pas vouées à la pérennité. D'abord, il est logique de penser que, dans le contexte de l'économie de marché qui

(19) Sur cette notion d'intégration, voir S. Caudal-Sizaret, *la Protection intégrée de l'environnement en droit public français*, thèse droit, Lyon 3, 1993.

(20) Voir notamment P. Picard, *Éléments de micro-économie*, 5e éd., Montchrestien, 2002, p. 487 ; P. Menanteau, D. Finon, M.-I. Lamy, *Prix versus quantités : les politiques environnementales d'incitation au développement des énergies renouvelables*, IEPE, Grenoble, mai 2001.

(21) Voir en ce sens encadrement communautaire des aides d'État pour la protection de l'environnement (2001), point 5.

(22) *Livre vert sur les instruments fondés sur le marché utilisés à des fins de politique environnementale et d'énergie*, COM (2007) 140 final.

(23) Texte issu de la loi POPE, art. 8.

est le leur, une fois l'objectif d'un développement suffisant atteint, ces mesures soient arrêtées(24). Ensuite, parce que le soutien public auxdites énergies dépend dans beaucoup de cas des contraintes budgétaires nationales, il est probable que son intensité sinon sa nature même évoluent(25), et ce tout particulièrement dans le contexte de « la décennie 2010 qui porte la marque de la crise de la dette publique dans la zone euro et au-delà »(26). Dans ces conditions, il n'est pas inenvisageable que les mesures mises en œuvre soient de plus en plus souvent réservées aux secteurs où l'effort est le plus nécessaire, mais que règne aussi une certaine instabilité juridique.

Les mesures d'intervention publiques au profit des énergies d'origine renouvelable ne sont pas, loin s'en faut, uniquement des mesures fiscales. De fait, dans une perspective large et globale, les dispositifs en cause peuvent être classés en deux catégories. La première regroupe ceux qui ont pour objet ou pour effet d'organiser le marché, sachant qu'ils peuvent être eux-mêmes subdivisés : une première famille forme le cadre normatif général pour le soutien public auxdites énergies, l'autre organise une planification dans le temps et/ou l'espace de la production ou de la consommation desdites énergies. La seconde catégorie de mesures réunit toutes celles qui ont pour vocation d'agir directement dans le marché : elles se présentent comme des mesures de soutien soit de l'offre, soit de la demande en énergie renouvelable.

(24) Voir Communication de la Commission, « Énergies renouvelables : progrès accomplis pour atteindre l'objectif de 2020 », COM (2011) 31 final : « [...] il ne sera possible de supprimer le soutien financier au secteur des énergies renouvelables que lorsque les coûts de ces énergies seront encore plus bas, que les défaillances du marché auront été corrigées et que le marché sera concurrentiel » ; v. aussi S. Poignant, « Rapport d'information sur l'énergie » n° 1846 du 16 juillet 2009 : « Il n'est pas rentable économiquement, aujourd'hui comme hier, de produire de l'électricité à partir du solaire dans le contexte d'un pays occidental à économie de marché ».

(25) Voir en ce sens Communication de la Commission, « Énergies renouvelables : progrès accomplis pour atteindre l'objectif de 2020 », préc. : « Il est essentiel que [...] [les] coûts soient "hors budget", c'est-à-dire qu'ils soient supportés par les consommateurs d'énergie plutôt que par les contribuables afin d'éviter les coups d'arrêt et les accélérations successives dues aux contraintes budgétaires qui pèsent sur les gouvernements ».

(26) P. Geoffron, S. Monjon, « Les scénarios énergétiques pour la France en 2050 », *Cahiers français*, n° 366, p. 61.

Chapitre 10

Le cadre général du soutien public aux énergies renouvelables

Mu par des considérations d'intérêt général, le soutien aux énergies de source renouvelable est pour l'essentiel un soutien public. Cependant, dans un contexte mondial globalement favorable au libéralisme économique, il importe de comprendre dans quelle mesure le dispositif juridique applicable, notamment international et européen (GATT/OMC, TUE/TFUE, Traité EEE...), peut autoriser voire favoriser une telle intervention publique correspondant aux intérêts légitimes des États, sinon de la société internationale dans son ensemble. D. Maillard explique que « la libéralisation du secteur [de l'énergie], mouvement mondial relayé par la Commission européenne, implique moins la diminution du périmètre d'intervention de l'État que la nécessité de son adaptation à des fonctions nouvelles »[(1)]. Quoi qu'il en soit, il faut nécessairement chercher à identifier les scénarios dans lesquels le soutien public peut se concilier avec le libre marché et le libre-échange. Or, sur ce point, il peut être constaté que le soutien public aux énergies renouvelables parvient non seulement à s'inscrire dans des politiques libérales ou de marché visant à faire disparaître les obstacles frontaliers et érodant l'interventionnisme public, mais s'intègre tout aussi bien, et parallèlement, dans le cadre de politiques publiques plus ouvertes à l'interventionnisme public. En d'autres termes, le soutien public aux énergies renouvelables d'une part, trouve pleinement sa place dans un contexte de libre marché, d'autre part, prend forme dans des politiques publiques d'incitation.

Section 1

Le soutien public aux énergies renouvelables dans un contexte de libre marché

Littéralement, le soutien public aux énergies renouvelables a lieu « dans le cadre du marché ». Il est cependant légitime de s'interroger sur les conditions de cette cohabitation, notamment parce que les règles du marché sont *a priori* opposées à l'intervention publique dans l'économie. À cet égard, force est de relever que le soutien public auxdites énergies s'effectue d'abord dans le respect du principe d'un marché ouvert où règne la libre concurrence, ensuite, et plus spécifiquement, dans le contexte d'un marché de l'énergie partiellement libéralisé au niveau européen.

§1. Le contexte global : le libre marché

Le dispositif juridique du libre marché est ici entendu au sens le plus large, c'est-à-dire en tant qu'il inclut tout aussi bien des règles proprement internationales (GATT/OMC, conventions multilatérales ou bilatérales) que régionales (UE, EEE, etc.). Pour les pays membres de l'Union européenne, ce libre marché est plus souvent qualifié de « marché commun » et, aujourd'hui, de

(1) D. Maillard, *Pour la France : évolution du rôle de l'État dans la définition et la mise en œuvre d'une politique de l'énergie*, séminaire « Énergie et société », ENA, 2001.

« marché intérieur ». Il s'agit alors d'un espace commun aux États membres où sont appliquées les règles de l'économie de marché, ce qui implique l'abolition entre les États concernés des obstacles à la libre circulation des marchandises, des personnes, des services et des capitaux »[(2)] ainsi que, corrélativement, la liberté de concurrence[(3)].

Remarque

La notion de marché intérieur est apparue en 1986 avec l'Acte unique européen, elle a aujourd'hui la préférence du droit de l'Union européenne : l'article 2.3 du traité sur le fonctionnement de l'Union (TFUE) issu du traité de Lisbonne du 13 décembre 2007 l'a ainsi substituée à celle, datant du traité de Rome ayant créé la CEE, de marché commun.

Partant, on devine qu'en tant qu'il s'inscrit « dans le cadre » d'un libre marché tout à la fois mondial et régional, le soutien public aux énergies renouvelables soit inévitablement confronté à un double impératif: d'abord de libre-échange, ensuite de libre concurrence.

I. Le soutien aux énergies renouvelables face à l'impératif de libre-échange

Avant de s'interroger sur le point de savoir si le droit international et/ou régional du libre-échange s'accommode ou non des dispositifs publics de soutien aux énergies renouvelables, il peut être utile de vérifier les conditions d'applicabilité de ce droit au contexte de la cause. En d'autres termes, il faut se demander dans quelle mesure ce droit, qui a pour objet la réglementation des échanges économiques internationaux, inclut les énergies renouvelables dans son rayon d'action[(4)].

A. Les conditions d'applicabilité du droit du libre-échange

On doit supposer que le droit du libre-échange, d'une part, les énergies renouvelables, d'autre part, n'entrent en relation que si toutes les conditions requises pour l'application du premier aux secondes sont réunies. Or, cette appréhension des unes par l'autre dépend de deux éléments : tout d'abord de l'existence d'un véritable marché transfrontière des énergies renouvelables, ensuite de la portée matérielle du droit du libre-échange, lequel, d'un corpus à l'autre, n'est pas forcément porteur des mêmes exigences.

1. Quel « marché transnational » pour les énergies renouvelables ?

L'hypothèse de l'existence même d'un marché des énergies renouvelables doit tout d'abord être validée. Cela impose de vérifier si, dans le contexte ici en cause, il existe effectivement des biens susceptibles de faire l'objet d'un échange (biens négociables ou marchands). Il faut ensuite attester la présence d'un marché correspondant à un contexte transnational, condition *sine qua non* pour que le droit du libre-échange, droit de portée transfrontière, soit applicable. Mais, en identifiant ainsi le marché des énergies renouvelables et en en cernant les contours, on en aura par là-même établi le contenu matériel et le périmètre géographique.

a. La substance matérielle du marché

Une approche large est nécessaire pour cerner la complexité substantielle du marché ici en jeu.

(2) TFUE, art. 26.2.

(3) Les règles de concurrence sont déclarées « nécessaires au fonctionnement » du marché intérieur, voir TFUE, art. 3.b).

(4) Sur ce sujet, v. aussi B. Le Baut-Ferrarese, « Marché des énergies renouvelables et droit du libre-échange ». *in* S. Doumbé-Bille (Dir.), *Défis énergétiques et droit international*, Larcier, 2010, p. 177

Cette complexité est liée en premier lieu à la dichotomie, déjà soulignée, caractérisant l'énergie, autrement dit au fait que celle-ci se divise en deux éléments : d'une part, la ressource (énergie primaire), d'autre part, l'énergie secondaire (électricité, gaz, chaleur, carburant, liquide énergétique, etc.).

Or, il a déjà été signalé que pour le monde du droit l'énergie au sens secondaire est sans contestation un bien susceptible de faire l'objet de commerce(5), ce qui permet d'expliquer pourquoi les traités de libre-échange l'ont non seulement appréhendée mais lui ont parfois aussi été dédiés en tout ou partie : traité CECA de 1951, traité sur la Charte de l'énergie (1994) qualifié d'ailleurs de GATT « sectoriel » (parce qu'il couvre les seuls produits énergétiques) et « géographique » (parce qu'il concerne un nombre limité de pays : ceux de l'Europe occidentale et orientale, la Fédération de Russie et certains pays d'Asie centrale)(6).

Il n'est pas possible en revanche d'opter pour une qualification aussi générale pour ce qui concerne les ressources énergétiques, en particulier pour celles ayant un caractère renouvelable. Il en est ainsi parce que certaines sont dépourvues des caractères courants de la notion de bien et échappent dans cette mesure à la logique des rapports marchands. Deux types de ressources ont cette caractéristique. D'une part, celles qui ne sont pas appropriables en fait et/ou en droit ou pour lesquelles le droit de propriété ne vient pas en « brider l'accès ou la jouissance » commune(7), c'est-à-dire celles entrant dans la catégorie des choses communes : radiation solaire, chaleur solaire, force mécanique du vent(8). D'autre part, celles qui, juridiquement appropriables au moins par voie d'occupation, ont été placées par l'État sous le pouvoir de police de celui-ci, qui en distribue souverainement l'usage : en droit français la force hydraulique sous toutes ses formes et les gîtes géothermiques sauf pour ces derniers ceux entrant dans les régimes d'exception ou de dérogation(9).

Mais cette énumération est loin comme on le sait de couvrir l'entièreté de la liste des ressources énergétiques reconnues comme ayant un caractère renouvelable. Or, il est simple de comprendre qu'un rapport de nature économique à la ressource sera facilement établi chaque fois que celle-ci intègre sans difficulté la catégorie juridique des biens. On se souvient que cette qualification s'impose sans discussion pour les ressources énergétiques renouvelables appartenant à la famille biomasse qu'elle soit « verte » (matières et produits agricoles et sylvicoles) ou qu'elle inclue les seuls déchets, au motif que toutes ces ressources sont appropriées ou appropriables(10).

En second lieu, il faut encore observer que le marché des énergies renouvelables n'est pas réductible aux différentes énergies qui la constituent et à certaines des ressources énergétiques qui les fondent. En effet, au moins un autre segment de marché doit être mis en lumière, celui des équipements de production, de distribution, de commercialisation de toutes les énergies renouvelables (pales d'éoliennes, panneaux solaires, turbines, etc.). Or, à partir du moment où ces équipements

(5) Voir *supra* p. 325 et 326.

(6) A. Boyer, « Débats sur le projet de loi de ratification du traité sur la Charte européenne de l'énergie », Sénat, séance 20 mars 1997) ; voir aussi la déclaration des États signataires de ce traité : « (C)onvaincus de l'importance de promouvoir la libre circulation des produits énergétiques [...], afin de faciliter la mise en place d'échanges fondés sur l'économie de marché dans le domaine de l'énergie », *in* « Document de clôture de la Conférence de La Haye sur la charte européenne de l'énergie », *Revue de l'Énergie* n° 436, janvier 1992, p. 41. Sur ce traité v. R. Babadji, « Le traité sur la charte européenne de l'énergie », *AFDI* 1996, vol. 42, p. 872 ; L. Simonet, p. Laffont, « La Charte de l'énergie et le transit des matières premières. Trop loin ? Trop tôt ? », *AFDI* 2005, vol. 51, p. 524

(7) M. Macache-Beauvallet, « Marché et droit : la logique économique du droit de l'environnement », *Pouvoirs*, 2008/4, n° 127, p. 35

(8) Voir *supra* p. 92 et s.

(9) Voir *supra* p. 96 et s.

(10) Voir *supra* p. 87 et s.

relèvent eux-mêmes de la catégorie juridique des biens appropriés, il faut admettre qu'ils sont voués à participer aussi à la logique des relations commerciales le cas échéant entre États(11).

b. Le périmètre du marché

L'existence d'un marché des énergies renouvelables ne suffit pas à rendre le droit du libre-échange *ipso facto* applicable. Encore faut-il en effet que les biens marchands ici identifiés donnent lieu à des échanges dans un cadre transfrontière. Ce qui ne va pas toujours de soi.

D'abord, il peut arriver que de tels échanges soient inexistants en fait.

S'il en va ainsi, ce n'est pas parce que les énergies renouvelables auraient été, comme cela a parfois été le cas pour certaines énergies fossiles, écartées du champ matériel des traités internationaux sur le libre-échange – à cause du caractère sensible du secteur ou encore parce que certains États, souvent d'ailleurs les principaux producteurs, ne voulaient pas se lier juridiquement(12), mais à raison, là encore, de certaines de leurs caractéristiques intrinsèques. Le problème tient cette fois au caractère non stockable de certaines ressources et à l'intermittence de certaines productions, soit au total à la difficulté pour les opérateurs d'anticiper avec suffisamment de précision les volumes. Or, il s'agit-là d'éléments difficilement pondérables qui ne créent pas un climat de confiance et de sécurité suffisant pour envisager des échanges commerciaux, *a fortiori* dans un cadre transnational. Ainsi, s'explique que dans un grand nombre de situations le marché de l'énergie renouvelable soit d'abord national sinon même local, le lieu de sa consommation étant souvent le même ou à tout le moins proche de celui de la production (consommation *in situ*). Pour d'autres énergies renouvelables, en particulier celles fondées sur la biomasse – facilement stockable et dont la production est plus prévisible –, les échanges physiques entre agents économiques sont *a priori* plus simples à concevoir, notamment sur un espace géographique élargi.

Pour les énergies renouvelables vouées à intégrer des réseaux, la possibilité de les inscrire dans le cadre d'échanges énergétiques transnationaux, et subséquemment de leur appliquer le droit international du libre-échange est tributaire d'un autre paramètre, celui de la morphologie des réseaux. Concrètement deux conditions doivent être cumulativement remplies : le raccordement de la production à des réseaux publics, et l'interconnexion entre deux ou plusieurs États de ces derniers. Or, s'agissant des énergies renouvelables évoluant dans les micro-réseaux (chaleur et froid), l'agencement technique de ces derniers ne permet d'envisager la constitution de réseaux transnationaux de production/commercialisation que dans des situations exceptionnelles (zones frontalières), ce qui rend très hypothétique l'échange entre États de ces marchandises. Et, pour celles appelées à intégrer les grands réseaux (électricité, gaz), les échanges sont en tout état de cause tributaires de démarches positives d'ouverture des réseaux, à l'initiative des États ou des organisations internationales concernées(13).

Si tant est que l'échange d'énergie entre États soit techniquement possible, encore faut-il enfin, pour pouvoir l'attester, qu'il soit objectivement mesurable. Ce problème renvoie à la difficulté de tracer certains fluides énergétiques quand bien même en pratique rien ne semble empêcher qu'ils fassent l'objet d'un transit voire d'un commerce entre plusieurs États. Cette situation est propre à l'électricité, qui est en effet un bien atypique : « une fréquence, une tension et une intensité ».

(11) Voir sur ce sujet, R. Steenblik, « Libéralisation des échanges de produits liés aux énergies renouvelables et de biens associés : charbon de bois, systèmes solaires photovoltaïques, aérogénérateurs et pompes éoliennes », Document de travail de l'OCDE sur les échanges et l'environnement, n° 2005-07.

(12) Pour le pétrole et le gaz, voir. A. M. Smolinska, « Les organisations internationales et l'énergie », *in* S. Doumbé-Billé (dir.), *Défis énergétiques et droit international*, Larcier, 2010, p. 125.

(13) Sur la politique européenne d'ouverture des réseaux, voir *infra* p. 425 et s.

L'électricité comporte donc des caractéristiques spécifiques qui, si elles ne conduisent pas à lui refuser le statut de marchandise(14), rendent à tout le moins l'application à son endroit du droit du libre-échange aléatoire. C'est en tout cas le constat qui a été fait par la CJUE dans son arrêt du 13 mars 2001 « Preussen Elktra »(15). La juridiction européenne a observé qu'une fois le courant électrique entré dans le réseau, son origine géographique devient, de fait, indétectable, de sorte qu'il est en particulier impossible de déceler d'éventuelles pratiques commerciales discriminatoires imputables aux États. Dans le cadre de l'Union européenne, ce problème a cependant été surmonté grâce à l'instauration du mécanisme des « garanties d'origine » issu de la directive 2001/77 sur l'électricité renouvelable. Ce système permet opportunément de certifier tout à la fois la source renouvelable de l'électricité et son origine géographique – les garanties d'origine indiquent la source utilisée pour produire l'électricité ainsi que la date et le lieu de production – ; elles avaient d'ailleurs été justifiées par l'objectif de facilitation des échanges d'électricité renouvelable dans le marché intérieur européen(16).

2. La portée matérielle du droit du libre-échange

D'un dispositif l'autre, le droit international du libre-échange est plus ou moins ambitieux.

Le modèle économique tel que reflété par le droit du GATT-OMC concerne de façon sinon exclusive du moins principale les échanges de marchandises. Certes, dans le cadre de ce système, il existe aussi des accords périphériques tels l'Accord général sur le commerce des services (AGCS) signé en 1994, qui est un accord multilatéral de libéralisation des échanges de services, mais ce dernier se caractérise par sa grande souplesse puisqu'un pays peut inclure tout autant qu'exclure certains services de la liste de ceux qui sont libérés.

En revanche, dans le cadre du droit de l'Union européenne, le libre-échange atteint un niveau de sophistication bien supérieur à celui obtenu au niveau international, ce qui étend forcément ici les perspectives. Autour du concept original de marché commun/marché intérieur(17), a en effet été conçu un droit de libre circulation élargi à tous les facteurs de production : ce droit ne s'arrête donc pas aux seules marchandises(18) mais concerne, aussi, les personnes (physiques et morales)(19), ainsi que les capitaux et moyens de paiements(20). Or, il faut admettre que les énergies renouvelables peuvent aussi former, d'une part, un cadre pour l'exercice d'activités professionnelles (recherche de ressources, production, commercialisation, distribution, transport, études de faisabilité, estimation de coûts, etc.), d'autre part, un terrain pour de possibles transactions transfrontières financières ou foncières.

Il apparaît en définitive que si l'objet des traités internationaux est de limiter ou supprimer les obstacles à la libre circulation, celle des marchandises exclusivement et/ou celle des autres facteurs de production, il est probable que ces textes n'acceptent que parcimonieusement les mesures publiques susceptibles de soutenir l'une ou l'autre des composantes économiques du marché des énergies renouvelables. Il faut donc vérifier dans quelle mesure les principaux dispositifs internationaux sur le libre-échange intègrent ou non de telles démarches.

---

(14) Voir *supra* cette partie, introduction générale, p. 325 et 326.

(15) C-379/98, *Rec.* p. I-2099.

(16) Voir aussi *infra* p. 644 et s.

(17) TFUE, IIIe partie, chapitre 1.

(18) TFUE, art. 28 à 37.

(19) TFUE, art. 45 à 62.

(20) TFUE, art. 63 à 66.

B. La compatibilité d'un soutien public aux énergies renouvelables avec les règles mondiales sur le libre-échange

Tous les signataires du GATT/OMC (1947-1994) ont accepté la libre circulation des marchandises entre leurs territoires douaniers. De la même façon, tous les pays ayant conclu le traité sur la Charte européenne de l'énergie(21) ont voulu la soumission de toutes les matières et produits énergétiques aux règles mondiales sur le libre-échange. En interdisant aux pays concernés d'appliquer des restrictions au commerce international, le système commercial multilatéral du GATT/OMC ne semble pas s'articuler d'emblée avec les dispositifs publics de soutien aux énergies renouvelables. Cependant, il faut noter que la physionomie générale de ces règles a évolué, surtout depuis la signature en 1994 de l'accord de Marrakech instituant l'OMC, dont les statuts indiquent expressément que le commerce international doit être mené « tout en permettant l'utilisation des ressources mondiales conformément à l'objectif de développement durable, en vue de protéger et de préserver l'environnement ». Ainsi, le dispositif en cause paraît-il laisser une certaine marge de manœuvre aux pays ou organisations soucieux de favoriser le développement des énergies de source renouvelable. La logique de ce système repose toutefois sur une prohibition de principe de toute mesure restrictive du commerce international, sauf à pouvoir bénéficier de l'exception susmentionnée.

1. Les restrictions prohibées

L'interdiction des restrictions quantitatives au commerce et autres formes de barrières commerciales aux échanges de marchandises est la clause fondamentale du GATT/OMC(22). De la sorte, ce traité interdit notamment l'application aux produits importés d'un traitement moins favorable que celui accordé aux produits similaires d'origine nationale « en ce qui concerne toutes lois, tous règlements ou toutes prescriptions affectant la vente, la mise en vente, l'achat, le transport, la distribution et l'utilisation de ces produits » sur le marché d'une des parties contractantes(23). Cette interdiction s'applique de la même façon aux exportations et aux importations. On présentera ici, sans souci d'exhaustivité, quelques exemples de mesures publiques qui, entrant dans l'une ou l'autre de ces deux logiques, intéressent le marché des énergies renouvelables.

En premier lieu, de telles entraves peuvent se rencontrer dans le cadre du commerce international des ressources à l'origine de ces énergies. L'hypothèse qui vient immédiatement à l'esprit est celle d'un État qui retiendrait sur son territoire l'une de ces ressources énergétiques, ressources dont on se souvient toutefois qu'elles n'intéressent le droit du libre-échange qu'à la condition d'être effectivement un bien marchand(24), par exemple en établissant des quotas à l'importation ou à l'exportation des ressources agricoles permettant de produire les biocarburants. Mais cette situation est loin d'épuiser le sujet. En effet, le même type d'entraves peut être envisagé en tant qu'elles porteraient sur d'autres ressources entrant dans le processus de fabrication de l'énergie renouvelable mais ne constituant pas pour autant une source de cette énergie. Une illustration peut être donnée avec l'interdiction d'exportation des « terres rares » décidée par la Chine, qui sont pour certaines utiles voire indispensables à la fabrication d'équipements de production d'énergie renouvelable (cellules solaires photovoltaïques en particulier)(25).

(21) Lisbonne, 1994.

(22) Art. III

(23) GATT 1947, art. III.4.

(24) Voir *supra* p. 332.

(25) Voir G. Busseuil ea., « Chronique commentée des décisions de l'organe de règlement des différends », *RIDE* 2012, p. 161 ; P. Collet, « Terres rares : USA, UE et Japon négocient avec la Chine devant l'OMC », Actu-environnement.com, 16 mars 2012.

En second lieu, il faut aussi penser à la situation, sans doute plus fréquente d'ailleurs, dans laquelle les barrières commerciales visent l'énergie elle-même, et non plus l'une ou l'autre des ressources permettant sa production. Le droit français de l'hydroélectricité a ainsi longtemps comporté une disposition de cette nature, sous la forme d'une interdiction de vente à l'étranger d'une partie de la production française(26). Or, cette disposition a été tardivement remise en cause malgré son incompatibilité manifeste avec les principes fondamentaux du droit du libre-échange(27). En outre, le système du GATT/OMC ne porte pas que sur les barrières commerciales entrant dans le champ d'application de l'article III du traité général, il combat aussi les dispositifs de subventions publiques lorsque celles-ci sont attribuées aux seuls producteurs nationaux et qu'elles aboutissent ce faisant à déséquilibrer le marché. Mais ces subventions ne contreviennent au droit du GATT/OMC que si elles entrent dans le champ d'instruments juridiques associés, tels l'Accord sur les subventions et les mesures compensatoires (Accord SMC) ou bien encore l'Accord anti-dumping. La Chine a par exemple été accusée par les États-Unis de subventionner les fabricants d'éoliennes utilisant principalement des composants chinois, la plainte déposée par les États-Unis devant l'Organe de règlement des différends de l'OMC ayant finalement été réglée à l'amiable(28), cependant que de leur côté les États-Unis se sont vu reprocher des subventions suspectes dans le domaine des équipements des énergies solaire, éolienne et hydraulique(29).

S'agissant spécialement des subventions susceptibles de relever de l'Accord anti-dumping, il faut préciser que ce dernier impose notamment de prouver que les subventions octroyées causent un préjudice à l'une des branches de production de la partie qui s'en prétend victime. L'Union européenne, considérant cette condition remplie, a mis en cause les pratiques de dumping dont seraient responsables les États-Unis en faveur des producteurs américains de deux sortes de biocarburants produits sur leur territoire. Il s'agit d'une part, du biodiesel, ce qui a conduit les institutions de l'UE à adopter, en application de l'Accord susvisé, des règlements visant à compenser le préjudice subi par les producteurs européens(30). Il s'agit d'autre part, du bioéthanol, ce qui a mené la Commission européenne à déclencher la procédure anti-dumping(31).

2. L'examen de compatibilité

Il est probable qu'en raison de leur place grandissante dans le mix énergétique de la plupart des États de la planète, les énergies renouvelables finissent par devenir un enjeu majeur du commerce

(26) Loi du 27 mai 1921 approuvant le programme de travaux d'aménagement du Rhône de la frontière suisse à la mer, art. 8 : « En aucun cas l'énergie provenant des usines établies sur le Rhône ne pourra être transportée en dehors du territoire français sans une autorisation spéciale donnée par une loi ».

(27) Elle fut abrogée par la loi n° 2000-108 du 10 février 2000 relative à la modernisation et au développement du service public de l'électricité, art. 5.

(28) Voir P. Collet, « Les États-Unis portent plainte contre la Chine devant l'OMC », Actu-environnement.com, 27 décembre 2010 ; « Éolien : États-Unis et Chine enterrent la hache de guerre », Actu-environnement.com, 9 juin 2011.

(29) AFP, 25 novembre 2011.

(30) Règlement 598/2009 du Conseil du 7 juillet 2009 instituant un droit compensateur définitif et portant perception définitive du droit provisoire institué sur les importations de biodiesel originaire des États-Unis d'Amérique, règlement 599/2009 du Conseil du 7 juillet 2009 instituant un droit antidumping définitif et portant perception définitive du droit provisoire institué sur les importations de biodiesel originaire des États-Unis d'Amérique, règlement 721/2010 de la Commission du 11 août 2010 portant ouverture d'une enquête relative à un possible contournement des mesures compensatoires instituées par le règlement 598/2009 du Conseil sur les importations de biodiesel originaire des États-Unis d'Amérique par des importations de biodiesel expédié du Canada et de Singapour, qu'il ait ou non été déclaré originaire de ces pays, et par des importations de biodiesel sous forme de mélange contenant, en poids, 20 % ou moins de biodiesel originaire des États-Unis d'Amérique, et soumettant ces importations à enregistrement.

(31) Voir Avis 2011/C 345/04 d'ouverture d'une procédure antidumping concernant les importations de bioéthanol originaire des États-Unis d'Amérique, *JOUE* C 345, 25 novembre 2011.

international. On sait aussi l'importance qu'elles représentent pour la protection de l'environnement. C'est en particulier sur la base de ce motif, à l'exclusion ici de tout autre, qu'il paraît donc légitime de chercher à savoir dans quelle mesure les mesures publiques visant à accroître l'utilisation de ces énergies peuvent éviter la qualification de mesures protectionnistes. Il y a en effet quelque raison de penser qu'une telle (re)lecture du droit international du libre-échange soit possible.

Le premier argument qui vient à l'esprit renvoie au fait qu'en tout état de cause le libre-échange à l'échelle internationale n'est pas posé de façon absolue mais est sujet à plusieurs exceptions. Les plus importantes du point de vue du commerce des énergies renouvelables semblent se trouver à l'article XX du traité GATT/OMC (exceptions générales), dont le point b stipule qu'une partie est en droit de prendre les mesures « nécessaires à la protection de la santé et de la vie des personnes et des animaux ou à la préservation des végétaux », sous réserve toutefois que ces mesures ne soient pas appliquées de façon à constituer « soit un moyen de discrimination arbitraire ou injustifiable entre les pays où les mêmes conditions existent, soit une restriction déguisée au commerce international »(32). Bien que la protection de l'environnement ne soit pas explicitement mentionnée par cet article, la doctrine et la pratique de l'OMC en matière de règlement des différends indiquent qu'à tout le moins les mesures entrant dans le champ d'application de cet article III du GATT/OMC (restrictions quantitatives et autres barrières au commerce) et prises au nom de ces « valeurs non marchandes »(33), peuvent être justifiées sur ce fondement(34). En revanche, il semble plus difficile de faire jouer ici l'exception prévue à l'article XX-g, sauf à prétendre qu'une mesure de soutien aux énergies renouvelables est assimilable à celles « se rapportant à la conservation des ressources naturelles épuisables, si de telles mesures sont appliquées conjointement à des restrictions à la production ou à la consommation nationales ». Dès lors que l'objectif de protection de l'environnement est intégré au droit du libre-échange, il est donc normal de considérer que cet objectif puisse rendre licite un régime juridique de soutien aux énergies renouvelables, sous condition bien entendu que ce dernier ait bien cette finalité.

L'argument est cependant affaibli par le fait qu'il n'existe actuellement aucune jurisprudence sur cette question précise. Mais encore, et peut-être surtout, le raisonnement habituel des organes de l'OMC quant à la vérification de l'absence de discrimination à l'égard des produits étrangers ne semble pas *a priori* favorable à des mesures étatiques soutenant le secteur des énergies renouvelables. Il en est ainsi pour une raison simple : alors que la recherche du caractère discriminatoire des mesures litigieuses impose toujours de vérifier leur impact sur les produits « similaires », la conception de la similarité défendue par les autorités concernées consiste à examiner si les produits ayant des caractéristiques physiques ou des finalités identiques pour le consommateur (produits interchangeables ou substituables) font l'objet du même traitement. Or, cela conduit inéluctablement à comparer le régime commercial dont bénéficient les énergies renouvelables et dont sont écartées par hypothèse les énergies fossiles. Ainsi, la recherche légitime d'une discrimination pénaliserait-elle par avance les dispositifs favorables au développement des énergies renouvelables, parce qu'elle n'intègre pas dans son raisonnement le fait que les énergies fossiles, victimes de cette rupture de concurrence sur le marché sont en réalité dissemblables des premières parce

(32) L'article 24 du traité sur la Charte de l'énergie, dont on a dit plus haut le lien substantiel avec le droit du GATT/OMC, contient une disposition analogue, en vertu de laquelle les États peuvent adopter des mesures : « [...] i) nécessaires à la protection de la vie ou de la santé des hommes, des animaux ou des plantes ».

(33) G. Busseuil ea., « Chronique commentée des décisions de l'organe de règlement des différends », préc.

(34) M.-P. Lanfranchi, « L'OMC et la protection de l'environnement », *in* S. Maljean-Dubois (dir.), *L'Outil économique en droit international et européen de l'environnement*, La Documentation française, 2002.

qu'elles n'ont pas le même impact environnemental[35]. Dans ces conditions, il semble ainsi *a priori* difficile de défendre pareils dispositifs publics, et ce malgré l'existence de l'exception environnementale manifestement couverte par l'article XX du GATT/OMC.

Mais il existe un deuxième argument susceptible de permettre d'envisager, cette fois avec plus d'optimisme, l'appréhension par le droit international du libre-échange des dispositifs publics de soutien aux énergies renouvelables. Il renvoie pour sa part au processus de libéralisation des échanges internationaux – « cycle de Doha » –, dont une partie du mandat concerne la libéralisation du commerce des « biens et services environnementaux »[36]. Cette expression désigne le fait que certains biens et services seraient appelés à être distingués au regard du droit commercial international à raison précisément de leur contribution au bien-être des habitants de la planète. La principale difficulté réside dans la définition même de ces « biens et services » supposés, donc, apporter une plus-value environnementale et qui, comme tels, justifieraient d'un traitement juridique spécifique au regard des règles classiques du commerce international. On retient toutefois que les propositions avancées incluent dans une large mesure les activités de production/distribution de l'énergie renouvelable, même si l'intégration de certains secteurs, par exemple celui du bioéthanol (l'UE et les États-Unis y sont opposés, à la différence des grands pays exportateurs comme le Brésil, le Pakistan ou l'Égypte), ou encore celui des grandes centrales hydrauliques, reste controversée. Quoi qu'il en soit le succès d'une telle démarche est conditionné par la possibilité de la corréler aux règles du système douanier international de classement harmonisé (SH) des marchandises, lequel ne permet pas en l'état de tenir compte des caractéristiques propres aux biens ou services environnementaux[37].

Remarque

La définition des « biens et services environnementaux » proposée par l'OCDE est dite conceptuelle : la notion englobe « les activités qui produisent des biens et des services servant à mesurer, prévenir, limiter, réduire au minimum ou corriger les atteintes à l'environnement, telles que la pollution de l'eau, de l'air et du sol, ainsi que les problèmes liés aux déchets, au bruit et aux écosystèmes. Cette industrie comprend les technologies, produits et services les moins polluants, qui réduisent les risques pour l'environnement, minimisent la pollution et économisent les ressources »[38]. L'approche de l'APEC (Organisation de coopération économique Asie-Pacifique) est plus exemplative

Dans le sens d'une prise en compte par les traités de libre-échange de la thématique « énergies renouvelables », on pourra aussi se reporter au traité instituant la Communauté de l'énergie, qui crée un marché intérieur de l'électricité et du gaz naturel et regroupe les 27 États membres de l'UE et 7 États et territoires européens des Balkans : ce traité (art. 35) autorise l'organisation en cause à adopter des mesures « afin de stimuler le développement dans les domaines des sources d'énergie renouvelables et de l'efficacité énergétique, en tenant compte de leurs avantages pour la sécurité d'approvisionnement, la protection sociale et le développement régional ».

En conclusion, on peut penser que la « cohabitation » entre, d'une part, les mesures publiques de soutien aux énergies renouvelables et, d'autre part, les traités relatifs au libre-échange de dimension mondiale serait plus simple, et ses modalités sans doute plus compréhensibles, si la problématique « énergie renouvelable » participait plus clairement des textes dont s'agit. L'absence en particulier d'appréhension de ces biens spécifiques dans le cadre normatif en cause rend en effet la régulation juridique forcément incertaine. Par contraste, l'existence au niveau de l'Union européenne d'une définition juridique des énergies renouvelables et même pour certaines d'entre elles

(35) Pour une présentation synthétique de la position de l'OMC sur cette question de la similarité, voir R. Kempf, *L'OMC face au changement climatique*, Pedone, 2009, p. 76 et s.

(36) Voir Déclaration ministérielle de Doha, art. 31 iii.

(37) Voir aussi B. Le Baut-Ferrarese, « Marché des énergies renouvelables et droit du libre-échange », préc., p. 191 et p. 193.

(38) Voir OCDE, *Biens et services environnementaux. Pour une ouverture des marchés au service de l'environnement et du développement*, 2006.

(biocarburants) la mise au point de critères de production (« critères de durabilité »)[39] semblent de nature à créer un climat plus propice à la clarté et à la certitude juridiques. On pressent ce faisant que la confrontation envisagée dans le cadre de cet ordre juridique risque de concilier plus facilement les éventuelles mesures nationales de soutien au marché des énergies renouvelables et les règles sur le libre-échange qu'il consacre.

C. La compatibilité des régimes nationaux de soutien avec les règles de l'Union européenne sur le libre-échange

Lorsqu'elle a lieu au niveau de l'Union européenne, la confrontation du principe de libre-échange avec les règles nationales visant à soutenir le développement des énergies renouvelables pose pourtant *a priori* des questions complexes. En effet, le libre-échange atteint ici un degré de sophistication bien supérieur à celui obtenu au niveau international, ce qui tend à élargir les dimensions de la problématique de l'application à ce domaine des règles de libre circulation.

Remarque

Le statut de l'énergie au sein de l'accord sur l'Espace économique européen (EEE, Porto, 1992) se caractérise par un compromis entre assimilation et adaptation. Adaptation, parce que cet accord transpose dans les rapports entre les parties contractantes (Association européenne de libre-échange (AELE) à l'exception de la Suisse et de l'Union européenne) les quatre libertés sur lesquelles repose le marché unique communautaire, mais exempte l'énergie de l'application des règles de droit commun (art. 24). Assimilation, parce que le Comité mixte de l'Espace économique européen peut décider d'intégrer à l'accord telle ou telle règle de l'UE relative à l'énergie[40].

Le droit européen de libre circulation est en premier lieu consacré à celle des marchandises. Dans ce cadre, sont tout d'abord interdites les mesures étatiques formant des entraves pécuniaires aux échanges de produits : droits de douane et taxes d'effet équivalent[41] ; impositions intérieures discriminatoires ou protectrices[42]. Par ailleurs, et ensuite, le droit européen de libre circulation des marchandises pourchasse aussi les obstacles de caractère non pécuniaire : restrictions quantitatives et mesures d'effet équivalent[43].

Mais le droit de l'UE est aussi un droit de libre circulation élargi à d'autres facteurs de production, en l'occurrence aux personnes, aux services et aux capitaux. Dans cette perspective, il est donc possible d'imaginer des formes de restriction aux échanges beaucoup plus diversifiées que celles envisagées dans le cadre du droit du GATT/OMC.

Si le contexte politique actuel est favorable au déploiement des énergies renouvelables sur le fondement principal de la protection de l'environnement, il est probable par suite que la question de la conformité d'une mesure étatique de soutien à une ou plusieurs de ces énergies avec le principe européen de libre circulation soulève prioritairement celle de la prise en compte ou non par ce dernier d'un tel argument. Certes, dans certains cas les dispositions nationales pourraient sans doute poursuivre d'autres objectifs mais ils seront alors pour la plupart plus difficilement défendables sur le fondement du droit de l'Union. On peut penser notamment à des mesures venant limiter l'accès des étrangers aux activités professionnelles ici concernées. Il est ainsi connu que le

(39) Voir *supra* p. 292 et s.

(40) Voir décision 102/2005 du Comité modifiant l'annexe IV de l'accord et intégrant la directive électricité renouvelable de 2001 dans le cadre EEE à l'exception du Lichtenstein ; voir aussi décision du 12 décembre 2011 relative à la position à adopter par l'Union européenne au sein du Comité mixte de l'EEE sur une modification de l'annexe IV de l'accord EEE, décision favorable à l'intégration de la directive 2009/28 dans l'accord EEE.

(41) TFUE, IIIe partie, chapitre 1.

(42) TFUE, art. 110.

(43) TFUE, IIIe partie, chapitre 3.

droit français de l'hydroélectricité (loi du 16 octobre 1919 sur l'énergie hydraulique) a longtemps comporté des règles de ce type : d'une part, une règle de nationalité pour l'accès à l'exploitation de l'hydrauforce, dans le cadre du régime d'autorisation administrative préalable(44), d'autre part, une priorité à l'offre du concessionnaire ou du permissionnaire sortant lors du renouvellement des concessions des ouvrages utilisant l'énergie hydraulique, « droit de préférence », qui n'ont été anéanties que tardivement(45).

Lorsque les mesures nationales dont s'agit sont mues par une préoccupation environnementale, il est patent que l'on rencontre le même problème de fond que celui dont on a vu qu'il se pose aussi dans le cadre du GATT/OMC : celui d'une éventuelle balance entre, d'une part, le libre-échange des marchandises proclamé par une règle juridique supranationale, et, d'autre part, l'intérêt légitime qui pourrait fonder la mesure de soutien à telle ou telle énergie d'origine renouvelable. En la matière, il apparaît que le système juridique de l'Union européenne soit relativement équilibré puisque, sans poser par avance le primat de l'une ou l'autre de ces deux préoccupations, il permet, au moins dans certains cas, qu'il soit fait exception au principe d'interdiction des entraves aux échanges.

1. L'interdiction absolue des régimes de soutien sous forme de taxes d'effet équivalant à des droits de douane

La taxe d'effet équivalant à un droit de douane est une charge financière qui, quel que soit son montant, est due sans justification autre que le franchissement d'une frontière par une marchandise, à condition qu'elle ne corresponde pas à la rémunération d'un service rendu par l'État qui en impose le paiement. L'interdiction des taxes d'effet équivalent, comme celle des droits de douane, est absolue(46). Ces taxes sont donc prohibées, ce y compris lorsqu'elles poursuivraient une finalité environnementale.

La principale difficulté réside toutefois dans leur identification, notamment parce que la frontière entre les deux catégories d'entraves pécuniaires au commerce visées par le TFUE, soit d'une part, les taxes d'effet équivalant à un droit de douane, soit d'autre part, les impositions intérieures discriminatoires, est relativement poreuse. La jurisprudence européenne enseigne en effet qu'une charge financière frappant les importations et qui présente *a priori* les caractéristiques d'une imposition intérieure (visée pour sa part à l'article 110 TFUE) peut être requalifiée en taxe d'effet équivalant à un droit de douane à l'importation dans une situation : lorsque les recettes qui en sont issues sont destinées à alimenter des activités qui profitent exclusivement à la production nationale(47). Par suite, les régimes nationaux de soutien aux énergies de source renouvelable sont interdits en tant que taxes d'effet équivalant à un droit de douane dès lors que l'on peut établir que les recettes qui en découlent profitent aux seuls produits nationaux. Cette qualification a pu concerner :
– une taxe parafiscale frappant la mise à la consommation de produits pétroliers, instituée par la France dans les années 1970 au profit de l'AFME (ancêtre de l'ADEME), qui devait l'employer pour financer des actions d'incitation à la réalisation d'économie d'énergie ou à l'utilisation rationnelle de ressources énergétiques insuffisamment exploitées ; la CJCE a renvoyé au juge national le soin de vérifier si l'intégralité des sommes récoltées profitait aux seuls produits nationaux(48) ;

(44) Voir *supra* p. 147 et s.

(45) Voir *supra* p. 147.

(46) CJCE 1er juillet 1969, Social Fonds voor de Diamantarbeiders, aff. 2 et 3/69, *Rec.* p. 211.

(47) CJCE 19 juin 1973, Capolongo, 77/72, *Rec.* p. 611.

(48) CJCE 11 mars 1982, Cie commerciale de l'Ouest c./Receveur principal de la Pallice Port, *Rec.* p. I-1847.

– la partie de la contribution pour les charges de service public de l'électricité (CSPE) perçue en France sur les consommations d'électricité et dont le produit revenait aux seuls producteurs français d'électricité renouvelable.

Remarque

Identifiant, au titre de la jurisprudence « Capolongo », une taxe d'effet équivalant à un droit de douane, la Commission européenne a demandé à la France de modifier le système de CSPE tel qu'il découlait *ab initio* de la loi n° 2000-108 du 10 février 2000. Afin de répondre au souhait de l'exécutif bruxellois, il a été décidé que les importations d'électricité renouvelable (dorénavant certifiées par le système des « garanties d'origine ») seraient exonérées de CSPE : plus exactement, les consommateurs relevant de la CSPE peuvent demander son remboursement pour la part correspondant à l'électricité renouvelable importée ; de façon à établir une égalité entre tous les opérateurs du marché, il a été prévu que symétriquement les producteurs et fournisseurs exportant de l'électricité renouvelable dans d'autres États de l'UE acquittent, quant à eux, cette contribution(49).

2. L'interdiction relative des autres régimes de soutien

Les mesures étatiques de soutien aux énergies renouvelables non assimilables à des taxes d'effet équivalant à des droits de douane peuvent être en revanche justifiées à condition de pouvoir alléguer un puissant motif d'intérêt général. L'un des curseurs principaux de ce raisonnement réside toutefois dans le caractère discriminatoire ou non de la mesure en cause.

a. La compatibilité des soutiens non discriminatoires

Le respect du principe de non-discrimination selon l'origine des produits est un principe cardinal du droit de l'Union européenne. Ce principe est souvent rappelé par les règles de droit dérivé, notamment par celles qui ont validé par anticipation le principe de réglementations étatiques de soutien aux énergies renouvelables. Ainsi se voyait-il par exemple formulé dans la directive 2001/77 sur l'électricité renouvelable, laquelle, tout en acceptant les régimes nationaux de soutien à l'électricité de source renouvelable en tant que fondés sur un objectif de protection de l'environnement, demandait aux États membres de veiller à ce que ces règles soient « objectives, transparentes et non discriminatoires »(50). Ainsi, encore, l'exigence de non-discrimination se retrouve-t-elle aussi de façon systématique dans les différentes directives concernant le marché intérieur de l'électricité(51), notamment lorsque celles-ci permettent aux États membres d'imposer aux entreprises du secteur de l'électricité des obligations de service public pouvant, entre autres, porter sur la protection de l'environnement, « y compris l'efficacité énergétique, l'énergie produite à partir des sources d'énergie renouvelables et la protection du climat » tout en veillant, là encore, à ce qu'elles ne soient pas « discriminatoires »(52).

Dans le cadre du traité, le principe d'interdiction des discriminations concerne en particulier les restrictions aux échanges de marchandises de nature non pécuniaires. S'agissant de ces dernières, la Cour de justice de l'Union européenne admet en effet les entraves qui sont nécessaires pour satisfaire des « exigences impératives reconnues par la loi »(53), parmi lesquelles figure la protec-

(49) Voir loi n° 2000-108 du 10 février 2000, art. 5-I *bis* issu art. 58 loi n° 2005-781 du 13 juillet 2005, codifié C. énergie, art. L. 121-22 ; voir aussi *infra* p. 650.

(50) Art. 6.

(51) Directive 96/92, 19 décembre 1992, abrogée et modifiée par directive 2003/54, 26 juin 2003, abrogée et modifiée par directive 2009/28, 23 avril 2009.

(52) Art. 3.2.

(53) CJCE 20 février 1979, Rewe-zentral (« Cassis de Dijon »), 120/78, *Rec.* p. 649.

tion de l'environnement[54], mais à condition qu'elles soient indistinctement applicables ou non discriminatoires en droit[55].

La même règle vaut aussi pour les régimes fiscaux nationaux ou régimes d'« impositions intérieures »[56]. Les États sont en effet libres de les définir sous réserve, là encore, qu'ils ne comportent aucun caractère « discriminatoire » ou « protecteur ». Est donc maintenue la possibilité pour chaque État membre d'établir un système d'impositions intérieures éventuellement différenciées pour certains produits, notamment ceux qui sont « similaires » au sens de l'article 110 du traité, premier alinéa, mais à condition de le faire en fonction de critères objectifs. Parmi ces derniers figure entre autres la nature des matières premières utilisées ou encore les procédés de production appliqués, ce qui semble couvrir les différenciations fiscales reposant sur des considérations liées à l'environnement. En tout état de cause, il faut toujours veiller à ce que l'impôt concerné frappe les produits importés et les produits nationaux selon les mêmes critères, et indépendamment de leur origine ; à défaut, le dispositif fiscal est discriminatoire. En d'autres termes, l'imposition intérieure n'est conforme au droit de l'UE que si ses modalités sont de nature à éviter toute forme soit de discrimination, directe ou indirecte, à l'égard des importations de marchandises en provenance des autres États membres[57], soit de protection en faveur de productions nationales concurrentes[58]. Il en est ainsi par exemple :

– en présence d'une taxe sur la pollution frappant des véhicules automobiles lors de leur première immatriculation dans un État membre, dont le produit sert à financer, entre autres, des projets de production d'énergie à partir de ressources renouvelables, en ce qu'elle est aménagée de façon à décourager la mise en circulation, dans ledit État membre, de véhicules d'occasion achetés dans d'autres États membres, et n'a pas le même effet pour les véhicules d'occasion de même ancienneté et de même usure sur le marché national en cause[59] ;

– lorsque l'électricité d'origine nationale est assujettie à une taxe dont les taux sont différenciés selon qu'elle est d'origine nucléaire ou hydraulique, n'est taxée qu'au niveau des matières premières, voire est exonérée de tout impôt, alors que l'électricité importée est de son côté taxée moins favorablement – taux unique quel que soit le mode de production et supérieur à la taxe la plus basse frappant l'électricité d'origine nationale[60].

En synthèse, une législation nationale de soutien à l'énergie renouvelable semble pouvoir être déclarée compatible avec le traité sur le fonctionnement de l'Union européenne dès lors qu'elle est justifiée de façon nécessaire et proportionnée par l'impératif de protection de l'environnement et qu'elle s'applique, en droit, de façon identique aux énergies renouvelables nationales, d'un côté, et importées, de l'autre.

b. La compatibilité des soutiens de caractère discriminatoire

Certains dispositifs nationaux limitatifs du libre-échange intra-européen peuvent être acceptés même s'ils présentent un caractère discriminatoire. Il faut alors pouvoir se placer sous l'empire de l'article 36 TFUE, qui tolère les mesures restrictives du commerce de nature non pécuniaire à une double condition : d'une part, si elles peuvent se réclamer de l'un ou l'autre des motifs d'intérêt

(54) CJCE 20 septembre 1988, Com. c/ Danemark, 302/86, *Rec.* p. 4607 – CJCE 9 juillet 1992, Com. c/ Belgique, C-2/90, *Rec.* p. I-4431.

(55) CJCE 20 février 1979, Rewe-zentral (« Cassis de Dijon »), préc.

(56) TFUE art. 110 TFUE.

(57) TFUE art. 110, al. 1.

(58) TFUE art. 110, al. 2.

(59) CJUE 7 avril 2011, Tatu, C-402/09.

(60) CJCE 2 avril 1998, Outokumpu Oy, C-213/96, *Rec.* p. I-1777.

général que ce texte contient (« raisons de moralité publique, d'ordre public ou de sécurité publique, de protection de la santé ou de la vie des personnes ou des animaux ou de préservation des végétaux, de protection des trésors nationaux ayant une valeur artistique, historique ou archéologique, enfin de protection de la propriété industrielle et commerciale »), d'autre part, s'il y a discrimination, que celle-ci soit objectivement justifiée (l'article 36 refuse que la mesure puisse constituer notamment « un moyen de discrimination arbitraire » dans le commerce entre les États membres). Quant au point de savoir si on peut appliquer ce raisonnement à des systèmes nationaux de soutien à l'énergie renouvelable, on peut se reporter à la jurisprudence « Preussen Elektra »(61) de la Cour de justice de l'Union européenne, qui apporte toutefois des éléments de réponse assez flous.

L'entreprise Preussen Elektra est un fournisseur d'électricité exploitant plus de 25 centrales électriques conventionnelles et nucléaires en Allemagne ainsi qu'un réseau de distribution électrique. Une loi allemande datant de 1990 oblige ce type d'entreprises (qui relèvent aussi bien du secteur public que du secteur privé) à acheter un pourcentage d'électricité produite dans leur zone d'approvisionnement à partir des énergies hydraulique, éolienne, solaire, du gaz issus de décharges et d'installations d'épuration ou de produits ou de résidus et déchets biologiques de l'agriculture et de la sylviculture, ceci à des tarifs minimaux qui sont supérieurs à la valeur économique réelle de cette électricité. Le dispositif introduit donc une « obligation d'achat » entraînant un surcoût financier à la charge des entreprises redevables. Preussen Elektra, qui en fait partie, estime que cette loi n'est pas conforme au droit communautaire dans la mesure où elle correspond à l'application d'un régime d'aides d'État, la juridiction allemande saisie au principal interroge la Cour de justice de l'Union européenne sur ce point(62), mais aussi afin de savoir si la règle n'est pas contraire à l'interdiction des restrictions quantitatives aux échanges et des mesures d'effet équivalent(63).

En l'espèce, il faut en premier lieu déterminer la nature juridique de la mesure sous l'angle de sa relation avec l'article 34 TFUE (ex-28 TCE). La possibilité qu'elle constitue une « restriction quantitative » aux échanges peut être facilement repoussée au motif que la loi allemande n'interdit ni totalement ni partiellement l'importation d'électricité provenant d'autres États membres. S'agit-il alors d'une entrave dont l'effet serait « équivalent » à celui des restrictions quantitatives, au sens de l'article 34 du traité(64) ? Le fait que le dispositif limite l'obligation d'achat à la zone d'approvisionnement des entreprises redevables est à cet égard un aspect particulièrement problématique, dans la mesure où il semble imposer aux entreprises concernées d'acheter prioritairement sinon uniquement l'électricité produite au niveau national. Ainsi, sous cet angle, l'obligation d'achat paraît de nature à diminuer l'importation d'électricité produite issue des autres États membres, sachant que, de jurisprudence constante, une mesure qui limite les possibilités d'importation entre en principe dans la catégorie des « mesures d'effet équivalant à une restriction quantitative » interdites par le traité.

(61) CJCE 13 mars 2001, Preussen Elektra AG c/ Schleswag AG, C-379/98, *Rec.* p. I-2099 ; *CJEG* février 2002, p. 109. Voir aussi J.-M. Belorgey, S. Gervasoni et C. Lambert, « Actualité du droit communautaire », *AJDA* 2001, p. 941 ; E. Durand, G Block, D. Haverbecke, « L'arrêt "Preussen Elektra" de la Cour de justice du 13 mars 2001 : une étape décisive dans la promotion de l'électricité produite à partir de sources d'énergie renouvelables », *CJEG* février 2002, p. 109 ; M. Karpenschif et C. Nourissat (dir.), *Les Grands Arrêts de la jurisprudence de l'Union européenne* (*GAJUE*), PUF, 2010, n° 69.

(62) Voir *infra* p. 349.

(63) TCE, art. 28, devenu TFUE, art. 34.

(64) Voir arrêt de principe CJCE 11 juillet 1974, Dassonville, 8/74, *Rec.* p. 837, l'interdiction des mesures d'effet équivalant à des restrictions quantitatives vise « toute réglementation commerciale des États membres susceptibles d'entraver directement ou indirectement, actuellement ou potentiellement le commerce intracommunautaire ».

Remarque

Une obligation de s'approvisionner en un produit déterminé, à concurrence d'un certain pourcentage auprès d'un fournisseur national, limite en effet les possibilités d'importation de ce même produit[65]. Il en va de même d'un simple encouragement du législateur national à acheter des produits nationaux[66].

Au demeurant, la société Preussen Elektra a fait valoir qu'elle s'est vu offrir la possibilité d'acheter de l'électricité d'origine renouvelable en Suède à un prix plus bas, et qu'elle n'a pu accepter cette offre à raison de l'obligation d'achat. Ainsi, la mesure semble bien faire des producteurs allemands d'électricité renouvelable les seuls bénéficiaires de la mesure. Ainsi apparaît-elle donc discriminatoire en droit, ce qui n'interdit pas de vérifier si elle ne peut être déclarée compatible avec le traité.

L'opération de « rachat » d'une telle mesure, dont le caractère formellement discriminatoire semble donc manifeste, appelle, par suite, un raisonnement s'appuyant sur les seules exceptions au principe de liberté des échanges énumérées par l'article 36 du TFUE (ex-30 TCE). En l'espèce, on peut d'abord vérifier si la mesure ne peut être justifiée par des « raisons de sécurité publique », en considérant que cette notion puisse couvrir l'exigence de sécurité d'approvisionnement en énergie. Il est vrai qu'un tel raisonnement aurait pu ici s'autoriser d'une jurisprudence antérieure, au terme de laquelle la Cour avait jugé que le but d'assurer en tout temps un approvisionnement minimal en produits pétroliers peut constituer un objectif couvert par la notion de « sécurité publique »[67]. Dans l'affaire « Preussen Elektra », cette conception effleura d'ailleurs l'esprit de l'avocat général Jacobs, mais fut repoussée en raison du rôle encore trop marginal de l'électricité de source renouvelable pour garantir la sécurité énergétique d'un pays. C'est donc vers un autre fondement figurant aussi à l'article 36 TFUE que la Cour va se tourner : la protection de la santé et de la vie des personnes et des animaux ainsi que la préservation des végétaux.

La Cour aurait pu s'arrêter à ce constat et tenter de valider sur ces bases la mesure litigieuse, en recourant *in fine* au test habituel de nécessité et de proportionnalité. Mais elle va prendre des libertés par rapport à ses raisonnements habituels. En effet, elle déclare que la législation allemande sur l'obligation d'achat d'électricité renouvelable poursuit aussi une « exigence impérative » du droit communautaire, celle de la protection de l'environnement, renvoyant en particulier au fait que « l'utilisation de sources d'énergie renouvelables pour la production d'électricité [...] est utile à la protection de l'environnement dans la mesure où elle contribue à la réduction des émissions de gaz à effet de serre ». Cette phrase est assurément surprenante dans la mesure où elle révèle une utilisation par le juge de la théorie des exigences impératives en présence d'une législation nationale de caractère discriminatoire.

Le recours au motif de la protection de l'environnement dans le contexte de cette affaire ne manque donc pas d'interroger. La solution semble à tel point novatrice qu'elle pourrait signifier que cet arrêt a brouillé la frontière traditionnelle entre les justifications tirées des exigences impératives et celles issues du traité[68]. Plus encore, cette solution inédite pourrait être regardée comme la mise en œuvre juridictionnelle d'une nouvelle approche répondant strictement à la préconisation de l'article 11 TFUE (ex-6 TCE) consistant à appliquer l'impératif environnemental dans toutes les strates du traité, y compris dans le sein des politiques liées à l'établissement et au fonctionnement du marché intérieur. Une telle démarche reviendrait à ajouter l'objectif horizontal de protection de

(65) CJCE 10 juillet 1984, Campus Oil, 72/83, *Rec.* p. 2 723 – CJCE 20 mars 1990, Dupont de Nemours Italiana, C-21/88, *Rec.* p. I-1899.

(66) CJCE 24 novembre 1982, Com. c/ Irlande, 249/81, *Rec.* p. 4005 – CJCE 23 octobre 1997, Com. c/ Italie, C-158/94, *Rec.* p. I-5789.

(67) CJCE 10 juillet 1984, Campus Oil, 72/83, préc.

(68) O. Segnana, « Environnement et marché intérieur de l'électricité, l'arrêt "Preussen Elektra" », *Cahiers de droit européen* 2002, p. 131.

l'environnement à la liste des motifs d'intérêt général de l'actuel article 36 TFUE, afin de pouvoir sur ce fondement relever en définitive toutes les entraves non pécuniaires aux échanges, y compris celles présentant un caractère discriminatoire en droit. Elle symboliserait en ce sens « l'amorce d'un assouplissement du champ d'application de l'article 36 TFUE au profit des mesures de protection de l'environnement »(69).

Remarque

Dans l'affaire « Preussen Elektra », l'avocat général fit clairement sienne cette approche : « Le fait de juger que les mesures environnementales ne peuvent être justifiées que lorsqu'elles s'appliquent indistinctement risque de mettre en échec la finalité même des mesures. Les mesures nationales pour la protection de l'environnement sont de manière inhérente susceptibles d'opérer une différenciation sur la base de la nature et de l'origine de la cause du dommage, et sont dès lors susceptibles d'être considérées comme discriminatoires, précisément parce qu'elles sont basées sur des principes reconnus, tels que "la correction par priorité à la source" des atteintes à l'environnement [...]. Lorsque de telles mesures ont nécessairement un impact discriminatoire de ce type, la possibilité qu'elles puissent être justifiées ne devrait pas être exclue » (concl. point 233).

Une autre interprétation de l'arrêt « Preussen Elektra » est cependant possible, dès lors qu'en l'espèce, en plus d'avoir signalé l'importance du rôle des énergies de source renouvelable dans la lutte contre la pollution de l'atmosphère, la Cour de justice de l'Union européenne a mis l'accent sur la nature particulière de l'électricité, qui est telle qu'« une fois admise dans le réseau de transport ou de distribution, il est difficile d'en déterminer l'origine et notamment la source d'énergie à partir de laquelle elle a été produite »(70). Parce que cette mention figure en conclusion de l'arrêt, juste avant que la Cour déclare que l'obligation d'achat d'électricité renouvelable n'est pas contraire aux règles du traité sur la libre circulation, il est permis de penser qu'elle a ici joué un rôle majeur. En effet, par cette phrase, la Cour entend souligner que l'électricité n'est pas une marchandise comme une autre : elle obéit à des lois physiques particulières et, dans le contexte européen, elle est censée circuler au sein d'un marché intégré transiter par les différents réseaux nationaux existants. Or, dans une telle situation, la Cour semble vouloir signifier qu'il serait vain de chercher à « tracer » ce produit afin d'en déterminer l'origine géographique (quel État membre ?) sinon physique (renouvelable ou non), autrement dit *de facto* impossible de chercher à caractériser en ce domaine des pratiques nationales discriminatoires.

Malgré ses ambiguïtés, l'arrêt « Preussen Elektra » est remarquable. D'abord, il confirme qu'en tout état de cause, c'est à partir d'arguments se rattachant à la protection de la santé en général et à la protection de l'environnement en particulier que l'on doit tenter de justifier les mesures étatiques de soutien aux énergies renouvelables. Ensuite, en signalant qu'il est en pratique très difficile sinon impossible de suivre le cheminement des électrons dans le cadre du marché unique européen, l'arrêt montre que la détermination de l'origine de ce produit fluide qu'est l'électricité et la détection corrélative de discriminations formelles au sein des législations nationales en réglementant le commerce sont des entreprises approximatives sinon vouées à l'échec, sauf à développer un système efficace de certification d'origine. Par là même, la Cour signalait aussi certaines des faiblesses du marché intérieur de l'électricité et invitait à les résoudre au plus tôt.

Remarque

Dans l'arrêt « Preussen Elektra », la Cour de justice déclare que seul un système de garantie d'origine de l'électricité renouvelable pourrait rendre les échanges plus « transparents », un système qui a été imposé par la directive 2001/77 sur l'électricité renouvelable et consolidé par la directive 2009/28 sur l'énergie renouvelable (voir *infra* p. 644 et s.).

(69) P. Thieffry, *Droit de l'environnement de l'Union européenne*, Bruylant, 2011, 2e éd., p. 858.

(70) Dans le même sens, CJCE 2 avril 1998, Outokumpu Oy, C-213/96 – CJCE 4 décembre 2003, EVN AG Wienstrom Gmbh c/ Republik Osterreich, C-448/01, *Rec.* p. I-14527.

II. Le soutien aux énergies renouvelables face à l'impératif de libre concurrence

Aux côtés de la libre circulation, la libre concurrence est l'autre principe fondamental structurant le marché intérieur européen.

De façon générale, les entreprises intervenant dans le secteur de l'énergie n'échappent pas à l'emprise du droit de la concurrence, qu'il soit pris d'ailleurs dans ses dimensions nationale ou européenne. Des deux côtés, la conception extensive du champ d'application de ce droit le permet en effet. Pour le droit français, l'ordonnance du 1er décembre 1986 relative à la liberté des prix et de la concurrence et codifiée au livre IV du code de commerce dispose : « les règles définies au présent livres s'appliquent à toutes les activités de production, de distribution et de services, y compris celles qui sont le fait de personnes publiques, notamment dans le cadre de délégations de service public ». Pour le droit de l'Union européenne, la jurisprudence considère que celui-ci s'applique à toute entité économique privée ou publique qui se livre à des activités économiques de production, de distribution ou de services(71), ce y inclus, donc, le secteur de l'énergie(72).

Le respect de l'égalité des conditions de concurrence concerne en particulier les opérateurs historiques du secteur de l'électricité et du gaz, qui se sont engagés, souvent au moyen de filiales, dans le marché connexe de la production et de l'offre des énergies issues de sources renouvelables. Or, il est à craindre que ces entreprises abusent de leur domination sur le marché des énergies traditionnelles afin de prendre position sur le celui émergent de l'énergie renouvelable. *A priori* en effet la situation particulière de ces entreprises autorise plus facilement la mise en œuvre de pratiques d'éviction, susceptibles le cas échéant d'affecter le commerce entre États membres de l'Union européenne. C'est en application de ce raisonnement que la communication institutionnelle par laquelle le groupe EDF présentait aux consommateurs ses offres en matière de production solaire photovoltaïque a été considérée comme une atteinte à la concurrence (abus de position dominante : violation des articles 102 TFUE et L. 420-2 du code de commerce), l'Autorité de la concurrence ayant identifié une confusion entre les activités du groupe EDF et celles de ses filiales(73). Il reste que la porosité des relations entre les opérateurs historiques et leurs filiales, dont la mission est d'investir notamment le secteur des énergies renouvelables, est inéluctable : ainsi le seul fait pour une telle filiale de mentionner son appartenance au groupe constitué par l'opérateur historique ne saurait en lui-même caractériser un abus de position dominante du groupe EDF ou de l'une de ses entités(74).

Remarque

Le président de la Commission de régulation de l'énergie (CRE) est chargé de saisir l'Autorité de la concurrence des abus de position dominante et autres pratiques concurrentielles restrictives prohibées par le code de commerce dont il a connaissance dans les secteurs de l'électricité et du gaz naturel (C. énergie, art. L. 134-16).

(71) CJCE 23 avril 1991, Höffner et Elner c/ Macrotron, C-41/90, *Rec.* p. I-1979.

(72) CJCE 27 avril 1994, Cne d'Almelo, C-393/92, *Rec.* p. I-1477 : l'article 101 TFUE (relatif à l'interdiction des ententes entre entreprises) s'oppose ainsi à l'application, par une entreprise régionale de distribution d'électricité, d'une clause d'achat exclusif qui interdit à un distributeur municipal d'importer de l'électricité et qui compte tenu de son contexte économique et juridique affecte le commerce entre États membres ; l'article 102 TFUE (relatif à l'interdiction des abus de position dominante) s'y oppose également si l'entreprise appartient à un groupe détenant une position dominante collective dans une partie substantielle du marché commun.

(73) Voir Décision 09-MC-01 du 8 avril 2009 relative à la saisine au fond et à la demande de mesures conservatoires présentée par la société Solaire Direct.

(74) V. Autorité de la concurrence, Décision n° 10-D-14 du 16 avril 2010 relative à des pratiques mises en œuvre dans le secteur de la valorisation électrique du biogaz.

Quoi qu'il en soit, il faut garder à l'esprit que si l'énergie est de façon générale un « bien de marché soumis aux règles de la concurrence », il s'agit aussi d'un « enjeu stratégique en termes de développement économique comme de préservation de l'environnement »(75), dont on peut penser qu'il soit susceptible de faire céder l'impératif du libre jeu de la concurrence. Ce jeu d'équilibre entre différentes facettes de l'intérêt général se retrouve donc ici encore, spécialement lorsque les États décident d'attribuer des aides aux entreprises exerçant leurs activités dans le secteur des énergies renouvelables. Or, il est connu que l'article 107 du traité sur le fonctionnement de l'Union européenne interdit les « aides accordées par les États ou au moyen de ressources d'État, sous quelque forme que ce soit, qui faussent ou qui menacent de fausser la concurrence en favorisant certaines entreprises ou certaines productions », tout en n'excluant pas en revanche les aides émanant de l'Union européenne au travers de ses diverses politiques(76).

Remarque

Des règles comparables sont appliquées dans le cadre de l'Association européenne de libre-échange (AELE) et de l'Espace économique européen (EEE) (art. 61) : voir par exemple les invitations de l'autorité de surveillance AELE à présenter des observations au sujet d'un projet de subvention attribuée par la Norvège à des sites d'incinération de déchets afin d'accroître la production d'énergie à partir de déchets (*JOCE* 1er avril 2004, C 82) ; voir aussi la décision de l'autorité applicable aux mesures prises par la Norvège concernant le Fonds norvégien pour l'énergie (*JOCE* 11 août 2005, C 196).

Le soutien aux énergies renouvelables opéré sur fonds publics d'État est donc *a priori* antinomique de la libre concurrence. À ce titre, la directive 2001/77 sur l'électricité renouvelable ne manquait pas d'indiquer que les dispositions du traité sur les aides d'État (articles 107 et 108 TFUE, ex-87 et 88 TCE), s'appliquent de plein droit aux aides publiques versées aux entreprises intervenant dans le domaine en cause(77). Il faut cependant constater que, dans sa mise en œuvre pratique, le traité est bien moins hostile à de telles mesures qu'il n'y paraît. Ainsi faut-il relever une approche plutôt compréhensive de la part des autorités de l'Union européenne à l'égard d'un bon nombre de régimes de soutien, qui, tantôt, se voient refuser la qualification d'aide d'État, tantôt, sont déclarés compatibles avec le traité.

A. La qualité d'aide d'État déniée à certains régimes nationaux de soutien aux énergies renouvelables

Le point de savoir dans quelle mesure un système étatique de soutien aux énergies renouvelables constitue une aide d'État au sens de l'article 107.1 du traité sur le fonctionnement de l'Union européenne est, d'un point de vue logique, une question préliminaire. De façon générale, l'interprétation jurisprudentielle de la notion d'aide d'État est plutôt extensive. Notamment, cette notion est plus large que celle de subvention : elle correspond à tout avantage consenti par les autorités publiques d'un État membre en faveur d'une entreprise, qu'il s'agisse de « prestations positives telles que des subventions elles-mêmes, mais également [d'] interventions qui, sous formes diverses, allègent les charges qui normalement grèvent le budget d'une entreprise et qui, par-là, sans être des subventions au sens strict du mot, sont d'une même nature et ont des effets identiques »(78). Ces formules couvrent une grande variété de dispositifs susceptibles de soutenir en particulier les énergies renouvelables. Mais la jurisprudence estime aussi que tous les avantages

(75) J. Riffault-Silk, « La régulation de l'énergie : bilan et réformes », *RIDE* 1/2011, p. 5.

(76) Voir *infra* p. 395 et s.

(77) Considérant 12.

(78) CJCE 23 février 1961, De Gezamenlijke Steenkolenmijnen *in* Limburg c/ Haute Autorité, 30/59, *Rec.* p. 3 – CJCE 27 mars 1980, Denkavit italiana, 61/79, *Rec.* p. 1 205.

consentis par un État ne constituent pas des aides : ils ne le sont que s'ils satisfont cumulativement à quatre critères.

1. L'aide doit procurer au bénéficiaire un avantage allégeant les charges qui normalement grèveraient son budget

Pour définir l'aide d'État, il convient de « déterminer si l'entreprise bénéficiaire reçoit un avantage économique qu'elle n'aurait pas obtenu dans des conditions normales de marché »(79). Tel est le cas par exemple d'une subvention publique versée à une société qui a développé un projet de valorisation énergétique de farines animales, parce qu'elle soulage cette entreprise des charges que ses concurrents doivent supporter et lui procure ainsi un avantage concurrentiel(80).

En revanche, les aides par lesquelles les États compensent des charges que les entreprises n'auraient pas dû subir dans un contexte normal de marché ne sont plus à regarder comme un avantage économique mais comme la compensation d'une obligation. Ces dispositifs qualifiés plus souvent d'« obligations de service public » ont en effet été déclarés par la CJUE en dehors du champ de l'article 107 du traité sur le fonctionnement de l'Union européenne, et ont été délivrés ce faisant de l'obligation de notification à la Commission. Cette catégorie particulière d'aide est régie par la jurisprudence « Altmark »(81). Selon cet arrêt, quatre conditions cumulatives doivent être remplies pour que la notion de compensation d'obligation de service public puisse s'appliquer : l'entreprise aidée doit exercer une mission d'intérêt général clairement définie, les paramètres de calcul de la compensation doivent avoir été établis de façon préalable, objective et transparente, la compensation doit être proportionnée aux obligations imposées, enfin le montant de la compensation doit être effectué en utilisant une méthode d'analyse des coûts. On peut estimer que sont aptes à entrer dans cette catégorie les systèmes de prise en charge des obligations d'achat d'électricité d'origine renouvelable imposés par de nombreuses législations nationales à certaines entreprises du secteur de l'électricité (notamment le système français de la « compensation du service public de l'électricité »)(82).

2. L'aide doit provenir de ressources d'État

Cette condition est traditionnellement interprétée largement : elle couvre notamment les aides versées par les collectivités infraétatiques(83) – tel le subventionnement par la région italienne de Toscane d'installations utilisant des énergies renouvelables(84). Mais la Cour de justice de l'Union européenne a parfois aussi interprété cette condition de façon plus restrictive, ainsi qu'en témoigne l'arrêt « Preussen Elektra »(85). Il faut rappeler brièvement le contexte de fait et de droit de cette affaire. La Cour de justice est ici saisie afin de juger de la conformité au regard du droit communautaire du système allemand qui consiste à octroyer aux entreprises produisant de l'électricité à base de sources renouvelables une garantie d'achat, à des prix minimaux, d'une partie de leur production. Le système est critiqué par des entreprises concurrentes qui, outre un effet négatif sur le principe de libre circulation de l'énergie(86), y voient aussi une aide au fonctionnement au profit

(79) CJCE 11 juillet 1996, SFEI et a., C-39/94, *Rec.* p. I-3547.

(80) Aides d'État-France N 49/2003, N 52/2003, N 57/2003 et N 63/2003.

(81) CJCE 24 juillet 2003, C-280/00, *Rec.* p. I-7747.

(82) Voir *infra* p. 590.

(83) CJCE 22 mars 1997, Steineke et Weinlig c/ RFA, 78/76, *Rec.* p. 595.

(84) Décision de la Commission, 30 avril 2003, relative à l'aide d'État que l'Italie (région de Toscane) envisage d'exécuter en vue de la réduction des émissions de gaz à effet de serre.

(85) CJCE 13 mars 2001, Preussen Elektra AG c/ Schleswag AG, C-379/98, préc. Voir aussi dans le même sens, mais *a contrario*, CJUE 8 septembre 2011, Com. c/ Pays-Bas, C-279/08 P.

(86) Voir *supra* p. 344 et s.

des producteurs d'électricité renouvelable, et se plaignent en outre de devoir en assumer la prise en charge financière. En l'espèce le coût de l'obligation d'achat est donc supporté « soit par les entreprises de distribution, soit répercuté sur le consommateur final ; le tout, sans que les pouvoirs publics en supportent la charge »(87). Cela constitue un élément déterminant car il faut dès lors déterminer si la mesure décidée par l'État mais financée, donc, sur fonds privés est ou non une aide d'État au sens du droit européen, en d'autres termes il faut préciser la portée de la formule de l'article 107 TFUE selon laquelle seules « les aides accordées par l'État ou au moyen de ressources d'État » entrent dans ses prévisions, afin de savoir si la notion d'aide d'État comporte un (auquel cas la formule « aides accordées par l'État » et aides « accordées au moyen de ressources d'État » sont synonymes) ou deux éléments constitutifs (auquel cas la formule « aides accordées par l'État » et aides « accordées au moyen de ressources d'État » désignent deux situations à distinguer).

Il est vrai que la conjonction « ou » semble signifier qu'une aide d'État est tout autant constituée en présence d'avantages financiers accordés à des entreprises sur la base d'une intervention étatique (aide accordée « par » l'État) qu'en présence d'avantages financés par l'État (aide accordée « au moyen » de ressources d'État). Tel était d'ailleurs, en substance, l'avis des pouvoirs publics allemands et de la Commission : ainsi les premiers avaient notifié le dispositif de l'obligation d'achat à la seconde qui, en le déclarant conforme au traité, avait nécessairement identifié une aide d'État. Mais ce n'est pas la démarche que la Cour a choisi d'endosser, considérant pour sa part, qu'en l'espèce, le droit communautaire des aides d'État n'est pas matériellement applicable dès lors que « l'obligation d'achat imposée par la loi allemande n'entraîne aucun transfert direct ou indirect de ressources d'État aux entreprises productrices d'électricité »(88).

Cette position n'a pas toujours convaincu(89). On a dit notamment que, d'un point de vue macroéconomique, il n'y a aucune différence entre une aide financée par des entreprises privées qui la répercutent ensuite sur les consommateurs et un même montant provenant des caisses de l'État. Surtout, il est apparu qu'en validant la loi allemande – c'est-à-dire en la dispensant de tout examen de compatibilité sur le fond –, la Cour semblait accorder par avance un blanc-seing à tous les dispositifs de soutien aux énergies renouvelables fondés sur des obligations d'achat et tarifs d'achat garantis. Et c'est d'ailleurs ainsi que le Conseil d'État français a interprété dans un premier temps l'arrêt « Preussen Elektra », estimant que le mécanisme français des obligations d'achat tel qu'issu de l'article 10 de la loi n° 2000-108 du 10 février 2000 dans sa première mouture(90) ne constituait pas une aide d'État au sens de l'article 107 TFUE(91).

Or, la volonté de la Cour de justice de l'Union européenne n'était pas de cet ordre-là(92), ainsi que l'atteste un passage essentiel de l'arrêt, celui dans lequel elle rappelle que la distinction établie à l'article 107.1 du traité entre « les aides accordées par les États » et « les aides accordées au moyen de ressources d'État » ne signifie pas que tous les avantages consentis par un État constituent des aides, qu'ils soient ou non financés par des ressources étatiques, mais vise seulement à inclure dans cette notion les avantages qui sont accordés directement par l'État ainsi que ceux qui le sont

(87) V. M. Karpenschif, C. Nourissat (dir.), *Les Grands Arrêts de la jurisprudence de l'Union européenne* (*GAJUE*), préc., n° 69.

(88) Pt. 59.

(89) Voir notamment les critiques de M. Karpenschif, « La notion d'aide d'État, application au secteur de l'énergie », *CJEG* février 2003, p. 51, v. aussi D. Tayar, A. Giraud, « L'interprétation du critère de l'emploi de ressources d'État par la Cour de justice : le révélateur d'une lecture formaliste de l'article 87 du traité CE ? », *Petites Affiches*, 2 décembre 2005, n° 240, p. 4.

(90) Sur ce mécanisme, voir *infra* p. 576 et s.

(91) CE 21 mai 2003, Union des industries utilisatrices d'énergie (Uniden), req. n° 237466.

(92) Selon l'expression de J.-M. Belorgey, S. Gervasoni et C. Lambert, « Actualité du droit communautaire », préc.

par l'intermédiaire d'un organisme public ou privé, désigné ou institué par cet État, y compris et par exemple ceux qui seraient financés par des entreprises publiques. Il apparaît donc que le raisonnement juridictionnel n'avait ici nullement pour but d'absoudre sans nuances tous les systèmes nationaux d'obligation d'achat de l'énergie renouvelable mais devait servir uniquement à rappeler le caractère attractif de la notion d'aide d'État, du moins en ce qu'elle couvre tous les avantages octroyés par tout organisme, public ou privé, quand bien même celui-ci ne serait qu'un simple intermédiaire entre l'État et le bénéficiaire de l'aide. Ainsi peut-il être estimé que la Cour n'a fait ici qu'appliquer de façon « classique »(93) le traité.

En d'autres termes, si le mécanisme allemand de soutien aux producteurs d'électricité renouvelable a pu être placé hors du champ du droit européen des aides d'État, c'est à raison non pas de sa nature (dispositif instituant une obligation d'achat) mais parce que, dans le cas d'espèce, il était financé majoritairement par des entreprises privées, et non par des fonds publics. Dans une telle situation, et ce alors même que les autorités nationales offrent pourtant un avantage concurrentiel aux entreprises concernées, en d'autres termes alors même que l'obligation d'achat « est imposée par la loi et confère un avantage incontestable à certaines entreprises »(94), cela ne suffit pas à lui conférer le caractère d'une aide d'État. Plus encore, quand bien même la charge financière découlant de l'obligation d'achat serait par la suite répercutée sur les résultats des entreprises qui y sont assujetties, entraînant par suite une diminution des recettes fiscales de l'État, la mesure est déclarée par avance « neutre » pour les finances publiques nationales(95).

Cette interprétation de l'arrêt est celle que la Commission défend continûment. Ainsi, quand elle décide en juillet 2001(96) de ne pas soulever d'objection à l'égard du régime flamand d'aide à la production d'électricité renouvelable fondé sur la vente de certificats verts, c'est également à raison du fait que ce mécanisme est financé par les distributeurs privés d'électricité achetant ladite électricité aux entreprises concernées. Dans le même esprit, mais *a contrario*, c'est pour le motif « qu'elles sont financées par des prélèvements obligatoires » que la Commission a déclaré en 2002 que les obligations d'achat d'électricité renouvelable prévues par le droit luxembourgeois tombaient, pour leur part, sous l'emprise de l'article 107.1 du traité(97).

3. L'aide doit être sélective ou spécifique

Pour qu'il y ait aide d'État au sens de l'article 107.1 du traité sur le fonctionnement de l'Union européenne, il faut en troisième lieu que l'aide soit octroyée sur une base discrétionnaire à « certaines entreprises ou certaines productions ». De telles mesures peuvent être par exemple constituées par des « subventions allouées à une entreprise individuelle (c'est-à-dire à une entreprise produisant de l'électricité éolienne), ou un secteur économique particulier (c'est-à-dire le secteur de la transformation du bois) ou aux entreprises situées sur telle ou telle partie du territoire national »(98). Tel est le cas encore d'une exonération fiscale au profit de certains biocarburants, qui

(93) Voir aussi G. Bouquet, « Les mécanismes de soutien de la production d'électricité à partir de sources d'énergie renouvelables à l'épreuve des articles 87 et 88 du traité relatifs aux aides d'État », *AJDA* 2006, p. 697.

(94) CJCE, 13 mars 2001, Preussen Elektra AGc/Schleswag, C-379/98, préc., pt. 61.

(95) V. M. Karpenschif, C. Nourissat (dir.) *Les Grands Arrêts de la jurisprudence de l'Union européenne* (*GAJUE*), préc., n° 69.

(96) Décision de la Commission du 25 juillet 2001, N 550/00 Belgique-Certificats verts dans le secteur de l'électricité.

(97) Décision de la Commission du 5 juin 2002, Aide d'État NN 75/2001 Luxembourg-Fonds de compensation dans le cadre de l'organisation du marché de l'électricité, v. aussi G. Bouquet, « Les mécanismes de soutien de la production d'électricité à partir de sources d'énergie renouvelables à l'épreuve des articles 87 et 88 du traité relatifs aux aides d'État », préc.

(98) M. Wemaïre, D. Grimeaud, « La promotion des énergies renouvelables à l'aune du droit communautaire des aides d'État », *Gaz. Pal.* 18-19 janvier 2006, p. 23.

exclut d'autres produits similaires du bénéfice de l'exonération[99], mais aussi de subventions publiques à des entreprises intervenant dans le domaine de l'énergie renouvelable qui améliorent la situation des seules entreprises bénéficiaires, telles les subventions non remboursables octroyées par la région italienne de Toscane à certaines installations utilisant des ressources énergétiques renouvelables[100].

Ce caractère d'avantage sélectif concerne particulièrement les mesures d'allègement fiscal. Il s'agit en général d'une exception aux dispositions fiscales nationales, de nature législative, réglementaire ou administrative, ou encore issue d'une pratique discrétionnaire de l'administration fiscale. *A contrario*, la notion d'aide ne s'applique pas si les mesures fiscales sont ouvertes à tous les opérateurs économiques du territoire d'un État membre, parce qu'elles constituent en principe des mesures générales. De la même façon, si des incitants fiscaux en faveur d'investissements environnementaux (en recherche-développement, en formation...) favorisent toutes les entreprises qui effectuent de tels investissements, ils ne constituent pas en principe des aides d'État. En revanche, une mesure caractérisée par une spécificité sectorielle (une mesure fiscale dont l'effet essentiel est de favoriser un ou plusieurs secteurs d'activités) peut constituer une aide. Concrètement, il faudra donc démontrer que la mesure étatique instaure, en faveur de certaines entreprises de l'État membre, une exception à l'application, par exemple, de la loi fiscale nationale.

Remarque

La spécificité s'apprécie exclusivement en regard de la situation des entreprises concernées dans le cadre national de l'État qui institue l'aide ; elle n'implique pas d'évaluer celle des entreprises situées dans d'autres États membres.

Toutefois, le caractère sélectif d'une mesure peut aussi être justifié « par la nature ou l'économie du système »[101]. Plus précisément, selon la Commission[102], « il convient [...] d'abord de déterminer le régime commun applicable. Il est ensuite nécessaire d'examiner si l'exception ou des différenciations sont justifiées par la nature ou l'économie du système de charges en cause[103]. La Cour de justice de l'Union européenne a en ce sens jugé qu'une mesure par laquelle un État membre n'impose qu'à certains utilisateurs du réseau national de transport d'électricité, en l'occurrence des producteurs-distributeurs d'hydroélectricité et d'électricité d'origine géothermique, une majoration de la redevance due pour l'accès à ce réseau[104], établissait, certes, une différenciation entre certaines des entreprises de cet État, mais qui, en l'espèce, résultait de la nature et de l'économie du système de charges en cause : au cas présent parce que la majoration de la redevance avait pour objet de compenser l'avantage généré, pour ces entreprises, par la libéralisation du marché de l'électricité à la suite de la transposition de la directive 96/92 du 19 décembre 1996 concernant des règles communes pour le marché intérieur de l'électricité.

Si l'on applique ce raisonnement au cas particulier des mesures nationales de soutien à l'énergie renouvelable, on peut raisonnablement supposer que ces dernières puissent échapper à l'article 107.1 TFUE si elles s'analysent effectivement comme des mesures de politique économique

(99) Voir loi de finances française pour 1992, réservant une exonération de la taxe intérieure sur la consommation aux seuls agrocarburants produits à partir de colza et de tournesol, de céréales, topinambours, pommes de terre ou betteraves et issus de terres gelées.

(100) Voir décision de la Commission du 30 avril 2003, préc.

(101) CJCE 2 juillet 1974, Italie c/ Com., 173/73, *Rec.* p. 709.

(102) Communication sur l'application des règles relatives aux aides d'État aux mesures relevant de la fiscalité directe des entreprises, *JOCE* 10 décembre 1998, C 384.

(103) Voir aussi CJCE 26 septembre 2002, Espagne c/ Com., C-351/98, *Rec.* p. I-8031.

(104) CJCE 14 avril 2002, AEM SpA et AEM Torino SpA c/ AEEG, C-128/03 et C-129/03, *Rec.* p. I-2861.

générale n'ayant pas pour finalité d'avantager certaines entreprises déterminées ou certaines productions mais poursuivant un intérêt de caractère général[(105)]. Par exemple, au sujet d'une exemption de taxe sur le CO_2 instituée par les Pays-Bas au profit de fournisseurs d'électricité qui avaient passé un contrat d'approvisionnement avec des producteurs d'électricité renouvelable, la Commission n'a pas retenu la qualification d'aide d'État au motif que l'exemption était justifiée par la logique du système fiscal néerlandais – promouvoir une économie peu carbonée –, quand bien même elle favorisait par ailleurs la production nationale d'électricité renouvelable[(106)]. Dans le même ordre d'idées, le Tribunal de l'Union européenne a considéré que « les considérations d'ordre écologique justifient de distinguer [pour l'application d'un régime national d'allocation et d'échange de droits d'émission d'oxydes d'azote] les entreprises émettant de fortes quantités d'oxydes d'azote et les autres entreprises »[(107)].

4. L'aide doit affecter la concurrence et/ou les échanges commerciaux entre les États membres

Cette quatrième condition appelle un examen concret au regard d'indices établissant la situation économique plus avantageuse de l'entreprise par rapport à celle de ses concurrents dans le marché intérieur.

Ce critère semble *a priori* impliquer que les secteurs concernés par l'aide soient ouverts à la concurrence au niveau de l'Union européenne, de façon à ce qu'ils soient véritablement sensibles à une mesure avantageant une production nationale. Il est en pratique apprécié très souplement. Par exemple, alors qu'avait été posée la question de savoir si un allègement fiscal bénéficiant aux producteurs de ressources agricoles destinées à des carburants peut constituer une aide d'État lorsque les productions concernées sont soustraites aux règles du marché commun au titre de l'annexe II du traité sur le fonctionnement de l'Union européenne, la Commission a indiqué que le marché sur lequel l'aide produit ses effets est celui sur lequel les produits aidés sont *in fine* destinés. Par conséquent, alors même que certains des produits agricoles concernés ne seraient pas soumis aux règles du marché commun, le régime fiscal litigieux a pu être examiné dans le cadre des règles du traité en matière d'aides d'État, parce qu'il avait une incidence sur le marché des produits finis, ici celui des carburants ; au cas présent, la Commission conclut d'ailleurs que cette défiscalisation étatique était de nature à affecter les conditions de concurrence au sein du marché commun[(108)]. Enfin, plus souvent, le critère en cause est présumé rempli, et ce quand bien même l'entreprise récipiendaire est de taille modeste ou bien ne participe pas en fait aux échanges entre les États membres de l'Union[(109)].

La condition de l'affectation des échanges implique *a minima* que le bénéficiaire de la mesure exerce une activité économique. Partant, si les bénéficiaires de l'aide sont exclusivement des personnes physiques ou encore des organisations à but non lucratif[(110)], ou des autorités publiques

(105) Voir par exemple décision de la Commission, 28 mars 2000, relative à l'exonération fiscale en faveur des installations de production combinée de chaleur et d'électricité instaurée au Royaume-Uni.

(106) Décision de la Commission du 28 novembre 2001, Aide d'État NN 30/B/2000 et 678/01.

(107) Com. c/Pays-Bas, 10 avril 2008, T-233/07, *Rec.* p. II-591, pt. 99.

(108) Décision de la Commission n° 97/542, 18 décembre 1996, relative aux exonérations fiscales pour les biocarburants en France, point III.

(109) V. M. Karpenschif, C. Nourissat (dir.), *Les Grands Arrêts de la jurisprudence de l'Union européenne* (*GAJUE*), préc., n° 69.

(110) Voir par exemple la subvention attribuée par l'ADEME à une association ayant des activités cultuelles afin d'étudier la faisabilité de l'installation d'une chaufferie bois dans les locaux d'une abbaye : CAA Lyon 17 septembre 2010, Communauté des bénédictions de l'abbaye Saint-Joseph de Clairval c./Région Bourgogne, n° 09LY00186, *AJDA* 2011, p. 31, note C. Vinet, voir aussi *infra* p. 541.

ne menant pas une activité économique, la mesure ne constitue pas une aide au sens de l'article 107.1 du traité sur le fonctionnement de l'Union européenne.

La condition d'affectation des échanges et/ou d'altération de la concurrence n'est pas remplie dans au moins une situation : lorsque la mesure d'aide peut être qualifiée « *de minimis* ». Sous cette appellation se cachent des aides exemptées de l'obligation de notification préalable à la Commission européenne[111] qui n'atteignent pas certains seuils – elles ne doivent pas dépasser 200 000 euros cumulés pour une entreprise pour une période de 3 ans – et dont les finalités sont variables (en faveur des PME, de la recherche et du développement, de la protection de l'environnement, de l'emploi et de la formation).

Remarque

De façon générale, le niveau des aides d'État est défini en intensité par rapport à des coûts de référence : toutes les intensités d'aide sont désormais calculées en équivalent-subvention-brut, et non plus en équivalent-subvention-net afin de se conformer à la jurisprudence communautaire (la Commission a abandonné l'ancien système de conversion depuis un arrêt du 15 juin 2002 (TPICE 15 juin 2002, Alzetta c/ Com., T-298/97, *Rec.* p. II-2319).

L'examen des critères de l'aide d'État montre que le droit de l'Union européenne est plutôt distancié à l'égard des dispositifs économiques publics de soutien au secteur des énergies renouvelables, ne les qualifiant pas de façon automatique d'aides d'État. Et, pour ceux qui auraient obtenu en revanche cette qualification, il est par ailleurs relativement tolérant.

B. Le constat de compatibilité de certains régimes nationaux de soutien avec le traité

Dès lors que la mesure étatique entre dans la sphère de l'article 107 du traité sur le fonctionnement de l'Union européenne, elle intègre par là même le régime communautaire de surveillance des aides d'État. Cela ne veut pas dire toutefois qu'elle est *ipso facto* contraire au traité. Les distorsions de concurrence qui proviennent des aides d'État relèvent en effet d'un régime d'autorisation préalable de la Commission, sous le contrôle du juge de l'Union européenne. La Commission doit donc en étudier la compatibilité avec le traité, étant entendu que celle-ci doit être appréciée dans le contexte de l'Union européenne et non d'un seul État membre. L'article 108 du traité met par ailleurs à la charge de la Commission et du Conseil la définition des conditions dans lesquelles les aides peuvent être considérées comme compatibles avec le droit européen de la concurrence.

Les aides d'État en faveur des énergies renouvelables n'échappent donc pas par leur nature à la logique concurrentielle européenne[112]. Leur adéquation avec les règles du traité doit être vérifiée par la Commission, tenue, sur le fondement de l'article 108 TFUE, de contrôler les régimes généraux d'aides et les aides individuelles, à partir des notifications préalables des États membres.

Remarque

Il est d'usage de distinguer incompatibilité et illicéité des aides : alors que l'incompatibilité désigne une aide contraire au traité sur le fond, l'illicéité s'applique aux régimes d'aides mis en œuvre par les États avant que la Commission ait donné son autorisation. La sanction des aides d'État incompatibles ou illicites est toutefois commune : parce que l'aide publique est versée à une entreprise en dehors du respect du traité, elle encourt la censure (voir par exemple décision de la Commission n° 97/542, 18 décembre 1996, relative aux exonérations fiscales pour les biocarburants en France, qualifiant les aides d'« illégales, étant donné qu'elles ont été accordées en violation des règles de procédure » énoncées par le traité).

(111) Règlement 69/2001, 12 janvier 2001, concernant l'application TCE, art. 87 et 88, aux aides *de minimis* ; prorogé et modifié règlement 1998/2006, 15 décembre 2006.

(112) Voir aussi S. Rousseaux, « L'emprise de la logique marchande sur la promotion des énergies renouvelables au niveau communautaire », *RID économique* 2005, p. 231.

Il apparaît que les interventions économiques des États dans le secteur des énergies renouvelables puissent être envisagées plutôt sereinement au regard du droit de l'UE. Ce dernier autorise en effet à les déclarer compatibles avec le marché intérieur sur le fondement de deux types de raisonnements. Le premier met en œuvre une appréciation finaliste de l'aide, considérant l'objectif principal sinon exclusif de celle-ci soit la protection de l'environnement. Le second peut conduire lui-même à une décision de compatibilité mais il privilégie l'analyse de l'objet de la mesure : il intéresse ainsi de façon spécifique certaines aides au fonctionnement octroyées sous forme de réduction ou d'exonération fiscale.

1. La compatibilité de l'aide à raison de sa finalité

De façon générale, les mesures d'aides dont la finalité environnementale est reconnue bénéficient d'un régime juridique particulièrement avantageux : elles sont en effet présumées compatibles avec le TFUE. Et quand bien même il adviendrait que le dispositif poursuive d'autres finalités, le traité autorise encore l'application de raisonnements relativement généreux.

a. La présomption de compatibilité des aides aux énergies renouvelables à raison de leur finalité environnementale

L'originalité de cette présomption de compatibilité ne tient plus aujourd'hui vraiment dans la reconnaissance de cette possibilité de déclarer les aides à l'environnement compatibles avec le marché intérieur mais dans sa généralisation. Car, en pratique, elle permet en effet de valider un grand nombre de mesures. Cette présomption bénéficie, entre autres, et sous conditions, au secteur des énergies renouvelables, et s'appuie sur un double fondement juridique.

Le double fondement juridique

• Les aides autorisées de plein droit en vertu du règlement général d'exemption par catégories (RGEC) :

C'est après avoir été habilitée par le Conseil « à déclarer, par voie de règlements, dans des domaines où elle dispose d'une expérience suffisante pour définir des critères de compatibilité généraux, que certaines aides d'État sont compatibles avec le marché commun [...] et sont exemptées de la procédure » de notification des aides d'État[(113)], que la Commission a adopté en 2008 le règlement général d'exemption par catégorie des aides d'État[(114)]. Ce texte, immédiatement perçu comme une évolution majeure du droit européen des aides d'État[(115)], a approuvé vingt-six types de mesures d'aide, lesquelles, pendant la période d'application de ce texte (soit du 29 août 2008 au 31 décembre 2013), n'ont plus à être notifiées à la Commission.

Parmi ces mesures figurent en bonne place les aides visant à protéger l'environnement ou à remédier au changement climatique[(116)]. Plus précisément, le RGEC établit une présomption de compatibilité avec le marché intérieur pour les « aides environnementales à l'investissement dans la promotion de l'énergie produite à partir de sources d'énergie renouvelables[(117)]. Ainsi, cette catégorie particulière d'aide d'État se voit-elle désormais autorisée de plein droit, sous réserve de

(113) Considérant 4, règlement du Conseil 994/98 du 7 mai 1998 sur l'application des articles 92 et 93 du traité à certaines catégories d'aides horizontales.

(114) Règlement 800/2008 de la Commission du 6 août 2008 déclarant certaines catégories d'aides compatibles avec le marché commun en application des articles 87 et 88 du traité.

(115) M. Karpenschif, « Le RGEC : nouveau départ pour le droit des aides d'État ? », *JCP A* 2009, n° 2023.

(116) Voir règlement 800/2008, art. 1, d).

(117) Règlement 800/2008, art. 23.

respecter les montants d'aides maximaux prévus par le texte[118]. La Commission n'est pas toutefois totalement mise à l'écart puisqu'elle doit, notamment, d'une part, vérifier que l'État, qui l'en aura préalablement dûment informée[119], a bien visé dans le cadre du dispositif d'aide qu'il institue les dispositions du RGEC qui justifient l'application de celui-ci[120], d'autre part, exercer un contrôle permanent sur ces aides non notifiées.

• Les aides donnant lieu à un examen de compatibilité adapté sur le fondement de l'encadrement des aides d'État pour la protection de l'environnement :

Lorsque l'aide à finalité environnementale n'entre pas dans le champ d'application du RGEC, elle justifie alors de l'examen de compatibilité effectué par la Commission.

Sauf qu'une telle aide est soumise à un traitement spécifique, qui prend cette fois la forme d'une analyse « adaptée »[121]. Plus précisément, et alors que le traité lui impose de contrôler « toutes » les aides d'État, la Commission est autorisée à adopter une attitude plutôt tolérante à l'égard de celles ayant des objectifs environnementaux identifiés, compte tenu des défaillances du marché[122]. La décision de compatibilité avec le traité se fonde ici sur l'article 107.3 c TFUE, en vertu duquel la Commission peut reconnaître la compatibilité des aides « destinées à faciliter le développement de certaines activités ou de certaines régions économiques, quand elles n'altèrent pas les conditions des échanges dans une mesure contraire à l'intérêt commun ». De façon plus spécifique, l'évaluation de ces aides s'appuie sur des textes d'encadrement des aides d'État en faveur de l'environnement élaborés par la même institution. Les encadrements sont des documents qui ont pour objet d'assurer la transparence et la cohérence dans l'application des dispositions du traité en matière d'aides d'État : ils énoncent les critères permettant de juger la compatibilité de l'aide avec l'article 107 du traité. L'intention n'est pas d'encourager les États membres à accorder des aides, mais plutôt de les éclairer sur les types et niveaux d'aides acceptables. Le premier encadrement environnement date de 1994[123], la deuxième version fut publiée en février 2001[124], remplacée par celle du 23 janvier 2008 applicable jusqu'au 31 décembre 2014 (ci-après Encadrement 2008).

Ces encadrements sont indissociables de la politique européenne transversale intéressant l'énergie. Ils participent en d'autres termes d'une politique européenne dans les domaines de l'énergie et du climat, à bien des égards « intégrée »[125]. La Commission n'a-t-elle pas présenté l'encadrement de 2008 comme un instrument à part entière du plan européen global dans le domaine de l'énergie pour la période 2007-2009 ?

L'encadrement de 2008 prévoit, comme le faisaient déjà ceux qui l'ont précédé, une méthode d'appréciation des aides d'État aux producteurs d'énergie renouvelable tenant compte, logiquement, de leur finalité environnementale. On note toutefois que dans sa version la plus récente, le texte prend acte de l'évolution des technologies dans le domaine en cause et de l'internationalisation croissante des externalités environnementales, déclarant que « l'écart des coûts n'a cessé de se réduire ces

---

(118) Voir *infra* p. 357.

(119) Règlement 800/2008, art. 9.2.

(120) Règlement 800/2008, art. 3.

(121) Voir aussi P. Thieffry, « Le nouvel encadrement des aides d'État à l'environnement (2008-2014). Incitation optimale aux investissements verts et aux énergies renouvelables », *Petites Affiches*, n° 49, mars 2008, p. 4.

(122) Sur ce thème, voir aussi P. Thieffry, « Mesures publiques de protection de l'environnement et concurrence », *AJDA* 2007, p. 170 ; M. Wemaëre, D. Grimeaud, « La promotion des énergies renouvelables à l'aune du droit communautaire des aides d'État », préc.

(123) Encadrement n° 94/C 72, 10 mars 1994, prorogé jusqu'au 31 décembre 2000.

(124) Encadrement n° 2001/C 37/03.

(125) Voir aussi *infra* p. 396 et s.

dernières années, diminuant de ce fait la nécessité d'une aide »[(126)]. Dans le même ordre d'idées, l'Encadrement 2008 entend resserrer le contrôle sur certains types d'aides : de fait il ne présume compatibles avec l'article 107.3.c du traité que certaines aides, qui bénéficient à ce titre d'un contrôle de compatibilité assoupli, les autres, pour lesquelles aucun critère de compatibilité n'est donc par avance présumé rempli, relevant d'un contrôle approfondi[(127)].

Les conditions d'application de la présomption de compatibilité

• Les conditions communes aux deux dispositifs :

Le RGEC et l'Encadrement 2008 sont tous deux animés par la même philosophie, celle de l'incitation. Invariablement les aides environnementales doivent ainsi être « incitatives », c'est-à-dire doivent permettre d'obtenir un niveau de protection de l'environnement supérieur à celui qui aurait été obtenu en leur absence[(128)]. Ces documents consacrent en outre la notion de « coûts admissibles », soulignant de la sorte l'importance de la proportionnalité de l'aide d'État avec le but – ici environnemental – recherché[(129)].

• Les conditions propres à chaque dispositif :

Les conditions du RGEC :

Outre la nécessité que l'aide ait un caractère incitatif, pour bénéficier de l'exemption de notification à la Commission prévue par le RGEC, l'aide doit respecter deux autres conditions générales. D'une part, elle doit être « transparente »[(130)], ce qui réduit la catégorie aux formes d'aides les plus simples : subventions, bonifications d'intérêts, prêts, certaines garanties, mesures fiscales. D'autre part, elle ne peut dépasser certains seuils : pour les aides à l'investissement, le seuil est fixé à 7,5 millions d'euros par entreprise et par projet[(131)].

Les autres conditions établies par le RGEC sont valables pour les aides à la protection de l'environnement, et elles seules, catégorie dans laquelle figurent celles attribuées au secteur des énergies renouvelables.

En écho à l'exigence générale d'une aide proportionnée à l'objectif recherché, le RGEC fixe d'abord des plafonds d'intensité de l'aide. Concrètement, pour bénéficier du système d'exemption de notification, l'intensité de la mesure en faveur des investissements dans les énergies de source renouvelable ne doit pas excéder 45 % des coûts admissibles (cette proportion pouvant être majorée de 20 points quand l'aide est accordée à une petite entreprise, de 10 points quand elle est allouée à une moyenne entreprise)[(132)]. Le RGEC précise ce concept de « coûts admissibles » : il s'agit des surcoûts supportés par le bénéficiaire par rapport à ceux qu'il aurait subis s'il avait investi dans une installation de production d'énergie « classique » ou dans un système de chauffage « classique » ayant la même capacité de production[(133)]. Le RGEC pose une condition supplémentaire, bien que peu explicite, pour les aides aux investissements intéressant de façon spécifique la

(126) Point 48.

(127) Voir *infra* p. 358.

(128) Voir règlement 800/2008, art. 8, voir aussi G. Jazottes, « Aides d'État, droits d'émission et protection de l'environnement : les conditions de la compatibilité avec le marché commun », *Revue Lamy Droit des affaires*, 2008, p. 32.

(129) Voir Encadrement 2008, pt. 31 : le montant de l'aide doit être « limité au minimum nécessaire pour obtenir la protection, de l'environnement recherchée » ; v. aussi RGEC, art. 4.

(130) Règlement 800/2008, art. 5.

(131) Règlement 800/2008, art.6.

(132) Règlement 800/2008, art. 23.2.

(133) Règlement 800/2008, art. 23.3.

production de biocarburants : ces aides ne sont tolérées que si elles servent « exclusivement [...] la production de biocarburants viables » : faut-il comprendre par là qu'il s'agit des biocarburants produits de façon « durable », au sens de la directive 2009/28 ?[(134)].

Ensuite, le RGEC postule également la compatibilité avec le marché commun des « aides en faveur des études directement liées aux investissements [...] dans la promotion de l'énergie produite à partir de sources renouvelables »[(135)], auxquelles il destine un plafond d'intensité spécifique : elles ne sauraient excéder 50 % du coût total des études (ce plafond peut être majoré de 20 points pour les études effectuées pour le compte de petites entreprises, et de 10 points pour celles réalisées pour le compte d'entreprises moyennes)[(136)].

Sous réserve de respecter l'ensemble de ces conditions, les aides aux énergies renouvelables seront donc absoutes, ce qui veut dire ici dispensées de notification à la gardienne du traité ; à défaut de pouvoir l'être sur le fondement du RGEC, les mesures devront se soumettre à l'examen de la Commission, mais qui risque de leur être plutôt favorable en application de l'encadrement des aides d'État pour l'environnement.

Les conditions prévues par l'Encadrement 2008 :

Lorsque la mesure d'aide d'État n'est pas délivrée d'un examen *a priori* de la Commission, elle peut, du fait de sa finalité spécifique, faire l'objet d'un examen de compatibilité approprié. Au cas présent la protection de l'environnement constitue donc toujours le critère fondamental de la mesure. Toutefois, le droit impose qu'il soit veillé à ce que cet avantage compense vraiment les effets négatifs de l'aide en termes de distorsion de la concurrence. Cette vérification est nécessaire et conduit la Commission à appliquer ici le critère dit de « la mise en balance[(137)], lequel doit la conduire, après avoir vérifié les caractères incitatif, approprié et proportionné de l'aide, à ne la valider que si son effet négatif sur la concurrence et les échanges est limité. L'encadrement insiste notamment sur le caractère impérativement proportionné de l'aide : ainsi son montant doit-il être « limité au minimum nécessaire pour obtenir la protection de l'environnement recherchée »[(138)], il consacre aussi à cet effet le critère des « coûts admissibles ».

Si l'Encadrement 2008 s'applique à toutes les mesures d'aides en faveur de l'environnement, il inclut lui aussi de façon explicite certaines aides en faveur des énergies renouvelables. Il divise cette catégorie en deux groupes : l'un concerne les aides dont les montants sont supérieurs à certains seuils ou qui relèvent de situations spécifiques, qu'il assujettit à un examen de compatibilité approfondi *stricto sensu*, l'autre réunit les aides bénéficiant d'une appréciation adaptée, qualifiée de « standard »[(139)].

L'examen de compatibilité approfondi concerne, tout d'abord, les aides dont les montants sont supérieurs à certains seuils. Il s'agit des aides à l'investissement à finalité environnementale dont le montant s'élève à plus de 7,6 millions d'euros par entreprise et des aides en faveur des économies d'énergie dont le montant s'élève à plus de 5 millions d'euros par entreprise pendant 5 ans. L'appréciation approfondie s'adresse aussi, ensuite, à des aides qui relèvent de situations spécifiques et qui, pour certaines d'entre elles, intéressent aussi le secteur des énergies renouvelables. Il s'agit cette fois : des aides au fonctionnement en faveur de la production d'électricité renouvelable et/ou de

(134) Sur cette exigence de durabilité, voir *supra* p. 292 et s.

(135) Règlement 800/2008, art. 24.

(136) Règlement 800/2008, art. 24.2.

(137) Voir Encadrement 2008, chapitre 2.

(138) Encadrement 2008, pt. 31.

(139) Encadrement 2008, pt. 13.

la production combinée de chaleur renouvelable octroyée à des entreprises situées sur un site dont la capacité est supérieure à 125 MW, des aides en faveur de la production de biocarburants au profit d'entreprises situées sur un site produisant plus de 150 000 tonnes/an, des aides au fonctionnement accordées aux nouvelles installations de production d'énergie renouvelable dont le montant est calculé sur la base des coûts externes évités qui relevaient jusque-là d'un régime de droit commun (celui de l'OPTION 3 de l'encadrement 2001). Les coûts externes évités représentent « une quantification monétaire des dommages socio-environnementaux supplémentaires que la société subirait si la même quantité d'énergie était produite par une installation de production utilisant des énergies classiques » (Encadrement 2008, point 162).

Remarque

L'Encadrement 2008 précise pour sa part que les aides à l'investissement et/ou au fonctionnement en vue de la production de biocarburants ne sont autorisées que si elles concernent les biocarburants « durables », au sens de la directive sur la promotion de l'utilisation de l'énergie produite à partir de sources renouvelables.

Pour les mesures d'aides n'entrant pas dans les catégories ci-avant présentées, la Commission entend effectuer une appréciation « standard ». Ces aides sont en d'autres termes les seules à bénéficier d'une authentique présomption légale de compatibilité sur le fondement de l'Encadrement 2008 : la Commission considère « *a priori* » qu'une telle aide permettra « de remédier à une défaillance du marché » ou « d'améliorer le niveau de protection de l'environnement »(140). Ces aides couvrent trois catégories d'aides au profit des énergies renouvelables.

Les aides aux études environnementales préalables à des investissements aux fins de production d'énergie renouvelable (Encadrement 2008, section 3.1.4)

Elles sont compatibles avec le marché intérieur lorsqu'elles sont octroyées pour des études directement liées aux investissements, et sont plafonnées à 50 % de l'étude ; lorsque l'étude est entreprise pour le compte d'une PME, l'intensité de l'aide peut être augmentée de 10 points de pourcentage pour les entreprises moyennes et de 20 points de pourcentage pour les petites entreprises(141). Toutefois, ces dispositions présentes dans l'Encadrement 2008 sont devenues caduques, du fait que le RGEC retient pour les aides aux études environnementales atteignant les mêmes niveaux d'intensité une exemption de notification à la Commission(142).

Les aides à l'investissement en faveur des énergies renouvelables

Remarque

Les aides à l'investissement en faveur des économies d'énergie (qui peuvent être obtenues moyennant le recours à des équipements de production d'énergie utilisant les sources d'énergie renouvelables) font l'objet d'un régime d'encadrement identique (Encadrement 2008, section 3.1.5).

(140) Voir Encadrement 2008, pt. 39.

(141) Pour une illustration de ce type d'aides sous l'encadrement 2001, voir : aide d'État-France N 689/2002 de l'ADEME à l'assistance conseil au secteur agricole, aide d'État N 584/2008 Régime d'aides aux énergies renouvelables de l'ADEME 2009-2013.

(142) Voir *supra* p. 358.

L'encadrement environnement de 2001 en augmentait déjà considérablement le plafond (de 30 % des coûts éligibles à 40 % des coûts éligibles[143]), celui de 2008 le rehausse encore (à 60 % des coûts d'investissement admissibles).

Remarque

Dès 1996, le Conseil permit à la Commission d'autoriser les aides à l'investissement dépassant les niveaux généraux prévus dans l'encadrement de 1994 (résolution 8 juillet 1996 sur les sources d'énergie renouvelables).

Surtout, l'encadrement de 2008 indique que lorsque l'aide à l'investissement est octroyée dans le cadre d'une procédure d'appel d'offres réellement concurrentielle, elle peut couvrir la totalité des coûts éligibles[144], et qu'un taux majoré est possible quand l'aide est attribuée à des PME (de 10 points pour une moyenne entreprise et de 20 points pour une petite entreprise). Les aides à l'investissement accordées pour des installations de chauffage urbain économes en énergie primaire se voient appliquer les mêmes limites si elles utilisent uniquement des ressources renouvelables[145] ; cela signifie nécessairement qu'une utilisation seulement partielle de sources renouvelables d'énergie fait tomber l'aide dans un régime plus restrictif (aide limitée à 50 % des coûts éligibles, majoré de 10 à 20 % selon qu'elle profite à une moyenne ou à une petite entreprise).

Toutefois, là encore, ces aides à l'investissement ne doivent pas être forcément appréhendées sous l'égide de l'Encadrement 2008 mais sous celui du RGEC. En effet, dès lors que de telles aides sont accordées à des petites entreprises et que leur intensité ne dépasse pas 65 % des coûts admissibles, c'est le RGEC qui est applicable, ce qui entraîne alors le bénéfice de la dispense de notification à la Commission.

L'encadrement 2001 donnait plusieurs illustrations d'investissements pris en considération, tels que les achats d'actifs matériels (terrains ou équipements) ou immatériels (dépenses liées à des transferts de technologie). Les encadrements de 2001 et 2008 prennent soin de préciser que les coûts éligibles doivent être strictement limités aux coûts d'investissement supplémentaires supportés par l'entreprise pour atteindre les objectifs de protection de l'environnement par rapport à ceux qui pèsent sur une installation de production d'énergie traditionnelle ou un système de chauffage conventionnel de même capacité. Il s'ensuit que les purs investissements de remplacement, comme ceux liés au réaménagement de grandes installations hydroélectriques, doivent être réalisés en fonction des seuls critères commerciaux, « tels que la demande future en hydroélectricité ou la disponibilité de réserves financières constituées pendant la durée de vie de l'installation »[146]. Cette concentration des aides d'État à l'investissement sur les technologies énergétiques qui ne sont pas encore suffisamment avancées pour pénétrer le marché par leurs propres moyens participe de l'objectif de vérité des prix et d'internalisation des coûts liés à la protection de l'environnement, qui sous-tend toute la politique de l'Union européenne.

Les aides au fonctionnement en faveur des énergies renouvelables

Contrastant avec la démarche traditionnellement globalisante des directives européennes en matière d'énergie renouvelable, les encadrements environnement 2001 et 2008 ont tous deux

(143) Aide d'État-Espagne N 188/2005, qui prévoit une subvention sous forme d'aide à l'investissement dans les énergies renouvelables dont l'intensité brute est limitée à 40 % des coûts éligibles. V. aussi aide d'État-Allemagne N 458/2006, *Modification of the aid scheme « Aid for the use of renewable energies »*.

(144) Point 104.

(145) Encadrement 2008, section 3.1.8.

(146) Réponse de la Commission à la question écrite n° P-2771/00, posée par N. MaxCormick, *JOCE* 8 mai 2001, C 136/E, p. 90.

distingué les aides au fonctionnement en faveur de la gestion des déchets[147] et celles en faveur des énergies-renouvelables[148]. Pour les premières, ils rappellent pourtant que, conformément à la *Stratégie communautaire pour la gestion des déchets*[149], le concept de valorisation des déchets doit être envisagé dans sa triple dimension de « réutilisation, de recyclage et de récupération d'énergie ». Ces aides doivent être par ailleurs strictement limitées à la compensation des surcoûts d'investissement engendrés durant les deux premières années de vie de l'établissement par rapport à un mode de production classique, de manière là encore à constituer une incitation à respecter « la vérité des prix »[150]. Parallèlement, les aides au fonctionnement en faveur des énergies renouvelables font l'objet de dispositions séparées[151]. À titre liminaire, elles sont dites légitimes chaque fois que les procédés techniques employés ne permettent pas de produire l'énergie en cause à des coûts compétitifs au regard de ceux des énergies traditionnelles ; ainsi doivent-elles servir à couvrir la différence entre « les coûts de production d'énergie à partir de sources renouvelables et le prix du marché de l'énergie en cause »[152], à condition d'éviter toute surcompensation. La forme de ces aides peut varier selon le type d'énergie et les modalités de soutien retenues par les États, étant admis qu'elles seront toujours limitées dans le temps.

L'Encadrement 2008 a modifié les différents scénarios prévus pour ces aides.
– OPTION 1 (Encadrement 2008, point 109) : les aides concernées par l'OPTION 1 rémunèrent la production d'énergie renouvelable à hauteur de la différence entre le prix de marché de cette dernière et celui de l'énergie conventionnelle. Elles sont accordées pour assurer l'amortissement de l'installation et le cas échéant la rentabilité normale de celle-ci. La durée de ces aides est limitée à la période d'amortissement complet de l'installation de production. Le montant de l'aide doit être pondéré par les éventuelles aides à l'investissement versées à l'entreprise en cause pour la réalisation de son installation. Sur ce plan, les encadrements prévoient des règles dérogatoires pour la biomasse, qui requiert des investissements relativement moins élevés, mais doit supporter des coûts de fonctionnement plus importants ; en conséquence, des aides au fonctionnement dépassant le montant des investissements, lorsque les États peuvent démontrer que les coûts totaux supportés par les entreprises après amortissement des installations continuent à dépasser les prix de marché de l'énergie, sont tolérées.
L'OPTION 1 suppose de vérifier l'absence de surcompensation par l'aide allouée des coûts de fonctionnement des installations[153]. Elle semble de nature, par ailleurs, à couvrir les systèmes d'obligation d'achat d'énergie renouvelable, dont on rappellera qu'ils ne se situent toutefois dans le champ de l'article 107 du traité qu'à partir du moment où il est prouvé qu'il y a bien, à la base, une aide issue de « ressources d'État »[154]. Là comme ailleurs, la présomption de compatibilité avec le traité n'est valable que si toutes les conditions de l'encadrement sont respectées. Si cela a pu être par exemple le cas sur le fondement de l'encadrement 2001 pour le régime d'obligation d'achat

(147) Encadrement 2008, section 3.1.9.

(148) Encadrement 2008, section 3.1.6.2.

(149) Voir « Communication de la Commission sur le réexamen de la stratégie communautaire pour la gestion des déchets », COM (96) 399 final.

(150) Voir par exemple aide d'État-France N 117/B/2001 modifiant régime d'aides de l'ADEME concernant la gestion des déchets municipaux et des déchets des entreprises.

(151) Encadrement 2008, section 3.1.6.2.

(152) Encadrement 2008, point 107.

(153) Voir par ex. décision de la Commission du 4 juillet 2006 sur la compatibilité du régime chypriote de prix garantis de l'électricité renouvelable, Aide d'État N 143/2009 « *Aid scheme to encourage electricity generation from large commercial wind, solar, photovoltaic systems and biomass* ».

(154) Voir *supra* p. 349 et s.

d'électricité renouvelable mis en place en 2003 par l'Autriche[155], il n'en a manifestement plus été de même pour sa nouvelle version telle que mise en place 2008 (Ökostromgesetznovelle 2008.). En effet, la Commission a déclaré inacceptable le nouveau système, en ce qu'il exemptait partiellement certains consommateurs, en l'occurrence les industries à forte intensité énergétique, de son financement : l'illégalité tenait ici au bénéfice qu'en retiraient les sociétés électro-intensives autrichiennes, et ce alors que ce choix ne présentait aucun avantage pour l'environnement (voir Communiqué de la Commission, 8 mars 2011, IP/11/265). A été inclus par ailleurs dans les prévisions de l'OPTION 1, mais sous l'empire de l'encadrement 2001, un dispositif de subventionnement des producteurs d'électricité renouvelable à partir d'une redevance obligatoire prévue par la loi et acquittée par les consommateurs d'électricité[156].

– OPTION 2 (Encadrement 2008, point 110) : ces aides s'appuient sur des mécanismes de marché visant à garantir aux producteurs d'énergie renouvelable une demande et un prix supérieur au prix de marché de l'énergie conventionnelle. Sont notamment concernés les certificats verts[157] ou les appels d'offres écologiques. Toutefois, là encore, la compatibilité de ces systèmes est subordonnée à la nécessité de l'aide pour les énergies en cause et à l'absence d'une surcompensation des coûts au profit de celles-ci. La Commission n'entend autoriser ces aides que pour une période maximale de 10 ans, afin d'en évaluer l'efficacité et l'éventuelle poursuite.

– OPTION 3 (Encadrement 2008, point 111) : les États membres se voient ici reconnaître la possibilité d'accorder des aides au fonctionnement conformément aux règles applicables aux aides en faveur des économies d'énergie. L'aide doit notamment être temporaire (pas plus de 5 ans), et être limitée à la compensation des surcoûts nets de production dus à l'investissement initial en tenant compte des avantages retirés des économies d'énergie. Cette option permet aux États d'accorder un soutien ponctuel à un projet ne justifiant pas une aide de longue durée.

b. La compatibilité de l'aide à raison d'autres finalités

En soi, toute aide aux énergies renouvelables est réputée correspondre à un objectif environnemental. Mais elle peut poursuivre aussi d'autres finalités, que le droit de l'Union européenne peut également être amené à prendre en considération. Par exemple, elle peut participer à la réalisation d'un « projet important d'intérêt européen commun » au sens de l'article 107.3.b du traité sur le fonctionnement de l'Union européenne : on ne peut à cet égard s'empêcher de penser qu'en principe, toute aide en faveur des énergies renouvelables semble obéir à un intérêt européen commun, celui de la protection de l'environnement, mais il faut constater qu'elle n'a pas toutefois nécessairement cette seule qualité.

Remarque

Une telle aide est toujours soumise à l'examen de compatibilité au regard de l'article 107.3.b TFUE, précisé par la section 3.3 de l'Encadrement 2008 des aides d'État pour la protection de l'environnement : elle doit concerner un projet ou un groupe de projets spécifique et contribuer « de façon concrète, exemplaire et identifiable à l'intérêt communautaire dans le domaine de la protection de l'environnement, en raison par exemple de son importance élevée pour la stratégie environnementale de l'Union européenne ».

Par surcroît, l'aide peut viser le développement de certaines régions désavantagées de l'Union européenne[158] ; en tant qu'aide à finalité régionale, elle est alors couverte par les lignes directrices que la Commission a élaborées : « En cherchant à surmonter les handicaps des régions défavorisées, les aides régionales nationales améliorent la cohésion économique, sociale, territoriale des États membres et de l'Union européenne dans son ensemble. Cette spécificité géographique distingue les

(155) Voir Aide d'État NN 162/A/2003 et N 317/7/2006.

(156) Voir aide d'État-Pays-Bas N 760/95.

(157) Voir *infra* p. 652.

(158) TFUE, art. 107.3.a.

aides à finalité régionale d'autres formes d'aides horizontales, telles que les aides à la recherche et au développement technologique et à l'innovation, [...] à l'emploi, [...] à la formation ou [...] à la protection de l'environnement, qui poursuivent d'autres objectifs d'intérêt commun conformément à l'article 107.3 »(159).

Ainsi, encore, une aide aux producteurs d'énergie renouvelable peut constituer une aide pour la recherche et le développement(160), une aide en faveur de la production agricole primaire(161), ou encore une aide en faveur des PME(162). Toute la question étant alors de savoir quel régime juridique appliquer quand l'aide poursuit l'une et/ou l'autre de ces finalités.

À cette importante question, et étant entendu que les règles propres à chacun des régimes particuliers doivent toujours être observées, les encadrements environnement ont apporté une double réponse. En premier lieu, ces textes retiennent que les intensités maximales fixées par eux sont impératifs, ce qui signifie que les aides autorisées sur leur fondement ne peuvent être cumulées avec d'autres aides d'État, ni d'ailleurs avec des financements communautaires, lorsqu'un tel cumul aboutit à un niveau d'aide supérieur à celui prévu par l'encadrement environnement. En second lieu, il est précisé qu'en cas d'aides à finalités multiples portant sur les mêmes coûts éligibles, le plafond d'aide le plus favorable est applicable.

Pour conclure sur l'ensemble de cette thématique, il faut encore, et enfin, ajouter que l'appréciation positive d'une aide d'État par la Commission ne clôt pas nécessairement le dossier, puisque l'État est tenu de transmettre un rapport annuel sur l'application de l'aide si elle est pluriannuelle, et de notifier tout changement (par exemple notification par l'ADEME à la Commission de la modification du régime français d'aides à la gestion des énergies renouvelables(163)). Il ressort par ailleurs du traité que, confrontée à une aide incompatible, la Commission doit ordonner à l'État membre concerné de la « supprimer ou modifier ». La Cour de justice de l'Union européenne en a déduit que la Commission peut exiger le remboursement de l'aide, sanction d'autant plus rude pour les bénéficiaires qu'ils ne peuvent se prévaloir du principe de confiance légitime auprès de l'État pour échapper à l'obligation de restitution de l'aide.

Remarque

Les aides aux énergies renouvelables feraient-elles exception à l'approche généralement stricte de la Commission en matière de récupération d'aides d'État ? On peut le penser à la lecture des propos tenus par cette institution au sujet des exonérations fiscales accordées par la France à partir de 1992 à certains biocarburants : « Compte tenu du caractère passager de l'avantage octroyé [...] et de la nature spécifique de l'infraction au niveau des producteurs agricoles, bénéficiaires finaux des avantages octroyés, la récupération des montants [...] reviendrait à porter un coup dur à une mesure fondamentalement en conformité avec la politique de la Communauté et dont l'illégalité résidait, mis à part l'aspect procédural, pour l'essentiel dans une approche trop restrictive concernant les bénéficiaires de l'aide » (décision de la Commission n° 97/542, préc., partie VII, point 3).

2. La compatibilité de l'aide à raison de sa qualité d'aide au fonctionnement octroyée sous forme de réduction ou d'exonération de taxes

L'évaluation de la compatibilité des aides d'État avec le traité peut intégrer, par surcroît, les règles fiscales de l'Union européenne. Ces dernières se décomposent en deux catégories : d'abord les règles du traité qui interdisent les taxes d'effet équivalant à des droits de douane et les régimes d'imposi-

(159) Lignes directrices de la Commission pour la période 2007-2013, point 2.

(160) Relevant de l'encadrement 22 novembre 2006, *JOUE* 30 décembre 2006, C 323.

(161) Relevant des lignes directrices concernant les aides d'État dans le secteur agricole et forestier 2007-2013, *JOUE* 27 décembre 2006, C 319.

(162) Soumise au règlement 70/2001, 12 janvier 2001.

(163) Aide d'État-France N 64/2005.

tions intérieures discriminatoires ou protecteurs[164], ensuite les règles fiscales harmonisées. Il est admis que l'harmonisation fiscale ne peut être effectuée que dans la mesure nécessaire au bon fonctionnement du marché intérieur[165]. Lorsqu'elle concerne *stricto sensu* le secteur de l'énergie, cette harmonisation doit, depuis l'entrée en vigueur du traité de Lisbonne, s'appuyer de façon complémentaire sur l'article 194.3 TFUE, siège de la politique européenne globale de l'énergie, qui a maintenu le principe général suivant lequel, par exception, l'unanimité s'applique pour l'adoption des mesures de l'Union « essentiellement de nature fiscale ». Par ailleurs, cette harmonisation ne porte que sur les impôts indirects et, pour ceux appliqués aux produits énergétiques, concerne les accises et la TVA.

Remarque

Les accises comme la TVA relèvent de la catégorie des taxes à la consommation. Les premières frappent les produits, tels les produits énergétiques, en fonction de leur quantité. La seconde frappe les produits et services en fonction de leur valeur transactionnelle (taxe « *ad valorem* »).

a. La compatibilité d'une défiscalisation avec le droit des accises de l'Union européenne

La législation européenne relative à la taxation, hors TVA, des produits du secteur de l'énergie a d'abord concerné les huiles minérales (pétrole et produits équivalents). Le cadre est initialement fixé par la directive 92/81 du 19 octobre 1992 concernant l'harmonisation des structures des droits d'accises sur les huiles minérales. Puis le système est modifié par la directive 94/74 du 22 décembre 1994, avant d'être étendu à tous les produits énergétiques par la directive 2003/96 du 27 octobre 2003 restructurant le cadre communautaire de taxation des produits énergétiques et de l'électricité (ci-après directive taxation des produits énergétiques). Ce texte résulte de l'échec des premières tentatives de la Commission d'instaurer une taxe sur les émissions de dioxyde de carbone par certaines énergies[166]. Il ne s'agira donc plus que de porter remède à la diversité des taxes nationales, qui diffèrent le cas échéant par leur nature, leur mode de calcul, leur taux, et entraînent ce faisant des distorsions quant au choix des sources d'énergie et des produits énergétiques offerts à la consommation, ou bien faussent les conditions de concurrence. Le spectre de l'harmonisation, large, est défini à l'article 2 de la directive adoptée : il porte sur les taux minima de fiscalité, mais n'enlève pas aux États le pouvoir de moduler le cas échéant ces taux, en fonction d'objectifs environnementaux pour l'essentiel. Il est notable que ce soit, dans cet esprit-là surtout, que les États membres peuvent faire jouer les niveaux de taxation, par exemple en établissant « un effet incitatif pour les producteurs et distributeurs de biocarburants sous la forme d'une réduction des coûts de revient[167], mais ils ne sauraient le faire sans avoir au préalable obtenu l'accord des institutions européennes.

Remarque

La Commission réfléchit à une évolution de cette législation afin qu'elle reflète davantage les aspects environnementaux de l'énergie : « Cette approche permettrait une différenciation fiscale plus automatique et plus simple en faveur des sources d'énergie plus respectueuses de l'environnement, notamment les énergies renouvelables par rapport à la situation actuelle » (*Livre vert sur les instruments fondés sur le marché utilisés à des fins de politique environnementale et d'énergie*, COM (2007) 140 final[168]).

(164) Sur l'application de ces dispositions, voir *supra* p. 341 et 343.

(165) TFUE, art. 113.

(166) COM (92) 22 final et COM (97) 30 final.

(167) Considérant 26.

(168) Voir aussi B. Le Baut-Ferrarese, « Européenne, la taxe carbone devrait-elle l'être ou à défaut ne pas être ? », *Environnement et Développement durable*, juin 2010, p. 13 ; Commission, « *Tax reforms in EU Member States 2011, Tax policy challenges for economic growth and fiscal sustainability* », octobre 2011, http ://ec.europa.eu/economy_finance/publications/european_economy/2011/pdf/ee-2011-5_en.pdf.

La défiscalisation autorisée par la Commission (directive 2003/96, art. 15 et 16)

Ce système est fondé sur l'article 26 de la directive 2003/96 qui exige des États une information de la Commission sur les mesures de défiscalisation prises au titre de son article 15. Ce dernier reprend, en le modifiant, l'article 8.2.d de la directive 92/81, qui disposait que « sans préjudice d'autres dispositions communautaires, les États membres peuvent appliquer des exonérations ou réductions totales ou partielles du taux d'accise aux huiles minérales ou à d'autres produits destinés aux mêmes usages utilisés sous contrôle fiscal dans le cadre de projets pilotes visant au développement technologique de produits moins polluants, notamment en ce qui concerne les combustibles provenant de ressources renouvelables ». L'article 15.1.a de la directive 2003/96 autorise les États à appliquer des exonérations ou réductions, totales ou partielles, de taxation aux « produits énergétiques utilisés sous contrôle fiscal dans le cadre de projets pilotes visant au développement technologique de produits moins polluants ou en ce qui concerne les combustibles ou les carburants provenant de ressources renouvelables » (la notion de « projets pilotes » est donc absente ici). En outre, aux termes de l'article 15.1.b et d, ils ont la possibilité d'exonérer totalement ou partiellement du paiement des accises, sans limitation de volume, l'électricité « d'origine solaire, éolienne, marémotrice, géothermique, produite à partir de la biomasse ou de produits issus de la biomasse ». De plus, l'article 15.2 dispose que les États membres peuvent rembourser au producteur tout ou partie du montant de la taxe payé par le consommateur sur l'électricité produite à partir des produits énoncés à l'article 15.1.b.

Enfin, l'article 16 relatif à la biomasse, offre la possibilité d'appliquer une exonération ou un taux de taxation réduit aux biocarburants issus de la biomasse, devant s'éteindre automatiquement à la date à laquelle le droit de l'Union européenne imposerait aux États de respecter une obligation juridiquement contraignante de mise sur le marché d'une part, minimale de biocarburants. En vertu de la directive 2009/28, il s'agit du 1er décembre 2020 puisque ce texte impose à cette date une obligation de consommation de 10 % des produits en cause dans chaque État membre[(169)].

Ces dérogations aux minima communautaires de taxation, prises sous forme d'exonérations, réductions, différenciations ou réductions de taxe, ne sont toutefois possibles que si elles sont acceptées expressément par la Commission. Comme le rappelle l'article 26 de la directive 2003/96, l'État demandeur n'échappe pas tout d'abord à la procédure d'autorisation préalable des aides d'État[(170)], qui s'applique ici de plein droit, sans préjudice du caractère fiscal de l'aide. En d'autres termes, l'information communiquée à la Commission en vertu de la directive ne dispense pas les États membres de l'obligation de notification prévue par les règles du traité sur le fonctionnement de l'Union européenne sur les aides d'État : la Commission est donc censée évaluer le dispositif en utilisant les critères traditionnels d'estimation des effets positifs ou négatifs de l'aide sur le marché intérieur. Nonobstant, elle ne peut s'en contenter car, en raison de la nature fiscale de l'aide, elle doit, par surcroît, vérifier que celle-ci répond aussi aux exigences du droit fiscal communautaire. En résumé, cette catégorie particulière d'aide d'État fait donc l'objet d'un double verrouillage au titre du droit de l'Union européenne.

La demande de dérogation fiscale entre donc dans le champ de deux régimes juridiques distincts. D'une part, parce qu'elle est *a priori* constitutive d'une aide publique, elle relève de la procédure traditionnelle de contrôle des aides d'État. D'autre part, parce qu'elle se situe dans le champ des directives européennes sur les accises, elle est concernée par les procédures spécifiques d'autorisation organisées par les textes. Consciente de la complexité de la situation, la Commission a voulu

(169) Directive 2003/96, art. 16.6.

(170) TFUE, art. 107.3.

y mettre de l'ordre, de façon à améliorer la sécurité juridique des différents acteurs. Elle a ainsi décidé en 2004 d'instaurer une procédure *ad hoc* d'examen des demandes officielles de dérogation fiscale(171). Le dispositif se veut notamment plus clair et plus rationnel et met en place à cette fin un « guichet unique » pour les demandes étatiques : la Direction générale de la fiscalité et de l'Union douanière (TAXUD), qui assume le rôle de chef de file pour la Commission dans le traitement des demandes de dérogation. La Commission a précisé que l'examen qu'elle doit effectuer prend en considération, conformément à l'article 19 de la directive 2003/96, « notamment, le bon fonctionnement du marché intérieur, la nécessité d'assurer une concurrence loyale et les politiques communautaires de la santé, de l'environnement, de l'énergie et des transports ». Autrement dit, l'aide fiscale est évaluée dans le cadre d'une approche globale, de nature à empêcher que les prises de position des différents services de la Commission intéressés – en l'occurrence ceux chargés de la concurrence et ceux chargés de la fiscalité et du marché intérieur – soient contradictoires.

Cette dualité du régime juridique applicable aux mesures de défiscalisation frappant des produits énergétiques issus de sources renouvelables est notablement illustrée par le contentieux « BP Chemicals »(172). Cet arrêt présente l'intérêt d'apporter des précisions importantes sur la notion de « projets pilotes », à laquelle font référence les directives 92/81 et 2003/96. En l'espèce, était en cause une mesure de défiscalisation décidée par la France en 1992 au bénéfice de certains biocarburants. Les autorités françaises et la Commission avaient jugé que les projets d'unités de production de biocarburants concernés par cette initiative répondaient à la condition prévue par les textes européens : il se serait agi de « projets pilotes » en raison, d'une part, de la faible taille des unités de production concernées, et parce que, d'autre part, la production de biocarburants ne représentait à cette époque en France qu'un peu plus de 1 % de la production de carburants d'origine fossile. Mais une société concurrente des entreprises bénéficiaires de la mesure allégua que la production française de biocarburants, en l'état déjà trop développée, ne correspondait pas au critère du « projet pilote ». Saisi du litige, le Tribunal de l'Union européenne va marquer la différence existant entre la marge d'appréciation que la Commission peut laisser aux États membres pour l'application de la notion de « projets pilotes visant au développement technologique de produits moins polluants », et le pouvoir d'appréciation qu'elle détient pour évaluer une aide au titre de l'article 107 du traité. Selon le juge, cette différence est même particulièrement accusée : ainsi, alors que le pouvoir conféré à la Commission par l'article 107 TFUE « suppose que celle-ci réalise des appréciations discrétionnaires relatives à des situations économiques et sociales complexes, ne devant faire l'objet que d'un contrôle juridictionnel restreint, l'appréciation d'une application de la disposition litigieuse de la directive 92/81 doit, en revanche, être exercée dans le cadre de l'interprétation plausible des notions législatives de caractère vague et indéterminée qui y figurent, appréciation relevant, en dernier ressort, de la compétence du juge communautaire ».

Partant, le contrôle de qualification juridique effectué par le juge de l'Union européenne à partir de la notion de « projets pilotes » est un contrôle poussé. Dans l'affaire « BP Chemicals », il a conduit d'ailleurs à une annulation partielle de la décision de la Commission acceptant l'aide fiscale, au motif que celle-ci ne visait pas un objectif de développement technologique des biocarburants mais était destinée à évaluer les performances économiques et les capacités industrielles des installations de production existantes. Le Tribunal de l'Union européenne a précisé qu'en tout état de cause rien ne s'opposait à ce qu'une telle défiscalisation fasse l'objet d'une décision prise en application de l'article 8.4 de la directive 92/81(173), qui permet au Conseil, statuant à l'unanimité sur

(171) *Europe énergie* 20 février 2004, n° 641.

(172) TPICE 27 septembre 2000, BP Chemicals, T-184/97, *Rec.* p. II-3145.

(173) Directive 2003/96, art. 19.

proposition de la Commission, d'autoriser tout État membre à introduire des exemptions ou des réductions supplémentaires des droits d'accises pour des raisons de politique spécifique.

Remarque

Symétriquement, l'article 8.5 de la directive prévoit que si la Commission considère que ces exonérations ne peuvent plus être maintenues, elle fait des propositions au Conseil.

La défiscalisation autorisée par le Conseil (directive 2003/96, art. 19)

Tenues de tirer les conséquences de l'arrêt « BP Chemicals », les autorités françaises ont décidé de suivre la voie suggérée par le Tribunal de l'Union européenne. Par lettre du 17 novembre 2000, la France a fait part à la Commission de sa demande de dérogation pour appliquer une exonération de taxe intérieure à la consommation sur les esters méthyliques d'huile végétale (EMHV) et sur les dérivés de l'alcool éthylique d'origine agricole. Au final, suite à la proposition de la Commission, le Conseil a décidé le 25 mars 2002[174] d'autoriser la France à appliquer temporairement (2000-2003) un régime d'exonération partielle de taxe intérieure de consommation sur les produits susmentionnés, pour des « raisons de politique spécifique ». Ainsi donc, dans le cadre de la procédure prévue à l'article 19 de la directive 2003/96, et même si la Commission est incontournable, c'est ici le Conseil qui consent, ou non, à la demande de détaxation. Pour éviter toute incohérence au fond entre les différentes décisions qui pourraient être prises, la Commission a indiqué, toujours en 2004, que sa décision « aide d'État » ne pouvait être antérieure à la décision du Conseil.

Remarque

L'article 19.1 de la directive 2003/96 indique que dans les 3 mois qui suivent la réception de toutes les informations pertinentes et nécessaires, la Commission soit présente une proposition au Conseil, soit informe celui-ci des raisons pour lesquelles elle n'a pas proposé l'autorisation.

Sur le régime juridique des détaxations d'accises énergétiques susceptibles d'être validées par le Conseil, on fera trois dernières précisions. D'abord, on relève que, par rapport au texte précédent de la directive 92/81, l'article 19 de la directive 2003/96 a étendu le délai dans lequel les États membres peuvent demander un examen plus approfondi de leurs demandes de défiscalisation (il passe de 2 à 3 mois), et a supprimé la possibilité d'approbation tacite des demandes de dérogation. Ensuite, il faut noter que les dérogations sont limitées *ratione temporis :* ainsi l'article 19.2 limite à 6 ans la période d'exonération et prévoit que ces facilités fiscales ne peuvent plus être accordées après le 31 décembre 2012 – celles accordées sur le fondement de la directive 2003/96 prenant fin au plus tard en 2018. Enfin, il sera signalé que l'article 18 de la même directive permet aux États membres, sous réserve là encore de l'existence d'un examen préalable par le Conseil, et sur proposition de la Commission, de maintenir les taux réduits des exonérations et taxations visées à l'article 18.1, taux dont les montants sont précisés pour chaque État membre à l'annexe 2 de la directive (pour la France, l'annexe reprend les conditions générales fixées par le Conseil en 2002).

b. La compatibilité de la défiscalisation au regard de l'harmonisation communautaire de la TVA

Cette défiscalisation est elle-même encadrée par le droit de l'Union européenne. La clef de voûte du régime figure à l'article 12.3 de la 6e directive modifiée relative au système commun de

(174) Décision 2002/266.

TVA[175]. Ce texte prévoit[176] un taux normal de TVA ne pouvant être inférieur à 15 %, tout en autorisant[177] les États membres à appliquer un taux réduit de TVA (qui ne peut être inférieur à 5 %) pour les opérations d'achat, d'importation, d'acquisition intracommunautaire, de vente, de livraison, de commission ou de courtage portant sur un certain nombre de biens, listés en son annexe H.

Remarque

Il doit être rappelé que les produits énergétiques, y compris l'électricité, sont considérés dans leur ensemble comme des biens.

L'application de taux réduits est une méthode permettant d'accroître la consommation des produits et services concernés et constitue en ce sens un vecteur de croissance potentiel pour toutes les filières énergétiques liées aux sources d'énergie renouvelables[178].

À cet égard, il faut en premier lieu signaler que l'annexe H inclut expressément les produits d'origine agricole et sylvicole n'ayant subi aucune transformation, ce qui couvre notamment une partie de la biomasse verte utilisée le cas échéant à des fins énergétiques, ainsi de plein droit éligible au taux réduit. Il faut en second lieu relever que l'article 12.b de la même directive fut longtemps interprété comme ne permettant l'application du taux réduit qu'aux seuls abonnements aux fournitures de gaz naturel et d'électricité : dans le silence des textes, on en déduisait que les ventes de chaleur ainsi que les abonnements aux réseaux de chaleur, utilisant notamment les sources d'énergie renouvelables, étaient par hypothèse soumis au taux normal. Pressé par la Commission et le Parlement européen de modifier cette différence de traitement fiscal[179], le Conseil a finalement décidé en février 2006 de réviser la 6e directive de façon à intégrer expressément les réseaux de chaleur dans l'option des taux réduits, au même titre que la fourniture d'électricité et de gaz ; le texte impose cependant aux États une information *ex ante* de la Commission, chargée de vérifier l'existence d'un risque de distorsion de concurrence.

Remarque

Dans sa proposition de directive du 23 juillet 2003 visant à modifier la directive 77/238 en ce qui concerne le champ d'application des taux réduits de TVA, la Commission mentionnait la livraison de chaleur distribuée en réseau dans la liste des biens et services pouvant bénéficier du taux réduit.

Il est à noter que la livraison de biogaz dans le cadre d'une injection dans les réseaux de gaz naturel n'est pas *a priori* concernée par cette diminution éventuelle de taux de TVA.

§2. Le contexte spécifique : la libéralisation du marché des énergies de réseaux

Outre qu'elles s'inscrivent dans le cadre des règles générales du marché intérieur européen, les énergies des grands réseaux (électricité et gaz) font l'objet d'un régime de libéralisation spécifique destiné à rendre plus « effectives » les libertés que le traité sur le fonctionnement de l'Union européenne garantit aux différents acteurs du marché[180]. Ces règles ont pour objet d'accentuer le

(175) Directive 77/388, 17 mai 1977, préc.

(176) Lettre a.

(177) Lettre b.

(178) Voir *infra* p. 566 et s. et p. 637 et s.

(179) « Rapport du Parlement européen contenant des recommandations à la Commission sur l'utilisation de sources d'énergie renouvelables à des fins de chauffage et de réfrigération », doc. 2005/2122 (INI), point g.

(180) Directive 2003/54 du 26 juin 2003, concernant des règles communes pour le marché de l'électricité, considérant 4.

degré d'ouverture du marché, en d'autres termes de créer un « marché intérieur unique dans le secteur de l'énergie »[(181)]. Cette politique de libéralisation œuvre à des objectifs multiples, à titre principal l'amélioration de la sécurité des approvisionnements, la réduction des coûts, le renforcement de la compétitivité économique[(182)]. À ces fins, les mesures adoptées ont une double vocation : l'ouverture du marché de ces deux énergies à une plus grande concurrence et l'intensification des échanges transeuropéens d'électricité et de gaz. La mise en place de ce marché européen de l'énergie a décloisonné des marchés nationaux dominés par des acteurs économiques souvent situés en position de monopole et la plupart du temps contrôlés par l'État au nom du principe de l'indépendance énergétique nationale. Un rôle clef a été confié à des autorités de régulation, chargées d'assurer la non-discrimination, de veiller à la concurrence effective et au fonctionnement efficace du marché.

Remarque

Les textes adoptés concernent les pays de l'Union européenne et de l'Espace économique européen (EEE). Le traité sur la Charte de l'énergie (Lisbonne, 1994), qui concerne les pays d'Europe occidentale, centrale, orientale et les États de la CEI, n'impose pas le même degré d'ouverture des marchés, mais a pour vocation d'éliminer les barrières aux échanges, aux investissements et au transit d'électricité et de gaz.

Les textes se sont agglomérés dans le temps, ce qui donne la mesure de la progressivité d'une démarche qui entend permettre aux entreprises de s'adapter et qui tient compte des différentes structures de marché dans les États membres[(183)]. Une première série de directives voit le jour au tout début de la décennie 1990[(184)], puis une autre à sa fin, constituée par les directives 96/92 du 19 décembre 1996 concernant des règles communes pour le marché intérieur de l'électricité, et 98/30 du 22 juin 1998 concernant les règles communes pour le marché intérieur du gaz, dont il a été dit qu'elles incarnaient « une nouvelle phase de libéralisation »[(185)]. Une troisième vague de directives apparaît au début des années 2000 : la directive 2003/54 du 26 juin 2003 concernant des règles communes pour le marché de l'électricité et abrogeant la directive 96/92 et la directive 2003/55 du 26 juin 2003 concernant des règles communes pour le marché intérieur du gaz et abrogeant la directive 98/30. La Commission européenne annonçait dans son livre vert du 8 mars 2006 consacré à l'élaboration d'« une stratégie européenne pour une énergie sûre, compétitive et durable »[(186)] une nouvelle salve de textes afin d'« achever le marché intérieur de l'électricité et du gaz » : elle s'est effectivement engagée dans cette voie en proposant en 2007 un troisième « paquet énergie » (ici trois règlements et deux directives), destiné à compléter les règles existantes. Au sein de ce paquet législatif, deux textes émergent tout particulièrement : la directive 2009/72 concernant des règles communes pour le marché intérieur de l'électricité (ci-après directive électricité) et la directive 2009/73 concernant des règles communes pour le marché intérieur du gaz

(181) Directive 90/547, 29 octobre 1990, relative au transit d'électricité sur les grands réseaux, considérant 1.

(182) Résolution du Conseil 16 septembre 1986 concernant de nouveaux objectifs de politique énergétique communautaires pour 1995 et la convergence des politiques des États membres, *JO* C 241 du 25 septembre 1986.

(183) Sur ce processus, voir M.-L. Basilien-Gainche, « La libéralisation communautaire des marchés de l'électricité et du gaz », *AJDA* 2007, p. 74.

(184) Directive 90/377, 29 juin 1990, instaurant une procédure communautaire assurant la transparence des prix au consommateur final industriel de gaz et d'électricité ; directive 90/547, 29 octobre 1990, relative au transit d'électricité sur les grands réseaux ; directive 91/296, 31 mai 1991, pour le transit du gaz naturel.

(185) Directive 96/92, considérant 39. Voir aussi F. Hamon, « Le marché intérieur de l'électricité : les directives électricité et gaz naturel », *AJDA* 1998, p. 852.

(186) COM (2006) 105 final.

(ci-après directive gaz)[187] ; ils ont en particulier renforcé la désintégration des entreprises intégrées et accru l'indépendance des autorités de régulation.

Les textes européens ont leur réplique au niveau des États membres. En France, les dispositions visant à se mettre en conformité avec les contraintes européennes résultent d'une série de lois. L'ouverture à la concurrence a d'abord concerné l'électricité sur le fondement de la loi n° 2000-108 du 10 février 2000 relative à la modernisation et au développement du service public de l'électricité[188]. Le marché du gaz a subi la même évolution avec la loi n° 2003-8 du 3 janvier 2003 relative aux marchés du gaz et de l'électricité et au service public de l'énergie[189]. Un degré supplémentaire d'ouverture du marché a encore été effectué d'abord sur la base de la loi n° 2004-803 du 9 août 2004 relative au service public de l'électricité et du gaz et aux entreprises électriques et gazières[190], puis sur celle de la loi n° 2006-1537 du 7 décembre 2006 relative au secteur de l'énergie, ces deux textes ayant poursuivi le processus de transposition des directives européennes, et modifié notamment le statut des opérateurs historiques (EDF et GDF). Plus récemment, la loi n° 2010-1488 du 7 décembre 2010 relative à la nouvelle organisation du marché de l'électricité (NOME) a renforcé les conditions de concurrence entre les différents acteurs du secteur électrique, en prévoyant un accès réglementé à l'électricité nucléaire historique (ARENH) au profit des fournisseurs alternatifs d'électricité, enfin l'ordonnance n° 2011-504 du 9 mai 2011 portant codification de la partie législative du code de l'énergie a effectué la transposition du « troisième paquet » du marché intérieur européen de l'énergie.

La libéralisation du marché énergétique réalise une transformation majeure de ce secteur clef de l'économie. Réservée aux énergies des grands réseaux, la déréglementation concerne par prétérition toutes les énergies capables d'intégrer les réseaux et contribue en particulier à créer un contexte légal implicitement sinon explicitement favorable au développement de celles provenant de sources renouvelables.

I. Un contexte implicitement favorable au développement des énergies renouvelables

La libéralisation du marché des énergies de réseaux consiste à ouvrir à la concurrence les activités de production et de fourniture d'énergie, ainsi que les services énergétiques. Ce faisant, tandis qu'elle est censée permettre à de nouveaux producteurs de s'installer sur le marché, elle doit aussi augmenter à proportion la liberté de choix du consommateur quant à ses fournisseurs. Or, ce nouveau contexte juridico-économique s'avère *a priori* plutôt favorable au développement des énergies renouvelables, ceci à un triple point de vue.

A. Le libre choix du fournisseur

La libéralisation introduit la possibilité pour le client final – celui qui achète pour sa propre consommation –, mais aussi pour le gestionnaire du réseau de transport, de choisir son fournisseur d'énergie, et donc de se tourner le cas échéant vers celui qui offre sur le marché une énergie de source renouvelable.

(187) Directive 2009/72 du 13 juillet 2009 ; directive 2009/73 du 13 juillet 2009.

(188) S. Matharan, P. Pintat, « La libéralisation du secteur de l'électricité et la mise en concurrence des contrats de founiture », *CJEG* 2001, n° 581, p. 431.

(189) S. Nicinski, P. Pintat, « La libéralisation du secteur gazier », *AJDA* 2003, p. 223.

(190) A. Le Gall, « La loi sur les industries électriques et gazières : le changement dans la continuité », *JCP E* 2004, n° 1638.

1. Par le client final

Avant les directives de libéralisation, le droit communautaire tolérait encore les droits exclusifs d'importation d'électricité(191). Mais le droit dérivé a fini par exiger la suppression, lorsqu'ils existaient, des monopoles d'importation et d'exportation afin de permettre aux consommateurs de s'approvisionner auprès du fournisseur de leur choix, éventuellement celui d'un autre État membre. Cette ouverture du marché ne s'est pas opérée d'un coup, mais par des avancées successives : le libre choix du fournisseur a été d'abord réservé à des clients dits « éligibles », puis définitivement consacré pour tous les consommateurs. La notion d'éligibilité gazière a connu une évolution comparable.

Remarque

En matière électrique, la directive 96/92 pose le principe d'un libre choix au profit des seuls clients éligibles qui sont ici les clients finaux consommant au moins 40 GW/h par an et par site de consommation. Puis l'éligibilité électrique va progressivement s'élargir sur le fondement de la directive 2003/54 : d'une part, à compter du 1er juillet 2004, tous les consommateurs non résidentiels, c'est-à-dire ceux achetant de l'électricité non destinée à leur usage domestique, sont clients éligibles, d'autre part, à partir du 1er juillet 2007, le principe du libre choix du fournisseur est proposé à tous les consommateurs. Pour la France, la loi n° 2003-8 du 3 janvier 2003 a fixé le principe de l'éligibilité totale au 1er juillet 2007 : depuis lors, tous les consommateurs électriques sont libres de choisir leurs fournisseurs (voir décret n° 2007-1058, 29 juin 2007, modifiant décret n° 2000-456, 29 mai 2000, relatif à l'éligibilité des consommateurs d'électricité et portant application de l'article 22 de la loi n° 2000-108, 10 février 2000, relative à la modernisation et au développement du service public de l'électricité).

En matière gazière, la directive 98/30, transposée par la loi française du 3 janvier 2003, impose aux États membres de reconnaître deux catégories de clients éligibles : d'une part, les producteurs d'électricité à partir du gaz quel que soit leur niveau de consommation annuelle de gaz, d'autre part, tous les clients finaux consommant plus de 25 millions de mètres cubes de gaz par an et par site de consommation. Toutefois, l'éligibilité est ici aussi construite comme une notion extensivement évolutive : ainsi la directive 2003/55 a retenu la date du 1er juillet 2007 pour une ouverture totale des marchés du gaz naturel à tous les clients, y compris résidentiels (voir décret n° 2007-1057, 29 juin 2007, modifiant décret n° 2004-250, 19 mars 2004, relatif à l'autorisation de fourniture de gaz ; décret n° 2004-251, 19 mars 2004, relatif aux obligations de service public dans le secteur du gaz ; décret n° 2003-302, 1er avril 2003, relatif à l'éligibilité des consommateurs de gaz).

Cependant, les directives européennes n'ont jamais fait de l'accès au marché libre une obligation pour les consommateurs (principe de l'éligibilité non forcée). Leur but est tout simplement d'élargir l'offre de consommation. Dès lors, aussi longtemps que durera la coexistence d'un marché aux tarifs réglementés et d'un marché libéré, le libre choix du fournisseur sera un droit et non une obligation. En France, particuliers et entreprises peuvent ainsi choisir de ne pas exercer l'éligibilité et conserver alors la possibilité d'acheter leur électricité auprès de distributeurs désignés par l'État, à des tarifs réglementés(192).

Remarque

Les tarifs réglementés ne sont pas interdits par les directives européennes : « les États membres peuvent imposer aux entreprises du secteur de l'électricité, dans l'intérêt économique général, des obligations de service public qui peuvent porter sur [...] le prix de la fourniture » (directive 2009/72, art. 3.2.) ; mais ils doivent être limités *ratione materiae* (réservés à des consommateurs méritant une protection spécifique) et *ratione temporis* (voir CJUE 20 avril 2010, Federutility, C-265/08, *Rec.* p. I-3377).

Il est difficile d'affirmer que la liberté de choix progressivement offerte à tous les types de consommateurs va profiter à coup sûr à l'électricité renouvelable. Le dispositif des garanties d'origine permet sans nul doute de renforcer cette évolution si elle doit avoir lieu(193).

(191) CJCE 23 octobre 1997, Com. c/ Pays-Bas, C-157/94, *Rec.* p. I-5699.

(192) Loi 7 décembre 2006, art. 3.

(193) Voir *infra* p. 644 et s.

Remarque

En tout état de cause, la Commission a constaté que les effets de l'ouverture du marché à la concurrence sont acuellement quasi-nuls pour les consommateurs : c'est en Norvège, aux Pays-Bas et au Royaume-Uni, que les taux de changements de fournisseurs sont les plus élevés, ces taux restant faibles, voire nuls sur les autres marchés(194).

2. Par le gestionnaire du réseau de transport

La logique libérale étend le principe du libre choix du fournisseur d'électricité au profit du gestionnaire du réseau de transport d'électricité dans le cadre particulier de la pratique connue sous le nom de « compensation des pertes ». Ce terme désigne le fait qu'une partie de l'électricité circulant dans le réseau de transport se transforme en chaleur, ce qui provoque une perte d'énergie (environ 2,4 % des flux), qu'il faut compenser afin d'équilibrer les injections et les soutirages. Or, la loi du 3 janvier 2003(195) autorise le gestionnaire du réseau de transport d'électricité à compenser cette perte et lui permet aussi en ce domaine, conformément à l'esprit des directives européennes de libéralisation, de négocier avec les producteurs et fournisseurs de son choix.

B. L'accès des tiers aux réseaux

L'un des éléments clefs de la réalisation du marché intérieur de l'énergie réside dans l'obligation imposée aux États de mettre les réseaux d'électricité et de gaz, anciennement réservés aux monopoles nationaux ou régionaux, à la disposition des tiers. C'est à ce titre que les directives communautaires ont mis en place le système dit « ATR » (accès des tiers aux réseaux). Or, cette mesure symbolique d'ouverture des réseaux est aussi une condition essentielle sinon préalable à une véritable concurrence sur le marché.

À titre liminaire, il importe de rappeler que les textes de l'Union européenne distinguent essentiellement deux types de réseaux : les réseaux de transport aux fins de fourniture à des clients finaux ou à des distributeurs, mais ne comprenant pas la fourniture d'énergie (la fourniture s'entendant comme la vente, y compris la revente, d'électricité à des clients), et les réseaux de distribution qui englobent le transport de l'énergie sur des réseaux locaux et ne comprennent pas davantage la fourniture de l'énergie concernée. En considérant que les mesures d'ouverture de ces réseaux ont vocation à profiter à toutes les entreprises désireuses d'entrer sur le marché de la production et de la fourniture d'électricité ou de gaz, on peut penser qu'elles concernent tout particulièrement les nouveaux producteurs, souvent indépendants, d'énergie renouvelable. Pour ces nouveaux arrivants sur le marché, la réalité de l'ouverture des réseaux est surtout fondée sur le fait que celle-ci doit s'opérer dans le respect du principe de non-discrimination, ce qui suppose la réunion d'un certain nombre de conditions.

Remarque

La directive gaz évoque aussi le cas particulier des « réseaux de gazoducs en amont », qui sont des réseaux exploités et/ou construits dans le cadre d'un projet de production de pétrole ou de gaz, ou utilisés pour transporter du gaz naturel d'un ou plusieurs sites de production de ce type vers une usine ou un terminal de traitement ou un terminal d'atterrage final.

1. Le principe de l'accès non discriminatoire aux réseaux

Le principe selon lequel l'accès aux réseaux doit s'effectuer dans des conditions non discriminatoires est itérativement posé par le droit de l'Union européenne. La directive électricité impose par

(194) Voir « Rapport d'étape sur l'état d'avancement de la création du marché intérieur du gaz et de l'électricité », 11 mars 2009, COM (2009) 115 final.

(195) Art. 45, modifiant loi n° 2000-108, art. 15.III, codifié C. énergie, art. L. 321-11.

exemple au gestionnaire de réseau de s'abstenir de toute discrimination entre les utilisateurs du réseau ou les catégories d'utilisateurs du réseau, notamment en faveur de ses filiales ou de ses actionnaires. C'est en ce sens aussi que l'article 4 du règlement 1228/2003 du 26 juin 2003 sur les conditions d'accès au réseau pour les échanges transfrontaliers d'électricité exige, l'établissement de redevances « non discriminatoires et transparentes » pour l'utilisation du réseau, y compris les lignes d'interconnexions. Le même principe joue encore s'agissant des conditions d'accès des tiers aux réseaux de gaz naturel(196). En ce domaine toutefois, parce que l'injection de gaz de source renouvelable dans les réseaux est encore techniquement aléatoire, les textes restent prudents : « les États membres devraient adopter des mesures concrètes pour accompagner une utilisation accrue du biogaz et du gaz provenant de la biomasse, dont les producteurs devraient se voir garantir un accès non discriminatoire au réseau gazier, à condition que cet accès soit en permanence compatible avec les règles techniques et les normes de sécurité applicables »(197). Dans le même esprit, l'article 3 de la loi française du 3 janvier 2003 permet au gestionnaire du réseau de distribution de refuser de conclure un contrat d'accès pour « des motifs techniques tenant à l'intégrité et à la sécurité des réseaux »(198).

La Cour de justice de l'Union européenne a précisé que ces dispositions du droit dérivé sont des « expressions particulières du principe général d'égalité »(199), principe fondamental du droit européen(200) imposant que des situations comparables ne soient pas traitées de manière différente à moins qu'une telle différenciation ne soit objectivement justifiée. Cette interdiction de discrimination s'oppose par exemple à une mesure nationale qui alloue à une société un accès prioritaire au réseau de transport transfrontalier d'électricité, empêchant les concurrents d'importer de l'électricité et d'exécuter la fourniture d'électricité à laquelle ils s'étaient engagés envers leurs clients à la suite de la libéralisation du marché, ceci *a fortiori* dans un pays comme les Pays-Bas où la production nationale d'électricité est quasi inexistante et où le jeu de la concurrence ne peut donc en pratique s'exercer que par l'électricité produite à l'étranger(201).

On n'ignore pas qu'en outre, pour cette juridiction, il est admis que les situations différentes n'ont pas à être traitées de la même manière. Cette règle est notamment rappelée dans un arrêt du 14 avril 2002(202), dans lequel la Cour considère que la majoration de la redevance pour l'accès et l'utilisation du réseau italien de transport d'électricité imposée par le droit italien aux centrales hydroélectriques et géothermiques vise en réalité à compenser les avantages concurrentiels dont bénéficient les installations en question au titre du nouveau contexte juridique résultant de la libéralisation du marché ; partant, parce qu'elles sont placées dans une situation différente de celle des autres entreprises intervenant dans le secteur énergétique, les centrales en question ne sont pas fondées à se plaindre d'un système de redevances différenciées.

Le principe de non-discrimination ne souffre que d'exceptions très résiduelles. Il est à remarquer que certaines ont été forgées pour le meilleur profit de la production d'énergie renouvelable. C'est ainsi que l'article 12 de la directive 2009/72 impose au gestionnaire de réseau d'exercer ses missions « en accordant toute l'attention requise au respect de l'environnement ». C'est ainsi

(196) Règlement 715/2009 du 13 juillet 2009 concernant les conditions d'accès aux réseaux de transport de gaz naturel, art. 1.

(197) Directive 2009/73, considérant 26.

(198) Codifié C. énergie, art. L. 111-103.

(199) CJCE 14 avril 2002, AEM SpA et AEM Torino SpA c/ AEEG, C-128/03 et C-129/03, préc.

(200) TFUE, art. 18.

(201) CJCE 7 juin 2005, VEMW et a., C-17/03, *Rec.* p. I-4983.

(202) C-128/03 et C-129/03, AEM SpA et AEM Torino SpA c/ AEEG, préc.

encore que l'article 15 de la même directive exige qu'il se conforme en particulier aux règles de l'article 16 de la directive 2009/28 énergie renouvelable, sachant que cette disposition requiert, quant à elle : d'une part, que l'accès de l'énergie d'origine renouvelable aux réseaux électriques soit, au choix, « prioritaire » ou « garanti » ; d'autre part, que, lorsque les gestionnaires de réseau appellent les installations de production, que les États membres fassent en sorte que ceux qui gèrent les réseaux de transport « donnent la priorité à celles qui utilisent des sources d'énergie renouvelables ». Il faut relever l'originalité de ces dispositions qui participent d'une logique de discrimination positive en faveur de l'énergie renouvelable(203).

Remarque

L'« appel » des installations de production vise l'hypothèse, très spécifique, dans laquelle le gestionnaire de réseau fait appel à des producteurs afin d'assurer l'équilibre entre l'offre et la demande (voir directive 2009/72, art. 37.6 c) ; le gestionnaire est ainsi amené à remplir la mission de garantie de la sécurité d'approvisionnement dont les textes l'ont chargé (voir directive 2009/72, art. 12 c)).

2. Les conditions d'un accès non discriminatoire aux réseaux

L'effectivité du principe de non-discrimination repose principalement sur deux éléments : en premier, l'existence d'instances chargées d'en assurer la garantie, en second, la distinction juridique, fonctionnelle voire patrimoniale entre, d'une part, les entités chargées d'acheminer l'énergie sur les réseaux et, d'autre part, les entreprises commercialisant de l'énergie sur ces réseaux (production et vente), alors qu'auparavant ces deux activités étaient la plupart du temps intégrées et globalisées dans une même entreprise.

a. Les garants du principe

Le rôle des gestionnaires de réseaux

La fonction de garantir la non-discrimination entre utilisateurs ou catégories d'utilisateurs des réseaux d'électricité ou de gaz appartient *prima facie* aux gestionnaires des réseaux, dont les directives électricité et gaz imposent la désignation par et au sein de chaque État membre(204). Les articles 6.3 (pour les gestionnaires de réseaux de transport(205) et 15.3 (pour les gestionnaires de réseaux de distribution) (codifié C. énergie, art. L. 111-61) de la loi du 9 août 2004 ont mis à leur charge l'adoption d'un « code de bonne conduite » contenant les mesures d'organisation interne prises pour prévenir les risques de pratiques discriminatoires en matière d'accès des tiers au réseau ; il est également prévu que l'autorité de régulation publie chaque année un rapport sur le respect de ces règles par les gestionnaires(206).

L'intégration en particulier de l'énergie renouvelable dans les réseaux publics dépend toutefois, nécessairement, de la capacité d'accueil de ces derniers. Mais la nouvelle directive électricité de 2009 apporte sur ce plan des garanties intéressantes pour les producteurs concernés, en imposant au gestionnaire ou, s'il n'est pas le gestionnaire, au propriétaire du réseau de développer l'infrastructure de transport d'électricité de telle sorte qu'elle soit en mesure d'accueillir les nouveaux opérateurs(207) ; elle lui impose encore d'élaborer, en fonction de l'offre et de la demande existantes et à prévoir, un plan décennal de développement du réseau faisant apparaître les investissements

(203) Sur cet accès prioritaire ou garanti aux réseaux, voir aussi *infra* p. 619 et s.

(204) Directive électricité, art. 9, et directive gaz, art. 9.

(205) Codifié C. énergie, art. L. 111-22.

(206) C. énergie, art. L. 134-15.

(207) Directive 2009/72, art. 13

nécessaires au renforcement ou à l'extension des infrastructures électriques(208). Cette obligation de dimensionner *ex ante* le réseau aux nouvelles capacités de production électrique a pour corollaire l'interdiction pour le gestionnaire de refuser le raccordement d'un candidat à la production en alléguant la sous-capacité des réseaux(209).

Le rôle des autorités nationales de régulation

L'existence d'une régulation efficace assurée par une ou plusieurs autorités nationales constitue aussi un élément essentiel pour un accès libre et non discriminatoire aux réseaux(210). C'est dans cet esprit que les autorités de régulation, dont les directives européennes imposent la mise en place, sont conçues. Or, il faut là encore observer que le rôle de ces autorités, qui consiste de façon générale à veiller au respect du principe de non-discrimination, notamment dans l'accès des tiers aux réseaux, peut également servir le développement des énergies de sources renouvelables. L'évolution législative est sur ce point notable puisque, dans la version la plus récente des directives, ces autorités se voient imposer la mission de « faciliter l'accès au réseau des nouvelles capacités de production, notamment en supprimant les obstacles qui pourraient empêcher [...] l'intégration de la production d'électricité à partir de sources d'énergie renouvelables »(211), ou bien encore de « promouvoir [...] l'intégration de la production de gaz, à grande ou à petite échelle, à partir de sources d'énergie renouvelables [...] tant dans les réseaux de transport que dans ceux de distribution »(212). Dans un sens encore plus clairement favorable à l'expansion des énergies renouvelables, la loi n° 2010-788 du 12 juillet 2010 dite « Grenelle 2 » inscrit l'exercice par la Commission de régulation de l'énergie (CRE) de sa mission de protection du bon fonctionnement des marchés de l'électricité et du gaz naturel dans le champ des objectifs de la politique énergétique de la France, et lui assigne dans cette perspective en particulier la charge de défendre « les objectifs de réduction des émissions de gaz à effet de serre, de maîtrise de l'énergie et de production d'énergie renouvelable »(213).

En France, la fonction de régulation du secteur des énergies de réseaux appartient en effet à la Commission de régulation de l'énergie, qui doit son existence à la loi du 10 février 2000, et son appellation à celle du 3 janvier 2003. La garantie d'un exercice indépendant de la mission de régulation de la part de cette autorité, et tout particulièrement d'un contrôle effectif du respect du principe de non-discrimination, peut notamment s'appuyer sur le statut particulier de cette autorité, qui relève de celui des autorités administratives indépendantes ; il est toutefois à noter qu'après avoir reçu en 2004 la personnalité morale et l'autonomie financière, la CRE a perdu la première de ces qualités avec la loi POPE de 2005. C'est l'une des raisons pour lesquelles on dit parfois que le statut de l'autorité de régulation française de l'énergie est « en retrait » par rapport à celui d'autres régulateurs européens(214).

Remarque

À l'égal par exemple de l'Autorité de régulation des télécommunications et du Conseil supérieur de l'audiovisuel, la CRE est indépendante du gouvernement, son autorité de contrôle étant le Parlement. L'indépendance et l'impartialité de la CRE sont consacrées par la loi (C. énergie, art. L. 133-6) ; l'article 117 de la loi de finances rectificative pour 2004 avait doté la CRE de la personnalité morale,

(208) Directive 2009/72, art. 22.

(209) Directive 2009/72, art. 23.2.

(210) V. J. Riffault-Silk, « La régulation de l'énergie : bilan et réformes », *RIDE* 1/2011, p. 5.

(211) Directive 2009/72, art. 36 e).

(212) Directive 2009/73, article 40 d).

(213) C. énergie, art. L. 131-1.

(214) H. Paulliat, *Énergies News* 5 juillet 2005, n° 105, p. 6.

mais elle s'est vu retirer cette qualité par la loi POPE du 13 juillet 2005 ; la loi NOME a modifié partiellement sa composition et ses pouvoirs (voir T. Tuot, « Nouvelle organisation du marché de l'électricité. À propos de la loi NOME du 7 décembre 2010 », *JCP G* 2011, n° 283).

La Commission de régulation de l'énergie joue un rôle essentiel pour notamment garantir l'accès de tous les opérateurs intéressés aux réseaux publics.

Elle fixe à cet effet les tarifs d'utilisation des réseaux publics de transport et de distribution d'électricité et de gaz naturel(215). Elle dispose également d'un pouvoir de décision concernant « les conditions de raccordement aux réseaux publics de transport et de distribution d'électricité »(216).

En outre, elle a compétence pour régler les différends mettant aux prises le gestionnaire du réseau de transport ou de distribution et les tiers, dès lors que ces différends sont liés à l'accès au réseau. Les directives européennes prévoient sur ce point que l'autorité de régulation peut être saisie par « toute partie ayant un grief à faire valoir contre un gestionnaire de transport ou de distribution »(217). L'article L. 134-19 du code de l'énergie a précisé le champ de la compétence de la CRE : un différend entre dans sa compétence à une double condition, tenant pour l'une à la qualité des parties en litige – il doit opposer « les gestionnaires et les utilisateurs des réseaux publics de transport ou de distribution » –, et pour l'autre à son objet – il doit porter sur « l'accès auxdits réseaux, ouvrages et installations ou à leur utilisation, notamment en cas de refus d'accès ou de désaccord sur la conclusion, l'interprétation ou l'exécution des contrats ». Dans ce contexte, l'autorité de régulation doit veiller notamment au respect par le gestionnaire du réseau public de ses obligations de traitement transparent et non discriminatoire des demandes de raccordement au réseau. En pratique, les litiges portent sur des questions extrêmement diverses, telles celles des tarifs appliqués, des conditions de raccordement (notamment en cas de refus d'accès ou de désaccord sur la conclusion, l'interprétation ou l'exécution d'un contrat ou d'un protocole)(218), ou bien encore du temps employé pour effectuer le raccordement, etc. Cette compétence spécifique de la CRE est exercée par le comité de règlement des différends et des sanctions (CoRDiS) dont les décisions peuvent être contestées devant la cour d'appel de Paris, et qui peut ordonner un sursis à éxecution.

La question de l'exclusivité de la compétence du CoRDiS pour traiter en particulier des litiges relatifs au raccordement aux réseaux est toutefois posée, ce alors que, comme le CoRDiS l'a lui-même reconnu, cette compétence n'est que « d'attribution »(219), et que certaines juridictions de l'ordre judiciaire (juge commercial) ou de l'ordre administratif se sont reconnues également compétentes sur le sujet(220). L'absence de compétence exclusive des autorités de régulation peut il est vrai se déduire de l'article 32 de la directive électricité, qui dispose : « les autorités de régula-

(215) C. énergie, art. L. 341-3 et L. 452-3 ; dans le seul cas où la délibération de la CRE ne tient pas compte des orientations de la politique énergétique, les ministres de l'économie et de l'énergie peuvent demander une nouvelle délibération à la CRE.

(216) C. énergie, art. L. 134-1 2°, voir par exemple la délibération de la Commission de régulation de l'énergie du 11 juin 2009 portant décision sur les règles d'élaboration des procédures de traitement des demandes de raccordement aux réseaux publics d'électricité et le suivi de leur mise en œuvre.

(217) Directive 2009/72, art. 37.11 ; directive 2009/73, art. 41.11.

(218) C. énergie, art. L. 134-19 à L. 134-24. Voir G. Bouquet, S. Beauvillard, « Le règlement des différends devant la Commission de régulation de l'énergie », *AJDA* 2004, p. 1 911 ; P.-F. Racine, « Le Comité de règlement des différends et des sanctions (CoRDiS) de la Commission de régulation de l'énergie. Premières leçons », *RJEP* n° 673, mars 2010, étude 4 ; R. Granjon, J. Lépée, « Le raccordement au réseau électrique et son contentieux », *AJCT* 2012, p. 24.

(219) Décision 19 octobre 2011, S[té] AGAT et Fils c./ERDF, *JO* 26 novembre 2011.

(220) Voir notamment CA Pau, 16 janvier 2012, ERDF c./SARL C. Énergies, n° 11/01711, *AJDA* 2012, p. 764, note L. Rapp.

tion, si les États membres le prévoient, ou les États membres, veillent à ce que [...] l'utilisateur du réseau auquel l'accès a été refusé puisse engager une procédure de règlement des litiges ».

Les décisions rendues par le CoRDiS et par sa juridiction de tutelle intéressent tout particulièrement l'accès des producteurs d'électricité d'origine renouvelable aux réseaux publics, qui sont en effet de plus en plus nombreux à se porter candidats à l'utilisation de ces derniers. Elles rendent compte à leur façon du mouvement d'intégration croissante de cette production dans les réseaux. On en retiendra en particulier les enseignements suivants :
– d'abord quant à l'objet des différends dont le CoRDiS peut être saisi, on constate que ce dernier s'en tient à une interprétation littérale des textes régissant sa compétence. C'est ainsi qu'il est compétent pour statuer sur les demandes relatives à l'accès ou à l'utilisation des réseaux ou sur des désaccords portant sur la conclusion, l'interprétation ou l'inexécution de certains contrats limitativement énumérés par le code de l'énergie, mais ne l'est pas en revanche pour connaître celles relatives aux conditions d'achat de l'électricité renouvelable(221) ;
– ensuite, lorsqu'ils sont saisis dans le cadre de leur compétence, le CoRDiS et la cour d'appel de Paris ont été amenés à préciser les obligations pesant sur les gestionnaires de réseaux et symétriquement les droits dont sont titulaires les candidats à l'utilisation de ces derniers. Ont ainsi été notamment établi(e)s ou clarifié(e)s :

• Les obligations du gestionnaire de réseau en matière de coût du raccordement(222).

• L'obligation pour les gestionnaires de réseaux de proposer au demandeur un schéma de raccordement au meilleur coût, le CoRDiS ayant à plusieurs reprises refusé pour ce motif la solution imposée d'un raccordement direct(223).

• Les motifs au titre desquels le gestionnaire d'un réseau public de distribution peut refuser l'accès aux réseaux publics : seuls ceux expressément et limitativement prévus par la loi peuvent fonder un tel refus ; ils doivent être liés soit au bon accomplissement des missions de service public, soit à des impératifs techniques tenant à la sécurité et à la sûreté des réseaux, et à la qualité de leur fonctionnement(224) ; n'en fait pas partie l'allégation selon laquelle une installation de production électrique, en l'espèce à partir de biomasse, est située en dehors de la zone de desserte exclusive du gestionnaire de réseau(225).

• L'obligation pour les gestionnaires de réseaux de respecter les procédures de raccordement qu'ils ont édictées, qui garantissent, sous le contrôle de l'autorité de régulation, un traitement transparent et non discriminatoire des utilisateurs(226). Par exemple, en exigeant du demandeur au raccorde-

(221) CoRDiS, Décision 12 décembre 2002, AESM, *JO* 22 janvier 2003, Décision 27 mars 2003, Papèterie de Bègles, *JO* 10 mai 2003, Décision 26 novembre. 2010, INTI Énergie c/ERDF, *JO* 10 mars 2011, Décision 21 janvier 2011, S[té] Nicodis c./ERDF, *JO* 19 avril 2011, Décision 19 octobre 2011, S[té] AGAT et Fils c./ERDF, préc.

(222) Pour des litiges entre des producteurs autonomes d'électricité renouvelable et le gestionnaire du réseau public au sujet du coût de prise en charge des compteurs : CA Paris, 1re ch., 13 décembre 2005, EDF c/ S[té] Nuages EURL, n° 2005/12406 – CA Paris, 1re ch., 13 décembre 2005, EDF c/ Usine hydroélectrique des forges de Lanouée, n° 2005/12409 – CA Paris, 1re ch., 13 décembre 2005, EDF c/ S[té] des chutes de l'Ain, n° 2005/12407 – CA Paris, 1re ch., 13 décembre 2005, EDF c/ S[té] du Moulin neuf, n° 2005/12408.

(223) Décision 2 octobre 2009, S[tés] Tembesc Tarascon et Biœnerg c./ERDF, *JO* 16 décembre 2009, confirmée CA Paris 1re ch., 7 avril 2011, ERDF c./Tembec Biœnerg, n° 2009-22783 – CA Paris 1re ch., 30 juin 2011, RTE c./SEPE Le Nouvion ea, n° 2010-17039 ; voir aussi CoRDiS, Décision 12 décembre 2012, Cogestar 2 c./ERDF, *JO* 13 janvier 2012.

(224) Loi n° 2000-108 du 10 février 2000, art. 23 al. 4, codifié C. énergie L. 111-93.

(225) CoRDiS, Décision 30 juillet 2009, Saipol c./RTE EDF, *JO* 8 septembre 2009.

(226) CoRDiS, Décision 23 janvier 2009, S[té] Couffrau Énergie c/ RTE EDF, *JO* 24 février 2009, Décision 16 décembre 2011, M. Noutary c./ERDF, *JO* 13 janvier 2012, Décision 16 décembre 2011, S[té] de La Croix Saint Genest de Noureuil c/ ERDF, *JO* 13 janvier 2012.

ment au réseau public de distribution d'électricité la production d'un titre d'exploitation de son installation de production photovoltaïque, le gestionnaire de réseau a fait une application irrégulière de la procédure applicable(227).

• La nature des obligations des gestionnaires de réseaux en matière de délai d'instruction des demandes de raccordement. Ces gestionnaires sont redevables d'une obligation « de moyen » et non de résultat, le non-respect du délai légal maximum de trois mois pour la remise d'une proposition technique et financière par le gestionnaire du réseau de distribution « si regrettable qu'il soit »(228) ne faisant pas naître, « dans le silence des textes », une proposition technique et financière implicite(229).

• Le contenu de l'obligation légale de transparence incombant aux gestionnaires de réseaux. Ces derniers y sont notamment astreints au stade de l'élaboration de la proposition technique et financière de raccordement ; ils doivent, dans ce cadre, en particulier soumettre au demandeur tous les éléments lui permettant de comprendre la solution de raccordement proposée(230). Au nom du devoir de transparence, le CoRDiS a également imposé au gestionnaire du réseau public de distribution de communiquer les éléments permettant de justifier de manière précise et circonstanciée les délais de renforcement des ouvrages du réseau et la durée des périodes d'effacement nécessités par l'entrée en file d'attente d'un projet photovoltaïque(231).

• Les conditions d'application de la réglementation dans le temps.

D'une part, du décret n° 2009-1414 du 19 novembre 2009 imposant des contraintes administratives nouvelles aux installations de production photovoltaïques au sol(232). Le gestionnaire du réseau public de distribution est en droit d'imposer aux sociétés candidates au raccordement le respect de la réglementation nouvelle. Mais, pour les projets déjà entrés en « file d'attente » à la date d'entrée en vigueur du décret, c'est sous la réserve de leur appliquer des « mesures transitoires appropriées aux délais nécessaires à l'obtention des autorisations désormais requises en matière d'urbanisme ou d'environnement »(233).

---

(227) CoRDiS, Décision 4 juin 2010, Sté JuWi ENR c/ ERDF, *JO* 9 juillet 2010.

(228) Retard regrettable en effet puisqu'il a pour résultat de retarder le déclenchement du mécanisme de l'obligation d'achat, et, en particulier, de rendre éventuellement applicables au contexte en cause les éventuelles modifications tarifaires décidées par le Gouvernement.

(229) CoRDiS, Décision 22 juin 2011, Sté Vol-V Solar c./ERDF, *JO* 17 août 2011 ; voir aussi Décision 19 octobre 2011, Sté AGAT et Fils c./ERDF, préc. ; CoRDiS, Décision 21 mars 2012, Sté Cap Solar Montélimar c./ERDF, *JO* 16 mai 2012.

(230) CoRDiS, Décision 12 décembre 2012, Cogestar 2 c./ERDF, préc.

(231) CoRDiS, Décision 4 juin 2010, Sté JuWi ENR c/ ERDF, préc.

(232) Sur ce décret voir aussi *supra* p. 227 et s.

(233) Un délai de 6 mois ne constitue pas un régime transitoire adapté, compte tenu du temps nécessaire à l'obtention des autorisations administratives nouvellement requises en matière d'urbanisme et d'environnement : CoRDiS, Décision 26 novembre 2010, Sté Norbert Dentressangle Développement durable (N3D) c./ERDF *JO* 10 mars 2011, Décision 24 octobre 2011, Stés Voltalia et Parc solaire de Montmayon c./ERDF, *JO* 26 novembre 2011, Décision 24 octobre 2011, Sté Soleol II c./ERDF, *JO* 26 novembre 2011. Dans le même sens, en fixant ce délai à 9 mois après l'entrée en vigueur du décret, et en prévoyant l'exclusion de plein droit des projets qui ne satisferaient pas à cette date aux règles nouvelles, et compte tenu pour le surplus des contraintes procédurales spécifiques propres à certains projet – en l'espèce l'obligation de soumettre le projet destiné à être implanté sur le territoire de la Corse à la consultation préalable de l'Assemblée de Corse, en application de l'article L. 4424-39 du CGCT –, ERDF a fixé une condition manifestement inadaptée : CoRDiS, Décision 19 novembre 2010, Sté Léonard Valentin c./ERDF, *JO* 10 mars 2011.

D'autre part, du décret n° 2010-1510 du 9 décembre 2010 suspendant l'obligation d'achat de l'électricité produite par certaines installations utilisant l'énergie radiative du soleil(234). Le CoRDiS a précisé en particulier dans le cadre de ce contexte juridique nouveau la date de notification par un producteur de son accord sur la proposition technique et financière(235). Il a confirmé par ailleurs l'applicabilité du décret en cause aux projets pour lesquels le producteur n'avait pas notifié son acceptation de la proposition technique et financière du gestionnaire de réseau avant le 2 décembre 2010, indiquant que la suspension de l'obligation d'achat prévue par ce décret n'est pas opposable aux projets bénéficiant d'une convention de raccordement signée des deux parties (gestionnaire de réseau et producteur) avant le 10 décembre 2010(236).

• L'étendue de la liberté du producteur, candidat à l'accès ou au raccordement aux réseaux.

D'une part, le producteur ne peut librement choisir le type de réseau (distribution ou transport) auquel il souhaite se raccorder(237).

D'autre part, le gestionnaire du réseau ne peut de son côté imposer à un producteur, souhaitant bénéficier du système d'obligation d'achat et dont les installations de production sont déjà indirectement raccordées *via* un réseau privé d'électricité, une solution de raccordement direct, celle-ci s'analysant comme un préalable technique non nécessaire « à l'exercice effectif du droit de ce producteur de bénéficier d'un contrat d'obligation d'achat », et « économiquement désavantageux » en raison du coût qu'il représente et des délais de réalisation qu'il suppose(238).

Il sera noté, enfin, que, lorsque cela s'avère nécessaire pour le règlement du différend, le CoRDiS peut imposer les modalités de l'accès aux réseaux(239).

b. Le dégroupage

Lorsqu'un consommateur d'électricité ou de gaz accède au marché libre de la fourniture d'énergie, il doit conclure non seulement un contrat de fourniture, mais aussi un contrat d'accès aux réseaux avec le gestionnaire du réseau de transport ou de distribution. La logique de non-discrimination dans l'accès aux réseaux a conduit l'Union européenne à imposer une séparation juridique, matérielle et comptable, et dans certains cas patrimoniale, entre les entreprises gérant les réseaux de transport et de distribution (activités régulées) et celles assurant la production et la fourniture (activités concurrentielles). Ce principe du dégroupage – ou découplage – a été renforcé par les directives électricité et gaz de 2009(240). La possession simultanée d'actifs dans le secteur de la production et celui du transport est en effet apparue comme un obstacle structurel à la libre concurrence. Alors que les directives 2003/54 et 2003/55 imposaient aux opérateurs énergétiques ayant une activité dans le domaine de l'approvisionnement ou de la production une séparation juridique de

(234) Sur ce décret voir aussi *infra* p. 607 et s.

(235) Décision 16 septembre 2011, M. Dépré c/ ERDF, *JO* 22 octobre 2011.

(236) Décision 19 décembre 2011, S^té^ Foncière Solarvoltaic c./ERDF, Décision 12 décembre 2011, S^té^ Centrale solaire de Colombiers c./ERDF, Décision 5 décembre 2011, S^té^ TSE et S^té^ Tomca c./ERDF, *JO* 13 janvier 2012.

(237) CoRDiS, Décision 30 juillet 2009, Saipol c./RTE EDF, préc. ; voir aussi dans le même esprit, CJCE 9 octobre 2008, J. Sabatauskas ea, C-239/07, *Rec.* p. I-7523 : la directive électricité 2003/54 doit être interprétée en ce sens qu'elle ne définit les obligations des États membres qu'en ce qui concerne l'accès et non le raccordement des tiers aux réseaux de transport et de distribution d'électricité ; elle ne prévoit pas que le système d'accès aux réseaux doivent permettre aux consommateurs de choisir de manière discrétionnaire le type de réseau auquel il souhaite se raccorder.

(238) CoRDiS, Décision 2 octobre 2009, S^tés^ Tembesc Tarascon et Biœnerg c./ERDF, préc., confirmée CA Paris 7 avril 2011, ERDF c./Tembec Biœnerg, préc. – CA Paris, 30 juin 2011, RTE c./SEPE Le Nouvion ea, préc. ; CoRDiS, Décision 12 décembre 2012, Cogestar 2 c./ERDF, préc.

(239) C. énergie, art. L. 134-20.

(240) Directive 2009/72, chapitre IV, directive 2009/73, chapitre III.

leurs activités de transport par la création de filiales, celles de 2009 consacrent la séparation patrimoniale, tout en admettant « qu'une entreprise de production ou de fourniture détienne une participation minoritaire dans un gestionnaire de réseau de transport ou dans un réseau de transport »[(241)]. Toutefois, les directives de 2009 n'imposent pas comme unique solution le transfert de propriété des réseaux à des entités distinctes des anciens monopoles. Elles consacrent en effet l'option du maintien au profit de ces derniers de la propriété des réseaux, en la subordonnant au respect de strictes conditions.

Quoi qu'il en soit, il est intéressant de noter que la Commission européenne a fait du dégroupage un des éléments clefs du développement de l'électricité de source renouvelable : ainsi sur un marché dégroupé, les gestionnaires de réseaux de transport et ceux de réseaux de distribution indépendants sont supposés « garantir à tous les producteurs un accès équitable au réseau et développer l'infrastructure de réseau selon une stratégie à long terme tenant compte de l'intégration des sources d'énergie renouvelables »[(242)].

En France, le gestionnaire du réseau ne peut donc plus être simultanément fournisseur d'énergie[(243)]. La loi du 9 août 2004[(244)] a confié la gestion du réseau de transport d'électricité à un organisme juridiquement distinct d'EDF, qualifié de gestionnaire du réseau de transport (RTE) : il s'agit d'une société anonyme dont le capital est toutefois détenu à 100 % par EDF, l'État ou d'autres organismes appartenant au secteur public, et qui a reçu les ouvrages du réseau de transport et les biens de toute nature liés à cette activité. La même loi a suscité une démarche identique s'agissant de la gestion du réseau de transport du gaz : depuis septembre 2002[(245)], ce réseau est géré, chacun pour la partie du territoire qui le concerne, à trois concessionnaires. Enfin, relativement à la gestion des réseaux de distribution, la loi du 7 juillet 2006 a renforcé leur séparation avec les activités de distribution : alors qu'antérieurement EDF et GDF devaient simplement mettre en place un service « indépendant » chargé de la gestion du réseau de distribution, désormais cette activité doit être filialisée, autrement dit assurée par une personne morale distincte[(246)] ; conformément aux directives communautaires, cette obligation est liée à seuil de 100 000 clients[(247)].

Le principe du dégroupage est acquis. Mais la subsidiarité accordée aux États par les règles européennes entraîne des disparités importantes s'agissant du degré de séparation des activités de transport et de distribution ou de l'efficacité de cette séparation. C'est la raison pour laquelle la Commission européenne estime que le degré d'ouverture des marchés nationaux à la concurrence est encore très inégal, alors pourtant qu'il importe que les dispositions des directives concernant le dégroupage soient mises en œuvre « dans leur intégralité, non seulement dans la lettre mais également dans l'esprit », notamment pour que le développement des sources d'énergie renouvelables ne soit pas entravé[(248)].

(241) Directive 2009/72, considérant 11, directive 2009/73, considérant 8.

(242) Communication de la Commission, « Aide en faveur de l'électricité produite à partir de sources d'énergie renouvelables », COM (2005) 627 final.

(243) C. énergie, art. L. 111-7.

(244) Art. 5, codifié C. énergie, art. L. 111-40 à L. 111-46.

(245) Loi n° 2001-1276, 28 décembre 2001, art. 81, codifié C. énergie, art. L. 111-47 à L. 111-50.

(246) Voir C. énergie, art. L. 111-51 à L. 111-56.

(247) C. énergie L. 111-57.

(248) Communication de la Commission, « Aide en faveur de l'électricité produite à partir de sources d'énergie renouvelables », préc.

C. L'assouplissement des conditions d'exercice de l'activité de production et de fourniture d'énergie

La disposition dont il s'agit ici est issue de la loi du 9 août 2004, dont on a dit le lien avec les directives européennes de libéralisation. Ce texte mérite un examen particulier au motif qu'il assouplit les conditions d'exercice de l'activité de production et de fourniture d'énergie de certains acteurs du marché des énergies de réseaux : les distributeurs non nationalisés (DNN). L'expression « DNN » est générique et historiquement marquée. Elle désigne les opérateurs de statut variable (régies, sociétés d'intérêt collectif agricole d'électricité, sociétés d'économie mixte), mis en place par les collectivités locales antérieurement à la date de promulgation de la loi n° 46-128 du 8 avril 1946, et qui ont été exclus de la nationalisation opérée par cette loi qui a nationalisé les activités de production, transport, distribution, importation et exportation d'électricité et de gaz. Depuis lors, ces entreprises interviennent de façon « autonome » dans les secteurs de la production ou de la distribution, soit d'électricité – on a pu dire en ce sens qu'ils étaient des « challengers » d'EDF[(249)] –, soit du gaz.

Or, le législateur français a estimé « souhaitable, au moment de l'adoption d'une nouvelle étape de l'ouverture des secteurs électrique et gazier, de favoriser le maintien de ces distributeurs en tant qu'acteurs sur le marché de la fourniture »[(250)]. L'innovation la plus importante figure à l'article 29 de la loi d'août 2004. Selon l'exposé des motifs, elle « vise à atténuer les contraintes juridiques de territorialité et de domaine d'activité pesant sur les DNN ». Ainsi, les DNN peuvent désormais créer un groupement d'intérêt économique ou fusionner, ou bien encore créer une société commerciale ou entrer dans le capital d'une société commerciale existante ayant pour objet les activités de production et de fourniture d'électricité ou de gaz, sachant que, dans les deux cas, chaque DNN peut intervenir en dehors du territoire de la collectivité qui l'a constitué[(251)]. Le lien entre ces nouvelles possibilités d'action et la production d'énergie renouvelable prend tout son relief lorsque l'on sait que les DNN interviennent très souvent dans les domaines de l'hydraulique, de la valorisation énergétique des déchets ou encore des réseaux de chaleur.

II. Un contexte explicitement favorable au développement des énergies renouvelables

Sur bien des points, la politique de libéralisation des énergies des grands réseaux inclut la problématique du développement des énergies renouvelables, en le soutenant explicitement. Cette politique apparaît donc bel et bien « spécifique », parce que « plus encore que toutes les autres mesures contribuant à l'achèvement du marché intérieur, [elle] ne doit pas être mise en œuvre dans la seule perspective d'une réduction des coûts et de l'exercice de la concurrence, mais doit également tenir compte de la nécessité d'assurer la sécurité de l'approvisionnement et la compatibilité des méthodes de production de l'énergie avec l'environnement »[(252)]. De fait, les mesures de libéralisation intègrent ouvertement la problématique du développement des énergies renouvelables : soit que celui-ci soit partie prenante des dispositifs d'ouverture du marché, soit qu'il soit intégré dans des dispositifs expressément dérogatoires de la libre concurrence.

(249) L. Richer, « Une nouvelle conception du service public de l'électricité et du gaz », *AJDA* 2004, p. 2 094.

(250) Exposé des motifs du projet de loi.

(251) Codifié C. énergie, art. L. 111-55.

(252) Directive 90/547, 20 octobre 1990, relative au transit d'électricité sur les grands réseaux, considérant 4.

A. Le développement des énergies renouvelables partie intégrante du processus de mise en concurrence

C'est parfois dans le déroulement même des procédures imposant la mise en concurrence que l'existence de systèmes préférentiels au bénéfice de certains types d'énergie est admise. Notamment, le développement de l'énergie de source renouvelable apparaît comme une priorité dans le cadre du développement des capacités de production d'électricité et de l'accès aux réseaux.

1. Les systèmes préférentiels de développement des capacités de production d'électricité

L'ouverture du marché des énergies de réseaux a conduit le législateur européen à imposer que la construction de nouvelles installations de production d'électricité s'effectue dans le respect du principe de libre concurrence. Cette règle a trouvé sa concrétisation dans des systèmes concurrentiels d'autorisation et/ou d'appels d'offres conduits au niveau national, sous le contrôle des autorités de régulation, et dans le cadre desquels la préoccupation du développement de l'électricité renouvelable peut s'intégrer. Ainsi, si la directive électricité de 2009 pose que les États membres sont compétents pour fixer les critères applicables à ces procédures, elle impose – alors que la directive 2003/54 se bornait à proposer – que les États prennent en compte, notamment, « la protection de l'environnement », « la nature des sources primaires », ou encore « la contribution de l'installation à la réalisation de l'objectif général de l'Union européenne tenant à atteindre 20 % d'énergie produite à partir de sources renouvelables dans la consommation finale brute d'énergie en 2020 »(253). Elle prévoit encore un système d'appel d'offres pour la fourniture de nouvelles capacités de production susceptible d'être déclenché dans deux situations : l'une quand l'offre de production est « quantitativement insuffisante pour répondre à la demande », l'autre quand l'État souhaite « garantir la possibilité, dans l'intérêt de la protection de l'environnement et de la promotion de nouvelles technologies émergentes » (de faire apparaître de nouvelles capacités de production)(254). Cette seconde version de l'appel d'offres invite à recourir à cet outil pour le meilleur profit d'une électricité dont on sait qu'elle est, d'une part, réputée contribuer à la lutte contre les émissions de gaz à effet de serre, et, d'autre part, le plus souvent issue de filières émergentes(255). Ainsi, ces procédures plaident-elles de façon claire pour le développement de la production d'électricité renouvelable(256).

Le code de l'énergie a repris à son compte l'esprit de ces dispositions. Son article L. 311-10 prévoit de recourir à l'appel d'offres lorsque les capacités de production ne répondent pas aux objectifs de la programmation pluriannuelle des investissements « notamment ceux concernant les techniques de production ». En disposant en outre que les critères d'octroi des appels d'offres sont ceux présidant à l'octroi des autorisations, il permet encore de privilégier l'émergence de certaines sources d'énergie primaire en particulier, puisque selon l'article L. 311-5 du code de l'énergie, l'autorisation d'exploiter une installation de production d'électricité est délivrée par l'administration en tenant de plusieurs critères, notamment « la compatibilité avec les objectifs de la programmation pluriannuelle des investissements et la protection de l'environnement ». Ainsi, le professeur Richer pouvait-il écrire de façon prémonitoire que tout particulièrement la procédure d'appels

(253) Directive 2009/72, art. 7 c) et 7 g).

(254) Directive 2009/72, art. 8.

(255) Voir B. Le Baut-Ferrarese, « Les appels d'offres du droit de l'énergie : un instrument spécifique pour le soutien de l'électricité renouvelable ? », *ACCP*, mai 2012, p. 32.

(256) Voir *infra* p. 487 et s.

d'offres liée « à la politique de l'énergie [...] devrait essentiellement concerner les énergies renouvelables »[(257)].

2. Le système préférentiel d'accès aux réseaux

Il faut ici rappeler que la directive électricité a non seulement posé le principe d'un accès non discriminatoire aux réseaux au profit des nouvelles installations de production ou de fourniture d'énergie, mais contraint par surcroît les États à respecter les dispositions de la directive 2009/28 en la matière qui imposent d'une part, un accès garanti aux réseaux, d'autre part, une priorité d'accès dans l'hypothèse d'un « appel » par le gestionnaire de réseau de nouvelles installations de production[(258)].

B. Le développement des énergies renouvelables en tant qu'obligation de service public ?

Le droit de l'Union européenne est souvent perçu comme une menace pour le service public. Certains traités ne fondaient-ils pas le marché intérieur sur le « principe d'une économie de marché ouverte où la concurrence est libre »[(259)], ce qui à première vue peut sembler contradictoire avec l'activité de service public ? Pourtant le droit de l'énergie est de plus en plus « marqué par des impératifs de service public énoncés par le droit tant communautaire que national »[(260)]. En ce sens, la présence dans les directives intéressant le marché des énergies de réseaux d'une possibilité de déroger aux règles concurrentielles révèle la recherche par les autorités européennes d'un équilibre entre le respect des règles de concurrence, d'une part, et les missions de service public, d'autre part. Ainsi, notamment les entreprises électriques, pourtant assujetties en principe aux règles de concurrence, peuvent y échapper dans une certaine mesure.

Il faut pour le comprendre se reporter à la première directive électricité – la directive 96/92 du 19 décembre 1996 – qui admettait déjà que « pour certains États membres, l'imposition d'obligations de service public peut être nécessaire pour assurer la sécurité d'approvisionnement, la protection du consommateur et la protection de l'environnement que, selon eux, la libre concurrence, à elle seule, ne peut pas nécessairement garantir »[(261)]. Cette formule a la portée d'un symbole : dès l'origine, l'ordre juridique de l'Union européenne concède que l'ouverture du marché des énergies de réseaux ne peut à elle seule satisfaire l'intérêt économique général. Cette philosophie est reconduite dans toutes les directives suivantes, et même renforcée par celle de 2009 qui permet aux États d'imposer aux entreprises du secteur électrique des obligations de service public « qui peuvent porter sur la protection de l'environnement, y compris l'efficacité énergétique, l'énergie produite à partir de sources renouvelables et la protection du climat »[(262)]. Sans préciser davantage ce en quoi pourront consister ces obligations, ce dernier texte indique que les États peuvent mettre en place une planification à long terme tenant compte de la volonté des tiers d'accéder au réseau[(263)].

La portée de ces dispositions se comprend sans doute mieux lorsque l'on s'intéresse à leur mise en œuvre au niveau étatique, les textes européens n'étant qu'une toile de fond à partir de laquelle les États membres peuvent choisir ou non d'encourager, avec l'intensité qu'ils souhaitent, la produc-

(257) L. Richer, « Commentaire de la loi n° 2000-108 du 10 février 2000 relative à la modernisation et au développement du service public de l'électricité », *AJDA* 2000, p. 239.

(258) Directive 2009/72, art. 15.3, voir aussi *infra* p. 527 et s.

(259) TCE, art. 4.

(260) J. Riffault-Silk, « La régulation de l'énergie : bilan et réformes », préc.

(261) Considérant 13.

(262) Art. 3.2.

(263) Art. 3.2.

tion d'électricité renouvelable. Il est toutefois difficile de ne pas faire le lien entre par exemple le système français de l'obligation d'achat de l'électricité produite à partir d'énergies renouvelables, qui constitue une sujétion de service public imposée à certains fournisseurs[264], et ces directives de libéralisation. Dans ces conditions, on est tenté de dire qu'en particulier ces obligations d'achat d'électricité à base de ressources renouvelables découlent au moins indirectement du droit de l'Union européenne, dans le cadre duquel elles ont juridiquement le statut d'obligations de service public.

Dire que la libéralisation du marché est plutôt favorable à l'expansion des énergies renouvelables susceptibles d'intégrer les réseaux européens est une chose. Conclure qu'elle aura certainement ce résultat en est une autre. D'abord, il faut avoir conscience que la finalité première de cette politique est la diminution globale des prix de l'énergie. Or, cela sous-entend aussi, nécessairement, la baisse des prix de l'énergie conventionnelle, ce qui pourrait donc entretenir une pression concurrentielle sur le prix de l'énergie « verte ». Ensuite, pour développer l'attirance du consommateur vers l'électricité de source renouvelable en particulier, il faut aussi que les offres des fournisseurs soient suffisamment intelligibles, ce qui semble inviter au développement d'une politique d'information et, au-delà sans doute, de labellisation/certification de la production. Enfin, et quoi qu'il en soit, la question de l'effet de la libéralisation des marchés sur les prix reste controversée. Si, au début de la mise en place de cette politique, il y a bien eu des baisses de prix, il faut constater depuis 2005 environ une substantielle élévation et une grande volatilité des prix des énergies de réseaux. Ce phénomène trouve probablement une explication dans l'envolée des tarifs pétroliers. Mais il pourrait bien avoir aussi partie liée avec l'importante concentration régnant au sein du secteur électrique et gazier, au profit d'opérateurs historiques hégémoniques dont la domination ne cesse de s'accroître. Or, les concentrations posent des problèmes de concurrence parce qu'elles peuvent conduire à des partages artificiels de marchés augmentant les coûts des opérateurs concurrents et rendant plus difficile l'entrée de ces derniers, notamment pour ceux qui sont étrangers[265]. En tout état de cause, la Commission de régulation de l'énergie (CRE) a pointé le fait que « toute concentration fait peser des risques d'entente et de manipulation des prix[266] », *a fortiori* dans un contexte de marché – en l'occurrence français – selon elle insuffisamment surveillé.

Cette situation a été jugée suffisamment préoccupante pour inquiéter la Commission européenne[267], mais aussi le gouvernement (en avril 2006, le ministre délégué à l'industrie obtenait des engagements de modération des prix et annonçait des mesures pour améliorer le fonctionnement et la transparence du marché) et certains députés[268] français. Adopté le 11 mars 2009, le huitième rapport d'étape de la Commission sur l'état d'avancement de la création du marché intérieur du gaz et de l'électricité[269], pointait encore le décalage persistant entre les exigences issues de la réglementation du marché et l'état réel du marché ; une façon d'appeler sans doute à une application vigilante des règles de droit afin de remédier le plus efficacement aux dysfonctionnements structurels des marchés.

(264) C. énergie, art. L. 314-1 à L. 314-13.

(265) G. Federico, « Les effets concurrentiels des concentrations dans le secteur du gaz et de l'électricité », *Revue Lamy de la concurrence*, mai-juin 2006, p. 9.

(266) Ass. nat., *Bulletin des Commissions*, 2006, n° 7.

(267) Rapport de la Commission, 10 janvier 2007, concernant l'enquête sectorielle sur les marchés de l'énergie.

(268) Voir proposition de résolution tendant à la création d'une commission d'enquête sur les conditions de formation des prix sur le marché de l'électricité, sur leurs conséquences pour les entreprises et les particuliers et sur la nécessité de mettre en œuvre des mécanismes de régulation, Ass. nat. n° 3071, 4 mai 2006.

(269) COM (2009) 115 final.

Remarque

La loi POPE a confié à la Commission de régulation de l'énergie (CRE) le pouvoir de surveiller les transactions effectuées sur les marchés organisés de l'électricité et du gaz, ainsi que les échanges aux frontières, le tout dans des conditions fixées par un décret en Conseil d'État (art. 51 et 52, codifié C. énergie, art. L. 131-2). La loi du 7 décembre 2006 a renforcé la surveillance de la CRE sur les transactions effectuées de gré à gré, alors qu'elle visait essentiellement auparavant les marchés organisés, comme la bourse de l'électricité Powernext, qui représentent seulement 10 % des échanges.

Section 2

Le soutien aux énergies renouvelables par les politiques publiques

Envisagé principalement comme une réponse aux problèmes de vulnérabilité en matière d'approvisionnement énergétique et du changement climatique, le développement des énergies renouvelables est intimement lié à des préoccupations d'intérêt général. C'est dans cette perspective que la communauté internationale a peu à peu admis que le soutien public à ces énergies était utile sinon nécessaire. C'est aussi et surtout dans cette mesure que leur promotion est progressivement devenue une dimension des politiques publiques, ce qui peut être observé à deux niveaux : d'abord, comme on l'a montré[270], au sein même des politiques publiques qui sont liées à l'établissement d'un libre-échange mondial ou encore d'un marché intérieur européen, mais aussi dans des cadres d'action publique très différents : ceux qui font appel – quand ils ne vont pas même jusqu'à l'encourager – à l'interventionnisme public au sein de l'économie de marché, et qui conduisent par surcroît, dans la plupart des cas, à une dépense publique. Telles sont les mesures qui seront ici examinées, ceci dans leur triple dimension : internationale, européenne, nationale.

§1. Le soutien aux énergies renouvelables dans le cadre international

L'approche multilatérale est sans doute la seule qui permette d'aborder efficacement les défis énergétiques et climatiques de la planète. Le soutien aux énergies renouvelables trouve ainsi naturellement au niveau international un important vecteur de développement. Il procède ici de deux canaux : soit il résulte des décisions internationales concernant le changement climatique, soit il s'inscrit dans les politiques d'aide au développement durable et de coopération internationale.

I. Le soutien aux énergies renouvelables comme conséquence des décisions internationales sur le changement climatique

L'enjeu est de modifier un mode de vie dont le modèle de production et de consommation énergétiques n'est pas compatible avec un développement durable. Or, c'est justement parce qu'elles peuvent contribuer à la diminution des émissions de gaz à effet de serre que les énergies de source renouvelable profitent des décisions internationales sur le changement climatique : celles prises dans le cadre du sommet de Rio en 1992 et surtout celles issues du Protocole de Kyoto de 1997.

A. La convention des Nations unies sur le changement climatique adoptée au sommet sur le développement durable de 1992

La première rencontre internationale de grande envergure consacrée au changement climatique se tient à Rio en 1992 lors du sommet mondial pour le développement durable. Elle est organisée par la conférence des Nations unies sur l'environnement et le développement (CNUED). La confé-

(270) Voir *supra* p. 331 et s.

rence ne mentionne cependant dans le texte final – la convention des Nations unies sur le changement climatique (CNUCC) – qu'une seule ressource énergétique renouvelable, la biomasse, pour le rôle qu'elle joue dans la captation des gaz à effet de serre, mais non comme source d'énergie alternative potentielle : « Toutes les parties [...] encouragent la gestion rationnelle et encouragent et soutiennent par leur coopération la conservation et, le cas échéant, le renforcement des puits et réservoirs de tous les gaz à effet de serre non réglementés par le protocole de Montréal, notamment la biomasse »[271]. Ce texte est néanmoins fondateur : il est le premier à imposer à ses signataires, dont tous les pays européens, de mettre en place des programmes nationaux de réduction de gaz à effet de serre ; en outre, les pays industrialisés contractants doivent pour l'an 2000 stabiliser leurs émissions de gaz à effet de serre aux niveaux de 1990. Cet objectif général adressé aux seuls pays industrialisés devait être complété.

B. Le Protocole de Kyoto

Ce protocole à la CNUCC, adopté à Kyoto en 1997, vient intensifier et préciser les modalités de la lutte contre le réchauffement climatique. Il retient une réduction globale par rapport à 1990 de 5,2 % des émissions de six gaz à effet de serre pendant la première période d'engagement (2008-2012), ne fixant des objectifs de réduction d'émission qu'aux seuls pays industrialisés. De façon complémentaire, il offre la possibilité aux États qui ont pris des engagements chiffrés d'échanger leurs obligations de réduction à travers des mécanismes de marché, l'ensemble reposant sur l'allocation de quotas d'émission de CO_2 échangeables sur le marché. Deux dispositifs permettent aux pays industrialisés d'atteindre leurs objectifs de réduction par l'obtention de crédits supplémentaires *via* des projets « verts » menés à l'étranger : le mécanisme d'application conjointe (MOC) qui concerne les projets lancés dans des pays industrialisés, auxquels des objectifs chiffrés ont été fixés au titre du protocole ; le mécanisme de développement propre (MDP) qui se rapporte aux projets effectués dans les pays en développement, auxquels il n'a pas été attribué d'objectifs.

Le Protocole de Kyoto envisage explicitement le développement des énergies renouvelables, qui apparaît ainsi comme l'un des moyens permettant d'atteindre les objectifs fixés par ce texte en matière de réduction des gaz à effet de serre. Sur ce point, le texte, qui relève pour l'essentiel d'une logique de subsidiarité, est cependant purement exemplatif : « Chacune des parties visées à l'annexe I, pour s'acquitter de ses engagements chiffrés, applique et/ou élabore des politiques et des mesures en fonction de sa situation nationale, par exemple les suivantes : recherche, promotion, mise en valeur et utilisation accrue de sources d'énergie renouvelables... »[272]. Il reste que les deux mécanismes par lesquels les pays industrialisés peuvent investir à l'étranger dans des projets peu émetteurs de carbone couvrent nécessairement, entre autres, le recours auxdites ressources. Des études récentes[273] montrent d'ailleurs que les projets développés portent majoritairement sur ces sujets, particulièrement sur la valorisation énergétique de la biomasse, même s'ils ne génèrent pas toujours des montants de crédit carbone volumineux : par exemple, un accord de coopération conclu le 22 janvier 2007 par la France et la Tunisie pour la promotion de projets réalisés au titre du mécanisme de développement propre qualifie de « prioritaires » plusieurs types de projets liés au développement de l'énergie renouvelable[274].

(271) Convention, art. 4.

(272) Protocole, art. 2.

(273) Voir notamment B. Leguet, « Agriculture et réduction des gaz à effet de serre », note d'étude de la mission climat de la Caisse des dépôts, septembre 2005 ; A. Vieillefosse, « Le mécanisme de développement propre : bilan et perspectives », Ministère de l'Écologie et du Développement durable, Direction des études économiques et de l'évaluation environnementale, septembre 2006.

(274) Décret n° 2007-77, portant publication de l'accord de coopération signé à Tunis le 30 octobre 2006, art. 4.

La conférence sur le changement climatique qui s'est tenue à Durban en décembre 2011 n'a pas eu le succès escompté. Elle a tout au plus permis de proroger l'application du Protocole de Kyoto au-delà de son échéance initialement prévue (fin 2012) ; ainsi les mécanismes de flexibilité liés à ce protocole (mécanisme de développement propre, mise en œuvre conjointe, échange de quotas nationaux) pourront-ils être utilisés jusqu'à 2018, dans l'attente d'un nouvel accord international.

II. Le développement des énergies renouvelables au travers des politiques internationales d'aide au développement durable et de coopération internationale

La gestion durable de l'environnement a intégré progressivement les politiques internationales d'aide au développement. On retiendra notamment le sommet mondial pour le développement durable de 2002, dans le cadre duquel a été arrêté le plan de mise en œuvre de Johannesburg (PMOJ) qui affirme la nécessité d'« augmenter considérablement la part mondiale des sources d'énergie renouvelables, dans le but d'accroître leur contribution à l'approvisionnement des réserves d'énergie dans leur ensemble ». La même préoccupation a été également inscrite parmi les huit objectifs du « Millénaire pour le développement », tels que fixés en 2000 lors du sommet du millénaire des Nations unies. Elle trouve sa justification essentielle dans le fait que les investissements dans les énergies renouvelables ont augmenté très massivement depuis une dizaine d'années (plus 600 % depuis 2004) mais ont été principalement réalisés dans les pays industrialisés(275). L'intérêt des énergies renouvelables est dans ce cadre évident parce qu'elles sont pour la plupart des énergies de proximité, souvent fondées sur des ressources naturelles. Dans cette perspective, l'ordre juridique international offre à observer une large gamme de mesures qui, selon les cas, sont spécifiquement destinées au développement desdites énergies, ou intègrent cette dimension dans le cadre de problématiques plus générales.

A. Les mesures spécifiquement consacrées aux énergies renouvelables

L'action de l'ONU est pionnière, cette organisation étant en effet l'instigatrice de la première conférence internationale sur les énergies renouvelables : la conférence des Nations unies sur les sources nouvelles d'énergie, qui s'est tenue à Rome en 1961, et qui fut consacrée aux énergies solaire, géothermique et éolienne. Une deuxième conférence, toujours organisée par l'ONU, a eu lieu à Nairobi en 1981 : elle a débouché sur le programme d'action pour la mise en valeur et l'utilisation de sources d'énergie nouvelles et renouvelables. Ce texte entend favoriser la concertation pour le développement et l'utilisation des sources d'énergie nouvelles et renouvelables afin de répondre aux besoins énergétiques futurs, particulièrement des pays de l'hémisphère Sud. Il souligne le rôle spécifique des femmes au regard des questions énergétiques, en raison de leur rôle majeur en tant que productrices et utilisatrices des énergies renouvelables locales, notamment en milieu rural. Le texte crée aussi un Comité pour la mise en valeur et l'utilisation des sources d'énergies nouvelles et renouvelables, chargé de surveiller l'exécution du programme d'action. Ce comité a été remplacé en 1992 par le Comité des sources d'énergie nouvelles et renouvelables et de l'énergie pour le développement(276).

Le programme solaire mondial (PSM) (*World Solar Programm*) (1996-2005) s'est inscrit dans la continuité des discussions de la conférence des Nations unies sur l'environnement et le développement (CNUED) de Rio de 1992. L'initiative venait d'ailleurs de l'Unesco qui, en 1993, lança un

(275) Voir S. Fabrégat, « La capacité de production mondiale des énergies renouvelables dépasse de près de 50 % celle du parc nucléaire », Actu-environnement.com, 18 avril 2012.

(276) Résolution de l'Assemblée générale des Nations unies n° 46/235, 13 avril 1992.

processus de concertation internationale sur les énergies renouvelables avec des partenaires faisant ou non partie du système des Nations unies. Le processus donnera finalement lieu en 1996 à un « sommet solaire mondial », à Harare au Zimbabwe, où seront adoptés une déclaration sur l'énergie solaire et le développement durable ainsi que le programme solaire mondial (1996-2005). Ce programme a été ultérieurement approuvé en juin 1997 par la Commission solaire mondiale, organe *ad hoc* composé de 18 chefs d'État et de gouvernement. L'appellation « programme solaire » est trompeuse puisque le document embrassait en vérité toutes les formes d'énergie renouvelable. Sorte de programme décennal mondial pour la promotion de ces énergies sur l'ensemble de la planète, il définissait cinq objectifs principaux : la mise en place d'un programme mondial d'éducation et de formation, l'établissement d'un système international d'information et de communication, l'utilisation des ressources énergétiques renouvelables pour l'électrification rurale, leur emploi prioritaire pour le dessalement et le traitement de l'eau, le développement d'une politique industrielle et de transfert de technologies. Il contenait aussi une série de recommandations concernant les mesures à prendre aux échelons national et international. L'Assemblée générale des Nations unies et la Conférence générale de l'Unesco ont à plusieurs reprises apporté leur soutien au programme solaire mondial.

Remarque

Dans sa résolution n° 53/75, l'Assemblée générale a approuvé le programme solaire mondial, en tant que contribution au processus général de développement durable ; dans sa résolution n° 54/125, elle a lancé un appel pour que de nouvelles mesures soient prises.

À la suite des incitations du sommet mondial pour le développement durable de Johannesburg de 2002, la formule dite des « partenariats » entre États, organismes internationaux, industriels, organisations non gouvernementales a émergé. Or, certains d'entre eux intéressent les énergies renouvelables. Par exemple, le partenariat mondial sur les bioénergies (*Global Bioenergy Partnership* – GBEP) a été créé en mai 2006 par la Commission des Nations unies sur le développement durable : il entend promouvoir l'utilisation de « bioénergies » autour d'un objectif global, celui de « répondre à la nécessité croissante de développer les sources d'énergie renouvelables compte tenu à la fois de l'envolée des prix du pétrole, du réchauffement de la planète et des préoccupations sur la diminution des réserves de combustibles fossiles » ; il doit aussi coordonner des projets bilatéraux ou multilatéraux ciblant prioritairement le développement de biocarburants à partir des ressources locales des pays en développement ; le secrétariat est situé au siège de la FAO à Rome. Par exemple, encore, après le sommet mondial pour le développement durable, le Royaume-Uni a mis en place un partenariat pour l'énergie renouvelable et l'efficacité énergétique qui vise notamment à étendre le marché des énergies de source renouvelable dans le cadre des objectifs nationaux de développement.

Le programme méditerranéen pour les énergies renouvelables (MEDREP) entre dans la logique de ces « partenariats ». Il est conçu dans le cadre même du Sommet mondial pour le développement durable de 2002, suite à une initiative de l'Italie, et vise à promouvoir la coopération entre les pays situés au nord et au sud de la Méditerranée. Les deux principaux objectifs du MEDREP sont de fournir des services énergétiques durables, particulièrement aux populations rurales, et de contribuer à la lutte contre le changement climatique en augmentant la présence des énergies renouvelables dans la région méditerranéenne. À cette fin, le programme vise à développer des instruments financiers, à étendre les marchés, plus globalement à favoriser les relations entre les différents acteurs. Le MEDREP est soutenu par de nombreux organismes internationaux tels que le programme des Nations unies pour l'environnement (PNUE), la Banque mondiale ou l'Agence internationale de l'énergie (AIE).

La Coalition de Johannesburg pour les énergies renouvelables (CJER) (*Johannesburg Renewable Energy Coalition*) est également mise en place lors du sommet mondial pour le développement durable de Johannesburg (2002). L'initiative vient ici de l'Union européenne qui, à partir des principes du développement durable, veut constituer une dynamique entre pays partageant la préoccupation du développement des énergies renouvelables, et qui sont prêts à s'engager sur des objectifs chiffrés et des échéanciers précis. En ce sens, l'initiative complète heureusement le plan de mise en œuvre du sommet de Johannesburg, qui restait flou sur ces questions. Constitué à l'origine de 66 pays, la CJER en rassemble aujourd'hui 90, dont les ministres et hauts fonctionnaires se rencontrent régulièrement. L'Union européenne assure avec le Maroc la coprésidence de la Coalition, et héberge son secrétariat. Les membres de la Coalition ont notamment défini en tant que priorité stratégique le renforcement des instruments financiers permettant d'asseoir et de promouvoir les énergies renouvelables.

Remarque

La CJER est à l'origine du « capital patient » ; sur ce dernier, voir aussi *infra* p. 392 et 554.

Afin de rendre accessibles au plus grand nombre d'États, notamment les plus pauvres, les technologies utilisées pour produire les énergies renouvelables, l'Allemagne a proposé la création d'une organisation internationale dédiée. Cette organisation est née le 26 janvier 2009 et a pris le nom d'Agence internationale des énergies renouvelables (IRENA). Celle-ci est ouverte à tous les États intéressés, à la différence de l'AIE qui n'accueille que les pays membres de l'OCDE(277), mais aussi à des organisations intergouvernementales régionales d'intégration économique telles l'Union européenne(278). Le rôle principal d'IRENA consiste à soutenir la mise en place de stratégies nationales de développement des énergies renouvelables notamment dans les pays en développement (coopération Nord/Sud), et à faciliter les échanges et l'accès à l'information pour les technologies concernées. L'Agence est implantée à Bonn et Abou Dhabi.

Remarque

IRENA doit faciliter la diffusion des informations et stratégies, assurer un suivi et une analyse de l'ensemble des politiques nationales en faveur des énergies renouvelables, faciliter le dialogue entre les autorités nationales ; elle doit assister les États qui le souhaitent dans la constitution et la mise en œuvre de politiques incitatives tant au niveau du développement du potentiel installé qu'en matière de recherche ; enfin elle doit jouer un rôle de sensibilisation auprès du grand public (voir statuts, art. 4).

B. Les mesures générales intégrant la problématique énergies renouvelables

On distinguera à nouveau ici les actions relevant du système onusien et celles qui n'en font pas partie.

1. Les actions ressortant du système onusien

L'ONU est à l'origine de nombreux dispositifs internationaux invitant à utiliser les énergies renouvelables pour le développement durable et l'élimination de la pauvreté.

a. Les engagements issus de conférences internationales organisées sous l'égide de l'ONU

On a dit plus haut l'importance de la conférence des Nations unies sur l'environnement et le développement (CNUED) de 1992 pour l'avenir écologique et économique de la planète. On ne saurait par

(277) La France en fait notamment partie : voir loi n° 2011-207 du 25 février 2011 autorisant la ratification des statuts de l'Agence internationale pour les énergies renouvelables, voir aussi Rapport de Mme G. Gautier n° 289 du 8 février 2011 sur le projet de loi autorisant la ratification des statuts de l'Agence internationale pour les énergies renouvelables.

(278) Voir décison du Conseil du 24 juin 2010 portant conclusion des statuts de l'Agence internationale pour les énergies renouvelables (IRENA).

suite passer sous silence le document « Action 21 », qui en est directement issu, et qui constitue un cadre essentiel de référence pour tous les acteurs du développement durable. Bien qu'aucun chapitre ne soit spécifiquement consacré à l'énergie dans ce programme, cette problématique imprègne l'ensemble du document : par exemple, l'attention de la communauté internationale est attirée sur la nécessité pour l'humanité de faire de plus en plus appel à des systèmes énergétiques écologiquement équilibrés, en particulier les sources d'énergie nouvelles et renouvelables, la promotion de systèmes de transport durables est évoquée pour assurer la protection de l'atmosphère.

L'ONU est encore à l'origine de la convention sur la lutte contre la désertification dans les pays gravement touchés par la sécheresse et la désertification, en particulier en Afrique, du 17 juin 1994, dont certaines dispositions imposent l'adoption de mesures pour améliorer l'environnement économique aux fins de l'élimination de la pauvreté, notamment celles consistant à soutenir les sources d'énergie renouvelables(279).

Enfin, on rappellera que le rôle de l'ONU a été décisif pour organiser les deux sommets mondiaux pour le développement durable, de Rio en 1992 et de Johannesburg en 2002, dans le cadre desquels la question du développement des énergies de sources renouvelables fut également posée. C'est à Johannesburg qu'a été lancée l'initiative « Énergie de l'Union européenne pour l'éradication de la pauvreté et le développement durable » (EUIE). Pour beaucoup, toutefois, le bilan n'est pas ici à la hauteur des espérances. Certes, les délégations ont adopté à Johannesburg une déclaration commune « Aller de l'avant dans le domaine de l'énergie renouvelable ». Certes, le plan d'application du sommet demande aux commissions régionales et organisations internationales du système des Nations unies d'inciter les États à « diversifier l'approvisionnement énergétique en développant des technologies novatrices moins polluantes et de meilleurs rendements faisant appel aux combustibles fossiles ainsi que des technologies faisant appel à des énergies renouvelables y compris l'énergie hydroélectrique et en assurant leur transfert aux pays en développement ». Mais il reste que l'ambition (notamment de l'Union européenne et du Brésil) de chiffrer précisément l'accroissement de la part des énergies à caractère renouvelable dans le bilan énergétique mondial n'a pas été validée.

Remarque

Le Brésil proposait une augmentation de 1 % par an pour les huit prochaines années ; les Européens proposaient un effort des seuls pays industrialisés de 2 % en huit ans.

b. Les programmes onusiens

Les diverses organisations des Nations unies font de façon plus ou moins coordonnée la promotion de nouveaux scénarios énergétiques laissant une large place aux sources d'énergie renouvelables, dans le respect des principes du développement durable définis notamment par le programme de référence « Action 21 ».

Remarque

Le point IV des « Recommandations politiques pour les énergies renouvelables » (texte issu de la conférence internationale sur les énergies renouvelables, Bonn, juin 2004) évoque la nécessité que le système onusien établisse clairement les responsabilités des tâches de ses différents organes en matière d'énergies renouvelables. Sur cette conférence, voir *infra* p. 394.

(279) Art. 3.a.III.

Les programmes onusiens adossés au Fonds pour l'environnement mondial (FEM)

Le FEM est un instrument financier créé en 1991 par les Nations unies, dont la mission consiste à allouer des subventions aux pays en développement pour des projets et des activités consacrés à la protection de l'environnement mondial, notamment ceux liés au changement climatique. Sa gestion est assurée en grande partie par la Banque mondiale (qui a annoncé au sommet de Bonn de 2004 qu'elle allait augmenter de 20 % en moyenne par an ses financements en faveur des énergies renouvelables et de l'efficacité énergétique, sachant qu'elle y consacrait à cette date environ 200 milliards de dollars par an).

Le FEM appuie entre autres les projets consacrés au développement des énergies renouvelables menés par le programme des Nations unies pour l'environnement (PNUE) et le programme des Nations unies pour le développement (PNUD).

Le PNUE, créé en 1972 par l'ONU, a pour but de coordonner les actions relatives à l'environnement menées dans le cadre des Nations unies. Il se divise en 12 programmes prioritaires, dont l'un est consacré à l'énergie. En l'occurrence, le PNUE apporte une aide essentielle à la prise de décision des acteurs privés et publics. Grâce au soutien du FEM, il gère par exemple un Fonds consultatif pour les investissements dans les énergies renouvelables d'un bon rendement énergétique (*Renewable Energy Technology Energy Efficiency Advisory Facility*), qui aide les institutions financières à évaluer les investissements étrangers alloués à des projets concernant les énergies renouvelables ou à l'amélioration du rendement énergétique dans les pays en développement. Le PNUE a soutenu aussi les objectifs du programme solaire mondial sus-évoqué.

Le PNUD est une organisation onusienne dont la vocation première est l'aide au développement, mais son activité couvre aussi l'environnement dans le droit fil de la logique, désormais bien établie, du développement durable. Dans le domaine des énergies renouvelables, le PNUD assume des missions de planification, de financement et de coopération technique au bénéfice des pays en développement. Il octroie des subventions à des projets de petite envergure, participe aussi au Fonds des Nations unies pour la science et la technologie au service du développement durable (FNUSTD) qui finance des projets dans le domaine des énergies en cause, et à des partenariats internationaux couvrant cette problématique, tels le « partenariat pour l'énergie du village planétaire »[(280)].

Les autres programmes onusiens

C'est au titre des aspects scientifiques et techniques qui, par hypothèse, sous-tendent aussi les questions liées aux énergies renouvelables que l'Organisation des Nations unies pour l'éducation, la science et la culture (Unesco) intervient dans le cadre de projets de promotion de ces formes d'énergie. L'Unesco a organisé des conférences sur ce sujet : « Le soleil au service de l'humanité » fut par exemple le thème d'un congrès international en 1973, dans le contexte de la crise pétrolière. On rappellera que c'est aussi l'Unesco qui a pris l'initiative, dès 1993, de lancer le processus qui a débouché sur le programme solaire mondial. Enfin, l'Unesco fournit aussi des programmes d'enseignement aux universités, ou encore apporte son soutien à des chaires consacrées aux sources d'énergie renouvelables.

L'Organisation des Nations unies pour l'alimentation et l'agriculture (FAO) est en partie à l'origine des grands principes du sommet mondial pour le développement durable de Rio en 1992, et notamment du programme « Action 21 ». À travers les activités qu'elle mène dans les domaines de l'alimentation, de l'agriculture et de la pêche, la FAO promeut notamment toutes les énergies

(280) « Rapport mondial du programme des Nations unies pour le développement » (PNUD), 2007-2008.

renouvelables adaptées aux besoins des populations rurales (biomasse, systèmes solaires photovoltaïques notamment). La FAO gère aussi la Plateforme internationale de la bioénergie (IBEP).

Remarque

L'IBEP apporte des analyses et des informations susceptibles de soutenir les politiques et les prises de décision, d'améliorer l'accès aux services d'énergie provenant de systèmes durables de bioénergie, enfin de faciliter les échanges et une collaboration efficaces au niveau international (voir www.fao.org).

L'Organisation des Nations unies pour le développement industriel (ONUDI) appuie de nombreuses initiatives s'adressant aux pouvoirs publics, aux institutions et aux entreprises visant au développement de l'énergie solaire, de l'énergie éolienne et de l'énergie provenant de la biomasse. Elle a par exemple créé en Australie un centre pour l'application de l'énergie solaire, chargé d'informer sur la commercialisation de cette énergie. Le sous-programme d'acquisition de technologies de l'ONUDI aide les pays en développement à tirer profit de petites applications de l'énergie hydraulique et de l'énergie solaire et à les mettre au service des habitants de régions rurales. Le programme de technologie de l'ONUDI promeut la commercialisation et l'application de l'énergie photovoltaïque solaire, particulièrement dans les régions rurales, où son coût est souvent compétitif.

Les commissions régionales des Nations unies (commission régionale des Nations unies pour l'Asie et le Pacifique : CESAP ; commission économique et sociale pour l'Asie occidentale : CESAO ; commission économique pour l'Amérique latine et les Caraïbes : CEPELC) ont aussi des programmes régionaux portant sur les énergies renouvelables. Il en va de même du département des affaires économiques et sociales de l'ONU, qui a mis au point un programme sur les ressources énergétiques renouvelables, axé sur les projets dans les pays en développement et les zones rurales. Sans prétendre à l'exhaustivité, on évoquera encore la Commission du développement durable des Nations unies (CDD) établie en 1992 par l'Assemblée générale de l'ONU : elle a pour mission d'examiner les mesures adoptées pour répondre aux objectifs définis par le sommet mondial pour le développement durable de Johannesburg, et peut être amenée dans ce cadre à s'intéresser au déploiement des énergies de source renouvelable. Précisément, la quatorzième session de mai 2006 de cette instance fut consacrée à l'évaluation globale de la mise en œuvre des engagements de Johannesburg dans les domaines de l'énergie, de la pollution atmosphérique, du changement climatique et du développement industriel ; l'Union européenne y défendit son mécanisme financier (le « capital patient ») destiné à financer des systèmes énergétiques renouvelables dans les pays en développement[(281)].

2. Les actions menées en dehors du cadre onusien

Les actions de l'Organisation de coopération et de développement économiques (OCDE) : parce que les énergies renouvelables sont un outil de développement économique pour tous les pays, elles intéressent logiquement une organisation économique internationale telle que l'OCDE. Cette dernière a adressé ainsi à ses États membres des recommandations pour la promotion desdites énergies[(282)], et recueille et diffuse régulièrement des informations ou encore effectue des études comparatives[(283)]. De façon plus spécifique, l'OCDE est surtout à l'origine de la création en 1974 de l'Agence internationale de l'énergie (AIE), chargée de gérer un vaste programme de coopération afin de réduire la dépendance des pays de l'OCDE vis-à-vis du pétrole. Or, parmi les missions

(281) Voir *infra* p. 554.

(282) Voir *Stratégie de l'environnement de l'OCDE pour les dix premières années du XXe siècle*, OCDE, 2001.

(283) Voir *Incidences sur l'environnement des sources et filières d'énergies renouvelables*, OCDE, 1988.

de cette agence, plusieurs sont susceptibles d'avoir un impact sur les énergies renouvelables : le développement de sources d'énergie alternatives, la promotion de la coopération internationale en matière de recherche et de développement de nouvelles technologies énergétiques, le traitement des aspects environnementaux de l'approvisionnement et de l'utilisation d'énergie.

Si le Conseil de l'Europe peut examiner toutes questions rentrant dans les domaines économique, social, culturel, scientifique, juridique et administratif, il s'est penché lui aussi sur le sujet des énergies renouvelables. Par exemple, la résolution n° 974, votée en 1991 par son Assemblée, relative aux sources d'énergie renouvelables et à l'hydrogène solaire, demandait aux États parties de développer les énergies renouvelables dans les politiques de recherche et développement, et tout spécialement de promouvoir les transferts de technologie y afférents dans les pays en développement sur une base non lucrative. Ce document faisait aussi plusieurs propositions assez originales : la création d'une agence internationale de l'énergie renouvelable qui, sur le modèle de l'Agence internationale de l'énergie atomique (AIER), serait chargée de coopérer avec les diverses institutions onusiennes et avec l'Agence internationale de l'énergie (AIE), la création d'un réseau d'instituts de recherche sur les sources d'énergie renouvelables, l'intégration d'enseignements sur les technologies relatives aux énergies renouvelables au sein des programmes des universités et établissements postsecondaires. Mais encore, la juridiction attachée à cette organisation a été saisie par des propriétaires qui contestaient l'autorisation administrative d'implantation de trois éoliennes dans leur voisinage immédiat, y voyant en particulier une violation de l'article 8 CEDH (droit à la protection de la vie privée) du fait des nuisances sonores et visuelles qu'ils estimaient subir ; elle a notamment considéré qu'« il ne fait aucun doute » que la protection d'électricité renouvelable répond à un intérêt général en ce qu'il utilise des sources d'énergie protectrices de l'environnement, qui contribuent au développement durable des ressources naturelles »(284).

Remarque

La dimension territoriale de l'exploitation et de la consommation de l'énergie renouvelable a été soulignée en particulier par le Congrès des pouvoirs locaux et régionaux du Conseil de l'Europe dans ses recommandations et résolutions du 29 mai 2008 portant sur « l'action publique territoriale : pour une nouvelle culture de l'énergie ». Le Congrès appelait les collectivités locales et régionales à développer une nouvelle culture de l'énergie, incluant le recours aux énergies renouvelables, l'amélioration de l'efficacité énergétique et la réorganisation des modes de transport (voir www.coe.int/congress).

Les expériences d'intégration régionale incluant une forte composante énergétique s'intéressent également de plus en plus aux énergies renouvelables. Depuis la conférence des Nations unies sur l'environnement et le développement (CNUED) de 1992, l'Organisation latino-américaine de l'énergie (OLADE) a par exemple décidé de soutenir les projets relatifs à la baisse des émissions de gaz à effet de serre et d'optimiser les énergies à base de sources renouvelables. Le traité sur la Charte européenne de l'énergie(285) signé par presque tous les pays européens, plus le Canada, les États-Unis et le Japon, et entré en vigueur en 1998 après ratification par 30 États, impose aux parties contractantes, dans le cadre d'une coopération paneuropéenne, d'une part, de tenir compte des considérations environnementales lors de la formulation de leurs politiques énergétiques(286), d'autre part, de prendre « particulièrement en considération l'utilisation des sources d'énergie renouvelables »(287). Le protocole « Énergie » de la convention alpine du 7 novembre 1991 adopté

(284) CEDH 26 février 2008, Fägerskiold c./Suède, req. n° 37664/04 : « *There is no doubt that the operating of the wind turbine is in the general interest as it is an environmentally friendly source of energy which contributes to the sustainable development of natural resources.* »

(285) Lisbonne, 1994.

(286) Art. 19.a.

(287) Art. 19.b.

en 1998, qui concerne quant à lui les seuls pays se situant dans le périmètre alpin, tente d'harmoniser intérêts économiques et exigences écologiques, au moyen, notamment, de l'utilisation des mêmes sources d'énergie.

Remarque

L'article 2.1.c de la convention alpine vise la réduction des besoins en énergies des parties contractantes et impose une couverture plus vaste des besoins en énergie restants par des énergies renouvelables ; son article 2.3.a impose aux États de tenir compte dans leur politique énergétique du fait que l'espace alpin se prête à l'utilisation de sources énergétiques renouvelables et leur demande d'encourager la collaboration mutuelle en matière de programmes de développement dans ce domaine ; enfin son article 7.2 permet aux États d'adopter des mesures visant à améliorer la compétitivité des centrales hydroélectriques.

Par ailleurs, les pays industrialisés réunis en sommet (G8, G20) ont convenu que les énergies renouvelables sont un domaine d'action essentiel. Dans un premier temps, en 2001, la déclaration de Gênes constitue une véritable déclaration de foi envers ces énergies : « Nous soulignons l'importance de l'énergie renouvelable pour le développement durable, la diversification des sources d'énergie et la préservation de l'environnement. Nous ferons en sorte que les sources d'énergie renouvelables soient prises en compte de manière adéquate dans nos plans nationaux et nous incitons les autres à faire de même. Nous encourageons la poursuite des recherches et des investissements dans les technologies de l'énergie renouvelable, partout dans le monde. [...] Nous aiderons les pays en développement à renforcer les capacités institutionnelles et les stratégies nationales de marché susceptibles d'attirer l'investissement du secteur privé dans les sources d'énergie renouvelables [...]. Nous demandons aux banques mondiales pour le développement et aux organismes nationaux d'aide au développement d'adopter une approche innovante et de mettre au point des mécanismes de marché pour le financement de l'énergie renouvelable. »

Puis, le sommet de Gleneagles, en juillet 2005, a établi un plan d'action intitulé « Changement climatique, énergie propre et développement durable », dont l'un des axes essentiels[(288)] est explicitement consacré au développement des énergies renouvelables : les États s'engagent notamment à poursuivre le développement et la commercialisation de ces énergies, à collaborer sur ce sujet avec les pays en développement, ou encore à encourager la recherche. Les thèmes de la sécurité énergétique mondiale et du climat sont régulièrement mis à l'ordre du jour des sommets[(289)], ils devraient favoriser une utilisation plus large des énergies de source renouvelable même si aucun accord chiffré n'a jamais été fixé.

Comme point d'orgue de l'intégration croissante des questions liées au développement des énergies renouvelables au sein des thématiques internationales, la conférence internationale pour les énergies renouvelables a réuni les représentants de 154 États à Bonn en juin 2004. On ne retiendra guère le document final – « Recommandations politiques pour les énergies renouvelables » – qui est un texte non contraignant se bornant à proposer une palette de politiques et projets visant au développement desdites énergies. On peut néanmoins penser que cet événement a fait date, d'une part, parce que le thème en question n'avait jamais fait jusqu'ici l'objet d'une si vaste discussion au niveau international, d'autre part, parce que cette rencontre a montré la volonté des pays en développement de ne pas laisser la responsabilité de l'essor de ces énergies aux seuls pays industrialisés.

Remarque

De nombreux pays en développement ont ainsi pris des engagements ambitieux à Bonn : la Chine s'était engagée à produire 10 % de son énergie à partir de sources renouvelables en 2010, les Philippines avaient annoncé un doublement de leur capacité de production d'énergie renouvelable.

(288) Point 16.

(289) Saint-Pétersbourg, juillet 2006 ; Heiligendamm, juin 2007.

§2. Le soutien aux énergies renouvelables dans le cadre de l'Union européenne

Alors que les organisations et autres sommets internationaux se limitent en général à faire des recommandations politiques aux gouvernements nationaux, l'Union européenne a pu exploiter le dispositif juridique particulièrement élaboré de ses traités afin de développer un soutien aux énergies renouvelables davantage contraignant et surtout pluridimensionnel. Ce soutien est en étroite filiation avec la politique menée en matière d'environnement(290), elle-même de plus en plus fortement marquée par la stratégie de développement durable.

Dans ce contexte, les ambitions de l'Union européenne sont d'ailleurs remarquables. Par exemple, dans le 6e programme d'action en matière d'environnement (2001-2010), il était indiqué que le changement climatique constituait l'un des quatre domaines prioritaires de l'action de l'Union européenne et que la pleine application du Protocole de Kyoto serait une première étape vers la réalisation à plus long terme d'une réduction des émissions de 70 % de gaz à effet de serre(291). L'Union s'est d'ailleurs imposé des objectifs de réduction plus contraignants que ceux attendus par les auteurs de ce protocole. En premier lieu, pour la période 2008-2012, l'Union a annoncé viser une baisse de 8 % des émissions de gaz à effet de serre par rapport à celles de 1990 (contre 5,2 % selon les vœux du protocole). En second lieu, pour répondre aux mauvaises augures annonçant un réchauffement climatique accéléré et de plus grande ampleur que ce qui se dessinait au moment des négociations du protocole, le Conseil européen de mars 2007 a recommandé une diminution des émissions de gaz à effet de serre dans l'UE de 30 % d'ici à 2020 par rapport à 1990. Ce dernier engagement est aujourd'hui présenté comme la contribution de l'Union à un accord global sur le climat pour l'après Kyoto. Toutefois, il ne sera mis en œuvre que pour autant que d'autres pays développés s'obligent eux-mêmes à atteindre des objectifs comparables et que les pays en développement y participent eux aussi, de façon adaptée à leurs responsabilités et à leurs capacités respectives. Les textes législatifs européens les plus récents, soit ceux appartenant au « paquet climat-énergie » de 2009, s'inscrivent dans cette même logique, même s'ils consacrent un objectif de réduction des émissions de gaz à effet de serre finalement moins ambitieux que celui prôné par le Conseil européen de mars 2007 (moins 20 % d'ici à 2020).

Afin de répondre à ces objectifs, l'Union européenne a mis en place le premier système d'échange multinational de quotas d'émission de CO_2, entré en vigueur en 2005(292), puis modifié et élargi dans son champ d'application en 2009(293).

La directive 2003/87 telle que modifiée par la directive 2009/29, complétée sur ce point en particulier par la décision 406/2009 relative à l'effort à fournir par les États membres pour réduire leurs émissions de gaz à effet de serre afin de respecter les engagements de l'Union en matière de réduction de ces émissions jusqu'en 2020, organise un régime transitoire reconduisant partiellement et sous conditions le système de flexibilité géographique issu du Protocole de Kyoto (MDP, MOC).

Nonobstant, parce que les outils de la politique de l'environnement ne peuvent à eux seuls régler le problème du développement durable, l'Union européenne soutient les énergies renouvelables en

(290) Voir aussi communication de la Commission, « Renforcer l'intégration de la dimension environnementale dans la politique énergétique européenne », COM (98) 571 final.

(291) Décision 1600/2002.

(292) Directive 2003/87.

(293) Voir directive 2009/29 du Parlement européen et du Conseil modifiant la directive 2003/87 afin d'améliorer et d'étendre le système communautaire d'échange de quotas d'émission de gaz à effet de serre, sur ce texte, voir aussi B. Le Baut-Ferrarese, « La réception du Protocole de Kyoto en droit européen », *RTD eur.* 2010, p. 55.

faisant appel à des instruments supplémentaires. De fait, ce sont ainsi toutes les politiques européennes qui se trouvent mises en cohérence avec la logique environnementale et le soutien corrélatif aux énergies « propres » soit la politique de régulation du marché intérieur(294), mais aussi les politiques substantielles et plus interventionnistes que sont notamment : la politique européenne intégrée de l'énergie et du climat, la politique des réseaux, la politique de recherche et de développement technologique (RDT), la politique régionale, la politique agricole, la politique industrielle ou encore les politiques externes.

I. Dans le cadre d'une politique de l'énergie et du climat intégrée

À l'origine de l'Union européenne, la situation énergétique est celle de l'autosuffisance. Dans un contexte de pétrole abondant et à bas prix, les pays européens concentrent leur action sur deux énergies primaires : le charbon – la CECA (1951) accompagnant les mutations nécessaires de cette industrie déclinante –, l'atome – la CEEA (ou EURATOM) (1957) offrant un cadre pour le développement de l'énergie nucléaire qui remplace progressivement le charbon. De fait, c'est donc essentiellement le choc pétrolier de 1973 qui, modifiant les données économiques et géopolitiques, constitue le principal facteur d'évolution : contrainte de réduire sa dépendance vis-à-vis du pétrole, la Communauté européenne jette les bases d'une politique dirigée vers le développement d'énergies indigènes autres que le charbon et le nucléaire.

Le soutien aux énergies renouvelables n'est cependant au départ qu'implicite. En 1975, la résolution du Conseil sur l'énergie et l'environnement(295) se borne par exemple à constater les problèmes écologiques posés par la consommation d'énergie, à affirmer la nécessité d'un équilibre harmonieux entre production d'énergie et protection de l'environnement, enfin à inviter les États à « prendre en compte dans toute stratégie de politique énergétique les exigences de la protection de l'environnement en prévoyant des mesures concrètes ». La référence aux énergies de source renouvelable n'est explicite que vers le milieu des années 1980. D'abord, dans une résolution du 16 septembre 1986 concernant les nouveaux objectifs de politique énergétique communautaire pour 1995 et la convergence des politiques des États membres(296), le Conseil mentionne l'objectif de maintenir le développement des énergies nouvelles et renouvelables et d'augmenter leur contribution au bilan énergétique total. Puis, dans une résolution du 26 novembre 1986 portant sur une « orientation communautaire de développement des sources nouvelles et renouvelables d'énergie »(297), il invite la Commission à présenter des propositions pour le développement et l'exploitation des sources renouvelables d'énergie dans la Communauté. Il confirme ces orientations dans sa recommandation du 9 juin 1988 concernant le développement de l'exploitation des énergies renouvelables dans la Communauté. Bien que ce texte ne contienne aucun chiffrage, il appelle les États membres à inventorier leurs potentiels, à favoriser l'investissement public, à permettre un accès facilité et non discriminatoire de ces énergies au réseau électrique, à poursuivre les programmes de recherche et de démonstration, enfin à faciliter les transferts de technologies et la coopération entre petites et moyennes entreprises.

Le tournant date du début des années 1990 : d'abord annoncé par la décision du Conseil du 13 septembre 1993, il se formalise par deux documents – le livre vert *Pour une politique énergétique de l'Union européenne*(298), puis le livre blanc *Une Politique énergétique pour l'Union*

(294) Voir *supra* p. 340 et s. et p. 347 et s.

(295) *JOCE* 25 juillet 1975, C 168.

(296) *JOCE* 25 septembre 1986, C 241.

(297) *JOCE* 1er décembre 1986, C 316.

(298) COM (94) 659 final.

européenne[299] – qui invitent à reconsidérer les pratiques énergétiques par les économies d'énergie et l'utilisation accrue des sources d'énergie renouvelables.

Remarque

Les livres verts exposent un éventail d'idées à des fins de débat public, les livres blancs contiennent un ensemble officiel de propositions dans des domaines politiques spécifiques et constituent l'instrument de leur mise au point.

Ces documents sont suivis de deux résolutions du Conseil de 1996[300] et de 1998[301] : le Conseil y estime, d'une part, indispensable de faire appel aux instruments de marché pour favoriser le développement de ces énergies, d'autre part, que cette promotion peut toutefois se faire sur la base d'outils dérogatoires aux règles normales de concurrence et, par ailleurs, s'encastrer dans les différentes politiques communautaires, notamment la politique agricole. En 1997, la Commission clôture cette première série de réflexions par un livre blanc consacré entièrement aux sources d'énergie renouvelables – *Énergies pour l'avenir : les sources d'énergie renouvelables*[302] ; le thème occupe encore une place de choix dans des documents ultérieurs de la Commission, tels le Livre vert de 2006 visant la mise en place « d'une stratégie européenne pour une énergie sûre, compétitive et durable »[303].

Toutes ces initiatives ne se conçoivent cependant que si elles peuvent juridiquement s'arrimer au socle des traités. Il s'impose en d'autres termes de les situer dans les limites des compétences attribuées par les États membres à l'Union[304]. C'est en effet seulement en tant qu'elle dispose d'un titre de compétence en matière d'énergie renouvelable que la Communauté ou l'Union a pu/peut s'engager dans la voie d'un soutien direct à celle-ci. À cet égard, un double constat doit être effectué. Le premier consiste à observer que cette organisation dispose effectivement des outils juridiques lui permettant d'agir sur le sujet mentionné. Le second met en lumière le fait que la compétence dont elle est donc titulaire se déploie, schématiquement, sur deux registres : par la définition d'une stratégie globale et par la mise en place d'un cadre supranational autorisant sinon invitant les États membres à poursuivre certains objectifs.

A. Le fondement de la compétence de l'Union européenne en matière d'énergie renouvelable

Il faut distinguer deux situations : celle antérieure et celle postérieure à l'entrée en vigueur du traité de Lisbonne (1er décembre 2009).

1. La situation avant le traité de Lisbonne

L'irruption progressive de la Communauté puis de l'Union européenne dans la matière « énergies renouvelables » est révélateur d'un choix politique qui, sur la base des premiers traités, était peu lisible mais juridiquement possible.

Ce choix ne peut en tout état de cause être rapporté aux premiers traités, et notamment pas à ceux qui, fussent-ils consacrés en tout ou partie à l'énergie, ignoraient totalement les énergies à caractère renouvelable : traité CECA (1952-2002) et traité EURATOM (1957). Si ces traités montrent

(299) COM (95) 682 final.

(300) Résolution 8 juillet 1996, sur le livre blanc, *JOCE* 1er août 1996, C 224.

(301) Résolution 8 juin 1998, sur les sources d'énergie renouvelables, *JOCE* 24 juin 1998, C 198.

(302) COM (97) 599 final.

(303) COM (2006) 105 final.

(304) Voir TUE, art. 5 al. 2 : « En vertu du principe d'attribution, l'Union n'agit que dans les limites des compétences que les États lui ont attribuées dans les traités pour atteindre les objectifs que ces traités établissent. »

que le sujet de l'énergie est fondateur pour la construction européenne, ils ne donnent en effet aux premières Communautés aucune compétence générale en matière énergétique.

Malgré les invitations formulées par la Conférence de Messine en 1955, au terme de laquelle les six États membres de la CECA entendaient relancer la construction européenne autour de quelques thématiques essentielles, dont deux concernaient directement le secteur énergétique (énergie classique, énergie nucléaire), le traité de Rome créant la CEE ne consacre pas davantage de compétence communautaire en la matière.

Sur le même sujet, le traité de Maastricht de 1992 parut apporter une évolution importante. En effet, l'article 3.1 u. du TCE qui en était issu étendit le champ d'action de la Communauté en l'autorisant à prendre des « mesures dans les domaines de l'énergie, de la protection civile et du tourisme ». Las, outre le rapprochement incongru des trois matières susmentionnées, le texte sera vidé de toute portée du fait même que ses auteurs avaient négligé de l'accompagner des dispositions spéciales nécessaires pour qu'il produise un authentique effet de droit ; le texte se réduisit donc à peau de chagrin ou à une pure et simple déclaration d'intention.

Remarque

La jurisprudence de la CJCE avait en effet refusé toute application autonome de l'article 3 TCE, lorsque celui-ci n'était pas accompagné dans le traité de dispositions particulières d'application (voir 29 janvier 1985, H. Cullet, 231/83, *Rec.* p. 305).

Une déclaration annexée au traité de Maastricht prévoyait que « la question de l'introduction dans le traité instituant la Communauté européenne de titres relatifs aux domaines visés par l'article 3 point u) dudit traité sera examinée » lors d'une Conférence intergouvernementale ultérieure (voir Déclaration n° 1 relative à la protection civile, à l'énergie et au tourisme et annexée à l'acte final sur l'Union européenne). Mais, là encore, celle ayant débouché sur le traité suivant (traité d'Amsterdam, 1997) ne retint aucune des solutions avancées par la Commission : la première consistait en une consolidation des différents traités concernant l'énergie dans un chapitre unique du nouveau traité ; la seconde invitait à rédiger au sein de celui-ci un titre spécifiquement consacré à l'énergie (voir Livre vert de la Commission du 11 janvier 1995, *Pour une politique énergétique de l'Union européenne*, COM (94) 659).

Tout au long de ces années, il apparaissait donc que l'énergie *lato sensu*, donc y compris celle fondée sur des ressources renouvelables, était la grande absente des traités. Mais une telle interprétation oublie que la logique fonctionnaliste qui imprègne ces textes impose une vision dynamique et finaliste de l'intégration européenne, invitant à se focaliser prioritairement sur les objectifs assignés aux Communautés, les compétences n'étant pas nécessairement fixées et figées par avance par les textes constitutifs. Ainsi s'explique *a posteriori* le phénomène en vertu duquel cette organisation a finalement pu déployer une action en matière d'énergie au-delà des seuls secteurs du charbon et du nucléaire, et plus spécialement dans le domaine des énergies renouvelables, en situant les mesures concernées *dans le cadre* d'un certain nombre d'autres politiques européennes[305].

Ce type de situations n'est pas propre au secteur de l'énergie même s'il peut apparaître en l'occurrence particulièrement topique. En l'espèce, il va consister, en l'absence de base juridique claire et précise régissant le domaine en cause, à utiliser des fondements juridiques appartenant au traité, suffisamment malléables pour autoriser les institutions à intervenir en matière d'énergie sans attenter au principe de spécialité régissant l'organisation.

L'un de ces fondements, sorte d'« expédient » pour développer ce faisant un ersatz de politique européenne de l'énergie, est la clause de flexibilité du traité (TFUE, article 352 ; ex-TCE, article 308 ; ex-TCEE, article 235). Elle permet au Conseil, sur proposition de la Commission, d'intervenir lorsque l'action de l'Union semble nécessaire pour atteindre l'un des objectifs visés par les traités, alors que ceux-ci n'ont pas prévu les pouvoirs d'action requis à cet effet. Il est toutefois difficile d'affirmer que cette procédure ait servi spécialement les interventions communautaires ciblant les éner-

(305) Voir aussi *supra* p. 385 et s.

gies renouvelables, du reste, elle a été employée avec modération dans le domaine énergétique[306]. De fait, les incursions européennes dans le domaine en cause ont surtout pris forme dans le cadre de politiques européennes matériellement périphériques à l'énergie et couvertes explicitement par le traité : politique de recherche et de développement, politique des transports et des réseaux transeuropéens, politique agricole, etc.[307] Toutefois, dans cette liste, une politique en particulier va jouer un rôle véritablement clé pour soutenir l'action législative européenne en matière d'énergies renouvelables : il s'agit de la politique européenne de l'environnement[308].

De fait, la politique de l'environnement a servi de fondement, notamment, à toutes les directives européennes de promotion de l'énergie renouvelable adoptées à ce jour (2001/77, 2003/30, 2009/28). Le rattachement de ces textes à cette politique ne doit rien au hasard : il confirme que le soutien auxdites énergies est avant tout déterminé par les bénéfices environnementaux associés (réduction des émissions de gaz à effet de serre essentiellement)[309]. La politique de l'environnement a également permis, en combinaison avec d'autres dispositions du traité prévoyant une politique européenne en matière de réseaux énergétiques, d'engager par exemple un programme de relance économique européenne par l'octroi d'une assistance financière à des projets dans le domaine de l'énergie en général, et des énergies renouvelables en particulier[310]. C'est aussi sur le fondement de cette politique qu'a été adopté en 2009 le célèbre « paquet énergie-climat » duquel sont ressortis des objectifs énergétiques et climatiques ambitieux – 20 % de réduction des émissions de gaz à effet de serre, 20 % de consommation d'énergie renouvelable, et 20 % de gain en termes d'efficacité énergétique –, et plus concrètement six textes législatifs consacrés à la lutte contre le changement climatique dont la directive énergies renouvelables 2009/28 sus-évoquée.

Remarque

Le lien entre les textes liés au « paquet énergie-climat » et la promotion des énergies renouvelables peut encore être attesté par la présence, au sein de la directive 2003/87 sur le système communautaire d'échange des quotas d'émission de gaz à effet de serre (SCEQE), de dispositions telles que celles prévoyant que les ressources tirées de la mise aux enchères des quotas devront servir principalement la lutte contre le changement climatique et le développement des énergies renouvelables (voir directive 2009/29, art. 10 et art. 10 *bis*).

Les liens que les textes européens consacrent entre les actions intéressant l'énergie et celles concernant le climat n'ont pas été forcément retranscrits sur un plan organisationnel. En février 2010, la Commission européenne a ainsi créé non pas une Direction prenant en charge l'ensemble de ces questions mais deux services distincts : la Direction générale Énergie (DG ENER) et la Direction générale Action pour le climat (DG CLIM). La DG ENER comprend les services de l'ancienne DG Énergie et transports qui étaient chargés des questions d'énergie ainsi que la *task force* « Énergie », issue de la DG Relations extérieures. La DG CLIM englobe les activités liées au climat de la DG Environnement, celles de la DG Relations extérieures relatives aux négociations internationales sur le changement climatique et certaines activités de la DG Entreprises et Industrie en la matière (voir Communiqué de la Commission, IP/10/164, 17 février 2010).

(306) Pour une illustration, voir Résolution du Conseil du 16 septembre 1986 concernant de nouveaux objectifs de politique énergétique communautaire pour 1995 et la convergence des politiques des États membres, *JOCE* C 241 du 25 septembre 1986.

(307) Voir aussi *infra* p. 385 et s.

(308) TFUE, art. 191 et s. TFUE, ex-TCE, 174 et s.

(309) Voir par exemple la première phrase du considérant 1 de la directive 2009/28 : « La maîtrise de la consommation énergétique européenne et l'augmentation de l'utilisation de l'énergie produite à partir de sources renouvelables constituent, avec les économies d'énergie et une efficacité énergétique accrue, des éléments importants du paquet de mesures requises afin de réduire les émissions de gaz à effet de serre et de conformer au Protocole de Kyoto, à la convention-cadre des Nations unies sur le changement climatique, ainsi qu'aux autres engagements pris au niveau communautaire et international en vue d'une diminution des gaz à effet de serre au-delà de 2012. »

(310) Règlement 663/2009 du PE et du Conseil du 13 juillet 2009, voir aussi *infra* p. 426.

Cette diffusion de la problématique du dérèglement climatique dans des champs matériels extérieurs renvoie au principe d'« intégration » de la préoccupation environnementale imposée de façon générale par les traités (TFUE, article 11, ex TCE, article 6). Dans l'axe d'étude ici retenu, on retiendra que ce phénomène en a fait « l'une des dimensions essentielles de la politique énergétique » de l'Union européenne(311), et qu'en particulier il a permis de développer un soutien européen aux énergies renouvelables alors qu'aucune disposition dans le traité ne reconnaissait explicitement à l'Union une compétence en ce domaine.

2. La situation postérieure à l'entrée en vigueur du traité de Lisbonne

Les actions de l'Union européenne en matière d'énergie sont devenues au fil du temps de plus en plus fréquentes, au point de dessiner les contours d'une politique européenne dans le domaine de l'énergie. La situation est consolidée par le traité de Lisbonne qui délivre quant à lui une base juridique explicite pour fonder une authentique « politique » européenne de l'énergie(312). Ce nouvel état du droit est de nature à donner aux interventions de l'Union en matière d'énergie, et notamment d'énergie renouvelable, davantage de lisibilité, de visibilité, et par là-même de perspective.

L'évolution sur le sujet paraît d'autant plus remarquable que, rompant sur ce point avec la méthode fonctionnaliste, le traité de Lisbonne ne se borne pas à faire entrer l'énergie dans le champ des « politiques » de l'Union mais, pour le surplus, la qualifie de « compétence » attribuée à celle-ci(313). L'affirmation permet d'envisager le secteur en cause comme relevant des matières législatives attribuées ou encore comme relevant des domaines « propice(s) à législation ou à conclusion d'accords avec les pays tiers »(314). On peut d'ailleurs noter que c'est sur la base du nouveau traité sur le fonctionnement de l'Union européenne, en l'occurrence son article 194, que le Conseil a décidé d'adhérer à l'Agence internationale pour les énergies renouvelables (IRENA)(315). Il reste que cette assertion masque finalement assez mal le caractère déclaratoire de ces nouvelles dispositions puisqu'il est acquis qu'avant leur entrée en vigueur l'Union s'était déjà saisie de la matière énergie et avait adopté des textes de portée législative sur le sujet notamment, sur les énergies renouvelables. En vérité, il est donc difficile de considérer que le nouveau traité aurait ici effectué une véritable novation juridique. Sans doute son principal intérêt réside-t-il dans le fait de permettre à l'énergie de sortir de l'ombre, en l'espèce de celle des autres politiques européennes dans le sein desquelles l'action de l'Union en la matière s'était jusque-là déployée.

Sur le même thème, il faut également relever que les auteurs du nouveau traité ont tranché en faveur d'une compétence « partagée » entre l'Union et ses États membres(316). Si un tel choix ne surprend pas, on conviendra qu'il révèle à tout le moins l'évolution qualitative dont fait l'objet le régime juridique appliqué à l'énergie, puisque cette qualification n'est pas en revanche retenue pour les deux autres matières (tourisme et protection civile) auxquelles l'énergie était jusqu'ici associée pour son régime juridique depuis le traité de Maastricht – ces deux matières entrent en effet dans une autre catégorie de compétences attribuées, celle des « compétences d'appui, de coordination et de complément » dans le cadre de laquelle les pouvoirs d'action de l'Union sont moins importants. Il importe cependant de refuser à cette qualification de la compétence

(311) L. Dubouis, C. Blumann, *Droit matériel de l'Union européenne*, Montchrestien, 2009, p. 366.

(312) *Stricto sensu* une « politique de l'Union dans le domaine de l'énergie », TFUE, art. 194 TFUE, voir aussi C. Vial, « La politique de l'énergie après le traité de Lisbonne », *Annuaire de droit européen*, 2006, p. 215.

(313) TFUE, art. 4.

(314) C. Blumann, L. Dubouis, *Droit institutionnel de l'Union européenne*, Litec, 2004, p. 247.

(315) Voir décision du 24 juin 2010 portant conclusion des statuts de l'Agence internationale pour les énergies renouvelables.

(316) TFUE, art. 4.2.

« énergie » une portée absolue. En effet, une compétence « partagée » peut en vertu du traité évoluer en compétence « exclusive » de l'Union. En application de l'article 3.2 TFUE, une telle situation peut survenir lorsque cette organisation est amenée à conclure un accord international et dans les trois hypothèses suivantes : soit lorsque cette conclusion est prévue dans un acte législatif de l'Union, soit lorsqu'elle est nécessaire pour lui permettre d'exercer sa compétence interne, soit dans la mesure où elle est susceptible d'affecter des règles communes ou d'en altérer la portée. Or, il faut observer que tel pourrait être précisément le cas pour le domaine spécifique des énergies renouvelables, compte tenu du fait que l'Union européenne a adhéré à l'Agence internationale pour les énergies renouvelables (IRENA)[317]. En effet, le raisonnement susmentionné, connu aussi sous l'appellation « parallélisme des compétences internes et externes », pourrait autoriser l'Union européenne à alléguer une compétence exclusive en matière d'énergies renouvelables dès lors que les activités qu'elle entend exercer dans le cadre d'IRENA interfèrent avec les compétences en matière d'énergie renouvelable qu'elle exerce parallèlement sur le plan interne : il est probable qu'il en aille en particulier ainsi dans les cas où l'adoption d'une disposition portant sur le statut d'IRENA ou d'un acte d'application de celui-ci se révèle nécessaire pour permettre à l'Union d'exercer sa compétence interne, ou bien encore lorsqu'elle est susceptible d'affecter des règles communes établies en la matière par l'Union ou d'en altérer la portée.

Remarque

Lorsque les traités attribuent à l'Union une compétence partagée dans un domaine déterminé, l'Union et les États membres peuvent légiférer et adopter des actes juridiquement contraignants. Toutefois, les États membres exercent leur compétence dans la mesure où l'UE n'a pas exercé la sienne (voir TFUE, art 2.2).

Lorsque l'Union détient une compétence d'appui, de coordination ou de complément, sa compétence est accessoire à celle des États membres, elle ne peut, en aucune manière, s'y substituer ; les actes juridiquement contraignants de l'UE adoptés dans ces domaines ne peuvent pas comporter d'harmonisation des dispositions nationales.

La décision du Conseil du 24 juin 2010 portant conclusion des statuts de l'Agence internationale pour les énergies renouvelables précise dans son annexe (pt. 3) les conditions du déclenchement d'une compétence exclusive de l'Union. Elle indique notamment que l'étendue de la compétence de l'UE découlant en particulier des directives sur la promotion des énergies renouvelables doit être appréciée au cas par cas « par rapport aux dispositions précises de chacune des mesures » et en particulier selon qu'elles « établissent des règles communes ».

L'évolution fondamentale apportée par le traité de Lisbonne tient au fait, non que l'Union européenne soit dorénavant titulaire d'une compétence en matière d'« énergie », puisque le droit primaire antérieur lui permettait déjà d'intervenir sur le sujet, mais que cette compétence soit désormais explicitement codifiée par le traité, et au surplus développée au sein de celui-ci dans le sein d'un chapitre explicatif donnant un véritable effet utile à cette attribution de compétence : ce chapitre fait l'objet d'un unique article, 194 TFUE, qui constitue à lui seul le titre (nouveau) consacré à l'énergie (TFUE, Titre XXI, Troisième partie).

Ainsi, l'article 194 TFUE est-il aujourd'hui la base juridique à partir de laquelle les institutions de l'Union sont invitées à déployer leur compétence en matière énergétique. Cette disposition réitère et renforce le lien déjà observé entre les actions menées sur ce sujet et la politique de l'environnement. On y lit en particulier que la politique énergétique de l'Union doit être menée « en tenant compte de l'exigence de préserver et d'améliorer l'environnement ». On y trouve surtout une référence explicite au « développement des énergies renouvelables », présenté en l'occurrence comme un objectif à part entière de cette politique (les trois autres objectifs étant le fonctionnement du marché de l'énergie, la sécurité d'approvisionnement énergétique dans l'Union, la promotion de l'interconnexion des réseaux énergétiques).

(317) Sur cette Agence, voir *supra* p. 389.

Sur le plan procédural, l'article 194 TFUE soumet la mise en œuvre de cette politique à la procédure législative ordinaire, ce qui semble plutôt de nature à faciliter l'adoption des textes.

Cependant, l'exercice par l'Union européenne de sa compétence pourrait pâtir de certaines restrictions issues du traité. Tout d'abord le paragraphe 2 de l'article 194 TFUE prévoit que les mesures prises pour atteindre les objectifs assignés à la politique européenne de l'énergie « n'affectent pas le droit d'un État membre de déterminer les conditions d'exploitation de ses ressources énergétiques, son choix entre différentes sources d'énergie et la structure générale de son approvisionnement ». De fait, cette phrase dévoile que si les États ont attribué compétence à l'Union en matière d'énergie, ils sont toutefois parvenus à retenir une partie de celle-ci. L'une de ces rétentions de compétence ne surprend guère : il s'agit de la réglementation de l'accès aux ressources énergétiques, dont on sait qu'elle appartient par tradition à l'État sur le fondement du principe de droit international public de souveraineté de l'État sur ses ressources d'énergie[318]. L'autre, qui pose la liberté des États membres pour composer leur mix énergétique, n'étonne pas vraiment non plus, compte tenu du fait que le domaine de l'énergie met en jeu des enjeux fondamentaux, tout spécialement celui de la sécurité d'approvisionnement de l'État, sinon peut-être même celui de sa sécurité tout court. L'article 194 TFUE révèle donc l'existence d'une tension entre, d'un côté, la volonté d'ancrer les choix énergétiques des vingt-sept États membres dans le cadre d'une politique commune de l'énergie, donc de limiter la souveraineté de l'État, de l'autre, le refus des mêmes États d'abandonner totalement leur souveraineté en la matière. Si on ajoute à cela que la liberté des États membres en matière de définition du contenu de leur politique énergétique est encore préservée par le principe de l'unanimité posé à l'article 192.2 c) TFUE (cette disposition permet d'adopter des mesures influant sur les choix des États membres entre les différentes sources d'énergie et la structure générale de leur approvisionnement énergétique, uniquement dans une perspective environnementale), on en conclura que le nouveau traité annonce une politique européenne de l'énergie dont la mise en œuvre est loin d'être aisée et a peu de chance de se matérialiser en un authentique modèle énergétique européen.

Quoi qu'il en soit, c'est dans le cadre de cette politique européenne de l'énergie plus ou moins assumée qu'une grande partie de la stratégie de l'Union visant à soutenir l'énergie renouvelable doit désormais se situer.

Remarque

L'exception au principe de la majorité qualifiée posée à l'article 192 TFUE existait déjà dans le traité précédent (voir TCE, art. 175.2). Elle démontrait déjà « le souhait des États de conserver un droit de *veto* dans un secteur stratégique, et freinait donc le développement d'une véritable politique énergétique » (D. Bailleul (dir.), *L'Énergie solaire*, Université de Savoie, 2010, p. 41).

Il sera noté que les directives successives de promotion aux énergies renouvelables (2001/77, 2003/30, 2009/28) n'ont pas été fondées sur cette disposition requérant l'unanimité mais sur celle permettant un vote à la majorité qualifiée au sein du Conseil (TCE, art. 175.1).

B. La définition d'une stratégie européenne

Cette stratégie traduit une vision énergétique de long terme qui exprime un soutien européen aux énergies renouvelables sur deux niveaux : par une planification et par une programmation financière.

Remarque

Plus accessoirement la stratégie européenne se concrétise aussi par la mise en place d'événements spécifiques. Depuis 2005, l'Union européenne organise ainsi une « Semaine européenne des énergies renouvelables » ou « de l'énergie durable ». La dernière en date

(318) Voir par exemple *Traité sur la Charte de l'énergie*, art. 18.

s'est tenue du 18 au 22 juin 2012 (voir Communiqué de la Commission « Semaine européenne de l'énergie durable : la Commission va présenter des possibilités de financement en faveur des énergies renouvelables », IP/12/612 du 18 juin 2012).

1. La planification du soutien aux énergies renouvelables

a. La campagne européenne pour le décollage des sources d'énergie renouvelables (2000-2003)

Cette campagne lancée en 1999 visait la promotion des énergies renouvelables en vue d'accélérer leur pénétration sur le marché. La Commission formula une série de stratégies pour l'ensemble de ces énergies, accompagnées d'objectifs indicatifs. La campagne devait servir de référence pour les planificateurs et décideurs nationaux et locaux, informer sur les initiatives réussies, diffuser les meilleures pratiques. À cette fin, elle identifiait sur trois ans une centaine de partenariats permettant un approvisionnement énergétique local exclusivement à partir d'énergie renouvelable ; les candidats, assistés sur le plan technique et financier par la Commission, se sont vu pour certains d'entre eux décerner des prix d'excellence (31 partenariats ont été retenus comme projets de premier ordre et ont reçu un prix). Destinée à assurer le « décollage » des énergies de source renouvelable, cette campagne fut remplacée en 2004 par la campagne de sensibilisation du public « Énergie durable pour l'Europe ».

b. Le plan d'action de la Commission dans le domaine de la biomasse (décembre 2005)

La nécessité d'une approche spécifique et surtout coordonnée dans le domaine de la biomasse découle du fait que « par rapport aux sources d'énergie traditionnelles et à certaines énergies renouvelables, l'exploitation de la biomasse comporte de nombreux avantages, dont un coût relativement faible, une dépendance moindre par rapport à l'évolution du climat à court terme, la promotion des structures économiques régionales et une source de revenu de remplacement pour les agriculteurs »(319). L'initiative de la Commission relative à un plan d'action biomasse a constitué l'un des aboutissements de cette démarche(320). Ce plan décrivait un certain nombre de mesures visant à accélérer le développement de l'énergie de biomasse verte « en s'appuyant sur le marché pour stimuler son utilisation et en levant les obstacles à l'expansion du marché ». Ce plan d'action s'est révélé riche de potentialités notamment pour le secteur des biocarburants.

Remarque

Avec la « Stratégie de l'Union européenne en faveur des biocarburants » la Commission avait prévu une série de mesures en faveur des agrocarburants (voir Communication de la Commission, COM (2006) 34 final, 8 février 2006) et annoncé une révision de la directive biocarburants de 2003, mettant l'accent sur les objectifs nationaux, sur d'éventuelles obligations d'utilisation et sur la conditionnalité environnementale de leur production.

c. La Feuille de route Énergie 2050

Il s'agit là aussi d'un document de stratégie mais s'inscrivant cette fois dans le sillage du « paquet énergie-climat » de 2009. Le document(321) préconise pour une échéance de long terme (2050) un système énergétique sans émission de carbone, dans lequel les énergies renouvelables, sans dominer le mix énergétique européen, occuperaient une place de choix, leur utilisation étant jugée,

(319) Résolution du Parlement européeen sur la part des sources d'énergie renouvelables dans l'Union européenne et les propositions d'actions concrètes, séance plénière 28 septembre 2005.

(320) Communication de la Commission, « Plan d'action dans le domaine de la biomasse », COM (2005) 628 final, 7 décembre 2005.

(321) SEC (2011) 1565, SEC (2011) 1566, (SEC (2011) 1569.

selon la Commission, complémentaire d'une efficacité énergétique accrue, du recours à l'énergie nucléaire et aux techniques de stockage du carbone.

Remarque

Selon la Commission « tous les scénarios de décarbonisation suggèrent une croissance de la part des énergies renouvelables à environ 30 % de la consommation énergétique finale d'ici 2030 ».

2. La programmation financière du soutien communautaire aux énergies renouvelables

Il ne sera ici question que des programmes énergétiques « purs », c'est-à-dire ceux qui sont gérés au niveau de la Commission européenne (Direction générale de l'énergie, DG ENER), et qui constituent des sources de financement au bénéfice, exclusif ou non, des énergies renouvelables.

a. Les programmes ALTENER (1993-1997 et 1998-2002)

Les programmes ALTENER constituent les premiers programmes communautaires de soutien aux énergies renouvelables. Mis en place à partir de 1993(322), ALTENER est à l'origine doté d'un budget de 44 millions d'écus. Il est ensuite prolongé(323) de deux années (ALTENER II, 1997-1998), puis poursuivi jusqu'en 2002(324) ; le budget total ALTENER pour la période 1998-2002 a été de 77 millions d'euros.

Remarque

L'entrée en vigueur du règlement 1103/97 du Conseil du 17 juin 1997 fixant certaines dispositions relatives à l'introduction de l'euro a eu pour conséquence le remplacement des références à l'écu par une référence à l'euro au taux d'un euro pour un écu.

ALTENER se présentait comme un programme de type indicatif. Il soutenait quatre catégories d'actions en faveur des énergies renouvelables : les études, stratégies commerciales et les évaluations techniques permettant de définir des normes ou des spécifications techniques, les initiatives visant à élargir ou à créer des infrastructures, y compris en matière de formation et d'information, et des projets pilotes, la création d'un réseau d'information visant à promouvoir une meilleure coordination entre les activités nationales, communautaires et internationales et à permettre l'évaluation de l'incidence des différentes actions, enfin les études, les évaluations ou autres actions visant à étudier la faisabilité technique et les avantages pour l'économie et l'environnement découlant de l'exploitation de la biomasse à des fins énergétiques. Comme il est de règle pour ce type de programmes, aucune aide financière n'était accordée aux projets individuels, la coopération transnationale étant un critère essentiel.

Remarque

ALTENER a financé par exemple la réalisation d'un site Internet destiné à diffuser des informations sur les énergies renouvelables et servant de portail vers toutes informations concernant ces énergies (voir TPICE, ord. 7 décembre 2001, Lior GEIE c/ Com., T-192/01, *Rec.* p. II-3657).

Les procédures de sélection des projets pilotes prévues par le premier programme ALTENER ont fait l'objet d'une appréciation négative de la part de la Cour des comptes européenne. Dans son rapport spécial n° 17/98 « relatif au soutien apporté aux sources d'énergie renouvelables dans le

(322) Décision 93/500, 19 septembre 1993, concernant la promotion des énergies renouvelables dans la Communauté.

(323) Décision 98/352, 18 mai 1998, concernant un programme pluriannuel pour la promotion des sources d'énergie renouvelables dans la Communauté.

(324) Décision 646/2000, 28 février 2000, arrêtant un programme pluriannuel pour la promotion des sources d'énergie renouvelables dans la Communauté.

cadre des actions à frais partagés du programme JOULE-THERMIE et des actions pilotes relevant du programme ALTENER »(325), cette institution a stigmatisé l'absence de transparence et notamment le fait que les appels à propositions n'étaient pas publiés au *Journal officiel des Communautés européennes*, ainsi que l'absence d'harmonisation des procédures de présélection. ALTENER II a été conçu de façon à prendre en compte ces critiques : ont été mis en place des outils de suivi et de coordination, de nouvelles procédures de sélection des projets, une meilleure diffusion de l'information.

b. Le programme SAVE (1998-2002)

SAVE(326) ne concerne qu'incidemment les énergies de source renouvelable. Mais son champ d'application – l'efficacité énergétique – promeut entre autres la cogénération dont on sait qu'elle fait souvent appel aux sources d'énergie renouvelables. Lancé en 1991, il a été ensuite reconduit pour la période 1998-2002 (SAVE II). Il a financé des infrastructures (jusqu'à 50 % du coût total), des études, des actions d'information et de diffusion (jusqu'à 100 % du coût total) ou encore la création d'agences locales et régionales de l'énergie (jusqu'à 40 % du coût total).

c. Le programme SYNERGY (1998-2002)

Il s'agit d'un programme énergétique à vocation externe, c'est-à-dire d'une aide au renforcement de la coopération énergétique internationale(327). SYNERGY a cofinancé des actions menées en partenariat avec les pays tiers à l'Union européenne pour élaborer et mettre en œuvre une politique internationale énergétique visant notamment la sécurité de l'approvisionnement et la protection de l'environnement, et plus particulièrement le développement de sources d'énergie locales, notamment renouvelables. Les projets éligibles devaient impliquer au moins deux États membres et un pays tiers. Les projets de recherche et de développement, les projets de démonstration, ou encore les projets faisant déjà l'objet d'un financement dans le cadre d'un autre programme communautaire en matière d'énergie (SAVE ou ALTENER) ne pouvaient recevoir de subventions au titre de SYNERGY. Le programme fonctionnait selon deux modalités différentes correspondant à deux types de projets : les projets financés dans leur intégralité, lancés par la Commission européenne, et dont la réalisation était confiée à une entreprise choisie après appel d'offres, et les projets cofinancés (en principe à hauteur de 50 %) fonctionnant par appel à propositions publié au *Journal officiel des Communautés européennes*, et sélectionnés par la Commission. Le budget s'est élevé à 9 millions d'euros pour 2000-2002.

d. Le programme-cadre pour des actions dans le secteur de l'énergie (1998-2002)

Il est d'une certaine façon précurseur dans la mesure où il met fin à la pratique antérieure des programmes distincts (l'un pour l'efficacité énergétique, l'autre pour les énergies renouvelables, etc.) et constitue ce faisant le premier « programme-synthèse », dont on attend une plus-value en matière de complémentarité et de cohérence des actions entreprises. Ainsi regroupe-t-il les programmes SAVE, SYNERGY ou ALTENER. Il fut doté de 170 millions d'euros et mis en œuvre au moyen de six volets spécifiques, dont un volet sur les sources d'énergie renouvelables ; dans le cadre de ce programme-cadre, le budget ALTENER est passé de 45 millions d'écus à 74 millions d'euros.

---

(325) *JOCE* 20 novembre 1998, C 356.

(326) Décision 647/2000, 28 février 2000, arrêtant un programme pluriannuel visant à promouvoir l'efficacité énergétique.

(327) Décision 1999/23, 14 décembre 1998, arrêtant un programme pluriannuel visant à promouvoir la coopération internationale dans le domaine de l'énergie.

e. Les programmes « Énergie intelligente Europe » : EIE 1 (2003-2006) et EIE 2 (2007-2013)

Le programme-cadre précédent n'ayant pas donné entière satisfaction en raison, notamment, de la complexité et de l'opacité des procédures administratives applicables aux candidatures, il est décidé en juin 2003(328) de mettre en place un nouveau programme pluriannuel consacré de façon transversale aux diverses problématiques de l'énergie. C'est en première ligne l'intitulé du programme qui retient l'attention parce qu'il attribue à l'énergie une qualité généralement réservée à l'humain : on apprend ainsi qu'une énergie « intelligente » est celle qui est soit utilisée de façon efficace, soit constituée à partir de sources renouvelables. Sur le fond, « Énergie intelligente » est surtout le garant de la continuité des actions entreprises dans le cadre des programmes précédents. EIE dispose d'un budget global – réévalué suite à l'élargissement – de 250 millions d'euros(329), et s'articule autour de quatre domaines d'actions à mettre en œuvre au moyen d'« actions-clés verticales » : SAVE (efficacité énergétique : 88,9 millions d'euros), STEER (utilisation performante de l'énergie dans les transports : 41,6 millions d'euros) qui englobe le soutien aux initiatives concernant l'amélioration de l'efficacité énergétique dans les transports, la diversification des carburants et la promotion des carburants d'origine renouvelable, COOPENER (coopération énergétique avec les pays en développement : 17,6 millions d'euros) qui remplace SYNERGY, enfin ALTENER (énergies renouvelables et diversification de la production énergétique : 101,9 millions d'euros).

Pour la période 2007-2013, la Commission avait proposé de renouveler EIE en l'intégrant dans un programme-cadre pour la compétitivité et l'innovation, afin de répondre au souhait d'une démarche communautaire plus simple, plus visible et plus ciblée, destinée à soutenir la croissance et la création d'emplois en relation avec la stratégie dite « de Lisbonne ». Le Parlement européen a donc adopté le 5 juillet 2006 le premier « programme-cadre pour l'innovation et la compétitivité » (PIC) qui couvre la période 2007-2013 et vise à soutenir les actions permettant aux entreprises, notamment les PME, de développer leurs capacités d'innovation. Il est doté de 3,6 milliards d'euros. EIE 2 est une des trois composantes de ce programme : doté d'un budget de 730 millions d'euros, il promeut l'efficacité énergétique ainsi que les sources d'énergie nouvelles et renouvelables dans tous les secteurs, y compris les transports.

Il est à noter qu'EIE 1 comme EIE 2 excluent tout soutien aux activités de recherche et de développement technologique. Ils sont, en d'autres termes, complémentaires des éventuels programmes européens ayant spécifiquement cet objet(330). Ils ciblent de fait les projets qui ont dépassé la phase finale de démonstration et peuvent passer à celle de première application commerciale. Autrement dit, ils soutiennent les pratiques et technologies présentant un fort potentiel, mais dont le développement et la diffusion se heurtent à des barrières commerciales et à des entraves techniques. Le financement porte sur la mise en œuvre de stratégies, l'élaboration de normes, la création de structures, de produits financiers et d'instruments de marché, la promotion de systèmes et d'équipements visant à faciliter la transition entre démonstration et commercialisation, mais aussi le développement des structures d'information et d'éducation, la valorisation des résultats, enfin le contrôle et l'évaluation de l'impact des actions et projets (« actions-clés »). Ils encouragent également les initiatives locales. Par exemple, l'initiative « ManagEnergy » lancée en 2002 par la Commission, visait à soutenir tous ceux qui travaillent dans les domaines des sources d'énergie renouvelables et de la gestion de la demande énergétique aux niveaux local et régional. Par

(328) Décision 1230/2003, 26 juin 2003, arrêtant un programme pluriannuel pour l'énergie.

(329) Décision 787/2004, 21 avril 2004, modifiant (entre autres) la décision 1230/2003 (EIE), en vue d'adapter les montants de référence pour tenir compte de l'élargissement de l'Union européenne.

(330) Voir *infra* p. 418 et s.

exemple, encore, la Commission et la BEI ont créé en 2009 un mécanisme destiné à offrir une assistance technique aux autorités locales et régionales (mais aussi à tout organisme public ou à un groupement d'organismes publics participant au programme EIE) souhaitant investir dans les domaines proches de l'efficacité énergétique et des énergies renouvelables (dispositif ELENA : Assistance aux programmes énergétiques urbains locaux)(331).

Une limite globale de 50 % est applicable à la subvention européenne ici accordée, limite parfois jugée excessive, notamment pour les projets à destination des pays tiers ou concernant les candidats originaires des nouveaux États membres(332), mais elle peut aller jusqu'à 100 % si l'initiative vient de la Commission(333). Les propositions sont évaluées par des experts indépendants.

L'importance du soutien de l'Union européenne jointe à la volonté de la Commission d'externaliser la gestion du programme a conduit à instituer pour 2004-2008 l'Agence exécutive pour l'énergie intelligente (AEEI), chargée du suivi technique, financier et administratif du programme(334). Pour gérer spécifiquement EIE 2, la Commission a créé une seconde agence exécutive « pour la compétitivité et l'innovation »(335), ainsi que le permettait le règlement 58/2003 du Conseil du 19 décembre 2002.

C. La définition d'un cadre européen pour les soutiens nationaux

Partant du constat que les évolutions du marché des énergies renouvelables reposent principalement sur des cadres politiques et juridiques différents d'un État membre à l'autre et, le cas échéant, inadéquats, l'Union européenne entend agir aussi sur ce plan. Son action vise dès lors par priorité les systèmes nationaux de soutien afin, en quelque sorte, de les « communautariser ». Cette démarche s'effectue selon deux approches, dont les apports respectifs peuvent le cas échéant se cumuler : soit que l'Union se limite à installer les soutiens nationaux dans un cadre commun, soit qu'elle tente de déterminer un seuil minimal d'efficacité pour ces soutiens. Il faut alors observer que, dans le premier cas, l'ordre juridique de l'Union ne fait qu'habiliter les États membres à agir dans le sens indiqué, alors que, dans le second, il harmonise les régimes nationaux de soutien.

1. L'habilitation européenne des soutiens étatiques

On sait que le bon fonctionnement du marché européen implique que les produits énergétiques puissent circuler librement dans des conditions de concurrence équivalentes. On sait aussi que la définition d'un régime commun de taxation des produits énergétiques, dont font partie les énergies renouvelables, par la directive du 27 octobre 2003 participe de cette logique. Indéniablement, la mise en place d'un cadre également européen en matière de composition des carburants, qui comprend l'autorisation d'incorporation dans ces derniers de biocarburants, répond aussi à cette préoccupation.

Plusieurs directives ont ainsi fixé des taux d'incorporation de biocarburants dans les carburants d'origine fossile, ces taux étant des maxima réévalués périodiquement en fonction des progrès techniques des carburants et des contraintes environnementales. Si ces textes furent *ab initio* surtout inspirés par un souci d'économie du pétrole brut, ils poursuivent aujourd'hui plus sûre-

(331) Voir www.iib.org.

(332) Voir observations de la Commission sur les conclusions et recommandations du rapport d'évaluation à mi-parcours du programme EIE (2003-2006), COM (2006) 357 final.

(333) Voir par exemple appel à propositions de la Commission, *JOUE* 3 juin 2006, C 130.

(334) Décision 23 décembre 2003, instituant une agence exécutive pour la gestion de l'action communautaire dans le domaine de l'énergie.

(335) Décision 31 mai 2007.

ment une logique de soutien aux carburants « verts »[(336)]. La directive 98/70 du 13 octobre 1998 concernant la qualité de l'essence et des carburants diesel (directive qualité des carburants) modifiée[(337)] autorise à cet effet la mise sur le marché jusqu'à 2013 d'une essence à teneur maximale en éthanol de 5 %, sous condition d'une information appropriée du consommateur par les fournisseurs concernés[(338)] ; les États membres ont également la possibilité, à certaines périodes de l'année (été), de mettre sur le marché de l'essence contenant de l'éthanol en dérogeant à la limite maximale de la pression de vapeur autorisée mais sous réserve ici d'obtenir l'accord exprès de la Commission[(339)]. Ils peuvent encore, en toutes circonstances, autoriser les carburants diesel dont la teneur en esters méthyliques d'acides gras (EMAG) est supérieure à 7 %, toujours sous condition d'une information suffisante des consommateurs[(340)].

Remarque

Le mélange d'éthanol dans l'essence modifie de façon non linéaire la pression de vapeur du mélange de carburant. Il s'agit donc de trouver un juste équilibre entre d'un côté le souci d'éviter la pollution atmosphérique découlant de cette pression de vapeur, de l'autre le développement de carburants à faible teneur en carbone.

La directive 98/70 a été consolidée de façon à exiger que les biocarburants pris en considération soient des biocarburants « durables » au sens de la directive 2009/28 ; sur ces « critères de durabilité » spécifiques, voir *supra* p. 292 et s.

Le propre de ces directives est d'encadrer l'action des États dans un domaine considéré – par exemple la formulation de la composition des carburants – ; elles leur laissent donc une marge d'action tout en en fixant les limites. Mais les possibilités d'accroître l'utilisation de biocarburants sont de fait encadrées strictement. Ainsi, dans la perspective de l'intensification du soutien de l'UE aux énergies renouvelables, serait-il judicieux de réviser peut-être certaines de ces limites quantitatives.

2. L'harmonisation européenne du soutien étatique

La mise en place d'un cadre juridique pour les instruments de soutien nationaux est supposée contribuer à l'installation d'une stratégie plus stable et à plus long terme. C'est dans cet esprit qu'il faut inscrire l'harmonisation des règles nationales, qui est aussi accessoirement un moyen d'éviter toute distorsion de concurrence liée à l'existence de dispositifs de soutien différant d'un État à l'autre. Si une grande prudence imprègne les premières mesures, l'Union européenne s'est toutefois acheminée vers une harmonisation plus poussée.

a. La situation découlant des directives 2001/77 et 2003/30 : une harmonisation partielle et minimale des législations nationales

Une harmonisation partielle

De fait, l'harmonisation des régimes nationaux de soutien aux énergies renouvelables est au départ seulement partielle ou encore matériellement limitée puisqu'elle ne concerne que les secteurs de l'électricité et des transports. Le premier de ces secteurs est couvert par la directive 2001/77 (directive électricité renouvelable) qui a pour objet la promotion de l'électricité produite à partir des sources d'énergie renouvelables, ainsi placée au premier rang des priorités de l'Union. Le

(336) Voir directive 2003/17 modifiant la directive 98/70 concernant la qualité de l'essence et des carburants diesel, considérant 17, qui évoque les « objectifs environnementaux [...], tels que la nécessité d'encourager des carburants de substitution, y compris les biocarburants ».

(337) En dernier lieu par la directive 2009/30 du 23 avril 2009.

(338) Directive 98/70, art. 3.3, le texte précise que les États « peuvent exiger la mise sur le marché de cette essence pour une période plus longue s'ils l'estiment nécessaire ».

(339) Directive 98/70, art. 3.4 et 3.5.

(340) Directive 98/70, art. 4.1.

second fait l'objet de la directive 2003/30 (directive biocarburants). Chaque État membre était tenu de transposer ces deux textes : au plus tard, fin 2003 pour la directive électricité renouvelable, et fin 2004 pour la directive biocarburants.

Remarque

Cette harmonisation ne concernait donc ni la consommation de chaleur ou de froid renouvelables, ni l'utilisation éventuelle des biocarburants comme combustibles.

Une harmonisation minimale

Ces deux premières directives se bornaient par ailleurs à établir un canevas de principes très généraux dont la fixation des modalités d'application incombait aux États membres, lesquels devaient donc choisir le régime le mieux adapté à leur situation. Pourtant, dans le domaine de l'électricité renouvelable au moins, la Commission avait eu au départ pour velléité de remplacer les systèmes nationaux existants, variables d'un État membre à l'autre (système de quotas, système de certificats verts, système d'obligation d'achat assorti ou non de prix publics...) par un régime commun, afin de réaliser un véritable marché européen. Mais les réticences des États la contraignirent à réviser à la baisse ses prétentions, au moins pour le court terme.

L'approche initiale est donc prudente et souple et ce, s'agissant en premier lieu, de l'objet même sur lequel portent ces directives, même si celles-ci font œuvre pédagogique en établissant la liste des sources d'énergie renouvelables, ou encore celle des biocarburants(341). Cependant, l'intensité normative de ces listes s'est avérée mal établie, en particulier s'agissant de savoir dans quelle mesure les États membres disposaient de la liberté de choisir les sources énergétiques dont l'utilisation était censée permettre d'atteindre l'objectif quantitatif de consommation fixé par ailleurs.

En effet, ces directives laissaient aux États membres le soin de décider et de doser la contribution de chacune des énergies énumérées aux objectifs. Plus encore, il est apparu qu'elles n'imposaient pas de recourir à toutes celles figurant dans les listes. On s'était en effet demandé si la nomenclature européenne des biocarburants contraignait les États à recourir à tous ceux qui étaient mentionnés ou les laissait libres de choisir ceux qui permettraient d'atteindre l'objectif communautaire d'incorporation de biocarburants dans les carburants classiques. On a pu pareillement s'interroger sur le point de savoir si l'énumération des sources d'énergie renouvelables effectuée par la directive 2001/77 obligeait ou non les autorités nationales à utiliser toutes celles répertoriées. Il est intéressant de noter que la position des autorités françaises consista à dire que la liste de la directive biocarburants notamment n'avait qu'une valeur exemplative. Ainsi, à la question de savoir si cette directive imposait en particulier l'introduction des huiles végétales pures sur le marché français, le Conseil d'État répondit que si ce texte établit « par son article 2.2, une liste minimale exhaustive des produits devant être qualifiés de biocarburants », elle n'impose pas aux États membres, pour atteindre les objectifs européens, « ni d'autoriser l'usage direct comme carburants des produits énumérés [...], ni d'autoriser l'usage, direct ou en mélange, de la totalité de ces produits »(342). Interrogée sur le sujet par une juridiction allemande, la CJCE ne l'a pas démenti : la directive 2003/30 en particulier laisse aux autorités nationales compétentes « une large marge

(341) Voir *supra* p. 21 et s.

(342) CE 21 décembre 2007, Ministre de l'Économie c/ Communauté de communes de Villeneuvois, req. n° 300041 et n° 300056. Voir aussi TA Bordeaux 6 juin 2006, Préfet de Lot-et-Garonne, req. n° 0600484, les directives européennes – il vise ici la directive biocarburants et la directive taxation des biocarburants – « n'ont pas un caractère suffisamment précis pour être normatives et [...] laissent aux États membres un large pouvoir d'appréciation pour déterminer les mesures propres à atteindre leurs objectifs ».

d'appréciation afin de tenir compte, notamment, [...] de la disponibilité en ressources et en matières premières »[343].

Si tel est donc le sens qu'il faut attribuer aux listes figurant dans les directives, ce y compris à la plus récente d'entre elles (directive 2009/28) elle-même fondée sur le système de la liste, il faut admettre que les États ont gardé une marge de manœuvre non négligeable puisqu'il leur appartient de choisir librement les énergies qui leur semblent les plus idoines pour satisfaire les orientations européennes en termes de quantité globale de consommation. En toute hypothèse, une telle lecture des directives fait une large place au principe de subsidiarité, la portée de l'énumération des énergies renouvelables ne dépassant donc pas, en quelque sorte, la simple recommandation d'emploi.

Remarque

La lecture restrictive de la portée des listes européennes semble pouvoir s'autoriser des termes souples de certaines dispositions des directives, voir par exemple le considérant 12 de la directive 2003/30, posant que l'huile végétale pure en particulier « peut également être utilisée comme biocarburant dans certains cas particuliers [...] ».

La souplesse du dispositif d'harmonisation apparaît en second lieu, et de façon cette fois plus certaine, pour ce qui concerne la portée des objectifs quantitatifs contenus dans les deux premières directives. Ainsi, alors que celle relative à l'électricité renouvelable se bornait à inviter les États membres à adopter un « objectif indicatif » de 21 % de consommation intérieure brute d'électricité issue de sources renouvelables pour l'échéance 2010[344], dans le même esprit la directive biocarburants disposait que les États membres « devraient veiller à ce qu'un pourcentage minimal de biocarburants et autres carburants renouvelables soit mis en vente sur leur marché », et fixer à cet effet « des objectifs nationaux indicatifs »[345] ; le même texte indiquait encore poser des valeurs qualifiées « de référence », correspondant à la mise sur le marché d'ici le 31 décembre 2005 d'un volume de biocarburants équivalent à 2 % calculé sur la base de la teneur énergétique de la quantité totale d'essence et de gazole, ce pourcentage devant être porté à 5,75 % d'ici le 31 décembre 2010.

Aucune de ces directives ne pouvait être interprétée par conséquent comme ayant fixé à destination des États membres des quotas contraignants de consommation d'énergie de source renouvelable[346] ; En somme ces textes se limitaient à rappeler aux États l'« engagement moral » qu'ils avaient contracté sur le sujet[347].

Puisque les objectifs européens de consommation d'énergie renouvelable étaient à l'époque seulement indicatifs, cela semblait par suite interdire toute sanction en cas de non-respect de ceux-ci par les États membres. Conscients de la faiblesse intrinsèque des directives sur cette question, leurs auteurs avaient annoncé que « si cela s'avér(ait) nécessaire » (en cas d'échec de cette politique plus incitative que prescriptive ?), la Commission pourrait proposer des objectifs obligatoires. Bien entendu, rien n'interdisait aux États de rendre obligatoire, dans le respect de la règle européenne de référence, un taux donné de production ou de consommation des énergies renouvelables sur leur territoire.

(343) CJCE 10 septembre 2009, Plantanol, C-201/08, *Rec.* p. I-6579, pt. 35

(344) Voir considérants 5 et 6, voir aussi art. 3.

(345) Art. 3.

(346) Voir aussi CJCE 10 septembre 2009, Plantanol, C-201/08, préc., pt. 33 : « [...] il y a lieu de relever que, si la directive 2003/30 vise [...] à promouvoir l'utilisation de biocarburants pour remplacer le gazole ou l'essence à des fins de transport dans chaque État membre, elle n'impose à ces derniers aucun objectif contraignant en ce qui concerne la mise sur le marché d'une part, minimale de biocarburants ».

(347) Voir Commission, « Progrès accomplis en matière de biocarburants et d'autres carburants renouvelables dans les États membres de l'Union européenne », COM (2006) 845 final.

D'autres dispositions appartenant aux mêmes directives étaient toutefois plus prescriptives. Ainsi en allait-il de celles imposant aux États de fournir à la Commission des renseignements sur le respect des objectifs nationaux adoptés, ainsi que les mesures prises pour promouvoir l'utilisation des sources d'énergie renouvelables (notamment des rapports d'information périodiques)(348). Par ailleurs, la directive électricité renouvelable imposait de garantir l'accès de cette énergie aux réseaux, tout en laissant aux États la possibilité d'organiser ou non un accès prioritaire(349), enfin elle exigeait la mise en place d'un système de garantie d'origine de l'électricité renouvelable(350).

b. Le dispositif ressortant de la directive 2009/28 : une harmonisation plus large et plus contraignante

Il n'est pas excessif de considérer l'harmonisation européenne des législations nationales comme un processus graduel, à la lumière notamment de la logique fonctionnaliste qui est à la base de l'Union. Le confirment les deux rapports dont la rédaction incombait à la Commission sur le fondement des premières directives, devant porter sur la mise en œuvre de ces textes et leur éventuelle révision(351). Celui relatif à l'électricité renouvelable devait évaluer le succès, y compris le « rapport coût-efficacité des régimes de soutien en ce qui concerne la promotion de la consommation d'électricité renouvelable », et pouvait être accompagné d'une proposition de cadre communautaire relatif aux régimes de soutien de l'électricité de source renouvelable. La directive biocarburants évoquait quant à elle « l'adaptation » des objectifs quantitatifs et la formulation éventuelle de « valeurs obligatoires sous une forme appropriée ». La directive 2009/28 du 23 avril 2009 « relative à la promotion de l'utilisation de l'énergie produite à partir de sources renouvelables », et élément clé du « paquet énergie climat » de l'UE, répond en partie à ces préoccupations.

Une définition plus large des domaines concernés par l'harmonisation

Le champ d'application matériel des directives électricité renouvelable et biocarburants était, ainsi que l'exprimait leur intitulé respectif, circonscrit. Elles ne couvraient pas notamment les hypothèses d'utilisation de sources d'énergie renouvelables à des fins de chauffage ou de refroidissement. Certes, la directive cogénération 2004/8 se situait dans cette logique, mais en n'appréhendant la question que partiellement. Par le passé, la Commission avait justifié cette brèche législative en invoquant l'absence de réseau européen de fourniture et de commercialisation de chaleur, ce qui rendait selon elle difficile la fixation d'objectifs chiffrés au niveau supranational(352). Finalement, elle se rangea à l'idée d'une directive concernant aussi les installations de chauffage et de réfrigération(353), s'accordant à cet

(348) Voir MINEFI, « La Consommation d'électricité produite à partir de sources d'énergie renouvelables en France. Rapport sur les objectifs indicatifs nationaux à l'horizon 2010 », 2002 ; « Rapport sur la consommation d'électricité produite à partir de sources d'énergie renouvelables en France », 2006 ; « Rapport sur les objectifs français de consommation d'électricité produite à partir de sources d'énergie renouvelables et sur l'analyse de leur réalisation », 2007.

(349) Voir *infra* p. 519 et s.

(350) Voir *infra* p. 644 et s.

(351) Directive électricité renouvelable et directive biocarburants, art. 4.

(352) Communication de la Commission, « La part des sources d'énergie renouvelables dans l'Union européenne », COM (2004) 366 final, p. 35.

(353) Voir « Énergies renouvelables : progrès accomplis pour atteindre l'objectif de 2020 », COM (2011) 31 final : la Commission déclare prioritaire le développement de réseaux de chauffage urbains dans toutes les agglomérations d'une certaine taille lorsque le contexte local le justifie.

égard avec le Parlement européen qui s'était prononcé dans le même sens[354], mais aussi avec les positions développées dans certains États membres[355].

Plutôt que de poursuivre la logique sectorielle qui avait jusque-là prévalu, plutôt que d'adopter une directive qui aurait été spécifique à la chaleur et au froid de sources renouvelables, les institutions de l'Union ont choisi d'adopter une directive portant sur le développement en général de l'énergie renouvelable. Par là-même s'est vu intégré au sein d'un seul et unique instrument législatif l'ensemble de la problématique de l'harmonisation des règles nationales de soutien à toutes les formes d'exploitation de sources d'énergie renouvelables.

Une élévation du degré des contraintes

La principale innovation de la directive 2009/28 réside dans la fixation d'objectifs impératifs. Cette éventualité avait été prévue par la directive 2003/96 (taxation des produits énergétiques) mais pour les seuls biocarburants[356]. Certes, on dira que ce changement dans la manière de légiférer relance les critiques exprimées contre le caractère jugé parfois trop prescriptif des directives communautaires. Mais il n'en reste pas moins vrai qu'une telle démarche – manifestement souhaitée par les différents acteurs, privés et publics du secteur (la proposition du 23 janvier 2008 fixant des objectifs contraignants a en effet été précédée d'une vaste consultation publique faisant état d'une forte attente en faveur « d'une politique plus affirmée en matière de sources d'énergie renouvelables »[357]) – trouve au moins trois justifications sérieuses.

La première relève de la logique de résultat : les valeurs européennes de référence fixées pour 2010 pour les États membres et l'Union européenne n'ont pas été atteintes.

Remarque

Malgré une augmentation d'environ 50 % de la production d'électricité renouvelable, la part de sa consommation a approché 18-19 % en 2010. Quant à l'objectif concernant les biocarburants, la proportion a atteint 4,2 % en 2010.

Les résultats de la France ont été en demi-teinte : l'objectif 2010 de consommation des biocarburants (7 %) a été quasiment atteint (6,4 %), celui intéressant l'électricité étant moins performant (15,4 % au lieu de 21 %).

La deuxième se rapporte à la nécessité de créer pour tous les opérateurs économiques concernés une relative sécurité juridique.

Remarque

Les institutions européennes ont placé en première ligne l'accroissement de la sécurité juridique de l'ensemble des acteurs du marché. Elles ont ainsi réclamé « [...] un cadre prévoyant des objectifs contraignants [qui] devrait apporter aux milieux d'affaires la stabilité requise pour effectuer des investissements durables dans le secteur des énergies renouvelables » (Directive 2009/28, considérant 8), indiqué que « Les objectifs contraignants nationaux servent principalement à offrir une certaine sécurité aux investisseurs et à encourager le développement continu de technologies qui génèrent de l'énergie à partir de tous types de sources renouvelables » (Directive 2009/28, considérant 14) ou encore « visent à supprimer les incertitudes pour les investisseurs et à encourager le développement permanent de technologies [...] » (Commission, « Rapport sur les changements indirects d'affectation des sols liés aux biocarburants et aux bioliquides », COM (2010) 811 final.

(354) « Rapport du Parlement européen contenant des recommandations à la Commission sur l'utilisation de sources d'énergie renouvelables à des fins de chauffage et de réfrigération », doc. A6-0020/2006.

(355) Pour la France, l'ADEME avait ainsi suggéré que la chaleur renouvelable devienne l'un des « enjeux importants » de la politique énergétique nationale mais aussi européenne, voir « Quelles perspectives pour les énergies renouvelables en France pour 2010 et au-delà », avril 2003 (www.ademe.fr).

(356) Art. 16.6.

(357) COM (2008) 19 final, p. 6.

Enfin, la troisième raison concerne en particulier les énergies de source renouvelables appelées à intégrer les grands réseaux (électricité, gaz), c'est-à-dire non seulement produites mais aussi transportées et distribuées, puis vendues au consommateur final au sein d'un marché intérieur unique, ce concept s'arrangeant mal de la coexistence en son sein de régimes nationaux d'aide disparates.

La directive énergie renouvelable du 23 avril 2009 répond à ces motivations, en adressant à chaque État membre des objectifs de consommation d'énergie renouvelable impératifs.

Elle le fait tout d'abord dans le cadre d'une appréhension globale de la consommation de cette forme d'énergie. Elle établit à cet effet : en premier lieu un objectif européen commun à l'ensemble de l'Union européenne, correspondant à une consommation d'au moins 20 % d'énergie produite à partir de sources renouvelables dans la « consommation finale brute d'énergie » de l'Union à l'échéance 2020(358) ; en second lieu un objectif national global « cohérent » avec l'objectif européen susvisé(359). Cette « individualisation » de l'effort demandé à chaque État membre est en accord avec l'esprit des textes principaux du droit international sur le changement climatique(360). C'est ainsi que chaque État se voit imposer une augmentation de la part d'énergies renouvelables dans sa consommation intérieure d'au moins 5,5 % par rapport aux niveaux de 2005, le reste étant calculé à partir du produit intérieur brut par habitant (les objectifs globaux de chaque État membre sont présentés à l'annexe I de la directive).

Remarque

Le concept de « consommation finale brute d'énergie » est défini par la directive 2009/28 : il recouvre l'ensemble des modes de consommation des produits énergétiques utilisés à des fins énergétiques (industrie, transports, ménages, services, agriculture, sylviculture, pêche), ce y compris les pertes sur les réseaux pour la production et le transport d'électricité et de chaleur (art. 2.f).

Ensuite, la directive prévoit un objectif spécifique pour le secteur des transports. Cet objectif est, quant à lui, commun à l'ensemble des États membres de l'Union européenne : il consiste à parvenir à une utilisation d'au moins 10 % d'énergie produite à partir de sources renouvelables dans toutes les formes de transport d'ici à 2020(361).

Remarque

En parallèle de l'objectif de consommation minimale de biocarburants et autres carburants de source renouvelable dans les transports, l'Union européenne a adopté un objectif, là encore contraignant pour ses États membres, de réduction d'ici au 31 décembre 2020 de 6 % de l'intensité des émissions de gaz à effet de serre liées aux carburants utilisés dans les transports (voir directive 2009/30 du 23 avril 2009 modifiant la directive 98/70 (qualité des carburants) préc., art. 7 *bis*).

Les contraintes nouvelles pesant sur les États membres en matière de consommation d'énergie renouvelable ne sont pas seulement d'ordre quantitatif. En effet, la même directive impose par ailleurs aux États d'élaborer un plan d'action national (PAN) devant décrire la stratégie et les moyens d'actions envisagés (modification des procédures administratives, règles nouvelles dans le secteur de la construction, formation des professionnels, information des consommateurs, développement des réseaux, mesures de « flexibilité »(362) pour atteindre les objectifs de consomma-

(358) Art. 3.1.

(359) *Ibid.*

(360) Voir par exemple « Convention cadre des Nations Unies sur le changement climatique » (1992) : « Il incombe aux Parties de préserver le système climatique des générations présentes et futures, sur la base de l'équité et en fonction de leurs responsabilités communes mais différenciées et de leurs capacités respectives. »

(361) Art. 3.4.

(362) Sur ces différentes mesures, voir *infra* p. 414 et s.

tion[(363)]. L'appréhension au niveau européen de tous ces plans risquant de se heurter à la divergence des cultures administratives nationales, la directive requiert la mise au point d'une méthodologie commune prenant la forme d'un « modèle » européen de PAN[(364)].

Remarque

Chaque État membre devait présenter son premier PAN à la Commission avant le 30 juin 2010. Le Plan d'action français peut être consulté sur le site du ministère de l'Énergie (www.developpement-durable.gouv.fr).

En suite du PAN, la directive impose par ailleurs à chaque État d'adopter avant le 31 décembre 2011 un rapport sur l'état d'avancement de son objectif national, rapport à adresser à la Commission et à mettre à jour tous les 2 ans (art. 22). De son côté, la Commission est tenue de présenter un rapport de synthèse sur la base des rapports nationaux, d'abord en 2012, puis tous les 2 ans (art. 23).

L'intensification des contraintes pesant sur les États membres sur le fondement de la directive énergies renouvelables peut être observée sur d'autres points. Tout d'abord s'agissant de l'accès de l'électricité renouvelable aux infrastructures de réseaux, il faut noter que ce texte enjoint aux États membres de prévoir « soit un accès prioritaire, soit un accès garanti »[(365)]. Ensuite, pour ce qui concerne les biocarburants, la directive établit que seuls seront pris en compte dans le calcul de leur contribution à la réalisation de l'objectif de développement des énergies renouvelables ceux qui satisfont à des « critères de durabilité », critères applicables aux biocarburants produits dans l'Union comme à ceux importés[(366)]. Le critère de la qualité environnementale de certaines énergies renouvelables – une façon de rappeler que la réalisation des objectifs de développement des énergies renouvelables n'exonère pas d'en maîtriser les éventuels impacts sur l'environnement – est ainsi devenu essentiel, ses conséquences principales étant probablement à observer dans le cadre de la mise en œuvre nationale de la directive, le bénéfice de la plupart des régimes nationaux de soutien risquant en effet d'être conditionné à son respect.

Remarque

Dans le même esprit, la directive biocarburants préconisait déjà que les États membres tiennent compte « du bilan climatique et environnemental global des différents types de biocarburants » et encouragent « en priorité les carburants dont le bilan environnemental global et la rentabilité sont excellents ».

• Le maintien d'une certaine flexibilité

Sous d'autres aspects, la directive 2003/29 laisse aux États membres une marge de manœuvre plus étendue.

Quand bien même cette directive imposerait aux États membres des objectifs désormais obligatoires d'exploitation des sources d'énergie renouvelables, il convient en effet de noter qu'elle ne rompt pas totalement avec l'esprit des directives antérieures.

En effet, l'intensité normative de la liste des énergies renouvelables figurant dans la nouvelle directive n'est pas supérieure à celle des textes antérieurs. En d'autres termes elle n'impose pas davantage aux autorités nationales le choix des sources énergétiques (énergie primaire) à mobiliser, ou encore celui des énergies renouvelables (énergie secondaire), afin d'atteindre les quotas qu'elle établit par ailleurs. Il continue donc d'appartenir aux États de définir leur mix énergétique en matière d'énergie renouvelable, c'est-à-dire d'encourager le cas échéant en priorité certaines d'entre elles en s'appuyant sur différents paramètres tels leur disponibilité sur le territoire national,

(363) Art. 4.

(364) Art. 4.1 al. 1.

(365) Art. 16.2 b), sur ce sujet, voir aussi *infra* p. 519 et s.

(366) Art. 17, sur ce sujet, voir aussi p. 292 et s.

leur bilan climatique et environnemental, la compétitivité des différentes filières ou encore la sécurité des approvisionnements(367).

La directive 2009/28 comprend d'autres mécanismes qui tendent encore à infléchir son caractère *a priori* plus contraignant. Ces dispositifs ressortissent manifestement d'une sorte de prise de conscience au niveau européen de l'intérêt de la coopération et de la mutualisation des projets de développement des énergies renouvelables entre différents États. Si pareilles initiatives n'étaient pas interdites par les textes précédents, on conviendra qu'elles devraient davantage se développer dès lors qu'elles pourront se fonder désormais sur un cadre juridique commun. Le but est clairement d'optimiser des niveaux de consommation d'énergie renouvelable – hors énergies utilisées pour les transports, qui n'entrent pas en effet dans leur champ d'application – dans la perspective d'atteindre les objectifs désormais contraignants, mais aussi la réduction des coûts de production et le nivellement de ceux-ci d'un État membre à l'autre. Reprenant la logique de subsidiarité promue notamment par le Protocole de Kyoto, la directive offre aux État la faculté d'y recourir, et de choisir parmi les dispositifs présentés ceux qui leur semble adaptés pour atteindre les objectifs qui leur sont assignés. La démarche repose sur le volontariat et peut s'analyser ce faisant comme une sorte de déclinaison des mécanismes « flexibles » liés audit protocole – la directive utilise d'ailleurs expressément à leur sujet le terme « flexibilité »(368) –, le texte précisant encore qu'ils doivent rester sous le contrôle des États membres pour ne pas limiter leur capacité à atteindre leurs objectifs nationaux »(369). Ces mécanismes sont au nombre de trois.

Les « transferts statistiques »(370) supposent la conclusion entre deux États membres d'une « convention » aux termes de laquelle celui qui dispose d'un excédent d'énergie produite à partir de sources renouvelables propose de vendre statistiquement cet excédent à un autre État membre, dont la trajectoire de réalisation des objectifs européens en matière d'utilisation d'énergie renouvelable est probablement moins favorable. La directive ne va pas toutefois jusqu'à créer un marché européen des transferts statistiques, à l'image de celui existant pour les quotas de gaz à effet de serre ; les échanges s'effectuent ici en dehors d'un système de marché, et, dans le silence des textes, forcément dans le cadre d'une procédure de type gré à gré.

Le système des « projets communs »(371) peut être employé dans une perspective purement interne à l'Union : il permet alors à un État de cofinancer un projet en matière d'énergies renouvelables (énergie électrique, chauffage, refroidissement) dans un autre État membre, les deux États concernés se partageant statistiquement la production énergétique en cause. Mais la directive permet aussi de l'appliquer à des projets intéressant des pays tiers, sous réserve que le projet concerne alors l'électricité renouvelable, et elle seule. En ce qu'elle est vouée à prendre place dans le cadre du marché intérieur européen de l'électricité, marché atteignant un niveau d'intégration économique poussé, la première version des « projets communs » semble *a priori* plus simple à mettre en œuvre que la seconde, qui implique nécessairement, quant à elle, une adaptation du cadre législatif et administratif d'États qui ne sont pas familiers des contraintes économico-juridiques de l'Union européenne.

(367) Voir CJCE 10 septembre 2009, Plantanol, C-201/08, préc., pt. 37, arrêt rendu sur le fondement de la directive 2003/30.

(368) Directive 2009/28, considérant 36.

(369) *Ibid.*

(370) Directive 2009/28, art. 6.

(371) Directive 2009/28, art. 7 à 9.

Enfin, les « régimes d'aides communs »(372) permettent à deux États membres ou plus de convenir « d'unir ou de coordonner » partiellement leurs régimes nationaux de soutien aux énergies de source renouvelable. Dans ce cas, une certaine partie de l'énergie renouvelable produite sur le territoire de l'un des États concernés peut entrer, là encore, en ligne de compte pour le calcul de l'objectif global national d'un autre État membre participant, ceci à deux conditions : d'une part, que les États intéressés procèdent à un transfert statistique au sens de l'article 6 précité de la directive, d'autre part, qu'ils fixent d'un commun accord, sous le contrôle de la Commission, une clef de répartition de l'énergie allouée, respectivement, aux uns et aux autres.

Remarque

La Commission a établi d'après les différents PAN que le mécanisme de transfert statistique ne devrait jouer qu'un rôle très secondaire. Il ne concernerait que deux États seulement (Italie, Luxembourg). Environ 2 millions de tep seulement du total prévu de l'énergie produite à partir de sources renouvelables (c'est-à-dire moins de 1 % en valeur relative) devraient être échangés entre des États membres et ou des pays tiers (voir Communiqué de la Commission, IP/10/265 du 11 mars 2010 ; voir aussi « Énergies renouvelables : progrès accomplis pour atteindre l'objectif de 2020 », COM (2011) 31 final).

Toutefois, il n'est pas à exclure qu'émergent des projets nouveaux. Le projet de développement de l'électricité solaire photovoltaïque en Grèce (projet Hélios) pourrait ainsi conduire à l'utilisation du mécanisme de transfert statistique entre la Grèce et l'Allemagne, l'énergie produite en Grèce étant susceptible dans cette mesure d'être prise en compte pour le respect par l'Allemagne de l'objectif que lui fixe la directive 2009/28.

Les estimations de la France ont pour leur part été effectuées sous réserve des possibles évolutions du Plan Solaire méditerranéen (PSM), dont le modèle économique est « notamment basé sur la possibilité, pour l'électricité d'origine renouvelable produite dans les pays du pourtour méditerranéen non membres (de l'UE) d'être vendue dans les États membres [...] » ; ainsi les partenariats noués dans le cadre du PSM pourraient-ils « conduire la France à importer une certaine quantité d'électricité d'origine renouvelable de pays non membres de la Communauté, dans le cadre de projets communs » ; en cas de réussite du PSM et de dépassement des objectifs nationaux, est également envisagé un transfert statistique avec un État membre déficitaire (voir « Plan d'action national en faveur des énergies renouvelables, Période 2009-2020 »).

Afin d'assurer le fonctionnement optimal de ces mécanismes de flexibilité, la directive énergies renouvelables prévoit une mise en commun et une diffusion des informations pertinentes à l'échelle de l'Union. D'un côté, en application de l'article 24 de la directive 2009/28, la Commission se doit d'élaborer une « plate-forme publique de transparence en ligne » destinée à faciliter et promouvoir la coopération entre États membres, notamment en ce qui concerne les transferts statistiques et les projets communs(373). De l'autre, chaque État membre doit rédiger un « document prévisionnel », indépendant du PAN, faisant apparaître, d'une part, son estimation de sa production excédentaire d'énergie renouvelable qui pourrait être transférée à d'autres États membres ainsi que celle des possibilités de projets communs, d'autre part, une évaluation de la demande en énergie produite à partir de sources renouvelables à satisfaire par des moyens autres que la production nationale, d'ici à 2020(374).

Remarque

La plateforme de transparence présente en particulier l'ensemble des plans d'action nationaux. Elle est accessible à l'adresse suivante : http://ec.europa.eu/energy/renewables/transparency_platform.

Aucune de ces trois propositions n'implique le transfert physique des ressources énergétiques renouvelables dans un autre État, dont on n'ignore pas qu'il est souvent empêché par des difficultés techniques. Mais ces dernières ne doivent pas conduire à sous-estimer le potentiel du marché ici en cause. Quoi qu'il en soit les dispositifs en question corroborent la thèse selon laquelle ce

(372) Directive 2009/28, art. 11.

(373) Directive 2009/28, art. 24.

(374) Directive 2009/28, art. 4.3.

marché non seulement s'entend mais aussi se construit de plus en plus dans le contexte large du libre-échange de niveau régional ou mondial[(375)]. En ce sens on peut légitimement considérer que la logique de coopération transnationale qu'entérine la directive 2009/28 n'est pas seulement vouée à accroître quantitativement la consommation d'énergie renouvelable au sein de l'Union mais aussi à permettre la diminution du prix de cette énergie, normalement pour le meilleur profit du consommateur. Mais, pour que cela soit le cas, il faudrait alors que les mécanismes de coopération entre États constituent une part importante du processus de développement des énergies renouvelables ; ainsi contribueraient-ils à créer les conditions d'un authentique marché européen sinon mondial des énergies en cause.

Remarque

La Commission a fait part de son regret que les États membres de l'UE ne cherchent pas davantage à réduire les prix de marché « en mettant à profit des ressources dont l'exploitation se révèle moins onéreuse dans d'autres parties du marché unique », ajoutant qu'il serait possible « d'économiser jusqu'à 10 milliards d'euros par an si les États membres considéraient les énergies renouvelables comme des marchandises sur un marché unique européen plutôt que sur leurs marchés nationaux » (voir « Énergies renouvelables : progrès accomplis pour atteindre l'objectif de 2020 », préc.)

Il semblait légitime de concevoir qu'au terme de la période exploratoire liée à la mise en œuvre des deux premières directives de promotion des énergies renouvelables soit élaboré un dispositif imposant aux États membres un/des système(s) de soutien déterminé(s) et/ou en excluant d'autres. Il est simple de comprendre que notamment les politiques de défiscalisation menées par la plupart des États en faveur des biocarburants, certes sous surveillance européenne[(376)], conduisent inévitablement à des approches individuelles ou juxtaposées, donc le cas échéant divergentes, le tout induisant de possibles distorsions de concurrence. Plus encore, il n'est pas exclu que les opérateurs économiques mettent indûment à profit ces différences : ainsi un agent économique qui achèterait de l'électricité éolienne produite dans un pays pour l'exporter ensuite vers un autre pourrait-il bénéficier d'un prix de rachat garanti dans le premier et d'aides dans le second. Pour y remédier, il faudrait donc que l'Union fixe elle-même les niveaux de défiscalisation, par exemple au profit des biocarburants, ou bien encore officialise pour l'ensemble des États un système de soutien donné (obligation d'achat avec ou non harmonisation des tarifs d'achat, certificats verts...).

Connaissant les limites inhérentes aux premières directives, la Commission européenne n'ignorait pas qu'un renforcement des contraintes en la matière risquait de heurter les susceptibilités étatiques. Son ambition sur le sujet s'est donc avérée très limitée, et l'harmonisation des mécanismes d'aide effectuée dans le cadre de la directive 2009/28 a été laissée à l'initiative des États membres, qui se voient invités en effet à développer des « régimes d'aide communs ». Par suite l'établissement d'une convergence au moins relative entre les différentes réglementations des États membres en la matière va-t-elle continuer de reposer à titre principal sur les interventions de la Commission, interventions ponctuelles et au cas par cas, au titre principalement sans doute des dispositions européennes pertinentes sur les aides d'État.

Remarque

La Commission estime devoir veiller à « garantir le degré requis de convergence ou d'harmonisation entre les mécanismes nationaux, étant donné que le marché des sources d'énergie renouvelables passe d'une dimension locale à une dimension transfrontalière. Dans ce contexte, il convient de définir, en s'appuyant sur les meilleures pratiques, les exigences auxquelles doit répondre le commerce paneuropéen des énergies renouvelables. Il faudrait susciter, dans le respect des règles sur les aides d'État le cas échéant, un recours accru à des primes de rachat équilibrées, prévisibles et d'un rapport coût/efficacité satisfaisant, ainsi qu'un soutien et des instruments

(375) Voir aussi *supra* p. 332 et s.

(376) Voir *supra* p. 363 et s.

de financement plus ciblés en fonction de la technologie. Il importe notamment d'éviter d'apporter des changements rétroactifs aux mécanismes de soutien, compte tenu de l'incidence négative qu'ont de tels changements sur la confiance des investisseurs » (voir Communication de la Commission du 10 novembre 2010, « Énergie 2020, Stratégie pour une énergie compétitive, durable et sûre », COM (2010) 639 final). Toujours selon la Commission, les objectifs fixés à l'horizon 2020 en matière d'énergies renouvelables ne peuvent être atteints « d'une manière efficace, au regard des coûts, que si l'ensemble des politiques actuellement mises en place sont mises en œuvre dans tous les États membres, et que les régimes d'aides convergent » (voir « Énergies renouvelables : un acteur majeur du marché européen de l'énergie », COM (2012) 271 final).

II. Dans le cadre de la politique de recherche et de développement technologique

Il est essentiel d'approfondir les connaissances sur les énergies renouvelables si l'on veut les intégrer dans une nouvelle combinaison énergétique. Toutefois, cela ne signifie pas qu'elles doivent systématiquement faire l'objet de programmes de recherche spécifiques. D'ailleurs, elles puisent dans tous les domaines de la recherche : sciences physiques (gazéification de la biomasse, aérodynamique pour l'éolien, photovoltaïque...), chimie (oxydation, catalyse...), sciences de la vie (génie biologique pour la fermentation de la biomasse...), sciences de la terre (géologie, climatologie, hydrologie), sciences de l'homme et de la société (économie, droit...). Las, les données de l'OCDE ont indiqué qu'en Europe 10 % seulement des budgets publics consacrés à la recherche/développement dans le domaine de l'énergie concernent les énergies renouvelables contre plus de 50 % pour les technologies énergétiques classiques(377).

Originellement, la Communauté ne disposait pas d'un titre exprès de compétence dans le domaine en cause. Ainsi, pour fonder l'un des premiers textes adoptés en la matière(378), elle a dû recourir à la source textuelle générale qui lui donne mission de promouvoir « un développement harmonieux des activités économiques, une expansion continue et équilibrée et une stabilité accrue »(379). On note avec intérêt que ce texte invoquait le fait que, dans le contexte énergétique de l'époque, « le développement de l'exploitation de sources d'énergie alternatives communautaires réduit la dépendance et diversifie l'approvisionnement énergétique » et est comme tel « de nature à contribuer à la réalisation de ces objectifs ». Par la suite, les efforts n'ont fait que croître, profitant de l'insertion dans le traité en 1986 d'un nouveau titre dédié aux activités de recherche et de développement technologique(380), puis des nouvelles stratégies de l'Union européenne, notamment celle affirmée en mars 2000 à Lisbonne par le Conseil européen. Or, la recherche joue indéniablement un rôle majeur pour accroître la compétitivité. Pour toutes ces raisons, mais aussi afin de défendre des technologies plus respectueuses de l'environnement, l'Union européenne soutient les investissements en faveur de celles utilisant les énergies renouvelables, ceci par trois biais principaux : au moyen d'une démarche de programmation pluriannuelle relativement classique, en les intégrant dans les missions de son Centre commun de recherche, enfin en adossant leur financement à son système d'échange de droits d'émission (SCEQE).

Remarque

Certaines démarches font appel à des financements publics pluriels : ainsi en est-il du plan SET pour le développement des technologies à faible intensité carbonique de la Commission (COM (2009) 519 final). Ce plan intéresse notamment les technologies de l'éolien en mer, du solaire, ou celles de deuxième génération pour l'exploitation de la biomasse (http://ec.europa.eu/energy/techno-

(377) Communication de la Commission, « La part des sources d'énergie renouvelables dans l'Union européenne », préc.

(378) Règlement 1302/78, 12 juin 1978, concernant l'octroi d'un soutien financier aux projets d'exploitation de sources énergétiques alternatives.

(379) TCE, art. 2, abrogé par le TFUE.

(380) TFUE, titre XIX.

logy/set_plan/set_plan_en.htm). Il est financé par le système d'échange de quotas d'émissions qui doit générer des recettes à partir de 2013, le programme-cadre de recherche, le programme Énergie intelligente-Europe (EIE), le programme énergétique européen pour la relance, les prêts de la Banque européenne d'investissement (BEI).

A. L'intégration de programmes thématiques intéressant les énergies renouvelables dans les programmes-cadres de recherche et de développement technologique (PCRDT)

La politique de l'Union en matière de recherche et de développement technologique ne prétend pas se substituer aux actions étatiques, mais se limite à stimuler et coordonner les initiatives des États membres. L'Union européenne élabore à cette fin, depuis le milieu des années 1980, des programmes-cadres pluriannuels, mis à jour pour tenir compte de l'évolution constante de la recherche scientifique et technologique et de l'évolution des priorités. Force est de constater que les premiers programmes-cadres de recherche et de développement technologique (PCRDT) intègrent déjà les actions de recherche, de développement technologique et de démonstration liées aux énergies produites à partir de sources renouvelables. Ce choix est d'autant plus remarquable qu'il s'effectue à une époque où elles n'ont pas encore le vent en poupe : dans sa résolution du 25 juillet 1983 rattachée au 1er programme-cadre (1984-1987), le Conseil déclare ainsi que leur essor est « un des objectifs de recherche, de développement et de démonstration pour atteindre le but communautaire de l'amélioration de la gestion des ressources énergétiques » ; dans celle du 26 novembre 1986 sur l'orientation communautaire de développement des sources nouvelles et renouvelables d'énergie, il indique qu'une stratégie énergétique pour la Communauté requiert de « recourir davantage aux énergies nouvelles et renouvelables, dans la mesure où leurs perspectives ultérieures de viabilité économique seraient démontrées ». Les programmes généraux de l'Union européenne encadrent des programmes thématiques – parfois spécifiquement dédiés aux énergies renouvelables – dont on exposera ci-après les principales caractéristiques.

1. Les différents programmes thématiques intéressant les énergies renouvelables

a. Les programmes intéressant les énergies renouvelables en général

JOULE (1989-1992[(381)]) et THERMIE (1990-1994[(382)]) sont issus du 3e programme-cadre de recherche et de développement technologique (1990-1994). Ils ont pour ambition de promouvoir l'efficacité énergétique des énergies non nucléaires (renouvelables et fossiles) ainsi que la réduction des émissions de gaz à effet de serre. Ils sont toutefois, à l'origine, deux programmes séparés. JOULE est un pur programme de recherche et de développement technologique ; THERMIE s'intéresse aux seules opérations pilotes et de démonstration. Est ainsi opéré de façon quelque peu artificielle un clivage entre recherche et démonstration.

La fusion des deux programmes en un seul est une conséquence de l'adoption, liée au traité de Maastricht, du nouvel article 163.3 du traité instituant la Communauté européenne, qui inclut expressément les projets de démonstration dans la politique de recherche et de développement technologique. Cette modification permet de réunir, lors du lancement du 4e programme-cadre de recherche et de développement technologique (1994-1998), le volet démonstration de THERMIE avec les volets recherche et développement de JOULE. Le tout donne naissance[(383)] au programme

(381) Décision 14 mars 1989, relative à un programme spécifique de recherche et de développement technologique dans le domaine de l'énergie – énergies non nucléaires et utilisation rationnelle de l'énergie.

(382) Règlement 2008/90 concernant la promotion de technologies énergétiques pour l'Europe.

(383) Décision 1110/94, relative au 4e programme-cadre de la Communauté européenne pour des actions recherche et de développement technologique et de démonstration ; décision 94/806, 23 novembre 1994, arrêtant le programme spécifique de recherche et de développement technologique y compris de démonstration, dans le domaine de l'énergie non nucléaire.

unique et synthétique JOULE-THERMIE (1994-1998). La gestion de ces programmes au niveau de la Commission continue toutefois de perpétuer le clivage antérieur : les actions de recherche et de développement technologique financées dans le cadre de JOULE restent ainsi gérées par la Direction générale chargée de la recherche, tandis que les actions de démonstration, financées par THERMIE, sont gérées par la Direction générale chargée de l'énergie.

Le mouvement d'intégration des énergies renouvelables dans les programmes-cadres de recherche et de développement technologique se poursuit(384) avec le 5e programme-cadre de recherche et de développement technologique (1998-2002), qui comporte un programme spécifique « Énergie, environnement, et développement durable »(385), puis avec le 6e programme-cadre de recherche et de développement technologique (2003-2007)(386) – les énergies renouvelables sont ici traitées dans le cadre du domaine prioritaire n° 6 intitulé « Développement durable, changement global et écosystèmes », qui comprend un volet énergie. Le 7e programme-cadre de recherche et de développement technologique (2007-2013) a pris le relais(387) : l'énergie relève de la partie « Coopération », consacrée à différentes formes de coopération transnationale dans l'Union et à un certain nombre de domaines thématiques, tous orientés vers le développement durable.

b. Les programmes intéressant la biomasse verte

L'agriculture, domaine concerné s'il en est par la construction européenne, a toujours constitué un domaine traditionnel de recherche. Ainsi, bien avant la mise en place d'une politique européenne de recherche et de développement technologique, ce secteur a bénéficié de financements sur la base de l'article 41 du traité instituant la Communauté européenne. Ces efforts ont été ensuite accentués : de 1987 à 1991, la recherche agricole est présente dans cinq programmes spécifiques intégrés au 2e programme-cadre de recherche et de développement technologique, dont deux couvrent, entre autres, la problématique de la biomasse verte(388) ; les deux programmes-cadres de recherche et de développement technologique suivants mettent également en place des programmes spécifiques de recherche agricole et agro-industrielle : d'abord AIR (1991-1994(389)), puis FAIR (1994-1998(390)).

(384) Décision 189/1999, 22 décembre 1998, relative au 5e programme-cadre de la Communauté pour des actions de recherche et de développement technologique et de démonstration.

(385) Décision 1999/70, 25 janvier 1999, arrêtant un programme spécifique de recherche et de développement technologique et de démonstration dans le domaine « Énergie, environnement et développement durable » ; décision C/2001/1978, relative à la 7e mise à jour du programme de travail dans le cadre du programme spécif de recherche, de technologie et de démonstration dans le domaine « Énergie, environnement et développement durable ».

(386) Décision 1513/2002, 27 juin 2002, relative au 6e programme-cadre de recherche et de développement technologique et de démonstration contribuant à la réalisation de l'espace européen de la recherche et à l'innovation.

(387) Décision 1982/2006, 8 décembre 2006, relative au 7e programme-cadre pour des actions de recherche et de développement technologique et de démonstration.

(388) CAMAR : voir décision 90/84, 26 février 1990, arrêtant un programme communautaire spécifique de recherche et de développement technologique dans le domaine de la compétitivité de l'agriculture et de la gestion des ressources agricoles (1989-1993) ; FOREST : voir décision 89/626, concernant un programme de recherche et de développement technologique dans le domaine de la sylviculture (1990-1992).

(389) Décision 91/504, 9 septembre 1991, adoptant un programme spécifique de recherche et de développement technologique et de démonstration pour la CEE dans le domaine de l'agriculture et de l'agro-industrie, y compris de la pêche.

(390) Décision 94/805, 23 novembre 1994, adoptant un programme spécifique de recherche et de développement technologique et de démonstration dans le domaine de l'agriculture et de la pêche (y compris l'agro-industrie, les technologies alimentaires, la sylviculture, l'aquaculture et le développement rural).

2. Les caractéristiques des programmes de recherche liés aux énergies renouvelables

a. Les objectifs

Ils répondent aux problématiques de la fin du XXe siècle. Par exemple, pour JOULE-THERMIE (1994-1998), il s'agit de promouvoir la sécurité énergétique, le développement durable, les technologies énergétiques propres et efficientes, la compétitivité industrielle et la cohésion sociale. S'agissant des énergies renouvelables, l'objectif principal est d'accroître la compétitivité financière et la fiabilité des projets dédiés, ainsi que la confiance des opérateurs, en vue d'intégrer ces énergies dans le système énergétique, accessoirement, de favoriser leur intégration dans l'économie et la vie quotidienne.

b. La dotation financière et les actions soutenues

Sur la base des décisions fondant les différents programmes, la Commission européenne peut conclure pour le compte de l'Union européenne des conventions de subvention avec des tiers.

Le programme thématique JOULE-THERMIE (1994-1998) faisait l'objet d'une dotation financière de 1 030 millions d'écus, dont 45 % étaient destinées aux énergies renouvelables. Dans son rapport spécial n° 17/98 précité, la Cour des comptes européenne a désapprouvé certaines décisions de soutien arrêtées par la Commission, notamment parce que les projets retenus n'avaient pas toujours le caractère novateur exigé : plusieurs d'entre eux étaient en effet des projets de promotion ou d'investissement dans les énergies renouvelables et n'auraient pas dû être éligibles au programme de démonstration THERMIE, mais au programme énergétique ALTENER.

Les deux programmes intéressant la biomasse verte découlant des 3e et 4e programmes-cadres de recherche et de développement technologique – AIR et FAIR – ont, comme on l'a dit, promu la recherche en agriculture et sylviculture. Ils ont à ce titre soutenu les projets de recherche et de développement technologique portant sur les procédés de conversion et d'utilisation énergétique de la biomasse. L'un des objectifs de FAIR était d'identifier les opportunités de développement des cultures industrielles, notamment énergétiques, sur le marché européen : il a par exemple cofinancé la création d'une usine d'estérification produisant de l'ester méthylique d'huile végétale (EMHV).

Le 6e programme-cadre de recherche et de développement technologique a affecté quelque 810 millions d'euros sur les 2,12 milliards d'euros du budget total du domaine prioritaire n° 6 aux systèmes énergétiques durables, notamment ceux utilisant les sources d'énergie renouvelables, et à leur intégration dans le système énergétique, leur stockage, leur distribution et leur utilisation, ainsi qu'aux biocarburants de substitution. Dans le cadre du 7e programme-cadre de recherche et de développement technologique (2007-2013), l'énergie renouvelable et l'efficacité énergétique bénéficient de « la majorité » – et non pas des deux tiers comme l'avait demandé le Parlement européen – des 2,35 milliards d'euros affectés à l'énergie. Dans le domaine des biocarburants, le 7e programme-cadre de recherche et de développement technologique vise l'amélioration des biocarburants de la deuxième génération (biodiesel Fischer-Tropsch, éthanol ligno-cellulosique, bio-diméthyléther...).

Les activités qui profitent du soutien de l'Union européenne sont financées selon différentes modalités. Les décisions arrêtant les programmes spécifiques, les programmes de travail et les appels à propositions précisent ces régimes. Par exemple, depuis le 6e programme-cadre de recherche et de développement technologique, l'Union finance des « projets intégrés » (IP) réunissant plusieurs partenaires et visant la production de connaissances pour de nouveaux produits, procédés ou services. Les subventions européennes soutiennent aussi les actions dites « à frais partagés » et les « projets de recherche ou de formation spécifique » (STREP) – projets de démonstration ou d'innovation exécutés par un consortium de contractants auxquels la Commission rembourse une partie des coûts du projet et qui ont une portée plus limitée que les IP. Les financements peuvent également prendre la forme de bourses de formation couvrant les frais liés à la protection sociale et à la mobilité géographique. Les subventions peuvent être octroyées à des réseaux de formation à la recherche et aux réseaux thématiques. En toute hypothèse, le montant des subventions est fixé lors de la conclusion du contrat avec la Commission ; il est le plus souvent plafonné à 50 % des coûts éligibles. La Commission peut aussi être à l'initiative de certains projets, notamment locaux. Par exemple, l'initiative dite « CONCERTO » a encadré les projets de démonstration visant l'intégration dans les collectivités locales de technologies innovantes de production d'énergie au moyen de sources renouvelables ou améliorant le rendement énergétique. Par exemple, l'initiative dite « CIVITAS » a utilisé les crédits européens de la recherche – et des transports – pour promouvoir des transports urbains durables, grâce notamment aux carburants de substitution – plusieurs villes pilotes de l'Union européenne (dont Lille et Nantes) ont bénéficié sur cette base d'une aide de plusieurs millions d'euros au titre du 5e programme-cadre de recherche et de développement technologique.

Remarque

Dans le cadre de CONCERTO, la ville de Grenoble s'est par exemple associée aux villes de Växjo en Suède et de Delft aux Pays-Bas pour construire un projet de ville « durable », notamment par le recours aux énergies renouvelables.

Lille a participé à CIVITAS à partir 2001 dans le cadre d'un programme de recherche visant à mettre au point un biogaz, le méthane carburant, issu de la digestion des boues de station d'épuration ; une usine fabriquant ce biogaz existe depuis 2004 et doit à terme approvisionner plus du tiers des bus urbains.

Les programmes-cadres de recherche et de développement technologique prévoient aussi des activités de coopération internationale (programmes INCO) afin d'aider l'« espace européen de la recherche » à s'ouvrir sur le monde[391]. Ils sont donc ouverts aux chercheurs et institutions des pays tiers. Les priorités de recherche sont définies en fonction des intérêts et des objectifs du partenariat politique de l'Union européenne avec les pays tiers intéressés, ainsi que des besoins économiques et sociaux particuliers de ceux-ci. Est notamment visée une synergie avec d'autres actions européennes relevant de la politique extérieure (par exemple le programme MEDA pour les pays tiers méditerranéens[392]).

c. La sélection des projets

Les critères généraux de sélection sont toujours établis à l'avance. Les subventions sont surtout destinées aux centres de recherche (y compris le Centre commun de recherche[393]), laboratoires universitaires, PME, et autres entreprises développant des activités de recherche. La Commission encourage le recours à des groupements européens d'intérêt économique (GEIE) en tant que moyen de participation aux programmes de recherche et développement technologique, qui le plus souvent font participer des opérateurs venus de plusieurs États membres.

Les programmes fonctionnent en général en deux phases : d'abord une phase d'identification des projets éligibles aux financements, initiée par la Commission qui publie au *Journal officiel de l'Union européenne* les appels à propositions[394], ensuite une phase de sélection proprement dite, qui fait intervenir de nouveau la Commission, assistée d'un comité d'experts indépendants et qualifiés. Le fonctionnement de cette procédure a toutefois fait l'objet de certaines critiques. Par exemple, dans son rapport spécial n° 17/98 précité, la Cour des comptes de l'Union européenne a

(391) TFUE, art. 180.

(392) Voir *infra* p. 436.

(393) Voir *infra* p. 424.

(394) Voir par exemple appel à propositions d'action indirecte de recherche et de développement technologique et dans le cadre du programme spécifique de recherche et de développement technologique « Intégrer et renforcer l'espace européen de la recherche ».

reproché l'absence d'impartialité et l'opacité des choix effectués par la Commission sur la base du système THERMIE. Elle a regretté que, différemment du programme JOULE où la sélection reposait principalement sur l'avis d'experts extérieurs, la sélection des projets supérieurs à 500 000 écus fasse appel de façon privilégiée à un comité composé de représentants des États membres (comité technique THERMIE), chargé d'effectuer l'évaluation technique des projets. L'audit reprochait plus particulièrement au système de laisser le champ libre à d'éventuelles pressions politiques. Il critiquait par ailleurs le manque d'information sur le coût de l'externalisation des expertises, les frais des procédures de sélection, enfin la gestion globale du programme.

Certains candidats aux soutiens financiers européens peuvent être amenés à contester le refus de la Commission de conclure une convention de financement. Par exemple, une société désireuse de créer et exploiter un parc d'énergie éolienne en Allemagne, qui avait soumissionné au programme THERMIE, a tenté de faire annuler par le juge communautaire la décision de la Commission classant le projet dans une liste d'attente, dont le financement dépendait de la disponibilité des crédits européens. Alors que le requérant se plaignait du fait que la Commission n'avait pas motivé sa décision, la Cour de justice de l'Union européenne a rappelé que les programmes européens de recherche et développement technologique établissent toujours à l'avance les critères essentiels en vertu desquels sont appréciés les projets, et estimé que les particularités de la procédure de sélection, à savoir la publication des critères d'éligibilité et la participation de comités dans la sélection des projets, rendent superflue une motivation détaillée individuelle. La Cour a également jugé que le demandeur ne peut invoquer une violation des droits de la défense qui, selon une jurisprudence constante[(395)], ne s'appliquent que lorsque la Commission envisage l'adoption d'une sanction ou d'une mesure susceptible d'affecter la situation juridique de l'intéressé ; or en l'espèce « la participation à un programme de soutien financier ne crée aucun droit dans le chef de celui qui sollicite un tel soutien et son rejet laisse inchangée la situation juridique dans laquelle l'intéressé se trouve, son seul intérêt résidant dans le fait que, lors de la procédure de sélection, sa demande fasse l'objet d'un examen objectif »[(396)].

d. La mise en œuvre des programmes

La mise en œuvre des programmes thématiques donne lieu à des contrats passés entre la Commission et un cocontractant. Le contentieux post-contractuel est de plus en plus nourri. La plupart du temps les contrats passés en application des PCRDT contiennent une clause compromissoire attribuant compétence à la Cour de justice de l'Union européenne (compétence d'attribution prévue à l'article 272 TFUE). La juridiction de l'Union a ainsi été amenée à préciser les pouvoirs unilatéraux de la Commission dans le cadre de tels contrats. Elle a jugé en particulier que cette institution est en droit :

– de résilier un contrat parce qu'il ne peut être exécuté : par exemple parce que le contractant n'a pas commencé les travaux à la date précisée dans le contrat et si la Commission considère toute autre date comme inacceptable[(397)] ; par exemple en raison d'un problème de financement bancaire[(398)], ou bien encore parce que des modifications substantielles y ont été apportées[(399)] ;

(395) CJCE 29 juin 1994, Fiskano c/ Com., C-135/92, *Rec.* p. I-2885.

(396) CJCE 14 mai 1988, Windpark Groothusen GmbH & Xo. Betriebs KG c/ Com., C-48/96, *Rec.* p. I-2873.

(397) Pour un contrat de production d'électricité et de chaleur par gazéification de la biomasse, voir TPICE 10 septembre 2002, Biolettrica SpA c/ Com., T-287/01, *Rec.* p. II-3283.

(398) Pour un projet de construction en Espagne d'un centre commercial et d'affaires équipé d'un système de climatisation solaire, voir Tribunal de l'UE, 9 mars 2011, Com. c./Edificios Inteco Srl, T-235/09.

(399) Pour un projet de production d'électricité à partir de la biomasse, voir Tribunal de l'UE, 7 juillet 2010, Com. c/ Antiche Terre Soc. Coop. RI Societa Agricola Cooperativa, T-51/09, *Rec.* p. II-131.

– de résilier le contrat et de demander le remboursement des sommes avancées : par exemple si certaines obligations contractuelles telles celle consistant à informer périodiquement la Commission sur l'avancement du projet ne sont pas respectées(400) ; par exemple si le contrat n'est pas exécuté(401) ; étant admis que si une clause du contrat prévoit que celui-ci est régi par le droit national, ce sont les règles nationales de procédure, telles celles relatives à la prescription du droit au remboursement(402) ou encore celles portant sur le paiement d'intérêts(403) qui sont applicables ;
– de demander le remboursement des sommes versées au cocontractant dépassant la contribution financière de l'Union(404) ;
– de demander le remboursement des avances versées au cocontractant en raison, d'une part, des défaillances de celui-ci dans le suivi comptable, d'autre part, des conditions dans lesquelles le projet est sous-traité(405).

B. L'action du Centre commun de recherche (CCR)

C'est l'organisme de recherche rattaché à l'Union européenne. Il fournit des avis scientifiques indépendants et un soutien technique à la Commission et aux autres institutions pour la mise en œuvre des politiques de l'Union ; il effectue aussi ses propres recherches scientifiques. Il comprend 8 instituts répartis dans 5 États membres. Ses activités se sont longtemps concentrées sur la recherche nucléaire (EURATOM), puis se sont déplacées depuis les années 1970 vers l'environnement. Il intervient à ce titre dans des activités de recherche et de soutien concernant les énergies renouvelables, soit en son nom propre, soit dans des projets en partenariat avec d'autres acteurs de la recherche.

Remarque

La proposition de la Commission du 21 septembre 2005 concernant un programme spécifique à mettre en œuvre au moyen d'actions directes par le Centre commun de recherche au titre du 7e programme-cadre de recherche et développement technologique (2007-2013) inclut explicitement dans ces actions les sources d'énergie et vecteurs énergétiques propres et renouvelables (COM (2005) 439 final).

C. L'adossement du soutien financier au système d'échange de droits d'émission de gaz à effet de serre de l'Union européenne (SCEQE)

La gratuité générale pour la délivrance aux entreprises concernées des quotas d'émission de gaz à effet de serre, qui était le principe consacré initialement par la directive 2003/87, est devenue, suite à la réécriture de celle-ci par la directive 2009/29, l'exception. Toutefois, pour les nouveaux entrants dans le SCEQE, le nouveau régime de distribution publique des quotas distingue deux situations : d'un côté les installations permettant le captage et le stockage du CO_2 et les technolo-

(400) Pour un projet de gazéification des déchets de bois, voir TPICE, 8 juillet 2009, Com. c./Atlantic Energy Ltd, T-182/08, *Rec.* p. II-109.

(401) Tribunal de l'UE, 9 mars 2011, Com. c/Edificios Inteco Srl, T-235/09, préc. ; pour un projet de construction de 2 éoliennes sur des tours en béton, voir aussi Tribunal de l'UE 24 novembre 2010, Com. c/Irish Electricity Generating Co. Ltd, T-323/09, *Rec.* p. II-254.

(402) Tribunal de l'UE, 24 novembre 2010, Com. c/Irish Electricity Generating Co. Ltd, T-323/09, préc.

(403) Tribunal de l'UE, 7 juillet 2010, Com. c/Antiche Terre Soc. Coop. RI Societa Agricola Cooperativa, T-51/09, préc.

(404) Pour un projet de réhabilitation d'un ensemble immobiliser social comportant le recours à des énergies renouvelables, voir TPICE, 10 juin 2009, Archimèdes c/Com., 10 juin 2009, *Rec.* p. II-70, CJUE, 10 novembre 2010, Archimèdes c/Com., C-317/09 P, *Rec.* p. I-150.

(405) Pour des projets comportant la réalisation de documents d'information (CD-ROMS, site internet) sur les technologies liées aux énergies renouvelables, voir TPICE, 30 septembre 2009, aff. jtes. T-192/01 et T-245/04, Lior GEIE c/ Com., *Rec.* p. II-178.

gies innovantes dans le domaine des énergies renouvelables, de l'autre tous les autres secteurs couverts par le système[(406)]. Seuls les premières sont assujetties aux quotas payants dès 2011 – les autres se voyant appliquer un système de mise aux enchères progressif. Surtout, la législation européenne prévoit que les recettes liées à la vente desdits quotas soient employées de façon écologiquement vertueuse, soit afin de servir le développement des technologies innovantes liées aux énergies renouvelables qui ne sont pas encore viables d'un point de vue commercial[(407)]. La directive évoque en ce sens littéralement une « récompense » octroyée pour les tonnes de CO_2 non émises[(408)].

Sur ce fondement, l'UE a créé le dispositif spécifique dit « NER 300 » (New Entrants Reserve 300). Doté de 300 millions d'euros provenant, donc, de la réserve des nouveaux entrants dans le SCEQE (soit entre 4,5 et 9 millions d'euros), il doit financer à partir d'appels européens à propositions au moins trente-quatre projets innovants de démonstration des énergies renouvelables[(409)].

Remarque

À l'identique des mécanismes européens prévoyant un soutien financier de l'UE mais relevant d'une programmation financière plus « classique », l'initiative NER 300 finance jusqu'à 50 % des coûts de construction et de fonctionnement des projets éligibles. L'aide peut en outre être cumulée avec des aides provenant d'autres instruments de l'UE (Fonds structurels, Fonds de cohésion, aides issues du programme énergétique européen pour la relance).

III. Dans le cadre de la politique des réseaux transeuropéens

L'énergie est également présente dans les traités européens à travers la mission de l'Union européenne consistant à contribuer à « l'établissement et au développement de réseaux transeuropéens », lesquels concernent les « secteurs des infrastructures du transport, des télécommunications et de l'énergie »[(410)]. L'idée des réseaux transeuropéens (RTE) émerge à la fin des années 1980, parallèlement à celle de marché intérieur. Il apparaît que la mise en place d'infrastructures modernes et efficaces reliant les différentes régions et les réseaux nationaux constitue un élément essentiel de la mise en place de ce marché. En outre, l'interconnexion et l'interopérabilité des réseaux sont des facteurs clefs pour l'aménagement cohérent du territoire des États membres de l'Union, dans la perspective du renforcement de la cohésion économique et sociale[(411)]. L'élargissement aux pays d'Europe centrale et orientale en a encore renforcé l'importance.

Le titre XVI du traité sur le fonctionnement de l'Union européenne constitue la base juridique de l'intervention de l'Union en matière de réseaux transeuropéens dans les secteurs de l'électricité et du gaz naturel (RTE-E). La création d'un marché unique de l'énergie et la sécurité des approvisionnements constituent ses objectifs. La contribution de ces actions à un développement énergétique durable, notamment par le recours aux énergies renouvelables, y figure en bonne place. La directive énergie renouvelable préconise elle-même d'accélérer les « projets en matière d'énergies renouvelables d'intérêt européen » dans le cadre du programme RTE-E, notamment dans une perspective de sécurisation de l'approvisionnement énergétique de l'Union[(412)]. Cette préoccupation apparaît

(406) Voir B. Le Baut-Ferrarese, « La réception du Protocole de Kyoto en droit européen », *RTDE* 2010, p. 55.

(407) Directive 2009/30, art. 10 *bis*.

(408) Directive 2009/29, considérant 20.

(409) Voir Communiqué de la Commission IP/10/1476 ; site internet de l'initiative NER 300 : http ://ec.europa.eu/clima/funding/ner300/index_en.htm.

(410) TFUE, art. 170.1 (ex-TCE art. 154.1).

(411) TFUE, titre XVIII.

(412) Directive 2009/28, considérant 58.

encore dans un certain nombre de décisions[413], ou d'orientations récentes, par exemple au sein de l'« Acte pour le marché unique » présenté par la Commission en 2010 : celui-ci compile les mesures destinées à relancer l'économie européenne et à créer des emplois, et annonce que les priorités en matière d'infrastructures énergétiques pour la période 2020-2030 seront établies de façon à « contribuer à la réalisation d'un marché intérieur pleinement opérationnel, [...] répondant au problème des maillons manquants et [...] facilitant l'intégration des sources d'énergies renouvelables »[414].

Concrètement, l'action de l'Union européenne concerne ici au premier chef les régions insulaires, enclavées, périphériques et ultrapériphériques, pour lesquelles il est particulièrement indiqué de favoriser la diversification des sources d'énergie et favoriser l'utilisation des énergies renouvelables. Mais elle intéresse aussi l'ensemble des réseaux, qu'il faut le cas échéant adapter en vue de faciliter l'intégration et la connexion des installations de production. C'est ce dont attestent les projets dit « d'intérêt commun » qui sont voués, sur des territoires bien définis, à renforcer et adapter les connexions électriques, par exemple celles de l'énergie éolienne *offshore* au continent (parcs éoliens en mer du Nord). En toute hypothèse, il faut ici stimuler la construction d'infrastructures électriques et coordonner les investissements. L'Union européenne apporte son soutien financier, qui ne dépasse pas 50 % des coûts éligibles, dans le respect des conditions posées par le règlement 2236/95 du Conseil du 18 septembre 1995 établissant des orientations relatives aux réseaux transeuropéens d'énergie, par les canaux suivants[415] et qui emprunte les canaux suivants : la ligne budgétaire des réseaux transeuropéens (RTE), les fonds structurels et le Fonds de cohésion, les prêts de la Banque européenne d'investissement (BEI), enfin le Fonds européen d'investissement (FEI), qui est la branche de la BEI spécialisée dans le capital risque, et qui accorde des garanties aux banques et institutions financières pour appuyer les investissements à moyen et long terme. Dans le contexte du ralentissement économique issu de la crise financière de 2008, le règlement 663/2009 a mis en place un instrument financier spécifique (les sommes d'argent versées le sont toutefois dans le cadre du règlement financier général de l'UE)[416], d'esprit « keynesien ». Il s'agit du « Programme énergétique européen pour la relance » (PEER). Doté de 3 980 000 000 euros, il promeut le développement de projets dans le domaine de l'énergie qui contribuent à la relance économique, à la sécurité de l'approvisionnement et à la réduction des émissions de gaz à effet de serre[417] et fait à ce titre une place de choix aux projets intéressant le raccordement aux réseaux des énergies renouvelables (éolien en mer principalement).

Remarque

Pour les projets d'éoliennes en mer, l'assistance financière relevant du PEER est octroyée suite à des appels à propositions de la Commission européenne, qui choisit les projets sur la base des critères de sélection et d'attribution qui figurent dans le règlement 663/2009.

La décision 1364/2006 du 6 septembre 2006 établit les orientations générales relatives aux RTE-E : elle liste et hiérarchise les projets éligibles pour un financement de l'Union. Afin de faciliter la mise en œuvre des projets énergétiques prioritaires, la Commission a nommé en 2007 quatre coor-

(413) Décision 96/391, 5 juin 1996, modifiée dernier lieu par décision 1364/2006, 6 septembre 2006.

(414) Communication de la Commission, « Vers un acte pour le marché unique pour une économie sociale de marché hautement compétitive – 50 propositions pour mieux travailler, entreprendre et échanger ensemble », COM (2010) 608 final, Proposition n° 27.

(415) Voir aussi règlement 680/2007, 20 juin 2007, déterminant les règles générales pour l'octroi d'un concours financier communautaire dans le domaine des réseaux transeuropéens de transport et d'énergie.

(416) Règlement 1605/2002 du Conseil du 25 juin 2002 portant règlement financier applicable au budget général des Communautés européennes.

(417) Art. 1.

dinateurs, l'un d'entre eux a été spécialement chargé de suivre le dossier portant sur les connexions des éoliennes *offshore* de la Baltique et de la mer du Nord avec le réseau continental.

Cela étant, au-delà du financement, l'un des principaux problèmes rencontrés en matière de RTE-E est celui des lourdeurs administratives et des délais des procédures d'autorisation. Pour y remédier, la Commission a proposé un projet de simplification des procédures pour une série de projets d'infrastructures prioritaires (« projets d'intérêt européen ») qui devraient être précisés d'ici 2013.

L'interaction entre la législation européenne liée au marché intérieur de l'énergie et celle des réseaux énergétiques est évidente. En effet, les flux d'importation et d'exportation d'électricité et de gaz sont tributaires de l'existence d'infrastructures de réseaux et de leurs interconnexions. Ces dernières sont ainsi non seulement « les clefs de la construction du marché unique de l'électricité »[(418)] mais aussi de nature à permettre « l'intégration de l'électricité produite à partir de sources d'énergie renouvelables »[(419)]. C'est en ce sens que les directives électricité ont imposé, notamment, que l'accès aux réseaux de transport et de distribution des nouveaux arrivants sur le marché s'effectue dans des conditions non discriminatoires, ou encore ont demandé aux États d'assurer un accès soit « prioritaire » soit (*a minima*) « garanti » aux producteurs/fournisseurs d'électricité renouvelable[(420)]. Ainsi, encore, la directive 2005/89 du 18 janvier 2006 concernant des mesures visant à garantir la sécurité de l'approvisionnement en électricité et les investissements dans les infrastructures dont la base juridique[(421)] atteste de son lien avec la réalisation du marché intérieur, tente de trouver un équilibre entre, d'une part, la nécessité de tenir compte « de l'importance d'encourager l'efficacité énergétique et l'adoption de nouvelles technologies, notamment [...] les technologies reposant sur les sources renouvelables et la production combinée »[(422)] et, d'autre part, l'obligation de sécuriser l'approvisionnement énergétique notamment lorsqu'il s'appuie sur les sources d'énergie renouvelables : le texte indique à cet effet que lorsque les États assurent la promotion de l'électricité renouvelable, ils doivent veiller à garantir « la disponibilité de la capacité de secours associée [...], afin de maintenir la fiabilité et la sécurité des réseaux »[(423)].

Remarque

En application de l'article 2 du règlement 1228/2003 du 26 juin 2003 du 26 juin 2003 sur les conditions d'accès au réseau pour les échanges transfrontaliers d'électricité, une interconnexion est une « ligne de transport qui traverse ou enjambe une frontière séparant des États membres et qui relie des réseaux de transport nationaux des États membres ».

IV. Dans le cadre de la politique de cohésion économique et sociale

Le concept de politique de cohésion économique et sociale[(424)] a été introduit par l'Acte unique européen (1986). Il « vise à réduire l'écart entre le niveau de développement des diverses régions et le retard des régions les moins favorisées »[(425)]. Cette politique s'appuie sur un certain nombre de fonds structurels – le Fonds européen de développement régional (FEDER), le Fonds européen

(418) Commission de régulation de l'énergie, « Rapport sur la gestion et l'utilisation des interconnexions électriques », juin 2008, p. 5.

(419) Directive 2009/28, considérant 59.

(420) Directive électricité 2009/72, art. 15 renvoyant à l'art. 16 de la directive énergie renouvelable 2009/28. Voir *infra* p. 519 et s.

(421) TCE, art. 95, devenu TFUE, art. 114.

(422) Art. 3.3.c.

(423) Considérant 5.

(424) TFUE, titre XVIII.

(425) TFUE, art. 174.

agricole pour le développement rural (FEADER) et le Fonds européen agricole de garantie (FEAOGA), le Fonds social européen (FSE) – mais aussi sur le Fonds de cohésion, la Banque européenne d'investissement (BEI) ou d'autres instruments financiers.

Remarque

Depuis l'adoption du règlement 1290/2005 du 21 juin 2005 relatif au financement de la politique agricole commune (PAC), le FEADER et le FEAGA remplacent l'ancien FEOGA.

Le Fonds européen agricole de garantie (FEAOGA) n'est pas un fonds structurel au sens strict, il finance des projets en matière de transports et d'environnement dans les États dont le PIB est inférieur à 90 % de la moyenne communautaire.

La Banque européenne d'investissement (BEI) remplit la fonction de banque interne de l'Union européenne. Cette instance a intégré, dans le cadre de l'exercice de ses missions, les exigences liées à la protection de l'environnement.

Les priorités actuelles de l'Union européenne, en particulier celles définies par les stratégies de Lisbonne (croissance, compétitivité et emploi), de Göteborg (développement durable) et, plus récemment, par la Stratégie « Europe 2020 » présentée par la Commission en mars 2010 (« croissance intelligente, durable et inclusive »), inspirent fortement cette politique qui octroie une place importante aux énergies renouvelables, notamment parce que celles-ci offrent l'opportunité d'exploiter les ressources locales. D'ailleurs le règlement sur le FEDER attribue expressément à celui-ci la mission de contribuer à leur développement : par exemple, dans le cadre de la priorité thématique dite « Convergence », le FEDER est invité à apporter son « soutien au développement économique durable intégré, aux niveaux régional et local », ceci au moyen notamment d'« investissements liés à l'énergie, y compris dans l'amélioration des réseaux transeuropéens qui contribuent à renforcer la sécurité de l'approvisionnement, l'intégration des considérations environnementales, l'amélioration de l'efficacité énergétique et le développement des énergies renouvelables »(426). Dans le même esprit, mais dans le souci plus conjoncturel de participer à la relance de l'économie européenne depuis la crise de 2008, la réglementation relative au FEDER a été modifiée afin de rendre éligibles les investissements en efficacité énergétique et en énergies renouvelables dans le secteur du logement jusqu'à 4 % de la contribution totale du FEDER : les États peuvent désormais obtenir le cofinancement de l'Union européenne pour des projets tels que l'installation de panneaux ou de chauffe-eau solaires au bénéfice de personnes en situation de vulnérabilité(427).

Au travers de la politique de cohésion, les États membres de l'Union ont prévu d'investir 4,8 milliards d'euros dans les énergies renouvelables sur la période 2007 à 2013 (sur les 347 milliards d'euros affectés à cette politique). Il faut savoir, toutefois, qu'en pratique il n'est pas possible de créer dans le cadre des fonds structurels des lignes budgétaires spécifiquement applicables aux énergies renouvelables, si bien que la responsabilité du soutien à celles-ci repose *in fine* sur les États membres, qui utilisent dans le cadre de projets qu'ils définissent l'argent issu des fonds structurels.

Remarque

La Commission recommande d'utiliser cet argent compte tenu des objectifs quantitatifs fixés par l'UE en la matière ; elle estime que les autorités locales devraient à leur niveau incorporer ces objectifs (Communication de la Commission, « Les fonds structurels et leur coordination avec le Fonds de cohésion : orientations pour les programmes de la période 2000-2006 », COM (99) 344 final, 1er septembre 1999).

(426) Règlement 1080/2006, 5 juillet 2006, relatif au FEDER, art. 4.

(427) Voir règlement 397/2009 du 6 mai 2009 modifiant le règlement 1080/2006 sur le FEDER.

Ainsi, pour l'essentiel le soutien de l'Union européenne consiste donc en un appui financier au profit de programmes nationaux ou locaux consacrés, directement ou indirectement, et, en tout ou partie, aux énergies renouvelables, et surtout définis à partir des orientations européennes. Dans certains cas, ces programmes sont dits « actions innovatrices » et sont alors financés suite aux appels à projets lancés par la Commission (pour être éligibles à ces actions innovatrices, les régions doivent entrer dans les objectifs 1 ou 2 des fonds structurels). C'est par exemple dans ce cadre que l'Alsace a obtenu un cofinancement du FEDER pour un programme qui, sur la période 2003-2005, entendait faire de cette région un territoire « leader » en matière de développement des énergies fondées sur des sources renouvelables.

Remarque

Les efforts ont porté surtout sur les filières solaire et bois-énergie dont les ressources sont largement disponibles en Alsace ; le montant total de ce programme dit « Énergivie » s'est élevé à 5,5 millions d'euros, l'Union européenne ayant apporté 2,7 millions d'euros.

Les actions nationales peuvent aussi correspondre aux « programmes d'initiative communautaire », qui permettent à l'Union de satisfaire des objectifs spécifiques non couverts par ses autres actions en faveur des régions. INTERREG a ainsi vocation à soutenir la coopération transfrontalière entre régions des pays membres et des pays tiers voisins, y compris des stratégies et actions de développement durable et, à ce titre, la protection de l'environnement, le rendement énergétique et les énergies renouvelables. Cette coopération transnationale intéresse notamment l'espace alpin, c'est-à-dire les régions alpines de France, d'Italie, d'Allemagne, de Slovénie, d'Autriche, et de deux pays non membres de l'UE (Lichtenstein et Suisse). Dans le cadre d'INTERREG III (2007-2013), les territoires concernés ont obtenu le soutien financier du FEDER pour développer un certain nombre de projets relatifs en particulier au changement climatique et couvrant, notamment, les énergies renouvelables.

Remarque

Le programme CO_2 Neutralp par exemple a reçu l'appui financier du programme INTERREG IV B Espace ALPIN ; il entend démontrer le caractère réaliste de l'utilisation des énergies renouvelables dans le cadre des transports.

Par exemple, encore, les initiatives URBAN I (1994-2000) puis URBAN II (2000-2006), destinées aux villes de plus de 50 000 habitants[(428)], ont appuyé des actions en faveur de l'environnement, tout particulièrement celles visant l'utilisation de ressources énergétiques à caractère renouvelable et la gestion des déchets. Quant aux initiatives LEADER I (1991-1994), puis LEADER II (1994-1999) enfin LEADER+ (2000-2006), qui visaient spécifiquement les territoires ruraux, elles ont aidé de nombreux projets liés à la protection de l'environnement ou à une meilleure utilisation des ressources naturelles, dans le cadre desquels les mesures liées aux énergies renouvelables ont pu là encore s'insérer.

Les orientations de la politique de cohésion pour la période 2007-2013 sont favorables à l'essor des énergies « vertes ». La protection de l'environnement figure d'ailleurs explicitement au titre des trois nouveaux objectifs (convergence/compétitivité régionale et emploi/coopération territoriale européenne) qui ont remplacé les trois objectifs précédents de la politique régionale.

(428) Communication de la Commission, 28 avril 2000, définissant des orientations pour une initiative communautaire concernant la régénération des villes et des banlieues en crise en vue de promouvoir un développement urbain durable (URBAN II), *JOCE* 18 mai 2000, C 139.

Remarque

Dans son plan d'action biomasse de décembre 2005 précité, la Commission avait énoncé des orientations stratégiques en faveur du développement rural, dont une des cibles était le développement de l'énergie renouvelable à partir de l'activité agricole. Elle y proposait par exemple la création d'un groupe *ad hoc* chargé d'étudier les possibilités offertes par la biomasse dans le cadre des programmes nationaux de développement rural.

V. Dans le cadre de la politique agricole commune

Ce n'est pas à vrai dire la politique agricole commune (PAC) des débuts (1962) mais plutôt la réforme de cette politique dont il faut souligner la contribution à la mise en place d'un environnement favorable aux énergies renouvelables issues de l'activité proprement agricole (production de biomasse verte). À l'origine, en effet, la PAC est principalement pour ne pas dire exclusivement tournée vers les cultures alimentaires, dans le respect de l'objectif stratégique d'indépendance alimentaire. Toutefois, l'insertion progressive de la PAC dans le nouvel ordre économique mondial, son coût prodigieux pour la dépense publique, enfin les aberrations de l'agriculture productiviste ont imposé sa transformation. Cette dernière, qui s'effectue principalement au moyen de mesures visant à diminuer les excédents ou encore à limiter les grandes cultures alimentaires traditionnelles, impose la recherche de nouveaux débouchés commerciaux pour les agriculteurs. En outre, la maîtrise par l'Europe de sa souveraineté ne s'épuise à l'évidence nullement dans un objectif d'indépendance alimentaire, mais implique tout aussi bien l'indépendance énergétique du continent.

La politique agricole commune rénovée intègre ouvertement la volonté de développer les énergies renouvelables, qu'elle présente désormais comme un des « défis vitaux » de l'agriculture européenne(429), et dont l'essor est hissé au rang des priorités imposées aux programmes nationaux de développement rural(430). En schématisant, on peut considérer que la réglementation européenne envisage l'intégration des activités liées aux énergies agricoles dans le cadre des exploitations agricoles de trois façons(431). Soit en premier lieu en tant qu'elle constitue une activité agricole proprement dite évoluant cependant dans le sens de sa « modernisation » : dans une telle situation l'agriculteur produit alors les ressources permettant d'obtenir de l'énergie renouvelable (cultures énergétiques) ou bien du biogaz à partir des déchets organiques agricoles (production locale et *in situ*), ou bien encore est amené à opérer certaines actions de transformation de la biomasse agricole/forestière aux fins de la production d'énergie renouvelable. Soit en second lieu en tant qu'elle consiste en une « diversification vers des activités non agricoles » : ce faisant l'entrepreneur agricole met en place au sein de son exploitation des installations/infrastructures de production d'énergie renouvelable à partir toujours de la biomasse agricole mais aussi le cas échéant à partir d'autres sources d'énergie renouvelables (solaire, éolienne, géothermique). Enfin, en dernier lieu l'activité liée aux énergies renouvelables peut se matérialiser par des actes d'information et de diffusion des connaissances acquises par l'agriculteur dans le domaine en cause, et est alors nature à s'encastrer dans les dispositifs de formation et information prévus par le droit agricole européen.

L'un des points marquants de cette réglementation est l'admission d'une possibilité de substitution au moins partielle de la production alimentaire par celle de matières premières agricoles et sylvicoles à vocation énergétique. Dans les faits, l'Union européenne a soutenu l'émergence d'un tel

(429) Voir règlement 74/2009 du 19 janvier 2009 portant modification du règlement 1698/2005 concernant le soutien au développement rural par le Fonds européen agricole pour le développement rural, considérant 1, sur ce sujet, voir aussi B. Le Baut-Ferrarese, « Les énergies renouvelables, nouveau champ d'activité pour les entrepreneurs agricoles », *RD. rur.* 2012, Étude 2, p. 15.

(430) *Ibid.*, art. 16 *bis* b.

(431) Voir règlement 74/2009 du 19 janvier 2009 préc., annexe II.

marché, ainsi que le confirment les mesures qu'elle a prises intéressant la production d'agrocarburants et le bois-énergie.

A. La mise en place d'un contexte juridique favorable pour le développement des agrocarburants

S'il est, par ailleurs, promu par l'Union dans le cadre de sa politique intégrée de l'énergie et du climat[(432)], le développement des biocarburants doit aussi beaucoup aux évolutions récentes de la politique agricole commune. En effet, les mesures de soutien des prix à la production, mode dominant des interventions communautaires du passé, ont surtout sécurisé l'offre de production végétale et animale à vocation alimentaire[(433)] et offert une moindre rémunération aux cultures énergétiques. Quoi qu'il en soit, ce dispositif coûteux a été supprimé pour les grandes cultures – céréales, oléagineux et protéagineux (COP) – par la politique agricole commune réformée, et n'a pas été appliqué à la filière betteraves à sucre. De la même façon seules les COP ont été éligibles au régime applicable aux deux mécanismes de soutien à des matières premières cette fois non alimentaires : l'aide aux productions non alimentaires sur les terres gelées et la prime aux cultures énergétiques.

Remarque

Depuis l'origine, les betteraves à sucre destinées à l'éthanol sont soumises au jeu des prix de marché ; leur prix de vente est ainsi très inférieur aux prix institutionnels de la betterave destinée à la consommation alimentaire.

1. Le régime juridique applicable aux cultures énergétiques sur les terres en jachère

Si l'on veut dédier l'offre agricole aux filières de biocarburants, il faut consacrer suffisamment de surfaces aux cultures énergétiques et assurer une « certaine stabilité des emblavements »[(434)] qui leur sont réservés. Sur ce plan, la réforme de la politique agricole commune de 1992 a offert des opportunités aux agriculteurs intéressés à la diversification de leurs activités. Il faut rappeler que cette réforme a bouleversé le dispositif des aides à l'agriculture dans le secteur des terres arables, et qu'elle reposait sur trois grandes mesures : la réduction des prix institutionnels, la compensation de cette réduction par le paiement d'une aide à la surface en fonction des cultures, et la gestion de l'offre par l'instauration du gel obligatoire des terres. L'événement n'est pas en soi capital pour les cultures énergétiques ; il l'est toutefois dès lors qu'en alternative à la contrainte du gel, l'Union européenne autorise les agriculteurs à utiliser une partie des terres arables pour la production de cultures non alimentaires, terres désormais placées en situation de « jachère non alimentaire » au sens du règlement 334/93 du 15 février 1993 – pour autant que cette production soit garantie par un contrat ou par l'agriculteur –, et à recevoir, néanmoins, les paiements compensatoires correspondants (« prime à la jachère »). Logiquement, ce régime, d'abord appliqué sur une base volontaire entre 1988-1989, puis rendu obligatoire en 1993[(435)], devait donc profiter à la filière agrocarburants, même s'il n'avait pas *a priori* cette vocation.

Toutefois, l'impact de la mesure sur la filière des biocarburants a été assez peu important. D'abord, le taux de jachère obligatoire n'était pas stable : il variait en fonction des excédents. Ainsi, depuis 1993, les taux de jachère obligatoire ont fluctué entre 5 % et 15 % des terres arables, avant d'être fixés de façon permanente à 10 % pour la période 2000-2006 (toutefois, suite à la sécheresse de l'été 2003, le Conseil décida de réduire à 5 % le taux de gel obligatoire pour la récolte 2004). La

(432) Voir *supra* p. 396 et s.

(433) A. Mathieu, « Les biocarburants face aux objectifs et aux contraintes des politiques énergétiques et agricoles », Université de Montpellier, *Cahiers du CREDEN* 24 janvier 2005.

(434) A. Mathieu, « Les biocarburants face aux objectifs et aux contraintes des politiques énergétiques et agricoles », préc.

(435) Voir règlements de la Commission 2176/1990 et 334/1993.

mise en place d'une véritable stratégie industrielle de production sur le long terme a donc été freinée. Ensuite, le caractère incitatif de la mesure sur les agriculteurs dépend de son degré d'utilisation effective par les agriculteurs : par exemple, en France, en 2003, 7 % seulement des emblavements en colza énergétique provenaient de la jachère industrielle[(436)]. En revanche, certaines règles du droit du commerce international ont pu jouer un rôle positif : ainsi l'accord de Blair House, signé en 1992 par l'Union européenne et les États-Unis, qui ne fixait de limite quantitative de production qu'aux sous-produits oléagineux issus des terres gelées destinés à la consommation humaine ou animale, aurait *a contrario* favorisé la production d'oléagineux à vocation industrielle, et par extension celle d'agrocarburants.

L'obligation de gel des terres, instaurée par la réforme de 1992 en tant qu'instrument de rééquilibrage du marché des céréales, oléagineux et protéagineux (COP), a été incorporée au régime de paiement unique à l'exploitation déconnecté du volume et des facteurs de production, mais subordonné au maintien des surfaces cultivées dans un état agronomique et écologique satisfaisant, tel qu'issu de la réforme agricole de 2003[(437)]. Toutefois, afin d'ajuster l'offre et la demande de céréales et pour enrayer des situations de tension sur le marché des céréales, la réglementation européenne a évolué substantiellement en 2009 : le règlement 73/2009 a en effet supprimé la mise en jachère obligatoire dans le secteur des grandes cultures[(438)].

2. La prime spécifique aux cultures énergétiques

Dans le cadre des premières discussions liées à la réforme de la PAC (Agenda 2000), aucune proposition spécifique relative à une politique agricole non alimentaire en tant que telle n'a été formulée. Puis, dans le contexte de l'évolution du régime de soutien (au producteur et non plus à la production), l'Union européenne a décidé d'instaurer une aide spécifique pour les cultures agricoles à destination industrielle. Le dispositif adopté résultait des propositions de la France et de l'Autriche qui souhaitaient la création d'une aide à l'hectare pour les producteurs utilisant des terres non gelées, en complément de l'aide compensatoire de base accordée aux cultures en jachère. Le système s'est avéré au final assez restrictif[(439)].

Certes, le champ d'application de l'aide était défini largement : il couvrait l'ensemble de la biomasse verte cultivée, qu'elle soit destinée à la production de biocarburants ou à la production d'énergie électrique et thermique[(440)]. Mais le dispositif comportait un certain nombre de limitations. D'abord, les nouveaux États membres, entrés dans l'Union européenne en 2004 ou 2008, en étaient exclus. Ensuite, il avait été décidé que cette aide ne concernerait au départ que les cultures énergétiques COP (céréales, oléagineux et protéagineux). Mais encore, le montant financier très attractif initialement proposé (90 euros) n'avait pas été retenu : l'Union devait se limiter à verser aux agriculteurs une aide au revenu de 45 euros par hectare et par an. Toujours afin d'en limiter le coût, une superficie maximale garantie avait été fixée à 2 millions d'hectares pour l'ensemble de l'Union européenne. Le versement de la prime était par ailleurs conditionné par la signature d'un contrat entre le producteur et un industriel, contrat devant être notifié à l'État. Enfin, en cas de

(436) A. Mathieu, « Les biocarburants face aux objectifs et aux contraintes des politiques énergétiques et agricoles », préc.

(437) Voir règlement 1782/2003, 29 septembre 2003, établissant des règles communes pour les régimes de soutien direct dans le cadre de la politique agricole commune et établissant certains régimes de soutien en faveur des agriculteurs.

(438) Voir règlement 73/2009 du 19 janvier 2009 établissant des règles communes pour les régimes de soutien direct en faveur des agriculteurs dans le cadre de la politique agricole commune et établissant certains régimes de soutien en faveur des agriculteurs, modifiant les règlements 1290/2005, 247/2006 et 378/2007, et abrogeant le règlement 1782/2003.

(439) Voir règlement 1782/2003, modifié règlement 2237/2003, 23 décembre 2003 ; règlement 1973/2004, 29 octobre 2004, portant modalités d'application du règlement 1782/2003.

(440) Règlement 1782/2003, art. 88.

dépassement du contingent de 2 millions d'hectares, la superficie pour laquelle chaque agriculteur pouvait demander une aide était réduite proportionnellement pour l'année concernée par l'application d'un coefficient[(441)].

Les premiers mois de mise en œuvre de la mesure ne donnèrent pas de résultats très significatifs : ainsi en 2004, seulement 300 000 hectares (20 % de la superficie maximale garantie) avaient été utilisés pour les cultures énergétiques COP. En revanche, la superficie ayant fait l'objet de demandes d'aides aux cultures énergétiques s'établit à un chiffre compris entre 1,2 et 1,3 million d'hectares en 2006. Enfin, en 2007, le succès fut tel que la superficie totale dépassa 2 millions d'hectares ; la décote prévue pour de telles situations fut donc appliquée.

Les statistiques laissant entrevoir une explosion de la demande en biocarburants dans les années à venir, la Commission proposa d'étendre à tous les États membres le bénéfice du régime d'aide aux cultures énergétiques à partir de 2007, ce qui impliquait d'étendre la superficie maximale garantie. Elle proposa également d'habiliter les États membres à accorder une aide pouvant aller jusqu'à 50 % des coûts à supporter pour établir des cultures pluriannuelles sur les superficies concernées par cette aide. Le Parlement européen[(442)] se prononça pour sa part en faveur d'un relèvement de l'aide à 80 euros par hectare et par an, sur la base d'une surface maximale garantie supérieure (2,2 millions d'hectares). La question du caractère suffisamment incitatif de la prime actuelle se posait, en effet, dès lors que les agriculteurs percevaient entre 200 et 300 euros par hectare pour la jachère convertie en cultures alimentaires.

Remarque

Une étude de l'INRA a montré que les retombées économiques pour les agriculteurs sont bien plus intéressantes lorsque les cultures énergétiques se substituent aux jachères de la politique agricole commune (J.-C. Sourie, D. Tréguer et S. Rozakis, « L'ambivalence des filières biocarburants », *Sciences sociales* décembre 2005, n° 2).

Au total, la superficie éligible à une aide pour les cultures non alimentaires dans le cadre du retrait des terres et du régime en faveur des cultures énergétiques fut estimée, pour l'ensemble de l'Union européenne, à environ 8 millions d'hectares en 2005 et à 9,5 millions d'hectares en 2011. Le dispositif européen, qui avait le mérite d'accroître la rentabilité des cultures énergétiques, ne pouvait cependant être indéfiniment étendu sans que l'on en ait préalablement évalué tous les risques induits tant sur l'environnement[(443)], que sur la sécurité alimentaire notamment des pays importateurs de céréales – Chine et pays en développement[(444)]. Dans cette perspective, le maintien du dispositif est devenu controversé. Le Conseil a finalement choisi en 2009 de l'abroger, alors qu'il supprimait simultanément la jachère obligatoire, justifiant sa décision par « la forte demande pour ces produits sur les marchés internationaux et [...] l'introduction d'objectifs contraignants en ce qui concerne la part des bioénergies dans la quantité totale des combustibles à l'horizon 2020 »[(445)].

La disparition de cette aide financière spécifique de l'Union européenne aux producteurs de cultures énergétiques n'interdit pas aux États membres qui le souhaitent d'instituer des dispositifs comparables pour le seul niveau national, mais dans le respect des règles européennes en matière d'aides d'État.

(441) Voir règlement 1413/2007, 30 novembre 2007, fixant un coefficient de réduction en ce qui concerne la superficie par agriculteur pour laquelle l'aide aux cultures énergétiques est demandé pour l'année 2007.

(442) « Rapport sur la promotion de cultures à des fins non alimentaires », doc. A6-0040/2006, 24 février 2006.

(443) Voir *supra* p. 53 et s. et 291.

(444) Voir *supra* p. 72.

(445) Règlement 73/2009 du 19 janvier 2009 préc., considérant 42, et art. 146 du même règlement.

Remarque

Des systèmes comparables et complémentaires à celui de l'Union européenne ont été instaurés par certaines collectivités locales françaises : par exemple le département du Loiret aide financièrement les agriculteurs se lançant dans la plantation de cultures énergétiques expérimentales telles que le miscanthus, les taillis à courte rotation, le *switch grass*... Ces mesures de soutien direct au revenu des agriculteurs sont soumises au respect des articles 107 et 108 TFUE, sachant que, selon l'encadrement européen des aides nationales dans le secteur agricole celles ne dépassant pas 7 500 euros sont considérées comme de *minimis*.

B. Les mesures concernant le bois-énergie

Il n'existe pas de politique forestière commune. Les mesures de l'Union européenne en faveur du secteur forestier sont en effet traitées dans le cadre des réflexions sur le développement rural, lequel relève principalement de la politique agricole commune et, pour le reste, de la politique de cohésion économique et sociale(446). C'est au demeurant aussi la réforme de la politique agricole commune qui a conduit à la réorientation des aides agricoles vers les activités forestières en tant qu'alternative aux usages agricoles. Surtout ciblée au départ sur le boisement des terres agricoles(447), l'action de l'Union européenne fait aujourd'hui plus de place à des mesures visant l'établissement d'une économie et d'une industrie forestières rentables et respectueuses de l'environnement. Il est vrai que le capital forestier de l'Union est sous-exploité : en 2006 le Comité économique et social européen (CESE) estimait à 173 millions de mètres cubes de résidus de coupe et autres bois abattus propices à la production d'énergie abandonnés dans les forêts(448).

Les réglementations européennes concernent la transformation et la commercialisation des produits forestiers(449). Le règlement 1698/2005 du 20 septembre 2005 sur le soutien au développement rural par le FEADER prévoit des aides en faveur de l'amélioration et du développement des infrastructures liées à l'évolution et à l'adaptation des secteurs agricole et forestier, qui peuvent notamment couvrir des opérations liées à la fourniture d'énergie(450). Toutefois, l'utilisation accrue du bois-énergie exige l'adoption d'une stratégie à long terme. Cette dernière, demandée par le Parlement européen, est formalisée dans la résolution du Conseil du 15 décembre 1998 relative à une stratégie forestière pour l'Union européenne, qui établit un cadre d'action en faveur de la gestion durable des forêts fondé sur la coordination des politiques forestières des États membres et des politiques et initiatives communautaires en rapport avec les forêts. La stratégie indique que la politique forestière relève de la compétence des États membres (principe de subsidiarité) et sur le concept de responsabilité partagée. L'appui de l'Union européenne aux initiatives nationales n'est toutefois pas exclu, loin s'en faut, ainsi que l'atteste le plan d'action de l'Union européenne relatif à l'exploitation forestière durable dans l'Union européenne élaboré par la Commission(451). D'une durée de cinq ans (2007-2011), ce plan était construit autour de 18 actions clefs, dont l'une prônait en particulier la promotion de « l'utilisation de la biomasse forestière pour produire de l'éner-

(446) Voir *supra* p. 428 et s.

(447) Voir par exemple règlement 2080/1992, 30 juin 1992, instituant un régime communautaire d'aides aux mesures forestières en agriculture.

(448) Voir avis « Le bois comme source d'énergie dans l'Europe élargie », *JOCE* C 110, 9 mai 2006, point 2. Sur le même thème, voir aussi CESE, communiqué de presse (http ://www.eesc.europa.eu/activities/press/cp/docs/2009/communique-presse-eesc-036-2009-fr.doc) : « L'Union européenne devrait accroître l'utilisation de bois pour lutter contre le changement climatique ».

(449) Règlement 867/1990, 29 mars 1990, concernant l'amélioration des conditions de transformation et de commercialisation des produits sylvicoles.

(450) Art. 30.

(451) COM (2006) 302 final.

gie »[452] ; ce même document chargeait le Comité permanent forestier, institué en 1989 afin d'assurer la coopération entre les États et la Commission et l'information de ces derniers sur la situation du secteur forestier, de soutenir le plan d'action de la Commission dans le domaine de la biomasse, « notamment en ce qui concerne le développement de marchés pour les granules et copeaux et l'information aux propriétaires forestiers quant aux possibilités de production d'une matière première énergétique ».

Si les mesures relevant de la politique agricole commune sont nombreuses et assez diversifiées, aucune d'entre elles ne traite toutefois spécifiquement la question de l'utilisation des sous-produits animaux à des fins énergétiques. Il s'agit pourtant d'une piste prometteuse qui pourrait elle aussi favoriser le développement rural.

VI. Dans le cadre des politiques externes

Les efforts d'intégration des préoccupations environnementales dans les politiques externes de l'Union européenne, la politique étrangère, la politique d'aide au développement et la politique commerciale, sont indiscutables. Plus encore, les considérations liées à l'énergie durable y figurent comme une composante essentielle, les énergies renouvelables étant ici regardées notamment comme des instruments de développement économique et de réduction de la pauvreté. Mais l'action de l'Union ne relève pas seulement de la pure philanthropie puisqu'elle tend aussi à améliorer la sécurité de son approvisionnement énergétique. Quoi qu'il en soit, l'intervention de l'Union européenne complète utilement les approches le cas échéant mises au point en ce domaine par d'autres bailleurs de fonds (organisations internationales et États notamment).

Pour ce qui est de l'action concrète, on rappellera pour mémoire[453] que l'Union européenne fut à l'origine de l'initiative « Énergie de l'Union européenne pour l'éradication de la pauvreté et le développement durable » (EUIE) au sommet mondial pour le développement durable de Johannesburg (2002), ainsi que l'instigatrice de la Coalition de Johannesburg pour les énergies renouvelables (CJER) (2004). En dehors de ces exercices ponctuels, il faut surtout noter l'existence d'une véritable stratégie[454] de prise en compte de l'énergie renouvelable, celle-ci se voyant incluse dans l'ensemble des politiques externes de l'Union européenne, tout particulièrement dans les cadres de l'aide au développement et de la politique commerciale extérieure commune.

A. Les programmes d'aide au développement intégrant le soutien aux énergies renouvelables

Il n'existe pas véritablement de programmes spécifiques soutenant les énergies renouvelables dans les pays tiers, mais l'insertion de cette problématique dans de nombreux programmes d'aide au développement est néanmoins patente. Ces derniers impliquent le plus souvent le budget de l'Union ; ils sont en outre souvent soutenus par des prêts de la Banque européenne d'investissement (BEI) (*via* notamment le « mécanisme pour la viabilité énergétique et la sûreté des approvisionnements »), ou de la Banque européenne pour la reconstruction et le développement des pays de l'Europe de l'Est (BERD). Ils s'appuient sur une approche géographique et/ou thématique, certains programmes superposent en effet ces deux démarches, par exemple EUROSOLAR qui concerne l'Amérique latine.

(452) N° 4.

(453) Voir *supra* p. 388.

(454) Voir Conseil, « Principes pour l'intégration des interventions en matière d'énergie dans la coopération au développement », 11 avril 2006 (doc. n° 8358/06) ; Conseil, « Nouvelle stratégie de l'Union européenne en faveur du développement durable » (doc. n° 10117/06) ; Commission et haut représentant pour la PESC, « Une politique extérieure au service des intérêts de l'Europe en matière énergétique » (doc. présenté au Conseil européen des 15 et 16 juin 2006).

Remarque

Par exemple, la BEI a accordé : au Panama en octobre 2009, un prêt de 144 millions d'euros pour appuyer un projet de construction de centrales hydroélectriques ; au Mexique en mai 2011, un prêt de 78,5 millions d'euros pour la construction d'un parc éolien ; à l'Inde en août 2011, un prêt de 200 millions d'euros pour financer des projets dans le secteur de l'électricité renouvelable.

La BEI recourt au « mécanisme pour la viabilité énergétique et la sûreté des approvisionnements » lorsqu'elle n'a pas besoin de la garantie de la Commission européenne pour atténuer les risques politiques liés aux projets.

1. Les programmes géographiques

Les programmes géographiques constituent le cadre principal de la coopération de l'Union européenne avec les pays tiers.

a. Les énergies renouvelables dans le cadre des relations Union européenne et pays de la zone Afrique, Caraïbes, Pacifique (ACP)

La zone Afrique, Caraïbes, Pacifique (ACP) regroupe près de 80 pays, qui émergeaient pour la plupart d'une longue période de dépendance coloniale avec les pays européens, avant d'établir avec ceux-ci, à partir de 1975, des liens de coopération privilégiés. À l'origine de cette relation, l'énergie n'occupait qu'une place mineure. Désormais, l'accord de Cotonou, signé en 2000, contient un chapitre spécial sur la protection de l'environnement et la gestion durable des ressources naturelles. Les parties contractantes y conviennent d'une coopération dans le secteur de l'énergie visant à soutenir le recours à des sources d'énergie de substitution, nouvelles et renouvelables, notamment le solaire[(455)]. L'aide aux énergies de source renouvelable peut ici emprunter le canal de la « Facilité ACP-Union européenne pour l'énergie », qui est un instrument financier destiné à améliorer l'accès des populations pauvres aux services énergétiques. Le financement est ouvert aux acteurs publics et privés. La Commission a approuvé en 2006 une dotation de 220 millions d'euros.

b. Les autres programmes

Sans viser l'exhaustivité, on citera d'abord l'un des programmes venant en renfort de la politique méditerranéenne de l'Union européenne concernant la zone méditerranéenne : il s'agit de MEDA[(456)], qui soutient financièrement les efforts qu'entreprennent les pays partenaires (pays du Maghreb et du Machrek, Israël, Turquie, autorité palestinienne) dans les domaines économique, social et administratif. L'énergie (notamment l'utilisation rationnelle de l'énergie et les énergies renouvelables) constitue l'un des secteurs prioritaires de cette coopération depuis la conférence de Malte de 1997. Les financements européens prennent ici la forme d'aides non remboursables ou de capitaux à risque. Ils peuvent aussi s'appuyer sur la « Facilité euro-méditerranéenne d'investissement et de partenariat » (FEMIP), mise en place en 2002 et gérée par la Banque européenne d'investissement (BEI). On peut encore évoquer les programmes d'assistance technique aux pays européens d'Europe centrale et orientale (PECO) et aux pays de l'ex-URSS : il s'agit respectivement de PHARE (lancé en 1989, reconduit en 1995 puis en 1999) et TACIS (lancé en 1991, renouvelé pour la période 2000-2006), qui ne furent ni exclusivement ni même explicitement consacrés aux énergies renouvelables, mais qui les englobaient nécessairement en ce qu'ils couvraient des questions telles que la conception et la planification de la politique énergétique, l'offre et la

(455) Voir aussi résolutions assemblée parlementaire paritaire ACP-Union européenne, 23 mars 2000, sur l'utilisation des sources d'énergie renouvelables dans les ACP (*JOCE* 2 avril 2002, C 78), et 15 octobre 2003, sur la gestion durable et la conservation des ressources naturelles dans les pays ACP dans le cadre de la programmation du 9e Fonds européen de développement (*JOCE* 29 janvier 2004, C 26).

(456) Règlement 1488/1996, 23 juillet 1996, relatif à des mesures d'accompagnement financières et techniques et à la réforme des structures économiques et sociales dans le cadre du partenariat euro-méditerranéen.

demande énergétiques, la tarification de l'énergie, les économies d'énergie, l'interconnexion des réseaux, la protection de l'environnement...

2. Les programmes thématiques

L'approche thématique est selon la Commission un outil essentiel pour une démarche plus coordonnée, plus cohérente et au total plus efficace. On rappellera d'abord que le programme quadriennal « Énergie intelligente Europe » (EIE) a une composante externe (COOPENER) qui concerne la promotion des énergies renouvelables et de l'efficacité énergétique dans les pays en développement. Mais l'Union européenne a aussi décidé de mettre au point un cadre programmatique rationalisé et simplifié traitant la dimension écologique de la politique de développement et des autres politiques extérieures(457). Ce « programme thématique en faveur de l'environnement et de la gestion durable des ressources naturelles, y compris l'énergie » (ENRTP) doit soutenir les options énergétiques durables prises dans les pays et régions partenaires, et concerne les régions géographiques à l'exclusion des pays préadhésion et candidats potentiels, en relation avec le nouveau programme EIE intégré au programme-cadre 2007-2013 pour la compétitivité et l'innovation. On peut considérer qu'il vise à « exporter » les politiques environnementale et énergétique de l'Union européenne à l'étranger. Il arrive aussi parfois que des actions de l'Union européenne en matière d'énergie soient ciblées sur des zones géographiques particulières, et cumulent donc la dimension géographique et thématique : par exemple l'Union européenne a engagé depuis 2004 une coopération énergétique avec les pays de la mer Noire et de la mer Caspienne, qui couvre notamment les problématiques d'efficacité énergétique et de développement des énergies renouvelables (« processus de Bakou »).

En toute hypothèse, l'exploitation des sources d'énergie renouvelables des pays concernés par l'aide au développement doit être faite avec sagesse. Cette préoccupation touche particulièrement la collecte de bois-énergie qui, lorsqu'elle est excessive, constitue une menace pour la couverture forestière de la planète ; elle concerne également l'exploitation de la « grande hydraulique » qui s'accompagne souvent de dommages à l'environnement. Il peut sembler à cet égard préférable de privilégier les énergies renouvelables qui supposent des transferts de technologies, si possible sur des bases non lucratives, des pays industrialisés vers les pays en développement. Pour faciliter ces transferts, le Comité des régions avait proposé en 1997 la création d'une agence européenne des énergies renouvelables, mais il n'a pas été entendu(458).

B. Le soutien aux énergies renouvelables dans le cadre de la politique commerciale extérieure commune

En établissant une union douanière, les États membres de l'Union européenne ont accepté que les droits de douane et les autres réglementations appliqués par chacun des États membres au commerce des marchandises avec les pays tiers soient identiques en substance. Quelle place cette politique commerciale commune(459) fait-elle aux énergies renouvelables ? Sans prétendre couvrir l'entièreté du sujet, dont on a d'ailleurs traité l'un des aspects à travers l'examen des relations

(457) Voir communication de la Commission, « Actions extérieures au travers de programmes thématiques dans le cadre des futures perspectives financières 2007-2013 », COM (2005) 324 ; communication de la Commission, « Action extérieure. Programme thématique pour l'environnement et la gestion durable des ressources naturelles, dont l'énergie », COM (2006) 20 final.

(458) Avis du Comité des régions sur le livre vert de la Commission intitulé *Énergie pour l'avenir : les sources d'énergie renouvelables. Livre vert pour une stratégie communautaire*, point 1.3.152.

(459) TFUE, 5e partie, titre II.

particulières entretenues entre l'Union européenne et les pays en développement dans le cadre de sa politique d'aide au développement, on s'en tiendra ici à la présentation de deux types d'actions.

D'abord, le traité instituant une Communauté de l'énergie entre l'Union européenne(460) et 11 pays de l'Europe du Sud-Est (Albanie, Bosnie-Herzégovine, Bulgarie, Croatie, ARYM, Moldavie, Monténégro, Roumanie, Serbie, Turquie, Kosovo) a vocation à créer un cadre de régulation pour les échanges d'énergies de réseaux, et peut donc avoir une incidence sur les énergies de source renouvelable susceptibles d'intégrer ceux-ci. Concrètement, son impact devrait s'observer à deux niveaux. D'une part, ces énergies devraient profiter du fait que le texte renforce la coordination de l'aide financière en faveur de la région dans la perspective de réaliser un marché intérieur européen aux dimensions élargies. D'autre part, ce traité promeut expressément les énergies renouvelables, en prévoyant l'application de l'acquis communautaire en la matière pour les pays non membres de l'Union européenne.

Remarque

L'article 20 du traité instituant la Communauté de l'énergie prévoit en particulier que, dans le délai d'un an à compter de l'entrée en vigueur du traité, chaque partie contractante devait adresser à la Commission européenne un plan de mise en œuvre de la directive électricité renouvelable (2001/77) et de la directive biocarburants (2003/30).

L'impératif du développement des énergies fondées sur des ressources renouvelables peut-il être par ailleurs à l'origine de mesures commerciales en facilitant l'entrée sur le territoire de l'Union européenne ?

La réponse est en partie positive si l'on tient compte des quelques velléités qui se font faites jour pour certains biocarburants, particulièrement l'éthanol. Ce dernier bénéficie déjà d'un traitement douanier préférentiel lorsqu'il provient des pays de la zone Afrique, Caraïbes, Pacifique (ACP) et des pays concernés par le système des préférences généralisées (SPG).

Remarque

Le système des préférences généralisées (SPG) est un régime tarifaire préférentiel pour les produits issus des pays désignés par l'Union européenne comme bénéficiaires (pays en développement) ; certaines de ces préférences tarifaires sont liées aux efforts des pays concernés en faveur du développement durable.

L'éthanol est surtout au centre des négociations bilatérales entre le Mercosur (union douanière réunissant Brésil, Argentine, Uruguay et Paraguay) et l'Union européenne, visant à établir entre ces deux zones un accord bilatéral de libre-échange. L'éthanol faisait ainsi partie des produits entrant dans un programme de concessions européennes offertes en contrepartie d'une ouverture plus grande du marché sud-américain aux services, marchés publics et autres investissements issus de l'Union européenne. L'offre généreuse adressée en 2002 au Mercosur par la Commission consistait en un contingent d'importation à droits de douane réduits ; elle aurait à ce titre surtout profité au Brésil, premier producteur au monde d'éthanol. Cette offre devait se lire aussi à l'aune des ambitieux objectifs européens de production de biocarburants, dont il est connu qu'ils seront difficiles à satisfaire au moyen de la seule production européenne. Si une telle mesure aurait sans doute pour effet de faire baisser le prix de vente des biocarburants à base d'éthanol dans l'Union européenne, elle peut toutefois être accusée de contredire l'objectif d'indépendance énergétique de l'Union européenne.

(460) Décision 29 mai 2006, relative à la conclusion par la Communauté européenne du traité instituant la Communauté de l'énergie.

Remarque

La Commission avait proposé un quota d'importation d'éthanol à taux réduit, plus précisément deux tranches de 6,25 millions d'hectolitres chacune, pour lesquelles la préférence tarifaire serait de 50 % du droit dit « de la nation la plus favorisée » : soit 19,2 euros ou 10,2 euros par hectolitre selon les cas.

En tout état de cause, l'Union européenne ne pourra longtemps éluder la question de savoir si le développement des biocarburants a pour seul objectif la lutte contre le réchauffement climatique ou s'il poursuit des objectifs supplémentaires, tels que l'autonomie énergétique de l'Union européenne ou encore le développement de l'agriculture européenne. Cette clarification n'a toutefois de sens que si elle s'accompagne de la mise en place en parallèle de codes de nomenclature douanière spécifiques pour les biocarburants[(461)], lesquels font actuellement défaut et empêchent de connaître la quantité précise des éthanol, oléagineux et autres huiles végétales importés puis utilisés dans les transports européens.

Le dispositif européen consacré aux énergies renouvelables est considérable. Il l'est, comme cela a pu être observé ci-avant, d'abord d'un point de vue réglementaire, mais il peut en revanche paraître plus « modeste » sur le plan des ressources financières affectées. Cette situation est pour le moins paradoxale si l'on tient compte de l'existence en la matière « d'un soutien politique et d'un cadre juridique et politique solide »[(462)]. Le montant des aides financières en provenance de l'Union européenne s'est élevé à 9,8 milliards d'euros pour la période 2007-2009 (soit 3,26 milliards d'euros par an)[(463)]. Le niveau de l'aide attribuée dépend toutefois, à la baisse comme à la hausse, non seulement de la volonté des contributeurs mais aussi de leurs capacités financières.

Remarque

Le volontarisme politique est quoi qu'il en soit là comme ailleurs décisif. Un exemple peut en être donné avec la décision prise par les institutions de l'UE en 2010 d'affecter les sommes non engagées par le dispositif PEER (plan européen de relance pour l'énergie, voir *supra* p. 426) soit 146 millions d'euros à des projets relatifs à l'efficacité énergétique et aux énergies renouvelables. Le règlement 1233/2010 du Parlement européen et du Conseil du 15 décembre 2010 modifiant le règlement 663/2009 établissant un programme d'aide à la relance économique par l'octroi d'une assistance financière communautaire dans le domaine de l'énergie a créé à cet effet un instrument financier « spécifique » dédié au développement de projets en matière d'économies d'énergie, d'efficacité énergétique et d'énergies renouvelables. Les bénéficiaires sont exclusivement ici les pouvoirs publics, de préférence au niveau local et régional, et les organismes privés agissant au nom de personnes publiques.

En tout état de cause, l'existence en soi de l'aide européenne appelle deux ultimes remarques. La première concerne la nature même de son financement : si les subventions directes sont importantes, il faut relever ici une forte tendance à les allouer sous forme de prêts de la BEI. La seconde porte sur la nécessaire cohérence et, au-delà sans doute, « synergie »[(464)] entre les différents moyens financiers octroyés : Fonds structurels, Fonds de cohésion, dispositif ELENA, FEDER, dispositif PEER, etc. En d'autres termes, l'aide européenne ne peut être efficace que s'il existe une bonne coordination entre les différents programmes et politiques menés. Le respect de cette exigence est fondamental parce qu'il conditionne *in fine* le bon usage des fonds publics. Il fait en ce sens l'objet d'un contrôle vigilant de la part de la Cour des comptes de l'Union européenne[(465)], qui n'a pas manqué de pointer par

(461) Voir proposition de la Commission dans « La stratégie de l'Union européenne en faveur des biocarburants », février 2006.

(462) Commission, « Énergies renouvelables : progrès accomplis pour atteindre l'objectif de 2020 », préc.

(463) Commission, « Énergies renouvelables : progrès accomplis pour atteindre l'objectif de 2020 », préc.

(464) Cour des comptes européenne, rapport spécial n° 6/2006, relatif aux aspects environnementaux de la coopération au développement de la Commission, *JOUE* 29 septembre 2006, C 235.

(465) Cour des comptes européenne, rapport spécial n° 6/2006, relatif aux aspects environnementaux de la coopération au développement de la Commission, *JOUE* 29 septembre 2006, C 235.

exemple de fâcheux chevauchements entre les programmes JOULE-THERMIE et les actions pilotes du programme ALTENER(466). L'actualité de cette mise en garde est d'une certaine façon ravivée par l'accumulation des actions européennes sur le sujet. C'est aussi la raison pour laquelle la Commission avait confié en 2005 à un « groupe de haut niveau » (GHN) le soin de veiller au développement d'une politique de l'énergie qui soit cohérente au niveau européen : ce groupe rassemble les commissaires en charge des entreprises et de l'industrie, de la concurrence, de l'énergie et de l'environnement, mais aussi des ministres des États, des membres du Parlement européen, ainsi que des représentants de l'industrie, des organisations non gouvernementales s'occupant d'environnement, des consommateurs, des syndicats et des régulateurs(467).

Remarque

L'évolution en tendance des activités de certains organes de l'UE est signifiante. Ainsi, le Rapport d'activités de la BEI pour 2010 soulignait que la part des énergies renouvelables dans l'ensemble de l'activité de prêt de cet organisme dans le secteur énergétique était passé de moins de 10 % en 2006 a près de 30 % en 2009 et à 34 % en 2009, la majorité de ces prêts concernant la production d'électricité éolienne ou solaire.

§3. Le soutien aux énergies renouvelables dans le cadre national

Nécessairement, la politique énergétique de chaque État membre de l'Union européenne doit tenir compte des contraintes environnementales exprimées par le Protocole de Kyoto, ainsi que des orientations européennes en la matière. Toutefois, la situation de la France est particulière en raison de la présence d'un parc nucléaire développé et de son potentiel hydroélectrique qui font d'elle l'un des pays industrialisés les moins émetteurs de gaz à effet de serre par habitant (par exemple dans les années 1990, un Français émettait environ 6,1 tonnes de CO_2 par an, contre 9 tonnes pour un Japonais et 20 tonnes pour un Étasunien(468)).

Cela dit, dans le cadre national français, le développement des énergies renouvelables ne répond pas seulement aux motifs désormais traditionnels évoqués ci-dessus, mais s'appuie aussi sur des motivations plus prosaïques. D'une part, le dépassement des niveaux internationaux d'émission de gaz à effet de serre suppose l'acquisition de permis d'émission, et la production ou la consommation d'énergies renouvelables est un moyen de s'affranchir de cette contrainte. D'autre part, le développement de ces énergies pourrait opportunément permettre la création d'une industrie française, considérée dans certains secteurs comme insuffisante (filière éolienne notamment) si on la compare au poids de la France dans les énergies plus traditionnelles (nucléaire). Quoi qu'il en soit, le soutien des pouvoirs publics français aux énergies fondées sur des ressources renouvelables a pris une envergure telle qu'il a conduit à adapter les structures, ainsi que le droit positif, enfin à mettre au point des supports techniques et financiers appropriés.

I. Les structures

La politique française en matière d'énergies renouvelables s'inscrit dans un environnement institutionnel en forte évolution.

(466) Rapport spécial n° 17/98.

(467) Décision 2006/77, 23 décembre 2005, instituant un groupe de haut niveau sur la compétitivité, l'énergie et l'environnement.

(468) Voir H. Revol et J. Valade, « Rapport fait au nom de la commission d'enquête sur les conditions d'élaboration de la politique énergétique de la France et les conséquences économiques, sociales et financières des choix effectués », Sénat n° 439, 20 mai 1998.

Le secteur de l'énergie se caractérise traditionnellement par le rôle prépondérant de l'État, en accord avec le principe général selon lequel il lui revient de définir la politique économique et sociale(469). Si le code de l'énergie prévoit l'intervention conjointe de l'État et des collectivités territoriales en la matière, celle des collectivités territoriales ne peut donc jamais être que seconde sans être forcément secondaire(470). Pour répondre à l'objectif d'une plus importante intégration des énergies renouvelables dans le bouquet énergétique, l'État a jusqu'ici privilégié la voie administrative. Mais l'on peut relever quelque velléité d'associer davantage à cette tâche la représentation nationale : ainsi avait-t-il par exemple proposé la création d'une commission d'enquête parlementaire visant à étudier les blocages à la mise en place d'une politique ambitieuse d'utilisation des biocarburants(471). L'utilisation des services administratifs concerne principalement l'administration d'État et plus marginalement les administrations décentralisées.

A. Le rôle clef de l'administration d'État

Si le choix de soutenir les énergies renouvelables est avant tout politique, il utilise toutefois les différents canaux de l'administration d'État : les structures centrales, les administrations déconcentrées, les administrations spécialisées.

1. L'organisation du soutien aux énergies renouvelables au niveau de l'administration centrale

a. Les principaux acteurs au sein de l'administration active

Au niveau de l'administration centrale de l'État, les ministres chargés de l'économie et de l'industrie ont toujours joué un rôle prépondérant. Sur le fondement du décret n° 2010-1447 du 25 novembre 2010, le ministre de l'économie, des finances et de l'industrie est ainsi déclaré « compétent » pour « la politique de l'énergie »(472). Ce sont effectivement ces deux autorités qui longtemps durant arrêtèrent les tarifs liés aux obligations d'achat de l'énergie renouvelable(473). C'est aujourd'hui toujours l'administration des finances qui délivre les agréments fiscaux nécessaires à la production de biocarburants(474), c'est elle aussi qui abonde les fonds internationaux de soutien aux énergies renouvelables.

Mais ces ministres n'ont plus l'exclusivité du traitement de cette question. Si le rôle du ministre de l'Écologie n'a pas été premier en la matière pendant de longues années, il s'est accru sensiblement en effet dans la période récente. D'abord, par une extension de ses compétences, opérée par l'article 1.III du décret n° 2007-995 du 31 mai 2007 : il devient à cette occasion « ministre d'État » (un titre qu'il perdra par la suite), surtout, il obtient la mission « d'élaborer et mettre en œuvre la politique du gouvernement en matière d'énergie et de matières premières » (une charge qu'il a jusqu'ici conservée). Ensuite, l'inclusion officielle de l'énergie dans l'intitulé même de son ministère, effectuée à l'occasion du remaniement ministériel de mars 2008, a été confirmée par les décrets d'attributions ultérieurs(475). Il est vrai que si, sur ce dernier fondement, le ministre de l'Écologie n'ob-

(469) CGCT, art. L. 2251.

(470) C. énergie, art. L. 100-2 : [Pour atteindre les objectifs de la politique énergétique] « l'État, en cohérence avec les collectivités territoriales, veille, en particulier à : [...] - diversifier les sources d'approvisionnement énergétique, réduire le recours aux énergies fossiles et augmenter la part des énergies renouvelables dans la consommation d'énergie finale. »

(471) Proposition de loi du député S. Demilly, Ass. nat. n° 2460, séance 8 juillet 2005, et rapport du député S. Demilly, Ass. nat. n° 2805, 18 janvier 2006.

(472) Décret relatif aux attributions du ministre de l'économie, des finances et de l'industrie, art. 1.

(473) Voir *infra* p. 600 et s.

(474) Voir *infra* p. 497.

(475) Décret n° 2010-1443 du 25 novembre 2010, décret n° 2012-772 du 24 mai 2012.

tient pas la pleine et entière maîtrise de l'action de l'État s'agissant du soutien de ce dernier aux énergies renouvelables, puisqu'il est plus modestement responsable « en lien avec le ministre de l'Économie, des finances et de l'industrie, de la préparation et de la mise en œuvre de la politique du gouvernement en matière d'énergie renouvelable, notamment en matière tarifaire, du développement des technologies vertes et de la diminution de la consommation énergétique », il n'en reste pas moins que son périmètre d'intervention a évolué de façon déterminante : il est devenu en quelque sorte le co-pilote pour bon nombre de dispositifs de soutien auxdites énergies (arrêtés de lancement des appels d'offres, arrêtés obligations d'achat notamment).

Par ailleurs, le rôle du ministre de l'Agriculture, s'agissant de la production de biomasse agricole et sylvicole est loin d'être mineur.

Le ministre en charge de l'Industrie a été longtemps le principal responsable de l'énergie en France. Le service chargé « d'élaborer et de mettre en œuvre la politique du gouvernement dans le domaine de l'énergie et des matières premières minérales », dont l'activité couvrait donc les énergies renouvelables, était en son sein la Direction générale de l'énergie et des matières premières (DGEMP), créée par le décret n° 78-799 du 18 octobre 1978. L'élargissement en 2007 des compétences du ministère de l'Écologie vers le domaine de l'énergie a eu pour résultat de conférer provisoirement à ce dernier « autorité » sur ce service[(476)]. Ce dernier a été rebaptisé « Direction générale de l'énergie et du climat » (DGEC) par le décret n° 2008-680 du 9 juillet 2008[(477)], et placé sous l'autorité « conjointe » des ministres de l'Écologie et de l'Industrie sur le fondement du décret n° 2010-1443[(478)]. Le champ de compétence de cette direction d'administration centrale est précisée par le décret n° 2008-680 précité. Elle varie selon la subdivision appelée à agir : d'un côté la Direction de l'énergie est chargée « d'élabore(r) et met(tre) en œuvre les décisions du Gouvernement relatives au secteur des énergies renouvelables » ainsi que la politique concernant « les spécifications techniques applicables aux produits pétroliers et aux carburants de substitution, et notamment les biocarburants », de l'autre, la Direction du climat a pour mission, notamment, d'« assure(r) la tutelle sur l'Agence de l'environnement et de la maîtrise de l'énergie » (ADEME). Le Plan d'action national (PAN) français en faveur des énergies renouvelables, dont la mise en place a été imposé par la directive énergie renouvelable de 2009, a confirmé la DGEC dans son rôle d'organe chargé de « définir et d'assurer le suivi de la politique en faveur des énergies renouvelables ».

La réorganisation du ministère de l'Écologie en 2008 a entraîné la création au sein de celui-ci d'un service spécifique : le Commissariat général au développement durable[(479)]. Ce dernier est chargé de promouvoir le développement durable dans le cadre de l'ensemble des politiques publiques nationales et au travers des actions de tous les acteurs socio-économiques. Le Commissaire général en charge du développement durable est aussi délégué interministériel au développement durable[(480)].

Prendre une décision nécessite la mise en place d'une information de qualité. C'est à ce titre que l'administration crée parfois des structures *ad hoc* chargées de fournir en amont les données indispensables à l'adoption des décisions publiques.

Pour le domaine des biocarburants, le gouvernement a par exemple : en 2006 confié au groupe de travail « Flex-fuel 2010 », non intégré dans la structure administrative, et présidé par un ancien

(476) Décret n° 2007-995, art. 2.III.1°.

(477) Décret portant organisation de l'administration centrale du ministère de l'Écologie, de l'Énergie, du Développement durable et de l'Aménagement du territoire, art. 1.

(478) Art. 2.

(479) Décret n° 2008-680 préc., art. 3.

(480) Sur ce délégué, voir *infra* p. 444.

coureur automobile français, le soin d'examiner si les véhicules et les infrastructures sont en France adaptés aux biocarburants, afin d'aider à définir les modalités de développement d'une filière industrielle française d'éthanol – il s'en est suivi l'adoption d'un plan d'action opérationnel pour le développement de ce biocarburant – ; en 2011 créé l'Observatoire des biocarburants qui a vocation à suivre le développement des actions engagées en ce domaine pour atteindre l'objectif désormais fixé pour 2020.

Remarque

L'Observatoire des biocarburants est présidé par le Directeur de la DGEC. Il est chargé d'élaborer des indicateurs de suivi, de procéder à des analyses de bilan et d'identifier les causes des éventuels décalages avec les prévisions de développement (voir R. Boughriet, « NKM et Besson lancent l'Observatoire des biocarburants »), Actu-environnement.com, 28 septembre 2011.

Par ailleurs, la mission du groupe de travail « Facteur 4 », mis en place par le gouvernement en 2005, qui consistait à sérier toutes les mesures susceptibles de réaliser l'objectif de division par 4 des émissions de gaz à effet de serre à l'échéance 2050(481), couvrait aussi les réflexions sur le développement d'énergies pauvres en carbone. Le processus du « Grenelle de l'environnement », dont l'un des 6 groupes de travail était chargé d'élaborer des propositions sur le thème de la lutte contre les changements climatiques et de la maîtrise de la demande d'énergie, a confirmé l'évolution du processus décisionnel en matière environnementale vers des méthodes plus participatives. Antérieurement, l'adoption de la loi POPE avait été précédée d'un débat national sur les énergies, lancé par le ministre de l'Énergie, auquel avait pu participer la société civile(482). Autre exemple, en septembre 2011, le ministre de l'Industrie a mis en place la commission « Énergie 2050 » dont les réflexions, centrées sur la stratégie énergétique française à l'horizon 2050, devraient avoir un impact sur les filières renouvelables.

b. La mise en place d'une administration de mission

Les instances intervenant auprès du ministre de l'Industrie

La Délégation aux énergies nouvelles fut créée par le décret n° 75-231 du 9 avril 1975 dès après le premier choc pétrolier(483). Elle assistait le ministre dans le but de promouvoir l'utilisation des sources d'énergie non encore exploitées à l'échelle industrielle : « La mission du délégué [...] [est] de faire connaître les énergies nouvelles, de les démontrer, de les diffuser. C'est une action de promotion et de sensibilisation »(484). Ces énergies « nouvelles » étaient énumérées par le décret institutif : géothermie, solaire, gaz de fermentation, éolien. La Délégation aux énergies nouvelles défendra surtout l'énergie solaire qui est à l'époque la seule option véritablement soutenable sur le plan économique. Elle devient obsolète après la création du Commissariat à l'énergie solaire en 1978. À la même époque, furent également créés le Comité géothermie ou encore la Mission nationale pour la valorisation de la chaleur qui seront en juin 1982 intégrés à l'Agence française pour la maîtrise de l'énergie.

Les instances intervenant auprès du ministre de l'Agriculture

Le Conseil général de l'alimentation, de l'agriculture et des espaces ruraux (CGAAER) placé sous l'autorité du ministre chargé de l'agriculture, qui le préside, a pour mission d'assister ce dernier

(481) Loi POPE, art. 2.

(482) Voir sur ce thème, L. Grammatico, « Le recours à la démocratie participative sur l'avenir énergétique de la France », *Dr. env.* 2005, p. 235.

(483) Voir aussi M. Prieur, *Droit de l'environnement*, 5e éd., Dalloz, 2003, n° 942 ; « Le droit public solaire en France », *RJE* avril 1979, p. 264.

(484) R. Penciolelli, « Les énergies nouvelles », *Rev. adm.* 1975, p. 55.

dans l'exercice de ses attributions, en participant à la conception, à la définition et à l'évaluation des politiques publiques dont le ministère a la charge ou auxquelles il contribue(485). À cet effet, il peut être amené à participer aux programmes gouvernementaux de valorisation des carburants et combustibles renouvelables d'origines agricole et forestière.

Les organes interministériels participant au soutien des énergies renouvelables

Il s'agit de services exerçant des missions relevant de plusieurs ministères mais qui, dans un souci de coordination, ont été placés sous l'autorité d'un ministre en particulier, et dont l'existence est de fait souvent éphémère. Les fonctions de ces instances absorbent la thématique des énergies renouvelables à défaut d'être toujours dédiées spécialement à celles-ci.

La Mission interministérielle de l'effet de serre (MIES) fut instituée en 1992(486) : elle a joué un rôle au moins indirect en faveur des énergies renouvelables en participant à la rédaction de programmes stratégiques tels que le programme national de lutte contre le changement climatique (PNLCC) (2000) ; elle a été absorbée en 2008 par la nouvelle direction générale de l'Énergie et du Climat, créée au sein du ministère de l'Écologie. La Commission interministérielle pour les véhicules propres et économes (CIVEPE) placée auprès du ministère de l'Écologie a assuré la mise en œuvre, le suivi et l'évaluation des mesures exposées dans le plan véhicules propres présenté en septembre 2003 par le Premier ministre ; elle a participé à ce titre aux réflexions visant au développement des biocarburants en France(487). Le coordonnateur interministériel chargé de la valorisation de la biomasse dut son origine à la LOA du 5 janvier 2006(488), il était placé auprès du ministère de l'Agriculture et a notamment été chargé d'élaborer, en lien avec les secteurs concernés, un plan biocombustibles pour la période 2006-2015.

Le délégué interministériel au développement durable a été créé en 2004(489). Placé auprès du Premier ministre, il a reçu pour fonction de mettre en œuvre, suivre et évaluer la stratégie nationale de développement durable au niveau de l'ensemble des politiques publiques. Ce délégué est aussi à la tête du Commissariat général au développement durable relevant du ministre de l'Écologie ; il est également membre de droit du conseil d'administration de l'ADEME(490). Il rend compte de ses travaux au Premier ministre et au ministre chargé du développement durable(491), se trouvant de la sorte placé dans une sorte de dédoublement fonctionnel.

c. L'aménagement d'une administration consultative

Par tradition, la mission consultative se traduit par l'émission d'avis et/ou la formulation de propositions. L'aménagement de cette fonction consultative au service de l'objectif du développement durable et par extension des énergies renouvelables s'est traduit par la création d'organismes spécifiques et par l'actualisation de la compétence d'organismes existants.

(485) Décret n° 2010-141 du 10 février 2010 relatif au Conseil général de l'alimentation, de l'agriculture et des espaces ruraux, art. 1.

(486) Décret n° 92-528 du 16 juin 1992, art. 1, abrogé Décret n° 2008-680 du 12 juillet 2008, art. 11 V.

(487) Voir par exemple, CIVEPE, « Recommandations pour un développement durable des biocarburants en France », 15 janvier 2006.

(488) Loi n° 2006-11, 5 janvier 2006, d'orientation agricole, voir aussi décret n° 2005-1288 du 17 octobre 2005 relatif au coordonnateur ministériel pour la valorisation de la biomasse.

(489) Décret n° 2004-601 du 24 juin 2004 relatif au délégué interministériel au développement durable.

(490) C. env., art. R. 131-11.

(491) Décret n° 2004-601 préc. modifié décret n° 2010-370 du 13 avril 2010, art. 2.

Les organismes dotés d'une mission consultative en matière d'énergies renouvelables

L'extension de la compétence consultative du principal organe consultatif de l'État, le Conseil économique et social, au champ environnemental, sur le fondement de la loi constitutionnelle du 23 juillet 2008 – le Conseil étant devenu à cette occasion le « Conseil économique, social et environnemental » – a forcément donné à cette instance une plus grande légitimité pour intervenir le cas échéant sur la thématique « énergies renouvelables ». Elle ne peut le faire cependant que de façon ponctuelle, par exemple au titre des avis qu'elle doit rendre sur les lois de programmation à caractère environnemental en application de l'article 70 de la Constitution, dont certaines dispositions sont susceptibles d'intéresser ces énergies(492), par exemple encore dans le cadre de la procédure d'auto-saisine prévue à l'article 3 de l'ordonnance n° 58-1360 du 29 décembre 1958 portant loi organique relative au Conseil économique et social(493).

La Commission consultative pour la production de carburants, instituée auprès du ministre de l'Industrie et de la Recherche par le décret n° 83-755 du 16 août 1983, avait été chargée de faire des propositions en matière de politique de carburants de substitution, et de donner son avis sur la réalisation des différentes filières, sur les problèmes de remplacement progressif des carburants classiques, afin de s'assurer que des moyens financiers suffisants existaient pour la mise en œuvre des programmes retenus. Elle a été supprimée par le décret n° 2005-802 du 18 juillet 2005 relatif à la suppression de commissions consultatives et à la modification des seuils en matière de recouvrement de créances de l'État.

La Commission d'examen des demandes d'agrément d'unités de production de biocarburants, créée par un arrêté du 22 avril 1998(494), comprend un représentant des ministères de l'Agriculture, de l'Industrie, du Budget et de l'Environnement, ainsi que de l'ADEME et de l'Institut français du pétrole : elle est chargée de donner un avis simple dans le cadre de l'examen par le ministre des différentes candidatures à l'agrément fiscal dans le cadre de la production de biocarburants.

Les avis du Conseil national du développement durable (CNDD), mis en place en 2003(495) puis supprimé en 2005(496) ont sans doute pu intéresser en leur temps les énergies renouvelables, même s'ils n'avaient pas spécifiquement cette vocation. Le Conseil économique pour le développement durable (CEDD) assure d'une certaine façon le remplacement de cet organisme : créé en 2008 et installé auprès du ministre de l'Écologie, il a pour mission principale « d'éclairer, par la confrontation des analyses économiques, l'élaboration et l'évaluation des politiques du ministère en permettant aux services compétents de s'appuyer sur les références scientifiques, les méthodes d'évaluation et les instruments d'intervention publique les plus récents »(497) ; le délégué interministériel au développement durable en est membre de droit.

Enfin, la Commission de régulation de l'énergie (CRE) détient également des fonctions consultatives susceptibles d'influer sur le développement des énergies renouvelables. À son sujet, il faut tout d'abord rappeler que la mission de cette autorité consiste, conformément à la loi, à concourir « au bon fonctionnement des marchés de l'électricité et du gaz naturel au bénéfice des consomma-

(492) Voir par exemple l'avis rendu dans le cadre de l'adoption de la loi n° 2009-967 du 3 août 2009 (loi « Grenelle 1 »), Avis présenté par P. de Viguerie, Projet de loi de programme relatif à la mise en œuvre du Grenelle de l'environnement, 2008 (http ://www.ladocumentationfrançaise.fr).

(493) Voir par exemple Avis présenté par P. Galenon, « Les énergies renouvelables outre-mer : laboratoire pour notre avenir », 2011 (http ://www.conseil-economique-et-social.fr).

(494) Arr. modifié par arr. 27 octobre 2003.

(495) Décret n° 2003-36 du 13 janvier 2003 portant création du Conseil national du développement durable.

(496) Décret n° 2005-935 du 2 août 2005 relatif à la partie réglementaire de l'environnement, art. 8, 64°.

(497) Décret n° 2008-1250 du 1er décembre 2008 portant création du conseil économique du développement durable, art. 2.

teurs finals [...] en cohérence avec les objectifs de la politique énergétique », notamment ceux « de réduction des émissions de gaz à effet de serre, de maîtrise de l'énergie et de production d'énergie renouvelable »(498). Si la CRE est censée agir en ce sens, dans le cadre de l'exercice de l'ensemble des prérogatives qui lui sont confiées par la loi, il faut admettre qu'elle l'est notamment, ou entre autres, lorsqu'elle est amenée à donner un « avis » (obligatoire) sur la définition par les ministres en charge de l'économie et de l'énergie des tarifs d'obligation d'achat de l'électricité produite à partir de sources d'énergie renouvelables(499). La CRE a toutefois pris soin de mentionner que l'avis qui lui est ainsi demandé a pour objet non pas d'évaluer la pertinence du recours à telle ou telle source d'énergie renouvelable comme moyen d'atteindre les objectifs fixés tant par les directives que par le droit national, mais seulement de formuler un avis (non-conforme) sur le niveau du tarif d'achat proposé par les ministres(500).

Le Conseil supérieur de l'énergie (CSE)

Cet organisme collégial consultatif créé par l'article 45 de la loi de nationalisation de l'électricité et du gaz du 8 avril 1946. Dénommé à l'origine « Conseil supérieur de l'électricité et du gaz » (CSEG), il devient « Conseil supérieur de l'énergie » avec la loi POPE de juillet 2005. Ce changement n'est qu'un événement relativement mineur au regard de ce qu'aurait pu être, par comparaison, la mise en place, aux côtés d'un CSEG rénové, d'un nouvel organisme conçu sur le modèle du Conseil supérieur des installations classées, mais voué exclusivement aux énergies renouvelables – sorte de « Conseil supérieur des énergies renouvelables », qui figurait parmi les propositions du rapport Poignant de 2003(501). On maintiendra donc un organisme existant, qui a fait ses preuves, fût-il rebaptisé à la lumière de ses nouvelles compétences.

Dès sa création, les compétences du Conseil supérieur de l'énergie sont larges, mais la jurisprudence administrative va en réduire l'amplitude en déclarant que les textes assujettis à consultation doivent avoir une nature réglementaire(502) et être « relatifs à la production, au transport et à la distribution de l'électricité et du gaz »(503). C'est à ce titre qu'il est notamment consulté sur les arrêtés tarifaires relatifs à l'obligation d'achat d'électricité renouvelable, qui ont une nature réglementaire et portent sur les conditions de production et de distribution d'une électricité qui, fût-elle d'origine renouvelable, n'en reste pas moins de l'électricité(504).

De fait, dans sa version d'origine, l'article 45 de la loi de 1946 permettait donc déjà une consultation du Conseil sur des questions intéressant les énergies de source renouvelable, mais c'est surtout la loi POPE de 2005 qui apporte sur ce plan les évolutions les plus notables. En premier lieu, cette loi élargit la consultation de cet organe à l'ensemble des actes de nature réglementaire émanant de l'État et concernant le domaine de l'énergie et réactualise sa compétence *ratione materiae :* d'une part, le gouvernement doit le consulter sur les « décrets et arrêtés de nature réglementaire mentionnés aux articles 14 et 15 de la loi n° 2005-781 du 13 juillet 2005 »(505) – sont ici concernés les textes

(498) C. énergie, art. L. 131-1.

(499) C. énergie, art. L. 314-4.

(500) Voir par exemple Avis du 30 octobre 2008 relatif au projet d'arrêté fixant les conditions d'achat de l'électricité produite par les installations utilisant l'énergie mécanique du vent, *JO* 13 décembre 2008.

(501) S. Poignant, « Rapport sur la politique de soutien au développement des énergies renouvelables », Ass. nat. n° 1153, 21 octobre 2003.

(502) CE 30 octobre 1959, Cne de Tignes, *Lebon* p. 558 – CE 28 février 1975, Sieur Herr, Retting et Boss c/ EDF, *Lebon* p. 162.

(503) CE 28 juillet 1993, Fédération nationale de l'énergie CGT, *CJEG* 1994, p. 436, concl. Daël.

(504) CE 7 avril 2004, Fristot., *Lebon* 554.

(505) Art. 45.2° nouveau.

relatifs aux certificats d'économie d'énergie, qui intéressent eux-mêmes les énergies renouvelables[506] ; d'autre part, le Conseil supérieur de l'énergie peut émettre des « avis », « à la demande du ministre chargé de l'énergie », sur la « politique nationale » en matière « d'électricité, de gaz et d'autres énergies fossiles, d'énergie renouvelable et d'économies d'énergie »[507]. Il importe de relever que seul ce dernier article de la loi établit un cas de consultation obligatoire, alors que l'article 45.2° n'institue qu'une faculté de consultation : autrement dit, dans le second cas, la participation du Conseil à la formulation des politiques publiques, notamment à celles supposées favoriser le développement des économies d'énergie ou bien encore des énergies renouvelables, dépend essentiellement du bon vouloir des organes politiques de décision. En parallèle, la loi POPE de 2005 ouvre le Conseil supérieur de l'énergie à des catégories de personnes incarnant les nouveaux champs de son intervention consultative : en plus de ses membres « traditionnels » (membres du Parlement, représentants des ministères concernés, des collectivités locales et des consommateurs d'énergie), il accueille aussi désormais des représentants d'associations agréées pour la protection de l'environnement et des représentants des entreprises des secteurs des énergies renouvelables et de l'efficacité énergétique. La composition et les missions du Conseil supérieur de l'énergie ont été précisées par le décret n° 2006-366 du 27 mars 2006. Il faut encore, et enfin, relever que le rôle consultatif du CSE en tant qu'il est susceptible d'intéresser spécifiquement le champ des énergies renouvelables a été renforcé par la modification de l'article 45 de la loi de 1946 effectuée par la loi n° 2010-788 du 12 juillet 2010 (« Grenelle 2 »), qui a institué en son sein un « comité de suivi des énergies renouvelables » chargé « d'évaluer la progression vers l'objectif de 23 % d'énergies renouvelables dans la consommation d'énergie finale en 2020 ».

Remarque

Les dispositions susmentionnées de la loi du 8 avril 1946 telles que modifiées par la loi POPE du 13 juillet 2005 ont été abrogées par l'ordonnance n° 2011-504 du 9 mai 2011 portant codification de la partie législative du code de l'énergie. Toutefois, l'abrogation de ces dispositions ne prendra effet qu'à compter de la publication des dispositions réglementaires correspondantes du code de l'énergie.

Les amendements visant à confier au « comité de suivi des énergies renouvelables » du CSE un rôle de pilotage des politiques publiques ou de proposition de nouvelles normes ont été rejetés au cours des débats précédant le vote de la loi « Grenelle 2 », car ils donnaient à ce comité des pouvoirs plus importants que ceux du CSE ou encore empiétaient sur le pouvoir réglementaire du Gouvernement.

Le Conseil d'État a été conduit à plusieurs reprises à sanctionner les conditions de la consultation par l'autorité réglementaire du CSE à propos d'arrêtés tarifaires liés au mécanisme des obligations d'achat de l'électricité de source renouvelable. Dans un arrêt du 7 avril 2004, la juridiction administrative a annulé l'arrêté du 13 mars 2002 fixant les conditions d'achat de l'électricité produite par les installations utilisant l'énergie du soleil, pour le motif que cet organisme (à l'époque le CSEG) était intervenu dans une composition irrégulière : en fixant par lui-même les dispositions relatives au *quorum*, il s'était ici emparé d'un pouvoir réglementaire dont il ne dispose pas[508]. Dans un arrêt du 6 août 2008, le Conseil d'État a jugé que le défaut de consultation du CSE, dans sa composition découlant de l'entrée en vigueur de la loi POPE et de ses textes d'application, avait eu pour effet de vicier la procédure d'adoption de l'arrêté du 10 juillet 2006 fixant les conditions d'achat de l'électricité produite par les installations utilisant l'énergie mécanique du vent[509]. Dans

(506) Voir *infra* p. 533 et s.

(507) Art. 45.3° nouveau.

(508) CE 7 avril 2004, Fristot, préc.

(509) CE 6 août 2008, Association vent de colère-Fédération nationale, req. n° 297723, *AJDA* 2008, p. 2 117, note B. Le Baut-Ferrarese, *JCP A* 2008, n° 2234, comm. P. Billet.

une décision du 12 avril 2012, il a considéré que les conditions dans lesquelles le CSE avait été consulté au sujet du décret portant moratoire de l'obligation d'achat en matière photovoltaïque n'étaient pas entachées d'illégalité(510).

2. L'organisation du soutien aux énergies renouvelables au niveau des administrations d'État déconcentrées

L'échelon régional ayant été créé pour les besoins, notamment, de l'interventionnisme économique, c'est aussi forcément dans le cadre de ces circonscriptions que sont conduites les actions de l'État ayant cette vocation. Les tâches liées aux politiques de l'État en matière de développement durable et, plus spécifiquement, celles visant à soutenir les énergies renouvelables sont, depuis la réforme entreprise par le décret du 27 février 2009(511), prises en charge par les « directions régionales de l'environnement, de l'aménagement et du logement » (DREAL), qui relèvent du ministre de l'Écologie. Ce sont elles qui, par exemple, statuent sur les demandes de certificats ou d'attestations ouvrant droit à l'obligation d'achat d'énergie renouvelable(512), ou bien encore délivrent les certificats d'économie d'énergie attestant de l'emploi d'une énergie renouvelable(513).

L'ADEME contribue dans une large mesure à la politique nationale de promotion des énergies renouvelables en sa qualité d'établissement public de l'État(514). Mais l'ADEME dispose aussi de 22 directions régionales en métropole et 4 outre-mer. La réorganisation de l'Agence effectuée en 2010 a conduit à créer au niveau central trois directions de l'action régionale (DAR) ayant la responsabilité hiérarchique des directeurs régionaux. L'ADEME peut ainsi accompagner les projets locaux traitant notamment de l'énergie et du climat(515).

Les « Cellules biomasse régionales » rassemblent les services déconcentrés de l'État au niveau régional (DRAAF : Direction régionale de l'alimentation, de l'agriculture et de la forêt ; DREAL ; ADEME) sous l'autorité du préfet de région. Elles ont été instaurées en 2007 à l'occasion du premier appel d'offres « production d'électricité à partir de biomasse » afin d'évaluer les plans d'approvisionnement des projets concourant audit appel d'offres, plans soumis à l'avis des préfets de région(516). La circulaire du 23 février 2009 a pérennisé et élargi les missions de ces organismes, « qui ont vocation à devenir les structures de référence en matière de biomasse au niveau régional »(517). Elles sont chargées de deux missions : d'une part, expertiser les appels d'offres de production d'électricité et les appels à projets de production de chaleur à partir de la biomasse en vue d'établir l'avis du préfet de région, d'autre part, suivre l'utilisation des ressources en biomasse et prévenir en particulier les conflits d'usage.

Au niveau départemental, ce sont les directions départementales des territoires (DDT) qui ont vocation à répondre aux besoins de la population en matière, notamment, d'agriculture, d'urba-

(510) S^té^ Ciel et Terre , req. n° 344972, voir aussi *infra* p. 609.

(511) Décret n° 2009-235 relatif à l'organisation et aux missions des directions régionales de l'environnement, de l'aménagement et du logement, voir aussi P. Billet, « La réorganisation de l'administration déconcentrée de l'environnement », *JCP Environnement et Développement durable*, janvier 2010, n° 1.

(512) Voir *infra* p. 597.

(513) Voir *infra* p. 534 et s.

(514) Voir *infra* p. 541.

(515) Voir Cour des comptes, « Communication à la commission des finances du Sénat », Agence de l'environnement et de la maîtrise de l'énergie, septembre 2010.

(516) Sur ces appels d'offres, voir *infra* p. 487 et s.

(517) Voir circ. MEEDDAT, Rôle des « cellules biomasse » au niveau régional.

nisme, d'environnement[518], autant de sujets susceptibles d'interagir avec le développement des énergies renouvelables. Au sujet de ces dernières, la fonction de ces services administratifs consiste pour l'essentiel à informer sur les diverses actions menées par l'État et, dans certaines hypothèses, à veiller à ce que les installations de production soient aménagées dans un sens conforme à la préservation de l'environnement.

Remarque

Par exemple, les directions départementales des territoires contribuent à la formation de l'avis de l'« autorité administrative de l'État compétente en matière d'environnement » visée à l'article L. 122-1 du code de l'environnement (DREAL). Cet avis doit être donné préalablement à l'autorisation de tous les « projets de travaux, d'ouvrages ou d'aménagements publics et privés qui, par leur nature, leurs dimensions ou leur localisation sont susceptibles d'avoir des incidences notables sur l'environnement ou la santé humaine » et sont « précédés », à ce titre, d'une étude d'impact ; sont en particulier concernés les projets d'installations hydroélectriques.

Il faut relever que le décret du 18 avril 2012[519] a fait évoluer les modalités de la tutelle de l'État à l'égard de certains établissements publics de celui-ci intervenant notamment dans le cadre du soutien aux énergies renouvelables. Cette évolution s'inscrit dans le contexte de la révision générale des politiques publiques. Le préfet qui est de façon générale dépositaire de l'autorité de l'État et délégué de celui-ci au niveau de la région et du département a en effet été désigné « délégué territorial » des trois établissements publics de l'État suivants : l'ADEME, l'ANAH et l'ANRU[520]. Le titre en question avait été précédemment consacré par le décret du 10 février 2010 modifiant le décret du 29 avril 2004 relatif aux pouvoirs des préfets. Au risque de voir ressurgir le spectre de la recentralisation de l'État, la réforme renforce assurément la présence de ce dernier, et contrarie la culture d'autonomie que certains de ces organismes ont développée depuis plusieurs années[521].

Remarque

La circulaire du 23 mars 2009 relative à la territorialisation de la mise en œuvre du Grenelle de l'environnement insiste sur la dimension territoriale des politiques publiques à caractère environnemental (voir MEEDAT, Bull. officiel n° 8 du 10 mai 2009).

Le décret du 18 avril 2012 fait suite à un décret du 28 mai 2009 qui avait consacré les préfets de région « délégués régionaux de l'ADEME pour ce qui est de leur action dans la région » (C. env. ex-art. R. 131-16). Ce décret de 2012 précise les attributions du préfet en sa qualité nouvelle de « délégué territorial ». Cette mission implique de façon générale de « coordonner les actions de ces établissements avec celles conduites au niveau territorial par les autres administrations ou établissements de l'État », de « s'assurer de la cohérence de l'action respective des services de l'État et de l'établissement à l'égard des collectivités territoriales », d'assumer la « représentation de l'établissement dans la région ou le département » et, en cette dernière qualité, de conclure les conventions avec les collectivités territoriales ; par ailleurs si l'établissement dispose d'un service territorial, le préfet peut lui adresser des « directives d'action territoriale » ; enfin il participe à l'évaluation du responsable du service territorial de l'établissement.

3. L'organisation du soutien aux énergies renouvelables au niveau des administrations d'État spécialisées

Ce sont des institutions dotées de missions spécifiques de service public – le soutien aux énergies renouvelables en faisant partie à un titre ou un autre – et de la personnalité morale.

(518) Ceci depuis l'entrée en vigueur du décret n° 2009-1484 du 3 décembre 2009 relatif aux directions départementales interministérielles (DDT) ; sur ce thème voir M. Le Roux, « La réforme de l'administration territoriale de l'État », *Dr. administratif*, janvier 2011, n° 2.

(519) Décret n° 2012-509 pris en application de l'article 59-1 du décret n° 2004-374 du 29 avril 2004 modifié relatif aux pouvoirs des préfets, à l'organisation et à l'action de l'État dans les régions et les départements, art. 9, codifié C. env. art. R. 131-16.

(520) Sur ces établissements, voir *infra* p. 450 et s. et 541 et s.

(521) Cour des comptes, « Communication à la commission des finances du Sénat », Agence de l'environnement et de la maîtrise de l'énergie, préc.

a. Les établissements publics spécialisés dans les domaines de l'énergie et de l'environnement

L'Agence de l'environnement et de la maîtrise de l'énergie (ADEME)

En 1982[(522)], l'État institue l'Agence française pour la maîtrise de l'énergie (AFME). L'Agence de l'environnement et de la maîtrise de l'énergie (ADEME) naît en 1991 de la fusion de l'Agence nationale pour la récupération des déchets (ANRED), de l'Agence pour la qualité de l'air (AQA) et de l'AFME. La protection de l'environnement et la politique de l'énergie sont désormais étroitement liées. L'ADEME a le statut d'un établissement public industriel et commercial (EPIC), bien que ses activités proprement commerciales soient marginales[(523)], et est placée sous la tutelle conjointe du ministère de l'Écologie et du ministère de l'Enseignement supérieur et de la Recherche[(524)].

L'ADEME exerce des actions, notamment d'orientation et d'animation de la recherche, de prestations de services, d'information et d'incitation dans le domaine du « développement des énergies renouvelables, notamment d'origine végétale »[(525)]. Les différents contrats de plan État-ADEME régulièrement signés depuis 1995 inscrivent dans la durée la stratégie, l'organisation et les principaux outils nécessaires à l'exercice de sa mission[(526)], notamment celle d'opérateur essentiel de la « transition environnementale » liée au Grenelle de l'environnement[(527)]. L'ADEME soutient les énergies renouvelables au moyen surtout de subventions, assumant à ce titre deux rôles. Elle est en premier lieu le principal dispensateur des aides de l'État (aides à l'investissement et aides à la recherche et au développement technologique notamment), et ce quels qu'en soient les bénéficiaires (personnes privées ou collectivités publiques, collectivités locales). C'est à l'ADEME qu'il appartient de notifier ces aides à la Commission européenne, lorsqu'elles sont attribuées à des personnes privées et qu'elles remplissent les critères communautaires de l'aide d'État[(528)]. En second lieu, l'ADEME soutient financièrement les énergies renouvelables en participant à divers organismes : par exemple dans le cadre du Fonds de modernisation et de gestion des déchets, qui peut octroyer aux communes des aides financières permettant la création d'installations de valorisation énergétique des déchets, par exemple encore à travers le Fonds d'amortissement des charges d'électrification (FACE), qui peut apporter aux collectivités locales maîtres d'ouvrage un appui financier pour des opérations d'électrification à l'aide des énergies renouvelables, ou bien encore dans le cadre du Fonds chaleur qu'elle gère au demeurant[(529)]. L'ADEME apporte également une aide décisive aux acteurs français de la recherche qui souhaitent agir dans le cadre européen. Elle a subi une situation budgétaire difficile à partir de 2005, du fait du gel décidé par le législateur de 30 millions d'euros sur les 202 millions mis à sa disposition pour l'année 2005 (soit une imputation de 15 % de ses crédits d'investissements pour 2005). Le budget de l'ADEME consacré aux énergies renouvelables est issu de subventions du budget général de l'État, de recettes fiscales affectées (la taxe générale sur les activités polluantes, impôt collecté par l'État mais dont une partie est

(522) Décret n° 82-404, 13 mai 1982.

(523) Cour des comptes, « Communication à la commission des finances du Sénat », Agence de l'environnement et de la maîtrise de l'énergie, préc.

(524) Décret n° 2009-603 du 28 mai 2009 relatif à l'Agence de l'environnement et de la maîtrise de l'énergie, codifié C. env. art. R. 131-1 à R. 131-26.

(525) C. env., art. L. 131-3.

(526) Voir contrat d'objectifs État/ADEME (2009-2013) (disponible sur le site de l'ADEME : www.ademe.fr).

(527) Cour des comptes, « Communication à la commission des finances du Sénat », Agence de l'environnement et de la maîtrise de l'énergie, préc.

(528) Voir *supra* p. 349 et s.

(529) Voir *infra* p. 546.

reversée à l'ADEME) et de recettes extérieures (fonds démonstrateur de recherche, crédits du FEDER, crédits de l'Agence nationale de la recherche).

Remarque

Dans les années 1990, l'ADEME était déjà financée par des dotations budgétaires de l'État et par le produit de taxes fiscales ou parafiscales qu'elle collectait : voir CJCE 11 mars 1992, Cie commerciale de l'Ouest c./receveur principal des douanes de la Pallice Port, *Rec.* p. I-1847 (taxe parafiscale portant sur la mise à consommation de produits pétroliers servant à financer des actions d'incitation à la réalisation d'économies d'énergie ou à l'utilisation rationnelle de ressources énergétiques insuffisamment exploitées).

L'Agence nationale pour l'habitat (ANH)

L'Agence nationale pour l'habitat (ANH) est un établissement public administratif de l'État doté de la personnalité morale et de l'autonomie financière qui est aussi un vecteur des aides aux investissements liés aux énergies renouvelables effectués dans les logements résidentiels privés[530].

Le Commissariat à l'énergie solaire (COMES)

Cet établissement public industriel et commercial (EPIC) créé en 1978 dans le contexte du choc pétrolier succédait à la Délégation aux énergies nouvelles qui n'avait pas pour sa part d'existence autonome. Il fut chargé de développer la connaissance de l'énergie solaire, y compris les études et recherches, en France et à l'étranger : c'est sous son égide qu'eurent lieu les premières démonstrations pilotes. Il a disparu en 1982, intégré à l'Agence pour les économies d'énergie, devenue elle-même ensuite AFME puis ADEME.

b. Les établissements publics œuvrant dans le domaine de la recherche énergétique

Outre les universités et autres centres de recherches, tels que le CNRS, plusieurs établissements publics participent à l'évolution des savoirs et des savoir-faire en matière d'énergie renouvelable. Outre ceux mentionnés ci-dessous, on citera aussi l'Agence nationale de la recherche (ANR) et l'Agence de l'innovation industrielle (AII).

Remarque

Le protocole de création d'un Institut national de l'énergie solaire a été signé en juillet 2006. Situé à Chambéry, il fonctionne grâce aux moyens, notamment, du Commissariat à l'énergie atomique (CEA), du CNRS et de l'université de Savoie.

Le CNRS a créé en 2004, en association avec des chercheurs d'autres pays européens, SolLab (Alliance de laboratoires européens pour la recherche et les technologies des systèmes solaires à concentration).

L'Institut français du pétrole (IFP) est à la fois centre de recherche et de développement industriel, centre de formation et d'information : cet établissement public industriel et commercial (EPIC) s'implique dans le développement des filières des biocarburants. Les cultures énergétiques constituent un important thème de réflexion pour les membres de l'Institut national de la recherche agronomique (INRA) : il a par exemple évalué récemment l'impact économique en France des objectifs fixés par l'Union européenne en 2003 en matière de consommation de biocarburants[531].

Le Centre national du machinisme agricole, du génie rural, des eaux et des forêts (CEMAGREF) est un institut de recherche pour l'ingénierie de l'agriculture et de l'environnement, qui mène des recherches finalisées, notamment, dans le domaine de l'agriculture multifonctionnelle et des technologies pour des systèmes agricoles durables, et intervient à ce titre sur le sujet des biocarburants.

(530) CCH, art. L. 321-1 et R. 321-1.

(531) J.-C. Sourie, D. Tréguer et S. Rozakis, « L'ambivalence des filières biocarburants », *Sciences sociales* décembre 2005, n° 2.

Le Bureau de recherches géologiques et minières (BRGM), placé sous la double tutelle du ministère de l'Enseignement supérieur et de la Recherche et du ministère de l'Écologie, contribue activement aux recherches en matière de géothermie. Cet EPIC mène des actions dans les DOM (géothermie haute température), participe au projet novateur de Soultz-sous-Forêts (production d'électricité à partir de roches chaudes fracturées), ou bien encore effectue l'inventaire du potentiel géothermique de la France métropolitaine (géothermie basse et moyenne énergie). Le BRGM peut également, sur autorisation du ministre de l'Économie, prendre des participations dans le capital de sociétés intervenant dans l'activité géothermique.

L'établissement public chargé par l'État du soutien à l'innovation (OSEO) soutient de son côté certains programmes de développement du photovoltaïque (projet Solar Nano Crystal).

Remarque

Le Commissariat à l'énergie atomique (CEA) doit désormais se consacrer aussi aux « énergies alternatives » en vertu de l'article 9 de la loi n° 2010-237 du 9 mars 2010 de finances rectificative pour 2010 ; C. énergie, art. L. 332-1.

c. Les établissements publics participant au développement industriel des filières biomasse verte

Pour la filière bois-énergie, on doit en premier lieu évoquer le rôle essentiel de l'Office national des forêts (ONF). En second lieu, les offices agricoles jouent également un rôle clef pour le développement de la biomasse agricole énergétique. Ces missions sont précisées ci-dessous(532).

B. Le rôle des collectivités locales

Les pays signataires du texte final adopté au sommet sur le développement durable de Johannesburg (2002) se sont engagés à « accroître substantiellement la part globale des énergies renouvelables sur la base d'objectifs clairs et ambitieux, validés à intervalles réguliers, liés à un calendrier précis, et définis aux niveaux national, régional et, autant que possible, mondial ». Toutefois, dans l'État unitaire décentralisé qu'est la France, l'échelon local ne détient pas de compétence de principe dans le domaine de l'énergie, et ne peut donc pas mener en la matière de politiques totalement autonomes des choix effectués au niveau étatique, contrairement à ce qui se passe dans certains États fédéraux (ainsi par exemple, l'État de Californie, mène une politique très volontariste en faveur de la réduction des gaz à effet de serre et de l'utilisation de l'énergie renouvelable, envers et contre toutes les préventions de l'État fédéral américain). Cet état du droit doit être mis en parallèle avec le fait que la France privilégie depuis longtemps les énergies « centrales », notamment nucléaires. À ce sujet, D. Turpin rappelle d'ailleurs que « ce domaine [l'énergie] est resté pratiquement exclu des lois de décentralisation »(533), cependant que J.-Y. Faberon souligne que l'« État-EDF » n'a laissé « que peu de place aux énergies renouvelables, réseaux de chaleur, valorisation des déchets, etc., dont la gestion aurait pu être régionalisée »(534). L'échelon local est ainsi pour l'essentiel voué à relayer l'action du pouvoir central même si son implication est loin d'être nulle(535).

Les collectivités locales, qui sont responsables d'environ 12 % des émissions de gaz à effet de serre, sont devenues des acteurs de premier plan dans la lutte contre l'effet de serre, ainsi que l'at-

(532) Voir *infra* p. 538.

(533) « Énergie, les réticences de la décentralisation », *AJDA* 1985, p. 571.

(534) « Compétences régionales », *J.-Cl. Adm.* fasc. 412, n° 138.

(535) Voir C. Belot et J.-M. Juilhard, Rapport d'information : « Énergies renouvelables et développement local : l'intelligence territoriale en action », Sénat n° 436, 28 juin 2006.

testent les plans climat-énergie territoriaux (PCET)[536]. L'implication du niveau local pour le développement en particulier des énergies de source renouvelable est importante du fait même que ces énergies les intéressent à plus d'un titre[537]. En premier lieu, parce que la plupart d'entre elles sont fondées comme on le sait sur des ressources de proximité et, comme telles, se prêtent bien à une approche locale : à ce titre les collectivités territoriales peuvent jouer un rôle majeur notamment pour la planification de la production en utilisant les contrats de plan[538] ou des outils plus spécifiques tels le schéma régional du climat, de l'air et de l'énergie (SRCAE) ou le plan climat-énergie territorial (PCET)[539]. En second lieu, parce que les collectivités territoriales sont des acteurs essentiels de la stratégie énergétique européenne et nationale : non seulement en tant que producteurs (ce qu'elles sont au moins dans certaines limites[540]) mais aussi consommateurs d'énergie[541], enfin parce qu'elles peuvent jouer un rôle de levier de la mobilisation citoyenne en faveur des énergies de source renouvelable, en déployant des démarches de politique publique exemplaires[542]. Leur rôle en la matière est à ce point reconnu qu'il conduit parfois à l'organisation de concours dédiés[543] pour la production d'énergie à partir du solaire et/ou de la biomasse sur leur territoire) ou encore à la mise en place d'actions de réseaux locaux visant à partager les bonnes pratiques.

En France comme dans beaucoup de pays de l'Union européenne, le principal acteur du développement des énergies renouvelables au niveau infraétatique est la région.

Remarque

En avril 2007, 6 régions de l'Union européenne ont créé un « Réseau de régions des énergies renouvelables » (Renren) qui doit permettre d'échanger des expériences, de favoriser la coopération entre entreprises et de sensibiliser le public.

Le réseau français des collectivités locales éoliennes (CLEO) défend, quant à lui, un développement maîtrisé et concerté de l'éolien.

L'exercice de cette mission trouve son origine première dans les compétences de la région en matière de développement économique et social. La région a notamment primauté pour octroyer des aides économiques aux termes de l'article L. 1511-1 du code général des collectivités territoriales : « La région coordonne sur son territoire les actions de développement économique des collectivités territoriales et de leurs groupements, sous réserve des missions incombant à l'État ».

Texte officiel

Code général des collectivités territoriales

art. L. 1511-2 – Le conseil régional définit le régime de l'aide et décide de l'octroi des aides aux entreprises dans la région qui revêtent la forme de prestations de services, de subventions, de bonifications d'intérêt, de prêts et avances remboursables, à taux nul ou à des conditions plus favorables que celles du taux moyen des obligations.

(536) Sur ces plans, voir *infra* p. 482.

(537) Voir B. Le Baut-Ferrarese, « Énergies renouvelables : quel rôle pour les collectivités locales ? », *Le Courrier des maires*, mai 2010, n° 235.

(538) Voir *infra* p. 485.

(539) Voir *infra* p. 481 et s. ; sur ce sujet voir aussi P. Demaye-Simoni, « Le développement de l'éolien en questions. Remarques sur le rôle des collectivités territoriales et des intercommunalités », *Dr. env.* janvier/février 2006, p. 10.

(540) Voir *infra* p. 502 et s.

(541) Voir *infra* p. 579.

(542) Voir *infra* p. 631 et s.

(543) Voir la « Ligue des Champions Énergies renouvelables », compétition européenne ouverte aux collectivités locales de 7 pays de l'UE (Allemagne, Bulgarie, France, Hongrie, Italie, Pologne, République tchèque.

Les départements, communes et leurs groupements peuvent aussi participer au financement de ces aides en passant avec la région une convention. Les régions intéressées remplissent souvent cette mission en partenariat avec l'ADEME et, lorsque les conditions sont remplies, peuvent également bénéficier des fonds européens. Dans le cadre des contrats de plan État-régions, certaines ont choisi de s'associer à l'ADEME et de mutualiser leurs compétences et moyens financiers par la création de fonds d'investissement pour la promotion des énergies renouvelables, d'autres ont adopté un plan régional de l'énergie qui inclut la promotion et le développement des mêmes énergies[(544)]. Enfin, quasiment toutes les régions françaises octroient des subventions aux particuliers souhaitant investir dans des installations d'énergie renouvelable pour le chauffage ou l'électricité de leur logement[(545)].

Certaines collectivités locales sont par ailleurs en mesure de développer dans le domaine des énergies renouvelables des actions originales sur la base des compétences atypiques qui leur ont été conférées par les lois de décentralisation[(546)].

II. Le droit positif

La France s'est progressivement dotée d'un socle législatif et réglementaire adapté aux exigences internationales et européennes en matière de soutien aux énergies renouvelables. Ce droit positif est éparpillé dans une législation qui a parfois pour objet spécifique l'énergie ou qui concerne des domaines connexes (transports, agriculture, fiscalité, protection de l'environnement...)[(547)].

A. Le soutien aux énergies renouvelables par la législation énergétique

On peut décliner en trois grandes étapes le développement de cette législation. Dans un premier temps, dans le contexte de l'après-choc pétrolier de 1970, c'est la nécessité de maîtriser la consommation d'énergie fossile qui rend en premier lieu évident l'intérêt de l'exploitation des sources d'énergie renouvelables. Les textes de l'époque visent à préparer une transition énergétique et évoquent en ce sens le remplacement des énergies traditionnelles par des « énergies nouvelles »[(548)] ou « de récupération »[(549)]. Dans un second temps, le développement des énergies renouvelables est associé à la lutte contre la pollution de l'air[(550)]. Enfin, plus récemment, la lutte contre le changement climatique entraîne l'adoption d'un nouveau flux de mesures, en général plus ciblées et plus ambitieuses. Deux textes de lois émergent plus particulièrement.

D'abord, la loi n° 2000-108 du 10 février 2000 relative à la modernisation du service public et au développement du service public de l'électricité : afin de sécuriser les investissements et de développer sur le long terme les différentes filières concernées, cette loi prévoit, d'une part, une programmation pluriannuelle des investissements (PPI) de production d'électricité, fixant pour l'avenir les investissements publics nécessaires pour produire de l'électricité[(551)], d'autre part, une obligation d'achat par les distributeurs de la production d'électricité renouvelable[(552)].

(544) Voir *infra* p. 485 et s.

(545) Voir *infra* p. 545.

(546) Voir *infra* p. 483 et s.

(547) Voir aussi *supra* p. 77 et s.

(548) Loi n° 80-531, 15 juillet 1980, relative aux économies d'énergie et à l'utilisation de la chaleur.

(549) Loi n° 74-908, 29 octobre 1974, relative aux économies d'énergie.

(550) Loi n° 96-1236, 30 décembre 1996, sur l'air et l'utilisation rationnelle de l'énergie.

(551) Voir *infra* p. 473 et s.

(552) Voir *infra* p. 576 et s.

Ensuite, la loi de programme fixant les orientations de la politique énergétique (POPE) du 13 juillet 2005(553) a annoncé des orientations plus fortes en faveur des énergies renouvelables. Sur le plan formel, il sera noté que le législateur choisit ici de s'intéresser à ces énergies au sein d'une loi « de programme », ce qui semble de nature à consolider leur statut au sein du bouquet énergétique global de la France : cet instrument est supposé dresser les lignes directrices et les axes stratégiques de la politique y afférente, et inscrire le droit applicable à ces énergies dans la durée. Sur le fond, la France annonce avec cette loi qu'elle « soutient la définition d'un objectif de division par deux des émissions mondiales de gaz à effet de serre d'ici 2050, ce qui nécessite, compte tenu des différences de consommation entre pays une division par 4 ou 5 de ces émissions pour les pays développés » ; c'est dans cette perspective notamment que les énergies renouvelables sont promues. Cependant, le développement de celles-ci n'est ni une fin en soi, ni l'unique levier sur lequel la France entend s'appuyer afin d'inscrire sa politique énergétique dans la perspective du développement durable (l'option nucléaire est au passage confirmée), ce dont atteste l'adoption d'une loi consacrée à l'énergie en général, et non pas aux énergies renouvelables de façon exclusive. Il faut aussi souligner que cette loi intègre les dispositions communautaires : les recommandations de consommation minimale d'électricité d'origine renouvelable et les contraintes en termes de garanties d'origine de cette même électricité(554). Elle prévoit en outre la mise en place d'une programmation pluriannuelle pour les investissements de chaleur(555). Enfin, elle crée un marché de certificats d'économie d'énergie(556).

Remarque

Les dispositions issues de ces lois sont codifiées au sein du code de l'énergie (partie législative), tel qu'issu de l'ordonnance 2011-504 du 9 mai 2011.

B. Le soutien aux énergies renouvelables en dehors de la législation énergétique

Parallèlement aux lois dédiées à l'énergie de façon générique, d'autres textes vont contribuer à encourager les filières énergies renouvelables. On citera ici par priorité trois types de dispositifs.

D'abord, et du fait du lien consubstantiel unissant le soutien aux énergies renouvelables et la protection de l'environnement, il est logique que le premier occupe une place de choix dans le cadre des législations environnementales. Dans cette optique, présentent à l'évidence un relief particulier les deux grandes lois françaises par lesquelles la représentation nationale s'est appropriée le processus délibératif du Grenelle de l'environnement. Il s'agit, tout d'abord, de la loi n° 2009-967 du 3 août 2009 de programmation portant mise en œuvre du Grenelle de l'environnement (loi « Grenelle 1 »), puis de la loi subséquente, loi n° 2010-788 du 12 juillet 2010 portant engagement national pour l'environnement (loi « Grenelle 2 »). Si l'accent a été mis à juste titre sur le fait que ces lois sont pluridimensionnelles – elles traitent en effet de sujets aussi divers que la performance énergétique des bâtiments, l'urbanisme, l'énergie et le climat ou les déchets –, ou bien encore sur leur champ d'application personnel, particulièrement large – elles engagent tout aussi bien l'État que les collectivités locales et même sur certains points les acteurs privés –, c'est toutefois la lutte contre le changement

(553) Voir B. Le Baut-Ferrarese, D. Landbeck, « La loi d'orientation sur l'énergie du 13 juillet 2005 et les énergies renouvelables », *AJDA* 2006, p. 189 ; C. Lepage, « Les innovations de la loi du 13 juillet 2005 en matière d'économies d'énergie et d'énergies renouvelables », *Gaz. Pal.* 18-19 janvier 2006, p. 3.

(554) Voir *infra* p. 644 et s.

(555) Voir *infra* p. 473.

(556) Voir *infra* p. 534 et s.

climatique qui irrigue l'essentiel de cet ensemble législatif[557]. Cette finalité nouvelle attribuée au droit de l'environnement explique en tous les cas la présence au sein de ces textes de nombreuses dispositions visant le développement des énergies renouvelables.

Remarque

On notera que l'article 19 de la loi « Grenelle 1 » a modifié l'article 29 de la loi POPE de 2005 de façon à intégrer le nouvel objectif général de l'Union européenne en matière de consommation d'énergies renouvelables : « Afin de diversifier les sources d'énergie, de réduire le recours aux énergies fossiles émettrices de gaz à effet de serre et de porter à au moins 23 % en 2020 la part des énergies renouvelables dans la consommation d'énergie finale, soit un doublement par rapport à 2005, l'État favorisera le développement de l'ensemble des filières d'énergies renouvelables dans des conditions économiquement et écologiquement soutenables ». Afin d'atteindre cet objectif, le même article décrit les actions auxquelles s'engage l'État (accélération de l'effort de recherche, planification, adaptation des réseaux, évolution du régime des obligations d'achat, etc.).

Ensuite, les lois de finances traduisent au fil des ans les choix politiques en faveur de ces énergies, la fiscalité française étant en effet de plus en plus centrée sur un objectif d'incitation au développement durable. Cette tendance peut être toutefois contrariée ponctuellement, lorsque des mesures de restrictions budgétaires sont décidées par les pouvoirs publics[558].

Enfin, les textes agricoles montrent la volonté des pouvoirs publics d'appliquer au monde agricole les nouvelles orientations de la politique énergétique, telles que dessinées en première ligne par le droit européen et par la loi POPE de 2005. Indéniablement, la LOA de 2006[559] constitue à cet égard un événement majeur. Notamment, cette loi intègre l'activité agroforestière dans le système du Protocole de Kyoto en permettant que cette activité soit, d'une part, prise en compte pour les engagements chiffrés du protocole, d'autre part, incluse dans certains des mécanismes de marché qui en sont issus[560]. Tenant compte des nouvelles orientations de l'offre agricole ou sylvicole vers les produits énergétiques, la même loi modifie en outre le cadre juridique applicable aux organisations interprofessionnelles et à l'Office national des forêts[561]. Cette loi contient également des dispositions fiscales de nature à stimuler la demande en agrocarburants et officialise le choix des pouvoirs publics français de dépasser les objectifs européens en la matière[562] – elle modifie à cet effet l'article 265 *bis* A concernant la réduction de la taxe intérieure de consommation sur certains biocarburants et les articles 265 *ter* et 265 *quater* du code des douanes relatifs à l'autorisation d'utilisation des huiles végétales pures. Dans le domaine agricole toujours, des textes plus ponctuels et plus spécifiques peuvent également contribuer à la promotion des sources d'énergie renouvelables, par exemple ceux qui ont mis en œuvre le feu dispositif communautaire d'aide à la jachère énergétique.

On observe que le soutien aux énergies renouvelables repose sur des législations éparses, ce qui ne manque pas de soulever de sérieuses difficultés d'appréhension et même d'appréciation. Cette situation interroge en particulier sur l'efficacité de l'ensemble du dispositif ainsi constitué. Il est sans doute regrettable que les autorités de l'État n'aient pas adopté une « loi-cadre », qui aurait donné plus de visibilité à la politique de l'État, notamment en assujettissant les différents instru-

(557) Pour une analyse critique de ces lois, voir notamment A. van Lang, « Les lois Grenelle : droit de l'environnement de crise ou droit de l'environnement en crise », *Dr. administratif*, février 2011, n° 3.

(558) Voir par exemple *infra* p. 556 et s.

(559) Loi n° 2006-11, 5 janvier 2006, d'orientation agricole. Voir B. Le Baut-Ferrarese, « La loi d'orientation agricole du 5 janvier 2006 et les énergies renouvelables », *Environnement* mars 2006, p. 10.

(560) Voir *infra* p. 570.

(561) Voir *infra* p. 500 et 538.

(562) Voir *infra* p. 465.

ments du soutien public à un certain nombre de grands principes généraux, ce à quoi invitait dès en 2007, le Centre d'analyse stratégique[(563)].

III. Les supports techniques et financiers

Parallèlement à la mise en place d'un cadre législatif et réglementaire, la puissance publique soutient également sur les plans technique et/ou financier le développement des énergies renouvelables. L'appui à ces dernières relève ici de deux approches : l'une conduit à installer le soutien dans la durée au moyen de programmes horizontaux (logique temporelle), l'autre consiste à inscrire le soutien dans le cadre de projets de territoires (logique spatiale).

A. Les plans et programmes horizontaux

Ce sont des documents publics de portée nationale qui, en eux-mêmes non contraignants, sont en général traduits par des mesures juridiques concrètes.

Les programmes-cadres de lutte contre la pollution ne concernent pas les énergies renouvelables de façon exclusive, mais ont nécessairement un impact sur celles-ci. On citera ici par exemple le « plan de lutte contre l'effet de serre » (2000) ou encore le « programme national de lutte contre le changement climatique » (PNLCC) (2000) : entre autres mesures destinées à enrayer le réchauffement de la planète, ce dernier visait ainsi expressément le développement des énergies renouvelables, dont il préconisait l'utilisation dans plusieurs secteurs d'activités (industrie, transports, bâtiment, agriculture). Le programme national d'amélioration de l'efficacité énergétique (2000) a repris l'essentiel des mesures précédentes. Enfin, le « plan climat » (2004-2012) se positionne dans l'optique du respect des objectifs de la France en matière de maîtrise des émissions de gaz à effet de serre (division par 4 de ces dernières) : il sollicite lui aussi à cette fin les énergies renouvelables, dont il prévoit qu'elles devraient contribuer à hauteur de 8 % aux gains de réduction d'émissions de gaz à effet de serre.

Les programmes sectoriels de soutien aux énergies renouvelables sont pour leur part par définition exclusivement dédiés à celles-ci (ÉOLE 2005, HÉLIOS, plan Soleil (2000-2006), programme bois-énergie...)[(564)].

Enfin, la France a lancé des programmes de recherche consacrés aux énergies renouvelables, dans le respect de la loi POPE, qui préconisait un renforcement de la recherche dans les domaines des biocarburants, du photovoltaïque, de l'éolien, du solaire thermique et de la géothermie, et l'exploitation du potentiel de nouveaux vecteurs comme la gazéification de la biomasse : l'article 10 de cette loi prévoit en particulier que les ministres en charge de l'énergie et de la recherche élaborent une « stratégie nationale sur la recherche énergétique ». Une accentuation de l'effort de recherche a été également recommandée par la loi « Grenelle 1 »[(565)], certains secteurs ayant été déclarés prioritaires[(566)]. Dans le même ordre d'idées, la loi d'orientation agricole de 2006 (LOA) énonce que « la recherche agronomique et vétérinaire concourt au développement et à la compétitivité de

(563) Voir « Rapport d'orientation, Perspectives énergétiques de la France à l'horizon 2020-2050 », avril 2007, pt. 5.1.2. ; disponible à l'adresse : www.strategie.gouv.fr.

(564) Voir *infra* p. 475.

(565) Art. 19 préc.

(566) *Ibid.*, art. 6 : « Les programmes publics de recherche dans le domaine du bâtiment seront orientés vers les nouvelles générations de bâtiments faiblement consommateurs d'énergie, ceux producteurs d'énergie à partir de sources renouvelables et les techniques de rénovation performantes en matière d'économie d'énergie. La France concourt à la création d'une plate-forme européenne sur l'écoconstruction, pour développer les recherches et promouvoir les différentes filières de bâtiments faiblement consommateurs d'énergie ».

la filière agricole et du secteur de la transformation des produits agricoles. Elle répond en priorité aux impératifs de la gestion durable de l'espace rural, de la valorisation de la biomasse [...] et de la préservation des ressources naturelles mondiales. Elle s'appuie sur le développement de la recherche fondamentale »[567]. Des pôles de recherche ayant pour mission d'animer, de financer, de suivre et évaluer les programmes de recherche et de développement technologique ont également été constitués : par exemple le groupement d'intérêt scientifique AGRICE (Agriculture pour la chimie et l'énergie) créé en 1994 a reçu pour mission de développer la filière des biocarburants ; il réunissait, aux côtés de plusieurs ministères (industrie, environnement, recherche, agriculture) et de l'ADEME, des établissements publics œuvrant dans le domaine en cause (Institut national de la recherche agronomique, Institut français du pétrole) ainsi que des associations agricoles et des industriels de l'énergie.

B. Les chartes

En signant la Charte pour le développement en France de la filière superéthanol (novembre 2006), l'État avait signifié officiellement son engagement en faveur de ce biocarburant aux côtés de partenaires privés (constructeurs automobiles, distributeurs, producteurs d'éthanol, agriculteurs), et s'était notamment engagé : à définir une norme nationale, à participer à l'élaboration d'une norme européenne, à autoriser la vente de ce biocarburant au plus tard le 1er janvier 2007, à développer une fiscalité incitative au niveau national et au niveau local, ou bien encore à favoriser l'achat public de véhicules carbomodulables. De la même façon que les plans et autres programmes sectoriels évoqués ci-dessus, une telle charte entre dans la catégorie du droit programmatique – et de la « *soft law* » –, le non-respect par l'État de ses engagements ne pouvant ici faire l'objet d'aucune sanction.

C. Les projets de territoire axés sur l'économie des énergies renouvelables

Ces projets associent des partenaires publics (collectivités locales, EPCI, établissements publics) et des partenaires privés (entreprises, associations) et conduisent à la mise en place de structures juridiques dédiées en tout ou partie aux énergies renouvelables. Ils bénéficient comme tous les projets relevant de la même catégorie du soutien décisif de l'État, sous forme d'exonérations de charges sociales, de dégrèvements fiscaux, ou de subventions.

Les pôles de compétitivité sont des outils de politique industrielle portés par des acteurs et organismes situés dans les territoires urbains. L'État a labellisé en 2005 trois pôles de compétitivité qui concernent directement les énergies de source renouvelable : ENRRDIS (« Énergies renouvelables Rhône-Alpes, Drôme, Isère, Savoie »), DERBI (« Développement des énergies renouvelables, bâtiment industrie », région Languedoc-Roussillon), « CapÉnergies » (Provence-Alpes-Côte d'Azur). Un 4e pôle « Industrie et agroressources » (Champagne-Ardennes et Picardie) a pour ambition de trouver des utilisations non agricoles aux produits agricoles, notamment dans le domaine des biocarburants. La stimulation des pôles de compétitivité se fait en particulier à travers des appels à projets initiés par le Gouvernement. Ces appels visent des projets de recherche et développement collaboratifs, qui sont ensuite financés par l'État[568].

Les pôles d'excellence rurale sont le pendant des pôles de compétitivité dans les territoires ruraux. Ils couvrent à cet effet toutes les communes situées en zones de revitalisation rurale (telles que définies par la loi du 23 février 2005 relative au développement des territoires ruraux), ainsi que

(567) Art. 43, codifié C. rur., art. L. 830-1, al. 1.

(568) Voir *infra* p. 543.

les communes qui ne sont pas situées dans une aire urbaine de plus de 30 000 habitants. Le gouvernement a lancé un appel à candidatures fin 2005 et donné en 2006 le label de « pôle d'excellence rurale » à une vingtaine de projets intéressant les énergies renouvelables[(569)].

(569) Voir décret n° 2006-994, 10 août 2006, attribuant le label de pôle d'excellence rurale.

Chapitre 11

La planification du développement des énergies renouvelables

Le temps de l'énergie est celui de la « longue durée »[1]. En ce domaine, en raison de l'exigence de sécurité de l'approvisionnement, il importe d'anticiper l'offre énergétique afin qu'elle soit en mesure de satisfaire la demande. Mais encore, le souci de protection de l'environnement invite lui-même à mettre en place une politique énergétique prévisionnelle à moyen et long terme. Ainsi, dans une période de saturation de l'offre énergétique en produits traditionnels et d'ouverture aux préoccupations environnementales, la démarche de planification du développement des énergies renouvelables trouve ses principales justifications. Il en va pareillement en matière d'efficacité énergétique : la directive 2006/32 du 5 avril 2006 relative à l'efficacité énergétique dans les utilisations finales et aux services énergétiques impose ainsi de communiquer à la Commission un plan national d'action en faveur de l'efficacité énergétique, en vue d'atteindre l'objectif de 9 % d'économies d'énergie avant fin 2016[2].

Remarque

Mais l'objectif de réalisation de 9 % d'économies d'énergie est « indicatif par nature et n'entraîne aucune obligation juridiquement contraignante pour les États membres d'y parvenir » (voir directive 2006/32, considérant 12).

Cette anticipation relève traditionnellement des missions de puissance publique de l'État, qui en délègue toutefois de plus en plus l'exercice aux autorités de niveaux supranational ou infraétatique. Ainsi, de nombreux pays développés (ceux de l'Union européenne, Japon, États-Unis) ou en développement (Inde, Chine) ont fixé des objectifs en matière de développement des énergies renouvelables, déclinés dans la plupart des cas par type d'énergie. On se souvient aussi que, même s'ils ne se sont pas avancés sur des chiffres précis, les pays participant au sommet mondial pour le développement durable de Johannesburg (2002) ont annoncé vouloir « accroître substantiellement la part globale des énergies renouvelables sur la base d'objectifs clairs et ambitieux, validés à intervalles réguliers, liés à un calendrier précis, et définis aux niveaux national, régional et, autant que possible, mondial ». On se souvient encore qu'à cette occasion, certains d'entre eux, réunis à l'initiative de l'Union européenne autour de la Coalition de Johannesburg pour les énergies renouvelables (CJER), s'étaient engagés à poser des objectifs et des délais, afin d'augmenter collectivement la part des énergies de source renouvelable dans le paysage énergétique[3]. Cette détermination par avance d'un seuil idéal de production et/ou de consommation des énergies en cause se traduit concrètement par la mise en œuvre de deux démarches parallèles et complémentaires : d'une part, la fixation de quotas, d'autre part, leur déclinaison dans des plans d'action spécifiques.

(1) G. Gaudy, « Avis présenté devant le Conseil économique et social sur les perspectives énergétiques de la France à l'horizon 2010-2020 », 23 et 24 février 1999.

(2) Art. 4.

(3) Voir *supra* p. 388 et s.

Section 1
Les quotas

On examinera l'objet et le contenu de ces quotas, avant de s'intéresser à leur portée juridique.

§1. Objet et contenu des quotas

De plus en plus de pays et de régions du monde ont choisi d'instaurer des quotas pour développer les énergies renouvelables. Ces quotas intéressent la production et/ou la consommation de certaines énergies renouvelables en particulier, et/ou de l'énergie de source renouvelable en général.

I. Quotas de production et/ou consommation d'une énergie renouvelable en particulier

Ils constituent des quotes-parts de production et/ou consommation d'une énergie de source renouvelable considérée individuellement. Sont/ont été concernés : l'électricité renouvelable, les biocarburants, enfin la chaleur renouvelable.

A. Les quotas relatifs à l'électricité renouvelable

Ces quotas posaient des objectifs de consommation finale d'électricité. Ils ont d'abord été fixés au niveau de l'Union européenne, puis repris en droit français.

1. Les objectifs fixés par la directive électricité renouvelable

L'établissement par l'Union européenne d'objectifs de consommation relatifs à l'électricité renouvelable trouvait au moins deux justifications. D'une part, l'électricité représente une partie importante de la consommation totale d'énergie au sein de l'Union européenne (environ 40 %), si bien que le développement de l'électricité d'origine renouvelable est un moyen essentiel pour atteindre d'éventuels objectifs globaux de consommation d'énergie renouvelable en général[(4)]. D'autre part, le marché intérieur européen de l'électricité s'appuie sur un socle juridique solide, offrant à l'électricité renouvelable un cadre de développement unique en son genre – la directive électricité renouvelable ne disait-elle pas qu'elle entendait favoriser l'augmentation de la part des sources renouvelables dans la production d'électricité « sur le marché intérieur de l'électricité »[(5)] ?

La directive électricité renouvelable a été adoptée en 2001, c'est-à-dire pour une Union européenne à 15 États membres, auxquels elle fixait un objectif global d'augmentation de 13 % à 22,1 % de la part des énergies de source renouvelable dans la consommation d'électricité européenne pour 2010. Cet objectif collectif fut révisé à la baisse suite aux élargissements de mai 2004 puis janvier 2007, pour s'établir à 21 % pour une Union européenne à 27 États membres. La directive posait en annexe des objectifs indicatifs par pays.

Stricto sensu, cette directive proposait des objectifs se rapportant à la proportion des sources renouvelables dans la consommation totale d'électricité : par exemple il s'agissait pour la France d'atteindre en 2010 une consommation d'électricité d'origine renouvelable égale à 21 % de toute l'électricité consommée. Il va de soi toutefois que pareils objectifs de consommation ne pourraient rester sans effet sur la production électrique : la meilleure preuve en est qu'en France ils ont été

(4) Voir *infra* p. 466.

(5) Art. 1.

déclinés dans une programmation publique de la « production d'électricité »[6], qui planifie l'installation de sites de production à hauteur des objectifs fixés[7]. La notion de consommation d'électricité y était par ailleurs définie à l'article 2.d de la directive comme « la production nationale d'électricité, y compris l'autoproduction, plus les importations, moins les exportations ». Il y avait donc bien dès le départ une volonté d'augmenter aussi la production d'électricité renouvelable.

Sur la notion de consommation présente dans la directive 2001/77, on fera deux remarques complémentaires.

En premier lieu, après calcul, il est apparu que le périmètre des consommations prises en compte ne concernait que la consommation métropolitaine de chaque État membre et pas celle des territoires ultramarins.

Remarque

Voir également les remarques critiques du « Rapport sur la programmation pluriannuelle des investissements de production d'électricité » du 29 janvier 2002, qui parlait de « chiffres inscrits plutôt hâtivement dans ce texte ».

En second lieu, les conditions dans lesquelles un État membre pouvait comptabiliser l'électricité renouvelable importée pour la réalisation de l'objectif étaient floues. La Commission est intervenue *a posteriori* pour apporter à ce sujet trois précisions[8]. Elle a indiqué : qu'il ne fallait pas faire entrer en ligne de compte les importations d'électricité renouvelable de pays tiers, qu'il convenait en revanche de prendre en considération le pourcentage d'importations de ce type d'électricité d'un État membre vers un autre État membre pour calculer le résultat obtenu dans l'État membre d'exportation, même si le volume ainsi échangé au niveau intra-européen restait sans incidence sur l'objectif indicatif global de 21 %, enfin qu'un tel échange transnational d'électricité de source renouvelable ne pouvait être valablement comptabilisé que s'il avait été effectué dans des conditions de transparence et de certitude juridiques[9] ; en l'absence d'accord avec le pays d'exportation, la production d'électricité renouvelable devait donc être prise en compte pour évaluer les progrès accomplis dans la réalisation de l'objectif du pays d'importation.

2. La reprise des objectifs européens par la France

En France, la reformulation des objectifs européens s'est faite d'abord dans le cadre de la programmation pluriannuelle des investissements (PPI) de production d'électricité, ensuite par la loi POPE de 2005.

a. Dans le cadre de la programmation pluriannuelle des investissements (PPI) de production d'électricité

La programmation pluriannuelle des investissements (PPI) de production d'électricité trouve son origine dans la loi n° 2000-108 du 10 février 2000. Elle a pour but d'anticiper et de rendre plus visibles les choix énergétiques de la France dans le respect des engagements internationaux et européens, et permet dans cette perspective d'identifier les investissements souhaitables. La démarche en

(6) Programmation pluriannuelle des investissements de production d'électricité.

(7) Voir *infra* cette page.

(8) Communication de la Commission, « La part des sources d'énergie renouvelables dans l'Union européenne », COM (2004) 366 final.

(9) COM (2044) 366 final, préc. : « un État membre ne peut inclure une contribution sous la forme d'une importation en provenance d'un autre État membre que si le pays exportateur a accepté expressément, et indiqué sur une garantie d'origine, qu'il n'utilisera pas le volume d'électricité renouvelable indiqué pour atteindre son propre objectif et, partant, accepte donc que cette électricité soit prise en compte dans l'objectif de l'État membre d'importation. »

tant que telle n'est pas une nouveauté puisqu'une programmation similaire était auparavant effectuée par EDF, mais la loi n° 2000-108 en a fait une prérogative d'État, en prévoyant que le ministre chargé de l'énergie arrête et rend publique une programmation pluriannuelle des investissements de production d'électricité[(10)]. Il est à souligner que, sur un plan chronologique, l'intégration en droit français de l'objectif européen de 21 % de consommation intérieure brute d'électricité renouvelable pour 2010 fut effectuée par l'arrêté du 7 mars 2003 relatif à la programmation pluriannuelle des investissements de production d'électricité, et ce dans le respect de l'esprit de la loi n° 2000-108 qui recommandait que la PPI de production d'électricité soit établie « de manière à laisser une place aux productions décentralisées, à la cogénération et aux technologies nouvelles »[(11)].

Remarque

La loi n° 2000-108 précisait que la PPI doit fixer les objectifs en matière de répartition des capacités de production par source d'énergie primaire et, le cas échéant, par technique de production et par zone géographique, qu'un rapport sur la PPI de production d'électricité, établi à partir du schéma de services collectifs de l'énergie (SSCE) et du bilan prévisionnel de l'évolution de la production et de la consommation d'électricité élaboré par le gestionnaire du réseau public de transport (RTE), soit périodiquement présenté au Parlement par le ministre de l'Énergie – il l'a été le 22 janvier 2002 puis le 13 juin 2006 –, mais ces éléments ne figurent plus dans la loi telle que désormais codifiée au code de l'énergie.

b. Par la loi POPE du 13 juillet 2005

La loi n° 2000-108 avait annoncé l'adoption avant le 31 décembre 2002 d'une loi d'orientation sur l'énergie « exposant » les lignes directrices de la programmation pluriannuelle des investissements de production d'électricité. Cette loi verra le jour le 13 juillet 2005. Mieux vaut tard que jamais : le texte offre l'occasion d'inscrire enfin, dans le marbre de la loi, l'objectif communautaire relatif à l'électricité renouvelable. Ainsi, tout en faisant le constat de « l'actuelle intermittence de certaines filières », son article 4 pose qu'« il convient [...] d'atteindre l'objectif indicatif d'une production intérieure d'électricité d'origine renouvelable de 21 % de la consommation intérieure d'électricité totale à l'horizon 2010 ». Le même article de la loi indiquait aussi qu'un objectif pour 2020 serait défini avant 2010 tenant compte de la particularité de la situation française.

La loi POPE ajoutait une contrainte supplémentaire : une évaluation par zone géographique du potentiel de développement des filières de production d'électricité en relation avec la programmation pluriannuelle des investissements de production d'électricité[(12)]. Cette mesure devait permettre de donner une information précise sur la contribution des sources d'énergies renouvelables à la production totale d'électricité.

B. Les quotas relatifs aux biocarburants

La volonté de soutenir les biocarburants, en particulier, s'est exprimée également par la fixation de quotas, là encore aux niveaux européen puis national.

1. Les objectifs européens

On peut d'abord considérer que, fût-ce de façon indirecte, et alors même que cette législation n'oblige pas les États à incorporer les biocarburants dans les carburants traditionnels, l'autorisation communautaire de reformuler les carburants par l'introduction d'une quantité définie de biocarburants pèse nécessairement sur la production de ces derniers[(13)]. On peut ensuite noter qu'en 2000,

(10) Codifié C. énergie, art. L. 121-3 et L. 141-1.

(11) Art. 6.

(12) Art. 42.

(13) Voir directive 98/70, 13 octobre 1998 modifiée. Voir aussi *supra* p. 407.

la Commission avait avancé un objectif de remplacement d'ici 2020 de 20 % du diesel et de l'essence utilisés dans le transport routier par des carburants de substitution(14). Cet objectif n'était pas toutefois exclusivement destiné aux biocarburants puisqu'il concernait aussi le gaz naturel (GNV) et l'hydrogène.

C'est de fait la directive biocarburants de 2003 qui a été la première à édicter de véritables objectifs quantitatifs concernant les biocarburants utilisés dans les véhicules. Le texte s'appuie sur le constat selon lequel les transports par route représentent environ 30 % de la consommation énergétique finale de l'Union européenne et environ 20 % du total des émissions de gaz à effet de serre dans l'Union européenne. Pour y remédier, il propose aux États d'accroître la consommation de biocarburants, en passant de 0,6 % (situation globale de l'Union européenne en 2002) à 2 % en 2005, puis à 5,75 % de biocarburants dans les carburants traditionnels en 2010.

2. Les objectifs français

On ne peut pas dire que la transcription de ces objectifs européens dans le cadre national ait fait l'objet d'un véritable empressement : l'article 7 de la directive biocarburants imposait l'échéance du 31 décembre 2004, la France n'a transposé qu'avec la loi POPE de juillet 2005. Toutefois, la loi à peine adoptée, le gouvernement annonçait son intention de dépasser les objectifs européens. Ainsi, dans un contexte marqué par une nouvelle envolée des cours du pétrole, le Premier ministre décidait d'accélérer le plan de développement des biocarburants, pour porter leur part dans la production totale de carburants aux niveaux suivants : 5,75 % en 2008, 7 % en 2010, enfin 10 % en 2015. Ces objectifs ont été validés par la LOA de 2006(15). Cette anticipation – de deux ans – et ce renforcement des objectifs initiaux relèvent d'un volontarisme peu habituel annonçant un effort forcément massif sur les moyens à employer pour y parvenir.

C. Les quotas relatifs à la chaleur et/ou au froid à base de sources d'énergie renouvelables

Le potentiel de certaines sources d'énergies renouvelables (géothermie, biomasse, solaire thermique) pour la production de chaleur ou de froid, leur intérêt pour la diversification du bouquet énergétique a conduit lentement mais sûrement à l'établissement de quotas à leur endroit. L'idée, notamment pour la réfrigération, est de susciter une évolution du marché en faveur de l'utilisation des ressources renouvelables, afin d'éviter une hausse de la consommation d'électricité. Une fois n'est pas coutume, le droit français a eu ici quelques longueurs d'avance sur le droit de l'Union européenne.

À l'instar de l'objectif de 21 % d'électricité renouvelable, la loi POPE de 2005(16) a repris en premier lieu l'objectif, déjà annoncé dans le plan climat de 2004, d'accroître de 50 % la production d'énergie renouvelable thermique à l'horizon 2010 (le taux de chaleur renouvelable étant à cette date inférieur à 20 %) – ce qui correspondait à une évolution de 12 à 18 millions de tep de chaleur d'origine renouvelable.

Remarque

Un objectif plus ambitieux figurait dans le rapport des sénateurs C. Belot et J.-M. Juilhard (Rapport d'information : « Énergies renouvelables et développement local : l'intelligence territoriale en action », Sénat n° 436, 28 juin 2006) : couvrir 80 % des besoins thermiques français à partir de sources d'énergie renouvelables d'ici une génération.

(14) Livre vert, *Vers une stratégie européenne de sécurité d'approvisionnement énergétique*, COM (2000) 769 final.

(15) Loi n° 2006-11, 5 janvier 2006, d'orientation agricole, art. 48.

(16) Art. 4.

Cette option stratégique s'explique principalement par le fait que l'offre électrique française est dominée par le nucléaire, jugé peu émetteur de gaz à effet de serre, alors que l'offre thermique fait appel pour une très large part à des énergies fossiles : le remplacement de ces dernières par des énergies renouvelables augure donc des gains importants s'agissant desdites émissions. C'est en ce sens que le législateur a déclaré que « leur développement constitue une priorité essentielle »[17]. Donnant corps à l'objectif de diversification du bouquet énergétique français énoncé en son article 4, la loi POPE a prévu en outre l'instauration d'une programmation pluriannuelle des investissements concernant la production de chaleur, le régime juridique de la chaleur d'origine renouvelable se trouvant ainsi, au moins sur ce point, aligné sur celui de l'électricité renouvelable[18].

L'absence à cette époque d'objectifs comparables au niveau de l'Union européenne, pouvait apparaître comme une brèche législative. Dans son plan d'action biomasse de décembre 2005, la Commission annonçait qu'elle entendait travailler à l'élaboration d'une législation communautaire visant à promouvoir l'utilisation de sources énergétiques renouvelables pour le chauffage. Quant aux députés européens, ils adoptèrent le 14 février 2006 un rapport concernant des recommandations en vue d'une future directive sur l'utilisation de sources renouvelables à des fins de chauffage et de réfrigération[19].

II. Quotas de production et/ou consommation d'énergie renouvelable en général

Cela fait une vingtaine d'années que l'Union européenne a proposé un chiffrage général, *ie.* intéressant toutes les énergies renouvelables. En 1993, le programme ALTENER recommandait en effet un doublement de la part de l'énergie renouvelable dans la consommation énergétique brute de l'Union européenne – ce qui aurait impliqué de passer de 4 % en 1991 à 8 % en 2005. Dans son livre blanc de 1997[20], constatant que les sources d'énergie renouvelables contribuent de façon « inacceptablement modeste » au bilan énergétique de la Communauté par rapport à leur potentiel, la Commission proposait de porter de 6 % (1997) à 12 % (2010) la part de la production d'énergie renouvelable dans la consommation finale d'énergie. Ce chiffrage figurait aussi dans la directive électricité renouvelable[21]. De son côté, la loi POPE de 2005 prévit de satisfaire à l'horizon 2010 « 10 % [...] [des] besoins énergétiques » de la France à partir de sources d'énergie renouvelables[22]. Au fil du temps, ces pronostics ambitieux de développement de l'énergie renouvelable en général ont fini par s'imposer. Alors que le Parlement européen proposait 15 % d'énergie renouvelable en 2010[23], puis 25 % d'ici 2020, enfin 50 % d'ici 2040 (chiffres figurant dans le rapport du député E. Morgan adopté le 15 décembre 2006 par le Parlement européen), l'objectif intermédiaire de consommation d'au moins 20 % d'énergie renouvelable au sein de l'Union européenne pour 2020 (contre environ 8 % en 2007) proposé par la Commission[24] a été retenu par le

(17) Loi POPE, art. 4.

(18) Art. 50.

(19) « Rapport du Parlement européen contenant des recommandations à la Commission sur l'utilisation de sources d'énergie renouvelables à des fins de chauffage et de réfrigération », doc. 2005/2122 (INI).

(20) Voir *Énergies pour l'avenir : les sources d'énergie renouvelables. Livre blanc établissant une stratégie et un plan d'action communautaires*, COM (97) 599 final.

(21) Art. 4.

(22) Art. 4.

(23) Doc. Parlement européen 216.788/final.

(24) Communication de la Commission, « Feuille de route pour les sources d'énergie renouvelables. Les sources d'énergie renouvelables au XXIe siècle : construire un avenir plus durable », COM (2006) 848 final.

Conseil européen en mars 2007, puis intégré à la directive 2009/28 relative à la promotion de l'utilisation de l'énergie produite à partir de sources renouvelables(25).

L'objectif de 20 % pour 2020 est un objectif de dimension européenne, en parallèle chaque État s'est vu imposer des objectifs adaptés à son potentiel énergétique et à ses capacités économiques ; s'agissant de la France, il faudra – l'objectif étant impératif – faire évoluer le taux de consommation d'énergie renouvelable de 10,3 % en 2005 à 23 % en 2020.

Remarque

La fixation d'objectifs quantitatifs en matière de valorisation énergétique des déchets d'emballages est aussi une façon de peser sur la production d'énergie renouvelable en général. L'article 6 de la directive 94/62 du 20 décembre 1994 œuvre à cette fin en demandant aux États membres d'accroître progressivement, et sur la base de paramètres chiffrés cette valorisation. Son paragraphe 1 prescrit de prendre « les mesures nécessaires pour atteindre les objectifs suivants sur l'ensemble de leur territoire : a) au plus tard le 30 juin 2001, entre 50 % au minimum et 65 % au maximum en poids des déchets d'emballages seront valorisés ou incinérés dans des installations d'incinération des déchets avec valorisation énergétique ; b) au plus tard le 31 décembre 2008, 60 % au minimum en poids des déchets d'emballages seront valorisés ou incinérés dans des installations d'incinération des déchets avec valorisation énergétique ». Ainsi d'autre part, son paragraphe 2 indique que « s'il y a lieu, les États membres encouragent la valorisation énergétique quand elle s'avère préférable au recyclage pour des raisons environnementales et avec un rapport coûts-bénéfices favorable ».

§2. Portée des quotas

Les quotas ont été longtemps principalement indicatifs, mais ils tendent à devenir de plus en plus souvent impératifs.

I. Les quotas non impératifs

A. Les textes européens

1. Quotas de consommation d'énergie renouvelable en général

L'ambition européenne de porter à 12 % en 2010 la part des énergies renouvelables dans la consommation d'énergie finale trouvait sa principale limite dans la portée non décisionnelle de ce taux. Cette caractéristique tenait d'abord à l'absence de caractère normatif du texte qui en fit primitivement mention : le livre blanc de la Commission de 1997, qui était un document purement informatif. Ensuite, et quand bien même ce chiffre de 12 % fut *a posteriori* validé par la directive électricité renouvelable, il y était cependant qualifié d'« objectif indicatif global »(26). Au final, ce quota n'était donc rien de plus qu'une sorte de chiffre idéal. Les États ne s'y sont d'ailleurs pas trompés, s'estimant diversement liés par cette disposition. Certains ont choisi d'en tenir compte : par exemple, l'Espagne reprit cet objectif dès 1997, l'Allemagne dès 2000, avec sa loi sur la priorité aux énergies renouvelables (EEG), se fixa pour le moyen terme des quotas très ambitieux (20 % d'énergies renouvelables toutes confondues pour 2020 et 45 % en 2030, 12,5 % d'électricité renouvelable en 2010 et un minimum de 20 % en 2020), d'autres lui ont substitué un objectif plus adapté au contexte national(27).

2. Quotas sectoriels

La première catégorie d'énergie renouvelable concernée par des quotas spécifiques a été l'électricité de source renouvelable. Alors que le Parlement européen avait réclamé en la matière des

(25) Art. 3.

(26) Art. 3.4.

(27) Voir *infra* p. 469.

« cibles contraignantes et ambitieuses »[28], l'objectif retenu de 21 % de consommation d'électricité renouvelable pour 2010 n'était pas toutefois contraignant mais seulement « indicatif »[29]. En l'espèce, les États n'étaient donc nullement liés par ce chiffre mais seulement par des obligations adjacentes : fixer un objectif indicatif de consommation d'électricité renouvelable « compatible » avec les objectifs indicatifs de 12 % d'énergie renouvelable dans la consommation intérieure brute d'énergie et de 21 % d'électricité renouvelable dans la consommation globale d'électricité pour 2010[30] ; communiquer à la Commission l'état de réalisation annuelle de l'objectif. En outre, la portée du quota relatif à l'électricité renouvelable était pondéré par une disposition prévoyant qu'il pouvait être tenu compte « notamment, des facteurs climatiques susceptibles d'[en] affecter la réalisation »[31] ; si cette clause de sauvegarde semblait de nature à couvrir par exemple un épisode de sécheresse affectant la production hydroélectrique elle ne protégeait pas à l'évidence contre tous les aléas climatiques tel le caractère structurellement intermittent de la force du vent.

La seconde catégorie de quotas européens sectoriels concernait les biocarburants. À leur sujet, les seules obligations pesant sur les États membres de l'Union européenne sur le fondement de la directive de 2003 se résumaient : d'une part, à fixer pour le territoire national des objectifs compatibles avec les cadres référentiels communautaires[32], d'autre part, à adresser un rapport annuel à la Commission sur les mesures nationales mises en place et sur l'évolution des ventes de biocarburants au niveau interne. La directive 2003/30 précisait que si les objectifs nationaux indicatifs différaient des objectifs de référence fixés par la directive, l'État membre devait en apporter la justification auprès de la Commission. À cette dernière, la directive attribuait la charge de présenter régulièrement des rapports sur les progrès réalisés, et prévoyait que si les objectifs européens risquaient de ne pas être atteints pour des raisons non justifiées, la Commission devrait faire des propositions qui porteront sur des « objectifs nationaux, y compris d'éventuelles valeurs obligatoires, sous une forme appropriée »[33].

Au total, ces objectifs européens montraient le décalage existant entre la portée très limitée qui était la leur et leur présence au sein de textes juridiquement contraignants. Cette situation est cependant d'une certaine façon inhérente à la nature particulière des directives européennes, dont l'intensité normative est en effet susceptible de variations. Au cas présent, le non-respect des objectifs en cause ne pouvait déboucher que sur une coercition très relative : si la Commission, gardienne de la bonne application du traité, aurait sans doute pu poursuivre pour manquement l'État membre qui ne se serait fixé aucun objectif ou n'aurait pas instauré d'objectifs « compatibles » avec le droit communautaire (absence de transposition ou transposition incomplète), il est clair qu'elle ne pouvait attraire devant la Cour de justice de l'Union européenne l'État qui ne serait pas parvenu à atteindre à l'échéance fixée lesdits quotas. Enfin, l'absence de caractère contraignant de ces derniers ne permettait pas davantage au juge national d'imposer à l'État défaillant le respect de ces derniers, au titre du mécanisme de l'effet direct.

(28) Résolution du Parlement européen, 30 mars 2000, relative à l'électricité à partir de sources d'énergie renouvelables et au marché intérieur de l'électricité, *JOCE* 29 décembre 2000, C 378.

(29) Directive 2001/77, art. 3.

(30) Directive 2001/77, art. 3.4.

(31) Directive 2001/77, art. 3.3.

(32) Directive biocarburants, art. 3.

(33) Art. 4.

B. Les textes nationaux

Une grande prudence va imprégner aussi les lois nationales adoptées à la suite de ces premières directives. Par exemple, la loi française POPE se limitera à disposer que l'État « crée les conditions permettant de porter, conformément à nos engagements européens » la part des biocarburants sur le marché jusqu'à 5,75 % en 2008(34), ce qui semblait bien signifier que l'engagement national portait plus sur les moyens que sur les fins. Dans le même esprit, cette loi prendra soin de signaler le caractère seulement « indicatif » des objectifs de consommation d'électricité ou de chaleur renouvelables qu'elle édictait(35).

II. Les quotas impératifs

Le système des quotas procède d'une logique interventionniste nécessairement affaiblie lorsque les objectifs sont seulement indicatifs. En effet, l'efficacité d'une règle de droit qui n'énonce ni devoir ni prescription, et qui est par suite dépourvue de contrainte juridique, est nécessairement réduite. Toute évolution sur ce plan de la réglementation applicable est donc capitale.

A. Les quotas impératifs en dehors de la directive énergie renouvelable

Tout d'abord il faut distinguer à nouveau ici les objectifs européens concernant la valorisation énergétique des déchets d'emballage en raison de leur force prescriptive : les termes employés dans la directive 94/62 montrent en effet que les objectifs ici fixés ont un caractère impératif et que les États doivent les atteindre aux dates indiquées(36). Cependant, ces objectifs n'ont qu'une incidence sur la quantité d'énergie renouvelable produite et consommée, et ne fixent pas le niveau que celle-ci doit atteindre.

Ensuite, il faut aussi remarquer que les quotas européens figurant dans les premières directives européennes intéressant l'énergie renouvelable ont été parfois déclinés en droit interne dans une logique plus prescriptive. Ainsi, en Allemagne, des quotas obligatoires de production de biocarburants ont été définis à destination des industriels, tenus de réaliser un montant minimum de leurs ventes totales de carburants avec des biocarburants. Par ailleurs, les pays ayant opté pour un système de certification de la production électrique à base de sources d'énergie renouvelables (certificats verts) ont parfois imposé des quotas juridiquement contraignants, établis en pourcentages annuels de production et/ou de consommation d'électricité renouvelable. C'est le cas en Autriche, Belgique, Danemark, Royaume-Uni, Suède. Les objectifs sont en ce cas destinés aux producteurs et importateurs d'électricité(37).

B. Les quotas impératifs figurant dans la directive énergie renouvelable

C'est en effet la directive 2009/28 du 23 avril 2009 qui a apporté sur ce sujet le changement le plus important. Il s'agit du premier texte européen à réduire fortement la latitude de l'État puisqu'il impose des « objectifs contraignants nationaux »(38) de consommation d'énergie de source renouvelable pour l'horizon 2020.

---

(34) Art. 4.

(35) *Ibid.*

(36) Sur le contenu de ces quotas, voir *supra* p. 467.

(37) Voir aussi R. Baron et Y. Serret, *« Renewable energy certificates : trading intruments for the promotion of renewable energy », in Implementing Domestic Tradeable Permits. Recent Developments and Future Challenges*, OCDE, Paris, 2002, p. 120.

(38) Considérant 14.

1. Le double contenu des quotas

La directive énergie renouvelable impose aux États membres de l'Union européenne de respecter deux types d'objectifs.

Le premier correspond à des objectifs nationaux globaux portant sur la part des sources renouvelables dans la consommation d'énergie finale de chaque État. Ces objectifs ont été fixés en « cohérence » avec l'objectif européen global présent également dans la directive (20 % d'énergie produite à partir de sources renouvelables dans la consommation finale brute d'énergie de l'Union d'ici à 2020)(39), ils sont ainsi par hypothèse variables selon les États membres. Pour la France, l'objectif national global est de 23 %(40). Ainsi conçu, un tel objectif présente deux caractéristiques. D'abord, à l'instar de celui qui figurait déjà dans la directive électricité renouvelable, il établit un niveau plancher de consommation d'une forme particulière d'énergie, mais qui ne peut évidemment pas rester sans impact sur la production en cause, laquelle devra en effet forcément s'adapter à cette intensification de la consommation. Ensuite, et cette fois de façon dissonante par rapport à l'approche suivie dans les directives précédentes, l'objectif est dit « global » : il ne fixe donc plus d'objectif spécifique pour l'électricité de source renouvelable, ou le cas échéant pour la chaleur ou le froid d'origine renouvelable, considérant certainement que les États sont les mieux placés pour choisir les énergies sur lesquelles il faut porter l'effort pour atteindre l'objectif que l'Union leur assigne(41).

Remarque

Chaque État membre s'est vu imposer une trajectoire identique, soit une augmentation de la part d'énergie renouvelable consommée de 5,5 % par rapport aux niveaux atteints en 2005. La part restante est donc une variable d'ajustement calculée en fonction du PIB par habitant.

Les autorités françaises ont estimé l'impact de l'objectif de consommation d'énergie de source renouvelable de la directive 2009/28 sur l'offre française de production : il suppose « d'augmenter de 20 millions de tonnes équivalent pétrole la production annuelle d'énergies renouvelables d'ici à 2020, en portant celle-ci à 37 millions de tonnes équivalent pétrole » (voir loi n° 2009-967 du 3 août 2009 dite « Grenelle 1 », art. 19 II.).

La directive énergie renouvelable contient une autre catégorie d'objectif impératif, cette fois propre au secteur des transports, renouant donc au moins partiellement avec la logique des objectifs sectoriels : en l'occurrence la contribution de l'énergie de source renouvelable dans le secteur des transports doit atteindre en 2020 au moins 10 % de la consommation finale d'énergie(42).

2. La double nature des obligations pesant sur les autorités nationales

Toute directive de l'Union européenne suppose que chacun des États membres mette son droit national en conformité avec les objectifs et les dispositions qu'elle contient. La situation découlant pour les États destinataires de la directive énergie renouvelable est relativement complexe, en ce qu'elle fait naître dans le chef des États deux types de contraintes.

a. L'obligation liée à la transposition de la directive

Nécessairement, la directive énergie renouvelable ne fait pas échapper les États membres à la l'opération « traditionnelle » dite de transposition en droit interne. Comme il est d'usage, cette

(39) Art. 3.1.

(40) Art. 3 et annexe I.

(41) Sur cette logique de subsidiarité, voir aussi *supra* p. 414 et s.

(42) Art. 3.4.

opération est au reste mentionnée par la directive elle-même[(43)]. Cette transposition est censée garantir que la substance du texte de la directive est appliquée en droit national. Elle est habituellement entendue comme correspondant à un rapport de « compatibilité » entre le droit national et le but fixé par la directive, sans préjudice de l'existence éventuelle au sein de celle-ci de dispositions plus précises impliquant un rapport de « conformité »[(44)].

De ce point de vue, l'adaptation du droit français à la directive énergie renouvelable a été effectuée en tenant compte de son intensité normative variable. En premier lieu, cette démarche impliquait d'inscrire dans le droit français les objectifs issus de ce texte et leur échéance, ce qui a été fait, d'abord avec la loi n° 2009-967 (« Grenelle 1 ») qui a prévu qu'« afin de porter à au moins 23 % en 2020 la part des énergies renouvelables dans la consommation d'énergie finale, [...] l'État [en] favorisera le développement »[(45)], puis sur le fondement de la loi n° 2011-12 du 5 janvier 2011 autorisant le gouvernement à prendre par ordonnance les dispositions législatives nécessaires à sa transposition[(46)], enfin par l'ordonnance n° 2011-1105 du 14 septembre 2011[(47)] (celle-ci dispose que « l'État crée les conditions pour que la part de l'énergie produite à partir de sources renouvelables dans tous les modes de transport en 2020 soit égale à au moins 10 % de la consommation finale d'énergie dans le secteur des transports »[(48)]). Mais en second lieu la directive supposait aussi que soient transcrits en droit interne celles de ses dispositions plus précises : à cet effet, l'ordonnance de 2011 susmentionnée, d'une part, a modifié les dispositions du code de l'énergie relatives aux garanties d'origine[(49)], d'autre part, a retenu que « seuls sont pris en compte les biocarburants qui satisfont à des "critères de durabilité" pour déterminer la contribution de ces biocarburants à la réalisation des objectifs nationaux de développement des énergies renouvelables dans le secteur des transports, d'augmentation de la part de ces énergies renouvelables dans la consommation totale d'énergie et de réduction des émissions de gaz à effet de serre résultant de l'utilisation de carburants »[(50)].

Les contraintes résultant de l'exercice de ce pouvoir de transposition sont connues : les autorités nationales sont tenues de faire en sorte que les mesures nationales assurent une application fidèle et exhaustive de la directive. Sur ce plan, l'effort de la France évalué à l'expiration de la période de transposition a été jugé insuffisant par la Commission.

Remarque

En novembre 2011, la gardienne des traités a adressé à la France (ainsi qu'à la République tchèque) un avis motivé pointant les défaillances du dispositif juridique français en matière d'accès de l'électricité renouvelable aux réseaux et de critères de durabilité pour les biocarburants, voir S. Fabrégat, « La France rappelée à l'ordre par l'UE pour transposition incomplète de la directive sur les énergies renouvelables », Actu-environnement.com, 24 novembre 2011.

b. L'obligation liée à l'application de la directive

Il faut disjoindre l'obligation de transposition de la directive énergie renouvelable décrite ci-avant de celle consistant pour chaque État membre à parvenir, à l'échéance prévue (2020), aux obliga-

(43) Directive 2009/28, art. 27 : chaque État doit mettre « en vigueur les dispositions législatives, réglementaires et administratives nécessaires pour se conformer à la [...] directive, le 5 décembre 2010 au plus tard ».

(44) D. Simon, *La Directive européenne*, Dalloz, 1997, p. 50.

(45) Art. 19. II, auquel renvoie l'article L. 100-4 du code de l'énergie relatif aux objectifs de la politique énergétique.

(46) Loi portant diverses dispositions d'adaptation de la législation au droit de l'Union européenne.

(47) Ordonnance portant transposition des directives 2009/28 et 2009/30 du Parlement européen et du Conseil du 23 avril 2009 dans le domaine des énergies renouvelables et des biocarburants.

(48) C. énergie, art. L. 641-6.

(49) C. énergie, art. L. 314-14 et L. 314-15.

(50) C. énergie, art. L. 661-2.

tions quantitatives de consommation d'énergie finale que le même texte comporte. Il s'agit là en effet d'une contrainte distincte, qui ne consiste plus pour chaque État concerné à établir un dispositif juridique assurant la transcription des règles fixées par la directive en droit interne mais à réaliser *stricto sensu* la performance de consommation d'énergie renouvelable et de carburants de sources renouvelables dans les transports qu'elle contient, au terme prévu. Nécessairement il y aura donc une évaluation ultérieure de l'effort fourni par chaque État membre sur le sujet, du fait même que les quotas de consommation sont désormais impératifs. À l'échéance prévue (fin 2020), un État membre qui n'aurait pas atteint le niveau de consommation qui lui a été attribué par la directive 2009/28 doit être réputé se trouver en situation de manquement aux obligations découlant de celle-ci.

Remarque

On rappellera que la Commission peut déclencher la procédure du recours en manquement lorsqu'elle « estime qu'un État membre a manqué à une des obligations qui lui incombent en vertu des traités » (TFUE, art. 258).

La qualification de la réalisation des objectifs fixés par la directive 2009/28 devrait être facilitée par l'application du règlement 1099/2008 du Parlement européen et du Conseil du 22 octobre 2008 concernant les statistiques de l'énergie. Ce texte met en place un cadre commun pour la collecte et l'établissement de statistiques européennes sur la production, l'importation, la transformation et la consommation d'énergie, en particulier de l'énergie renouvelable (art. 9).

Section 2

Les plans

Les objectifs généraux sont souvent déclinés en objectifs spécifiques, qui peuvent varier en fonction des filières de production ou des territoires concernés.

§1. Les objectifs par filières de production

Les pouvoirs publics utilisent également le système des quotas dans le cadre d'actions visant à développer, selon les cas, une ou plusieurs filières de production d'énergie renouvelable.

I. Les actions destinées à plusieurs filières de production

A. Les initiatives européennes

La campagne européenne pour le décollage des sources d'énergie renouvelables (2000-2003) était un document prospectif assurant la promotion des énergies renouvelables à l'échelle de l'Union européenne[51], reprenant et appliquant le principe des objectifs indicatifs à cinq secteurs spécifiques. Étaient visés : 1 million de systèmes photovoltaïques installés (destinés pour moitié au marché intérieur et pour l'autre moitié à l'exportation), 15 millions de mètres carrés de collecteurs de chaleur solaire, 10 000 MW de production éolienne, 10 000 MW_{th}, produits par des sites de cogénération utilisant la biomasse comme combustible primaire, 1 million de foyers alimentés par la biomasse, 1 000 MW générés par des installations de biogaz, enfin 5 millions de tonnes de biocarburants liquides.

(51) Voir *supra* p. 403.

B. Les initiatives nationales

La fixation d'objectifs sectoriels de production et/ou consommation d'énergie renouvelable incombe en France aux autorités administratives. En effet, l'article 23 II. de la loi « Grenelle 2 » a certes inscrit dans le marbre de la loi l'objectif européen global de 23 % de consommation intérieure d'énergie renouvelable pour 2020, mais il n'a pas n'apporté plus de précisions, se bornant à indiquer que « des objectifs intermédiaires pour chacune des filières [...] [seront] fixés en 2009 » et qu'un bilan sera « réalisé sur cette base en 2012 ».

Remarque

Certains parlementaires avaient émis le souhait que la loi « Grenelle 2 » fixe elle-même les objectifs par filières, notamment pour l'éolien terrestre, afin d'en accentuer la force juridique, mais le Gouvernement n'a pas retenu les amendements présentés en ce sens.

Le « Plan de développement des énergies renouvelables (50 mesures pour un développement des énergies renouvelables à haute qualité environnementale) » présenté par le ministre de l'Écologie en novembre 2008 est antérieur aux lois « Grenelle »(52). Destiné à l'ensemble des filières de production, il a annoncé un « changement complet d'échelle », soit le « doublement » de la production d'énergie renouvelable, en particulier la multiplication par deux de la production de bois-énergie, par six de celle de la géothermie, par douze de celle des réseaux de chaleur ou encore par quatre-cents de celle des panneaux solaires photovoltaïques.

L'opération de planification de la production d'énergie renouvelable à l'échelle nationale s'effectue principalement cependant par l'intermédiaire de la programmation pluriannuelle des investissements (PPI). Cette dernière n'est pas, comme son nom l'indique, propre à l'énergie de source renouvelable : elle permet plus largement au ministre de l'Industrie d'orienter les investissements des opérateurs dans une perspective de long terme. Elle fut d'ailleurs créée – par la loi n° 2000-108 du 10 février 2000 relative au service public de l'électricité – à une époque où il n'existait pas d'objectifs chiffrés de consommation de l'énergie renouvelable. La PPI se matérialise par des arrêtés ministériels établissant des objectifs en matière de répartition des capacités de production par source d'énergie primaire, par technique de production et par zones géographiques. Jusqu'à 2009, ces arrêtés avaient tous été adoptés par le ministre de l'Industrie(53), la version réactualisée des textes y relatifs évoque de façon plus floue son élaboration par « l'autorité administrative », à la lumière sans doute de l'extension des prérogatives du ministre de l'Écologie vers le périmètre de l'énergie(54).

Remarque

La loi « Grenelle 2 » avait prévu que la PPI soit adoptée après « avis » du Parlement, mais cette disposition a été abrogée par l'ordonnance n° 2011-504 du 9 mai 2011 portant codification de la partie législative du code de l'énergie.

Les deux derniers arrêtés portant PPI en date du 15 décembre 2009 ont été effectivement adoptés par le ministre de l'Écologie, et par lui seul. L'un est relatif à la programmation pluriannuelle des investissements de production d'électricité, l'autre à celle de la chaleur, alors que ceux qui les avaient précédés portaient exclusivement sur l'électricité. Cette évolution a été voulue par la loi POPE, qui a consacré le principe d'une PPI chaleur, laquelle n'est cependant pas maintenue dans le cadre de la partie législative actuelle du code de l'énergie. La PPI est très instructive en ce qu'elle révèle de la transformation progressive de la politique énergétique de la Nation, dont les

(52) Plan disponible à l'adresse suivante : www.developpement-durable.gouv.fr.

(53) Arrêté 7 mars 2003, arrêté 7 juillet 2006.

(54) C. énergie, art. L. 141-1.

dimensions ne sont notamment plus seulement d'ordre économique (sécurité d'approvisionnement) mais aussi d'ordre environnemental (production d'une énergie moins polluante). À ce titre, les arrêtés PPI identifient les investissements souhaitables dans les domaines de la production d'énergie électrique, et, pour ceux de 2009, également de la production d'énergie calorifique, lorsqu'elles sont fondées notamment sur des ressources renouvelables, et les corrèlent aux différents rythmes d'évolution de la consommation de ces énergies tels qu'imposés par le droit de l'Union européenne ; dans le même esprit encore, l'arrêté PPI électricité précise par exemple que l'objectif concernant la cogénération est de développer celle-ci « à partir de sources d'énergie renouvelables, notamment la biomasse »[55]. Tous ces arrêtés formulent des objectifs en termes de puissance installée. Ces objectifs concernent quasiment toutes les filières et tous les secteurs.

Remarque

La PPI électricité s'appuie sur le « bilan prévisionnel d'équilibre entre l'offre et la demande d'électricité » que doit impérativement réaliser le gestionnaire du réseau de transport d'électricité (C. énergie, art. L. 141-1).

La PPI 2009 a fixé des objectifs de puissance installée pour les secteurs de l'électricité et de la chaleur de source renouvelable, pour l'échéance 2012 et à l'échéance 2020.

Pour l'électricité :

• au 31 décembre 2012 :
– Solaire photovoltaïque : 1 100 MW
– Biomasse : 520 MW
– Énergies éolienne et marines : 11 500 MW, dont 10 500 d'éolien terrestre et 1 000 MW pour l'éolien en mer et les autres énergies marines
– Hydroélectrique : 3 000 MW

• au 31 décembre 2020 :
– Solaire photovoltaïque : 5 400 MW
– Biomasse : 2 300 MW
– Énergies éolienne et marines : 25 000 MW
– Hydroélectricité : 3 000 MW

Pour la chaleur :

• au 31 décembre 2012 :
– Bois individuel : 7 400 ktep (milliers de tonnes équivalent pétrole) (7,3 millions de logements)
– Biomasse : 2 500 ktep
– Géothermie : 640 ktep
– Pompes à chaleur individuelles : 1 200 ktep
– Solaire thermique : 185 ktep
– Filière UIOM et déchets de bois : 470 ktep
– Biogaz : 60 ktep

• au 31 décembre 2020 :
– Bois individuel : 7 400 ktep (9 millions de logements)
– Biomasse : 5 200 ktep
– Géothermie 750 ktep
– Pompes à chaleur individuelles : 1 600 ktep
– Solaire thermique : 917 ktep
– Filière UIOM et déchets de bois : 900 ktep
– Biogaz : 555 ktep

En ce qui concerne le gaz, la loi n° 2003-8 relative aux marchés du gaz et de l'électricité et au service public de l'énergie prévoyait l'adoption d'un document prospectif, baptisé ici plan indicatif pluriannuel (PIP), comportant notamment une prévision de croissance de la demande et sa répartition géographique ou encore une description des principaux investissements en matière d'infras-

(55) Art. 4.

tructures gazières[56]. La philosophie de ce plan diffère toutefois de celle appliquée dans les domaines de l'électricité et de la chaleur, les investissements gaziers ne faisant pas l'objet d'une programmation unilatérale de l'État mais étant en réalité laissés à la libre appréciation des opérateurs gaziers. On relève toutefois que le rapport portant PIP adopté en juin 2009 fait lui-même sienne la problématique du développement de l'énergie renouvelable. Il confirme en particulier la croissance de la demande de cette catégorie d'énergie et son impact inéluctable sur l'ensemble de l'économie gazière – cette évolution est qualifiée notamment de « dimension structurante des scénarios d'évolution de la demande en gaz naturel »[57] ; il valide par ailleurs le scénario de l'injection du biogaz brut dans les réseaux de gaz naturel en suite de l'avis de l'AFSSET d'octobre 2008.

Enfin, il sera fait ici à nouveau mention du plan d'action national (PAN) qui peut apparaître comme l'énième document de mise en perspective *ratione temporis* du projet de développement de la consommation d'énergie renouvelable, s'il n'était imposé par la directive énergie renouvelable elle-même. Ce plan doit en effet être élaboré par chaque État membre « en tenant compte des effets d'autres mesures liées à l'efficacité énergétique sur la consommation finale d'énergie », et doit contenir l'ensemble des moyens que l'État concerné entend déployer pour satisfaire son objectif national global et l'objectif européen sectoriel concernant la consommation d'énergie renouvelable dans les transports[58]. Le PAN français a été publié le 24 août 2010 ; pour les secteurs de l'électricité et de la chaleur, il reprend l'essentiel des arrêtés PPI de 2009, qu'il complète utilement en précisant les ambitions de la France dans le secteur des carburants renouvelables, secteur non couvert par la PPI.

Remarque

Le PAN reprend l'objectif européen de consommation de 10 % d'énergie renouvelable dans les transports d'ici 2020. Il indique à ce propos que dans le bouquet d'énergies sollicitées pour atteindre cet objectif, les biocarburants de première génération occuperont dans un premier temps la première place – ils seront la « source principale d'énergie renouvelable jusqu'en 2012 », que ceux de seconde génération issus de déchets et de résidus seront surtout « disponibles à partir du milieu des années 2010 », cependant que ceux de seconde génération ligno-cellulosiques ne le seront qu'en 2017.

II. Les actions destinées à une filière de production

On peut aussi parler d'actions thématiques visant le développement sinon la création d'une filière industrielle. Ce type d'approche n'est pas nouveau : durant la Seconde Guerre mondiale, le contexte de pénurie des hydrocarbures a conduit les États à développer la filière éthanol[59], puis, après ce conflit, la France finança avec l'aide notamment du plan Marshall un important programme de développement hydraulique[60]. Plus contemporaine est la logique consistant à adosser des programmes à des objectifs généraux d'utilisation des sources d'énergie renouvelables, fixés en amont, afin de favoriser l'émergence de filières ou d'en consolider la situation. Ces actions débouchent sur des programmes sectoriels, la plupart du temps initiés par le ministère de l'Industrie, accompagnés de primes (versées par l'ADEME et/ou les collectivités locales), de campagnes de communication

(56) Art. 18.

(57) Voir DGEC-ministère de l'Écologie, Plan indicatif pluriannuel juin 2009, http ://www.developpement-durable.gouv.fr/IMG/pdf/pipgaz.pdf.

(58) Directive 2009/28, art. 4.

(59) A. Mathieu, « Les biocarburants face aux objectifs et aux contraintes des politiques énergétiques et agricoles », Université de Montpellier, *Cahiers du CREDEN* 24 janvier 2005, p. 4.

(60) G. Maurin, *Histoire du service de la production hydraulique*, 1946-1992, Paris, AHEF, 1995 ; D. Varaschin, « État et électricité en France en perspective historique », journée d'études 29 novembre 2002 organisée par le MINEFI.

(DVD, guides pratiques, affichages, publicité audiovisuelle, labellisation...) et, dans certains cas, d'une certification des installateurs et/ou des équipements. Quatre filières ont bénéficié/bénéficient de cette forme de soutien plutôt généreuse.

A. Les objectifs de développement de la filière biomasse

Le programme national de lutte contre le changement climatique (PNLCC) de 2000 avait fixé un objectif de récupération et de valorisation de 80 % du biogaz de décharge à l'horizon 2010 (ce qui correspondait environ à 3,5 TW/h) ; il proposait en outre, pour la même échéance, un objectif de 2 à 5 TW/h pour la valorisation énergétique des déchets des industries agroalimentaires et de l'agriculture.

Ensuite, la filière biomasse bois-énergie a fait l'objet de deux programmes de développement prévisionnels particuliers. En premier, le plan bois-énergie et développement local (PBEDL) (1994-1999) supervisé par l'ADEME : ne concernant que l'utilisation du bois pour des usages collectifs et limité à certaines zones géographiques (13 régions et départements sélectionnés suite à un appel à propositions), il visait par des subventions aux études (de 70 à 100 %) et aux investissements (de 30 à 50 %) une production de 225 MW à partir de chaufferies à bois, devant permettre d'économiser 70 000 tep et créer entre 250 et 500 emplois ; il fut doté de 15 millions de francs (2,29 millions d'euros) par an. En second, le plan bois-énergie (2000-2006) : il avait une portée plus ambitieuse puisqu'il concernait l'ensemble du territoire national y compris les DOM et concernait le développement des chaufferies à bois urbaines et industrielles mais aussi les usages individuels du bois de feu ; il fut également plus généreusement pourvu (10,06 millions d'euros par an). L'objectif était ici l'installation de 1 000 nouvelles chaufferies industrielles ou collectives, une augmentation de 1 000 MW de la puissance installée, la production de 0,3 Mtep supplémentaires, et la création d'un millier d'emplois dans les filières d'approvisionnement et d'entretien des chaufferies et chaudières à bois. Les objectifs de ce plan, dont l'efficacité a été renforcée par des dispositifs fiscaux, ont été atteints.

Enfin, un plan « Terre énergie » fut annoncé au titre des orientations stratégiques prévues par la loi POPE de 2005[(61)], tenant compte de l'apport de la biomasse pour la production de chaleur et de biocarburants. Mis en place par le ministre de l'Industrie en collaboration avec le ministère de l'Agriculture, il devait conduire à une économie d'importations d'au moins 10 millions de tep en 2010. Pour y parvenir, le gouvernement avait conçu deux plans spécifiques : un plan biocarburants incluant toutes les actions en faveur de la production, de la promotion et de la diffusion des biocarburants dans les transports (défiscalisation, autorisation de production...), et un plan biocombustibles élaboré par le délégué interministériel pour la valorisation de la biomasse, devant porter la part de la chaleur finale consommée en France de 10 à 15 % dans la perspective de l'objectif global d'augmentation de 50 % de la production de chaleur renouvelable à l'horizon 2010 et multiplier par 3 la production d'électricité à partir de biomasse. Un tel développement industriel massif des productions végétales énergétiques pose cependant la question de la conciliation d'une telle démarche avec l'exigence d'une agriculture plus durable et la nécessaire satisfaction de la demande en produits alimentaires.

B. Les objectifs de développement de la filière éolienne

Avec la loi POPE de 2005, les pouvoirs publics français ont cherché à maîtriser le développement de l'éolien dans l'espace[(62)], ce qui ne veut pas dire qu'ils n'étaient plus favorables à une augmentation de la puissance éolienne installée dans le temps. Sur ce dernier point, la volonté publique est en réalité bien ancrée, ainsi que l'atteste le schéma de services collectifs de l'énergie (SSCE) issu

(61) Art. 13.

(62) Voir *supra* p. 204 et s.

du décret n° 2002-560 du 18 avril 2002, qui indique qu'une part prépondérante de l'augmentation de la part des sources d'énergie renouvelable dans la consommation « devrait être prise par l'énergie éolienne, qui constitue la technique la plus mûre pour y parvenir », cette ambition se limitant toutefois à l'éolien raccordé au réseau électrique.

Plus concrètement, dès janvier 2000, le programme national de lutte contre le changement climatique (PNLCC) avait fixé l'objectif d'une puissance installée de 3 000 MW d'éolien à l'horizon 2010, ce qui correspondait à une production de 9 TW/h par an (environ 2 % de la consommation électrique nationale). Puis, en décembre 2000, le programme national d'amélioration de l'efficacité énergétique (PNAEE) haussa l'objectif à 5 000 MW. Le programme d'action ÉOLE lancé en 1996, précurseur des obligations d'achat prévues par la loi n° 2000-108(63), avait anticipé ces orientations générales en envisageant d'installer en France un parc éolien d'une puissance de 250 à 500 MW, alors qu'il était à l'époque d'environ 4 MW. ÉOLE s'appuyait sur un système précurseur de garantie d'achat par EDF de l'énergie produite(64) mais se heurta dans les faits à une forte opposition des associations de protection de l'environnement, et ne donna pas les résultats espérés (55 projets représentant une capacité de 361 MW ont été retenus dans le cadre de 4 appels à propositions de mars 1997 à janvier 2000 ; au final, au 1er janvier 2002, 16 fermes éoliennes totalisant une puissance de 66 MW étaient en fonctionnement). Il s'arrêta en 2000, relayé par le nouveau système d'obligation d'achat de l'article 10 de la loi du 10 février 2000, non réservé au demeurant à l'électricité d'origine éolienne.

C. Les objectifs de développement de la filière solaire

Compte tenu des conditions d'ensoleillement privilégiées des DOM, la production d'énergie solaire y est particulièrement pertinente. Cette situation a conduit à élaborer en 1986 un plan spécifique : le programme « 20 000 chauffe-eau solaires dans les DOM », qui a permis de subventionner l'eau chaude issue du solaire thermique afin de faire baisser son prix à un niveau proche de son prix de revient local.

Deux plans successifs ont poursuivi l'objectif d'une relance des applications du solaire thermique en métropole. D'abord, HÉLIOS 2006 : lancé en 2000 par l'ADEME en partenariat avec les régions, il visait l'installation de 250 000 m^2 de capteurs solaires cumulés sur 7 ans. HÉLIOS a été remplacé par le plan Soleil (2000-2006), qui avait au départ une portée territoriale réduite (5 régions du Sud de la France), puis a associé à partir de 2002 l'ensemble des régions françaises métropolitaines ; ce plan visait à diffuser trois applications solaires thermiques (le chauffe-eau solaire individuel : CESI ; le système solaire combiné : SSC – production d'eau chaude sanitaire et chauffage ; les systèmes de production d'eau chaude collective) sur la base d'objectifs chiffrés, par exemple l'installation cumulée de 550 000 m^2 de panneaux solaires thermiques à l'horizon 2006(65).

Un plan « Face Sud » avait été annoncé par la loi POPE de 2005, dans le but de promouvoir et diffuser les énergies renouvelables dans le bâtiment, tant sur le plan thermique qu'électrique, couvrant donc aussi le solaire photovoltaïque. Aux termes de la loi, ce plan devait assurer « la mobilisation des moyens nécessaires pour atteindre un objectif d'installation de 200 000 chauffe-eau solaires et de 50 000 toits solaires par an en 2010 »(66).

(63) Circ. n° 68, 22 février 1999, relative au programme ÉOLE (non publiée).

(64) Voir *infra* p. 488.

(65) Pour un bilan, J.-L. Bal, « Plan Soleil : les enseignements des premiers résultats prometteurs », *Revue de l'énergie* 2003, n° 548, p. 438.

(66) Art. 12.

D. Les objectifs de développement de la filière hydroélectrique

Un plan de relance de l'hydroélectricité a été présenté par le ministre de l'Écologie en juillet 2008, près d'un siècle après le lancement de la filière effectué à partir de la loi hydroélectrique du 16 octobre 1919. L'adoption de ce plan est avant tout liée au fait que la très grande majorité des concessions hydroélectriques arrivaient à échéance. À ce titre ce plan, qui sera par la suite affiné par un certain nombre de dispositions réglementaires(67), tente en particulier de mieux intégrer les impératifs de protection de l'environnement et de gestion des risques dans le droit des concessions d'énergie hydraulique(68).

§2. Les objectifs territoriaux

Élaborer des prévisions quantitatives en matière d'énergies renouvelables pour les niveaux régional et local est logique, les gisements sur lesquels elles s'appuient étant la plupart du temps situés à proximité. En outre, l'élaboration d'un schéma prévisionnel territorial peut être l'occasion de réaliser une cartographie des sources renouvelables d'énergie dans la perspective d'une maîtrise de l'approvisionnement énergétique. L'article 19 de la loi « Grenelle 1 » généralise en quelque sorte ces idées en déclarant que le développement des énergies renouvelables sera en France facilité « par le recours aux différents échelons territoriaux, à la planification [...] ».

Remarque

La publication par la Commission européenne d'une carte indiquant le potentiel énergétique solaire des régions européennes constitue une aide précieuse pour les territoires qui veulent s'engager à augmenter la part des énergies-renouvelables dans leur consommation énergétique (voir http://re.jrc.ec.europa.eu/pvgis/).

De nombreuses régions d'Europe se sont d'ores et déjà engagées dans cette voie. Notamment, un nombre croissant de régions insulaires ont un objectif à long terme d'autonomie énergétique fondée sur la valorisation des ressources locales renouvelables. Certaines ont donc décidé de s'affranchir de toute énergie fossile : l'île de Gotland (Suède) d'ici 2025, le land autrichien de Voralberg d'ici 2050. En France, pays de tradition centralisatrice, la politique énergétique, y compris dans sa dimension planificatrice, s'appuie principalement sur l'État. Ainsi est-ce au niveau étatique qu'a été décidé le principe de l'« autonomie énergétique » de l'outre-mer, qui implique de parvenir « dès 2020, [à] un objectif de 30 % dans la consommation finale à Mayotte et de 50 % au minimum dans les autres collectivités »(69). Il est surtout intéressant de constater que le législateur a institué des outils de planification permettant d'encourager le recours aux énergies renouvelables dans certains territoires, dans le cadre de démarches unilatérales ou contractuelles.

I. Les démarches unilatérales

La dimension territoriale de la politique de l'énergie est mise en œuvre soit par l'État soit par les territoires eux-mêmes.

(67) Voir décret n° 2008-1009 du 26 septembre 2009 modifiant le décret n° 94-894 du 13 octobre 1994 relatif à la concession et à la déclaration d'utilité publique des ouvrages utilisant l'énergie hydraulique, décret n° 99-872 du 11 octobre 1999 approuvant le cahier des charges type des entreprises hydrauliques concédées.

(68) Voir *supra* p. 265 et s.

(69) Loi n° 2009-967 du 3 août 2009, « Grenelle 1 », art. 56, voir aussi arrêté du 15 décembre 2009 portant programmation pluriannuelle des investissements d'électricité, art. 5.

A. Les démarches relevant de la compétence de l'État

L'État définit et met en œuvre la politique énergétique française. À ce titre, il intervient de différentes manières pour fixer sur certaines parties du territoire des objectifs de développement des énergies renouvelables.

1. La définition des zones propices pour la filière éolienne maritime

Dans l'attente du développement de modèles flottants susceptibles d'être implantés relativement loin des côtes, les éoliennes en mer qui seront mises en place en France dans un proche avenir le seront sur le domaine public maritime ou en zone économique exclusive (ZEE). Or, d'une part, suivant l'article L. 2111-4 du code général de la propriété des personnes publiques, le domaine public maritime appartient à l'État, cependant que, d'autre part, si la ZEE n'est pas la propriété de l'État elle est à tout le moins administrée par ce dernier, qui y exerce des « droits souverains » en matière d'exploration et d'exploitation des ressources et « juridiction » en ce qui concerne la mise en place et l'utilisation d'îles artificielles, d'installations ou encore d'ouvrages(70).

Sur ces fondements, l'État détient une compétence exclusive pour gérer l'espace maritime, plus précisément pour décider de l'accès à l'activité d'exploitation des sources d'énergie renouvelables situées sur les territoires susmentionnés(71). Par là-même l'État est seul à juger de l'opportunité de développer de tels projets sur les espaces considérés. Au reste, l'éolien en mer a été explicitement écarté de la technique spécifique de programmation territoriale que constituent les schémas régionaux du climat, de l'air et de l'énergie (SRCAE)(72). Le résultat en est, plus concrètement, que c'est l'État qui, en 2011, a défini les cinq zones maritimes qu'il a jugées pour l'heure « propices » à l'accueil d'installations éoliennes.

Remarque

L'espace littoral est à distinguer de l'espace maritime. Les parties de territoire appartenant à l'espace littoral peuvent être privées, ou bien appartenir au domaine public, le plus souvent en ce cas à celui des communes littorales.

La loi « Grenelle 2 » a exonéré l'éolien en mer de la législation applicable aux zones de développement éolien (ZDE). De la sorte, la définition des zones « propices » aux éoliennes *offshore* échappe au processus de concertation de droit commun prévu par la législation applicable à ces ZDE. Afin d'y remédier, le ministre de l'Écologie a toutefois lancé en mars 2009 une concertation pour réfléchir à l'implantation desdites installations sur chacune des façades maritimes françaises. Les 5 zones « propices » ont été sélectionnées au terme de ce processus (Saint-Brieuc, Le Tréport, Fécamp, Courseulles-sur-Mer, Saint-Nazaire).

La loi « Grenelle 2 » confirme d'une certaine façon la mainmise de l'État sur ces territoires maritimes, en prévoyant l'élaboration par l'État d'une « stratégie nationale pour la mer et le littoral », qui doit constituer « le cadre de référence pour la protection du milieu, la valorisation des ressources marines et la gestion intégrée et concertée des activités liées à la mer et au littoral (voir loi n° 2010-788, art. 166, codifié C. env. art. L. 219-1).

2. Le schéma de services collectifs de l'énergie (SSCE)

Cette catégorie spécifique de schéma est régie par l'article 22 de la loi n° 99-533 du 25 juin 1999 d'orientation pour l'aménagement et le développement durable modifiant la loi n° 95-115 du 4 février 1995 d'orientation pour l'aménagement et le développement du territoire (LOADT). Ce texte instaure le principe de schémas de services collectifs pour la mise en œuvre des choix stratégiques d'aménagement et de développement du territoire(73), dont un portera sur le thème de l'énergie. Il préconise aussi la mise en place d'une politique régionale de l'énergie. L'objectif est

(70) CNUDM, art. 56.

(71) Voir *supra* p. 82 et s.

(72) Voir *infra* p. 481 et s.

(73) Pour une vue complète du sujet, voir J.-M. Pontier, *Les Schémas de services collectifs*, LGDJ, 2004.

de planifier et poser les orientations énergétiques pour chacune des régions françaises. Selon la loi, le SSCE définit « dans le cadre de la politique nationale de l'énergie, les objectifs d'exploitation des ressources locales d'énergies renouvelables [...]. À cette fin, il évalue les besoins énergétiques prévisibles des régions, leur potentiel de production énergétique, leurs gisements d'économies d'énergie et les besoins en matière de transport d'énergie. » Il détermine également les conditions dans lesquelles l'État et les collectivités territoriales favorisent des actions de « maîtrise de l'énergie ainsi que de production et d'utilisation des énergies renouvelables ». Le SSCE doit, en d'autres termes, décliner les grandes options nationales en matière énergétique « en tenant compte de la diversité des territoires dans une perspective de planification différenciée »(74).

Élaboré par l'État pour une échéance à vingt ans, et après consultation notamment des régions, l'actuel schéma de services collectifs de l'énergie (SSCE) est issu du décret n° 2002-560 du 18 avril 2002 précité. Selon ce texte, les potentiels à exploiter dans la période 2000-2010 reposent principalement sur la valorisation énergétique des déchets sous forme thermique, électrique ou par cogénération, et sur les réseaux de chaleur. Pour la décennie postérieure (2010-2020), le schéma est plus flou en raison du manque de prévisibilité des tendances à moyen terme, mais on retiendra qu'il recommande globalement un développement massif des énergies renouvelables. Ce document prévisionnel mais non décisionnel présente l'avantage d'associer les collectivités territoriales à la politique de l'énergie et de préciser les contributions de chaque région française à cette politique : il constitue en ce sens un important outil de pilotage et un cadre de référence essentiel pour l'action publique.

3. La directive territoriale d'aménagement et de développement durable (DTADD)

La loi « Grenelle 2 » a décidé de substituer aux directives territoriales d'aménagement (DTA) des directives territoriales d'aménagement et de développement durable (DTADD). Au moyen de ces dernières, l'État détient la prérogative de fixer des prescriptions d'aménagement qui peuvent porter notamment sur l'« amélioration des performances énergétiques et de réduction des émissions de gaz à effet de serre », pour des territoires présentant des « enjeux nationaux » en ce domaine(75). L'orientation ainsi donnée à ces directives autorise à penser qu'elles pourraient inclure, entre autres, d'éventuels objectifs concernant le développement des énergies renouvelables.

4. L'intégration des objectifs quantitatifs nationaux dans le cadre d'actes liés à la gestion des eaux

Dans le domaine de l'eau, la loi POPE a imposé, pour les schémas liés à la gestion des eaux (SDAGE et SAGE) la prise en compte du développement de l'hydroélectricité parmi les usages de l'eau(76). La loi fait ainsi précéder les actes relatifs à la gestion de l'eau (autorisations et concessions mais aussi SDAGE) d'un bilan énergétique évaluant les conséquences de cette production sur la lutte contre les émissions de gaz à effet de serre et corrélant la production d'électricité renouvelable aux objectifs quantitatifs nationaux.

Remarque

Cette disposition a été abrogée par l'article 6 de l'ordonnance n° 2011-504 du 9 mai 2011 portant codification de la partie législative du code de l'énergie, mais cette abrogation ne prendra effet qu'à compter de la publication des dispositions réglementaires correspondantes dudit code.

(74) Rapport au Premier ministre précédant décret 18 avril 2002.

(75) C. urb., art. L. 113-1.

(76) Art. 45, insérant un article 2-1 à la loi du 16 octobre 1919.

B. Les démarches s'inscrivant dans une logique de décentralisation

Cette fois, la planification est opérée au niveau infraétatique par et pour le territoire lui-même mais toujours, conformément à la logique de l'État unitaire, dans les conditions définies par la loi, autrement dit dans le respect des objectifs nationaux. On retrouve donc l'exigence de cohérence globale entre les différents supports de planification. Les documents dont s'agit sont élaborés au niveau local : ils relèvent soit du droit commun, soit d'un droit *sui generis*.

1. La problématique du développement des énergies renouvelables dans le cadre de la planification territoriale de droit commun

Le plan d'action national (PAN) présenté par le gouvernement français en 2010 indique que la mise au point des stratégies régionales et locales visant à répondre aux quotas issus de la directive énergie renouvelable se fera par le biais de documents de planification « stratégiques » tels les schémas régionaux du climat, de l'air et de l'énergie et les plans climat-énergie territoriaux.

a. Le schéma régional du climat, de l'air et de l'énergie (SRCAE)

C'est initialement la loi « Grenelle 1 » qui avait prévu l'élaboration dans chaque région d'un « schéma régional des énergies renouvelables » définissant par zones géographiques, sur la base des potentiels de la région et en tenant compte des objectifs nationaux, les objectifs quantitatifs et qualitatifs de la région en matière de valorisation du potentiel énergétique renouvelable et fatal de son territoire ; cette prérogative était dévolue à l'État, qui devait déterminer en particulier les zones dans lesquelles les parcs éoliens seraient préférentiellement construits[(77)]. Mais ce dispositif a été par la suite substantiellement modifié par la loi « Grenelle 2 », dans le sens d'une extension de l'objet des schémas et d'une décentralisation de leur élaboration[(78)].

Les SRCAE déclinent au niveau régional les objectifs issus du paquet énergie-climat de l'Union européenne, tout particulièrement ceux issus de la directive énergie renouvelable. C'est ainsi qu'aux termes de la loi lesdits schémas doivent établir, entre autres, « par zones géographiques, les objectifs qualitatifs et quantitatifs à atteindre en matière de valorisation du potentiel énergétique terrestre, renouvelable et de récupération [...], conformément aux objectifs issus de la législation européenne relative à l'énergie et au climat ». Le but est « de recenser l'ensemble des gisements de production d'énergie renouvelable et d'économie d'énergie en fonction de critères socioéconomiques et environnementaux et de définir en association avec les acteurs locaux (collectivités locales, entreprises, citoyens) le niveau de contribution régionale à l'atteinte des objectifs de la France »[(79)]. De façon comparable à la technique employée dans le cadre de la PPI, les objectifs ici régionaux doivent être exprimés « en puissance installée ou en tonne équivalent pétrole »[(80)].

En outre, ces schémas doivent comporter un « schéma régional éolien » (SRE) définissant, quant à lui, les parties du territoire « favorables » à l'éolien terrestre[(81)].

Le SRCAE traduit un subtil partage des rôles entre l'État et la région en matière de planification de la production d'énergie renouvelable.

(77) Loi n° 2009-967 du 3 août 2009, art. 19 III.

(78) Loi n° 2010-788 du 12 juillet 2010, art. 68 et art. 90, codifiés C. env., art. L. 222-1 à L. 222-3.

(79) Voir Plan d'action national français, 2010.

(80) C. env., art. R. 222-2 II.

(81) C. env., art. R. 222-2 IV.

Ceci s'observe en premier lieu s'agissant de ses modalités d'élaboration, qui ont été précisées par un décret du 16 juin 2011[(82)]. Le texte consacre en effet une formule d'adoption conjointe par le préfet de région et le président du conseil régional après consultation des collectivités territoriales concernées et de leurs groupements. La loi a fixé une date butoir pour leur adoption (13 juillet 2011). Pour ce qui concerne spécialement le SRE, il est par ailleurs prévu qu'à défaut de publication avant le 30 juin 2012 s'applique alors une procédure d'élaboration dérogatoire, faisant intervenir le préfet de région, et cette fois lui seul.

En second lieu, le SRCAE ne se substitue pas à la compétence étatique qui, au cas présent, est en tous les cas première sinon même exclusive. Ainsi d'une part, la compétence dévolue à la région n'est jamais en tout état de cause que subsidiaire par rapport à celle, principale, de l'État, ce que les autorités de l'État n'ont pas manqué de rappeler, dans les termes suivants : la vocation du SRCAE est « de fixer des objectifs en termes de développement des énergies renouvelables et d'amélioration de l'efficacité énergétique et non des objectifs généraux en termes de politique énergétique, ces derniers relevant de la politique nationale »[(83)]. Ainsi d'autre part, le champ matériel du volet énergétique du SRCAE est limité : il ne peut viser que le potentiel énergétique terrestre, le potentiel énergétique maritime, notamment celui issu de l'éolien en mer, étant comme on l'a vu du ressort de l'État[(84)].

L'intérêt du SRCAE n'en est pas moins réel. D'abord, un tel document permet d'avoir une vue plus précise des capacités respectives des territoires locaux à exploiter des sources d'énergie renouvelables. Ensuite, le lien explicitement établi par la loi entre ces schémas d'un côté et les objectifs quantitatifs européens et nationaux de l'autre invite à penser qu'ils constituent un élément à part entière de la dynamique de développement de l'énergie renouvelable. Mais un autre aspect des SRCAE retient aussi l'attention en raison de sa portée *a priori* moins favorable à l'essor de cette énergie : il s'agit de l'obligation d'y insérer des « objectifs qualitatifs visant à prendre en compte la préservation de l'environnement et du patrimoine ainsi qu'à limiter les conflits d'usage »[(85)], ainsi que, pour le cas particulier du schéma régional éolien, diverses contraintes, d'ordre environnemental notamment.

Remarque

Selon l'article R. 222-2 IV du code de l'environnement, le schéma régional éolien doit identifier les parties du territoire régional favorables au développement de l'énergie éolienne compte tenu « du potentiel éolien » mais aussi « des servitudes, des règles de protection des espaces naturels ainsi que du patrimoine naturel et culturel, des ensembles paysagers, des contraintes techniques et des orientations régionales »[(86)].

b. Le Plan climat-énergie territorial (PCET)

Le premier plan climat de la Nation adopté en 2004 appelait à la définition d'un document similaire par les collectivités territoriales afin qu'elles participent elles-mêmes à la lutte contre les émissions de gaz à effet de serre. L'utilité de tels plans pour le développement des énergies renouvelables, indiscutable (voir par exemple, le plan régional pour les énergies renouvelables et la lutte contre les gaz à effet de serre adopté par la région Languedoc-Roussillon en 2004), souffrait cependant à l'époque de leur caractère simplement facultatif. L'élaboration d'un plan climat-énergie territorial (PCET) est devenue une

(82) Décret n° 2011-678 relatifs aux schémas régionaux du climat, de l'air et de l'énergie. ;

(83) MEDDTL, instruction du 29 juillet 2011 relative aux schémas régionaux du climat, de l'air et de l'énergie, circulaire. legifrance.gouv.fr/pdf/2011/08/cir_33578.pdf.

(84) Voir *supra* p. 479.

(85) C. env., art. R. 222-2 II.-3°.

(86) Voir aussi *supra* p. 201.

obligation dans le cadre de la loi « Grenelle 1 », qui ne la destine toutefois qu'à certaines collectivités : les régions et la collectivité de Corse (si elles ne l'ont pas intégré dans leur SRCAE), les départements et les communes de plus de 50 000 habitants ; par ailleurs cette loi en a fixé l'échéance à la fin 2012(87).

Remarque

Les communes ou établissements publics de coopération intercommunale de moins de 50 000 habitants, les syndicats mixtes, notamment les syndicats agissant en tant qu'autorités organisatrices de la distribution publique d'électricité ainsi que les pays visés à l'article 22 de la loi n° 95-115 du 4 février 1995 d'orientation pour l'aménagement et le développement du territoire peuvent s'engager dans l'élaboration d'un PCET sans y être contraints par la loi (CGCT, art. L. 2224-34).

La loi articule les rapports entre le SRCAE et les PCET dans une logique de compatibilité(88). Sur le plan matériel, les PCET doivent décrire les mesures permettant de satisfaire les objectifs exposés dans le SRCAE, à cet effet ils comportent trois séries d'éléments : les objectifs stratégiques et opérationnels de la collectivité pour atténuer le changement climatique et s'adapter à ses effets, les actions relatives à la maîtrise de l'énergie et au développement des énergies renouvelables, un dispositif d'évaluation et de suivi des résultats. Ainsi, la logique d'inspiration européenne de planification du développement des énergies de sources renouvelables se trouve-t-elle dans sa dimension quantitative notamment quasiment généralisée à l'ensemble des territoires.

Remarque

Les modalités de cette quantification du développement des énergies renouvelables sont comparables à celles utilisées dans le cadre des SRCAE : les objectifs du PCET doivent être chiffrés « pour la filière énergie renouvelable, en puissance installée et en perspective de production annuelle » (C. env., art. R. 229-51).

L'article L. 2224-31 CGCT prévoit que chaque organisme de distribution d'électricité et de gaz tient à la disposition de chacune des autorités concédantes dont il dépend les données permettant d'élaborer et évaluer les SRCAE et les PCET.

Le décret n° 2011-1554 du 26 novembre 2011 a précisé les données en cause : consommations totales par commune et par point de livraison, territoire desservi, mode de gestion du service, etc.

2. La planification énergétique effectuée par les collectivités locales relevant d'un statut spécifique

Il n'en existe en France que deux modalités, l'une en Corse, l'autre outre-mer, trahissant la présence d'un particularisme régional lié à la situation géographique particulière des territoires concernés (insularité) ainsi qu'à leur statut globalement dérogatoire du droit commun au sein de l'État unitaire français. La notion d'affaires locales inhérente au droit de la décentralisation reste ici centrale puisque dans tous les cas de figure la planification territoriale ne peut porter que sur les ressources énergétiques locales. La question de la généralisation de ces régimes juridiques, pour l'instant particuliers, et d'une certaine façon expérimentaux, à toutes les régions françaises sinon même aux départements est aujourd'hui posée.

Remarque

Les sénateurs C. Belot et J.-M. Juilhard ont proposé de modifier l'article L. 4251-2 du code général des collectivités territoriales afin de permettre à toutes les collectivités d'élaborer et mettre en œuvre un « schéma territorial des énergies locales et de la maîtrise de l'énergie », fixant des objectifs chiffrés et définissant les moyens pour y parvenir, servant aussi à élaborer une programmation pluriannuelle des investissements de production de chaleur, enfin contribuant à la structuration de l'approvisionnement de la biomasse(89).

(87) C. env., art. L. 229-26, sur ce sujet voir A. Fourmon, « L'essor des PCET », *Gazette du Palais*, 4 juillet 2009, n° 185, p. 24.

(88) C. env., art. L. 229-26 V.

(89) Voir rapport d'information : « Énergies renouvelables et développement local : l'intelligence territoriale en action », Sénat n° 436, 28 juin 2006.

Le processus d'expérimentation fondé sur l'article 73 al. 3 de la Constitution de 1958 a conduit le législateur en 2009 à autoriser la collectivité régionale de Guadeloupe à fixer pour une durée de 2 ans des règles spécifiques notamment en matière de développement des énergies renouvelables (voir art. 69 loi n° 2009-594 relative au développement économique des outre-mer (LODEOM) et CGCT, art. LO 4435-12). Sur cette base, cette collectivité a adopté un certain nombre de normes dérogeant aux lois ou règlements nationaux, par exemple : délibération du 17 décembre 2010 relevant du domaine de la loi du conseil régional de la Guadeloupe relative aux caractéristiques des installations au sol de production d'électricité à partir de l'énergie radiative du soleil, *JO* 54 du 5 mars 2011, délibération du 17 décembre 2010 relevant du domaine du règlement du conseil régional de la Guadeloupe relative aux caractéristiques des installations au sol de production d'électricité à partir de l'énergie radiative du soleil, *JO* 54 du 5 mars 2011, délibération du 1er février 2011 relevant du domaine du règlement du conseil régional de la Guadeloupe modifiant la délibération CR/10-1371 du 17 décembre 2010 relative aux caractéristiques des installations au sol de production d'électricité à partir de l'énergie radiative du soleil, *JO* 54 du 5 mars 2011, délibération du 1er février 2011 relevant du domaine du règlement du conseil régional de la Guadeloupe modifiant la délibération CR/10-1372 du 17 décembre 2010 relative à la création d'une commission photovoltaïque-éolien et au suivi de l'évolution du raccordement des projets photovoltaïques et éoliens en Guadeloupe, *JO* 54 du 5 mars 2011.

a. Le programme énergétique régional corse

Le législateur a décidé de doter la Corse de compétences spécifiques en matière de planification énergétique : cette région peut ainsi élaborer et mettre en œuvre un programme de prospection, d'exploitation et de valorisation des ressources énergétiques locales, qui porte sur la géothermie, l'énergie solaire, l'énergie éolienne, l'énergie marémotrice, l'énergie tirée de la biomasse, l'énergie des réseaux de chaleur, enfin l'énergie hydraulique des ouvrages dont la puissance est inférieure à 8 000 kW, et participer à l'élaboration et à la mise en œuvre d'un plan tendant à couvrir les besoins et à diversifier les ressources énergétiques de l'île en concertation avec les établissements publics nationaux(90). Sur ce fondement, l'Assemblée de Corse a voté en 2001 son premier plan énergétique : en accord avec les objectifs de la programmation pluriannuelle des investissements, ce plan entendait vouloir porter la part des énergies renouvelables à près de 40 % de la production d'électricité, à l'horizon 2012. Un second a suivi en 2007(91) qui présente des objectifs à plus long terme, et retient en particulier une présence des énergies renouvelables dans le mix énergétique régional là encore supérieure à l'objectif européen.

b. Les plans énergétiques d'outre-mer

Depuis la loi du 2 août 1984(92), certaines régions d'outre-mer jouissent de compétences particulières en matière de planification et de programmation énergétique. L'actuel article L. 4433-18 du code général des collectivités territoriales tel qu'issu de l'article 50 de la loi n° 2000-1207 du 13 décembre 2000 d'orientation pour l'outre-mer a développé cette compétence : il confère aux collectivités régionales d'outre-mer (Guadeloupe, Guyane, Martinique, Réunion) le droit d'élaborer, adopter et mettre en œuvre, après concertation avec les autres collectivités territoriales, les EPCI et les producteurs intéressés, et dans le respect des principes fixés en la matière par l'État (dans la PPI et le SSCE), un plan énergétique pluriannuel de prospection et d'exploitation des énergies renouvelables et d'utilisation rationnelle de l'énergie(93). Un programme régional pour la maîtrise de l'énergie, incluant un dispositif de soutien aux énergies renouvelables, a par exemple été déployé au début des années 1990 par la Guadeloupe avec le soutien de l'ADEME.

(90) CGCT, art. L. 4423-39.1° et 2°.

(91) Plan_Énergies-Renouvelables.pdf.

(92) Art. 19.

(93) CGCT, art. L. 4433-18.

II. Les démarches contractuelles

La technique contractuelle est aussi un outil pertinent pour intégrer sinon imposer les objectifs énergétiques nationaux dans les cadres territoriaux infraétatiques : elle permet en effet « d'obtenir la collaboration active des unités périphériques à l'exécution des priorités fixées par le niveau central, sans que celui-ci ait besoin de recourir à la contrainte : les unités périphériques sont amenées, pour obtenir le concours financier de l'État, à adhérer à sa rationalité, à intérioriser ses normes et à reprendre ses objectifs à leur propre compte »(94).

Le contrat de plan État-régions (CPER) apparaît avec l'article 11 de la loi n° 82-653 du 29 juillet 1982 portant réforme de la planification : il autorise l'État à conclure avec les collectivités territoriales, les régions, les entreprises publiques ou privées et éventuellement d'autres personnes morales, des contrats de plan comportant des engagements réciproques en vue de l'exécution des engagements du plan de la Nation et de ses programmes prioritaires. L'intégration des objectifs énergétiques nationaux dans ces instruments juridiques s'est effectuée surtout lors de la négociation de la quatrième génération de CPER (2000-2006). Les nouveaux contrats État-régions (2007-2013) sont pour leur part devenus des contrats de projet, articulés autour de l'objectif du développement durable et de la protection de l'environnement notamment : ils comportent à ce titre, pour la plupart d'entre eux, des partenariats entre l'ADEME faisant mention d'objectifs chiffrés en faveur des énergies renouvelables.

L'État et une région peuvent aussi conclure des contrats particuliers, entrant dans le champ des compétences de la seconde(95). Par exemple, afin de donner une suite au programme Énergivie 2003-2006 financé par le Fonds européen de développement régional (FEDER), l'État et la région Alsace ont signé en novembre 2005 une convention-cadre visant à faire de l'Alsace une région pilote en matière d'énergies renouvelables et de bâtiments à basse consommation énergétique pour la période 2006-2008 ; cette convention prévoit un effort financier de l'État à hauteur de 9 millions d'euros pour un total de 24 millions d'euros.

Les conventions État-régions liées à des programmes pluriannuels d'intérêt régional sont des instruments contractuels adoptés pour une durée limitée(96). On peut penser qu'ils puissent servir à la promotion des énergies renouvelables, à condition que cette thématique ait été inscrite au préalable dans le cadre d'un programme pluriannuel d'intérêt régional de recherche et de développement technologique, dont ces conventions assurent l'exécution.

On peut enfin mentionner les contrats concernant les territoires de projets. C'est dans un premier temps avec la loi n° 99-533 du 25 juin 1999 d'orientation pour l'aménagement et le développement durable susmentionnée, qui définit des découpages territoriaux adaptés aux problématiques contemporaines économiques, sociales et environnementales, qu'apparaît la notion de « territoire de projet ». Ces unités périphériques peuvent s'engager par contractualisation à l'élaboration d'un projet intégrant les enjeux du développement durable : sont concernés les intercommunalités mais aussi les pays ou encore les parcs naturels régionaux. Dans un second temps, est officiellement élaboré le schéma contractuel devant servir de référent à la politique de développement durable menée sur ces territoires : il s'agit du contrat ATEnEE (actions territoriales pour l'environnement et l'efficacité énergétique), dont le format type a été conçu en 2002 par l'ADEME et la Délégation à l'aménagement du territoire et à l'action régionale (DATAR). Chaque unité territoriale concer-

(94) C. Guettier, « Quel avenir pour les contrats de plan État-régions ? », *Revue Lamy des collectivités territoriales* avril 2005, p. 30.

(95) CGCT, art. L. 4111-2.

(96) CGCT, art. L. 4252-1 et L. 4252-2.

née peut ainsi défendre un projet de développement durable, notamment dans le domaine énergétique. Le contrat ATEnEE est signé avec l'ADEME, sur la base d'engagements chiffrés, il offre pour une durée de trois ans renouvelable un accompagnement méthodologique et financier pour toutes les phases d'élaboration du projet.

Prévoir est une chose. Évaluer les résultats obtenus en est une autre, tout aussi importante. Sur ce point, l'article 106 de la loi POPE de 2005 avait imposé la rédaction d'un rapport sur le bilan des mesures prises au titre notamment de la promotion des énergies renouvelables, de façon à compléter utilement les démarches de programmation/planification dans le temps et l'espace ici examinées. Ce rapport est censé être joint chaque année au projet de loi de finances annuel, mais cette règle n'est de fait pas respectée.

Chapitre 12

L'action sur l'offre en énergie renouvelable

L'accroissement de l'offre en énergie renouvelable à moyen et long terme est la conséquence logique de la mise en place d'un canevas d'objectifs quantitatifs de production et/ou de consommation. Le coût élevé des investissements risque toutefois de contrarier la réalisation de cet exercice. C'est dans cette perspective que les pouvoirs publics mettent en place des dispositifs juridiques de nature à favoriser les projets d'investissement des opérateurs économiques. En pratique, cette action publique consiste soit à organiser en amont la production d'énergie de source renouvelable, soit à attribuer des aides à cette production.

Section 1

L'organisation de la production d'énergie renouvelable par les pouvoirs publics

Cette démarche est par nature interventionniste. Elle poursuit un but principal : ajuster les moyens de l'offre en énergie renouvelable aux objectifs généraux imposés en la matière par l'Union européenne et repris par la France. Elle est mise en œuvre au moyen de stratégies différentes, procédant soit d'une logique quantitative, soit d'une logique qualitative, soit encore d'une logique institutionnelle.

§1. L'approche quantitative

Idéalement, il s'agit de maîtriser l'offre de façon à jouer sur les volumes de production, dans la perspective de les corréler aux objectifs quantitatifs évoqués ci-dessus[1]. Le développement de la production des énergies concernées dépend alors étroitement de la mise en œuvre de plusieurs techniques juridiques qui sont toutes initiées par l'administration. L'une sollicite les opérateurs à s'engager dans la production d'énergie renouvelable *via* des appels d'offres publics. La deuxième consiste à organiser sous contrôle public la vente de matières premières susceptibles de donner naissance à des énergies renouvelables. La troisième s'en remet directement à l'exploitation publique d'installations de production d'énergie renouvelable. La quatrième se traduit par des mesures d'autorité (classement) qui permettront d'amplifier la production et la distribution de certaines énergies. Enfin, la cinquième entend élargir l'offre en autorisant la consommation de certains produits issus de sources d'énergie renouvelables.

I. Les appels d'offres publics

L'expression « appel d'offres » vient du droit des marchés publics. Il est vrai que les procédures dont il est ici question obligent l'administration à mettre en concurrence les entreprises intéressées

(1) Voir *supra* p. 461 et s.

à la production d'énergie renouvelable et empruntent ce faisant très largement à ce droit[2]. Surtout, quand bien même ces procédures n'entreraient pas dans le champ d'application du code des marchés publics, elles en respectent à tout le moins dans une très large mesure les principes.

Ces appels d'offres publics imposent la concurrence soit avant la conclusion d'un contrat public, soit, ce qui est plus inhabituel, avant l'adoption d'un acte administratif unilatéral (agrément fiscal) mais qui a été lui-même assimilé à un contrat fiscal entre l'administration et le bénéficiaire. Souvent appelés « enchères concurrentielles » par les économistes[3], les appels d'offres bénéficient d'un préjugé plutôt favorable de la part des adeptes des mécanismes de marché, qui estiment qu'elles « favorisent l'efficacité, exercent une pression à la baisse sur les prix et entraînent une convergence de marché »[4], enfin répondent aussi aux besoins de planification des projets d'investissement en permettant « aux promoteurs de négocier des taux d'emprunts avec les institutions financières qui connaissent encore mal [...] [les] nouvelles technologies (qui sont perçues comme comportant un risque financier) »[5] liées aux énergies renouvelables.

Ces systèmes d'appels d'offres publics ont originellement surtout concerné l'électricité renouvelable. Le Royaume-Uni les adopte par exemple dès 1991, dans le cadre du *Non-Fossil Fuel Obligation* (NFFO), avant de les remplacer en 2002 par un régime de certificats verts. Dans le même secteur, les procédures d'appels d'offres feront en France l'objet d'une application expérimentale à partir de 1996 dans le cadre du programme ÉOLE 2005 : c'est EDF qui lançait ici les appels à propositions, puis examinait celles-ci au regard d'un certain nombre de critères préétablis (prix de rachat de l'électricité produite, qualités environnementales du projet, innovations technologiques, acceptabilité par la population). Pour ce qui concerne la France, le système des appels d'offres a par la suite été pérennisé et étendu dans son champ d'application, même s'il ne concerne pas encore toutes les énergies renouvelables.

A. L'objet des appels d'offres

En droit français, le dispositif des appels d'offres peut servir à accroître la production : d'une part, d'électricité, notamment quand elle est de source renouvelable, d'autre part, de biocarburants.

1. L'augmentation des capacités de production d'électricité renouvelable

a. Bases juridiques des appels d'offres

Le système de ces appels d'offres s'appuie en premier lieu sur une base juridique de droit communautaire. C'est en effet d'abord la première directive électricité[6] qui impose aux États membres de mettre un terme aux monopoles d'importation d'électricité sans leur enlever pour autant la possibilité de contrôler les capacités de production : ainsi alors que l'article 4 de cette directive pose le principe de la mise en concurrence pour la construction de nouvelles installations, il précise aussi que les États membres peuvent choisir entre « un système d'appel d'autorisation et/ou un système d'appel d'offres ». Ce principe a ensuite été reconduit par la seconde[7] puis la troisième direc-

(2) Voir B. Le Baut-Ferrarese, « Les appels d'offres du droit de l'énergie : un instrument spécifique pour le soutien de l'électricité renouvelable ? », *ACCP*, mai 2012, p. 32.

(3) P. Ménanteau, M.-L. Lamy, D. Finon, « Les marchés de certificats verts pour la promotion des énergies renouvelables : entre efficacité allocative et efficience dynamique », IEPE, Grenoble, *Cahier de recherche* 2003, n° 29, p. 7.

(4) Comité économique et social européen, document de travail de la Commission, « L'électricité produite à partir de sources d'énergie renouvelables et le marché intérieur de l'électricité », SEC (99) 470 final.

(5) Comité économique et social européen, préc.

(6) Directive 96/92.

(7) Directive 2003/54, art. 7.1.

tive électricité[8]. Le système des appels d'offres a été ensuite officiellement intégré dans le droit français de l'électricité par la loi n° 2000-108 du 10 février 2000 relative à la modernisation et au développement du service public de l'électricité[9].

b. Économie des appels d'offres

Les appels d'offres donnent aux pouvoirs publics l'opportunité de maîtriser les capacités de production d'électricité, pour, *a priori*, les faire évoluer à la hausse. Ceci ressort clairement de l'article 8 de la directive électricité du 13 juillet 2009, qui retient deux situations dans lesquelles le dispositif peut être mis en œuvre : l'une quand l'offre de production est « quantitativement insuffisante pour répondre à la demande », l'autre quand l'État souhaite « garantir la possibilité, dans l'intérêt de la protection de l'environnement et de la promotion de nouvelles technologies émergentes » (de faire apparaître de nouvelles capacités de production). On a dû mal dans ces conditions à envisager leur utilisation dans le cadre d'un projet de régulation à la baisse de l'offre productive, *a fortiori* quand celui-ci viserait spécifiquement l'électricité de source renouvelable. Les appels d'offres lancés en août et septembre 2011 pour le secteur de l'électricité d'origine photovoltaïque afin de remplacer pour certains types d'installations le système de l'obligation/tarif d'achat garantis avaient bien pourtant pour objet de juguler une offre de marché jugée pléthorique. Cette façon de procéder traduit une hésitation de l'État quant au type même de soutien à apporter à l'électricité renouvelable et paraît surtout peu en phase avec l'esprit des textes européens.

Remarque

Un nouveau dispositif de soutien à la filière solaire photovoltaïque a en effet été mis en place par un arrêté du 5 mars 2011, qui s'est substitué partiellement au système de l'obligation d'achat avec tarifs d'achat garantis : il comporte des appels d'offres pour les grandes toitures et les fermes solaires[10].

Les procédures s'articulent à ce titre idéalement avec la programmation pluriannuelle des investissements (PPI) de production d'électricité, cadre de référence de la politique énergétique française pour le secteur électrique. Ainsi, les textes sur l'électricité indiquent que le ministre de l'Énergie « peut » recourir à la procédure d'appel d'offres dans le cas où « les capacités de production d'électricité ne répondent pas aux objectifs de la programmation pluriannuelle des investissements, notamment ceux concernant les techniques de production et la localisation géographique des installations »[11]. De façon inversée, la loi pose aussi qu'au cas où les capacités installées dépasseraient les objectifs de la PPI, le gouvernement peut suspendre totalement ou partiellement l'obligation d'achat pour les futures installations de production d'électricité renouvelable relevant de la catégorie concernée[12]. L'ensemble apparaît donc comme une construction juridique parfaitement cohérente et rationnelle : le recours aux appels d'offres se présentant comme un outil de la programmation pluriannuelle des investissements, définie elle-même à la lumière des objectifs prévisionnels de l'Union européenne.

Ce constat ne doit pas occulter le fait que, dans la pratique, les appels d'offres sont surtout prioritairement voués à l'augmentation des capacités de production de l'électricité renouvelable[13].

(8) Directive 2009/72, art. 8.1.

(9) Art. 8, codifié C. énergie, art. L. 311-10 à L. 311-13.

(10) Voir aussi p. 608.

(11) C. énergie, art. L. 311-10.

(12) C. énergie, art. L. 314-6.

(13) Voir B. Le Baut-Ferrarese, « Les appels d'offres du droit de l'énergie : un instrument spécifique pour le soutien de l'électricité renouvelable ? », préc.

Cette vocation est d'ailleurs recommandée par la directive électricité qui, on s'en souvient, prévoit deux scénarios alternatifs pour l'appel d'offres, l'un devant en particulier « garantir la possibilité, dans l'intérêt de la protection de l'environnement et de la promotion de nouvelles technologies émergentes » (de faire apparaître de nouvelles capacités de production)[(14)]. Cette seconde version de l'appel d'offres, à l'aune de laquelle le droit national doit être en tout état de cause interprété[(15)], invite à recourir à cet outil pour le meilleur profit d'une électricité dont on sait qu'elle est, d'une part, réputée contribuer à la lutte contre les émissions de gaz à effet de serre et, d'autre part, le plus souvent issue de filières émergentes.

Les pouvoirs publics français ont globalement répondu à cette préconisation en mettant la technique des appels d'offres au service du développement de la production d'électricité renouvelable. Ainsi, à l'exception de quelques cas isolés (installations de production d'électricité de pointe en Martinique, installation d'une centrale de production de type cycle combiné à gaz dans le cadre du pacte électrique breton), les appels d'offres régis par les lois sur l'électricité ont exclusivement concerné des systèmes de production d'électricité de source renouvelable : biomasse (2003 : 216 MW ; 2006 : 220 MW ; 2008 : 250 MW), biogaz (2003 : 50 MW), éolien en mer (2003 : 105 MW ; 2011 : 3000 MW)[(16)] et éolien à terre (2003 : 7 projets pour 278 MW ; éolien terrestre dans les départements d'outre-mer et en Corse, 2010 : 95 MW), solaire photovoltaïque sur bâtiments pour une puissance installée entre 100 et 250 kWc (2011 : 500 MW), solaire photovoltaïque et thermodynamique sur bâtiments pour une puissance installée supérieure à 250 kWc et installations au sol (2011 : 450 MW). Les cibles choisies montrent que le souci des pouvoirs publics est d'utiliser les appels d'offres de façon à soutenir prioritairement les filières émergentes ou, à tout le moins, en phase de développement, et beaucoup moins les filières matures telles que la filière hydroélectrique.

Remarque

Le ministre chargé de l'Énergie a annoncé en avril 2012 le lancement d'un appel d'offres en 2014 pour soutenir le développement des hydroliennes sous-marines.

L'appel d'offres sur les installations solaires photovoltaïques et thermodynamiques de plus de 250 kW était segmenté en sept lots, dont 4 concernaient des technologies innovantes nationales (dispositifs de suivi de la course du soleil, photovoltaïque à concentration, solaire thermodynamique et stockage de l'énergie). L'appel d'offres éolien terrestre spécifique aux territoires insulaires (Corse, DOM) imposait que les installations soient équipées de dispositif de stockage de l'électricité et de prévision de production, de sorte à faire émerger des projets permettant une intégration accrue des énergies renouvelables dans les zones non interconnectées au réseau métropolitain.

Les avis d'appels d'offres, les cahiers des charges et les noms des lauréats sont publiés sur le site Internet de la Commission de régulation de l'énergie (www.cre.fr).

2. L'augmentation des volumes de production de biocarburants

a. Base juridique des appels d'offres biocarburants

Ce système d'appels d'offres n'est pas directement issu du droit de l'Union européenne, mais a néanmoins été mis en place pour répondre aux attentes de ce dernier. On rappellera pour mémoire qu'afin de compenser leur surcoût par rapport aux carburants ordinaires, la loi de finances pour 1992 avait exonéré certains biocarburants de la taxe intérieure sur les produits pétroliers, pour 5 ans, et sous réserve que les produits soient élaborés sous contrôle fiscal dans des usines pilotes et

(14) Directive 2009/72, art. 8.

(15) CJCE 13 novembre 1990, Marleasing, C-106/89, *Rec.* p. I-4135.

(16) Voir A. Rochard, « L'appel d'offres éolien *offshore* », *ACCP*, n° 121, mai 2012, p. 46.

dans le cadre de projets expérimentaux[17]. Le principe d'une exonération fiscale fut ensuite confirmé mais remanié par la seconde loi de finances rectificative pour 1993, qui retint que ne seraient plus éligibles à l'exonération que les produits issus des matières premières agricoles produites sur des parcelles en jachère, et plafonna le montant de l'exonération. Las, le texte déplut à la Commission européenne, qui y vit une aide d'État incompatible avec le Marché commun[18]. En conséquence, un nouveau projet, cette fois autorisé par la Commission, fut adopté en 1997, mettant en place un système d'agréments octroyés pour une durée limitée à des unités de production retenues suite à une procédure d'appel d'offres, dont l'exploitant bénéficie en sus d'une exonération fiscale[19].

b. Économie des appels d'offres

En matière de biocarburants comme en matière d'électricité renouvelable, les appels d'offres permettent de mettre en cohérence la production énergétique avec les objectifs généraux ou sectoriels de consommation. Pourtant, à première vue, le système apparaît assez restrictif pour les opérateurs économiques intéressés puisque, sans l'agrément attribué consécutivement à l'appel d'offres, ils ne disposent d'aucun droit à produire. On comprend à cet égard que certains se soient demandé si le fait d'obliger les unités d'exploitation à obtenir de tels agréments et de restreindre en outre la détaxation à celles-ci, constituait « vraiment une politique en faveur des biocarburants »[20]. C'est toute l'ambivalence d'un dispositif qui est fondé d'un côté sur une logique d'amplification des volumes de production *via* les appels d'offres, de l'autre sur une logique de contrôle et de confinement des productions – puisqu'il faut pour produire obtenir l'agrément fiscal et respecter les limites quantitatives fixées par ce dernier.

Mais il faut constater que la pratique des appels d'offres en matière de biocarburants est allée plutôt dans le sens d'une utilisation de cet instrument dans le but d'accroître les capacités françaises de production. C'est en tout cas dans cette direction que la procédure régie par l'article 265 *bis* A du code des douanes a été réactivée il y a quelques années. D'abord, la loi de finances pour 2005 a ajouté à cet article un paragraphe 2 *bis* prévoyant que « pour l'année 2005, des agréments pour 130 000 tonnes supplémentaires par rapport aux agréments accordés en 2004 seront lancés par appel d'offres communautaire ». Ensuite, la dernière phrase du 14e alinéa de l'article 4 de la loi POPE de 2005, telle que modifiée par la loi d'orientation agricole de 2006 (LOA), a établi clairement le lien existant entre cette procédure et les objectifs chiffrés de la France en matière de biocarburants : le texte dispose en effet que « l'État crée, notamment par l'agrément de capacités de production nouvelles, les conditions permettant de porter à 5,75 % au 31 décembre 2008, à 7 % au 31 décembre 2010 et à 10 % au 31 décembre 2015 la part des biocarburants et des autres carburants renouvelables dans la teneur énergétique de la quantité totale d'essence et de gazole mise en vente sur le marché national à des fins de transport ». Enfin, en application de l'article 19 de la loi de finances pour 2006, la procédure a été ouverte à de nouveaux biocarburants pour un volume global d'environ 400 000 tonnes sur la période 2008-2010 : à l'ester éthylique d'huiles végétales (EEHV), à l'ester méthylique d'huile animale (EMHA) et aux biodiesels de synthèse notamment l'ester méthylique d'huile végétale (EMHV). Au total, il est permis de penser que, quand bien même ces appels d'offres seraient tombés aujourd'hui en désuétude, ils ont constitué un levier de la politique de planification de la production énergétique probablement très utile pour atteindre les objectifs quantitatifs, sans avoir à recourir à des importations massives de biocarburants.

---

(17) Voir *supra* p. 366.

(18) Voir *supra* p. 366.

(19) C. douanes, art. 265 *bis* A.

(20) A. Mathieu, « Les biocarburants face aux objectifs et aux contraintes des politiques énergétiques et agricoles », Université de Montpellier, *Cahiers du CREDEN* 24 janvier 2005.

C'est donc principalement dans la perspective de développement de la production nationale que les pouvoirs publics français ont érigé ce système, qui débouche *in fine* sur un agrément fiscal, c'est-à-dire un acte administratif unilatéral sous condition résolutoire[(21)]. Le dispositif est ainsi suffisamment souple pour tenir compte des éventuelles fluctuations du marché européen des matières, et coercitif afin de garantir que les quantités prévues seront bien au bout du compte commercialisées. À cette fin, l'article 265 *bis* A du code des douanes prévoit qu'en cas de mise à la consommation d'une quantité inférieure à celle fixée par l'agrément, le titulaire de ce dernier devra se justifier auprès de l'administration, qui peut réduire à due concurrence la quantité que le producteur est autorisé à mettre à la consommation pour les années à venir. En revanche, l'obligation de cautionnement prévue au 4 de l'article 265 *bis* A, qui avait été suspendue depuis 2005, a été supprimée par la loi de finances rectificative pour 2006[(22)]. Mais elle a d'une certaine façon réapparu sur le fondement du décret n° 2006-1574 du 11 décembre 2006 concernant les entrepôts fiscaux de production de produits énergétiques, lequel aligne le régime juridique fiscal applicable aux biocarburants sur celui existant déjà pour les produits pétroliers et impose à cet effet aux producteurs de biocarburants diverses obligations liées au statut de l'entrepôt fiscal, dont la mise en place d'une caution garantissant le paiement de la taxe intérieure à la consommation sur les produits pétroliers et assimilés.

En toute hypothèse, le système des appels d'offres s'accorde donc parfaitement avec les logiques interventionnistes et planificatrices qui sont à l'œuvre en matière énergétique. Il permet de répondre aux orientations tendancielles des politiques énergétiques européenne et française, mais aussi, dans une logique d'aménagement du territoire, d'influencer probablement l'implantation géographique des projets d'unités de production. On relèvera à cet égard le *satisfecit* accordé de façon générale à ce système par la Commission de régulation de l'énergie dans son avis du 5 juin 2001 relatif à l'arrêté fixant les conditions d'achat de l'électricité produite par les installations utilisant l'énergie mécanique du vent.

B. Le déroulement des appels d'offres

Les procédures d'appels d'offres respectent des principes de base, communs pour l'essentiel à ceux des marchés publics – le formalisme, la publicité organisée à l'échelle européenne, l'égalité, la transparence, etc. C'est seulement à la marge qu'elles diffèrent, et ce selon que l'appel d'offres concerne la production d'électricité renouvelable ou celle de biocarburants.

1. La procédure des appels d'offres intéressant l'électricité renouvelable

La procédure est régie par le décret n° 2002-1434 du 4 décembre 2002 qui charge le ministre de l'Énergie de décider, librement, de déclencher un appel d'offres. Dans le respect de la tradition centraliste qui est la sienne, le système français veille donc à laisser à l'autorité centrale le premier rôle. C'est en effet cette dernière qui définit, pondère et hiérarchise les conditions du marché : les caractéristiques énergétiques et techniques de l'installation, notamment les énergies utilisées (puissance, disponibilité...), les conditions économiques et financières, le délai de mise en service industrielle de l'installation, les conditions d'exploitation et les durées de fonctionnement prévues, la région d'implantation, les principes de pondération et de hiérarchisation des critères de sélection, etc. C'est elle aussi qui publie l'appel d'offres. C'est encore la même autorité qui, au terme de la procédure, arrête définitivement les offres. Toutefois, les directives européennes, soucieuses que le déroulement des appels d'offres électriques respecte la transparence et la non-discrimination,

(21) G. Vlachos, *Droit public économique français et européen*, Armand Colin, 2001, p. 98.
(22) Loi n° 2006-1771, art. 113.

ont exigé que les États « désignent une autorité ou un organisme public ou privé indépendant des activités de production, de transport, de distribution et de fourniture d'électricité, qui peut être une autorité de régulation »[(23)] ; la France a donné sur ce fondement à la Commission de régulation de l'énergie d'importantes prérogatives : rédiger le projet d'appel d'offres, répondre aux questions éventuelles des candidats, recevoir, instruire et noter les dossiers de candidature, enfin donner un avis motivé sur le choix envisagé par le ministre.

Le droit européen ne pose que des exigences de procédure minimales et renvoie à l'autonomie procédurale nationale afin de pourvoir pour le surplus. Il comporte toutefois une exigence précise en matière de publicité, laquelle présente une spécificité par rapport au régime de droit commun des marchés publics et autres concessions de travaux plus « classiques » : en effet la publicité est toujours européenne, sans aucune considération de seuil. Cette règle est imposée par l'article 8. 3 de la directive 2009/72[(24)]. Les modalités de la publicité sont précisées par le décret n° 2002-1434 : c'est au ministre de l'Énergie qu'il appartient d'adresser l'« avis d'appel d'offres » à l'Office des publications de l'Union européenne.

Pour le reste, les règles de procédure procèdent donc du droit national, c'est-à-dire en substance du droit commun des marchés publics complété par le droit spécial issu du décret n° 2002-1434. On relève à cet égard que la modification apportée à ce dernier texte par le décret n° 2011-757 du 28 juin 2011 a conduit à instaurer un mode opératoire fondé désormais sur une dualité de procédure, l'une « ordinaire », l'autre « accélérée », dont l'utilisation relève du libre choix du ministre en fonction des caractéristiques de l'appel d'offres et notamment de la nature des critères de sélection et du nombre d'offres attendues. La procédure « accélérée »[(25)] est intégralement informatisée et, comme telle, destinée à appréhender les appels d'offres pour lesquelles de très nombreuses candidatures sont attendues (plusieurs centaines) ; elle a été employée pour l'appel d'offres de l'été 2011 concernant les installations photovoltaïques d'une puissance comprise entre 100 et 250 kW.

À l'issue de la procédure, le ministre délivre des autorisations d'exploiter aux candidats retenus « immédiatement ou, à la demande du candidat retenu, quand les caractéristiques définitives des projets, notamment la localisation, sont arrêtées » ; il a aussi « la faculté de ne pas donner suite à l'appel d'offres »[(26)] : par exemple pour l'appel d'offres éolien en mer publié au *Journal officiel de l'Union européenne* de juin 2004, le ministre n'avait retenu qu'un seul parc éolien alors que 10 projets avaient été présentés.

2. La procédure des appels d'offres concernant les biocarburants

La procédure est ici régie par l'article 265 *bis* A.2 du code des douanes, qui prévoit que l'exonération fiscale ne peut bénéficier qu'aux unités de production de biocarburants « agréées par le ministre chargé du budget après avis du ministre chargé de l'agriculture et du ministre chargé de l'industrie, sur procédure d'appel à candidatures publiée au *Journal officiel des Communautés européennes* ». Ce texte a été complété par arrêté ministériel[(27)] portant création d'une commission *ad hoc* – la Commission d'examen des demandes d'agrément d'unités de production de

(23) Directive 2009/72, art. 8.5.

(24) « Les modalités de la procédure d'appel d'offres font l'objet d'une publication au *JOUE* au moins six mois » avant sa date de clôture.

(25) Décret n° 2002-1434, art. 16 et suivants.

(26) Loi n° 2000-108, art. 8, al. 4. L'abrogation de cette disposition, effectuée par l'ordonnance n° 2011-504 du 9 mai 2011, ne prendra effet qu'à compter de la publication des dispositions réglementaires correspondantes du code de l'énergie.

(27) Arr. n° 259, 27 octobre 2003, reprenant *in extenso* arr. n° 98-309, 22 avril 1998.

biocarburants – qui donne son avis au ministre du Budget avant l'attribution de l'agrément. Dans le mois qui suit cet avis, le ministre du Budget notifie à l'entreprise candidate l'acceptation totale ou partielle de sa demande et procède à la délivrance des agréments.

C. Les critères de participation et de sélection

Le système des appels d'offres ne fait pas qu'emprunter à la terminologie ou à la procédure des marchés publics : il en reprend aussi un certain nombre de règles de fonctionnement. La caractéristique fondamentale de ces procédures est l'assujettissement des pouvoirs publics à la mise en concurrence. Or, à partir du moment où il y a concurrence, la collectivité publique est contrainte de définir ses besoins et de comparer les propositions qui lui sont adressées. L'offre doit en effet être l'exacte réponse aux besoins exprimés par la puissance publique. Il faut à cette fin des critères objectifs dans les conditions de participation et de sélection des entreprises.

1. Les critères de participation

Qui peut se présenter aux appels d'offres pour la production d'électricité renouvelable ou celle de biocarburants ? Dans les deux cas, il ressort d'une lecture combinée des textes que peut participer toute personne physique ou morale exploitant ou désirant exploiter une unité de production. Dans le respect des principes de fonctionnement du marché intérieur, il faut que les appels d'offres soient européens, autrement dit qu'ils donnent lieu à publication au *Journal officiel de l'Union européenne.* Aucune restriction particulière d'accès à raison de la nationalité ne saurait être opposée aux exploitants des autres pays membres de l'Union européenne, car elle serait constitutive d'une discrimination en faveur des producteurs français.

Pour ce qui concerne plus spécifiquement la participation aux appels d'offres électricité, il faut noter que l'article 8 de la loi n° 2000-108 adresse une condition spécifique d'accès aux communes et EPCI (« Peut participer à un tel appel d'offres toute personne sous réserve des dispositions des articles L. 2224-32 et L. 2224-33 du code général des collectivités territoriales, exploitant ou désirant exploiter une unité de production »), ces derniers disposant en effet d'un droit d'aménager et d'exploiter certaines unités de production d'électricité renouvelable[28].

2. Les critères de sélection

Conformément à la logique du droit des marchés publics, les candidats se font principalement concurrence au niveau du prix, mais la puissance publique utilise aussi des critères de qualité des projets.

a. Les critères de sélection pour les appels d'offres intéressant l'électricité renouvelable

L'article 8 de la directive électricité précise que les appels d'offres doivent obéir à des critères objectifs, transparents et non discriminatoires. Ces critères sont les mêmes que ceux utilisés dans le cadre de la procédure d'autorisation régie par l'article 7 de la directive et l'article L. 311-5 du code de l'énergie : ils portent sur la sécurité et la sûreté des réseaux électriques et des installations, la protection de la santé publique et de la sécurité publique, la protection de l'environnement, l'occupation des sols et le choix des sites, l'utilisation du domaine public, l'efficacité énergétique, ou encore les caractéristiques particulières du demandeur, telles que les capacités techniques, économiques et financières. En revanche, la sélection des projets ne prend pas en compte d'éventuelles subventions publiques versées en amont.

(28) Voir *infra* p. 503 et s.

Les appels d'offres lancés par les pouvoirs publics français attribuent plus ou moins d'importance aux critères sus-indiqués. On constate que le critère du prix de vente de l'électricité produite dans le cadre du système de l'obligation d'achat est prépondérant. D'autres critères, tel celui de l'impact environnemental du projet, jouent de façon variable dans la notation des projets : il est par exemple moins valorisé dans le cadre des appels d'offres biomasse/biogaz que dans celui intéressant les installations solaires photovoltaïques de grande puissance.

b. Les critères de sélection pour les appels d'offres en matière de biocarburants

Si la procédure applicable n'est pas, en dehors de l'exigence d'une publicité européenne, régie par le droit européen, elle ne saurait toutefois violer ses règles les plus élémentaires. Sur ce plan, on rappellera qu'en matière de biocarburants, la Commission européenne avait imposé aux autorités françaises de modifier la loi française en tant qu'elle prévoyait que seuls seraient éligibles à l'exonération fiscale les produits issus des matières premières agricoles produites sur des parcelles en jachère, parce qu'il y avait en l'espèce une aide d'État contraire au traité de la Communauté européenne[(29)]. Mais, suite aux modifications effectuées par la France, la Commission a finalement considéré que le dispositif ne comportait plus d'élément discriminatoire dans les critères d'éligibilité des entreprises ni d'élément discrétionnaire dans le choix des bénéficiaires et l'attribution des agréments[(30)].

Le contenu du dossier de candidature pour concourir aux appels d'offres a été fixé par le décret n° 98-309 du 22 avril 1998 puis par un arrêté du 27 octobre 2003 ; ces textes sont ponctuellement précisés par le dossier de demande d'agrément et les avis d'appels à candidatures publiés au *Journal officiel de l'Union européenne.* De cet ensemble de règles, on retient que la sélection des candidats s'opère sur la base d'un dossier comprenant, outre une demande d'agrément disponible auprès du ministère de l'Agriculture, un certain nombre d'éléments attestant de la capacité technique et financière du candidat. Sont plus précisément exigés des renseignements d'ordre administratif et technique tels que : l'engagement d'agir en conformité avec les réglementations fiscales et environnementales, un rapport technique descriptif des installations attestant de leur capacité à produire du biocarburant conforme aux spécifications techniques – pour les unités déjà en service, l'arrêté du 27 octobre 2003 impose la fourniture d'un rapport détaillé sur les activités de l'unité au cours des trois dernières années –, la liste des investissements réalisés aux fins de production de biocarburants. Seront également fournis le prix de revient prévisionnel du litre de biocarburants à la sortie de l'unité de production, les caractéristiques des biocarburants et leurs coûts, ainsi qu'une note sur l'efficacité énergétique de l'unité.

L'avis européen d'appel à candidatures impose au pétitionnaire de produire des renseignements complémentaires : un descriptif des soutiens publics d'ordre économique, technique ou normatif dont a pu bénéficier le candidat, le plan d'approvisionnement en matières premières agricoles indiquant notamment le taux d'emploi d'engrais et de pesticides, afin de souligner l'impact environnemental des biocarburants et de l'évaluer *ex ante*, les gains de productivité, enfin une analyse rétrospective sur le prix des matières premières agricoles au cours des dix dernières années et leur évolution attendue sur les cinq prochaines années.

L'accumulation des exigences au sein de textes épars n'en facilite pas la synthèse. Il a été néanmoins observé que deux grandes catégories de critères pouvaient être dégagées[(31)] : d'un côté, les

(29) Voir *supra* p. 366.

(30) Décision 15 mai 2002, concernant le régime d'aides mis à exécution par la France concernant une différenciation d'accises en faveur des biocarburants.

(31) D. Landbeck, « Le régime juridique des biocarburants », *Environnement* juin 2007, p. 11.

considérations techniques et financières, de l'autre, le respect par l'unité de production des règles environnementales ; en résumé le candidat devra donc établir sa capacité à produire dans le respect optimal des contraintes environnementales. Il est difficile toutefois d'évaluer précisément le raisonnement de l'administration, les critères ne faisant pas l'objet d'une présentation chiffrée. Sur ce plan, la procédure des appels d'offres en matière de biocarburants mériterait certainement de se rapprocher de celle mise en place en matière d'électricité renouvelable, pour améliorer sa prévisibilité. Sur ce point, le rapport Prévot[32] estimait que « la procédure des appels d'offres en matière d'agrément gagnerait à être définie par décret. La composition et les modalités de fonctionnement de la commission mériteraient [...] d'être précisées et formalisées, afin de donner une plus grande indépendance et publicité à ses travaux et à ses critères de choix afin de sécuriser juridiquement la procédure du point de vue des règles générales de la concurrence » ; le même rapport proposait de consacrer officiellement quatre critères : un critère d'analyse économique et financière, un autre relatif aux engagements de la profession agricole en termes d'approvisionnement de l'unité, un critère de performance énergétique, enfin un critère relatif aux bonnes pratiques agricoles et environnementales.

D. Le résultat de la sélection

L'entreprise retenue à l'issue des appels d'offres publics bénéficie d'une autorisation administrative de produire et de conditions de vente de sa production avantageuses.

1. Conséquences d'un succès à la procédure des appels d'offres en matière d'électricité renouvelable

a. L'autorisation d'exploiter une nouvelle unité de production

Consécutivement au succès à la procédure des appels d'offres, le(s) lauréat(s) se voi(en)t attribuer par le ministre de l'Énergie une autorisation d'exploiter l'unité de production. Cette autorisation d'exploiter, dont le régime juridique est fixé à l'article L. 311-5 du code de l'énergie[33], est un acte administratif unilatéral créateur de droits, nominatif et incessible. Le lauréat de l'appel d'offres n'est pas toutefois déchargé de toute formalité, mais sa situation diffère selon que l'appel d'offres aura été mené suivant la procédure « ordinaire » ou « accélérée » : c'est dans le second cas seulement que le candidat retenu est « dispensé de déposer le dossier de demande d'autorisation ou de déclaration » prévu aux articles 2 et 3 du décret n° 2000-877 du 7 septembre 2000 relatif à l'autorisation d'exploiter les installations de production d'électricité.

Cette autorisation d'exploiter est délivrée indépendamment de l'obtention d'autres titres administratifs, dont la possession peut être nécessaire pour exploiter l'installation de production d'électricité renouvelable (autorisation d'urbanisme, autorisation d'occupation du domaine public, autorisation ICPE, etc.). De la même façon, les conditions de raccordement au réseau sont indépendantes de l'appel d'offres et doivent être effectuées en accord avec le gestionnaire de réseau concerné. Un succès à la procédure d'appel d'offres ne garantit donc pas en tout état de cause la réussite finale du projet.

b. Le contrat d'achat

Ce contrat d'achat est la suite logique de l'obligation imposée aux candidats aux appels d'offres électriques de proposer *ab initio* un prix de rachat de l'électricité correspondant à leur souhait de

(32) H. Prévot, V. Hespel, J.-Y. Dupré, F. Baratin, D. Gagey, « Rapport sur l'optimisation du dispositif de soutien à la filière biocarburants », MINEFI, 2005.

(33) Voir aussi *supra* p. 120 et s.

rémunération ; leurs candidatures sont d'ailleurs comme on l'a vu jugées pour une grande part sur la base de ce critère économique.

Aux termes de l'article L. 311-12 du code de l'énergie, l'entreprise retenue dans le cadre des appels d'offres bénéficie d'une garantie d'achat de l'électricité produite par un certain nombre de fournisseurs d'électricité obligés par la loi ; à supposer que cette entreprise soit aussi fournisseur électrique, un « protocole de cession », autrement dit un contrat d'EDF (ou d'un distributeur non nationalisé) « avec lui-même »(34) doit être alors conclu. Pour bénéficier de l'obligation d'achat, l'intéressé doit entreprendre auprès du fournisseur une démarche de demande de contrat d'achat, mais il n'aura pas toutefois – à la différence de celui qui entend faire jouer le système de l'obligation d'achat avec tarif d'achat garanti – à la faire précéder d'une demande de certificat ouvrant droit à l'obligation d'achat (CODOA)(35). Le contrat d'achat est signé dans les six mois qui suivent la demande faite par le candidat retenu(36). Il prend effet à la date de mise en service de l'installation et se termine à l'échéance prévue par le cahier des charges des appels d'offres. Le candidat est tenu de vendre à l'acheteur la totalité de l'électricité produite à l'exception, le cas échéant, de l'électricité qu'il consomme lui-même. L'acheteur est pour sa part détenteur de l'énergie achetée ainsi que des droits, attestant de l'origine renouvelable de l'électricité et susceptibles le cas échéant d'être commercialisés, qui lui sont attachés(37).

2. Conséquences d'un succès à la procédure d'appel d'offres en matière de biocarburants

a. L'octroi d'un agrément fiscal

L'agrément fiscal délivré par le ministre du Budget à l'entreprise constitue une décision administrative individuelle constitutive de droits. À ce titre, et inversement, le refus de l'agrément est lui-même une décision passible : d'une part, d'un recours en excès de pouvoir – ainsi que le rappelle l'avis d'appel à candidatures publié au *Journal officiel de l'Union européenne* – devant le tribunal administratif territorialement compétent(38), d'autre part, d'un recours de pleine juridiction à l'encontre de l'État dès lors que le refus de ce dernier est fautif et constitue la cause d'un préjudice indemnisable pour le candidat évincé(39).

Une fois obtenu, l'agrément doit être validé annuellement. Cette validation résulte de la possibilité offerte à l'autorité compétente de modifier unilatéralement le niveau de l'agrément accordé voire, en cas d'inexécution de ses engagements par son bénéficiaire, de le retirer. Une réduction de l'agrément doit respecter le principe du contradictoire et ne peut être entreprise que dans deux situations : soit il s'agit d'une réduction-sanction née de l'absence de production par le bénéficiaire des rapports annuels portant sur les conditions d'exploitation de l'unité de production ; soit il s'agit d'une réduction consécutive à une mise sur le marché d'un volume de biocarburants inférieur à ce que prévoit l'agrément – dans ce cas, la réduction ne peut avoir lieu qu'en l'absence de force majeure dûment établie ou en cas d'arrêts obligatoires des sites de production.

En outre, l'article 265 *bis* A 3. du code des douanes prévoit que les agréments sont octroyés pour une durée de 6 ans. Cette limitation *ratione temporis* trouve son origine dans la décision 2002/66

(34) L. Richer, « Commentaire de la loi n° 2000-108 du 10 février 2000 relative à la modernisation et au développement du service public de l'électricité », *AJDA* 2000, p. 239.

(35) Voir décret n° 2001-410 du 10 mai 2001 relatif aux conditions d'achat de l'électricité produite par des producteurs bénéficiant de l'obligation d'achat, art. 1 III.

(36) Décret n° 2002-1434, art. 16.

(37) Voir *infra* p. 644 et s.

(38) Par analogie, CE 26 janvier 1968, S^té^ Maison Genestal, req. n° 69765, *Lebon* p. 62.

(39) CE 7 juillet 1999, Pantochim SA, req. n° 181316.

par laquelle le Conseil a autorisé la France à appliquer, d'une part, un taux différencié de droits d'accises sur des biocarburants, conformément à l'article 8.4 de la directive 92/81, d'autre part, à délivrer des agréments fiscaux pour une durée n'excédant pas 6 ans, cette durée ayant été jugée « appropriée en termes économiques pour répondre aux besoins de planification des projets d'investissement »[(40)].

b. Le bénéfice d'une exonération fiscale

L'agrément permet à son bénéficiaire de profiter d'avantages fiscaux qui portent ici sur la taxe intérieure de consommation sur les produits pétroliers, dont le montant est précisé annuellement par la loi de finances[(41)]. Cela étant dit, il convient de noter que la décision d'accorder l'agrément fiscal n'emporte pas automatiquement le bénéfice de l'exonération fiscale qui, aux termes de l'article 265 *bis* A du code des douanes, n'est accordée : d'une part, qu'au moment de la mise en consommation en France des carburants et combustibles mélangés à des carburants d'origine renouvelables, certifiés pour leur part « durables » conformément aux prescriptions de la directive énergie renouvelable reprises à l'article L. 661-7 du code de l'énergie ; d'autre part, que sur présentation d'un certificat de production émis par l'autorité désignée par l'État membre de production et d'un certificat de mélange délivré par l'administration chargée du contrôle des accises sur les huiles minérales[(42)]. La mise à la consommation du produit est en toute hypothèse effectuée par un entrepôt fiscal de production ou de stockage (EFPE), seul autorisé à effectuer le mélange entre le biocarburant et le produit pétrolier[(43)].

II. La vente publique de ressources énergétiques renouvelables

Ce système particulier ne concerne que les ressources agricoles à l'origine de certains biocarburants. Il est étroitement lié aux mécanismes protecteurs de la politique agricole commune, plus particulièrement au principe selon lequel les producteurs européens de céréales sont assurés de vendre une quantité définie de leur production aux organismes nationaux d'intervention. On n'ignore pas que ces mécanismes ont pour envers d'accroître les productions, sans que les débouchés internes ou externes soient nécessairement au rendez-vous. Il reste que, même dans une telle situation, la réglementation de l'Union européenne prévoit une porte de sortie : la possibilité pour les organismes nationaux de mettre en vente les céréales, par voie d'adjudication, et à un prix de vente qui n'est pas inférieur au prix du marché.

On peut concevoir que la vente de ressources agricoles énergétiques soit effectuée afin de répondre aux nouvelles perspectives de la politique agricole commune et de la politique énergétique européenne. Ce fut chose faite en 2005 lorsque la Commission européenne autorisa la vente par l'organisme d'intervention allemand de ses importants stocks de seigle en vue de leur transformation en bioéthanol pour la production de biocarburants[(44)]. La procédure utilisée fut celle de l'adjudication : après publication d'un appel d'offres au *Journal officiel de l'Union européenne*, les acheteurs intéressés sont mis en concurrence ; ils doivent s'engager, d'une part, sur une offre et sur la transformation du seigle en bioéthanol, d'autre part, sur l'utilisation de ce dernier pour la production de biocarburants dans l'Union. Le marché est ensuite attribué au plus offrant dans la limite

(40) Voir *supra* p. 366.

(41) Voir *infra* p. 633 et s.

(42) C. des douanes, art. 265 *bis* A 5.

(43) Voir *supra* p. 128 et s.

(44) Règlements 1573/2005, 28 septembre 2005, et 260/2006, 15 février 2006, relatifs à l'ouverture d'une adjudication permanente pour la revente sur le marché communautaire de seigle, détenu par l'organisme d'intervention allemand en vue de sa transformation en bioéthanol et de l'utilisation de ce dernier pour la production de biocarburants dans la Communauté.

d'un prix de vente minimal défini par la Commission et tenu secret, l'acheteur devant constituer une garantie financière. Ce type d'action peut faire l'objet d'une lecture à plusieurs niveaux : d'abord voué au développement de l'offre en énergie renouvelable, il permet aussi de garantir le revenu des agriculteurs, tout en étant compatible avec la logique de marché inhérente au droit communautaire *via* les enchères concurrentielles.

III. L'exploitation publique d'installations de production

Les entreprises du secteur public sont des instruments de politique économique générale. C'est à ce titre qu'elles peuvent contribuer à la réalisation des objectifs quantitatifs de production/consommation d'énergie renouvelable que la France s'est fixés. Seront ici sériées les différentes modalités de cette forme d'intervention des pouvoirs publics dans l'activité de production d'énergie renouvelable, en distinguant les deux hypothèses qui peuvent se présenter : celle d'une production centralisée ou décentralisée.

A. La production centralisée d'énergie renouvelable

La production centralisée, ou encore nationale, s'effectue principalement selon deux procédés : celui de l'établissement public industriel et commercial (EPIC), celui de la société d'économie mixte (SEM).

Remarque

Le droit de l'énergie consacre la possibilité d'une production directe d'énergie renouvelable par l'État pour le cas particulier de l'électricité photovoltaïque. Cela résulte de l'article 88 II de la loi « Grenelle 2 » en ce qu'il permet à « toute personne morale [...], quelle que soit la mission pour laquelle elle a été constituée » d'exploiter une installation de production d'électricité utilisant l'énergie radiative du soleil « dont les générateurs sont fixés ou intégrés aux bâtiments dont elle est propriétaire » ; la loi précise que l'État et ses Établissements publics peuvent dans ce cadre bénéficier de l'obligation d'achat de l'électricité produite, sous réserve « de l'accord du ministre chargé de l'énergie ».

1. La production d'énergie renouvelable par des établissements publics industriels et commerciaux (EPIC)

Un établissement public industriel et commercial (EPIC), est une entreprise publique gérant une activité industrielle ou commerciale relevant d'un secteur économique donné. Le statut d'établissement public signale la présence d'une personne morale de droit public, rattachée à l'État (ou à une collectivité territoriale), qui est chargé de la contrôler, même si l'établissement public dispose d'une autonomie administrative et financière dans le cadre des missions qui lui sont confiées. C'est précisément le lien de l'établissement public à l'État qui va permettre à ce dernier, en tant qu'autorité de tutelle, d'intervenir dans l'exercice de l'activité de production, en l'occurrence d'énergie. En pratique, cette situation se rencontre s'agissant de deux types d'énergies : d'une part, les grandes énergies de réseaux (électricité et gaz), d'autre part, le bois-énergie.

a. La production des énergies de réseaux par les ex-établissements publics EDF et GDF

En France, le secteur public est traditionnellement dominant dans le domaine des énergies de réseaux. À côté de l'État régulateur, on trouve en effet un État entrepreneur, qui a confié en 1946 à deux entreprises nationales, EDF d'une part, GDF de l'autre, la production à titre principal, le transport et la distribution en partie, respectivement, de l'électricité et du gaz. Ces deux groupes succèdent à l'époque aux anciennes entreprises privées de production. Ils sont créés pour faire face à un besoin ne pouvant pas, selon la conception de l'époque, être pleinement satisfait par une entreprise privée soumise à la concurrence[(45)]. Juridiquement autonomes, ces EPIC n'en relèvent pas moins de l'État, qui les utilisera pour appliquer sa politique économique. Ainsi, jusqu'à la loi n° 2004-803 du 9 août 2004, chaque conseil d'administration définit la politique générale de l'entreprise en tenant compte des orientations données par les pouvoirs publics (en première ligne le ministre chargé de l'énergie) : l'État peut notamment superviser les activités de production de ces établissements par l'entremise des contrats de plan conclus sur le fondement de la loi du 28 juillet 1982.

b. La contribution de l'Office national des forêts (ONF) à l'activité de production du bois-énergie

L'importance croissante du rôle de l'Office national des forêts (ONF) dans l'activité de production de bois-énergie se doit d'être soulignée. Cet organisme est aussi un EPIC, placé sous la tutelle du ministère de l'Agriculture et du ministère de l'Environnement, qui est chargé depuis sa création en 1966 de la gestion des forêts publiques. Or, le droit positif a récemment simplifié et renforcé les possibilités d'intervention de l'ONF sur le marché du bois-énergie, dans le but de développer des filières d'approvisionnement nouvelles, et tout particulièrement celle du bois-énergie. C'est ici la loi d'orientation agricole de 2006 (LOA) qui, modifiant l'article L. 121-6 du code forestier, permet à l'ONF de prendre des participations dans les industries de transformation du bois, sans devoir s'appuyer, comme cela lui était imposé auparavant, sur un décret en Conseil d'État et sur une autorisation préalable de l'État.

Remarque

Sous l'empire du régime antérieur, voir par exemple l'arrêté du 28 février 2005 autorisant l'ONF à transformer le statut d'une filiale de scierie en société anonyme et à prendre une participation dans cette société.

2. La production d'énergie renouvelable par des sociétés d'économie mixte (SEM)

L'ouverture récente des marchés des énergies de réseaux a modifié en profondeur le mode de gestion des opérateurs du secteur. L'article 24 de la loi n° 2004-803 du 9 août 2004 relative au service public de l'électricité et du gaz et aux entreprises électriques et gazières a en effet transformé EDF et GDF en sociétés régies par les lois applicables aux sociétés anonymes : elles sont ainsi entrées à cette date dans la catégorie des SEM.

Le statut de société nationale d'économie mixte n'a toutefois pas eu pour effet d'extraire ces entreprises du secteur public marchand. D'abord, c'est une société dont les actions appartiennent pour partie à des actionnaires privés et pour partie à la personne publique, qui se trouve de ce fait associée à sa gestion ; elle symbolise en ce sens « l'acceptation, par l'État, du fait capitaliste, et en même temps, une volonté interventionniste »[(46)]. Ensuite, la loi de 2004 ne remet pas en cause l'engagement de ces entreprises au service de l'intérêt général. Et c'est même le contraire, puisque son article 1 prévoit que les objectifs et les modalités de mise en œuvre des missions de service public qui sont assignées à EDF et à GDF sont formalisés par des « contrats conclus entre l'État et chacune de ces entreprises », de tels contrats pouvant porter notamment sur « la politique de protection de l'environnement, incluant l'utilisation rationnelle des énergies et la lutte contre l'effet de serre ». C'est ainsi en définitive que, sur le modèle des anciens contrats de plan, a été mis en place un procédé qui continue de permettre à l'État de contrôler « de l'intérieur » l'activité de ces entreprises.

(45) CE 30 mai 1930, Chambre syndicale du commerce en détail de Nevers, *Lebon* p. 583.

(46) J. Rivero, J. Waline, *Droit administratif*, 21e éd, Dalloz, 2006, n° 511.

De fait, la participation d'EDF à la réalisation des objectifs français de production d'électricité renouvelable est établie. D'abord, l'article L. 121-3 du code de l'énergie proclame qu'EDF contribue à la mission de « développement équilibré de l'approvisionnement en électricité », étant précisé que celle-ci doit notamment consister « à réaliser les objectifs définis par la programmation pluriannuelle des investissements de production arrêtée par le ministre de l'Énergie ». Ensuite, le premier contrat de service public pris en application de l'article 1 de la loi du 9 août 2004(47) et signé le 24 octobre 2005, et qui constitue encore aujourd'hui le cadre de référence du groupe EDF pour ses activités de producteur-fournisseur d'électricité, décline un certain nombre d'engagements : dans l'axe des réflexions présentes, on retient qu'EDF, principal producteur d'électricité en France, entend contribuer à la réalisation des objectifs de la politique énergétique par sa participation à l'élaboration du rapport sur la programmation pluriannuelle des investissements, ou encore par l'achat de l'électricité produite à partir d'énergies renouvelables. Pour y parvenir, l'entreprise s'engage notamment à répondre aux appels d'offres relatifs au développement desdites énergies « dans des conditions qui s'inscrivent dans sa stratégie industrielle ». Le groupe EDF s'est engagé dans les énergies nouvelles en particulier à travers une holding (EDEV) et ses filiales (EDF Énergies nouvelles et Verdesis notamment).

Remarque

EDF Énergies nouvelles (filiale du groupe EDF) participe au développement de l'électricité renouvelable en France et à l'étranger, notamment aux États-Unis (exploitation de parcs éoliens).

Le contrat de service public concerne la période 2005-2007 mais il reste en vigueur tant qu'un nouveau document ne le modifie pas.

La participation de GDF en tant que société nationale d'économie mixte aux objectifs prévisionnels de la France en matière d'énergie renouvelable n'apparaissait pas expressément dans le contrat de service public 2005-2007. Mais, bien qu'au départ spécialisé dans la fourniture de gaz, le groupe a cherché à diversifier ses offres. Il a ainsi décidé de se positionner sur le marché de l'électricité renouvelable, se fixant l'objectif de détenir 10 % d'actifs de production d'électricité à partir d'énergies renouvelables à l'horizon 2012(48). Il s'est mis à proposer par ailleurs des solutions énergétiques associant le gaz naturel et les énergies renouvelables, notamment le solaire ou le bois, pour la production de chaleur. Alors que le recours à la SEM garantit à l'État actionnaire la prise en compte effective de l'intérêt général dans les objectifs de l'entreprise, tout en offrant la souplesse de la société de droit privé, la privatisation de GDF décidée par la loi n° 2006-1537 du 7 décembre 2006 relative au secteur de l'énergie(49), qui a donné naissance au groupe GDF-SUEZ a enlevé à cette entreprise les caractères qui en faisaient encore un service public national et une société d'économie mixte.

Remarque

L'entreprise GDF-SUEF est désormais une société anonyme cotée en bourse, dont le premier actionnaire (à hauteur de 36 % environ) est toutefois l'État français.

(47) Codifié C. énergie, art. L. 121-1.

(48) Voir GDF, « Rapport développement durable », 2005.

(49) Voir aussi décret n° 2007-1784, 19 décembre 2007, pris pour application loi n° 93-923, 19 juillet 1993, de privatisation, et décret n° 2008-80, 24 janvier 2008, modifiant pour l'avenir les règles relatives à la privatisation d'une ou plusieurs entreprises intéressant la sécurité ou la continuité de l'approvisionnement en énergie.

B. La production décentralisée d'énergie renouvelable

La fonction de production d'énergie que les collectivités locales assumaient avant 1946 ne disparaît pas avec la loi de nationalisation du 8 avril 1946. Ce texte permet en effet aux collectivités locales et à leurs groupements de conserver, pour leurs besoins propres, le droit de construire, d'une part, et sans limite de puissance, les installations de valorisation énergétique des déchets collectés dans les centres urbains[50], et d'autre part, les installations de production d'électricité « exploitées directement ou par le truchement d'organismes dans lesquels ils ont des participations, par tout département, groupement de communes ou commune » utilisant l'énergie hydraulique des cours d'eau traversant leur territoire, lorsque la puissance installée des appareils de production n'excède pas 8 000 kVA – puissance maximale des machines électrogènes susceptibles de fonctionner simultanément[51].

Les lois récentes sur l'énergie ont assoupli le cadre juridique de cet interventionnisme local[52], ce nouvel état du droit semblant suggérer la présence d'une mission d'intérêt général[53]. Trois régimes juridiques sont ici susceptibles de s'appliquer selon le scénario choisi : une production aux fins d'autoconsommation, une production dans une perspective de vente à autrui, ou une production d'installations électriques « de proximité ».

1. La production d'énergie renouvelable aux fins d'autoconsommation

Cette compétence se conçoit autant pour la production électrique que pour la production d'énergie calorifique/frigorifique à partir de sources d'énergie renouvelables.

a. Production d'électricité renouvelable

C'est *prima initio* sur le fondement de la loi n° 46-626 du 8 avril 1946 que les collectivités locales et leurs groupements ont été autorisés à aménager et exploiter de nouvelles installations de production d'électricité afin de l'employer pour leur propre utilisation, sous réserve toutefois qu'une décision ministérielle ait constaté que ces installations ne présentent, pour le service public de l'électricité qu'une utilité accessoire[54]. La loi n° 2000-108 du 10 février 2000 n'est pas revenue sur ce principe : son article 7 pose en effet que les producteurs titulaires d'une autorisation d'exploiter sont réputés autorisés à consommer l'électricité qu'ils produisent pour leur propre usage[55]. Si l'exercice de cette compétence par les communes et leurs groupements n'a jamais soulevé de problème particulier, il n'en est pas allé de même, faute de fondement légal, pour les départements et les régions. Toutefois, la prérogative de ces derniers sur le sujet se déduit désormais de l'article 88 I de la loi « Grenelle 2 », qui évoque explicitement l'hypothèse d'une production électrique par les collectivités susmentionnées « pour leur propre usage ».

Les installations locales dédiées à une consommation d'électricité *in situ* ne sont assujetties à aucune limitation de puissance sauf en cas de production hydroélectrique (puissance maximale de 8 000 kVA). Le lieu physique de production (usine hydroélectrique, usine d'incinération et de

---

(50) Art. 8.6°.

(51) Art. 8.7°.

(52) Sur ce sujet, voir J.-F. Auby, « Les collectivités locales et le nouveau droit de l'énergie », *Dr. adm.* décembre 2003, p. 13.

(53) Voir P. Ravetto, « Les collectivités territoriales et la production d'énergie renouvelable », *ACCP* juin 2008, p. 51 ; A. Fourmon, « Les enjeux de la compétence des collectivités territoriales en matière d'énergie et de chaleur », *Gazette du Palais*, 4 juillet 2009, n° 185, p. 10.

(54) Art. 8.7°, codifié CGCT, art. L. 2224-32.

(55) Codifié C. énergie, art. L. 311-2.

valorisation des déchets...) peut toutefois différer du lieu physique de consommation (bâtiment public situé au sein de l'agglomération communale par exemple) ; pour y remédier, l'article L. 111-94 du code de l'énergie précise qu'un « droit d'accès aux réseaux publics de transport et de distribution » doit être garanti à toute collectivité territoriale et à tout établissement public de coopération intercommunale « pour satisfaire, à partir de ses installations de production et dans la limite de leur production, les besoins des services publics locaux dont elle assure la gestion directe ».

Quoi qu'il en soit, toutes les collectivités et leurs groupements qui souhaitent exercer une telle activité de production d'électricité pour l'autoconsommation sont assujetties au régime d'entrée en production visé à l'article L. 311-5 du code de l'énergie(56).

b. Production d'énergie calorifique ou frigorifique renouvelable

La possibilité pour les collectivités locales et leurs groupements de produire, là encore pour satisfaire leurs besoins propres, de la chaleur ou du froid, éventuellement de source renouvelable, peut elle-même s'autoriser des dispositions sus-évoquées de la loi n° 46-626 du 8 avril 1946 – en effet l'article 8.6° de cette loi a exclu de la nationalisation « Les installations réalisées ou à réaliser sous l'autorité des collectivités locales ou des établissements publics ou de leurs groupements, en vue d'utiliser le pouvoir calorifique des résidus et déchets collectés dans les centres urbains ». Et, de fait, il n'est pas rare de voir les communes, notamment, mettre en place, par exemple une chaufferie centrale alimentant différents bâtiments leur appartenant (école, mairie, etc.). Dans une telle situation, le réseau technique de distribution est donc destiné exclusivement à des locaux qui sont la propriété de la collectivité.

Le régime juridique applicable à une telle autoconsommation de chaleur ou de froid ne prévoit aucun régime d'entrée en production, simplement parce qu'en tout état de cause un tel régime n'existe pas de façon générale, et ce quel que soit le statut, public ou privé, de l'opérateur qui l'entreprend(57).

Par le fait même qu'elles poursuivent un but d'autoconsommation, les différentes activités de production d'énergie évoquées, pourtant prises en charge par des collectivités locales ou par leurs groupements, ne sauraient être assimilées à des activités de service public(58). Toutefois, le fait qu'elles soient mises en œuvre pour satisfaire les besoins d'une collectivité publique autorise à les réputer d'intérêt général.

2. La production d'énergie renouvelable à fins de vente

Dans une telle configuration, la collectivité publique concernée souhaite non seulement produire de l'énergie mais aussi en faire commerce. Or, ce type d'initiative n'est pas sans poser problème en raison des principes généraux qui régissent les interventions des collectivités locales dans le domaine des activités économiques(59). Du fait même que la production d'énergie relève du secteur concurrentiel, force est en effet de présumer que de telles activités leur sont normalement inaccessibles, sauf à ce que les collectivités intéressées puissent se fonder sur la défaillance de l'initiative

(56) Sur ce régime, voir aussi *supra* p. 120 et s.

(57) Voir aussi *supra* p. 126 et s.

(58) Voir F. Sabiani, « La mise en concurrence du renouvellement des concessions hydroélectriques au milieu du gué », *Dr. adm.*, juin 2008, étude 12 ; A. Lapierre, P. Mallea, « Crédit-bail ou financement de projets : quel financement privilégier ? », *ACCP* juin 2008, p. 79.

(59) Voir notamment CE 30 mai 1930, Chambre syndicale du commerce de détail de Nevers, *Rec.* p. 583 – CE Ass. 31 mai 2006, Ordre des avocats au barreau de Paris, *Lebon* p. 272.

privée ou sur un fondement légal[60]. L'initiative privée étant rarement défaillante dans le domaine en cause, c'est de fait en s'appuyant sur certaines dispositions expresses de la loi que les niveaux infra-étatiques ont pu s'engager dans la production commerciale d'énergie, en l'occurrence électrique mais aussi de chaleur/froid, tout particulièrement lorsqu'elle fait appel à des ressources renouvelables.

Remarque

Si la valorisation du biogaz prend le plus souvent la forme d'une production d'électricité injectée sur le réseau public de distribution ou d'une cogénération d'électricité et de chaleur, on se souvient que l'hypothèse de son injection dans les réseaux publics gaziers ne relève plus de la fiction depuis l'adoption des lois « Grenelle »[61]. La possibilité qu'une telle activité soit alors directement prise en charge par les collectivités locales ne peut être écartée. Mais il faut observer que le droit de l'énergie est silencieux sur le principe même d'une telle compétence. C'est, en conséquence, sur le seul fondement d'une défaillance de l'initiative privée que l'exercice de cette activité par des collectivités publiques locales semble devoir être envisagé, mais elle est, dans les circonstances de la cause, difficile à concevoir à raison de l'existence d'un secteur gazier concurrentiel.

a. Production et vente d'électricité renouvelable

La production commerciale d'électricité renouvelable par les collectivités locales peut s'appuyer sur l'existence d'un titre exprès de compétence reconnu par la loi.

C'est d'abord aux communes et à leurs groupements que cette compétence a été attribuée, ceci dès le vote de la loi de nationalisation de l'électricité du 8 avril 1946, compétence que confirmera la loi n° 2000-108 du 10 février 2000. Il découle de ces dispositions que lesdites collectivités ont le droit « d'aménager, exploiter, faire aménager et faire exploiter » sans limites de puissance, sauf pour l'hydroélectricité là encore (puissance maximale de 8 000 kVA), toute « nouvelle installation » de production utilisant les énergies renouvelables, y compris une usine de valorisation énergétique des déchets ménagers ou assimilés[62]. Plus récemment, la loi « Grenelle 2 » a attribué une compétence similaire aux départements et aux régions[63].

Toutefois, le législateur a décidé que ce type de production devait être prioritairement destiné à la vente à EDF ou aux distributeurs non nationalisés dans le cadre du système légal des obligations d'achat ; les collectivités intéressées bénéficiant de ce système « à leur demande ». Par là même, la loi refuse donc de transformer les collectivités locales et leurs groupements en commerçants « ordinaires » d'énergie. Le législateur a verrouillé encore plus les possibilités qui auraient pu s'offrir aux départements et régions en la matière, en précisant que le mécanisme de la vente d'électricité à des fournisseurs obligés par les obligations d'achat ne pouvait concerner que celle provenant d'installations liées à des « équipements affectés à des missions de service public relevant de leur compétences propres et implantées sur leur territoire »[64].

L'exercice par des collectivités territoriales d'une telle activité commerciale conduit forcément à se poser la question de sa qualification en droit. Ainsi convient-il en particulier de se demander si la présence dans les situations en cause d'une personne publique (critère organique) suffit à donner à l'activité la qualité de service public. Il faut dire que, longtemps durant, la production électrique fut effectivement qualifiée d'activité de service public, en tant qu'elle était exercée par une

(60) S'agissant de la compétence de production d'électricité photovoltaïque par les collectivités locales, voir réponse du ministre de l'Économie à Question n° 18510, *JOAN* 15 juillet 2008, p. 6159

(61) Voir aussi *supra* p. 158 et s.

(62) CGCT, art. L. 2224-32.

(63) Loi n° 2010-788, art. 88 I.

(64) Loi n° 2010-788, art. 88 I., al. 2.

personne morale de droit public (EDF) et destinée à répondre aux besoins des usagers(65). Mais l'évolution des conditions du marché de l'électricité a bouleversé la donne. D'une part, la transformation de l'ancien monopole de production EDF en société privée a abouti à ce que l'activité de production d'électricité devienne, d'un point de vue organique, une activité privée pour l'essentiel. D'autre part, d'un point de vue matériel cette fois, il ressort des textes désormais applicables au marché de l'électricité que si les activités consistant à distribuer et à transporter l'électricité continuent de relever du service public(66), il n'en va pas de même des activités de production. L'interprétation des textes développée par le Conseil d'État consiste en effet à dire que seules les activités productives participant à la « sécurité de l'approvisionnement sur l'ensemble du territoire national »(67) participent du service public. Or, le juge entend cette notion de façon étroite(68). D'un côté, s'agissant des zones interconnectées du territoire métropolitain, seuls les ouvrages d'une puissance supérieure à 40 MW peuvent être regardés comme directement affectés au service public. De l'autre, pour ce qui concerne les zones non interconnectées au territoire national (Corse, outre-mer), doivent aussi recevoir cette qualification l'ensemble des ouvrages de production d'électricité, à condition que cette production soit destinée de façon permanente aux réseaux de transport ou de distribution d'électricité. Or, il est indiscutable qu'en l'état actuel des techniques, c'est-à-dire au vu notamment des limites inhérentes aux capacités de production des installations utilisant les sources d'énergie renouvelables (puissance installée inférieure au seuil sus-évoqué ou production intermittente), aucune de ces conditions n'est remplie pour ces dernières(69). Mais cela n'interdit pas toutefois de penser que les collectivités locales commercialisant leur propre production d'électricité d'origine renouvelable prennent en charge une activité, qui à défaut de pouvoir être qualifiée de service public, relève de l'intérêt général(70). Différents arguments peuvent être utilisés pour l'attester, par exemple la contribution de ladite production à la production pluriannuelle des investissements (PPI) d'électricité, ou bien encore la possibilité pour les collectivités locales de « faire aménager et faire exploiter » par un tiers l'installation de production(71), autrement dit de mettre à disposition leur domaine à un tiers pour qu'il exerce une telle activité en se fondant sur la protection de l'environnement, motif d'intérêt général s'il en est(72).

Si, en vertu de la loi, les collectivités locales disposent de la faculté de vendre l'électricité de source renouvelable qu'elles produisent, son exercice n'est toutefois pas exempt de contraintes. D'une part, un tel exercice s'entend, en tout état de cause, lui-même sous réserve du respect du régime d'entrée en production visé à l'article L. 311-5 du code de l'énergie. D'autre part, dans toutes les hypothèses où la collectivité locale serait conduite, pour exercer cette compétence, à contracter avec des tiers, il lui faudra veiller à se situer dans les limites du droit de la commande publique, lorsque celui-ci est applicable. Il en est ainsi en particulier quand l'autorité locale choisit d'aménager et exploiter elle-même l'installation de production et effectue à ce titre certaines acquisitions – notamment celle de l'ouvrage de production. Il en est également ainsi lorsque, comme la

(65) TC 16 janvier 1995, Préfet de la région Île-de-France, *Rec.* p. 489.

(66) C. énergie, art. L. 121-32 I.-1° et 2°.

(67) C. énergie, art. L. 121-32 II.-3°.

(68) CE avis, 29 avril 2010, M. et Mme Béligaud, req. n° 323179, *RFDA* 2010, p. 570, concl. M. Guyomar p. 557, note F. Melleray p. 572.

(69) Voir aussi P. Terneyre, « Domaines publics et énergies renouvelables », *Environnement et développement durable*, février 2011, n° 3, p. 15.

(70) Voir F. Robbe, « L'ouverture du marché de l'électricité et l'adaptation du service public », *CJEG*, juin 2000, p. 211.

(71) CGCT, art. L. 2224-32.

(72) B. Le Baut-Ferrarese, « Quels montages juridiques pour l'utilisation du domaine public à des fins de production d'électricité photovoltaïque », *La Gazette des communes*, 6 avril 2009, p. 50.

loi le lui permet[73], la collectivité décide de confier à un tiers le soin d'aménager et installer l'ouvrage de production d'électricité renouvelable, si la convention est plus qu'une simple convention d'occupation domaniale c'est-à-dire lorsqu'elle implique que l'exploitant satisfasse un authentique besoin de la collectivité.

Remarque

Une convention de mise à disposition du domaine public communal pour la production d'électricité solaire photovoltaïque répond par exemple à un besoin de la collectivité locale, dès lors qu'elle a pour objet non seulement de permettre l'occupation du domaine public en contrepartie du versement d'une redevance, mais également de prévoir l'exécution par le bénéficiaire de travaux d'installation de matériel photovoltaïque et de travaux d'entretien des toitures des bâtiments concernés, en contrepartie desquels le bénéficiaire se voit reconnaître le droit d'exploiter des équipements ; dans ces conditions, un tel contrat entre dans le champ d'application du référé précontractuel : TA Orléans 17 mars 2011, *Solaire Direct c./EDF EN*, n° 100647 – Voir aussi CE, S., 3 décembre 2010, Ville de Paris, req. 338272.

En revanche, dans toutes les hypothèses où le contrat conclu pour l'exploitation par un tiers de l'ouvrage de production ne répond pas à un tel besoin de la collectivité locale, se limitant à n'être par exemple qu'un « transfert immobilier »[74] – on pense à l'hypothèse dans laquelle la collectivité, après avoir aménagé et intégré une centrale solaire photovoltaïque à l'un de ses bâtiments et passé à cet effet tous les marchés pertinents, la met à disposition en tant que bien appartenant à son son domaine public –, il s'analyse alors en une simple convention d'occupation temporaire du domaine public[75] ou un bail emphytéotique administratif[76] ; il sera alors soumis, comme tel, à des obligations de publicité et de mise en concurrence simplifiées[77].

b. Production et vente d'énergie thermique ou frigorifique de source renouvelable

Il a été observé ci-avant[78] que les collectivités locales peuvent produire pour leur propre compte de l'énergie thermique ou frigorifique, le cas échéant à partir de ressources renouvelables (bois-énergie, déchets). La question subséquente est celle de savoir si les mêmes collectivités peuvent restituer ces énergies dans le cadre d'une opération de vente à des tiers. La réponse à cette question impose au préalable de rappeler les particularités du secteur économique de l'énergie chaleur/froid, dans le cadre duquel les réseaux assurant la distribution de ces énergies sont de fait non séparables de l'unité de production, si bien que ces activités forment un tout techniquement non dissociable, et par suite juridiquement non « dégroupable »[79]. Ainsi s'explique que l'expression « réseaux de chaleur » (ou de froid) désigne spécifiquement l'hypothèse dans laquelle un opérateur est tout à la fois le producteur mais aussi celui qui vend, *via* des infrastructures dédiées, son énergie thermique (ou frigorifique).

En droit français, la production/distribution de chaleur ou de froid n'a jamais relevé d'un monopole légal. Le secteur a donc été de tous temps ouvert à la concurrence. Dès les années 1930, un certain nombre de communes s'engagèrent dans cette production, mais ce n'est toutefois qu'avec la loi n° 80-531 du 15 juillet 1980 relative aux économies d'énergie et à l'utilisation de la chaleur qu'elles recevront pour le faire un titre exprès de compétence[80].

(73) CGCT, art. L. 2224-32.

(74) P. Terneyre, « Domaines publics et énergies renouvelables », préc.

(75) CGCT, art. L. 1311-5.

(76) CGCT, art. L. 1311-2.

(77) Voir B. Le Baut-Ferrarese, « Quels montages juridiques pour l'utilisation du domaine public à des fins de production d'électricité photovoltaïque », préc.

(78) Voir *supra* p. 503.

(79) Voir aussi *supra* p. 126.

(80) Art. 3 modifiant le 6° de l'article 8 de la loi n° 46-628 du 8 avril 1946.

Cette loi ne qualifie pas l'activité de production d'énergie thermique ou frigorifique dans l'hypothèse particulière où elle est exercée par une collectivité locale. Nonobstant, il va de soi qu'à partir du moment où cette production implique l'utilisation de réseaux publics et que la gestion de ces derniers n'est pas physiquement détachable de l'acte de production, elle doive recevoir la même qualification que celle accordée à la distribution, soit celle d'activité de service public. La nature de ce dernier est par ailleurs forcément industrielle et commerciale (SPIC), puisqu'en l'espèce le produit énergétique est principalement destiné à des bâtiments qui, publics ou privés, n'appartiennent pas à la personne publique[81].

Remarque

Lorsque l'énergie est produite à partir de déchets renouvelables, la nature de service public de l'activité peut au surplus se déduire de l'article L. 2224-13 du code général des collectivités territoriales, qui, définissant le service public des déchets ménagers, dispose que « les communes ou les établissements publics de coopération intercommunale assurent [...] la collecte et le traitement des déchets des ménages », et ce dès lors que l'article L. 541-2 du code de l'environnement pose, quant à lui, que « l'élimination des déchets comporte les opérations de collecte, transport, stockage, tri et traitement nécessaires à la récupération des éléments et matériaux réutilisables ou de l'énergie ».

On rappellera que le dispositif juridique applicable à la production de chaleur ou de froid ne comporte pas, quelle que soit sa finalité (vente à des tiers ou autoconsommation), l'obligation de se plier à un régime d'entrée en production[82]. Partant, les principales contraintes pesant sur les collectivités locales portent ici sur des problèmes d'occupation du domaine public et, plus fondamentalement sans doute, de mise en concurrence dans le cas notamment où elles choisissent de déléguer à des opérateurs extérieurs l'exercice des activités en cause[83].

3. L'exploitation d'installations de production d'électricité de proximité

Le régime juridique de la production d'électricité par des installations dites « de proximité » résulte de la loi n° 2000-108[84]. Ce texte permet aux collectivités concédantes de la distribution publique d'électricité visées au I de l'article L. 2224-31 du code général des collectivités territoriales, c'est-à-dire les collectivités territoriales et les EPCI, « d'aménager, exploiter directement ou faire exploiter par leur concessionnaire, toute installation de production d'électricité de proximité » lorsqu'elle est de nature à éviter l'extension ou le renforcement des réseaux publics de distribution d'électricité relevant de leur compétence. La loi impose que la mise en œuvre de ce type d'installations respecte des conditions économiques et techniques (qualité, sécurité et sûreté de l'alimentation électrique), et que ne soit pas dépassé un plafond de puissance de 12 MW[85].

Remarque

Le seuil est fixé à 2 MW en Guadeloupe, Guyane, Martinique, Réunion et Saint-Pierre-et-Miquelon (décret n° 2005-1585, 13 décembre 2005).

L'article L. 2224-33 du code général des collectivités territoriales n'impose en rien l'utilisation d'une source d'énergie renouvelable. Toutefois, les installations de proximité ont souvent vocation à équiper des ouvrages publics (éclairages photovoltaïques d'abribus, de statues et de monuments

(81) Voir CE 11 avril 1988, GIE Montenay Soccram, req. 152896 – CAA Paris 8 juillet 1993, Centre hospitalier Louise Michel, n° 91PA00409.

(82) Voir *supra* p. 126 et s.

(83) Voir aussi P. Blanquefort et G. Terrien, « Réseaux de chaleur et contrats de chauffage urbains », *Revue Lamy Collectivités territoriales* 2008, p. 40.

(84) CGCT, art. L. 2224-33.

(85) Décret n° 2004-46, 6 janvier 2004, fixant le seuil mentionné CGCT, art. L. 2224-33.

publics...), ou des sites isolés (haute montagne, îles...). Elles emploient à ce titre fréquemment les ressources énergétiques immédiatement disponibles, notamment celles de caractère renouvelable. Ces installations peuvent à leur façon contribuer à la poursuite des objectifs prévisionnels de production/consommation d'énergie renouvelable que la France s'est fixés.

Dans cette hypothèse, la loi rappelle un principe reconnu aux communes depuis la loi de 1946, à savoir que les collectivités territoriales ou leurs établissements publics de coopération sont les autorités concédantes de la distribution publique d'électricité. Au cas présent, l'activité de production d'électricité s'exerce, au reste, selon les termes mêmes de la loi, « dans le cadre de l'activité de distribution d'électricité ». Elle lui est donc forcément accessoire, et lui emprunte, subséquemment, sa qualité de service public industriel et commercial. Il sera relevé, *in fine*, qu'à l'instar de toutes les situations dans lesquelles les collectivités locales ou leurs groupements sont amenés à produire de l'énergie électrique, celle dans laquelle la production répond à un service de proximité, est assujettie au régime d'entrée en production prévu à l'article L. 311-5 du code de l'énergie.

On peut regretter que la loi n'ait pas davantage clarifié et mis en perspective l'exercice de la fonction de production d'énergie renouvelable par les collectivités locales, à la lumière du fait notamment que, dans certaines des hypothèses répertoriées, la limite entre l'activité d'intérêt général et celle de service public reste relativement floue. Quoi qu'il en soit, le fait est qu'il existe dans tous les cas considérés ici un lien avec l'intérêt général, ce qui justifie que les collectivités publiques concernées puissent recourir en particulier à des formules de gestion très diversifiées : régies, syndicat mixte avec d'autres collectivités, maîtrise d'ouvrage public, délégation de service public à un tiers chargé de la construction et/ou de l'exploitation du service, mais aussi sociétés d'économie mixte locale (SEML), etc.

Dans certains cas, les collectivités souhaitant exercer lesdites activités en cause peuvent envisager des solutions de gestion originales, évitant même, dans une certaine mesure, l'application des règles strictes du droit de la commande publique. Il en est ainsi de la formule de la société publique locale (SPL)[86], ou bien encore de l'utilisation de conventions particulières par lesquelles des collectivités décident d'exercer en commun une mission de service public à partir du moment où celle-ci a pu être identifiée[87].

Par ailleurs, le développement de partenariats public-privé comme technique d'aide à l'investissement pour les collectivités locales qui souhaitent agir dans le domaine des énergies renouvelables est recommandé par les instances de l'Union européenne, qui y voient une formule souple permettant de mobiliser opportunément des moyens financiers plus importants[88].

Dans le cas où la collectivité locale confie par convention à un tiers la gestion d'un ouvrage de production d'énergie renouvelable répondant à la qualification d'activité de service public, il faut se

(86) Voir A. Fourmon, « Le recours aux sociétés publiques locales comme nouvel instrument du développement des énergies renouvelables pour les collectivités », *Gazette du Palais*, 25 septembre 2010, n° 268, p. 34.

(87) Voir CJCE 9 juin 2009, Com. c./Allemagne, C-480/06, *JCP A* 2009, n° 2158, comm. P. Proot et n° 2248, comm. F. Linitch : un contrat par lequel des communes décident d'accomplir ensemble la mission de valorisation thermique de déchets, échappent aux règles strictes du droit des marchés publics dès lors qu'il « ne prévoit ni ne préjuge la passation des marchés éventuellement nécessaires pour la construction et l'exploitation de l'installation » ; en droit français de telles conventions peuvent être signées sur le fondement de l'article L. 5111-1 CGCT issu de la loi du 16 décembre 2010.

(88) Voir Communication de la Commission, « Énergies renouvelables : progrès accomplis pour atteindre l'objectif de 2020 », COM (2011) 31 final : « L'instrument le plus couramment utilisé à cette fin est l'"appropriation locale", qui permet aux collectivités locales de participer financièrement aux investissements consacrés au projet et d'obtenir en retour des réductions sur les prix de l'électricité ou une part des bénéfices générés par le projet. Le développement de partenariats publics-privé à l'échelon local peut aussi constituer un moyen efficace de réduire le coût des projets et d'améliorer l'acceptation par le public, tout en contribuant au développement socio-économique local et régional ».

souvenir qu'un tel contrat est, comme toute convention de délégation de service public, limité dans sa durée. Dans le même esprit, le recours à l'avenant pour une prolongation éventuelle de la délégation est contrôlé strictement par le juge administratif, car il peut avoir pour but d'éluder l'application des règles de mise en concurrence. Il faut cependant mentionner ici l'évolution apportée par la loi « Grenelle 2 », qui a pour but de favoriser l'accroissement de l'offre de production locale d'énergie renouvelable. Pour le domaine particulier des réseaux de chaleur, qui font souvent l'objet de délégations de service public, cette loi a ajouté aux deux motifs classiques justifiant de proroger ces contrats (motif d'intérêt général ou nécessité de réaliser à la demande du délégant des investissements matériels non prévus au contrat, de nature à modifier l'économie générale de la délégation et qui ne peuvent être amortis pendant la durée de la délégation que par une augmentation de prix manifestement excessive) une nouvelle hypothèse de prolongation de la délégation, en l'occurrence « l'utilisation nouvelle ou accrue d'énergies renouvelables ou de récupération, si la durée de la convention restant à courir avant le terme de la prolongation est supérieure à trois ans »(89).

Remarque

Lorsque le délai restant à courir est inférieur à 3 ans, l'autorité délégante devra attendre le renouvellement de la délégation de service public afin d'intégrer dans son nouvel appel à concurrence le développement de la production de chaleur renouvelable.

IV. L'amplification de l'offre par le classement administratif des réseaux de chaleur et de froid

L'impulsion donnée par les dispositifs européens et nationaux de promotion des énergies renouvelables tend en particulier au développement de l'offre énergétique des réseaux de chaleur et de froid. Le régime de classement administratif dont peuvent bénéficier ces réseaux lorsqu'ils utilisent plus de 50 % d'énergie renouvelable (biomasse, géothermie, déchets, etc.) est un des outils permettant de satisfaire cet objectif.

Remarque

On se souvient que la PPI chaleur prévoit une augmentation importante de la production de chaleur renouvelable à l'échéance 2020 (une multiplication par 5 environ de celle distribuée par les réseaux).

La loi (C. énergie, art. L. 712-1) indique explicitement que ce classement est effectué « afin de favoriser le développement des énergies renouvelables ».

Institué par la loi n° 80-531 du 15 juillet 1980(90), modifié par celle du 30 décembre 1996(91), et, en dernier lieu, par la loi « Grenelle 2 »(92), le classement permet aux collectivités territoriales et leurs groupements de définir une zone de développement prioritaire des réseaux alimentés « majoritairement par de la chaleur produite à partir d'énergies renouvelables, d'énergie de récupération ou par cogénération, ainsi que les réseaux de froid ». L'enjeu de ce classement est la création, sur tout ou partie de la zone de desserte du réseau classé, d'un ou plusieurs périmètres sur le(s)quel(s) les collectivités concernées peuvent imposer le raccordement au réseau de certaines installations ou bâtiments. De la sorte, il apparaît comme un instrument à part entière des stratégies territoriales visant le développement des énergies renouvelables.

(89) Loi n° 2010-788, art. 85-I ; CGCT, art. L. 1411-2 b) – Voir aussi A. Gonzalez, « Les effets du Grenelle de l'environnement sur le droit de la commande publique », *Revue Lamy Collectivités territoriales*, 2010-2.

(90) Loi relative aux économies d'énergie et à l'utilisation de la chaleur.

(91) Loi n° 96-1235 sur l'air et l'utilisation rationnelle de l'énergie.

(92) Loi n° 2010-788 du 12 juillet 2010, art. 85-III, C. énergie, art. L. 712-1 à L. 712-3.

En premier lieu, afin de généraliser et faciliter le classement des réseaux de chaleur/froid existants, la loi « Grenelle 2 » a simplifié le régime juridique du classement[93]. Particulièrement lourde, peu favorable à l'épanouissement concurrentiel de l'activité[94], la procédure est désormais du ressort de la collectivité territoriale ou du groupement de collectivités, et non plus de l'autorité préfectorale, et par ailleurs ne comprend plus d'enquête publique ; la loi impose toutefois de recueillir, lorsqu'elle existe, l'avis de la commission consultative des services publics locaux prévue par l'article L. 1413-1 du CGCT. La même loi a ajouté au texte initial des critères conditionnant la mise en œuvre de la procédure : les quantités d'énergie livrées doivent être comptées par point de livraison, l'équilibre financier de l'opération pendant la période d'amortissement des installations doit être assuré « au vu des besoins à satisfaire, de la pérennité de la ressource en énergie renouvelable ou de récupération et compte tenu des conditions tarifaires prévisibles ». Enfin, elle a prévu que le classement a une durée limitée (30 ans) et qu'il doit y être mis fin par délibération spéciale lorsque les règles relatives à l'alimentation à plus de 50 % par des énergies renouvelables ou de récupération ne sont plus respectées.

Remarque

La condition relative à la pérennité de la ressource en énergie renouvelable ou de récupération vise à ce que, en amont de la procédure de classement, soit dûment vérifiée la disponibilité de la ressource sur la durée.

L'article 86 de la loi « Grenelle 2 » a par ailleurs rendu obligatoire dans un délai de 5 ans le comptage de la chaleur livrée à chaque point de livraison.

L'obligation d'abroger le classement lorsque la condition relative à l'alimentation à plus de 50 % par une énergie renouvelable ou de récupération cesse d'être remplie confirme que le classement a bien pour finalité première le développement de la production d'énergie renouvelable thermique/frigorifique.

En second lieu, la loi « Grenelle 2 » a modifié les conditions d'établissement de la zone de desserte du réseau, transformant la possibilité de définir un ou plusieurs périmètres de développement prioritaire en obligation.

Enfin, alors qu'au sein de ces périmètres prioritaires la collectivité ou le groupement était jusque-là libre d'imposer le raccordement au réseau de toute installation nouvelle, la loi a instauré le raccordement automatique, et l'a étendu, au-delà des bâtiments neufs, à ceux qui font l'objet de rénovations importantes, dès lors que la puissance pour le chauffage, la climatisation ou la production d'eau chaude dépasse 30 kilowatts.

Remarque

Il est loin d'être acquis que l'obligation de raccordement imposée par la loi améliore le climat de concurrence dans le secteur en cause. Sous l'empire du régime antérieur, le conseil de la concurrence n'avait-il pas noté que la loi avait « un effet nécessairement limitatif de concurrence » parce qu'instituant « sous certaines conditions, une obligation de raccordement [...], excluant [...] toute compétition entre systèmes de chauffage ou de climatisation et sources d'énergie » (avis n° 98-A-18 préc.) ?

Le décret n° 2012-394 (art. 1) préc. précise en particulier les notions de bâtiment neuf et bâtiment faisant l'objet de travaux de rénovation importants.

(93) Voir aussi décret n° 2012-394 du 23 mars 2012 relatif au classement des réseaux de chaleur et de froid.

(94) Conseil de la concurrence, avis n° 98-A-18 du 25 novembre 1998 relatif à une demande d'avis de la Fédération des industries mécaniques portant sur des questions de concurrence concernant le classement des réseaux de chaleur, *BOCCRF* 31 août 1999, n° 15.

V. L'élargissement de l'offre par l'autorisation de mise à la consommation

Cette démarche intéresse deux types de produits énergétiques susceptibles d'être issus de sources renouvelables : les carburants et le gaz.

A. La mise à la consommation des carburants renouvelables

La notion d'offre de biocarburants est spécifique, en raison de l'existence en la matière d'une nomenclature officielle de produits considérés comme tels. Cette liste figurait en première ligne dans la directive biocarburants de 2003, dont l'article 2.2 établissait que les produits considérés comme biocarburants comprenaient « au minimum » une liste de 10 produits exhaustivement énumérés. Cette liste n'est plus codifiée dans la nouvelle directive européenne de 2009 sur l'énergie renouvelable mais reléguée dans ses annexes (annexe III). Quoi qu'il en soit, la liste européenne n'a jamais traité que des biocarburants utilisés « dans les transports » et non comme combustibles pour le chauffage. On peut en déduire que la désignation des biocombustibles utilisables pour le chauffage relève de la seule compétence de chaque État membre. À ce sujet, il est à souligner qu'en France, à la différence de la situation prévalant en matière de carburants, il n'existe pas de liste des produits combustibles autorisés à la consommation. En sorte que l'usage de certaines huiles (esters méthyliques d'huile végétale ou animale, HVP) en tant que combustibles, seules ou incorporées dans le fioul domestique, est considéré dans la plupart des cas comme licite.

Remarque

Est licite l'incorporation d'ester méthylique d'huile végétale (EMHV) dans le fioul (arr. 28 août 1997, relatif aux conditions d'incorporation d'EMHV dans le fioul domestique, *BOD* 27 mai 2000, n° 6433, modifié *BOD* 2 octobre 2000, n° 6458). En revanche, le mélange HVP/fioul pour une utilisation comme combustible ne semble pas licite parce qu'il conduit à modifier le fioul après sa sortie d'entrepôt sous douane, c'est-à-dire après sa mise à la consommation, or ceci est contraire à l'article 8 de l'arrêté du 22 décembre 1978 relatif aux carburants autorisés qui prévoit que « les produits dont l'utilisation à la carburation est autorisée doivent être commercialisés dans l'état où ils se trouvent lors de leur mise à la consommation ».

Si la liste de l'Union européenne ne concernait que l'usage des biocarburants pour la carburation, sa portée normative, et plus particulièrement la question de savoir si elle obligeait les États membres à autoriser tous les produits recensés, fut, comme on le sait, posée(95). L'interprétation authentique du texte a consisté à dire que tous les biocarburants y énoncés n'étaient pas forcément de plein droit autorisés dans chaque État membre pour l'usage à la carburation(96). Cette conception, sur laquelle la directive énergie renouvelable de 2009 n'est pas revenue, conduit à postuler que les États ont conservé la prérogative d'autoriser ou non la commercialisation de tel ou tel biocarburant.

L'exercice de cette compétence ne s'entend toutefois que dans le respect de la directive « qualité des carburants »(97) ; on se souvient que cette directive autorise les États – sans toutefois les obliger

(95) Voir *supra* p. 409 et s.

(96) CE 21 décembre 2007, Ministre de l'Écologie c/ Communauté de communes de Villeneuvois, req. n° 300041 et n° 300056 : « la directive du 8 mai 2003 ne faisait pas obligation aux États membres d'autoriser comme carburants l'ensemble des produits figurant sur la liste des biocarburants mentionnés à l'article 2.2 ». Voir aussi rép. min. Agriculture et Pêche au député Y. Lachaud, indiquant que les États membres restent libres du choix des biocarburants à promouvoir pour atteindre les objectifs d'incorporation communautaires ou nationaux, *JO* 5 décembre 2006, p. 12 703 ; CAA Bordeaux 18 mars 2008, Communauté de communes de Villeneuvois, req. n° 06BX01451, *Environnement*, septembre 2008, n° 2195, note P. Billet, et CJCE, 10 septembre 2009, Plantanol, C-201/08, *Rec.* p. I-6579.

(97) Directive 98/70 modifiée par la directive 2009/30 concernant les spécifications techniques relatives à l'essence, au carburant diesel et aux gazoles, voir aussi *supra* p. 407.

– à mettre sur le marché une essence ayant une teneur maximale en éthanol de 5 % et de carburants diesel intégrant des esters méthyliques d'huile végétale (EMHV) (maximum 5 %) ou des esters méthylique d'acides gras (EMAG) (maximum 7 %).

En France, l'autorisation de l'utilisation, de la vente ou de la mise en vente comme carburants de produits pouvant prétendre à l'appellation « biocarburants » est strictement réglementée. Pour être autorisé, le produit doit en effet, soit relever directement des catégories de produits pétroliers et assimilés visées à l'article 265 du code des douanes, soit faire l'objet d'une autorisation spéciale accordée par les ministres du Budget et de l'Industrie en application de l'article 265 *ter* du code des douanes. Deux biocarburants sont directement intégrés par l'article 265 dans la famille des produits pétroliers et assimilés : d'une part, un super-carburant dénommé E 10, composé de 10 % d'éthanol et de 90 % d'essence sans plomb (indice d'identification 11 *ter* du tableau B), d'autre part, le superéthanol E 85, composé de 65 à 85 % d'éthanol et d'au moins 15 % d'essence (indice d'identification 55 du tableau B). Les autres sont autorisés sur le fondement de l'arrêté du 22 décembre 1978 qui établit la « liste des carburants autorisés ». Par exemple, pour la filière gazole, ce texte autorise l'utilisation de gazole incluant une proportion de carburant renouvelable (EMHV) : pour le gazole présentant un point d'éclair inférieur à 120 °C utilisable dans tous les moteurs à combustion interne, cette teneur peut être inférieure ou égale à 5 % ; pour le gazole utilisé dans les véhicules appartenant à une « flotte professionnelle disposant d'une logistique d'approvisionnement spécifique » (flottes captives, c'est-à-dire véhicules de collectivités et d'entreprises), cette part peut atteindre 30 % (B 30). En tout état de cause, la distribution de tous ces carburants doit se faire au départ de raffineries considérées comme dépôts ou de dépôts agréés « sous douane », afin de contrôler les volumes distribués. Enfin, dans tous les cas, les biocarburants « purs » doivent être mélangés aux hydrocarbures dans un entrepôt fiscal de produits énergétiques (EFPE)[98].

Les huiles végétales pures ne sont pas incluses dans cette réglementation. Pour assurer néanmoins leur développement, le législateur a décidé de réécrire les articles 265 *ter* et *quater* du code des douanes et de les intégrer dans les carburants autorisés. Il faut toutefois redire ici la singularité de ces huiles au regard des autres filières de carburants verts, qui a longtemps tenu en France au fait qu'il s'agissait pour l'essentiel d'une filière courte et décentralisée – l'huile étant obtenue et consommée au sein de l'installation agricole –, alors que les filières de biocarburants sont traditionnellement industrielles, et plus encore au fait que, jusqu'à une date récente, un tel produit n'était pas autorisé à la carburation.

Remarque

L'HVP n'impose au produit agricole que de faibles transformations (broyage, pressage) et est en ce sens un produit plus artisanal qu'industriel.

Les modifications apportées à la législation se sont déployées sur quatre périodes. Dans un premier temps, l'article 49 de la loi d'orientation agricole de 2006 (LOA) a autorisé dès son entrée en vigueur la consommation des HVP – et simultanément l'a partiellement défiscalisée – sous réserve que ces produits soient utilisés dans les exploitations dont sont issues les graines à partir desquelles l'huile est produite (autoconsommation). Dans un second temps, soit à partir du 1er janvier 2007, la même loi a autorisé la commercialisation de ces huiles comme carburant agricole (au-delà des hypothèses d'autoconsommation) ou pour l'avitaillement des navires de pêche professionnels. Sourd aux demandes des milieux agricoles qui souhaitaient que soit accordé aux HVP le statut de carburant ordinaire mis à la disposition de tous les consommateurs, le législateur semblait vouloir en rester là. Ces strictes conditions d'usage des HVP ont ainsi pu conduire un préfet à déférer devant le tribunal administratif la déli-

(98) Voir aussi *supra* p. 128 et s.

bération d'une communauté de communes qui avait approuvé le principe de l'utilisation de ces huiles par ses propres véhicules, le tribunal administratif ayant validé cette mesure(99). Toutefois, dans un troisième temps, l'article 37 de la loi de finances rectificative pour 2006 a permis aux collectivités locales et à leurs groupements d'utiliser(100) « pures ou en mélange » les HVP dans leurs véhicules (hors transport en commun), sinon même de les vendre(101). Enfin, la loi de finances pour 2009 a consacré la possibilité d'utilisation de ces huiles comme carburant dans les véhicules des collectivités territoriales destinés au transport de personnes, quel que soit le mode de gestion de ces flottes(102). Dans ces deux derniers cas, les collectivités locales concernées ont l'obligation de signer un protocole avec l'État (le préfet et le directeur régional des douanes). Le caractère progressif de ce dispositif s'explique par sa vocation expérimentale : mesurer la compatibilité technique et environnementale de l'HVP avec les moteurs diesel.

Remarque

Dans l'attente, l'utilisation des HVP est effectuée sous la seule responsabilité de ses utilisateurs, assumant les conséquences qui pourraient en résulter pour leurs véhicules ; un renvoi explicite à la responsabilité des utilisateurs est d'ailleurs posé à l'article 265 *ter* du code des douanes (utilisation dans des flottes captives des collectivités territoriales).

B. La mise à la consommation du gaz d'origine renouvelable

Le décret n° 2004-555 du 15 juin 2004 relatif aux prescriptions techniques applicables aux canalisations et raccordements des installations de transport, de distribution et de stockage de gaz dispose que, dans le cas où est prévue l'injection dans un réseau de gaz autre que du gaz naturel, le ministre de l'Énergie peut confier à un organisme agréé une expertise destinée à établir que cette injection ne présente pas de risque pour la santé publique, la protection de l'environnement et la sécurité des installations(103). Suite au rapport et à l'avis favorables donné par l'Autorité nationale de sécurité sanitaire (ANSES/AFSSET) en octobre 2008(104), les pouvoirs publics ont engagé une réflexion sur l'injection du biogaz/biométhane dans les réseaux gaziers. Le résultat de cette réflexion a été inscrit à l'article 92 de la loi « Grenelle 2 », qui a décidé d'autoriser cette démarche. Ainsi, désormais, « sous réserve de la nécessité de préserver le bon fonctionnement des réseaux de transport et de distribution de gaz naturel, tout producteur de biogaz peut conclure avec un fournisseur de gaz naturel un contrat de vente de biogaz »(105). Cette entrée sur les réseaux ne se conçoit toutefois que dans le respect des prescriptions techniques applicables aux canalisations et raccordements des installations gazières(106). Parallèlement, les gestionnaires de réseau de gaz naturel ont publié un cahier des charges techniques pour l'injection de biométhane dans les réseaux de distribution (mars 2010) et de transport (décembre 2010), en accord avec les prescriptions des directives européennes concernées(107).

(99) TA Bordeaux 20 juin 2006, Préfet de Lot-et-Garonne, préc.

(100) C. douanes, art. 265 *ter*.

(101) C. douanes, art. 265 *quater*.

(102) Loi n° 2010-1657 du 29 décembre 2010, art. 29, codifié code des douanes, art. 265 *ter*.

(103) Art. 3.

(104) Disponible à l'adresse www.afsset.fr.

(105) C. de l'énergie, art. L. 446-2.

(106) Régies par le décret n° 2004-555 du 15 juin 2004 préc.

(107) Voir aussi directive énergies renouvelables (2009/28), art. 16.10 : « Le cas échéant, les États membres font obligation aux gestionnaires de réseaux [...] de publier des règles techniques conformément à l'article 6 de la directive 2003/55 [...] concernant des règles communes pour le marché intérieur du gaz naturel, en particulier des règles de connexion au réseau comportant des prescriptions en matière de qualité, d'odoration et de pression du gaz. »

Cette mesure permet donc d'élargir l'offre de produits énergétiques de source renouvelable. Elle ne concerne cependant que les biogaz jugés non dangereux pour la santé (issus de produits ou déchets agricoles, des déchets ménagers ou de l'industrie agroalimentaire[(108)]). Enfin, pour assurer l'équilibre financier de cette opération commerciale, la loi a aligné le régime juridique applicable sur celui de l'électricité renouvelable, en mettant en place une garantie de cession à un tarif d'achat fixe au bénéfice des producteurs souhaitant injecter leur production de biogaz sur le réseau public gazier[(109)].

§2. L'approche qualitative

Cette approche est elle-même pluridimensionnelle, les pouvoirs publics s'intéressant ici, selon les cas, aux conditions d'accès à l'offre pour les candidats à la production d'énergie renouvelable, au contenu même des produits proposés sur le marché, ou bien encore au comportement des différents acteurs intervenant dans le processus de production.

I. L'amélioration de l'accès à l'offre

Si l'on veut que les producteurs d'énergies renouvelables puissent s'introduire sans trop de difficultés sur le marché, il faut un accès à l'offre de production suffisamment ouvert. Pour répondre à cette attente légitime, les pouvoirs publics peuvent être amenés à modifier les procédures administratives ainsi que les conditions d'accès aux réseaux telles que subordonnant le cas échéant l'entrée sur le marché.

A. La simplification des procédures administratives

Cette démarche participe du projet global, et très contemporain, de simplification du droit[(110)], mais se heurte souvent à la difficulté de concilier l'intérêt collectif et les intérêts particuliers. Dans le cadre de cette analyse, sont visées toutes les procédures administratives dont le respect s'impose aux candidats voulant mettre en œuvre un projet d'offre énergétique à partir de ressources renouvelables, et qui sont souvent perçues comme des obstacles au développement de celle-ci. Ces procédures sont diverses. Certaines relèvent des textes relatifs à l'énergie : soit en général (autorisations d'exploitation[(111)], certificats ouvrant droit à une obligation d'achat de l'électricité produite[(112)]), soit à une énergie renouvelable en particulier (régime spécifique des autorisations hydroélectriques[(113)]). D'autres entrent dans les champs du droit des sols[(114)] ou du droit de l'environnement[(115)]. L'obligation de se soumettre à ces procédures souvent complexes a conduit à une demande de rationalisation, de simplification, de transparence, enfin de non-discrimination, à laquelle il n'est pas toutefois répondu de façon systématique.

(108) Voir arr. 23 novembre 2011 fixant la nature des intrants dans la production de méthane pour l'injection dans les réseaux de gaz naturel.

(109) C. énergie, art. L. 446-2, sur ces obligations d'achat avec tarifs garantis, voir aussi *infra* p. 585.

(110) Voir en ce sens loi n° 2012-387 du 22 mars 2012 relative à la simplification du droit et à l'allègement des démarches administratives.

(111) C. énergie, art. L. 311-5.

(112) Décret n° 2001-410 du 10 mai 2001 relatif aux conditions d'achat de l'électricité produite par des producteurs bénéficiant de l'obligation d'achat, art. 1 III. Voir *infra* p. 597.

(113) Voir *supra* p. 132 et s.

(114) Voir *supra* p. 218 et s.

(115) Voir *supra* p. 304 et s.

1. Les exigences européennes

Ces préoccupations touchent désormais l'ensemble de la production d'énergie renouvelable, occupant en effet un article entier de la nouvelle directive dédiée[(116)]. Le texte en cause demande aux États membres de l'Union européenne de passer en revue les procédures légales nationales pour les rendre, lorsque cela est nécessaire, « proportionnées et nécessaires », sans proposer lui-même de solution idéale.

Les exigences européennes sur les procédures ont un champ d'application élargi depuis l'entrée en vigueur de la directive 2009/28. En effet, la révision générale des procédures concerne autant désormais celles « d'autorisation, de certification et d'octroi de licences », ce en tant qu'elles s'appliquent aux installations de production et aux infrastructures connexes de réseau (transport, distribution), que celles régissant le « processus de transformation de la biomasse en biocarburants et autres produits énergétiques »[(117)].

Remarque

L'article 16.1 de la directive 2009/28 relatif spécifiquement aux infrastructures de réseaux reprend en substance les mêmes exigences. Il réclame aux États membres « des mesures appropriées pour accélérer les procédures d'autorisation [...] et pour coordonner l'approbation de l'infrastructure de réseau et les procédures administratives et d'aménagement ». Cette thématique est également centrale dans les orientations de la politique de l'Union européenne en matière de réseaux transeuropéens d'énergie (RTE-E)[(118)].

Par ailleurs, la priorité nouvelle est celle d'une plus grande efficacité des procédures applicables selon les différents échelons territoriaux impliqués. Le texte de 2009 formule à cet égard trois requêtes : que les responsabilités respectives des autorités nationales, régionales et locales soient « clairement coordonnées et définies, et assorties d'échéanciers transparents pour statuer sur les demandes de permis d'aménagement et de construction »[(119)], que l'information de tous les demandeurs soit effectuée « au niveau approprié »[(120)], enfin que la simplification et l'accélération des procédures administratives soient mises en œuvre là encore « au niveau approprié »[(121)].

Remarque

La directive électricité renouvelable de 2001 exigeait la production par les États d'un rapport sur le processus de réexamen des procédures administratives, et prévoyait que, dans son rapport final visant à évaluer les effets de cette directive, la Commission identifierait les meilleures pratiques en la matière. On se plaît à penser que les exigences nouvelles sont le résultat de ce retour d'expérience.

La simplification et l'accélération des procédures en particulier sont également mises en avant dans le cadre de la politique de l'Union européenne intéressant les infrastructures énergétiques, afin notamment d'assurer un transport efficace des énergies renouvelables. Ces objectifs doivent être poursuivis notamment lors de la mise en œuvre des « projets d'intérêt européen », qui vont être définis d'ici à 2013. La Commission souhaite que la procédure d'autorisation de ces projets dure 3 années maximum contre souvent plus de 10 actuellement, et que chaque État mette en place un « guichet unique » pour gérer l'ensemble de la procédure[(122)].

D'autres considérations viennent sur le même sujet enrichir la directive de 2009. D'une part, ce texte se soucie aussi de ce que les frais auxquels s'exposent les acteurs économiques ici concernés (consommateurs, mais aussi aménageurs, architectes, entrepreneurs et installateurs, fournisseurs

(116) Directive 2009/28, art. 13.

(117) Art. 13.1.

(118) Voir *supra* p. 425.

(119) Art. 13.1 a.

(120) Art. 13.1 b.

(121) Art. 13.1 c.

(122) Voir Commission, « Mécanisme pour l'interconnexion en Europe : la Commission adopte un plan de 50 milliards d'euros pour stimuler les réseaux européens », IP/11/1200 du 19 octobre 2011.

d'équipements et de systèmes) soient « transparents et calculés en fonction des coûts »[(123)]. D'autre part, il recommande d'établir, chaque fois que cela est juridiquement possible, des « procédures d'autorisation simplifiées et moins contraignantes, y compris par une simple notification [...] pour des projets de moindre envergure et pour des dispositifs décentralisés [...] »[(124)].

La règle selon laquelle les États doivent mettre en place des procédures objectives, transparentes et non discriminatoires tenant compte des particularités des différentes technologies utilisant des sources d'énergie renouvelables se trouvait, quant à elle, déjà dans la directive de 2001, celle de 2009 y adjoint l'exigence de procédures « proportionnées »[(125)].

De fait, la directive énergie renouvelable a étoffé les contraintes pesant sur les États membres même si celles-ci restent assez générales.

2. Les actions entreprises au niveau national

Le droit français a porté son effort prioritairement sur la simplification et l'accélération des procédures liées aux énergies renouvelables, même si, de fait cette thématique n'est pas apparue en France avec les textes de l'Union européenne. Ainsi, avant la directive électricité de 2001 des propositions avaient été faites, telles la mise en place du principe du guichet unique pour les opérateurs concernés, l'élaboration d'un plan de formation des personnels des administrations, l'accélération des procédures d'instruction, la création de médiateurs locaux[(126)]...

Un groupe de travail interministériel sur la simplification des procédures administratives pour l'implantation des installations de production d'électricité à partir de sources d'énergie renouvelables a été mis en place en avril 2001 et a rendu ses recommandations en avril 2002[(127)]. La loi POPE de 2005 a également pris en considération le sujet dans le domaine hydroélectrique en particulier. D'abord, pour optimiser l'utilisation du potentiel hydraulique[(128)], cette loi simplifie la procédure d'autorisation pour l'installation des équipements destinés au turbinage des débits minimaux[(129)], disposition depuis lors modifiée par la loi sur l'eau et les milieux aquatiques de 2006[(130)]. Dans le même domaine, la loi POPE avait simplifié les procédures relatives à l'augmentation des capacités de production des installations.

L'accélération des procédures est toutefois diversement prise en compte par le droit français.

S'agissant des procédures de raccordement aux réseaux, dans certains cas, cette préoccupation a été directement intégrée par les opérateurs de réseaux eux-mêmes dans leurs dispositifs de traitement des demandes. Ainsi d'une part, et quand bien même la mesure n'est pas spécialement destinée à la production d'électricité renouvelable, la société gestionnaire du réseau de distribution d'électricité (ERDF) a inscrit dans sa « documentation technique de référence » le principe selon lequel le délai de transmission au demandeur de l'offre de raccordement (ou « proposition technique et financière ») (PTF) suite à la réception d'une demande de raccordement ne doit pas excé-

(123) Art. 13.1 e.

(124) Art. 13.1 f.

(125) Art. 13.1 d.

(126) Y. Cochet, « Stratégie et moyens de développement de l'efficacité énergétique et des sources d'énergie renouvelables en France », rapport au Premier ministre, 14 septembre 2000.

(127) Rapport repris à l'annexe 3 du rapport officiel sur les objectifs indicatifs nationaux en matière d'électricité renouvelable, 15 novembre 2002, tel qu'imposé par directive électricité renouvelable, art. 3.

(128) Annexe, § III.A.2.

(129) Art. 46.

(130) Voir *supra* p. 278.

der 3 mois(131). Ainsi d'autre part, ce même souci de célérité et d'adaptation de la procédure a également mobilisé le gestionnaire du réseau de transport (RTE) s'agissant spécialement des projets d'installations de production entrant dans le cadre des appels d'offres lancés par le ministre de l'Énergie en application de l'article L. 311-10 du code de l'énergie ; cette démarche a été accueillie positivement par le régulateur, qui l'a estimée « nécessaire pour assurer dans l'avenir le succès des appels d'offres et pour atteindre les objectifs de la programmation pluriannuelle des investissements de production d'électricité », en particulier pour les ouvrages ayant une localisation spécifique et une puissance substantielle (éolien en mer notamment)(132).

Cette préoccupation a également été prise en considération par la loi « Grenelle 2 », qui a imposé à tout gestionnaire de réseau de respecter un délai d'un mois pour la production de la convention de raccordement et de deux mois pour effectuer le raccordement des installations de production d'électricité à partir de sources d'énergie renouvelables d'une puissance inférieure ou égale à 3 kilovoltampères, et prévu une compensation financière en cas de dépassement(133). Le décret n° 2012-38 du 10 janvier 2012 a établi le montant, peu élevé, des pénalités financières applicables en cas de non-respect de ces délais(134) (la sanction est de 30 euros en cas de violation du délai prévu pour la production du contrat de raccordement, et de 50 euros en cas de dépassement du délai de réalisation du raccordement). Aucun délai de ce type n'existe pour les installations de puissance supérieure.

Remarque

La lenteur du gestionnaire de réseau pour traiter une demande de raccordement peut avoir de lourdes conséquences, en particulier pour l'obtention du régime d'obligation d'achat. Ainsi, l'arrêté fixant les conditions d'achat de l'électricité solaire photovoltaïque précise que le contrat d'achat commence lors de la mise en service de l'installation, celle-ci devant intervenir dans un délai de 18 mois à partir de la date de demande complète de raccordement au réseau public, faute de quoi la durée du contrat d'achat est réduite du triple de la durée de dépassement.

Dans son « 3e Rapport sur la régulation incitative de la qualité de service des gestionnaires de réseaux de gaz naturel et d'ERDF » (mai 2012), la CRE a pointé les faiblesses des gestionnaires de réseaux en matière de délais d'envoi des propositions de raccordement et les délais de réalisation des travaux de raccordement (www.cre.fr).

Par ailleurs, le décret n° 2011-1893 du 14 décembre 2011 a apporté une réponse à la demande spécifique de l'article 13.1 f) de la directive énergie renouvelable (procédures d'autorisation simplifiées et moins contraignantes), en créant un régime d'autorisation d'office pour la production de l'électricité de source renouvelable, en lieux et place du régime de déclaration administrative qui s'appliquait auparavant. La nouvelle technique s'applique aux installations de puissance limitée(135), conformé-

(131) Voir « Procédure de traitement des demandes de raccordement des installations de production d'électricité aux réseaux publics de distribution » (www.erdfdistribution.fr), « Procédure de traitement des demandes de raccordement des installations de production d'électricité » ; voir aussi Commission de régulation de l'énergie, délibération du 18 novembre 2010 portant décision sur les règles d'élaboration des procédures de traitement des demandes de raccordement aux réseaux publics de distribution d'électricité des installations de production d'électricité à partir de sources d'énergie renouvelables d'une puissance inférieure ou égale à 3 kVA ; voir aussi CoRDiS, Décision 22 juin 2011, GAEC de Saint-Doué c./ERDF, *JO* 29 octobre 2011 : constat de violation du délai, préjudiciable à une société qui souhaitait raccorder son installation de production d'électricité photovoltaïque au réseau public de distribution.

(132) Voir Commission de régulation de l'énergie, « Avis relatif à la modification des règles de raccordement des installations de production d'électricité à partir d'énergie renouvelable », *JO* 8 avril 2011.

(133) Loi n° 2010-788, art. 88 V., codifié C. énergie, art. L. 342-3.

(134) Décret fixant le barème des indemnités dues en cas de dépassement des délais d'envoi de la convention de raccordement ou de réalisation du raccordement des installations de production d'électricité à partir de sources d'énergie renouvelables d'une puissance inférieure ou égale à 3 kilovoltampères.

(135) Voir *supra* p. 122.

ment à la lettre de la directive qui préconisait de tels dispositifs pour des projets « de moindre envergure et pour des dispositifs décentralisés ».

Certains secteurs justifient peut-être plus que d'autres d'une évolution des procédures applicables. Il en irait ainsi des projets intéressant l'éolien terrestre, dont il faut bien admettre que les régimes juridiques d'exploitation et d'implantation se sont notablement complexifiés au fil des réformes successives. En ce domaine, les autorités publiques ont au demeurant proposé différentes mesures susceptibles d'améliorer la situation des candidats à l'exploitation : désignation d'un interlocuteur unique au sein des DREAL pour l'instruction des dossiers (autorisations d'exploiter, autorisations d'urbanisme, etc.), réduction du délai d'instruction à un an, renforcement de l'homogénéité des pratiques, réduction des consultations juridiques et amélioration de la sécurité juridique pour les exploitants[136].

Le droit de l'urbanisme est de plus en plus conçu de façon à favoriser le recours à des équipements de production d'énergie renouvelable, ce dont atteste l'intitulé même d'un des chapitres figurant dans le code régissant ce droit : chapitre VIII, Titre II, Livre I : « Dispositions favorisant la performance énergétique et les énergies renouvelables dans l'habitat ». En l'espèce les situations varient selon que le législateur s'est borné à instaurer une simple possibilité de contournement des contraintes d'urbanisme, laissant aux communes la responsabilité de se saisir ou non de cette prérogative, ou a posé une règle générale d'urbanisme[137].

Le remaniement des procédures peut aussi se faire au moyen d'une clarification du régime juridique applicable. Participe de cette logique la modification apportée par la loi n° 2012-387 du 22 mars 2012 (loi de simplification du droit et d'allègement des démarches administratives) aux articles L. 531-1 à L. 531-6 du code de l'énergie : ce texte confirme expressément que l'autorisation administrative accordée à une installation utilisant l'énergie hydraulique soumise au régime de la police de l'eau (articles L. 214-1 à L. 214-11 du code de l'environnement) vaut autorisation d'exploiter au titre de la législation spéciale applicable à l'énergie hydraulique[138].

Quoi qu'il en soit, le fait est que le meilleur des textes ne peut sans doute pas grand-chose contre la lenteur administrative, notamment celle de l'État, par exemple pour le renouvellement des concessions hydroélectriques, ou encore pour l'attribution des autorisations d'urbanisme nécessaires pour l'implantation des éoliennes terrestres. Là comme ailleurs, la règle de droit n'est rien si elle n'est pas suivie d'effets concrets.

Remarque

En matière d'hydroélectricité, le non-respect des délais de procédure serait pathologique. Selon le « Rapport sur le renouvellement des concessions hydroélectriques » (novembre 2006) (www.industrie.gouv.fr/energie), la durée moyenne des procédures de réattribution effectuée sur la base de la loi sur l'énergie hydraulique du 16 octobre 1919 était de 18 ans.

Dans le domaine de l'éolien terrestre, les situations sont contrastées d'un département à l'autre – variant selon certaines études de 3 à 24 mois (voir Sénat, Documents de travail, Série Législation comparée, « Les procédures administratives préalables à l'implantation des éoliennes », n° 197, 12 juin 2009) mais ne diffèrent pas fondamentalement, en tout état de cause, de celles constatées dans les autres États membres de l'UE : l'association européenne de l'énergie éolienne (EWEA) a ainsi effectué une étude sur la durée moyenne d'instruction d'un permis de construire dans l'UE, son communiqué en date du 22 avril 2010 indiquait que le délai moyen était de 42 mois, les États les plus rapides étant la Finlande (8 mois), l'Autriche (10 mois), la Roumanie (15 mois), l'Italie (18 mois).

Enfin, l'un des obstacles majeurs au développement de l'électricité solaire photovoltaïque serait là encore celui des barrières administratives (demandes de raccordement au réseau, autorisations d'urbanisme, etc.).

(136) Voir MEDDTL, circulaire du 17 octobre 2011 relative à l'instruction des permis de construire et des demandes d'autorisation d'exploiter des éoliennes terrestres, disponible sur le site circulaires.gouv.fr.

(137) Pour un examen approfondi de ces mécanismes, voir *supra* p. 194 et s.

(138) Voir C. énergie, art. L. 531-1 I, voir aussi Z. Bory, « Le régime juridique du petit hydraulique », *ACCP*, n° 121, mai 2012, p. 54.

B. Les conditions de l'accès aux réseaux

Cette problématique ne touche que les énergies renouvelables susceptibles d'entrer dans les « grands » réseaux, pour lesquels le droit de l'Union européenne a exigé l'ouverture à des tiers, c'est-à-dire l'électricité et le gaz d'origine renouvelable. Cette démarche postule que les activités de production de l'énergie d'un côté, celles de distribution ou de transport de l'autre relèvent d'infrastructures séparées, et que celles-ci soient ouvertes à tous les producteurs intéressés. Or, cette dynamique d'ouverture à la concurrence ne concerne pas les énergies calorifique et frigorifique, du fait de l'impossibilité de dissocier d'un point de vue technique la production et la distribution de ces dernières[(139)].

Pour les énergies électrique et gazière de source renouvelable, et elles seules donc, la difficulté principale réside dans le caractère souvent décentralisé de la production (éloignement des réseaux centraux), et parfois du faible rendement des installations. Les réseaux électriques notamment ont été construits dans la perspective d'une production essentiellement centralisée d'électricité et ne sont pas la plupart du temps en l'état adaptés pour le raccordement de myriades de petits producteurs et revendeurs (phénomène de « capillarité »). Dans l'axe de la politique d'interconnexion des réseaux européens, la mise au point d'une stratégie, aux niveaux européen et national, traitant du problème de l'accès de l'électricité et du gaz renouvelables dans les réseaux s'impose à l'évidence.

Il faut rappeler que le droit de l'Union européenne œuvre au développement global de l'infrastructure de réseaux au titre de ses programmes relatifs aux réseaux transeuropéens dans le secteur de l'énergie (RTE-E), afin, notamment, d'y intégrer les projets liés à l'électricité renouvelable[(140)]. Mais l'accès des producteurs d'électricité renouvelable aux réseaux est également traité de façon plus spécifique par les directives visant la promotion de l'électricité renouvelable. C'est ainsi en premier lieu la directive 2001/77 qui a imposé aux États de prendre un certain nombre de mesures intéressant le transport et la distribution de l'électricité de source renouvelable, puis en second lieu la directive 2009/28, qui y a fixé des sujétions supplémentaires.

Ces textes oscillent entre deux objectifs : une garantie d'accès et/ou une garantie d'accès prioritaire aux différents réseaux. Il est à observer qu'aucun d'entre eux n'est en l'état destiné au gaz de source renouvelable. De fait, le régime juridique européen relatif à l'injection du gaz provenant de ressources renouvelables dans les réseaux gaziers reste très minimaliste, il n'envisage cette possibilité qu'avec prudence et, surtout, ne lui donne pas de caractère impératif. Ainsi, la directive énergie renouvelable se contente de demander aux États « d'évaluer la nécessité d'étendre l'infrastructure de gaz existante afin de faciliter l'intégration du gaz provenant de sources d'énergie renouvelables »[(141)] la France a fait le choix d'autoriser l'injection de biogaz dans les réseaux gaziers[(142)]. Dans le même sens, la troisième directive gaz (2009/73) déclare de son côté que les États « devraient veiller, en tenant compte des exigences de qualité nécessaires à garantir l'accès non discriminatoire du biogaz [...] au réseau gazier, à condition que cet accès soit compatible en permanence avec les règles techniques et les normes de sécurité applicables »[(143)].

(139) Voir *supra* p. 126.
(140) Voir *supra* p. 425 et s.
(141) Art. 16.9.
(142) Voir *supra* p. 158.
(143) Considérant 41, voir aussi considérant 21.

1. La garantie d'accès aux réseaux de l'électricité renouvelable

Les directives entendent faire disparaître les obstacles empêchant l'accès de l'électricité renouvelable au réseau sans préjudice du caractère décentralisé de la production.

a. Le principe de l'accès aux réseaux

L'article 16 de la directive énergie renouvelable dispose à son paragraphe 2 que « les États membres veillent à ce que les opérateurs de système de transport et de distribution présents sur leur territoire garantissent le transport et la distribution de l'électricité produite à partir de sources d'énergie renouvelables »[(144)]. Ce principe suppose un accueil de la production d'électricité renouvelable dans les réseaux au même titre que toute autre forme d'électricité, cette mission devant être mise en œuvre par les gestionnaires des différents réseaux publics.

En France, les gestionnaires des réseaux publics de transport et de distribution d'électricité ont pour mission d'assurer le raccordement et l'accès aux réseaux publics de transport et de distribution dans des conditions non-discriminatoires, en vertu de l'article L. 121-4 du code de l'énergie. Ils exercent cette mission sous le contrôle étroit du régulateur. Relier un parc éolien au réseau central est par exemple du ressort de RTE, gestionnaire unique du réseau public français de transport d'électricité à haute et très haute tension (plus de 63 000 volts), à ce titre responsable, aux termes de l'article L. 321-6 du code de l'énergie, « de son développement afin de permettre le raccordement des producteurs, des réseaux publics de distribution et des consommateurs, ainsi que l'interconnexion avec les autres réseaux ». La gestion des réseaux publics de distribution est pour sa part assurée par Électricité Réseau Distribution France (ERDF), concessionnaire unique des collectivités locales n'assurant pas elles-mêmes la distribution, ou par les entreprises locales de distribution. Les conditions du raccordement sont précisées par les cahiers des charges de concession aux différents réseaux et les textes réglementaires applicables, le raccordement étant en particulier conditionné par le respect des prescriptions techniques imposées par la réglementation[(145)], en application de l'article L. 342-5 du code de l'énergie. Du fait de l'existence de capacités d'accueil limitées et de rapports de concurrence entre les projets, le cadre légal a conduit, faute de mieux, à ce que la gestion des demandes de raccordement au réseau se fasse selon un système de « file d'attente », le premier arrivé étant dans ces conditions le premier servi.

Remarque

Sur le problème de l'accès aux réseaux, la Commission de régulation de l'énergie peut exercer un pouvoir réglementaire supplétif, qui ne peut toutefois contredire les dispositions légales, ce qui serait le cas si, par exemple, elle fixait des règles de traitement des

(144) Art. 16.2 a).

(145) Décret n° 2003-229, 13 mars 2003, relatif aux prescriptions techniques générales de conception et de fonctionnement auxquelles doivent satisfaire les installations en vue de leur raccordement aux réseaux publics de distribution ; décret n° 2003-588, 27 juin 2003, relatif aux prescriptions techniques générales de conception et de fonctionnement auxquels doivent satisfaire les installations en vue de leur raccordement au réseau public de transport d'électricité ; modifiés décret n° 2008-386 du 23 avril 2008 relatif aux prescriptions techniques générales de conception et de fonctionnement pour le raccordement d'installations de production aux réseaux publics d'électricité ; arr. 17 mars 2003, relatif aux prescriptions techniques de conception et de fonctionnement pour le raccordement à un réseau public de distribution d'une installation de production d'énergie électrique, modifié par arr. 22 avril 2003, modifié arrêté du 23 avril 2008 relatif aux prescriptions techniques générales de conception et de fonctionnement pour le raccordement à un réseau public de distribution en basse ou en moyenne tension d'une installation de production d'énergie électrique ; arr. 4 juillet 2003, relatif aux prescriptions techniques de conception et de fonctionnement pour le raccordement au réseau public de transport d'une installation de production d'énergie électrique ; décret n° 2007-1280, 28 août 2007, relatif à la consistance des ouvrages de branchement et d'extension des raccordements ; arr. 28 août 2007, fixant les principes de calcul de la contribution mentionnée aux art. 4 et 18 de la loi n° 2000-108, 10 février 2000, relative à la modernisation et au développement du service public de l'électricité.

demandes de raccordement et de facturation aux réseaux de distribution spécifiques aux zones de développement de l'éolien (voir communication de la Commission de régulation de l'énergie, 21 février 2008, sur le raccordement aux réseaux publics d'électricité des installations de production utilisant l'énergie mécanique du vent dans le périmètre d'une zone de développement de l'éolien).

Cependant, l'article 16 paragraphe 2 de la directive énergie renouvelable précise que cette garantie d'accès s'entend « sous réserve du maintien de la fiabilité et de la sécurité du réseau ». De la sorte, la directive légitime le contrôle *ex ante* des performances techniques des installations de production. Mais il n'en reste pas moins que, sur le fondement du principe général de non-discrimination pour l'accès aux réseaux, un tel contrôle doit s'exercer pour toutes les formes de production. C'est, précisément, afin de « renforcer la sûreté du système électrique français en s'assurant de la performance des installations de production à raccorder »(146) que le droit français a organisé un tel contrôle à l'égard des installations raccordées en basse tension(147), en moyenne tension (HTA) et en haute tension (HTB)(148). Mais le caractère aléatoire ou intermittent de certaines énergies renouvelables électriques justifie l'adoption de mesures particulières, telles la possibilité pour le gestionnaire du réseau d'adopter des mesures préventives de déconnexion(149) ; ces mesures ont pour cibles principales les installations raccordées à un réseau insulaire (outre-mer et Corse) en raison de la disproportion entre la production d'énergie, photovoltaïque notamment, et les capacités d'accueil des réseaux.

Remarque

Début 2010, la CRE relevait que la puissance des installations de production à caractère aléatoire en attente de raccordement dépassait les niveaux de puissance appelée sur les réseaux insulaires.

b. Les mesures d'adaptation technique

Garantir l'accès aux réseaux de la production d'électricité renouvelable peut impliquer de prendre des mesures d'adaptation technique.

En ce sens, la directive énergie renouvelable demande en premier lieu aux États membres de prendre « les mesures appropriées pour développer l'infrastructure du réseau de transport et de distribution »(150). Un développement planifié des réseaux publics, intégrant la problématique de l'intégration des énergies renouvelables, peut avoir ici une utilité. Il existe en droit français deux dispositifs spécifiques procédant de cette logique.

Il s'agit tout d'abord du schéma de développement du réseau public de transport, institué par la loi du 10 février 2000(151). Ce schéma élaboré par RTE doit dresser un état des lieux du réseau public

(146) Commission de régulation de l'énergie, Délibération du 14 janvier 2011 sur le projet d'arrêté précisant les modalités du contrôle des performances des installations de production raccordées en basse tension aux réseaux publics de distribution.

(147) Arr. 29 mars 2010 précisant les modalités de contrôle des performances des installations de production raccordées en basse tension aux réseaux publics de distribution d'électricité.

(148) Arr. 6 juillet 2010 précisant les modalités de contrôle des performances des installations de production raccordées aux réseaux publics d'électricité en moyenne tension et en haute tension.

(149) Voir art. 22 de l'arr. 23 avril 2008 dans sa version modifiée par l'arr. 24 novembre 2010 : « Toute installation de production dont la puissance Pmax est supérieure ou égale à 3 kVA et mettant en œuvre de l'énergie fatale à caractère aléatoire telles les fermes éoliennes et les installations photovoltaïques peut être déconnectée du réseau public de distribution d'électricité à la demande du gestionnaire de ce réseau lorsque ce dernier constate que la somme des puissances actives injectées par de telles installations atteint 30 % de la puissance active totale transitant sur le réseau. Les circonstances dans lesquelles ces déconnections peuvent être demandées sont précisées dans la convention de raccordement et les modalités selon lesquelles elles sont effectuées le sont dans la convention d'exploitation. Pour l'application de l'alinéa précédent, deux ou plusieurs projets sont réputés ne constituer qu'une seule installation s'ils sont situés sur la même toiture ou sur la même parcelle. »

(150) Art. 16.1.

(151) Art. 14, codifié C. énergie, art. L. 321-6.

de transport en fonction de l'offre et de la demande existantes « ainsi que sur les hypothèses raisonnables à moyen terme de l'évolution de la production, de la consommation et des échanges d'électricité sur les réseaux transfrontaliers ». La loi impose qu'il prenne en compte la programmation pluriannuelle des investissements de production d'électricité définie en amont par l'État, ainsi que les schémas régionaux de raccordement au réseau des énergies renouvelables.

Ensuite, les schémas régionaux de raccordement au réseau des énergies renouvelables (SRRER) mentionnés à l'article L. 321-7 du code de l'énergie sont, pour leur part, apparus avec la loi « Grenelle 2 ». Ils permettent d'anticiper le développement du réseau à l'aune, spécialement, des objectifs quantitatifs de développement des filières électriques renouvelables pour 2020 ; ils ont aussi pour but de mutualiser tout ou partie du coût du raccordement entre différents producteurs au sein d'une même région[(152)]. Concrètement ces schémas doivent identifier les ouvrages à créer ou à renforcer, établir un périmètre de mutualisation entre les réseaux de distribution et le réseau de transport, enfin identifier les liaisons de raccordement au réseau public de transport. Il n'est à point douter que ces nouveaux supports de planification entretiennent un lien étroit avec les schémas régionaux du climat, de l'air et de l'énergie (SRCAE)[(153)] : ainsi les SRRER doivent-ils mentionner les capacités d'accueil de production permettant d'atteindre les objectifs régionaux affichés par les SRCAE – et, s'il existe, par le document stratégique de façade mentionné à l'article L. 219-3 du code de l'environnement – ; ainsi sont-ils soumis par ailleurs à l'approbation du préfet de région dans un délai de six mois à compter de l'établissement du SRCAE. L'élaboration des SRRER relève de la responsabilité de RTE, qui doit obtenir l'accord des différents gestionnaires de réseaux de distribution, et prendre l'avis des autorités concédantes de ces derniers c'est-à-dire les collectivités locales et leurs groupements[(154)]. Le décret n° 2012-533 du 20 avril 2012 a précisé les modalités d'établissement de ces schémas, et leur champ d'application qui couvre toutes les installations de production d'électricité à partir de sources d'énergie renouvelables de puissance supérieure à 36 kVA. Les SRRER n'établissent pas une priorité d'accès aux réseaux pour les productions électriques issues de source renouvelable, seulement une réservation des capacités d'accueil de la production pendant une période de dix ans.

En second lieu, la directive énergies renouvelables exige des États qu'ils prennent les mesures propres à « développer les réseaux intelligents »[(155)]. Cette expression désigne les réseaux capables en particulier d'intégrer les flux de production intermittents, autrement dit ceux qui répondent imparfaitement aux possibles variations de la consommation d'énergie. Afin de satisfaire cette exigence de prévisibilité, RTE a par exemple mis en service le système IPES, qui a pour objet d'observer, et au-delà de commander dans une certaine mesure, la production éolienne dans un premier temps et la production photovoltaïque à terme. L'ADEME a par ailleurs lancé plusieurs Appels à manifestation d'intérêts (AMI) portant sur cette même problématique des réseaux intelligents[(156)].

Remarque

Une collaboration entre les différents gestionnaires de réseaux de transport a été mise en œuvre par ailleurs afin de favoriser la levée des obstacles administratifs et financiers entre États membres dans le domaine des réseaux intelligents (*European Energy Grid Initiative*, EEGI).

(152) Voir *infra* p. 526.

(153) Voir *supra* p. 481 et s.

(154) CGCT, art. L. 2224-31.

(155) Art. 16.1.

(156) Sur cette technique des AMI, voir *infra* p. 544.

En troisième lieu, c'est encore afin de répondre au problème de l'intermittence de la plupart des techniques de production de l'électricité renouvelable que la directive 2009/28 requiert l'adoption de mesures appropriées pour développer les installations de stockage de production(157). En l'état actuel des choses, la démarche des autorités nationales devrait sur ce sujet consister essentiellement en un soutien financier à des programmes de recherche et/ou à des technologies novatrices (méthanation par exemple(158))(159).

Enfin, s'agissant de « la gestion du réseau électrique en toute sécurité », la directive ordonne aux États membres de « tenir compte des progrès dans le domaine de la production d'électricité à partir de sources d'énergie renouvelables, notamment l'interconnexion entre États membres, et entre États membres et États tiers »(160). Cette notion de gestion des réseaux publics « en toute sécurité » rappelle la difficulté d'intégrer dans un marché aux dimensions de plus en plus larges des énergies frappées d'intermittence(161).

Au plan national, cette exigence peut recevoir diverses traductions. Elle semble impliquer notamment que les opérateurs de réseaux prennent des mesures d'optimisation de la gestion de ces derniers, tenant dûment compte des variations de la production, telles des mesures de prévision de la production les plus proches du temps réel (prévisions infrajournalières). Elle peut aussi exiger que les missions de ces opérateurs soient précisées de sorte à ce qu'elles incluent toutes les hypothèses de raccordement aux réseaux d'ouvrages de production d'électricité de source renouvelable, notamment les ouvrages les plus éloignés ou situés sur des territoires atypiques (éoliennes en mer et hydroliennes : en ce sens l'article L. 121-4 du code de l'énergie indique que les missions imparties par la loi aux gestionnaires de réseaux publics « s'étendent à la mer territoriale, au plateau continental et à la zone économique [...] lorsque les ouvrages sont raccordés aux réseaux publics terrestres exploités par ces gestionnaires ». Il sera souligné que la directive énergies renouvelables ne traite pas des modalités générales de gouvernance économique des différents réseaux, renvoyant sur ce point implicitement et nécessairement soit à d'éventuelles dispositions sises dans les directives spécifiquement consacrées à la mise en place du marché intérieur de l'électricité(162), soit aux dispositions nationales pertinentes. Quoi qu'il en soit le droit européen fait silence sur la question de savoir ce que doivent être, en termes de déploiement des énergies renouvelables au sein du réseau, les obligations du gestionnaire de celui-ci dans les situations où celui-ci est, comme c'est le cas en France, détenteur d'un contrat de concession pour la gestion du réseau local de distribution d'électricité ; sans doute s'agit-il d'une lacune regrettable(163).

D'un point de vue transnational, l'exigence de gestion des réseaux « en toute sécurité » rappelle l'existence d'un marché de l'électricité s'appuyant sur des réseaux publics de plus en plus interconnectés. Cette interconnexion est, certes, d'abord un outil de mise en place du marché européen intégré de l'électricité, mais semble aussi d'autant plus nécessaire dans le contexte du développement des énergies renouvelables. En premier lieu, parce qu'en favorisant les échanges d'énergie électrique l'interconnexion devrait logiquement accentuer aussi ceux de l'électricité de source

(157) Art. 16.1.

(158) J.-F. Papot, « Méthanation, une solution d'avenir pour pallier à la variabilité de production des Enr », Actu-environnement.com, 7 mai 2012.

(159) Voir *infra* p. 543 et s.

(160) Art. 16.1.

(161) Voir *supra* p. 334.

(162) Voir en dernier lieu directive 2009/72, voir aussi *supra* p. 369 et s.

(163) Voir aussi P. Terneyre, « Sur quelques problèmes juridiques contemporains à haute tension. À propos des concessions locales de distribution et de fourniture d'électricité », *AJDA* 2009, p. 1 640.

renouvelable entre États européens, donc favoriser la progression de sa consommation. Mais aussi, et en second lieu, parce que, comme la Commission de régulation de l'énergie l'a constaté, l'intégration de sources d'énergie ne pouvant offrir « par nature [qu'] une production variable et peu prévisible » constitue un facteur d'insécurité technique, susceptible de peser sur l'objectif européen de sécurité d'approvisionnement en énergie – objectif fondamental de la politique européenne de l'énergie[164] –, une situation reflétant donc « l'importance des échanges d'électricité aux frontières »[165]. Au demeurant, le Plan d'action national (PAN) élaboré par la France en application de la directive énergies renouvelables a présenté dans cette perspective un certain nombre de projets d'interconnexion à court et moyen terme avec des pays limitrophes de l'hexagone (Espagne, Italie, Belgique).

c. Les coûts d'accès et d'utilisation des réseaux

L'intégration des sources d'énergie renouvelables dans les réseaux est loin d'être indolore d'un point de vue financier.

Remarque

Le coût des investissements (dans les lignes et dans les postes) pour RTE découlant de la seule réussite de l'objectif quantitatif pour l'éolien terrestre pour 2020 a été évalué à un milliard d'euros (voir AN, Avis de MM. Piron et Poignant sur le projet de loi portant engagement national pour l'environnement, 1er avril 2010, n° 2429).

En premier lieu, en vertu de l'article 16.3 de la directive énergie renouvelable, les États membres doivent faire obligation aux gestionnaires de réseaux « d'élaborer et rendre publiques leurs règles types concernant la prise en charge et le partage des coûts des adaptations techniques » rendues nécessaires par l'accueil des énergies renouvelables dans les réseaux, ces règles devant se fonder sur des « critères objectifs, transparents et non discriminatoires qui tiennent compte en particulier de tous les coûts et avantages liés à la connexion de ces producteurs et de la situation particulière des producteurs implantés dans des régions périphériques ou à faible densité de population ». En second lieu, si la directive n'exige pas de faire supporter par l'exploitant du réseau le coût du raccordement des producteurs d'électricité renouvelable, elle permet toutefois aux États de le leur imposer, entièrement ou en partie[166]. En tout état de cause s'il y a partage des coûts afférents à l'accès au réseau, il doit alors être appliqué sous la forme d'un mécanisme fondé sur « des critères objectifs, transparents et discriminatoires », tenant compte « des avantages que tirent des connexions les producteurs connectés initialement ou ultérieurement ainsi que les gestionnaires » de réseaux[167]. Enfin, s'agissant plus spécifiquement des tarifs d'utilisation des réseaux de transport ou de distribution, la directive demande aux États de veiller à ce que l'imputation de ces tarifs n'engendre aucune discrimination à l'égard de l'électricité de source renouvelable, notamment quand celle-ci provient de régions insulaires ou à faible densité de population[168], mais aussi de faire en sorte que les tarifs appliqués tiennent compte des réductions de coûts liées au raccordement de l'installation au réseau, notamment en cas d'utilisation du réseau basse tension[169].

(164) TFUE, art. 194 1 b.

(165) Délibération du 28 octobre 2010 portant approbation des règles d'allocation de la capacité infra-journalière de l'interconnexion France-Allemagne ainsi que des règles imports/exports.

(166) Art. 16.4.

(167) Art. 16.4.

(168) Art. 16.7.

(169) Art. 16.8.

La plupart des États membres ont instauré des règles transparentes relativement à la prise en charge et au partage des coûts des divers investissements dans le réseau. Presque tous ont opté pour l'approche dite du « coût partiel », en vertu de laquelle les coûts de raccordement sont supportés par les promoteurs du projet ou partagés avec les gestionnaires de réseaux, tandis que les coûts inhérents aux extensions et renforcements du réseau au niveau de la distribution et du transport sont couverts par les gestionnaires de réseaux et répercutés dans le tarif d'utilisation des réseaux.

En France, les coûts du raccordement au réseau public sont pris en charge partiellement par les gestionnaires de réseaux, qui les répercutent dans les tarifs d'utilisation des réseaux publics d'électricité (TURPE), l'autre partie pouvant faire l'objet d'une contribution versée par le candidat à l'accès aux réseaux(170) ; les barèmes de prix de cette contribution sont mis en place par les gestionnaires de réseaux sous le contrôle de l'autorité de régulation. Le droit français fait sur ce plan une différence entre deux catégories de travaux : ceux de raccordement d'une installation de production, pour lesquels la contribution du producteur couvre intégralement les coûts du branchement et de l'extension et est versée au « maître d'ouvrage de ces travaux, qu'il s'agisse d'un gestionnaire de réseau, d'une collectivité territoriale, d'un établissement public de coopération intercommunale ou d'un syndicat mixte » ; ceux de renforcement, pris en charge pour leur part par le TURPE(171). Ce dispositif résulte d'une modification apportée à la loi du 10 février 2000 par la loi portant nouvelle organisation du marché de l'électricité (NOME) du 7 décembre 2010, qui a fait le choix de faire peser désormais sur les producteurs d'électricité les coûts de branchement et d'extension des réseaux de transport et de distribution, et de laisser à la charge des gestionnaires (rémunérés par le TURPE) les seuls coûts de renforcement. Si cette mesure n'est pas de celles visant à transposer la directive énergies renouvelables de 2009, on a toutefois du mal à la regarder comme participant au soutien de la production d'électricité de source renouvelable. Ne fut-elle pas instituée en effet « dans le but explicite de mettre à la charge des producteurs d'énergie renouvelable, notamment éoliens, qui s'installent dans les zones à la fois désertes, ventées et rarement proches d'un réseau, l'intégralité des coûts qu'ils suscitent pour la collectivité » ?(172).

Remarque

L'article L. 342-1 du code de l'énergie définit l'opération de raccordement aux réseaux publics comme comprenant « la création d'ouvrages de branchement en basse tension et, le cas échéant, le renforcement des réseaux existants ». Les notions de branchement et d'extension sont définies par le décret n° 22007-1280 du 28 août 2007.

Par ailleurs, l'article 7 de l'arrêté du 28 août 2007 offre la possibilité aux utilisateurs de se regrouper afin de mutualiser les demandes de raccordement aux réseaux de distribution. Cette solution intéresse notamment les producteurs éoliens situés sur une zone de développement de l'éolien (ZDE) : elle est sans doute de nature à permettre un développement plus rationnel des réseaux, mais ne diminue pas en l'état la charge financière des opérateurs puisqu'en vertu de l'article 5 du même arrêté, les surcoûts liés à l'opération de raccordement, lorsque celle-ci est réalisée à la demande de l'utilisateur des réseaux, sont entièrement payés par le pétitionnaire. La loi « Grenelle 2 » est allée plus loin en imposant, quant à elle, la mutualisation des coûts du raccordement dans certaines situations. En effet, l'article L. 342-1 du code de l'énergie a introduit une

(170) C. de l'énergie, art. L. 341-2 et L. 342-6.

(171) C. de l'énergie, art. L. 342-1, arr. 28 août 2007 fixant les principes de calcul de la contribution mentionnée aux articles 4 et 18 de la loi n° 2000-108 du 10 février 2000 relative à la modernisation et au développement du service public de l'électricité.

(172) T. Tuot, « Nouvelle organisation du marché de l'électricité. À propos de la loi NOME du 7 décembre 2010 », *JCP G* 2011, n° 283 ; voir aussi C. Le Bihan-Graf, O. Béatrix, « La nouvelle organisation du marché de l'électricité », *AJDA* 2010, p. 432.

dérogation aux règles générales de raccordement, en prévoyant que « lorsque le raccordement est destiné à desservir une installation de production à partir de sources d'énergie renouvelables et s'inscrit dans le schéma régional de raccordement au réseau des énergies renouvelables [...] » (SRRER), le producteur est redevable d'une contribution couvrant, d'une part, « les ouvrages propres à l'installation », c'est-à-dire ses ouvrages propres de raccordement, d'autre part, « une quote-part des ouvrages créés en application de ce schéma », autrement dit ceux spécialement créés pour accueillir la production d'énergie renouvelable. Le décret n° 2012-533 du 20 avril 2012 a précisé ces deux notions, et indiqué notamment que la quote-part correspondant aux ouvrages à créer est proportionnelle à la puissance installée de l'installation par rapport à la capacité globale du schéma. En l'état, ce nouveau système semble ainsi plutôt de nature à renchérir les coûts du raccordement pour les nouveaux producteurs d'électricité renouvelable.

Remarque

En 2008, la CRE avait considéré inopportun de facturer aux pétitionnaires implantés dans une ZDE les éventuels surcoûts engendrés par une mutualisation qui leur serait imposée (voir Communication du 21 février 2008 sur le raccordement aux réseaux publics d'électricité des installations de production utilisant l'énergie mécanique du vent implantées dans le périmètre d'une zone de développement éolien).

Interrogée sur le projet de décret mettant en œuvre le dispositif de mutualisation issu de la loi « Grenelle 2 », la CRE a répondu que ce dernier n'était pas de nature à favoriser les solutions de raccordement de moindre coût ni pour les producteurs concernés, ni pour les conditions de gestion du service public de l'électricité[173]. D'une part, parce que le périmètre des installations de production d'électricité à partir de sources d'énergies renouvelables concernées par les SRRER et, subséquemment, par ce système de mutualisation des coûts du raccordement, a été défini très largement par le décret n° 2012-533 : il s'agit de celles d'une puissance supérieure à 36 kVA (la CRE avait recommandé de le limiter à celles d'une puissance supérieure à 250 kVA). D'autre part, parce que le même décret a prévu que les gestionnaires des réseaux publics proposent la solution de raccordement sur le poste le plus proche disposant d'une capacité réservée suffisante pour satisfaire la puissance de raccordement demandée, or cette solution irait « à l'encontre du principe énoncé à l'article L. 121-1 du code de l'énergie, qui dispose que « le service public de l'électricité est géré [...] dans les meilleures conditions de sécurité, de qualité, de coûts, de prix et d'efficacité économique, sociale et énergétique ».

d. L'information des demandeurs

Les gestionnaires de réseaux ont l'obligation d'informer les producteurs d'énergie à partir de sources renouvelables qui souhaitent être connectés au réseau des coûts associés à la connexion et des délais nécessaires pour le traitement de leurs demandes, en application de l'article 16.5 de la directive énergies renouvelables. Sur le fondement de son article 16.3, ils doivent, en outre, rendre publiques les règles types concernant la prise en charge et le partage des coûts des adaptations du réseau rendues nécessaires par l'intégration de nouveaux producteurs.

La réglementation française s'appuie sur la documentation technique de référence établie par la décision de la CRE du 7 avril 2004, adoptée sur le fondement de l'article L. 134-1 du code de l'énergie. En application de cette documentation, les gestionnaires de réseaux établissent et rendent publiques leurs méthodes générales utilisées pour le raccordement, sous le contrôle de la CRE. Ces procédures fixent en particulier les délais des différentes phases de l'opération de raccordement ainsi que les coûts applicables.

2. La garantie d'un accès prioritaire aux réseaux pour l'électricité renouvelable ?

La directive électricité renouvelable autorisait les États à accorder aux producteurs d'électricité d'origine renouvelable un accès prioritaire, mais sans l'exiger : le texte déclarait que « pour ce qui est de la distribution de l'électricité », les responsables du réseau de transport « donnent la priorité aux installations utilisant les sources d'énergie renouvelables », ceci « dans la mesure permise par

(173) Voir Avis du 21 février 2012.

le fonctionnement du système électrique national ». Sur ce point, la directive énergies renouvelables n'innove pas, la formule de l'accès prioritaire n'y existant de nouveau qu'en tant que proposition alternative à celle de l'accès garanti[174]. La priorité d'accès au réseau existe toutefois dans un contexte particulier, lorsque l'équilibre entre l'offre et la demande électrique n'est plus assuré sur le réseau de transport. Dans une telle situation, en effet, le gestionnaire de ce réseau est, d'une part, contraint de prendre l'initiative d'« appeler » les installations de production, d'autre part, doit donner « la priorité à celles qui utilisent des sources d'énergie renouvelables »[175] ; toutefois cette obligation est elle-même conditionnée par l'exigence d'assurer la sécurité globale du réseau.

II. L'action sur les produits

L'objectif est moins ici d'augmenter les quantités que d'élargir les choix du consommateur en autorisant la mise sur le marché d'un nombre suffisant de produits disponibles, afin de respecter les objectifs européens et nationaux. Pour y parvenir, les autorités compétentes peuvent être amenées à intégrer ces produits dans un processus de normalisation ou de labellisation.

A. La normalisation des produits

La normalisation consiste « à établir, à l'égard de problèmes réels ou potentiels, des dispositions pour un usage commun et répété, visant à obtenir un degré d'ordre optimal dans un contexte donné » (définition de l'Organisation internationale de normalisation, adoptée par la Commission économique des Nations unies pour l'Europe[176]). On peut penser que cette démarche puisse introduire un ordre minimal s'agissant de l'offre en énergie renouvelable et en favoriser par suite le développement, principalement parce qu'elle emporte la reconnaissance officielle du produit concerné et de ses caractéristiques intrinsèques, accessoirement parce qu'elle entraîne l'éligibilité à des dispositifs d'aide publique.

Remarque

Par exemple, en l'absence de normes reconnues, attestant la performance énergétique des appareils, le crédit d'impôt de l'article 200 *quater* du code général des impôts ne pouvait s'appliquer aux poêles à granulés. Finalement, le ministre du Budget a accepté l'éligibilité de ces derniers au crédit d'impôt dans l'attente de la parution de la norme européenne (EN 14785) (rép. min. Budget, *JO Sénat* 26 mai 2005, p. 1 490).

Par exemple, seuls les capteurs solaires des systèmes de chauffage ou de fourniture d'eau chaude sanitaire fonctionnant à l'énergie solaire certifiés (telles CSTBAT ou SolarKeymark) peuvent bénéficier du crédit d'impôt de l'article 200 *quater* du code général des impôts ou encore des aides du Fonds Chaleur.

La normalisation existe aux niveaux national, européen et international.

Remarque

L'ISO (Organisation internationale de normalisation) s'est engagée en 2007 à peser sur la création de normes internationales pour l'efficacité énergétique et les énergies renouvelables. Le 30 janvier 2008, la Direction générale de l'énergie et des transports de la Commission européenne a mis en ligne un livre blanc concernant les projets internationaux de normalisation des biocarburants. Ce projet est l'œuvre d'un groupe national d'experts en vue de l'élaboration d'un accord tripartite entre le Brésil, les États-Unis et l'Union européenne.

L'importance d'une normalisation européenne est simple à comprendre : les disparités entre les législations ou mesures administratives nationales en matière de spécifications applicables aux

(174) Art. 16.2 b).

(175) Art. 16.2 c).

(176) Cité par L. Dubouis, C. Blumann, *Droit matériel de l'Union européenne*, 2e éd., Montchrestien, p. 259.

produits entravent les échanges dans l'Union européenne, et peuvent ainsi avoir une incidence directe sur l'établissement et le fonctionnement du marché intérieur ; en authentifiant un produit à partir de certains paramètres, on favorise donc sa libre circulation au sein du marché unique et l'on agit aussi positivement sur son essor commercial. En ce sens la directive énergies renouvelables s'inquiète du fait que « les spécifications techniques et autres exigences établies au niveau national [...], relatives par exemple aux niveaux de qualité, aux méthodes d'essai ou aux conditions d'utilisation » puissent former obstacle aux échanges d'équipements et de systèmes servant à la production d'énergie renouvelable[(177)]. Dans le cas de l'énergie thermique solaire en particulier, elle réclame que soient encouragés les équipements et autres systèmes certifiés « reposant sur des normes européennes lorsqu'elles existent, comme les labels écologiques, les labels énergétiques et autres systèmes de référence technique mis en place par les organismes de normalisation européen »[(178)]. En outre, les normes sont utiles pour détecter les fraudes et éviter la mise sur le marché d'un produit de mauvaise qualité.

La normalisation est effectuée, au niveau étatique français par l'Agence française pour la normalisation (AFNOR) et le Bureau de normalisation du pétrole compétent en matière de produits pétroliers, au niveau européen par le Centre européen de normalisation (CEN), dont la vocation est générale et qui est mandaté par la Commission européenne.

Remarque

L'AFNOR a par exemple élaboré la norme NF « Bois de chauffage ».

Le CEN élabore 3 types de documents : les normes européennes *stricto sensu* (EN) qui se substituent aux normes nationales contraires ; les documents d'harmonisation (HD) – en ce cas les normes nationales peuvent subsister dès lors qu'elles sont au moins équivalentes ; enfin les prénormes européennes.

1. L'exemple de la normalisation des biocarburants

Dans ce domaine, le Centre européen de normalisation (CEN) a élaboré et approuvé des normes européennes : ainsi pour l'éthanol (EN 15376), et pour les esters méthyliques d'acides gras (dont l'ester méthylique d'huile végétale (EMHV) et plus largement les esters produits à partir de graisse animale) qu'ils soient utilisés dans les moteurs diesel (EN 14214) ou pour le chauffage des locaux (EN 14213).

Remarque

Le CEN travaille aussi à l'adoption de normes européennes pour les combustibles solides issus de la biomasse.

L'ouverture du marché à de nouveaux produits semble imposer de consacrer de nouvelles normes. Sont notamment concernées les huiles végétales pures (HVP), entrées sur le marché français depuis le 1er janvier 2007[(179)]. Pour ces huiles, les obstacles à la normalisation ont été nombreux en raison des niveaux d'émissions de polluants imputés à leur utilisation. Sur un plan technique, l'utilisation des HVP produites de façon totalement décentralisée n'offrait par ailleurs que peu de garanties. Finalement une norme européenne (CWA 16379) a été publiée fin 2011 par le CEN. Quant à l'EEHV (huile végétale et éthanol), c'est un produit en cours de normalisation au niveau européen.

(177) Directive 2009/28, considérant 45.

(178) Directive 2009/28, art. 13.3.

(179) Voir *supra* p. 513.

2. La modification des spécifications en matière de composition des carburants et combustibles traditionnels

Cette question intéresse là encore les biocarburants – et éventuellement les biocombustibles – mais uniquement quand ils impliquent de mélanger à l'essence, au gazole voire au fioul domestique – produits fossiles – des carburants d'origine végétale ou animale. Les objectifs ambitieux fixés aux niveaux européen et national sont probablement hors de portée sans une révision des règles sur la composition des carburants fossiles. En ce domaine, la compétence appartient en premier lieu aux institutions communautaires. Sur le fondement des dispositions applicables(180), les normes européennes intéressent l'essence (EN 228) et le gazole (EN 590), pour lesquels elles autorisent l'adjonction de certains biocarburants : pour le gazole jusqu'à 5 % d'EMHV et 7 % d'EMAG et pour l'essence jusqu'à 5 % d'éthanol et 15 % d'éthers (dont fait partie l'ETBE). Les textes français d'application(181) reprennent ces spécifications.

Il est simple de comprendre que la nature même de ces spécifications est de limiter la quantité de biocarburants dans les carburants fossiles. Partant, il est difficile de croire qu'elles n'évoluent pas elles-mêmes en raison des objectifs de l'Union européenne et de la France en matière de mise sur le marché des biocarburants. Dans l'attente, le système européen tolère en l'état des dérogations nationales sur le fondement de la directive 98/34 du 22 juin 1998 prévoyant une procédure d'information dans le domaine des normes et réglementations techniques. En France, l'arrêté du 23 décembre 1999 précité sur le gazole prévoit une possibilité de dépassement du taux d'incorporation de l'EMHV dans le gazole (jusqu'à 30 %) pour les véhicules appartenant à des flottes captives et disposant d'une logistique carburant dédiée(182). Pour la filière gazole toujours, les autorités françaises ont décidé par ailleurs d'anticiper sur d'éventuelles normes européennes, en adoptant une prénormalisation permettant de porter de 5 à 7 % la limite en volume d'incorporation d'EMHV et d'EMHA dans le gazole en usage banalisé(183). Pour la filière essence, la France a également demandé l'élaboration d'une norme européenne d'incorporation d'éthanol dans l'essence passant de 5 à 10 %. Les spécifications techniques des EEHV et du biogazole, pour lesquels des agréments ont été octroyés suite à la procédure des appels d'offres(184), sont également en cours de définition. Enfin, l'arrêté du 28 décembre 2006 modifiant l'arrêté du 23 décembre 1999 sur l'essence définit pour le territoire français les caractéristiques du superéthanol, biocarburant composé d'un minimum de 65 % d'éthanol et d'un minimum de 15 % de supercarburant(185).

Remarque

Le considérant 86 de la directive énergies renouvelables de 2009 indique lui-même que « pour que la part de marché des biocarburants atteigne un niveau satisfaisant, il faudrait veiller à ce que le gazole mis sur le marché présente une teneur en biogazole supérieure à celle prévue par la norme EN590/2004 ».

(180) Voir directive 98/70 du 13 octobre 1998 concernant la qualité de l'essence et des carburants diesel, modifiée en dernier lieu directive 2009/30 du 23 avril 2009 concernant les spécifications techniques relatives à l'essence, au carburant diesel et aux gazoles.

(181) Arr. 28 août 1997, relatif aux conditions d'incorporation d'ester méthylique d'huile végétale (EMHV) dans le gazole et le gazole grand froid ; arr. 28 août 1997, relatif aux conditions d'incorporation d'EMHV dans le fioul domestique ; arr. 23 décembre 1999 modifié, relatif aux caractéristiques des supercarburants sans plomb ; arr. 23 décembre 1999 modifié, relatif aux caractéristiques techniques du gazole et du gazole grand froid ; arr. 30 juin 2010 relatif aux caractéristiques des esters méthyliques d'acides gras.

(182) Voir aussi arr. 30 décembre 2006 modifié relatif aux caractéristiques du gazole B 30.

(183) Arr. 27 avril 2007, modifiant arr. 23 décembre 1999, annexe 2 *ter*.

(184) Voir *supra* p. 491.

(185) Arr. 28 décembre 1999, relatif aux caractéristiques du superéthanol.

B. La labellisation des produits

Par une politique de labellisation des produits liés aux énergies renouvelables, les pouvoirs publics s'engagent dans une démarche de reconnaissance des filières et de promotion de la qualité. On évoquera ici les diverses chartes de qualité, souvent soutenues par l'ADEME, qui concernent l'installation et la pose de matériels. La charte « Qualisol » fixe à l'intention des installateurs de chauffe-eau solaires et de systèmes solaires combinés des critères techniques stricts de sélection des matériels portant sur l'ensemble du système, de ses performances et de sa fiabilité(186) – la gestion de cette appellation a été transférée début 2006 à une association privée. Des chartes comparables existent aussi dans le domaine de la biomasse (« Qualibois »), des pompes à chaleur (« QualiPAC ») ou encore du solaire photovoltaïque (« QualiPV »). Ces chartes développent une culture de la performance en matière d'équipement produisant des énergies renouvelables. Leur respect tend à devenir un critère déterminant pour l'attribution des aides publiques régionales et locales ou pour l'octroi des certificats d'économie d'énergie négociables prévus par la réglementation. Avec les professionnels du secteur des appareils de chauffage domestique au bois, l'ADEME a également participé à la création de la charte de qualité « Flamme verte » : l'objectif de celle-ci est d'inciter les constructeurs signataires à mettre sur le marché des appareils de chauffage domestique au bois, modernes et plus performants sur les plans énergétique et environnemental (sont concernés les inserts, foyers fermés et poêles fonctionnant au bois).

Remarque

Certaines de ces chartes relèvent de démarches purement internes aux professions concernées, voir par exemple la marque AQPV-modules, mise en place en 2011 pour les modules photovoltaïques présentant d'une part, des critères de qualité renforcée par rapport à la réglementation existante, d'autre part, dont l'assemblage a été réalisé en France et/ou dont les cellules sont fabriquées en France(187).

Dans le domaine spécifique des pompes à chaleur, la directive énergies renouvelables oblige les États à encourager celles qui satisfont les exigences prévues par la décision de la Commission du 9 novembre 2007 fixant les critères écologiques pour l'attribution du label écologique communautaire aux pompes à chaleur électriques, à gaz ou à absorption à gaz(188), label décerné aux équipements ayant la meilleure efficacité énergétique et les moindres incidences sur l'environnement.

III. L'action sur les comportements

C'est aussi en menant les professionnels du secteur à mieux connaître et à maîtriser les technologies liées aux énergies renouvelables que l'on peut espérer développer l'offre de celles-ci. Sans doute les principaux problèmes qui se posent sont-ils ici ceux de la formation et de la certification des professionnels, mais aussi de l'information des candidats à la production. Enfin, il ne faut pas exclure la possibilité qu'à destination des différents acteurs de l'offre en produits et/ou services énergétiques, la puissance publique puisse aussi vouloir poser des « normes » de comportement vertueuses sur l'utilisation des énergies renouvelables.

A. La formation et la certification des professionnels des différentes filières

La formation, qu'elle soit initiale et continue, est une condition clef du développement de l'offre en énergie renouvelable, dans la mesure où elle seule fournit une main d'œuvre qualifiée. Un déficit de

(186) J.-L. Bal, « Plan Soleil : les enseignements des premiers résultats prometteurs », *Revue de l'énergie* 2003, n° 548, p. 438.

(187) Voir F. Roussel, « Solaire : les premiers modules AQPV disponibles », Actu-environnement.com, 15 juin 2012.

(188) Art. 13.6.

savoir-faire et de connaissance est en effet particulièrement préjudiciable au développement de ces énergies, dont certaines filières sont encore émergentes. Cette préoccupation impose certainement de mettre en place des cursus et diplômes dédiés, voire des instituts spécialisés. Parallèlement, toute une myriade de métiers, allant du tertiaire à l'industrie en passant par le secteur agricole, qui sont déjà d'une façon ou d'une autre concernés par ces énergies – ingénieurs, architectes, installateurs d'équipements de production... – doivent voir leurs formations adaptées. Cette démarche qui prolonge une politique de recherche ambitieuse est d'autant plus utile qu'elle est potentiellement créatrice d'emplois. Parce que le marché des énergies renouvelables s'inscrit dans la logique du marché intérieur européen, l'effort de formation peut notamment être encouragé sinon même défini par les institutions de l'Union européenne (dont la compétence s'autorise ici des articles 165 et 166 du traité sur le fonctionnement de l'Union Européenne). Dans son rapport de 2005 relatif à l'utilisation de sources d'énergie renouvelables à des fins de chauffage et de réfrigération, le Parlement européen exhortait les États membres à réserver une place de choix aux enseignements se rapportant aux technologies liées aux sources d'énergie renouvelables. Ponctuellement, l'Union européenne peut apporter un soutien financier pour la création de formations spécialisées dédiées : elle a par exemple participé à la création en 2002 d'un master européen sur les énergies renouvelables.

Remarque

L'enseignement se déroule dans au moins deux pays participant à ce master. L'enseignement du tronc commun se fait pour la France à l'École des Mines.

L'article 6 de la loi « Grenelle 1 » dispose : « l'État incitera les acteurs de la formation professionnelle initiale et continue à engager, en concertation avec les régions, un programme pluriannuel de qualification et de formation des professionnels du bâtiment et de l'efficacité énergétique dans le but d'encourager l'activité de rénovation du bâtiment, dans ses dimensions de performance thermique et énergétique, acoustique et de qualité de l'air intérieur. Ce programme insistera avant tout sur la formation aux techniques de diagnostic préalable, la connaissance des énergies renouvelables et de leurs modalités d'utilisation, l'adaptation des contenus de formations pour privilégier l'isolation et les réseaux de chauffage ».

La certification des professionnels est une démarche parallèle et complémentaire, poursuivant elle-même l'objectif d'amélioration qualitative de l'offre, en l'occurrence en en réglementant à l'avance les performances et en sécurisant par là même la consommation[(189)]. Sur ce thème, les règles du droit positif ont été longtemps lacunaires. La directive énergies renouvelables réalise sur ce plan un progrès indéniable en imposant aux États membres de mettre au point des systèmes de certification (ou de qualification équivalents) pour les installateurs de chaudières ou de poêles à biomasse, de systèmes solaires photovoltaïques ou thermiques, de systèmes géothermiques superficiels et de pompes à chaleur de petite taille, à partir de critères expressément formulés à son annexe IV, cette certification étant par ailleurs soumise au principe communautaire de la reconnaissance mutuelle[(190)].

B. L'information sur la disponibilité, la sécurité, la qualité

La directive énergies renouvelables de 2009 a considérablement développé l'exigence d'« information » de tous les acteurs concernés par le marché des énergies renouvelables, dans le cadre principalement de son article 14 intitulé « Information et formation ». L'exigence d'une information sur l'existence même de systèmes visant à promouvoir les énergies renouvelables est tout d'abord

(189) Voir *infra* p. 643.

(190) Art. 14.3 et annexe IV.

évoquée par l'article 14 1. de cette directive : elle demande en effet aux États de veiller à ce que « les informations relatives aux mesures de soutien soient mises à la disposition de tous les acteurs concernés, tels que les consommateurs, les entrepreneurs, les installateurs, les architectes et les fournisseurs d'équipements et de systèmes de chauffage, de refroidissement et d'électricité et de véhicules pouvant consommer de l'énergie produite à partir de sources renouvelables ».

Par ailleurs, l'information sur la sécurité et/ou la qualité peut être présumée effectuée chaque fois que les équipements (sinon les énergies renouvelables elles-mêmes) font l'objet d'une normalisation, labellisation ou encore certification effectuées par des organismes indépendants et accrédités[(191)]. Le fait que la protection du consommateur soit une politique de l'Union européenne[(192)] a forcément facilité l'incursion de cette organisation sur un tel sujet. Toujours est-il que la directive énergies renouvelables de 2009, là encore beaucoup plus invasive sur cette question que celles qui l'ont précédée, délivre sur ce plan deux messages. D'abord, les États devront veiller à ce que « des systèmes de certification ou des systèmes de qualification équivalents soient mis à la disposition des installateurs de chaudières et de poêles à biomasse, de systèmes solaires photovoltaïques ou thermiques, de systèmes géothermiques superficiels et de pompes à chaleur de petite taille »[(193)]. Ensuite, elle ajoute à cette première obligation celle de mettre « à la disposition du public des informations sur les systèmes de certification ou les systèmes de qualification équivalents visés au paragraphe 3. [...] [Les États pouvant] aussi mettre à disposition la liste des installateurs qualifiés ou certifiés »[(194)].

Le droit positif s'intéresse donc à l'information de l'acheteur potentiel des outils de production s'agissant en particulier de leurs propriétés environnementales et/ou du respect des règles de sécurité. Cela s'explique par un besoin d'informations spécifiques sur ces questions, mais d'autres indications peuvent aussi avoir de l'importance pour favoriser sinon déclencher l'acte d'achat, telles celles portant sur l'existence, la nature et le niveau d'éventuelles mesures d'aides publiques octroyées. On se souvient que, sur ce point, la directive 2009/28 pose une règle générale, par laquelle les États membres doivent faire en sorte que les « informations relatives aux mesures de soutien soient mises à la disposition de tous les acteurs concernés », au premier chef « les consommateurs »[(195)]. L'importance parfois cruciale de telles informations est illustrée par un arrêt de la 1re chambre civile de la Cour de cassation considérant qu'un professionnel engage sa responsabilité lorsque, dans le cadre de l'exercice de son obligation générale d'information de l'usager[(196)], il fournit au consommateur des renseignements de nature fiscale – en l'espèce sur le montant du crédit d'impôt sur le revenu (CIDD) applicable pour la pose de panneaux solaires photovoltaïques – erronés, ces éléments étant jugés déterminants pour emporter le consentement du consommateur[(197)].

C. La mise au point de « normes » de comportement vertueuses en matière de fourniture d'énergie renouvelable

Ces « normes » sont principalement incitatives mais évoluent dans une certaine mesure en normes impératives.

(191) Voir *supra* p. 527 et s.

(192) TFUE, Titre XV.

(193) Directive 2009/28, art. 14. 3., le texte précise que : « les systèmes de certification peuvent tenir compte des régimes et des structures existants, le cas échéant, et sont fondés sur les critères énoncés à l'annexe IV. Chaque État membre reconnaît la certification accordée par les autres États membres conformément à ces critères ».

(194) Directive 2009/28, art. 14 4.

(195) Directive 2009/28, art. 14 1.

(196) Voir code de la consommation, art. L. 111-1 I. : « Tout professionnel vendeur de biens doit, avant la conclusion du contrat, mettre le consommateur en mesure de connaître les caractéristiques essentielles du bien ».

(197) Cass. civ. 8 mars 2012, n° 10-21239.

1. L'incitation à fournir des énergies renouvelables

a. Dans le cadre des certificats d'économie d'énergie

L'un des phénomènes les plus significatifs dans le secteur de l'énergie est certainement l'articulation qui s'est progressivement établie entre la contrainte réglementaire et les mécanismes de marché. En d'autres termes, des outils économiques qui ont pourtant un objet et un effet différents se trouvent aujourd'hui combinés. C'est le cas avec le mécanisme des permis d'émission de CO_2 issu du Protocole de Kyoto, qui a donné lieu à des extrapolations toujours plus nombreuses, tel le dispositif des certificats d'économie d'énergie, parfois appelés « certificats blancs ».

Remarque

Cette couleur sert à les distinguer des autres types de certificats existants : « noirs » (permis d'émission de CO_2) et « verts » (certificats d'achat d'énergie renouvelable).

Ces certificats ont été introduits dans le droit français par la loi POPE de 2005[(198)]. Ils constituent un volet essentiel du projet global d'économie d'énergie défendu par cette même loi, visant à diminuer de 2 % par an d'ici 2015 la consommation d'énergie en France. Le décret n° 2006-600 du 23 mai 2006 relatif aux obligations d'économies d'énergie indiquait que le but était d'aboutir à une économie de 54 TW/h CUMAC sur une période de 3 ans (du 30 juin 2006 au 1er juillet 2009), le résultat final a dépassé les espérances puisqu'il a dépassé 65,2 TWh. La deuxième période a débuté le 1er janvier 2011, succédant à une phase transitoire pendant laquelle les règles de la première période ont continué d'être appliquées[(199)]. Le nouvel objectif est de 345 TWh sur la séquence 2011-2013.

Remarque

L'abréviation « CUMAC » provient de la contraction de « cumulé » et « actualisé ». Elle s'explique par le fait que le kW/h est calculé sur la base de la durée de vie du produit et actualisé en fonction du marché.

Pour parvenir à ces objectifs, la loi adresse à un certain nombre d'opérateurs (les « obligés »), soit, depuis la loi « Grenelle 2 », l'ensemble des fournisseurs d'énergie hors carburants, une déclinaison d'actions : faire des économies sur leurs propres installations, inviter leurs clients à en réaliser, acheter à un opérateur « éligible » ayant effectué lui-même des économies un certificat sur un marché *ad hoc*.

Remarque

Les « obligés » sont les vendeurs d'énergie visés à l'article L. 221-1 du code de l'énergie. Les « éligibles » sont visés à l'article L. 221-7 du code de l'énergie ; il s'agit de personnes morales dont l'action d'économies d'énergie n'entre pas dans le champ de leur activité principale, c'est-à-dire : les collectivités publiques et leurs groupements, l'Agence nationale de l'habitat, les bailleurs sociaux, les SEM exerçant une activité de construction ou de gestion de logements sociaux.

Dans le cas d'une non-atteinte de l'objectif, l'obligé doit acheter les certificats manquants sur le marché (à d'autres obligés ou à des éligibles) ou, à défaut, payer une pénalité libératoire (fixée à 2 centimes d'euro par kW/h d'énergie finale non économisée). Suivant le modèle du permis d'émission de CO_2, le certificat blanc est un bien meuble immatériel délivré par l'État et échangeable de gré à gré.

(198) Art. 14, codifié C. de l'énergie, art. L. 221-1 et s. ; Voir J.-F. Debat, « Le système français des certificats d'économie d'énergie », *RJEP/CJEG* 2006, p. 365.

(199) Voir MEDDTL, circulaire du 29 juin 2011 relative à la deuxième période du dispositif des certificats d'économie d'énergie.

Remarque

Le décret n° 2011-1215 du 30 septembre 2011 relatif aux pouvoirs du ministre chargé de l'énergie en matière d'agrément de plans d'action d'économies d'énergie et de délivrance de CEE complété par un arrêté du même jour créant le pôle national en matière d'économies d'énergie au sein de la DGEC, ont opéré une recentralisation au profit du ministre sus-évoqué de la gestion du dispositif des CEE (auparavant géré au niveau préfectoral).

La loi confère au ministre de l'Énergie la possibilité de sanctionner les manquements dont seraient responsables les éligibles (C. de l'énergie, art. L. 222-1). Le décret n° 2012-23 du 6 janvier 2012 précise à cet effet les prérogatives du ministre.

Certes, la création de ce dispositif vise avant tout la maîtrise de la demande d'énergie, mais elle participe aussi à la promotion de l'offre en énergie renouvelable. En effet, la loi prévoit que la délivrance de ces certificats peut se faire en cas non seulement d'économie au sens strict du terme mais également, sous certaines conditions, en cas de remplacement d'une source d'énergie non renouvelable par une ressource énergétique à caractère renouvelable dans le cadre d'un projet de production de chaleur ou de froid consommée dans un local à usage d'habitation ou d'activités agricoles ou tertiaires(200). Ainsi, une opération d'économie d'énergie se définit-elle ici, entre autres, par le recours à une énergie renouvelable.

Remarque

La loi n° 2009-967 du 3 août 2009 de programmation relative à la mise en œuvre du Grenelle de l'environnement (« Grenelle 1 ») fixe un objectif d'amélioration de l'efficacité énergétique de 20 % d'ici 2020.

Les décrets d'application n° 2010-1663 et n° 2010-1664 du 29 décembre 2010 précisent les conditions d'application de cette partie spécifique du dispositif. Les nouvelles dispositions législatives l'ont ouvert aux opérations intéressant les bâtiments agricoles – et toujours pas aux bâtiments industriels, ce alors pourtant que le système des CEE est globalement applicable au secteur de l'industrie – et tertiaires, à condition qu'elles n'aient pas bénéficié d'une aide à l'investissement octroyée par l'ADEME, notamment dans le cadre du Fonds Chaleur(201). Elles ne prévoient pas non plus son applicabilité à celles impliquant la substitution d'un carburant fossile par un biocarburant. La loi interdit par ailleurs d'appliquer le système des CEE aux bâtiments neufs, auxquels s'applique *a minima* toutefois, et en parallèle, la réglementation thermique. Enfin, les équipements pris en compte doivent assurer la fourniture de chaleur ou de froid à partir d'énergies renouvelables pour le chauffage, le refroidissement ou l'eau chaude sanitaire. En l'état, ce dispositif ne semble pas permettre d'englober les équipements situés à l'extérieur des bâtiments (type réseaux de chaleur).

Afin de rendre le dispositif rapidement opérationnel, il a été décidé que de telles opérations puissent être conduites en référence à une opération standard. À cette fin, des arrêtés(202) définissent un certain nombre d'opérations standardisées d'économies d'énergie donnant droit à l'attribution de certificats d'économie d'énergie. Ces opérations, qui sont toutes supposées aller au-delà de la réglementation thermique en vigueur, évoquent elles-mêmes l'hypothèse d'une substitution d'une énergie renouvelable à une énergie fossile (installation d'un chauffe-eau solaire collectif, d'une pompe à chaleur, d'une chaufferie biomasse...). Leur liste est actualisée périodiquement pour tenir compte des expériences menées. Enfin, dans certaines zones géographiques, la valeur des certificats d'économie d'énergie est doublée : il s'agit de zones non interconnectées au réseau métropolitain continental d'électricité (DOM, Saint-Pierre-et-Miquelon, Corse, Ouessant, Molène, Sein).

(200) C. énergie, art. L. 221-7.

(201) Voir *infra* p. 546.

(202) Arr. 19 juin 2006, 19 décembre 2006, 22 novembre 2007, 21 juillet 2008, 23 janvier 2009, 28 juin 2010, 15 décembre 2010 et 14 décembre 2011, 28 mars 2012.

b. Dans le cadre de l'étude de faisabilité imposée pour certaines opérations

Une étude de faisabilité technique et économique a été rendue obligatoire par la directive 2002/91 sur la performance énergétique des bâtiments, afin d'étudier les diverses solutions d'approvisionnement en énergie dans les bâtiments[(203)]. Ce texte a été transposé en droit français par la loi POPE de 2005[(204)] et le décret n° 2007-363 du 19 mars 2007[(205)]. Concrètement, il s'agit d'examiner de façon comparative les différentes solutions envisageables avant la construction d'un bâtiment neuf dont la superficie hors œuvre nette totale nouvelle est supérieure à 1 000 m^2[(206)] ou avant la mise en œuvre d'une disposition de réhabilitation d'un bâtiment de même dimension[(207)], en tenant compte de l'impact en émissions de gaz à effet de serre de ces solutions.

Remarque

Compte tenu du seuil de 1 000 m^2 de surface, l'obligation ne s'applique cependant pas aux bâtiments d'habitation individuelle. Des exceptions existent en outre, par exemple pour des bâtiments agricoles, les lieux de culte, certains monuments historiques.

Il appartient ensuite au maître d'ouvrage de dire sa préférence et de la justifier. Cette mesure permet d'envisager l'intégration des systèmes faisant appel aux énergies renouvelables dès la conception des bâtiments, condition clef du développement des filières, et un élargissement de son champ d'application serait sans doute à cet égard judicieux. Toutefois, il n'existe pas dans le cas présent de mécanisme de sanction d'un choix énergétique qui serait contraire à l'objectif légal. Cette réglementation n'est donc pas destinée à imposer l'intégration des énergies renouvelables, notamment le solaire et la géothermie, dans le bâti, mais à inciter à une utilisation plus intensive de ces ressources énergétiques.

L'article L. 128-4 du code de l'urbanisme créé par la loi « Grenelle 1 »[(208)] participe peu ou prou de la même logique. Le texte impose ici que l'option du recours aux énergies renouvelables soit examinée dans le cadre de certaines opérations d'urbanisme. Cette obligation s'applique à la double condition que l'action ou l'opération relève de celles d'aménagement foncier au sens de l'article L. 300-1 du code de l'urbanisme et qu'elle soit soumise à étude d'impact. La loi prescrit dans cette hypothèse la rédaction d'une « étude de faisabilité sur le potentiel de développement en énergies renouvelables de la zone », qui en particulier doit évaluer « l'opportunité de la création ou du raccordement à un réseau de chaleur ou de froid ayant recours aux énergies renouvelables et de récupération ».

Remarque

Ce dispositif intéresse notamment les projets de création des Zones d'aménagement concerté (ZAC), la restauration immobilière, certains lotissements ou encore la création de secteurs sauvegardés. Pour une aide à l'application de cette disposition, voir « Études sur les énergies renouvelables dans les nouveaux aménagements - Conseils pour la mise en œuvre de l'article L. 128-4 du code de l'urbanisme » (CETE de l'Ouest, CERTU, DREAL Rhône-Alpes, CETE Méditerranée, décembre 2011) (www.lesenr.fr/.../111216_RAP-guide-etudes-enr-amenagement-L12).

(203) Art. 5.

(204) CCH, art. L. 111-9.

(205) Textes complétés par arr. 18 décembre 2007 sur les études de faisabilité énergétique, voir aussi décret n° 2011-544 du 18 mai 2011 relatif aux attestations de prise en compte de la réglementation thermique et de réalisation d'une étude de faisabilité relative aux approvisionnements en énergie pour les bâtiments neufs ou les parties nouvelles de bâtiments.

(206) CCH, art. R. 111-22 à R. 111-22-2.

(207) CCH, art. R. 131-25 et R. 131-27.

(208) Loi n° 2009-967 du 3 août 2009, art. 8.

2. Vers une obligation de produire des énergies renouvelables ?

Le passage de la stimulation à la contrainte révèle l'existence d'une gradation possible de la « norme » de comportement consacrée par la règle de droit. Dans le cadre du droit français, cette évolution est de plus en plus perceptible.

La transformation de la faculté de produire de l'énergie renouvelable en obligation a été itérativement suggérée. Elle figurait par exemple dans une proposition de loi sur « la récupération et la valorisation du gaz issu de la fermentation anaérobie des déchets organiques, énergie renouvelable à forte potentialité », demandant que les activités génératrices de méthane (décharges, exploitations agricoles) soient tenues de « capter, de valoriser ou de faire valoriser les rejets de méthane générées par ses sites », mais le texte n'a pas été adopté(209). Elle a fait également l'objet d'un examen attentif par le Centre d'analyse stratégiques, qui l'a envisagée en tant qu'alternative possible aux formules dominantes s'accompagnant d'une dépense publique(210). Elle faisait partie également des propositions du Grenelle de l'environnement, qui préconisa pour sa part le lancement d'une étude publique portant sur une obligation d'incorporation de biomasse et autres combustibles d'origine renouvelable dans les grandes installations de combustion(211).

L'obligation de produire de l'énergie renouvelable est consacrée mais de façon très sporadique par le droit français, étant admis qu'elle ne peut en tout état de cause être envisagée que lorsque la ressource énergétique renouvelable est d'une part, disponible, d'autre part, techniquement exploitable. L'existence de conditions d'ensoleillement privilégiées peut ainsi expliquer qu'elle ait été consacrée dans les DOM, sur le fondement du décret n° 2009-424 du 17 avril 2009(212), qui impose que lorsqu'un système de production d'eau chaude est installé dans un logement neuf, cette eau chaude soit produite par énergie solaire pour une part au moins égale à 50 % des besoins, sauf si l'ensoleillement est insuffisant. De façon plus large une telle contrainte a été inscrite en tant qu'objectif de moyen terme dans le cadre de la loi « Grenelle 1 », l'article 4 b) de ce texte disposant : « Toutes les constructions neuves faisant l'objet d'une demande de permis de construire déposée à compter de la fin 2020 présentent, sauf exception, une consommation d'énergie primaire inférieure à la quantité d'énergie renouvelable produite dans ces constructions, et notamment le bois-énergie », impliquant donc que toutes les constructions concernées soient, à l'échéance indiquée, opérées de façon à permettre une production minimale d'énergie de source renouvelable.

Remarque

Plus courants sont les dispositifs juridiques suggérant la production d'énergie renouvelable. Par exemple, l'article 19 de l'arrêté du 9 septembre 1997 relatif aux installations de stockage de déchets non dangereux envisage la production associée de biogaz à titre facultatif, et la valorisation énergétique de celui-ci comme une éventualité. Ainsi est-il indiqué que lorsque le captage du biogaz s'avère nécessaire, les casiers contenant les déchets biodégradables sont équipés d'un réseau de drainage des émanations gazeuses, réseau « conçu et dimensionné de façon à [...] permettre son acheminement de préférence vers une installation de valorisation ou, à défaut, vers une installation de destruction par combustion ».

Le projet de directive européenne sur l'efficacité énergétique pourrait avoir sur ce sujet quelque incidence. Le texte consacre en effet une obligation de récupération de la chaleur pour les centrales et sites industriels existants et en projet (voir art. 10 de la proposition, COM (2011) 370 final).

(209) Proposition de loi du député J.-L. Dumont, Ass. nat. n° 2774, 3e séance 22 décembre 2005.

(210) Voir « Perspectives énergétiques de la France à l'horizon 2020-2050, Rapport d'orientation », avril 2007, pt. 5.1.2.

(211) Voir COMOP 10 Énergies renouvelables, mesure 16 (http ://www.legrenelle-environnement.fr/grenelle-environnement/).

(212) Décret portant sur les dispositions particulières relatives aux caractéristiques thermiques, énergétiques, acoustiques et d'aération des bâtiments d'habitation dans les départements de la Guadeloupe, de la Guyane, de la Martinique et de la Réunion, art. 1, codifié CCH, art. R. 162-2.-II.

§3. L'approche institutionnelle

On peut craindre que les filières liées aux sources d'énergie renouvelables aient quelques difficultés à émerger en raison de l'absence de coordination des acteurs concernés ou encore de schéma directeur. C'est ici tout l'intérêt d'une action publique visant à permettre la constitution de groupements *ad hoc* chargés de promouvoir l'offre ou bien encore à mieux structurer les organismes publics intervenant dans le processus d'approvisionnement, deux façons là aussi d'adapter les moyens de production d'énergie renouvelable aux objectifs énergétiques.

I. La possibilité de constituer des groupements d'intérêt public pour la promotion des énergies renouvelables

La formule du groupement d'intérêt public (GIP) existe depuis une loi du 15 juillet 1982. Elle a fait l'objet d'une importante réforme en 2011[(213)]. Le dispositif permet d'associer des personnes privées et des personnes publiques en vue de réaliser une œuvre d'intérêt commun, « à but non lucratif ». La loi POPE de 2005 étend la possibilité de créer des GIP au domaine des énergies renouvelables (ou de la maîtrise de l'énergie), dont ils seront chargés d'assurer la promotion. L'article L. 211-3 du code de l'énergie est ainsi rédigé : « Des groupements d'intérêt public peuvent être constitués entre des personnes de droit public ou de droit privé pour exercer, pendant une durée déterminée, des activités dans le domaine de la maîtrise de l'énergie ou de la promotion des énergies renouvelables, ainsi que pour créer ou gérer des équipements, des personnels ou des services communs nécessaires à ces activités »[(214)]. Si les textes ne permettent pas d'envisager qu'un tel GIP puisse prendre en charge la mission de production d'énergie renouvelable, ils autorisent à penser que l'action de ces structures puisse avoir quelque effet sur l'offre de production de celle-ci.

Remarque

Selon l'article 98 du nouveau statut, le GIP est une personne morale de droit public dotée de l'autonomie administrative et financière.

II. L'adaptation des structures publiques participant à l'offre de production

Il faut évoquer en premier lieu les dispositions issues de la loi d'orientation agricole de 2006 (LOA) qui, tenant compte des nouvelles orientations de la politique agricole européenne et française, s'est employée par certaines de ses dispositions à modifier l'objet légal de quelques-unes des structures impliquées dans la production des cultures énergétiques.

Sont d'abord concernées les organisations interprofessionnelles agricoles, que cette loi a regroupées autour d'un nouvel organisme : l'Office national interprofessionnel des grandes cultures. Comme ses prédécesseurs, ce dernier a le statut de personne morale de droit privé, et pour mission de contribuer à la gestion des marchés en adaptant les produits à la demande, et en assurant leur promotion. Surtout, la loi d'orientation agricole de 2006 (LOA) a fait apparaître explicitement au titre des missions de cet organisme la valorisation des utilisations non alimentaires[(215)]. En outre, la même loi a adapté les missions des offices agricoles, en se plaçant là encore dans la perspective du redéploiement des activités agricoles vers des productions non alimentaires (ces offices ont

(213) Loi n° 2011-525 du 17 mai 2011 de simplification et d'amélioration de la qualité du droit, voir P. Combeau, « La nouvelle "loi de 1901" des groupements d'intérêt public. Entre rupture et continuité », *JCP A* 2011, n° 2235 ; G. Clamour, « Statut des groupements d'intérêt public », *Contrats et marchés publics*, juin 2011, comm. 157.

(214) C. rur., art. L. 632-1.5°.

(215) C. rur., art. L. 632-1.5°.

pour leur part le statut de personne morale de droit public – établissement public – et sont chargées de gérer les aides publiques européennes ou nationales en faveur de l'agriculture et des industries qui lui sont liées). Dans un premier temps, les textes ont fusionné les anciens offices et les ont rassemblés au sein de pôles – le pôle compétent pour les cultures énergétiques étant, depuis le 1er janvier 2009, France-Agrimer, qui regroupe les ex-ONIC (Office national interprofessionnel des céréales), ONIOL (Office national interprofessionnel des oléagineux, protéagineux et cultures textiles) et FIRS (Fonds d'intervention et de régulation du marché du sucre) au sein d'un seul et même établissement public national. Dans un second temps, ils ont enregistré les évolutions des pratiques et redéfini en conséquence les missions dudit pôle, en précisant que les domaines dans lesquels il intervient couvrent aussi la « production de [...] biens non alimentaires issus des matières agricoles... »(216).

La rationalisation des structures de production exige probablement des efforts supplémentaires. Le regroupement en aval – c'est-à-dire au niveau cette fois de la demande – des initiatives, publiques – locales ou provenant d'autres maîtres d'ouvrages publics (hôpitaux, universités...) – comme privées pourrait inciter les différents acteurs de la production à mieux mobiliser et coordonner, en amont, leur offre de production. Dans cette dernière perspective, ont été proposées la création d'agences locales de l'énergie chargées d'apporter une assistance technico-juridique à la maîtrise d'ouvrage d'installations produisant de l'énergie renouvelable, installées sur un bassin de population déterminé (20 000 habitants), ou bien encore l'institution de structures de maîtrise d'ouvrage déléguée pouvant prendre en charge pour le compte des collectivités locales, l'étude, la réalisation, le financement, voire l'exploitation, des chaufferies et réseaux de chaleur ; l'absence de règles juridiques n'ayant pas empêché certains acteurs locaux d'agir dans cette logique de maîtrise d'ouvrage déléguée au niveau supracommunal(217). Certains départements transfèrent déjà la maîtrise d'ouvrage d'installations de production d'énergie renouvelable à des instances départementales ou intercommunales. Ailleurs, les syndicats départementaux d'électricité assument la mission de maîtres d'ouvrage délégués : ils se chargent du montage du dossier administratif et remettent ensuite l'ouvrage à la collectivité qui l'exploite ou le fait exploiter.

Remarque

Le rôle des agences régionales ou départementales de l'environnement ne va pas jusqu'à l'assistance à la maîtrise d'ouvrage des collectivités locales, pour ce qui concerne en particulier la production par ces dernières d'énergie renouvelable. Il faut toutefois admettre que l'action de ces organismes (par exemple Rhônealpénergie-Environnement, Agence régionale de l'environnement de Haute-Normandie, etc.), qui ne sont pas aujourd'hui visés par la loi, est de nature à avoir un impact sur les dimensions quantitative et qualitative de l'offre en énergie renouvelable. En effet, ces agences interviennent afin de « développer et aider à la prise en compte de l'environnement pour le compte des pouvoirs publics, des collectivités territoriales ou parfois des entreprises. C'est un outil de sensibilisation du public et des collectivités aux énergies renouvelables, de proposition et de partenariat en matière d'environnement » (D. Bailleul (Dir.), *L'Énergie solaire. Aspects juridiques*, Université de Savoie, 2010, p. 74).

Section 2

Les aides publiques à la production d'énergie renouvelable

Les aides publiques à la production d'énergie renouvelable ont, comme leur nom l'indique, deux caractéristiques principales. D'abord, leur objet est commun – la production d'énergie de source

(216) C. rur., art. L. 621-2.

(217) C. Belot et J.-M. Juilhard, Rapport d'information : « Énergies renouvelables et développement local : l'intelligence territoriale en action », Sénat n° 436, 28 juin 2006.

renouvelable –, étant précisé que ces aides visent en général tout à la fois l'accroissement de la production et l'abaissement de ses coûts. Ensuite, ces aides sont décidées et/ou octroyées par des collectivités publiques, étant rappelé qu'il peut s'agir de l'État, des collectivités locales (en France, les régions à titre principal), ou bien encore d'organisations internationales, notamment de l'Union européenne.

Remarque

L'approche suivie ici est plus large que celle de l'arrêt « Preussen Elektra » (CJCE 13 mars 2001, C-379/98, *Rec.* p. I-2099), car on intègre tous les systèmes d'aides définis par l'autorité publique, y compris ceux qui le cas échéant ne seraient pas versés sur fonds publics[218].

Il importe à cet égard de rappeler que, lorsque la collectivité publique versante est un État membre de l'Union européenne (ou de l'Espace économique européen), l'aide est susceptible d'entrer dans la catégorie des « aides d'État » : son octroi n'est donc plus discrétionnaire mais subordonné à l'accord préalable de la Commission européenne, qui décide de sa compatibilité avec le traité. Pour être conforme aux règles de l'UE en matière d'aides d'État, globalement, les effets positifs de la mesure doivent compenser les distorsions potentielles de la concurrence et des échanges entre États membres. Toutefois, certaines de ces aides sont dispensées de notification préalable à la Commission au titre des possibilités offertes par le règlement général d'exemption par catégorie 800/2008 du 6 août 2008 (RGEC)[219]. À défaut, la plupart d'entre elles relèvent des critères de la politique d'encadrement des aides d'État à finalité environnementale[220] : elles devront alors être limitées à la stricte compensation des surcoûts d'investissement ou de production par rapport aux coûts traditionnels des énergies non renouvelables, être temporaires et en principe dégressives.

Remarque

Une partie du régime d'aides en faveur des énergies renouvelables appartenant au dispositif des « Investissements d'avenir » n'a pas été ainsi soumise au contrôle préalable de la Commission, en application du RGEC (voir Régime d'aides de l'ADEME exempté de notification relatif aux aides à la RDI et en faveur de la protection de l'environnement dans le cadre des Investissements d'avenir, janvier 2011, www2.ademe.fr).

Au-delà d'un certain nombre de caractères communs, ces aides se distinguent par le fait qu'elles peuvent constituer pour les opérateurs des aides à l'investissement ou des aides au fonctionnement (*summa divisio* également retenue par la Commission dans son encadrement des aides d'État à finalité environnementale)[221].

§1. Les aides à l'investissement

La croissance des énergies renouvelables dépend en premier lieu des investissements productifs. Or, on estime que le coût de l'investissement initial est pour ces énergies environ 3 à 7 fois plus élevé que pour la production d'énergie reposant sur les combustibles fossiles ; les délais de remboursement de l'investissement sont donc très longs et de nature à décourager l'investisseur le mieux intentionné. Dans ce contexte, les aides publiques à l'investissement dédiées aux énergies d'origine renouvelable sont de plus en plus nombreuses et importantes en volume.

(218) Voir *supra* p. 349 et s.
(219) Voir *supra* p. 355 et s.
(220) Voir *supra* p. 356 et s.
(221) Voir *supra* p. 358 et s.

Cela n'est guère surprenant puisque ces énergies sont appréciées de plus en plus favorablement par la puissance publique, mais aussi parce que, comme l'indiquait le livre vert de la Commission européenne *Vers une stratégie européenne de sécurité d'approvisionnement énergétique*[(222)], les systèmes d'exploitation de sources d'énergie renouvelables ont besoin d'investissements de départ massifs, comparables à ceux octroyés par le passé pour d'autres sources d'énergie comme le charbon, le pétrole et l'énergie nucléaire. Le soutien par l'aide publique est en tous les cas dépendant, pour son principe mais aussi pour son volume, du risque financier associé aux projets. Par exemple, dans le domaine de la recherche et du développement, les coûts d'investissement sont majoritairement financés par des subventions publiques « car les coûts et l'incertitude inhérents à la technologie rendent ces projets trop risqués pour attirer un financement du seul secteur privé », alors que, lorsque la technologie est quasiment établie, « le recours au capital risque – qui comporte des risques élevés – peut être envisagé »[(223)].

Ces aides à l'investissement ont des natures très différentes : aides financières non remboursables (les plus fréquentes), aides à l'immobilier d'entreprise, prêts à taux préférentiels, bonifications d'intérêts, garanties publiques (garanties d'emprunts par exemple), prises publiques de participation au capital, aides techniques... On relève le succès grandissant d'une formule en particulier, celle par laquelle la puissance publique présente une offre de financement pour des actions dont elle a préalablement défini les contours et dans le cadre d'une séquence temporelle précise (voir ci-après dispositif des « appels à projets »). Il est vrai que, à l'instar des appels d'offres du droit de l'énergie ou de ceux du droit douanier[(224)], cette démarche présente l'intérêt notamment de « susciter une dynamique locale ou régionale »[(225)], tout en imposant aux opérateurs économiques intéressés le respect d'un cahier des charges et d'un calendrier.

En France, l'ADEME est le principal dispensateur des aides à l'investissement dans le domaine des énergies renouvelables. Son intervention s'appuie sur les articles L. 131-6 et R. 131-3 III du code de l'environnement, qui l'autorisent à attribuer des subventions et consentir des avances remboursables aux personnes publiques et privées. L'article R. 131-9-II 2° dispose de son côté que « le conseil d'administration (de l'ADEME) fixe les modalités et critères d'attribution des concours financiers de l'agence pour chaque type d'opération ». Sur ces fondements, l'ADEME est en droit d'accorder des aides ou subventions à toutes personnes physiques ou morales, y compris celles ayant des activités cultuelles, sans qu'y fasse obstacle en particulier la loi du 9 décembre 1905 sur la séparation des Églises et de l'État[(226)]. Si ces aides sont principalement destinées aux investisseurs privés, elles profitent aussi aux collectivités publiques.

Les collectivités locales sont également pourvoyeuses de fonds publics visant à favoriser les investissements dans la production d'énergies renouvelables[(227)]. L'intervention des autorités locales

(222) COM (2000) 769 final.

(223) Commission, Communication au PE et au Conseil, « Énergies renouvelables : progrès accomplis pour atteindre l'objectif de 2020 », COM (2011) 31 final.

(224) Voir *supra* p. 487 et s.

(225) J.-L. Bal, « Les outils de financement des énergies renouvelables », *AJCT* 2010, p. 16.

(226) Voir CAA Lyon 17 septembre 2010, Communauté des Bénédictins de l'Abbaye Saint-Joseph de Clairval, req. n° 09LY00186, *AJDA* 2011, p. 31, note C. Vinet ; M. Audard et R. Féral, « L'équilibre de la loi de 1905 mise à mal », *JCP A*, 2011, n° 2175 : subvention octroyée à une communauté religieuse pour la réalisation d'une étude de faisabilité d'un projet d'installation d'une chaufferie-bois destinée à chauffer les bâtiments d'une abbaye.

(227) Voir par exemple l'appel à projets « Énergies » lancé en 2011 par la Région Haute Normandie, à destination des entreprises, organismes de recherche, collectivités territoriales et bailleurs sociaux, visant à financer des investissements en « énergies nouvelles ».

s'autorise ici de différents fondements juridiques(228), et s'inscrit en particulier dans le cadre du régime cadre pour les interventions publiques des collectivités territoriales en faveur de l'environnement élaboré par les autorités centrales et validé par la Commission européenne(229). La jurisprudence a interprété plus strictement pour les collectivités territoriales que pour l'ADEME la prohibition de subventionnement public des associations cultuelles, découlant du principe de laïcité protégé par la loi de 1905 : elles n'ont pas en effet, à la différence de l'établissement public susmentionné, le droit de subventionner de telles associations(230).

Il n'est pas simple de faire une recension exhaustive de toutes ces aides, pour le motif, notamment, que l'information est très parcellaire. Cette situation tient en partie au caractère décentralisé des énergies renouvelables, et par extension des aides à celles-ci. Plutôt que d'en dresser un inventaire complet, qui pècherait par avance en raison du caractère forcément évolutif de ces aides, on se propose de les classer par genres : les subventions à l'investissement, les instruments financiers spécifiques d'aide à l'investissement, les systèmes d'incitation à l'investissement.

Remarque

Le système des prêts publics est utilisé en particulier dans le cadre de l'UE, par l'intermédiaire principalement de la Banque européenne d'investissement (BEI) (voir *supra* p. 426 et s.) Il est employé plus marginalement en France ; voir toutefois le lancement par le ministère de l'Économie et des finances en octobre 2011 d'un appel à projets visant à soutenir le développement à l'export des entreprises françaises de la filière solaire : les prêts sont ici à faible coût, le montant total s'élevant à 100 millions d'euros issus de la réserve de prêts pays émergents et du Fonds d'études et d'aide au secteur privé (FASEP).

Les collectivités locales (régions) sont de plus en plus adeptes des garanties d'emprunt, qu'elles accordent souvent au travers de partenariats avec l'organisme prêteur qu'est la BEI.

I. Les subventions à l'investissement

Il s'agit dans tous les cas de subventions décidées par l'autorité publique, sachant que pour certaines d'entre elles – les aides de caractère technique – l'approche économique (effets sur la concurrence) conduit en tout état de cause à y rechercher l'équivalent en termes de subventions. Ces aides ont toujours peu ou prou la même finalité : initier et soutenir l'investissement. Mais elles peuvent produire des effets différents sur l'acte d'investissement : ainsi peut-on distinguer les aides au préinvestissement des aides à l'investissement *stricto sensu*.

A. Aides au préinvestissement

L'examen de ces aides fait apparaître deux sous-catégories : les aides à la prise de décision et les aides à la recherche, au développement technologique et à la formation.

1. Aides à la prise de décision

En France, ces aides de caractère technique, préalables à la décision d'investissement dans un projet de production d'énergie renouvelable d'un particulier ou d'une collectivité locale, sont le

(228) CGCT, art. L. 1511-2 à L. 1511-5 pour les collectivités territoriales et leurs groupements, circulaire du ministre de l'Intérieur du 3 juillet 2006 sur la mise en œuvre de la loi du 13 août 2004 relative aux libertés et responsabilités locales en ce qui concerne les interventions économiques des collectivités territoriales et de leurs groupements ; CGCT, art. L. 1511-1 pour le rôle de coordination des régions sur leur territoire des actions de développement économique des collectivités territoriales et de leurs groupements.

(229) Aide d'État N 862/1996, remplacé par Aide d'État N 669/2008 Régime cadre d'aides en faveur de la protection de l'environnement.

(230) CAA Lyon 17 septembre 2010, Communauté des Bénédictins, req. n° 09LY00185, ALYODA (alyoda.univ-lyon3.fr), note L. Eck, comp. à CAA Lyon 17 septembre 2010, req. n° 09LY00186 préc.

plus souvent financées – sinon directement mises en œuvre – par l'ADEME. Elles prennent la forme : soit de conseils, pour identifier les problèmes et lister les solutions, soit d'études, également pour analyser les problèmes et déterminer les solutions. L'ADEME a systématisé ces aides : il peut s'agir de conseils d'orientation (étude globale d'un patrimoine ou d'un ensemble d'équipements permettant de hiérarchiser les priorités et d'orienter l'action ; subventions jusqu'à 70 % des coûts) ; d'aides au prédiagnostics (bilan technique portant sur un bâtiment ; subventions de 70 à 90 % des coûts) ; enfin d'aides de diagnostic (analyse approfondie d'un bâtiment ou d'un équipement et proposition d'un programme d'action assorti d'une évaluation technique et économique des différentes solutions ; subventions jusqu'à 50 % des coûts).

Ponctuellement, l'ADEME peut aussi financer pour un secteur économique particulier des aides techniques : dans le domaine des énergies renouvelables, elle a par exemple subventionné pour les entreprises agricoles des études réalisées par des experts externes pour les aider à prendre des décisions d'investissement en connaissance de cause(231).

2. Aides à la recherche et au développement technologique (RDT) et aides à la formation

a. Aides à la recherche et au développement technologique

Les aides à la recherche et au développement technologique (RDT) sont versées aux entreprises ou à des laboratoires et autres centres techniques travaillant sur les problématiques de la production/fourniture des énergies renouvelables. Elles sont pour l'essentiel issues du budget de l'Union européenne – programmes-cadres de recherche et de développement technologique (PCRDT)(232) – ou du budget national de l'État. Dans ce dernier cas, elles peuvent relever du régime d'encadrement communautaire des aides d'État pour la recherche et le développement technologique(233). En France, l'augmentation du budget public de la recherche dans le secteur des énergies renouvelables a été promue par les lois POPE de 2005 puis Grenelle 1 et Grenelle 2.

Le rôle des établissements publics d'État comme relais des subventions publiques est prépondérant. L'ADEME joue ainsi dans ce cadre une mission de premier plan. Au titre du soutien à la RDT, elle subventionne par exemple des travaux de recherche effectués par les organismes de recherche et les universités en partenariat avec l'industrie(234), gère le régime d'aides à la recherche, au développement et à l'innovation dans les domaines notamment du changement climatique et de l'accroissement de la demande en énergie(235), ou bien encore soutient le programme de géothermie profonde de Soultz-sous-Forêts, aux côtés d'autres États membres de l'Union européenne, et de l'Union européenne elle-même. L'ADEME a été partie prenante du groupement d'intérêt scientifique AGRICE sur les biocombustibles pour la mise au point de procédés énergétiques à finalité industrielle et, depuis la clôture de celui-ci, gère le programme qui lui a succédé : Bioressources, Industries et Performances (BIP). Elle octroie aussi des bourses de thèse. D'autres établissements publics tels les offices agricoles peuvent également s'engager sur le terrain de la RDT : par exemple l'ancien Office national interprofessionnel des oléagineux, protéagineux et cultures textiles (ONIOL) a soutenu des programmes dans les secteurs oléagineux et protéagineux afin, notamment, de développer les cultures non alimentaires de ces produits(236). La Cour des comptes a

(231) Aide d'État N 689/2002, à l'assistance conseil au secteur agricole.

(232) Voir *supra* p. 418 et s.

(233) Voir *supra* p. 363.

(234) Aide d'État N 84/2003, à la recherche et au développement technologique, prolongée par aide d'État N 120/2006.

(235) Aide d'État N 397/2007, aide de l'ADEME à la recherche, au développement et à l'innovation

(236) Aide d'État N 190/2001, à la recherche-développement dans les secteurs oléagineux, protéagineux et cultures textiles.

toutefois appelé à une meilleure coordination des actions menées en la matière par les principaux établissements concernés, soit l'ADEME et l'Agence nationale de la recherche (l'ANR)(237).

Les aides à la RDT se distinguent en particulier en fonction de l'initiative du projet. Celui-ci peut en effet être porté par l'(les)opérateur(s) intéressé(s) ou venir de la collectivité publique. La diversité des modalités juridiques, un dispositif organisationnel complexe, une efficacité peut-être limitée..., tout cela militait en faveur d'une certaine rationalisation du système. L'intensification du recours à la logique ascendante (système des « appels à projets ») y participe de façon indiscutable.

Cette logique est celle qui a été retenue tout d'abord lors de la mise en place en 2008, à la suite des recommandations du comité opérationnel « Recherche » du Grenelle de l'environnement, du Fonds démonstrateur de soutien à la mise au point de démonstrateurs de recherche dans les secteurs de l'énergie et de l'habitat. Ce Fonds a été doté de 378 milliards d'euros sur la période 2009-2012. L'ADEME s'est vu confier son pilotage, à savoir qu'elle procède ici par « appel à manifestation d'intérêts » (AMI), instruit les projets présentés (selon l'encadrement communautaire des aides d'État à la recherche, au développement et à l'innovation), enfin les sélectionne puis les accompagne financièrement. Le Fonds ne doit pas finaliser des projets de recherche et développement mais valider les technologies émergentes en amont de la phase de déploiement industriel et commercial. S'il n'est pas spécifique aux énergies renouvelables, il les inclut pour partie (énergie solaire, biocarburants de 2e génération, énergies marines). À titre d'illustration, on citera l'aide de 18,9 millions d'euros attribuée à un projet de recherche et développement « Gaya » visant à la création d'un biocarburant gazeux par voie thermochimique, autorisée par la Commission européenne(238).

Ensuite, cette logique est aussi celle qui préside aux aides publiques attribuées au profit des projets entrant dans le cadre du programme général « Investissements d'avenir », issu de l'article 8 de la loi de finances rectificative pour 2010(239). Ce programme destiné à financer des investissements visant à augmenter le potentiel de croissance de la France intéresse les énergies renouvelables dans le cadre de deux sous-programmes. D'une part, celui baptisé « Instituts d'excellence en énergies décarbonées » (IEDD) : doté de 1 milliard d'euros, il bénéficie aux acteurs publics ou privés de la recherche qui décident de s'associer dans le cadre de projets intéressant, entre autres, l'énergie solaire, la géothermie, l'efficacité énergétique, les énergies marines renouvelables ; l'opérateur public en charge de ces IEDD est l'Agence nationale de la recherche (ANR) chargée d'initier des « appels à projets ». D'autre part, celui intitulé « Démonstrateurs et plateformes technologiques en énergies renouvelables et décarbonées et chimie verte » : doté de 1,35 milliard d'euros, il s'adresse à des plateformes collaboratives regroupant entreprises privées et établissements de recherche publics et soutient les phases de démonstration des nouvelles technologies afin de leur permettre d'accéder au marché ; l'ADEME s'est vu confier la gestion de ce second programme(240) ; depuis

(237) Voir Cour des comptes, « Communication à la commission des finances du Sénat », Agence de l'environnement et de la maîtrise de l'énergie, septembre 2010 ; le rapport constate que la sélection des projets par l'ANR se fait « dans une logique d'excellence reposant sur la qualité scientifique des projets alors que l'ADEME privilégie les perspectives de débouchés industriels ».

(238) Aide d'État N 493/2009, Soutien de l'ADEME en faveur du projet « GAYA », cette aide constitue un cas d'application du régime de soutien N 397/2007 préc., préalablement approuvé par la Commission le 31 janvier 2008.

(239) Loi n° 2010-237 du 9 mars 2010.

(240) Voir Investissements d'avenir, convention État-ADEME Action « démonstrateurs énergies renouvelables et chimie verte » *JO* 8 août 2010, Convention du 13 mai 2011 entre l'État et l'ADEME relative au programmes d'investissements d'avenir (avenant aux conventions portant mise en œuvre des programmes des investissements d'avenir confiés à l'ADEME), auquel la Caisse des dépôts et consignations a été également associée (Convention du 9 mai 2012 entre l'État, l'ADEME et la Caisse des dépôts et consignations relative au programme d'investissements d'avenir (avenant aux conventions portant mise en œuvre des programmes des investissements d'avenir confiés à l'ADEME).

2011, l'ADEME a lancé plusieurs « appels à manifestation d'intérêt » (AMI) dédiés pour certains, en tout ou partie, aux énergies renouvelables. Les fonds confiés à l'ADEME peuvent être versés(241) soit directement (subventions, avances remboursables, etc.), soit par l'intermédiaire d'une prise de participation (directe ou par le biais de filiales)(242), soit par la participation de créations de personnes morales dédiées à la mise en œuvre de projets de recherche et développement, soit par dotation à un établissement bancaire pour bonification de prêt, par le bais d'une garantie par dotation à des fonds dédiés (fonds de placement de type FIDEME)(243).

Remarque

Dans le cadre de l'action « Démonstrateurs et plateformes technologiques en énergies renouvelables et décarbonées », l'ADEME a lancé par exemple en novembre 2011 un AMI « Géothermie » (voir arrêté du 31 octobre 2011 approuvant le cahier des charges « Géothermie » relatif à l'action 1 du programme « Démonstrateurs »).

La Convention du 13 mai 2011 entre l'État et l'ADEME définit les conditions d'articulation entre les AMI liés au Fonds démonstrateur mis en place en 2008 et l'action « Démonstrateurs énergies renouvelables et chimie verte » découlant de l'article 8 de la loi n° 2010-237 du 9 mars 2010 préc.

b. Les aides à la formation

Elles sont le plus souvent validées au titre des réglementations communautaires catégorielles applicables aux aides d'État en faveur des PME et/ou à la formation : on peut relever à titre d'exemple le dispositif français attribuant des aides à la formation des opérateurs (professionnels, maîtres d'ouvrage et secteur public) dans le domaine du chauffage solaire thermique(244).

B. Aides à l'investissement *stricto sensu*

Ces aides publiques ont une assiette très large : les particuliers (le secteur résidentiel), les entreprises (tertiaire, industrie, agriculture), mais aussi les collectivités publiques (collectivités locales et structures intercommunales). On distinguera cependant entre celles qui visent les investissements privés et publics et celles qui s'adressent spécifiquement aux investissements publics.

1. Aides financières aux investissements privés et publics

Ces aides sont versées soit sur la base de régimes généraux, soit sur la base de décisions individuelles.

a. Régimes généraux d'aides

Ces régimes généraux d'aides sont d'abord ceux mis en place par l'Union européenne dans le cadre de ses politiques interventionnistes : politique de l'énergie (programmes du type « Énergie intelligente »), politique régionale (aides des fonds structurels), politique agricole commune (aide aux cultures énergétiques par exemple), politiques extérieures(245). Ces régimes se sont également beaucoup développés au sein de l'ordre juridique français, aux niveaux étatique et infraétatique (régions). On en donnera ci-après quelques illustrations.

(241) Voir Investissements d'avenir, convention État-ADEME Action « démonstrateurs énergies renouvelables et chimie verte » préc., Dispositions financières et comptables (point 3).

(242) Par exemple, dans le capital d'une entreprise spécialisée dans l'implantation de centrales solaires au sol équipées de trackers, voir S. Fabrégat, « Première : l'ADEME fait son entrée au capital d'une entreprise privée, Exosun », Actu-environnement.com, 10 mai 2012.

(243) Sur le FIDEME, voir *infra* p. 550 et s.

(244) Aide d'État N 114/2000, modifiée par N 117/A/2001, puis N 54/2003.

(245) Voir *supra* p. 395 et s.

Certains de ces régimes concernent le développement *stricto sensu* d'une source d'énergie renouvelable en particulier. C'est le cas par exemple du dispositif issu de la loi n° 75-633 du 15 juillet 1975 sur les déchets[246] et du décret n° 93-745 du 29 mars 1993, qui permet au Fonds de modernisation et de gestion des déchets d'octroyer des subventions pour le développement de techniques de gestion, y compris de valorisation énergétique, innovantes des déchets ; les bénéficiaires sont ici les exploitants publics ou privés de centres de déchets, sous réserve que ces derniers aient été mis en place après le 13 juillet 1992, qu'ils reçoivent des déchets en provenance de plusieurs communes, et qu'ils s'inscrivent dans le cadre des plans d'élimination des déchets ménagers et assimilés (PEDMA) élaborés par les conseils généraux ou, en Île-de-France, par le conseil régional.

Les régimes généraux d'aides aux investissements concernent le plus souvent les énergies renouvelables (énergies secondaires), globalement considérées.

Tel est le cas par exemple du régime d'aide à la gestion des énergies renouvelables mis en place par les pouvoirs publics français en 2000[247], modifié en 2001[248] puis en 2005[249]. Le dispositif prévoyait un subventionnement direct à trois types de projets : opérations de démonstration (premières mises en œuvre de technologies utilisant les énergies renouvelables issues notamment de la recherche développement) ; opérations exemplaires (visant à introduire et développer des technologies, des pratiques ou des modes d'organisation pour une utilisation accrue des énergies renouvelables sur un territoire) ; opérations de diffusion pour des technologies utilisant les énergies renouvelables dans des domaines particuliers, mûres pour une introduction sur le marché. Le plan HÉLIOS 2006, programme d'aide à l'investissement applicable aux équipements ménagers de chauffage à partir de l'énergie solaire, lancé par l'ADEME en 2000, entra par exemple dans ce régime. Ce dispositif a été remplacé en 2009 par un régime d'aides au déploiement de nouvelles technologies utilisant les énergies renouvelables, ou à l'application de technologies existantes dans des nouveaux domaines ou de nouveaux territoires, qui porte désormais principalement sur la production de chaleur renouvelable, et pour le volet production d'électricité renouvelable sur des projets plus ciblés (éolien intégré au bâti, hydroélectricité de basse chute, couplage géothermie et biomasse, méthanisation)[250].

Tel est le cas aussi du régime cadre d'aides en faveur de la protection de l'environnement favorisant l'intervention des collectivités territoriales qui inclut, notamment, les aides en faveur des sources d'énergies renouvelables (au sens du point 3.1.6 de l'encadrement communautaire des aides d'État pour la protection de l'environnement)[251].

Certains régimes généraux d'aides à l'investissement peuvent avoir des périmètres plus restreints.

On peut citer à titre d'illustrations : le régime institué par les autorités françaises en 2000, par lequel ces dernières s'engageaient pour la période 2000-2006 à verser une subvention aux entreprises, tous secteurs confondus, investissant dans l'île de la Réunion, et utilisant ou produisant de l'électricité à partir de ressources renouvelables[252] ; le dispositif de subventions pris en charge par l'office agricole France Agri-Mer (ex-VINIFLHOR), qui prévoit des aides aux investissements

(246) Art. 22.3.

(247) Aide d'État N 114/2000.

(248) Aide d'État N 117/A/2001.

(249) Aide d'État N 64/2005.

(250) Aide d'État N 584/2008.

(251) Aide d'État N 862/1996, remplacé par Aide d'État N 669/2008 Régime cadre d'aides en faveur de la protection de l'environnement préc.

(252) Aide d'État N 324/2000, à la Réunion 2000-2006, maîtrise de l'énergie et du développement des énergies renouvelables.

dans les exploitations agricoles impliquant notamment le développement de sources d'énergie durables et les dispositifs économes en énergie(253).

On fera aussi entrer dans cette catégorie le dispositif du « Fonds chaleur » tel que résultant de l'article 19-IV- de la loi « Grenelle 1 ». Ce Fonds est destiné à soutenir spécifiquement le développement de la chaleur de source renouvelable (biomasse sylvicole ou agricole, y compris biogaz, énergie solaire thermique, géothermie, chaleur de récupération des réseaux de chaleur) dans les secteurs de l'habitat collectif, du tertiaire et de l'industrie. Opérationnel depuis 2009, il est doté de 1,2 milliard d'euros pour 2009-2013. L'ADEME en est l'opérateur et le gère selon deux dispositifs : d'une part, là encore des « appels à projets » (AAP) de dimension nationale, d'autre part, un dispositif d'aides administré par ses directions régionales au profit de toutes les installations non éligibles aux AAP, qui peut lui-même être décliné en AAP régionaux (voir en ce sens les pratiques notamment de l'ADEME Nord-Pas-de-Calais ou de l'ADEME Île-de-France). Le dispositif des AAP nationaux concerne les installations de grande taille (plus de 1000 tep/an) dans les secteurs industriel et agricole.

Remarque

Pour les réseaux de chaleur, l'aide du Fonds chaleur est conditionnée : pour une création, au fait que le réseau soit alimenté au minimum par 50 % d'énergies renouvelables ; pour une extension, au fait que les besoins de chaleur de celle-ci soient couverts au minimum à 50 % par une production supplémentaire d'énergie renouvelable (www.ademe.fr/fondschaleur).

La réussite d'un projet de cogénération fondé sur des sources d'énergie renouvelables à la procédure spécifique des appels d'offres du code de l'énergie ne fait pas obstacle à l'obtention des aides issues du Fonds chaleur, les deux dispositifs étant « différents » et ayant des « périmètres », des « modalités de mise en œuvre » et des « critères de sélection [...] distincts » (Voir réponse ministre de l'Écologie à la question n° 97023 de Mme F. Massat, *JOAN* 8 novembre 2011).

b. Aides individuelles

Ces subventions, nationales ou locales, servent également à la promotion des énergies renouvelables, mais sont attribuées à un seul bénéficiaire. Certaines de ces mesures sont prises dans le cadre des régimes généraux sus-évoqués(254). D'autres sont totalement indépendantes. S'agissant de ces dernières, on peut mentionner la subvention octroyée par le gouvernement français en 2003 à certaines entreprises, suite à la crise de l'encéphalite spongiforme bovine(255), ou encore les aides accordées par l'État à la construction : d'une chaufferie géothermique d'un montant de 25,3 millions d'euros(256) et d'une chaufferie utilisant des sources d'énergie renouvelables(257).

(253) Aide d'État N 484/2007, Aides à l'investissement dans les exploitations agricoles du secteur des fruits, des légumes, de l'horticulture, des pommes de terre, du tabac, du houblon, des champignons et de l'apiculture.

(254) Voir par exemple la subvention de 26 millions d'euros pour la construction d'un réseau de chauffage urbain en région parisienne utilisant des sources d'énergie renouvelables : Aide d'État N 630/2009, Projet T3 Est-Parisien. Réalisation d'une canalisation structurante et développement du réseau de chauffage urbain.

(255) Aide d'État N 49/2003, à la valorisation énergétique des farines animales et des déchets crus animaux en faveur de la Sté Rhodia Energy/Von Roll/Inova France ; aide d'État N 57/2003, à la valorisation énergétique des farines animales en faveur de la Sté SVPE ; aide d'État N 63/2003, à la valorisation énergétique des farines animales en faveur de la Sté Caillaud ; aide d'État N 52/2003, à la valorisation énergétique des farines animales en faveur de la Sté Inova France-Novacar.

(256) Aide d'État N 715/2009, Centrale de production géothermique grande profondeur de 24 MW avec réseau de chaleur à Beinheim.

(257) Aides d'État : la Commission autorise une aide de 11 millions € en faveur d'un projet de biomasse en France, doc. IP/10/1517.

Remarque

On se souvient que la lutte contre l'encéphalite spongiforme bovine avait entraîné des excédents de farine animale, du fait notamment de l'interdiction de les utiliser pour l'alimentation des animaux, en conséquence les pouvoirs publics décidèrent d'attribuer des aides financières aux entreprises ayant présenté des projets d'investissement pour la valorisation énergétique des farines et déchets organiques d'origine animale sous forme de chaleur et d'électricité.

2. Aides financières spécifiques aux investissements publics

a. Les aides du Fonds d'amortissement des charges d'électrification (FACÉ)

Le Fonds d'amortissement des charges d'électrification (FACÉ), institué par l'article 108 de la loi du 31 décembre 1936 portant fixation du budget général de l'exercice 1937[(258)], concerne aujourd'hui certains types d'investissements effectués par les collectivités locales dans le domaine de l'électricité renouvelable. Le FACÉ est géré au niveau de chaque département, soit par le concessionnaire du réseau de distribution local (syndicat départemental), soit par le conseil général. Il est approvisionné par les contributions annuelles des gestionnaires des réseaux publics de distribution, assises sur le nombre des kilowattheures distribués à partir des ouvrages exploités en basse tension[(259)], autrement dit sur les ventes d'électricité réalisées par EDF et les distributeurs non nationalisés.

Car, en effet, la mission du FACÉ consiste à consentir des aides financières aux collectivités locales et aux structures intercommunales (EPCI) qui ont en charge le financement de l'entretien du réseau électrique. Or, dans ce cadre, le FACÉ finance tout particulièrement la production décentralisée d'électricité renouvelable. On note avec intérêt que la loi POPE de 2005 a modifié l'article L. 2224-31 du code général des collectivités territoriales afin de donner une base juridique plus sûre à une pratique qui n'est toutefois pas nouvelle, à savoir l'affectation des aides du FACÉ aux opérations de production de l'électricité de sources renouvelables menées par les collectivités locales et les EPCI. La loi précise que cela est possible lorsque la maîtrise d'ouvrage est assurée par les collectivités locales ou les EPCI, et à condition que ces aides permettent d'éviter des extensions ou des renforcements de réseaux, ou bien, dans les zones non interconnectées au réseau métropolitain continental, pour la réalisation des installations de production de proximité visées à l'article L. 2224-33 du code général des collectivités territoriales[(260)].

Remarque

La circulaire du 6 mars 1995 (*MTP* 5 mai 1995, STO n° 4771) prévoit que la production décentralisée d'électricité à partir d'énergies renouvelables est éligible aux financements du FACÉ.

b. Les aides de la Caisse des dépôts

La Caisse des dépôts est une institution financière publique en charge de missions d'intérêt général. L'aide à l'investissement qu'elle peut apporter prend la forme de financements (prêts) et dépasse évidemment le champ de la production ou de la distribution locale d'énergie, qu'elle soit ou non de caractère renouvelable. Toutefois, l'extension de son implication en la matière s'observe depuis le début des années 1980, surtout dans le domaine géothermique, et, dans la période plus

(258) CGCT, art. L. 2224-31.

(259) Arr. 5 janvier 2006, relatif à la contribution annuelle des gestionnaires de réseaux publics de distribution d'électricité au FACE pour l'année 2005.

(260) Voir *supra* p. 507 et s.

récente, par sa participation au développement des « projets domestiques CO_2 »[261] ainsi qu'à la partie du dispositif des « Investissements d'avenir » intéressant les énergies renouvelables[262].

Remarque

La Caisse des dépôts et consignations a renouvelé en novembre 2011 son partenariat avec l'État pour le soutien à l'énergie renouvelable : la convention prévoit que l'institution consacrera 135 millions d'euros aux investissements dans cette production sur la période 2011-2013 (voir R. Boughriet, « EnR : nouveau partenariat entre le ministère de l'Écologie et la Caisse des dépôts », Actu-environnement.com, 18 novembre 2011).

II. Les instruments financiers spécifiques

Le développement d'instruments de financement des investissements dans les énergies renouvelables apparaît à la fois comme un complément et une alternative aux subventions publiques traditionnelles. Toutefois, leur vocation à s'appliquer spécifiquement aux investissements concernant les énergies renouvelables est à relativiser dans la mesure où, à la base de ces dispositifs, on trouve le plus souvent la conjonction de deux thématiques : celle des économies/maîtrise de l'énergie et celle du développement des énergies de source renouvelable. Le système comprend aujourd'hui des instruments utilisables pour les investissements réalisés sur le territoire français et/ou à l'étranger.

A. Les instruments financiers français

Trop souvent encore, les investissements dans les énergies renouvelables supposent une prise de risque mal appréhendée par le marché. Afin d'y remédier, il peut être utile de proposer aux investisseurs publics et/ou privés des instruments de financement jouant le rôle de levier. Par hypothèse, ces instruments vont consommer des fonds publics, mais s'appuient aussi sur une philosophie de partage des risques, et donc de cofinancement avec le secteur privé. Ceux prévus par le droit français pour des investissements destinés à la France métropolitaine et aux DOM sont de quatre sortes : les sociétés financières spécialisées, les fonds de garantie, les fonds d'investissement, les prêts aidés.

1. Les sociétés financières spécialisées : les sociétés de financement des économies d'énergie (SOFERGIE)

C'est l'article 30.I de la loi n° 80-531 du 15 juillet 1980, relative aux économies d'énergie et à l'utilisation de la chaleur[263], qui crée cette nouvelle sorte de sociétés ayant « pour objet exclusif de financer [...] des installations ou des matériels destinés à économiser l'énergie, à développer les sources d'énergie de remplacement des hydrocarbures ou à promouvoir les utilisations du charbon »[264], ou encore de financer les unités de valorisation des déchets[265]. Les sociétés souhaitant accéder à ce statut doivent avoir obtenu un agrément ministériel avant le 31 décembre 1988.

Les moyens du financement sont exhaustivement répertoriés par la loi : contrats de crédit-bail mobilier ou immobilier, contrats de crédit[266], contrats de location simple. Le crédit-bail est un mécanisme particulièrement indiqué en raison des investissements importants que nécessitent les installations utilisant les sources d'énergie renouvelables, sachant en outre qu'il permet un finance-

(261) Voir *infra* p. 570.

(262) Voir loi n° 2010-237, art. 8 I., voir aussi *supra* p. 544.

(263) Codifié C. env., art. L. 541-39.

(264) Voir décret n° 2002-636, 23 avril 2002, définissant les catégories d'installations et de matériels concernés par le financement des SOFERGIE.

(265) Loi n° 92-646, 13 juillet 1992, relative à l'élimination des déchets, art. 10.

(266) Loi POPE, art. 32.

ment à 100 % du montant de l'investissement alors que les financements bancaires traditionnels sont le plus souvent plafonnés à 70 % du prix du bien financé. Le développement de ces sociétés spécialisées dans le financement énergétique à finalité environnementale – elles sont aujourd'hui présentes dans la plupart des groupes bancaires – a certainement été au départ favorisé par la mise en place d'un régime fiscal dérogatoire du droit commun – elles étaient notamment exonérées d'impôt sur les sociétés pour leur secteur traditionnel d'activité(267). Toutefois, ce particularisme a été supprimé par la loi de finances rectificative du 30 décembre 1999(268). Dans le but de répondre aux nouveaux objectifs de développement des énergies renouvelables et de maîtrise de l'énergie affichés par la France, d'aucuns(269) ont demandé son rétablissement.

2. Les fonds de garantie

La volonté de développer les énergies renouvelables peut conduire la puissance publique à assumer le risque de l'investissement dont les entreprises privées restent toutefois maîtres d'œuvre. Cependant, dans la plupart des cas, la collectivité publique ne voudra pas assumer ce risque seule et préférera le partager avec un établissement de crédit : la technique des fonds de garantie s'appuie sur le principe du financement par l'État du système de garantie des investissements.

Remarque

Dans cette perspective, a été créé en 2000 le Fonds de garantie des investissements liés à la maîtrise de l'énergie (FOGIME). Il fut institué à l'initiative de l'ADEME, qui souhaitait diversifier ses outils d'intervention jusque-là limités à l'octroi de subventions, en coopération avec des acteurs privés et publics (en l'espèce la Banque de développement des PME et les Charbonnages de France). Le FOGIME avait pour mission de garantir les prêts bancaires classiques ou les crédits-baux (mobiliers ou immobiliers) d'une durée de 2 à 15 ans. Étaient éligibles au FOGIME les contrats de prêt portant sur les investissements permettant notamment l'utilisation des énergies renouvelables. Les entreprises intéressées devaient avoir été créées depuis plus de 3 ans, réaliser un chiffre d'affaires inférieur à 40 millions d'euros, et employer moins de 250 personnes, en application des critères européens relatifs aux PME. La garantie était plafonnée à 70 % de l'investissement dans le cadre d'un montant maximum d'environ 750 000 euros. L'ADEME était l'organisme instructeur technique des projets. La Cour des comptes a regretté l'absence de gestion « dynamique » du FOGIME (voir Cour des comptes, Communication à la commission des finances du Sénat, Agence de l'environnement et de la maîtrise de l'énergie, septembre 2010), auquel l'ADEME a mis un terme en 2010.

Le caractère particulièrement aléatoire de la ressource géothermique et les risques géologiques liés aux opérations de géothermie suffisent à expliquer la mise en place en la matière de fonds de garantie. Un fonds spécifique, le Fonds de péréquation des risques géothermiques à long terme fut créé en 1982 afin d'accompagner financièrement les recherches géothermiques effectuées à cette époque en Île-de-France. Il a été prolongé jusqu'à 2012 pour les forages existants, et refondu en 2006 avec la création d'un fonds pour les opérations nouvelles. Ce dispositif, désormais appelé « Fonds de garantie géothermie », couvre à la fois les risques de court terme liés à de nouveaux forages secs et les risques de long terme liés à l'activité géothermique elle-même pendant la durée de vie des ouvrages concernés(270). Abondé par les pouvoirs publics, principalement l'ADEME, il permet de couvrir le risque particulier lié aux forages profonds, le cas échéant infructueux. Ce fonds de garantie est aujourd'hui géré par une filiale de la Caisse des dépôts et consignations, qui couvre le risque de détérioration de la ressource ou les dommages aux installations en cours d'exploitation. Un système de garantie à court et long terme existe également pour la géothermie utilisant les nappes d'eau souterraine à faible profondeur : créé par l'ADEME, le Bureau de recherches

(267) Loi 15 juillet 1980, art. 30.II.

(268) F. Pasqualini, « Les SOFERGIE, des sociétés fiscalement ordinaires », *Sociétés* 2000, p. 271.

(269) Y. Cochet, « Stratégie et moyens de développement de l'efficacité énergétique et des sources d'énergie renouvelables en France », rapport au Premier ministre, 14 septembre 2000, point 3.2.1.2.1.

(270) Voir réponse ministre Écologie à question n° 30244 de M. André Wojciechowski, *JOAN* 27 janvier 2009.

géologiques et minières (BRGM) et EDF et géré également par la même filiale de la Caisse des dépôts et des consignations, il s'adresse surtout aux secteurs résidentiels, tertiaires ou industriels, pour lesquels il couvre le risque de recherche et ensuite de diminution de la ressource durant les dix premières années d'exploitation (garantie dite « AQUAPAC »).

Les pouvoirs publics ont dit vouloir réfléchir à la création d'un fonds de garantie dans le secteur du solaire photovoltaïque afin, là encore, de diminuer les risques mais aussi de soutenir le développement de la filière française(271).

3. Les fonds d'investissement

Comme les fonds de garantie, les fonds d'investissement associent capitaux publics et privés pour encourager les projets des entreprises dans le secteur de l'énergie renouvelable. Ils n'ont cependant pas pour objet de garantir l'investissement, mais plus simplement de le soutenir financièrement.

A répondu à cette définition le Fonds d'investissement pour la maîtrise de l'énergie (FIDEME), créé par l'État en 2001, après autorisation de la Commission européenne(272), et supprimé en 2008.

Remarque

Pour apprécier le dispositif, la Commission s'était appuyée sur plusieurs textes : la Communication sur les aides d'État et le capital investissement (*JOCE* 21 août 2001, C 235) ; l'encadrement des aides d'État à finalité environnementale (*JOCE* 3 février 2001, C 37) ; le règlement 70/2001 du 12 janvier 2001, concernant les aides d'État en faveur des PME.

Le FIDEME avait la forme d'un fonds commun de placement à risque dont le tiers des parts était détenu par l'ADEME et le reste par des investisseurs privés du secteur bancaire. Il avait pour vocation d'apporter des fonds à des entreprises porteuses de projets, à des taux plus attractifs que ceux du marché (taux zéro pour les fonds prêtés par l'ADEME ; taux du marché pour ceux apportés par les établissements bancaires). Les parts du FIDEME portées par l'ADEME n'étaient remboursées qu'en second lieu, après remboursement des fonds des autres investisseurs.

Le FIDEME devait financer, à hauteur d'un maximum de 25 % du montant total de l'investissement, les projets utilisant des technologies connues et éprouvées, et non des innovations technologiques, dans le domaine, notamment, des énergies renouvelables et de la valorisation des déchets. La Cour des comptes a regretté l'absence de diversification de l'activité de ce fonds – de fait plus des deux tiers des prêts accordés ont concerné le secteur éolien – et son coût pour les finances publiques (voir Cour des comptes, « Communication à la commission des finances du Sénat », Agence de l'environnement et de la maîtrise de l'énergie, septembre 2010, préc.).

Certaines régions françaises ont créé des fonds régionaux d'investissement pour les énergies renouvelables (Languedoc-Roussillon, Poitou-Charentes), sur le fondement de l'article L. 4253-3 du code général des collectivités territoriales.

Toujours dans l'optique de stimuler l'acte d'investissement dans les énergies fondées sur des ressources renouvelables, on relèvera encore l'existence de deux stratégies financières d'investissement qui, tout en n'étant pas propres à ce secteur, lui semblent particulièrement adaptées. D'abord, les techniques de mutualisation des risques (projets de type « WELFI ») incitent le citoyen à participer financièrement aux projets (par exemple de parcs éoliens ou photovoltaïques), et sont prônées par les bailleurs de fonds les plus actifs en la matière (ADEME/Union européenne), certainement parce qu'elles présentent l'avantage supplémentaire d'améliorer l'accueil de ces projets par la population. Ensuite, pour mobiliser des moyens financiers d'appoint dans le cas particulier où une collectivité publique veut prendre en charge l'investissement pour la production et/ou la distribution d'énergie renouvelable, il existe différentes formules de partenariat public-privé.

(271) Voir Sénat, L. Poniatowski, « Rapport sur l'avenir de la filière photovoltaïque », n° 442 du 13 avril 2011.
(272) Aide d'État N 354/2001, FIDEME.

On peut penser aux techniques « classiques » de la SEML (sociétés anonymes dont le capital est mixte, le plafond de participation des collectivités locales étant en France limité à 85 %), ou à la délégation de service public – en ce cas, l'autorité publique peut confier à l'acteur privé la réalisation de l'investissement et la gestion du service pour une longue durée ; la première garde le contrôle du service, le second se rémunère sur l'usager[(273)] –, ou encore aux sociétés coopératives d'intérêt collectif (SCIC) régies par la loi 2001-624 du 17 juillet 2001 qui permettent d'intégrer au capital les collectivités publiques locales à hauteur de 20 %[(274)].

Dans le contexte actuel, de restriction budgétaire et de nécessité d'investissement dans les technologies liées aux énergies renouvelables, ces coopérations entre les autorités publiques et le monde des entreprises offrent l'opportunité d'attirer des capitaux supplémentaires afin de satisfaire un besoin d'intérêt général : elles constituent en ce sens l'une des réponses possibles au problème de financement des investissements lourds liés aux énergies en cause.

Remarque

Le développement de ces partenariats est d'ores et déjà remarquable en Europe, précisément dans le secteur de l'énergie et des déchets.

4. Les prêts aidés

Il est patent que la politique dite « qualitative » du crédit[(275)], qui consiste à orienter les crédits vers les secteurs d'activité que l'on souhaite favoriser, s'inscrive de plus en plus dans la problématique du développement durable[(276)]. L'accompagnement sinon même la stimulation de l'achat d'énergie renouvelable à l'aide d'outils du crédit *ad hoc* en constitue un bon exemple. Elle peut se traduire par trois types de mesures.

Les compléments de prêts octroyés par l'État sont créés à la fin des années 1970 dans le contexte du choc pétrolier, à une époque où l'alternative « énergies renouvelables », principalement le solaire, commence à être sérieusement envisagée dans le secteur de l'habitat. Ainsi, des arrêtés instituent au profit des bénéficiaires d'un prêt aidé par l'État un complément forfaitaire de prêt également octroyé par l'État afin de financer spécifiquement chauffe-eau[(277)] ou maisons solaires[(278)]. Le système est réactualisé en 1983[(279)] : d'abord dans le cadre de la première réglementation sur les labels énergétiques, le système étant destiné aux habitations particulières et aux logements-foyers neufs à usage locatif aidés par l'État[(280)], ensuite pour la construction de logements locatifs sociaux et très sociaux dans les DOM[(281)], pour lesquels le système subsiste toujours, alors qu'en métropole le principe d'une majoration de prêt par l'État pour la construction d'im-

(273) Loi n° 2001-1168, 11 décembre 2001, art. 3.

(274) Voir à ce sujet le projet de « centrales villageoises photovoltaïques » mis au point par Rhônealpénergie-Environnement, disponible sur le site raee.org.

(275) T. Bonneau, *Droit bancaire*, 6e éd., Montchrestien, 2005.

(276) T. Bonneau, « Banques et développement durable », *Cahiers de droit de l'entreprise* n° 3, mai 2010, dossier 14.

(277) Arr. 28 août 1979, relatif aux prêts aidés par l'État pour le financement de chauffe-eau solaires.

(278) Arr. 15 septembre 1980, relatif aux prêts aidés par l'État pour le financement de maisons solaires.

(279) Arr. 5 juillet 1983, relatif au financement par les prêts aidés par l'État de chauffe-eau solaires et de maisons solaires.

(280) Arr. 5 juillet 1983, relatif aux prêts aidés par l'État pour la construction de logements neufs en accession à la propriété bénéficiant du label haute performance énergétique ou du label solaire et relatif au financement des opérations de logements neufs à usage locatif ou en accession à la propriété aidés par l'État et bénéficiant du label haute performance énergétique ou du label Solaire.

(281) Arr. 23 février 1998, modifiant arr. 13 mars 1986 relatif aux caractéristiques techniques et de prix de revient des logements locatifs sociaux dans les DOM, art. 7 et annexe ; arr. 20 février 1996, relatif aux prêts aidés par l'État et aux subventions de l'État aux organismes réalisant des logements locatifs sociaux et très sociaux dans les DOM.

meubles destinés à l'habitat ou de logements-foyers intégrant des dispositifs de chauffage solaire a pris fin en 1996[282]. On peut penser que le système plus classique des subventions publiques a sans doute vocation à s'y substituer. L'existence d'une politique publique un peu erratique en la matière témoigne certainement de la difficulté du choix en faveur soit d'une technique de complément de prêt accordé par l'État – et qui sera donc remboursé à celui-ci –, soit d'une subvention publique – irrémédiablement versée à fonds perdus.

L'orientation des dépôts vers le développement durable est un moyen de drainer l'épargne puis au-delà d'orienter peut-être la consommation vers des domaines considérés comme prioritaires pour les grands équilibres économiques et sociaux. Pour l'heure, il n'existe pas en France de produit bancaire spécialement dédié à la production (et/ou consommation) des énergies renouvelables ou, plus largement, à la maîtrise de la consommation énergétique (une sorte de « livret climat »). La démarche choisie par les pouvoirs publics français consiste, d'une part, à transformer un outil existant, le « compte pour le développement industriel » (CODEVI) en « livret de développement durable »[283], d'autre part, à prévoir une extension des fonds collectés au financement des économies d'énergie dans les bâtiments anciens[284].

Remarque

Les CODEVI avaient été créés par la loi n° 83-607 du 8 juillet 1983 portant diverses dispositions relatives à la fiscalité des entreprises et à l'épargne industrielle. Jusqu'au 1er janvier 2007, les sommes placées dans un CODEVI servaient principalement au financement de l'industrie française.

Le produit des dépôts est exonéré d'impôt sur le revenu et des prélèvements sociaux[285]. Le plafond de ce compte (remonté de 4 600 euros à 6 000 euros puis à 12 000 euros[286]), de même que la nature des travaux d'économie d'énergie auxquels sont affectées les sommes déposées sur ce livret sont fixés par voie réglementaire. Les autorités ont annoncé que l'objectif est d'affecter un cinquième des encours (10 milliards d'euros environ) pour des prêts finançant des projets immobiliers écologiques[287]. L'épargne défiscalisée obtenue sera utilisée pour les PME et les particuliers afin de financer des investissements énergétiques durables : l'arrêté du 6 février 2007 précise que ces prêts serviront notamment au financement de travaux d'économie d'énergie dans les logements individuels ou collectifs anciens (plus de deux ans à la date d'entrée en vigueur de l'arrêté), les équipements éligibles étant les mêmes que ceux visés par le dispositif du crédit d'impôt de l'article 200 *quater* du code général des impôts[288].

Remarque

Les « éco-prêts » liés au « Livret développement durable » ont globalement le même objet que l'éco-prêt à taux zéro (EPTZ) régi par l'article 244 *quater* U du CGI (voir *infra* p. 553), soit le financement de travaux d'amélioration de la performance énergétique de l'habitat, mais ils s'en distinguent par le fait qu'ils ne sont pas, pour leur part, dispensés d'intérêts.

(282) Arr. 10 juin 1996.

(283) Décret n° 2007-161, 6 février 2007, relatif au livret de développement durable.

(284) C. mon. et fin., art. L. 221-27, modifié par loi n° 2006-1771, 30 décembre 2006, de finances rectificative pour 2006, art. 30.

(285) CGI, art. L. 157.9° *quater*.

(286) Décret n° 2012-1057, 18 septembre 2012, portant doublement du plafond du livret de développement durable.

(287) Annonce faite par le Premier ministre français le 4 octobre 2006 au titre des mesures relevant d'un « Pacte national pour l'environnement ».

(288) Voir *infra* p. 557 et s.

Les prêts à taux bonifiés (c'est-à-dire à un taux d'intérêt inférieur à celui pratiqué généralement pour le même type d'opérations de crédit) susceptibles d'intéresser les investisseurs dans l'énergie renouvelable ont d'abord existé au niveau national dans le cadre du financement de la construction du logement social locatif neuf. Ainsi, pour que les opérateurs intéressés puissent s'engager plus facilement dans la construction de logements économes en énergie, la Caisse des dépôts, établissement public dont le financement du logement social est une des missions d'intérêt général, a mis en place fin 2006 un « prêt énergie performance », financé sur ressources du livret A, et bénéficiant d'un taux de 2,45 % grâce à la bonification sur fonds propres réalisés par cette institution ; ce prêt n'est pas explicitement conditionné à l'utilisation d'énergie renouvelable, mais inclut au moins implicitement cette solution comme alternative énergétique, puisque, pour en bénéficier, les bâtiments doivent être éligibles au label très haute performance énergétique (THPE). Plus récemment, le « Grenelle de l'environnement » a proposé de créer au niveau national un prêt à taux zéro pour financer les opérations lourdes de réhabilitation de bâtiment, assuré par les banques, rétribuées de leur côté par l'État(289). L'éco-prêt à taux zéro (EPTZ) a été officiellement institué par l'article 99 de la loi de finances pour 2009(290) : il concerne les travaux de réhabilitation énergétique des logements dits anciens (ceux dont l'année d'achèvement de la construction est antérieure à 1990), constituant une résidence principale, et devant permettre de réduire la consommation d'énergie, de favoriser les énergies renouvelables et de diminuer les émissions de gaz à effet de serre. La loi de finances pour 2012 a rétabli, sous conditions de ressources, la possibilité de cumuler, pour la même opération, ce dispositif et les dispositions de l'article 200 *quater* du CGI relatives au CIDD sur le revenu(291).

Remarque

Des bons de garantie peuvent être également octroyés par les régions : par exemple la région Poitou-Charentes a décidé de bonifier le prêt susmentionné de la Caisse des dépôts finançant les surcoûts des constructions de logements sociaux à très haute performance énergétique, afin de le ramener à un prêt à taux 0.

B. Les instruments financiers internationaux

Si les institutions financières internationales, notamment celles de l'Union européenne (BEI/FEI), n'ont pas pour mission exclusive de fournir des ressources financières aux projets d'investissement dans les énergies renouvelables, on n'ignore pas que leur contribution au développement de ces énergies est croissant(292). Toutefois, parallèlement à ces dispositifs généraux, la communauté internationale essaie d'instituer des instruments financiers spécialement dédiés afin de stimuler le marché émergent de l'énergie renouvelable.

Certaines énergies renouvelables sont plus particulièrement destinées aux contrées pauvres en ressources énergétiques classiques, mais riches de certaines ressources renouvelables (soleil, biomasse verte...). Toutefois, ces régions sont souvent situées hors OCDE (Organisation de coopération et de développement économique) et les investissements y sont par hypothèse plus risqués. Pour augmenter dans les pays concernés la production des énergies renouvelables, et pour couvrir les différents risques y existant, les pouvoirs publics ont mis en place des instruments ciblés, appuyant là encore les modes de financement classiques du marché.

(289) Rapport Comité opérationnel « Rénovation des bâtiments existants », 2008.

(290) Loi n° 2008-1425 du 27 décembre 2008, codifié CGI art. 244 *quater* U, BOI 4 A-13-09, n° 78 du 6 août 2009.

(291) Voir CGI, art. 244 *quater* U 7, modifié par le 1° du II de l'art. 81 de la loi n° 2011-1977 du 28 décembre 2011, de finances pour 2012.

(292) Voir *supra* p. 439 et s.

Le premier instrument de ce type est le Fonds mondial pour la promotion de l'efficacité énergétique et des énergies renouvelables (*Global Energy Efficiency and Renewable Energy Fund* ou GEEREF)(293). C'est en 2004, au sommet de Bonn sur les énergies renouvelables, que l'idée fut lancée par l'Union européenne de créer un partenariat public-privé de financement de capital risque (le « capital patient »), destiné à mobiliser les entreprises et porteurs de projets dans le domaine des énergies renouvelables, notamment dans les pays en développement et économies émergentes. Le projet entendait favoriser l'accès du secteur privé au capital-risque par l'apport public de capitaux « patients ».

Remarque

« Patients », en ce que les pouvoirs publics peuvent accepter des rendements plus bas, des périodes d'investissement ou des délais de remboursement plus longs, ou encore parce qu'ils peuvent supporter des coûts de transaction plus élevés.

Le GEEREF a été inscrit dans le cadre du « programme thématique en faveur de l'environnement et de la gestion durable des ressources naturelles, y compris l'énergie » (ENRTP) de l'Union européenne. La Commission européenne a souhaité que l'accent soit mis sur les investissements d'un montant inférieur à 10 millions d'euros, trop souvent délaissés par les investisseurs traditionnels. Par ailleurs, le GEREEF n'est pas censé financer directement les projets, mais stimuler la création de « sous-fonds » régionaux adaptés aux besoins locaux(294).

En second lieu, les récentes conférences internationales sur le climat menées sous l'égide de la CNUCC (Cancun, 2010 ; Durban 2011) ont fait émerger une réflexion sur la création d'un instrument international d'aide au financement de projets visant à réduire les émissions de gaz à effet de serre dans les pays en développement. Baptisée « Fonds vert pour le climat », cette structure multilatérale associant des capitaux publics et privés serait chargée de financer les projets tout à la fois d'atténuation – donc les investissements notamment dans les énergies renouvelables – et d'adaptation aux impacts du changement climatique. Mais la difficulté de parvenir à un consensus tant sur la gouvernance que sur le financement de ce fonds rend sa création pour l'instant incertaine.

Les fonds d'investissement ne sont pas toutefois tous destinés à soutenir les investissements effectués dans des pays tiers. Le Fonds Marguerite ou « Fonds européen 2020 pour l'énergie » a ainsi été créé en 2009 en tant que fonds d'investissement paneuropéen (pour les 27 États membres de l'UE) dans le but d'aider au financement de projets qui contribuent à réaliser les priorités de l'Union européenne dans les secteurs du transport et de l'énergie et qui sont effectués dans l'Union. Il doit en particulier stimuler les investissements dans les infrastructures nécessaires à la mise en place des politiques de l'Union européenne dans les domaines du changement climatique, de la sécurité énergétique et des réseaux transeuropéens. Différents investisseurs publics (dont la Commission européenne) et privés ont pris place au sein de ce Fonds, qui a la forme d'une société de droit Luxembourgeois, et dont 40 % environ du portefeuille de projets doit être consacré au secteur des énergies renouvelables.

III. Les systèmes d'incitation à l'investissement

L'incitation à l'investissement s'obtient en recourant à des dispositifs économiquement attractifs pour l'investisseur – concrètement la possibilité de réaliser au plus tôt un gain financier. On peut

(293) http ://ec.europa.eu/environment/jrec/energy_fund_fr.htm.

(294) Communication de la Commission, « Mobiliser des moyens publics et privés pour financer un accès mondial à des services énergétiques sûrs, d'un coût abordable et sans incidence sur le climat : le Fonds mondial pour la promotion de l'efficacité énergétique et des énergies renouvelables », COM (2006) 583 final, 6 octobre 2006.

supposer que l'opérateur puisse être séduit par des propositions de défiscalisation ou par des mécanismes de rémunération de son investissement.

A. La défiscalisation des investissements dans la production d'énergie renouvelable

Par des aides fiscales ciblées, il est possible de stimuler l'investissement. Une politique de défiscalisation en faveur des investissements productifs dans le secteur des énergies renouvelables se développe en France depuis une vingtaine d'années. Dans la période récente, la crainte d'une détérioration des finances publiques de la France a toutefois conduit les pouvoirs publics à limiter l'étendue et l'impact budgétaire de ces dispositifs d'optimisation fiscale.

Remarque

La réduction d'impôt sur le revenu et d'impôt sur la fortune au titre des investissements dans le capital d'une PME n'est plus susceptible d'intéresser que très marginalement la production d'énergie renouvelable, le législateur ayant voulu réorienter le dispositif vers le capital-risque. Ainsi, depuis la modification opérée par la loi de finances pour 2011 (loi n° 2010-1657 du 29 décembre 2010, art. 38 III et X et art. 36 IV et VI), l'article 199 *terdecies*-0 A I. 2°, d) CGI exclut expressément les souscriptions au capital des sociétés exerçant notamment « des activités procurant des revenus garantis en raison de l'existence d'un tarif réglementé de rachat de la production » (système qui intéresse dans une large mesure la production d'énergie renouvelable, voir *infra* p. 578 et s.) et spécifiquement celles « ayant une activité de production d'électricité photovoltaïque ».

1. Diminution de l'impôt sur le revenu

a. Réduction fiscale par le recours au crédit d'impôt

Le champ d'application de cette technique, utilisée dès les premiers textes sur les économies d'énergie, était au départ restreint aux dépenses de chauffage concernant l'habitation principale. Le système découle *ab initio* de l'article 8 de la loi n° 1974-1484 du 30 décembre 1974 de finances, organisant une réduction d'impôt sur le revenu pour une cause nouvelle liée à la réalisation d'économies d'énergie et plus particulièrement de son décret d'application n° 75-52 du 29 janvier 1975, dont l'article 1 prévoit que les dépenses « qui résultent du remplacement d'une chaudière à fuel usagée par [...] un appareil captant l'énergie solaire ; un système utilisant l'énergie géothermique » ou bien encore « une dépense relative à des appareils de chauffage d'appoint alimentés par l'énergie solaire » ouvrent droit à la déduction. La portée du dispositif fut élargie en 1977 puis en 1982[(295)]. Son coût élevé à une période où les prix de l'énergie fossile baissaient considérablement explique qu'il y ait été mis fin en 1987.

Remarque

À partir de 1982, le dispositif couvre les dépenses qui résultent du remplacement d'une chaudière usagée par une chaudière neuve « ne fonctionnant ni à l'électricité ni à l'aide de combustibles fossiles », ainsi que le remplacement d'une chaudière usagée par « un appareil utilisant l'énergie solaire » ou par « un système utilisant l'énergie géothermique » ; il en va de même pour le chauffage d'appoint ; sont également incluses les dépenses d'achat d'appareils alimentés par une pompe à chaleur.

Toutefois, le principe d'une déduction fiscale pour les dépenses liées à des travaux d'amélioration énergétique redevient pertinent lorsque la société se préoccupe de pénurie et de cherté des énergies fossiles, ainsi que des pollutions afférentes. Un nouveau système apparaît à la fin des années 1990[(296)] pour se déployer à deux niveaux. D'abord, l'article 67 de la loi n° 2000-1352 du 30 décembre 2000 de finances pour 2001 rend applicable le crédit d'impôt de 15 % pour les dépenses de gros équipements de l'habitation principale aux équipements de production d'énergie

(295) CGI, ex-art. 199 *sexies*.2°.

(296) CGI, art. 200 *quater*.

utilisant une source d'énergie renouvelable ; ce dispositif fera ultérieurement l'objet d'un important réaménagement par la loi de finances pour 2005[297]. Ensuite, l'article 93 de la loi n° 2005-1719 du 30 décembre 2005 de finances pour 2006 l'étend à une nouvelle catégorie de dépenses intéressant les énergies renouvelables : les frais de raccordement à un réseau de chaleur alimenté majoritairement par de telles énergies ou par une installation de cogénération, les dispositions de la loi ayant en outre majoré les taux de ce crédit d'impôt. Le dispositif qualifié désormais de crédit d'impôt développement durable (CIDD) a connu de nombreux aménagements dans la période récente, témoignant de la volonté des pouvoirs publics d'en maîtriser le coût budgétaire, dans un contexte de déséquilibre important des comptes publics. Les mesures prises sont tantôt générales (baisse globale du taux), tantôt ciblées sur certaines dépenses de façon à rendre le dispositif plus sélectif. Leur succession dans le temps sur une période relativement courte (2009-2011) incarne assez bien l'instabilité normative affectant le secteur économique des énergies renouvelables depuis quelques années.

Champ d'application

D'abord, le crédit d'impôt développement durable ne s'applique qu'aux locaux situés en France : sont concernés les départements métropolitains et les quatre DOM. Ensuite, la dépense éligible ne peut intervenir que sur deux types de logements : soit sur un logement, neuf, en construction ou ancien, que le contribuable propriétaire affecte à son habitation principale ; soit sur un logement achevé depuis plus de deux ans que le contribuable propriétaire décide de louer nu à usage d'habitation principale, pendant une durée minimale de cinq ans, à des personnes autres que son conjoint ou un membre de son foyer fiscal[298].

Remarque

Selon l'administration fiscale, la notion d'habitation principale s'entend du logement où résident habituellement et effectivement les membres du foyer fiscal et où se situe le centre de leurs intérêts professionnels et matériels. Il peut s'agir de maisons individuelles ou de logements appartenant à un immeuble collectif (sur les parties communes qui s'y rapportent) ; il peut également s'agir d'un bateau ou d'une péniche aménagée en local d'habitation lorsque celui-ci est utilisé en un point fixe et est, dans cette hypothèse, soumis à la taxe d'habitation (voir instruction 5-B-26-05, *BOI* 1er septembre 2005).

Les sociétés et associations en sont donc exclues. Les contribuables sont les personnes physiques, propriétaires, locataires, occupants à titre gratuit, associés d'une société civile, occupant le logement ancien à titre de résidence principale, et les propriétaires de logements acquis neuf ou en état futur d'achèvement ou qu'ils font construire. Ils en bénéficient qu'ils soient imposables ou non. La restriction du champ d'application de ce dispositif à l'habitat est discutable dans la mesure où les achats écologiques présentent un intérêt pour tous les types de bâtiments.

Dépenses éligibles

Le CIDD n'est pas réservé aux seuls achats d'équipements intéressant la production d'énergie renouvelable. Il vise toutefois de façon explicite certains d'entre eux.

Sont concernées en premier lieu les dépenses afférentes au coût : des équipements de production d'énergie utilisant une source d'énergie renouvelable ou des pompes à chaleur dont la finalité essentielle est la production de chaleur ou d'eau chaude sanitaire (chauffe-eau thermodynamique) ainsi que la pose de l'échangeur de chaleur souterrain des pompes à chaleur géothermiques[299].

(297) Loi n° 2004-1484, 30 décembre 2004, art. 90. Pour un commentaire, voir *AJPI* 2005, p. 97.

(298) CGI, art. 200 *quater* 1.

(299) CGI, art. 200 *quater* 1. c.

Une liste plus précise des équipements concernés est fixée par arrêté interministériel(300), codifié à l'article 18 *bis* de l'annexe IV au code général des impôts(301) : il s'agit, en particulier, des équipements de chauffage et des équipements de fourniture d'eau chaude fonctionnant à l'énergie solaire, des systèmes de fourniture d'électricité à partir de l'énergie solaire, éolienne, hydraulique ou biomasse ; des pompes à chaleur autres que celles installées dans un immeuble comportant plusieurs locaux(302). L'aide publique n'est toutefois pas automatique, des critères de performance sont ainsi applicables, fixés eux-mêmes par arrêté(303).

Ne font notamment pas partie de l'énumération les cheminées sans conduit fonctionnant à l'éthanol. Sur la base d'une interprétation stricte du texte, en vertu duquel le crédit d'impôt ne joue que si le local dans lequel les équipements sont installés est affecté à l'habitation principale, l'administration fiscale a exclu par ailleurs le crédit d'impôt lorsque l'équipement est destiné à la production d'énergie en vue de sa revente : tel est le cas de l'électricité issue de panneaux solaires photovoltaïques connectés au réseau, revendue ensuite en tout ou partie à un fournisseur d'électricité sur la base de l'obligation d'achat(304). Cette décision répond manifestement au souci d'éviter le cumul d'aides publiques. Toutefois, il est dérogé à cette interdiction dans deux situations : lorsque la production d'électricité renouvelable vendue correspond à un excédent d'électricité non consommée, sous réserve que cette part ne soit pas prépondérante au regard de la capacité de production des équipements, ou lorsque la production d'électricité renouvelable vendue correspond à la totalité de la production domestique, sous réserve que la consommation électrique de l'habitation principale soit supérieure de moitié à la capacité de production des équipements(305) – cette condition étant en général remplie : elle est même présumée lorsque la capacité totale de production n'excède pas 3 kWc (puissance crête)(306).

Malgré quelques exceptions (extension du dispositif aux pompes à chaleur dédiées à la production d'eau chaude sanitaire), la tendance ressortissant des lois fiscales les plus récentes est celle d'une limitation du champ matériel des équipements concernés. Tout d'abord, succédant à de nombreux atermoiements administratifs, la loi de finances pour 2009 a exclu explicitement du bénéfice du CIDD l'achat de pompes à chaleur (PAC) air/air, manifestement afin d'éviter de subventionner le marché de la climatisation, – les autres catégories de pompes à chaleur restant éligibles(307). Ensuite, la loi de finances pour 2012 a décidé de la fixation d'un plafond de dépenses par kilowatt-crête pour les équipements de production d'électricité utilisant l'énergie radiative du soleil, d'une part, ou par mètre carré pour les équipements de production d'énergie solaire thermique, d'autre part,(308). Les plafonds en question ont été fixés par un arrêté du 30 décembre 2011(309). Cette dernière mesure répond au souci des pouvoirs publics de réduire la dépense fiscale liée aux inves-

(300) CGI, art. 200 *quater* 2.

(301) Voir aussi instruction 5 B-17-07, *BOI* 11 juillet 2007, n° 88.

(302) Sur la notion d'immeuble comportant plusieurs locaux, voir instruction fiscale DB 5-B-342, n° 19.

(303) Arr. 13 novembre 2007, 30 décembre 2009 et 30 décembre 2010.

(304) Voir *supra* p. 578 et s.

(305) Instruction 5 B-17-07, points 6 et 7.

(306) Instruction 5 B-17-07.

(307) Loi n° 2008-1425 du 27 décembre 2008, art. 109.

(308) Loi n° 2011-1977 du 28 décembre 2011, art. 81.

(309) Arr. pris pour l'application de l'article 200 *quater* du code général des impôts relatif au crédit d'impôt sur le revenu en faveur des dépenses d'équipement de l'habitation principale au titre des économies d'énergie et du développement durable et modifiant l'annexe IV à ce code.

tissements dans les équipements spécifiquement solaires photovoltaïques et thermiques, observable par ailleurs(310).

Remarque

La loi de finances pour 2009 a tranché et clarifié la question de savoir si les pompes à chaleur air/air étaient éligibles au CIDD, les positions de l'administration étant sur ce sujet pour le moins évolutives. C'est ainsi qu'un arrêté du 1er février 2005 les en avait exclues, avant qu'un second arrêté, en date du 1er décembre 2005, les réintroduise, sous réserve d'un niveau minimal de performance énergétique ; ces textes seront suivis d'instructions administratives fixant des règles plus restrictives (instruction du 18 mai 2006) ou bien encore excluant les produits en cause du champ du CIDD. On constate ici un cas type d'instabilité normative, qui a d'ailleurs été dénoncé comme tel par le Médiateur de la République dans son Rapport pour 2009 (voir www.defenseurdesdroits.fr).

Les plafonds de dépenses d'acquisition des équipements solaires photovoltaïques et thermiques sont fixés par l'arrêté du 30 décembre 2011 à : 1 000 Vm² hors tout de capteurs solaires pour les équipements de chauffage ou de fourniture d'eau chaude sanitaire fonctionnant à l'énergie solaire (solaire thermique), 3.200 Vkw crête (Kw/C) de puissance installée pour les systèmes de fourniture d'électricité à partir de l'énergie solaire (photovoltaïque).

Le champ d'application de ce volet du CIDD est limité matériellement mais aussi temporellement. Il peut ainsi être actionné jusqu'au 31 décembre 2012 pour les achats des équipements susvisés, s'ils sont payés après le 1er janvier 2005 dans le cadre de travaux réalisés dans un logement achevé(311), ou s'ils sont intégrés à un logement acquis neuf après le 1er janvier 2005(312), ou bien encore s'ils sont intégrés à un logement acquis en l'état futur d'achèvement ou que le contribuable fait construire, achevé postérieurement au 1er janvier 2007(313). Au-delà de cette date, la portée du crédit d'impôt est réduite – la loi n° 2011-1977 du 28 décembre 2011 de finances pour 2012 prévoit ainsi qu'à compter du 1er janvier 2013, le CIDD sera réservé aux seules dépenses réalisées dans des logements achevés depuis plus de deux ans(314) –, et même incertaine – puisque la même loi n'en prévoit l'application que jusqu'au 31 décembre 2015.

Sont en second lieu concernées par le CIDD les dépenses afférentes au raccordement à un réseau de chaleur, alimenté majoritairement par des énergies renouvelables ou par une installation de cogénération(315). La portée dans le temps de ce second volet du CIDD est comparable à celui du dispositif évoqué précédemment. C'est ainsi qu'à compter du 1er janvier 2013, il ne jouera plus que pour les travaux réalisés dans un logement achevé depuis plus de deux ans, et n'est censé s'appliquer dans ces dernières situations que jusqu'au 31 décembre 2015(316).

Dans tous les cas, ouvrent droit au crédit d'impôt les seules dépenses effectivement supportées par le contribuable, qui doit déduire de l'assiette les primes ou aides le cas échéant apportées pour la réalisation des travaux (aides de l'ANAH ou des conseils régionaux par exemple). Ce principe supporte deux tempéraments : d'une part, les primes ne viennent pas minorer le crédit d'impôt si elles sont versées exclusivement dans le but de financer la production d'électricité renouvelable en vue de sa revente(317) ; il en va de même, d'autre part, à compter de la publication de l'instruction fiscale du 11 juillet 2007, lorsque les aides visent à financer les seuls travaux d'installation des équipements et non l'acquisition de ceux-ci(318). Les dépenses prises en compte se rapportent

(310) Voir *infra* p. 568, 569 et 606 et s.

(311) CGI, art. 200 *quater* 1. c. 1°.

(312) CGI, art. 200 *quater* 1. c. 2°.

(313) CGI, art. 200 *quater* 1. c. 3°.

(314) CGI, art. 200 *quater* 1. c. 4°.

(315) CGI, art. 200 *quater* 1. d.

(316) CGI, art. 200 *quater* 1. d. 4°.

(317) Instruction 5 B-17-07, point 9.

(318) Instruction 5 B-17-07, point 30.

exclusivement au coût de l'équipement tel qu'il résulte d'une attestation fournie par le vendeur, ou au prix d'acquisition tel qu'il ressort de la facture fournie par l'entreprise ayant réalisé les travaux. Sont exclus de la base du crédit d'impôt le coût de la main d'œuvre, ainsi que celui des matériaux et fournitures qui ne s'intègrent pas à l'équipement lui-même (tuyaux, branchements électriques...).

Date de réalisation des travaux

Le fait générateur du crédit d'impôt est la date du paiement de la dépense à l'entreprise qui a réalisé les travaux. La loi fixe à cet égard les périodes au cours desquelles le paiement doit être intervenu[(319)]. Le crédit d'impôt s'applique par ailleurs à l'impôt dû au titre de l'année soit d'achèvement du logement auquel s'intègrent les équipements dans le cadre d'une vente en l'état futur d'achèvement ou d'une construction, soit de son acquisition si elle est postérieure, soit du paiement de la dépense pour les logements anciens[(320)]. L'octroi du crédit d'impôt est subordonné à la production, lors du dépôt de la déclaration d'ensemble des revenus, de factures d'achat et d'installation par une entreprise.

Remarque

La circonstance que l'acquisition et la pose de l'équipement soient effectuées par un entrepreneur individuel dans son habitation principale ne fait pas obstacle au bénéfice du CIDD, dès lors que cet entrepreneur délivre une facture faisant apparaître qu'il a procédé à la fourniture et à la pose de l'équipement qu'il a acquis (voir rép. min. n° 44483, *JOAN Q.* du 30 juin 2009, p. 6438).

Taux

Dans un premier temps, ce taux a été rendu de plus en plus attractif pour l'achat d'équipements de production d'énergie utilisant une source d'énergie renouvelable ou de pompes à chaleur intégrées au logement du contribuable, pour lesquels il était graduellement passé de 25 à 40 % puis à 50 % (taux retenu par l'article 83 de la loi de finances pour 2006), même s'il l'était moins comparativement pour les équipements de raccordement à un réseau de chaleur alimenté soit majoritairement par des énergies renouvelables, soit par une installation de chauffage utilisant la cogénération (25 %).

Toutefois, ces taux ont été progressivement réduits[(321)]. En premier lieu, pour les pompes à chaleur et pour les chaudières et équipements assimilés fonctionnant au bois (ou autre biomasse), la loi de finances pour 2009 a ramené le taux à 40 % pour 2009, puis à 25 % à compter de 2010[(322)]. Ensuite, les taux du CIDD ont subi une nouvelle baisse sur le fondement de la loi de finances pour 2011[(323)] : d'une part, parce que toutes les dépenses éligibles à ce crédit d'impôt sont concernées par la réduction générale de 10 % imposée par l'article 105 de ladite loi, qui rabaisse le plafonnement global des avantages fiscaux énumérés par l'article 200-OA du code général des impôts, ce donc y compris ceux visés à l'article 200 *quater* du même code ; d'autre part, et de façon plus spécifique, parce que l'article 36 de la même loi a réduit de moitié (il passe de 50 % à 25 %), avec effet rétroactif, le taux les dépenses d'équipements de production d'électricité utilisant l'énergie radiative du soleil. Enfin, la loi de finances pour 2012[(324)] a imposé une nouvelle diminution, d'une part, de l'ensemble des différents taux du CIDD[(325)], d'autre part, de l'avantage en impôt résultant des réductions et crédits d'impôt retenus au b du 2 de l'article 200-0 A du code général des impôts,

(319) Voir cette page.

(320) CGI, art. 200 *quater* 3.

(321) Pour une vue d'ensemble, voir CGI, art. 200 *quater* 5. d., et tableau correspondant.

(322) Loi n° 2008-1425 préc., art. 109.

(323) Loi n° 2010-1567 du 15 décembre 2010.

(324) Loi n° 2011-1977 du 28 décembre 2011.

(325) Loi n° 2011-1977, art 81.

lequel inclut notamment, comme cela a déjà été indiqué, ceux prévus à l'article 200 *quater* du même code[(326)]. Sur le fondement de ce dernier texte, les taux du CIDD évoluent actuellement dans une fourchette allant de 10 à 32 % selon les dépenses considérées[(327)], bien loin, donc, des taux initiaux.

Remarque

D'autres modifications apportées au régime juridique applicable à l'électricité solaire de source photovoltaïque ont été rétroactives (voir *infra* p. 612 et s.). La décision de diviser par deux le taux du crédit d'impôt relatif à l'installation de panneaux photovoltaïques, inscrite dans la loi du 29 décembre 2010 de finances pour 2011, n'a pas échappé à cette « règle ». Cette loi a ainsi déclaré le taux de 50 % inapplicable pour les dépenses payées à compter du 29 septembre 2010 (date de présentation du projet de loi de finances pour 2011 en conseil des ministres), mais en accompagnant cette décision de mesures transitoires.

La loi de finances pour 2012 a quelque peu tempéré la portée de ces dernières mesures en instaurant une majoration des taux du CIDD lorsque les dépenses éligibles sont réalisées dans le cadre d'un « bouquet de travaux »[(328)] au sein d'un logement achevé depuis plus de deux ans[(329)]. Dans ces conditions, les taux du CIDD varient désormais notamment selon que la dépense éligible est faite soit de façon isolée (taux plus faibles), soit dans le cadre d'initiatives groupées sur le même logement (taux plus élevés).

Remarque

Un « bouquet de travaux » correspond à la combinaison d'au moins deux actions efficaces d'amélioration de la performance énergétique du logement parmi les dépenses limitativement énumérées par la loi et réalisées au titre d'une même année, précise l'instruction fiscale du 12 avril 2012.

Aux termes du 5 *bis* de l'art. 200 *quater* CGI, les dépenses doivent relever d'au moins deux des six catégories suivantes : acquisition de matériaux d'isolation des parois vitrées, acquisition et pose de matériaux d'isolation des parois opaques en vue de l'isolation des murs, acquisition et pose de matériaux d'isolation des parois opaques en vue de l'isolation des toitures, acquisition de chaudières ou d'équipements de chauffage ou de production d'eau chaude fonctionnant au bois ou autres biomasses, acquisition d'équipements de production d'eau chaude sanitaire utilisant une source d'énergie renouvelable, acquisition de chaudières à condensation, de chaudières à micro-génération gaz et d'équipements de production d'énergie utilisant une source d'énergie renouvelable (éolien, hydraulique) ou de pompes à chaleur.

Plafond

Le crédit d'impôt s'applique dans la limite d'un plafond global pluriannuel établi à 8 000 euros pour une personne célibataire, veuve ou divorcée, et de 16 000 euros pour un couple marié soumis à imposition commune ; la loi de finances pour 2009 a imposé que ce plafond soit désormais apprécié au titre d'une période portant sur cinq années consécutives[(330)]. Depuis l'adoption de la loi de finances pour 2006, ces montants sont majorés forfaitairement de 400 euros par personne à charge, cette somme étant divisée par 2 lorsqu'il s'agit d'un enfant réputé à charge égale de l'un ou l'autre de ses parents.

Remarque

Dans le système antérieur, la majoration était progressive en fonction du nombre d'enfants (400 euros pour le premier, 500 euros pour le deuxième et 600 euros à partir du troisième).

(326) Loi n° 2011-1977, art. 83.

(327) Instruction 5 B-18-12, 2 avril 2012.

(328) Terme employé par l'instruction fiscale du 2 avril 2012, préc.

(329) CGI, art. 200 *quater* 5 *bis*.

(330) CGI, art. 200 *quater* 4.

Les moindres recettes fiscales pour l'État liées à ce crédit d'impôt ont représenté 400 millions d'euros en 2005 ; elles étaient estimées à 900 millions d'euros en 2006, à un milliard d'euros pour 2007[(331)], et auraient atteint un pic de 2,6 milliards d'euros en 2009. Les évolutions législatives ci-avant rapportées ont pour premier objectif de freiner cette dérive[(332)]. En miroir de ce coût élevé pour l'État, l'impact du CIDD sur les actes d'achat en matière d'énergies renouvelables a été très positif, ce d'autant qu'il est cumulable avec le dispositif de l'obligation d'achat avec tarifs d'achat[(333)] mais aussi avec l'éco-prêt à taux zéro[(334)].

b. Réduction fiscale par le recours à la technique de l'amortissement d'impôt

Cette technique est applicable aux personnes physiques imposées dans le cadre du régime des bénéfices industriels et commerciaux (BIC) des entreprises. Elle reflète la dépréciation comptable des éléments inscrits à l'actif du bilan de l'entreprise : elle consiste à octroyer à son bénéficiaire une dotation financière, exprimée en pourcentage du prix de revient, venant en déduction des résultats imposables, à partir du moment où un bien immobilisé particulier entre dans l'actif de l'entreprise. De la sorte, l'amortissement constitue une charge déductible du bénéfice imposable.

En premier lieu, le droit fiscal français organise une possibilité d'amortissement de l'impôt sur les BIC au profit des entreprises utilisant des matériels destinés à économiser l'énergie et les équipements de production d'énergie renouvelable.

Remarque

Les dispositions sont ici issues de la loi de finances pour 1991. Elles viennent remplacer l'ancien système fondé sur l'article 59 de la loi de finances pour 1977.

L'amortissement n'est jamais qu'une faculté. Les entreprises qui y renoncent prennent une décision de gestion qui leur est opposable (instruction n° 10590, 18 mars 1992, *Dr. fisc.* 1992, n° 17).

Sont considérés comme bénéfices industriels et commerciaux (BIC) les bénéfices réalisés par des personnes physiques et provenant de l'exercice d'une profession commerciale, industrielle ou artisanale (CGI, art. 34).

Dans le cadre de ce régime, les entreprises se voient proposer deux options. Soit choisir un amortissement exceptionnel (celui de l'article 39 AB du code général des impôts) pour les matériels acquis ou fabriqués avant le 1er janvier 2011 : il s'agit alors d'un amortissement qui peut atteindre 100 % sur 12 mois, il est donc accéléré à compter de la mise en service des matériels concernés. Soit opter pour l'amortissement dégressif de l'article 39 AA du code général des impôts applicable aux matériels acquis ou fabriqués à compter du 1er janvier 1977 ; ce dispositif s'applique par dérogation aux matériels acquis ou fabriqués entre le 1er janvier 2001 et le 1er janvier 2003. Ce système incite les entreprises à renouveler leurs investissements par une majoration des premières annuités d'amortissement ; les coefficients utilisés pour le calcul de cet amortissement dégressif ont été abaissés par la loi n° 2000-1352 du 30 décembre 2000 de finances pour 2001[(335)].

---

(331) Voir avis n° 80 du Sénat sur le projet loi de finances pour 2007, t. III, « Écologie et développement durable ».

(332) Voir « Rapport pour le comité d'évaluation des dépenses fiscales et des niches sociales, Synthèse de l'évaluation du crédit d'impôt développement durable », MEDDT, MINEFI, MBCPFP, ADEME, avril 2011, www.economie.gouv.fr.

(333) Voir *infra* p. 578 et s.

(334) CGI, art. 244 *quater* U, voir *supra* p. 553.

(335) Art. 9.V.

Remarque

Les coefficients ont été ramenés de 1,50 à 1,25 points pour les biens à amortir sur une durée de 3 à 4 ans, de 2 à 1,75 points pour les biens à amortir sur une durée de 5 à 6 ans, de 2,5 à 2,25 points pour les biens à amortir sur une durée supérieure à 6 ans.

Les matériels concernés sont précisés par une liste établie par un arrêté du ministre du Budget et du ministre de l'Industrie qui pose d'abord un critère commun à l'ensemble des matériels, tenant à leur séparation possible des appareils auxquels ils ont été adjoints sans que celle-ci puisse les rendre définitivement inutilisables. Il en fixe ensuite une longue liste exhaustive(336).

En second lieu, l'article 27 de la loi n° 2006-1771 du 30 décembre 2006 de finances rectificative pour 2006 a étendu à compter du 1er janvier 2007 le dispositif d'amortissement exceptionnel sur douze mois, qui existait déjà pour les véhicules (véhicules automobiles terrestres et cyclomoteurs) fonctionnant au moyen de l'énergie électrique, du gaz naturel véhicules ou du gaz de pétrole liquéfié, aux véhicules fonctionnant exclusivement ou non au moyen du superéthanol, et prorogé le dispositif d'amortissement exceptionnel applicable aux matériels acquis entre le 1er janvier 2003 et le 1er janvier 2010 pour l'ensemble des catégories de véhicules « propres »(337).

Remarque

L'amortissement exceptionnel concerne, d'une part, les véhicules (art. 39 AC), d'autre part, les matériels spécifiquement destinés au stockage, à la compression et à la distribution de superéthanol (art. 39 AE).

D'autres formules de réductions de l'impôt sur le revenu seraient concevables. Par exemple, il a été proposé que tout particulier devenant « actionnaire d'une société qui transforme la biomasse en vecteur d'énergie » profite d'un abaissement de l'impôt sur le revenu à hauteur de 30 % de l'investissement, dans la limite de 8 000 euros, cette perte de recettes fiscales étant compensée par une augmentation à due concurrence de la taxe générale sur les activités polluantes (TGAP)(338), mais cette proposition est restée sans suite(339).

2. Réduction de taxe foncière et/ou de contribution économique territoriale

La taxe foncière est établie annuellement sur les propriétés bâties sises en France à l'exception de celles qui en sont expressément exonérées par les dispositions du code général des impôts. Les redevables de la contribution économique territoriale (CET), qui depuis janvier 2010 a remplacé la taxe professionnelle sur le fondement de la loi n° 2009-1673 du 29 décembre 2009 de finances pour 2010, sont les personnes physiques ou morales exerçant une profession industrielle, commerciale, libérale ou artisanale(340). Ces deux taxes sont perçues au profit des collectivités territoriales. Dès 1979, le professeur Hertzog prenait l'exemple des dispositifs de production liés à l'énergie solaire comme éléments d'incorporation immobilière de nature à accroître la valeur locative des bâtiments et, par extension, l'assiette des impôts locaux qui y sont liés – taxes foncières et taxe professionnelle(341) –, il lui semblait en ce sens judicieux d'exclure ces équipements de ces bases d'imposi-

(336) Voir arr. 14 juin 2001, relatif aux matériels destinés à économiser l'énergie et aux équipements de production d'énergies renouvelables pouvant bénéficier d'un amortissement dégressif ou exceptionnel et modifiant CGI, art. 2 de l'annexe IV, modifié par arr. 27 décembre 2005.

(337) CGI, art. 39 AC et 39 AE.

(338) C. douanes, art. 266.

(339) Voir proposition de loi du député J.-L. Dumont portant sur la prise en compte de la lutte contre l'effet de serre par la gestion durable des ressources forestières, art. 6, Ass. nat. n° 2902, 28 février 2006.

(340) Voir aussi *supra* p. 182 et s.

(341) CGI, art. 1518 A.

tion[342]. Cette recommandation a été retenue par le législateur et dépasse le champ de l'énergie solaire.

a. Dispositifs de réduction de taxe foncière dans le secteur du logement

Deux séries de dispositions créent des incitations à l'amélioration de la performance énergétique des logements, au prix d'un aménagement de la fiscalité sur les propriétés bâties : l'une est applicable au logement social neuf, l'autre au logement en général, existant ou ancien. Ces règles permettent aux aménageurs de disposer d'un parc immobilier neuf, respectueux de l'environnement, sans en faire supporter le coût aux locataires à travers loyers ou charges.

Les mesures concernant spécifiquement le logement social

Ces mesures montrent que, par un aménagement de la fiscalité, l'État peut combiner préoccupations sociales et environnementales.

L'allongement de la durée de l'exonération de taxe foncière pour le logement social neuf[343] résulte de l'article 90 de la loi de finances pour 2002[344]. Ce texte a ajouté un I *bis* à l'article 1384 A du code général des impôts, portant de 15 à 20 ans l'exonération de taxe foncière sur les constructions et logements neufs (logements neufs à usage locatif dont l'ouverture de chantier est intervenue à compter du 1er janvier 2002) édifiés au moyen de prêts aidés par l'État : prêt locatif à usage social (PLUS), prêt locatif aidé à l'intégration (PLA-I) ou prêt locatif social (PLS). L'article 5.I de la loi n° 2006-872 a ajouté un I *ter* portant la durée d'exonération à 30 ans pour les mêmes types de constructions lorsqu'elles bénéficient d'une décision d'octroi de subventions ou de prêt aidé – décision devant être prise entre le 1er juillet 2004 et le 31 décembre 2014. Dans les deux cas la règle s'applique toutefois sous condition que les immeubles satisfassent à quatre au moins des cinq critères de qualité environnementale énumérés par l'article 1384 A.I *bis*. Or, le fait que l'un de ces critères porte sur « l'utilisation d'énergie et matériaux renouvelables »[345] ne peut évidemment que susciter l'attention.

Remarque

Les autres critères portent sur les modalités de conception, notamment l'assistance technique du maître d'ouvrage par un professionnel ayant des compétences en matière d'environnement, les modalités de réalisation, notamment la gestion des déchets du chantier, la performance énergétique et acoustique, la maîtrise des fluides.

Toutefois, comme il est d'usage, la loi ne fait référence qu'à des catégories de biens ou de dépenses et renvoie à un décret en Conseil d'État le soin d'en préciser le contenu. Pour ce qui concerne le critère relatif au recours à l'énergie renouvelable, le décret n° 2005-1174 du 16 septembre 2005[346] indique que la part de la consommation conventionnelle d'énergie réalisée au moyen d'un système utilisant des énergies renouvelables doit être supérieure soit à 40 % de la consommation conventionnelle correspondant au chauffage de l'eau chaude sanitaire dans le cas d'immeubles ne comportant pas plus de deux logements et à 30 % dans les autres cas, soit à 15 % de la consommation conventionnelle totale correspondant au chauffage des parties privatives et des parties communes, à l'éclairage des parties communes et au chauffage de l'eau chaude sanitaire. L'arrêté du

(342) « Les incitations financières au développement de l'énergie solaire », *RJE* 1979, p. 276.

(343) CGI, art. 1384 A.I *bis* et I *ter*.

(344) Loi n° 2001-1275, 28 décembre 2001.

(345) Art. 1384 A.I *bis* d.

(346) Texte codifié à la section 01 de la deuxième partie de l'annexe II au CGI.

16 septembre 2005[347] dresse une liste limitative incluant les énergies renouvelables dont les caractéristiques techniques sont adaptées à l'habitat collectif : solaire, biomasse, géothermie, éolien, énergie issue des systèmes thermodynamiques ou de production combinée de chaleur et d'énergie, énergie issue des réseaux de distribution de chaleur.

Pour bénéficier de cette longue durée d'exonération de taxe foncière, le maître d'ouvrage doit s'adresser aux collectivités locales concernées et joindre à la déclaration fiscale un certificat établi par l'administration départementale de l'équipement attestant le respect des critères de qualité environnementale. L'exonération de taxe foncière dont bénéficient les logements aidés constitue une perte fiscale importante pour les collectivités locales. Pour celle visant les logements sociaux, l'État a prévu expressément sa compensation par le biais d'une dotation financière[348].

Cette logique de dégrèvement de taxe foncière sur les propriétés bâties intéresse d'autres acteurs du logement social : depuis la loi POPE de 2005, les organismes HLM et SEM qui réalisent des travaux d'économie d'énergie (dont on sait qu'elle peut être obtenue le cas échéant par le recours aux énergies renouvelables) dans les logements sociaux, le dégrèvement étant ici égal à 25 % des dépenses éligibles[349] ; depuis l'adoption de la loi « Grenelle 2 »[350] les organismes d'aide au logement des personnes défavorisées s'ils entreprennent de tels travaux dans des bâtiments existants[351].

Autres types de logements

L'article 31 de la loi n° 2006-1771 du 30 décembre 2006 de finances rectificative pour 2006 a créé une autre hypothèse d'exonération de taxe foncière sur les propriétés bâties[352]. Afin d'éviter la multiplication des exonérations fiscales sur le logement neuf (déjà éligible au crédit d'impôt de l'article 200 *quater* du code général des impôts), le législateur a souhaité réserver cette nouvelle exonération fiscale aux logements anciens, considérés comme les plus « énergivores », sous réserve qu'ils obéissent à certains critères de performance énergétique. Sont concernés les seuls logements construits avant le 1er janvier 1989 (année de mise en place d'une réglementation thermique plus stricte). Pour être éligible, le propriétaire doit réaliser des travaux d'amélioration figurant dans la liste des dépenses éligibles au crédit d'impôt de l'article 200 *quater* du code général des impôts, dont on sait qu'il couvre notamment les dépenses d'équipement de production d'énergie utilisant une source renouvelable ou des pompes à chaleur ou de dépenses afférentes au coût des équipements de raccordement à un réseau de chaleur alimenté majoritairement par des énergies renouvelables[353], ceci pour un montant minimal d'investissement plutôt élevé : 10 000 euros sur un an ou 15 000 euros sur trois ans (contre un seuil de dépenses pris en compte pour bénéficier du crédit d'impôt de 8 000 euros pour une personne seule).

Cependant, cette exonération de taxe foncière sur les propriétés bâties (TFPB) n'est jamais de droit, le législateur ayant offert ici aux collectivités locales et aux établissements publics de coopération intercommunale à fiscalité propre une simple possibilité d'exonération, à concurrence de 50 % ou de 100 %, laquelle, lorsqu'elle est retenue, s'applique pour une durée de 5 ans. Le caractère facultatif de cette exonération permet à l'État d'éviter sa compensation financière, ce qui

(347) Texte codifié à la section 01 de la deuxième partie de l'annexe IV au CGI ; voir instruction 6 C-2-07, *BOI* 14 juin 2007, n° 80.

(348) CGCT, art. L. 2335-3 et D. 1612-1.

(349) CGI, art. 1391 E.

(350) Loi n° 2010-788, art. 4, 5 et 6.

(351) CGI, art. 1391 E.

(352) CGI, art. 1383 0 B.

(353) Sur la liste des équipements concernés, voir *supra* p. 557 et s.

n'encourage pas forcément l'utilisation du dispositif par les collectivités locales(354). Il se rapproche à cet égard des réductions de taxe foncière et de cotisation économique territoriale(355), elles-mêmes seulement proposées par l'État aux collectivités territoriales(356).

Remarque

L'exonération de TFPB prévue à l'art. 1383-0 B CGI s'applique aux logements pour lesquels les dépenses ont été payées à compter du 1er janvier 2007, lorsque le montant total des dépenses payées au cours de l'année qui précède la première année d'application de l'exonération est supérieure à 10 000 euros par logement ou lorsque le montant total des dépenses payées au cours des trois années qui précèdent l'application de l'exonération est supérieure à 15 000 euros par logement. Elle ne peut pas être renouvelée au cours des dix années suivant celle de l'expiration d'une période d'exonération.

Par ailleurs, l'article 107 de la loi n° 2008-1425 du 27 décembre 2008 de finances pour 2009 offre la possibilité aux collectivités territoriales et à leurs EPCI dotés d'une fiscalité propre d'exonérer de TFPB les logements neufs, en l'espèce ceux dont la construction est achevée à compter du 1er janvier 2009, à usage d'habitation, et dotées d'un niveau élevé de performance énergétique ; cette fois la durée de l'exonération est librement fixée par la collectivité mais sans pouvoir être inférieure à cinq ans(357).

Remarque

Le décret n° 2009-1529 exige que le logement respecte le label « Bâtiment basse consommation, BBC 2005. La réglementation devrait sur ce point évoluer dès lors qu'aux termes des lois « Grenelle » le label BBC 2005 est devenue la norme minimale obligatoire.

b. Dispositifs de réduction ou exonération de taxe foncière intéressant un secteur productif spécifique

Deux secteurs sont concernés.

D'une part, depuis le 1er janvier 2009, sont exclues de la base d'imposition de la TFPB les « immobilisations destinées à la production d'électricité photovoltaïque »(358). La notion d'immobilisation couvre donc ici les seuls panneaux solaires.

Remarque

La cotisation foncière des entreprises (CFE) ayant pour base d'imposition la valeur locative foncière des immeubles à disposition des entreprises, les immobilisations destinées à la production d'électricité photovoltaïque ne sont pas non plus assujetties à la CFE (CGI, art. 1467).

D'autre part, à l'article 1499 du code général des impôts, tel qu'issu de la loi n° 90-669 du 30 juillet 1990 relative à la révision générale des évaluations des immeubles retenus pour la détermination des bases des impôts directs locaux, complété par l'article 310 K de l'annexe II, figure là encore non pas une solution générale mais une formule exclusivement applicable au montant de la valeur locative foncière de l'usine marémotrice de la Rance, pour laquelle une déduction de cette valeur

(354) X. Cabanes, « Les énergies renouvelables et la fiscalité locale », *AJCT* 2010, p. 20.

(355) Voir *infra* p. 566.

(356) CGI, art. 1518 A.

(357) CGI, art. 1383-0 *bis*, instruction 6 janvier 2010, décret n° 2009-1529 du 9 décembre 2009 pris pour l'application de l'article 1383-0 B *bis* du code général des impôts relatif à l'exonération de taxe foncière sur les propriétés bâties des constructions de logements neufs à haut niveau de performance énergétique, *BOI* n° 6 C-1-10, 14 janvier 2010, *Dr. fisc.* 2010, n° 3, janvier 2010, instr. 14218.

(358) Loi n° 2008-1443 de finances rectificative pour 2008, art. 107, décret n° 2009-389 du 7 avril 2009, CGI, art. 1382 12°.

locative dont le taux est fixé à 50 % est prévue ; cette déduction concerne les seules constructions et installations foncières, à l'exclusion des sols et terrains.

c. Dispositifs combinant exonération de taxe foncière et de contribution économique territoriale

La loi de finances pour 1992[359] a institué une réduction de 50 % de la taxe foncière et de la taxe professionnelle en cas de recours à des matériels destinés à économiser l'énergie au sens de l'arrêté du 14 juin 2001 relatif aux matériels destinés à économiser l'énergie et aux équipements de production d'énergies renouvelables pouvant profiter, en matière de bénéfices industriels et commerciaux, de l'amortissement dégressif ou exceptionnel des articles 39 AA et 39 AB du code général des impôts (art. 1518 A CGI). Il ne s'agit que d'un plancher, puisque les collectivités territoriales et leurs groupements peuvent, chacun pour la part qui lui revient, porter cette réduction de 50 à 100 % pour les installations achevées à compter du 1er janvier 1992 : la délibération doit être prise avant le 1er juillet, pour être applicable l'année suivante ; la déclaration fiscale doit être renouvelée chaque année par les entreprises.

3. Dispositifs incitatifs en matière de TVA

La TVA est un impôt général sur la consommation directement facturé aux clients sur les biens qu'ils consomment ou les services qu'ils utilisent en France. Sont soumises obligatoirement à la TVA les livraisons de biens et les prestations de services qui relèvent d'une activité économique effectuée à titre onéreux par un assujetti.

Le système commun de TVA issu du droit communautaire prévoit la possibilité de faire varier les taux : le taux réduit de plein droit est applicable aux livraisons de biens et de prestations de services appartenant aux catégories visées à l'annexe H, ajoutée à la 6e directive TVA par celle du 19 octobre 1992 sur le rapprochement des taux de TVA[360]. Jusqu'à la fin de l'année 2011, il existait en France trois taux de TVA : un taux normal de 19,6 %, un taux réduit de 5,5 % et un taux réduit spécifique de 2,10 % applicable dans les DOM (la Guyane n'est pas concernée par le régime de la TVA) et dans certains cas aussi en Corse. Dans la perspective de la réduction des déficits publics, le législateur a réformé ces niveaux. D'abord, la loi n° 2011-1978 du 28 décembre 2011 de finances rectificative pour 2011 a mis en place un second taux réduit, de fait intermédiaire, de 7 % pour certaines opérations. Ensuite, la loi n° 2012-354 du 14 mars 2012 a élevé le taux normal de la TVA à 21,2 % pour les opérations dont le fait générateur intervient à compter du 1er octobre 2012[361].

Remarque

Le taux de TVA normal à 21,2 % correspond à l'adoption d'un dispositif dit de « TVA sociale » dont l'application est remise en cause du fait du changement de majorité politique intervenu en France en mai et juin 2012.

Le taux réduit est acquis pour certains investissements intéressant les produits ou services liés à la production d'énergie à caractère renouvelable. Sont concernés les travaux d'amélioration, de transformation, d'aménagement et d'entretien effectués dans les locaux d'habitation. L'application de ce taux réduit de TVA résulte de l'article 5 de la loi n° 1999-172 du 30 décembre 1999 de finances pour 2000. En vertu de la loi n° 2011-1978 sus-évoquée, le taux réduit est désormais de 7 %. Les travaux doivent concerner les logements de plus de deux ans. Peuvent y prétendre toutes les catégories d'habitants (propriétaires, occupants, bailleurs, locataires). Le taux réduit concerne les prestations de main d'œuvre,

(359) Loi n° 91-1322, 30 décembre 1991, art. 85.

(360) Voir *supra* p. 367.

(361) Codifié, CGI, art. 278

les matières premières et les équipements fournis et facturés par l'entreprise. Le périmètre de ce taux réduit inclut, entre autres, les travaux entraînant l'acquisition d'équipements de production d'énergie renouvelable à usage domestique, et est globalement le même que celui du crédit d'impôt de l'article 200 *quater* du code général des impôts[(362)]. Est par exemple éligible de plein droit au taux réduit – à condition que le professionnel facture lui-même la pose directement au client – l'achat pour une production exclusivement domestique de panneaux solaires ou bien encore l'achat d'appareils destinés à être alimentés en énergie renouvelable (éoliennes, microcentrales photovoltaïques, capteurs solaires...).

Remarque

La question de savoir quel est le taux de TVA à appliquer lorsque la production d'électricité solaire photovoltaïque ne se limite pas à alimenter le logement en électricité, mais fait l'objet d'une vente dans le cadre, notamment, de l'obligation d'achat régie par l'art. 10 de la loi n° 2000-108, aujourd'hui repris à l'art. L. 314-7 du code de l'énergie, a fait l'objet de prises de position contrastées. Selon la Direction générale des impôts, le taux de TVA réduit est présumé dès lors que la puissance installée ne dépasse pas 3 kWc, mais est exclu *a contrario* dans l'hypothèse d'un contrat de vente d'électricité issue d'une installation dont la puissance installée excède le seuil susmentionné, cette dernière opération s'analysant en une vente à titre commercial d'énergie supposant d'appliquer le taux normal de TVA (voir RES n° 2007/50 (TCA). Cette dernière opération entre de plein droit dans le champ de l'art. 256 A du CGI, aux termes duquel une personne, qui effectue de manière indépendante, quel que soit son statut juridique ou sa situation au regard des autres impôts, des livraisons d'électricité en retirant des recettes ayant un caractère de permanence est assujettie à la TVA ; mais cette personne peut alors à ce titre déduire la taxe qui a grevé son investissement.

4. Dispositifs d'incitation fiscale réservés aux investissements effectués outre-mer

Ces réductions fiscales offertes au contribuable français investissant, entre autres possibilités, dans la production des « énergies nouvelles », mais toujours outre-mer existent depuis 1986[(363)]. Elles se conjuguent dans ces territoires avec l'objectif plus global du développement économique. Le système a été reconduit, clarifié et même étendu à toutes les collectivités territoriales outre-mer (Guadeloupe, Martinique, Réunion et Guyane mais aussi Mayotte, Saint-Pierre-et-Miquelon, Nouvelle-Calédonie, Polynésie française, Saint-Martin, Saint-Barthélemy, îles Wallis-et-Futuna et Terres australes et antarctiques françaises) par des lois postérieures.

a. Réduction d'impôt sur le revenu (CGI, art. 199 *undecies* A et B) et d'impôt sur les bénéfices de sociétés (CGI, art. 217 *undecies*)

Ce dispositif se fonde en premier lieu sur les articles 199 *undecies* A et *undecies* B du code général des impôts. D'une part, l'article 199 *undecies* A établit une réduction d'impôt sur le revenu pour les contribuables domiciliés en France investissant dans les territoires susmentionnés au moyen de souscriptions en numéraires effectuées à l'occasion de la constitution ou de l'augmentation de capital d'une société (société de développement régional ou société soumise à l'impôt sur les sociétés) exerçant son activité dans l'un des secteurs éligibles à la réduction d'impôt de l'article 199 *undecies* B ; or ce dernier article couvre, entre autres, les investissements réalisés dans le secteur de la production d'énergie renouvelable. La société doit s'engager à conserver les parts ou actions pendant 5 ans à compter de la souscription. La base de la réduction d'impôt est le prix de souscription des parts ou actions. Elle est égale à 50 % de cette base. D'autre part, l'article 199 *undecies* B du code général des impôts instaure une exonération de l'impôt sur le revenu toujours au profit des contribuables domiciliés en France qui effectuent des investissements productifs neufs outre-mer, notamment dans le secteur de l'énergie renouvelable. Toutefois, dans le respect des règles européennes sur les aides publiques, les coûts éligibles doivent être strictement limités aux coûts de l'investissement supplémentaire lié à l'utilisation de sources énergétiques renouvelables

(362) Voir *supra* p. 557 et s.

(363) Loi de finances n° 86-824, 11 juillet 1986, rectificative pour 1986, art. 22.3 (CGI, ancien art. 238 *bis* HD).

et ne couvrent pas la fraction du prix de revient de l'investissement qui aurait été financée en amont par une subvention publique. Ce dispositif s'appuie en second lieu sur l'article 217 *undecies* du code général des impôts qui offre, aux entreprises cette fois, la possibilité de déduire de leurs résultats imposables les investissements productifs qu'elles réalisent et qui sont éligibles au régime fiscal de l'article 199 *undecies* B. Les investissements ici pris en compte sont donc également ceux liés à la production d'énergie renouvelable, toutefois leur champ d'application territorial est ici plus limité puisqu'ils doivent être entrepris sur le territoire de l'un ou l'autre des quatre DOM.

La loi de finances pour 2011 a mis un terme à une démarche qui, jusque-là, ne distinguait pas selon les filières d'énergies renouvelables, en décidant qu'à compter du 29 septembre 2010, les réductions d'impôt sur le revenu entrant dans le champ de l'article 199 *undecies* B ne s'appliqueraient plus en cas d'investissements portant sur des installations de production d'électricité utilisant l'énergie du soleil. L'exception, limitée donc à la production d'énergie solaire photovoltaïque et thermodynamique, s'explique par la nécessité de trouver pour ces territoires une réponse au déséquilibre, constaté par la Commission de régulation de l'énergie, entre une offre électrique supérieure aux capacités d'absorption des réseaux de distribution locaux.

Remarque

« Les conséquences du développement de la filière outre-mer et en Corse devraient être mieux appréciées. Dans les principales collectivités régionales d'outre-mer et en Corse, la capacité de production en attente de raccordement au réseau excède la demande locale en électricité. De plus, la limite technique d'acceptabilité des énergies intermittentes relative à la stabilité des réseaux, rappelée par l'arrêté du 23 avril 2008 relatif aux prescriptions techniques de conception et de fonctionnement pour le raccordement à un réseau public de distribution d'électricité en basse tension ou en moyenne tension d'une installation de production d'énergie électrique, est dépassée »[(364)].

b. Réduction d'impôts pour les entreprises implantées dans les zones franches d'activités des départements d'outre-mer (CGI, art. 44 quaterdecies)

La loi n° 2009-594 du 27 mai 2009 pour le développement économique des outre-mer (LODEOM) a créé dans les DOM des zones franches d'activités (ZFA). L'article 4 de cette loi codifié à l'article 44 *quaterdecies* du code général des impôts institue une exonération d'impôt sur les bénéfices et d'impôts locaux (cotisation foncière des entreprises, CFE ; cotisation sur la valeur ajoutée des entreprises (CVAE), taxe foncière sur les propriétés bâties (TFPB) au profit des unités implantées dans ces ZFA[(365)]. Cet avantage fiscal est applicable jusqu'au 31 décembre 2017. Certains investissements intéressant le secteur des énergies renouvelables sont éligibles à ce régime fiscal dérogatoire du droit commun. Certains ne le sont pas, toutefois, au titre d'une exclusion explicite. Il s'agit de ceux intéressant les mêmes activités que celles qui sont exclues également du champ de l'aide à l'investissement des articles 199 *undecies* B et 217 du code général des impôts[(366)]. Partant, ne sont donc pas ici concernés les investissements portant sur des installations de production d'électricité utilisant l'énergie radiative du soleil, en revanche tous ceux intéressant les autres filières d'énergies renouvelables sont éligibles de plein droit.

Remarque

L'exonération de cotisation foncière des entreprises (CFE) est régie par l'article 1466 CGI, celle de cotisation sur la valeur ajoutée par l'article 1586 *nonies* du CGI, celle de taxe foncière sur les propriétés bâties par l'article 1388 *quinquies* du CGI. Par exemple, en

(364) CRE, Avis du 31 août 2010 sur le projet d'arrêté fixant les conditions d'achat de l'électricité produite par les installations utilisant l'énergie radiative du soleil telles que visées au 3° de l'article 2 du décret n° 2000-1196 du 6 décembre 2000, pt. 2.2.
(365) Voir aussi Instruction fiscale du 12 novembre 2010, BOI 4A-9-10, Instruction fiscale du 28 mars 2011, BOI 6A-1-11.
(366) Voir *supra* p. 568.

application de l'article 1466 F du code général des impôts, le montant de l'abattement est égal à 100 % de la base nette imposable pour la cotisation foncière des entreprises due au titre de chacune des années 2010 à 2015 et respectivement à 90 %, 80 % et 70 % de la base nette imposable pour les années d'imposition 2016, 2017 et 2018.

Au titre de leur appartenance à la catégorie des impôts locaux, les abattements de TFPB et de CFE peuvent être supprimés par une délibération explicite des collectivités territoriales et de leurs EPCI à fiscalité propre. Ces délibérations sont prises sur la base de l'article 1639 A *bis* CGI.

Les investissements liés à la production d'énergie renouvelable outre-mer bénéficient encore, et enfin, d'un ultime avantage fiscal spécifique. En effet, la LODEOM a instauré, sous conditions, un abattement majoré sur le bénéfice imposable des entreprises, mais ici uniquement lorsqu'elles sont situées en Guadeloupe, en Martinique ou à la Réunion, et toujours lorsque leur activité principale relève du secteur des énergies renouvelables notamment(367) ; dans ce cas, les entreprises concernées peuvent relever de l'impôt sur les sociétés ou de l'impôt sur le revenu dans les catégories des bénéfices industriels et commerciaux, des bénéfices non commerciaux ou des bénéfices agricoles.

Le rôle exact des dispositifs d'aide fiscale à l'investissement est controversé. On peut craindre en effet que la décision d'investissement soit davantage déterminée par d'autres facteurs, tels la structure de la demande et ses perspectives d'évolution. Ainsi, un choix politique en faveur de l'offre en énergies renouvelables semble-t-il avoir pour corollaire nécessaire l'adoption d'une fiscalité écologique parallèle sur la demande(368).

B. La rémunération des investissements dans la production d'énergie renouvelable

L'investissement privé est pour l'essentiel gouverné par un objectif de rentabilité. Mais on peut espérer un effet de levier en rémunérant cet investissement lorsqu'il porte sur les énergies renouvelables. La mise en application de cette idée se trouve dans le système du Protocole de Kyoto, dont les trois caractéristiques essentielles – la flexibilité, la subsidiarité, le recours aux règles du marché – se conjuguent ici pour un résultat inédit : le principe d'une rémunération des investissements réalisés dans les projets utilisant des technologies à intensité carbonique faible ou nulle, à l'étranger, mais aussi au niveau national.

1. La rémunération des investissements effectués à l'étranger

Le Protocole de Kyoto impose aux pays industrialisés des objectifs contraignants de réduction ou de limitation des gaz à effet de serre. Toutefois, il permet de les satisfaire au moyen de mécanismes de flexibilité : l'échange de permis d'émission sur un marché spécifique et la mise en œuvre de projets internationaux dans des investissements peu émetteurs de carbone. Ces derniers sont de deux ordres : s'ils sont effectués dans des pays industrialisés, il s'agit du mécanisme d'application conjointe (MOC) ; s'ils sont réalisés dans les pays en développement, il s'agit du mécanisme de développement propre (MDP)(369). Ces deux dispositifs reposent sur la logique du « retour sur investissement » : en effet, les pays concernés et les entreprises qui y exercent leurs activités sont incités à investir dans les projets « verts », étant admis qu'ils pourront échanger l'investissement contre des unités de réduction des émissions (URE) pouvant être ensuite utilisées par les États pour compenser leurs propres émissions, ou vendues sur le marché spécifique des certificats d'émission de gaz à effet de serre. Ainsi, les flux financiers liés aux projets « verts » concourent-ils simultanément à la réduction des gaz à effet de serre et au développement économique durable du

(367) CGI, art. 44 *quaterdecies* III.-3° f), voir aussi Décret n° 2009-778 du 30 décembre 2009 fixant la liste des secteurs prioritaires pour l'application des articles 4, 5, et 6 de la loi n° 2009-594 du 27 mai 2009 pour le développement économique des outre-mer.

(368) Voir *infra* p. 633 et s.

(369) Voir *supra* p. 386.

pays d'accueil. Force est donc de constater l'existence d'une rémunération de l'investissement dans des projets qui, par définition, couvrent les énergies renouvelables et sont susceptibles de promouvoir leur développement (ce d'autant que l'argent provenant des échanges de carbone peut constituer une source de financement supplémentaire, le cas échéant pour les énergies en question)[370]. Un guide pratique du mécanisme de développement propre et de son application à l'électrification rurale par les énergies renouvelables a été élaboré en 2004 dans le cadre d'un projet financé par la Commission européenne, l'ADEME et l'Institut de l'environnement et de l'énergie de la francophonie.

2. La rémunération des investissements effectués en France

La déclinaison par les États des mécanismes de flexibilité est possible, mais repose sur le volontariat. Le Protocole de Kyoto ne crée pas de mécanisme qui permettrait à un opérateur d'un pays industrialisé d'obtenir une rémunération (c'est-à-dire un crédit d'émission) grâce à un projet qu'il conduirait dans son propre pays –, mais lui permet toutefois d'obtenir des crédits s'il l'effectue dans un pays en développement. Nonobstant, le protocole n'empêche pas l'État qui le souhaite de mettre en place de façon autonome un système fonctionnant sur le même principe. L'avantage d'une telle initiative réside dans la possibilité de couvrir des secteurs économiques qui ne sont pas actuellement pris en compte par le protocole, et qui sont pourtant fortement émetteurs de gaz à effet de serre (transport, bâtiment, agriculture, traitement des déchets et industries non soumises aux quotas).

Certains des pays ayant ratifié le protocole ont suivi cette voie (Nouvelle-Zélande, Canada). En Europe, la France, dont le système électrique présente une relative neutralité carbonique et n'offre donc que des marges de manœuvre limitées en matière de lutte contre les gaz à effet de serre, a également pris cette initiative. La mesure trouve son fondement dans la loi d'orientation agricole de 2006 (LOA), qui permet de faire « participer »[371] l'activité agroforestière aux mécanismes de marché du Protocole de Kyoto. Ainsi donc, l'agriculture *lato sensu* a-t-elle été, en France, le premier secteur économique concerné par cette démarche[372]. Ce faisant cette activité est inscrite dans le cadre permettant de générer des crédits d'émission en contrepartie de réductions obtenues par des projets réalisés à l'étranger. En outre, elle donne une base juridique aux projets domestiques transposant au niveau national les techniques du protocole. Le cadre des « projets domestiques CO_2 » résulte en particulier du décret n° 2006-622 du 29 mai 2006[373][374] et de son arrêté d'application du 2 mars 2007[375] : la démarche concerne de fait tous les secteurs d'activités non touchés par le système d'échange de quotas de CO_2, y compris les collectivités publiques qui voudraient par exemple abandonner un système énergétique fondé sur une énergie fossile et lui substituer une énergie renouvelable. Les demandes d'agrément de projets sont adressées à la

(370) B. Leguet, « Agriculture et réduction des gaz à effet de serre », note d'étude de la mission climat de la Caisse des dépôts, septembre 2005.

(371) La LOA modifie ici C. rur., art. L. 111-2 et L. 611-7, et C. for., art. L. 1.

(372) Voir B. Le Baut-Ferrarese, « La réception du Protocole de Kyoto en droit européen », *RTD eur.* 2010, p. 55.

(373) Article 3 II.

(374) Décret pris pour application de C. env., art. L. 229-20 à L. 229-24 et portant transposition directive 2004/101, 27 octobre 2004, modifiant directive 2003/87 établissant un système d'échange de quotas d'émission de gaz à effet de serre dans la Communauté au titre des mécanismes de projet du Protocole de Kyoto.

(375) Arr. relatif à l'agrément des activités de projet des art. 6 et 12 du Protocole de Kyoto. Voir aussi communiqué du Ministère de l'Écologie et du Développement durable, 5 mars 2007, « Qu'est-ce qu'un projet domestique CO_2 ? », qui cite comme exemple le basculement vers des énergies renouvelables pour le chauffage des bâtiments et la valorisation des déjections animales par la méthanisation.

Direction générale de l'Énergie et du Climat au sein du ministère de l'Écologie[(376)], qui a élaboré une méthodologie référencée, la décision d'agréer ou de ne pas agréer un projet étant prise par le ministre de l'Environnement dans un délai de 2 mois.

§2. Les aides au fonctionnement

Les aides au fonctionnement visent à soulager les acteurs économiques d'une partie des charges financières qui pèsent normalement sur eux. Elles sont ici, dans la plupart des cas, corrélées au caractère écologique de la démarche de production d'énergie renouvelable. Le système de l'obligation d'achat, « mesure complémentaire des mesures fiscales et autres aides financières publiques »[(377)] constitue sans nul doute une aide au fonctionnement pour ses bénéficiaires, dans la mesure où, sur une durée relativement longue (15-20 ans), il leur assure une garantie de vente de la production énergétique concernée à un prix supérieur à celui du marché, mais il peut tout aussi bien être regardé comme une mesure destinée à peser sur l'achat de cette énergie[(378)]. En tous les cas, quel que soit l'objet des mesures, si elles entrent dans le champ du droit de l'Union européenne, elles doivent bien entendu respecter les dispositions du traité sur le fonctionnement de l'Union européenne en matière d'aides d'État, et celles relatives à la libre circulation des biens, des personnes et services et des capitaux. Le procédé le plus fréquemment employé est l'abaissement de la fiscalité pesant sur les installations de production d'énergie renouvelable. De la sorte, les frais de fonctionnement de l'entreprise sont diminués à hauteur, sinon en deçà, d'un coût traditionnel, cet allègement fiscal n'étant pas assimilable toutefois à une aide à l'investissement dès lors qu'il n'est pas lié au coût d'un investissement effectué par son bénéficiaire. Plusieurs systèmes sont possibles (exonération totale d'impôt, remboursement d'impôt...) : on s'intéressera ici par priorité aux hypothèses de défiscalisation spécifiques, qui sont pourtant en l'état actuel des choses assez peu développées.

Remarque

Il existe des réductions d'impôt qui, sans viser spécialement l'accroissement de l'offre en énergie renouvelable, peuvent avoir un effet positif indirect sur celle-ci : le crédit d'impôt recherche, mesure fiscale créée en 1983 (CGI, art. 244 *quater* B), la réduction d'impôt sur le revenu pour investissements forestiers créée par la loi n° 2001-602 du 9 juillet 2001 d'orientation sur la forêt (CGI, art. 199 *decies* H).

I. Exonération du paiement de la redevance pour prélèvement sur la ressource en eau

Cette redevance, perçue par les agences de l'eau en métropole et les offices de l'eau dans les DOM, est normalement exigible auprès des personnes publiques ou privées effectuant des prélèvements sur la ressource en eau[(379)]. Suivant le principe du pollueur payeur, alors que la redevance sur les prélèvements d'eau est supposée sanctionner l'utilisation de l'eau lorsque celle-ci constitue un facteur de dégradation, l'obligation de payer peut disparaître si elle est compensée par un processus écologiquement vertueux : ainsi en est-il lorsqu'il est recouru, dans le cadre d'un processus de production d'énergie, à certaines énergies renouvelables. Un tel raisonnement est à géométrie variable, le législateur ayant choisi des solutions différentes en métropole et dans les DOM.

(376) Voir *supra* p. 442.

(377) D. Bailleul (Dir.), *L'Énergie solaire*, Université de Savoie, 2010, p. 97.

(378) Voir *infra* p. 576 et s.

(379) Voir *supra* p. 177.

– Exonération en cas de prélèvement de la ressource en eau lié à la production d'énergie géothermique[(380)] : elle est issue de la loi sur l'eau et les milieux aquatiques de 2006[(381)] et est applicable en métropole seulement. Elle n'intéresse que les forages d'eaux souterraines à vocation géothermique, ce qui signifie que les installations hydroélectriques métropolitaines sont *a contrario* soumises à la redevance prélèvements[(382)].
– Exonération en cas de prélèvements d'eau « destinés à la production d'énergies renouvelables »[(383)] : cette disposition ne concerne que les DOM et trouve son origine dans la loi de programme pour l'outre-mer n° 2003-660 du 21 juillet 2003[(384)]. Le pluriel utilisé par le législateur est de nature à couvrir des hypothèses de production énergétique *a priori* variées, y compris la géothermie. Contrairement à la situation métropolitaine, l'exonération vise ici aussi les installations hydroélectriques, autrement dit les prélèvements d'eau de surface.

II. Exonération de taxe intérieure à la consommation sur le gaz naturel

Le paiement d'une taxe sur la consommation de gaz (taxe intérieure à la consommation de gaz, TICG) est prévue à l'article 266 *quinquies* B du code des douanes. En soi, une démarche consistant à exonérer du paiement de cette taxe les utilisateurs de gaz semble peu compatible avec la logique d'une politique fondée sur un objectif visant la décroissance de l'utilisation des ressources fossiles et le développement parallèle de ressources énergétiques durables. Elle est cependant plus compréhensible lorsque, comme cela est prévu par le 5.4° de l'article 266 *quinquies* B du code des douanes tel qu'issu de l'article 32 de la loi n° 2007-1822 du 24 décembre 2007 de finances pour 2008, le législateur entend dispenser de ce paiement les « entreprises de valorisation de la biomasse » dont les achats de combustibles et d'électricité utilisés pour cette valorisation représentent au moins 3 % de leur chiffre d'affaires, sous réserve qu'elles soient soumises au régime des quotas d'émission de gaz à effet de serre prévu aux articles L. 229-5 à L. 229-19 du code de l'environnement ou qu'elles appliquent des accords volontaires de réduction des gaz à effet de serre permettant d'accroître des objectifs environnementaux équivalents ou d'accroître leur rendement énergétique.

Remarque

Ainsi rédigé, le texte n'a pas pour vocation de soutenir les seules filières de valorisation énergétique de la biomasse, l'exonération fiscale devant en effet logiquement profiter aussi aux entreprises consommant de la biomasse à des fins de valorisation matière.

III. Exonération de taxe générale sur les activités polluantes pour certaines installations pratiquant la valorisation énergétique des déchets

Le potentiel de la taxe générale sur les activités polluantes (TGAP) est réel pour développer la production comme la consommation d'énergie renouvelable[(385)]. Son application aux activités de production d'énergie renouvelable paraît à première vue peu cohérente avec les vertus écologiques présumées de ce type d'activité. C'est pourtant dans cette optique qu'en 2006, les parlementaires ont introduit dans le code des douanes un nouvel article 266 *sexies*.II.1 *quater* disposant que cette taxe ne s'appliquerait pas « aux installations classées d'élimination de déchets tels que les bioréac-

(380) C. env., art. L. 213-10-9.
(381) Art. 84.
(382) Voir *supra* p. 177.
(383) C. env., art. L. 213-14-1.IV.
(384) Art. 54.
(385) Voir *infra* p. 639 et s.

teurs, lorsqu'elles maîtrisent et valorisent la totalité de leur production de biogaz »[(386)] ; toutefois cette disposition a été supprimée par la loi de finances rectificative pour 2010[(387)]. La même loi a cependant introduit une autre hypothèse de défiscalisation partielle de TGAP pour le secteur de la production d'énergie renouvelable : il s'agit cette fois d'une réfaction du tarif de la TGAP applicable aux réceptions de déchets ménagers et assimilés (DMA) dans l'hypothèse où ces déchets sont réceptionnés dans des installations de stockage de déchets pratiquant la valorisation énergétique de biogaz de plus de 75 %, ce y compris pour les tonnages bénéficiant de l'altermodalité de transport (ferroviaire ou fluvial)[(388)].

IV. Exonération du paiement de la taxe sur les titulaires de prise d'eau

Cette mesure codifiée à l'article L. 4316-3 du code des transports résulte de l'ordonnance n° 2010-1307 du 28 octobre 2010 relative à la partie législative du code des transports. Sur son fondement, deux catégories d'unités de production énergétique sont exemptées de payer à Voies navigables de France la taxe sur les titulaires d'ouvrages de prise d'eau, rejet d'eau ou autres ouvrages hydrauliques destinés à prélever ou à évacuer des volumes d'eau sur le domaine public fluvial. Il s'agit d'une part, des ouvrages hydroélectriques concédés et de leurs ouvrages et équipements annexes, mais en application de l'article L. 2125-7 du code général de la propriété des personnes publiques ces derniers ne sont pas *stricto sensu* exemptés du paiement de ladite taxe : ils en sont en réalité redevables mais à l'État, qui en reverse ensuite une fraction à l'établissement public susmentionné[(389)]. Il s'agit d'autre part, des « ouvrages hydrauliques ayant pour objectif d'utiliser le refroidissement par eau de rivière dans le cadre de la production frigorifique distribuée par réseau de froid urbain en délégation de service public » (réseaux de froid), qui bénéficient pour leur part ici d'une authentique exonération fiscale.

V. Exonération de l'impôt sur les bénéfices

En vertu de l'article 34 du code général des impôts sont considérés comme bénéfices industriels et commerciaux (BIC), pour l'application de l'impôt sur le revenu, les bénéfices réalisés par des personnes physiques et provenant de l'exercice d'une profession commerciale, industrielle ou artisanale, la vente d'énergie constituant un acte de commerce[(390)] ; le texte ajoute qu'il en est de même, dans les mêmes conditions, des bénéfices réalisés par, notamment, les concessionnaires de mines et les titulaires de permis d'exploitation de mines. La vente d'électricité d'origine photovoltaïque ou géothermique par un particulier entre logiquement dans ce régime à condition qu'elle soit exercée à titre professionnel ; si tel n'est pas le cas (*ie.* lorsque le particulier ne participe pas à titre permanent et de façon continue à la gestion de ses installations de production[(391)]), les revenus sont imposables dans la catégorie des BIC non professionnels.

Quoi qu'il en soit, le législateur a mis ici en place un dispositif d'aide sous forme de défiscalisation de l'impôt sur le revenu au titre de la vente de l'électricité renouvelable par des particuliers – et par eux seulement – mais qui ne concerne que celle d'origine photovoltaïque. En vertu de l'article 83

(386) Loi n° 2006-1771, 30 décembre 2006, de finances rectificative pour 2006, art. 40, voir aussi décret n° 2009-1441 du 24 novembre 2009 pris pour l'application de l'article 266 *sexies* du code des douanes.

(387) Loi n° 2010-1658 du 29 décembre 2010 de finances rectificative pour 2010, art. 45.

(388) Loi n° 2010-1658 du 29 décembre 2010 de finances rectificative pour 2010, art. 45, C. douanes, art. 266 1. A *nonies*.

(389) Voir aussi *supra* p. 162.

(390) C. commerce, art. L. 110-1.

(391) *Dr. fisc.*, 2009, n° 5, comm. 109.

de la loi de finances rectificative pour 2008[392], les produits résultant de la vente de cette électricité produite par des particuliers sont exonérés d'impôt sur le revenu lorsque les installations utilisées répondent aux trois conditions cumulatives suivantes : d'une part, elles ont une puissance inférieure ou égale à 3 kWc (soit environ 30 m^2), d'autre part, elles sont raccordées au réseau public en deux points au plus, enfin elles ne sont pas affectées à l'exercice d'une activité professionnelle. Cette mesure allège non seulement la charge fiscale mais aussi les obligations comptables des particuliers qui souhaitent s'engager dans cette activité. À défaut de respecter les trois conditions mentionnées, les recettes tirées d'une vente de cette électricité exercée à titre non professionnel sont imposées dans la catégorie des BIC non professionnels.

(392) Loi n° 2008-1443 préc., codifié CGI, art. 35 *ter*.

Chapitre 13

L'action sur la demande en énergie renouvelable

L'action entreprise en faveur des énergies renouvelables peut aussi toucher la demande. En ce cas, l'action publique a pour but premier l'accroissement de la consommation de ces énergies, là encore en relation avec les trajectoires globales d'augmentation quantitative fixées par les droits européens et français(1). Toutes les mesures ci-dessous évoquées seront supposées poursuivre essentiellement cet objectif.

On peut légitimement se demander si une telle démarche n'est pas en contradiction avec l'objectif de maîtrise de la demande d'énergie, tel qu'affiché notamment par l'article L. 121-1 du code de l'énergie(2). Il s'agit au contraire de deux approches complémentaires. En effet, cette disposition met sur le même plan l'objectif de sobriété énergétique et celui de lutte contre la pollution de l'air et contre les émissions de gaz à effet de serre, autrement dit impose leur conciliation. Or, l'une des façons d'opérer cette conciliation consiste à faire baisser simultanément la consommation des énergies conventionnelles (polluantes pour l'air) et à augmenter celle des énergies renouvelables (inversement peu polluantes). Ces deux démarches ont aussi pour point commun d'inviter à la modification des habitudes de consommation. À cet égard, il n'est pas anodin que la puissance publique puisse s'appuyer au moins pour l'une d'entre elles sur le soutien croissant de la population.

Remarque

Différentes enquêtes montrent une perception plutôt positive des énergies renouvelables. Pour le niveau national, une enquête de l'ADEME de 2010 a par exemple révélé que 97 % des Français se disent favorables aux énergies renouvelables, leur préférence allant vers le solaire et l'éolien (enquête disponible sur le site internet de l'ADEME). Pour le niveau européen, le rapport EUROBAROMETRE de 2011 sur les biotechnologies plaçait le solaire à la tête du palmarès desdites énergies (87 % d'opinion favorables), suivi de l'éolien (84 %) (ec.europa.eu/public.opinion/archives/ebs_341-fr.pdf). On partage toutefois le scepticisme du professeur Hertzog qui, au sujet du solaire, écrivait qu'« entre le questionnaire et le portefeuille, il y a plus que l'épaisseur d'un rayon de soleil » (« Les incitations financières au développement de l'énergie solaire », *RJE* 1979, p. 277).

Il n'est pas à exclure par ailleurs qu'une dynamique ayant pour finalité l'augmentation de la demande en énergie renouvelable puisse aussi avoir une incidence sur l'offre : par exemple le système de l'obligation d'achat, dont il est question ci-dessous, est centré sur l'achat de certaines de ces énergies, mais il conduit aussi les acteurs économiques intéressés à investir dans l'activité de production, en raison, justement, de la sécurité juridique et économique que leur procure la garantie d'achat de leur production. On concèdera que ce n'est là qu'une manifestation du principe économique selon lequel la demande peut dans certains cas accroître sinon créer l'offre.

---

(1) Voir *supra* p. 461 et s.

(2) « Le service public de l'électricité a pour objet de garantir, dans le respect de l'intérêt général, l'approvisionnement en électricité sur l'ensemble du territoire national. Dans le cadre de la politique énergétique, il contribue à l'indépendance et à la sécurité d'approvisionnement, à la qualité de l'air et à la lutte contre l'effet de serre, à la gestion optimale et au développement des ressources nationales, à la maîtrise de la demande d'énergie, à la compétitivité de l'activité économique et à la maîtrise des choix technologiques d'avenir, comme à l'utilisation rationnelle de l'énergie [...] »

L'action publique dirigée sur la demande en énergie renouvelable peut être plus ou moins coercitive, selon que la puissance publique oblige ou incite seulement à acheter ce type d'énergie.

Section 1

L'obligation d'achat de l'énergie renouvelable

L'obligation d'achat est un moyen par lequel les pouvoirs publics s'efforcent de mettre les producteurs d'énergie renouvelable à l'abri des aléas de l'économie de marché : ces producteurs sont en effet assurés de trouver un débouché, parce que la puissance publique impose à certains opérateurs d'acheter leur production, le cas échéant à un prix supérieur à la valeur économique de cette énergie. Dans cette mesure, l'obligation d'achat s'analyse *stricto sensu* comme une mission d'intérêt général imposée à certains des acteurs du marché. Le système en lui-même ainsi que les différents mécanismes juridiques qu'il comporte méritent une analyse approfondie.

§1. Le système de l'obligation d'achat

Le système de l'obligation d'achat d'énergie renouvelable est principalement dédié à l'électricité et est, comme tel, pratiqué dans de nombreux pays européens : pour ce secteur, la Commission européenne a ainsi constaté que six États membres de l'UE seulement (Danemark, Finlande, Pays-Bas, Pologne, Roumanie, Suède) ne pratiquaient pas l'obligation d'achat avec tarifs d'achat garantis(3). En France, son champ d'application concerne désormais les secteurs électrique mais aussi gazier. Malgré quelques velléités en ce sens(4), il n'a pas été transposé au domaine des biocarburants, pour lequel la création d'une obligation d'achat impliquerait de transformer la faculté d'incorporation (actuellement en vigueur) en une obligation d'incorporation d'une quantité définie de biocarburants dans les produits pétroliers mis en vente sur le marché (solution choisie par exemple par les Britanniques), ou encore en une utilisation obligatoire de biocarburants dans des zones géographiques spécifiques ou dans des flottes captives de véhicules, démarche(s) accompagnée(s) ou non d'un système de certification de l'achat desdits produits voire de négoce de ceux-ci sur un marché *ad hoc*(5). Il reste que l'absence d'obligation d'achat en ce domaine ne préjuge en rien de la possibilité de trouver des solutions équivalentes.

Remarque

L'une des composantes de la taxe générale sur les activités polluantes (TGAP) prévue à l'article 266 *quindecies* du code des douanes institue une quasi-obligation d'incorporation des biocarburants à la charge des unités agréées de production(6).

Pour ce qui concerne l'électricité, l'obligation d'achat est souvent comparée, et opposée, aux certificats verts(7) consacrés par plusieurs États membres de l'Union européenne (Belgique, Pays-Bas, Danemark, Suède, Royaume-Uni, Autriche notamment). En effet, d'une part, les deux systèmes

(3) Communication au Parlement européen et au Conseil, « Énergies renouvelables : progrès accomplis pour atteindre l'objectif de 2020 » Com (2011) 31 final.

(4) P. Marini, « Rapport d'information sur les prélèvements obligatoires et leur évolution », Sénat n° 41, 25 octobre 2006.

(5) J.-C. Pasty, « Les débouchés non alimentaires des produits agricoles : un enjeu pour la France et pour l'Union européenne », rapport au Conseil économique et social, 2004.

(6) Voir *infra* p. 652 et s.

(7) P. Ménanteau, M.-L. Lamy, D. Finon, « Les marchés de certificats verts pour la promotion des énergies renouvelables : entre efficacité allocative et efficience dynamique », IEPE, Grenoble, *Cahier de recherche* 2003, n° 29.

partagent une philosophie commune : soumettre les acteurs du marché à un objectif d'intérêt général, constitué ici par l'augmentation de la production et/consommation d'énergie renouvelable. D'autre part, le dispositif des certificats verts peut être rapproché de l'obligation d'achat chaque fois qu'il impose à des consommateurs d'acheter un certain pourcentage d'électricité renouvelable, la démarche étant attestée par des certificats le cas échéant négociables sur un marché ; ce dernier système n'a pas en France de traduction juridique, mais il est permis de penser que le processus de certification de l'électricité d'origine renouvelable imposée par le droit de l'Union européenne (garanties d'origine) puisse susciter sa création[8]. Il faut toutefois concéder que les certificats verts sont adossés au marché, alors que les obligations d'achat avec ou sans prix garantis relèvent d'une logique interventionniste, les premiers s'accommodant sans doute plus facilement de la situation actuelle de libéralisation des marchés énergétiques.

S'agissant toujours du secteur électrique, le système des obligations d'achat est en France de création relativement ancienne, mais, dans la période récente, il a été conçu de façon à cibler principalement l'électricité renouvelable. L'obligation d'achat est en effet contemporaine de la création du schéma énergétique moderne, elle en fut même une conséquence logique : ainsi, cependant que la loi de nationalisation n° 46-628 du 8 avril 1946 confère à EDF et aux distributeurs non nationalisés (DNN) – entreprises locales de distribution d'électricité prévues par l'article 23 de la même loi – un monopole en matière de transport et de distribution, elle autorise parallèlement l'existence d'un secteur productif autonome. Forcé de trouver un débouché à sa production, ce dernier va donc vendre celle-ci aux opérateurs gestionnaires de réseaux de transport et de distribution. Rapidement, sur le fondement du décret n° 55-662 du 20 mai 1955, cette vente devient même imposée par les pouvoirs publics, qui mettent à la charge d'EDF et des distributeurs non nationalisés l'obligation d'acheter l'électricité des producteurs autonomes pour une durée au moins égale à celle de l'amortissement normal. Le système de l'obligation d'achat évolue ensuite de façon très significative en faveur de la promotion de l'énergie renouvelable. D'abord, même si le décret n° 94-1110 du 20 décembre 1994 permet à l'État de lever l'obligation d'achat en général, il consolide parallèlement, en la rendant permanente, l'obligation d'achat de l'électricité produite par les installations de cogénération et celles utilisant à titre exclusif ou principal des énergies renouvelables ou des déchets. Ensuite, la loi n° 2000-108 du 10 février 2000 consacre le principe d'un soutien spécifique, bien que conditionnel, de ces mêmes énergies au moyen de l'obligation d'achat. Cette loi marque même un véritable tournant : les lois plus récentes intéressant le secteur de l'énergie[9] ou de l'environnement[10] ont en effet maintenu ce système favorable à l'électricité renouvelable, tout en le rectifiant à la marge.

L'obligation d'achat concerne aujourd'hui les secteurs de l'électricité et du gaz, et profite prioritairement (électricité) sinon exclusivement (gaz) aux filières utilisant des ressources renouvelables. On se propose de présenter les dispositifs qui sont ici applicables et de réfléchir à leur nature juridique.

I. Dispositifs applicables

Deux systèmes se partagent la faveur des pouvoirs publics, selon qu'ils sont ou non accompagnés de tarifs d'achat réglementés.

(8) Voir *infra* p. 644 et s.

(9) Lois 3 janvier 2003, 9 août 2004, 13 juillet 2005, 7 décembre 2006.

(10) Loi n° 2009-967 du 3 août 2009 (« Grenelle 1 »), loi n° 2010-788 du 12 juillet 2010 (« Grenelle 2 »).

A. L'obligation d'achat avec tarifs réglementés

Pour ceux qui sont tenus à cette catégorie d'obligation d'achat, le dispositif comporte une double contrainte, celle d'effectuer un achat d'énergie renouvelable, à un tarif imposé par la puissance publique. Sont concernés l'électricité et le gaz de source renouvelable.

1. L'obligation d'achat d'électricité renouvelable (art. 10 loi n° 2000-108, code de l'énergie, art. L. 314-1 à L. 314-13)

Le régime juridique de l'obligation d'achat de l'électricité produite notamment par les installations utilisant des sources d'énergie renouvelables fut initialement fixé par l'article 10 de la loi n° 2000-108 relative à la modernisation et au développement du service public de l'électricité.

a. Champ d'application

Producteurs concernés

D'abord, le système codifié aux articles L. 314-1 et suivants du code de l'énergie est sélectif, son champ d'application matériel étant en effet limité aux sept catégories d'installations suivantes : celles qui valorisent les déchets ménagers ou assimilés mentionnés aux articles L. 2224-12 et L. 2224-14 du code général des collectivités territoriales ou qui visent l'alimentation d'un réseau de chaleur(11) ; les installations de production d'électricité qui utilisent les énergies renouvelables, notamment les éoliennes à terre situées dans une zone non reliée au réseau métropolitain continental ou encore celles qui mettent en œuvre la cogénération(12) ; les installations de production d'électricité utilisant l'énergie mécanique du vent qui sont implantées dans une zone de développement éolien (ZDE) ou sur le domaine public maritime ou dans la zone économique exclusive (ZEE) et celles qui utilisent l'énergie marine, l'énergie solaire thermique ou l'énergie hydrothermique ou géothermique(13) ; les moulins à vent réhabilités pour la production d'électricité(14) ; les moulins à eau réhabilités pour la production d'électricité(15) ; les installations qui valorisent des énergies de récupération(16) ; enfin, dans les départements d'outre-mer, les installations qui produisent de l'électricité à partir de la biomasse(17).

Remarque

La notion d'« énergie de récupération » provient de l'article 76 de la loi n° 2006-872 du 13 juillet 2006 portant engagement national pour le logement, qui a étendu le taux réduit de TVA à la fourniture de chaleur par réseaux quand elle est issue de sources renouvelables ; le *BOI* 3C-1-07, 8 mars 2007, n° 32, relatif à la TVA taux réduit sur les livraisons d'énergie calorifique précise qu'il s'agit de la récupération de chaleur sur eau de mer, de rivière ou d'égout ou de chaleur fatale à l'exclusion de la chaleur issue de la cogénération.

Le décret n° 2001-410 du 10 mai 2001 précise le régime juridique de cette obligation d'achat. Des arrêtés propres à chaque filière concernée ou génériques(18) le complètent, établissant pour chacune d'entre elles un tarif d'achat obligatoire.

(11) C. énergie, art. L. 314-1 1°.

(12) C. énergie, art. L. 314-1 2°.

(13) C. énergie, art. L. 314-1 3°.

(14) C. énergie, art. L. 314-1 4°.

(15) C. énergie, art. L. 314-1 5°.

(16) C. énergie, art. L. 314-1 6°.

(17) C. énergie, art. L. 314-1 7°.

(18) Voir par exemple arr. 23 décembre 2004 modifiant les conditions d'achat de l'électricité produite par les installations de cogénération et les installations utilisant des énergies renouvelables ou des déchets ménagers.

Les premiers arrêtés tarifaires ont été pris au début des années 2000. Ils ont été pour la plupart abrogés et remplacés au cours des années 2006, 2007, 2009, 2010 et 2011. Sur leur fondement, l'obligation d'achat bénéficie, sous conditions[(19)], aux installations de production suivantes : celles d'une puissance inférieure ou égale à 36 kVA[(20)], telles les microcentrales photovoltaïques dont la production peut être utilisée pour une consommation individuelle puis revendue pour le surplus ; les installations utilisant l'énergie radiative du soleil[(21)] ; celles qui utilisent les déchets d'animaux[(22)] bruts ou transformés (farines animales) ; les installations valorisant les déchets ménagers ou assimilés y compris celles utilisant le biogaz de décharge[(23)] ; celles utilisant l'énergie hydraulique des lacs, cours d'eau et mers[(24)] ; les installations utilisant l'énergie mécanique du vent, à terre comme en mer[(25)] ; celles qui utilisent à titre principal l'énergie dégagée par combustion de matières non fossiles d'origine végétale[(26)] ; celles qui utilisent à titre principal l'énergie dégagée par combustion de matières non fossiles d'origine végétale et animale[(27)] ; celles produisant de l'électricité par cogénération d'électricité et de chaleur[(28)] ; celles qui produisent de l'électricité par méthanisation[(29)] ; enfin celles qui utilisent l'énergie des nappes aquifères ou des roches souterraines (géothermie)[(30)].

Par ailleurs, le décret n° 2005-1149 du 7 septembre 2005 relatif à la rénovation des installations de production électrique sous obligation d'achat a modifié le décret du 10 mai 2001 précité en ouvrant l'obligation d'achat aux installations « rénovées » utilisant les sources d'énergie renouvelables ou la cogénération. Les critères des investissements de rénovation en montant et en nature, par filière de production, ont été fixés sur cette base également par arrêté ministériel[(31)].

Dans ces limites matérielles, le champ d'application personnel de l'obligation d'achat avec tarifs d'achat réglementés est plutôt largement conçu. Il n'est pas réservé en effet aux seuls producteurs privés d'électricité, mais offert aussi, certes sous conditions, aux collectivités publiques, soit aux communes et à leurs EPCI[(32)], ainsi qu'aux départements et régions[(33)], enfin à l'État et à ses établissements publics mais uniquement lorsque ceux-ci sont amenés à produire de l'électricité à partir de l'énergie radiative du soleil[(34)].

---

(19) Voir *infra* p. 580 et s.

(20) Arr. 13 mars 2002.

(21) Arr. 10 juillet 2006, abrogé arr. 12 janvier 2010 et arr. modificatif 15 janvier 2010, abrogé arr. 31 août 2010, abrogé arr. 4 mars 2011.

(22) Arr. 13 mars 2002, abrogé arr. 28 décembre 2009, abrogé arr. 27 janvier 2011.

(23) Arr. 3 octobre 2001, abrogé arr. 10 juillet 2006.

(24) Arr. 25 juin 2001, abrogé arr. 1er mars 2007.

(25) Arr. 8 juin 2001, abrogé arr. 10 juillet 2006, abrogé arr. 17 novembre 2008.

(26) Arr. 16 avril 2002, abrogé arr. 28 décembre 2009, abrogé arr. 27 janvier 2011.

(27) Arr. 28 décembre 2009, abrogé arr. 27 janvier 2011.

(28) Arr. 31 juillet 2001.

(29) Arr. 16 avril 2002, abrogé arr. 10 juillet 2006, abrogé arr. 19 mai 2011.

(30) Arr. 13 mars 2002, abrogé arr. 10 juillet 2006, abrogé arr. 23 juillet 2010.

(31) Arr. 7 septembre 2005, relatif à la rénovation des installations utilisant l'énergie hydraulique des lacs, cours d'eau et mers, arr. 14 décembre 2006, relatif à la rénovation des installations de cogénération d'électricité et de chaleur valorisée, arr. 14 décembre 2006, relatif à la rénovation des installations qui valorisent des déchets ménagers ou assimilés, à l'exception des installations qui valorisent le biogaz, arr. 14 mars 2011 relatif à la rénovation des installations utilisant l'énergie hydraulique visées au 1° de l'article 2 du décret n° 2000-1196 du 6 décembre 2000 et pris en application du décret 2001-410 du 10 mai 2001.

(32) CGCT, art. L. 2224-32.

(33) Loi n° 2010-788 du 12 juillet 2010, art. 88 I.

(34) Loi n° 2010-788 (« Grenelle 2 »), art. 88 II.

Remarque

Au sujet des groupements de communes, des départements et des régions, l'article 88 I de la loi « Grenelle 2 » spécifie que le mécanisme ne joue que si les installations sont liées à des équipements affectés à des missions de service public relevant de leurs compétences propres et implantées sur leur territoire, afin d'éviter toute logique de production à grande échelle.

Production concernée

L'article L. 314-1 du code de l'énergie réserve l'obligation d'achat avec tarifs d'achats réglementés à l'électricité « produite sur le territoire national ».

Opérateurs soumis à l'obligation d'achat

Seuls les opérateurs situés dans la zone d'approvisionnement des producteurs sont tenus par l'obligation d'achat avec tarifs d'achat réglementés. Il s'agit plus précisément, et exclusivement, des fournisseurs historiques d'électricité, soit EDF et les distributeurs non nationalisés (DNN) (autrement appelés entreprises locales de distribution : ELD). Ce concept de « fourniture » est à prendre au sens de l'article L. 121-5 du code de l'énergie[(35)]. La loi impose à EDF de suppléer le distributeur non nationalisé dans le cas où les capacités de distribution de ce dernier seraient dépassées, en concluant avec lui un contrat d'achat, évitant ainsi toute défaillance dans l'écoulement de la production sous le régime de l'obligation d'achat.

Une relation contractuelle exclusive avec EDF ou avec les distributeurs non nationalisés est donc imposée aux producteurs candidats à l'obligation d'achat. La situation des premiers à l'égard des seconds ne manque pas de soulever des interrogations. Certes, en raison de la séparation entre l'activité de gestion des réseaux et celle de la fourniture d'énergie, EDF et les distributeurs non nationalisés agissent ici en qualité de fournisseurs d'énergie et non plus – comme cela était le cas sous l'empire des dispositions du décret n° 55-662 du 20 mai 1955 – en tant que simples gestionnaires des réseaux. Cependant, sur un marché électrique ouvert à la concurrence, ces entités ne sont plus aujourd'hui les seuls fournisseurs d'énergie électrique, et l'on peut donc se demander si cette mesure ne contredit pas le principe fondamental de l'ouverture à la concurrence du marché de la fourniture d'électricité[(36)].

b. Conditions d'application

Une demande

La loi prévoit que le système d'obligation d'achat avec tarifs réglementés ne puisse être actionné que « si les producteurs en font la demande »[(37)]. Cette condition se matérialise pour les candidats dans l'obligation de produire un dossier de demande[(38)]. Sur ce point, les arrêtés tarifaires précisent que, lorsqu'un permis de construire est nécessaire, le dossier de demande est considéré comme complet lorsqu'il comporte la copie de la lettre de notification adressée par l'autorité compétente pour délivrer le permis, visée par l'article R. 421-12 du code de l'urbanisme. Dans le même ordre d'idées, le décret n° 2001-410 prévoit que, dans l'hypothèse d'une cession de l'installation, le contrat puisse être main-

(35) « La mission de fourniture d'électricité consiste à assurer, en favorisant la maîtrise de la demande, la fourniture d'électricité, sur l'ensemble du territoire, aux clients bénéficiaires des tarifs réglementés de vente dans les conditions prévues aux articles L. 337-4 à L. 337-9. L'électricité est fournie par le raccordement aux réseaux publics ou, le cas échéant, par la mise en œuvre des installations de production d'électricité de proximité mentionnées à l'article L. 2224-33 du code général des collectivités territoriales [...] », sur cette notion voir aussi *supra* p. 123.

(36) Voir *infra* p. 370.

(37) C. énergie, art. L. 314-1.

(38) CE 21 mai 2003, EAF, req. n° 235836.

tenu jusqu'à son terme, sous réserve qu'un avenant soit établi et qu'une nouvelle demande d'obligation d'achat soit adressée par le nouveau producteur à l'acheteur(39).

Des installations de capacité limitée

Certes, aux termes du 1° de l'article L. 314-1 du code de l'énergie, aucun plafond de puissance n'est imposé à celles des installations qui valorisent des déchets ménagers ou assimilés ou qui visent l'alimentation d'un réseau de chaleur ; toutefois, pour les unités qui alimentent un réseau de chaleur, le législateur a indiqué que la puissance installée doit être en rapport avec la taille de ce réseau de chaleur existant ou à créer.

En revanche, une limite générale de puissance installée, de 12 MW par site de production, a été opposée à toutes les catégories d'installations de production d'électricité visées au 2° de l'article L. 314-1 du code de l'énergie, prétendantes à l'obligation d'achat. Sont par là même concernées celles qui utilisent les énergies renouvelables ainsi que, sous l'effet d'un renvoi du 6° au 2° dudit article les catégories spécifiques d'installations suivantes : celles qui valorisent les énergies de récupération, les éoliennes à terre situées dans une zone non interconnectée au réseau métropolitain continental, enfin celles utilisant la technique de la cogénération. *A contrario* ne le sont pas toutes les autres, notamment celles qui, utilisant pourtant des sources d'énergies renouvelables, sont exhaustivement énumérées au 3° du même article : c'est ainsi qu'il n'existe aucun plafond de puissance pour les éoliennes à terre implantées dans une zone de développement éolien (ZDE), les éoliennes en mer situées sur le domaine public maritime ou la zone économique exclusive, les installations qui utilisent l'énergie marine, l'énergie solaire thermique ou l'énergie géothermique ou hydrothermique. Il n'y a pas davantage de plafond de puissance, en application de la loi n° 2009-594 du 27 mai 2009 relative au développement économique des outre-mer, pour les installations de production d'électricité existantes ou nouvelles implantées dans les départements d'outre-mer ou à Mayotte et utilisant de la biomasse comme combustible, dont celle issue de la canne à sucre, visées à l'article L. 314-1 7° du code de l'énergie.

Le décret n° 2000-1196 du 6 décembre 2000 définit les modalités de calcul de la puissance installée d'une installation de production d'électricité et précise par catégorie d'installations ces limites de puissance. L'article 3 du décret n° 2001-410 prévoit de son côté que toute augmentation de la puissance installée s'accompagnant d'un dépassement de la limite légale de puissance entraîne de plein droit l'abrogation du certificat d'achat inhérent au système de l'article 10 de la loi n° 2000-108.

Remarque

Selon l'article 1 du décret n° 2000-1196, la puissance installée d'une installation de production d'électricité est définie comme la somme des puissances électriques unitaires maximales des machines électrogènes qui appartiennent à une même catégorie telle que définie aux articles 2 et 3 du présent décret et qui sont susceptibles de fonctionner simultanément dans un même établissement, identifié par son numéro d'identité au répertoire national des entreprises et des établissements, tel que défini par le décret du 14 mars 1973 susvisé.

Les pratiques de contournement des dispositions légales, notamment de celles qui fixent des seuils quantitatifs conditionnant leur application, ne sont pas inhabituelles. En l'espèce, il est advenu que certains producteurs ont scindé artificiellement leurs projets d'installation afin de rester en deçà de la limite légale, mais de profiter malgré tout du régime de l'obligation d'achat. L'article 36 de la loi n° 2003-8 du 3 janvier 2003 relative aux marchés du gaz et de l'électricité et au service public de l'énergie(40) a entendu déjouer ces pratiques en définissant plus précisément le critère du site de

(39) Art. 7.

(40) Codifié C. énergie, art. L. 314-1 2°.

production : ainsi le respect du plafond légal de 12 MW doit-il désormais s'apprécier à raison d'une limite de distance entre les installations, fixée par décret[41].

Remarque

Cette distance varie selon le type d'installations : 1 500 mètres pour les éoliennes et les installations « utilisant, à titre principal, l'énergie dégagée par la combustion ou l'explosion de gaz résultant de la décomposition ou de la fermentation de déchets issus de l'agriculture ou du traitement des eaux » ; 500 mètres pour les installations solaires, celles « utilisant, à titre principal, l'énergie dégagée par la combustion ou l'explosion de matières non fossiles d'origine animale ou végétale » ainsi que celles « utilisant l'énergie des nappes aquifères ou celle des roches souterraines » ; 250 mètres pour les installations hydrauliques.

La même loi a également supprimé la condition liée à l'impossibilité pour les producteurs de « trouver des clients éligibles dans des conditions économiques raisonnables », initialement posée par la loi n° 2000-108, sans doute inutilement restrictive, et qui péchait par ses difficultés de mise en œuvre pratique.

Remarque

La loi POPE de 2005 a apporté deux évolutions importantes sur la question du seuil de puissance maximale des installations de production pouvant prétendre à l'obligation d'achat. Tout d'abord la volonté de cibler l'effort de production d'électricité renouvelable en priorité sur l'éolien tout en maîtrisant le processus de développement de cette production a amené le législateur à supprimer, en matière d'éolien terrestre raccordé au réseau métropolitain, le seuil des 12 MW nécessaire à l'obligation d'achat, à condition toutefois que les installations soient situées dans une ZDE. Pour l'éolien terrestre, le législateur avait au départ proposé de substituer un plafond de 20 MW à celui de 12 MW, mais il a réalisé que ce nouveau seuil risquait d'empêcher l'émergence de petits projets ou bien d'interdire le développement de l'éolien dans des zones géographiques où la structure trop disséminée de l'habitat ne permet pas de promouvoir des projets de grande ampleur (Bretagne par exemple). Partant, les pouvoirs publics ont préféré supprimer le système antérieur, en réservant toutefois le bénéfice de l'obligation d'achat aux unités de production se situant dans les zones spécifiques susmentionnées. Plus tard, dans le même esprit, la loi « Grenelle 2 » fera échapper les éoliennes en mer au plafond de 12 MW.

Ensuite, les prévisions en matière de production hydroélectrique faisant état d'une stagnation sinon d'une baisse de la production du fait de la protection accrue des milieux aquatiques ont incité à mettre en place une relance de la production hydroélectrique : à cette fin, la loi POPE prévoit l'application du système de l'obligation d'achat aux installations permettant le turbinage des débits minimaux ; en d'autres termes, en considérant séparément l'installation hydroélectrique principale de ces installations additionnelles pour la détermination de la puissance installée et en évacuant ainsi le problème du cumul des puissances installées, la loi permet à ces installations de bénéficier de l'obligation d'achat sous réserve qu'elles respectent elles-mêmes, isolément, la limite de puissance de 12 MW.

Le raccordement au réseau

Le raccordement de l'unité de production aux réseaux publics de distribution est également une condition *sine qua non* pour bénéficier de l'obligation d'achat. Ainsi, l'article L. 314-1 du code de l'énergie indique-t-il qu'EDF et les distributeurs non nationalisés sont tenus de conclure le contrat d'achat « dès lors que les installations de production sont raccordées à leur réseau de distribution ». Le respect de cette règle implique là encore une demande en ce sens du pétitionnaire, mais adressée ici à l'opérateur de réseau compétent. Cette règle a été interprétée jusqu'ici plutôt souplement : par exemple, selon la Commission de régulation de l'énergie (CRE), dès lors qu'aucun texte ne rend obligatoire le raccordement direct au réseau public de distribution, l'absence d'un raccordement direct ne fait pas obstacle à ce qu'un site de production bénéficie de l'obligation d'achat[42].

---

(41) Décret n° 2001-410 du 10 mai 2001 relatif aux conditions d'achat de l'électricité produite par des producteurs bénéficiant de l'obligation d'achat, modifié décret n° 2003-282, 27 mars 2003.

(42) Communication de la Commission de régulation de l'énergie, 22 mai 2003, sur le traitement des sites éligibles indirectement raccordés aux réseaux électriques publics ; CoRDiS, Décision 12 juillet 2010, SEPE Le Nouvion c./RTE, *JO* 20 août 2010.

Les dispositions législatives applicables conditionnent par ailleurs le bénéfice de l'obligation d'achat au respect nécessaire de l'intégrité des réseaux[43]. Cette dernière condition devrait être d'autant mieux respectée que la loi impose désormais aux opérateurs de réseaux électriques de réserver des capacités d'accueil aux producteurs d'électricité renouvelable, en cohérence avec le schéma régional du climat, de l'air et de l'énergie[44].

Cette condition de raccordement aux réseaux publics de distribution d'électricité a conduit la Commission de régulation de l'énergie à regarder les producteurs raccordés comme des « utilisateurs de réseaux », en tant que tels assujettis aux tarifs légaux d'utilisation des réseaux[45]. Aux termes de l'article L. 134-19 du code de l'énergie, en cas de différend lié à l'accès au réseau entre un tel utilisateur, ici un producteur d'électricité renouvelable, et le gestionnaire public du réseau, les parties au litige doivent s'adresser à l'autorité de régulation, compétente pour le régler[46]. Toutefois, la Commission de régulation de l'énergie s'est déclarée incompétente pour trancher le litige relatif à l'obligation d'achat entre un producteur et l'acheteur de sa production, en l'occurrence EDF, partant du principe que ce dernier intervient ici non pas en sa qualité de gestionnaire de réseau, mais en tant que fournisseur d'électricité investi d'une mission de service public[47].

Une exploitation licite

La loi impose de façon générale à toutes les installations électriques une règle d'installation licite[48], qu'elle étend logiquement aux ouvrages sollicitant l'obligation d'achat[49].

Remarque

C'est la loi n° 2000-108 qui a étendu ici le champ d'application de l'article 8 *bis* de la loi de 1946, qui avait été lui-même ajouté à cette loi par l'article 10 de la loi n° 84-512 du 29 juin 1984 relative à la pêche en eau douce et à la gestion des ressources piscicoles, lequel, dans le cadre de l'ancien régime d'obligation d'achat, supprimait l'obligation d'achat lorsque les installations hydrauliques étaient irrégulièrement installées.

Concrètement, cette règle signifie que le bénéfice de l'obligation d'achat est subordonné à l'obtention préalable par le producteur électrique d'une autorisation d'exploiter au sens de l'article L. 311-5 du code de l'énergie. Il faut toutefois se souvenir que l'article L. 311-6 du même code retient désormais, suite à la modification effectuée par la loi « Grenelle 2 », que les installations d'une puissance inférieure ou égale à un seuil fixé par le pouvoir réglementaire[50] et variant selon les catégories d'installations sont « réputées autorisées ».

(43) C. énergie, art. L. 314-1.

(44) C. énergie, art. L. 321-7, voir aussi *supra* p. 481.

(45) Décision de la Commission de régulation de l'énergie, 10 février 2005, RTE c/ CPU, confirmée par CA Paris, 1re ch., 4 octobre 2005, CPU c/ EDF et RTE.

(46) Voir *supra* p. 375 et s.

(47) Décisions de la Commission de régulation de l'énergie, 12 décembre 2002, AESM, *JO* 22 janvier 2003, p. 1 327, et 27 mars 2003, Papeterie de Bègles, *JO* 10 juin 2003, p. 8129.

(48) C. énergie, art. L. 311-5.

(49) Voir C. énergie, art. L. 311-14 : « Si l'autorité administrative constate qu'une installation n'est pas régulièrement autorisée ou concédée ou que l'exploitant ne respecte pas les prescriptions définies par l'autorisation ou la concession et, le cas échéant, par le 2° du I de l'article L. 214-17 et par l'article L. 214-18 du code de l'environnement, le contrat d'achat de l'énergie produite conclu avec Électricité de France ou une entreprise locale de distribution est suspendu ou résilié dans les conditions fixées par décret en Conseil d'État. »

(50) Voir décret n° 2000-877 du 7 décembre 2000, modifié décret n° 2011-1893 du 14 décembre 2011.

Remarque

Désormais, seules les installations excédant les seuils définis par la réglementation (12 MW pour l'énergie radiative du soleil, 30 MW pour l'énergie éolienne) doivent faire l'objet d'une demande formelle d'autorisation adressée au ministre de l'Énergie ; sur ce régime d'entrée en production, et sur son allègement, voir aussi *supra* p. 120.

Contraintes spécifiques à certaines filières

Sur certains aspects du régime de l'obligation d'achat, les installations éoliennes et photovoltaïques constituent deux cas particuliers.

S'agissant en premier lieu de la filière éolienne, la loi POPE a mis en place une condition de localisation, consistant en une implantation impérative de certains de ces ouvrages, en l'occurrence ceux qui sont interconnectés au réseau métropolitain continental, au sein d'une zone de développement éolien (ZDE) ; la loi « Grenelle 2 » a toutefois exempté les éoliennes en mer du respect de cette condition(51). De son côté la loi « Grenelle 2 » a décidé de soumettre la filière éolienne *lato sensu*, c'est-à-dire comprise dans ses deux branches, terrestre et maritime, à une autre exigence particulière, procédant du même souci d'éviter le « mitage » des paysages : pour bénéficier de l'obligation d'achat avec tarifs réglementés, les projets éoliens doivent être constitués d'au moins cinq machines ; la loi a toutefois exonéré du respect de cette condition les éoliennes pour lesquelles un permis de construire a été déposé avant l'entrée en vigueur de la loi et les (petites) éoliennes d'une puissance inférieure à 250 kW et ayant un mât de moins de 30 mètres(52).

Pour ce qui concerne en second lieu la filière de production d'électricité utilisant l'énergie radiative du soleil, il existe également une contrainte spécifique, mais dont le champ d'application est comparativement beaucoup plus limité. Cette condition est elle-même issue de la loi « Grenelle 2 », dont l'article 88 II réserve le bénéfice de l'obligation d'achat à l'« accord du ministre chargé de l'Énergie » lorsque l'électricité photovoltaïque est issue d'unités de production dont les générateurs sont fixés ou intégrés aux bâtiments dont l'État ou l'un de ses établissements publics est propriétaire.

Autres

L'article L. 314-1 2° du code de l'énergie conditionne en particulier le bénéfice de l'obligation d'achat aux installations utilisant la cogénération à la réserve qu'elles utilisent « des techniques performantes ». À cette fin, des arrêtés établissant les contraintes de rendement énergétique auxquelles doivent répondre ces installations ont été adoptés : l'arrêté du 3 juillet 2001 fixant les caractéristiques techniques des installations de cogénération pouvant bénéficier de l'obligation d'achat d'électricité abroge celui du 23 janvier 1995 qui était appliqué sous l'empire de l'ancien régime d'obligation d'achat issu du décret de 1994.

Un producteur d'électricité renouvelable peut-il profiter plus d'une fois du dispositif d'obligation d'achat avec tarifs d'achat réglementés ? En d'autres termes le renouvellement du contrat d'achat est-il possible, et, si oui, quelles en sont les conditions ? L'article L. 314-2 du code de l'énergie répond en disposant que les installations éligibles à l'obligation d'achat ne peuvent bénéficier qu'une seule fois d'un contrat d'obligation d'achat. De fait, à l'échéance de ce contrat, le producteur énergéticien n'a donc guère d'autre choix, s'il souhaite poursuivre son activité productive, que de chercher un acheteur sur le marché libre, et signer avec lui un contrat commercial cette fois de droit commun. Une telle règle s'autorise de la rationalité économique la plus élémentaire : à la

(51) C. énergie, art. L. 314-3°.

(52) C. énergie, art. L. 314-1 3°.

suite de l'écoulement du (long) délai applicable au contrat d'achat (de 15 à 20 ans en moyenne) dont il a bénéficié, l'exploitant a normalement amorti son installation, de sorte qu'il n'est pas anormal que s'éteigne le dispositif d'aide publique constitué par le système d'obligation d'achat avec prix garantis. Toutefois, un tel principe fait l'objet de quelques tempéraments. En vérité dès la mise en place du dispositif, la loi n° 2000-108 avait autorisé le renouvellement des contrats d'achat avec prix réglementés pour les installations hydroélectriques de faible puissance. Mais cette possibilité fut remise en cause par la loi n° 2004-803 du 9 août 2004 relative au service public de l'électricité et du gaz et aux entreprises électriques et gazières(53). Elle réapparaîtra ultérieurement dans le cadre d'un dispositif de « rénovation » ouvrant l'accès à un nouveau contrat en contrepartie d'investissements effectués sur les ouvrages de production hydroélectrique(54). Finalement, toujours pour les centrales hydroélectriques, et pour elles seulement, la loi n° 2010-1488 du 7 décembre 2010 portant nouvelle organisation du marché de l'électricité (loi NOME) a posé une règle de renouvellement limité du contrat d'achat (« une fois »), a fixé une durée maximale au nouveau contrat (« 15 ans »), enfin a conditionné le tout à la condition que les producteurs réalisent des investissements sur leur installation dans le cadre d'un programme défini par arrêté(55).

Remarque

Les contrats d'achat intéressant l'hydroélectricité et entrant dans le champ du dispositif de l'article L. 314-2 du code de l'énergie sont dits de type « H97 » (ou contrats intégrés, à savoir que l'accès au réseau et le rachat de l'électricité sont gérés par le même support contractuel). Une grande majorité d'entre eux arrive à échéance en 2012.

De nombreux producteurs hydroélectriques ont fait part de leur inquiétude s'agissant du coût financier qu'impliquent les investissements de rénovation qui leur sont demandés. Ces inquiétudes ont été relayées par les parlementaires à travers plusieurs questions écrites : Question n° 22687 (S. Goy-Chavent), *JO* Sénat du 1er mars 2012, Question n° 22745 (J.-C. Carle), *JO* Sénat du 1er mars 2012, Question n° 22801 (J. Pierre), *JO* Sénat 1er mars 2012, Question n° 1605S (M.-H. Des Esgaulx), *JO* Sénat 23 février 2012, Question n° 22650 (M. A. Lefèvre), *JO* Sénat 23 février 2012.

2. L'obligation d'achat de gaz renouvelable (art. 92 loi n° 2010-788, code de l'énergie, art. L. 446-2 à L. 446-4)

La possibilité d'injecter le biogaz/biométhane dans les réseaux de gaz naturel est une opportunité qui prend tout son relief lorsqu'elle peut être faite à des conditions financières attractives. C'est la raison pour laquelle la loi « Grenelle 2 » ne s'est pas contentée de poser le principe d'une telle injection, mais y a joint en parallèle le bénéfice d'un système d'obligation d'achat accompagné de tarifs d'achats réglementés, directement inspiré de celui qui, depuis la loi n° 2000-108, prévaut dans les secteurs de l'électricité renouvelable et de la cogénération. Le dispositif est à regarder lui-même comme une mesure de soutien à la filière en cause, d'abord d'essence économique, mais qui comporte aussi un volet d'assouplissement administratif puisque les producteurs désirant injecter leur production dans les canalisations gazières ont été expressément exemptés de l'obligation d'obtenir l'autorisation administrative préalable(56), normalement exigée de tout fournisseur gazier(57).

(53) Art. 33.

(54) Décret n° 2005-1149 du 7 septembre 2005 relatif à la rénovation des installations de production électrique sous obligation d'achat.

(55) C. énergie, art. L. 314-2.

(56) C. énergie, art. L. 446-1.

(57) C. énergie, art. L. 443-1.

Conformément aux prévisions de l'article L. 446-4 du code de l'énergie, le pouvoir réglementaire a précisé, par une série de décrets en date du 21 novembre 2011, les conditions d'application et de fonctionnement du dispositif[58].

Remarque

Dans une recherche manifeste de rationalisation globale du dispositif juridique d'obligation d'achat du biogaz valorisé, le ministère de l'Écologie a annoncé réfléchir à l'élaboration de textes mettant en place une tarification d'achat à destination des installations qui valorisent le biogaz à la fois sous forme d'électricité en cogénération et de biométhane injecté dans les réseaux de gaz naturel.

En l'état, le dispositif est très proche de celui applicable à l'électricité renouvelable, tant du point de vue de sa nature juridique[59] que de son économie. Il repose ainsi lui-même sur une garantie de cession à un tarif d'achat fixé à l'avance par les pouvoirs publics de la production énergétique éligible – en l'occurrence celle dont les contours ont été établis par l'arrêté du 23 novembre 2011 fixant la nature des intrants dans la production de biométhane pour injection dans le réseau de gaz. On y retrouve aussi la règle, déjà rencontrée dans le secteur électrique, en vertu de laquelle l'obligation d'achat est réservée en regard de « la nécessité de préserver le bon fonctionnement des réseaux » concernés[60]. Mais encore, l'acheteur « obligé » est ici aussi un fournisseur d'énergie, cette fois de gaz naturel au sens de l'article L. 443-1 du code de l'énergie. Enfin, ici aussi, le producteur bénéficie d'une garantie absolue de rachat de sa production, en l'occurrence sur la base du dispositif *sui generis* de l'« acheteur de dernier recours »[61] : ce dernier est l'opérateur auquel le producteur de biométhane est en tout état de cause assuré de céder *in fine* sa production sous le régime de l'obligation d'achat. Le décret n° 2011-1597 complété par l'arrêté du 23 novembre 2011 a précisé les conditions de désignation par l'État de ces acheteurs de la « dernière chance » : ils seront désignés par le ministre de l'Énergie à l'issue d'un appel à candidature auprès des fournisseurs de gaz naturel autorisés.

Remarque

L'arrêté du 4 juin 2012 a fixé la liste des quatre fournisseurs de gaz naturel désignés comme acheteurs de biométhane de dernier recours.

L'article 5 du décret n° 2011-1597 relatif aux conditions de contractualisation entre producteurs de biométhane et fournisseurs de gaz naturel renvoie la fixation du tarif d'achat et ses conditions d'application à un arrêté du ministère de l'Énergie et de l'économie[62].

À première vue, le régime d'obligation d'achat applicable au secteur du gaz renouvelable apparaît assez peu contraignant. Par exemple, à la différence de la situation existant dans le secteur électrique, il n'existe pas de limite légale relative à la puissance maximale des installations candidates à l'obligation d'achat, sans doute parce qu'il importe ici d'encourager le développement d'une filière naissante. Il faut en outre rappeler que la vente du biométhane, qui n'est de droit que dans le

(58) Décret n° 2011-1594 relatif aux conditions de vente du biométhane aux fournisseurs de gaz naturel ; décret n° 2011-1595 relatif à la compensation des charges de service public portant sur l'achat de biométhane injecté dans les réseaux de gaz naturel ; décret n° 2011-1596 relatif aux garanties d'origine du biométhane injecté dans les réseaux de gaz naturel ; décret n° 2011-1597 aux conditions de contractualisation entre producteurs de biométhane et fournisseurs de gaz naturel.

(59) Voir *infra* p. 588 et s.

(60) C. énergie, art. L. 446-2.

(61) C. énergie, art. L. 446-2.

(62) Arr. 19 mai fixant les conditions d'achat de l'électricité produite par les installations qui valorisent le biogaz.

cadre du dispositif ici examiné, n'est pas soumise à autorisation de fourniture(63), cependant qu'en tout état de cause la loi n'a pas imposé d'obtenir *ex ante* un droit à produire comme cela existe en matière électrique(64). Nonobstant le système n'est pas exempt de toute contrainte. Certaines sont partagées avec la filière électrique renouvelable : ainsi en est-il de la nécessité de « demander » formellement l'obligation d'achat(65), de l'obligation de raccorder l'installation au réseau public(66), ou encore de l'existence d'une limite numérique pour le contrat d'achat (un seul contrat peut être signé, ce y compris un contrat conclu en application de l'article L. 314-1 du code de l'énergie, autrement dit intéressant les filières électricité renouvelable et cogénération(67)). D'autres sont spécifiques à la filière biométhane injecté : ainsi en est-il de l'obligation faite à tous les vendeurs d'identifier leur installation auprès de l'ADEME préalablement à la signature du contrat d'achat(68).

B. L'obligation d'achat sans tarifs réglementés (art. 8 loi n° 2000-108, code de l'énergie, art. L. 311-12)

L'obligation d'achat vient ici conclure la procédure d'appel d'offres régie par l'article L. 311-10 du code de l'énergie (article 8 de la loi n° 2000-108). Ce dernier dispositif permet, on s'en souvient, l'installation de nouveaux moyens de production d'électricité, notamment de source renouvelable, afin de satisfaire les objectifs de la programmation pluriannuelle des investissements (PPI), en cas d'absence d'initiative spontanée de la part des acteurs du marché(69). Or, aux termes de l'article L. 311-12 du code de l'énergie, si le bénéficiaire de l'appel d'offres n'est ni EDF ni un distributeur non nationalisé, l'un de ces derniers, en fonction de sa zone de desserte, est tenu d'acheter l'électricité produite par le lauréat de l'appel d'offres. Si rien ne destine ces appels d'offres et les contrats d'achat subséquents aux producteurs d'électricité renouvelable, les faits montrent toutefois que ces procédures ont jusqu'ici servi de façon quasi exclusive à accroître cette production à la lumière des objectifs fixés en amont par la programmation pluriannuelle des investissements(70).

Selon l'article L. 311-12 du code de l'énergie, lorsqu'ils ne sont pas retenus par le ministre au terme de la procédure d'appel d'offres, EDF et les distributeurs non nationalisés « sont tenus de conclure » un contrat d'achat avec le candidat désigné. On constate, d'une part, que l'obligation d'achat est dans ce cas de figure la conclusion normale de l'appel d'offres, d'autre part, que la situation du lauréat à ce dernier est sécurisée par le fait que l'article 7-1 du décret n° 2002-1434(71) précise que ce contrat est signé « dans les six mois qui suivent la demande qui en est faite par le candidat retenu ». Il est dans ces conditions possible d'affirmer que l'obligation d'achat est de droit suite au succès à l'appel d'offres et à l'obtention d'une autorisation d'exploiter au sens de l'article L. 311-5 du code de l'énergie(72). Cependant, pour bénéficier de cette obligation d'achat l'intéressé doit en tout état de cause entreprendre une démarche visant à « demander » au fournisseur obligé un contrat d'achat(73).

(63) C. énergie, art. L. 446-1.
(64) Voir *supra* p. 120.
(65) Décret n° 2011-1597, art. 1 I.
(66) *Ibid.*
(67) Décret n° 2011-1597, art. 2.
(68) Décret n° 2011-1597 préc., art. 3.
(69) Voir *supra* p. 473 et s.
(70) Voir *supra* p. 489 et s.
(71) Décret relatif à la procédure d'appel d'offres pour les installations de production d'électricité.
(72) Voir *supra* p. 496.
(73) Décret n° 2002-1434, art. 7-1.

L'installation régulière de l'exploitation est ici une condition implicite, simplement parce que le dispositif est conçu pour fournir des besoins et des capacités supplémentaires à partir d'installations de production électriques nouvelles. Force est d'en déduire que, sur un plan chronologique, le producteur ne peut prétendre au contrat d'achat s'il n'est pas détenteur d'une autorisation administrative d'exploiter ou, *a minima*, réputé autorisé au sens du droit de l'électricité[(74)]. Par ailleurs, ce système d'obligation d'achat est lui-même susceptible d'intéresser des collectivités territoriales productrices, compte tenu du fait que la procédure des appels d'offres avec laquelle il s'articule leur est expressément ouverte « sous réserve des articles L. 2224-32 et 2234-33 du code général des collectivités territoriales »[(75)].

Il sera toutefois relevé une différence fondamentale entre ce système d'obligation d'achat et celui y ajoutant des tarifs réglementés, tenant à l'absence pour le premier de toute limite légale s'agissant de la puissance maximale des installations de production d'électricité concernées. Mais cette solution est on ne peut plus logique dans la mesure où c'est dans le cadre de l'avis public d'appel d'offres élaboré par le ministre de l'Énergie que peuvent apparaître d'éventuelles limites portant sur « la puissance » des installations[(76)]. En lui-même le dispositif de l'article L. 311-12 du code de l'énergie est donc ouvert à tous les producteurs d'électricité, et d'ailleurs pas uniquement à ceux recourant à des ressources renouvelables, ce y compris, aux installations dont la puissance installée dépasserait 12 MW, et, par ailleurs, s'agissant spécifiquement des éoliennes à terre, quelle que soit leur localisation géographique.

II. Nature

En tout état de cause, l'obligation d'achat conçue par la loi française profite soit explicitement et quasi exclusivement[(77)], soit de façon privilégiée[(78)] à la production d'électricité et de gaz renouvelables, sinon même à la production nationale de ces énergies – faut-il rappeler que l'achat d'électricité renouvelable doit par exemple toujours s'effectuer « sur le territoire national »[(79)] et/ou dans la zone de desserte d'EDF et des distributeurs non nationalisés[(80)] ? Le système constitue ce faisant une mesure de soutien public aux producteurs d'énergie renouvelable, certains de ces éléments laissant à penser qu'il pourrait aussi constituer *a contrario* une mesure de soutien public aux fournisseurs obligés.

A. Mesure de soutien public aux producteurs d'énergie renouvelable ?

Les obligations d'achat sont des mécanismes qui, du fait qu'ils sont tournés vers l'intérêt général – la « décarbonisation » de la planète –, sont en général accueillis favorablement. Par exemple, le régime des tarifs d'achat spéciaux pour l'énergie renouvelable avait été validé par anticipation par le Conseil de l'Union européenne dans une résolution du 8 juillet 1996 faisant suite au livre blanc de la Commission sur les sources d'énergie renouvelables[(81)]. Pourtant leur caractère d'aide publique aux énergies concernées, indiscutable sur un plan économique, conduit inéluctablement

(74) Voir *supra* p. 120.

(75) C. énergie, art. L. 311-10.

(76) Décret n° 2002-1494, art. 1.

(77) C. énergie, art. L. 314-1.

(78) C. énergie, art. L. 311-12, dans sa mise en œuvre pratique.

(79) C. énergie, art. L. 314-1.

(80) C. énergie, art. L. 311-12 et art. L. 314-1.

(81) *JOCE* 1er août 1996, C 224.

à les confronter aux règles de libre concurrence et de libre-échange du traité sur le fonctionnement de l'Union européenne[82].

1. Sur le plan économique

D'un point de vue strictement économique, l'obligation d'achat constitue, dans ses deux traductions juridiques (*ie.* avec ou sans tarifs réglementés), un outil destiné à amplifier la consommation des énergies concernées mais aussi une aide publique au fonctionnement au bénéfice des producteurs intéressés. Dans tous les cas parce qu'elle leur offre la certitude de trouver un débouché à leur production pour une quantité déterminée, et sur une durée longue correspondant approximativement à la phase normale d'amortissement des équipements – on relèvera ici ce point essentiel selon lequel les contrats d'achat prévus par le droit positif sont toujours des contrats de longue durée, celle-ci étant en effet choisie de manière à permettre l'amortissement de l'installation –, *a fortiori* plus encore lorsque le système légal prévoit un tarif d'achat d'ordre public pour l'énergie produite, fixé de façon à rémunérer avantageusement celle-ci ; en l'état l'obligation d'achat assure à l'exploitant la « prévisibilité de ses revenus » conditionnant « ainsi directement le financement des projets »[83] sinon leur « viabilité économique »[84].

2. Sur le plan juridique

La directive 2001/77 sur l'électricité renouvelable admettait expressément l'adoption de régimes nationaux de soutien à l'électricité issue de sources renouvelables en tant qu'ils seraient fondés sur un objectif de protection de l'environnement, mais elle demandait aux États membres de veiller à ce que ces règles soient « objectives, transparentes et non discriminatoires »[85]. Or, sous cet angle de vue l'obligation d'achat « à la française » semble de nature à encourir deux qualifications problématiques : celle d'aide d'État au profit des producteurs d'énergie renouvelable au sens de l'article 107 du traité sur le fonctionnement de l'Union européenne et celle de mesure d'effet équivalent à une restriction quantitative au sens de l'article 30 du même traité.

a. Aide d'État au sens de l'article 107 du traité ?

On sait que les aides des pouvoirs publics aux énergies renouvelables n'échappent pas *per se* à l'emprise des articles 107 et 108 du traité sur le fonctionnement de l'Union européenne[86]. Il reste à savoir si la nature d'aide économique au fonctionnement caractérisant l'obligation d'achat d'électricité ou de gaz renouvelables en fait *ipso facto* une aide publique au sens juridique du terme. La question fait depuis longtemps controverse[87], principalement parce que la définition juridique de l'aide d'État – celle du droit de l'Union européenne – impose la réunion de plusieurs conditions[88], au moins une d'entre elles étant susceptibles de faire ici défaut.

Le problème de la qualification

En premier lieu, la qualification juridique d'aide d'État au sens de l'article 107 TFUE ne pourrait être retenue parce que le dispositif français d'aide économique aux énergies renouvelables concer-

(82) Voir *supra* p. 332 et s. et p. 347 et s.

(83) A. Guiheux, « L'achat obligatoire de l'électricité produite », *ACCP*, mai 2012, p. 39.

(84) TA Lyon ord., S^té^ solaire du champ de Clure, 14 décembre 2010, req. n° 1006783.

(85) Art. 6.

(86) Voir *supra* p. 348.

(87) Voir notamment C. Boiteau, « Le prix controversé du rachat de l'énergie éolienne ou l'énergie renouvelable à quel prix ? », *AJDA* 2009, p. 2 105.

(88) Voir *supra* p. 349 et s.

nées n'est pas financée par des « ressources d'État » (ressources publiques), mais par les consommateurs (ressources privées).

Cette position a pour fondement la jurisprudence européenne « Preussen Elektra »[(89)], qui a dénié la qualité d'aide d'État au dispositif allemand d'obligation d'achat d'électricité de source renouvelable. Certes, la Cour de justice de l'Union européenne avait constaté en l'espèce la présence de deux des critères nécessaires pour qu'il y ait aide d'État : d'une part, l'obligation d'achat était instituée par la loi, d'autre part, elle conférait un avantage économique incontestable aux entreprises impliquées dans les filières énergétiques renouvelables. Cependant, la Cour avait aussi relevé l'insuffisance de ces deux conditions pour conférer au dispositif en cause le caractère d'une aide d'État, dans la mesure où le critère du transfert direct ou même indirect de « ressources d'État » était manquant. Alors *quid* en l'espèce du système français ?

Ab initio l'obligation d'achat mise en place par la France résulte de la loi n° 2000-108 qui, redéfinissant les missions du service public de l'électricité, va aussi faire évoluer les modalités du financement de celui-ci. Le législateur pose à l'époque un principe fondamental, auquel il n'a plus été par la suite dérogé, celui de la compensation intégrale des charges imputables aux missions de service public assignées aux opérateurs électriques[(90)]. Ce choix constitue l'une des pierres d'angle du schéma électrique français. Il fait notamment intervenir deux mécanismes complémentaires : d'une part, l'obligation d'achat de certaines productions énergétiques, d'autre part, la compensation des surcoûts subis par ceux qui en assument la charge.

Sur ces bases, les modalités du financement de l'obligation d'achat vont évoluer. Dans un premier temps le « fonds du service public de la production d'électricité » (FSPE)[(91)] prend en charge l'ensemble de la charge financière procédant des missions d'intérêt général attribuées à certains opérateurs : il est alimenté par les contributions des producteurs et des distributeurs électriques[(92)] en fonction de leurs parts de marché respectives, le coût supporté étant directement répercuté sur les factures électriques des clients, et par certains consommateurs finals (ceux qui importent de l'électricité ou effectuent des acquisitions intracommunautaires d'électricité)[(93)]. Ce fonds sera remplacé à compter de la loi du 3 janvier 2003 relative aux marchés du gaz et de l'électricité et au service public de l'énergie[(94)] par la « contribution au service public de l'électricité » (CSPE) : la loi prévoit qu'elle est financée par les contributions des consommateurs finals d'électricité installés sur le territoire national, et recouvrée par les opérateurs électriques assujettis à des charges de service publics, notamment à l'obligation d'achat de l'électricité d'origine renouvelable[(95)].

Remarque

L'article 58 de la loi POPE de 2005 a prévu que les consommateurs finals d'électricité provenant d'une source renouvelable ou de la cogénération puissent être remboursés d'une partie de cette contribution lorsque l'électricité est importée depuis un autre État membre de l'Union européenne et bénéficie d'une garantie d'origine légalement instituée (voir loi n° 2000-108 du 10 février 2000, art. 5-I *bis* issu art. 58 loi n° 2005-781 du 13 juillet 2005, codifié C. énergie, art. L. 121-22). Cette disposition tire les conséquences, dans le cadre des échanges intracommunautaires, de la juxtaposition des politiques de soutien existant au niveau des pays de l'Union euro-

(89) CJCE 13 mars 2001, C-379/98, *Rec.* p. I-2099.

(90) Codifié C. énergie, art. L. 121-6.

(91) Loi n° 2000-108, art. 5 I.

(92) Voir CE 13 mars 2006, Réseau ferré de France, req. n° 265582.

(93) Voir CE 13 mars 2006, Sté Eurodif (2 arrêts), req. n° 255333 et req. n° 263433.

(94) Voir décret n° 2004-90 du 28 janvier 2004 relatif à la compensation des charges de service public de l'électricité.

(95) Voir N. Levratto, « Fonctionnement et impact du mécanisme de compensation des charges de service public de l'électricité sur l'offre d'énergie dans les zones non interconnectées », *in* L. Vidal (éd.), *Droit de l'énergie et des réseaux, Annales de l'Institut A. Tunc*, vol. IX de la Bibliothèque A. Tunc, Paris, LGDJ mai 2005.

péenne en faveur des énergies renouvelables et de la cogénération. Elle a permis en outre d'éviter que le système encoure la qualification de taxe d'effet équivalant à un droit de douane au sens de l'article 30 TFUE (voir aussi *supra* p. 342). Le décret n° 2006-581 du 22 mai 2006 modifiant le décret n° 2004-90 du 28 janvier 2004 relatif à la CSPE, règle les conditions de ce remboursement, qui doit être demandé à la Commission de régulation de l'énergie.

Interrogé en 2003 sur la nature juridique du financement de l'obligation d'achat dans sa version originelle (FSPE), et plus particulièrement sur la possible présence d'une aide d'État au profit des producteurs d'électricité renouvelable au sens du droit de l'Union européenne, le Conseil d'État va considérer, en appliquant fidèlement les préceptes de la jurisprudence « Preussen Elektra », et sans renvoyer ce faisant la question à la Cour de justice de l'Union européenne, qu'il n'y a pas aide d'État puisque « la charge financière de l'obligation d'achat [...] est [...] répartie entre un certain nombre d'entreprises, sans que des ressources publiques contribuent, directement ou indirectement, au financement de l'aide »[(96)]. Plus récemment le Conseil d'État a été saisi de la même question mais au sujet du mécanisme de financement appliqué depuis janvier 2003 (CSPE) et pour l'obligation d'achat sans tarifs réglementés : il a cette fois décidé de saisir la CJUE d'une question préjudicielle portant sur le point de savoir s'il s'analyse ou non en une aide d'État au sens de l'article 107 TFUE[(97)].

Ces deux jurisprudences laissent perplexe. D'une part, parce que lorsque le juge administratif refuse en 2003 de qualifier d'aide d'État le dispositif de financement de l'obligation d'achat, au motif que le poids du financement de l'obligation d'achat repose *in fine* sur le client final, et non pas sur l'État, il fait peu de cas de la circonstance que le principal contributeur de ce fonds est EDF, à l'époque établissement public d'État[(98)] : dans ces conditions si l'avantage n'est certes pas accordé directement par l'État, il l'est à tout le moins par un organisme public institué par ce dernier. D'autre part, parce que dans un arrêt du 9 novembre 2011, le Conseil d'État a rejeté un recours visant au remboursement de la CSPE en raison du fait qu'elle constituerait une aide d'État, sans s'interroger explicitement sur le point de savoir si elle est ou non financée par des ressources d'État[(99)]. Enfin, on n'est pas convaincu par le principal argument figurant dans l'arrêt du 15 mai 2012, et qui constitue d'ailleurs le motif principal de la saisine à titre préjudiciel de la CJUE, selon lequel le mode de financement de l'obligation d'achat aurait subi un « changement de nature » justifiant éventuellement sa requalification au regard du droit européen des aides d'État. Car, en effet, quels qu'aient été les changements apportés à ce financement, force est de constater qu'il était et est encore aujourd'hui constitutif d'une ressource fiscale[(100)] ou bien encore d'un « impôt innommé »[(101)]. Or, la jurisprudence européenne enseigne qu'à partir du moment où l'aide attribuée à un secteur économique est financée par l'impôt, ce sont en principe des ressources publiques qui sont mobilisées. Par exemple, la Cour de justice de l'Union européenne a estimé que des

---

(96) CE 21 mai 2003, Union des industries utilisatrices d'énergie (UNIDEN), req. n° 237466.

(97) CE 15 mai 2012, Association vent de colère ! Fédération nationale ea., req. n° 324852.

(98) Voir C. Boiteau, « Le prix controversé du rachat de l'énergie éolienne ou l'énergie renouvelable à quel prix ? », préc.

(99) SNC Stop hôtel Villeneuve d'Ascq, req. n° 323273.

(100) Voir en ce sens les arrêts du Conseil d'État du 13 mars 2006 préc. qui qualifient la CSPE de « taxe ».

(101) Voir Cour des comptes, « La compensation des charges du service public de l'électricité », Rapport public annuel, février 2011, p. 279 : (la CSPE est) « insusceptible d'être rattachée à l'une des deux catégories d'impositions définies à l'article L. 199 du Livre des procédures fiscales, celle des impôts directs et taxes sur le chiffre d'affaires ou assimilées d'un côté, et celle des droits d'enregistrement, droits de timbre, contributions directes et assimilées, de l'autre », (mais) « il s'agit bien d'un prélèvement assis sur la consommation électrique, payé par tous, quand bien même le grand public n'en a-t-il, le plus souvent, pas conscience. Dès lors le taux, et au-delà les conditions de prélèvement, de ce quasi-impôt devraient faire l'objet d'une autorisation périodique et d'un contrôle du Parlement conformément au principe constitutionnel du consentement à l'impôt, et à l'obligation de transparence visant les prélèvements obligatoires posée par l'article 52 de la loi d'orientation sur les lois de finances ».

dispositifs de soutien à des entreprises du secteur de l'énergie visant à leur faciliter les modifications structurelles induites par la politique de libéralisation du secteur énergétique constituent une aide d'État, autant lorsqu'ils prennent la forme *stricto sensu* d'une exonération fiscale[(102)], que lorsqu'ils sont financés par une taxe, qui fait partie intégrante de la mesure d'aide, qui est payée par les clients finals, et qui intègre un compte spécifique géré par un organisme public[(103)]. Or, le financement de l'obligation d'achat par la CSPE ne découle-t-il pas d'une taxe payée par les clients finals, versée dans un compte spécifique ouvert auprès de la Caisse des dépôts et consignations, organisme placé sous la tutelle de l'État jouant donc le rôle d'intermédiaire entre les contributeurs de la CSPE et les entreprises bénéficiaires ?

Remarque

Dans ses conclusions sur l'affaire « Essent », l'avocat général M. Mengozzi a relevé que « la portée de l'arrêt Preussen Elektra est limitée au cas où une aide accordée par les pouvoirs publics à des entreprises déterminées est exclusivement financée par l'intermédiaire de l'imposition de charges pesant sur des opérateurs privés et est versée aux bénéficiaires *directement* par ces opérateurs » (souligné par nous) ; il a ajouté que l'arrêt en question est limité en ce qu'il « ne concernerait pas i) le cas dans lequel l'aide est financée moyennant l'imposition de charges à des entreprises publiques ou par le biais de fonds à disposition de telles entreprises et ii) le cas dans lequel les ressources destinées au financement de la mesure d'aide, obtenues grâce aux charges imposées à des sujets privés (par exemple des contributions parafiscales), transitent par des entreprises ou des organismes intervenant en qualité d'intermédiaires avant d'être attribuées aux bénéficiaires ».

Ainsi, tout mène à penser que le dispositif français servant à financer l'obligation d'achat n'est pas réductible au système allemand soumis à la CJUE, qui pour sa part n'était effectivement pas financé par des ressources fiscales (ressources d'État) mais par des ressources privées. Pour conforter ce point de vue[(104)], il peut être signalé que, dans son avis du 5 juin 2001 sur l'arrêté fixant les conditions d'achat de l'électricité produite par les installations utilisant l'énergie mécanique du vent, soit postérieurement à l'arrêt « Preussen Elektra », la Commission de régulation de l'énergie avait estimé que le gouvernement français devait conformément au traité européen notifier à la Commission européenne le dispositif d'obligation d'achat de l'article 10 de la loi n° 2000-108 avant son entrée en vigueur ; ce qui ne fut pas fait.

Il est donc probable que la CJUE retiendra la qualification d'aide d'État, non seulement d'ailleurs parce que le dispositif litigieux mobilise manifestement des ressources d'État, mais aussi parce qu'il répond en outre à tous les autres critères de l'aide d'État : il présente un caractère sélectif en procurant à certaines entreprises seulement – soit les structures de cogénération ou celles produisant de l'électricité renouvelable – un avantage économique, enfin il entraîne une altération des échanges ou des conditions de concurrence puisque le coût de l'obligation d'achat se répercute directement sur le coût de l'électricité. Nul ne doute qu'une telle solution ne serait pas toutefois sans fragiliser l'un des pans essentiels du dispositif français de soutien à l'électricité de source renouvelable. Mais il ne devrait pas pour autant en signer l'arrêt de mort, d'une part, parce que, quand bien même l'absence de notification préalable d'une aide d'État à la Commission européenne entraîne de plein droit son illicéité[(105)], le juge national conserve la possibilité d'ordonner

(102) CJUE 5 juin 2012, Com. c./EDF, C 124/10 P.

(103) CJCE 17 juillet 2008, Essent Netwerk Noord BV, C-206/06, *Rec.* p. I-5497 – TPICE, 11 février 2009, Iride SPA, T-25/07, *Rec.* p. II-2545.

(104) Dans le même sens, voir G. Bouquet, « Les mécanismes de soutien de la production d'électricité à partir de sources d'énergie renouvelables à l'épreuve des articles 87 et 88 du traité relatifs aux aides d'État », *AJDA* 2006, p. 697.

(105) CJCE 14 février 1990, France c./Com., C-301/87, *Rec.* p. I-307, 21 mars 1990, Belgique c./Com. C-142/87, *Rec.* p. I-959.

ou non sa récupération par l'État auprès des bénéficiaires(106), d'autre part, parce que le non-respect des règles de l'article 108.3 TFUE ne rend pas pour autant superflu l'examen de la compatibilité de l'aide au regard de l'article 107 TFUE, étant admis que l'aide d'État dont s'agit ici a toutes les chances d'être *in fine* déclarée compatible par la Commission européenne(107).

Mais on peut se demander si la qualification d'aide d'État ne doit pas être refusée au système français d'obligation d'achat en tant qu'il ne répondrait pas à la condition dite « de sélectivité de l'aide d'État ». Cette condition signifie que, pour qu'il y ait aide d'État au sens de l'article 107.1 du traité, il faut que l'aide soit octroyée sur une base discrétionnaire à « certaines entreprises ou certaines productions ». Or, s'agissant du système d'obligation d'achat sans tarifs réglementés, force est de constater l'absence de réalisation de cette condition, l'obligation d'achat étant ici ouverte en application de la loi à tous les modes de production d'électricité.

Tout indique encore, et enfin, que cette qualification puisse être transposée au système d'obligation d'achat intéressant le secteur du biogaz/biométhane injecté dans les réseaux publics gaziers. La raison en est simple : dans ce secteur aussi, la loi a consacré le principe selon lequel les charges imputables aux obligations de service public assignées aux fournisseurs, ici de gaz naturel, au titre de l'obligation d'achat sont intégralement compensées(108). En outre cette compensation est effectuée par une « contribution unitaire », qui ressemble à beaucoup d'égards à la CSPE : la contribution est ainsi due par tous les consommateurs finals, ici de gaz, elle est définie en centimes d'euros par kilowattheure, elle est elle-même recouvrée par les fournisseurs obligés, ici opérateurs gaziers(109) ; elle est de la sorte assimilable à une sorte de « contribution au service public du gaz » (CSPG).

Le problème de compatibilité

L'option retenue en amont – aide d'État/absence d'aide d'État – conditionne évidemment la suite de l'analyse, à savoir la recherche d'une éventuelle incompatibilité des dispositifs d'obligation d'achat avec le traité. Or, à supposer que la qualification d'aide d'État soit finalement retenue ici, on peut subodorer qu'il soit *in fine* assez facilement relevé du principe d'interdiction de l'article 107 du traité sur le fonctionnement de l'Union européenne.

D'abord, il est peu contestable que ce système apporte une contribution aux objectifs de la politique de développement durable préconisée par l'Union européenne. Si du fait de son statut d'aide au fonctionnement il ne peut être couvert par le RGEC (qui pour le secteur de l'énergie renouvelable ne traite que des aides à l'investissement(110)), il entre en revanche sans difficulté dans les prévisions de l'encadrement des aides d'État en faveur de l'environnement(111). Il répond en particulier aux exigences énoncées pour les aides au fonctionnement, notamment à celle de limitation dans le temps. En effet, la Commission entend voir ce type d'aides réservées à la phase d'amortissement des installations. Or, et alors même que les contrats d'achat conclus au titre de l'obligation d'achat sont toujours prévus pour une longue durée, celle-ci n'est jamais indéterminée. Il est vrai que la situation initiale pouvait à cet égard paraître ambiguë, mais il faut noter la correction intervenue en 2004 : « Sous réserve du maintien des contrats d'obligation d'achat en cours à la date de publication de la loi n° 2004-803 du 9 août 2004 [...], les installations bénéficiant de l'obligation

(106) CJCE 12 février 2008, CELF, C-199/06, *Rec.* p. I-479.

(107) Voir *infra* cette page.

(108) C. énergie art. L. 121-43, et décret n° 2011-1595 préc., art. 4.

(109) Voir décret n° 2011-1595 préc., art. 6.

(110) Voir *supra* p. 355.

(111) Voir aussi *supra* p. 361.

d'achat au titre du présent article [...] ne peuvent bénéficier qu'une seule fois d'un contrat d'obligation d'achat » ; certaines installations hydroélectriques bénéficiant toutefois sur ce point d'un régime d'exception(112).

Ensuite, le système des obligations d'achat peut sans doute se prévaloir aussi des dispositions des directives électricité et gaz, dont il faut rappeler l'esprit d'ouverture aux « obligations de service public » imposées par les États aux entreprises du secteur électrique lorsqu'elles sont fondées, notamment, « sur [...] la protection de l'environnement, y compris [...] l'énergie produite à partir de source d'énergie renouvelables »(113).

b. Mesure d'effet équivalent à une restriction quantitative aux importations au sens de l'article 34 du traité ?

L'obligation d'achat est-elle une atteinte au principe européen de libre circulation des marchandises, sachant qu'un tel reproche avait été également adressé au système allemand d'obligation d'achat, pour être finalement réfuté par la Cour de justice de l'Union européenne dans l'arrêt « Preussen Elektra »(114).

On peut en effet proposer une telle qualification pour ce qui concerne le dispositif français d'obligation d'achat avec tarifs d'achat. Il s'impose alors de rappeler les griefs adressés au mécanisme allemand : d'abord comme ce dernier, le système français pourrait augmenter la consommation d'électricité renouvelable produite sur le territoire français et diminuer à proportion la demande de la même électricité produite dans d'autres États membres ; ensuite, parce qu'il impose à EDF et aux distributeurs non nationalisés de se fournir en électricité renouvelable exclusivement dans leur zone d'approvisionnement, il favoriserait l'achat de cette électricité lorsqu'elle est produite exclusivement au niveau national. Saisi de la question, le Conseil d'État français a rendu une solution là encore en tous points calquée sur celle de la Cour de justice de l'Union européenne, et attribué à la jurisprudence « Preussen Elektra » toute l'autorité à laquelle elle peut prétendre : dans l'arrêt « Uniden » du 21 mai 2003, il a dénié au système issu de l'article 10 de la loi n° 2000-108 la qualité d'entrave aux échanges de marchandises contraire à l'ex-article 28 du traité, renvoyant de façon appuyée au but de la mesure – la protection de l'environnement (selon le juge administratif, le système français s'inscrit « dans le cadre des objectifs prioritaires de protection de l'environnement que la Communauté et ses États membres entendent poursuivre ») –, sans préciser toutefois, pas plus d'ailleurs que ne l'avait fait la Cour de justice, s'il s'agit là du motif principal de la solution ou bien d'un motif subalterne. On se souvient en effet du caractère ambivalent de l'arrêt « Preussen Elektra » qui, d'une part, utilise ce fondement dans un contexte où en toute apparence il ne pouvait pas être invoqué (parce que la mesure présentait les traits d'une mesure formellement discriminatoire) et, d'autre part, invoque la nature particulière de l'électricité et l'impossibilité corrélative de déterminer au sein d'un marché intérieur désormais ouvert à tous les fournisseurs l'origine géographique de l'électricité distribuée ou consommée en l'absence d'un dispositif officiel organisant la traçabilité de celle-ci.

B. Mesure de soutien public aux fournisseurs obligés ?

À rebours de la présentation faite ci-dessus(115) conduisant à mettre en avant le caractère contraignant pour les fournisseurs obligés du dispositif d'obligation d'achat, on peut aussi le regarder comme une sorte de privilège dont bénéficieraient ces entreprises.

(112) Voir C. énergie, art. L. 314-2, voir aussi *supra* p. 585.

(113) Voir directives 2009/72 et 2009/73, art. 3.2, voir aussi *supra* p. 383.

(114) C. énergie art. L. 121-43, et décret n° 2011-1595 préc., art. 4.

(115) Voir *supra* p. 588 et s.

1. Aide d'État au sens de l'article 107 du traité ?

C'est ici à nouveau le financement de l'obligation d'achat qui interroge, plus précisément cette fois le point de savoir si sa compensation intégrale par le biais de dispositifs fiscaux du type de la « contribution au service public de l'électricité » (CSPE) n'est pas susceptible de constituer une aide d'État au profit des fournisseurs qui en sont bénéficiaires. Mais la réponse à cette question dépasse le champ de cette étude dès lors que la CSPE ne sert pas à rémunérer exclusivement les chargées liées à l'obligation d'achat d'électricité renouvelable : en effet, la CSPE ressortit d'un cadre juridique plus large et plus général, même si les achats d'énergie y occupent une place prépondérante (environ les deux-tiers de son montant).

Remarque

La CSPE compense d'autres charges de service public : la péréquation tarifaire au profit des zones non interconnectées au réseau métropolitain ; le tarif social de l'électricité ; les frais liés à l'existence du Médiateur de l'énergie, enfin le tarif réglementé transitoire d'ajustement du marché prévu par la loi du 7 décembre 2006 et appelé à disparaître.

Mais, en tant qu'elle intéresse dans certains cas (CSPE) seulement partiellement, dans d'autres (CSPG) exclusivement l'énergie renouvelable, donc en toute hypothèse toujours substantiellement l'achat de cette énergie, il est utile de s'y arrêter. Mais il importe alors de souligner la bienveillance croissante avec laquelle les autorités de l'Union européenne accueillent les mécanismes dits « de compensation » des missions de service public. Leur démarche s'autorise de l'article 106.2 du traité, qui tolère que l'application des règles de libre marché et de libre concurrence soit repoussée lorsqu'elle fait échec à l'accomplissement en fait ou en droit par les entreprises concernées de missions de service public. Sur ce fondement, la Cour de justice de l'Union européenne a développé avec l'arrêt « Altmark »(116) une approche consistant à admettre que la compensation financière des charges exposées par une entreprise pour exécuter une mission de service public puisse échapper aux impératifs de libre-échange et de libre concurrence posés par le traité, à condition qu'il s'agisse d'authentiques sujétions de service public(117). On se souvient encore que les directives sur le marché intérieur de l'électricité et du gaz ont reconnu aux États membres la possibilité d'imposer aux entreprises opérant dans ces secteurs, « dans l'intérêt économique général, des obligations de service public qui peuvent porter sur [...] la protection de l'environnement, y compris [...] l'énergie produite à partir de sources d'énergie renouvelables »(118).

Ainsi, dès lors qu'elles constituent bien une pure et simple réparation d'une charge que les entreprises récipiendaires n'auraient normalement pas dû supporter et qu'elles répondent effectivement aux strictes conditions de la jurisprudence « Altmark » (conditions qui sont au nombre de quatre : l'entreprise chargée des obligations de service public doit l'être par un acte officiel et pour des obligations clairement définies, les paramètres de calcul de la compensation doivent être transparents et objectifs, la compensation est nécessaire et proportionnelle, enfin l'attribution de la mission d'intérêt économique général a été faite à la suite d'une procédure de marché public ou, alternativement, sa compensation a été réalisée au coût du marché), les contributions versées aux fournisseurs concernés par le régime d'obligation d'achat peuvent être jugées neutres pour les fournis-

(116) CJCE 24 juillet 2003, C-280/00, *Rec.* p. I-7747.

(117) Pour un contre-exemple, voir Tribunal de l'Union européenne, 13 février 2012, Budapest Eromu, T.-80/06 et T. 182/09.

(118) Directive 2009/72 et directive 2009/73, art. 3 2.

seurs d'énergie concernés et, à ce titre, peuvent raisonnablement être considérées comme à l'abri de la qualification d'aide d'État(119).

Remarque

En échappant à la qualification d'aide d'État au sens de l'article 107 TFUE, ces dispositifs évitent aussi par là-même l'obligation de notification préalable à la Commission européenne, ainsi que le confirment *a contrario* les considérants 49 de la directive électricité (2009/72) et 46 de la directive gaz (2009/73), lesquels disposent que c'est « dans la mesure où les dispositions prises par les États membres pour remplir les obligations de service public constituent des aides d'État [...] » que « les États membres sont tenus d'en informer la Commission ».

La Communication de la Commission relative à l'application des règles de l'Union européenne en matière d'aides d'État aux compensations octroyées pour la prestation de services d'intérêt économique général, autrement nommé « paquet Almunia » (*JOUE* C 8 du 11 janvier 2012), entré en vigueur en 2012, a confirmé la règle selon laquelle lorsque les quatre critères de la jurisprudence « Altmark » sont remplis, la compensation n'est pas une aide d'État, tout en insistant sur le fait que la mission d'intérêt général attribuée à certains opérateurs corresponde à un besoin réel.

2. Monopole au sens de l'article 37 du traité ?

Se pose la question supplémentaire de savoir si le système de l'obligation d'achat d'énergie renouvelable, là encore parce qu'il fait de certains fournisseurs obligés ses débiteurs exclusifs, ne confère pas à ces derniers une sorte de « droit exclusif » de nature à entrer en conflit avec, cette fois, l'article 37 du traité sur le fonctionnement de l'Union européenne. Cette disposition est le corollaire du principe de libre circulation des marchandises : elle impose aux États membres d'aménager les monopoles nationaux existants qui présentent un caractère commercial afin d'assurer l'exclusion de toute discrimination entre les ressortissants des États membres ; le « monopole » au sens de cet article étant tout organisme par lequel l'État, de fait ou de droit, dirige ou influence sensiblement, directement ou indirectement, les échanges de marchandises entre les États.

Le point de départ du raisonnement doit être la situation de libéralisation des énergies de réseaux. Pour répondre aux préconisations européennes, le législateur français a démantelé les monopoles d'importation, d'exportation et de commercialisation dans ces secteurs, puis séparé l'activité de gestion des réseaux des activités de production et de fourniture d'électricité(120). Les directives ont consacré notamment le principe du libre choix du fournisseur de la part du consommateur d'électricité exerçant l'éligibilité. Certes, elles n'ont pas étendu ce principe aux relations contractuelles pouvant se nouer entre un producteur et un fournisseur d'énergie, mais le libre marché suppose l'émergence de plusieurs fournisseurs d'électricité en situation de concurrence. Or, en accompagnant l'obligation d'achat d'un privilège d'exclusivité de l'achat d'électricité ou de gaz renouvelables intégralement compensé par une contribution spécifique au profit de certaines catégories seulement de fournisseurs d'énergie, le législateur français pourrait bien avoir reconstitué une forme de monopole pour la fourniture d'énergie. Si un tel système ne porte pas frontalement atteinte à la lettre des directives, il pourrait en revanche s'avérer contraire à l'article 37 du traité sur le fonctionnement de l'Union européenne, à condition de pouvoir démontrer qu'il a des effets sur l'importation de marchandises en provenance d'autres États membres, et sauf à prouver, sur la base de l'article 106.2 du traité, que l'application de l'article 37 aboutirait en pratique à interdire aux fournisseurs concernés d'accomplir les missions d'intérêt général qui leur sont confiées : la Cour de justice de l'Union européenne n'a-t-elle pas notamment rejeté le recours de la Commission tendant à faire constater la méconnaissance de l'article 37 TFUE (ex-31 TCE) par la législation

(119) G. Bouquet, « Les mécanismes de soutien de la production d'électricité à partir de sources d'énergie renouvelables à l'épreuve des articles 87 et 88 du traité relatifs aux aides d'État », *AJDA* 2006, p. 697.

(120) Voir *supra* p. 379 et s.

néerlandaise qui accordait à une société de droit néerlandais des droits exclusifs d'importation d'électricité au motif que ces droits exclusifs sont nécessaires à la réalisation de sa mission de service public(121) ? Or, les contraintes qui pèsent sur les fournisseurs astreints à l'obligation d'achat sont fondées sur l'objectif d'intérêt général de la protection de l'environnement. Le fait que la Commission n'ait pas saisi la Cour de justice de l'Union européenne d'un recours en manquement à l'encontre de la France, et ce malgré le rejet de la proposition faite par les sénateurs français de modifier l'article 10 de la loi n° 2000-108 dans le sens d'une ouverture de l'obligation d'achat d'électricité renouvelable à d'autres catégories de fournisseurs, pourrait indiquer que le système est, en ce sens, acceptable.

§2. Le mécanisme de l'obligation d'achat

Selon qu'elle met en œuvre ou non des tarifs d'achat réglementés, l'obligation d'achat obéit à un seul ou à deux principe(s) de fonctionnement. L'un est commun aux deux formules, il s'agit de la conclusion d'un contrat d'achat de l'électricité produite par les entreprises concernées. L'autre est propre au système consacrant les tarifs publics, il s'agit de l'obtention, avant la conclusion du contrat d'achat, par les producteurs d'énergie concernés d'un certificat ou d'une attestation délivré(e) par le préfet et ouvrant droit à l'obligation d'achat.

I. Le certificat ou l'attestation ouvrant droit à l'obligation d'achat

Pour la filière électricité renouvelable (et cogénération), la condition d'obtention d'un « certificat ouvrant droit à l'obligation d'achat » (CODOA) est imposée par le décret n° 2001-410. Suivant la logique promue par les textes européens intéressant l'énergie renouvelable, le décret n° 2009-252 du 4 mars 2009, entreprend une démarche d'allègement du poids des contraintes administratives en dispensant de certificat les installations photovoltaïques d'une puissance égale ou inférieure à 250 kW crête(122). Pour la filière biométhane injecté dans les réseaux de gaz naturel, le décret n° 2011-1597 du 21 novembre 2011 a consacré le principe même de l'obtention d'un document comparable, qui porte ici le nom d'« attestation » (ouvrant droit à l'obligation d'achat, AODOA).

Les textes susmentionnés posent les conditions générales de la demande de certificat ou d'attestation (caractéristiques techniques de l'installation, seuil de puissance, etc.) et réglementent la procédure d'octroi. En synthèse, le dossier est à déposer auprès de l'administration préfectorale (DREAL), et doit être traité dans un délai de deux mois à compter de la réception du dossier ; au terme de l'examen, le document sollicité est délivré, « s'il y a lieu », par le préfet, qui le notifie au demandeur ainsi qu'à l'acheteur. Les textes induisent l'existence au profit de l'autorité administrative d'un pouvoir d'appréciation des éléments de la demande, dont l'exercice semble voué à un contrôle restreint de la part du juge administratif, mais la marge d'appréciation de l'administration apparaît limitée en raison du caractère objectif de la plupart des éléments soumis à vérification administrative.

Remarque

Lorsque le bénéfice de l'obligation d'achat est subordonné à l'implantation de l'ouvrage en zone de développement éolien (ZDE), le demandeur doit fournir, en plus des pièces habituelles, le permis de construire de l'installation lorsqu'il est nécessaire (voir *supra* p. 219 et s.) et, s'il y a lieu, les autres autorisations requises en application du code de l'environnement (autorisation ICPE notamment, voir *supra* p. 298 et s.) ainsi que tout autre élément permettant d'apprécier que l'installation est implantée dans le périmètre d'une ZDE (décret n° 2001-410, art. II *bis*).

L'absence de réponse de la DREAL dans les deux mois vaut implicitement refus.

(121) CJCE 23 octobre 1997, Com. c/ Pays-Bas, C-157/94, *Rec.* p. I-5699.

(122) Voir décret n° 2001-410 préc., art. 1 IV.

À l'exception de la condition tenant à l'utilisation de « techniques performantes en termes d'efficacité énergétique » dont le champ d'application est réservé à la cogénération, les conditions posées à l'article 1 du décret n° 2001-410 ne laissent guère de place à l'appréciation subjective. Il en va de même pour la filière gaz renouvelable injecté dans les réseaux de gaz naturel : le préfet peut ici refuser de délivrer l'attestation sollicitée, « notamment s'il estime que le demandeur ne justifie pas de la conformité de son projet à la réglementation en vigueur en matière de production et d'injection de biométhane dans les réseaux de gaz naturel » (décret n° 2011-1597, art. 1 I.)

Le certificat ou l'attestation prennent la forme d'un acte administratif individuel « nominatif et incessible »(123). Ce document ne doit en aucun cas être assimilé à une autorisation de production qui pourrait devoir être obtenue *ex ante* (filière électrique)(124). La détention d'un certificat (et par analogie d'une attestation) crée à tout le moins « un droit à l'obligation d'achat »(125) pour les producteurs qui remplissent les conditions légales. Inversement, et en dehors de l'électricité qu'il consomme peut-être lui-même, le producteur bénéficiant du certificat sera « tenu de vendre la totalité de l'électricité » produite à l'acheteur(126).

Remarque

Pour certaines filières, ce droit est soumis au respect d'une limite maximale d'utilisation d'énergie non renouvelable de 15 % par rapport à la quantité d'énergie primaire consommée par l'installation pour les filières biomasse, gaz de décharge, gaz de stations d'épuration d'eaux usées, biogaz, et de 20 % par rapport à la quantité d'énergie électrique produite pour les installations d'incinération d'ordures ménagères.

Le régime juridique classique du retrait des actes administratifs créateurs de droit(127) semble ici de plein droit applicable – retrait conditionné à la présence d'un vice de légalité dans un délai de quatre mois suivant sa délivrance.

Remarque

On peut penser à une illégalité sur le fond, découlant par exemple du décalage temporel existant entre l'octroi du certificat d'achat et l'arrêté préfectoral de création d'une zone de développement éolien : à supposer que le premier soit antérieur au second, et que ce dernier soit finalement annulé par le juge administratif, le certificat d'achat devient illégal et encourt le retrait.

Le certificat comme l'attestation sont valables pendant toute la durée du contrat d'achat. Toutefois, en cas de cession de l'unité d'exploitation d'électricité ou de gaz renouvelables, une demande de transfert doit être adressée au préfet. De façon comparable, en cas de modification des caractéristiques principales de l'installation, une nouvelle demande (de modification du certificat ou de nouveau certificat) doit être instruite par les services de la DREAL(128).

Remarque

Le certificat est notamment abrogé en cas d'augmentation de la puissance installée entraînant un dépassement du seuil maximal de puissance applicable à la catégorie d'installations.

On constate à nouveau que le rôle du préfet de département en matière de contrôle *ex ante* de l'implantation des ouvrages d'exploitation des sources d'énergies renouvelables est déterminant. S'il lui appartient en particulier de définir, sur proposition des communes concernées, les zones de développement de l'éolien (ZDE) à l'échelle du territoire départemental, et, dans ce cadre, de fixer la puissance minimale et maximale qui peut être installée dans une telle zone, sa tâche ne s'arrête

(123) Décret n° 2001-410, art. 2, décret n° 2011-1597, art. 1.

(124) Voir *supra* p. 120.

(125) CE 21 mai 2003, Électricité autonome française c/ SGG, req. n° 235836.

(126) Décret n° 2001-410, art. 4.

(127) CE 26 octobre 2001, Ternon, req. n° 197018.

(128) Décret n° 2001-410, art. 3, décret n° 2011-1597, art. 1.

cependant pas là, puisqu'en application du décret n° 2009-452 du 4 mars 2009, il doit en outre publier, au plus tard le 1er février de chaque année, un état des lieux des ZDE du département faisant apparaître, notamment, la puissance résiduelle de chaque zone encore susceptible d'ouvrir droit à obligation d'achat. Le but est informatif : il s'agit de renseigner les candidats au dispositif d'obligation d'achat de l'article L. 314-1 du code de l'énergie du potentiel disponible(129).

II. Le contrat d'achat

Dans les deux cas de figure ici examinés (*ie.* obligation d'achat avec ou sans tarifs d'achat réglementés), les relations entre le producteur et l'acheteur font l'objet d'un contrat d'achat de l'énergie produite, dont le contenu et la nature méritent d'être précisés.

A. Contenu

Les contrats d'achat d'électricité ou de gaz renouvelables conclus sur la base des articles L. 314-1, L. 446-2 et L. 311-12 du code de l'énergie contiennent : d'une part, une obligation d'achat de l'énergie produite à la charge des fournisseurs désignés par la loi, d'autre part, un prix d'achat de l'énergie.

1. Une obligation d'achat

C'est une entorse flagrante au principe de la liberté contractuelle, qui suppose que les parties au contrat en définissent librement le contenu. On pressent que l'insertion d'une telle obligation légale dans un cadre contractuel puisse être un indice dirimant en faveur de l'applicabilité audit contrat du droit public(130).

Le caractère obligatoire de la stipulation relative à la vente de l'énergie d'origine renouvelable produite, ou à son rachat, est évidemment d'ordre public. L'impératif légal est conforté par le recours en la matière au procédé des contrats types, auxquels les parties intéressées peuvent sinon doivent recourir avant de conclure le contrat. Pour ceux relevant de l'article L. 314-1 du code de l'énergie, le décret n° 2001-410 prévoit que le ministre de l'Énergie approuve des « modèles indicatifs [...] établis conjointement par EDF et les organisations représentatives des distributeurs non nationalisés »(131) : ces modèles sont donc facultatifs et les parties peuvent, en dehors des dispositions d'ordre public, appliquer d'autres clauses que celles mentionnées. De façon comparable, mais en y ajoutant cette fois le poids de la contrainte légale, le décret n° 2002-1434 impose aux cocontractants concernés par les appels d'offres de l'article L. 311-10 du code de l'énergie de rédiger le contrat d'achat sur la base du « cahier des charges type » arrêté par le ministre de l'Énergie(132) ; or ce document contient lui-même les principales « modalités du contrat d'achat » de l'électricité produite, donc l'obligation d'achat.

Remarque

Le procédé des modèles indicatifs de contrat d'achat est également consacré pour la filière biométhane injecté (voir décret n° 2011-1597, art. 4 IV.).

Les cahiers des charges adoptés dans le cadre de la procédure d'appel d'offres utilisent tous la même formule, selon laquelle « le candidat est tenu de vendre à l'acheteur la totalité de l'électricité produite par l'installation considérée à l'exception, le cas échéant, de l'électricité qu'il consomme lui-même ».

---

(129) Décret n° 2001-410, art. 1 III modifié.

(130) Voir *infra* p. 615 et s.

(131) Art. 5. Les modèles de contrat sont disponibles sur le site du ministère chargé du développement durable (http :// www.developpement-durable.gouv.fr/Les-modeles- indicatifs-de-contrats.10760.html).

(132) Art. 3.

2. Un prix d'achat

Le prix d'achat figurant au contrat présente une nature très différente selon que le contrat a été conclu en application du dispositif d'obligation d'achat avec tarifs réglementés (articles L. 314-1 et L. 446-2 du code de l'énergie) ou sans ces derniers (article L. 311-12 du code de l'énergie). En effet, le premier est un prix contractuel adoubé par l'administration alors que le second est un tarif imposé par l'autorité publique.

a. Un prix d'achat contractuel (système de l'article L. 311-12 du code de l'énergie)

Le dispositif des appels d'offres est fortement imprégné du droit des marchés publics(133). Cet effet de modèle se rencontre également s'agissant de la détermination de l'offre, plus particulièrement du prix d'achat de l'électricité. La fixation de ce dernier relève foncièrement en effet d'une logique de marché et non d'une logique de prix administrés : proposé par le producteur d'électricité en réponse à l'appel d'offres public national, il constitue un élément inhérent à la logique contractuelle de ce dispositif ; symétriquement, l'achat de l'électricité par EDF ou par un distributeur non nationalisé se fait conformément à cette offre de prix. Ce principe de fonctionnement est notamment inscrit à l'article 7-1 du décret n° 2002-1434 du 4 décembre 2002 relatif à la procédure d'appel d'offres pour les installations de production d'électricité, qui dispose que le contrat est signé dans les six mois qui suivent la demande faite par le candidat retenu, « conformément aux engagements contenus dans l'offre de ce candidat ».

b. Un prix d'achat réglementé (système des articles L. 314-1 et L. 446-2 du code de l'énergie)

Les contrats d'achat d'électricité renouvelable visés à l'article L. 314-1 du code de l'énergie et ceux de biométhane visés à l'article L. 446-2 du même code sont identiquement établis sur la base de tarifs d'achat décidés par l'administration. Cette tarification procède en d'autres termes des prérogatives de puissance publique. Les tarifs sont publiés au *Journal officiel.*

La fixation des tarifs d'achat

Les tarifs d'achat sont arrêtés par les ministres chargés de l'énergie et de l'économie après avis du Conseil supérieur de l'énergie (CSE) (art. 10) et de la Commission de régulation de l'énergie (CRE)(134). Le secteur de l'électricité renouvelable se caractérise comme l'on sait par l'existence d'une pluralité de filières productives, reflétant d'une certaine manière la diversité des sources d'énergies renouvelables. C'est ainsi que chacune de celles concernées par l'obligation d'achat avec prix publics fait l'objet d'un arrêté tarifaire spécifique applicable, sauf exceptions (zones non interconnectées : DOM, Saint-Pierre-et-Miquelon, Corse), sur tout le territoire.

Remarque

La règle de compétence en matière de fixation des conditions d'achat des installations électriques qui produisent de l'électricité à partir de la biomasse, dont celle issue de la canne à sucre, est dérogatoire du droit commun : pour ce secteur, en application de l'article L. 314-4 du code de l'énergie, ce sont les ministres chargés de l'économie, de l'énergie, mais aussi de l'agriculture et de l'outre-mer qui arrêtent les tarifs d'achat.

---

(133) Voir *supra* p. 487.

(134) Pour le secteur électrique, voir C. énergie, art. L. 314-4, et décret n° 2001-410 du 10 mai 2001 préc., art. 8 ; pour le secteur gazier, voir décret n° 2011-1597, art. 5, et arr. 23 novembre 2011 fixant les conditions d'achat du biométhane injecté dans les réseaux de gaz naturel.

Le défaut de consultation ou le non-respect des modalités applicables à la consultation des organismes susmentionnés[(135)] constitue un vice de légalité externe justifiant l'annulation pour excès de pouvoir de l'arrêté tarifaire[(136)], sauf dans l'hypothèse où un tel vice serait couvert par une validation législative explicite[(137)].

La fixation du prix d'achat est effectuée sur la base du gain que la collectivité nationale espère obtenir par le développement des différentes filières renouvelables. Pour la filière électrique, les tarifs sont fixés, en tendance, à un niveau très supérieur au prix moyen de gros de l'électricité en France. Malgré les limites de l'exercice, le législateur a tenté d'encadrer le processus de tarification des tarifs applicables à l'électricité renouvelable dont la mise en œuvre appartient à l'autorité réglementaire. Outre la référence aux coûts directs de production d'électricité évités (coût d'investissement et coût d'exploitation), mention qui figurait déjà dans la première rédaction de la loi n° 2000-108, la loi POPE de 2005 valorise sous forme de prime la contribution des producteurs d'énergie renouvelable aux objectifs de la politique énergétique définis au deuxième alinéa de l'article L. 121-1 du code de l'énergie[(138)]. Par ailleurs, depuis la loi de finances rectificative pour 2004, les surcoûts liés aux obligations d'achat de l'électricité de source renouvelable avec ou sans tarifs réglementés ne sont plus appréciés par rapport aux coûts d'investissement et d'exploitation évités aux fournisseurs obligés mais calculés « par référence aux prix de marché de l'électricité »[(139)]. La loi prévoit aussi que les conditions d'achat sont modifiées régulièrement pour tenir compte de l'évolution des coûts évités et des charges de service public supportées par les producteurs[(140)].

Dans le domaine électrique toujours, mais seulement pour les installations qui dans les territoires des départements d'outre-mer utilisent de la biomasse (installations visées au 7° de l'article L. 314-1 du code de l'énergie), le législateur a prévu un plancher en deçà duquel les conditions d'achat ne sauraient descendre : il renvoie au prix de vente moyen de l'électricité issu du dernier appel d'offres biomasse national, ce prix devant en outre tenir compte lui-même des coûts évités par rapport à l'utilisation d'énergies fossiles[(141)].

Remarque

Le dernier appel d'offres biomasse national a été lancé en 2008.

On retient donc que le système impose de déterminer en première ligne le coût de production électrique évité sur le long terme aux fournisseurs liés par l'obligation d'achat. Ce calcul peut notamment prendre en compte, en plus des caractéristiques intrinsèques de la production d'électricité renouvelable, la zone électriquement connectée où la production a lieu en cas de non-raccor-

(135) Notamment celles issues du décret n° 2006-672 du 8 juin 2006 encadrant l'activité des commissions placées auprès des autorités de l'État.

(136) Voir CE 6 août 2008, Association vent de colère-Fédération nationale, 6 août 2008, n° 297723, *AJDA* 2008, p. 2 117, note B. Le Baut-Ferrarese, *JCP A* 2008, n° 2234, comm. P. Billet : défaut de consultation préalable du Conseil supérieur de l'énergie, ayant entraîné l'annulation d'un arrêté tarifaire, en l'occurrence l'arrêté du 10 juillet 2006 applicable à l'éolien terrestre ; voir aussi *supra* p. 447.

(137) Voir loi n° 2010-788 du 12 juillet 2010 (« Grenelle 2 »), art. 88 IV., et CE 12 avril 2012, S[té] Ciel et Terre, req. n° 344972, voir aussi *infra* p. 608 et s.

(138) « Dans le cadre de la politique énergétique, [...] [le service public] contribue à l'indépendance et à la sécurité d'approvisionnement, à la qualité de l'air et à la lutte contre l'effet de serre, à la gestion optimale et au développement des ressources nationales, à la maîtrise de la demande d'énergie, à la compétitivité de l'activité économique et à la maîtrise des choix technologiques d'avenir, comme à l'utilisation rationnelle de l'énergie. »

(139) C. énergie, art. L. 121-7 1°.

(140) C. énergie, art. L. 314-7.

(141) C. énergie, art. L. 314-4.

dement au réseau métropolitain continental de la zone[142]. La démarche analytique de la Commission de régulation de l'énergie, dévoilée dans ses avis successifs sur les tarifs d'achat, conduit à distinguer les filières dont la production n'est pas garantie (éolien, photovoltaïque), celles qui ont une production garantie (méthanisation, valorisation des déchets, biogaz, combustion des farines, géothermie, biomasse), enfin l'hydroélectricité (dont la production n'est pas garantie mais est moins irrégulière que l'éolien ou le photovoltaïque). Quant à la rémunération supplémentaire prévue par la loi POPE, elle est objectivement très difficile à quantifier selon la Commission de régulation de l'énergie : il semble toutefois qu'elle vise surtout la lutte contre l'effet de serre et la qualité de l'air et, beaucoup plus marginalement sans doute, l'indépendance énergétique nationale.

Afin d'installer un climat de confiance favorable à l'investissement, les conditions tarifaires sont applicables sur le temps long : les arrêtés prévoient une durée, pour l'obligation et les tarifs d'achat, de 15 à 20 ans, variable selon les filières. Cette démarche n'empêche pas l'autorité publique de modifier, avec effet normalement *ex nunc*, et exceptionnellement *ex tunc*, les tarifs, après analyse de l'évolution de l'économie des différentes filières[143].

Le bien-fondé d'un système de tarifs d'achat réglementés est controversé. En premier lieu, son impact sur le développement de la production d'énergie renouvelable ne serait pas prouvé. Par exemple, la Commission de régulation de l'énergie considère cette technique bien moins performante que celle des appels d'offres pour atteindre les objectifs quantitatifs fixés par les instances européennes et françaises : l'obligation d'achat avec tarifs d'achat offrirait une moindre prise sur les volumes et sur les lieux d'implantation, elle sous-valoriserait certains critères de qualité des projets (efficacité énergétique, proximité des réseaux), la transparence serait moins assurée que pour les appels d'offres, dont les prix prennent mieux en compte les subventions publiques déjà reçues. Contre cette analyse, l'étude de MM. Ménanteau, Lamy et Finon[144] a constaté que plus de 80 % de la capacité additionnelle de production d'électricité de source renouvelable installée en Europe en 2000 était située dans les trois pays ayant adopté l'obligation d'achat et les prix garantis. Ce sont à vrai dire, et en second lieu, les niveaux de prix relativement élevés pratiqués dans les pays européens qui font l'objet des plus vives critiques. L'accusation la plus répandue, portée notamment par la Commission de régulation de l'énergie et relayée par certains organismes est celle selon laquelle aurait été octroyée aux filières concernées, notamment à la filière éolienne[145], une rente indue, avec pour corollaire un coût très important pour le consommateur.

Remarque

Sur la base des tarifs issus de l'arrêté du 8 juin 2001, la Commission évaluait sa rentabilité de la filière éolienne à court terme à 20 % après impôt, voire à 30 % dans des sites très ventés.

Le niveau du tarif éolien a été par deux fois contesté devant le Conseil d'État qui, probablement freiné dans son contrôle par le fait qu'il aurait dû mettre en œuvre une analyse économique poussée, a limité son examen à l'erreur manifeste d'appréciation : le juge rejette l'argument de la requé-

(142) Décret n° 2001-410, art. 9.

(143) Voir *infra* p. 605 et s.

(144) P. Ménanteau, M.-L. Lamy, D. Finon, « Les marchés de certificats verts pour la promotion des énergies renouvelables : entre efficacité allocative et efficience dynamique », *Cahiers de recherche* 2003, n° 29, IEPE, Grenoble.

(145) CRE, avis 5 juin 2001, sur l'arrêté fixant les conditions d'achat de l'électricité produite par les installations utilisant l'énergie mécanique du vent, *JO* 22 juin 2001 ; voir aussi V. Le Biez, « Éoliennes : nouveau souffle ou vent de folie ? », *Amicus curiae*, Institut Montaigne, juillet 2008.

rante prétendant que les tarifs d'achat sont excessivement élevés au regard de la contribution des éoliennes à la réduction des gaz à effet de serre(146).

Les reproches parfois virulents adressés aux séries successives de tarifs(147) ont mis en cause le prétendu zèle écologique des porteurs de projets, que l'on a suspectés d'être attirés par des perspectives de rentabilité exceptionnelles (effet d'aubaine). Cette situation a conduit le législateur à tenter de limiter la « prime » ainsi versée aux producteurs d'électricité renouvelable. L'article 10 de la loi n° 2000-108 modifié par la loi POPE de 2005, repris à l'article L. 314-7 de l'énergie, indique en ce sens que la rémunération des capitaux immobilisés ne doit pas excéder « une rémunération normale des capitaux compte tenu des risques inhérents à ces activités et de la garantie dont bénéficient les installations d'écouler l'intégralité de leur production à un tarif déterminé ». La règle en cause vise à mieux encadrer la tarification administrative des contrats d'achat et à limiter les abus dénoncés par la Commission de régulation de l'énergie mais souffre de l'imprécision du concept de « rémunération normale des capitaux ». Elle opère aussi une conciliation entre le nécessaire développement des énergies de source renouvelable et la maîtrise des prélèvements opérés sur le consommateur *via* le mécanisme de la contribution au service public de l'électricité (CSPE).

Le financement de l'obligation d'achat par le consommateur, et par lui seul, par l'entremise de contributions au service public (CSPE/CSPG), apparaît ici de nouveau comme problématique. D'abord, dans son principe même : « Est-il justifié de faire reposer une part essentielle du financement du soutien au développement des énergies renouvelables [...] sur le seul consommateur ? » s'est interrogée la Cour des comptes(148). À ce questionnement il est possible de répondre que le poids pour le consommateur d'une telle charge économique est relatif puisqu'il dépend, d'une part, des niveaux de tarifs d'achat décidés par l'administration, d'autre part, des volumes d'énergie placés sous ce régime d'obligation d'achat. Dans le même esprit, l'imputation du coût de croissant de l'électricité à la CSPE et notamment à l'obligation d'achat peut être discutée face à des constats d'augmentation du prix global de ce produit(149).

Par définition le fardeau financier résultant des CSPE/CSPG est sujet à variations. Il est en particulier moins lourd à supporter lorsque les volumes vendus sous obligation d'achat sont marginaux, ce qui devrait être *a priori* le cas lors des premières années de mise en œuvre du processus d'injection de biogaz/biométhane dans les réseaux gaziers. En contrepoint de ces critiques, il peut être avancé que le renchérissement du coût de l'énergie pour le consommateur est le prix à payer pour favoriser l'essor des productions « vertes ». Un tel phénomène serait donc en quelque sorte inévitable tout en étant améliorable par des réformes judicieuses, telle celle du mode de calcul des contributions concernées de façon à ce qu'il tienne compte aussi des avantages, et pas seulement

(146) CE 21 mai 2003, Uniden, préc. ; voir aussi CE 15 mai 2012, Association vent de colère ! Fédération nationale ea., préc. : « Compte tenu, d'une part, des aléas qui s'attachent aux hypothèses de rentabilité des investissements en cause, calculée sur une durée allant de quinze à vingt ans et dépendant notamment de la durée annuelle de fonctionnement des installations utilisant l'énergie mécanique du vent, et d'autre part, de la diversité des caractéristiques du financement des projets, selon les choix opérés par les investisseurs, portant notamment sur l'arbitrage entre recours à l'emprunt et financement sur capitaux propres, il ne ressort pas des pièces du dossier qu'une erreur manifeste aurait été commise dans l'évaluation de la rémunération moyenne des capitaux immobilisés dans les installations utilisant l'énergie mécanique du vent ».

(147) Voir notamment S. Poignant, « Rapport sur la politique de soutien au développement des énergies renouvelables », Ass. nat. n° 1153, 21 octobre 2003 ; F. Reynier, « Rapport d'information sur l'énergie éolienne », Ass. nat., n° 2398, 31 mars 2010 : « Le prix actuellement fixé en France par arrêté ne présente qu'un caractère virtuel aux fondements économiques d'autant plus incertains, que les coûts de transformation et de raccordement au réseau restent à évaluer précisément ».

(148) « La compensation des charges du service public de l'électricité, Rapport public annuel », préc.

(149) Voir communication de la Commission de régulation de l'énergie, 25 janvier 2007, relative aux charges de service public de l'électricité et à la contribution unitaire pour 2007 ; communication de la Commission de régulation de l'énergie, 23 janvier 2008, relative aux charges de service public de l'électricité et à la contribution unitaire pour 2008.

des charges, que le rachat de l'énergie renouvelable entraîne pour les fournisseurs obligés (par exemple pour le secteur de l'électricité photovoltaïque la limitation des pertes de réseaux des fournisseurs du fait d'une production proche du lieu de consommation, la possibilité de comparer le prix de production de cette énergie avec le prix de gros diurne et non avec le prix de gros moyen sur ving-quatre heures du fait que cette énergie est produite de jour uniquement)(150), ou telle encore celle qui viserait à maîtriser davantage les facteurs de croissance des charges induites, c'est-à-dire à éviter les « tarifs trop attractifs » pour certaines filières sinon les systèmes fonctionnant « à guichets ouverts »(151).

Remarque

Dans son « Rapport sur la CSPE », la Cour des comptes n'a pas mis toutes les filières d'électricité renouvelable sur le même plan. Constatant, certes, une progression globalement « incontrôlée » des charges liées au soutien aux énergies renouvelables et à la cogénération, la Cour n'en a pas moins fait une différence entre, notamment, la filière éolienne et la filière photovoltaïque. La première « industriellement mature, bénéficie d'un tarif de rachat de l'électricité adapté aux coûts de production. La forte augmentation des charges liées à la filière éolienne dans la CSPE est donc étroitement corrélée à la forte augmentation de la puissance installée sur le territoire ». Pour la seconde, « la fixation de conditions tarifaires attractives » fut « destinée à [en] amorcer la constitution puis le développement », mais « a contribué à promouvoir l'électricité qui en est issue, dans des proportions telles, que l'effet d'aubaine en résultant pour les investisseurs de la filière (+ 1 500 % de contrats d'achat de 2004 à 2008) a provoqué un goulet d'étranglement dans les opérations de raccordement des installations au réseau public d'électricité ».

Si l'obligation d'achat est par nature un facteur d'amplification des contributions de type CSPE/CSPG, elle l'est d'autant plus lorsque les demandes de contrats d'achat connaissent une hausse sensible. Or, cette situation s'est produite à la fin de la première décennie des années 2000 pour la filière solaire photovoltaïque(152). Quoi qu'il en soit, il est sans doute exagéré de prétendre que l'obligation d'achat est la seule et unique cause de la « dérive » du système de financement des charges du service public de l'électricité(153). En effet, la rigidité des modalités de la fixation de la CSPE et le peu d'intérêt porté par les pouvoirs publics pour ce dispositif n'y seraient pas non plus étrangers. C'est ainsi d'ailleurs que le système est devenu de plus en plus difficile à soutenir financièrement, jusqu'à engendrer, même, une créance d'EDF, principal récipiendaire de la CSPE, à l'égard d'un État peu regardant(154). La loi de finances pour 2011 a entrepris de le réformer partiellement : d'une part, en supprimant le plafonnement de la CSPE, d'autre part, en prévoyant que la CRE puisse, s'il le faut, suppléer l'autorité administrative défaillante et fixer – ce qui ne lui était pas possible auparavant(155) – le montant de la contribution, dans des limites encadrées(156).

(150) Voir L. Poniatowski, « Rapport sur l'avenir de la filière photovoltaïque », Sénat, n° 442, du 13 avril 2011.

(151) Cour des comptes, « La compensation des charges du service public de l'électricité, Rapport public annuel », préc.

(152) Voir Commission de régulation de l'énergie, Délibération du 16 décembre 2011 portant proposition relative aux charges de service public de l'électricité et à la contribution unitaire pour 2012 : « Les charges liées aux énergies renouvelables devraient représenter 52 % des charges prévisionnelles au titre de 2012, principalement du fait du très fort développement de la filière photovoltaïque (36 % des charges) ».

(153) Sur ce sujet, outre le rapport très instructif de la Cour des comptes de 2011 préc., voir aussi M. Diefenbacher et J. Launey, « Rapport sur les enjeux et perspectives de la contribution au service public de l'électricité », Assemblée nationale, n° 2818, 28 septembre 2010.

(154) Voir P. Collet, « Résultats d'EDF : la CSPE génère une perte de 968 millions d'euros et une dette de 2,9 milliards », Actu-environnement.com, 16 février 2011.

(155) Voir CE 31 juillet 2009, req. n° 307223 et req. n° 31702.

(156) C. énergie, art. L. 121-9.

La politique de révision des tarifs d'achat

• Fondement des évolutions tarifaires :

Dans le secteur électrique, la révision des tarifs est une mesure de politique publique que la loi envisage explicitement et qu'elle justifie « lorsque la rémunération excède une rémunération normale des capitaux, compte tenu des risques inhérents à ces activités et de la garantie dont bénéficient ces installations d'écouler l'intégralité de leur production à un tarif déterminé »(157) ; la loi prévoit au surplus que « les conditions d'achat font l'objet d'une révision périodique afin de tenir compte de l'évolution des coûts évités et des charges » de service public imposées aux fournisseurs électriques(158). Le législateur n'a pas eu les mêmes préventions s'agissant du dispositif d'obligation d'achat qu'il a institué au profit du biogaz injecté dans les réseaux gaziers, probablement parce que cette filière est en phase d'amorçage et que son évolution économique est encore peu visible.

• Portée des évolutions tarifaires :

Les évolutions tarifaires observables ne concernent donc, pour l'heure, que l'électricité renouvelable. Sur la douzaine d'années de mise en application du régime d'obligation d'achat avec tarifs réglementés, on constate une évolution continue, et dans certains cas saccadée même, des tarifs, et qui n'a pas été en outre toujours effectuée à la lumière des recommandations sus-évoquées de la loi POPE. Aux premiers arrêtés tarifaires (2000-2003) ont ainsi succédé deux vagues ultérieures (2006-2007 ; 2009-2011), suivant un rythme dont il n'est pas simple toujours de comprendre le fil conducteur.

La première révision des tarifs applicables a consisté, globalement, en une élévation des prix de rachat. Ce phénomène se remarque en particulier : pour le solaire photovoltaïque (dont le tarif va doubler en 2006), pour l'électricité produite à partir de la méthanisation des déchets, ou bien encore pour la géothermie. C'est aussi au cours de la même période que sera créé le premier tarif de rachat pour la production d'électricité à partir d'éoliennes en mer(159). La quasi-totalité de ces tarifs a été adoptée sans égard au désaccord souvent persistant de la Commission de régulation de l'énergie(160). La volonté de faire prévaloir le développement des filières renouvelables, sinon de certaines d'entre elles en priorité, au moyen d'une politique tarifaire généreuse prévalait alors clairement sur le souci de quelques autres de contenir le « subventionnement » de ces productions.

---

(157) C. énergie, art. L. 314-7.

(158) *Ibid.*

(159) Arr. 26 juillet 2006.

(160) Voir les 4 avis de la Commission de régulation de l'énergie concernant les projets de production d'électricité issue d'installations utilisant l'énergie mécanique du vent, l'énergie radiative du soleil, le biogaz, l'énergie des nappes aquifères ou des roches souterraines, *JO* 27 juillet 2006.

Les révisions ultérieures sont plus contrastées. Pour certaines filières, il n'y aura pas d'évolution marquante(161). Pour d'autres, les tarifs vont évoluer plutôt à la hausse(162). Il est toutefois une filière qui se détache assez nettement des autres, en ce qu'elle sera exposée à des baisses importantes, et répétées, dans le but de ralentir une progression que les pouvoirs publics jugeaient trop rapide : il s'agit de la production d'électricité à partir de l'énergie radiative du soleil.

La baisse des tarifs d'achat ayant ainsi affecté la filière de l'électricité photovoltaïque a eu en effet pour objectif de ralentir sa montée en puissance soudaine et très (trop ?) rapide, dont on a dit qu'elle était consécutive aux opportunités économiques découlant de la seconde vague de tarifs (issue de l'arrêté du 10 juillet 2006). Il est vrai que ces derniers avaient été stigmatisés en ce qu'ils auraient consacré des rentabilités excessives(163), et qu'ils ne seraient donc pas en syntonie avec les termes de l'article L. 123-7 du code de l'énergie. La critique a porté d'autant plus que le contexte économique s'est révélé de plus en plus favorable à ce type de production, en raison de la forte baisse des coûts de production des panneaux photovoltaïques(164).

Les pouvoirs publics ont donc réfléchi à une parade. Alors que certains avaient recommandé une régionalisation des tarifs(165), d'autres suggérèrent une solution plus radicale consistant, en substance, à répondre à un double enjeu : la réduction des coûts et la rationalisation du système(166). C'est cette seconde option qui allait finalement l'emporter, et donner lieu à une véritable « saga » juridique(167) puisque l'on verra se succéder pas moins de quatre séries d'arrêtés tarifaires en un

(161) Voir par exemple les tarifs de l'arrêté du 17 novembre 2008 fixant les conditions d'achat de l'électricité produite par les installations utilisant l'énergie mécanique du vent, et abrogeant l'arrêté tarifaire antérieur en date du 8 juin 2001 : pour l'éolien terrestre, le tarif a été fixé à 8,2 c€/kWh pendant 10 ans, puis entre 2,8 et 8,2 c€/kWh pendant 5 ans selon les sites ; pour l'éolien en mer, le tarif a été fixé à 13 c€/kWh pendant 10 ans, puis entre 3 et 13 c€/kWh pendant 10 ans selon les sites.

(162) Voir par exemple les tarifs issus de l'arrêté du 23 juillet 2010 fixant les conditions d'achat de l'électricité produite par les installations utilisant l'énergie des nappes aquifères ou des roches souterraines telles que visées au 6° de l'article 2 du décret n° 2000-1196 du 6 décembre 2000 : par rapport aux conditions tarifaires précédentes (fixées par l'arrêté du 10 juillet 2006), en France métropolitaine, l'augmentation a été de 67 % pour le tarif de référence (de 12 à 20 c€/kWh) et de 167 % pour la prime à l'efficacité énergétique (de 3 à 8 c€/kWh) ; dans les départements d'outre-mer et dans la collectivité territoriale de Saint-Pierre-et-Miquelon, la prime n'a pas été modifiée, mais le tarif de référence a augmenté de 30 % (de 10 à 13 c€/kWh) ; voir aussi F. Roussel, « Géothermie : l'arrêté précisant les conditions d'achat de l'électricité est paru », Actu-environnement.com, 26 juillet 2010 ; voir également les tarifs découlant de l'arrêté du 28 décembre 2009 fixant les conditions d'achat de l'électricité produite par les installations utilisant, à titre principal, l'énergie dégagée par la combustion de matières non fossiles d'origine végétale ou animale telles que visées au 4° de l'article 2 du décret n° 2000-1196 du 6 décembre 2000 : en l'espèce, par rapport au précédent arrêté en date du 16 avril 2002, le tarif d'achat a globalement doublé.

(163) Voir Commission de régulation de l'énergie, Avis du 31 août 2010 sur le projet d'arrêté fixant les conditions d'achat de l'électricité produite par les installations utilisant l'énergie radiative du soleil telles que visées au 3° de l'article 2 du décret n° 2000-1196 du 6 décembre 2000, Délibération du 3 mars 2011 portant avis sur le projet d'arrêté fixant les conditions d'achat de l'électricité produite par les installations utilisant l'énergie radiative du soleil telles que visées au 3° de l'article 2 du décret n° 2000-1196 du 6 décembre 2000 ; voir aussi Inspection générale des finances, Conseil général de l'économie, de l'industrie et des technologies (J.-M. Charpin, A. Siné, P. Helleisen, C. Tlili, C. Trinks , C. Stoffaes), « Mission relative à la régulation et au développement de la filière photovoltaïque en France », 2010, https ://www.igf.minefi.gouv.fr/sections/les_rapports_par_ann/2010/mission_relative_ala.

(164) Voir R. Granjon, « Validation du décret suspendant l'obligation d'achat de l'électricité photovoltaïque », *ACCP*, mai 2012, p. 43.

(165) Voir S. Poignant, « Rapport sur l'énergie photovoltaïque », Ass. Nat., n° 1846 du 16 juillet 2009 : « La logique la plus compréhensible par tous mais minimale consisterait à séparer la France en deux, le tarif nord dépassant le tarif sud d'environ 20 % avec une ligne géographique la plus judicieusement établie. »

(166) Voir J.-M. Charpin, A. Siné, P. Helleisen, C. Tlili, C. Trinks , C. Stoffaes, « Mission relative à la régulation et au développement de la filière photovoltaïque en France », préc.

(167) J.-D. Dreyfus, « La saga du photovoltaïque », *AJCT* 2011, p. 152 ; voir aussi S. Beauvillard et D. Ronzy Brun, « Instabilité réglementaire et révision des prix à répétition : la nouvelle stratégie du gouvernement pour le photovoltaïque s'imposera-t-elle sur la durée ? », *BDEI* 2011, p. 33.

peu plus d'un an(168), qui vont entraîner une baisse continue des tarifs sur la période considérée et, pour certains, consacrer de surcroît de nouveaux outils de régulation de la filière. Ces arrêtés tarifaires seront enfin entrecoupés d'une mesure de suspension – moratoire – de l'obligation d'achat avec tarifs réglementés décidée en décembre 2010(169).

Remarque

Au premier trimestre 2012, le Gouvernement avait annoncé mettre à l'étude un nouveau projet de révision des tarifs, tenant compte de façon inédite de l'origine européenne des panneaux (voir F. Roussel, « Le nouveau tarif pour les panneaux "*made in France*" attendu pour avril », Actu-environnement.com, 29 février 2012 ; D. Laperche, « Photovoltaïque : les discussions sur la bonification tarifaire pour les panneaux européens continuent », Actu-environnement.com, 26 mars 2012). Si elle était adoptée, une telle mesure stimulerait la production industrielle européenne au risque de contrevenir aux principes du droit du GATT/OMC.

Le principe même d'un moratoire est une possibilité prévue par le quatorzième alinéa de l'article 10 de la loi n° 2000-108 aujourd'hui repris à l'article L. 314-6 du code de l'énergie : « Sous réserve du maintien des contrats en cours l'obligation de conclure un contrat d'achat prévu à l'article L. 314-1 du code de l'énergie peut être partiellement ou totalement suspendue par l'autorité administrative, pour une durée qui ne peut excéder dix ans, si cette obligation ne répond plus aux objectifs de la programmation pluriannuelle des investissements ». C'est à partir du constat que les objectifs définis par la programmation pluriannuelle des investissements de production (PPI) établis en 2009 étaient dépassés que le Gouvernement a pris cette décision. Si au regard du droit, pareil dépassement de la PPI ne requiert certes pas une telle mesure, il en offre à tout le moins l'opportunité : tel est en tout cas ce qu'a jugé le Conseil d'État, renvoyant à la situation particulière du secteur en cause – « au vu non seulement de la capacité des installations mises en service, mais également de celle des installations ayant fait l'objet d'une demande de raccordement de réseau »(170). Le juge administratif a également indiqué que le grief selon lequel une telle décision restreindrait le principe de la liberté du commerce et de l'industrie ne pouvait être utilement articulé devant lui, en raison de son ancrage dans la loi(171).

Le moratoire a eu pour effet de suspendre, pour une durée de trois mois (soit du 9 décembre 2010 au 9 mars 2011) l'obligation légale faite à EDF et aux DNN/ELD de conclure un contrat d'achat, aux tarifs administrés qui étaient à l'époque applicables (soit ceux issus de l'arrêté du 10 juillet 2006), avec les producteurs intéressés. Seules y ont échappé les petites installations (de moins de 3 kilowatt crête) (kWc), ainsi que les projets pour lesquels le producteur avait notifié au gestionnaire de réseau, avant le 2 décembre 2010, son acceptation de la proposition technique et financière (PTF) de raccordement au réseau. De fait, le moratoire a servi de transition vers un système

(168) Arr. 12 janvier 2010 fixant les conditions d'achat de l'électricité produite par les installations utilisant l'énergie radiative du soleil telles que visées au 3° de l'article 2 du décret n° 2000-1196 du 6 décembre 2000 ; arr. 15 janvier modifiant l'arrêté du 12 janvier 2010 fixant les conditions d'achat de l'électricité produite par les installations utilisant l'énergie radiative du soleil telles que visées au 3° de l'article 2 du décret n° 2000-1196 du 6 décembre 2000 ; arr. 16 mars 2010 relatif aux conditions d'achat de l'électricité produite par certaines installations utilisant l'énergie radiative du soleil, arr. 31 août 2010 fixant les conditions d'achat de l'électricité produite par les installations utilisant l'énergie radiative du soleil telles que visées au 3° de l'article 2 du décret n° 2000-1196 du 6 décembre 2000 ; arr. 4 mars 2011 portant abrogation de l'arrêté du 31 août 2010 fixant les conditions d'achat de l'électricité produite par les installations utilisant l'énergie radiative du soleil telles que visées au 3° de l'article 2 du décret n° 2000-1196 du 6 décembre 2000 ; arr. 4 mars 2011 fixant les conditions d'achat de l'électricité produite par les installations utilisant l'énergie radiative du soleil telles que visées au 3° de l'article 2 du décret n° 2000-1196 du 6 décembre 2000.

(169) Décret n° 2010-1510 du 9 décembre 2010 suspendant l'obligation d'achat de l'électricité produite par certaines installations utilisant l'énergie radiative du soleil.

(170) Section 17 octobre 2011, Sté Ciel et terre, req. n° 344972.

(171) *Ibid.*

de soutien à la filière photovoltaïque profondément remanié. La nouvelle phase a débuté avec l'arrêté du 4 mars 2011, qui a limité le rôle jusque-là principal de l'obligation d'achat avec tarifs réglementés dans le cadre du soutien public à la filière. Le texte consacre les trois mesures suivantes : un plafonnement de la quantité d'électricité photovoltaïque éligible à l'obligation d'achat avec tarifs d'achat réglementés ; une dégressivité des tarifs pour les installations sur bâtiment de moins de 100 kWc (seuil équivalent à une surface de 1 000 m^2 de panneaux photovoltaïques) ; enfin, pour les installations de plus de 100 kWc et pour les centrales au sol, une substitution du système antérieur par le dispositif des appels d'offres de l'article L. 311-12 du code de l'énergie, soit un maintien de l'obligation d'achat mais une exclusion des tarifs publics.

Remarque

Lorsque la quantité d'électricité photovoltaïque placée sous le régime de l'obligation d'achat dépasse le plafond fixé à l'article de l'arrêté du 4 mars 2011, le tarif d'achat applicable diminue très substantiellement, puisqu'il passe à 5 centimes d'euros/kWh.

La dégressivité des tarifs d'achat concernant les installations de moins de 100 kWc correspond à un ajustement trimestriel du tarif en fonction des demandes de raccordement au réseau : plus les demandes de raccordement augmentent, plus les tarifs d'achat diminuent ; à cet effet, les opérateurs de réseaux doivent chaque trimestre informer la CRE des demandes de raccordement reçues, ce qui permet d'ajuster à la hausse ou à la baisse le tarif d'achat.

Le remplacement du dispositif de l'obligation d'achat avec tarifs réglementés par celui des appels d'offres pour les ouvrages dont la puissance est supérieure à 100 kWc remplace l'ancienne régulation du marché « en aval » (par les tarifs publics) par une régulation « en amont ». Forcément, du fait de l'application d'un tarif d'achat qui est désormais contractuel, un tel système doit permettre une moindre mobilisation de la CSPE.

L'arrêté tarifaire du 4 mars 2011 pose par ailleurs un certain nombre d'exigences nouvelles en termes de qualité environnementale et industrielle des projets (technologie employée) (art. 2). Il exige aussi que les dossiers de demande de raccordement des projets non résidentiels (installations de puissance crête supérieure à 9 kW) soient accompagnés d'une attestation bancaire garantissant la solvabilité financière du porteur ou d'un document certifiant de l'obtention d'un prêt (art. 9).

Dans sa délibération du 3 mars 2011 portant avis sur le projet d'arrêté fixant les conditions d'achat de l'électricité produite par les installations utilisant l'énergie radiative du soleil telles que visées au 3° de l'article 2 du décret n° 2000-1196 du 6 décembre 2000, la CRE a estimé que « désormais, les tarifs proposés sont conformes aux dispositions de l'article 10 de la loi du 10 février 2000, qui prévoient que les niveaux des tarifs ne doivent pas induire de rentabilités excessives », tout en constatant que « malgré ce retour à un dispositif plus équilibré, les charges de service public liées à l'ensemble de la filière photovoltaïque à l'horizon 2020 seront probablement supérieures à 2Md€ par an, soit environ 0,1 % du PIB ».

• Problèmes juridiques soulevés par les évolutions tarifaires :

Les évolutions à la baisse des tarifs et autres mesures de suspension tarifaire ont prêté le flanc aux critiques[(172)]. Sans surprise, des recours contre les textes les ayant consacrées ont été portés devant le Conseil d'État, qui a toutefois validé pour l'essentiel ces derniers, au nom principalement de la maîtrise nécessaire du coût économique résultant pour les consommateurs d'électricité de l'obligation d'achat. L'attention se focalisera sur six points importants soumis à la juridiction administrative.

Il s'agit en premier lieu du problème de la légalité externe des textes incriminés. Pour ce qui concerne les arrêtés tarifaires, le principe est que de tels actes doivent être précédés de l'avis de la Commission de régulation de l'énergie, prévu à l'article 8 du décret n° 2001-410. Cependant, le juge a admis que cette obligation puisse être écartée par la loi, en l'espèce par la loi « Grenelle 2 » par laquelle le législateur a fait part de sa volonté d'écarter tout contrôle juridictionnel sur un tel problème, au moyen

(172) Voir par exemple A. Le Gall, « Droit de l'énergie », *JCP E*, 2011, n° 1284 : « Ce genre de mesure illustre parfaitement l'absence de politique claire dans ce domaine : après avoir cédé aux pressions de tout bord pour favoriser ces filières sans aucune étude objective en amont, on tente de colmater les brèches du système incohérent qu'on a créé sous la pression de l'"énergétiquement correct" ».

d'une validation législative explicite(173). En revanche le Conseil d'État a estimé qu'un décret portant moratoire constituait sur ce plan un cas particulier : certes, en tant qu'il a la nature d'un acte réglementaire émanant de l'État et intéressant le secteur de l'électricité (ou du gaz), il doit être soumis à la consultation du Conseil supérieur de l'énergie (CSE) par application de l'article 45 de la loi du 8 avril 1946 relative à la nationalisation du gaz et de l'électricité(174), toutefois aucun texte n'exige qu'il soit soumis à l'avis de la Commission de régulation de l'énergie (CRE) préalablement à son adoption, pour le motif qu'il n'est *stricto sensu* ni un arrêté tarifaire, ni un règlement relatif à l'accès aux réseaux publics de transport et de distribution au sens de l'article 31 de la loi du 10 février 2000 aujourd'hui repris à l'article L. 134-10 du code de l'énergie.

En second lieu, il semblait possible de considérer que les changements imposés en matière de tarifs soient de nature à créer un préjudice économique au détriment de tous ceux qui en étaient victimes. Mais la preuve d'un tel préjudice s'est avérée très difficile à rapporter. D'une part, en raison des difficultés de l'estimation d'un tel préjudice – statuant en tant que juge des référés sur les demandes de suspension du décret moratoire du 9 décembre 2010 ou des arrêtés du 16 mars 2010 fixant les conditions d'achat de l'électricité produite par l'énergie radiative du soleil, le Conseil d'État les a ainsi rejetées pour défaut d'urgence, au motif que les sociétés requérantes n'apportaient pas de précisions suffisantes « sur les coûts exposés et sur les conséquences, en matière de résultats, des pertes financières et des surcoûts allégués »(175) –, ou encore d'un lien de causalité non démontré « entre le changement tarifaire et les pertes de chiffre d'affaires alléguées »(176). D'autre part, parce qu'en tout état de cause un tel préjudice entre en conflit avec l'intérêt général, qui dans le cas du décret moratoire est identifié à « l'intérêt public qui s'attache au réexamen d'un système incitatif dont les effets, dans son équilibre actuel, risquent de soumettre les consommateurs d'électricité à des prélèvements compensatoires en forte hausse »(177).

En troisième lieu, il était légitime de se demander si les modifications apportées aux tarifs d'achat ne s'analysaient pas en une violation de certains des engagements environnementaux de la France.

C'est ainsi que les mesures sus-évoquées ont été confrontées à l'exigence de promotion d'un développement durable telle que posée à l'article 6 de la Charte de l'environnement(178). Mais le Conseil d'État a indiqué que l'administration échappait à ce grief, en raison, pour le décret moratoire, de son caractère temporaire, et de façon plus générale de l'adéquation de l'ensemble des mesures

(173) Voir CE 12 avril 2012, S^té^ Ciel et Terre , req. n° 344972, préc. : « Considérant [...] que [...] le IV de l'article 88 de la loi du 12 juillet 2010 a, sous réserve des décisions de justice passées en force de chose jugée, validé les arrêtés attaqués en tant qu'ils seraient contestés par des moyens tirés d'une irrégularité de consultation ; qu'il résulte des dispositions de l'article 8 précité du décret du 10 mai 2001 relatif aux conditions d'achat de l'électricité produite par des producteurs bénéficiant de l'obligation d'achat que les auteurs des arrêtés attaqués n'étaient pas tenus de suivre les avis du Conseil supérieur de l'énergie et de la Commission de régulation de l'énergie ; que, par suite, les moyens tirés de ce que le Conseil supérieur de l'énergie n'aurait pas été consulté ou qu'il l'aurait été, ainsi que la Commission de régulation de l'énergie, dans des conditions irrégulières et de ce que les auteurs de l'arrêté ne se seraient pas conformés à leur avis ne peuvent qu'être écartés. »

(174) Voir CE Section 16 novembre 2011, Sté Ciel et Terre, préc.

(175) Ord., 21 février 2011, SARL Encassou, req. n° 345858.

(176) Ord., 18 juin 2010, Sté Aria Invest, n° 339382 ; ord., 13 août 2010, SAEML Enjoy Montpellier, n° 342223.

(177) CE Section 16 novembre 2011, Sté Ciel et Terre, préc.

(178) « Les politiques publiques doivent promouvoir un développement durable. À cet effet, elles concilient la protection et la mise en valeur de l'environnement, le développement économique et le progrès social. »

incriminées au motif qui les fonde, en l'espèce le souci de maîtriser le coût économique de l'obligation d'achat pour le consommateur final(179).

Les mêmes textes ont encore été rapportés à l'engagement pris par la France de développer les énergies renouvelables dans le cadre des directives européennes, en dernier lieu dans le cadre de la directive 2009/28 du 23 avril 2009, dont les grands principes sont repris dans les lois « Grenelle ». Cependant, le juge administratif a refusé de prononcer la censure sur ce terrain. Aux requérants qui, pour fonder leur demande de suspension du décret moratoire du 9 décembre 2010, faisaient valoir que celui-ci créait une « situation d'urgence écologique et énergétique en compromettant le développement des énergies renouvelables », le Conseil d'État répond qu'un tel argument « ne peut être retenu eu égard à la faible durée de la suspension et à l'ampleur des capacités de production par rapport aux objectifs, ces derniers étant fixés en tenant compte du droit de l'Union européenne »(180).

De fait, le juge administratif a consacré l'existence dans le domaine en cause d'un pouvoir discrétionnaire important au profit de l'administration. Ainsi, a-t-il relevé qu'en adoptant le décret moratoire le Premier ministre n'avait pas commis d'erreur manifeste d'appréciation dès lors que cette démarche visait à « mieux concilier les objectifs de développement de la filière et les contraintes économiques et sociales »(181).

En quatrième lieu, certains producteurs photovoltaïques se sont plaints du fait que les évolutions apportées au régime tarifaire avaient provoqué une détérioration brutale de leur situation, ce qui a conduit le juge administratif à examiner si elles ne portaient pas atteinte au principe de confiance légitime. Ce principe appartient aux principes généraux du droit de l'Union européenne. Il régit l'application dans le temps des actes législatifs et exécutifs de cet ordre juridique. Il impose, comme tel, de « sauvegarder la confiance légitime dans la stabilité » des situations juridiques créées par les règles de droit, en d'autres termes il requiert que les pouvoirs publics ne trompent pas la confiance que les administrés ont pu placer dans cette stabilité en modifiant trop brutalement les règles juridiques. Il exige par là-même que l'action publique soit suffisamment prévisible lorsqu'elle remet en cause un dispositif créateur de droits. Si ce principe fait partie intégrante de l'ordre juridique de l'Union, il n'est toutefois applicable en droit interne que lorsque l'on se situe effectivement dans le champ d'application du droit de l'Union européenne(182), ou bien encore ne vaut que pour « des situations juridiques régies par le droit communautaire »(183), ou dans l'exercice par les États membres des pouvoirs que leur confèrent les directives communautaires(184).

(179) CE Section 16 novembre 2011, Sté Ciel et Terre, préc. : « [...] le décret attaqué, qui prévoit une suspension provisoire et limitée dans le temps de l'obligation de conclure un contrat d'achat d'électricité produite par des installations utilisant l'énergie radiative du soleil, pour permettre une redéfinition des conditions de cette obligation afin, notamment, de mieux maîtriser le coût en résultant pour les consommateurs d'électricité, ne méconnaît pas ces dispositions » – CE 12 avril 2012, Syndicat national des producteurs d'énergie photovoltaïque, req. n° 337528 : « l'arrêté attaqué se borne à redéfinir les conditions d'achat de l'électricité produite par des installations utilisant l'énergie radiative du soleil, pour adapter le niveau des tarifs à l'évolution des coûts de production de cette électricité et éviter une augmentation excessive de la charge résultant de l'obligation d'achat pour les consommateurs d'électricité ».

(180) CE ord. réf. 28 janvier 2011, Sté Ciel et Terre, req. n° 344973, *Environnement et développement durable*, mai 2011, comm. 60, A. Carpentier, « Contentieux solaire : le consommateur final, clé de voûte de l'intérêt général », *JCP A* 2011 n° 2094.

(181) CE Section 16 novembre 2011, Sté Ciel et Terre, préc.

(182) CJCE 19 sept 2002, Republik Österreich c./Martin Huber, C-336/00, *Rec.* p. I-7699.

(183) Voir par exemple CE 16 mars 1998, Association des élèves, parents d'élèves et professeurs des classes préparatoires vétérinaires et Mlle Poujol, *Rec.* p. 84 – CE ass., 5 mars 1999, M. Rouquette, req. nos 194658 et 196116 – CE Section 13 décembre 2006, SARL Euroshop, req. n° 267782 – CE 30 mars 2007, Sté Enel, req. n° 289687, *AJDA* 2007, p. 716 – CE ass. 24 mars 2006, Sté KPMG, req. n° 288460.

(184) CJCE 3 décembre 1998, Belgocodex, C-381/97, *Rec.* p. I-8153, 21 février 2008, Netto Supermarkt, C-271/06, *Rec.* p. I-771.

Qu'en était-il donc dans le contexte des litiges liés aux évolutions frappant les régimes tarifaires de l'obligation d'achat dans le secteur de l'électricité photovoltaïque ?

Dans l'affaire intéressant le décret moratoire du 9 décembre 2010, le Conseil d'État a jugé que le principe de confiance légitime était opérant. Le juge a cependant estimé qu'en l'espèce il n'y avait pas été porté atteinte dès lors qu'aucun texte, ni de droit communautaire ni de droit français, n'impose le maintien d'un dispositif d'obligation d'achat, et, au surplus, pour le motif que les opérateurs économiques concernés étaient en mesure de prévoir une pause dans l'application du dispositif. Sur ce dernier point, le Conseil d'État considère que la modification du régime a ainsi pu être opérée sans que soit trompée la confiance légitime d'opérateurs « prudents et avisés », qui ont été au cas présent mis en mesure de l'anticiper puisque les autorités avaient annoncé publiquement, à diverses reprises, leurs intentions(185)(186). En acceptant de prendre en considération le principe européen de confiance légitime, le juge administratif est de fait conduit à exercer un contrôle juridictionnel pragmatique, la validité de l'acte litigieux étant sous cet angle de vue mise en relation avec des données purement factuelles.

Dans le cadre de l'affaire concernant la modification des tarifs d'achat de janvier 2010, le Conseil d'État a procédé à une interprétation plus restrictive de la portée du principe de confiance légitime. En effet, il a ici refusé d'en accepter l'applicabilité *ratione materiae*. Cette exclusion se fonde sur l'affirmation « qu'aucun texte du droit de l'Union européenne, notamment pas la directive du Parlement européen et du Conseil du 27 septembre 2001 relative à la promotion de l'électricité produite à partir de sources d'énergie renouvelables sur le marché intérieur de l'électricité, n'a pour objet de régir les modalités de rachat de l'électricité produite à partir de sources d'énergie renouvelables »(187). En l'occurrence, le juge administratif renvoie donc au fait que le droit de l'UE serait totalement étranger à cet aspect du litige, en sorte qu'il n'y aurait pas lieu d'appliquer les principes qui en sont issus.

Force est de constater que sur deux sujets apparemment pourtant très proches la question de l'opposabilité du principe européen de confiance légitime aux autorités françaises a fait l'objet d'appréciations divergentes. Or, il apparaît difficile de comprendre pourquoi ledit principe est applicable dans un cas – quand la situation juridique dont a à connaître le juge administratif français est liée à l'adoption d'un décret suspendant temporairement l'obligation de conclure un contrat d'achat de l'électricité produite par certaines installations – et pas dans l'autre – quand la situation se rapporte à un arrêté fixant de nouvelles conditions d'achat de l'électricité produite par les mêmes installations –, dès lors que, dans l'une comme l'autre de ces deux hypothèses, est en cause le régime juridique de l'obligation d'achat de la même filière de production électrique. De deux choses l'une en effet : soit on considère que les régimes nationaux d'obligation d'achat sont appréhendés par la législation de l'Union, en l'espèce probablement par les directives européennes sur les énergies renouvelables, qui, en en faisant la promotion, pourraient être regardées comme incluant dans leur giron l'ensemble des dispositifs nationaux visant à soutenir ces énergies, y compris donc ceux organisant une obligation d'achat ; soit on estime qu'ils ne le sont pas, en s'appuyant d'ailleurs sur

(185) Voir CE Section 16 novembre 2011, S[té] Ciel et Terre, préc : « [Considérant] que le développement trop rapide des installations de production d'électricité à partir de l'énergie radiative du soleil et le niveau excessif du tarif d'achat, pesant sur le coût de l'électricité pour le consommateur, avaient été soulignés, notamment, par différents avis de la Commission de régulation de l'énergie et par un rapport du conseil général de l'industrie, de l'énergie et des technologies et de l'inspection générale des finances. »

(186) Rapport Charpin préc.

(187) CE 12 avril 2012, Syndicat national de l'électricité photovoltaïque, préc.

les mêmes textes, mais en arguant de leur intensité normative limitée(188), et en notant par surcroît qu'aucun des deux dispositifs mis en cause n'a été pris afin de les transposer dans l'ordre juridique interne de la France(189). En conclusion, il semble difficile de justifier la réponse équivoque de la jurisprudence, ce d'autant qu'elle pose en filigrane la question de l'égalité de traitement juridictionnel de deux affaires comparables sur un plan matériel.

Remarque

Il sera noté que la Commission européenne a pris position en faveur de l'applicabilité du principe européen de confiance légitime à des situations comparables à celle présentées au juge administratif français, et invité les États membres à éviter les modifications intempestives de leurs réglementations en la matière. Dans une lettre adressée à l'État espagnol le 22 février 2011, elle s'exprime dans les termes suivants : « [...] De nombreux acteurs du secteur photovoltaïque nous ont récemment contactés afin de nous exprimer leurs préoccupations quant aux changements du cadre réglementaire s'appliquant aux centrales photovoltaïques en Espagne, établi par le Décret Royal 661/2007 du 25 mai. Cette nouvelle réforme du système de réglementation des installations photovoltaïques intervient après le Décret Royal 1565/2010 du 19 novembre, qui limite la durée d'application des tarifs de rachat à un maximum de 25 ans, et le Décret Royal 14/2010 du 23 décembre, qui limite la production électrique rachetée au tarif fixé par le décret. En particulier, le caractère rétroactif de cette dernière mesure a suscité de graves préoccupations. Nous souhaiterions vous informer de ces préoccupations et vous exprimer nos réserves sur ces mesures. [...]. Il est inutile de vous rappeler que l'Union Européenne et ses États membres se sont engagés à respecter des objectifs de réduction des émissions de gaz à effet de serre et à atteindre un pourcentage minimal de production d'énergie à partir de sources renouvelables à horizon 2020. [...] En la matière, l'Espagne assure vouloir atteindre l'objectif européen pour 2020, qui fixe la part des énergies renouvelables à 20 % de la consommation énergétique totale. Pour parvenir à ce résultat, il est primordial de créer un environnement stable, propice à l'investissement. Sans stabilité et visibilité, l'Espagne s'expose à une remise en cause de la politique européenne, à une augmentation du coût des investissements nécessaires et à un manquement aux objectifs européens. Nous ne remettons pas en cause que les ajustements des tarifs, ou la diminution des coûts permise par l'évolution technique puissent se justifier ou être nécessaires. Cependant, nous sommes convaincus que ces ajustements doivent être élaborés en pensant au futur. Par conséquent, il est nécessaire qu'ils soient prévisibles et non rétroactifs. Il ne faut pas oublier que ces mesures rétroactives pour les centrales photovoltaïques fragilisent la confiance des investisseurs et peuvent être préjudiciables à d'autres types d'installations et à d'autres pays, ce qui, à terme, peut causer une perte de confiance dans les législations nationales et européenne en matière d'énergie renouvelable. Par conséquent, nous vous prions de ne pas réduire vos efforts dans le maintien d'une politique énergétique stable et prévisible et qui soit prudente dans son étude des mesures susceptibles d'affecter les investissements passés. En particulier, les États membres doivent garantir le respect des principes du Droit de l'Union Européenne, ce qui inclut la sécurité juridique et la protection de la confiance légitime » (http://www.arnaudgossement.com/archive/2010/12/04/enr-solaire-la-commission-europeenne-denonce-la-politique-de.html).

En cinquième lieu, et dans le même esprit, certains producteurs photovoltaïques ont dénoncé la rétroactivité de certaines des évolutions tarifaires. Le décret moratoire prévoyait en effet que tous les projets n'ayant pas accepté la proposition technique et financière de raccordement au réseau avant le 2 décembre 2010, soit avant sa date d'entrée en vigueur fixée au 9 décembre 2010, tombaient sous le coup de cette mesure. Quant aux nouveaux arrêtés tarifaires des 12 et 15 janvier 2010, ils modifiaient le fait générateur déclenchant le tarif applicable, retenant non plus la demande complète de contrat d'achat mais celle de raccordement au réseau, et imposant par là-même à des projets qui étaient encore en cours d'instruction des tarifs nouveaux dont la baisse était significative.

Remarque

La rétroactivité des arrêtés tarifaires des 12 et 15 janvier 2010 avait été initialement annoncée par communiqué du ministre de l'Énergie. Elle sera précisée par l'arrêté du 16 mars 2010 relatif aux conditions d'achat de l'électricité produite par certaines installations utilisant l'énergie radiative du soleil. Ce dernier texte a indiqué que seules certaines installations pourraient continuer à bénéficier des

(188) Voir aussi *supra* p. 414 et s.

(189) Comp. avec CJUE 10 septembre 2009, Plantanol, C-201/08, *Rec.* p. I-657 : la Cour considère que la suppression anticipée d'un régime d'exonération fiscale au profit de biocarburants entre dans le cadre d'une réglementation assurant la transposition en droit interne des directives 2003/30 (directive biocarburants) et 2003/96 (directive taxation des produits énergétiques), cette mesure doit donc respecter les principes généraux du droit communautaire, notamment de confiance légitime et de sécurité juridique.

anciens tarifs 2006 : d'une part, celles pour lesquelles le producteur avait validé la proposition technique et financière de raccordement, versé avant le 11 janvier 2010 le premier acompte, et déposé avant le 1er novembre 2009 une demande de contrat d'achat, d'autre part, celles d'une puissance inférieure à 36 kWc, enfin, pour la catégorie des installations dont la puissance était comprise entre 36 et 250 kWc, celles pour lesquelles le producteur avait déposé une demande de contrat d'achat et de raccordement au réseau avant le 11 janvier 2010.

La détermination du régime tarifaire applicable à des demandes de contrat d'achat présentées avant la publication des arrêtés de janvier 2010 n'aurait sans doute pas suscité de contentieux si les tarifs n'avaient pas connu une baisse sensible. En effet, le Conseil d'État n'admet la contestation de la rétroactivité d'une mesure rétroactive que si celle-ci fait grief au demandeur (voir 18 février 1959, Cne de Tourlaville, *Leb.* 123).

Mais, pour contester cette rétroactivité, encore fallait-il démontrer en quoi les textes litigieux auraient porté atteinte à des situations définitivement fixées dans le passé. Or, il se trouve que la loi n° 2010-788 du 12 juillet 2010 (« Grenelle 2 ») va donner à cette question un relief particulier.

D'une part, l'article 88 III de cette loi va disposer que les contrats d'achat régis par l'article 10 de la loi du 10 février 2000 sont « des contrats administratifs qui ne sont conclus et qui n'engagent les parties qu'à compter de leur signature. Le présent alinéa a un caractère interprétatif »(190). Or, le Conseil d'État va interpréter strictement cette règle nouvelle et décider que les producteurs à l'égard desquels l'obligation d'achat a été suspendue ne peuvent être regardés comme étant liés à EDF ou à tout autre fournisseur obligé avant la signature du contrat d'achat(191). De fait, le juge administratif a donc dénié au moratoire son caractère rétroactif.

Remarque

Le propre d'une disposition « interprétative » est de préciser la signification et la portée que la règle interprétée est censée avoir eues depuis son entrée en vigueur. Il en résulte que l'interprétation doit être appliquée aux rapports juridiques nés et constitués avant son adoption. En l'occurrence, la rétroactivité du décret moratoire a en quelque sorte été anéantie par le fait que la disposition nouvelle issue de la loi « Grenelle 2 » comportait elle-même un effet rétroactif du fait de son caractère « interprétatif » : cette disposition a érigé y compris pour le passé le principe nouveau suivant lequel la date de signature du contrat d'achat détermine le tarif applicable. Ce principe a été par la suite systématiquement repris par les arrêtés tarifaires postérieurs à l'entrée en vigueur de cette loi, et est également consacré dans le cadre de l'obligation d'achat du biogaz injecté dans les réseaux gaziers(192).

D'autre part, l'article 88 IV de la loi « Grenelle 2 » va procéder à une validation législative des arrêtés tarifaires de janvier 2010 « sous réserve des décisions de justice passées en force de chose jugée », en tant que ces textes seraient contestés par les moyens tirés, « d'une part, d'une irrégularité de consultation, d'autre part, de l'application immédiate de nouvelles règles tarifaires aux demandes de contrat d'achat formulées sous l'empire de l'arrêté du 10 juillet 2006 ». Cette validation était à l'évidence problématique dès lors que, sous la double influence du droit des conventions internationales et du droit constitutionnel, il semblait possible d'affirmer qu'elle pouvait se heurter tant au principe de séparation des pouvoirs et au droit à un recours juridictionnel effectif, découlant de l'article 16 de la Déclaration de 1789, qu'au droit au procès équitable reconnu par l'article 6 de la Convention européenne de sauvegarde des droits de l'homme et des libertés fondamentales (CEDH). Cependant, le Conseil d'État a considéré qu'en l'espèce cette mesure s'autorisait d'un motif d'intérêt général suffisant, et écarté par suite la question prioritaire de constitution-

(190) Codifié C. énergie, art. L. 314-7.

(191) CE Section 16 novembre 2011, Sté Ciel et Terre, préc : « [...] les producteurs à l'égard desquels l'obligation de conclure un contrat d'achat d'électricité a été suspendue ne peuvent être regardés comme étant déjà liés à Électricité de France ou à un autre distributeur par un contrat ou placés dans une situation juridiquement constituée avant la signature d'un tel contrat ; [...] par suite, le décret en litige ne méconnaît pas le principe de non-rétroactivité des actes administratifs ».

(192) Décret n° 2011-1594 du 21 novembre 2011 préc., art. 5 : « le tarif d'achat applicable à une installation est le tarif d'achat en vigueur au moment de la signature du contrat d'achat ».

nalité soulevée à propos de l'article 88 IV(193), et même d'un « impérieux motif d'intérêt général », relevant en particulier que la disposition législative incriminée n'avait pas porté atteinte au système de l'obligation d'achat mais seulement au niveau des tarifs d'achat(194).

Ce sont, globalement, les mêmes arguments qui ont conduit la juridiction administrative à estimer encore que les requérants ne pouvaient utilement invoquer la violation du principe de sécurité juridique, ou encore celle de l'article 1er du premier protocole additionnel à la Convention européenne de sauvegarde des droits de l'homme et des libertés fondamentales qui consacre le droit au respect des biens. S'agissant en particulier d'une possible transgression du principe de sécurité juridique, qui pour sa part fait partie désormais des principes généraux du droit administratif français(195), le Conseil d'État a indiqué que ni l'adoption du décret moratoire, en regard de l'intérêt général qui fonde ce dernier, ni celle des arrêtés tarifaires de janvier 2010, en raison de la validation législative effectuée à leur sujet par le IV de l'article 88 la loi « Grenelle 2 », n'imposaient à l'autorité réglementaire d'édicter les mesures transitoires à la suite de ces réglementations nouvelles, dès lors que ces dernières n'avaient pas porté une atteinte excessive à des situations juridiquement protégées(196).

Remarque

Aux termes de l'article 1er du premier protocole additionnel à la CEDH : « Toute personne physique ou morale a droit au respect de ses biens. Nul ne peut être privé de sa propriété que pour cause d'utilité publique et dans les conditions prévues par la loi et les principes généraux du droit international. Les dispositions précédentes ne portent pas atteinte au droit que possèdent les États de mettre en vigueur les lois qu'ils jugent nécessaires pour réglementer l'usage des biens conformément à l'intérêt général ou pour assurer le paiement des impôts ou d'autres contributions ou des amendes ». Dans la jurisprudence sous examen, le Conseil d'État a rappelé qu'à défaut de créance certaine, l'espérance légitime, fondée sur une base juridique suffisante, d'obtenir une somme d'argent doit être regardée comme un bien, au sens de ladite disposition.

(193) Voir CE 19 janvier 2011, EARL Schmittseppel, req. n° 343389, *Environnement et développement durable*, mai 2011, comm. 61, note J.-M. Février : la validation a eu « pour objet d'éviter que [...] ne pèse sur les consommateurs d'électricité une charge excessive liée à la multiplication des demandes de contrat d'achat, à des tarifs particulièrement attractifs, déposées après l'annonce, en septembre 2009, de la modification de ces tarifs à compter du début de l'année 2010, la puissance totale des demandes déposées au cours du seul mois de décembre 2009 ayant dépassé cinq cents fois la puissance demandée en moyenne mensuelle au cours de l'année 2008 ; que, par suite, à supposer même que les arrêtés du 12 janvier 2010 aient porté atteinte à l'économie de contrats légalement conclus, les dispositions du IV de l'article 88 répondent à un but d'intérêt général suffisant ».

(194) Voir CE 12 avril 2012, Syndicat national des producteurs d'énergie photovoltaïque, préc. : « Si l'intervention de la loi a contrecarré l'espoir de certains producteurs de bénéficier, pour des projets ayant fait l'objet de demandes de contrats d'achat déposées entre le 1er novembre 2009 et le 24 mars 2010, des tarifs définis en 2006, elle n'a pas eu pour effet de supprimer ni donc de remettre en cause la substance du droit dont disposent les producteurs d'énergie radiative du soleil de bénéficier de l'obligation d'achat de l'électricité d'origine photovoltaïque à un tarif très supérieur à celui du marché mais seulement, pour des demandes formées au plus huit mois et demi avant son intervention, d'en aménager les modalités d'exercice en fixant ce tarif à un niveau plus adapté au coût de la production de cette électricité et à la rémunération normale des capitaux immobilisés [...] ; [...] les dispositions [...] répondant ainsi à un impérieux motif d'intérêt général, elles n'ont pas méconnu les stipulations de l'article 6 paragraphe 1 de la convention européenne des sauvegarde des droits de l'homme et des libertés fondamentales. »

(195) Voir CE Section 24 mars 2006, Sté KPMG, req. n° 288460.

(196) Voir CE Section 16 novembre 2011, Sté Ciel et Terre, préc. : « Au regard de l'intérêt général qui s'attachait à redéfinir les conditions d'achat de l'électricité issue de l'énergie radiative du soleil et des effets limités dans le temps de la mesure de suspension prononcée, qui réservait en outre les projets les plus avancés, son application immédiate ne peut être regardée comme ayant entraîné une atteinte excessive aux intérêts en cause ; [...] en subordonnant le maintien de l'obligation de conclure un contrat d'achat aux conditions antérieures, pour les installations ayant fait l'objet d'une acceptation de la proposition technique et financière de raccordement au réseau avant le 2 décembre 2010, à la mise en service des installations dans un délai au moins égal à neuf mois à compter de la publication du décret, prorogé le cas échéant des délais nécessaires à la réalisation des travaux de raccordement, le pouvoir réglementaire a laissé aux producteurs un délai raisonnable. »

En sixième lieu et enfin, le juge administratif a dû vérifier si les mesures prises en matière de tarifs d'achat de l'électricité photovoltaïque respectaient le principe d'égalité. Ce principe qui est aussi *stricto sensu* un principe général du droit français(197) implique que toutes les personnes placées dans une situation identique devant le service public, ou devant une réglementation économique(198), soient traitées de la même façon. Mais ce principe n'interdit pas à l'administration de traiter différemment des personnes à la condition tout d'abord que la différence de traitement soit en rapport avec la différence de situation. Or, dans l'affaire intéressant le décret moratoire le juge administratif a constaté l'existence de situations de fait différentes entre les installations de très faible puissance (inférieure ou égale à 3 kWc) et celles de puissance supérieure, ce qui justifiait que les premières aient été exceptées de l'application du décret moratoire(199). Ensuite, la différence de traitement peut être légale si elle tient à des considérations d'intérêt général. Sur ce point, le Conseil d'État a estimé que la modulation des tarifs qu'effectuaient les arrêtés de janvier 2010 répondait au moins partiellement à cette condition : si tel est le cas lorsqu'elle vise à rechercher une « rentabilité prévisible des installations » et à contribuer « aux objectifs » définis au deuxième alinéa de l'article 1er de la loi du 10 février 2000 aujourd'hui repris à l'article L. 121-1 du code de l'énergie (indépendance et sécurité d'approvisionnement, qualité de l'air et lutte contre l'effet de serre, gestion optimale et développement des ressources nationales, maîtrise de la demande d'énergie, compétitivité de l'activité économique, maîtrise des choix technologiques d'avenir, utilisation rationnelle de l'énergie), cela ne l'est plus en revanche lorsqu'elle s'appuie sur le critère de l'usage d'un bâtiment(200).

Remarque

L'arrêt du 12 avril 2012 a donc annulé l'arrêté tarifaire du 12 janvier 2010 en certaines de ses dispositions, soit celles prévoyant (au 2 de son annexe 1 et au 1.1 de son annexe 2) des conditions tarifaires plus favorables pour les systèmes installés sur la toiture de bâtiments affectés à certains usages (usage principal d'habitation au sens de l'article L. 631-7 du code de la construction et de l'habitation, usage d'enseignement ou de santé ; bâtiment clos (sur toutes les faces latérales) et couvert, assurant la protection des personnes, des animaux, des biens ou des activités.

B. Nature

S'interroger sur la nature juridique des contrats d'achat de l'énergie renouvelable c'est aussi poser la question, essentielle, du régime juridique de ces actes, autrement dit du droit qui leur est applicable et par extension de l'ordre de juridiction compétent en cas de litige.

1. La qualification du contrat d'achat par application de critères jurisprudentiels

C'est la démarche qui s'imposait avant l'entrée en vigueur de la loi n° 2010-788 du 13 juillet 2010 (« Grenelle 2 ») puisqu'à l'époque aucun texte législatif ne déterminait la nature juridique des contrats d'achat. C'est donc à partir des critères jurisprudentiels classiques qu'il fallait mener l'entreprise de qualification. Les solutions étaient toutefois relativement nuancées.

---

(197) CE Section 9 mars 1951, Sté des concerts du conservatoire, Grands arrêts de la jurisprudence administrative, n° 68.

(198) CE 26 octobre 1989, Ansar, *Rec.* p. 443 – CE 22 mars 1950, Sté des ciments français, *Rec.* p. 175.

(199) Voir CE Section 16 novembre 2011, Sté Ciel et Terre, préc. : (à raison de cette différence de situation) « Le Premier ministre a pu légalement estimer que la suspension de l'obligation de contrat d'achat pour les installations de très faible puissance présentait des inconvénients particulièrement élevés pour les promoteurs de ces projets, alors qu'elle n'aurait participé que de façon très marginale à l'atteinte du but qu'il s'était assigné, consistant à adapter les conditions d'achat de l'électricité utilisant l'énergie radiative du soleil aux objectifs de la programmation pluriannuelle des investissements et à trouver un meilleur équilibre entre le soutien de la filière photovoltaïque et le coût en résultant pour le consommateur d'électricité. »

(200) Voir CE 12 avril 2012, Syndicat national des producteurs d'énergie photovoltaïque, préc.

a. Le critère tenant à l'existence d'un régime exorbitant du droit commun

À première vue, la situation semblait pouvoir être rattachée au célèbre arrêt « Société d'exploitation électrique de la rivière du Sant » du Conseil d'État[(201)]. Cette décision rappelle que le système de l'obligation d'achat dans le secteur électrique est ancien puisque le juge administratif était ici saisi afin de se prononcer sur la nature du contrat d'achat passé par EDF et un producteur autonome d'électricité hydraulique sur le fondement du décret n° 55-662 du 20 mai 1955. La loi n° 2000-108 a certes abrogé le décret de 1955, mais en a repris le mécanisme. La solution rendue dans le cadre de cette affaire constituait donc un point de référence obligé.

Le premier apport de cet arrêt du Conseil d'État concerne la précision qu'il établit quant à la nature de la relation contractuelle unissant le producteur et l'acheteur de l'électricité, soit en l'espèce, d'une part, une entreprise privée de production hydraulique, d'autre part, EDF, entreprise nationale gestionnaire d'un service public industriel et commercial (SPIC). En l'occurrence, le Conseil d'État commence par réfuter la thèse selon laquelle le producteur serait à considérer comme l'usager d'un SPIC, ce qui a pour conséquence la non-application au cas d'espèce de la jurisprudence selon laquelle la situation de l'usager du SPIC, toujours contractuelle, est par ailleurs soumise au droit privé[(202)]. En ce sens, l'arrêt éclaire opportunément la nature de la relation contractuelle qui unit un producteur indépendant d'électricité à un SPIC : le premier est un « tiers » au sens donné à ce terme dans le droit des services publics[(203)], et le contrat ne peut donc être sous cet angle soumis au droit privé.

Ce point étant acquis, le Conseil d'État n'en doit pas moins déterminer le régime juridique applicable au contrat. Or, l'arrêt affirme, cette fois positivement, que le contrat d'achat est administratif parce qu'il « est soumis à un régime exorbitant du droit commun ». Le raisonnement fait la part belle au critère jurisprudentiel du contenu du contrat pour qualifier les contrats litigieux : ce critère est, d'une part, alternatif de celui lié à l'objet du contrat (qui renvoie au lien existant entre un contrat et un service public), d'autre part, et surtout voisin de celui, dont la formulation est plus habituelle en jurisprudence, lié à la présence de clauses exorbitantes dans le contrat, même s'il doit en être distingué dans la mesure où il « ne s'applique pas à des stipulations volontairement et librement inscrites dans le contrat par les parties, mais à des règles issues de sources extérieures à ces dernières, lois ou règlements qui fixent ainsi le cadre juridique – ou au moins des éléments du cadre juridique – dans lequel s'insère le contrat »[(204)]. Or, l'arrêt « Rivière du Sant » considère l'obligation de contracter à la charge de l'une des parties (ou des deux à la fois) comme l'archétype d'un régime exorbitant du droit commun, parce que « la liberté de contracter ou de ne pas contracter [est] au nombre des principes essentiels qui régissent les contrats de droit privé »[(205)]. En toute hypothèse, un tel régime légal, associé en l'espèce à la compétence donnée par les textes en cas de litige au ministre de l'Industrie, permet de répudier l'application du droit privé et d'imposer le droit administratif.

Mais si le Conseil d'État a pu poser cette solution, c'est aussi parce que les contrats d'achat à lui soumis satisfaisaient par ailleurs au critère organique du contrat administratif, synonyme de présence nécessaire comme partie au contrat d'une personne morale de droit public. Or, il ne faisait aucun doute que cette condition était remplie dans l'affaire en cause dans la mesure où l'une

(201) CE 19 janvier 1973, *Lebon* p. 48 ; *RDP* 1974, p. 1 164 ; *CJEG* 1973, p. 239, concl. Rougevin-Baville, note A. Carron ; *AJDA* 1973, p. 359, chr. Léger et Boyon.

(202) TC 25 juin 1954, Dame Galland, *Lebon* p. 717.

(203) F. Lachaume, *Droit administratif*, PUF, 2002, p. 535.

(204) A. de Laubadère, F. Moderne, P. Delvolvé, *Traité des contrats administratifs*, LGDJ, 1984, t. 1, p. 234.

(205) A. de Laubadère, F. Moderne, P. Delvolvé, *Traité des contrats administratifs*, préc.

des parties au contrat (EDF) relevait à l'époque du statut des établissements publics, cependant que l'autre (le producteur autonome d'électricité hydraulique) était une personne morale de droit privé. Dans ces conditions, il faut admettre que la solution « Rivière du Sant » puisse céder lorsqu'aucun des cocontractants n'est une personne de droit public[(206)].

De la sorte, il semblait d'abord logique de faire une première exception chaque fois que le contrat d'achat d'énergie renouvelable était signé entre un producteur privé et un fournisseur autonome (DNN/ELD) agissant lui-même en tant que personne morale de droit privé (SEML notamment). Ensuite, il faut se souvenir qu'aux termes de l'article 24 de la loi du 9 août 2004, le statut d'EDF est passé de celui d'EPIC à celui de SEM nationale : l'application du droit privé aux contrats d'achat signés par cette entreprise s'imposait donc logiquement depuis la publication de cette loi lorsque le producteur cocontractant était lui-même une personne de droit privé[(207)]. Au demeurant, le même raisonnement semble pouvoir être tenu à propos des contrats d'achat signés par les distributeurs gaziers obligés par la loi[(208)], du fait de l'évolution notamment du statut du principal redevable de cette obligation, soit le groupe GDF-SUEZ (privatisation effectuée par la loi n° 2006-1537 du 7 décembre 2006). Enfin, la réponse à la question de la qualification du contrat devait aussi tenir compte de la possibilité que, de son côté, le producteur d'énergie renouvelable soit une personne publique, soit une collectivité locale ou un EPCI – auxquels la loi reconnaît dans le secteur électrique non seulement une compétence de production mais aussi l'éligibilité au système de l'obligation d'achat[(209)], ce d'autant que si la présence d'un régime exorbitant du droit commun dans un contrat conclu entre une personne publique et une personne privée lui donne un caractère administratif, ce dernier se doit d'être *a fortiori* reconnu lorsque le contrat engage deux personnes publiques. En résumé, avant sa modification intervenue en 2010 le régime exorbitant issu de la loi n° 2000-108 ne permettait donc d'aboutir à la qualification de contrat administratif pour les contrats d'achat d'énergie renouvelable qu'autant qu'il était satisfait *prima initio* au critère organique de ce type de contrats, ce qui impliquait que chaque fois que ce dernier critère était rempli, le droit applicable et la juridiction compétente étaient administratifs.

Dans un arrêt du 19 septembre 2004, la Cour de cassation a jugé qu'il s'agissait d'un contrat administratif[(210)] puis dans une décision « Société hydraulique du Gard » du 14 novembre 2007, elle a implicitement renvoyé à la jurisprudence « Rivière du Sant »[(211)]. Certaines juridictions administratives ont jugé dans le même sens, sans toujours justifier leur compétence[(212)]. Dans sa décision « S^té^ Bioénerg » du 1er juillet 2010[(213)], le Conseil d'État a adopté la solution inverse, le contrat d'achat litigieux ayant été il est vrai conclu après l'entrée en vigueur de la loi de 2004 soit entre EDF, désormais personne morale de droit privé, et un producteur privé. La haute juridiction administrative statuait en l'espèce à propos de contrats passés en application de l'article 8 de la loi

(206) Voir en ce sens CE 1er juillet 2010, Sté Bioénerg, req. n° 333275, *Dr. adm.* novembre 2010, comm. 139, note F. Brenet, *Petites Affiches*, 29 septembre 2010, n° 194, p. 17, note S. Bergès.

(207) Voir Tribunal de commerce de Paris, 1er juin 2010, SNC Green Yellow Agen/SA EDF, req. n° 201001312.

(208) C. énergie, art. L. 446-2.

(209) CGCT, art. L. 2224-32, et loi n° 2010-788, art. 88 II.

(210) 1re civ., SNIEPT c./EDF, n° 02-18.335.

(211) 1re civ., n° 06-16-177 : « [...] sauf disposition législative contraire, la nature juridique d'un contrat s'apprécie à la date de sa conclusion ; qu'ayant relevé que le contrat du 27 mars 2003 avait été conclu avant la modification du statut d'EDF, entre la société Hydraulique du Gard et EDF, alors établissement public industriel et commercial, et qu'il était soumis à un régime exorbitant du droit commun et présentait le caractère d'un contrat administratif, la cour d'appel en a exactement déduit que le litige [...] ne relevait pas de la compétence des juridictions de l'ordre judiciaire ».

(212) Voir CAA Bordeaux 4 janvier 2010, Sté Vergnet Archipel, req. n° 08BX03313.

(213) Req. n° 333275.

n° 2000-108, c'est-à-dire sur le fondement du dispositif d'obligation d'achat sans tarifs réglementés, si bien que l'on peut se demander si la portée de la qualification doit être limitée à cette catégorie de contrats d'achat, que la loi distingue en effet(214), mais on peut aussi considérer que « l'identité d'objet » de tous les contrats d'achat – ce qui inclut d'ailleurs aussi les contrats d'achat du biogaz/biométhane injecté dans les réseaux de gaz(215) – suggère « une unité de régime juridique et de compétence juridictionnelle, si tant est que cela soit possible »(216). Quoi qu'il en soit on retient encore que le Conseil d'État acte l'abandon de la jurisprudence « Rivière du Sant », en déclarant incidemment que le caractère exorbitant d'un contrat « ne peut résulter des seules conditions relatives à sa passation », ce qui semble signifier, donc, que la seule présence d'une obligation d'achat ne suffit plus pour entraîner l'application du droit administratif et la compétence du juge administratif(217).

b. Le critère du mandat entre deux personnes privées

Il ne faut pas oublier qu'un contrat qui lie deux personnes morales de droit privé peut être de droit public si l'un des deux cocontractants agit au nom et pour le compte de l'État, en application de la théorie du mandat(218). Il sera à cet égard constaté que les juridictions judiciaire et administrative ont unanimement refusé la thèse selon laquelle, en se soumettant à l'obligation d'achat de l'électricité renouvelable que la loi leur impose, les fournisseurs se seraient par là-même substitués à l'État, en sorte que le contrat d'achat aurait le même caractère que s'il avait été passé par l'État lui-même(219). C'est aussi ce qu'a jugé le Tribunal des conflits(220).

2. La qualification du contrat d'achat par la loi

Bien que nuancée, la jurisprudence semblait donc plutôt indiquer que les contrats d'achat d'énergie renouvelable avaient désormais, sauf exception, une nature de droit privé et relevaient par suite de la compétence du juge judiciaire. En particulier pour la jurisprudence administrative ni l'objet du contrat d'achat, ni la nature des relations qu'il fait se nouer entre les producteurs et les fournis-

(214) Loi n° 2000-108, art. 8 ; C. énergie, art. L. 311-12.

(215) C. énergie, art. L. 446-2.

(216) F. Brenet, note préc. sur l'arrêt S[té] Bioénerg.

(217) Voir aussi M. Garrigue-Vieuville, « Que reste-t-il de la jurisprudence Société d'exploitation électrique de la rivière du Sant ? », *Dr. adm.*, 2009, n° 3.

(218) Tribunal des conflits 8 juillet 1963, S[té] entreprise Peyrot, Grands arrêts de la jurisprudence administrative, n° 85.

(219) Tribunal de commerce de Paris, 1er juin 2010, SNC Green Yellow Agen/SA EDF, préc. : (EDF) « ne fournit aucun bien ou service dont la propriété finale est tournée vers l'acquisition finale par l'État mais, acquiert ou produit cette électricité pour la revendre, ceci dans le cadre d'une activité commerciale orientée vers la satisfaction du consommateur final et en conformité avec les attentes de ses actionnaires [...], dès lors on ne peut tirer des seules subventions touchant une partie de son activité au même titre que bon nombre d'entreprises industrielles privées soutenues par l'État et percevant des subventions, qu'EDF agit au « nom de l'État » – CE 1er juillet 2010, S[té] Bioénerg, préc. : « [...] si en vertu [...] de l'article 8 de la loi du 10 février 2000 [...] Électricité de France et les producteurs d'électricité retenus à la suite d'un appel d'offres [...] contribuent au service public de l'électricité, et plus particulièrement à l'objectif de réalisation de la programmation pluriannuelle des investissements de production arrêtée par le ministre chargé de l'énergie, les contrats en cause ne peuvent être regardés comme conclus pour le compte d'une personne publique, alors que la production d'électricité ne relève de l'État ou d'une autre personne publique, ni par nature ni par détermination de la loi, et est au contraire une activité économique exercée par des entreprises privées ; [...] Électricité de France n'exerce donc dans ce domaine aucune mission pour le compte d'une personne publique et n'est pas placée, pour la mission de service public à laquelle elle contribue, sous l'autorité de l'État ou d'une autre personne publique ».

(220) 13 décembre 2010, req. n° C3800, *AJDA* 2011, p. 439, conclusions M. Guyomar, note L. Richer, *Dr. adm.*, mai 2011, comm. 48, P. Lignères et P. Guillot.

seurs obligés ne suffisent plus à justifier le caractère administratif du contrat, ce alors même que l'un des cocontractants aurait eu le statut de personne morale de droit public.

Mais cette jurisprudence a rencontré la volonté contraire du législateur. C'est ici l'article 88 III de la loi n° 2010-788 du 13 juillet 2010 (« Grenelle 2 ») qui va poser : « Les contrats conclus en application de la présente section par Électricité de France et les entreprises locales de distribution sont des contrats administratifs qui ne sont conclus et qui n'engagent les parties qu'à compter de leur signature »[221], et ajouter : « Le présent alinéa a un caractère interprétatif ». Le législateur n'avait pas caché que le but de sa mesure était d'influer sur le dénouement de litiges en cours devant la juridiction judiciaire. Outre son caractère interprétatif, ou déclaratoire, et par suite son possible effet *ex tunc*, cette qualification possédait par ailleurs une portée générale et absolue, incluant, de fait, par exemple les contrats passés entre EDF (désormais société anonyme de droit privé) et une société privée ou une personne physique exploitant un ouvrage de production d'électricité renouvelable.

Remarque

Les modifications apportées par l'article 88 III de la loi « Grenelle 2 » visaient à empêcher l'application à des litiges pendants devant le juge judiciaire de règles civilistes, en particulier celle de l'article 1583 du code civil prévoyant que la propriété de la chose vendue est transférée à l'acheteur dès l'instant où le vendeur et l'acheteur sont d'accord sur la chose et sur le prix. Il s'agissait en d'autres termes de « modifier une règle de fond et [...] de peser sur l'issue [...] [de] procès en cours » (L. Richer, note sur l'arrêt du tribunal des conflits du 13 décembre 2010, SNC Green Yellow, *AJDA* 2011, p. 439)

Un « texte législatif qui permet l'application d'un régime exorbitant du droit commun à des contrats de droit privé en cours d'exécution pose de sérieuses difficultés juridiques »[222]. D'une part, une telle démarche risque de porter une « atteinte grave à l'économie « de contrats en cours d'exécution[223], en violation de l'article 4 de la Déclaration de 1789. D'autre part, elle pourrait méconnaître la chose jugée, et si tel est le cas ne peut être admissible qu'à la condition de respecter les strictes conditions fixées par la jurisprudence du Conseil constitutionnel et de la Cour européenne des droits de l'homme aux textes législatifs pour les textes ayant une telle portée. C'est ce second grief qui a retenu l'attention du Tribunal des conflits[224], lequel a jugé que, contrairement à l'affirmation du législateur, la disposition législative en cause n'a pas un caractère « interprétatif » mais « rétroactif » et constitue « une ingérence du pouvoir législatif dans l'administration de la justice afin d'influer sur le dénouement d'un litige qui n'est justifiée par aucun motif impérieux d'intérêt général » et est donc incompatible avec les stipulations de l'article 6 CEDH. Le Tribunal des conflits a apporté réponse à un troisième grief articulé contre cette nouvelle qualification administrative des contrats d'achat, celui d'une éventuelle violation du « droit de toute personne au respect de ses biens protégé par l'article 1er du premier protocole additionnel » à la CEDH, qu'il a cependant récusé[225].

À première vue, cette jurisprudence ne semble pas rejoindre celle du Conseil d'État, dont il a été souligné qu'elle avait identifié un « but d'intérêt général suffisant »[226] et même un « impérieux motif d'intérêt général »[227] fondant les dispositions rétroactives de l'article 88 IV de la loi

(221) Codifié C. énergie, art. L. 314-7.

(222) F. Macagno, « Le Grenelle II et la nature administrative des contrats d'achat d'électricité », *Contrats et marchés publics*, janvier 2011, étude 1.

(223) *Ibid.*

(224) Voir 13 décembre 2010, SNC Green Yellow, préc.

(225) 5 mars 2012, Sté Baryflor, req. n° C3843.

(226) Voir CE 19 janvier 2011, EARL Shmittseppel, préc.

(227) Voir CE 12 avril 2012, Syndicat national des producteurs d'énergie photovoltaïque, préc., voir aussi *supra* p. 614.

« Grenelle 2 ». Toutefois, il faut relever que l'objet de ces dernières était différent, puisqu'elles opéraient, pour leur part, la validation rétroactive des nouvelles tarifications décidées en janvier 2010, et qu'elles ne poursuivaient pas le même objectif, puisqu'elles furent adoptées dans le but d'« éviter que [...] ne pèse sur les consommateurs d'électricité une charge excessive liée à la multiplication des demandes de contrat d'achat, à des tarifs particulièrement attractifs, déposées après l'annonce, en septembre 2009, de la modification de ces tarifs à compter du début de l'année 2010 »(228), ou encore d'adapter les tarifs « au coût de la production » de l'électricité photovoltaïque et « à la rémunération normale des capitaux immobilisés »(229).

Mais, aussi fondamentale fût la décision du Tribunal des conflits de remettre en cause le caractère rétroactif de la nouvelle qualification légale, elle était affectée d'une limite importante : elle ne pouvait s'appliquer à des requérants ayant déjà introduit un recours ou soulevé une réclamation à la date d'entrée en vigueur de la loi « Grenelle 2 »(230). Ainsi, alors que pour les contrats d'achat ayant donné lieu à des recours en justice la qualification de contrat administratif pourrait rester sans effet, pour les autres, cette qualification allait être en revanche pleinement opérante(231). Ainsi, encore, la déclaration d'inconventionnalité des dispositions du III de l'article 88 de la loi du 12 juillet 2010 effectuée par le juge ne pouvait-elle avoir qu'un effet limité, et ce alors que leur éventuelle inconstitutionnalité n'a pas été tranchée.

Remarque

Dans l'arrêt « Schmittseppel », le Conseil d'État a refusé d'examiner la constitutionnalité du III de l'article 88 de la loi « Grenelle 2 », et de transmettre le cas échéant une question prioritaire de constitutionnalité au Conseil constitutionnel, considérant que cette disposition n'était pas applicable aux circonstances de la cause. On relève toutefois que dans l'arrêt « Sté EDF » du 21 mars 2012 (req. n° 349415), il évoque incidemment l'« éventuelle méconnaissance » par la disposition législative en cause « des règles et principes de valeur constitutionnelle ou des traités internationaux ».

À cette première évolution législative va s'en ajouter une seconde : l'article 8 de l'ordonnance du 9 mai 2011 portant codification de la partie législative du code de l'énergie va indiquer que les dispositions de l'article 88 III de la loi « Grenelle 2 », désormais sises à l'article L. 314-7 dudit code, « ne sont pas applicables aux contrats d'achat conclus avant le 14 juillet 2010 », soit avant l'entrée en vigueur de la loi « Grenelle 2 ». Cette initiative qui visait cette fois à limiter dans le temps le caractère rétroactif de la qualification administrative des contrats d'achat a été cependant jugée illégale par le Conseil d'État(232). Guidé par les principes qui, de longue date, inspirent sa jurisprudence, le juge administratif rappelle au Gouvernement son devoir de s'en tenir au champ de l'habilitation que lui a donnée le législateur (en l'espèce celle de la loi du 12 mai 2009) pour intervenir par voie d'ordonnance, avant de constater qu'en l'espèce, la délégation législative n'incluait pas le pouvoir de modifier les dispositions de la loi « Grenelle 2 » établissant un régime de droit administratif pour les contrats d'achat d'électricité renouvelable. Le Conseil d'État précise qu'il n'a par ailleurs identifié ni « disposition expresse » – sise éventuellement dans le texte de l'ordonnance du 9 mai 2010 – aucune mention notamment de son éventuel caractère « interprétatif – ni « impératif d'ordre public » de nature à fonder la rétroactivité des dispositions contestées devant lui. Il conclut que ces dernières ne pouvaient produire d'effet de droit pour des contrats

(228) CE 19 janvier 2011, EARL Shmittseppel, préc.

(229) CE 12 avril 2012, Syndicat national des producteurs d'énergie photovoltaïque, préc.

(230) CE ass. Avis, 27 mai 2005, n° 277975 – TC 5 mars 2012, Sté Baryflor : « [...] l'incidence procédurale de cette qualification légale à portée rétroactive ne peut s'appliquer aux contrats faisant entre EDF et les producteurs autonomes d'électricité l'objet d'une instance en cours à la date du 14 juillet 2010, date d'entrée en vigueur de la loi ».

(231) TC 5 mars 2012, Sté Baryflor, préc.

(232) 21 mars 2012, Sté EDF, req. n° 349915.

conclus antérieurement à leur entrée en vigueur. Le principe est donc acquis que c'est à partir de l'entrée en vigueur de la loi « Grenelle 2 », et à ce moment-là seulement, que les contrats d'achat d'électricité renouvelable sont devenus, avec effet rétroactif, des contrats administratifs relevant de la compétence du juge administratif, à la seule exception de ceux qui, à la date en question, faisaient déjà l'objet de recours en justice.

L'applicabilité aux contrats d'achat d'un régime de droit administratif a plusieurs conséquences : reconnaissance au profit de l'administration des pouvoirs de contrôle, de direction, de sanction, de modification unilatérale du contrat d'achat au titre de l'exigence de fonctionnement continu du service public, pouvoir de résiliation autorisant l'administration à se dégager unilatéralement du contrat s'il ne présente plus aucun intérêt pour la satisfaction de l'intérêt général ou risque de compromettre la continuité d'un service public(233). Au bénéfice du producteur d'électricité renouvelable, l'existence d'un tel régime est par ailleurs de nature à entraîner l'applicabilité de la théorie de l'imprévision, jouant pour tous les « contrats à longue période d'exécution »(234) lorsque la notion de déficit est susceptible d'apparaître(235), à condition que toutes les conditions requises par la jurisprudence(236) soient remplies.

Remarque

En cas d'événement imprévu extérieur aux parties (une modification de l'environnement législatif et réglementaire) ayant pour conséquence de rompre l'équilibre économique d'origine du contrat de fournitures en cours d'exécution (nouvelles normes de production), le producteur pourrait demander au cocontractant, soit la révision des modalités de rémunération, soit une indemnisation.

Sur ce sujet, les lois et règlements règlent parfois directement l'évolution de la relation contractuelle. Le décret n° 2003-885 du 10 septembre 2003, portant application de la loi du 8 avril 1946, fixe par exemple les conditions dans lesquelles sont résiliés ou suspendus par le préfet – en cas d'installation irrégulière – les contrats d'achat entre EDF et les producteurs autonomes d'énergie électrique d'origine hydraulique(237) –, or, en raison de la globalisation du régime juridique de l'obligation d'achat opérée par la loi n° 2000-108, ce texte s'applique de fait à tous les contrats d'achat d'électricité.

Remarque

C'est la position, par exemple de P. Sablière (*Droit de l'électricité*, Dalloz, 1993, p. 503). Pour les contrats d'achat passés dans le cadre de l'article 10 de la loi n° 2000-108, cette hypothèse se voit confirmée par les modèles indicatifs de contrats d'achat qui contiennent tous une clause disposant que le contrat puisse être suspendu ou résilié par l'autorité administrative dans les cas mentionnés à l'article 8 *bis*, alinéa 2, de la loi du 8 avril 1946, ou en cas d'installation irrégulière.

En outre, les contrats d'achat entrant dans le champ de l'article 10 de la loi n° 2000-108 aujourd'hui codifié à l'article L. 314-1 du code de l'énergie sont soumis à certaines règles spécifiques. Par exemple, selon l'article 5 du décret n° 2001-410, le contrat d'achat est résilié de plein droit lorsque le CODOA est abrogé. Cette mesure semble réaliste notamment dans les cas suivants : lorsqu'une augmentation de la puissance installée de l'installation entraîne un dépassement de la limite de puissance fixée par les textes ; lorsque les modifications de l'installation ont pour effet qu'elle ne respecte plus les autres conditions qui découlent de l'article 10 – à cette occasion, des indemnités

(233) CE 2 mai 1958, Distillerie de Magnac-Laval, *Lebon* p. 246.

(234) R. Chapus, *Droit administratif général*, 15e éd., Montchrestien, 2001, p. 1 212.

(235) L. Richer, *Droit des contrats administratifs*, 4e éd., LGDJ, 2004, p. 257.

(236) CE 30 mars 1916, Cie générale d'éclairage de Bordeaux, *Lebon* p. 125.

(237) Pour une application, voir CE 7 décembre 1998, Sté Hydro-mécanique, req. n° 132436 – CAA Lyon 27 février 2001, SARL Coexhye, req. n° 97LY00138.

de résiliation sont dues à l'acheteur par le producteur, sous réserve sans doute de la force majeure. Enfin, toujours pour les mêmes contrats, l'article 6 du décret n° 2001-410 prévoit qu'en cas de résiliation anticipée par le producteur, celui-ci est redevable du paiement d'indemnités au cocontractant si le contrat d'achat le prévoit.

Le législateur a pris soin d'indiquer qu'il réservait la qualification de contrat administratif aux seuls contrats conclus en application de l'article 10 de la loi n° 2000-108 – aujourd'hui repris dans le cadre d'une section particulière du code de l'énergie –, autrement dit à ceux qui, *stricto sensu*, comportent un régime d'obligation d'achat de l'électricité renouvelable, et d'elle seulement, ainsi que des tarifs réglementés. La question de savoir si cette qualification s'étend à tous les autres dispositifs d'obligation d'achat se pose nécessairement. Pour le dispositif intéressant l'électricité de source renouvelable mais n'incluant pas de tarifs obligatoires – contrats relevant de l'article L. 311-12 du code de l'énergie –, on se souvient que le Conseil d'État avait opté pour un régime de droit privé mais avait statué sur ce point quelques jours avant l'entrée en vigueur de la loi « Grenelle 2 »(238). L'autre incertitude concerne les contrats d'achat de biogaz/biométhane injecté dans les réseaux gaziers que le législateur a consacrés dans la même loi « Grenelle 2 », mais sans se prononcer explicitement sur leur nature juridique(239). Le raisonnement par analogie invite à penser que si cette loi n'a pas accordé expressément à ces contrats la qualité de contrats administratifs, elle l'a fait sans doute implicitement, mais il appartient à la jurisprudence de le dire.

Remarque

L'attribution d'un statut administratif à l'ensemble des contrats d'achat peut notamment s'appuyer sur l'argument de la nécessaire cohérence du régime juridique applicable à des contrats qui ont, peu ou prou, le même objet : ils impliquent tous en effet un achat obligatoire de l'énergie de source renouvelable, la forme de cette énergie (électricité, gaz) pouvant apparaître comme un simple élément factuel qui n'est pas de nature à justifier de faire une distinction entre eux quant à leur nature juridique.

Section 2

L'incitation à l'achat d'énergie renouvelable

Inciter et non plus imposer l'achat d'énergie renouvelable avec toujours pour point de mire l'augmentation de sa consommation constitue un mode d'action plus souple. Dans ces situations cependant, la puissance publique se limite par hypothèse à poser dans le droit des facultés et des possibilités, ou à favoriser certains comportements, le but étant de sensibiliser et de responsabiliser les différents acteurs du marché. Les moyens employés sont multiples. Si l'augmentation de la consommation d'énergie renouvelable passe sans doute par des politiques publiques visant à valoriser l'achat de ces énergies ou encore à en réduire le coût, elles n'en épuisent cependant pas la question, ainsi l'incitation publique à l'achat de ces énergies s'effectue-t-elle en outre moyennant la sécurisation de l'acte d'achat.

Remarque

L'incitation publique peut consister aussi à assouplir les contraintes techniques, en particulier celles posées par le droit de la construction, en cas d'achat d'énergie renouvelable, ainsi que le montrera l'exemple suivant. Pour encourager la sobriété énergétique, il peut être utile de responsabiliser les habitants de logements collectifs en individualisant les consommations énergétiques, en ce sens, l'article L. 131-3 du code de la construction et de l'habitation tel qu'issu de la loi n° 74-908 du 29 octobre 1974 relative aux

(238) 1er juillet 2010, Sté Bioénerg, préc.

(239) C. énergie, art. L. 446-2.

économies d'énergie préconisait l'individualisation des frais de chauffage. Cette contrainte supposant des aménagements techniques, l'article R. 131-2 du code de la construction et de l'habitation disposait que « tout immeuble collectif, équipé d'un chauffage commun à tout ou partie des locaux occupés à titre privatif et fournissant à chacun de ces locaux une quantité de chaleur réglable par l'occupant, doit être muni d'appareils permettant d'individualiser le chauffage collectif », mais prévoyait des dérogations à cette obligation, notamment en cas d'intégration d'énergie renouvelable dans le dispositif de chauffage. Ainsi, l'obligation d'individualisation des frais de chauffage disparaissait-elle dans les immeubles collectifs suivants : ceux bénéficiant du « label haute performance énergétique », qui peut inclure le recours aux énergies de source renouvelable, et ceux faisant appel, « au moins pour la moitié de la puissance de chauffage des locaux, aux énergies renouvelables (solaire, géothermie, biomasse, rejets thermiques) » (ancien art. R. 131-2. e CCH). On pouvait expliquer ces dérogations en y voyant l'expression d'un axiome établissant que l'utilisation des énergies à caractère renouvelable dans l'habitat est en soi un comportement économe : un moyen là encore de postuler la performance énergétique desdites énergies. Toutefois, ce dispositif a été abrogé par le décret n° 2012-545 du 23 avril 2012 relatif à la répartition des frais de chauffage dans les immeubles collectifs. Il est vrai que cette disposition s'éloignait des hypothèses de dérogation à l'utilisation de compteurs individuels envisagée par l'article L. 131-2 du code de la construction et de l'habitation, aujourd'hui repris à l'art. L. 241-9 du code de l'énergie, qui réserve celles-ci à des motifs d'« impossibilité technique » ou de « coût excessif ».

§1. La valorisation de l'achat

Alors que l'article 6 de la Charte constitutionnelle de l'environnement fait obligation à toutes les politiques publiques de promouvoir un développement durable, il semble logique d'adapter le droit afin que l'achat d'énergie à caractère renouvelable puisse être valorisé et de développer des pratiques exemplaires.

I. Les moyens juridiques de la valorisation

A. Par l'éligibilité

L'éligibilité est un statut défini par le droit de l'Union européenne et est le reflet d'un système d'ouverture à la concurrence caractérisé par sa progressivité, les consommateurs d'électricité ou de gaz accédant à cette situation par paliers successifs[(240)]. Ainsi, le statut de client éligible a été offert, à compter du 1er janvier 2004, aux consommateurs non résidentiels – c'est-à-dire ceux achetant de l'électricité ou du gaz non destiné(e) à leur usage domestique –, puis, à partir du 1er juillet 2007, à l'ensemble des acheteurs.

Par conséquent, à compter du moment où l'acheteur final décide d'exercer l'éligibilité, il se met en situation de choisir librement son fournisseur d'électricité ou de gaz. Il peut ainsi marquer sa préférence le cas échéant pour des « offres vertes » notamment celles qui sont certifiées comme telles, par des dispositifs privés (« certificats verts ») ou publics (garanties d'origine)[(241)]. Sont intéressés les clients privés mais aussi les clients publics, eux-mêmes d'importants consommateurs d'énergie. Pour ces derniers, notamment pour les collectivités locales et leurs groupements, il n'est pas anodin qu'ils puissent depuis le 1er janvier 2004 revendiquer ce statut[(242)], même s'il n'est de fait qu'optionnel (éligibilité non forcée) ; en effet pour les acteurs publics cette situation a pour corollaire la mise en compétition préalable des différents fournisseurs d'électricité et de gaz par application de la législation sur les marchés publics. On peut penser que les achats publics portant sur l'approvisionnement des collectivités publiques, en électricité principalement, puissent ainsi être l'occasion d'un choix en faveur de celle de source renouvelable, et ce *a fortiori* à raison des évolutions du droit des marchés publics.

(240) Voir *supra* p. 371.

(241) Voir *infra* p. 644 et s.

(242) Voir aussi M. Echegut, « La notion d'éligibilité en matière d'achat public d'énergie électrique », *AJDA* 2005, p. 5.

B. Par le recours au critère écologique dans le cadre d'un marché public d'achat d'énergie

Le droit des marchés publics est applicable à l'achat d'énergie considérée comme une marchandise. Ce droit impose par tradition le choix de l'offre économiquement la plus avantageuse comme garantie de l'efficacité de la commande publique. Cette règle a fait l'objet dans la période récente d'aménagements très symptomatiques, afin de permettre la prise en compte par l'acheteur public des exigences environnementales.

Si le droit actuel des marchés publics n'est pourtant pas en tant que tel l'instrument d'un soutien spécifique à l'achat d'énergie renouvelable, il peut jouer un rôle pour la promotion de celle-ci, du fait de la reconnaissance récente en son sein de la licéité du critère de la protection de l'environnement aux stades clés de l'attribution et de l'exécution des marchés. Avec un tel outil, « par leurs achats, les administrations et entreprises publiques disposent d'un puissant moyen de promotion du développement durable »[(243)]. Leur volontarisme trouvera sans doute un appui important dans le fait que ces acteurs soient par ailleurs éligibles au dispositif des certificats d'économie d'énergie (CEE), en application de l'article L. 121-7 du code de l'énergie[(244)]. De fait, la prise en compte de la dimension environnementale des offres de fourniture d'énergie est autorisée de façon générale, mais ne saurait s'émanciper des règles dégagées en la matière par la juridiction de l'Union européenne, première responsable de cette évolution fondamentale du droit des marchés publics.

Dans son arrêt « Concordia Bus Finland » du 17 septembre 2002[(245)], la Cour de justice de l'Union européenne a expliqué que la directive sur les marchés de fournitures ne saurait être interprétée comme imposant que les critères d'attribution retenus par un pouvoir adjudicateur afin d'identifier l'offre économiquement la plus avantageuse soient « nécessairement de nature purement économique », ajoutant que le pouvoir adjudicateur peut aussi prendre en compte des critères écologiques. Elle a précisé que cette intégration doit cependant se faire dans le respect des principes généraux de la commande publique (concurrence, égalité, transparence), et encadré strictement l'utilisation desdits critères : ils doivent être liés à l'objet du marché, ne pas conférer une liberté inconditionnée de choix au pouvoir adjudicateur, être expressément mentionnés dans le cahier des charges ou dans l'avis de marché, respecter le principe de non-discrimination. Dans l'arrêt « Osterreich » de 2003[(246)], la Cour de justice, non contente de confirmer la licéité du recours au critère écologique, valide sa mise en œuvre à travers l'obligation de recourir à de l'électricité de source renouvelable dans le cadre d'un marché de fourniture d'électricité passé par un land autrichien, électricité qu'elle qualifiera au passage d'« utile à la protection de l'environnement ». Cet arrêt lui donne surtout l'occasion de préciser les conditions du recours à un tel critère en particulier. Elle y indique que le pouvoir adjudicateur est libre de déterminer la pondération de ce critère (en l'espèce affecté d'un coefficient de 45 %), pour autant qu'il permette d'identifier l'offre économiquement la plus avantageuse. Elle y précise les conditions de formulation d'un tel critère qui, en l'occurrence, attribuait des points aux soumissionnaires en fonction de la quantité d'électricité renouvelable qu'ils vendaient à d'autres clients que le pouvoir adjudicateur, et qui est jugé inacceptable, d'une part, en raison de l'absence de lien entre ce critère et l'objet du marché, d'autre part, parce qu'il est discriminatoire : il permet à l'autorité adjudicatrice de limiter arbitrairement les offres en favorisant les fournisseurs de grande taille, le caractère discriminatoire du critère étant, ici, renforcé par le fait qu'il ne peut faire l'objet d'un contrôle effectif de l'exactitude des mentions

(243) H. Pongérard-Payet, « Critères sociaux et environnementaux des marchés publics : droits communautaire et interne entre guerre et paix », *Europe*, octobre 2004, p. 6.

(244) Sur ce dispositif des CEE, voir *supra* p. 533 et s.

(245) C-513/99, *Rec.* p. I-7213 ; *AJDA* 2003, note D. Blaise.

(246) CJCE 4 décembre 2003, C-448/01, *Rec.* p. I-14527 ; *AJDA* 2004, p. 334, note T. Gliozzo.

contenues dans les offres. Enfin, elle y souligne que si un organe national de contrôle conclut à l'illégalité du critère écologique, l'appel d'offres doit être annulé, façon de dire qu'il se situe juridiquement au même niveau que les autres critères dont le droit des marchés publics prévoit aussi l'utilisation.

La codification de cette jurisprudence a été effectuée aux niveaux européen et étatique.

Remarque

Les directives 2004/17, portant coordination des procédures de passation des marchés dans les secteurs de l'eau, de l'énergie, des transports et des services postaux, et 2004/18, relative à la coordination de la passation des marchés publics de travaux, de fournitures et de services, autorisent de recourir au critère écologique pour les marchés publics, mais ne vont pas jusqu'à en imposer l'utilisation.

La réglementation française[(247)] inclut expressément la possibilité pour les pouvoirs adjudicateurs de juger les offres à l'aune de considérations environnementales. En droit français, cette règle couvre l'ensemble des achats publics, sans restriction de montant ou d'objet[(248)] : elle peut donc englober autant l'achat public d'électricité, de gaz ou encore de chaleur, issus de ressources renouvelables, ou bien encore par exemple celui de véhicules pour lesquels une collectivité adjudicatrice pourrait exiger un fonctionnement au moyen de biocarburants. Enfin, si la formulation des exigences environnementales peut non seulement s'exprimer au niveau des critères de sélection des offres[(249)], elle peut être intégrée aussi dans les conditions d'exécution des marchés[(250)] ou dans les informations demandées aux soumissionnaires sur leur savoir-faire[(251)].

Mais le droit place les collectivités publiques dans une situation assez délicate, puisqu'il retient que le critère environnemental doit, pour être légal, rester suffisamment précis et surtout en « relation directe avec l'objet du marché »[(252)]. On conviendra que cette condition permet au moins de les autoriser à prescrire le recours à des ressources renouvelables lors d'un achat d'énergie.

Sans doute les achats d'énergie « verte » des collectivités publiques sont-ils donc de nature à concrétiser le concept relativement flou de développement durable. C'est là une tendance que la loi n° 2009-967 du 3 août 2009 (« Grenelle 1 ») a renforcé, en offrant auxdites collectivités la possibilité de conclure un contrat regroupant les prestations de conception, de réalisation et d'exploitation ou de maintenance, et imposant des obligations spécifiques de performance en matière énergétique, à leurs cocontractants. Le législateur a considéré que la garantie du résultat attendu serait facilitée par la passation d'un contrat global, formule moins rigide que les traditionnels marchés publics. Ce contrat s'ancre dans la catégorie générique du « contrat de performance énergétique » (CPE) régie par la directive 2006-32 du 5 avril 2006 relative à l'efficacité énergétique dans les utilisations finales de l'énergie. En pratique, il peut emprunter les diverses formules contractuelles du droit de la commande publique, telles le marché public ou le contrat de partenariat public-privé. Il a été précisé que « le recours à des énergies renouvelables en substitution d'énergies conventionnelles peut figurer parmi les critères de sélection » des opérateurs sollicités dans le cadre d'un tel CPE, « dans la mesure où il contribue à la réduction des gaz à effet de serre au-delà de la réduction

(247) Nouveau CMP tel qu'issu décret n° 2004-15, 7 janvier 2004, modifié décret n° 2006-975, 1er août 2006.

(248) Circ. 3 août 2006, portant manuel d'application du CMP, *JO* 4 août 2006, point 12.2.

(249) CMP, art. 53.

(250) CMP, art. 14.

(251) CMP, art. 45.

(252) Voir notamment la directive 2004/18, art. 53.

de la consommation d'énergie. Mais le recours à des énergies renouvelables en substitution d'énergies dites "conventionnelles" n'est pas en soi constitutif d'un CPE »[253].

Remarque

La directive 2006-32 définit le CPE comme « un accord contractuel entre le bénéficiaire et le fournisseur d'une mesure visant à améliorer l'efficacité énergétique, selon lequel des investissements dans cette mesure sont consentis afin de parvenir à un niveau d'amélioration de l'efficacité énergétique qui est contractuellement défini ».

II. Le développement de pratiques exemplaires

La consommation d'énergie renouvelable peut sans doute être considérée comme une pratique en soi exemplaire, dans la mesure où elle répond à l'intérêt général. La déclinaison de cette idée est donc une façon d'en développer l'achat. De fait, cette exemplarité concerne soit tous les acheteurs d'énergie sans restriction *a priori*, soit plus spécifiquement les acheteurs publics.

A. Les pratiques exemplaires fondées sur le recours aux énergies renouvelables en général

Dans le but d'accroître la consommation d'énergie renouvelable, la puissance publique a mis au point des dispositifs constituant des points de référence pour les acheteurs potentiels : il s'agit de démarches labellisées de recours volontaire aux énergies renouvelables et de standards de performance énergétique définis à partir de leur utilisation notamment.

1. La création de démarches labellisées de recours volontaire aux énergies renouvelables

La labellisation n'intéresse pas ici seulement des produits[254], mais des démarches volontaires d'intégration des énergies renouvelables dans le cadre de la construction de certains bâtiments ou de la fourniture de certains services. Ces labels ont pour vocation de guider les choix des consommateurs vers des achats de biens ou services en principe plus respectueux de l'environnement.

a. La définition de labels pour les bâtiments utilisant les énergies renouvelables

Ces labels symbolisent la reconnaissance par la collectivité publique des avantages du recours aux énergies renouvelables dans le secteur de la construction des bâtiments publics ou privés. Ils attestent de la perméabilité du droit de la construction aux préceptes du développement durable[255]. Comme dans beaucoup de secteurs, c'est l'Union européenne qui a imposé aux États membres un certain nombre de ces mesures. Non contente de les inviter à consacrer une part de financement public plus importante, notamment celle issue des fonds structurels, aux investissements axés sur l'efficacité énergétique et les énergies renouvelables[256], cette organisation a ainsi défini, avec la directive énergies renouvelables de 2009, un cadre juridique minimal pour la prise en compte de ces énergies dans le secteur de la construction. Ainsi d'une part, l'article 13.4 de ladite directive impose l'adoption dans les législations nationales en matière de construction de « mesures appropriées afin d'augmenter la part de toutes les énergies provenant de sources d'énergie renouvelables dans le secteur de la construction », tout en se bornant toutefois à recommander l'applica-

(253) Commissariat général au développement durable, *Guide du contrat de performance énergétique*, juillet 2010, pt. IV.2.

(254) Voir *supra* p. 530 et s.

(255) Voir sur ce sujet F.-G. Trébulle, « Développement durable et construction », *Revue de droit immobilier* 2006, p. 71, voir aussi *supra* p. 531 et s.

(256) Voir le Plan européen pour la relance économique (PEER) et le règlement 397/2009 du 6 mai 2009 modifiant le règlement 1080/2006 sur le FEDER et portant sur l'éligibilité des investissements en efficacité énergétique et énergies renouvelables liées au logement, *supra* p. 426.

tion de « niveaux minimaux d'énergie provenant de sources renouvelables dans les bâtiments neufs et dans les bâtiments existants qui font l'objet de travaux de rénovation importants ». Ainsi d'autre part, son article 13.5 prévoit que dans les secteurs du chauffage et du refroidissement en particulier, les États membres recourent « aux labels énergétiques, aux labels écologiques ou à d'autres certificats ou normes appropriés mis au point à l'échelon national ou communautaire [...] pour encourager les systèmes utilisant des sources d'énergie renouvelables.

En général, la labellisation est basée sur une démarche volontaire des constructeurs, toutefois le secteur de la performance énergétique se révèle sur ce plan spécifique, puisqu'il fait une large place à des labels « officiels », c'est-à-dire consacrés par les textes(257). Dans le secteur de la construction, l'approche suivie est particulièrement remarquable car elle révèle une volonté de dépassement des performances énergétiques définies par la réglementation thermique. Cette démarche prend corps en France au début des années 1980 : l'arrêté du 5 juillet 1983 relatif à l'attribution pour des bâtiments d'habitation d'un label haute performance énergétique et d'un label solaire, concerne les logements neufs construits avec l'aide de l'État ; il est aussi le premier à mettre en place un label spécifique pour la contribution solaire à la performance énergétique (chauffage et eau chaude sanitaire). Il sera modifié en 1988(258) puis en 1991(259). La réglementation dite thermique (RT) a repris cette technique(260). A été notamment pérennisé le principe des labels de performance énergétique, octroyés pour les constructions dont les consommations d'énergie sont inférieures de 10 % (haute performance énergétique, ou HPE 2005) et 20 % (très haute performance énergétique, ou THPE 2005), voire davantage encore (label bâtiment basse consommation, ou BBC) aux consommations de référence de la réglementation thermique(261). Certains de ces labels incluent des exigences explicites sur l'utilisation d'équipements de production d'énergie renouvelable (labels HPE ENR 2005 et THPE ENR 2005). Les conditions d'attribution de ces labels font référence aux seuils et valeurs de l'arrêté du 24 mai 2006 relatif aux caractéristiques thermiques des bâtiments et des parties nouvelles de bâtiments.

Remarque

Le label HPE ENR 2005 exige le respect du label HPE 2005 et y joint les exigences suivantes : soit la part de la consommation conventionnelle de chauffage est assurée par un générateur utilisant la biomasse est supérieure à 50 % ; soit le bâtiment est raccordé à un réseau de chaleur alimenté par au moins 60 % par des énergies renouvelables (voir arrêté 3 mai 2007, préc., art. 2 3°). Le label THPE ENR 2005 concerne les constructions dont les consommations conventionnelles sont inférieures d'au moins 30 % par rapport à la consommation de référence RT 2005 et, pour l'habitat, au moins 30 % par rapport à la consommation maximale autorisée par l'arrêté du 24 mai 2006 ; il y ajoute des exigences sur l'utilisation d'équipements d'énergie renouvelable (capteurs solaires thermiques, capteurs photovoltaïques ou des éoliennes) ou de pompes à chaleur très performantes (voir arrêté 3 mai 2007, préc., art. 2 4°).

Sur le plan procédural, la demande doit émaner du maître d'ouvrage ou de toute personne qui se charge de la construction du bâtiment au sens de l'article L. 231-1 du code de la construction et de l'habitation, avec l'accord du maître d'ouvrage. Le label est délivré par un organisme ayant passé une convention avec l'État. Il a pour but d'authentifier la conformité des bâtiments nouveaux aux

(257) Voir G. Durand-Pasquier, « Certifications, attestations et diagnostics au service des objectifs du Grenelle », *Revue de droit immobilier*, 2011, p. 5.

(258) Arr. 30 décembre 1988, relatif à l'attribution pour des bâtiments d'habitation d'un label haute performance énergétique (HPE) et d'un label solaire.

(259) Arr. 20 février 1991, modifiant arr. 30 décembre 1988, relatif à l'attribution pour des bâtiments d'habitation d'un label haute performance énergétique (HPE) et d'un label solaire.

(260) CCH, art. L. 231-1.

(261) Arr. 3 mai 2007 relatif aux caractéristiques thermiques et à la performance énergétique des bâtiments existants, art. 6 ; arr. 29 septembre 2009 relatif au contenu et aux conditions d'attribution du label « haute performance énergétique rénovation ».

référentiels de la réglementation thermique en vigueur, mais a aussi pour vocation d'en dépasser les exigences. Il fait ainsi figure d'avant-garde. Au demeurant, les caractéristiques des labels sont censées contribuer au renforcement de la réglementation thermique suivante.

b. La définition de labels pour certains services utilisant les énergies renouvelables

C'est aussi pour la fourniture de certains services qu'il peut être procédé à la définition d'un label intégrant l'utilisation des énergies renouvelables. Cette possibilité a été mise en œuvre par la Commission européenne pour ce qui concerne les services d'hébergement touristique : sa décision du 14 avril 2003[262] énonce les critères permettant l'attribution du label écologique communautaire aux services en question et fonde certains d'entre eux sur le recours aux énergies renouvelables.

Remarque

Le label écologique communautaire est régi par le règlement 1980/2000 du 17 juillet 2000 modifiant le règlement 880/92 du 23 mars 1992. Il est garanti en France par l'AFNOR. Le signe distinctif du produit ou service labellisé est une fleur verte.

La décision de la Commission relative aux hébergements touristiques formule un certain nombre de critères obligatoires, reprenant les objectifs quantitatifs consacrés par la directive électricité renouvelable de 2001 : concrètement, tout service d'hébergement touristique désireux d'obtenir l'écolabel européen doit, d'une part, consommer une quantité d'électricité de source renouvelable équivalente au montant global établi pour l'ensemble de la Communauté à l'échéance 2010 (21 %), d'autre part, utiliser la même quantité d'électricité renouvelable pour chauffer les locaux ou pour l'eau sanitaire. Elle énumère aussi des critères optionnels, liés eux-mêmes à l'emploi des énergies renouvelables, tels la production d'électricité à partir d'énergie photovoltaïque et éolienne – le texte précise que cette fourniture doit assurer au moins 20 % de la quantité totale d'électricité consommée annuellement – ou encore l'existence d'un chauffage à partir de ressources renouvelables – le texte précise qu'au moins 50 % de l'énergie totale utilisée à cet effet doit en être issue.

c. La définition de labels pour certains équipements de production d'énergie utilisant les sources renouvelables

Cette démarche à finalité qualitative et informative intéresse plusieurs filières (bois-énergie, solaire...) et est mise en œuvre au niveau national et dans certains cas au niveau communautaire (attribution de l'écolabel européen aux pompes à chaleur). On renverra aux développements qui lui ont été consacrés ci-dessus[263].

2. La définition d'un standard de performance énergétique à partir des énergies renouvelables

Ces mesures sont elles-mêmes fondées sur la conviction que le recours aux énergies renouvelables est l'outil d'une plus grande efficacité énergétique. Le droit européen fait sien ce postulat, comme en témoigne la directive 2006/32 du 5 avril 2006 relative à l'efficacité énergétique dans les utilisations finales et les services énergétiques[264], qui oblige les États à mettre en œuvre des programmes dans le domaine de l'efficacité énergétique pour le secteur des bâtiments et comprend à cet effet une liste indicative de mesures de nature à parvenir à cet objectif pour les secteurs résidentiel et tertiaire, parmi lesquelles figure la production domestique d'énergie renouvelable (applications thermiques de l'énergie solaire, production d'eau chaude à usage domestique, chauffage et refroidissement solaire de locaux).

(262) Décision de la Commission établissant les critères écologiques pour l'attribution du label écologique communautaire aux services d'hébergement touristique.

(263) Voir *supra* p. 530.

(264) Modifiant directive 93/76, 13 septembre 1993, visant à limiter les émissions de dioxyde de carbone par une amélioration de l'efficacité énergétique.

Remarque

Pour améliorer l'efficacité énergétique, la directive pose un indicatif national global en matière d'économies d'énergie fixé à 9 % pour la 9e année d'application de la directive. Le « paquet énergie-climat » adopté par l'Union européenne affiche en la matière un objectif plus ambitieux mais pour 2020 – 20 % de gains en termes d'efficacité énergétique. Toutefois, ce dernier objectif n'a pas été consacré par un texte de droit positif lui attribuant une portée contraignante, à l'instar de ce qui a été fait s'agissant de la consommation d'énergies renouvelables avec la directive 2009/28. Les discussions entreprises au niveau européen portant sur l'adoption d'une directive sur l'efficacité énergétique semblent au demeurant plutôt annoncer des objectifs indicatifs que contraignants (voir S. Fabrégat, « Directive efficacité énergétique : le compromis n'est pas à la hauteur des objectifs », Actu-environnement.com, 18 juin 2012).

L'efficacité énergétique est plus spécifiquement une préoccupation centrale de la réglementation thermique (RT) des constructions, qui définit un niveau optimum de performance énergétique pour une période donnée. Elle existe en France depuis 1974 et s'applique aujourd'hui aux bâtiments résidentiels et tertiaires. Dans la perspective de la réduction des émissions de CO_2 dans le secteur du bâtiment, la réglementation thermique 2012[(265)] fait suite au Grenelle de l'environnement. Elle s'applique aux bâtiments neufs ou parties nouvelles de bâtiments et renforce sensiblement à leur égard la réglementation thermique précédente (RT 2005). Il est à noter que ce cadre réglementaire intègre explicitement lui aussi l'option « énergies renouvelables », proposée comme un standard de référence pour atteindre un certain niveau de performance énergétique.

Remarque

Les lois « Grenelle » ont considérablement durci la réglementation thermique (voir G. Durand-Pasquier, « Certifications, attestations et diagnostics au service des objectifs du Grenelle », préc.). L'article 4 de la loi « Grenelle 1 » indique que cette réglementation doit être renforcée « afin de réduire les consommations d'énergie et les émissions de gaz à effet de serre ». La loi impose un plafond de consommation d'énergie primaire des bâtiments neufs de 50 kilowattheures par mètre carré et par an en moyenne ; il est prévu notamment que pour les énergies qui présentent un bilan avantageux en termes d'émissions de gaz à effet de serre, ce seuil sera modulé afin d'encourager la diminution des émissions générées par l'énergie utilisée. La loi impose aussi une amélioration qualitative de la performance énergétique des bâtiments de l'État et de ses établissements publics (voir *infra* p. 632), ainsi que des logements sociaux.

La nouvelle réglementation thermique (RT 2012) est fixée par le décret n° 2010-1269 du 26 octobre 2010 relatif aux caractéristiques thermiques et à la performance énergétique des constructions et par l'arrêté du 26 octobre 2010 relatif aux caractéristiques thermiques et aux exigences de performance énergétique des bâtiments nouveaux et des parties nouvelles de bâtiments.

La RT 2012 est applicable à tous les permis de construire déposés à compter du 28 octobre 2011 pour certains bâtiments neufs du secteur tertiaire (bureaux, bâtiments d'enseignement primaire et secondaire, établissements d'accueil de la petite enfance) et les bâtiments à usage d'habitation construits en zone ANRU, et déposés à partir du 1er janvier 2013 pour tous les autres bâtiments neufs à usage d'habitation (maisons individuelles ou accolées, logements collectifs, cités universitaires, foyers de jeunes travailleurs).

Pour y parvenir, le droit de l'Union européenne impose d'établir une méthode de calcul de nature à contribuer à l'homogénéisation de l'offre énergétique. La directive 2002/91 sur la performance énergétique des bâtiments (modifiée par la directive 2010/31) fixe ainsi le cadre général d'une méthodologie servant à calculer la performance énergétique intégrée des bâtiments : définie à l'annexe du texte, elle invite les États membres à tenir compte de l'influence positive de différents éléments tels que les systèmes de production d'électricité faisant appel aux ressources énergétiques renouvelables. Faisant suite à ces orientations, et alors que la réglementation thermique vise elle-même l'amélioration de la performance énergétique des bâtiments, les autorités françaises ont consacré l'obligation pour le maître d'ouvrage de réaliser un diagnostic de performance énergé-

(265) CCH, art. R. 111-20, transposition de la directive sur la performance énergétique des bâtiments.

tique (DPE) dans les bâtiments existants[266], à l'occasion de la construction ou d'une extension de bâtiment. Remis au propriétaire du bâtiment au plus tard à la réception de l'immeuble, obligatoirement annexé lors de la conclusion d'un contrat de vente ou de bail[267] et affiché dans toutes les annonces immobilières depuis le 1er janvier 2011[268], le DPE doit faire état de « la quantité d'énergie effectivement consommée ou estimée pour une utilisation standardisée du bâtiment ou de la partie de bâtiment et une classification en fonction de valeurs de référence afin que les consommateurs puissent comparer et évaluer sa performance énergétique. Il est accompagné de recommandations destinées à améliorer cette performance ». Depuis la loi « Grenelle 2 », la réalisation d'un DPE est également imposée pour tous les bâtiments équipés d'une installation collective de chauffage, ce qui inclut par définition ceux utilisant les sources d'énergie renouvelables (bois-énergie, déchets) (sont exceptés de cette obligation « Les bâtiments à usage principal d'habitation en copropriété de cinquante lots ou plus, équipés d'une installation collective de chauffage ou de refroidissement, et dont la date de dépôt de la demande de permis de construire est antérieure au 1er juin 2001, sont exemptés de la disposition de l'alinéa précédent » ; mais ils sont toutefois soumis à un « audit énergétique » au sens de l'article L. 134-4-1 CCH).

Remarque

L'article 3.6 de l'arrêté du 21 septembre 2007 indique que les recommandations sur l'efficacité énergétique contenues dans le diagnostic de performance énergétique visent « à promouvoir l'utilisation d'énergies renouvelables ».

Le diagnostic de performance énergétique comprend notamment une évaluation de la quantité d'énergie d'origine renouvelable produite par les équipements installés à demeure et utilisée dans le bâtiment ou partie de bâtiment en cause[269] : par exemple, la production de certaines énergies renouvelables, plus précisément celle de bois-énergie par les chaudières à bois ou encore celle d'énergie solaire thermique (qui devient une référence pour la production d'eau chaude sanitaire)

(266) CCH, art. L. 134-1 issu de la loi de 2006 sur l'eau et les milieux aquatiques (LEMA) ; décret n° 2006-1114 du 5 septembre 2006 relatif aux diagnostics immobiliers et modifiant le code de la construction et de l'habitation et le code de la santé publique ; décret n° 2006-1147 du 14 septembre 2006 relatif au diagnostic de performance énergétique et à l'état de l'installation intérieure de gaz pour certains bâtiments ; arr. 16 octobre 2006 définissant les critères de certification des compétences des personnes physiques réalisant le diagnostic de performance énergétique et les critères d'accréditation des organismes de certification ; décret n° 2006-1653 du 21 décembre 2006 relatif aux durées de validité des documents du dossier de diagnostic technique ; décret n° 2008-461 du 15 mai 2008 relatif au diagnostic de performance énergétique lors des mises en location de bâtiments à usage principal d'habitation et modifiant le code de la construction et de l'habitation ; décret n° 2011-413 du 13 avril 2011 relatif à la durée de validité du diagnostic de performance énergétique ; décret n° 2011-807 du 5 juillet 2011 relatif à la transmission des diagnostics de performance énergétique à l'Agence de l'environnement et de la maîtrise de l'énergie ; arr. 15 septembre 2006, relatif au diagnostic de performance énergétique pour les bâtiments proposés à la vente en France métropolitaine modifié arr. 18 décembre 2007 (annexe 7), modifié arr. 8 février 2012 ; arr. 16 octobre 2006, modifié ; arr. 3 mai 2007, relatif au diagnostic de performance énergétique pour les bâtiments existants à usage principal d'habitation proposés à la location en France métropolitaine, modifié arr. 8 février 2012 ; arr. 21 septembre 2007, relatif au diagnostic de performance énergétique pour les bâtiments neufs en France métropolitaine ; arr. 27 janvier 2012 relatif à l'utilisation réglementaire des logiciels pour l'élaboration des diagnostics de performance énergétique suivant la méthode de calcul 3CL-DPE version 2012 et modifiant l'arrêté du 15 septembre 2006 relatif aux méthodes et procédures applicables au diagnostic de performance énergétique pour les bâtiments existants proposés à la vente en France métropolitaine ; arr. 13 décembre 2011 modifiant l'arr. 16 octobre 2006 définissant les critères de certification des compétences des personnes physiques réalisant le diagnostic de performance énergétique et les critères d'accréditation des organismes de certification.

(267) Loi n° 2010-788, art. 1 modifiant CCH, art. L. 134-3 et art. L. 134-3-1.

(268) Voir décret n° 2007-363 du 19 mars 2007 relatif aux études de faisabilité des approvisionnements en énergie, aux caractéristiques thermiques et à la performance énergétique des bâtiments existants et à l'affichage du diagnostic de performance énergétique.

(269) CCH, art. R. 134-1.

entrent dans le calcul de la performance énergétique des bâtiments. On peut supposer que le consommateur ainsi informé, et intéressé par une baisse de sa consommation d'énergie, se tourne plus spontanément vers les énergies à caractère renouvelable.

Remarque

Une partie de la production d'eau chaude sanitaire à partir de l'énergie solaire sert notamment de standard de référence : par exemple, il est établi qu'une maison individuelle (utilisant aussi bien l'électricité que les combustibles fossiles) doit être équipée de 2 m^2 de capteurs solaires, cependant qu'un logement collectif utilisant l'électricité devra être équipé de 1 m^2 de capteurs solaires ; à défaut ces bâtiments devront économiser l'énergie équivalente grâce à des systèmes de chauffage plus performants, une meilleure orientation ou des fenêtres mieux isolées.

B. Les pratiques publiques exemplaires fondées sur le recours aux énergies renouvelables et destinées exclusivement aux acheteurs publics

C'est en mesurant le poids économique des achats publics – environ 10 % du PIB de la France, 17 % du PIB de l'Union européenne(270) – que l'on prend conscience de l'enjeu considérable que peut constituer le fait de donner ou non, dans le cadre d'un achat public, la préférence à une offre énergétique s'appuyant sur les sources d'énergie renouvelables(271). Ce choix peut être déterminant pour la protection de l'environnement et peut produire par son ampleur un effet de levier décisif sur le développement économique des filières industrielles intéressées, en faisant baisser leurs coûts de production. Il permet aussi la diffusion dans la société de pratiques « éco-responsables » en matière d'énergie. Une telle démarche est donc non seulement essentielle en tant qu'elle vise le développement durable, mais aussi probablement efficace d'un point de vue économique. C'est autour de ces logiques entrecroisées qu'il faut évoquer le développement de pratiques publiques exemplaires en ce qu'elles privilégient ou préconisent l'achat d'énergie renouvelable. Ce phénomène profite certainement des potentialités offertes par le nouveau droit des marchés publics(272).

L'Union européenne met en valeur l'exemplarité de l'achat d'énergie renouvelable par les acteurs publics. Par exemple, le Parlement européen avait émis le souhait que l'Union européenne impose aux États d'encourager le secteur public à accorder la priorité au chauffage et à la réfrigération issus d'énergie renouvelable dans le cadre des marchés publics, notamment en ce qui concerne les bâtiments neufs ou en rénovation(273) ; de son côté, la Commission avait annoncé dans son plan d'action biomasse (2005) un texte visant à favoriser les commandes publiques de véhicules propres et notamment ceux contenant des mélanges à forte teneur en biocarburants. Ces démarches n'ont pas précisément abouti, mais elles ont trouvé une concrétisation au moins minimale dans le cadre de la directive énergies renouvelables de 2009. En effet, ce texte encourage le déploiement de comportements exemplaires, et demande aux États membres, d'une part, de « recommander [notamment] aux autorités administratives locales et régionales, de veiller à l'installation d'équipements et de systèmes utilisant de l'électricité, de chauffage et de refroidissement provenant de sources d'énergie renouvelables et à l'installation d'équipements et de systèmes de chauffage ou de

(270) N. Gueury, *Livre vert sur la modernisation de la politique de l'Union européenne en matière de marchés publics*, CCIP, 14 avril 2011.

(271) Voir en ce sens loi n° 2009-967, art. 48 (« État exemplaire ») : « L'État favorisera le respect de l'environnement dans l'achat public par un recours croissant, dans les marchés publics des administrations et services placés sous son autorité, aux critères environnementaux et aux variantes environnementales. »

(272) Voir *supra* p. 624 et s.

(273) « Rapport du Parlement européen contenant des recommandations à la Commission sur l'utilisation de sources d'énergie renouvelables à des fins de chauffage et de réfrigération », doc. 2005/2122 (INI).

refroidissement urbains lors de la planification, de la conception, de la construction et de la rénovation d'espaces industriels ou résidentiels »(274), d'autre part, de « veiller » à ce que « aux niveaux national, régional et local, les nouveaux bâtiments publics et les bâtiments publics existants qui font l'objet de travaux de rénovation importants jouent un rôle exemplaire [...] à partir du 1er janvier 2012 [...] »(275).

Les autorités étatiques ne sont pas en reste.

Avant l'intervention des lois « Grenelle », les applications de l'idée d'exemplarité de l'action de l'État notamment en matière de consommation énergétique étaient relativement dispersées. Une circulaire du Premier ministre du 3 décembre 2009 « relative à l'exemplarité de l'État au regard du développement durable dans le fonctionnement de ses services et de ses établissements publics » a fait le bilan des différentes actions engagées, à l'époque, à ce titre. Pour le niveau local, la mise en œuvre de cette stratégie peut être symboliquement attestée par la délivrance des autorisations ministérielles (ministre de l'Industrie) permettant une utilisation expérimentale du superéthanol dans les flottes captives de certaines collectivités locales.

Remarque

L'article R. 134-1.1 du code de la construction et de l'habitation issu du décret n° 2007-363 du 19 mars 2007 impose qu'à partir de 2008, les gestionnaires des bâtiments publics de plus de 1 000 m^2 affichent de manière visible du public le diagnostic de performance énergétique du bâtiment.

La première flotte française de véhicules à carburant modulable fonctionnant à l'E 85 a été expérimentée (et financée) par le conseil général de la Marne pendant douze mois.

C'est surtout avec les lois « Grenelle » que cette démarche va gagner en cohérence et en substance. La première de ces lois n'a-t-elle pas au reste consacré un titre entier à l'idée d'« État exemplaire » (Titre IV) ? À ce titre, cette loi répertorie toute une palette de mesures concrètes visant à satisfaire cet objectif. On retient en particulier que les administrations de l'État devront, d'une part, effectuer un bilan de leurs consommations d'énergie et de leurs émissions de gaz à effet de serre, d'autre part, engager un plan pour améliorer leur efficacité énergétique(276). À l'État et à ses établissements publics, la même loi impose aussi la réalisation d'un audit énergétique de l'ensemble de leurs bâtiments, censé déclencher une démarche de rénovation des surfaces les moins économes en énergie – le texte précise que cette rénovation aura pour objectif de réduire d'au moins 40 % les consommations d'énergie et d'au moins 50 % les émissions de gaz à effet de serre de ces bâtiments dans un délai de huit ans(277). Si la loi « Grenelle 2 » est moins diserte sur ce sujet, elle impose à tout le moins d'effectuer des travaux d'amélioration de la performance énergétique dans les bâtiments « dans lesquels s'exerce une activité de service public dans un délai de huit ans à compter du 1er janvier 2012 »(278).

Remarque

La proposition de directive relative à l'efficacité énergétique suggère, pour sa part, deux mesures : la rénovation chaque année de 3 % des bâtiments détenus par des organismes publics, et l'obligation pour ces derniers d'acheter des produits et des bâtiments à haute performance énergétique reposant sur les labels et les certificats énergétiques existants (voir COM (2011) 370 final).

(274) Directive 2009/28, art. 13.3.

(275) Directive 2009/28, art. 13.5.

(276) Loi n° 2009-967, art. 48.

(277) Loi n° 2009-967, art. 5.I.

(278) Loi n° 2010-788, art. 3, codifié CCH, art. L. 110-10-3.

Les textes de droit interne n'oublient pas l'exemplarité pour les entités infra-étatiques. À leur sujet, la loi « Grenelle 1 » invite l'État à inciter les collectivités territoriales à engager un programme de rénovation de leurs bâtiments en matière d'économie d'énergie, dans les mêmes conditions et au même rythme que l'État. Le coût de ces mesures étant élevé, ces collectivités auront probablement tout intérêt à solliciter le dispositif européen ELENA, rattaché à la BEI, qui prévoit un possible cofinancement des projets des collectivités territoriales visant à lutter contre le changement climatique[(279)].

§2. La réduction des coûts de l'achat

Les mesures visant à réduire l'achat d'énergie renouvelable s'appuient essentiellement sur l'outil fiscal. Il est sans doute présomptueux d'escompter un développement rapide des énergies renouvelables sans un dispositif fiscal de soutien. Une telle démarche existe pour ce qui concerne l'offre de production[(280)]. Elle est également utilisée afin de modifier les comportements des acheteurs de ces énergies. Le cadre fiscal incitatif intéresse ici certains impôts à la consommation, la taxe générale sur les activités polluantes (TGAP), et quelques autres taxes d'État plus spécifiques.

I. Réduction ou suppression de certaines taxes à la consommation

Deux taxes à la consommation sont concernées : la taxe intérieure à la consommation sur les produits pétroliers (TIC/TIPP) et la taxe sur la valeur ajoutée (TVA).

A. Dispositif relatif à la taxe intérieure à la consommation sur les produits pétroliers

En principe, tout biocarburant utilisé pur ou en mélange comme carburant, de même que tout hydrocarbure destiné à être utilisé pour le chauffage, est taxable à la taxe intérieure à la consommation sur les produits pétroliers (TIC/TIPP), en application de l'article 265 *ter* du code des douanes. Cet impôt est exigible lors de la mise à la consommation du produit, c'est-à-dire au moment soit de la fabrication, hors régime suspensif, soit de l'importation, lorsqu'elle n'est pas elle-même suivie d'un régime suspensif, soit de la sortie d'un régime suspensif. Le régime de taxation et le cas échéant de détaxation de ces produits prend appui sur la directive 2003/96 taxation des produits énergétiques. Dans ce cadre, les biocarburants et biocombustibles bénéficient en France d'avantages fiscaux notables au regard du paiement de cette taxe, afin d'assurer leur développement.

1. La défiscalisation affectant les biocarburants

Cette défiscalisation profite aux seuls biocarburants dont la consommation est autorisée sur le territoire français. Il existe ce faisant un parallélisme entre les conditions de mise à consommation des biocarburants et leur statut fiscal. Le confirme l'évolution juridique ayant concerné l'huile végétale pure (HVP), dont l'extension des conditions de consommation, s'est *ipso facto* répercutée au plan fiscal. Cette défiscalisation peut cependant être partielle ou totale.

a. Défiscalisation partielle

Certains biocarburants bénéficient en France depuis 1992, « compte tenu du bilan environnemental global, notamment en termes de lutte contre les émissions de gaz à effet de serre, de leur production et de leur consommation », d'une exonération partielle de TIC/TIPP[(281)]. Il convient de

(279) Voir *supra* p. 407 et 440.

(280) Voir *supra* p. 555 et s. et 571 s.

(281) Loi n° 2006-11 du 5 janvier 2006, art. 49, modifiant C. douanes, art. 265 *bis* A.

rappeler que cette politique n'a pu être menée sans préjudice du respect des dispositions du traité sur le fonctionnement de l'Union européenne en matière d'aide d'État, et plus spécifiquement des directives européennes régissant la fiscalité énergétique.

Afin que la liberté des échanges et la libre concurrence ne soient pas affectées, la défiscalisation partielle des biocarburants doit notamment se faire dans des conditions de transparence et de non-discrimination. Après correction imposée par les autorités de l'Union européenne(282), le dispositif français a ouvert la défiscalisation de l'article 265 *bis* A du code des douanes à tous les biocarburants produits par des unités ayant reçu un agrément fiscal après avoir participé à un appel d'offres communautaire(283). Pour rappel, le principe de cette défiscalisation est autorisé par l'article 16 de la directive 2003/96 précitée. Les agréments fiscaux désormais octroyés pour 6 ans garantissent un bénéfice fiscal sur une durée connue à l'avance, ce qui permet d'amortir le coût de construction des usines. Dans le respect du principe européen de reconnaissance mutuelle, la réduction de TIC/TIPP est également accordée lors de la mise à la consommation en France des carburants mélangés dans des entrepôts fiscaux de production ou de stockage situés dans l'Union européenne aux biocarburants visés par l'article 265 *bis* A.1, sur présentation d'un certificat de production émis par l'autorité compétente de l'État de production et d'un certificat de mélange délivré par l'administration chargée du contrôle des accises sur les huiles minérales(284).

La liste des biocarburants bénéficiant d'une réduction partielle de TIC/TIPP en vertu de l'article 265 *bis* A ne couvre donc que les produits issus d'unités agréées – suite à la procédure d'appel d'offres – par le ministre du Budget. Longtemps réservé aux seules filières EMHV (ester méthylique d'huile végétale) et ETBE (éthyl-tertiobutyl-éther), le spectre de cette défiscalisation partielle s'est cependant peu à peu élargi. Depuis 2004, l'éthanol incorporé directement dans l'essence bénéficie ainsi d'une défiscalisation. Depuis 2005, elle couvre aussi les « nouveaux » produits que sont l'EMHA (ester méthylique d'huile animale), le biogazole de synthèse, l'EEHV (ester éthylique d'huile végétale). Pour les huiles végétales pures (HVP), elles bénéficient de cette exonération partielle de TIC/TIPP si elles sont utilisées dans les conditions prévues par la loi (usage comme carburant pour les véhicules des flottes captives des collectivités territoriales et de leurs groupements(285)).

La transposition de la directive énergies renouvelables a conduit à poser que la réduction de la taxe intérieure de consommation n'est accordée qu'aux biocarburants répondant aux conditions de durabilité définies à l'article L. 661-7 du code de l'énergie(286). À cet effet, une déclaration de durabilité doit être présentée par le demandeur à l'administration des douanes lors de la mise à la consommation des produits concernés(287).

Sous la seule réserve d'une utilisation d'HVP dans le cadre d'un régime d'exonération totale(288), la défiscalisation de TIC/TIPP intéressant les biocarburants est donc seulement partielle. Les montants sont ajustés chaque année dans la loi de finances pour tenir compte de l'évolution des conditions économiques. Les niveaux de défiscalisation par rapport au tarif normalement applicable sont fixés à

(282) Voir *supra* p. 366 et s.

(283) Voir *supra* p. 493.

(284) C. douanes, art. 265 *bis* A.5.

(285) C. douanes, art. 265 *ter*.3.

(286) Sur ces critères, voir décret n° 2011-1468 du 9 novembre 2011 pris pour l'application de l'ordonnance portant transposition des directives 2009/28/CE et 2009/30 du Parlement européen et du Conseil du 23 avril 2009 dans le domaine des énergies renouvelables et des biocarburants (art. 3), voir aussi *supra* p. 292 et s.

(287) C. douanes, art. 265 *bis* A 5.

(288) Voir *infra* p. 636.

l'article 265 *bis* A du code des douanes. Dans son rapport d'information sur les prélèvements obligatoires et leur évolution pour 2005, le sénateur P. Marini avait jugé nécessaire de « créer les conditions fiscales d'un usage accru des biocarburants »[(289)]. Si en 2006 les sénateurs ont rejeté le principe d'une fiscalité incitative pour 10 ans pour l'ensemble des biocarburants, l'article 49 de la loi d'orientation agricole de 2006 (LOA) a confirmé le principe de la réduction de TIC/TIPP en soulignant qu'elle « doit permettre d'assurer [leur] compétitivité [...] par rapport aux carburants fossiles sans toutefois aboutir à une surcompensation de l'écart de prix de revient entre ces produits ». Cette disposition répond aux préoccupations de certains observateurs et est conforme à la lettre de l'article 16.3 de la directive taxation des produits énergétiques : « L'exonération ou la réduction de taxation appliquées par les États membres sont modulées en fonction de l'évolution des cours des matières premières, afin que lesdites réductions ne conduisent pas à une surcompensation des coûts additionnels liés à la production ».

Remarque

Selon H. Prévot, V. Hespel, J.-Y. Dupré, F. Baratin, D. Gagey, le dispositif fiscal applicable en 2005 ressemblait davantage à la répartition d'une rente qu'à un optimum économique (« Rapport sur l'optimisation du dispositif de soutien à la filière biocarburants », MINEFI, 2005).

Là comme ailleurs[(290)], l'outil économique est donc censé garantir la compétitivité des énergies renouvelables par rapport aux énergies fossiles, sans surcompensation de l'écart de prix de revient entre ces différents produits. Partant, depuis l'encadrement légal, le calcul du niveau de la défiscalisation a conduit à revoir plutôt à la baisse les réductions de TIC/TIPP applicables aux biocarburants, alors que, depuis 1992, elles avaient continûment augmenté. Manifestement, la hausse importante des cours du pétrole mais aussi la création de la TGAP – qui incite à l'incorporation de biocarburants dans les filières supercarburant et gazole[(291)] – ne justifiaient plus le niveau élevé de défiscalisation dont bénéficiaient jusque-là ces produits.

Toujours dans le but de réduire la charge budgétaire, l'article 16 de la loi de finances pour 2009 a entrepris de les faire diminuer progressivement pour la période 2009-2011. Dans l'attente d'une refonte de la directive taxation des produits énergétiques, la loi n° 2010-1657 du 29 décembre 2010 de finances pour 2011 a reconduit en l'état ces niveaux pour 2012 et 2013. À titre de mesure de compensation partielle de cette réduction globale de la défiscalisation de TIC/TIPP appliquée aux biocarburants, le législateur a décidé un abaissement de la même taxe au profit du superéthanol (E85)[(292)].

La défiscalisation partielle de TIC/TIPP n'est pas forcément identique sur l'ensemble du territoire. Cette situation se rencontre à propos du supercarburant (E10), carburant additivé en éthanol à hauteur de 10 %, dont la commercialisation a été décidée par l'article 17 de la loi de finances pour 2009. L'E10 ne bénéficie pas en effet au niveau national d'une TIC/TIPP diminuée, le niveau de cette taxe étant identique à celui du supercarburant 95 ou 98 (soit 60,69 euros/hectolitre)[(293)], toutefois la loi n° 2010-237 du 9 mars 2010 de finances rectificative pour 2010 permet aux conseils

(289) « Rapport d'information sur les prélèvements obligatoires et leur évolution », préc.

(290) À rapprocher de la nouvelle rédaction de loi n° 2000-108, art. 10, visant à normaliser les conditions de rémunération des producteurs intéressés à l'obligation d'achat d'électricité renouvelable. Voir *supra* p. 601.

(291) Voir *infra* p. 639 et s.

(292) C. douanes, art. 265, modifié loi de finances n° 2010-1657 du 29 décembre 2010 de finances pour 2011, art. 138.

(293) C. douanes, art. 265.

régionaux et à l'assemblée de Corse de voter, dans le cadre de la régionalisation de la TIC/TIPP, une réfaction de tarif sur ce supercarburant(294).

Remarque

En 2009, le niveau de défiscalisation était de 21 euros/hectolitre pour la filière essence et de 15 euros/hectolitre pour la filière gazole. En 2010, cette défiscalisation est descendue à 18 euros/hectolitre pour la filière essence et à 11 euros par hectolitre pour la filière gazole. Depuis 2011, la réduction est de 8 euros par hectolitre pour les biocarburants intéressant la filière gazole et de 14 euros par hectolitre pour ceux intéressant la filière essence.

Les HVP concernées par la défiscalisation partielle de TIC/TIPP sont soumises, de leur côté, au tarif applicable au gazole, diminué de la valeur de la réduction appliquée aux esters méthyliques d'huile végétale (EMHV), soit 8 euros par hectolitre (C. douanes, art. 265 *ter*).

Le superéthanol (E85) fait l'objet d'une taxation TIC/TIPP de 17,29 euros/hectolitre à compter du 1er janvier 2011.

b. Défiscalisation totale

Cette mesure(295) concerne exclusivement, et seulement depuis le 1er janvier 2007, l'utilisation et la vente du biocarburant HVP, dans la mesure où celui-ci est dédié à certains usages : soit à l'autoconsommation agricole, soit à l'avitaillement des navires de pêche professionnelle. Ce régime fiscal découle de la LOA de 2006, qui met symboliquement un terme à l'inégalité de statut fiscal qui existait depuis 1992 entre les biocarburants (partiellement défiscalisés) et l'HVP (soumise au paiement intégral de la TIPP). Au reste, la question de la soumission de l'HVP à la TIC/TIPP avait généré par le passé un contentieux portant sur le point de savoir si une huile végétale « pure » (donc non mélangée à de l'huile minérale) devait ou non être soumise à une taxe supposée ne grever que les produits pétroliers, auquel il avait été répondu que le critère pertinent n'était pas celui de la nature du produit, mais celui de sa destination(296).

Remarque

Quand l'HVP n'entrait pas dans la liste des produits autorisés, elle devait supporter la fiscalité du carburant auquel elle se substituait (*BOD* 27 mai 2000, n° 6433, modifié par *BOD* n° 6458, 2 octobre 2000).

2. Exonération de TIC/TIPP pour les biocarburants utilisés pour le chauffage (biocombustibles)

L'utilisation pour le chauffage de certains produits d'origine végétale (HVP, EMHV, EEHV) est techniquement possible. *Quid* ce faisant du régime fiscal applicable ? Tout dépend des conditions d'utilisation de ces produits : lorsqu'ils sont incorporés au fioul domestique dans un entrepôt fiscal de stockage, ce sont les conditions fiscales prévues par l'article 265 *bis* A du code des douanes qui s'appliquent (défiscalisation partielle), en revanche, une utilisation du produit non mélangé semble impliquer un changement de régime fiscal. En effet, aux termes de l'article 265.3 du code des douanes, « tout hydrocarbure destiné à être utilisé, mis en vente ou utilisé pour le chauffage est soumis à la taxe intérieure de consommation au taux prévu pour les combustibles auxquels il se substitue » ; de là on conclut en général que les produits d'origine végétale utilisés pour le chauffage ne répondant pas à la définition d'un hydrocarbure, il n'y a pas de taxation.

Remarque

Voir en ce sens, la réponse du ministre de l'Agriculture et de la Pêche à la question du député Y. Cochet (*JO* 23 mai 2006, p. 5383) et celle du même ministre au député J.-L. Warsmann (*JO* 29 août 2006, p. 9005). On peut relever une certaine contradiction entre cette position et celle développée par les tribunaux dans le contentieux dit « Valénergol » : la cour d'appel avait jugé que le critère

(294) C. douanes, art. 265 2. et art. 265 A *bis*.

(295) C. douanes, art. 265 *ter*.

(296) CA Agen, ch. corr., 25 novembre 2002, Valénergol.

pertinent pour décider du régime de taxation n'est pas celui de la nature du produit, mais celui de sa destination ; dès lors que les produits en cause ont pour vocation le chauffage, on devrait en principe en déduire qu'ils doivent être soumis à la TIC/TIPP.

Les exonérations ou réductions de TIC/TIPP frappant les biocarburants sont supportées principalement par le budget de l'État. Le coût de cette dépense est élevé pour ce dernier même s'il a tendance à régresser : 500 millions d'euros pour 2007, 720 pour 2008, et 521 pour 2009(297). L'introduction d'une condition de « durabilité » pour les biocarburants concernés ainsi que les mesures visant à la décroissance progressive de ces exonérations devraient réduire sensiblement la charge fiscale dans les années à venir.

Remarque

Les principaux acteurs de la filière ont demandé le *statu quo* au moins jusqu'en 2015, c'est-à-dire jusqu'à l'adoption du prochain cadre européen de taxation des produits énergétiques (voir R. Boughriet, « Les industriels des biocarburants appellent à prolonger le dispositif fiscal jusqu'à 2015 », Actu-environnement.com, 1er mars 2012).

B. Dispositif incitatif lié à la TVA

Les incitations fiscales adossées prennent ici la forme, principalement de taux réduits, plus marginalement de droits à déduction.

1. Taux réduit de TVA

Quel que soit son niveau, le taux réduit peut être réputé adresser aux consommateurs un signal prix de nature à inciter à des achats plus importants, en l'occurrence d'énergie renouvelable, à supposer qu'un tel taux lui soit applicable. Si la puissance publique n'a pas opté pour un taux de TVA réduit applicable à tout achat de ce type, cet avantage est toutefois acquis pour la consommation de certains produits ou services liés à la consommation des énergies à caractère renouvelable.

a. Abonnements aux réseaux de chaleur utilisant les sources d'énergie renouvelables

L'application du taux réduit de TVA, ici de 5,5 %(298), sur l'ensemble du territoire français est le résultat d'une modification législative, effectuée d'abord au niveau de l'Union européenne et confirmant la mobilisation de toutes les politiques de celle-ci, y compris la politique fiscale, en faveur des énergies de source renouvelable. En effet, dans sa version originelle, la 6e directive ne prévoyait la possibilité pour les États d'appliquer un taux réduit de TVA qu'aux abonnements aux fournitures d'électricité et de gaz. Cette situation n'empêcha pourtant pas la France de faire bénéficier jusqu'à 1996 du taux réduit les abonnements à tous les réseaux d'énergie, chaleur comprise. Toutefois, au titre d'une lecture stricte des engagements européens, les autorités françaises décidèrent de ne plus appliquer le taux réduit qu'aux seuls abonnements à l'électricité et au gaz, à compter de 1999(299). À la critique consistant à dire que cette décision créait une rupture d'égalité au détriment des réseaux de chaleur et des systèmes de chauffage utilisant les sources d'énergie renouvelables, notamment le bois, le Conseil constitutionnel répondit par la négative, signalant la liberté de choix du législateur en matière économique : « Il était loisible au législateur de prendre la mesure critiquée eu égard à la spécificité et à l'importance pour la vie quotidienne de la population des réseaux publics d'électricité et de gaz combustible, qui n'ont d'ailleurs pas pour seul objet le chauffage »(300). Quoi qu'il en fût, le Conseil de l'Union européenne a finalement décidé en 2006 de réviser

(297) MEEDDM, « Plan d'action national en faveur des énergies renouvelables. Période 2009-2020 ».
(298) CGI, art. 278-0-*bis* B.-.
(299) Loi de finances pour 1999, art. 29.
(300) Cons. const. n° 98-405 DC, 29 décembre 1998, *AJDA* 1999, p. 84.

la directive TVA(301), et admis la possibilité d'appliquer un taux réduit pour les fournitures de chaleur au même titre que la fourniture d'électricité et de gaz(302). Au plan national, une modification de la loi fiscale s'imposait donc. Elle a été entreprise d'abord par la loi portant engagement national pour le logement n° 2006-872 du 13 juillet 2006. Or, cette dernière a prévu l'application du taux réduit à la fourniture d'énergie calorifique uniquement lorsqu'elle est produite à plus de 60 % par de la biomasse, de la géothermie, des déchets et d'énergie de récupération, avant que l'article 73 de la loi n° 2008-1443 du 30 décembre 2008 de finances rectificative pour 2008 n'abaisse le seuil susmentionné à 50 %(303).

Remarque

L'art. 19 III de la loi « Grenelle 1 » a déclaré qu'une sous-station de chaleur alimentée à plus de 50 % à partir de sources d'énergie renouvelables et de récupération est considérée comme un équipement de production d'énergie renouvelable, façon de signifier l'application de plein droit au cas d'espèce du taux réduit de TVA.

Le taux réduit ne s'applique qu'aux fournitures de chauffage urbain (réseaux de chaleur), et non pas aux chaufferies appartenant à un seul maître d'ouvrage et desservant ses propres bâtiments (« chaufferies dédiées »).

La révision de la 6e directive telle qu'opérée en février 2006 autorisait les États membres à appliquer la TVA à taux réduit pour l'ensemble de l'opération de fourniture de chaleur. Partant, étaient susceptibles de profiter du taux réduit non seulement les abonnements aux réseaux (services), mais aussi la chaleur obtenue (produit). Le législateur français a décidé d'utiliser à plein l'option ainsi proposée : le taux réduit de TVA prévu à l'article 278-0-*bis* du code général des impôts est également applicable à la chaleur produite par les réseaux lorsqu'elle est elle-même issue au moins à 50 % d'énergie provenant de la biomasse : autrement dit, le taux réduit porte sur la partie fixe (abonnement) et sur la partie proportionnelle à la quantité d'énergie fournie (consommation).

b. Achat de biomasse

En accord avec la directive TVA, l'application en France du taux réduit de TVA pour l'opération correspondant à un achat de biomasse s'autorise de différents fondements.

D'abord, l'article 278 *bis* 3° du code général des impôts prévoit que la TVA est perçue au taux réduit, soit celui de 7 %, en ce qui concerne les opérations d'achat, d'importation, d'acquisition intracommunautaire, de vente, de livraison, de commission, de courtage ou de façon portant sur les produits suivants : « a. bois de chauffage ; b. produits de la sylviculture agglomérés destinés au chauffage ; c. déchets de bois destinés au chauffage »(304). L'article 19.II de la loi d'orientation agricole de 2006 (LOA) a supprimé la condition tenant à l'usage domestique des produits concernés : le taux réduit de TVA s'applique donc désormais aux produits exhaustivement énumérés, sans autre condition que celle d'être destinée à un usage de chauffage. La modification est là encore clairement destinée à favoriser l'essor des réseaux urbains de chaleur.

Ensuite, l'article 278 *bis* 3° du code général des impôts prévoit l'application du taux réduit de TVA, là encore de 7 %, « aux produits d'origine agricole, de la pêche, de la pisciculture et de l'aviculture n'ayant subi aucune transformation ». L'assiette exacte de cette disposition, susceptible d'intéresser notamment les activités agroforestières produisant de la biomasse énergétique, n'est cependant pas toujours facile à déterminer en raison des ambiguïtés du critère inhérent à son application : celui de la non-transformation du produit agricole. Tout dépend en effet de la question de savoir dans quelle mesure le produit agricole n'a pas été transformé. Or, si la transformation existe

(301) Directive 2006/18 du 14 février 2006.

(302) Art. 12.b. Voir *supra* p. 368.

(303) Voir aussi instruction fiscale 3 C-1-07, BOI n° 32 du 8 mars 2007 et 3 C-1-09, BOI n° 88 du 22 janvier 2009.

(304) Voir aussi instruction 3 C-03, *BOI* n° 50 du 2 mars 2006.

certainement dans le cas d'une action chimique effectuée sur un produit (par exemple afin d'obtenir certains biocarburants), elle est plus discutable lorsque le produit agricole fait seulement l'objet d'une opération physique ne s'accompagnant d'aucune modification chimique (par exemple broyage mécanique à l'origine de l'HVP tel que décrit par le système harmonisé communautaire applicable à la nomenclature douanière : « Les huiles végétales sont enfermées dans les cellules de certaines parties des plantes (graines), d'où on les extrait par pressage ; [...] le pressage fait partie du procédé de fractionnement à sec, qui n'entraîne aucune modification thermique des huiles »[(305)]). Il apparaît toutefois que l'administration fiscale française conçoit de façon large la notion de transformation : elle a par exemple déclaré que les déchets de bois (sarments de vignes, rafles de maïs, écailles de pins...) « qui ont été simplement séchés, triés ou dépoussiérés » afin d'être utilisés comme bois-énergie sont des produits agricoles transformés[(306)]. Une telle vision des choses accrédite la thèse selon laquelle même une opération physique rudimentaire réalisée sur un produit agricole ou sylvicole s'analyse en une transformation du produit et interdit l'application du taux réduit de TVA, par exemple à l'achat d'HVP[(307)].

Remarque

L'article 2.3 du règlement 1860/2004 du 6 octobre 2004 concernant l'application des articles 87 et 88 du traité européen aux aides *de minimis* dans les secteurs de l'agriculture et de la pêche définit lui-même largement la notion de « transformation d'un produit agricole » : il s'agit d'une « opération physique portant sur un produit agricole et aboutissant à un produit qui est également un produit agricole ».

2. Droits à déduction

Le droit à déduction de TVA concerne exclusivement l'acquisition de superéthanol. Alors que l'article 298 du code général des impôts prévoit que la mise à consommation sur le marché intérieur de produits pétroliers ou assimilés constitue un fait générateur de la TVA, le point IV de cette disposition intégré au code général des impôts par l'article 27 de la loi n° 2006-1771 du 30 décembre 2006 de finances rectificative pour 2006 dispose qu'à compter du 1er janvier 2007, les entreprises assujetties à la TVA peuvent récupérer, comme elles pouvaient déjà le faire pour le gazole, une fraction de la TVA (80 %) grevant le coût des achats, importations et acquisitions communautaires de superéthanol utilisé comme carburant : ce droit à déduction s'applique aux véhicules exclus du droit à déduction dans le régime général, tels les véhicules particuliers et véhicules utilitaires et de société.

II. Modulation du taux de la taxe générale sur les activités polluantes en fonction de l'incorporation de biocarburants

La taxe générale sur les activités polluantes (TGAP)[(308)] relève de la catégorie des « écotaxes » : elle repose en effet sur le principe du pollueur payeur désormais inscrit dans la Charte de l'environnement. De fait, toute personne ayant un comportement susceptible de porter atteinte à l'environnement en exerçant une des activités polluantes définies aux articles 266 *sexies* et suivants du code des douanes en est redevable.

(305) Système harmonisé-notes explicatives, sect. III, chap. 15, p. 108.

(306) *BOI* 3 mars 2006, n° 50.

(307) Voir rép. min. Agriculture au député Y. Cochet, *JO* 23 mai 2006, p. 5383.

(308) C. douanes, art. 266 *sexies*.

Il est significatif que l'article 32 de la loi n° 2004-1484 du 30 décembre 2004 de finances pour 2005[(309)] ait modifié le régime de la TGAP en y insérant des dispositions particulières applicables à la mise à consommation de certains carburants. Le législateur a confirmé par là même tout l'intérêt qu'il porte au développement à moyen terme des biocarburants, en instaurant une taxe dont sont redevables les distributeurs de carburants (grande distribution et pétroliers), basée sur le prix de vente de ces derniers hors TVA, dont le taux est croissant selon un calendrier institué par la loi, et surtout conçu de façon à dissuader la consommation des carburants fossiles et à augmenter symétriquement celle des biocarburants[(310)]. Le principe est simple : le taux de la TGAP est diminué à proportion des quantités de biocarburants incorporées, durant l'année considérée, dans les carburants mis à la consommation en France. Il s'agit en d'autres termes d'une fiscalité « pénalisante » en cas d'incorporation insuffisante de biocarburants[(311)].

Cette proportion s'exprime d'abord en volume, puis est traduite en un taux d'incorporation en pouvoir calorifique inférieur (PCI).

Remarque

Par exemple, 20 % d'ETBE en volume dans l'essence représente 7,813 % en pouvoir calorifique inférieur (voir décision administrative n° 08-001, point 17). La Commission européenne a validé la méthode de calcul utilisée par les pouvoirs publics français pour mesurer le PCI de l'ETBE (réalisé sur la base de la teneur énergétique de l'ETBE et non sur celle de l'éthanol ayant servi à sa fabrication).

Le calendrier initial n'a pas évolué : le taux de TGAP frappant les opérateurs qui n'effectueraient pas l'incorporation de biocarburants attendue était de 1,75 % en 2006, puis majoré de 1,75 point en 2007, de 2,25 points en 2008, de 0,50 point en 2009 et de 0,75 point en 2010. La valeur de référence fixée pour l'année 2010, correspondant à un taux de TGAP de 7 %, est aujourd'hui toujours applicable.

Ce dispositif est indépendant de celui institué par l'article 265 *bis* A du code des douanes, cela étant, les biocarburants concernés par la modulation du taux de TGAP sont globalement les mêmes que ceux intéressés par la défiscalisation partielle de TIC/TIPP liée à l'article susmentionné : d'une part, il s'agit de ceux incorporés au sein des établissements sous régime fiscal suspensif[(312)], d'autre part, et de ce fait, le champ de la TGAP a été étendu au biogazole de synthèse (EMHV), aux EMHA et aux EEHV, dont l'incorporation ouvre également droit à une réduction de TIC/TIPP. Les biocarburants concernés sont ceux incorporés aux essences reprises aux indices 11, 11 *bis*, 11 *ter*, et au gazole visé aux indices 20 (il s'agit du gazole « à usage spécifique » ou gazole B30, dont la loi n° 2009-1674 du 30 décembre 2009 de finances rectificative pour 2009 (art. 61) a imposé la prise en compte pour la modulation de la TGAP à raison de l'incorporation en l'espèce d'EMHV) et 22, mentionnés au tableau B du 1 de l'article 265 du code des douanes. Pour certains biocarburants, en l'occurrence les esters méthyliques d'huile animale (EMHA) et usagée (EMHU), la part énergétique renouvelable peut être comptabilisée pour le double de sa valeur réelle, en fonction des matières premières utilisées[(313)].

(309) C. douanes, art. 266 *quindecies*.

(310) Sur cette taxe, voir décision administrative n° 08-001, *BOD* n° 6742, 9 janvier 2008.

(311) Ministère du Budget, Circulaire du 12 mars 2012 relative à la TGAP. Prélèvement sur les carburants, NOR : BCDR 1207642C.

(312) Voir *supra* p. 128 et s.

(313) Loi n° 2009-1673 du 30 décembre 2009 de finances pour 2010 (art. 39), modifiée par loi n° 2010-1658 du 29 décembre 2010 de finances rectificative pour 2010 (art. 48), codifiée C. douanes, art. 266 *quindecies* ; voir aussi arr. 26 avril 2010 relatif à la prise en compte des esters méthyliques d'huile animale ou usagée en minoration de la taxe générale sur les activités polluante, arr. 30 septembre 2011 relatif à la prise en compte des esters méthyliques d'huile animale ou usagée en minoration de la taxe générale sur les activités polluantes.

Enfin, alors que la loi n° 2005-1719 du 30 décembre 2005 de finances pour 2006 avait exonéré du paiement de cette taxe jusqu'au 1er janvier 2010 les distributeurs de carburants installés dans les DOM, la loi de finances pour 2009 a prévu son application de plein droit sur ces territoires à compter du 1er janvier 2013[(314)].

Le décret n° 2006-127 du 6 février 2006 modifié par le décret n° 2007-1590 du 8 novembre 2007 précise les modalités de mise en œuvre de l'article 266 *quindecies* du code des douanes. Il met en place un régime permettant d'assurer la transparence des opérations d'intégration de biocarburants dans les carburants : est imposé l'établissement d'une série de certificats attestant de la teneur des carburants en biocarburants lors de l'acquisition d'un carburant, de la cession d'un carburant sous régime fiscal suspensif, ou encore au moment de l'incorporation d'un biocarburant dans un carburant en entrepôt fiscal de stockage ; est imposée aussi à certains établissements la tenue d'une comptabilité matières retraçant les quantités incorporées, transmise au service des douanes compétent ; enfin est permise la cession de droits à diminution de TGAP en cas d'incorporation excédentaire, sur la base d'un certificat de cession transmis pour visa à l'administration des douanes.

Alors que la défiscalisation liée à la TIC/TIPP est pour l'État une dépense fiscale, le système de l'article 266 *quindecies* du code des douanes pèse sur les opérateurs économiques qui mettent à la consommation les carburants concernés. Il incite ces personnes à acheter davantage de biocarburants et contribue donc en principe à en augmenter la consommation. Toutefois, en bout de chaîne, la charge est répercutée dans le prix de vente : ainsi le consommateur devient-il contribuable indirect de la TGAP, ce qui est d'ailleurs le principal reproche adressé à ce dispositif. Ici l'optimum fiscal n'est pas lié à des versements massifs de TGAP, mais s'établit en fonction du non-paiement de la taxe, cette situation révélant que l'incorporation des biocarburants dans les carburants fossiles correspond bien aux objectifs quantitatifs fixés dans la loi. Ce recours à l'incitation fiscale afin d'accroître l'incorporation des biocarburants dans les carburants fossiles, alors même que la loi française ne connaît pas le principe de l'obligation d'incorporation, doit être souligné pour son habileté. Il serait par ailleurs très efficace[(315)].

III. Autres

Les réductions d'impôt ici considérées constituent des mesures d'accompagnement de l'entrée sur le marché, à compter du 1er janvier 2007, du nouveau carburant superéthanol. La commercialisation de ce dernier a été autorisée, par l'article 23 de la loi n° 2006-1666 du 21 décembre 2006 de finances pour 2007. Le superéthanol (E85) est défini par l'arrêté du 28 décembre 2006 comme un mélange de supercarburant sans plomb et d'éthanol destiné à l'alimentation des moteurs thermiques à allumage commandé. En application de l'arrêté du 27 décembre 2006 modifiant l'arrêté du 22 décembre 1978 relatif à la liste des carburants autorisés au regard des dispositions de l'article 265 *ter* du code des douanes, il s'agit d'un carburant qui comprend au minimum 65 % d'alcool éthylique d'origine agricole et, au minimum, 15 % de supercarburant[(316)].

L'article 21 de la loi de financement de la sécurité sociale pour 2012 (loi n° 2011-1906 du 21 décembre 2011) a supprimé l'ensemble des exonérations de taxe annuelle sur les véhicules de sociétés (TVS) prévues à l'article 1010 du CGI, qui avaient été instituée par l'article 27.V de la loi n° 2006-1771 du 30 décembre 2006 de finances rectificative pour 2006, autrement dit celle concernant notamment les véhicules de sociétés qui fonctionnaient « exclusivement ou non » au moyen

(314) Loi n° 2009-1673 du 30 décembre 2009, art. 7-E, codifié C. douanes, art. 266 *quindecies*.

(315) Voir en ce sens les remarques positives de H. Prévot, V. Hespel, J.-Y. Dupré, F. Baratin, D. Gagey, « Rapport sur l'optimisation du dispositif de soutien à la filière biocarburants », MINEFI, 2005.

(316) Voir aussi *supra* p. 512 et 530.

du superéthanol (CGI, ex-art. 1010 A). Le législateur n'a pas toutefois totalement renié ses engagements en faveur de la protection de l'environnement, puisqu'il a substitué au dispositif antérieur une nouvelle exonération au profit des véhicules de sociétés qui combinent l'énergie électrique et une motorisation à l'essence ou au gazole et émettant moins de 110 grammes de CO_2[(317)].

L'article 1599 *novodecies* du CGI[(318)] est également partie prenante du dispositif fiscal favorable au superéthanol, sans lui être toutefois spécifiquement destiné. Il découle de l'article 27 de la loi de finances rectificative pour 2006. L'État s'est ici engagé à proposer aux collectivités locales – la décision d'agir en ce sens appartient au conseil régional – de s'associer au développement de cette filière au travers d'une réduction (à hauteur de 50 %) ou d'une exonération totale de la taxe proportionnelle ou fixe sur les certificats d'immatriculation des véhicules (taxe sur les cartes grises), taxe assise et recouvrée comme un droit de timbre. La loi n° 2008-1443 du 30 décembre 2008 de finances rectificative pour 2008 a étendu ce dispositif d'exonération facultative sur délibération du conseil régional « aux véhicules transformés pour fonctionner, exclusivement ou non », au moyen, notamment, et là encore, du superéthanol[(319)].

Une autre réduction d'impôt du même ordre résulte de la loi n° 2005-1719 du 30 décembre 2005 de finances pour 2006 qui a créé une taxe sur les voitures particulières les plus polluantes, affectée à l'ADEME, prenant la forme d'une taxe additionnelle à la taxe sur les cartes grises[(320)]. Son tarif est fonction du taux d'émission de dioxyde de carbone par kilomètre (2 euros par gramme de CO_2 émis pour la fraction comprise entre 200 et 250 grammes, 4 euros pour la fraction supérieure à 250 grammes). L'article 27 de la loi de finances rectificative pour 2006 a toutefois décidé la réduction de cette taxe à hauteur de 50 % pour les véhicules spécialement équipés pour rouler au superéthanol, un « cadeau » fiscal là encore censé récompenser le gain écologique lié à l'achat de ces véhicules.

Quelle que soit la légitimité des motivations animant les dispositions concernées, on peut craindre une superposition de « niches » fiscales, qui, fussent-elles toutes tournées vers le motif louable du développement durable, ne facilite pas leur lisibilité. Une approche plus globale regroupant l'ensemble des dispositifs fiscaux liés aux économies d'énergie et à l'utilisation des énergies renouvelables serait en ce sens bienvenue.

§3. La sécurisation de l'achat

Les concepts de transparence et de droit à l'information innervent aujourd'hui toutes les sphères d'activités publiques ou privées, y compris celles liées à l'achat d'énergie renouvelable. Il existe probablement à cet égard une corrélation entre l'acte d'achat de cette forme d'énergie et l'établissement pour cette opération de conditions optimales de sécurité et de transparence. Ainsi, sont de nature à jouer un rôle clef tous les outils visant à informer l'acheteur sur le contenu ou les conséquences de son acte d'achat, et ce dès lors notamment qu'ils le mettent en situation d'effectuer en pleine connaissance de cause un achat écologique. Ils reposent sur un double pari : d'une part, celui d'un désir accru de consommer de préférence des produits peu dangereux pour l'environnement[(321)] et, d'autre part, celui d'une confiance plus grande de l'acheteur vers un produit dont les

(317) Voir instruction 7 M-1-12, BOI n° 20 du 24 février 2012.

(318) Voir aussi instr. n° 38 du 8 avril 2008, BOD 7-M-3-08.

(319) CGI, art. 1599 *novodecies* A nouveau.

(320) CGI, art. 1635 *bis* O.

(321) M. Purde, « Les instruments économiques : utilisation et potentiel de la réglementation de l'environnement au Royaume-Uni », *REDE* 1999, p. 393.

performances écologiques lui sont pleinement exposées. Il est probable qu'en ce domaine, les collectivités locales jouent un rôle essentiel de sensibilisation et de communication pour réduire les consommations énergétiques et/ou développer les énergies renouvelables locales. En tout état de cause, aider le consommateur à distinguer les produits plus respectueux pour l'environnement impose de mettre en place des systèmes d'information complets, fiables et efficaces.

Le réseau « Info Énergie » rattaché à l'ADEME offre depuis 2001, un service d'information de proximité, indépendant et gratuit. Plus globalement, la loi POPE de 2005 avait entendu renforcer l'information des usagers sur la portée de leur consommation énergétique.

Remarque

La loi POPE imposait aux entreprises vendant de l'énergie et des services énergétiques l'obligation de promouvoir les économies d'énergie – dont le recours aux énergies renouvelables constitue l'un des axes – dans le cadre de leurs messages publicitaires. Le décret n° 2006-1464 du 28 novembre 2006 relatif à la promotion des économies d'énergie dans les messages publicitaires des entreprises du secteur énergétique a complété cette loi en posant le principe selon lequel toute publicité effectuée pour une entreprise qui vend de l'énergie, concernant l'énergie ou visant à sa consommation, comporte un message faisant la promotion de l'utilisation rationnelle de l'énergie et incitant aux économies d'énergie. La loi POPE encourageait également l'inclusion des problématiques énergétiques dans les programmes scolaires.

Il importe sans doute d'insister sur le fait que certains procédés sont plus à même que d'autres de garantir cette information. Ainsi, une « éco-certification » peut être réputée favoriser le passage à l'acte d'achat, et ceci pour deux raisons principales : parce qu'elle garantit à l'acheteur que le produit proposé sur le marché possède certaines qualités intrinsèques et/ou parce qu'elle l'informe sur les possibilités d'approvisionnement d'un bien en énergie renouvelable.

I. L'information du consommateur sur les qualités intrinsèques des énergies renouvelables

Sont ici visées toutes les démarches informant l'acheteur sur les caractéristiques du produit qu'il entend consommer (énergie renouvelable et/ou équipement de production) ou lui garantissant que ce dernier est conforme à des spécifications particulières. Mises à part quelques obligations ponctuelles se rapportant à une information sur les prix, et qui ne sont d'ailleurs pas propres à l'énergie renouvelable, l'état actuel du droit positif invite à séparer les dispositifs qui visent à informer sur la disponibilité, la sécurité et la qualité de ceux qui visent à authentifier le caractère renouvelable de l'énergie.

Remarque

Par exemple, l'arrêté du 12 décembre 2006, relatif à l'information du consommateur sur les prix de vente des carburants, impose aux distributeurs d'afficher le prix de vente, entre autres, du superéthanol sur le site www.prix-carburants.gouv.fr. Un arrêté du même jour a créé un traitement automatisé « site des prix des carburants » dont l'objet est la mise à disposition des internautes d'informations sur les prix des carburants en France.

A. L'information sur la disponibilité, la sécurité, la qualité

Les avantages découlant de la consommation d'énergie renouvelable peuvent être perçus à différents niveaux. L'enjeu fondamental de cette consommation étant la préservation de l'environnement, il est logique de considérer que celle-ci doive constituer un élément de premier plan dans les campagnes éventuelles de promotion de ladite énergie. Cette préoccupation fait partie de celles nouvellement inscrites dans le cadre du droit européen. Ainsi, tout d'abord, la directive 2009/28 demande aux États membres de veiller à ce que « les informations relatives aux avantages nets, au coût et à l'efficacité énergétique des équipements et des systèmes servant à l'utilisation d'énergie de chauffage ou de refroidissement et d'électricité provenant de sources d'énergie renouvelables soient mises à disposition soit par le fournisseur de l'équipement ou du système, soit par les autorités nationales compétentes »[(322)]. Ensuite, le même texte exige que les États mettent au point, « avec la participation des autorités locales et régionales », « des programmes adaptés d'information, de sensibilisation, d'orientation ou de formation afin d'informer les citoyens des avantages et des aspects pratiques que présentent le développement et l'utilisation d'énergies produites à partir de sources renouvelables »[(323)]. Enfin, le secteur des biocarburants fait l'objet d'une requête spécifique et plus précise : « Les États membres veillent à ce que des informations détaillées soient fournies au public sur la disponibilité et les avantages environnementaux de l'ensemble des différentes sources d'énergie renouvelables destinées aux transports. Lorsque les pourcentages des biocarburants mélangés à des dérivés d'huiles minérales, dépassent 10 % en volume, les États membres imposent l'obligation de l'indiquer dans les points de vente »[(324)]. L'arrêté du 12 janvier 2012 relatif à l'obligation d'information sur la teneur en biocarburant dans les carburants a retranscrit cette obligation en droit français.

Remarque

L'article 1 de l'arrêté du 12 janvier 2012 dispose que les appareils distribuant des carburants contenant plus de 10 % en volume de biocarburants doivent indiquer « de manière visible et lisible "contient + de 10 % de biocarburants" ». Dans le même ordre d'idées, il a été demandé aux fournisseurs de carburants de réduire de 10 %, au plus tard le 31 décembre 2020, les émissions de gaz à effet de serre, et de présenter un rapport annuel relatif à l'intensité des émissions de gaz à effet de serre des carburants (art. L. 641-7 et L. 641-8 du code de l'énergie).

S'agissant toujours des biocarburants, l'existence d'une certification européenne de leur production sur la base de critères de durabilité, est aussi un moyen d'en favoriser un achat *a priori* plus « éclairé »[(325)].

L'information du consommateur peut aussi porter sur d'autres propriétés inhérentes au produit fourni (sécurité, performance, etc.). Sur ce thème, l'article 4 de la directive biocarburants de 2003 indiquait qu'en cas de mélange de biocarburants à des carburants fossiles, « dépassant la valeur limite de 5 % d'esters méthyliques d'acides gras ou de 5 % de bioéthanol, un étiquetage spécifique est imposé aux points de vente ». Dans le même esprit, la directive « Qualité des carburants » autorise les États à mettre sur le marché des carburants diesel dont la teneur en esters méthyliques d'acides gras (EMAG) est supérieure à 7 %, mais requiert que des « informations pertinentes » soient alors fournies aux consommateurs[(326)].

Remarque

La règle européenne implique un marquage des pompes susceptibles de délivrer du gazole contenant jusqu'à 7 % d'EMAG.

B. L'information sur la nature renouvelable de l'énergie

La certification apparaît comme la technique la plus sûre pour que le consommateur dispose des informations nécessaires sur l'origine ou la nature du produit. Dans le domaine des énergies renou-

(322) Directive 2009/28, art. 14 2.

(323) Directive 2009/28, art. 14 6.

(324) Directive 2009/28, art. 21 1.

(325) Sur ces critères, voir *supra* p. 292 et s.

(326) Directive 2009/30 du 23 avril 2009 modifiant la directive 98/70 en ce qui concerne les spécifications relatives à l'essence, au carburant diesel et aux gazoles ainsi que l'introduction d'un mécanisme permettant de surveiller et de réduire les émissions de gaz à effet de serre, modifiant la directive 1999/32 du Conseil en ce qui concerne les spécifications relatives aux carburants utilisés par les bateaux de navigation intérieure et abrogeant la directive 93/12, art. 4, voir aussi *supra* p. 408.

velables, cette certification est réglementée à travers un système spécifique ayant reçu le nom de « garantie d'origine ».

1. Champ d'application du dispositif des garanties d'origine

Trois secteurs productifs sont désormais concernés, à des degrés divers, par le dispositif des garanties d'origine.

a. Champ de l'électricité d'origine renouvelable

La certification de l'origine renouvelable de l'énergie a dans un premier temps concerné exclusivement l'électricité. L'idée a d'abord émergé au travers de l'article 3.6 de la directive électricité de 2003 imposant aux États membres d'instaurer un système de divulgation des sources d'énergie utilisées par les fournisseurs d'électricité, qui devront donc indiquer les différentes sources d'énergie primaire employées ainsi que les références de publications concernant l'impact sur l'environnement de la production dans les factures et autres documents promotionnels[(327)]. Cette obligation a été mise en œuvre en France par le titre II du décret n° 2004-388 du 30 avril 2004 relatif à l'exercice de l'activité d'achat d'électricité pour revente aux clients éligibles et aux obligations des fournisseurs relatives à l'information des consommateurs d'électricité. Cette mesure a évidemment partie liée avec l'inclinaison libérale du droit européen des énergies de réseaux : elle concerne en effet les clients faisant jouer leur éligibilité, qui ont ainsi la possibilité de mettre en concurrence différents fournisseurs, puis contracter avec celui de leur choix, par exemple celui ayant recours à des sources d'énergie renouvelables. Mais, en l'état, le système est encore peu sophistiqué.

De fait, la mise en place d'un dispositif visant à attester l'origine renouvelable de l'électricité résulte de la directive électricité renouvelable de 2001. La directive 2004/8 du 11 février 2004 concernant la promotion de la cogénération sur la base de la demande de chaleur utile dans le marché intérieur de l'énergie et modifiant la directive 92/42 l'étendra à l'électricité issue de centrales de cogénération. La directive énergies renouvelables de 2009 en a repris le principe – « Aux fins de démontrer aux clients finals la part ou la quantité d'énergie produite à partir de sources renouvelables que contient le bouquet énergétique d'un fournisseur d'énergie, conformément à l'article 3, paragraphe 6 de la directive 2003/54, les États membres font en sorte que l'origine de l'électricité produite à partir de sources d'énergie renouvelables puisse être garantie comme telle [...] » –, et étoffé le régime juridique applicable[(328)].

La transposition de ces dispositions a été réalisée en France avec la loi POPE de 2005[(329)], puis le décret d'application n° 2006-1118 du 5 septembre 2006 modifié par le décret n° 2012/62 du 20 janvier 2012, et précisé par l'arrêté du 8 novembre 2007.

b. Champ de l'énergie thermique d'origine renouvelable

Jusqu'à la directive énergies renouvelables de 2009, l'énergie thermique, et de fait uniquement ici la chaleur, n'était concernée par le dispositif européen des garanties d'origine qu'à travers celui prévu par la directive cogénération de 2004, calqué sur celui applicable à l'électricité renouvelable. Pour qu'il s'applique à la chaleur, il fallait donc que celle-ci soit issue de la cogénération, c'est-à-dire issue simultanément dans le cadre d'un seul processus de production d'électricité et de chaleur, mais sans préjudice des sources d'énergie primaires utilisées. Cela n'empêchait évidemment pas les États qui le jugeaient opportun d'étendre ledit mécanisme à la production de chaleur

(327) Voir aussi directive électricité 2009/72 abrogeant la directive de 2003, art. 3.9.

(328) Directive 2009/28, art. 15.

(329) Art. 33, codifié C. énergie, art. L. 314-14 et L. 314-15.

ou de froid spécifiquement issue de sources renouvelables. Les auteurs de la directive 2009/28 en ont eux-mêmes décidé ainsi : « Les États membres peuvent prévoir que des garanties d'origine soient émises en réponse à une demande d'un producteur de chauffage ou de refroidissement utilisant des sources d'énergie renouvelables »(330). La pusillanimité des autorités européennes sur ce sujet s'explique sans doute par le fait que la chaleur et le froid se prêtent par nature à des usages de proximité et ne peuvent faire que rarement (zones frontalières) l'objet d'échanges entre les États membres de l'Union européenne. On relèvera que la France n'a pas à ce jour fait usage de cette faculté.

c. Champ du gaz d'origine renouvelable injecté dans les réseaux gaziers (biogaz/biométhane)

Si le droit de l'UE est précurseur autant pour avoir imposé le système des garanties d'origine dans le domaine de l'électricité renouvelable que pour avoir tenté plus récemment de l'étendre à la chaleur renouvelable, il ne l'est plus en revanche pour le gaz d'origine renouvelable destiné à une injection dans les réseaux publics de gaz naturel. Ce silence tient probablement au fait que le droit en question ne garantit pas, en amont, comme il le fait pour l'électricité à caractère renouvelable, l'accès du biogaz/biométhane aux réseaux publics nationaux(331). Une disposition permissive à l'image de celle destinée à la chaleur et au froid d'origine renouvelable était pourtant concevable. Quoi qu'il en soit sur cette question les autorités françaises sont plus en avance, puisqu'elles ont accompagné leur décision d'autoriser l'injection du biogaz/biométhane à partir de sources renouvelables dans les canalisations françaises de gaz naturel d'un dispositif de garanties d'origine, qui, fût-il régi par des dispositions propre à ce secteur(332), n'en est pas moins très largement inspiré de celui appliqué à l'électricité de source renouvelable.

2. Caractéristiques principales des garanties d'origine

a. Correspondance en volume d'énergie

La directive 2009/28 a imposé une règle permettant de quantifier le volume d'énergie représenté par une garantie d'origine : cette dernière correspond à un volume type de 1 mégawattheure (MWh)(333). Conformément au champ d'application limité du dispositif européen des garanties d'origine, cette règle n'intéresse que le secteur de l'électricité renouvelable, et le cas échéant celui de l'énergie thermique renouvelable. Cependant, le droit français en a généralisé l'application, de sorte à établir un régime juridique des garanties d'origine globalement cohérent : la même règle vaut donc aussi pour les garanties d'origine du biométhane injecté dans les réseaux de gaz naturel(334).

b. Mentions obligatoires

La directive énergies renouvelables fixe ici un cadre minimal. Selon ce texte, une garantie d'origine précise en effet « au minimum »(335) les éléments suivants : les ressources énergétiques à caractère renouvelable à partir de laquelle l'énergie est produite ainsi que les dates de production ; son objet (électricité ou chauffage ou refroidissement) ; le nom, le lieu, le type et la capacité de production de l'installation ; le recours éventuel à un régime d'aide publique ; la date d'entrée en

(330) Art. 15 2.

(331) Voir *supra* p. 519 et s.

(332) Loi n° 2010-788, codifié C. énergie, art. L. 446-3 et L. 446-4, décret n° 2011-1596 du 21 novembre 2011 relatif aux garanties d'origine du biométhane injecté dans les réseaux de gaz naturel.

(333) Art. 15 2., voir aussi C. énergie art. L. 314-5.

(334) Décret n° 2011-1596, art. 1.

(335) Directive 2009/28, art. 15 6.

service de l'installation ; enfin la date et le pays d'émission et un numéro d'identification. Les textes nationaux y ont adjoint quelques mentions supplémentaires, telles celle du nom et coordonnées du gestionnaire du réseau public d'électricité auquel l'installation dispose d'un accès ou d'un service de décompte(336) ou bien encore les références du contrat d'achat lorsqu'un tel contrat est conclu entre un producteur et un fournisseur(337) sinon même la copie de ce contrat(338).

c. Durée de validité

La dualité de régime juridique applicable aux garanties d'origine (régime d'origine européenne pour l'électricité renouvelable et la cogénération/régime purement interne pour le biométhane injecté) a globalement peu d'incidence sur le contenu des règles, qui, dans la plupart des cas, sont en effet identiques ou à tout le moins similaires d'un régime à l'autre. Fait cependant exception la règle portant sur la durée de validité des garanties d'origine.

Pour le secteur électrique, l'article L. 314-15 du code de l'énergie(339) retranscrit fidèlement celle figurant dans la directive énergies renouvelables(340), selon laquelle une garantie d'origine ne peut être utilisée qu'une seule fois, et seulement dans les douze mois suivant sa délivrance.

Pour le secteur du biométhane injecté, le décret n° 2011-1596 a doublé la durée de validité d'une garantie d'origine (vingt-quatre mois), étant admis qu'à l'échéance de ce délai la garantie d'origine doit être automatiquement effacée du registre(341).

3. Modalités et conditions de délivrance des garanties d'origine

a. Producteurs concernés

En premier lieu, les garanties d'origine sont ouvertes aux producteurs d'électricité renouvelable, mais dans certaines limites et à certaines conditions. D'abord, elles ne couvrent que les quantités d'électricité produites en France(342). Ensuite, elles ne peuvent bénéficier qu'à des installations « régulièrement déclarées ou autorisées »(343). Par ailleurs, elles ne peuvent être délivrées qu'en réponse à une demande(344). Une telle demande émane en principe, soit de producteurs raccordés aux réseaux publics de transport ou de distribution d'électricité, soit de producteurs non raccordés voire de producteurs autoconsommateurs. Mais en réalité le dispositif ne bénéficie pas à la seule catégorie des producteurs, car, dès lors que l'un d'entre eux se place sous l'empire de l'un ou l'autre des régimes d'obligation d'achat(345), c'est alors le fournisseur électrique achetant la production qui acquiert le droit exclusif de demander (et de payer) les garanties d'origine (principe de la subrogation)(346). Cette règle corrobore le fait que le dispositif des garanties d'origine en question se concilie avec d'autres mécanismes de soutien éventuellement applicables, même si la directive énergies renouvelables suggère la mise en place éventuelle d'un régime d'incompatibilité(347).

(336) Décret n° 2006-1118, art. 6 I.-10°.

(337) Décret n° 2006-1118, art. 6 I.-7°.

(338) Décret n° 2011-1596, art. 3 I.-7°.

(339) Voir aussi décret n° 2006-1118, modifié décret n° 2012-62, art. 9.

(340) Directive 2009/28, art. 15 3°.

(341) Art. 6.

(342) C. énergie, art. L. 314-14.

(343) Décret n° 2006-1118 modifié décret n° 2012-62, art. 1.

(344) Directive 2009/28, art. 15 2., C. énergie, art. L. 314-14.

(345) Voir C. énergie, art. L. 121-27, art. L. 311-12 et art. L. 314-1.

(346) C. énergie, art. L. 314-14.

(347) Directive 2009/28, art. 15 2.

Enfin, toute installation de production d'électricité pour laquelle des garanties d'origine sont demandées doit être équipée d'un dispositif de comptage de l'électricité produite[348], cette mention répondant manifestement à l'attente européenne selon laquelle les garanties d'origine doivent être « précises »[349].

En second lieu, les garanties d'origine sont ouvertes aux fournisseurs gaziers, et à eux seuls, à condition qu'ils en fassent la demande et qu'ils aient conclu un contrat d'achat avec un producteur de biométhane pour une injection dans les réseaux[350]. En effet, l'application en l'espèce du principe de la subrogation n'a pas ici de sens, dans la mesure où il n'existe qu'une seule hypothèse de production/distribution du produit en cause sur le marché français, celle correspondant à sa vente dans le cadre du régime d'obligation d'achat avec tarifs réglementés de l'article L. 446-2 du code de l'énergie.

b. Conditions d'octroi

Selon la directive énergies renouvelables, les États membres doivent définir des critères d'attribution « objectifs, transparents et non discriminatoires »[351]. Le texte reprend ici une exigence générale classiquement énoncée par les règles du droit de l'Union européenne. Le même texte impose, ce qui est une nouveauté, une émission des garanties d'origines sous forme électronique[352]. Enfin, il exige que le mécanisme d'attribution soit suffisamment « fiable et à l'épreuve de la fraude »[353]. En droit français, la fiabilité du dispositif découle, entre autres, des dispositions prévoyant que les dates de début et de fin des périodes de production pour lesquelles les garanties d'origine peuvent être demandées doivent coïncider avec les dates de relevé de données de comptage des contrats d'accès au réseau, ce qui facilite le contrôle de l'organisme qui délivre les garanties d'origine ; ces dispositions se rencontrent tant dans le cadre du régime applicable à l'électricité renouvelable[354] que dans celui intéressant le biométhane injecté dans les réseaux de gaz naturel[355].

Le délai de délivrance des garanties d'origine est uniforme, quel que soit le régime juridique applicable : il est de trente jours à compter de la date de réception d'une demande complète si l'installation a déjà obtenu une garantie d'origine, et porté à soixante jours s'il s'agit d'une première demande[356].

c. Organes habilités à octroyer les garanties d'origine

Suivant les règles européennes, les États peuvent désigner un ou plusieurs organismes à cette fin, qui doivent être indépendants des activités de production, de commercialisation et de fourniture d'énergie[357].

La France n'a originellement pas mis en place une infrastructure spécifiquement dédiée, mais attribué à des organes existants, en l'occurrence les gestionnaires des réseaux publics de transport et de distribution d'électricité, la charge de délivrer les documents en question. Toutefois, cette sépara-

(348) Décret n° 2006-1118, art. 3.

(349) Directive 2009/28, art. 15 5.

(350) Décret n° 2011-1596, art. 1.

(351) Directive 2009/28, art. 15 1.

(352) Directive 2009/28, art. 15 5., voir aussi décret n° 2006-1118 modifié décret n° 2012-62, art. 1.

(353) Directive 2009/28, art. 15 5.

(354) Décret n° 2006-1118 modifié décret n° 2012-62, art. 5.

(355) Décret n° 2011-1596, art. 2.

(356) Décret n° 2006-1118 modifié décret n° 2012-62, art. 7, décret n° 2011-1596, art. 4.

(357) Directive 2009/28, art. 15 4.

tion fonctionnelle ne permettait d'envisager sereinement un exercice indépendant de la mission d'attribution des garanties d'origine que par rapport aux activités concurrentielles. L'évolution du dispositif telle que prévue par le code de l'énergie est censée apporter plus de garanties : il est désormais prévu que la mission soit confiée à un « organisme désigné par l'autorité administrative »[358], ce qui semble suggérer une distinction organique y compris par rapport aux gestionnaires de réseaux. Le décret n° 2012-62 modifiant le décret n° 2006-1118 relatif aux garanties d'origine de l'électricité produite à partir de sources renouvelables ou par cogénération a fixé les conditions de désignation de cet organisme qui va être chargé, pour une durée qui ne peut dépasser cinq ans, d'octroyer, mais aussi, le cas échéant, de transférer ou annuler, les garanties d'origine[359]. Il sera choisi à l'issue d'un processus d'appel à des offres concurrentes, régi tout à la fois par les quelques règles spécifiques figurant au décret susmentionné mais aussi, du fait de l'attribution audit organisme d'une mission de service public, par celles applicables aux contrats de concession de service public[360].

Le système de garanties d'origine pour le biométhane injecté dans les réseaux de gaz naturel est organisé suivant le même schéma. En effet, le décret n° 2011-1596 a prévu que les fournisseurs d'énergie qui achètent du biométhane peuvent obtenir des attestations de garantie d'origine auprès d'un « délégataire », lui-même désigné par l'État pour cinq ans, et, là encore, choisi par appel d'offres lancé par le ministre de l'Énergie[361] ; l'avis d'appel d'offres a été publié en juin 2012[362].

En synthèse, la mission de service public concédée à ces organismes consiste à conférer et, le cas échéant, à transférer et annuler les garanties d'origine conformément aux textes applicables, mais aussi, dans ce cadre, à vérifier par sondage l'exactitude des affirmations des fournisseurs figurant dans les dossiers de demande[363], enfin à gérer chacun dans son secteur d'attribution le registre national des garanties d'origine[364].

d. Obligations pécuniaires

Le droit français a considéré que les garanties d'origine devaient constituer un service payant, à la charge du demandeur[365].

Jusqu'à l'adoption des décrets de 2011 (biométhane) et 2012 (électricité renouvelable et cogénération), le principe était que le coût de délivrance d'une garantie d'origine était fixé par l'État[366]. Pour les secteurs de l'électricité renouvelable et de la cogénération, l'arrêté du 26 septembre 2006 en avait fixé le tarif : 800 euros hors taxes par site de production pour les sources d'énergie renouvelables et 1 000 euros hors taxes pour la cogénération (part fixe), plus 5 centimes d'euro hors taxes par MW/h (part variable). Toutefois, le nouveau système conduisant à désigner un prestataire indépendant afin qu'il prenne en charge les différentes missions ressortant du dispositif de gestion des garanties d'origine de l'électricité renouvelable et de la cogénération mais aussi du biométhane injecté dans les réseaux devrait aboutir à ce que la fixation des tarifs d'accès à ce service découle

(358) C. énergie, art. L. 314-14.

(359) Décret n° 2006-1118, art. 1-1 et 1-2 nouveaux.

(360) Loi n° 93-122 du 29 janvier 1993 relative à la prévention de la corruption et à la transparence de la vie économique et des procédures publiques (loi « Sapin »).

(361) Décret n° 2011-1596, art. 5 et art 8.

(362) Voir Avis n° AO-1225-3340, *BOAMP*, 15 juin 2012.

(363) Décret n° 2006-1118, art. 11, décret n° 2011-1596, art. 9.

(364) Voir *infra* p. 650.

(365) C. énergie, art. L. 314-14.

(366) Décret n° 2006-1118, version initiale art. 10.

directement du processus de mise en concurrence par lequel seront désignés ces organismes, la tarification proposée par les candidats faisant en d'autres termes partie des critères de jugement des offres(367).

Remarque

Pour les garanties d'origine du biométhane, l'article 7 du décret n° 2011-1596 précise que la couverture des coûts relatifs à la mise en place et à la tenue du registre national est assurée par les frais de tenue de compte, à la charge des détenteurs des comptes, dont le montant est approuvé par la Commission de régulation de l'énergie. Ces frais sont pris en compte dans le calcul des charges de service public portant sur l'achat de biométhane injecté dans les réseaux de gaz naturel et donnant droit à compensation, conformément au décret n° 2011-1595. Ces frais sont établis par ailleurs afin d'assurer la stricte couverture des coûts d'investissement, d'établissement et d'exploitation imputables à la mission décrite à l'article 5, tels qu'ils ont été exposés par le délégataire dans son dossier de candidature décrit à l'article 8 ainsi que la rémunération demandée.

L'article 58 de la loi POPE a ajouté un article 5.I *bis* à la loi n° 2000-108 faisant peser sur les producteurs et fournisseurs d'électricité bénéficiant d'une garantie d'origine et exportant leur électricité dans un autre État membre de l'Union européenne le paiement d'une contribution pécuniaire(368) : cette taxe s'explique par le fait que, dans le cas d'espèce, le producteur ou fournisseur qui exporte l'électricité sous garantie d'origine n'a pas pu la vendre dans le cadre de l'obligation d'achat et des tarifs réglementés et n'a donc pas participé à l'effort financier collectif incarné par la contribution au service public de l'électricité (CSPE).

Remarque

Inversement les consommateurs finals d'électricité acquérant de l'électricité produite à partir d'une source d'énergie renouvelable ou par cogénération dans un autre État membre de l'Union européenne peuvent demander le remboursement d'une part, de la CSPE pour cette électricité lorsqu'ils en garantissent l'origine (C. énergie, art. L. 121-22).

4. Gestion des garanties d'origine

Pendant longtemps partagée entre les gestionnaires de réseaux de transport et de distribution, la gestion des garanties d'origine de l'électricité produite à partir de sources renouvelables (délivrance, transfert et annulation) doit désormais être confiée à l'opérateur, qui établit et tient à jour un registre électronique des garanties d'origine(369). Une même règle d'unicité et d'exclusivité prévaut pour la gestion des garanties d'origine du biométhane(370). La transparence du système mis en place est assurée dans les deux cas par l'obligation de tenir ce registre ouvert au public(371). Toute garantie d'origine est ainsi inscrite au sein d'un des deux registres nationaux des garanties d'origine, soit celui de l'électricité produite à partir de sources renouvelables ou par cogénération, soit celui du biométhane injecté, chacun placé sous la responsabilité de son gestionnaire respectif.

5. Portée des garanties d'origine

Les garanties d'origine sont susceptibles d'assumer trois fonctions

Elles participent tout d'abord clairement à la protection économique du consommateur, lequel, par la certification de l'électricité de source renouvelable, est mis en situation d'identifier celle-ci. Ce

(367) Décret n° 2006-1118, art 1-2 4° ; décret n° 2011-1596, art. 8 4°.

(368) C. énergie, art. L. 121-23.

(369) C. énergie, art. L. 314-14.

(370) Décret n° 2011-1596, art. 5.

(371) Décret n° 2006-1118 modifié décret n° 2012-62, art. 8 ; décret n° 2011-1596, art. 4 III.

rôle renvoie à l'idée de « divulgation »[(372)], et plus encore de « démonstration » auprès des consommateurs de la disponibilité de cette forme d'énergie sur le marché, enfin implicitement aussi, de ses vertus environnementales. Cette fonction est aujourd'hui clairement énoncée par la réglementation applicable aux garanties d'origine de l'électricité renouvelable[(373)].

Remarque

C'est en ce sens un instrument de police économique comme peut l'être le droit des marques (voir C. Grynfogel, « Le risque de confusion, une notion à géométrie variable en droit communautaire des marques », *RJDA* juin 2006, p. 495). Son rôle est en effet de permettre d'identifier l'origine renouvelable des produits.

En revanche, l'idée selon laquelle les garanties d'origine serait l'outil permettant de comptabiliser la réalisation par chaque État membre de ses objectifs de consommation d'énergie renouvelable, objectifs devenus contraignants en application de l'article 3 de la directive énergies renouvelables, qui figurait dans la proposition initiale de la Commission, n'a pas reçu finalement l'assentiment des autorités de l'UE détentrices du pouvoir législatif[(374)].

Si les garanties d'origine sont un outil témoignant en soi de la porosité entre la lutte contre le changement climatique et le marché, il reste à se demander quelles sont les dimensions et la substance même du marché dans lequel elles évoluent.

À cet égard, force est en premier lieu de constater que si les directives européennes ont prévu la création d'un système de garanties d'origine de l'électricité de sources renouvelables ou issue d'un processus de cogénération dans chaque État membre, elles sont loin d'avoir réglé tous les éléments juridiques de cette institution. On retrouve ici le tropisme pathologique de la plupart des textes européens en matière d'énergie renouvelable, dans lesquels la partie véritablement commune des règles est réduite au minimum. Or, cette situation ne permet pas d'éliminer de possibles divergences en la matière entre législations nationales, sachant que, dans le domaine en cause, se pose tout particulièrement le problème de la vérification de la nature de l'électricité « verte » lorsqu'elle est proposée par les producteurs étrangers. Fort opportunément, le droit de l'Union européenne a créé des instruments adéquats pour prévenir ce type de problème. Ainsi, afin d'éviter la possible répétition des contrôles nationaux, source d'obstacles aux échanges, la directive dispose que les garanties d'origine font l'objet d'une reconnaissance mutuelle par les États membres[(375)]. Dans le but d'assurer le bon fonctionnement de cette reconnaissance mutuelle, la directive ajoute qu'un État « ne peut refuser de reconnaître une garantie d'origine que lorsqu'il a des doutes fondés quant à son exactitude, sa fiabilité ou sa véracité », et doit alors notifier son refus motivé à la Commission européenne[(376)]. Le rôle central de la Commission, garante de l'intérêt général européen, est conforté par l'attribution à cette institution de la charge de régler tout conflit en matière de recon-

(372) J. Girard, « Instruments de flexibilité pour promouvoir les énergies renouvelables : garanties d'origine transférables ou certificats de comptabilisation de transfert ? », *BDEI* 2009, p. 19.

(373) Voir directive 2009/28, art. 15-1 : « Aux fins de démontrer aux clients finals la part ou la quantité d'énergie produite à partir de sources renouvelables que contient le bouquet énergétique d'un fournisseur d'énergie [...], les États membres font en sorte que l'origine de l'électricité produite à partir de sources d'énergie renouvelables puisse être garantie comme telle [...] » ; voir aussi décret n° 2006-1118, art. 9 : « Lorsque le titulaire est un fournisseur d'énergie, la garantie d'origine peut être utilisée par celui-ci afin de démontrer à ses clients la part ou la quantité d'électricité de ses offres commerciales ayant une source renouvelable ou produite par cogénération. »

(374) Directive 2009/28, art. 15-2 : « La garantie d'origine n'a pas de fonction en termes de respect des dispositions de l'article 3 par un État membre. »

(375) Directive 2009/28, art. 15-9, voir aussi C. énergie, art. L. 314-15.

(376) Directive 2009/28, art. 15-9, voir aussi décret n° 2006-118, art. 10.

naissance mutuelle des garanties d'origine : elle peut ainsi obliger l'État qui refuse la reconnaissance mutuelle à l'effectuer.

En second lieu, si les garanties d'origine constituent probablement un excellent moyen de « tracer » physiquement l'électricité renouvelable dans les réseaux européens, la question de savoir dans quelle mesure et à quelles conditions elles peuvent être échangées entre États membres, et pourraient être utilisés le cas échéant afin d'aider certains d'entre eux à atteindre leur objectif national en matière de consommation d'énergie renouvelable – au lieu de développer les ressources énergétiques renouvelables locales, un État aurait la possibilité d'acheter des garanties d'origine à d'autres États membres dans lesquels la production des énergies renouvelables est plus avancée – a été longuement débattue lors du processus d'adoption de la directive énergies renouvelables de 2009. Sur ce sujet, et alors que la directive électricité renouvelable prenait soin de distinguer garanties d'origine et certificats verts échangeables, alors en outre que certains acteurs publics ou privés européens ont d'ores et déjà unilatéralement décidé d'institutionnaliser la certification de l'électricité renouvelable, le projet de la Commission avait annoncé l'émergence d'un marché européen de titres de consommation d'énergie renouvelable(377), à l'image de celui mis en place pour les émissions de CO_2. Mais le texte définitif en porte le renoncement, un tel projet n'étant pas, il est vrai, sans soulever des questions cruciales(378), en particulier sur le sujet des conditions de la circulation de garanties d'origine qui nécessairement intègreraient la catégorie juridique des « biens marchands »(379) entre les États membres de l'Union.

L'absence de création d'un authentique marché européen des garanties d'origine n'interdit pas toutefois aux États membres de leur concéder une certaine mobilité. En France, les garanties d'origine peuvent ainsi, après leur délivrance, être « transférées »(380). Nécessairement de telles opérations ne peuvent se faire que dans le cadre d'échanges de gré à gré. Juridiquement, elles consistent à enregistrer et authentifier la transmission de la propriété d'une garantie d'origine et sont à ce titre répertoriées au sein du registre national.

Remarque

Voir la démarche de certification de l'énergie renouvelable proposée par des opérateurs privés (des associations pour l'essentiel), par exemple le système « *Renewable Energy Certificate System* » (*RECS*) qui fonctionne dans de nombreux pays de l'Union européenne (Autriche, Pays-Bas notamment).

II. Le diagnostic de performance énergétique

Ce diagnostic est prévu aux articles L. 134-1 à L. 134-5 du code de la construction et de l'habitation issus de la loi n° 2004-1343 de simplification du droit du 9 décembre 2004(381) transposant la directive 2002/91 sur la performance énergétique des bâtiments susmentionnée. Il répond à un souci d'information des acheteurs sur les consommations énergétiques des bâtiments. La loi en

(377) COM (2008) 19 final.

(378) J. Girard, « Instruments de flexibilité pour promouvoir les énergies renouvelables : garanties d'origine transférables ou certificats de comptabilisation de transfert ? », préc.

(379) S. Rousseaux, « L'emprise de la logique marchande sur la promotion des énergies renouvelables au niveau communautaire », *RIDE* 3-2005, p. 231.

(380) Décret n° 2006-118, art 8, décret n° 2011-1596, art. 5.

(381) Voir aussi décret d'application n° 2006-1147, 14 septembre 2006, relatif au diagnostic et à l'état de l'installation intérieure de gaz dans certains bâtiments ; deux arrêtés 15 septembre 2006, l'un relatif aux méthodes et procédures applicables au diagnostic de performance énergétique, l'autre relatif au diagnostic de performance énergétique pour les bâtiments existants proposés à la vente en France métropolitaine. Les arrêtés relatifs aux diagnostics pour les bâtiments en location et en cours de construction sont en préparation.

impose la rédaction à l'occasion de l'achat (depuis le 1er juillet 2006), de la location (depuis le 1er juillet 2007), ou de la construction, d'un bâtiment ou d'une partie nouvelle de bâtiment effectuée en France métropolitaine, ainsi que l'affichage dans toutes les annonces immobilières (depuis le 1er janvier 2011). Ce diagnostic obéit à la méthodologie européenne de calcul de la performance énergétique(382) : il doit sur ces bases identifier les consommations prévisionnelles d'énergie des logements et des bâtiments, ainsi que l'impact de ces consommations sur l'effet de serre, et comporter des recommandations techniques de nature à permettre aux propriétaires de repérer les travaux les plus efficaces pour économiser l'énergie. En informant sur la performance énergétique des bâtiments, il doit être supposé pouvoir contenir des informations sur l'approvisionnement et/ou sur les possibilités d'approvisionnement de l'immeuble en énergie renouvelable. Depuis la loi « Grenelle 2 », la réalisation d'un DPE est également imposée pour tous les bâtiments équipés d'une installation collective de chauffage, et intéresse donc aussi ceux utilisant les sources d'énergie renouvelables à vocation thermique.

(382) Voir directive 2002/91 sur la performance énergétique des bâtiments, modifiée directive 2010/31, art. 2.

Bibliographie

Ouvrages

Bailleul D. (dir.), *L'énergie solaire. Aspects juridiques*, Université de Savoie, 2010.

Doumbé-Billé S. (dir.), *Droit international et défis énergétiques*, Larcier, 2010.

Poiret J., *Droit de l'hydroélectricité*, Économica, 2004.

Terneyre P., *Énergies renouvelables : contrats d'implantation – implantation des unités de production, clauses suspensives, modèles de contrats*, Lamy, coll. Axe Droit, 2010.

Articles

Bal J.-L., « Les outils de financement des énergies renouvelables », *AJCT* 2010, p. 16.

Boiteau C., « Le prix controversé du rachat de l'énergie éolienne ou l'énergie renouvelable à quel prix ? », *AJDA* 2009, p. 2105.

Bory Z., « Le régime juridique du "petit hydraulique" », *ACCP* mai 2012, p. 54.

Bourlon A., « Énergie solaire : régulation ou insécurité juridique ? », *AJCT* 2010, p. 10.

Baralle P.-J., « L'implantation des éoliennes », *Dr. Env.* n° 135, 1/2-2006, p. 30.

Berly J.-M., « La situation juridique des éoliennes », *RDI* 5/6-2003, p. 215 et *RDI* 7/8-2003, p. 302.

Billet P., « La promotion de la valorisation énergétique de la production agricole et sylvicole », *RDR* 2-2006, p. 47.

Billet P., « Le nouveau régime de l'implantation des panneaux photovoltaïques », *JCP A* 2009, 2308.

Boucheix P., « L'eau, source d'énergie renouvelable : à quel prix ? », *Dr. env.* Hors-série avril 2012, p. 33.

Bouquet G., « Les mécanismes de soutien de la production d'électricité à partir de sources d'énergie renouvelables à l'épreuve des articles 87 et 88 du traité relatifs aux aides d'État », *AJDA* 2006, p. 697.

Boutelet-Blocaille M., « La LEMA et les ouvrages hydrauliques », *Dr. env.* 2007, p. 265.

Bradbook A.-J., « Le développement du droit sur les énergies renouvelables et les économies d'énergie », *RIDC* 2-1995, p. 527.

Cabannes X., « Les énergies renouvelables et la fiscalité locale », *AJCT* 2010, p. 20.

Cans C., « L'exploitation des énergies renouvelables : ou quand une mesure de protection de l'environnement par destination porte atteinte à l'environnement dans sa réalisation », *Dr. env.* Hors-série avril 2012, p. 29.

Carpentier A., « Tarifs d'achat de l'électricité d'origine solaire – 2010, l'année de la transition », *JCP A* 2010, 2319.

Carpentier A., « Éoliennes et installations classées : acte I », *AJDA* 2010, p. 2 030.

Carpentier A., « Contentieux solaire : le consommateur final, clé de voûte de l'intérêt général », *JCP A* 2011, n° 2094.

Cassara H., « Géothermie : le droit à la recherche de l'or blanc », *Gaz. Pal.* 18-19 janvier 2006, p. 10.

Deharbe D., « La part des montages contractuels dans le régime juridique de l'éolien », *Dr. env.* n° 135, 1/2-2006, p. 38.

De la Bouillerie P., Martor B., « Projets éoliens offshore : un nouveau souffle électrique en haute mer », *JCP E* 2010, 1394.

Delacour E., « Soumission des concessions d'énergie hydraulique à la loi "Sapin" », *Contrats et marchés publics* n° 12, décembre 2008, comm. 273.

Demaye-Simoni P., « Le développement de l'éolien en questions, Remarques sur le rôle des collectivités territoriales et des intercommunalités », *Dr. env.* n° 135, 1/2-2006, p. 10.

Diot K., « Le nouveau régime juridique d'implantation des parcs éoliens », *BDEI* n° 4-2004, p. 28.

Dubreuil T., Audrain-Demey G., Attal J.-P., Lormeteau B., « Énergies renouvelables : les résistances au changement », *Dr. env.* 2011, p. 283.

Durand E., Block G., Haverbecke D., « L'arrêt PreussenElektra de la Cour de justice du 13 mars 2001 : une étape décisive dans la promotion de l'électricité produite à partir de SER », *CJEG* 2-2002, p. 109.

Duval J., « Grenelle 2 : un traitement ambivalent des énergies renouvelables », *Environnement* 2010, étude 20.

Duval J., « Le régime juridique des centrales photovoltaïques au sol clarifié », *Environnement* janvier 2010, p. 21.

Enckel C., « Centrales solaires et zones agricoles : la sécurité juridique éclipsée », *AJCT* 2012, p. 21.

Février J.-M., « À propos de la validation législative de la modification des tarifs d'achat de l'énergie électrique d'origine photovoltaïque », *Environnement* décembre 2010, n° 32.

Fourmon A., « Le recours aux sociétés publiques locales comme nouvel instrument du développement des énergies renouvelables pour les collectivités », *Gaz. Pal.* 24-25 septembre 2010, n° 267 à 268, p. 34.

Fournier A. et a., « Installations photovoltaïques – Quelques règles essentielles applicables selon le cadre juridique et technique adopté », *JCP N* 2010, 1191.

Galan P., « Les installations photovoltaïques et le droit de l'urbanisme », *AJDA* 2010, p. 2 147.

Gandet S., Deharbe D., Demaye-Simoni P., « Énergies renouvelables 2009-2011 », *Dr. env.* 2011, p. 64 et p. 101.

Gauché S., « Le juge administratif et la survivance du droit féodal : l'exemple des moulins », *AJDA* 2009, p. 1 141.

Gelas H., « Le mécanisme d'obligation d'achat de la production d'électricité à partir de sources d'énergie renouvelables : un mécanisme de soutien précaire », *Dr. env.* Hors-série avril 2012, p. 45.

Godfrin G., « Centrales photovoltaïques au sol », *Constr.-Urb.* février 2010, comm. 18.

Gossement A., « Les éoliennes au lendemain du Grenelle 2 : objectifs et moyens », *AJCT* 2010, p. 8.

Granjon R., « Validation du décret suspendant l'obligation d'achat de l'électricité photovoltaïque », *ACCP* mai 2012, p. 43.

Grard L., « Les fondements européens du développement des énergies renouvelables », *Dr. env.* Hors-série avril 2012, p. 17.

Grimonprez B., « Les fermes solaires ou éoliennes en milieu rural », *Environnement* février 2011, p. 18.

Guiheux A., « L'achat obligatoire de l'électricité produite », *ACCP* mai 2012, p. 39.

Guillaume E., « Le Grenelle 2 : une réponse à la difficulté du pilotage national du développement des énergies renouvelables », *Environnement* mars 2011, p. 19.

Hertzog R., « Les incitations financières au développement de l'énergie solaire », *RJE* 1979, p. 277.

Hogommat B., « Les enjeux de la prise en compte des biocarburants au regard des orientations de la politique agricole commune », *RJE* 2010, p. 427.

Kalflèche G., « Droit de l'urbanisme et énergies renouvelables : je t'aime moi non plus ! », *Dr. env.* Hors-série avril 2012, p. 25.

Krolik C., « Le droit communautaire de l'énergie durable », *REDE* 2009, p. 65.

Lambrechts C., « La protection du droit au soleil aux États-Unis », *RJE* 1979, p. 306.

Lambrechts C., « Droit des énergies nouvelles », *RJE* 1982, p. 284.

Latullaie F., « Les principales dispositions relatives à la biomasse », *AJCT* 2010, p. 12.

Latullaie F., « La production d'énergie renouvelable par les collectivités territoriales », *Dr. env.* 2012, p. 126.

Lavoillotte M.-P., « Le nouveau cadre juridique des installations photovoltaïques au sol », *Dr. env.* 2010, p. 109.

Le Baut-Ferrarese B., « La loi d'orientation agricole du 6 janvier 2006 et les énergies renouvelables », *Environnement* 3-2006, p. 10.

Le Baut-Ferrarese B., « Le marché des énergies renouvelables et le droit du libre-échange », *in* Doumbé-Billé S. (dir.), *Droit international et défis énergétiques*, Larcier, 2010, p. 177.

Le Baut-Ferrarese B., « Les énergies renouvelables, nouveau champ d'activité pour les entrepreneurs agricoles », *Revue droit rural* 2012, Étude 2, p. 15.

Le Baut-Ferrarese B., « Les appels d'offres du droit de l'énergie : un instrument spécifique pour le soutien de l'électricité renouvelable ? », *ACCP* mai 2012, p. 32.

Le Baut-Ferrarese B., Landbeck D., « La loi d'orientation sur l'énergie du 13 juillet 2005 et les énergies renouvelables », *AJDA* 2006, p. 189.

Le Baut-Ferrarese B., Michallet I., « Nouvelles règles pour l'attribution des concessions hydroélectriques », *JCP A* 2009, p. 39.

Le Chatelier G., « Le casse-tête des "concessions autorisables" », *ACCP* mai 2012, p. 57.

Le Corre L., « Nouveau durcissement du régime juridique des éoliennes en perspective », *JCP A* 2010, 2165.

Lepage C., « Les innovations de la loi du 13 juillet 2005 en matière d'économies d'énergie et d'énergies renouvelables », *Gaz. Pal.* 18-19 janvier 2006, p. 3.

London C., « Énergie et environnement : une équation difficile », *Environnement* 10-2005, p. 11.

Maillot J.-M., « Le principe de précaution, les éoliennes et le juge administratif », *in* Environnements, *Les mots du droit et les incertitudes de la modernité*, Mélanges en l'honneur du professeur Jean-Philippe Colson, Presses Universitaires de Grenoble, 2004, p. 299.

Maillot J.-L., « La juridiction administrative et les parcs éoliens en zone de montagne », *AJDA* 2009, p. 354.

Maillot J.-L., « Bilan jurisprudentiel du contentieux éolien », *Constr.-urb.* 2011, étude 5.

Malinvaud P., « Photovoltaïque et responsabilité », *Revue de droit immobilier* 2010, p. 360.

Michallet I., « Les fondements du développement des énergies renouvelables en droit interne », *Dr. env.* Hors-série avril 2012, p. 21.

Montinati P., « Bientôt un nouveau cadre juridique pour les éoliennes », *Dr. Env.* n° 103, 11-2002, p. 271.

Pagnoux A., « Les productions non alimentaires (biocarburants, énergie nouvelle) », *RDR* 1-2007, p. 59.

Penciolelli R., « Les énergies nouvelles », *Revue Adm.* 1975, p. 55.

Périnet-Marquet H., « Les techniques de montage juridique d'un projet photovoltaïque », *Revue de droit immobilier* 2010, p. 352.

Petit B., « Le droit du solaire : "petit embryon deviendra grand" », *Gaz. Pal.* 18-19 janvier 2006.

Pintat P., Mestres J., « Gestion externalisée d'un réseau de chaleur à géothermie : atouts, contraintes et perspectives », *ACCP* mai 2012, p. 59.

Poli J.-F., « Les règles d'urbanisme applicables à l'installation d'équipements d'énergie éolienne et photovoltaïque », *Environnement* février 2011, p. 23.

Pomade A., « Le phénomène d'internormativité en droit de l'environnement. Illustration par l'utilisation des énergies renouvelables en mer », *Dr. env.* 2011, p. 248.

Prieur M., « Le droit public solaire en France », *RJE* 1979, p. 255.

Prieur M., « L'énergie et la prise en compte de l'environnement », *RJE* 1982, p. 231.

Raymundie O., Dobsik C., « Le renouvellement des concessions hydroélectriques », *ACCP* mai 2012, p. 50.

Ringeard-Demarcq G., « L'énergie solaire et le droit international », *RJE* 1979, p. 325.

Rochard A., « L'appel d'offres éolien offshore », *ACCP* mai 2012, p. 46.

Roche C., « Et pourtant, elles tournent : la réglementation applicable aux éoliennes offshore », *AJDA* 2007, p. 1 785.

Roche C., « Les éoliennes offshore, la concrétisation ? », *Dr. env.* février 2012, p. 44.

Romi R., « Beaucoup de vent pour rien (le juge et les éoliennes) », *Dr. env.* n° 135, 1/2-2006, p. 44.

Rougé S., « Écologie rentable : quels outils financiers et fiscaux incitatifs en faveur des énergies renouvelables ? », *Dr. env.* Hors-série avril 2012, p. 41.

Roussel C., « Éoliennes et permis de construire », *Dr. env.* n° 135, 1/2-2006, p. 35.

Rolland L., « L'utilisation de l'énergie hydraulique », *RDP* 1920, p. 11.

Rousseaux S., « L'emprise de la logique marchande sur la promotion des énergies renouvelables au niveau communautaire », *RIDE* 2005, p. 231.

Sablière P., « La mise en concurrence des concessions de force hydraulique », *AJDA* 2007, p. 2 012.

Sablière P., « Les énergies renouvelables et les plans locaux d'urbanisme », *AJCT* 2010, p. 13.

Saint-Didier C., « Copropriété et panneaux photovoltaïques », *Environnement* février 2011, p. 10.

Sandrin A., « Aperçu sur la réglementation applicable aux éoliennes », *BDEI* n° 9-2006, p. 32.

Sandrin-Deforge A., « L'"après-Grenelle" des éoliennes : un point sur la réglementation applicable », *Lamy Supplément Grenelle 2*, octobre 2010, p. 48.

Steff A., « Les voisins et les exploitations d'énergies renouvelables », *Environnement* février 2011, p. 27.

Thébaut M., « Les fondements internationaux des énergies renouvelables », *Dr. env.* Hors-série avril 2012, p. 14.

Thieffry P., « Le nouvel encadrement des aides d'État à l'environnement (2008-2014) (Incitation optimale aux investissements verts et aux ENR) », *LPA* n° 49, mars 2008, p. 4.

Thieffry P., « Éléments d'une politique européenne en matière de changement climatique. Les nouvelles mesures communautaires de promotion des énergies renouvelables », *RMCUE* n° 536, mars 2010, p. 148.

Wemaïre M., Grimeaud D., « La promotion des énergies renouvelables à l'aune du droit communautaire des aides d'État », *Gaz. Pal.* 18-19 janvier 2006, p. 23.

Index

D

E

F

G

M

N

O

P

Q

R

S

T

U

V

Z

Table des matières

Achever d'imprimer sur les presses de Jouve à Mayenne en novembre 2012
N° d'imprimeur : 2025885V
Dépôt légal : novembre 2012
Imprimé en France